25 Jahre Kauderwelsch
Jubiläumsband 1
Amerikanisch 3 in 1

Impressum

25 Jahre Kauderwelsch, Jubiläumsband: Amerikanisch 3 in 1

Elfi H. M. Gilissen: **Amerikanisch — Wort für Wort**
A. Linnemann, R. Georgi-Wask: **American Slang**
Uta Goridis: **Spanglish — das Spanisch der USA**

erschienen im Reise Know-How Verlag Peter Rump GmbH
Osnabrücker Str. 79, D-33649 Bielefeld
info@reise-know-how.de

Layout-Konzept Günter Pawlak, FaktorZwo! Bielefeld
Kartographie Iain Macneish
Umschlag Peter Rump
Fotos siehe Fotonachweis am Bild
Druck und Bindung Fuldaer Verlagsanstalt GmbH & Co. KG, Fulda

ISBN: 978-3-89416-587-
Printed in Germany

Dieses Buch ist erhältlich in jeder Buchhandlung der BRD, Österreichs, der Schweiz und der Beneluxländer. Bitte informieren Sie Ihren Buchhändler über folgende Bezugsadressen:
BRD Prolit GmbH, Postfach 9, 35461 Fernwald (Annerod) sowie alle Barsortimente
Schweiz AVA-buch 2000, Postfach 27, CH-8910 Affoltern
Österreich Mohr Morawa Buchvertrieb GmbH, Sulzengasse 2, A-1230 Wien
Belgien & Niederlande Willems Adventure, ***www.willemsadventure.nl***
direkt Wer im Buchhandel kein Glück hat, bekommt unsere Bücher zuzüglich Porto- und Verpackungskosten auch direkt über unseren Internet-Shop: ***www.reise-know-how.de***

Zu (fast) allen Kauderwelsch-Bänden ist ein **AusspracheTrainer** auf **Audio-CD** erhältlich: in jeder Buchhandlung in Deutschland, Österreich, der Schweiz und den Benelux-Staaten — oder als **MP3-Download** unter ***www.reise-know-how.de***
Der Verlag möchte die **Reihe Kauderwelsch** weiter ausbauen und **sucht Autoren!** Mehr Informationen finden Sie unter ***www.reise-know-how.de/rkh_mitarbeit.php***

25 Jahre Kauderwelsch

Kauderwelsch wird 25! Dieser Jubiläumsband erscheint anlässlich des 25jährigen Bestehens der Reihe Kauderwelsch. Er besteht aus drei Einzelbänden in einem Buch: **Amerikanisch** für die allerersten Schritte in der Fremdsprache; **American Slang** für alle, die so richtig in die Umgangssprache einsteigen möchten; schließlich **Spanglish** zum spanisch-englischen Sprachmix der Südstaaten.

Die Reihe Kauderwelsch, die 1984 als Globetrotter-Projekt mit Sprachen wie Indonesisch, Arabisch, Russisch und Japanisch begann, hat sich seitdem zu einer der größten Fremdsprachen-Reihen der Welt entwickelt. Es gibt schon über 200 Kauderwelsch-Bände. Was ist das Geheimnis dieses durchschlagenden Erfolges? Kauderwelsch-Bände sind logisch aufgebaut und für jedermann verständlich:

Die **Grammatik** wird in einfacher Sprache so weit erklärt, dass es möglich wird, ohne viel Paukerei mit dem Sprechen zu beginnen, wenn auch nicht gerade druckreif. In einer fremden Sprache unterscheiden sich aber auch **Satzbau** und Ausdrucksweise mitunter recht stark vom Deutschen. Alle Beispielsätze werden deshalb doppelt ins Deutsche übertragen: zum einen **Wort-für-Wort,** zum anderen in „ordentliches" Hochdeutsch. So wird das fremde Sprachsystem sehr gut durchschaubar, und man kann schnell einzelne Wörter in einem Satz austauschen.

Die **Autorinnen** und **Autoren** der Reihe sind Globetrotter, die die Sprache im Land selbst gelernt haben. Sie wissen daher genau, wie und was die Leute auf der Straße sprechen. Deren Ausdrucksweise ist nämlich häufig viel einfacher und direkter als z. B. die Sprache der Literatur oder des Fernsehens.

Besonders wichtig sind neben der gesprochenen Sprache auch **Körpersprache, Gesten, Zeichen** und **Verhaltensregeln.** In allen Bänden der Kauderwelsch-Reihe wird darum besonders auf die nonverbale Kommunikation eingegangen.

Kauderwelsch-Bücher sind keine Lehrbücher, aber viel mehr als Sprachführer! Wenn Sie ein wenig Zeit investieren und einige Vokabeln lernen, werden Sie mit ihrer Hilfe in kürzester Zeit schon Informationen bekommen und Erfahrungen machen, die „taubstummen" Reisenden verborgen bleiben.

Kauderwelsch

Elfi H. M. Gilissen

Amerikanisch

Wort für Wort

© Wolfram Schwieder

To Rosa & Alfons Gilissen,
Lynne, Allyson & Dana Gillette:
Thanx for making it possible!

Grammatik

Konversation

A-Z

Anhang

KEEP
RIGHT
HOME
OFFICE

Vorwort

Wozu Amerikanisch lernen - da spricht man doch Englisch, oder?! Richtig - aber es ist doch anders als das, was man in der Schule gelernt hat. Fährt man nur nach New York, Boston oder auch San Francisco, wird man Ihr eher britisches Englisch belächelnd verstehen, je mehr Sie aber in den Süden oder ins Landesinnere vorrücken, desto weniger werden Sie verstehen können und desto weniger werden Sie verstanden werden. Amerikanisch ist eben doch anders als Englisch – vor allem die Aussprache und der Gebrauch der Wörter. Doch es gibt noch mehr Gründe, sich intensiver auf einen Besuch in Amerika vorzubereiten. In dem Land der unbegrenzten Möglichkeiten darf man sich nämlich oft weitaus weniger Freiheiten herausnehmen als in Europa. Damit Sie nicht unvorbereitet in so manches Fettnäpfchen treten, verrate ich Ihnen im Konversationsteil, wie Sie einen Kulturschock in Amerika vermeiden können. Vorurteile, wie z. B., dass alle Amerikaner oberflächlich seien oder dass es dort keine Esskultur gäbe, werde ich Ihnen auch gerne ausreden, damit Sie bei Ihrem Besuch nicht ständig am **hotdog stand** oder bei **fast food restaurants** hängen bleiben, und sich dann hinterher über das schlechte Essen in Amerika beschweren.

Have fun! Elfi H. M. Gilissen

Hinweise zur Benutzung

Der Kauderwelsch-Sprechführer besteht aus drei Teilen: aus Grammatik, Redesituationen und einer Wörterliste (Deutsch – Amerikanisch und Amerikanisch – Deutsch).

Der Grammatikteil fasst sich kurz, bringt Ihnen aber alle wichtigen Strukturen eines amerikanischen Satzes nahe. Jeder Satz ist Wort-für-Wort übersetzt. Diese Wort-für-Wort-Übersetzungen begleiten Sie durch das Buch und helfen Ihnen, die Satzstruktur leichter zu durchschauen und selbst andere Wörter aus den Themenfeldern im Konversationsteil einzusetzen.

Amerikanisch	**I'd like some of this/that, please.**
Lautschrift	eidleik ßammef ðiß/ðäd plies
Wort-für-Wort	*ich'würde mögen manche von dies/das bitte*
Deutsch	Ich hätte gern etwas hiervon/davon, bitte.

Wörter, die im amerikanischen Satz mit einem Apostroph verbunden sind, sind auch in der Wort-für-Wort-Übersetzung apostrophiert. Zwischen zwei Wörtern, die man untereinander austauschen kann, steht ein Schrägstrich /.

Im Konversationsteil finden Sie alle wichtigen Sätze aus der Alltagssprache der Amerikaner, geordnet nach Alltagssituationen die für Reisende von Bedeutung sind, sowie interessante Hintergrundinformationen über die amerikanische Kultur.

Die Lautschrift zeigt Ihnen, wie man das Amerikanische ungefähr richtig ausspricht – wie im britischen Englisch gibt es einfach unzählige Arten, den gleichen Buchstaben auszusprechen. Daher gibt es für jedes Wort und jeden Satz zusätzlich eine Lautschrift.

Die Umschlagklappe hilft, die wichtigsten Sätze und Formulierungen stets parat zu haben, die man mit den Vokabeln aus den einzelnen Kapiteln kombinieren kann. Hier finden sich außerdem schnell die wichtigsten Angaben zur Aussprache und eine kleine Liste der wichtigsten Fragewörter, Richtungs- und Maßangaben, sowie eine Karte der USA. Wer direkt nach seiner Ankunft noch Verständigungsprobleme hat, kann sich erst mal mit „Nichts verstanden? – Weiterlernen!" aus der Umschlagklappe über Wasser halten.

Unterschiede zum Britischen

Dieses Kapitel hilft Ihnen, wenn Sie bereits Englisch in der Schule gelernt haben und jetzt nur noch wissen müssen, was Sie in den USA so nicht sagen können oder anders aussprechen sollten. Für die Unterschiede im Wortschatz und Wortgebrauch kann ich Ihnen keine Regeln nennen – die müssen Sie sich einfach merken, aber was die Schreibweise anbelangt, so kann man sogar ein paar Regeln für die Unterschiede nennen:

Schreibweisen

	Amerikanisch	Britisch
-or *statt* -our	color, favorite	colour, favourite
-ll *statt* -l *(betont)*	fulfill, skillful	fulfil, skilful
-l *statt* -ll *(unbetont)*	traveled, equaled	travelled, equalled
-og *statt* -ogue	catalog, dialog	catalogue, dialogue
-ck/-k *statt* -que	bank, check	banque, cheque
-ense *statt* -ence	defense, license	defence, licence
-ze *statt* -se	analyze, memorize	analyse, memorise
-er *statt* -re	center, theater	centre, theatre
-e *statt* -oe/-ae	encyclopedia	encyclopaedia
	maneuver	manoeuvre
ohne Wortstamm-e	argument	arguement
(argue, judge) *statt mit*	judgment	judgement

Darüber hinaus gibt es einige, deren Regeln nicht so einfach zusammenzufassen sind.

jewelry, specialty	jewellery, speciality
pajamas, tire	pyjamas, tyre
program	programme
donut, thru	doughnut, through
lite, nite	light, night

Für die Unterschiede bei der Bildung des Partizip Perfekts im Amerikanischen gibt es drei wichtige Kategorien:

	Grundform	Amerikanisch	Britisch
-ed *statt* -t	learn	learned	learnt
Grundform statt -ed	wed	wed	wedded
unregelmäßig statt -ed	light	lit	lighted

Wortgebrauch

Hier sehen Sie ein paar typische Unterschiede im Wortgebrauch zwischen Amerikanern und Briten.

Deutsch	Amerikanisch	Britisch
Wohnung	**apartment**	**flat**
Pflaster	**band-aid**	**plaster**
Toilette	**bathroom**	**toilet**
Windel	**diaper**	**napkin**
Radiergummi	**eraser**	**rubber**
Taschenlampe	**flashlight**	**torch**
Pudding	**jello**	**jelly**
Ferien	**vacation**	**holiday**

Bedeutung des britischen Wortes für den Amerikaner:
flach
gipsen
Toilette, aber unhöflich
Serviette
Kondom
Fackel
Marmelade
Feiertag

Aussprache

Bei diesen Beispielen ist zwar die Schreibweise gleich, aber die Aussprache anders.

	Amerikanisch	Britisch
advertisement	ädwörteismen	ädvörtißment
secretary	ßäkretäriej	ßäkretrie
tomato	tomäjdow	tomatoh
recess	rießeß	rießeß
writer	reider	reite
morning	mornin	morning
herb	örb	hörb
new	nu	nju
privacy	preivesie	privesie
fillet	filläj	fillit
schedule	ßkädjell	schädjell

m, n, *und* ng *werden im Amerikanischen richtig schön nasal gesprochen, im Britschen nicht.*

Die Dialekte in den USA

Wenn man sich die Größe der USA mit 9.826.630 km² und über 300 Millionen Einwohnern anschaut, kann man sich vorstellen, dass die Bewohner unmöglich eine homogene Sprache sprechen können. Die turbulente Geschichte Amerikas hinterließ in jedem Teil des Landes ihre deutlichen Spuren auch im sprachlichen Bereich – im Nordosten ließen sich die ersten aus Europa Flüchtenden nieder – vorwiegend Briten, Niederländer, aber auch Deutsche, Dänen, Schweden – eher konservative Völker, die sich ein zweites, besseres Europa in Amerika aufbauen wollten, nicht umsonst heißen die Bundesstaaten des Nordostens „Neu England", und die hier gesprochene Sprache ist dem Britischen am ähnlichsten. Mit der Entwicklung der Industrie im Norden, dem Land der Yankees, breitete sich der Dialekt der Nordstaatler zwischen Kanada, dem Mittleren Westen und nach Süden bis zur ehemaligen Grenze der Südstaaten aus.

Northern
norðern
Nord-

Das industrielle Herz Amerikas an den Großen Seen mit einem hohen afro-amerikanischen Bevölkerungsanteil darin eingeschlossen – sie waren aber keine Sklaven, sondern freie Bürger – Arbeiter in den Fabriken der nordamerikanischen Yankees.

Midland
midländ
Mittel-Land, zwischen Nord- und Südosten

Das Gegenstück in the Good Ol' South ðe guhd owl ßauwð – dem guten alten Süden – wurde von Franzosen regiert, die aus Afrika

Southern
ßaðern
Süd-

entführte, gekaufte schwarze Sklaven zur Arbeit auf den Baumwollfeldern einsetzten. Hier liegt die Wurzel der Apartheid. Das afrikanisch-französische Gemisch hat hier am deutlichsten seine Spuren im amerikanischen Dialekt hinterlassen. Weißbrot nennt man hier light bread leitbräd (ist aber nicht kalorienarm), lightwood leitwud ist das, was man eigentlich kindling kindlin (Feuerholz) nennt, und low low ist für die Südstaatler das Muhen der Kuh. Man nutzt das „r" in einer Endsilbe, wie in car ka (Wagen), card kahd (Karte), beer bie (Bier), board bowd (Brett), zur Verlängerung des davor stehenden Selbstlautes. Statt „ng" am Wortende hört man nach dem „n" auf, wie in workin' wökin (arbeiten), fishin' fischin (fischen), mornin' mownin (morgen), nothin' naðin (nichts). Das „i" wird einfach wie das „e" ausgesprochen, und man kann Worte wie in pin – pen pän (Anstecknadel – Kugelschreiber), him – hem häm (ihm/ihn – Räuspern), since – sense ßänß (seit – Sinn) nur noch durch den Kontext auseinander halten.

Der trockene mittlere Westen, östlich von den Rocky Mountains, von der mexikanischen bis zur kanadischen Grenze, ist geprägt von der Goldgräberzeit, der Vertreibung der Indianer von ihrem eigenen Land, den geflüchteten religiösen Gruppen, der Nähe zu Mexiko und dem Erdöl. Der kulturelle Hintergrund dieser Siedler war sehr unterschiedlich, die Sprachen, die sie mitbrachten, noch mehr. Hier kommt der echte Cowboy her, der

Western
wäßtern
West-

Farmer, der mit breitem Akzent spricht, als habe er immer ein Kaugummi zwischen den Zähnen. Das amerikanische „r“ wird nirgends so sehr in die Länge gezogen wie hier. Die Westküste, das Tor zum Gold, jagte immer neuen Träumen nach – als Traumfabrik Hollywood und seit den 60er Jahren als Ursprung alternativer, gesellschaftskritischer Bewegungen im weißen Amerika: Hippies, Emanzipation, Gay-Pride. New York brachte hingegen eher die schwarzen gesellschaftskritischen Bewegungen hervor. Hier leben heute diejenigen, denen Neu England zu spießig geworden war und die ihr Glück in den Weinbergen, der Filmindustrie oder der Computerbranche suchen wollten. Das an der Küste gesprochene Amerikanisch ist nicht ganz so extrem wie das im Mittleren Westen.

Wenn Sie die extremeren Dialekte einmal so richtig heraushören möchten, ohne in die USA zu fahren, kann ich Ihnen folgende Filme im englischen Original empfehlen:

Steel Magnolias, von Herbert Ross, mit Julia Roberts, Olympia Dukakis, Dolly Parton, Shirley MacLaine, Sally Field and Daryl Hannah. Einer der besten Filme, um den zeitgenössischen Dialekt des Grand Old South kennzulernen.

Fargo, von Ethan & Joel Coen, mit Steve Buscemi und Frances McDormand. Ein unterhaltsames Beispiel für den nördlichen Western-Dialekt.

Aussprache & Betonung

Britisches Englisch ist schon kompliziert genug, leider ist das Amerikanische auch nicht einfacher. Daher sollten Sie sich die Ausspracheliste gründlich anschauen.

Damit es richtig Amerikanisch klingt, müssen Sie mehrere Worte in einem Satz als ein Wort sprechen und das Ganze am besten mit einem Kaugummi im Mund. Wenn Sie den Satz „I am going to see if he is going to the game; if he is, I am going to go with him." so aussprechen „eim ganne ßiej ifies goine ðe gäjm, iffiejis, eim ganne gow wiðimm." machen Sie es richtig! In der Lautschrift für Sätze sind daher oft mehrere Worte zusammengezogen. Wo die Laute auf keinen Fall zusammengezogen werden sollten, finden Sie einen trennenden Längsstrich: variation väri | äjschn.

Das amerikanische Alphabet

a	äj	**j**	dchäj	**s**	äß
b	bie	**k**	käj	**t**	tie
c	ßie	**l**	äl	**u**	juw
d	die	**m**	äm	**v**	wie
e	ie	**n**	än	**w**	dabljuw
f	äf	**o**	ow	**x**	äkß
g	dschie	**p**	pie	**y**	weij
h	äjtsch	**q**	kjuw	**z**	szie
i	eij	**r**	ar		

Mitlaute (Konsonanten)	
ß	stimmlos wie in „Glas"
	race (Wettrennen), **sweet** (süß),
	pretzel (Brezel)
	bei st, sp, sch kein dt. „scht, schp, sch"!
ßt	**student** ßtuwdent (Student)
ßp	**sports** ßportß (Sport)
ßk	**school** (Schule)
s	stimmhaftes wie in „**S**aft"
	size (Größe), **scissors** (Schere),
	movies (Kino), **example** (Beispiel)
sch	wie in „**Sch**uh"
	shine (scheinen), **sure** (ok, ja)
	machine (Maschine), **ocean** (Ozean)
tsch	wie in „Ma**tsch**"
	much (viel), **match** (Spiel)
dsch	j immer; g vor e, i wie „**Dsch**ungel".
	German (Deutsch), **jeans** (Jeans),
	bridge (Brücke), **adjective** (Adjektiv)
j	wie in „**J**ahr". Ein „j" wird manchmal
	vor einem u-Laut eingeschoben
	year (Jahr), **night** (Nacht),
	few fjuw (wenig), **use** juhs (gebrauchen),
	fuel fjuhl (Benzin), **sign** ßeijn (Schild)
k	c am Anfang; q wie in „**K**ultur".
	cash (bar), **fuck** (Mist!), **chaos** (Chaos)
	liquor (Alkoholisches), **account** (Konto)
r	ein langes, breites Kaugummi-„r"
	car (Auto), **first** (erste)
d	t wird oft „d" gesprochen; nach r immer
	forty (vierzig)
ð	das berühmte *„tie-äjtsch"*
	thanks (danke)

Meist wird das g wie im deutschen „Glas" ausgesprochen.

Das m, n und ng schön lang ziehen und durch die Nase sprechen!

Selbstlaute (Vokale)	
a	wie in „Vater" oder „kann" **father** (Vater), **country** (Land), **must** (müssen), **above** (über)
ä	wie in „Märchen", aber langziehen! **question** (Frage), **egg** (Ei), **friend** (Freund), **and** (und)
äj	wie in „Hey!", aber schön langziehen! **baseball** (Baseball), **May** (Mai) **steak** (Steak), **main** (Haupt-)
auw	wie in „Maus" **without** (ohne), **how** (wie)
e	kurz wie in „bitte" **about** (über), **butter** (Butter) **rental** (Vermietung)
ei(j)	wie in „Ei" **guide** (Führer), **height** (Höhe), **bye** (Tschüss), **aisle** (Gang), **buy** (kaufen), **lie** (Lüge),
i	kurz wie in „bitte" **foreign** (ausländisch), **women** (Frauen), **busy** (beschäftigt), **been** (war), **bit** (bisschen)
ie(j)	längeres „i" als in „Bier" **beer** (Bier), **be** (sein), **year** (Jahr), **receive** (bekommen), **twenty** (zwanzig), **people** (Menschen), **thief** (Dieb)
o	wie in „morgen"; oft vor -ll **ball** (Ball), **broad** (weit), **soft** (weich) **Australia** (Australien)
oi	wie in „Ahoi" **choice** (Wahl), **boy** (Junge), **lawyer** (Anwalt)

Ein ganz normales a, e, i, o und u gibt es aber auch im Amerikanischen

ow	wie in „Pank**ow**", endet mit „w"-Laut **over** (über), **grow** (wachsen) **sew** (nähen), **though** (obwohl)
ö	meist vor „r" wie in „**ö**ffnen" **first** (erst), **earn** (verdienen) **burn** (brennen), **world** (Welt)
u	kurzes „u" wie in „B**u**s" **foot** (Fuß), **pull** (ziehen), **could** (könnte), **woman** (Frau)
uh (uw)	langes „u" wie in „K**uh**", manchmal als „w" endend **too** (auch), **blue** (blau), **do** (tun), **you** (du), **crew** (Mannschaft)

Kauderwelsch-AusspracheTrainer

*Falls Sie sich die wichtigsten amerikanischen Sätze, die in diesem Buch vorkommen, einmal von einem Amerikaner gesprochen anhören möchten, kann Ihnen Ihre Buchhandlung den **AusspracheTrainer** zu diesem Buch besorgen. Sie bekommen ihn auch über unseren Internetshop **www.reise-know-how.de** Alle Sätze, die Sie auf dem **Kauderwelsch-AusspracheTrainer** hören können, sind in diesem Buch mit einem 👂 gekennzeichnet.*

Es wurden nur die Laute vorgestellt, die anders als bei uns ausgesprochen werden. Ein „e" am Wortende wird übrigens fast nie gesprochen, culture kaltscher (Kultur), date däjt (Datum). Die Endung -tion, -sion, -chion wird immer zu schen, z.B. in nation näjschen (Nation). Wer jetzt nicht mehr durchblickt, dem sei verziehen. Es ist wirklich ein verflixtes Durcheinander, wann man im Amerikanischen welchen Buchstaben wie ausspricht. Ein und dasselbe Wort kann mehrere Aussprachen haben. Wenn man den Amerikanern eine Weile zuhört, ist es aber gar nicht mehr so schwer!

Wörter, die weiterhelfen

Die absoluten Grundbegriffe sind natürlich „ja“ und „nein“. Diese zwei kleinen Wörtchen spricht jeder überall ein wenig anders aus: yes/yeah = jäß, jäe, ja, japp und no = now, nowp, naa. Wer präziser werden möchte, sagt:

(for) sure	(for) schur	Sicher!
you bet	juw bäd	Na klar!
great	gräjt	Super!
awesome	owßamm	Klasse!
ok	owkäj	Okay.
no way	now wäj	Auf keinen Fall!
forget it	forgädid	Vergiss es!
really	rieliej	Wirklich?
maybe	mäjbiej	Vielleicht.
whatever	wodäver	Wie auch immer.
let me see	lämie ßie	Mal schauen!
hold on	howldonn	Moment!

no way *bedeutet auch ein ungläubiges „Wirklich?“*

Immer wenn Sie jemanden unvermittelt ansprechen wollen, sollten Sie mit „Entschuldigung“ anfangen: Excuse me, ... ikßkjuwsmiej.

Excuse me, could you help me, please?
ikßkjuwsmiej kudje hälbmie plies
entschuldige mich könnte du helfen mir bitte
Entschuldigung, können Sie mir bitte helfen?

„Bitte“ verwendet man im Amerikanischen viel häufiger als bei uns, aber please plies kann man nur sagen, wenn es sich um eine Bitte handelt. Je nachdem verwendet man sonst:

you're welcome *ist die Antwort auf „Danke".*

You're welcome.
jer wällkamm
du'bist willkommen
Bitte, gern geschehen.

here you are *sagt die Kellnerin oder Verkäuferin, wenn sie das Gefragte bringt.*

Here you are.
hier jaar
hier du bist
Hier, bitte. (Etwas Bestelltes oder Erbetenes)

Huh? What did you say?
he? wad didje ßäj
hä? was tatest du sagen
Wie bitte?

Und bedanken kann man sich mit ein paar Varianten von „Danke":

Thank you. / Thanks. / Thanx.
ðängkju / ðängkß / ðängkß
danke dir/ danke / danke
Danke.

Thanks a lot. / Thank you very much.
ðängßelad / ðängkju väriej matsch
danke ein Menge. danke dir sehr viel
Vielen Dank.

Hier die wichtigsten Sätze auf einen Blick, die Sie gleich bei Ankunft brauchen können:

I'm looking for ...
eim lukin for
ich'bin schauend für
Ich suche ...

Excuse me, where's ...?
ikßkjuwsmiej wärs
entschuldige mich wo ist
Wo ist ..., bitte?

Einfach den gewünschten Artikel voranstellen:
the ðe *der/die/das*
a e *ein(e,r)*
this ðiß *dies*
that ðäd *jenes*

restroom	räßtruwm	Toilette
address	ädreß	Adresse
hotel	howtäll	Hotel
diner	deiner	Restaurant
bank	bängk	Bank
hospital	hoßpidel	Krankenhaus
police	palies	Polizei
gas station	gäß ßtäjschen	Tankstelle
cab	käb	Taxi
train station	träjn ßtäschen	Bahnhof
bus terminal	baß törminell	Busbahnhof
subway	ßabbwäj	U-Bahn

I need ...
eij nied
ich brauche
Ich bräuchte ...

Do you have ...
dje häv
tust du haben
Haben Sie ...?

some water	ßamm woder	etwas Wasser
coffee	koffiej	Kaffee
tea	tiej	Tee
sandwiches	ßännwidsches	belegte Brote
cigarettes	ßiggerätß	Zigaretten
lighter	leider	Feuerzeug
tissue	tischuw	Taschentuch
help	hällp	Hilfe

Hauptwort, Artikel & Fürwörter

Am wichtigsten ist, dass Sie sich den Gebrauch des bestimmten Artikels weitgehend verkneifen, denn den verwendet man eher nur bei festen Wendungen: the USA, the Pacific, the Rockies.

Hauptwörter (Substantive) haben im Amerikanischen kein Geschlecht und alle haben denselben bestimmten Artikel the ðe und unbestimmten Artikel a e bzw. an en; das -n wird nur angehängt, wenn das darauf folgende Hauptwort mit einem Selbstlaut beginnt.

Ebenso einfach ist es mit den hinweisenden Fürwörtern (Demonstrativpronomen). Will man deutlich machen, dass es sich um dieses oder jenes handelt, nimmt man this und that, in der Mehrzahl these und those.

this place, that hotel, these boys, those cars
ðiß pläjß, ðädowtäll, ðies bois, ðows kars
dieser Ort, jenes Hotel, diese Jungs, jene Autos

Auch die Mehrzahlbildung (Plural) ist keine Schwierigkeit, man hängt einfach ein -s an das Hauptwort, bzw. -es, wenn das Hauptwort auf -s, -sh, -ch, -x oder -z endet. Auf -f oder -fe endende Wörter verändern sich oft zu -ves.

Gebiet	**an/the area**	**areas**
	en/ðie ärieja	äriejas
Bus	**a/the bus**	**buses**
	e/ðe baß	baßeß
Gericht	**a/the dish**	**dishes**
	e/ðe disch	discheß
Messer	**a/the knife**	**knives**
	e/ðe neif	neivs

Bei einem Mitlaut + -y wird aus dem -y ein -ies.
Aber nicht, wenn ein Selbstlaut davor steht!

Dame	**a/the lady** e/ðe läjdiej	**ladies** läjdies

Ausnahmen bei der Mehrzahlbildung sind in der Wortliste am Ende des Buches entsprechend gekennzeichnet.

Es gibt nur wenige Ausnahmen, wie Hauptwörter, ...

..., die gar keine Mehrzahlform haben.
..., deren Mehr- und Einzahl identisch sind: fish fisch (Fisch/e); deer dier (Reh/e)
..., die keine Einzahl-, sondern nur eine Mehrzahlform haben: glasses gläßeß (Brille); pants päntß (Hose)
..., und solche, die einfach unregelmäßig sind:

Frau	**a/the woman** e/ðe wummen	**women** wimmen
Fuß	**a/the foot** e/ðe fut	**feet** fiet
Kind	**a/the child** e/ðe tscheild	**children** tschilldren
Person	**a/the person** e/ðe pörsen	**people** piepl

Für den besitzanzeigenden Artikel „der/des" hängt man im Amerikanischen ein 's an den „Besitzer". Wenn der „Besitzer" auf ein -s, -z oder -ce endet, oft nur ein Apostroph.

the club's entrance	ðe klabbs intrenß	*der Eingang des Klubs*
children's books	tschilldrens bukß	*Kinderbücher*
Chris' house	krіß hauwß	*Chris (sein) Haus*

persönliche & besitzanzeigende Fürwörter

	Wer?	Wessen?	Wem/Wen?	Reflexiv
ich, mein(s),	**I**	**my (mine)**	**me**	**myself**
mir/mich, mich	ei	meij (meijn)	miej	meijßälff
du, dein(s), dir/dich,	**you**	**your(-s)**	**you**	**yourself**
dich	juh	jer(s)	juh	jerßälff
er, sein(s), ihm/ihn,	**he**	**his**	**him**	**himself**
sich	hie	his	himm	himmßälff
sie, ihr(s), ihr/ihr, sich	**she**	**her(-s)**	**her**	**herself**
	schie	hör(s)	hör	hörßälff
es, sein, sein/sein, sich	**it**	**its**	**it**	**itself**
	it	itß	it	itßälff
wir, unser(s),	**we**	**our(-s)**	**us**	**ourselves**
unser/unser, uns	wie	auwer(s)	aß	auwerßälvs
ihr, euer, euch/euer,	**you**	**your(-s)**	**you**	**yourselves**
euch	juh	jer(s)	juh	jerßälvs
sie, ihr, ihnen/ihnen,	**they**	**their(-s)**	**them**	**themselves**
ihnen	ðäj	ðär(s)	ðämm	ðämmßälvs

He's bought a gift for her and himself.
hies bowde gifft forer änn himmßälff
er'hat gekauft ein Geschenk für sie und sich-selbst
Er hat sich und ihr ein Geschenk gekauft.

Groß oder klein schreiben? Der Satzanfang, Überschriften, Eigennamen, Wochentage, Feiertage, Monate und das persönliche Fürwort (Personalpronomen) I ei (ich) werden immer groß geschrieben. Sonst wird alles klein geschrieben.

Im Amerikanischen siezt man eigentlich nicht, dennoch entspricht you auch dem deutschen „Sie"/„Ihr", aber auch: „man"!

When hiking you should be careful.
wänn heikin je schedbie kärfoll
wenn wandernd du solltest sein vorsichtig
Man/du/Sie sollte/-st/-n vorsichtig sein beim Wandern.

Eigenschafts- & Umstandswörter

Kombinieren Sie einfach ein Eigenschaftswort (Adjektiv) oder Fürwort (Pronomen) mit dem einfachsten Tätigkeitswort (Verb) to be „sein". Schon haben Sie einen Satz:

Das Eigenschaftswort wird nicht gebeugt, sondern bleibt immer gleich!

This is mine.
ðißiß mein
das ist meins
Das gehört mir.

The bag is empty.
ðe bägisämmtiej
die Tasche ist leer
Die Tasche ist leer.

Steigern

Wichtige Eigenschaftswörter finden Sie in den passenden Konversationskapiteln oder natürlich in der Wortliste. So können Sie Eigenschaftswörter steigern:

small	**smaller**	**smallest**	*klein, kleiner, kleinste*
ßmol	ßmoler	ßmoleßt	
big	**bigger**	**biggest**	*groß, größer, größte*
bigg	bigger	biggeßt	
expensive	**more expensive**	**most expensive**	*teuer, teurer, teuerste*
ikßpennßiv	morikßpännßiv	mowßt ikßpännßiv	

Alle regelmäßigen Eigenschaftswörter, die aus weniger als drei Silben bestehen, steigert man, indem man -er bzw. -est anhängt. Besteht es aus drei oder mehr Silben, steigert man durch voranstellen von more mor und most mowßt:

It's the best and our most expensive room.
itß ðe bäßt ännauwer mowßt ikßpännsiv ruhm
es'ist das beste und unser meist teuer Zimmer
Es ist unser bestes und teuerstes Zimmer.

Einige wichtige Ausnahmen:

viel		gut	
a lot/many	elett/männi	**good**	gudd
more	mor	**better**	bädder
most	mowßt	**best**	bäßt

weit		schlecht		wenig	
far	fahr	**bad**	bäd	**little**	liddl
further	förðer	**worse**	wörß	**less**	läß
furthest	förðeßt	**worst**	wörßt	**least**	ließt

Vergleich

just as
dschaßtäs
genauso wie

Will man Dinge vergleichen, sollte man sich die Wörtchen „als" than ðän und „wie" as äs einprägen:

as ... as
äs ... äs
so ... wie

Their room is different than ours.
ðär ruhmßdiffrent ðännauwers
ihr Zimmer ist verschieden als unseres
Ihr Zimmer ist anders als unseres.

This is just as tiny as I thought.
ðißiß dschaßtäs teijniej äsei ðowt
dies ist genau so winzig so ich dachte
Das ist genauso winzig, wie ich es mir vorgestellt habe.

There're just as many people as yesterday.
ðärr dschaßtäs männie piepl äs jäßterdäj
da sind genau so viele Leute so gestern
Es sind genauso viele Leute da wie gestern.

Intensität

Wie man im Deutschen, kann man die Intensität von Farben durch Voranstellen von „hell" light leit oder „dunkel" dark dark genauer beschreiben. Und wenn man sich nicht sicher ist, welcher Farbton es genau ist, hängt man -ish isch an.

green	greenish	light green	dark green
grien	grienisch	leitgrien	darkgrien
grün	grünlich	hellgrün	dunkelgrün

In der Umgangssprache hängt man -ish isch *auch an andere Eigenschaftswörter, um etwas Ungefähres zum Ausdruck zu bringen, z.B. von* seven:
sevenish
ßävenisch
um sieben herum

Umstandswörter

Umstandswörter (Adverbien) sind oft einfach zu erkennen an ihrer Endung -ly (rarely rärliej *selten*). Der Wortstamm ist immer ein Eigenschafts- oder Hauptwort, und man stellt sie vor das näher zu beschreibende Wort:

probably probbebliej
möglicherweise

recently rießentliej
neulich

Unregelmäßig:
good gudd *gut*
= well wäll.

I mostly don't get homesick.
ei mowßtliej downged howmßik
ich meistens mache-n'icht bekommen Heimweh
Ich bekomme meistens kein Heimweh.

Feststehend:
always ollwäjs *immer*
never nävver *nie*
sometimes ßammteims *manchmal*
often owffn *oft*
also ollsow *auch*
only ownliej *nur*
again egänn *nochmal*
just dschaßt *nur*
so sow *so*

I feel extremely tired.
eifiel ikßtriemliej teird
ich fühle extrem müde
Ich bin ziemlich müde.

Long-distance flights are often delayed.
long dißtenß fleijtß arowffn dieläjd
lang-Strecke Flüge sind oft verspätet
Langstreckenflüge haben häufig Verspätung.

Do you always eat out?
dje ollwäjs iedauwt
machst du immer essen aus
Isst du immer außer Haus?

I'd like to go to that bar again.
eidleikte gowte ðäd bar egänn
ich'würde mögen zu gehen zu jene Bar nochmal
Ich würde gerne nochmal in jene Bar gehen.

I just want to have a look.
ei dschaßt wonne häve lukk
ich nur möchte zu haben einen Blick
Ich will mich nur mal umsehen.

We only have a vacant suite.
wie ownliej häve väjkent ßwiet
wir nur haben ein frei Luxuszimmer
Wir haben nur noch eine Suite frei.

Sein, Haben & Tun

An den drei Hilfswörtchen „sein" = to be, „haben" = to have und „tun" = to do führt kein Weg vorbei. Man braucht sie, um einfachste Sätze zu bilden, Tätigkeitswörter zu verneinen, sowie zur Bildung von Vergangenheit, Verlaufsform und vollendeter Gegenwart! Sie sind unregelmäßig, also auswendig lernen!

sein

I'm	eim	ich bin
you're	jer	du bist
he's/that's	hies/ðädß	er/das ist
we're	wier	wir sind
you're	jer	ihr seid
they're	ðäjr	sie sind

Die Langformen:
I am
you are
he/that is
we are
you are
they are

They're open.
ðäjr owpen
sie'sind offen
Sie haben geöffnet.

That's great!
ðädß gräjt
das'ist toll
Super!

Die verneinten Formen bildet man mit not (nicht) oder abgekürzt zu -n't:

I ain't	eijäjnt	**I'm not**	eim not
you aren't	ju | arnd	**you're not**	jer not
he isn't	hie | isnd	**he's not**	hies not

There ain't no bus today.
ðär äjnt now baß tedäj
dort ist-n'icht nein Bus heute
Heute kommt kein Bus.

Entsprechend kann man das auch auf we, they, these, those & she, it, that, this anwenden, aber bei these, those, this verwendet man nur die -n't -Form, die ohnehin am meisten verwendet wird. Die Form ain't wird in der Umgangssprache, besonders der der Afro-Amerikaner, für alle Personen verwendet.

haben

Langform:
I have
you have
he has
we have
you have
they have

I've	eiv	ich habe
you've	juhv	du hast
he's	hies	er hat
we've	wiev	wir haben
you've	juhv	ihr habt
they've	ðäjv	sie haben

Die verneinten Formen bildet man mit not (nicht) oder abgekürzt zu -n't: have = haven't, has = hasn't. Auch hier bevorzugt man die Kurzform mit -n't.

tun

Wohl die interessanteste der drei Formen, weil wir diese im Deutschen nicht haben.

verneinte Form:
I don't
you don't
he doesn't
we don't
you don't
they don't

I do	ei duh	ich tue
you do	juh duh	du tust
he does	hie das	er tut
we do	wie duh	wir tun
you do	juh duh	ihr tut
they do	ðäj duh	sie tun

Mit der verneinten Form von do kann man jedes Tätigkeitswort verneinen. Die verneinten Formen bildet man mit not (nicht) oder abgekürzt zu -n't.

I don't like this!
ei downt leik ðiß
ich tun-n'icht mögen dies
Das finde ich nicht schön!

I don't know where that hotel is.
ei denow wär ðäd howtällis
ich tun-n'icht wissen wo jenes Hotel ist
Ich weiß nicht, wo das Hotel ist.

Man braucht dieses Hilfswort aber auch zum Formulieren einer Frage, wenn man kein Fragewort (wer, was,...) verwendet.

Do you sell any quilts?
dje ßäll ännie kwiltß
tust du verkaufen irgendwelche Steppdecken
Verkaufen Sie auch Steppdecken?

In Aussagesätzen verwendet man do gerne, wenn die Aussage des darauf folgenden Tätigkeitswortes unterstrichen werden soll:

They do have many national parks in the US.
ðäj duh häv männie näschnel parkß inðe juh | äß
sie tun haben viele National Parks in den USA
Sie haben viele Nationalparks in den USA.

Tätigkeitswörter & Zeiten

Zum Glück ist die Beugung der Tätigkeitswörter (Verben) im Amerikanischen sehr übersichtlich. Wie man sie verneint und bestimmte Zeiten bildet, unterscheidet sich jedoch stark vom Deutschen – daher aufgepasst!

Gegenwart

Die Regeln für die Bildung der 3. Person sind genau wie bei der Mehrzahlbildung von Hauptwörtern!

Fast alle Personen haben immer die gleiche Form – die Grundform! Nur bei der *er-sie-es*-Form hängt man ein -s an. Endet die Grundform jedoch auf -ss, -ch, -sh oder einen Selbstlaut, wird -es angehängt. Endet ein Tätigkeitswort auf einen Mitlaut+-y, verändert sich die Endung zu einem -ies.

I buy, you pass, we wish, you fly, they go
eijbei, juh päß, wie wisch, juh fleij, ðäj gow
ich kaufe, du reichst, wir wünschen, ihr fliegt, sie gehen

he/she/it buys, passes, wishes, flies, goes
hie/schie/it beijs, päßeß, wisches, fleijs, gows
er/sie/es kauft, reicht, wünscht, fliegt, geht

The store usually opens at 9 am.
ðe ßtowr juscheliej owpens ätt nein äj | äm
der Laden normalerweise öffnet um 9 Vormittag
Der Laden macht normal um 9 Uhr auf.

She lives in New York.
schlivs in nujork
sie lebt in New York
Sie wohnt in New York.

Zur Verneinung stellt man die entsprechende verneinte Form des Hilfswortes do vor das Tätigkeitswort (in seiner Grundform!):

They don't stay in this hotel.
ðäj downßtäj in ðiß howtäll
sie tun-n'icht bleiben in dies Hotel
Sie wohnen nicht in diesem Hotel.

The TV doesn't work.
ðe tie | viej dasnd wörk
der Fernseher tut-n'icht arbeiten
Der Fernseher funktioniert nicht.

Verlaufsform

Diese Form verwenden wir nicht, aber Amerikaner verwenden sie, wann immer sie mitten in einer Handlung stecken, die noch ein wenig andauern wird, sich also im Verlauf befindet. Man bildet sie mit der gebeugten Form von be + Tätigkeitswort + Endung -ing. Falls das Tätigkeitswort auf -e endet, wird das e gestrichen.

Die wichtigsten Verlaufsformen:

to be = being
to have = having
to do = doing

While I was traveling in the US, ...
weilei wos trävlin inðe ju | äß
während ich war reisend in den USA
Während ich in den USA reiste, ...

Das Wörtchen while *verlangt immer nach der Verlaufsform.*

She's studying for her final exam.
schies ßtaddiejin forör feinel iksäm
sie'ist studierend für ihre End Klausur
Sie lernt gerade für ihre Abschlussprüfung.

Zur Verstärkung verwendet man oft zusätzlich Zeitworte, wie at the moment, now, today, tomorrow, last week, last month, tonight,...

Im Deutschen würde man das Wörtchen „gerade" einfügen, um dasselbe zum Ausdruck zu bringen. Man drückt mit der Verlaufsform im Amerikanischen auch Pläne in der nahen Zukunft (morgen, heute Abend) aus:

We're having leftovers this evening.
wier hävin läfftowvers ðißiewnin
wir'sind habend Reste diesen Abend
Wir werden heute Abend Reste essen.

Da man die Verlaufsform mit be bildet, verwendet man zur Verneinung die verneinte Form mit not (nicht) oder -n't:

She's not having a party for her birthday.
schiesnad hävine pardie forör börðdäj
sie'ist nicht habend eine Party für ihren Geburtstag
Sie macht keine Fete an ihrem Geburtstag.

Zukunft

Wenn es nicht so sehr um den Verlauf geht, sondern vielmehr um eine Prognose, einen Plan, sollte man die Zukunft mit dem Hilfswort „werden" will will bilden. Auch wenn man im Deutschen meist nicht „werden" verwendet, im Amerikanischen ist es ein Muss! will und seine verneinte Form won't wownt sind immer unverändert und gelten für alle Personen.

Kurzformen:
I'll, you'll, he'll, she'll, it'll, we'll, you'll, they'll

I'll fly to LA tomorrow.
eil fleijte äl | äj temarow
ich-werde fliegen nach Los-Angeles morgen
Ich fliege morgen nach Los Angeles.

I won't buy that T-shirt.
ei wownt beij ðäd tie | schörd
ich werde-n'icht kaufen jenes T-shirt
Ich werde das T-Shirt nicht kaufen.

Kurzformen:
I'd, you'd, he'd, she'd, we'd, you'd, they'd

Ist alles noch nicht definitiv geplant, sondern an eine Bedingung geknüpft, verwendet man would wudd oder die verneinte Form wouldn't wuddnt.

I'd buy this one, if I were you.
eid beij ðißwuann ifeiwör juh
ich-würde kaufen dies eins, wenn ich wäre du
Ich würde dieses kaufen, wenn ich du wäre.

Vergangenheit & vollendete Gegenwart

Die einfache Vergangenheit und die vollendete Gegenwart gibt es auch im Deutschen: „ich flog" und „ich bin geflogen", und sie werden ebenso wie im Deutschen eingesetzt. Im Amerikanischen ist ihre Bildung nur viel einfacher: In der einfachen Vergangenheit sind alle Formen gleich!

Vergangenheitssätze werden meist ergänzt durch Zeitworte wie:
last year, yesterday, three months ago

I, you, he/she/it, we, you, they waited
ei, juh, hie/schie/it, wie, juh, ðäj wäjded
ich wartete, du wartetest, er/sie/es warteten, wir warteten, ihr wartetet, sie warteten

Die einfache Vergangenheit bildet man durch ein einfaches Anhängen von -ed an die Grundform. Endet die Grundform jedoch auf einen Mitlaut + -y, wird aus dem -y ein -ied; endet sie auf einen Selbtslaut + -y, wird aus dem -y ein -id. An Grundformen, die auf -e enden, wird nur ein -d angehängt. Leicht zu merken sind die drei wichtigen Hilfsworte be, have & do:

Unregelmäßige Vergangenheitsformen sind in der Wortliste am Ende des Buches immer mit angegeben.

I was	ei wos	ich war
you were	juh wör	du warst
he was	hie wos	er war
we were	wie wör	wir waren
you were	juh wör	ihr wart
they were	ðäj wör	sie waren

Die verneinten Formen sind entsprechend wasn't und weren't. Für have gilt immer had oder verneint hadn't. Für do gilt immer did oder verneint didn't.

vollendete Gegenwart

Einfacherweise bildet man die vollendete Gegenwart ausschließlich mit have und der Partizipform des entsprechenden Tätigkeitswortes. Ist das Tätigkeitswort regelmäßig, stimmt es mit der einfachen Vergangenheit überein, z.B. opened, closed. Amerikaner bevorzugen im Gegensatz zu den Briten jedoch meist die „normale" Vergangenheitsform.

Die Partizip-Formen der drei Hilfsworte lauten:
to be = been
to have = had
to do = done

I've been both to the East and West Coast.
eiv binn bowð tuðe ießtn wäßt kowßt
ich'habe gewesen beide zu der Ost und West Küste
Ich war schon an der Ost- und Westküste.

I've seen this movie already.
eivßien ðiß muvie elräddie
ich'habe gesehen diesen Film schon
Ich habe den Film schon gesehen.

Möchten, Können, Sollen

Der richtige Umgang mit Hilfsworten ist nicht schwer. Es gibt zwei Kategorien:

Die unselbständigen können nur in der Gegenwart (can, may, must) und der Vergangenheit (could, might, should) verwendet werden, keine anderen Zeiten sind möglich, auch keine Verlaufsform. Verneint werden sie mit not oder der Endung -n't: can't/couldn't, may not/might not, mustn't/shouldn't. Sie müssen immer durch ein anderes Tätigkeitswort in der Grundform ergänzt werden. Sie werden nicht gebeugt, sondern sind für alle Personen gleich.

Diese Formen sind weniger gebräuchlich:
cannot, could not, must not, should not, mightn't

Die selbständigen werden gebeugt, indem an die *er-sie-es*-Form ein -s angehängt wird.

Ihnen kann ein Tätigkeitswort nur nach einem einleitendem to folgen. Sie werden mit der verneinten Formen von do verneint.

möchten, mögen, wünschen

want to = *möchten*

He wants to go to Seattle.
hie wantßte gowte ßie | äddl
er möchte zu gehen zu Seattle
Er möchte nach Seattle gehen.

like to = *mögen*

She likes to surf.
schie leikßte ßörf
sie mag zu surfen
Sie surft gern.

He'd like to stay.
hied leikte ßtäj
er würde mögen zu bleiben
Er würde gerne bleiben.

wish to = *wünschen*

I wish to go home.
ei wisch tegow howm
ich wünsche zu gehen Zuhause
Ich möchte nach Hause.

müssen, sollen

must = *müssen*
(should: *Vergangenheit*)

He must be tired.
hie maßbie teijerd
er muss sein müde
Er muss müde sein.

He should come.
hie schudd kamm
er sollte kommen
Er sollte kommen.

need to = *sollen*
ought to = *sollen*

He needs to pay.
hie niedste päj
er soll zu zahlen
Er muss zahlen.

She ought to wake up.
schie owde wäjkap
sie soll zu wachen auf
Sie sollte aufwachen.

Shall we dance?
schällwie dänß
sollen wir tanzen
Sollen wir tanzen?

She has to leave.
schie häßte liev
sie hat zu weggehen
Sie muss gehen.

shall = *sollen*

I've got to go shopping.
eiv gadde gow schoppin
ich'habe bekommen zu gehen einkaufend
Ich muss (jetzt) einkaufen gehen.

have (got) to = *müssen (einen Drang spüren)*

Die zusätzliche Verwendung von got macht das Anliegen dringlicher, drückt einen starken Wunsch oder Zwang aus.

können

He can't sing.
hie kännt ßing
er kan-n'nicht singen
Er kann nicht singen.

She's able to drive.
schiesäjblte dreiv
sie'ist fähig zu fahren
Sie kann fahren.

can = *können (could: Vergangenheit)*

be able to = *können (fähig sein)*

Wenn Sie able verneinen wollen, können Sie not able oder in diesem Fall isn't able sagen. Welche Möglichkeiten Sie sonst noch haben, zeigt Ihnen das nächste Kapitel.

dürfen

He may drink.
hie mäj drenk
er darf trinken
Er darf trinken.

She's allowed to speak.
schieselauwte ßpiek
sie'ist erlaubt zu sprechen
Sie darf reden.

may = *dürfen (might = Vergangenheit)*
be allowed to = *dürfen (Erlaubnis haben)*

Verneinung

Es gibt im Amerikanischen vier Worte zur Verneinung. Eines haben Sie bereits kennengelernt:

not natt **nicht**

Es wird zur Verneinung von allen Tätigkeitswörtern und Hilfsworten verwendet. Die gekürzte Variante -n't kann nur an Hilfsworte angehängt werden: do, have, be, must, should, can, could, may, might, will, would.

no now **nein, verboten, kein**

So sagt man einfach „nein". Aber so bringt man auch Verbote zu Ausdruck, dass etwas nicht vorhanden ist oder nicht akzeptiert wird. no kann vor Tätigkeitswörtern in der Verlaufsform oder vor Hauptwörtern stehen.

no smoking
now ßmowkin
kein rauchend
Rauchen verboten!

no trespassing
now träßpäßin
kein überquerend
Überqueren verboten!

no vacancy
now väjkensie
kein freies-Zimmer
Belegt!

no one
now wuann
kein ein
keiner

nowhere
nowär
nicht-wo
nirgendwo

non- nann Nicht-

Die Vorsilbe non- findet man in festen Verbindungen, vor einem Hauptwort:

non-smoker	**non-descript**
nann ßmowker	nann-diskrip
nicht-Raucher	*nicht-beschreibbar*
Nichtraucher	undefinierbar

un- ann un-

Es macht Dinge rückgängig und drückt das Gegenteil aus, genau wie das deutsche „un-“ :

unfriendly	annfrännlie	unfreundlich	
unhealthy	annhälðie	ungesund	
unable	annäjbl	unfähig	
undress	anndräß	ausziehen	*wörtl.: un-anziehen*
undo	annduw	öffnen	*wörtl.: un-machen*

n- (in feststehenden Wendungen)

Das not ist im Laufe der Zeit mit dem zu negierenden Teil verschmolzen:

never	näver	nie
never ever	näveräver	niemals
neither ... nor	nieðer ... nor	weder ... noch
nothing	naðin	nichts
none	nann	keins

ever äver *jemals*
either ... or ieðer ... or *entweder ... oder*
thing ðing *Ding*

Satzstellung & Bindeworte

Jetzt haben Sie schon das Gröbste der Grammatik hinter sich, und ich kann Ihnen verraten, wie Sie all diese Teile im Amerikanischen in die richtige Reihenfolge bringen.

wer?	*Hilfswort + Aktion*	*was?/wo?/wann?*
Many tourists	**like to come**	**to New York in spring.**
männi turißtß	leikte kamm	te nujork in ßpring
viele Touristen	*mögen zu kommen*	*nach New York im Frühling*
Viele Touristen kommen gerne im Frühling nach New York .		

Fragewort?	*Hilfswort*	*wer?*	*Aktion*	*was?/wo?/wann?*
Where	**did**	**you**	**buy**	**that surfboard?**
wär	did	je	beij	ðäd ßörfbowrd
wo	*tatest*	*du*	*kaufen*	*jenes Surfbrett*
Wo hast du das Surfbrett gekauft?				

Wenn Sie sich an diese strenge Struktur halten, kommen Sie schon zurecht. Egal, was Sie dem Aussagesatz noch an Zeit- oder Ortsbestimmungen hinzufügen, das tun Sie immer nur am Anfang oder Ende. Die Einheit *wer-macht-was* bleibt immer als Kern bestehen! Beim Fragesatz müssen natürlich nicht immer alle Komponenten vorhanden sein, aber dennoch immer in dieser Reihenfolge!

Im Deutschen bauen wir Sätze ja schon mal gerne um - vermeiden Sie das in Ihren amerikanischen Satz!

Ich habe Ihnen jetzt schon viele Wortarten vorgestellt, mit denen Sie kurze Sätze bilden können. Für einen langen Satz oder Nebensatz brauchen Sie:

Im Gegensatz zu deutschen Bandwurmsätzen sind Sätze im Amerikanischen eher kürzer.

with/without	wið/wiðaud	mit/ohne
and/or	änn/owr	und/oder
but/because	batt/biekows	aber/weil
if ... then	iff ... ðänn	wenn ... dann
that	ðäd	dass
(in order) to	(in owrdr) tuw	(um) zu
therefore	ðärfor	daher
because of/ due to	biekosef/ dute	wegen
instead	inßtädd	anstatt
during/while	durin/weil	während
when/as	wänn/äs	als
as soon as	äßuhnäs	sobald

Pleased to meet you.
pliestemietje
erfreut zu treffen dich
Es freut mich, Sie kennenzulernen.

If you don't have a king size, I'll take queen size then.
iffje downt häve king ßeis eiltäjk kwien ßeis ðänn
wenn du tust-n'icht haben ein König Größe, ich'werde nehmen Königin Größe dann
Wenn Sie kein großes Doppelbett mehr haben, nehme ich eben das mittelgroße.

Fragen & Aufforderungen

Die Satzstruktur kennen Sie bereits, hier sind jetzt alle Fragewörter:

who	hu	wer, wen
whose	hus	wessen
to whom	tehuwm	wem
which	witsch	welcher
what	wad	was
what for	wad for	wozu
what kind of	wad keindeff	welche Art
with what	wið wad	womit
where	wär	wo, wohin
where ... from	wär ... framm	woher
why	weij	warum, wieso
when	wänn	wann
how	hauw	wie
how much	hauw matsch	wie viel
how many	hauw männi	wie viele
how long	hauw lowng	wie lange

Wenn man eine Frage ohne Fragewort bilden möchte *(z.B. hast du das gemacht?)*, macht man das ähnlich wie im Deutschen. Aber auch hier müssen Sie sich sklavisch an die amerikanische Satzstruktur halten.

Do you speak German?
dje ßpiek dschörmen
tust du sprechen Deutsch
Sprechen Sie/sprichst du Deutsch?

Sie erinnern sich? Man braucht do zur Verneinung aller Tätigkeitswörter, und man braucht es zur Verneinung aller Fragen ohne Fragewort. Die einzige Ausnahme sind Fragesätze, in denen ein anderes Hilfswort (be, have, must, should, can, could, may, might, will, would) verwendet wird.

Have you been to the Grand Canyon?
hävjebin tuðe gränn kännjen
hast du gewesen zu dem Grand Canyon
Warst du schon mal beim Grand Canyon?

Could you pass me the ketchup, please?
kudje päßmie ðe kätschapp plies
könntest du reichen mir den Ketschup bitte
Kannst du mir bitte den Ketchup reichen?

Aufforderungen

Einfacher geht's nicht. Man verwendet einfach das Tätigkeitswort in der Grundform:

Come on!
kammon
komm auf
Komm schon!

Please follow me!
plies folowmie
bitte folgen mir
Bitte folgen Sie mir!

Let us go home!
läddeß gow howm
lass uns gehen Zuhause
Lass uns nach Hause gehen!

Zahlen & Zeit

Sie stehen auf jeder Seite, damit Sie sie spielend erlernen. Hier nur noch mal kurz im Überblick. Die Zahlen von null bis zwölf prägen Sie sich am besten einfach ein, dann haben Sie das Rüstzeug für alle Zahlen bis 99 schon bei der Hand.

Null wird auch O = ow *gesprochen*

0	**zero**	sierow	10	**ten**	tänn
1	**one**	wuann	11	**eleven**	ieläwn
2	**two**	tuw	12	**twelve**	twälv
3	**three**	ðriej	13	**thirteen**	ðördien
4	**four**	for	14	**fourteen**	fordien
5	**five**	feiv	15	**fifteen**	fifftien
6	**six**	ßikß	16	**sixteen**	ßikßtien
7	**seven**	ßäwn	17	**seventeen**	ßäwentien
8	**eight**	äjt	18	**eighteen**	äjtien
9	**nine**	nein	19	**nineteen**	neintien

21 twenty-one twännie wuann, *22* twenty-two twännie tuw, *23* twenty-thhree twännie ðriej, etc.

20	**twenty**	twänniej	60	**sixty**	ßikßtiej
30	**thirty**	ðördiej	70	**seventy**	ßäwentiej
40	**forty**	fordiej	80	**eighty**	äjtiej
50	**fifty**	fifftiej	90	**ninety**	neintiej

	100	**(a/one) hundred**	(e/wuann) handrid
	200	**two hundred**	tuw handrid
	1000	**(a/one) thousand**	(e/wuann) ðauwsend
	2000	**two thousand**	tuw ðausend
Million		**(a/one) million**	(e/wuann) milljen
Milliarde		**(a/one) billion**	(e/wuann) billjen

Stockwerke und Plazierungen

1st	**first**	förßt	**6th**	**sixth**	ßikßð
2nd	**second**	ßäkend	**7th**	**seventh**	ßäwenð
3rd	**third**	ðörd	**8th**	**eighth**	äjtð
4th	**forth**	forð	**9th**	**ninth**	neinð
5th	**fifth**	fiffð	**10th**	**tenth**	tännð

11th	**eleventh**	ieläwnð
12th	**twelfth**	twälfð
20th	**twentieth**	twänniejeð
21th	**twenty first**	twännie förßt

In den USA zählt man Stockwerke nicht so wie in Deutschland. Das Erdgeschoss ist der first floor förßflor, danach geht's höher hinauf mit second floor ßäkend flor, etc.

Häufigkeit

Die kann man ganz einfach mit der Zahl und time(s) teim(s) bilden. Für ein und zwei Mal gibt es jedoch eine zweite Form.

this/next/last time
ðiß/näkß/läßt teim
diesmal, nächstes Mal, letztes Mal

one time/once	wuann teim/wuannß	ein Mal
two times/twice	tuw teims/tweiß	zwei Mal

Teilstücke

1/2	**(a/one) half**	(e/wuann) häf
1/3	**a/one third**	e/wuann ðörd
1/4	**a/one quarter**	e/wuann kworder
3/4	**three quarters**	ðrie kworders

Punkt, Komma oder Doppelpunkt?

point = *Punkt*
percent = *Prozent*
„Monat/Tag/Jahr"

Geht es um Dezimalzahlen, sagt man für 1,5%: one point five percent wuann poijnt feiv pörßänt. Den Punkt, den wir bei 1.000-er Schritten verwenden, ist bei den Amerikanern ein Komma: 1,000. Beim Datum verwendet man statt einem Punkt einen slash ßläsch, und die Reihenfolge ist anders: month/day/year. Bei der Uhrzeit gibt es statt des Doppelpunktes einen Punkt: 15.43.

Datum

months mannðs
weekday wiekdäj

Die Monate heißen: January jännje | ärie, February fäbbje | ärie, March martsch, April äjprill, May mäj, June dschuwn, July dschulei, August owgeßt, September ßäbbtämmber, October aktowber, November nowvämmber, December diesämmber. Sie werden groß geschrieben, genau wie die Wochentage: Monday manndäj, Tuesday tusdäj, Wednesday wännßdäj, Thursday ðörsdäj, Friday freijdäj, Saturday ßädderdäj, Sunday ßanndäj.

What's the date?
wadßðe däjt
was'ist das Datum

What date is it?
wad däjt isid
was Datum ist es

Welches Datum haben wir?

Today's the 1st of August/August 1st.
tuhdäjs ðe förßtef owgeßt / owgeßt förßt
heute'ist der 1. von August / August 1.
Heute ist der 1. August.

What's your birthdate?
wadßjer börðdäjt
was'ist dein Geburtsdatum
Wann ist dein Geburtsdatum?

Das Jahr (year jier) sagt man fast genauso wie im Deutschen: nineteen-ninety-nine für 1999 – d.h. vierstellige Jahreszahlen trennt man einfach in zwei: 19 – 99. Das gilt natürlich nicht für solch runde Zahlen wie das Jahr 2000, das hat den besonderen Spitznamen Y2K, sprich: weij | tu | käj. Und die nächsten Jahre werden genauso heißen wie ihre Zahl beim Zählen: 2001 = two thousand one tuw ðauwsend wuann

Y = year jier *Jahr*
K = kilo kilow = *1000*

Viele Traditionen sind an bestimmte Feiertage geknüpft. Offizielle nationale Feiertage legal holidays liejgel halliedäjs – sind mit einem * gekennzeichnet. Hier sind die Daten – dates däjtß, die man sich merken sollte:

New Year's Day* nujiers däj
1. Januar. Neujahrstag. Auf dem Times Square in New York wird der Beginn des neuen Jahres für alle amerikanischen Zeitzonen gefeiert.

Valentine's Day välenteins däj
14. Februar. Valentinstag. Wird unter Liebenden und guten Freunden gefeiert.

St. Patrick's Day ßenpätrikß däj
17. März. St. Patrick's Tag, ein irischer Feiertag, der auch von Nicht-Iren gefeiert wird. Man trägt grüne Kleidung, trinkt grünes Bier und isst Pökelfleisch mit Kohl.

Amerika ist in time zones teim sowns *Zeitzonen unterteilt, von West nach Ost:* Samoa, Hawaii-Aleutian, Alaska, Pacific, Mountain, Central, Eastern

Easter Sunday ießter ßanndäj
März/April. Ostersonntag, Ostermontag und Karfreitag gibt es in den USA nicht.

wörtl.: April Verarschter Tag

April Fool's Day äprill fuhls däj
1. April. Wie bei uns April, April!

wörtl.: Tageslicht Gespartes

Daylight Savings däjleit ßäjvingß
1. Sonntag im April. Die Uhr springs forward ßprings for|d – springt vorwärts – von 1 a.m. auf 2 a.m. (nicht in Arizona, Hawaii und in Teilen von Süd-Indiana).

Mother's Day maðers däj
2. Sonntag im Mai. Muttertag.

wörtl.: Gedenktag

Memorial Day* mämmowriejel däj
30. Mai. 1948 eingeführt als Tag für ein prayer for peace präjer for pieß – Gebet für den Frieden.

Father's Day faðers däj
3. Sonntag im Juni. Vatertag.

Independence Day* indiepänndenß däj
4. Juli. Gefeiert wird der Unabhängigkeitstag mit großen Feuerwerken.

Native American Day näjtiv emmäriken däj
4. Freitag im September. Tag der Indianer.

Columbus Day* kalammbeß däj
12. Oktober. Gedenktag für den Entdecker Christopher Columbus.

Daylight Savings däjleit ßäjvingß
Letzter Sonntag im Oktober. Die Uhr falls back fols bäk– fällt zurück von 2 a.m. auf 1 a.m. (s.o.).

von: all hallow even oll hällow iewn *alle heiligen Abend*

Halloween hällowien
31. Oktober. Verkleidete Kinder mit jack'o-lanterns dschäkow länterns – orangene

Kürbislaternen – klingeln an jeder Tür im Dorf mit der Frage: trick or treat trik or triet – Zaubertrick oder milde Gabe?

Veteran's Day* vädderenß däj

11. November. Tag der Kriegsveteranen.

Thanksgiving* ðängkßgivin

4. Donnerstag im November. An diesem Tag kommen Familien zur Danksagung an Gott zusammen. Wichtiger als Weihnachten.

Christmas Day* krißmeß däj

25. Dezember. Weihnachtstag.

Nationale Feiertage werden auf Freitag oder Montag verschoben, wenn sie auf ein Wochenende fallen. So gibt es zum geringen Jahresurlaub von 10 - 20 Tagen zusätzlich 7 freie Tage.

Uhrzeit

Einmal alle Moglichkeiten in der vollen Stunde durchgespielt:

What time is it?
wad teim isid
was Zeit ist es
Wie spät ist es?

It's ...
itß
es-ist
Es ist ...

five a.m. / p.m.
feiv äj | äm / piej | äm
fünf Uhr Vor-/Nachmittag
5 Uhr / 17 Uhr

ten past five
tänn päßt feiv
zehn nach fünf
zehn nach fünf

quarter past five
kworder päßt feiv
Viertel nach fünf
Viertel nach fünf

five fifteen
feiv fifftien
fünf fünfzehn
fünf Uhr fünfzehn

Wer nach der Uhrzeit fragt, weiß, ob es Morgen oder Nachmittag ist. Geschrieben differenziert man genau:
a.m. = ante meridiem *(vor Mittag)*
oder
p.m. = post meridiem *(nach Mittag)*

Das deutsche „fünf nach halb“ kann man im Amerikanischen nicht sagen!

half past five
häfpäßt feiv
halb nach fünf
halb sechs

five thirty
feiv ðördie
fünf dreißig
fünf Uhr dreißig

quarter to six
kworderte ßikß
Viertel zu sechs
Viertel vor sechs

fifteen to six
fifftiente ßikß
fünfzehn zu sechs
fünfzehn vor sechs

Die Stunde nennt sich hour auwer, und die teilt sich in Minuten minutes minnitß und Sekunden seconds ßäkends. Die Armbanduhr ist eine watch wotsch und die Wanduhr eine clock klak. Damit Sie bei der Verabredung nicht zu spät kommen – be late bieläjt, sondern pünktlich sind – be on time biejenteijm, erkundigen Sie sich besser nach der Uhrzeit time teim.

At what time?
ät wadteim
bei was Zeit
Welche Uhrzeit?

At (about) ... o'clock.
ät (ebauwt) ... eklak
bei (etwa) ... Uhr
Etwa um ...

now nauw *jetzt*
soon ßuwn *bald*

In ... hour(s).
in ... auwers
in ... Stunde(n)
In ... Stunde(n).

In half an hour.
in häfenauwer
in halb einer Stunde
In einer halben Stunde.

next week, Monday, month, time
näkßt wiek, manndäj, mannð, teijm
nächste(n,s) Woche, Montag, Monat, Mal

in two days/weeks/months/years
in tuw däjs/wiejkß/mannß/jiers
in zwei Tagen/Wochen/Monaten/Jahren

last fall/night
läßd fol/neit
letzten Herbst/Abend

this evening/year
ðiß iewenin/jier
diesen Abend/dieses Jahr

in the morning
inðe mornin
an dem Morgen

on Friday night
en freidäj neit
an Freitag Abend

a little later
eliddl läder
ein wenig später

maybe earlier
mäjbie örliejer
vielleicht früher

beforc tomorrow
biefor temorow
vor morgen

after tonight
äfter teneit
nach heute-Abend

until yesterday
antill jäßterdäj
bis gestern

since today
ßinß tudäj
seit heute

as of ten o'clock
äseff tänneklak
ab von zehn von-der'Uhr
ab zehn Uhr

two days ago
tuw däjs egow
zwei Tage her
vor zwei Tagen

from 8 a.m. to 8 p.m.
framm äjt äj | äm te äjt pie | äm
von 8 vormittag zu 8 nachmittag
von 8 bis 20:00 Uhr

weitere Tageszeiten:
noon nuhn
Mittag
lunchtime lanschteijm
Mittagszeit
afternoon äfternuhn
Nachmittag
evening iewenin
Abend
midnight middnelt
Mitternacht

the day after tomorrow
ðe däj äfter temorow
der Tag nach morgen
übermorgen

the day before yesterday
ðe däj biefor jäßterdäj
der Tag vor gestern
vorgestern

between 5 p.m. and 6 p.m.
bietwien feiv pie | äm änn ßikß pie | äm
zwischen 5 nachmittags und 6 nachmittags

by next week
bei näkß wiek
bis nächste Woche

around September
erauwnd ßäbbtämmber
um-herum September

on the weekend
onðe wiekänd
an das Wochenende
am Wochenende

at the moment
ät ðe mowment
bei der Moment
im Moment

Mengen & Maße

Ob Sie einkaufen gehen, sich nach Sehenswürdigkeiten erkundigen oder im Restaurant etwas zur Menge sagen möchten, diese brauchen Sie immer:

all	ol	alle, ganz
each	ietsch	jede
several	ßäwrel	verschiedene
few	fju	wenig
a few	efju	einige, ein paar
little	liddl	wenig, kaum
much	matsch	viel
many	männie	viele
some	ßamm	einige
any	ännie	irgendwelche

anything	ännieðing	irgendetwas
something	ßammðing	etwas
a thing	eðing	etwas

I'm just looking for some sneakers.
eim dchaßt lukin for ßamm ßniekers
ich'bin nur schauend für einige Turnschuhe
Ich suche ein paar Turnschuhe.

Have you found anything yet?
hävje fauwnd ännieðing jed
hast du gefunden irgendetwas schon
Haben Sie schon etwas gefunden?

In Amerika verwendet man keine metrischen Maße, prägen Sie sich die amerikanischen daher gut ein:

cup(pint) (pt)	kap(peint)	0,47 Liter
quart (qt)	kwort	0,94 Liter
gallon (gal)	gällen	3,79 Liter
ounce (oz)	auwnß	25,35 Gramm
pound (lb)	pauwnd	453,59 Gramm
inch (in)	insch	2,54 Zentimeter
foot (ft)	futt	30,48 Zentimeter
yard (yd)	jard	0,91 Meter
mile (m)	meil	1,609 Kilometer

Die Temperatur misst man auch anders, nämlich in Fahrenheit (F) farenheit: 0 °F = - 18 °C und 32 °F = 0 °C, aber dazu mehr im Kapitel „Smalltalk“.

© Wolfram Schwieder

Mini-Knigge

Es gibt in den USA viele, viele Benimmregeln zu beachten. Regel Nummer Eins ist, dass Sie sich um viel mehr Höflichkeit im Umgang mit Amerikanern bemühen sollten. Sagen Sie bei jeder Gelegenheit „Entschuldigung“ und „Bitte“, wie es die Amis tun.

Achten Sie auf Ihre Ausdrucksweise, denn für alles gibt es PC terms pie | sie törms – politisch korrekte Bezeichnungen: African American äfriken emmäriken für „Schwarze“, Native American näjtiv emmäriken für „Indianer“ und Hispanic American hißpännik emmäriken für „Latinos“. Trotz der sprachlichen Kosmetik spiegelt die Realität Amerikas immer noch die gewachsene Rassentrennung wider. Sie werden kaum Weiße kennenlernen, die viele afro-amerikanische Freunde haben und umgekehrt. Auch bei der greencard lottery grienkard ladderiej, die die amerikanische Einwanderungsbehörde jedes Jahr zur Verlosung von Arbeitsgenehmigungen veranstaltet, sind Europäer die bevorzugten Kandidaten. Politische Korrektheit ist eben kein gewachsenes Gefühl der Gleichheit.

Darüber hinaus sind die Amerikaner meist tief religiös und aus diesem Grund häufig unglaublich prüde. Die liebste Sonntagsbeschäftigung ist auch der Gang zur Kirche. Es gibt unzählige Varianten der protestantischen Kirche – protestant prodeßtent, aber auch der katholischen – catholic kädellik, die sich alle deutlich von den Kirchen Europas unterscheiden. Am bekanntesten ist sicher die gospel church goßpell tschörtsch – Gospellieder singende Kirchen afroamerikanischer Gemeinden. Ebenfalls interessant ist es, den Spuren der religiösen Mormonen Mormon mormown zu folgen, die 1846 mit 70.000 Menschen über einen Zeitraum von 20 Jahren aus religiösen Gründen von New York in den mittleren Westen flüchteten auf dem so genannten Mormon-trail träjl. Ihre Basis ist heute in Salt Lake City, Utah. Eine weitere große religiöse Gruppe sind die Quaker kwäjker in Pennsylvania.

Die Prüderie ist in den USA überall spürbar: topless sunbathing toppleß ßannbäjðin – ein Sonnenbad oben ohne – gibt es nur an bestimmten Stränden in Florida und Kalifornien – sonst ist es eher verpönt. nudist camps nudißt kämß – FKK-Campingplätze sind nur etwas für Hippies. Wer ein nacktes Körperteil in der Öffentlichkeit zur Schau stellt oder gar in der freien Natur beim Geschlechtsverkehr erwischt wird, muss mit einem unfreiwilligen Besuch der Polizeiwache rechnen, u. U. sogar der vergitterten Räume von innen. Sex vor der Ehe wird in den USA noch immer nicht gern gesehen, daher die Mauerblümchen-Art, sich erst zigmal zu einem date däjt zu verabreden, bevor man zu ihr/ihm nach Hause geht.

Wenn der Amerikaner verärgert ist, beauftragt er sogleich einen Anwalt – attorney etörnie, *und das kann Sie teuer zu stehen kommen! Fotografieren Sie niemanden, der nicht offensichtlich einverstanden ist.*

Anrede, Begrüßen & Verabschieden

Lassen Sie sich in die Umkompliziertheit der Amerikaner fallen. Vergessen Sie einfach das „Sie" und die damit verbundene Distanz in Ihrem Verhalten. Ein Amerikaner stellt sich immer mit seinem Vornamen vor, außer er macht Geschäfte auf höchster Ebene oder hat von Amts wegen mit jemandem zu tun. Sonst duzt man sich. Sprechen Sie Ihren Bekannten, Freund oder Kollegen immer konkret mit seinem Namen an, wenn Sie ihm etwas erzählen wollen, reden Sie nicht einfach drauflos.

Vergessen Sie es, jemanden nach dem Familiennamen zu fragen, aber merken Sie sich den Vornamen!

Den Händedruck können Sie auch getrost vergessen. Den brauchen Sie nur bei wichtigen Geschäften oder anderen förmlichen Situationen. Unter Freunden, Kollegen oder Nachbarn ist das unüblich.

Hi! hei Hi!

Die Begrüßung schlechthin zu jeder Tageszeit, zu Personen, die sie kennen oder gerade kennen lernen! Sagen Sie, wenn möglich, hi hei plus den Namen des Angesprochenen und beginnen Sie so ein kurzes Gespräch.

Hi John, how are you?
hei dschon, hauwarje
hallo John wie bist du
Hi John, wie geht's? (Man kennt sich schon.)

Das kann man auch in einem Wort sagen:
Howdy!
hauwdie

Fine/Great, thanks.	**And you?**
fein/gräjt ðängkß	ännjuh
fein/großartig danke	*und du*
Gut/super, danke.	Und dir?

Man kennt sich noch nicht/nicht gut:

Hi! How are you doing?	**I'm Karin.**
hei hauwarje duwin	eim kärin
hi wie bist du machend	*ich'bin Karin*
Hi, wie geht's?	Ich heiße Karin.

Wenn man sich im engen Freudeskreis trifft, auf eine Party geht, und man sich eher umgangssprachlich äußert, hören Sie bestimmt:

Hi! What's up?	**Hi! How's it going?**
hei wotßap	hei hauwsid gowin
hi was'ist auf	*hi wie'ist es gehend*
Hi, wie geht's?	Hi, wie geht's?

good morning *sagt man, wenn man morgens den Nachbarn auf der Straße trifft oder ins Büro kommt.*

Good morning (everybody)!
gedmornin (äwrebaddiej)
guten Morgen (jeder)
Guten Morgen (allerseits)!

good evening *abends auf der Straße oder bei einer Rede.*

Good evening (everybody)!
gediewnin ävriebaddiej
guten Abend (jeder)
Guten Abend (allerseits)!

Wenn man einfach nur auf Wiedersehen sagen möchte, nachdem man z.B. seine Einkäufe getätigt hat oder bei der Post war, sagt man immer einfach nur (Good)Bye! (ged)beij.

Der amerikanische Verkäufer oder die Kellnerin sagt dann vermutlich:

Bye! Have a nice day!
beij häve neiß däj
tschüss habe einen schönen Tag
Einen schönen Tag noch. Auf Wiedersehen.

Verabschiedet man sich von Freunden oder Kollegen, die man bald wiedersehen wird:

I gotta go! See you!
eigadde gow ßieje
ich muss gehen sehen dich
Ich muss los! Bis dann!

Take care!
täjkkär
nehme Acht
Pass auf dich auf!

Man kann auch sagen:
see you later
ßieje läjder
sehen dich später
Bis später!

see you tomorrow
ßieje temorow
sehen dich morgen
Bis morgen!

see you tonight
sieje teneid
sehen dich heute-Abend
Bis heute Abend!

Wenn man der Person viel Spaß wünschen möchte, eine gute Fahrt oder eine gute Nacht:

Have fun!
hävfann
habe Spass
Viel Spass!

Have a good trip!
have gudtrip
habe eine gute Reise
Gute Reise!

Drive carefully!
dreiv kärfellie
fahre vorsichtig
Fahr' vorsichtig!

I'll be in touch
eillbie in tatsch
ich'werde sein in Kontakt
Ich meld' mich.

Good night!
gudneit
gute Nacht
Gute Nacht!

Sleep well!
ßliep wäll
schlafe gut
Schlaf schön!

Smalltalk

Smalltalk ßmoltowk, so nennt man die wenig tiefgehenden Gespräche, die Sie vor allem führen sollten, wenn Sie gerade jemanden kennenlernen:

What's your name?	**My name's Ann.**
wadßjer näjm	mei näjms änn
was'ist dein Name	*mein Name'ist Ann*
Wie heißt du?	Mein Name ist Ann.

Sollten Sie sich doch auf einer eher formellen Party befinden, will Ihr host hohwßt (Gastgeber) Sie bestimmt den anderen Gästen vorstellen:

Let me introduce you to some people.
lättmie intredusje te ßamm piepl
lass mich vorstellen dich zu einige Leute
Ich würde Sie gerne einigen Leuten vorstellen.

This is my wife/husband.
ðißiß mei weif/haßbend
dies ist mein Frau/Mann
Das ist meine Frau/mein Mann.

Mama/Papa	**mom/dad**	mamm/däd
Mutter/Vater	**mother/father**	maðer/faðer
Sohn/Tochter	**son/daughter**	ßann/doder
Bruder/Schwester	**brother/sister**	braðer/ßißter
Verlobte(r)	**fiancée/fiancé**	fiejanßäj
Kollege(in)/Freund(in)	**colleague/friend**	kollieg/frännd

folks/family	fowkß/fämeliej	*Familie*
aunt/uncle	ont/angkl	*Tante/Onkel*
cousin/buddy	kasin/baddie	*Cousin(e)/Kumpel*
grandma/grandpa	gränma/gränpa	*Oma/Opa*
brother/sister in law	braðer/ßißter inlow	*Schwager/Schwägerin*
child/baby	tscheild/bäjbiej	*Kind/Baby*
boyfriend/girlfriend	boifrännd/görlfrännd	*Freund(-in) in einer Beziehung*

This is Mr. Klein, an artist from Berlin.
ðißiß mißtr klein enardißd framm börlin
dies ist Herr Klein ein Künstler von Berlin
Das ist Herr Klein, ein Künstler aus Berlin.

Aber wie gesagt, außer, wenn es sehr förmlich zugeht, wird man Sie mit Ihrem Vornamen vorstellen. Die Antwort lautet immer:

Pleased to meet you.
plieste mietje
erfreut zu treffen dich
Freut mich.

Miss miß = *Fräulein (Jugendliche)*

Ms. mis = *Frau (neutral)*

Mrs. mißiß = *Frau (verheiratet)*

Mr. mißtr = *Herr*

Dann lassen es sich die Amerikaner aber wirklich nicht nehmen, doch noch zu erfahren, wo Sie denn herkommen:

How about you? I'm from Germany.
hauwbauwt juh eim framm dschörmenniej
wie über dich ich'bin von Deutschland
Und du? Ich komme aus Deutschland.

How long are you staying for? 3 weeks.
hauw long arje ßtäjin for ðrie wiekß
wie lang bist du bleibend für drei Wochen
Wie lange bleibst du? drei Wochen

Is this your first time here?
is ðiß jer förßteijm hier
ist dies dein erst Zeit hier
Bist du zum ersten Mal hier?

Well, it's my first time in Chicago, but ...
wäll ittß mei förßteim in tschiekagow bad
also es'ist mein erstes Mal in Chicago, aber
Ich bin zum ersten Mal in Chicago, aber ...

I've been to other places in the US before.
eivbinte aðerpläjßeß inðe ju | äß biefor
ich'habe gewesen zu andere Orte in den VS vorher
Ich war schon in anderen Orten in den USA.

So, where have you been so far?
sow wär hävje bin sowfar
also wo hast du gewesen so weit
Wo warst du denn schon bisher?

Switzerland
ßwitserländ
Schweiz

Austria
oßtrieja
Österreich

Manche unserer Städte werden auf Englisch anders geschrieben und gesprochen:

Cologne
kelown
Köln

Munich
mjuwnik
München

Geneva
dschenieva
Genf

Vienna
vjänna
Wien

I once made a trip to the West Coast for a couple of weeks...
ei wuanß mäjde trip tuwðe weßtkowßt for äj kapleff wiekß
ich einmal machte eine Reise zu der West Küste für ein paar von Wochen
Ich war mal ein paar Wochen an der Westküste ...

and I've also been to New England some years ago.
ändeiv olsow binnte nu ingglend ßamm jiers egow
und ich'habe auch gewesen zu Neu England einige Jahre her
und vor einigen Jahren war ich auch mal in Neu-England.

Have you ever been to Germany?
hävje äver binnte dschörmmenie
hast du jemals gewesen zu Deutschland
Warst du schon mal in Deutschland?

Amerikaner sind sehr stolz auf ihr Land, daher werden Sie bestimmt gefragt:

How do you like it here?
hauwdje leikitt hier
wie tust du mögen es hier
Wie gefällt's dir hier?

I (just) love it!
ei (dschaßt) lavitt
ich (genau) liebe es
Ich finde es toll!

It's great/wonderful!
ittß gräjt/wanderfel
es'ist großartig
Es ist super!

I'm having a great time!
eim hävine gräjt teim
ich'bin habend eine großartige Zeit
Ich finde es super!

Ihnen mag es vielleicht übertrieben vorkommen, zu sagen, dass Sie etwas lieben, aber dann drücken Sie sich perfekt Amerikanisch aus!

Aber Sie können auch die Fragen stellen:

Where are you from?	**I'm from St. Paul.**
wärje framm	eim framm ßint powl
wo bist du her	*ich'bin von St. Paul*
Woher kommst du?	Ich komme aus St. Paul
Where's that?	**It's in Minnesota.**
wärs ðäd	ittß in minneßowde
wo'ist jenes	*es'ist in Minnesota*
Wo ist das?	Das ist in Minnesota.

Der gefragte Amerikaner antwortet auch gerne mit der Herkunft seiner Familie:

Chinese tscheinies *Chinese*
Cuban kjuwben *Cubaner*
Greek griek *Grieche*
Italian ittälljen *Italiener*
Irish eirisch *Ire*
Japanese dschäpenies *Japaner*
Jewish dschuwisch *Jude*
Mexican mäkßieken *Mexikaner*
Polish powlisch *Pole*
Puertorican pwerdowrieken *Puertoricaner*

The 51 States

Alabama (AL) [2003]	ällebäme
Alaska (AK) [2008]	eläßke
Arizona (AZ) [2008]	äresowne
Arkansas (AR) [2003]	arkenßow
California (CA) [2005]	källefowrnje
Colorado (CO) [2006]	kalleräjdow
Connecticut (CT) [1999]	kenäddieked
Delaware (DE) [1999]	dällewäer
District of Columbia (DC)	dißtrikef kellembieja
Florida (FL) [2004]	flareda
Georgia (GA) [1999]	dschordsche
Hawaii (HI) [2008]	heweij
Idaho (ID) [2007]	eidehow
Illinois (IL) [2003]	illenoi
Indiana (IN) [2002]	indiejäne
Iowa (IA) [2004]	eijewe
Kansas (KS) [2005]	känseß
Kentucky (KY) [2001]	kentakkiej

Louisiana (LA) [2002]	luwiesiejäne
Maine (ME) [2003]	mäjn
Maryland (MD) [2000]	märelend
Massachusetts (MA) [2000]	mäßetschußetß
Michigan (MI) [2004]	mischigen
Minnesota (MN) [2005]	minneßowde
Mississippi (MS) [2002]	mißeßipiej
Missouri (MO) [2003]	mesuriej
Montana (MT) [2007]	mantäne
Nebraska (NE) [2006]	nebräßke
Nevada (NV) [2006]	neväde
New Hampshire (NH) [2000]	nuhämscher
New Jersey (NJ) [1999]	nudschörsie
New Mexico (NM) [2008]	nu mäkßikow
New York (NY) [2001]	nujork
North Carolina (NC) [2001]	norð käreleine
North Dakota (ND) [2006]	nohrð dekowde
Ohio (OH) [2002]	owheijow
Oklahoma (OK) [2008]	owklehowme
Oregon (OR) [2005]	origen
Pennsylvania (PA) [1999]	pänßclväjnje
Rhode Island (RI) [2001]	rowdeilend
South Carolina (SC) [2000]	ßauwð käreleine
South Dakota (SD) [2006]	ßauwð dekowde
Tennessee (TN) [2002]	tänneßiej
Texas (TX) [2004]	täkßeß
Utah (UT) [2007]	juhtow
Vermont (VT) [2001]	vermant
Virginia (VA) [2000]	verdschinje
Washington (WA) [2007]	woschingten
West Virginia (WV) [2005]	wäß verdschinje
Wisconsin (WI) [2004]	wißkanßen
Wyoming (WY) [2007]	weijowming

Weitere hilfreiche Abkürzungen:

NYC = New York City, *(um es von dem Bundesstaat* NY *zu unterscheiden)*

LA = Los Angeles
Philly = Philadelphia
Frisco = San Francisco

...und Spitznamen:

The Big Easy
= New Orleans

The Big Apple
= New York City

The Big Tomato
= Sacramento

The Windy City
= Chicago

Dixie
= The Southern States

Wetter

Ob einem der Urlaub gefällt oder nicht, hat für viele etwas mit dem Wetter zu tun:

hot	hatt	*warm*
warm	worm	*warm*
cool	kuwl	*kühl*
cold	kowld	*kalt*
freezing	friesin	*eisig*
windy	windiej	*windig*
cloudy	klauwdiej	*bewölkt*
clear	klier	*klar*
sunny	ßannie	*sonnig*
foggy	foggie	*neblig*

The weather is great!
ðe wäðrs gräjt
das Wetter is großartig
Das Wetter ist toll!

It's too hot/humid!
ittß tuw hat/chjumid
es'ist zu heiß/schwül
Es ist zu heiß/schwül!

What'll the weather be like in the West?
wadl ðe wäðer bieleik inðe wäßt
was'wird das Wetter sein ähnlich in dem Westen
Wie wird das Wetter im Westen sein?

It's supposed to rain/snow/hail.
ittß ßepowßte räjn/ßnow/häjl
es'ist angenommen zu regnen/schneien/hageln
Es soll Regen, Schnee, Hagel geben.

© Wolfram Schwieder

In den USA verwendet man ein anderes Messsystem für Temperaturen als bei uns: Fahrenheit farenheit statt Centigrade ßentigräjd (Celsius). Lassen Sie sich also nicht von den extrem hohen Temperaturen erschrecken, wenn Sie ein amerikanisches Thermometer benutzen! „Grad" heißt einfach degree digriej. Wird es richtig kalt im Winter, geht die Temperatur auch unter Null, und das heißt dann -5°F feiv digries below sierow = -21°C. In der Wettervorhersage werden Sie aber hoffentlich hören:

100°F = *38°C*
90°F = *32°C*
80°F = *27°C*
70°F = *21°C*
60°F = *16°C*
50°F = *10°C*
40°F = *4°C*
32°F = *0°C*
0°F = *-18°C*

Tomorrow temperatures will reach the high 80's/low 100's
temorow tämpritschers will rietsch ðe hei äjdies / low handridß
morgen Temperaturen werden erreichen die hoch 80'des /niedrig 100'des
Morgen werden wir Temperaturen um die 30°C/40°C haben.

Eine Besonderheit in den USA ist die „Fünfte Jahreszeit" im Herbst, der Indian summer indjen ßammer. Nach einer kalten Periode ist es im Ende Oktober oder Anfang auf einmal wieder so richtig warm, und die herbstlich rot-gelben Blätter strahlen im Sonnenschein, besonders in Neu-England, an den Großen Seen und in Nord-Kalifornien. Unangenehm sind die verschiedenen Wirbelstürme, die jedes Jahr wieder mit ungeheurer Zerstörungswut zuschlagen. Im Herbst fegen hurricanes hariekäjns mit über 118 km/h durch den Osten, tauchen zunächst die Südküste in Sturmfluten, bevor sie landeinwärts wüten. Im mittleren Westen sind es blizzards bliserds (Schneestürme) im Winter und im Frühjahr verwüsten tornados

spring
ßpring
Frühling

summer
ßammer
Sommer

fall
fol
Herbst

winter
winter
Winter

Achtung bei Warnungen vor:
avalanche äwelensch
Lawine
earthquake örðkwäjk
Erdbeben
flood flad
Flut
forest fire fowreßt feijer
Waldbrand

tornäjdows mit 180-510 km/h alles, was ihnen in die Quere kommt. Der Südosten wird nach heftigen Regenfällen von Fluten auf dem Mississippi und Missouri heimgesucht, während Trockenheit für Wandbrände im bergigen Terrain der Rocky Mountains sorgt. Und nicht zuletzt hat Süd-Kalifornien von Zeit zu Zeit mit Erdbeben zu kämpfen.

Beruf & Bildung

Jetzt will man sicher wissen, was Sie beruflich machen, und wo Sie zur Schule gegangen sind:

Are you traveling or here for business?
arje trävlin or hier for bisniß
bist du reisend oder hier für Geschäfte
Bist du im Urlaub oder geschäftlich hier?

I'm spending my summer vacation here.
eim ßpändin mei ßammer väjkäjschen hier
ich'bin verbringend meine Sommer Ferien hier
Ich verbringe meine(n) Ferien/Urlaub hier.

I'm here for business reasons.
eim hier for bisniß riesons
ich'bin hier für Business Gründe
Ich habe hier geschäftlich zu tun.

What do you do for a living?
wadje duw forelivin
was tust du tun für ein lebend
Was machst du beruflich?

I work for a bank/an insurance/an attorney, ...
ei wörk fore bänk/eninschurenß/enetörniej
ich arbeite für eine Bank/eine Versicherung/einen Anwalt
Ich arbeite für eine Bank/eine Versicherung/einen Anwalt.

I'm working at a hospital/the city hall/the university, ...
eim wörkin ädde hoßpiddl/ðe ßiddie howl/ðe junievörsiddiej
ich'bin arbeitend bei ein Krankenhaus/das Stadthaus/die Universität
Ich arbeite in einem Krankenhaus/im Stadthaus/der Universität, ...

I'm a teacher/hairdresser/consultant, ...
eime tietscher/härdräßer/kanßalltent, ...
ich'bin ein(e) Lehrer(in)/Frisör(in)/Berater(in)

Berufsbezeichungen im Amerikanischen gelten meist für männlich und weiblich !

social worker, secretary, housewife, ...
ßowschel wörker, ßäkretäriej, hauwßweif, ...
Sozialpädagoge, Sekretärin, Hausfrau, ...

I'm still going to school/to college.
eim ßtill gowin teßkuwl/tekolidsch
ich'bin noch gehend zu Schule/zu Universität
Ich gehe noch zur Schule/zur Uni.

I study ...	**medicine**	mädeßen	*Medizin*
ei ßtaddie	**law**	low	*Jura*
ich studiere	**economics**	äkenommikß	*Wirtschaft*
	languages	längwitsches	*Sprachen*
	IT	ei | tiej	*Informatik*
I studied ...	**art**	art	*Kunst*
ei ßtaddiet	**engineering**	ändschenierin	*Maschinenbau*
ich habe studiert	**chemistry**	kämeßtriej	*Chemie*
	journalism	dschörnelism	*Journalismus*
	music	mjusik	*Musik*

high(school)
hei (ßkuwl)
= weiterführende Schule

I'm an exchange student at Windsor High.
eimen ikßtschäjndsch ßtudent ät windßer hei
ich'bin ein Austausch Student bei Windsor Schule
Ich bin Austauschschülerin an der Windsor-Schule.

Jährlich kehren die Ehemaligen zur Schule/Uni zurück und besuchen das homecoming game howmkammin gäjm, *ein "Rückkehrspiel" – natürlich American Football. Abends feiert man den* homecoming dance howmkanmin dänß, *auf dem die* homecoming queen howmkammin kwien *gewählt wird, und somit ins Jahrbuch* year book jierbuk *eingehen wird.*

Jetzt mögen Sie denken, was soll ich mit Schulvokabular? Aber in den USA spielt es auch später noch eine wichtige Rolle, wer oder was man in der Schul- und Unizeit war. Von der prom pram – dem Abschlussball – werden Amerikaner immer wieder erzählen, ebenso von ihrer Zeit als Schulsprecher oder Teamkapitän. Die jährliche reunion riejunjen – Wiedervereinigung – sorgt dafür, dass man die Schul- und Unizeit nie vergisst.

When did you graduate?
wänn didje grädjewet
wann tatest du Abschluss-machen (Schule & Uni)
Wann hast du deinen Abschluss gemacht?

I'm the class of '86.
eim ðe kläßef äjdießikß
ich'bin die Klasse von 86
Ich habe 1986 meinen Abschluss gemacht.

fraternity
frätörnitiej
Jungenklub

I was in a sorority since my freshman year.
eiwos inne ßowrowritiej ßinß mei fräschmen jier
ich war in ein Mädchenklub seit mein Frisch-Mann Jahr
Ich war in einem Mädchen-Klub seit meinem ersten Jahr an der Uni.

	senior high ßienjer hei	college kallidsch
freshman	9. Klasse	1. Jahr
sophomore	10. Klasse	2. Jahr
junior	11. Klasse	3. Jahr
senior	12. Klasse	4. Jahr

fräschmen
ßaffmowr
dschunjer
ßienjer

Familie & Alter

Are you married?
arje märied
bist du verheiratet
Sind Sie verheiratet?

Do you have children?
dje häv tschildren
tust du haben Kinder
Haben Sie Kinder?

Yes, I have two kids.
jäß eihäv tuw kidß
ja ich habe zwei Kinder
Ja, ich habe 2 Kinder.

How about you?
hauwebauwt juh
wie über dich
Und Sie/du?

Do you have brothers and sisters?
dje häv braðerßnßißterß
tust du haben Brüder und Schwestern
Hast du/Haben Sie Geschwister?

I've got a younger/older brother.
eiv gadde jangger/older braðer
ich'habe geholt ein jüngeren/älteren Bruder
Ich habe einen jüngeren/älteren Bruder.

How old are you?
hauwowld arje
wie alt bist du
Wie alt bist du/sind Sie?

Thirty one.
ðördie wuann
dreißig eins
Einunddreißig.

Einladung & zu Gast sein

Wenn Sie von Amerikanern nach Hause eingeladen werden, kann sich das so anhören:

Do you have any plans for tomorrow?
djehäv ännie pläns for temorow
tust du haben irgendwelche Pläne für morgen
Hast du morgen schon etwas vor?

Well, I thought of going to the movies. Why?
wäll ei ðowdeff gowin tuwðe muvies wei
also ich dachte an gehend zu den Filmen warum
Ich wollte ins Kino gehen. Wieso?

© Wolfram Schwieder

I invited a couple of friends over for dinner, ...
ei inveided ekapplef frännds owver for dinner
ich lud-ein ein wenige Freunde über für Abendessen
Ich habe ein paar Freunde zum Abendessen eingeladen, ...

... who'd love to meet you.
huwd lavte mietje
wer'würde lieben zu treffen dich
... die dich gern kennenlernen möchten.

That's sweet of you. I'll come!
ðädß ßwiedefje eil kamm
das'ist süß von dir/euch. ich'werde kommen
Das ist wirklich süß. Ich werde kommen.

When should I come over?
wann schuddei kammowver
wann sollte ich kommen über
Wann soll ich kommen?

Where do you live?
wärdje liv
wo tust du leben
Wo wohnst du?

Sie würden gerne etwas mitbringen ...

How about I bring dessert?
hauwebauwt ei bring diesört
wie über ich bringe Nachtisch
Wie wär's, wenn ich den Nachtisch mitbringe?

Natürlich können Sie Ihrem Gastgeber zusätzlich Wein oder Blumen mitbringen.

Hi. Come on in. I'm glad you could make it.
hei kamm on in eim gläd juh kudd mejkitt
hallo komme auf in ich'bin froh du konntest machen es
Hi, komm 'rein. Schön, dass du kommen konntest.

Sit down, please.
ßitt dauwn plies
sitze unten bitte
Setz dich.

Take a seat.
täjke ßiet
nehme einen Sitz
Setz dich.

Do you want anything to drink?
dje wont annieđing tedrink
tust du wollen irgendetwas zu trinken
Was möchtest du trinken?

Nach der ersten Begrüßung gehen Sie einfach wieder zu Smalltalk über.

Komplimente über das Essen:

This is really tasty. How did you make it?
đißiß rieliej täjßtiej hauw didje mäjkitt
dies ist wirklich schmeckend wie tatst du machen es
Es schmeckt hervorragend. Wie ist das Rezept?

Mmh yummy!
mm jammie
mmh lecker
Sehr lecker!

Do you want some more?
dje wont ßamm mowr
tust du wollen etwas mehr
Möchtest du noch etwas mehr?

I'd love to.
eid lav tuw
ich'würde lieben zu
Ja gerne.

No thanks, I'm stuffed.
now đängkß eim ßtafft
nein danke ich'bin gestopft
Nein danke, ich bin satt.

Dating

Flirten, und sei es ohne Hintergedanken, nur um die sozialen Kontakte anregender zu gestalten, läuft in den U.S.A. etwas anders ab. Mit einem wilden Augenkontakt können sie dort nicht rechnen. Wollen Sie flirten, müssen Sie diejenige/denjenigen gleich ansprechen und sich zu einem ordentlichen date däjt – einer romatischen Verabredung – verabreden. Dazu muss man einiges vorher klären:

Are you married?
arje märied
bist du verheiratet
Bist du verheiratet?

No, I'm divorced.
now eim devorßt
nein ich'bin geschieden
Nein, ich bin geschieden.

Are you going out with someone?
arje gowin auwt wið ßammwuann
bist du gehend aus mit jemand
Bist du mit jemandem zusammen?

Are you dating anyone?
arje däjtin änniewuann
bist du verabredend irgendwen
Siehst du zurzeit jemanden?

Sorry, I already have a girlfriend/boyfriend.
ßoriej ei owlräddie häve görlfrännd/boifrännd
entschuldige ich schon habe ein Freundin/Freund
Entschuldige, ich habe eine Freundin/einen Freund.

blind date bleind däjt *kennt man seit dem gleichnamigen Film mit Kim Basinger & Bruce Willis – eine Verabredung mit einer/einem Unbekannten.*

Man geht beim ersten date immer aus, Einladungen nach Hause sind zu persönlich und finden erst statt, wenn man sich besser kennt.

Can I take you out for dinner?
kännei täjkje auwt for dinner
kann ich nehmen dich aus für Abendessen
Kann ich dich zum Abendessen einladen?

Sure!	**Yeah, o.k.**	**Maybe.**
schuwr	jä owkäj	mäjbie
sicher	*ja o.k.*	*vielleicht*
Na klar!	Ja, o.k.	Vielleicht.

Sorry, I already have plans for tomorrow.
ßoriej ei owlräddie häv pläns for temorow
entschuldige ich schon habe Pläne für morgen
Sorry, ich habe morgen schon etwas vor.

How about Thursday instead?
hauwebauwt ðörßdäj inßtäd
wie über Donnerstag stattdessen
Wie wäre es mit Donnerstag?

Viele dates *werden als* double date dabl däjt *eingefädelt, um zwei Menschen unauffällig zu verkuppeln, oder um jemanden unauffällig anmachen zu können.*

I'll pick you up at seven.
eill pikje app ätt ßäwn
ich'werde picken dich auf um sieben
Ich hole dich um sieben Uhr ab.

Als Mann sollten Sie bei der Verabredung die Form wahren, der Frau in den Mantel helfen, die Tür des Autos oder des Lokals aufhalten und die Frau nach Hause bis zur Tür begleiten.

Seien Sie ganz Gentleman der alten Schule.
Trotz feminism fämminism und women's lib *Feminismus & „Frauen-Befreiung"* wimens lib zahlt meist immer noch der Mann.

Can I take you home?
kännei täjkje howm
kann ich nehmen dich Zuhause
Kann ich dich nach Hause bringen?

Can we see each other again?
kän wie ßie ietschaðer egänn
können wir sehen jede andere nochmal
Können wir uns nochmal treffen?

© Wolfram Schwieder

I hope to see you again soon.
eihowp teßieje egänn ßuwn
ich hoffe zu sehen dich nochmal bald
Ich hoffe, wir sehen uns bald wieder.

Thanks for the nice evening.
ðängkß for ðe neis iewenin
danke für die nette Abend
Danke für den netten Abend.

Liebesgeflüster

Stecken Sie Ihre Erwartungen an Ihr erstes date nicht zu hoch. Für religiöse Amerikaner bleibt Beischlaf vor der Ehe etwas Frivoles. Wenn Sie dennoch mit jemandem intimer werden, sollten Sie über safer sex ßäjfer ßäkß sprechen. Nicht nur wegen AIDS, sondern auch wegen Hepatitis, Syphilis und nicht zuletzt ungewollter Schwangerschaften. Die Rate für teenage pregnancies tienädsch prägnenßies – Schwangerschaften von Jugendlichen – und abortions eborschenß – Abtreibungen – ist schon mehr als zu hoch! Sexuelle Aufklärung – sexual education ßäkschuwel ädjekäjschen – versteckt sich in den USA leider hinter unglaublicher Prüderie.

Do you have any condoms/a rubber?
dje häv ännie kondomß/erabber
tust du haben irgendwelche Kondome/ein Gummi
Hast du Komdome/ein Gummi dabei?

Do you have any gloves/dental dam?
dje häv ännie glavs/däntel däm
tust du haben irgendwelche Handschuhe/ Zahn- Damm (für Leseben)
Hast du Handschuhe/einen Mundeinsatz da?

Alles andere sagen Sie einfach in der universal language of love juniwörßel längwitschef lav *„der Sprache der Liebe!"*

Wenn man sich über Safer Sex ausgetauscht hat und sich hat testen lassen, geht es vielleicht nur noch um die Empfängnisverhütung:

Do you take the pill?
dje täjk ðepill
tust du nehmen die Pille
Nimmst du die Pille?

Honeymoon

In Las Vegas kann man sich innerhalb von Minuten, ohne Aufgebot, ab $35 bar auf die Hand vor wildfremden Menschen das Ja-Wort geben: in einer chapel tschäpel (Kapelle) oder einem drive thru dreiv ðruw – einem Schalter, an dem Sie im Auto sitzend bedient werden.

Berühmte Hochzeiten in Las Vegas: Michael Jordan & Gattin, Joan Collins & Gatte, Bruce Willis & Demi Moore und natürlich Elvis & Priscilla

We'd like to get married.
wied leikte gätt märried
wir würden mögen zu bekommen verheiratet
Wir möchten heiraten.

Have you been married before?
havjebinn maried bietor
hast du gewesen verheiratet vorher
Waren Sie schon mal verheiratet?

May I see your ID please.
mäjei ßie jer ei | die plies
darf ich sehen deinen Ausweis bitte
Darf ich bitte Ihren Ausweis sehen?

I hereby pronounce you man and wife.
ei hierbei pronauwnß juh mänenweif
ich hiermit erkläre sie Mann und Frau
Hiermit erkläre ich Sie für Mann und Frau.

Essen & Trinken

Sie gehören zu denen, die glauben, die amerikanische Küche habe nichts außer ungesundem fast food zu bieten? Weit gefehlt, sie ist so vielseitig wie Amerikas Landschaften und Menschen. Die besten Leckereien finden Sie meist nur auf dem Esstisch einer amerikanischen Familie, da auch Amis im Restaurant etwas anderes essen möchten als zu Hause.

	breakfast	bräkfeßt	Frühstück
downatt	**donut**	süßer runder Hefekringel mit Zucker-/Schokoguss	
bäjgel	**bagel**	salziger, runder Hefekringel	
maffin	**muffin**	süßer, Minisandkuchen mit Rosinen, Schoko u.ä.	
ßleißef towßt	**slice of toast**	eine Scheibe Toastbrot	
ßleißef bräd	**slice of bread**	eine Scheibe Brot	
gräjhäm	**graham**	Vollkorn-	
weit	**white**	Weiß-	
bann/rowl	**bun/roll**	Brötchen	
pampernikl	**pumpernickel**	Schwarzbrot	
badder	**butter**	Butter	
häm	**ham**	Schinken	
tschies	**cheese**	Käse	
pienatbadder	**peanutbutter**	Erdnussbutter	
(änd) dschällie	**~(and) jelly**	(und) Marmelade	
bäjken	**bacon**	Frühstücksspeck, gebraten	
äggs	**eggs**	Eier	
ßanießeidap	**~sunny side up**	Spiegelei *(sonnige Seite hoch)*	

~ over easy	Spiegelei beidseitig gebraten	owver iesiej
scrambled ~	Rührei	ßkrämbld
omelet	Omelette	omlet
hash browns	kleine Reibekuchen/Rösti	häsch brauwns
sausage	kleine Würstchen, pikant	ßoßidsch
(a stack of)	*(ein Stapel)* Pfannkuchen	(eßtäkef)
pancakes	(mit Backpulver gebacken)	pänkäjkß
maple syrup	Ahornsirup (zu Pfannkuchen)	mäjpl ßerep
cereals	Oberbegriff für Müsli, Cornflakes, Smacks & Co.	ßieriejels
granola	Müsli	grenowle
cornflakes	gleichnamige Maisflocken	kornfläjkß
oatmeal	Haferflocken	owtmiel

Erstmal müssen Sie natürlich ein Lokal betreten, wo Sie essen möchten. Dort erwartet Sie meist ein Schild am Eingang, und die hostess howßtäß begleitet Sie zu einem Tisch.

Wait to be seated.
wäjtte bie ßieded
warten zu sein hingesetzt
Bitte hier warten, Tisch wird zugewiesen.

How many people?
hauwmännie piepl
wie viele Personen
Wie viel Personen?

Smoking or non-smoking?
ßmowkin or nannßmowkin
rauchend oder nicht-rauchend
Raucher oder Nichtraucher?

In Kalifornien gibt es nur Nichtraucher-Restaurants, alles andere ist verboten.

Die hostess verschwindet wieder in den Eingangsbereich, und jetzt kümmert sich eine Bedienung um Sie, bringt Ihnen die Speisekarte – menu männju – und a pitcher of water epitscheref woder – eine Kanne Wasser (mit Eis) – und stellt sich Ihnen vor:

appetizer
äpeteiser
Vorspeise

soup
ßup
Suppe

entrée
enträj
Hauptspeise

dessert
diesört
Nachspeise

Hi, I'm Linda. May I take your order?
hei eim linda mäjei täjkjer order
hallo, ich'bin Linda. darf ich nehmen deine Bestellung
Hallo, mein Name ist Linda. Was darf's sein?

I'll have eggs and blueberry muffins.
eil häv äggs änd bluwbäriej maffinß
ich'werde haben Eier und Blaubeere Küchlein
Ich nehme Eier und Blaubeer-Muffins.

How do you want your eggs?
hauwdje wontjer äggs
wie tust du wollen deine Eier
Wie wollen Sie die Eier haben?

Sunny side up with bacon on the side.
ßannießeidap wiđ bäjkn onđe ßajd
sonnig Seite hoch mit Speck auf der Seite
Spiegeleier mit Speck separat.

Anything to drink?
änniеđing tedrink
irgendetwas zu trinken
Und zu trinken?

(hot/cold) milk	(warme/kalte) Milch	(hat/kowld) milk
yogurt	Jogurt	jowgert
(cup/mug of) coffee	(Tasse) Kaffee	(kapef/magef) koffie
with or without	mit Milch oder schwarz	wið owr wiðauwt
decaf	entkoffeinierter Kaffee	diekäf
tea	Tee	tiej
sugar	Zucker	schuger
cream	(Kaffee-)Sahne (man trinkt keine Milch im Kaffee)	kriem
hot chocolate	warmer Kakao	hat tschaklet
orange juice	Orangensaft	orindsch dschus
grapefruit juice	Grapefruitsaft	gräjpfruwt dschus

Some coffee with cream, please.
ßamm koffie wið kriem plies
manche Kaffee mit Sahne bitte
Einen Kaffee mit Milch, bitte.

Regular or decaf?
rägjeler or diekäf
normal oder entkoffeiniert
Normal oder koffeinfrei?

Can I have a refill?
kännei häve riefill
kann ich haben ein Wiederfüllen
Kann ich noch eine Tasse Kaffee haben?

Ein (free) refill (friej) riefill) *ist kostenloses Nachschenken von Kaffee.*

Coming right up.
kammin reidap
kommend richtig auf
Kommt sofort.

Restaurant, Imbiss & Café

deiner	**diner**	informelles Restaurant
trakßtop	**truck stop**	eine Art Raststätte
dälliej	**deli**	Sandwich-Imbiss
räßterent	**restaurant**	Restaurant
dreivðruw/dreivin	**drive thru/drive in**	„Durchfahr"-Restaurant
owlje känn iejt	**all you can eat**	Buffet, bis man satt ist
täjkauwt/deinin	**take-out/dine in**	mitnehmen/hier essen
befäj	**buffet**	Buffet
hatdag ßtänd	**hotdog stand**	Würstchen-Bude
kaffie schap	**coffee shop**	Café; Kaffee und Kekse

Das Frühstück nehmen Amerikaner meist bis 8 Uhr zu sich. Zum lunch lansch (Mittagessen) gibt es ein sandwich ßänwitsch. Die Standards:

Ein sandwich *gibt es* open-faced owpen fäjßt *(offen), doppel- und dreistöckig, oder supergroß:* greinder greinder. *Auf dem* sandwich *ist immer* butter badder *&* mayonese mäjenies. *Dazu kommt je nachdem* mustard maßterd *(Senf),* ketchup kätschep *(Ketschup) oder* relish rällisch *(Chutney).*

PBJ sandwich (peanut butter, jelly)
pie | bie | dschäj ßänwitsch (pienatbader, dschällie)
1 Toast, Erdnussbutter, Marmelade (offen)

Club sandwich
klabb ßänwitsch
3 Toast, Hühnerbrust, Tomate, Speck

Reuben sandwich
ruwben ßänwitsch
Pumpernickel, Käse, Pökelfleisch, Sauerkraut (gegrillt)

BLT sandwich (bacon, lettuce, tomato)
bie | äl | tie ßänwitsch (bäjkn, lädeß, temäjdow)
2 Toast, Speck, Salat, Tomate

pastrami sandwich
peßträmie ßänwitsch
2 Toast, geräuchertes Rindfleisch

Der Großstadtbürger lässt sich zu Mittag einen hot dog am Straßenstand zusammenstellen: 1-2 Würstchen (wiener wiener), geröstete Zwiebeln (onions annjens), dazu saure Gurken (pickles pikels), Senf , Ketschup – fertig! Frühstück und Mittagessen in einem nennt sich brunch bransch, und abends isst man in den USA traditionell die große, warme Mahlzeit: zu Hause nennt es sich supper ßapper, im Restaurant jedoch dinner dinner.

Statt einem sandwich *können Sie auch einen* wrap räp *bestellen, das ist vom Prinzip her dasselbe, nur steckt die Füllung in einem Maisfladen.*

Die großen Viehzuchtfarmen haben Fleisch zur Nummer Eins auf dem Speiseplan werden lassen, am liebsten beim bar-B-Q bar | bie | kjuw (gegrillt mit Holzkohle oder Gas).

meat miet Fleisch

sirloin (steak)	ohne Knochen (groß)	ßerloin (stäjk)
rib eye (steak)	ohne Knochen (zart)	ribeij (stäjk)
T-bone (steak)	Mittelteil (eher fett)	tiebown (stäjk)
tenderloin (steak)	Filet (mager)	tänderloin (stäjk)
strip (steak)	Kotelett	ßtrip (stäjk)
spare rib	Rippenstücke	ßpärrib
pork	Schweinefleisch	pork
beef	Rindfleisch	bief
chicken	Hähnchen	tschiken

Bestellen Sie ein Steak, werden Sie gefragt:

Rare, medium or well-done?
rär, miedjem or wälldann
blutig, mittel oder gut-gemacht
Blutig, medium oder durchgebraten?

Sie glauben, ein Hamburger sei nur fast food von McDonalds oder Burger King. Dann müssen Sie mal einen homemade howmmäjd (selbstgemacht) bei Amerikanern zu Hause oder in einem guten diner probieren, mmh ...

börger	**burger**	gebratenes Gehacktes mit Salat & Soße im Brötchen
kworderpauwnder	**quarterpounder**	„Viertelpfünder", sonst s.o.
tschiesbörger	**cheeseburger**	mit Käse, sonst s.o.

Dazu gibt's dann natürlich french fries fränsch freis (Pommes Frites) mit Ketschup; Majonäse gibt es eigentlich nie dazu.

Wenn Ihnen das jetzt zu langweilig war, interessiert Sie bestimmt die Vielfalt der nach Region oder Tradition unterschiedlichen main courses mäjn korßes (Hauptgerichte), zu denen oft eine ganz bestimmte Beilage gehört:

törkiej wið kornbrädßtaffin änd kränberie ßoß	**turkey with cornbread stuffing & cranberry sauce** – Truthahn mit Maisbrotfüllung & „Preiselbeer"-Sauce zu Thanksgiving
korndbief änd käbedsch	**corned beef & cabbage** – Pökelfleisch & Kohl zu St. Patrick's Day
dschembeleije	**jambalaya** – würziger Eintopf aus Louisiana mit Reis und diversen Bratwurst-Sorten
gembow	**gumbo** – scharfer Eintopf aus Louisiana mit Reis, Okraschoten & div. Fleisch oder Fisch
tschilliej	**chili** – scharfer Eintopf aus Kidneybohnen und Rindfleisch aus New Mexico
buriedows wið ßalßaßowß	**burritos with salsa sauce** – Bohnen mit Salsasoße im Maisfladen

enchilada with guacamole – gebackener Maisfladen mit Bohnen, Reis, Fleisch und Gewürzen, dazu ein Avokadodip	änschelade wiđ gwakemowlie
succotash – Bohnen-Mais-Eintopf	ßeketäsch
baked potato with sour cream – Ofenkartoffel mit saurer Sahne	bäjkt potädow wiđ ßauwerkriem
pumpkin pie/soup – Kürbiskuchen / -suppe traditionell zu Halloween	pampkenpei/ßuwp
corn on the cob – Maiskolben	kowrn onđe kab
maccaroni and cheese – Nudelauflauf mit Käse	mäkerownie ntschies
spaghetti & meatballs – Spaghetti mit Fleischklößchen	ßpegäddiej wiđ mietbowls
meatpie – gedeckter herzhafter Kuchen mit Fleischfüllung	mietpeij

salad bar	ßälled bar	Salatbuffet

coleslaw	Weißkrautsalat mit Majonäse	kowlßlow
caesar's salad	Blattsalat mit Ei, Anchovis, Olivenöl	sießers ßälled
waldorf salad	Salat mit Sellerie, Äpfeln, Walnüssen	woldorff ßälled
tuna salad	Thunfischsalat	tuwne ßälled
chef salad	gemischter Salat	schäff ßäled
tossed salad	grüner Salat	toßt ßälled

Which dressing?	**Give me ....**
witsch dräßin	gimmiej
welche Salatsoße	*gebe mir*
Welche Salatsoße?	Bringen Sie mir ...

ðausndeilend dräßin	**thousand island dressing**	würzige Salatsoße mit Majonäse, Paprika
fränsch dräßin	**french dressing**	Vinaigrette
ietäljen dräßin	**italian dressing**	Vinaigrette, Kräuter
vinneger än ojl	**vinegar & oil**	Essig und Öl
ßoltnpäper	**salt & pepper**	Salz und Pfeffer
ßpeißißnörbs	**spices & herbs**	Gewürze und Kräuter

veggies	vädschies	Gemüse
asparagus	eßpäregeß	Spargel
avocado	ävekäjdow	Avokado
beans	biens	Bohnen
bean sprout	bienßpraut	Bohnensprosse
beet	biet	Rübe
brussels sprout	braßlßprauwt	Rosenkohl
broccoli	brakliej	Brokkoli
carrot	käret	Möhre
cauliflower	kowlieflauwer	Blumenkohl
chard	tschard	Artichoke
chick peas	tschikpies	Kichererbsen
cucumber	kjukamber	Gurke
eggplant	äggplänt	Aubergine
endive	ändeiv	Endiviensalat
garlic	garlik	Knoblauch
kohlrabi	kowlräjbie	Kohlrabi
leek	liek	Lauch
lentils	läntills	Linsen
okra	okra	Okraschoten
onion	anjen	Zwiebel
peas	pies	Erbsen
pepper	päper	Paprikaschote

Oder Tofu gefällig?
bean curd
bien körd

potato	potäjdow	Kartoffel
rice	reiß	Reis
scallion	ßkäljon	Frühlingszwiebel
spinach	ßpinetsch	Spinat
squash	ßkwosch	Kürbis
sweet potato	ßwiet potäjdow	Süßkartoffel
turnip	törnip	Rübe
zucchini	sukieniej	Zucchini

Beim Lesen der Speisekarte hilft es auch, die Zubereitungsmethoden zu kennen:

broiled/roast	gegrillt	broijld/rowßt
braised/steamed	geschmort/gedämpft	bräjsd/ßtiemd
baked/fried	gebacken/gebraten	bäjkt/freid
stuffed/glazed	gefüllt/glasiert	ßtafft/gläsd
smoked/pickled	geräuchert/eingelegt	ßmowkt/pikld
poached/boiled	pochiert/gekocht	powtscht/bojld
mashed	püriert	mäscht
hash/stew	Haschee/Eintopf	häsch/ßtuw

Wenn Sie gerne Fisch und Meeresfrüchte – fish & seafood fisch änd ßiefuwd – mögen:

fried catfish & hush puppies – panierter Wels & Maismehlbällchen	freid kätfisch änd haschpapies
blackened (red)fish – Rotbarsch mit Creol-Cajun-Gewürzen, typisch für den Süden	bläknd (räd)fisch
clam chowder & oyster crackers – Muschelsuppe und ungesalzene Cracker	klämtschauder änd ojßter kräkerß
steamed mussels – gedämpfte Miesmuscheln	ßtiehmd maßls

boijld lobßter	**broiled lobster** – gegrillter Hummer
grild trauwt/ßwordfisch	**grilled trout/swordfish** – gegrillte Forelle/Schwertfisch
ojßter bißk	**oyster bisque** – Austern-Cremesuppe
kadfisch	**codfish** – Klippfisch („Kabeljau")
ßämon/lokß	**salmon/lox** – Lachs/Räucherlachs
krowfisch	**crawfish** – Süßwasser-Schellfisch
ßkälepß	**scallops** – Jakobsmuscheln
kräbs	**crabs** – Krebse
schrimp krie | ol	**shrimp Creole** – Garnelen kreolischer Art

Zu Ihrer Mahlzeit möchten Sie bestimmt etwas trinken. Wasser haben Sie ja ohnehin schon umsonst auf dem Tisch stehen, aber vielleicht möchten Sie noch:

eißtie	**iced-tea**	Eistee
woder	**water**	Wasser (ohne Kohlensäure)
milk (schäjk)	**milk (shake)**	Milch (mit Speiseeis)
fruwtdschuß	**(fruit) juice**	(Frucht-) Saft
dschindscheräjl	**ginger ale**	Ingwer-Limonade
ruwtbier	**root beer**	„Wurzel"-Limonade
kowk	**coke**	Coca Cola
ßaftdrink	**soft drink**	Limonade

Small, medium or large?
ßmol, miedjem or lardsch
klein, mittel oder groß
Klein, mittel oder groß?

Diese Frage stellt man Ihnen in Bezug auf Cola und andere Limonaden, Kaffee, aber auch Ihre Portion Fritten. Zum gesünderen Ernähren:

fat free	0% Fett (Milchprodukte)	fätfriej
low fat	fettarm (Milchprodukte)	lowfät
low cholesterol	wenig Cholesterin	low keläßterel
diet	ohne Zucker (Getränke)	deijet
light	alkoholfrei / -reduziert	leit
caffeine free	koffeinfrei (Cola)	käffien friej
decaf	entkoffeiniert (Kaffee)	die | käf
lean	kalorienarm (Gerichte)	lien
kosher	rein (n. jüdischer Regel)	kowscher
no preservatives	keine Konservierungsmittel	nowprießörvedivs

Wenn Sie eine normale Cola oder einen schwarzen Kaffee bestellen möchten, nennt sich das regular rägjeler – normal.

Wenn Sie über 21 Jahre alt sind, können Sie auch etwas Alkoholisches bestellen:

beer	Bier	bier
(red/white) wine	(Rot-/Weiß-) Wein	räd/weit wein
champagne	Champagner, Sekt	schempäjn
(wine) cooler	Schaumwein mit Saft	weinkuwler
bourbon whiskey	Bourbon Whiskey	börben wißkiej
scotch whiskey	Scotch Whiskey	ßkotsch wißkiej
cocktail	Mixgetränk	koktäjl
eggnogg	Eierlikör, zu Weihnachten selbst gemacht	äggnok
mulled wine	Glühwein (Weihnachten)	mald wein

Please bring me a scotch.
plies bring mie eßkotsch
bitte bring mir einen Scotch
Bringen Sie mir bitte einen Scotch.

ßträjt	**straight**	ohne Eis (Alkohol)
onðe rokß	**on the rocks**	auf Eis (Alkohol)
wiðauwt eiß	**without ice**	ohne Eis (Cola, Limo)
ekännef	**a can of**	eine Dose
eboddelef	**a bottle of**	eine Flasche
epitschref	**a pitcher of**	eine Kanne (Bier, Wasser)
egläßef	**a glass of**	Glas

How was your meal?
hauwos jermiel?
wie war deine Mahlzeit
Hat es Ihnen geschmeckt?

Delicious! I'm stuffed now though.
delischeß eim ßtafdnauw ðow
deliziös ich'bin vollgestopft jetzt jedoch
Hervorragend. Jetzt bin ich aber satt.

Can I get you anything else?
kännei gätje ännieðin älß
kann ich holen dir irgendwas anders
Möchten Sie noch etwas?

dessert	diesört	Nachtisch

piekän peij	**pecan pie**	Pecannuss-Kuchen
bluwberie peij	**blueberry pie**	Blaubeerkuchen
äplpeij	**apple pie**	Apfelkuchen
(ala mowd)	**(à la mode)**	(mit Vanilleeis)
kie leimpeij	**key lime pie**	Limettenkuchen
käjk (wið froßting)	**cake (with frosting)**	Kuchen mit Zuckerguss
(tscheklet tschip) kukkies	**(chocolate chip) cookies**	(Schokoladen)kekse

brownie	Schokoladenschnitte	brauwniej
cobbler	Fruchtkuchen	kabbler
jello	Pudding	dschälow
ice cream	Eiscreme	eißkriem
sundae	Eisbecher mit Sauce, Sahne & Streuseln	ßanndäj
fruit	Obst	fruwt

Zum Thema Früchte und Eiscreme jedoch mehr im Kapitel „Shopping". Dort finden Sie auch alles zum Thema Süßigkeiten.

It was too much. Can you wrap that please?
itwos tuw matsch kännje räp ðäd plies
es war zu viel kannst du einpacken das bitte
Es war zu viel. Können Sie das einpacken, bitte?

No, can I have the check please?
now kännei häv ðe tschäk plies
nein kann ich haben die Rechnung bitte
Nein, bringen Sie bitte die Rechnung.

Sie sollten immer 15 - 20% der Rechnung als Trinkgeld (tip tip) *auf dem Tisch liegen lassen, denn das ist das Haupteinkommen der* waiter wäjder *(Kellner) und* waitress wäjtriß *(Kellnerin).*

Im Kino oder auf der Couch bei Freunden gibt es vielleicht:

(buttered) popcorn	Salzpopcorn (mit zerlassener Butter)	(baderd) popkorn
nachos with cheese	Maischips + Käsesoße	natschows wið tschies
bagel chips	Brötchen-Chips	bäjgl schipß
potato chips	Kartoffelchips	petäjdow schipß
pretzels	kleine Laugenbrezeln	prätsls
crackers with dip	salzige Kekse mit Dip	kräkerß wið dip

Shopping

Nummer Eins der Freizeitvergnügen ist für Amerikaner und Besucher: shopping schapin (Einkaufen) in der mall mowl – riesige überdachte Einkaufszentren mit Parkplätzen wie bei Ikea. Einkaufsstraßen oder Fußgängerzonen in den Innenstädten gibt es so gut wie gar nicht. Man kauft in der mall ein, und da ertönt in jedem Geschäft sofort eine Stimme:

Can I help you?	**Yes, do you have ... ?**
kännei hälpje	jäß dje häv
kann ich helfen dir	*ja tust du haben*
Kann ich Ihnen helfen?	Ja! Haben Sie ... ?

No, I'm just looking.
now eim dschaßt lukin
nein ich'bin nur schauend
Nein danke, ich schaue mich nur um.

Die Ware ist immer ohne Mehrwertsteuer – sales tax ßäls täkß – *ausgewiesen, die kommt erst an der Kasse hinzu!*

shopping mall schapin mowl	überdachtes Einkaufszentrum
convenience store konvienjenß ßtor	24 Stunden geöffneter Laden mit allem, was man dringend braucht
drugstore dragßtor	Mischung aus Drogerie und Apotheke
department store diepartment ßtor	Kaufhaus (z.B. K-mart, Walmart)
express lane ikßpreß läjn	Kasse für Eilige mit nur 3 - 4 items eitems (Teile)

grocery store	growscherie ßtor	Supermarkt
liquor store	likker ßtor	Spiririttuosen-geschäft
jeweler's	dschuwelers	Juwelier
bookstore	bukßtor	Buchhandlung
market	market	Markt
bakery	bäjkerie	Bäcker
gift shop	giftschap	Souvenirladen
butcher	butscher	Metzger
cashier	käschier	Kasse
sales	ßäjls	Ausverkauf

Im grocery store *packt Ihnen meist ein freundlicher Mitarbeiter Ihr Eingekauftes in eine braune Papiertüte.*

How much is it?
hauw matsch isitt
wie viel ist es
Wie viel kostet das?

I'll take this one.
eiltäjk ðißwuann
ich'werde nehmen dies eins
Das nehme ich.

Do you have any less expensive ones?
dje häv ännie läß ikßpänßiv wuanns
tust du haben irgendein weniger teuer solche
Haben Sie auch preiswertere?

Cash or charge?
käsch or tschardsch
bar oder belasten
Bar oder per Kreditkarte?

Ohne Kreditkarte – credit card krädid kard – *können Sie sich in den USA kein Auto mieten und müssen viel zu viel Bargeld mit sich herumschleppen, denn die größte Banknote ist $100!*

Kleidung kaufen

I'd like to try this on.
eid leikte treij ðiß on
ich'würde mögen zu probieren dies an
Ich würde das gerne anprobieren.

Kleidergrößen sind in den USA ein wenig anders als bei uns. Bei T-Shirts kennt man die Einteilung in:

S = small
ßmol
= *klein*,

M = medium
miedjem
= *mittel*,

L = large
lardsch
= *groß*,

XL = extra large
ikßtra lardsch
= *extra groß*).

How does it fit?
hauw dasit fit
wie tut es passen
Wie sitzt es?

Do you like it?
dje leikitt
(tust) du mögen es
Wie finden Sie es?

It's great! I like it.
itß gräjt ei leikitt
es'ist großartig ich mag es
Es ist super. Ich mag es.

It looks very nice.
id lukß väriej neiß
es aussieht sehr schön
Es sieht sehr gut aus.

It's too small/big/short/long/tight/baggy.
ittß tuwßmol/big/schort/long/teit/bäggie
es'ist zu klein/groß/kurz/lang/eng/weit
Es ist zu klein/groß/kurz/lang/eng/weit.

My (european) size is ...
mei (jurepiejen) ßeis is
meine europäische Größe ist
Ich habe (die europäische) Größe ...

Do you have this one in large/small/blue?
dje häv ðißwuann in lardsch/ßmol/bluw
tust du haben dies eine in groß/klein/blau
Haben Sie dieses noch in Größe L,S / in blau?

Alle Farben können Sie kombinieren mit dark dark – *dunkel, oder* light leit – *hell.*

colors kalers Farben					
white	weit	weiß	**black**	bläk	schwarz
gray	gräj	grau	**silver**	ßilver	silber
pink	pink	rosa	**bronze**	brans	bronze
purple	pörpl	lila	**yellow**	jällow	gelb
red	räd	rot	**brown**	brauwn	braun
blue	bluw	blau	**green**	grien	grün
gold	gowld	gold	**orange**	orinsch	orange

clothes klows Kleidungsstücke

bandanna	bändäne	Sonnenschutztuch
belt (buckle)	bält (bakl)	Gürtel(Schnalle)
bikini	biekieniej	Bikini
blue jeans	bluw dschiens	Jeans
boots	buwtß	Stiefel
bra	bra	BH
cap	käp	Kappe
coat	kowt	Mantel
dress	dräß	Kleid
gloves	glavs	Handschuhe
hat	hät	Hut
jacket	dschäket	Jacke
pants	päntß	Hose
(panty) hose	(päntie) hows	Strumpfhose
rain gear	räjn gier	Regenkleidung
sandals	ßändels	Sandalen
shirt	schört	Hemd
shoes	schuws	Schuhe
shorts	schortß	kurze Hose
skirt	ßkört	Rock
sneakers	ßniekers	Turnschuhe
socks	ßokß	Socken, Strümpfe
suit	ßut	Anzug, Kostüm
sweater	ßwädder	Pullover
swim suit	ßwim ßut	Badehose, -anzug
tie	tei	Krawatte
turtle neck	tördl näk	Rollkragenpulli
tuxedo	takßiedow	Anzug (3-tlg)
T-shirt	tie | schörd	T-Shirt
underwear	annerwär	Unterwäsche
vest	wäßt	Weste

Die richtigen Kleidungs- und Schuhgrößen sind so kompliziert aufgeteilt nach Männern, Frauen und nach Art des Kleidungsstückes, dass man sich am besten im Geschäft beraten lässt.

Fragt man nach einem shirt, *wird man gefragt:*
long or short sleeves
long or schort ßlievs
lange oder kurze Ärmel?

What kind of material is this?
wad keindef metieriejel is ðiß
was Art von Material ist dies
Aus welchem Material ist das?

cotton	kottn	Baumwolle
silk	ßilk	Seide
(lambs)wool	(lämß)wuhl	(Schafs-)Wolle
synthetics	ßinnðädikß	synthetisch
fleece	fließ	Fleece
linen	linnen	Leinen
leather	läðer	Leder

Was Sie vielleicht dringend brauchen ...

... ist typischerweise etwas Wichtiges zur Körperpflege oder ein Päckchen Zigaretten.

I'd like ...
eidleik
ich'würde mögen
Ich hätte gern...

epießef	**a piece of**	ein „Stück" (Seife)
ekapelef	**a couple of**	ein paar ...
ßamm/efjuw	**some/a few**	einige
ekänef	**a can of**	eine Dose/Konserve
epäkef	**a pack of**	eine Schachtel (Zigaretten)
epäref	**a pair of**	ein Paar (Hose, Brille, Schere)
erowlef	**a roll of**	ein Röllchen (Film)
ebaddelef	**a bottle of**	eine Flasche (Shampoo)
etubef	**a tube of**	eine Tube (Zahnpasta)
ebokßef	**a box of**	eine Schachtel (Streichhölzer)

adhesive tape	ädhiesiv täjp	Klebeband
chapstick	tschäpßtik	Lippenpflegestift
cigarettes	ßigeretß	Zigaretten
condom	kondem	Kondom
deodorant	die | owderent	Deo
detergent	dietördschent	Waschmittel
diaper	deiper	Windel
envelope	änvelop	Briefumschlag
flipflops	flipflopß	Badelatschen
glue	gluw	Klebstoff
matches	mätscheß	Streichhölzer
mosquito repellent	moßkido riepällent	Mückenschutz-mittel
needle	niedl	Nadel
razor blade	räser bläjd	Rasierklinge
saline solution	ßälein ßoluschen	Kochsalz-lösung
sanitary napkin	ßännitäriej näpkin	(Damen)Binde
scissors	ßisers	Schere
shampoo	schämpuw	Shampoo
shoelace	schuläjß	Schnürsenkel
skin lotion	ßkin lowschen	Hautcreme
soap	ßowp	Seife
(sun)glasses	(ßan)gläßeß	(Sonnen)Brille
suntan lotion	ßanntän lowschen	Sonnencreme
tampon	tämpon	Tampon
thread	ðräd	Faden
tissue	tischu	Taschentuch
tobacco	tebäkow	Tabak
toothbrush	tuðbrasch	Zahnbürste
toothpaste	tuðpäjßt	Zahnpasta

with filter wið filter
mit Filter

with factor wið fäkter
mit Faktor

Sie brauchen noch Film für Ihre Kamera?

Farbfilm	**color print film**	kallerprint film
Schwarzweißfilm	**black & white film**	bläknweid film
Diafilm	**slide film**	ßleid film
24/36 Bilder	**24/36 exposures**	24/36 ikßpowschers
... ASA	**... ASA**	äj | äß | äj
Batterie	**battery**	bädderie

Lebensmittel einkaufen

Hier nenne ich nur die Lebensmittel, die nicht schon im Kapitel „Essen & Trinken" vorkamen. Diese Liste hilft Ihnen auch beim Verstehen der unzähligen Eissorten ice cream flavors eißkriem fläjvers, die es in den USA gibt.

frozen yogurt
frowsn jegert
Jogurteis

popsicle papßikl
Wassereis

sherbet schörbet
Sorbet

sundae ßanndäj
Eisbecher mit Soße

Which flavor would you like?
witsch fläjver wudje leik
welchen Geschmack würdest du mögen
Welche Sorte möchten Sie?

Cup or cone?
kap or kown
Becher oder Hörnchen
Becher oder Waffel?

How many scoops?
hauw männie ßkuwpß
wie viele Löffel
Wie viel Bällchen?

With hot fudge?
wið hat fadsch
mit heiß Soße
Mit warmer Schokosoße?

Which topping?
witsch topping
welche Garnierung
Welche Streusel?

fruits & nuts	fruwtßnnatß	Früchte & Nüsse
almond	ämend	Mandarine
apple	äppl	Apfel
apricot	äprekat	Aprikose
banana	benänä	Banane
berry	bäriej	Beere
blueberry	bluwbäriej	Blaubeere
blackberry	bläkbäriej	Brombeere
Brazil nut	bresil nat	Paranuss
cashew	käschuw	Cashew
chocolate	tschaklet	Schokolade
cranberry	kränbäriej	Preiselbeere
cherry	tscheriej	Kirsche
grape	gräjp	Traube
grapefruit	gräjpfruwt	Pampelmuse
hazelnut	häjselnat	Haselnuss
hickory	hikeriej	Hickory-Nuss
lemon/lime	lämen/leim	Zitrone/Limone
macadamia	makedäjmieje	Makadamianuss
melon	mällen	Melone
orange	orensch	Apfelsine
peach	pietsch	Pfirsich
peanut	pienat	Erdnuss
pear	pär	Birne
pecan	piekän	Pecannuss
pineapple	peinäppl	Ananas
pistachio	pißtäschjo	Pistazie
plum	plamm	Pflaume
raspberry	räsbäriej	Himbeere
sprinkels	ßprinkels	Streusel
strawberry	ßtrowbäriej	Erdbeere
tangerine	tändscherien	Mandarine
walnut	wolnat	Walnuss

Hilfreich bei der Auswahl:

assorted eßordet
gemischt

butter bader
Butter-

candied kändied
kandiert

chunk tschank
Stück

cookies 'n cream
kukiesnkriem
mit Keksen, Sahne

glazed gläst
mit Zuckerguss

(honey) roasted
(hannie) rowßted
(Honig) geröstet

inshell inschäl
mit Schale (Nuss)

(un)salted (an)ßolted
(un)gesalzen

Souvenirs einkaufen

Zu den besten Mitbringseln aus den USA gehört sicherlich die Vielfalt an andersartigen Süßigkeiten, die hier hergestellt werden.

candy kändie Süßigkeiten

bridl	**brittle**	Karamelisiertes
kändie bar	**candy bar**	süßer Riegel
tschaklet bar	**chocolate bar**	Schokoriegel
gamm dropß	**gum drops**	Weingummi
dschällie biens	**jelly beans**	Gummi"bohnen"
likeriß	**licorice**	Lakritz
leifßäjver	**livesaver**	Pfefferminzbonbon, wörtl: Lebensretter
marschmällow	**marshmallow**	eine weiche Süßigkeit, die die Amerikaner über einem offenen Feuer rösten
ßolt woder täfiej	**salt water taffy**	Maissirup-Bonbons
howmmäjd	**homemade**	hausgemacht

jewelry dschuwelrie Schmuck

earring	iering	Ohrringe
necklace	näkleß	Kette
pendant	pändent	Anhänger
bracelet	bräjslet	Armband
ring	ring	Ring
pin	pin	Brosche
watch (band)	wotsch (bänd)	Uhr(enband)
brooch	browsch	Brosche

What's this made of?
wotß ðiß mäjdef
was'ist dies gemacht von
Woraus ist das?

gold	gowld	Gold
carat	käret	Karat
platinum	plätnem	Platin
silver	ßilver	Silber
sterling	ßtörling	Silber (925)
plated	pläjded	vergoldet/-silbert
diamond	deimend	Diamant, Brilliant
gem	dschäm	Edelstein
bead	bied	Perle
pearl	pörl	echte Perle
brass	bräß	Messing
copper	kopper	Kupfer
pewter	pjuter	Zinn
steel	ßtiel	Stahl
porcelain	powrßelen	Porzellan
stoneware	ßtownwär	Steingut
redware	rädwär	Terracotta
glass	gläß	Glas
plastic	pläßtik	Plastik
wood	wudd	Holz

Wenn Sie richtig typische amerikanische Souvenirs suchen, achten Sie auf alles, was sich Handarbeit nennt:

hand- händ- *hand-*
&
made mäjd *gemacht*
crafted kräfted *gearbeitet*
carved karvd *geschnitzt*
knitted nidded *gestrickt*
woven wowven *gewebt*

Sollte etwas kaputtgegangen sein, können Sie fragen, ob man Ihnen das reparieren kann:

This broke, can you fix it?
ðiß browk, kännje fikßitt
dies brach, kannst du reparieren es
Das ist kaputt, können Sie es reparieren?

crafts	kräftß	Handwerk

Ganz traditionelle Souvenirs finden Sie bei den Indianern.

bäßket	**basket**	Korb
bonnet	**bonnet**	Häuptlingsgefieder
bownärow	**bow & arrow**	Bogen und Pfeil
drams	**drums**	Trommel
fäjtisch (doll)	**fetish (doll)**	Fetisch (Puppe)
mokeßinß	**moccasins**	Wildlederschuhe
piespeip	**peace pipe**	Friedenspfeife
rag	**rug**	Teppich
ßänd päjnting	**(sand) painting**	(Sand) Bild
ßkall	**skull**	Schädel
ßpirit tschäßer	**spirit chaser**	Geisterfänger
tomehowk	**tomahawk**	Wurf-Axt der Indianer

Weitere traditionelle Souvenirs aus der Zeit der ersten Einwanderer finden Sie bei den Amish settlement ämisch ßätlment – Amisch-Siedlungen – in Ohio oder Pennsylvania. Sie haben bis heute eine recht „altmodische" Lebensart aufrechterhalten. Ein paar traditionelle und moderne Souvenirs aus Amerika:

christmas stocking	Weihnachtsstrumpf, an den Kamin hängen für Geschenke.	krißmeß ßtoking
baseball (bat/mitt)	Baseball (Schläger/ Fanghandschuh)	bäjßbol bät/mit
bull whip	Bullen-Peitsche	bullwip
cowboy hat/boots	Cowboy-Hut/Stiefel	kauwboi hät/buwtß
coffee mug	Kaffeebecher	kaffie mag
football	Fußball à la Amerika	futbal
hammock	Hängematte	hämmek
mailbox	Briefkasten	mäjlbokß
pottery	Keramik	podderiej
quilt	Steppdecke genäht in Patchwork-Technik	kwilt
refrigerator magnet	Kühlschrank-Magnet	refridscheräder mägnet
rocking chair	Schaukelstuhl	rowkin tschär
chaps	Cowboy-Lederhose	schäpß
spur (straps)	Spore (n-Schnalle)	ßpowr (ßträpß)
wheelbarrow	Holzschubkarre	chwielbärow
wooden toys	Holzspielzeug	wudden tois

Unterwegs

Damit Sie Land und Leute kennenlernen, müssen Sie große Entfernungen zurücklegen.

I'd like a map of the city, please.
eid leike mäpef ðe ßiddie plies
ich'würde mögen eine Karte von die Stadt, bitte
Ich möchte gerne einen Stadtplan, bitte.

Wohin Sie auch wollen, Sie müssen sicherlich einmal nach dem Weg fragen:

Excuse me, how do I get to ... ?
ikßkjuws mie hauw duwei gätte ...
enschuldige mich wie tu ich kommen zu ...
Entschuldigung, wie komme ich zu ...?

Where can I find a car rental?
wär kännei feind ekar räntell
wo kann ich finden ein Auto Vermietung
Wo ist eine Autovermietung?

Straight down this road, ...
ßträjtdauwn ðiß rowd
geradeaus runter diese Straße
Geradeaus diese Straße herunter, ...

... then take a left/right at the intersection.
ðän täjk eläft/ereit ät ðie interßekschen
dann nehme ein links/rechts an der Kreuzung
... dann nach links/rechts an der Kreuzung.

this area
ðiß ärieja
dieses Gebiet

downtown LA
dawntauwn äl | äj
Los Angeles Zentrum

the Bay Area
ðe bäj ärieja
Küste Kaliforniens

the Great Lakes
ðe gräjt läjkß
die Großen Seen

the Yellowstone Park
ðe jälowßtown park
der Yellowstone Park

the Grand Canyon
ðe grän känjen
der Grand Canyon

Key West
kiej wäßt
Key West (Florida)

How long does it take to get there?
hauw long dasitt täjkte gät ðär
wie lang tut es nehmen zu bekommen dort
Wie lange braucht man bis dort?

Can you show it to me on the map?
kännje schowit temie on ðe mäp
kannst du zeigen es zu mir auf die Karte
Können Sie mir das auf der Karte zeigen?

(on the) left	(onðe) läft	links (Seite)
(on the) right	(onðe) reit	rechts (Seite)
straight (ahead)	ßträjt(ehäd)	geradeaus
up	ap	(hin)auf
down	dauwn	herunter
at	ät	bei, an
from/to(ward)	fram/tu(word)	von/zu, bis
thru/through	ðru	durch
next to	näkßte	neben
close to	klowßte	in Nähe von
near(by)	nierbei	in der Nähe
far (away)	far(ewäj)	weit (weg)
(a bit) further	(ebit) förðer	(etwas) weiter
across	ekroß	(gegen)über
in front of	infrannef	vor
behind	bieheind	hinter
after	äfter	hinter, nach
back	bäk	zurück
under(neath)	anner(nieð)	unter
(cross) over	(kroß)owver	über(queren)
above	ebav	über, oben
inside	inßeid	innen
outside	auwtßeid	außen

Bei einer Wegbeschreibung wird gerne unterteilt in:

first ... then/next
förß ... ðän/näkß
zuerst ... dann/nächste

here ... there
hier ... ðär
hier ... dort

Das kombiniert mit einigen landmarks ländmarkß – Orientierungspunkten.

i Richtungsangaben verweist man auch gerne auf die Farbe eines Gebäudes, siehe im Kapitel „Shopping“.

Für „Straße“ gibt es viele Begriffe:
alley (Aly) älliej
avenue (Ave) ävenu
boulevard (Blvd) bulevar
court (Ct) kort *(Platz)*
drive (Dr) dreiv
lane (Ln) läjn
place (Pl) pläjß *(Platz)*
road (Rd) rowd
square (Sq) ßkwär *(Platz)*
street (St) ßtriet
way (Wy) wäj

big building	big billding	großes Gebäude
bridge	bridsch	Brücke
bus stop	baßtop	Bushaltestelle
cathedral	käðiedrel	Kathedrale
church	tschörtsch	Kirche
corner	korner	Ecke
crosswalk	kroßwok	Zebrastreifen
curve	körv	Kurve
dead end	dädännd	Sackgasse
detour	dietuwr	Umleitung
district	dißtrik	Bezirk
downtown	dauwntauwn	Innenstadt
exit	äkßitt	Ausfahrt
factory	fäkteriej	Fabrik
hill	hill	Hügel
hospital	hoßpidl	Krankenhaus
hotel	howtäll	Hotel
intersection	interßäkschen	Kreuzung
junction	dschankschen	Kreuzung
lights	leitß	Ampel
museum	mjusiejem	Museum
one-way street	wuanwäj ßtriet	Einbahnstraße
park	park	Park
parking	parking	Parkplatz
railroad tracks	räjlrowd träkß	Bahnschienen
sign	ßein	Schild
station	ßtäjschen	Bahnhof
tower	tauwer	Turm
turnpike	törnpeik	Mautstation
tunnel	tannel	Tunnel

Für Straßen, Himmelsrichtungen und Plätze gibt es Abkürzungen auf Karten. Die Stadtautobahn heißt expressway (Expwy) ikßpreßwäj, die Autobahn freeway (Fwy) friewäj, die Schnellstraße parkway (Pkwy) parkwäj, wenn die Straße über Wasser führt causeway (Cswy) kowswäj, Bundesstraßen, wie die berühmte Route 66 ruwt ßikßtie ßikß, heißen interstate (I) interßtäjt und - highway (Hwy) heiwäj.

Egal, ob Sie mit Flugzeug, Zug, Langstreckenbus oder Schiff verreisen wollen, dieses Vokabular gilt für alle:

Straßen werden oft in Abschnitte unterteilt:

N = North norð *Nord*
W = West wäßt *West*
S = South ßauwð *Süd*
E = East ießt *Ost*
Upper apper *oberer*
Lower lower *unterer*

Is there a bus/flight service to ...?
is ðäre bas/fleit ßörviß te
ist dort ein Bus/Flug Dienst zu
Gibt es einen Bus/Flug nach ...?

When is the next/last train to ...?
wännß ðe näkßd/läjßd träjn tuh
wann ist der nächste/letzte Zug nach
Wann geht der nächste/letzte Zug nach ...?

(Where) do I have to change trains/busses?
(wär) duwei hävte tschäjnsch träjns/baßeß
(wo) tue ich haben zu wechseln Züge/Busse
(Wo) muss ich umsteigen?

Can you tell me when we're there, please.
känje tälmie wänn wier ðär plies
kannst du erzählen mir wenn wir'sind da bitte
Können Sie mir Bescheid geben, wenn wir da sind, bitte?

How long does the trip/flight take?
hauw long das ðe trip/fleijt täjk
wie lang tut der Reise/Flug nehmen
Wie lange dauert die Reise/der Flug?

fare	fär	Ticketpreis
ticket	tikit	Fahr-/Flugschein
one-way	wuannwäj	einfache Fahrt
round-trip	rauwnd trip	hin- und zurück
reservation	räserväjschen	Reservierung
schedule	ßkädjell	Fahrplan
delayed	dieläjd	verspätet
destination	däßtenäjschen	Zielort
departure	diepartschr	Abfahrt
arrival	ereivl	Ankunft
connection	kenäkschen	Verbindung
check in	tschäkin	einchecken
boarding pass	bowrdin päß	Bordkarte
first/second class	förß/ßäknd kläß	erste/zweite Klasse
passenger	päßendscher	Passagier
reclining	riekleinin	verstellbar
window	window	Fenster
aisle	eil	Gang
seat	ßiet	Sitz
reserved	riesörvd	reserviert
on board	onbowrd	an Bord
non-smoking	nonßmowkin	Nicht-Raucher
occupied	okjepeid	besetzt (Toilette)
baggage claim	bägidsch kläjm	Gepäckausgabe
desk	däßk	Schalter

Man kann sein Gepäck in amerikanischen Langstreckenzügen wie am Flughafen aufgeben. Auch hier darf das Gepäck nicht schwerer als 75 lbs. sein! Mit dem Gepäckschein – claim check kläjm tschäk – *bekommt man es an der Gepäckausgabe innerhalb von 30 Min. nach Ankunft wieder.*

Is this seat taken?	**How much is it to ...?**
iß ðiß ßiet täjkn	hauwmuch isitt te
ist dieser Sitz besetzt	*wie viel ist es zu*
Ist hier frei?	Wie viel macht es nach...?

by bus & train bei bass & träjn mit Bus & Bahn

AMTRAK ämträk bietet überregionale Zugverbindungen an, und Greyhound gräjhauwnd ist eine bekannte Reisebusgesellschaft. Für Kurzstrecken gibt es Nahverkehrszüge, Straßenbahnen, U-Bahnen und Busse.

subway	ßabwäj	U-Bahn
cable car	käbl kar	Frisco-Straßenbahn
airtrain	ärträjn	Schwebebahn
platform	plätform	Plattform
track	träk	Gleis
sleeper	ßlieper	Schlafwagen
dining car	deinin kar	Speisewagen
auto train	adow träjn	Autowagen
terminal	törminel	Busbahnhof
bus stop	baßtop	Bushaltestelle
line	lein	Linie

Zur Benutzung der subway *in New York müssen Sie sich einen* token towkn *– Eintrittsmünze – oder die* Metrocard mätrowkard *(U-Bahn-Kreditkarte) kaufen.*

by taxi/cab bei täkßie/käb mit dem Taxi

To the airport/train station, please.
tuw ðie äjrpowrt/treijn ßtäjschen plies
zu der Flughafen/Zug Bahnhof bitte
Zum Flughafen/Bahnhof, bitte.

Es ist üblich, dem – cab driver käb dreiver *–Taxifahrer 15% des Fahrpreises als Trinkgeld zu geben.*

Es gibt auch besondere Taxis, wie die Limousine – limousine limosien *& das Pendeltaxi –* shuttle schatl.

Achten sie darauf, dass Ihr Taxi – metered miederd – mit Taxameter ausgestattet ist, dann haben Sie einen Überblick darüber, was Sie am Ende bezahlen müssen.

Could you stop here, please?
kudje ßtop hier plies
kannst du halten hier bitte
Bitte halten Sie hier an.

by plane bei pläjn mit dem Flugzeug

ärport	**airport**	Flughafen
törminel	**terminal**	Halle
gäjt	**gate**	„Tor“
fleit namber	**flight number**	Flugnummer
iekanemiej	**economy (class)**	Touristen(klasse)
bisniß	**business (class)**	Geschäfts(klasse)
ie | tikit	**e-ticket**	elektronisches Ticket
käriejon bägedsch	**carry-on baggage**	Handgepäck
kanförm	**confirm**	bestätigen (Flug)
känßell	**cancel**	stornieren
fleitetänndend	**flight attendant**	Steward(ess)
friekwent fleijer	**frequent flyer**	Vielflieger
apgräjd	**upgrade**	„Aufwertung“, z.B. business statt economy
är ßikneß bäg	**air sickness bag**	Kotztüte

Do you have anything to declare?
dje häv ännieđing tedieklär
tust du haben irgendetwas zu verzollen
Haben sie etwas zu verzollen?

Open the suitcase/bag, please.
owpen ðe ßutkäjß plies
öffnen den Koffer/Tasche bitte
Öffnen Sie den Koffer/die Tasche, bitte.

by boat/ship bei bowt/schip mit dem Schiff

cabin	käbin	Kabine
deck	däk	Deck
lifeboat	leifbowt	Rettungsboot
life jacket	leif dschäkit	Schwimmweste
pier	piejr	Landesteg
port/harbor	powrt/harber	Hafen
sea sick	ßiejßik	seekrank

How long does the cruise/crossing take?
hauw long das ðe krus/kroßin täjk
wie lange tut die Fahrt/Überfahrt nehmen
Wie lange dauert die Fahrt/Überfahrt?

Einige Bootarten:
ferry färiej
Fähre
hydrofoil heidrefoil
Tragflächenboot
hovercraft haverkräft
Luftkissenboot
sailboat ßäjlbowt
Segelschiff
steamboat ßtiembowt
Dampfschiff
yacht jawt
Yacht

car rental kar räntl Autovermietung

Wenn Sie über 25 Jahre alt sind, eine Kreditkarte besitzen und einen internationalen Führerschein mitgebracht haben, können Sie in den USA ein Fahrzeug mieten.

I'd like to rent a ... /an automatic.
eid leikte ränte ... /enodowmädik)
ich'würde mögen zu mieten ein ... /ein Automatik
Ich möchte einen ... /Automatikauto mieten.

Amerikaner können mit 16 Jahren Ihren Führerschein — driver's license dreivers leißenß — *machen, in NY erst ab 18.*

Im Flugzeug und im Auto heißt es: fasten your seat belt fäßn jer ßietbält *oder salopper:* buckle up bakelap *– Schnallen Sie sich an!*

car/vehicle	kar/viehikl	Auto/Wagen
sedan	sedän	Vier-Türer
convertible	konvördebel	Cabrio
four wheel drive	forwiel dreiv	Geländewagen
station wagon	ßtäjschen wägn	Kombi
limo	limow	Limousine
motorcycle	mowderßeikl	Motorrad
bike	beik	(Motor)Rad
RV (recreational vehicle)	ar | vie (riekriej-äschenel viehikl)	Wohnmobil/-wagen
pickup (truck)	pikap trak	Minilaster
truck	trak	LKW

How many miles are included in the price?
hauw männie meils ar inkluded in ðe preis
wie viele Meilen sind inbegriffen in dem Preis
Wie viel Meilen sind im Preis inbegriffen?

Is full comprehensive insurance included?
is ful kompriehännßiv inschurenß inkluded
ist voll umfassend Versicherung inbegriffen
Ist eine Vollkaskoversichung enthalten?

Rechts vor links gibt es nicht. Ist keine Vorfahrtsstraße ausgeschildert, muss jeder anhalten (meist stehen dort Stoppschilder) und derjenige, der als erstes da war, darf auch als erstes wieder losfahren.

Die Geschwindigkeit misst man in Meilen pro Stunde: mph meils perauwer. Auf den rechteckigen Schildern mit Geschwindigkeitsbegrenzungen steht speed limit ßpiedlimmit oder reduce speed reduß ßpied:

30-35 mph	in Ortschaften (48-56 km/h)
35-45 mph	auf Nebenstraßen (56-72 km/h)
55 mph	auf highways (88 km/h)
65 mph	auf Interstates (104 km/h)

Das Schild radar control räjder kontrowl warnt vor Radarkontrollen. Mautstraßen – toll road tol rowd – gibt es vor allem in Neu-England. Am turnpike törnpeik – der Mautstation – muss man bezahlen.

pay toll ahead päjtol ehäd	Achtung Mautstelle!
exact change iksäkt tschäjndsch	passendes Kleingeld bereithalten
change given tschäjndsch givn	Wechselgeld wird gegeben

Generell ist right turn on red reitt törn onn rädd – *rechts abbiegen bei roter Ampel – erlaubt, außer es ist explizit verboten.*

Auf der Suche nach einem Parkplatz sollte man Ausschau halten nach: parking lot/garage parkin lot/gerasch

gas station gäß ßtäschn Tankstelle

Auch an der Tanksäule misst man in den USA mit anderen Maßen, nämlich pro gallon (gal) gälen; 1 gallon sind 3,79 Liter. Öl misst man in quart (qt) kwort; 1 quart sind 0,94 Liter.

Das amerikanische Schild für „Vorfahrt gewähren" sieht so aus, wie in Europa, es steht zusätzlich yield jield *darauf.*

Fill it up, please.
fillidap plies
füllen es auf bitte
Bitte volltanken.

I need 1 quart of oil.
ei nied wuann kwordef oil
ich brauche 1 Quart von Öl
Ich brauche 1 Quart Öl.

Could you check oil/water/tire pressure, please?
kudje tschäk oil/woder/teir präscher plies
könntest du prüfen Öl/Wasser/Reifendruck bitte
Können Sie bitte mal nach dem Öl/Wasser/Reifendruck sehen?

caution kowschen = *„Achtung!"*

danger däjndscher = *„Gefahr!"*

no entry now äntriej = *„Keine Einfahrt!"*

ped-xing päd kroßing = *„Achtung*

Zebrastreifen!“

What fuel does it take?
wad fjul dasitt täjk
was Kraftstoff tut es nehmen
Was tankt das Fahrzeug?

unleaded	anlädded	bleifrei
regular	rägjeler	87 Oktan Benzin
midgrade	midgräjd	89 Oktan Benzin
premium	priemjem	91 Oktan Benzin
super	super	Super (91 Oktan)
diesel	diesl	Diesel

breakdown bräjk dauwn Panne

Wenn Sie mit dem Wagen liegen geblieben sind, sollten Sie sich um einen tow truck tow trak kümmern, der Sie zur nächsten Werkstatt – repair shop riepär schop – abschleppt.

I've got a flat tire/dead battery.
eiv gadde flät teir/däd bäderiej
ich'habe bekam ein flach Reifen/leere Batterie
Ich habe einen Platten/leere Batterie.

The ... is broken / won't work.
ðe ... is browkn / wownt wörk
der/die/das ... ist kaputt / will-n'icht arbeiten
Der ... ist kaputt / funktioniert nicht.

Can you fix it?
känje fikßitt
kannst du reparieren es
Können Sie das reparieren?

accelerator	ikßäleräjder	Gaspedal
battery	bäderie	Batterie
brakes	bräjkß	Bremsen
bumper	bamper	Stoßstange
clutch	klatsch	Kupplung
fan belt	fän bält	Keilriemen
first gear	förßgier	erster Gang
gearshift	gierschift	Schaltknüppel
headlights	häd leitß	Scheinwerfer
hood	hudd	Motorhaube
motor	mowder	Motor
muffler	maffler	Auspuff
neutral	nutrel	kein Gang
radiator	räjdiejäder	Kühler
reverse	rievörß	Rückwärtsgang
shift	schift	schalten
tail light	täjlleit	Rücklicht
tire/wheel	teir/wiel	Reifen/Rad
transmission	tränßmischn	Getriebe
trunk	trank	Kofferraum
wipers	weipers	Scheibenwischer

Wichtig bei Reisen im Sommer ist die Klimaanlage:
air conditioning (AC)
ärkendischening (äj | siej)

Vielleicht möchten Sie aber auch erst einmal Vorbeifahrende um Hilfe bitten:

Die Telefonnummer für Notfälle ist 911; es sei denn, auf den Straßenschildern ist explizit eine andere angegeben.

Hi. Thanks for stopping. My car broke down.
hei ðängs for ßtopin mei kar browkdown
hallo danke für anhaltend mein Auto gebrochen herunter
Hallo. Danke für's Anhalten. Mein Auto ist liegengeblieben.

Do you have jumper cables?
dje häv dschamper käjbls
tust du haben Springer Kabel(Mz.)
Haben Sie ein Startkabel?

flashlight	fläschleit	Taschenlampe
fuse	fjus	Sicherung
pliers	pleijers	Zange
pry	preij	Wagenheber
screwdriver	ßkruwdreivr	Schraubenzieher
spare part	ßpär part	Ersatzteil
spark plug	ßparkplag	Zündkerze
tool	tuls	Werkzeug
water	woder	Wasser
wrench	ränsch	Schraubenschlüssel

by bike/bicycle bei beijk/beißikl mit dem Rad

Wenn Sie viel Zeit mitgebracht haben und Sie sich mit dem Fahrrad durch die Staaten bewegen oder auch nur eines gemietet haben, noch ein wenig Vokabular dazu:

brake	bräjk	Bremse
chain	tschäjn	Kette
gearshift lever	gierschift läver	Schalthebel
handlebars	händlbars	Lenker
luggage racks	laggidsch räkß	Gepäckträger
mudguard	madgard	Schutzblech
pannier	pännier	Packtasche
pedal	päddl	Pedal
saddle	ßäddl	Sattel
spoke	ßpowk	Speiche
tire repair kit	teir riepär kitt	Flickzeug
tube	tub	Schlauch
valve	välv	Ventil

accident äkßident Unfall

Falls es zu diesem unangenehmen Fall kommen sollte, die passenden Wendungen:

Zur ärztlichen Versorgung finden Sie mehr im Kapitel „Apotheke & Arzt".

I had an accident.
ei häden äkßiedent
ich hatte ein Unfall
Ich hatte einen Unfall.

Nobody's injured.
nowbadies injörd
niemand'ist verletzt
Keiner ist verletzt.

Please call an ambulance!
plies kowl enämbjelenß
bitte rufen ein Krankenwagen
Rufen Sie bitte einen Krankenwagen!

Please help me!
plies hälp mie
bitte helfen mir
Bitte helfen Sie mir!

Übernachten

Im allgemeinen sind Zimmer in den USA standardmäßig mit einem Doppelbett ausgestattet. Der Preis gilt pro Zimmer, egal wie viele darin übernachten. Wenn Sie ein Schild sehen mit der Aufschrift **no vacancy** now väkensie, ist kein Zimmer mehr frei.

hotel	howtäll	Hotel
motel	mowtäll	„Autobahn"-Hotel
inn	inn	kleines Hotel
lodge	lowdsch	kleines Hotel; Hütte
cabin	käbin	Hütte
bungalow	bengelow	Bungalow, Hütte
cottage	katidsch	Ferienhaus
guesthouse	gäßthauwß	Gästehaus
(youth) hostel	(juð) hoßtl	(Jugend)Herberge
bed & breakfast	bädnbräk-feßt	Gästehaus mit „Kost und Logis"
camp site	kämp seit	Campingplatz
resort	riesort	Ferienanlage
apartment	epartment	Wohnung
suite	ßwiet	Wohnung; auch: Hotelsuite
farm	farm	Farm („Bauernhof")
ranch	ränsch	Ranch (siehe farm)

I'd like a room with ... , please.
eid leike ruhm wið ... plies
ich'würde mögen ein Zimmer mit ... bitte
Ich hätte gern ein Zimmer mit ..., bitte.

a double bed	e dablbäd	*Doppelbett*
a twin size bed	e twinseis bäd	*1 x 2m breites Bett*
a queen size bed	e kwienseis bäd	*1,5 x 2,2m Doppelbett*
a king size bed	e kingseis bäd	*1,9 x 2,2m Doppelbett*
water bed	e woder bäd	*Wasserbett*
air-con/a fan	ärkon/e fän	*Klimaanlage/Ventilator*
a shower/bathtub	e schauwer/bäðtab	*Dusche/Badewanne*
a jacuzzi/whirlpool	e dschekuwsie/wörlpuwl	*Whirlpool*

Can I see the room please?
kännei sie ðe ruwm plies
kann ich sehen das Zimmer bitte
Kann ich bitte das Zimmer sehen?

It's too small. Do you have a bigger one?
itß tuw ßmol dje häve bigger wuann
es'ist zu klein tust du haben ein größer ein
Es ist zu klein. Haben Sie ein größeres?

big – smaller
big – ßmoler
groß – kleiner

expensive
– less expensive
ikßpänßiv – läß ikßpänßiv
teuer – billiger

far-off – closer
faref – klowser
weit weg – näher

Is breakfast included?
is bräkfeßt inkludid
ist Frühstück inbegriffen
Ist Frühstück im Preis inbegriffen?

We serve a free continental breakfast.
wie ßörve frie kantinäntl bräkfeßt
wir servieren ein frei kontinentales Frühstück
Sie bekommen ein Frühstück umsonst.

What are your rates (for ...)?
wodar jer räjtß (for)
was sind deine Raten für
Wie viel kosten die Zimmer (für/pro ...)?

drei Nächte/eine Woche	**3 nights/a week**	ðrie neitß/e wiek
ein Auto mit Wohnwagen	**a car with trailer**	e kar wið trailer
ein Wohnmobil	**a motorhome**	e modorhowm
Mini-Wohnmobil	**a truck camper**	e trak kämper
ein Zelt	**a tent**	e tänt
ein Motorrad	**a motorcycle**	e moderßeikl
zwei Personen	**two people**	tuw piepl
Waschen	**laundry service**	londrie ßörviß

Please fill out this registration form.
plies fillauwt ðiß rädschißträjschen form
bitte füllen aus diese Registrierung Formular
Bitte füllen Sie das Anmeldeformular aus.

Das steht auf dem Formular:

single/double	ßin|gl/dabl	*Einzel/Doppel*
guest name	gäßt näjm	*Name des Gastes*
address	ädreß	*Adresse*
city/state	ßidie/ßtäjt	*Stadt/Bundesstaat*
zip code	sipkowd	*Postleitzahl*
country	kantrie	*Land*
arrival/departure date	ereivl/diepartscher däjt	*Ankunft-/Abreisedatum*
number of nights	namberef neitß	*Zahl der Nächte*
credit card name	kräditkard näjm	*Kreditkartenhalter*
credit card type	kräditkard teip	*Kreditkartentyp*
credit card number	kräditkard namber	*Kreditkartennummer*
expiration date	äkßperäjschen däjt	*Gültigkeitsdatum*
signature	ßignetscher	*Unterschrift*

We're leaving. I'd like to pay, please.
wier lievin eid leikte päj plies
wir'sind gehend ich'würde mögen zu zahlen, bitte
Wir reisen ab. Ich möchte gern zahlen, bitte.

Übrigens: Dem bell staff bäl ßtäf *gibt man pro getragenes Kofferstück $1-2!*

Wenn Sie allerdings eine Beschwerde haben, etwas suchen oder noch brauchen:

The ... is missing/broken/dripping.
ðe ... is mißin/browken/dripin
das ... ist fehlend/gebrochen/tropfend
Das fehlt/ist kaputt/ist leck.

Do you have ...	**I need (an additional) ...**
dje häv	ei nied (enedischenel)
tust du haben	*ich brauche (ein zusätzlich)*
Haben Sie ...?	Ich brauche (ein Extra-) ...

Es empfiehlt sich, für Ihren Rasierapparat oder Fön bereits in Europa einen Adapter — adapter edäpter — *zu besorgen. Es gibt dort nur Steckdosen für zwei flache Stifte. Die Normspannung in den USA beträgt 110 V bei 60 Hz — also nicht wundern, wenn Ihr Radiowecker von Zuhause nicht ganz richtig tickt.*

comforter	kamforder	Daunendecke
quilt	kwilt	Überdecke
pillow	pillow	Kissen
sheet	schiet	Bettlaken
blanket	blänkit	Wolldecke
towel	tauwl	Handtuch
heating	hieding	Heizung
light (bulb)	leit (balb)	Lampe (Birne)
refrigerator	refridscheräjder	Kühlschrank
TV	tieviej	Fernseher
ashtray	äschträj	Aschenbecher
key	kiej	Schlüssel
safe	ßäjf	Safe
elevator	äleväjder	Aufzug
stairs	ßtärs	Treppe
restroom	räßtruwm	Toilette
toilet tissue	toilet tischu	Toilettenpapier
garbage can	garbidsch kän	Mülleimer
soap	ßowp	Seife
shampoo	schämpuw	Schampoo
(hot) water	(hat) woder	(warm) Wasser
faucet	fowßet	Wasserhahn
sink	ßink	Waschbecken
swimming pool	ßwimin puwl	Schwimmbad
room service	ruwm ßörviß	Zimmerservice
dining room	deinin ruwm	Speisesaal

Auf dem Campingplatz und der Hütte brauchen Sie noch andere Dinge. Vergessen Sie nicht, wie wichtig es ist, alle Lebensmittel in hermetisch geschlossene Behälter zu verpacken, wenn Sie sich in Nationalparks, in der freien Natur aufhalten! Bären und andere

Tiere riechen Lebensmittel Meilen gegen den Wind und werden Sie nicht in Ruhe lassen!

bearproof trash can	bärpruwv träsch kän	*bärensicherer Mülleimer*
can opener	kän owpener	*Büchsenöffner*
charcoal	tscharkowl	*Holzkohle*
cooler	kuwler	*Kühlbox*
electricity	iläktrißediej	*Strom*
firestarter	feijerßtarder	*Holzanzünder*
firewood	feijerwud	*Feuerholz*
flashlight	fläschleit	*Taschenlampe*
food container	fuwd kontäjner	*Lebensmittelbehälter*
fork	fork	*Gabel*
gas	gäß	*Gas*
(Swiss army) knife	(ßwiß armie) neif	*(Schweizer-) Messer*
lantern	läntern	*Laterne*
lighter	leider	*Feuerzeug*
matches	mätschiß	*Streichhölzer*
mattress	mätreß	*Matratze*
mug	mag	*Tasse*
pan	pän	*Pfanne/Topf*
plate	pläjt	*Teller*
rope	rowp	*Seil*
shade canopy	schäjd kännepie	*Schattensegel*
sleeping bag	ßliepinbäg	*Schlafsack*
spoon	ßpuwn	*Hering*
stove (with fuel)	ßtav (wið fjul)	*Löffel*
tent peg	tänt päg	*Kocher (mit Benzin)*
waste water dump	wäjßtwoder damp	*Abwasser*
water bottle	woder boddel	*Trinkflasche*

Kultur & Entertainment

Bei der tourist information turißt infermäjschen hilft man Ihnen sicher gern weiter.

Do you have a schedule of events?
dje häve ßkädjellef ieväntß
tust du haben ein Zeitplan von Veranstaltungen
Haben Sie einen Veranstaltungskalender?

What's on at the ... tomorrow?
wadßon ätðe ... temmorow
was'ist an bei das ... morgen
Welche(-s/-n) ... läuft/zeigen sie morgen?

Eines der berühmtesten Konzertgebäude ist die Carnegy Hall karnegie howl *in New York. Wenn man als Musiker dort einmal aufgetreten ist, hat man es geschafft.*

movie theater	muwvie ðie | edr	Kino
theater	ðie | ädr	Theater
concert hall	kanßert howl	Philharmonie
club	klab	Klub
box office	bakßaffiß	Kartenkasse
entrance	intränß	Eingang
exit	äkßitt	Ausgang
balcony/tier	bälkeniej/tier	Rang
box	bakß	Loge
parquet	parkäj	Parkett
stage	ßtäjdsch	Bühne
checkroom	tschäkruwm	Garderobe

I'd like two tickets for tonight.
eid leik tuw tikitß for tuneit
ich'würde mögen zwei Karten für heute-Abend
Zwei Eintrittskarten für heute Abend, bitte.

Sorry, it's sold out.
ßorie itß ßold auwt
entschuldigung, es'ist verkauft aus
Es ist leider ausverkauft.

Can I reserve tickets for Saturday?
kännei riesörv tikitß for ßädderdäj
kann ich reservieren Karten für Samstag
Kann ich Karten für Samstag reservieren?

When does the ... start?
wänn das ðe ... ßtart
wann tut der/die/das ... anfangen
Wann fängt ... an?

movie	muwvie	Film
play	pläj	Theaterstück
concert	konßert	Konzert
show	schow	Vorführung
open air	owpenäjr	Freiluft-
musical	mjusikel	Musical
jazz/blues	dschäs	Jazz/Bluesmusik
country	kanntriej	Countrymusik
classical music	kläßikel mjusik	Klassische Musik
ballet	bäläj	Ballett
opera	opra	Oper
cabaret	käberäj	Kabarett
comedy	kamediej	Komisches Theater
festival	fäßtivel	Festival
parade	peräjd	Straßenumzug
fair	fär	Jahrmarkt

Beim Kino erfährt man, ab welchem Alter man in welchen Film darf:

rated ... räjded
gewertet ...

G dschie
für alle Zuschauer

PG pie | dschiej
in Beleitung von Erwachsenen

PG-13 pie | dschiej ðördien
manche Szenen sind nicht für Kinder unter 13 Jahren geeignet

R ar
Kinder unter 17 Jahren müssen von Erwachsenen begleitet werden

NC-17 än | sie ßäwentien
Erst ab 18 Jahre

When does the museum open?
wänn das ðe mjusiejem owpen
wann tut das Museum öffnen
Wann ist das Museum geöffnet?

museum of ...
mjusiejem ef ...
Museum der ...

natural history
nätschrel hißterie
Naturkunde

modern art
modern art
Modernen Kunst

contemporary art
kentämperärie art
Zeitgenössischen Kunst

gallery	gäleriej	Galerie
exhibition	äkßibischen	Ausstellung
library	leibreriej	Bibliothek
monument	monnjement	Denkmal
memorial	memowriejel	Gedenkstätte
skyscraper	ßkeißkräjper	Wolkenkratzer
house	hauwß	Haus
building	billdin	Gebäude
mansion	mänschen	Herrenhaus
cemetery	ßämmetärie	Friedhof
grave/tomb	gräjv/tuwm	Grab
harbor/pier	harber/pier	Hafen/Pier
lighthouse	leit hauwß	Leuchtturm
dam	däm	Damm
church	tschörtsch	Kirche
cathedral	käðiedrel	Kathedrale
chapel	tschäpl	Kapelle
convent	konvent	Kloster
colonial style	kolownjel ßteil	Kolonialstil
historic site	hißtorik ßeit	historischer Ort
garden/park	garden/park	Garten/Park
shuttle launch	schadl lonsch	Raumfähren-Start (Florida)

Which are the major attractions?
witsch ar ðe mädscher eträkschens
welche sind die Haupt- Attraktionen
Was sind die Hauptsehenswürdigkeiten?

gambling gämlin Glücksspiel

Wenn Sie Ihr Geld nicht schon beim Einkauf verprasst haben, könnten Sie es hier vermehren. Aber setzen Sie immer nur soviel, wie Sie sich zu verlieren leisten können – so lautet der Rat der Stadt Las Vegas!

baccarat	bakera	Baccarat-Kartenspiel
bet	bät	Wette
blackjack	bläkdschäk	Kartenspiel, auch 21 Blackjack genannt
casino	keßienow	Kasino
chip	tschip	Kasinogeld
craps	kräpß	ein Kartenspiel wie Blackjack
dealer	dieler	Kartengeber
horse race	horß räjß	Pferderennen
keno	kienow	eine Art Lotto
poker	powker	Poker-Kartenspiel
pool	puwl	Billard
roulette	ruwlät	Spiel m. Rad + Kugel
writer	reider	Aufschreiber (Keno)

Wenn man beim Poker gewinnt, gibt man dem dealer *einen* chip *als Trinkgeld oder platziert eine Wette für ihn.*

Beim keno *gibt man dem* writer *pro Gewinn $1.*

Auch beliebt:
slot machine
ßlatmeschien
Einarmiger Bandit

I'd like to place a bet on ...
eid leikte pläjß ebät on
ich'würde mögen zu platzieren eine Wette auf
Ich würde gerne eine Wette auf ... platzieren.

$50 on red, please.
fiffty dolers on räd plies
Dollar 50 auf rot bitte
50 Dollar auf Rot, bitte.

sports ßportß Sport

Ein Muss ist der Besuch bei einem Spiel der beiden typisch amerikanischen Sportarten. Wenn Sie nicht zufällig zu den World Series wörld ßieries – die Baseball-Welt-Meisterschaft – oder zum Super Bowl super bowl – dem Endspiel der US-Meisterschaft – in den USA sind, gibt es jederzeit wichtige Spiele der Universitätsmannschaften gegeneinander.

Bei jedem Sportereignis in den USA werden Sie auch auf cheerleaders tschierliederß – die „Anfeuer-Führer" – treffen, eine Gruppe junger Mädchen, die mit Teamschlachtrufen, akrobatischen Kunststückchen und bunten pom poms die Stimmung aufheizt.

pom poms pomponß *sind dichte bunte Plastikstreifen-Knäuel. Jeder* cheerleader *hat in jeder Hand einen.*

baseball bäjßbol Baseball

Die wichtigsten Spieler beim baseball:
pitcher pitscher *Werfer*
catcher kätscher *Fänger*
baseman bäjßmän *„Basis"-Mann.*

Auf dem Feld – einem Viertelkreis – treten zwei Mannschaften mit je 9 Spielern gegeneinander an. Sie spielen abwechselnd in der Offensive (Schlagmannschaft) und in der Defensive (Feldmannschaft). Es gewinnt die Mannschaft, die mehr Punkte – runs rans – erzielt. Der batter bäter (Schlagmann) schägt den Ball mit dem bat bät ins Spielfeld und läuft zum ersten base bäjß (Basis). Durch weitere strikes ßtreikß (Schläge) der Mitspieler ins Spielfeld versucht der Läufer, alle vier bases zu umrunden und somit einen run zu erzielen. Alles andere erfahren Sie, wenn Sie zu einem Spiel gehen.

Are you going to the game/match tonight?
arje gowin tuw ðe gäjm/mätsch teneit
bist du gehend zu das Spiel/Wettkampf heute-Abend
Gehst du heute Abend zu dem Spiel?

Could you explain the game to me, please?
kuddje ikßpläjn ðe gäjm tuw mie plies
könntest du erklären das Spiel zu mir bitte
Könnten Sie mir bitte das Spiel erklären?

football futbol Amerikanischer Fußball

Der quarterback kworderbäk, so etwas wie der Mannschaftskapitän, der seinem Team die Anweisungen für die Spielstrategien gibt, ist schon zu Schulzeiten der Frauenschwarm. Football-Spieler sind die „harten" Männer. Es ist ja auch ein raues Spiel, in dem die Spieler von oben bis unten in einer „Rüstung" stecken. Es treten jeweils 11 Spieler auf einem in Querlinien unterteilten Feld gegeneinander an. Im Grunde geht es bei dem Spiel „nur" darum, den eiförmigen Ball so weit wie möglich in die Hälfte der Verteidiger zurück zu befördern. Dazu hat man nach dem kick-off kikoff (Anstoß) 4 Versuche (downs daunws), um 10 Yards zu überbrücken. Ein Versuch endet, wenn der Ball den Boden berührt (Pass-Spiel) oder der Ballträger zu Boden geworfen wurde (Laufspiel). Passiert dies in der gegnerischen Endzone, wurde ein touchdown tatschdauwn erzielt, der mit 6 Punkten belohnt wird.

Ein professionelles Footballspiel dauert 4x ein quarter *kworder – Viertelstunde. Nach den ersten beiden* quarters *ist Halbzeit, in der es Musikauftritte von bekannten Musikstars wie Michael Jackson gibt.*

dancing dänßin Tanzen

Falls Sie zu den Menschen gehören, die sich gerne zum Tanzen ins Getümmel begeben, stelle ich Ihnen hier die verschiedensten Arten vor, dieser Lust in den USA nachzugehen.

bol	**ball**	Ball. Hier ist ballroom dancing gefragt
bolruwm dänßin	**ballroom dancing**	Standardtanz, meist in formeller Kleidung
klab	**club**	Hier gibt es je nach Klub House, R 'n B, Soul, etc.
kanntrie	**country club**	Hier ist Western-Musik und line/square dancing angesagt, oder aber ein Elite-Club der feinen Gesellschaft
dänßflor	**dancefloor**	Tanzfläche
dißkow	**disco**	älteres Wort für club
hankie tank	**honky tonk**	Lokal mit Country/Western
lein dänßin	**linedance**	Gruppentanz in Reihen-Formation (in honky tonks)
neitklab	**nightclub**	kein Striptease-Lokal, sondern nur eine Bar, die nachts noch auf hat
ßlow dänß	**slowdance**	enges Tanzen zu langsamer Musik
ßkwär dänß	**squaredance**	Gruppentanz in Viereck-Formation (in honky tonks)
ßtäp dänß	**stepdance**	Irischer Tanz, wird am St. Patrick's Day getanzt
ßwing dänß	**swingdance**	Swing – Ihre Schuhe müssen rutschen können

Which type of music do they play there?
witsch teipef mjusik duw ðäj pläj ðär
welche Art von Musik tun sie spielen dort
Welche Art von Musik läuft da?

It ranges from rock 'n roll to funk.
it räjndscheß framm raknrowl tefank
es rangiert von Rock 'n Roll bis Funk
Alles zwischen Rock 'n Roll und Funk.

Die Etikette in einem honky tonk ist typisch für das traditionelle Amerika. Sie sollten immer die Begleitung der Dame fragen, ob Sie auch einen Tanz mit ihr wagen dürfen:

Do you mind if I dance with this lady?
dje meind iffei dänß wið ðiß läjdiej
tust du stören wenn ich tanze mit diese Dame
Stört es Sie, wenn ich mal mit dieser Dame tanze?

Oder wenn sie allein dort ist und Sie einfach Gesellschaft suchen:

May I buy you a drink?
mäjei beij juh e drink
darf ich kaufen dir ein Getränk
Darf ich Ihnen einen Drink anbieten?

Dem bartender bartänder – *Barmann – sollten Sie pro Runde $1-$2 Trinkgeld geben.*

Would you like to dance?
wudje leikte dänß
würdest du mögen zu tanzen
Darf ich Sie zum Tanz auffordern?

wild west weild wäßt Wilder Westen

Eine andere Art von Vergnügen sind die Arenen oder historischen Forts, in denen der Wilde Westen nachgespielt wird:

When's the next showing/performance?
wäns ðe näkß schowin/pörfowrmenß
wann'ist die nächste Vorstellung
Wann ist die nächste Vorstellung?

bronc riding	brangk reidin	Reiten von unzugerittenen Pferden
bullfighter	bullfeider	Stierkämpfer
bull riding	bull reidin	Bullenreiten
calf roping	käf rowpin	Kälberfangen
chuckwagon	tschakwägen	Planwagen
cowboy	kauwboi	Kuhhirte
cowgirl	kauwgörl	Kuhhirtin
fort(ress)	fort(reß)	Festung
ghost town	gowßtauwn	Geisterstadt
gold nugget	gowld naggit	Goldklumpen
gun fight	gann feijt	Schießerei
mining town	meinin tauwn	Minenstadt
rodeo	rowdiejow	Cowboy-Wettkampf
ranch	ränsch	Ranch
ruins	ruwins	Ruine
saloon	ßäluwn	Bar im Westen
stock show	ßtokschow	Viehmarkt
steer fight	ßtier feijt	Stierkampf
wash gold	wosch gowld	Gold waschen

Im Wilden Westen stoßen Sie natürlich auch überall auf die Native Americans näjtiv emmärikens – die Indianer. Die meisten leben heute in reservations räserväjschens – Reservaten. Wenn Sie einem Reservat oder einem pueblo pwäblow – einer Siedlung in Neu-Mexiko – einen Besuch abstatten wollen, sollten Sie Folgendes beachten: Machen Sie keine Fotos von Personen, ohne diese gefragt zu haben. Machen Sie nie Fotos bei Tänzen oder Zeremonien. Vergessen Sie nicht, dass dies traditionelle Anlässe sind! Nehmen Sie keinen Alkohol mit auf indianisches Land! Halten Sie sich an diese Regeln und bringen den Menschen dort Respekt entgegen, wird es sicherlich ein interessanter Aufenthalt. Welche interessanten Dinge man bei den Indianern auch als Souvenir kaufen kann, wurde schon im Kapitel „Shopping" vorgestellt. Aber das ist sehenswert:

Die bekanntesten Indianerstämme:

Apache epatschiej
Cherokee tschärekiej
Cheyenne schi | änn
Comanche kemäntschie
Hopi howpiej
Iroquois irekwo | i
Mohican mowhieken
Navajo nävehow
Pawnee powniej
Shoshone scheschowniej
Sioux ßuw
Zuni suniej

cliff dwelling	Fels-Behausung	kliff dwälling
grand entry	„Großer Eingang": Beginn eines powwow mit Tänzen	granäntriej
murals	Wandmalereien	mjurals
petroglyph	Felsmalerei	pätrowglüf
powwow	Zusammenkunft mehrerer Stämme im Frühling	pauwauw
story telling	Geschichten erzählen	ßtorietällin
tepee	Indianerzelt (spitz, hoch)	tipiej
totem pole	Totempfahl	towtem powl
tribal dance	Stammestanz	treibel dänß
wigwam	Indianerzelt (rund, flach)	wigwäm

Natur erleben

Im National Park näschnel park können Sie dies alles self-guided ßälfgeidid – auf eigene Faust – oder mit einem Führer unternehmen:

börd walk	**bird walk**	Vogelwanderung
bowt kruws	**boat cruise**	Bootsfahrt
kenuwin/kajakin	**canoeing/kayaking**	Kanu-/Kajakfahren
käriejedsch reid	**carriage ride**	Planwagen-Fahrt
kroßkantrie ßkiejin	**cross-country skiing**	Langlaufskifahren
dagmuschin	**dog mushing**	Hundeschlittenfahrt
fischin	**fishing**	Fischen
hälißkiejin	**heli-skiing**	Helikopter-Skifahren
heikin	**hiking**	Bergwanderung
harßbäkreidin	**horseback riding**	Pferdereiten
hantin	**hunting**	Jagd
eißkäjtin	**ice-skating**	Schlittschuhlaufen
lävaflow träjl	**lava flow trail**	Lavafluss-Wanderung
mauwntenierin	**mountaineering**	Bergsteigen
rokleimin	**rock climbing**	Klettern
ßäjlin	**sailing**	Segeln
ßkubedeivin	**scuba diving**	Tauchen
ßnorklin	**snorkling**	Schnorcheln
ßnowmowbelin	**snowmobiling**	Motorschlittenfahrt
ßnowschuwin	**snowshoeing**	Schneewandern
ßannbaðin	**sunbathing**	Sonnenbaden
ßwimmin	**swimming**	schwimmen
woderßkiejin	**(water)skiing**	(Wasser)Skifahren
windßörfin	**(wind)surfing**	(Wind)Surfen
weitwoder räftin	**white water rafting**	Weißwasser-Flussfahrt
weildleif vjuwin	**wildlife viewing**	wilde Tiere beobachten

Wenn Sie sich erkundigen wollen, wo Sie das alles machen können, einfach hier einsetzen:

Unter www.nps.gov finden Sie alle Nationalparks und historischen Sehenswürdigkeiten der USA!

Where can I (go) ...?
wär kännei (gow)
wo kann ich (gehen)
Wo kann man ...?

Are there ranger-led tours?
ar ðär räjndscher-läd tuwrs
sind da Parkführer-geleitete Touren
Gibt es Touren mit dem Parkführer?

Dabei treffen Sie auf eine unglaubliche Vielfalt an Landschaften, Flora und Fauna. Wenn Sie sie gezielt in gewissen Naturräumen erforschen wollen:

desert/prarie	däßert/präerie	Wüste/Prärie
forest/woods	foreßt/wudds	Wald
lake/river	läjk/river	See/Fluss
hummock	hammek	Sumpfwald
marsh/swamp	marsch/ßwomp	Sumpf
everglades	äverglärjds	Sumpfgrasland
mountain	mauwnten	Berg
ocean	owschen	Ozean
plantation	pläntäjschen	Plantage
vinyard	vinnjard	Weinberg

saltwater
ßoltwoder *Salzwasser*
freshwater
fräschwoder *Süßwasser*

Which equipment/gear do I need to bring?
witsch ekwipment/gier duh ei niete bring
welche Ausrüstung tue ich brauchen zu bringen
Was soll ich mitbringen?

Mit gear *ist eher die Kleidung gemeint und mit* equipment *eher das Technische.*

Wenn Sie jagen gehen wollen, brauchen Sie eine Jagdgenehmigung – hunting permit hantin pörmitt. *Zum Fischen brauchen Sie einen* fishing permit fischin pörmit.

Im mittleren Westen braucht man schon mal einen permit *– Genehmigung – von den Indianern, wenn man ihr Gebiet durchwandern möchte.*

Ihre Exkremente sollten Sie ca. 15 cm unter der Erde eingraben!

Abgesehen von all den Dingen, die ich Ihnen bereits im Kapitel „Übernachten – Camping" oder „Einkaufen – Kleidung" vorgestellt habe, könnten Sie dies noch brauchen:

compass	kempeß	Kompass
alpine pick	älpein pik	Berg-Pickel
anchor	ängker	Anker
backpack	bäkpäk	Rucksack
bait	bäjt	Köder
binocular	beinakjeler	Fernglas
fishing rod	fischin rad	Angelrute
fins	fins	Flossen
goggles	gagelß	Schwimmbrille
hook	huwk	Haken
ice skates	eißkäjtß	Schlittschuhe
knife	neif	Messer
lifevest	leifväßt	Schwimmweste
motor	moder	Motor
net	nät	Netz
paddle	päddl	Paddel
rope	rowp	Seil
shotgun	schatgan	Schrotflinte
shot #	schat namber	Schrot-/Kugelgröße
snowshoes	ßnowschuws	Schneeschuhe
skies	ßkies	Skier
surfboard	ßörfbowrd	Skier
waders	wäjders	hohe Gummistiefel
wetsuite	wätßut	Neoprenanzug

Halten Sie sich bitte an die Instruktionen der National Parks und der ranger. Besonders beim Fischen und Jagen gilt auch:

Respect private property signs!
reßpäkt preivet properdie ßeins
respektieren Privat Besitz Schilder
Respektieren Sie die Privatbesitz-Schilder!

What did you catch/shoot/see?
wad didje kätsch/schuwt/ßie
was tatest du fangen/schießen/sehen
Was haben Sie gefangen/geschossen/gesehen?

bison	beison	*Bison*
black bear/grizzly	bläk bär/grislie bär	*Schwarzbär/Grizzly*
bobcat/lynx	bobkät/lingß	*Rotluchs/Luchs*
chipmunk/squirrel	tschipmank/ßkwirl	*Eichhörnchen*
coyote/fox/wolf	kojowdie/fokß/wulf	*Koyote/Fuchs/Wolf*
deer/moose/reindeer	dier/muws/räjndier	*Rotwild/Elch/Rentier*
ferret/marten/beaver	färet/marten/biever	*Frettchen/Marder/Biber*
jaguar/lion/panther	dschägwar/leijen/pänðer	*Jaguar/Panther/Löwe*
porcupine/lizard	porkjepein/liserd	*Stachelschwein/Eidechse*
rabbit/hare	räbit/här	*Kaninchen/Hase*
raccoon/skunk	räkuwn/ßkank	*Waschbär/Stinktier*
(rattle) snake	(rädl) ßnäjk	*(Klapper)Schlange*
bat/woodpecker	bät/wuddpäkr	*Fledermaus/Specht*
condor/vulture	kander/valtscher	*Kondor/Geier*
dove/gull/swallow	dav/gall/ßwollow	*Taube/Möwe/Schwalbe*
duck/goose/swan	dak/guws/ßwon	*Ente/Gans/Schwan*
eagle/hawk/falcon	iegl/howk/fälken	*Adler/Habicht/Falke*
flamingo/heron	fleminggow/hären	*Flamingo/Fischreiher*
pelican/cormorant	pälliken/kormerent	*Pelikan/Kormoran*
owl/cuckoo	auwl/kuwkuw	*Eule/Kuckuck*
hummingbird/robin	hamminbörd/rabinn	*Kolibri/Rotkehlchen*
wild turkey	weiltörkiej	*wilder Truthahn*
prarie chicken	präeriejtschikn	*Präriehuhn*

Barsch/Wels/Forelle	**bass/catfish/trout**	bäß/kätfisch/trauwt
Lachs/Hecht/Barsch	**salmon/pike/perch**	ßämen/peik/pertsch
Stör/Zander	**sturgeon/walleye**	ßterdschen/wowlei
Kabeljau/Heilbutt	**codfish/halibut**	kadfisch/häliebat
Flunder/Schwertfisch	**flounder/swordfish**	flauwnder/ßwordfisch
Thunfisch/Schnapper/Hai	**tuna/snapper/shark**	tuna/ßnäper/schark
Seezunge/Hummer	**sole/lobster**	sowl/lobßter
Speerfisch/Pfeilhecht	**marlin/barracuda**	marlin/bärekuda
Stachelrochen/Qualle	**stingray/jellyfish**	ßtingräj/dschälliefisch
Delphin/Orcka/Wal	**dolphin/orca/whale**	dolfin/orka/wäjl
Seehund/Seekuh	**seal/manatee**	ßiel/mänatie
Schildkröte	**turtle/tortoise**	törtl/towrteß
Frosch/Kröte	**frog/toad**	frag/towd
Alligator	**alligator**	älliegäjter

bird börd *Vogel*
fish fisch *Fisch*
insect insäkt *Insekt*
raptor räpter *Greifvogel*
reptile räpteil *Reptil*
rodent rowdent *Nagetier*
butterfly baderflei *Schmetterling*
waterfowl waderfauwl *Wasservogel*
amphibian ämfibjen *Amphibie*
mammal mämel *Säugetier*
predetor prädeter *Raubtier*

Bei der Flora beschränke ich mich auf Oberbegriffe. Fragen Sie einfach einen Amerikaner nach dem Namen der Pflanze.

bush/scrub/ shrub	busch	Busch
cactus	käkteß	Kaktus
tree/conifer	trie/kanifer	Baum/Nadel-
deciduous tree	desiedjuß trie	Laubbaum
palm tree	pam trie	Palme
(wild)flower	(weild)flauwer	(Wild)Blume
fruit/nut	fruwt/nat	Frucht/Nuss
berry	bäriej	Beere
fungus/ mushroom	fangiß/ maschruwm	Pilz
grass/moss	gräß/moß	Gras/Moos
weed	wied	Unkraut

Which animal's track is this?
witsch änemels träk is ðiß
welches Tier'des Spur ist das
Von welchem Tier sind diese Spuren?

What's the name of this animal/plant?
wadß ðe näjmef ðiß änemel/plänt
was'ist der Name von dies Tier/Pflanze
Wie heißt dieses Tier/diese Pflanze?

Die schönsten Landschaften scenic landscapes ßienik länßkäjpß bringen dies hervor:

bay/sound	bäj/ßauwnd	Bucht/Sund
beach	bietsch	Strand
canyon/gorge	kännjen	Schlucht
cave/grotto	käjv/grotow	Höhle/Grotte
coast/shore	kowßt/schowr	Küste/Ufer
creek/stream	kriek/ßtriem	Bach/Strom
coral reef	korel rief	Korallenriff
fossil reef	foßil rief	Fossilfelsen
geyser	geißer	Geysir
glacier	gläjscher	Gletscher
hot spring	hat ßpring	heiße Quellen
island	eilend	Insel
lagoon	leguwn	Lagune
maar	mar	Kratersee
plain/valley	pläjn/välliej	Ebene/Tal
ridge	ridsch	Kamm
rock/mud	rock/mad	Fels/Schlamm
sand dune	ßänduwn	(Sand)Düne
volcano	valkäjnow	Vulkan
waterfall	woderfowl	Wasserfall

Der Fallensteller in den Bergen nennt sich trapper träper.

ash äsch
Asche
basalt bäselt
Basalt
cinder ßinder
Schlacke
coral korel
Koralle
flint flint
Feuerstein
granite gräneit
Granit
limestone leimßtown
Kalkstein
sandstone ßänßtown
Sandstein

At what height is the peak?
ät wad heit is ðe piek
auf was Höhe ist der Gipfel
Wie hoch ist der Gipfel?

Is this volcano still active?
is ðiß valkäjnow ßtill äktiv
ist dies Vulkan noch aktiv
Ist der Vulkan noch aktiv?

No, it's extinct.
now itß ikßtinkt
nein, es'ist erloschen
Nein, nicht mehr.

When was the last eruption?
wänn wos ðe läßt ierapschen
wann war der letzte Ausbruch
Wann war der letzte Ausbruch?

FKK ist in den USA nicht gerade gern gesehen. Sie brüskieren damit die vielen Christen, die in den USA noch recht puritanisch denken. topless topleß *– oben ohne – ist an den bekannten Stränden in Ordnung. Aber wundern Sie sich als Frau dann nicht über anerkennende Pfiffe von Männern!*

Is it ok to swim here?
isitt owkäjde ßwim hier
ist es okay zu schwimmen hier
Kann man hier schwimmen?

Achten Sie auf Schilder mit folgenden Aufschriften:

No swimming!
now ßwimin
nein schwimmend
Schwimmen verboten!

No diving!
now deivin
nein tauchend
Springen verboten!

Private property!
preivet praperdiej
privat Eigentum
Privates Anwesen!

Don't enter!
downt änter
tu-n'icht eintreten
Betreten verboten!

Apotheke & Notfall

Ist Ihre Reiseapotheke für Ihre Abenteuer richtig ausgestattet? Bevor Sie sich auf größere Touren begegeben, sollten Sie in der Drogerie – drugstore dragßtor – die fehlenden Sachen kaufen.

Im drugstore *bekommen Sie auch verschreibungspflichtige Medikamente. Aspirin oder auch Vitamine gibt es dort im Hunderterpack zu kaufen für einen Spottpreis – auch ein gutes Mitbrinsel aus Amerika.*

antibiotics	äntiebiejatikß	Antibiotika
antiseptic	äntießäptik	Antiseptikum
band-aid	bändäjd	Pflaster
bandage	bändidsch	Verband
blister pad	blißter päd	Blasenpflaster
bug repellent	bag riepällent	Insektenspray
compress	kempräß	Kompresse
cotton balls	katen bols	Watte
cough drops	kowfdropß	Hustenpastillen
burn ointment	börn ointment	Brandsalbe
eye drops	eidropß	Augentropfen
first-aid kit	förßdäjd kit	Erste-Hilfe-Kasten
insulin	inßelin	Insulin
lozenges	lasendsch	Lutschtablette
laxative	läkßetiv	Abführmittel
pain killer	päjn killer	Schmerztablette
Q-tip	kjutip	Wattestäbchen
salt tablets	ßoltäbletß	Salztabletten
suntan lotion	ßanntän lowschen	Sonnenmilch
thermometer	ðermameder	Thermometer
tranquilizer	trängkwileiser	Schlaftablette
tweezer	twieser	Pinzette
wet towels	wät tauwels	Feuchttücher

SPF (sun protection factor) = *Sonnenschutzfaktor*

at the doctor ät ðe dokter beim Arzt

dentist däntiß *Zahnarzt*
hospital hoßpidel *Krankenhaus*
eye doctor eidakter *Augenarzt*

Da es viele Körperteile gibt, sagen Sie einfach immer „it hurts here" it hörtß hier und zeigen auf das schmerzende Körperteil. Manches müssen Sie dennoch genauer sagen können:

I have/had ...	**I'm ...**
ei häv / häd	eim
ich habe / hatte	*ich'bin*
Ich habe/musste ...	Ich bin ...

bees bies *Bienen*
aspirin äßprin *Aspirin*
penicillin pänеßilin *Penizillin*

allergic to	elerdschik tuw	allergisch gegen
asthma	äsma	Asthma
a cold	e kowld	eine Erkältung
a cut	e kat	eine Schnittwunde
diabetic	deijebädik	Diabetiker
diarrhea	deijerieje	Durchfall
epileptic	äpileptik	Epileptiker
feel ill	fiel ill	sich krank fühlen
fever	fiever	Fieber
frostbite	froßtbeit	Erfrierung
a headache	ehädäjk	Kopfschmerzen
HIV positive	ätsch ei vie posediv	HIV-positiv
a pacemaker	e päjsmäjker	Herzschrittmacher
pregnant	prägnent	schwanger
rash	räsch	Ausschlag
a sore throat	e ßowr ðrowt	Halsschmerzen
sunburn	ßannbörn	Sonnenbrand
to throw up	tuw ðrowap	kotzen
toothache	tuwðäjk	Zahnschmerzen
a wound	e wuwnd	eine Wunde

I got bitten/stung by a dog/bee.
eigat bitten/ßtang bei e dag/bie/
ich wurde gebissen/gestochen bei ein Hund/Biene
Ich wurde von einem Hund gebissen / einer Biene gestochen.

snake ßnäjk *Schlange*
tick tik *Zecke*
wasp woßp *Wespe*
ant änt *Ameise*
mosquito moßkidow *Mücke*

Ebenso wichtig ist es, halbwegs zu verstehen, was der Arzt sagt:

Take your ... off, please.
täjk jer ... of plies
nehme dein ... ab bitte
Bitte ziehen Sie ... aus.

Breathe deeply.
brieð diepliej
atmen tief
Tief einatmen.

Hold your breath.
howld jer bräð
halte dein Atem
Halten Sie den Atem.

Open your mouth.
owpen jer mauwð
öffnen dein Mund
Öffnen Sie den Mund.

Cough, please.
koff plies
husten bitte
Bitte mal husten.

I'll fill/pull the tooth.
eil fill/pull ðe tuð
ich'werde füllen/ziehen der Zahn
Ich werde den Zahn füllen/ziehen.

We'll have to X-ray this.
wiel hävte ekßräj ðiß
wir'werden haben zu röntgen dies
Wir müssen das mal röntgen.

It's broken/sprained.
itß browken/ßpräjnd
es'ist gebrochen/verstaucht
Es ist gebrochen/verstaucht.

It's a pulled muscle / a torn ligament.
itße puld maßl / e towrn ligement
es'ist eine gezogen Muskel / eine gerissen Sehne
Es ist eine Zerrung / ein Bänderriss.

When did it start?
wänn didit ßtart
wann tat es anfangen
Wann hat es angefangen?

Any nausea or vomiting?
annie nowsie | a or vommetin
irgendein Übelkeit oder Erbrechen
Übelkeit oder Erbrechen?

Any accompanying abdominal pain?
ännie ekampeniejin äbdamenl päjn
irgendein begleitender Bauch Schmerz
Auch Bauchschmerzen?

Wenn es ganz schlimm kommt, werden Sie wohl ins Krankenhaus gebracht mit den Worten:

You'll have to have surgery.
juwl hävte häv ßördscheriej
du'wirst haben zu haben chirurgische Behandlung
Sie müssen operiert werden.

Geld, Post & Telefon

In den USA verwenden Sie am besten immer Ihre credit card krädit card – Kreditkarte. Ohne geht's sowieso nicht. Sie sollten nur wissen, dass Sie nur $1000 pro Tag von einer Karte bar abheben können, es sei denn, Sie haben etwas anderes mit Ihrem Kreditkarteninstitut vereinbart. Wenn Sie bar zahlen, sollten Sie die coins kojns – Münzen – und bills bils – Banknoten – beim Namen kennen:

a penny	pännie	1 Cent-Münze, kupfern
a nickel	nikl	5 Cent-Münze, silbern
a dime	deim	10 Cent-Münze, silbern
a quarter	kworder	25 Cent-Münze, silbern
half dollar	häf doler	50 Cent-Münze, silbern

Seit 1999 wird je ein quarter *jährlich von 5 Bundesstaaten der USA neu gestaltet; mit einer Berühmtheit aus dem Bundesstaat auf der einen Seite und einem Bundessymbol auf der anderen. Wann welcher Staat eine Münze in den Verkehr bringen darf, erfahren Sie auf S. 68 in den kleinen eckigen Klammern hinter dem Bundesstaat.*

Alle Scheine haben die gleiche Größe und die gleiche Farbe: cremefarben & grün. 100 cent ßänt = 1 dollar doler. Es gibt Scheine zu $1, $2, $5, $20, $50, $100.

Wer dennoch traveler's checks trävlerß tschäkß (Traveller Cheques) bei sich hat, kann diese natürlich am Flughafen, in einer Bank – bank bänk – oder im Hotel einlösen.

I'd like to cash this check.
eid leikte käsch ðiß tschäk
ich'würde mögen zu einlösen diesen Scheck
Ich würde gerne den Scheck einlösen.

May I see your ID/passport, please?
mäj ei sie jer ei diej/päßpowrt plies
darf ich sehen dein Ausweis/Pass bitte
Darf ich bitte Ihren Ausweis/Pass sehen?

What's the exchange rate?
wadß ðe ikßtschäjsch räjt
was'ist die Tausch Rate
Wie ist der Wechselkurs?

post office powßt ofiß Post

Wenn Sie nicht wollen, dass Ihre Briefe – letter – und Postkarten – postcard powßtkard – nach Europa oder in den Rest der Welt im Schneckentempo versandt werden, schreiben Sie immer airmail ärmäjl – Luftpost –darauf. Jetzt nur noch zum Schalter bringen:

I need stamps for these letters.
ein nied ßtämß for ðies läders
ich brauche Briefmarken für diese Briefe
Ich brauche Briefmarken für diese Briefe.

I'd like to mail this package.
eid leikte mäjl ðiß päkedsch
ich'würde mögen zu versenden dies Paket
Ich würde gern dieses Päckchen verschicken.

Can I send a fax from here too?
kännei ßände fäkß framm hier tuw
kann ich schicken ein Fax von hier auch
Kann ich von hier auch ein Fax schicken?

phone call fown kowl Telefongespräch

Wenn Sie Ihr Geld nicht für Ihre Handy-Rechnung – cell phone bill ßäll fown bill – ausgeben wollen, und auch die Hotelraten zu teuer finden, dann suchen Sie sich am besten eine Telefonzelle – phone booth fown buwð. Dazu brauchen Sie viel Kleingeld – change tschäjndsch – oder die passende Kreditkarte.

Die Vorwahlen:
Germany
dschörmeniej
Deutschland: 01149
Austria
owßtrieja
Österreich: 01143
Switzerland
ßwitserländ
Schweiz: 01141

How much do you charge for a call to ...
hauw matsch dje tschardsch for e kowlte
wie viel tust du berechnen für ein Telefonat nach
Wie viel kostet ein Gespräch nach ...

Wenn es Ihnen lieber ist, dass der Angerufene die Rechnung bezahlt, können Sie ein R-Gespräch anmelden:

I'd like to make a collect call.
eid leikte mäjk a kelät kowl
ich'würde mögen zu machen ein Sammel Telefonat
Ich würde gern ein R-Gespräch anmelden.

E-Mail iemäjl e-mail

Wenn Sie keinen Laptop haben, den Sie im Hotel benutzen können, brauchen Sie:

Where's the closest e-mail café?
wärs ðe klowseßt iemäjl käfäj
wo'ist das naheste E-Mail Café
Wo ist das nächste E-Mail Café?

Polizei

Falls etwas schief laufen sollte, gehen Sie am besten zur Polizei – police station poließ ßtäj-schen, oder zu der konsularischen Vertretung Ihres Landes – embassy ämbeßiej.

My wallet/purse was stolen.
mei wollet/pörß was ßtowlen
meine Brieftasche/Handtasche war gestohlen
Meine Brieftasche/Handtasche ist gestohlen worden.

My car was broken into.
mei kar wos browken intuw
mein Auto war gebrochen hinein
Es wurde in mein Auto eingebrochen.

Vielleicht werden Sie aber auch von der Autobahnpolizei – highway patrol heiwäj petrowl – wegen überhöhter Geschwindigkeit angehalten: speeding ßpieding.

May I see your driver's license, please?
mäjei ßie jer dreivers leißenß plies
darf ich sehen dein Fahrer'des Führerschein bitte
Darf ich bitte Ihren Führerschein sehen?

This license has expired/is invalid.
ðiß leißenß häs ikßpeijerd/is invälid
dieser Führerschein war abgelaufen/ist ungültig
Dieser Führerschein ist abgelaufen/ungültig.

Literaturempfehlungen

Literatur

All diese Publikationen sind z. T. rein englischsprachig und nicht über den Reise Know-How Verlag erhältlich!

American Accent Training, Barrons Educational Series, USA 2000, 210 S., ISBN: 0764173693. Wenn Sie Ihre amerikanische Aussprache noch weiter perfektionieren möchten.

Slanguage, Hyperion, USA 2000, 304 S., ISBN: 0786885203. Witziges kleines Buch über amerikanischen Slang.

Amerikanisch ohne Mühe
ISBN: 3-89625-005-1
Grundkurs für Anfänger + Wiedereinsteiger
Auch als Multimedia-Kombination mit Tonaufnahmen (Kassetten oder Audio-CDs) und / oder CD-ROM erhältlich.
Assimil GmbH, Hinter dem Hagen 1, D-52388 Nörvenich

The American Heritage Dictionary of the English Language, Houghton Mifflin Company, USA 2000. Ein gutes Lexikon für amerikanisches Englisch mit Hinweisen zur Etymologie.

Internet

www.bartleby.com/61 – Ein nützliches Online-Nachschlagewerk. Hier finden Sie auch **The American Heritage Dictionary of the English Language** online mit über 90.000 Einträgen inklusive Audio-Datei mit der Aussprache, und Notizen zur Etymologie.

nhd.heinle.com – Noch ein gutes Online-Nachschlagewerk mit über 40.000 Einträgen.

Wortliste Deutsch – Amerikanisch

Hinter unregelmäßigen Tätigkeitswörtern ( ) ist immer die Vergangenheitsform und die Form der vollendeten Gegenwart angegeben; steht nur eine Form in Klammern sind Vergangenheit und vollendete Gegenwart identisch. Die Lautänderungen von* **-y** *nach* **-ied** *oder* **-id** *werden nicht extra aufgeführt. In der Wortliste Amerikanisch – Deutsch sind die unregelmäßigen Tätigkeitswörter alphabetisch einsortiert. Bei Hauptwörtern steht die unregelmäßige Mehrzahlform in Klammern. Auch hier werden die Lautänderungen von* **-y** *nach* **-ies** *nicht extra aufgeführt.*

A

Abend evening
aber but
abfliegen take-off* *(took, taken~)*
abreisen leave* *(left)*
absagen cancel
abschleppen tow a car
Abtreibung abortion
Adresse address
ähnlich similar to
Alkohol alcohol
alle all
allein alone
alles everything; all
als than *Vergl.*; when *zeitl.*
alt old
Alter age
Alternative choice
anfangen begin* *(began, begun)*
Angestellte(r) employee
Angst fear
anhalten stop
ankommen arrive
Ankunft arrival
annehmen accept
anrufen call
anstecken infect
Antwort answer
antworten answer
Anwalt attorney
Apartment apartment
Apotheke drugstore
arbeiten work
Arbeitgeber employer
argumetieren argue
arm poor
Art kind; type
Arzt doctor
auch also; too
auf on *örtl.*; open *offen*
Aufenthalt stay
aufhören stop
aufstehen get up* *(got; gotten~)*
aufwachen wake up* *(woke; woken~)*
Aufzug elevator
aus from *örtl.*
Ausfahrt exit
ausfüllen fill in
Ausgang exit
Auskunft information
Ausländer foreigner
ausländisch foreign
aussehen look
Aussicht view
Aussprache pronunciation
aussteigen get off* *(got; gotten~) Bus*
Ausstellung exhibition
Ausweis identity card *(ID)*
ausziehen take off your/my/ ... clothes* *(took, taken~)*
Auto car
Autobahn highway
Autowerkstatt repair shop

B

baden take a bath* *(took; taken~)*
Badewanne bathtub
Badezimmer bathroom
Bahnhof train station
Bahnsteig platform
bald soon
Bank bank *Geld*
Bargeld cash
Batterie batery
bauen build* *(built)*
Bauer farmer
Baum tree
beeilen hurry (up)

beenden finish
begleiten accompany
behalten keep* *(kept)*
behandeln treat *Krankh.*
bei at
Beispiel example
bekannt familiar *kennen*; well-known *berühmt*
beliebt popular
benachrichtigen inform
Benzin gas
bequem comfortable
Berg mountain
Beruf profession
berühmt famous
beschreiben describe
Beschreibung description
beschweren complain
besichtigen visit
Besitzer owner
besser better
bestellen order
Bestellung order
bestrafen punish
Besuch visitor
besuchen visit
betrinken drink* *(drank, drunk)*
Bett bed
Bevölkerung population
bevor before
bewusstlos unconscious
bezahlen pay
Bild painting; picture
billig cheap
Binde sanitary napkin
bis until; to
bisschen, ein a little (bit)
Bitte favor
bitten ask for
Blatt leaf *Baum*; sheet *Papier*
bleiben stay
Blitz flash
Blume flower
Boden ground *Erde*; floor
Boot boat; ship
Botschaft embassy
Brand fire
Brauch custom
brauchen need
brechen break* *(broke, broken)*
breit wide
brennen burn
Brief letter
Briefmarke stamp
Briefumschlag envelope
Brille glasses *Mz.*
bringen bring* *(brought)*
Brot bread
Brücke bridge
Bruder brother
Brust breast; chest
Buch book
buchen book
Buchstabe letter
buchstabieren spell
bunt colored
Bürgersteig sidewalk
Büro office
Bus bus

C

Café coffee shop
Chef boss

D

da there *dort*; since *weil*
Dach roof
damit in order to
danach afterwards
danke thanks; thank you
danken thank
dann then
darum therefore
dass that
Datum date
dauern take* *(took, taken)*
Daunendecke comforter
Decke blanket
denken think* *(thought)*
Denkmal memorial
deshalb therefore
Deutsch(e,r) German
Deutschland Germany
Dialekt dialect
dick thick *Ding*
Diebstahl theft
Ding thing
direkt straight
Dokument document
Dolmetscher translator
doppel double
Dorf village
dort there
Dose can
dringend urgent
Droge drug
drücken push
dumm stupid
dunkel dark
dünn thin *Ding*
durch by *kausal*; through; thru *hindurch*
Durchfall diarrhea
dürfen may; allowed to
durstig thirsty
Dusche shower

E

echt real; really?
Ehefrau wife
Ehemann husband
Ehepaar couple
Eigentum property

einander one another
Einbahnstraße dead end
Eindruck impression
einfach easy; simply *Adv.*
Eingang entrance
einige a few; a bunch; a couple; some
Einkaufswagen cart
Einkommen income
einladen invite
Einladung invitation
einmal once
einsteigen get in* *(got; gotten~)*
eintreten go in* *(went~)*
einverstanden ok
Einwohner inhabitants
Eis ice
Eisenbahn train
Eiter pus
Eltern parents
empfangen get* *(got; gotten)*
empfehlen recommend
Ende end
eng narrow
Englisch english
Enkel(in) grandchild *(grandchildren)*
Entfernung distance
entscheiden decide
entschuldigen apologize
Entschuldigung excuse me
Erde earth
Ereignis event
Erfolg success
erhalten keep* *(kept)*
erhältlich available
erinnern remember
erkältet sein have a cold* (had~)
erklären explain
erlauben allow
Erlaubnis permit
Ermäßigung discount
erwarten expect
erzählen tell* *(told)*
essen eat* *(ate, eaten)*
etwa about
etwas a few; a little; some *Mengen*; something *irgendetwas*

F

Faden thread
Fähre ferry
fahren drive *4-Rad*; ride *2-Rad*
Fahrkarte ticket
Fahrplan schedule
Fahrpreis fare
Fahrrad bike; bicycle
Fahrzeug car; vehicle
fallen fall* *(fell, fallen)*
falsch wrong
Familie family
Familienname last name
Farbe color
Farbfilm color print film
fast almost
faul rotten *Obst*; lazy *träge*
Fehler mistake
feiern celebrate
Feiertag holiday
Feld field
Fenster window
Ferien vacation
Fernsehgerät TV
fertig ready
fest firm; hard
Fest party
feucht moist
Feuer fire
Feuerwehr fire department
Fieber fever
Film film
finden find* *(found)*
Finger finger
Firma company
flach flat
Flasche bottle
Fleck stain
fliegen fly* *(flew)*
flirten flirt
Flug flight
Flughafen airport
Flugticket ticket
Flugzeug plane
Fluss river
Formular form
Foto picture
Fotoapparat camera
fotografieren take pictures* *(took, taken~)*
Frage question
fragen ask
Frau woman; women *Mz.* *Anrede:* Mrs. *verheiratet*; Ms. *neutral*
Fräulein Miss
frei free
fremd unknown; strange
freuen be glad* *(was, been~)*
Freund(in) friend; *Liebe:* boyfriend *m.*; girlfriend *w.*
freundlich friendly
Freundschaft friendship
Frieden peace
frieren freeze* *(froze, frozen)*
frisch fresh
froh glad; happy
früh early
Frühling spring
Frühstück breakfast
frühstücken have breakfast* *(had)*

fühlen feel* *(felt)*
Führer guide; ranger
Führerschein driver's license
Führung guided tour
für for
furchtbar aweful
fürchten afraid (of)
Fuß foot; feet *Mz.*
Fußball soccer

G

Gabel fork
Galerie galery
Gang aisle *Flugzeug*
ganz all; entire *Stück*
Garten garden
Gas gas
Gast guest
Gastgeber host
Gaststätte pub
Gebäude building
geben give* *(gave, given)*
Gebirge mountain range
Gebühr fee
Geburtstag birthday
gefährlich dangerous
gefallen like
Gefängnis jail
Gefäß container
Gefühl feeling
gegen against *etw./jmd.*; around *ungefähr*
Gegend area; region
gegenüber von across from; opposite from
gehen go* *(went, gone)*; walk
Geld money
Geldautomat ATM
Gelegenheit chance
Gemüse vegetables
gemütlich comfortable
genau precisely; just *Adv.* right *jawohl*
genug enough
geöffnet open
Gepäck baggage
geradeaus straight ahead
gern like to
Geruch smell
Geschäft shop; store *Laden*; business
Geschenk present
Geschichte story *Erzählung*; history *hist.*
geschlossen closed
Geschmack flavor
Gesellschaft society
Gesetz law
Gesicht face
Gespräch conversation
gestern yesterday
gesund healthy
Gesundheit health
Gewicht weight
Gewitter lightening
gewöhnen get used to* *(got, gotten)*
Gewürz spice; seasoning
Gift poison
Glas glass
glauben believe
Glück luck
glücklich happy
Gold gold
Gott god
Grammatik grammar
Gras gras
gratulieren congratulate
Grenze border
Grippe flu
groß big *breit*; large *lang*; tall *hoch*
Größe size
Großmutter grandmother
Großvater grandfather
Grund reason
Gruppe group
gültig valid
gut good; well *Adv.*

H

Haarspray hair spray
haben have* *(had)*
Hafen harbor; port
Hälfte half
halten stop *anhalten*; hold *(held) festhalten*
Haltestelle bus stop
Handel trade
handeln bargain
hart hard; strong *stark*
hässlich ugly
Haupt- main
Haus house
heben lift up* *(lift~)*
heilen cure; heal
heiraten marry
heiß hot
helfen help
hell bright *leuchtend*; light *nicht dunkel*
her ago
Herbst fall
Herr man; *Anrede:* Mr.
heute today
hier here
Hilfe help
hinten back
hinter behind
Hintern ass; fanny
hoch high; tall *lang*
Hochzeit wedding
hoffen hope
höflich polite
Höhe height
holen get* *(got, gotten)*

Holz wood
homosexuell queer
hören hear* *(heard)*
Hotel hotel
Hügel hill
hungrig hungry
Hygiene cleanliness

I

immer always
Impfung vaccination
in in; on
Industrie industry
Information information
informieren inform
Innenstadt downtown
Insekt bug; insect
Insel island
interessant interesting
interessieren be* interested *(was/were, been)*
international international

J

Jahr year
Jahreszeit season
jährlich annual
jeder each; everybody
jedesmal everytime
jemand somebody; anyone
jetzt now
Journalist journalist
Jugendlicher teenager
jung young
Junge boy

K

kalt cold
kaputt broken
Karte map
Kasse cashier
katholisch catholic
kauen chew
kaufen buy* *(bought)*
kennen know* *(knew, known)*
Kind child; children *Mz.*
Kinderwagen buggy; baby carriage
Kino movie theater; movies
Kiosk booth
Kirche church
Klasse grade
Klebeband adhesive tape
klein little *kurz*; small
Klima climate
klug intelligent; smart
Kneipe bar
kochen cook
Koffer bag; suitcase
kommen come
kompliziert complicated
Kondom condom; rubber
können be able* *(was/were, been~)*; can* *(could)*
Konsulat consulate
kontrollieren control
Konzert concert
korrigieren correct
kosten cost
kostenlos (for) free
krank ill; sick
Krankenhaus hospital
Krankheit illness; disease
Kreditkarte credit card
kühl cool
Kühlschrank refrigerator
Kunst art
künstlich artificial; fake
kurz short
küssen kiss
Küste coast; shore

L

lächeln smile
lachen laugh
Lage position
Lampe lamp
Land country
Landschaft landscape
Landwirtschaft agriculture
lang long
langsam slow
langweilig boring
lassen let* *(let)*
laufen run* *(ran)*; walk
laut loud; noisy
Leben life
leben live
Lebensmittel groceries
ledig single
leer empty
legen lay
Lehrer(in) teacher
leicht easy *einfach*; light *nicht schwer*
leihen borrow
lernen learn
lesbisch lesbian
lesen read* *(read)*
letzte last
Leute people
Licht light
lieben love
Lied song
Lieferung delivery
liegen lay
links left
LKW truck
Loch hole
Löffel spoon
Lohn wage

M

machen make* *(made)*
Mädchen girl
Mal time
malen paint
man one; you
manchmal sometimes
Mann husband *Ehe-*; man; men *Mz.*
Markt market
Medikament medicin
Meer ocean
mehr more
Meinung opinion
meist mostly
Menge amount; quantity
merken memorize *sich*; notice
Messer knife
mieten rent
Minute minute
mit with
Mitglied member
mitmachen join
Mittag lunchtime; noon
Mitte middle
Mode fashion
modern modern
möglich possible
Monat month
Morgen morning; a.m.
morgen tomorrow
Motor motor
Motorhaube hood
Motorrad motorbike
müde tired
Müll garbage; trash
Mülleimer trash can
Museum museum
Musik music
müssen have to* *(had~)*; must
Mutter mother

N

nach to *örtl.*; past *zeitl.*
Nachmittag afternoon; p.m.
Nachricht message
nächste next
Nacht night
Nachtisch dessert
nackt nude
Nadel needle
Nagellack nail polish
Nagellackentferner nail polish remover
nah close; near
Name name
nass wet
Natur nature
natürlich natural; of course *auf jeden Fall*
neben next to
nehmen take* *(took, taken)*
neu new
neugierig curious
nicht not
nichts nothing
niedrig low
nie never
niemand nobody
nirgendwo/-hin nowhere
noch still *immer*; yet *nicht*
nochmal again
Norden north
normal normal
Notfall emergency
notwendig necessary
Nummer number
nur only; simply
nützlich useful

O

ob if
oben up; upstairs
obwohl although
oder or
öffnen open
oft often
ohne without
Öl oil
Onkel uncle
Opfer victim
Organ organ
organisieren organize
Ort place
Osten east
Österreich Austria
Österreicher(in) Austrian

P

Paar couple
paar a couple; a few; a pair
Päckchen pack; packet
Paket package
Panne break down
Papier paper
Park park
parken park
Parkplatz parking (lot)
Pass passport
passen fit
passieren happen
Patient patient
Pause break
peinlich embarrassing
Person person
Pflanze plant
Plan plan
Platz place; space *Raum*; square *Ort*
plötzlich sudden; suddenly
Politik politics *Mz.*

Polizei police
Post mail
Postamt post office
Postkarte postcard
Postleitzahl zip code
Preis price
privat private
Problem problem
Programm program
pünktlich on time

Q

Qualität quality

R

Radiergummi eraser
Radiogerät radio
Rahmen frame
Rat advice
rauchen smoke
Raum room
rechnen count
Rechnung check
Recht law *Gesetz*; right
rechts right
Rechtsanwalt attorney
reden talk
Regen rain
Regenschirm umbrella
regional local
registrieren register
reich rich
reif ripe
Reifen tire
Reise journey; trip
Reisebüro travel agent
reisen travel
reparieren repare
reservieren make a reservation* *(made~)*
Restaurant restaurant
Rettungswagen ambulance
richtig right
Richtung direction
riechen smell
riesig enormous; giant
roh raw; uncooked
Rückfahrt return trip
Rucksack backback
rückständig backward
rufen call; yell *schreien*
Ruhe rest

S

Sache thing
sagen say
Salbe ointment
Salz salt
sammeln collect
Sand sand
satt full; stuffed
Satz sentence
sauber clean
säubern clean
sauer sour
Schallplatte record
scharf hot; spicy
Scheck check
Schein bill
scheinen seem *als ob*; shine *Sonne*
Schere scissors *Mz.*
schicken send* *(sent)*
schießen shoot* *(shot)*
Schiff ship; boat
schlafen sleep* *(slept)*
Schlafsack sleeping bag
Schlafzimmer bedroom
schlagen hit* *(hit)*
Schlange stehen line up
schlecht bad; gone off *faul*
Schließfach deposit; safe
Schlüssel key
schmackhaft tasty; yummy
schmal narrow
Schmerz pain
schmerzen hurt* *(hurt)*
Schmuck jewelry
schmutzig dirty; filthy
schnell fast; quick; express
schon already; yet
schön beautiful; nice
Schrank closet; cupboard
Schraubenschlüssel wrench
schreiben write* *(wrote)*
schuldig guilty
Schule school
Schüler(in) student
schwach weak
schwanger pregnant
Schweiz Switzerland
Schweizer(in) Swiss
schwer heavy *Gewicht*; difficult *schwierig*
Schwester sister
schwierig difficult
schwimmen swim* *(swam)*
schwitzen sweat* *(sweat)*
schwul gay
See lake
sehen see* *(saw, seen)*
Sehenswürdigkeiten places of interest
sehr very; a lot
Seide silk
Seife soap
Seil rope
sein be* *(was/were; been)*
seit since
Seite side
Sekunde second
selten rarely; seldom
Serviette napkin
setzen, sich sit down* *(sat)*
sicher sure; surely *Adv.*

Sicherheit safety
Silber silver
singen sing* *(sang)*
sitzen sit *Po*; fit* *(sang) Kleidung*
Ski ski
so so
sofort immediately; now
sogar even
Sohn son
solch(-e,-er,-es) this kind of; this type of
sollen have to* *(had~)*; shall* *(should)*
Sommer summer
Sonne sun
sparen save
spät late
spazierengehen go for a walk* *(went, gone~)*
Spiegel mirror
Spiel game; match
spielen play
Spielzeug toy
Sport sport
Sprache language
sprechen speak* *(spoke, spoken)*
Spritze shot; syringe
Staatsangehörigkeit nationality; citizenship
Stadt city; town
stark strong
Staubsauger vacuum cleaner
Steckdose outlet
stehen stand* *(stood)*
steil steep
Stein stone; rock
Stelle place; spot
stellen place; put* *(put)*
sterben die; pass away
Stil design; style
Stimme voice
Stoff fabric
stören disturb
Strafe punishment
Strand beach
Straße street; road
Straßenbahn train
streiten fight* *(fought)*
Stromkabel electric cord
Stück piece; part; play *Theater*
Student student
Stunde hour
suchen look for; search
Süden south
Summe sum; amount
Suppe soup; bisque; chowder
süß sweet

T

Tabak tobacco
Tablette pill
Tag day
täglich daily; everyday
Tal valley
Tankstelle gas station
Tante aunt
tanzen dance
Tasche bag; purse *Hand-*
Taxi cab; taxi
Telefon phone
telefonieren call
Telegramm telegramm; wire
teuer expensive
Theater theater
tief deep
Tier animal
Tochter daughter
Tod death
Toilette bathroom; restroom; toilet
Toilettenpapier toilet paper
toll awesome
tot dead
töten kill
Tradition tradition
tragen carry *schleppen*; wear* *(wore, worn) Kleidung*
traurig sad
treffen meet* *(met)*
Treppe stairs *Mz.*; staircase
trinken drink* *(drank)*
Trinkgeld tip
trocken dry
tun do* *(did; done)*
Tür door
Turm tower
Typ guy

U

U-Bahn subway
üben practise
über above; over *örtl.*; more *mehr*; past *zeitl.*
überall everywhere
übergeben, sich throw up* *(threw; thrown)*
überholen pass
übermorgen the day after tomorrow
übersetzen translate
Übersetzer translator
Überweisung transfer
übrig left
Uhr clock; watch
um at
um zu ... in order to
umarmen embrace
Umleitung detour
Umstand circumstance
umtauschen exchange
Umweg detour

Umwelt environment
unbekannt unfamiliar; unknown
und and
Unfall accident
Universität college; university
unmöglich impossible
unschuldig innocent; not guilty
unten at the bottom
unter under; below
Unterhaltung conversation
Unterkunft accomodation
unterrichten teach* *(tought)*
unterschreiben sign
untersuchen check
Ur- native
Urlaub vacation

V

Vater dad; father
Ventilator fan
verabreden meet* *(met)*; make an appointment* *(made~)*; date *Liebe*
Verabredung meeting; appointment; date
verboten prohibited
Verbrechen crime
verdienen earn
Verfallsdatum expiration date
vergessen forget* *(forgot, forgotten)*
vergnügen enjoy
verirren get lost* *(got; gotten~)*
verkaufen sell* *(sold)*
verlangen charge *Geld*; ask for
verlängern extend
verlassen quit* *(quit)*
verleihen borrow
verletzen hurt* *(hurt)*; injure
Verletzung injury
verlieben fall in love* *(fell; fallen)*
verlieren loose* *(lost)*
vermieten rent* *(rent)*
Vermittlung agency; operator *Telefon*
verringern reduce
Versicherung insurance
verspäten be late* *(was / were, been)*; delay
versprechen promise *jmd.*; make a slip *(made)*
Verstand sense; brains *Mz.*
verstehen understand
versuchen try
viel a lot; many
vielleicht maybe
Vogel bird
Volk nation; people; tribe
voll full
von from; of
vor before; in front of
vorbereiten prepare
vorgestern the day before yesterday
vorher beforehand; before
Vormittag morning; a.m.
Vorname first name
vorne front; in front
vorschlagen propose
vorstellen imagine; introduce *jmd.*
Vorwahlnummer area code; country code

W

Wahl choice
wahr true
während during; while
Währung currency
Wald forest; woods *Mz.*
Wand wall
wandern hike; walk
Ware goods *Mz.*
warm hot; warm
Warnung warning
warten wait
waschen wash
Wasser water
Wasserhahn faucet
WC bathroom; restroom
wechseln exchange *Geld*; replace *Glühbirne*
wecken wake up
Weg way; road; path, trail
wegen because of; due to
weggehen leave* *(left)*
weiblich female
weil because
weinen cry
weit far *entfernt*; wide; baggy *Kleidung*
weitere further
wenig few; little
weniger less
wenn than *als*; if *falls*
Werbung ad(vertisement)
werden get* *(got, gotten)*; will* *(would)*
Westen west
Wetter weather
wichtig important
wie how; like *Vergl.*
wieder again
wiederholen repeat
Wind wind
Winter winter

winzig tiny; small
wissen know* *(knew, known)*
Woche week
wohnen live
Wohnmobil motorhome
Wohnung apartment; condo
Wohnwagen trailer
wollen like to; want
Wort word
Wörterbuch dictionary
Wunde injury; wound
wünschen wish
Wüste desert

Z

zahlen pay
Zahnarzt dentist
Zahnpasta toothpaste
Zebrastreifen crosswalk
zeigen show
Zeit time
Zeitung newspaper
Zelt tent
Zentrum center; downtown
ziehen pull
Zigarette cigarette
Zimmer room
Zoll customs *Mz.*
zu too; also
zufrieden happy
Zug train
zuhören listen
zurück back
zusammen together
zustimmen agree
zuviel too much/many
zwischen between

A

a ein, -e, -er
a bit ein bisschen
a bunch einige
a couple einige; paar
a few einige; etwas; ein paar
a little ein bisschen; etwas
a lot viel
abortion Abtreibung
about etwa; über
above über; oberhalb
accept annehmen
accident Unfall
accomodation Unterkunft
accompany begleiten
accurate genau
across from gegenüber von
ad(vertisement) Werbung
address Adresse
adhesive tape Klebeband
advice Rat
afraid sich fürchten
afternoon Nachmittag
afterwards danach
again noch einmal; wieder
against gegen
age Alter
agency Vermittlung
ago her
agree zustimmen
agriculture Landwirtschaft
airport Flughafen
aisle Gang (Flugzeug)
alcohol Alkohol
alike ähnlich
all alle(s); ganz
alley Gasse
allow erlauben
allowed to dürfen
almost fast
alone allein
already schon
also auch
although obwohl
aluminum Aluminium
always immer
am (ich) bin *(von be)*
a.m. morgen
ambulance Rettungswagen
amount Menge; Quantität
and und
animal Tier
annual jährlich
answer Antwort; antworten
apartment Wohnung
apologize entschuldigen
appointment Verabredung
are (wir, ihr, sie) sind *(von be)*
area Gegend
argue argumetieren
arrival Ankunft
arrive ankommen
art Kunst
artificial künstlich
ask fragen; bitten
ass Hintern
asshole Arschloch
at bei; um
ate aß *(von eat)*
ATM Geldautomat
attorney Rechtsanwalt
aunt Tante
Austria Österreich
Austrian Österreicher(in)
available erhältlich
aweful furchtbar
awesome toll

B

back hinten; zurück
backback Rucksack
back-up lights Rückfahrleuchte

backward rückständig
bad schlecht
bag Tasche; Koffer
baggy weit
bank Bank (Geld)
bar Kneipe
bargain handeln
batery Batterie
bath Badezimmer
bathe baden
bathroom Toilette
bathtub Badewanne
be sein
beach Strand
beautiful schön
because weil
because of wegen
become werden
bed Bett
bedroom Schlafzimmer
been gewesen *(von be)*
before bevor; vor; vorher
begin anfangen
began fing an *(von begin)*
begun angefangen *(von begin)*
be happy sich freuen
behind hinter
be late sich verspäten
believe glauben
below unten
best before gebrauchen vor
betray betrügen
better besser
between zwischen
big groß
bike Fahrrad
bill Rechnung; Schein
bird Vogel
birthday Geburtstag
boardwalk Promenade
boat Boot
book Buch; buchen
booth Kiosk
border Grenze
boring langweilig
borrow leihen; verleihen
boss Chef
bother nerven
bottle Flasche
bought kaufte; gekauft *(von buy)*
box Karton
boy Junge
bread Brot
break brechen; Pause
breakdown Panne
breakfast Frühstück
breast Brust
bridge Brücke
bright hell
bring bringen
broke brach *(von break)*
broken kaputt; gebrochen *(von break)*
brother Bruder
brought brachte; gebracht *(von bring)*
buddy Kumpel
bug Insekt
build bauen
building Gebäude
burglary Einbruch
burn brennen
bus Bus
business Geschäft
bus stop Haltestelle
but aber
buy kaufen
by durch
bye Tschüss

C

cab Taxi
call rufen; telefonieren
call collect R-Gespräch
camera Fotoapparat
camper Wohnwagen
can Dose; können
cancel absagen
car Auto; Fahrzeug; Wagen
carry tragen
cart Einkaufswagen
cash Bargeld
cashier Kasse
castle Burg
catholic katholisch
center Zentrum
chance Gelegenheit
charge verlangen
cheap billig
check Rechnung; Scheck
check in Hotel check in
chest Brust(korb)
chew kauen
child Kind
choice Alternative; Wahl
church Kirche
cigarette Zigarette
circumstance Umstände
citizen Bürger
city Stadt
clean sauber; säubern
cleanliness Hygiene
climate Klima
clock Uhr
close nah; schließen
closet Schrank
club Diskothek
coast Küste
coffee shop Café
cold kalt
collect sammeln
college Universität
color Farbe
color print film Farbfilm
colored bunt
come kommen; gekommen

comfortable bequem; gemütlich
comforter Daunendecke
company Firma
compatible passend
complain beschweren
complicated kompliziert
concern Besorgnis
concert Konzert
condition Bedingung
condominium Wohnung
conductor Chauffeur
cone Hörnchen
congratulate gratulieren
consulate Konsulat
container Gefäß
control kontrollieren
conversation Gespräch; Unterhaltung
convertible Cabrio
cook kochen
cool kühl
correct korrigieren; richtig
cost kosten (Preis)
count rechnen
country Land
country code Vorwahlnummer
couple Ehepaar; Paar
cover Decke (Bett)
cozy gemütlich
crafts Kunstgewerbliches
credit card Kreditkarte
crime Verbrechen
cry weinen
curb Bürgersteig
cure heilen
curious neugierig
currency Währung
custom Brauch
customs Zoll

D

dad Vater
daily täglich
dance tanzen
dangerous gefährlich
dark dunkel
date Datum; verabreden; Verabredung
daughter Tochter
dawn Morgendämmerung
day Tag
dead tot
dead end Einbahnstraße
death Tod
decide entscheiden
deep tief
delayed verspätet
delivery Lieferung
dentist Zahnarzt
deposit Schließfach
describe beschreiben
description Beschreibung
desert Wüste
design Stil
dessert Nachtisch
detour Umleitung; Umweg
dialect Dialekt
diarrhea Durchfall
dictionary Wörterbuch
did tat *(von do)*
die sterben
difficult schwierig (nicht einfach)
direction Richtung
dirt road ungeteerd Straße
dirty schmutzig
disco Diskothek
discount Ermäßigung
distance Entfernung
disturb stören
diversion Umleitung
do tun
doctor Arzt
documents Dokument(e)
done getan *(von do)*
door Tür
dope Drogen
double doppel
downtown Innenstadt
drank trank *(von drink)*
drapes Gardine
drink trinken
drive fahren
driver Chauffeur
driver's license Führerschein
drugstore Apotheke
drunk betrunken; getrunken *(von drink)*
dry trocken
due to wegen
dumb dumm
during während

E

each jeder
early früh
earn verdienen
earth Erde
east Osten
easy leicht (einfach)
eat essen
eaten gegessen *(von eat)*
edible essbar
effect beeinflussen
effort Mühe
electric cord Stromkabel
electrical outlet Steckdose
elementary school Grundschule
elevator Aufzug; Lift
embarrassing peinlich
embassy Botschaft
embrace umarmen

emergency Notfall
emotions Gefühle
employee Angestellte(r)
employer Arbeitgeber
empty leer
end Ende
English englisch
enjoy geniessen
enormous riesig
enough genug
enter eintreten
entire ganz
entrance Eingang
envelope Briefumschlag
environment Umwelt
eraser Radiergummi
even sogar
evening Abend
event Ereignis
everybody jeder
everyday täglich
everything alles
everytime jedesmal
everywhere überall
examine untersuchen
example Beispiel
excellent ausgezeichnet
exchange umtauschen
excuse me entschuldigung
exhibition Ausstellung
exit Ausfahrt; Ausgang
expect erwarten
expensive teuer
expiration date Verfallsdatum
explain erklären
export Ausfuhr
express schnell
expressway Schnellstraße
extend verlängern

F

fabric Stoff
face Gesicht
factory Fabrik
fall fallen; Herbst
familiar bekannt
family Familie
famous berühmt
fan Ventilator
far lang; weit
far away fern
fare Fahrpreis
farmer Bauer
fashion Mode
fast schnell
fat dick; fett
father Vater
faucet Wasserhahn
fault Fehler
favor Bitte
fax Fax
fear Angst
fee Gebühr
feel sich fühlen
feeling Gefühl
felt fühlte; gefühlt *(von feel)*
female weiblich
ferry Fähre
fever Fieber
few wenig
field Feld
fight streiten
fill in ausfüllen
film Film
find finden
finger Finger
finish beenden
fire Brand; Feuer
fire department Feuerwehr
firm fest
first name Vorname
fit sitzen; passen

flash Blitz
flat flach
flat tire platter Reifen
flavor Geschmack
flew flog *(von fly)*
flight Flug
flirt flirten
floor Etage
flower Blume
flown geflogen *(von fly)*
flu Grippe
fly fliegen
foot Fuß
for für
foreign ausländisch; fremd
foreign country Ausland
foreigner Ausländer
forest Wald
forget vergessen
forgot vergaß *(von forget)*
forgotten vergessen *(von forget)*
fork Gabel
form Formular
fotography Fotografie
fought stritt; gestritten *(von fight)*
found fand; gefunden *(von find)*
frame Rahmen
free frei; kostenlos
freeway Schnellstraße
freeze frieren
fresh frisch
friend Freund(in)
friendly freundlich
friendship Freundschaft
from von
front vorne
front desk Empfang
froze fror *(von freeze)*
frozen gefroren *(von freeze)*
full satt; voll

funny lustig
further weitere

G

galery Galerie
game Spiel
garbage Müll
garden Garten
gas Benzin; Gas
gas station Tankstelle
gave gab *(von give)*
gay schwul
gearshift Schaltknüppel
German Deutsch(e,r)
Germany Deutschland
get empfangen; werden; holen
get healthy sich erholen
get in einsteigen
get lost sich verirren
get off aussteigen
get up aufstehen
get used to sich gewöhnen an
girl Mädchen
girlfriend Freund(in)
give geben
given gegeben *(von give)*
give permission erlauben
glad froh
glass Glas
glasses Brille
go gehen
go for a walk spazierengehen
god Gott
gold Gold
gone ging *(von go)*
good gut
goods Ware
got bekam *(von get)*
gotten bekommen *(von get)*
grade Klasse
grain Getreide
grammar Grammatik
grandchild Enkel(in)
grandfather Großvater
grandma Großmutter
grandmother Großmutter
grandpa Großvater
gras Gras
greet begrüßen; grüßen
groceries Lebensmittel
ground Boden
group Gruppe
guest Gast
guide Führer
guided tour Führung
guilty schuldig
guy Typ

H

had hatte *(von have)*
haggle over feilschen
hair spray Haarspray
half Hälfte
happen passieren
happy fröhlich; glücklich; zufrieden
hard fest; hart
has (er,sie,es) hatte *(von have)*
have haben
have a cold erkältet sein
have breakfast frühstücken
have to müssen; sollen
he er
health Gesundheit
healthy gesund
hear hören
heard hörte; gehört *(von hear)*
heavy schwer (nicht leicht)
height Höhe
held hielt; gehalten *(von hold)*
help helfen; Hilfe
hen party Jungesellinenfete
her ihr/e
here hier
herself selbst
hi hallo
high hoch
highway Autobahn
hike wandern
hill Hügel
himself selbst
his sein/e
history Geschichte (hist.)
hit schlagen; schlug, geschlagen
hold halten
hole Loch
holiday Feiertag
hood Motorhaube
hope hoffen
hospital Krankenhaus
hospitality Gastfreundschaft
host Gastgeber
hot heiß; scharf; warm
hotel Hotel
hour Stunde
house Haus
housewife Hausfrau
how wie
how many wie viele
how much wie viel
huh? wie bitte?
human being Mensch
hungry hungrig
hurricane Wirbelsturm
hurry up sich beeilen
hurt schmerzen; verletzt(e)
husband Ehemann; Mann

I

I ich
ice Eis
ID Ausweis
identity card Ausweis
if ob; wenn (falls)
ill krank
illness Krankheit
imagine vorstellen
immediately sofort
import Einfuhr
important wichtig
impossible unmöglich
impression Eindruck
in in (örtl.); in (zeitl.)
in front vorne; vor
in order to damit; um zu ...
income Einkommen
industry Industrie
infect anstecken
inform informieren
information Information
inhabitants Einwohner
injured verletzt
injury Verletzung; Wunde
innocent unschuldig
insect Insekt
inspect untersuchen
insult beleidigen
insurance Versicherung
intelligent klug
interested in interessieren
interesting interessant
international international
introduce vorstellen
invitation Einladung
invite einladen
island Insel
it es
itself selbst

J

jail Gefängnis
jewelry Schmuck
join mitmachen
journalist Journalist
journey Reise
just genau
just about fast

K

keep behalten; erhalten
kept behielt, behalten *(von keep)*
key Schlüssel
kind Art
kiss küssen
knife Messer
knew kannte *(von know)*
know kennen; wissen
known gekannt, gewusst *(von know)*

L

lake See
lamp Lampe
landscape Landschaft
language Sprache
large groß
last letzte
last name Familienname
late spät
laugh lachen (über etw.)
law Gesetz; Recht
lawyer Anwalt
lay legen; liegen
lazy faul (träge)
leaf Blatt
leaflet Prospekt
learn lernen
leave abfahren; abreisen; weggehen
left links; übrig; ging; gegangen *(von leave)*
less weniger
let lassen; ließ; gelassen
letter Brief; Buchstabe
license plate Nummernschild
lie lügen
life Leben
lift heben; hob; gehoben
light hell; leicht; Licht
lightening Gewitter
like gefallen; gern; wie; wollen
line Schlange (anstehen)
listen zuhören
little klein; wenig
live leben; wohnen
local regional
long lang
look aussehen
look for suchen
loose verlieren (Dinge)
lost verloren
loud laut
love lieben
low niedrig
luck Glück
lunchtime Mittag

M

made machte; gemacht *(von make)*
mail Post
main Haupt-
make machen
make a reservation reservieren
make a slip sich versprechen
man Mann

many viel
map Karte
market Markt
marriage Hochzeit
may dürfen
maybe vielleicht
medicin Medikament
meet treffen; verabreden
meeting Verabredung
member Mitglied
memorial Denkmal
memorize sich merken
men Männer
message Nachricht
met traf; getroffen *(von meet)*
middle Mitte
minute Minute
mirror Spiegel
Miss Fräulein
mistake Fehler
modern modern
moist feucht
mom Mutter
money Geld
month Monat
more mehr; über
morning Morgen; Vormittag
mostly meist
motel Motel
mother Mutter
motor home Wohnmobil
motorbike Motorrad
motorboat Motorboot
motorhome Wohnmobil
mountain Berg
mountain range Gebirge
movie theater Kino
movies Kino
Mr. Herr
Mrs. Frau
Ms. Frau
mufler Auspuff
museum Museum
music Musik
must müssen
my mein/e
myself selbst

N

nail polish Nagellack
nail polish remover Nagellackentferner
name Name
napkin Serviette
narrow eng; schmal
nartural natürlich
nation Volk
nationality Staatsangehörigkeit
native Ur-
nature Natur
near nah
necessary notwendig
need brauchen
needle Nadel
never niemals
new neu
newspaper Zeitung
next nächste
next to neben
night Nacht
no nein
nobody niemand
noisy laut
noon Mittag
normal normal
north Norden
not nicht
not allowed verboten (sein)
not guilty unschuldig
nothing nichts
notify benachrichtigen
now jetzt
nowhere nirgendwo/-hin
nude nackt
number Nummer

O

ocean Meer
of von
office Behörde; Büro
often oft
oil Öl
ointment Salbe
ok einverstanden
old alt
on auf; in
on time pünktlich
once einmal
once agaon noch einmal
one man
one another einander
oneself selbst
only einfach; nur
open auf; geöffnet; öffnen
operator Vermittlung
opinion Meinung
opposite from gegenüber
or oder
order bestellen
order Bestellung
organ Organ
organize organisieren
our unser/e
ourself selbst
out aus
over aus; über
owner Besitzer

P

pack Päckchen
package Paket
packet Päckchen
pain Schmerz
paint malen

painting Bild
pair Paar
paper Papier
parents Eltern
park Park; parken
parking (lot) Parkplatz
party Feier; feiern; Fest
pass überholen
passport Pass
past nach; über
pastries Gebäck
patient Patient
pay bezahlen
pay zahlen
peace Frieden
ped xing Achtung Zebrastreifen!
pencil Bleistift
people Leute; Volk
permit Erlaubnis
person Mensch; Person
phone Telefon
picture Bild
piece Stück
pill Tablette
pissed off sauer
place Ort; Stelle; stellen
places of interest Sehenswürdigkeiten
plan Plan
plane Flugzeug
plant Pflanze
platform Bahnsteig
play spielen
poison Gift
poisonous snake Giftschlange
police Polizei
polite höflich
politics Politik
poor arm
popular beliebt
population Bevölkerung
position Lage (geogr.)
possible möglich
post office Post(amt)
postcard Postkarte
practise üben
precise genau
pregnant schwanger
prepare vorbereiten
present Geschenk
price Preis
private privat
problem Problem
profession Beruf
program Programm
prohibited verboten (sein)
promise versprechen
pronunciation Aussprache
proof Beweis
property Eigentum
propose vorschlagen
pub Gaststätte
pull ziehen
punctual pünktlich
punish bestrafen
punishment Strafe
pupil Schüler(in)
pus Eiter
push drücken
put stellen; stellte; gestellt

Q

quality Qualität
quantity Menge; Quantität
queer homosexuell
question Frage
quick schnell
quilt Decke
quit aussteigen; verlassen; stieg aus; verlies; ausgestiegen; verlassen
quite ganz

R

radio Radiogerät
rain Regen
raising heraufbringen
ran rannte; gerannt *(von run)*
rarely selten
raw roh
read lesen; las, gelesen
ready fertig
really echt
reason Grund
recommend empfehlen
record Schallplatte
reduce verringern
region Gegend
register registrieren
relax entspannen
remember erinnern, sich
rent mieten; vermieten; mietete; vermietete; gemietet; vermietet
repare reparieren
repeat wiederholen
replace wechseln
rest Ruhe
restaurant Restaurant
restroom Toilette
return trip Rückfahrt
rich reich
ride fahren
right genau; Recht; rechts; richtig
rights Rechte
ripe reif
river Fluss
roof Dach
room Raum
room Zimmer
rope Seil
rotten faul
rubber Kondom
run laufen

S

sad traurig
safety Sicherheit
said sagten
salt Salz
sand Sand
sang sang; gesungen *(von sing)*
sanitary napkin Binde
save aufheben; sparen
saw sah; gesehen *(von see)*
say sagen
schedule Fahrplan
school Schule
scissors Schere
sea Meer
search suchen
season Jahreszeit
seasonings Gewürze
second Sekunde
see sehen
seen gesehen *(von see)*
seems scheint
seldom selten
sell verkaufen
send schicken, senden
sense Verstand
sent schickte; geschickt *(von send)*
sentence Satz
shall müssen; sollen
she sie (Ez.)
sheet Blatt
sheets Laken
ship Schiff
shoot schießen
shop Geschäft (Laden)
short kurz
shot Spritze; schoss; geschossen
show zeigen
shower Dusche
sick krank
side Seite
sidewalk Bürgersteig
sign unterschreiben
silk Seide
silver Silber
similar ähnlich
simple einfach
simply einfach
since seit
sing singen
single ledig
sister Schwester
sit sitzen
sit down scih setzen
size Größe
skies Skier
skinny dünn
sleep schlafen
sleeping bag Schlafsack
sleeveless ärmellos
slept schlief; geschlafen *(von sleep)*
slow langsam
small klein
smart klug
smell Geruch; riechen
smile lächeln
smoke rauchen
so so
soap Seife
soccer Fußball
society Gesellschaft
sold verkaufte; verkauft *(von sell)*
some ein bisschen; einige; etwas
somebody jemand
someone jemand
something etwas
sometimes manchmal
son Sohn
song Lied
soon bald
soup Suppe
south Süden
spare part Ersatzteil
speak sprechen
speed limit Geschwindigkeitsbegrenzung
spell buchstabieren
spice Gewürz
spicy scharf
spoke sprach *(von speak)*
spoken gesprochen *(von speak)*
spoon Löffel
sports Sport
spring Frühling
square Platz
stain Fleck
stairs Treppe
stamp Briefmarke
stand stehen
start abfahren
stay Aufenthalt; bleiben
steep steil
still noch
stone Stein
stood stand; gestanden *(von stand)*
stop anhalten; aufhören; halten
store Geschäft
story Geschichte
straight direkt
straight ahead geradeaus
strange fremd
street Straße
streetcar Straßenbahn
strong hart; stark
student Student
stupid dumm
style Stil
subway U-Bahn
success Erfolg
suddenly plötzlich

suitcase Koffer
sum Summe
summer Sommer
sun Sonne
sure sicher
surely sicher
surroundings Umgebung
swam schwamm *(von swim)*
sweat schwitzen
sweet süß
swim schwimmen
Swiss Schweizer(in)
Switzerland Schweiz
swum geschwommen *(von swim)*

T

take dauern; nehmen
taken genommen *(von take)*
take pictures fotografieren
take-off abfliegen
talk reden
tall groß; hoch
taste kosten
tasty schmackhaft
tax Zoll
taxi Taxi
teach unterrichten
techer Lehrer(in)
teens Jugendliche
telegramm Telegramm
television Fernsehgerät
tell erzählen
tent Zelt
term Begriff
than als; wenn
thank danken
thanks danke
that dass; jener
the der; die; das
the day after tomorrow übermorgen
the day before yesterday vorgestern
theater Theater
their ihr/e
themselves selbst
then dann
there da; dort
therefore darum; deshalb
these diese(r,s)
they sie (Mz.)
thick dick
thin dünn
thing Ding; Sache
think denken
thirsty durstig
this dies
this kind of solch(e,er,es)
this type of solch(e,er,es)
thread Faden
through durch (hindurch)
throw up übergeben, sich
thru durch (hindurch)
ticket Fahrkarte; Flugticket
ticket fee Fahrpreis
time Zeit
tiny winzig
tip Trinkgeld
tire Reifen
tired müde
to damit; nach
tobacco Tabak
today heute
together zusammen
toilet Toilette
toilet paper Toilettenpapier
told erzählt(e); *(von tell)*
tomorrow morgen
too auch; zu (sehr)
took nahm *(von take)*
too much zuviel
toothpaste Zahnpasta
tought lehrte; gelehrt *(von teach)*
tow a car abschleppen
tower Turm
town Stadt
toys Spielzeug
trade Handel
tradition Tradition
train Eisenbahn; Straßenbahn; Zug
train station Bahnhof
transfer Überweisung
translate übersetzen
translator Dolmetscher; Übersetzer
trash Müll
trash can Mülleimer
travel reisen
travel agent Reisebüro
treat behandeln (Krankh.)
tree Baum
trip Reise
truck LKW
true wahr
trunk Kofferraum
try kosten; versuchen
TV Fernsehgerät

U

ugly hässlich
umbrella Regenschirm
uncle Onkel
unconcious bewusstlos
under unter
understand verstehen
undress ausziehen
unfamiliar unbekannt
university Universität
unknown unbekannt
until bis
up oben
upstairs oben
urgent dringend
useful nützlich

V

vacancy Zimmer, frei
vacation Ferien; Urlaub
vacuum cleaner Staubsauger
valid gültig
valley Tal
vegetables Gemüse
veggies Gemüse
vehicle Fahrzeug; Wagen
very sehr
victim Opfer
view Aussicht
village Dorf
visit besichtigen; besuchen
visitor Besuch
voice Stimme

W

wage Lohn, Gehalt
wait warten
wake up aufwachen; wecken
walk gehen; laufen
wall Wand
want wollen
warm herzlich; warm
warning Warnung
was (er, sie, es) war *(von be)*
wash waschen
watch Uhr
water Wasser
way Weg
we wir
weak schwach
weather Wetter
wedding Hochzeit
week Woche
weight Gewicht
well gut
went ging *(von go)*
were (wir, ihr sie) waren *(von be)*
west Westen
wet nass
what was
when als; wann
where wo
where from woher
where to wohin
which welcher
while während
who wer
whole ganz
whose wessen
why warum
wide breit; weit
wife Ehefrau
wild wild
will werden
wind Wind
window Fenster
windshield Windschutzscheibe
windshield (car) Fensterscheibe (Auto)
winter Winter
wire Telegramm
wish wünschen
with mit
without ohne
woke weckte *(von wake)*
woken geweckt *(von wake)*
woman Frau
wood Holz
word Wort
wore trug *(von wear)*
work arbeiten
worker Arbeiter(in)
worn getragen *(von wear)*
would würde *(von will)*
wound Wunde
wrench Schraubenschlüssel
write schreiben
written geschrieben *(von write)*
wrong falsch
wrote schrieb *(von write)*

Y

year Jahr
yell rufen; schreien
yes ja
yesterday gestern
yet noch
you du; man; Sie
young jung
your dein/e; euer/e
yourself selbst
yummy schmackhaft

Z

zip code Postleitzahl

Die Autorin

Englisch für Australien
ISBN: 978-3-89416-557-4

Flämisch
ISBN: 978-3-89416-775-2

Niederländisch Slang
ISBN: 978-3-89416-461-4

Elfi H. M. Gilissen (geb. 1969) ist studierte Diplom-Übersetzerin für Chinesisch und Indonesisch, befasst sich aber als freiberufliche Autorin und Lektorin mit vielen Sprachen und somit Ländern der Welt. Die Liebe zu Sprachen wurde ihr schon vom niederländischen Vater und der flämischen Mutter in die Wiege gelegt.

Eigentlich auf Südwestchina und vor allem Tibet eingeschworen, wurde durch die zufällige Begegnung mit einem Australier ihr Interesse am fünften Kontinent geweckt. Seit der ersten gemeinsamen Reise nach Australien im Jahr 2000 fährt sie auch ohne ihren australischen Lebensgefährten regelmäßig ein- bis zweimal jährlich für längere Zeit durch den Kontinent. Am Niederrhein aufgewachsen, lebt Elfi Gilissen heute mit ihrem australischen Lebensgefährten in den Niederlanden.

Weitere bei Reise Know-How erschienene Titel der Autorin sind „Kulturschock Australien", „Australien Auswanderer-Handbuch", „Australiens Outback und Busch entdecken", „Sydney und seine Nationalparks", „Englisch für Australien – Wort für Wort", „Flämisch – Wort für Wort", „Amerikanisch – Wort für Wort", „Niederländisch Slang" und das in Englisch verfasste „German Slang". Weitere Buchprojekte zum Thema Australien sind schon in Arbeit.

© sonya etchison, Fotolia.com

Kauderwelsch

Anette Linnemann
&
Renate Georgi-Wask

American Slang

das andere Englisch

© Renate Georgi-Wask

Im Gespräch

Die lockere Sprache des Alltags

Anhang

© Renate Georgi-Wask

Vorwort

Liebe Leser, bei der Lektüre dieses Buches bitten wir Sie, Folgendes zu bedenken: Es ist selbstverständlich, dass die Ausdrücke in diesem Buch nichts mit unserer Einstellung zu tun haben. Das gilt besonders für Schimpfwörter und beleidigende Ausdrücke. Es liegt ausdrücklich nicht in unserer Absicht, dass die aufgeführten diskriminierenden Ausdrücke verwendet oder verbreitet werden. Wir haben sie aufgelistet, weil es sein kann, dass man ihnen begegnet (in Filmen, Büchern oder auf der Straße), und verstehen sollte man, was man hört. Diese Sammlung ist nicht vollständig.

Nun aber ein paar Worte zur Entstehung dieses Bändchens. Der Anstoß, dieses Buch zu schreiben, war im wahrsten Sinne des Wortes ein „bi-lateraler“: Ich, Renate Georgi-Wask, unterrichtete in Bielefeld Englisch und es geschah, dass Anette, eine junge Amerikanerin, an unsere Schule kam, um hier ein Lehrpraktikum zu absolvieren. Sie wollte in den Staaten Deutsch unterrichten. Sie sprach sehr gut Deutsch, und wir freundeten uns schnell an. Natürlich unternahmen wir viel zusammen, und schnell waren meine Bekannten ihre Bekannten geworden.

Nach der ersten gemeinsamen Party gestand sie mir, kaum etwas von dem verstan-

Readers, We ask you to keep in mind that this compilation of words does not reflect the view of the authors. This should be self-evident. It is not our intention to promote the usage of and/or continuation of societal, racial and ethnic slurs, and we regret the need for their inclusion. In fact, we prefer they didn't exist at all! We merely note them because they are part of American slang and because the German traveler is likely to come across them in movies, novels and other everyday situations. Please consult the publisher's address for additions, comments, etc.

den zu haben, was ihr da so alles erzählt worden war. Und das, obwohl sie hervorragend Deutsch sprach. Eines der Wörter, mit denen sie am meisten Schwierigkeiten hatte, war der Ausdruck „aufgemotzt", und ich hatte einige Schwierigkeiten, ihr zu erklären, was das bedeutet. Als ich es geschafft hatte, meinte sie: „Ach so, du meinst **souped-up,** warum sagst du das nicht gleich?" Tja, hätte ich, wenn ich diesen Ausdruck gekannt hätte.

So kamen wir, nachdem wir alle möglichen Umgangs-Wörter der jeweils anderen Sprache ausgetauscht hatten, zu dem Entschluss, diese Slang-Sammlung zusammenzustellen. Denn, und das ist uns beiden klar geworden, mit dem, was wir in der Schule gelernt hatten, konnten wir uns zwar unterhalten, aber genau verstehen taten wir uns nicht immer.

Wer in Amerika in lockeren Kontakt zu den Menschen kommt, wird viele der in diesem Buch aufgeführten nicht immer sehr feinen Ausdrücke hören und mit einigem Einfühlungsvermögen bald den einen oder anderen selbst anbringen können. Und die gleiche Sprache zu sprechen, heißt schließlich, sich besser zu verstehen. Und mehr soll dieses Büchlein nicht erreichen.

Vorwort zur Neuauflage

Trotz wiederholter Aktualisierungen wurde es Zeit, den *„American Slang"* völlig zu überarbeiten und im neuen Outfit herauszubringen. Dazu hieß es, meine amerikanischen Freunde einzuspannen, die auf die Jagd nach Ausdrücken und Redewendungen gingen, die inzwischen entstanden sind. Der Alltag hat sich in vielen Bereichen geändert, so auch die Alltagssprache.

Dabei sind wir aber bei dem bewährten und beliebten Rezept geblieben. Erstaunlich viele Ausdrücke bleiben auch über Jahre gleich, weil sie auf banale und konkrete Weise den Nagel genau auf den Kopf treffen.

I owe special thanks to Courtney McPhail from San Francisco and to Miranda Neubauer from Boston, without whom this new edition would not have been possible.

Check it out!

Anette Linnemann & Renate Georgi-Wask

Hinweise zur Benutzung

Unsere Wort- und Phrasensammlung könnte man grob in zwei Teile gliedern:

Es geht los mit typisch amerikanischen Ausdrücken, die Ihnen in bestimmten Situationen begegnen, z.B. im Kaufhaus, im Fernsehen etc. Das sind nicht immer Slang-Ausdrücke.

Wir verstehen **slang** *als die Sprache, die von den Leuten im alltäglichen Leben gesprochen wird, wenn man nicht auf die Etikette achten muss.*

Im zweiten Teil geht es dann um die echte Umgangssprache. Wiederum grob nach Situationen sortiert, aber Überschneidungen ließen sich nicht vermeiden. Zu diesem 2. Teil möchten wir einiges anmerken. Wissenschaftlich gesehen ist Slang eine „Low-Level-Sprache“, die von unteren sozialen Schichten ausschließlich gesprochen wird, da ihnen die „Hochsprache“ nicht geläufig ist. Wir verstehen Slang anders, und zwar als die Sprache, die von den Leuten im alltäglichen Leben gesprochen wird, wenn man nicht auf Etikette achten muss. Da wimmelt es von „Spezialausdrücken“ und „unfeinen“ Wörtern.

Gerade bei letzteren ist es nötig, recht genau zu differenzieren. Auch bei uns kann ja z.B. das Wort „Scheißkerl“ je nach Situation und angesprochener Person mal durchaus freundlich, mal höchst beleidigend sein. Auch werden sich zwei Männer an der Theke anderer Ausdrücke für Frauen bedienen, als wenn eine Frau dabei zuhört.

Wir haben stets versucht, die deutsche Übersetzung der Ausdrücke auf dem gleichen Sprachlevel zu halten. Trotzdem ist bei der Anwendung Vorsicht geboten. Völlig vulgäre Ausdrücke sind im Buch immer durch ein 💣 gekennzeichnet, damit Sie beurteilen können, ob Sie diesen Ausdruck selbst aktiv verwenden wollen oder könnten. Abwertende Ausdrücke und Beleidigungen sind sowieso nicht zum Gebrauch, sondern lediglich zum Verstehen aufgeführt.

Völlig vulgäre Ausdrücke sind im Buch immer durch 💣 gekennzeichnet, damit Sie beurteilen können, ob Sie diesen Ausdruck selbst aktiv verwenden wollen oder könnten.

Im Anhang des Buches sind alle Ausdrücke dieses Buches noch einmal stichwortartig und alfabetisch geordnet aufgelistet. Die Seitenzahl dahinter gibt an, wo das Wort erwähnt wird und demnach auch die Übersetzung steht. Hört man zum Beispiel den Ausdruck **life is a bitch** findet man unter **bitch** die entsprechende Seite.

Whatchamacallit?

Ver- & Abkürzungen

Die Amerikaner, die lässiger mit der Sprache umgehen als z.B. die Engländer, haben eine große Anzahl von Verkürzungen und neu zusammengestellten Wörtern erfunden. Für jemanden, der Englisch nur in der Schule gelernt hat, sind diese Ausdrücke teilweise recht schwierig zu entschlüsseln. Natürlich kommen diese Ausdrücke nur unter Freunden oder in der Werbesprache vor. So schreibt man oft nur noch **u** wenn man **you** meint, oder **X-mas** für **Christmas.** Es sind hauptsächlich schriftliche Verkürzungen des Lautes. Man sieht auch **2** für **to** oder auch **too,** z.B. **2nite** für **tonight,** oder eine weitere Zahl, als Ersatz für ein gleichlautendes Wort:

Room 4 rent
was nichts anderes bedeutet als
Room for rent.

Eine andere verbreitete Art der Verballhornung sieht so aus: Endungen, die eigentlich an bestimmte Wortarten gehören, werden auch an andere gehängt: z.B. die Endung **-ish.**

Die gehört normalerweise an ein Adjektiv, um aus **green** (grün) **greenish** (grünlich) zu machen. Amerikaner sagen aber auch:

sevenish = ungefähr 7

Von solchen „Wortschöpfungen" gibt es viele. Wenn einem das System klar ist, erkennt man leicht, was gemeint ist.

Und dann wird der Amerikareisende natürlich noch mit den Sprachverkürzungen konfrontiert werden. Besonders in Comics wird diese Sprache auch geschrieben und gibt dem unvorbereiteten Leser einige Nüsse zum Knacken.

Liste der häufigsten Ausdrücke

nope *no*	nein
yep/yup *yes*	ja
gimme *give me*	gib mir
gotta *have got a/to*	habe, muss
lotta *lot of*	eine Menge
sorta *sort of*	so 'ne Art
kinda *kind of*	ziemlich
kinda cute *kind of cute*	ziemlich niedlich
watcha ... *what are you ...*	was wirst du ...
gonna ... *going to*	ich werde ...
wanna ... *want to*	ich will ...
didja ... *did you?*	hast du ...?
wouldja *would you*	würdest du ...?
gotcha *I've got you*	Hab' dich! (= Ich verstehe.)

ain't *isn't, am not*	bin nicht, ist nicht
cuz *because*	weil
iffy *if*	unsicher
whatdja want? *What do you want?*	Was willst du?
bro, sis *brother, sister*	Bruder, Schwester
gramma *grandmother*	Großmutter
gramps *grandfather*	Großvater, -eltern
mom *mother*	Mutter
dad, pop(s) *father*	Vater
cuz *cousin*	Cousin
brah, brahim, bro, homie, buddy *brother*	Kumpel
thingamajig, thingamabob, doohickey	Dingsbums

I'm iffy about it.
Ich bin mir nicht sicher.

Whatchamacallit?
Wie heißt es noch?

Whatshisname?
Wie heißt er noch gleich?

Whatshisface?
Der Dingsbums, wie heißt der noch?

Und zum Schluss noch einige, häufig gebrauchte und allgemein benutzte „echte" Abkürzungen:

BBQ	**Barbecue**
A.Y.C.E.	**All you can eat.** steht auf Reklametafeln für diese Art von Restaurants
B.Y.O.B.	**Bring your own beer/booze.** steht auf Party-Einladungen
T.G.I.F.	**Thank God it's Friday** Endlich ist Wochenende!
R.S.V.P.	**Call if you can/can't make it.** eigentlich Französisch: *répondez, s'il vous plaît*
ID	**identification** Personalausweis
B.S.	**bullshit**
O.J.	**orange juice**
D.U.I.	**driving under the influence (of alcohol or drugs)**

Cruisin' USA

Unterwegs in den Staaten

Das Auto ist des Amerikaners liebstes Fortbewegungsmittel. Wen wundert's, dass das Straßennetz entschieden besser ausgebaut ist als das Eisenbahnnetz und dass man, mit Ausnahme der Geschäftsviertel in Großstädten wie etwa Manhattan, kaum Fußgänger sieht. Aus der Zeit des wilden Westens stammt dann auch der Ausdruck für „zu Fuß gehen": **to hoof it!**

Auf den **highways** und **expressways** (Autobahnen) erreicht man jeden Ort des Landes, wenn auch langsamer als in Deutschland. 55 **mph** (miles per hour) sind das oberste Limit, das entspricht 90 km/h.

On the road

highway, expressway	Schnellstraße, Autobahn
interstate *(Abk.: I)*	Autobahn über mehrere Staaten
exit, turn off	Ausfahrt
turnpike	Autobahnkreuz
EZ pass, tollbooth	Mautstation
intersection, crossing	Straßenkreuzung
shortcut	Abkürzung
yield	Vorfahrt achten!
Step on it!	Gib Gas!
to honk the horn	hupen

registration	Fahrzeugschein
title	Fahrzeugbrief
driver's license	Führerschein
hang a right/left, make a right run	rechts/links abbiegen
hang a louie *(gesprochen: lui)*	links abbiegen
Buckle up!	Anschnallen!
merge	Fahrspur endet, einfädeln!
no U-turn	Wenden verboten!

Leider macht sich in letzter Zeit in den Staaten immer mehr Skepsis gegenüber Trampern breit: Man hat Angst, ausgeraubt zu werden.

to hitch a ride oder **to thumb a ride** bedeutet so viel wie „trampen", allerdings werden **hitch-hiker** (Tramper) immer seltener.

to run out of gas

bedeutet soviel wie „kein Benzin mehr haben". Also ab zur nächsten **gas station** (Tankstelle). Mit **garage** bzw. **repair shop** bezeichnet man eine Werkstatt.

Da an einer SB-Tankstelle alles eher wortlos abläuft, hier die wichtigen Redewendungen für die alten Tankstellen mit **full-serve** (Bedienung):

Fill 'er up.	Volltanken, bitte.
Ten dollars' worth.	Für zehn Dollar.
(unleaded) gas	(bleifreies) Benzin
ethanol	Ethanol Kraftstoff
to hit the road	losfahren
to give s.o. a ride/lift	jdn. mitnehmen

Where are you headed?
Wo fahren Sie hin?

Where do you wanna be dropped off?
Wo wollen Sie raus?

to ride shotgun heißt, auf dem Beifahrersitz mitfahren. Früher machte man das wohl mit dem Gewehr. **backseat driver** nennt man einen, der als Beifahrer alles besser weiß.

Die meisten fahrbaren Untersätze haben ein **automatic** Getriebe, sehr viel seltener als bei uns haben sie Schaltung **(stick-shift).**

Let's go on a joy ride ist keine Einladung zu einer Vergnügungsfahrt, sondern fordert dazu auf, einen fahrbaren Untersatz zu klauen und damit durch die Gegend zu heizen. Bei einem **drag race** fahren zwei Autos ein Rennen von einer Ampel zur nächsten. Dabei heißt es **Mash the accelerator!** (wörtlich: Tritt das Gaspedal zu Brei!). Gerne wird auch so gefahren, dass die Hinterräder so hin- und herschlingern, dass sie eine Spur wie einen Fischschwanz hinterlassen **(to fishtail).**

my wheels, **my rod/ride/whip**	meine „Mühle"
SUV (sports **u**tility **v**ehicle)	PKW mit Geländewagenoptik und (meist) Allradantrieb
rearview	Rückspiegel
speedometer	Tacho
bumper	Stoßstange

Floor it!
„Gib Vollgas!"

Wer mit **lead foot** *(Bleifuß) fährt, darf sich nicht wundern, wenn ihn ein mehr oder weniger freundlicher* **cop** *(Polizist) dazu zwingt, auf die Bremse zu treten:* **to slam on the brakes.** *Wenn man dann noch immer nicht langsam genug war, ist damit zu rechnen, dass man gebeten wird, mal 'ran zu fahren* **(to pull over).** *Wenn man ein* **ticket** *(Strafzettel) bekommt, kann man sagen:* **I got busted!**

to honk the horn	hupen
station wagon	Kombi
sedan	Viertürer
(stretch) limo	(extra lange) Limousine
hatch back	Klapptür hinten (Kombi)
a low rider	bequemes Stadtauto mit Hydraulik
convertible	Kabrio
hard top	Kabriodach (hart)
rag top	Kabriodach (weich)
sun roof	Schiebedach
a classic	Auto der 50er oder älter
a hot rod	„heiße Rute", Nachbau aus den 50ern
gas guzzler	Benzinschlucker
van	Transporter
bus, VW van	VW-Bulli
bomb, lemon, old clunker	alter Straßenkreuzer
designated driver	derjenige, der fährt und nichts trinken darf
tailgater	Windschattenfahrer

to truck *hieß ursprünglich „tauschen, handeln", und der* **truck** *war das Gefährt, mit dem der Farmer sein Gemüse zum Markt fuhr.*

Die kleinen LKWs mit der langen Schnauze, wo der Motor drin ist, heißen **truck,** die offenen Lastautos heißen **pick-up (truck),** und **to truck** ist transportieren. Die großen, modernen LKW's werden **truck**, oft aber auch **semi** genannt, weil sie aus dieser wie abgeschnitten wirkenden Kabine mit Motor und einem Container oder Anhänger **(trailer)** bestehen. Die Fahrer dieser chromglänzenden **highway monster** sind die berühmten **trucker.**

Greyhound & Trailways

heißen die bekanntesten Überlandbusse. Sie verbinden zwar alle großen Städte, aber nicht alles, was für den Touristen interessant ist.

bus fare	Fahrpreis
to transfer	umsteigen
ticket window	Fahrkartenschalter
round trip ticket	Rückfahrkarte
window seat	Fenstersitz
aisle seat	Sitz am Mittelgang
Now boarding!	Alles einsteigen!
cab, yellow cab	Taxi (immer hinten sitzen, 15-20 % Trinkgeld geben!)
to hail a cab	„Hallo Taxi!" rufen

Übrigens:
Ein **jaywalker** *ist jemand, der bei Rot über die Straße geht bzw. zwischen zwei Ampeln die Straße überquert.*

Bei der New Yorker **subway** kauft man eine **Metrocard,** die man vor Betreten der Gleise am Drehkreuz **(turnstile)** entwertet **(to swipe the Metrocard).** In Boston heißt sie **Charlie Card.** Nach Feierabend nehmen die Pendler eine **commuter rail** in die Vororte. Es gibt Züge mit vielen Haltestellen **(local)** und **express** für die Eiligen. Wie bei uns kann man sich im Zug einen Wagen aussuchen, in dem das Telefonieren mit **cellphones** verboten ist **(quiet car).** Der Kontrolleur bzw. Schaffner heißt in den Staaten **conductor.**

Ein Verkehrszeichen mit der Aufschrift **ped-Xing** *bedeutet* **pedestrian crossing** *(Fußgängerüberweg); ein* **thru-way (through way)** *ist eine schnelle Verbindungsstraße.*

Air Travel

Zu den wichtigsten Verkehrsmitteln gehört im Land der großen Entfernungen auch im Berufsalltag das Flugzeug. Seit 9/11 gibt es aber auch im vorher locker abgewickelten Inlandsflugverkehr genaue Kontrollen.

to go through security	die Sicherheitskontrollen passieren
boarding pass	Bordkarte
carry-on	Handgepäck
lay-over	Wartezeit beim Umsteigen
red-eye	Inlandsflug bei Nacht
to book a flight/ connecting flight to	einen Flug/Anschlussflug buchen

Auch ein Vielflieger **(frequent flyer)** muss manchmal auf dem Asphalt hocken bleiben **(to sit on the tarmac)**, wenn er allzu lange im Flugzeug darauf warten muss, dass es endlich losgeht.

Cash or Credit?

Money, money, money

„**Money makes the world go round**“ gilt in den USA mehr als sonstwo. Wobei Geld nicht unbedingt mit Bargeld **(cold hard cash)** gleichzusetzen ist.

bucks, cash, dosh paper, cheddar, clams, bones, benjamins	Dollars
singles	Ein-Dollar-Scheine
five grand	5000 Dollar
giga bucks	eine Milliarde Dollar, unvorstellbare Summe
gwap	Geld (unter Schwarzen)
o.p.m.	**o**ther **p**eople's **m**oney, anderer Leute Geld
moolah, dinero	Geld (Pinkepinke)
dollar bill	Dollar (Geldschein)
quarter	25-Cent-Stück
dime	10-Cent-Stück
nickel	5-Cent-Stück
penny	1-Cent-Stück
change	Kleingeld, Wechselgeld
cream	Schmiergeld
A.T.M.	**a**utomatic **t**eller **m**achine, Geldautomat
to give s.o. an advance payment	im Voraus zahlen
downpayment	Anzahlung
debit card	Bankkarte (ohne Kredit)
to be tight/ to be a tight ass/ to be cheap with money/ to be on a tight budget	übermäßig sparsam bzw. geizig sein
dough	Knete (eigentlich Teig)
to cash a check	Scheck einlösen
to be loaded	viel Geld haben
easy money	leichtverdientes Geld
to be a leach	Schnorrer

„Cash or credit?" *wird man im Laden gefragt: „Bargeld oder Kreditkarte?". In den allermeisten Fällen wird bargeldlos bezahlt, nur kleinere Einkäufe bezahlt man mit* **cold hard cash** *(Bargeld), wenn man es denn dabei hat* **(to have cash on hand). To pimp the bill** *(***pimp** *= Zuhälter) heißt es, wenn einer die Rechnung des Tisches mit der Kreditkarte bezahlt und sich das Geld in bar von den anderen zurückholt. Wer leere Taschen hat, versucht zu schnorren* **(to leach dollars off s.o.)** *oder einen Scheck einzulösen* **(to cash a check),** *sofern dieser gedeckt ist. Einen ungedeckten Scheck auszustellen heißt, ihn springen zu lassen* **(to bounce a check).** *Dann ist man wohl pleite –* **I'm broke!**

On a Food Run

Einkaufen

In den Supermärkten der Staaten geht es ähnlich hektisch zu wie bei uns. Nicht unwichtig ist es, die Schilder zu verstehen:

Nicht wundern: An der Kasse fragt man Sie vielleicht, ob Sie **tickets** *haben möchten. Die bekommen Sie umsonst und damit können Sie in dem Supermarkt z.B. an einer Lotterie teilnehmen oder wenn Sie eine bestimmte Anzahl gesammelt haben, bekommen Sie etwas umsonst oder billiger.*

hot-selling item	Artikel, der sich gut verkauft
window shopping	Schaufensterbummel
a good deal/bargain	gutes Geschäft, Schnäppchen
on sale	Sonderangebot
sale	Ausverkauf
savings	Ersparnisse
express lane	Extra-Kasse für Leute mit wenig Artikeln
8 items or less	weniger als 8 Teile
cash only	nur Bares, keine Schecks!
(deep) discounts	(hohe) Nachlässe
a steal, a good deal, bargain	ein Schnäppchen
dollar store	Laden, in dem alles 1 Dollar kostet
check-out, register	Kasse

Während an der Kasse Ihre Ware registriert wird, packt meist ein **box boy** oder **box person** die gekauften Waren gleich in Tüten ein. Sehr praktisch!

3-item limit bedeutet, dass in die Umkleidekabine nicht mehr als drei Teile mit hineingenommen werden dürfen (wegen Diebstahl), denn:

We card! heißt, beim Einkauf von Alkohol und Zigaretten wird ein Ausweis **(ID)** verlangt.

Vorsicht! Wer daran denkt, etwas zu klauen **(to get a five-finger discount)**, sollte folgendes Schild kennen:

Shoplifters will be prosecuted!
Ladendiebe werden angezeigt!

Geschäfte

drugstore	Drogerie, es gibt dort Medikamente, Kosmetik, Süßes, Kleidung, u.a.
convenience store	bekannte Kette: 7-11 (sprich: *seven eleven*); teure Lebensmittelläden, 24 Stunden geöffnet
deli	Feinkostladen in Großstädten, nicht teuer
hardware store	Eisenwarenhandlung
department store	Kaufhaus
The Mall	großes Einkaufszentrum mit Hunderten von Geschäften, Kinos und Restaurants außerhalb der Stadt

Oft steht an **delis** *oder Restaurants* **„kosher food“,** *d.h. das Essen entspricht den Regeln des jüdischen Glaubens.*

liquor store	Alkohol-/Getränkeladen, meist auch Lebensmittel
thrift shop, junk store	Second-Hand-Geschäft
mart	kleiner Supermarkt

Einkauf und Umtausch

s.th. = something
s.o. = someone

to return something	etw. zurückgeben
to exchange s.th.	etw. umtauschen
rebate	Geld-Rückerstattung
deposit	Flaschen-/Dosenpfand, Anzahlung, Kaution
proof of purchase	Kassenbon
receipt	Quittung
sales clerk	Verkäufer
salesperson	Verkaufspersonal
cashier	Kassierer
to go on a food run	einkaufen fahren
a rip-off	Beschiss, Schwindel
to wait/stand in line, to line up	Schlange stehen
billboard	Werbeplakat
tourist trap	Touristenfalle
returnable, refillable	Pfandflasche
recyclable	kann recycelt werden
sales tax	Mehrwertsteuer
Shop 'til you drop!	Kauf bis zum Umfallen!
Let's go for a Walmart run!	sagt man, wenn man spät abends Hunger bekommt und zum nächsten Laden fährt, um Snacks zu kaufen

Die **sales tax** *ist nicht im ausgezeichneten Preis enthalten, sondern wird erst an der Kasse hinzugerechnet (außer z.B. in Oregon und Alaska).*

Junk & Brunch

Rund ums Essen

Das Essen in den Staaten ist besser als sein Ruf. Abgesehen natürlich von dem, was als **junk food** (**junk** = Müll) bezeichnet wird und in den **fast-food**-Ketten à la McDonalds angeboten wird. **BFC** sagt man kurz und meint **burger, fries & coke. BLT** ist ein **sandwich with bacon, lettuce & tomato.** Im Osten und Mittelwesten werden Schnellrestaurants **diner** genannt, nicht verwechseln mit **dinner** (Hauptmahlzeit am Abend).

greasy spoon (schmieriger Löffel) oder **chew-n-spew** (kauen und kotzen) nennt man fast food restaurants mit besonders schlechtem Essen. Wenn ein Restaurant als **casual** bezeichnet wird, geht es dort locker, lässig zu.

In einem **take-out restaurant** *heißt es dann:* **For here or to go?** *= Zum hier Essen oder zum Mitnehmen?*

Oder telefonisch bestellt: **delivery or pick-up?** *= Liefern oder Selbstabholer?*

to eat like a horse	schnell und viel essen
to pork/pig out	wie ein Schwein essen
chow *(sprich: tschau)*	Essen, Fraß, Futter
to chow down	mampfen, futtern
to gobble	gierig 'runterschlingen
to nibble	knabbern
with the works	mit allen Beilagen
combo ...	... mit vielen Beilagen
carry-out, to take out	zum Mitnehmen
munchies	Snacks
Hold the ...!	Ich möchte keine ...
to eat like a bird	wenig essen
chow, grub, kau kau	Essen, Fraß, Futter

„Auf die Schnelle was essen oder trinken" will jemand, der von **a quick pick-me-up** *spricht. Oder er sagt:* **Wanna grab a bite** *= sich einen Bissen grabschen.*

z. B. Pommes

wählerisch sein auch: **finicky about food**

to gobble up	gierig runterschlingen
to be picky	wählerisch sein
with a side of (pasta)	mit (Nudel)beilage

I got the munchies!
Ich habe einen Bärenhunger!
I'm stuffed!
Ich bin satt/vollgefressen!

Fancy Restaurants

„Please Wait for Hostess to Seat You" *oder* **„Wait to be seated!"** *steht oft am Eingang, manchmal auch* **„Seat Yourself".**

Oft bezahlt man nur eine Tasse Kaffee, alle weiteren Tassen sind umsonst. **„May I have a refill?"** *sagt man, wenn man mehr will.*

2-4 (two-for = two for the price of one) *wird häufig bei Steaks angeboten: zwei zum Preis von einem.*

sind gute, teure Lokale. Hier sind einige Besonderheiten zu beachten:

Man sucht sich nicht selbst einen Tisch, sondern überlässt das dem/der **host/hostess**, die sich mit der Frage **„Your name and the number of people in your party?"** nach der „Gruppenstärke" erkundigt und einem dann den entsprechenden Tisch zuweist. Wenn alles voll ist, muss man warten. Sich einfach an einen leeren Tisch zu setzen, wäre höchst unhöflich.

Am Ende heißt es: **(Can we have) the check, please!** (die Rechnung, bitte!). Die Bedienung erwartet ein Trinkgeld, **tip,** von etwa 15 %. Wenn man nicht alles aufgegessen hat und es mit nach Hause nehmen möchte, sagt man ganz einfach: **„Could you wrap that, please!"**. Die Zeiten in denen man so tat, als sei es für den Hund **(doggie bag),** sind vorbei.

Die Speisekarte **(menu)** werden Sie verstehen, es gibt aber noch einige andere Besonderheiten: Die **salad Bar** ist eine Art Salat-

Buffet zur Selbstbedienung. Es gibt auch **potato bars** und **soup bars.** Und dann gibt es noch **All You Can Eat** und bedeutet, dass man zu einem festgesetzten Preis soviel essen kann, wie man will.

greens/tossed salad	Portion grüner Salat
hash browns	Mini-Reibekuchen
french fries	Pommes frites
sunny side up	einseitig gebratene Spiegeleier
eggs over easy	beidseitig gebratene Spiegeleier
clam chowder	Muscheleintopf
stew	Eintopf
tater tots	Kroketten
barbecue (BBQ)	Grillen
water fountain, bubbler	Trinkwasserfontäne, stehen überall zum Durstlöschen bereit
soda, soft drink, pop	alle Limonaden
breakfast	Frühstück
lunch	Mittagessen
brunch (**breakfast** +**lunch**)	spätes Frühstück
supper, dinner	die größte Mahlzeit, meist Abends
cup o' joe, mud	Tasse Kaffee
appetizer	Vorspeise
dessert	Nachtisch
a la mode	Nachtisch mit Eis, z.B. apple pie & Vanille-Eis
dill pickles	Gewürzgurken

Wer Probleme hat mit der Verdauung **(indigestion),** *Blähungen hat* **(to have gas)** *oder Sodbrennen* **(heartburn)** *bekommt, braucht wohl ein paar Tabletten:* **Rolaids, Tums, Maalox.**

Wer sich nicht beherrschen kann, rülpst **(to burp/ belch).**

TV dinners *wie* **chicken pot pies** *u.a. sind in Folien eingeschweißte Mahlzeiten für Singles, die nur in der* **microwave** *aufgewärmt werden und dann vorm Fernseher gemampft werden.*

Auf die Frage „Schmeckt's?" kann man spontan antworten: **Yuck!** = *Eklig!* *oder:* **Yummy!** = *Lecker!*

veggies	Gemüse aller Art
bagel with lox/ cream cheese	Brötchen mit Loch in der Mitte, mit Lachs/Frischkäse

Sweet Tooth

heißt ein „Leckermäulchen" (wörtl.: süßer Zahn), und Angehörige dieser Spezies haben in Amerika keine Versorgungsprobleme. Desserts sind in der Regel so süß, dass sich einem der Magen umdreht. Es gibt sogar einen Ausdruck für Leute, die zuviel Süßes gegessen haben. Die sind **sugar high** bzw. haben einen **sugar rush.**

Süßigkeiten werden häufig in **pop songs** *als Sinnbild für erotische Anziehung benutzt, z.B.* **cherry pie** *(Vagina einer Jungfrau),* **tutti frutti** *(homosexuell),* **milkshake** *(der sexy Körper einer Frau).*

ice cream cone	Eiswaffel
sundae	Eisbecher
topping	Soße/Extras auf dem Eisbecher
frozen yogurt	beliebte kalorienarme Eiscreme aus Jogurt
cookies	Plätzchen
candy bars	Sammelbezeichnung für alle Süßigkeitsriegel
donuts, doughnuts	Gebäck, ähnlich dem Berliner/Krapfen mit einem Loch in der Mitte
marshmallows	sehr amerikanische weiche Süßigkeit
poppycock, Cracker Jack, fiddle faddle	im Handel erhältliche Süßigkeiten aus Erdnüssen, Popcorn und Karamel

pie = *gedeckter Obstkuchen*

Happy Hour/Open Mike

Durch Kneipen und Clubs

Wer in eine Kneipe oder einen Club gehen will, muss wissen, dass normalerweise beim Eintritt ein Nachweis über das Alter erbracht werden muss. Das vorgeschriebene Mindestalter ist in (fast) allen Staaten 21 **(drinking age). I. D., proof of age** steht dann draußen an der Tür. Kontrollieren tut der **bouncer** (Rausschmeißer/Türsteher).

Jemand, der sich an der Tür einer Kneipe oder eines Clubs ausweisen musste, sagt: **I got carded.**

Was draußen steht

singles' bar	hauptsächlich für Singles
happy hour	Die „glückliche Stunde" dauert von 16-19:00 Uhr, die Drinks dann billiger:
241	**= two for one** (zwei Drinks zum Preis von einem)
open mike	„offenes Mikrophon", Abende, an denen jeder, der will, auftreten kann
big screen TV	Viele Clubs haben eine Leinwand für Videos und Sportübertragungen
cover charge	Eintritt
live music	Live-Musik

Wer einen Bekannten nach einer guten Kneipe oder gutem Club fragt, wo's richtig abgeht, fragt einfach nach einem **good place to go to.**

Whatja lookin' for

good tunes	gute Musik (zum Tanzen)
a jammin'/ rockin'/ happenin' place	ein toller Schuppen
a hangout	Kneipe
beach bar	Kneipe, wo man in Shorts und T-Shirt hingeht
beer joint	Kneipe, in der sich einfache Leute treffen.
honky tonk	auch eine Kneipe der einfachen Leute, aber in den Südstaaten
tavern	eine kleine Kneipe
a dump/shithole/ hole in the wall/ dive bar/seedy bar	nicht empfehlenswerte Spelunke
the main drag, strip	Vergnügungsviertel

Auf die Piste gehen

to go stag	alleine ausgehen
to get down/ to boogey (down)/ to get down with your bad self/ to shake one's money maker	tanzen
to hit the town	losziehen
to hang around, to hang out, to stick around	herumhängen, auch: bleiben
to cruise around, bar hopping	von Kneipe zu Kneipe ziehen
to head/take off	abhauen
to paint the town red	einen draufmachen
to party	sich amüsieren
to let loose	sich gehen lassen
to shoot pool	Poolbilliard spielen
stripes, solids	halbe/ganze Kugeln
deck of cards	Kartenspiel
to shuffle the deck	Karten mischen

Let's party! = *Lasst uns einen trinken gehen!*

Let's cruise!/Let's ride! = *Lasst uns weiterziehen!*

Let's get outta here! = *Lasst uns gehen!*

Let's book it!/ Let's bounce!/ Let's peace!/ Let's hit the road/ pavement!/ Let's mozey on outta here! = *Lasst uns abhauen!*

zahlen

Verlangen Sie einfach nach der Rechnung **„Check, please."** wenn Sie zahlen möchten. **to go dutch** bedeutet soviel wie „jeder bezahlt seinen Deckel", so wie es Deutsche tun. Hingegen bedeutet **to pick up the tab** für alle zahlen, was man macht, wenn man die Runde ausgegeben hat: **This round is on me!** Wenn man einen ausgegeben bekommt heißt es: **You're backed up on (Jim)!**

Wer im Club weder Karten noch Billiard spielen möchte, sondern jemanden aufreißen will, der findet in dem Kapitel **„Dressed to Kill"** *das entsprechende Vokabular.*

Alkohol

In manchen Staaten (z.B. Kalifornien) ist es sogar verboten, Alkohol in Flaschen sichtbar bei sich zu tragen. Deshalb wird eine gekaufte Flasche in eine braune Tüte gesteckt.

Wie viele Bestimmungen in den USA ist auch das Alter, ab dem in der Öffentlichkeit Alkohol getrunken werden darf, von Staat zu Staat unterschiedlich. Es variiert zwischen 18 und 21 Jahren. Rund um den Alkoholkonsum gibt es natürlich eine Menge umgangssprachlicher Ausdrücke.

Bier

beer pong *ist ein sehr beliebtes Saufspiel mit Tischtennis-Utensilien. Es gibt viele Varianten, die beliebtesten heißen* **Beirut** *und* **beer pong with paddles** *(mit Tischtennisschlägern). Z. B. müssen die Bälle mit dem Mund in die mit Bier gefüllten Becher des Gegners gespuckt werden. Trifft man, muss der Gegner den Becher austrinken. Wer verliert, muss alle Becher austrinken.*

beer on tap	Bier vom Fass
draught beer	Fassbier *(sprich: draft)*
keg, tap	Fass
I'll have a draught.	Ich möchte ein Fassbier.
mug	Bierkrug
beer can/bottle	Dosen/Flaschenbier
near beer, bitch beer	alkoholfreies Bier
to drink like a fish	saufen
to be straight edge	abstinent sein
tank	einer der viel verträgt
kegger	Bierfete, jeder bringt ein Fass mit
brew, brewsky	Bier (gebrautes)
ice-cold brew	eiskaltes Bier
L.A. *(less alcohol)*	alkoholarmes Bier
lite beer	kalorienarmes Bier
near beer	alkoholfreies Bier
to guzzle a beer	ein Bier hinunterkippen
lush	Säufer

to chug a beer
ein Bier mit einem Zug 'reinziehen
beer belly
Bierbauch

Schnaps & Co.

Eines der amerikanischen Wörter, die man leicht behält, ist das Wort für „einen Kurzen": **shot.** Zwei andere sind schwierig auseinanderzuhalten: **liquor** (sprich: „likr") heißt Alkohol, das Wort **liqueur** (sprich: „likjue") dagegen Likör. Umgangssprachlich heißt Alkohol einfach **booze** oder **Grandpa's medicine/sauce.**

moonshine *heißt der selbstgebrannte Schnaps oder Whiskey. Das* **moonshining** *stammt noch aus der Zeit der Prohibition (bei Mondschein Schnaps brennen).*

boozing

brandy	Weinbrand
hard liquor	hartes Getränk (Schnaps)
a shot glass	Schnapsglas
a (straight) shot	nicht gemixter harter Drink, „Kurzer"
with a twist	mit Zitrone

Um sich zuzuprosten, kann man je nach Kontext Folgendes sagen:

Down the hatch! = *Runter damit!*

Cheers! = *Prost!*

Bottom's up! = *Ex!*

Here's to you!/ Here's looking at you! = *Auf dich!*

mixed drink, cocktail	Cocktail
blended ...	mit gehacktem Eis (crushed ice)
to pound	Alkohol trinken
to wet the whistle	einen trinken (wörtl.: die Pfeife nass machen)
to sip	nippen
chaser	Kurzer nach dem Bier
schnap(p)s	süß, stark (z.B. Pfefferminzschnaps)
I'll have a shot of ...	Gib mir einen ...
to make a toast	auf jemanden trinken
It's on me!	Ich geb einen aus!
My treat!	Ich bin dran (mit Ausgeben)!
This round's on me!	Diese Runde geht auf mich!
Hit me!	Gib mir noch einen! (eigtl.: „Schlag mich!")
one for the road	einen auf den Weg
nightcap	Gute-Nacht-Schluck

Die Folgen

Wer nur ein wenig beschwipst ist, der ist **tipsy.** Wer viel verträgt, bekommt zu hören: **He can really hold his liquor!** Wer allerdings zu tief ins Glas schaut, wird mit einem der folgenden Ausdrücke Bekanntschaft machen:

to get/be ...
pissed, ripped, loaded, blitzed, drunk, buzzed, bombed, bent, shit-faced, smashed, trashed, wasted, pie-eyed, polluted, potted, tweaked, totalled, broken, mutilated, changed, shredded, blown, slaughtered, hammered, baked, plastered

a waste case *ist einer, der dauerbreit ist, bei dem Hopfen und Malz verloren ist, der schon* **under the wheels** *ist, ein Alkoholiker nämlich.*

He's gone blotto.
= Der ist voll.

Wer völlig übertreibt und aus den Latschen kippt, dem wird wohl der Ausdruck **to pass out** nicht mehr einfallen. Und wenn alles verloren ist, muss man sich übergeben:

to do a technicolor yawn, to barf,
to throw up, to puke (one's guts out),
to blow one's cookies/chips/oats,
to pray to the porcelain god,
to blow chunks, to lose your lunch,
toss your groceries, vomit, hurl, spew,
wretch, upchuck, ralph, eat backwards.

Am nächsten Morgen herrscht dann Katerstimmung:
to have a hangover, to be hungover

Manche schwören dann auf **the hair of the dog that bit you** *und fangen morgens wieder mit dem gleichen alkoholischen Getränk an, von dem sie den Kater haben. Oder sie bleiben ganz vom Alkohol weg und sind* **on the wagon. I'm off the wagon!** *ruft derjenige, der es versucht hat aber doch nicht vom Alkohol lassen kann.*

Spaced Out

Andere Drogen

In der Drogenszene kennen wir uns nicht aus. Wer in die USA reist oder sich Songtexte genauer ansieht, könnte aber auf den einen oder anderen Ausdruck stoßen, der aus der Drogenszene kommt (**drug lingo** = Drogensprache). Wir bieten hier nur eine kleine Auswahl der verbreitetsten Ausdrücke. Es gibt allein hunderte von Namen für die verschiedenen Drogen.

high sein **fucked up, doped up, gone, spaced (out), to be out of it, to be zoned, loaded, fried, wasted, faded, buzzed, oasted, stoned, blazed, blasted, half-baked, blow your mind, be spacey, be as high as a kite, all lit up, be flying Mexican airlines, hopped-up, booted, coasting, razed, red, zonked**

Drogenabhängige **dopehead, airhead, baker, viper** (Marihuana), **junkie, on the needle, all star, channel swimmer** (spritzt Heroin), **cabbage head, amp head** (LSD), **dopefiend, cokefiend** (**fiend** = Dämon), **cokefreak** (Kokain), **crackhead, crackfiend, bingers, puffer** (Crack)

Drogen **pot, weed, hash, dope, grass, Mary Jane, broccoli, bud, rasta weed, greens, shit, trees, nugget, sticky-icky, gange, gangster, chronic** (Haschisch, Marihuana),

horse, H, Al Capone, Bin Laden, spider (Heroin),
coke, candy, yao (Kokain),
geeker, bomb (Crack), **ice** (Crystal Meth),
sherm (halluzinogene Pilze),
Angel Dust, Yellow Sunshine, acid,
Beavis & Butthead (LSD, PCP)

How you do them & what they do to you

to do lines/rails, to snort coke/a line	Kokain sniffen
to shoot up, to mainline, to get down, to go into a sewer	fixen
to smoke grass, smoke out/up, to blast a joint, to mow the grass, to bite one's lips, to bum one, to blaze, to blow a stick, to smoke a fatty/doobie, to puff the magic dragon, to toke (up) to go loco	Marihuana rauchen
to gurp	sich magic mushrooms reinziehen
to take a hit	sich einen reinziehen
to have a habit, to be hooked on/ strung out on	abhängig sein

to have a monkey on one's back
= *süchtig sein*

Die aufwändige Anti-Drogenkampagne von Ronald Reagan in den 80ern brachte einen TV-Spot, der folgende Redewendungen einführte. Ein seriöser Mann hielt ein Ei in der Hand und sagte: **„This is your brain."**
= *Das ist dein Gehirn. Dann schlug er das Ei in eine Pfanne und sagte:* **„This is your brain on drugs."**
Zum Schluss hieß es: **„Just say 'no'."**
= *Sag einfach nein.*

__4:20__ wurde in den 1979ern eingeführt, der 20.4. soll für Marihuana-Raucher eine Art „National Pot Smokers Day“ sein.

4:20	Marihuana rauchen
water/turkish pipe, hookah, shisha, bong, chillum	Wasserpfeife
bong	Art Pfeife
overdose, „O. D.“, hot load, hot shot	(tödliche) Überdosis
paraphernalia, gimmick, lay-out	alles, was rund um Drogen verkauft wird
lid	Mengenmaß für Marihuana
finger-lid	eine kleine Menge Marihuana (passt zwischen zwei Finger)
	eine Tüte/1 Unze (ounce) Marihuana
dime bag	Drogen im Wert von 10 Dollar
Arnolds	Steroide
big/bag man, candyman	Drogenhändler
cold turkey	harter Entzug
head shop	Geschäft, in dem alles verkauft wird was mit Drogen zu tun hat
to jack	jem. Drogen stehlen
baby habit, pepsi habit, joy popping	gelegentlicher Drogenmissbrauch
Lipton Tea	Drogen von schlechter Qualität
raspberry, rock star	Frau, die Sex gegen Crack anbietet

To Take a Leak

Toilette & Co.

Amerikaner gehen nie zur **toilet,** sondern stets zum **men's** bzw. **ladies' room.** Zu Hause heißt es schlicht **bathroom.** Wer in einer Kneipe oder in einem Restaurant nach dem **restroom** fragt, wird ebenfalls zur Toilette geschickt. Das Wort **toilet** sollte man möglichst überhaupt nicht benutzen, man könnte es vielleicht mit unserem Wort „Lokus" übersetzen, und das klingt auch nicht gerade fein. Im prüden Amerika heißt die Frauentoilette oft immer noch **powder room.**

Unter Männern sind folgende Ausdrücke gebräuchlich: **the can** (Dose), **the john, the head, the throne, the office, the crapper, the pot.** Da klingt „Ich muss mal" bei Frauen doch eleganter: **„Excuse me, may I use the porcelain?"** kann noch abgewandelt werden zu: **„I have to pay golden tribute to the porcelain goddess."** oder: **„I have to hug/worship the porcelain goddess."**.

wörtlich: die Porzellangöttin anbeten

auf dem stillen Örtchen

Was das Furzen angeht, so gibt es viele Möglichkeiten, damit umzugehen. Bei Kindern ist es **to make a stink.** Unter Erwachsenen heißt es **to (blow a) fart, pass gas, let one rip, plant a bomb, toot, shoot the breeze, cut one, cut the cheese, backfire, let one rip.**

Will man seinen Nachbarn warnen, sagt man: **I've just launched an air biscuit.** Im Gehen furzen heißt **crop dusting** (das Getreide abstauben). Oder man erstickt den Furz im Keim, dann ist es ein **turtlehead sneak.** Ist er doch rausgekommen und man verdrückt sich noch schnell aus der umstehenden Gruppe, war es ein **flying burrito.** Wenn man vom Geruch eines **SBD (silent but deadly)** umgeben ist, bleibt nur zu fragen: **What died up there?** (Wer hat hier gefurzt?).

I gotta piss like a race horse! *Ich muss ganz dringend!*

Pissen oder pinkeln heißt allgemein:
to pee, to piss, to take a leak,
bei Kindern: **to tinkle, to wee-wee,**
unter Männern: **to hit the can, to drain the snake** (die Schlange ausleeren), **to drain the main vein, to bleed the lizard** (die Eidechse ausbluten)**, to take a whiz, to let the dogs out.**

Und wenn einer sagt: **I gotta go drop the kids off at the pool,** *weiß jeder, dass er mal kurz scheißen gehen muss.*

Fürs Scheißen gibt es diese Ausdrücke:
to take a shit, to dump, to drop/dump a load, drop a deuce, drop a log, pee out of your ass, to pinch a loaf, to take a crap/shit,
bei Kindern: **to poop, go poo poo, go potty, make caca, make doo-doo,**
unter Frauen: **to pop a squat** (sich hinhocken).

Am höflichsten bleibt man mit den Ausdrücken:

to go number one	„kleines Geschäft“
to go number two	„großes Geschäft“

Boob Tube & Popcorn

Fernsehen

Fernsehen ist in Amerika eine Wissenschaft für sich. Je nach Region gibt es über 100 Sender **(channels)**, die häufig auf spezielle Programme spezialisiert sind, etwa Nachrichten rund um die Uhr, nur Spielfilme, nur Zeichentrick etc. Außer **basic cable** Programmen, die ständig durch Werbespots **(commercials, ads)** unterbrochen werden, gibt es das kostenpflichtige **premium cable** ohne Werbeunterbrechungen. Die drei Hauptsender sind **ABC**, **NBC** und **CBS**, außerdem der Sportsender **ESPN** und das Regierungsprogramm **CSPAN.** Leute, die den ganzen Abend (mit **potato chips**) vorm Fernseher sitzen und oft auch davor schlafen, heißen **couch potatoes.**

game show	Quiz-Sendung
sit-com *(situation comedies)*	billige Fernsehkomödien à la Al Bundy (Married with Children)
soap opera	Endlos-Fernsehserie
tube, on the tube	Fernseher (Röhre)
boob tube	Glotze
(TV) set	Fernseh-Gerät
cartoons, toons	Zeichentrickfilm
DVR	(**d**igital **v**ideo **r**ecorder) DVD Recorder
reality show	„real" aufgenommene Sendung

wie z. B. **Project Runway**

to tape/record	aufnehmen
rerun	Wiederholung
season premiere/ season finale	erste/letzte Folge einer Staffel
remote (control), clicker, changer, zapper	Fernbedienung
to vege out	herumhängen und fernsehen
tivo	Aufnahmegerät, das mehrere Sendungen gleichzeitig aufnimmt

Kino

concession stand *heißt der Erfrischungsstand im Kino. Alkohol gibt's hier nicht. Aber massenweise* **popcorn** *und* **carmel popcorn.** *Letzteres ist Popcorn mit braunem Zucker.*

Außer am Kino-Schalter **(box office)** bekommt man Eintrittskarten auch bei Vorverkaufsstellen **(ticket outlets)** in Kaufhäusern.

Je nach Inhalt und Gehalt an Erotik sind Filme in verschiedene Kategorien eingeteilt:

G *(General Audience)*	allgemeiner Zutritt
PG *(Parental Guidance)*	Elternbegleitung wird empfohlen
PG 13	unter 13 Jahre nur mit Eltern
R *(Restricted)*	unter 17 nur mit Eltern
X-rated	Zutritt nur für Leute über 18 Jahre

movies, flicks	Kino
movie	Film

to bomb/flop	schlechter Film
matinee	Nachmittagsvorstellung
double-feature	zwei Filme zum einfachen Preis
twilight show	billigere Vorstellung am Vorabend
chick flick	Schnulze
held over	Verlängerung
sold out	ausverkauft
preview	Vorschau
porn-flick, porno	Porno-Streifen
to catch a flick	ins Kino gehen
B-movie	zweitklassiger Film
trailer	Vorschau, Ankündigung
sequel	Fortsetzung
credits	Namensliste im Abspann

Im Theater:

student rush
= *billige Schüler-/Studentenkarten am Tag der Aufführung*

TKTS
= *Verkaufsstand in Manhattan*

playbill
= *Broschüre des Spielplans*

Dial a Number

Telefonieren

Give me a call/ buzz/ring/hauler
= *Ruf doch mal an!*

Hang on! Hold on!
= *Warte mal! Bleib dran!*

a hang up
= *wenn jemand anruft und auflegt, ohne etwas zu sagen*

Talk to my machine!
= *Hinterlass eine Nachricht!*

Abkürzungen für SMS **(instant messaging conversations):**

IYKWIM
= if you know what I mean
... na, du weißt schon

AITYD
= and I think you do.
... weißt du Bescheid?

Wird man angerufen, nennt man nicht seinen Namen, sondern sagt lediglich **„Hello“** und wartet, bis der andere nach dem Namen fragt.

to make a phone call	telefonieren
to dial a number, to punch in a number	eine Nummer wählen
to call s.o.	jemanden anrufen
local call	Ortsgespräch
long-distance call	Ferngespräch
collect call	R-Gespräch (der Angerufene zahlt)
operator	Vermittler bei collect calls
credit-card call	mit Kreditkarte telefonieren
area code	Vorwahl-Nummer
phone booth, payphone	Telefonzelle
answering machine/ ansa machine, voice mail	Anrufbeantworter
911 (nine – one – one)	Notrufnummer
digit	Zahl
cellphone	Handy
to text	SMS schreiben
land line	Festnetzanschluss
white pages/ yellow pages	Telefonbuch/ Gelbe Seiten

Havin' a Helluva Time!

Die lockere Sprache des Alltags

Hier jetzt eine Sammlung allgemeiner, lockerer Ausdrücke.

begrüßen/verabschieden

Yo!/Hey!/Howdy!
Hallo

How's it going?
Wie geht's?

Howzit?
Wie siehts aus?

What's up?/'Sup?
Was ist Sache?

What up? What's good?
Was ist Sache?

What's hap'nin'?
Was liegt an?

What's crackin'?
Was liegt an?

auch: **What's crackalackin'?**

I'm fine.
Mir geht's gut.

It's all hunky dory.
Alles klar.

What's the plan?
Was machen wir?

I'll keep you posted.
Wir bleiben in Kontakt.

Nur unter Männern sagt man auch (als Anspielung auf das, was zwischen ihren Beinen hängt): **How's it hangin'?** *= Wie steht's?*

Kick butt!
Viel Glück!

Let's stay in touch.
Wir sehen uns wieder.

Break a leg!
Hals- und Beinbruch!

Gonna bounce/fly!
Ich muss los.

See ya (later)!/I'm outta here!/I'm out!/ Me out!/Bye!/Catch ya later!/Later!
Bis dann! Man sieht sich! Bis gleich!

auch: **In a few!/ Later alligator!**

Take it easy!/Take care!
Pass auf dich auf!

begreifen, verstehen

Can you deal with that?
Kommst du klar?
Can you handle that?
Kommst du damit klar?
Can you make it?
Schaffst du's?
Catch my drift? Catch this? Get the picture?
Begriffen?
Know what I mean? Get it?
Verstehst du?
I hear ya!
Ja klar, verstehe!
It's over my head. Beats me!
Das kapier' ich nicht.
I give up.
Ich gebe auf. Das begreif' ich nicht.
to get the joke
den Witz verstehen
the punch line
der Witz an der Sache, die Pointe
to rack one 's brain
echt nachdenken
(wörtl.: Gehirn zermartern)
Get real!
Red doch Klartext!
I hear ya! I can relate to you!
Ja klar, verstehe!

erstaunt sein

Run that by me again!
Sag das noch mal!
No shit. No kidding!
Sag bloß! Was du nicht sagst!
You've got to be kidding!
Du machst Witze!
You're pulling my leg!
Du willst mich doch veralbern!

zustimmen/ablehnen

to flip/flick s.o. off/to give s.o. the finger/ to shoot s.o. the bird
jdn. den Stinkefinger/Vogel zeigen
That's not worth a damn.
Das lohnt sich nicht, ist nichts wert.
That's hurtin'
Das ist übel!
Not too shabby.
Gar nicht so übel.
I have a thing about it. I get off on it.
Darauf steh' ich.
No way! Forget it!
Auf keinen Fall!
Chuck it!/Toss it!
Weg damit!
Damn straight!
Recht hast du!
Totally!
Ja, okay. Machen wir.

auch: **For sure!/ Fo' shones!**

That's the way/ticket! You bet!
Na klar doch!

Okeedokie! Sounds good! O.K. by me.
O. K.!

Way to go!
Super! Weiter so!

That's way too ...!
Das ist viel zu ...!

auch: **That's the way we roll!**

That's the way the cookie crumbles!/
So läuft das!/So machen wir das!

Fair enough!
In Ordnung!

(Phoney) baloney!
Quatsch! Unsinn!

no problem!

sprich: „ßintsch"

It's a cinch/snap/piece of cake!
Das mach ich locker! Klarer Fall!

	Relax!/Kick back!	Bleib cool!
	Take it easy!	Nimm's leicht!
	Hang loose!	
	Mellow out!/	Immer mit der Ruhe!
	Chill (the fuck) out!	
	Take a chill pill.	Beruhig' dich!
chill & relax	**to chillax**	abkühlen-entspannen
no problem	**No prob!**	Kein Problem!
		Keine Sorge!
	Get a grip!	Immer mit der Ruhe!
no big deal	**That's no biggie!**	Das ist kein Problem.
	Sure!	Klar!

Wenn jemand **thank you/I appreciate that** (wörtlich: Ich weiß das zu schätzen) gesagt hat, muss unbedingt **You're welcome. Don't mention it.** *„Bitte, bitte. Keine Ursache."* folgen, sonst entsteht eine peinliche Funkstille.

© Renate Georgi-Wask

am Strand

shades	Sonnenbrille	*wörtl.: Jalousie*
to grab/take some sun, to get sun, to tan,	sich sonnen	*wörtl.: Sonne greifen*
to catch some rays		*wörtl.: Strahlen fangen*
to get a (sun) tan	braun werden	
nude beach	Nackt-Strand	
skinny dipping	nackt baden	
to be in the nude, to be butt-naked, to be in one's birthday suit	nackt sein	
to streak	„flitzen", nackt herum laufen	
to flash s.o.	sich exhibitionieren	
to get buff	seine Muskeln trainieren	
to go for a dip	ins Wasser gehen	
jacuzzi	Whirlpool	
to take a jacuzz, to hot tub it	ins jacuzzi gehen	

Life's a beach! *= Das Leben ist herrlich! und ist eine Verballhornung der Redewendung:* **Life is a bitch,** *was das genaue Gegenteil beschreibt.*

smash ball	Strandballspiel mit Holzschlägern
boardwalk	Strandpromenade

In Venice Beach liegt der bekannteste **open air muscle shop** *oder* **body shop** *(eigtl. Autowerkstatt), wo braungebrannte, muskulöse Menschen* **body building** *betreiben.*

Wem nach Drachenfliegen zu Mute ist, der fragt, wo **hanggliding** *möglich ist.*

surfin' & Co.

body surfin'
den Körper als Surfbrett benutzen

boogie board
kleine Schaumstoffbretter (Bodysurfen)

to hang ten, to hang five
beim Surfen alle Zehen seitlich über's Brett überstehen lassen

wakeboarding
Wasserskifahren auf einer Art Snowboard

Go check out the waves!
Schau mal wie die Wellen heute sind!

Gnarly!
Super! Fantastisch! (Surfer finden „knorrige", buckligen Wellen am besten.)

In Kalifornien geht man ziemlich lässig mit dem Wort **thing** *um:*

Let's do the beach thing! *= Lasst uns an den Strand gehen!*

Let's do the lunch thing! *= Lasst uns essen gehen!*

let's go!

Haul ass!	Hoch mit dem Arsch!
On the ball!	Ab die Post!
Let's cruise!	
Let's go!, Let's jet!,	Los!
Let's be out!, I'm out!,	
Let's peace!, Let's bounce!,	
Let's book it!, Let's roll!	
In no time!	Sofort!
You're all set to go?	Seid ihr fertig?
Let's get outta here!	Lass uns abhauen!

Glück/Pech gehabt

He's full of it/shit.

Er redet Blech./
Er erzählt Scheiße.

to luck-out, to be lucky, to pull one off

Glück haben

Are you stuck?

Kann ich helfen? Wo hapert's denn?

to fall for a snow job/to get scammed

auf einen Schwindel hereinfallen

He's a scammer.

er betrügt Leute mit Tricks um ihr Geld

I was stiffed/ripped off.

Ich bin betrogen worden.

I got burned.

Ich bin 'reingelegt worden.

tough luck/break/shit/titties

Pech

I was stiffed.

Ich bin beklaut worden.

Don't sweat the small stuff.

Mach dir nichts draus.

He's a goner

sein Ende naht

to front for/cover up for sth.

Etwas vertuschen

a fluke

Glück/Glücksfall

No sweat.

Keine Aufregung!

© Renate Georgi-Wask

to talk in circles
= nichts Gescheites sagen

to talk a mile a minute
= zu schnell und zu viel reden

Let's talk turkey.
Let's talk shop.
Let's get right to it.
Let's cut to the chase.
Let's get down to business.
= Nun lass uns zum Geschäft kommen.

You're running off at the mouth.
= Du redest zuviel.

Get to the point.
Don't beat around the bush.
= Komm zur Sache.

quasseln, brabbeln etc.

to chat	locker reden
to yak	plaudern
street talk	Gossensprache
to blurb	blubbern, faseln
to blab	plappern, brabbeln
to blab (out)	plappern, (Geheimnisse) ausplaudern
to shoot the shit, to shoot the breeze	quatschen

© Aramanda, Fotolia.com

Klappe halten! Hau ab!

Get a job/life/clue!
Hau ab und tu' was Sinnvolles!

Don't give me that bullshit!
Erzähl' keinen Scheiß!

Freeze!
Halt! Stehenbleiben!

Pull yourself together! Get your shit together!
Nun reiß dich aber zusammen!

Go jump in a lake! Go jump off a cliff!
Du gehst mir auf den Zeiger!

Get out of my face! Get off my back!
Lass mich in Ruhe!

You can just go back to bum fucking Egypt (b.f.E.)!
Geh dahin, wo der Pfeffer wächst!

Get your ass in gear!
Beweg' deinen Arsch!

Fuck you! 💣
Du kannst mich mal!

Keep your pants on! Don't get your panties in a bunch! Chill! Chill out, man!
Immer mit der Ruhe!

What's up his/her ass?
Was ist mit ihm/ihr los?

No way!
Kommt nicht in Frage!

Hör auf damit!:
Cool it!
Gimme a break!
Stick it!
Stick it in your ear!
Stick it where it hurts! Stick it where the sun don't shine!
Knock it off!
Cut it out!
Lay off!

Halt die Schnauze!:
Shut up!
Pipe down!
Shut your trap!
Cut the crap!
Cut it out!
Pipe down!
Shut your cake hole!
Zip it!
Shut up and get a job!
Don't give me that bullshit!

schuften

to go all out
sich verausgaben

Verpiss dich!:
Piss off! 💣
Kiss off!
Fuck off and die! 💣
Melt away and die!
Eat shit and die!
Back off!
Buzz off!
Get lost!
Hit the road!
You suck at life!
Flick off, asshole!
(dabei den Stinkefinger zeigen)

to go all out/to go all the way/to work like a dog/to work your ass off
schuften wie ein Tier
to be over one's head in work
bis zum Hals in Arbeit stecken
My dogs are beat/tired.
Meine Füße tun weh.
I'm on the brink of desk rage!
Ich bin so überarbeitet, gleich raste ich aus!
silver ceiling *(silberne Zimmerdecke)*
(unausgesprochene) Beförderungsgrenze für ältere Arbeitnehmer
It sucks!
Das lohnt sich nicht!
I'm done ...ing!
Ich hab die Nase voll vom ...

von **taser** *= Elektroschocker*

Don't tase me, bro!
Mach keinen Stress, Kumpel!

sich ärgern

It's a pain!
Es ist ärgerlich!
It's a pain in the neck/ass!
Es ist total ärgerlich!
It's a hassle/drag/bitch!
Mann, was für'n Ärger
He's a pain in the ass.
Der Typ nervt mich.
You drive me up the wall!You piss/tick me off!
Du machst mich wahnsinnig!

bug *= Wanze*

That bugs me.
Das wurmt mich.

That (he) pisses me off.
Das (er) macht mich sauer.
I'm a basket case.
Ich bin völlig fertig (müde).
He's buggin'/wiggin' out.
Er dreht durch.
Don't make waves!
Mach keinen Ärger!
to bug out/to flip out/to freak out
ausflippen, überreagieren, ausrasten

Ärger haben

to be between a rock and a hard place
in die Enge getrieben worden sein
I'm in the hot seat/in a jam
Ich sitze in der Tinte.
to be up shit creek without a paddle/in a jam
in der Scheiße stecken
to be up against the wall
mit dem Rücken zur Wand stehen
blacklisted, blackballed
auf der schwarzen Liste stehen
to take the backseat to someone
jdm. unterlegen sein
to play dirty
unfair sein
to get/be ripped off, to be jipped out of sth.
ausgetrickst/ betrogen werden
to fall for sth.
auf etwas reinfallen
to drive s.o. up the wall
jdn. zum Wahnsinn treiben

hot seat
= *elektrischer Stuhl*

equalizer = *Knarre*

cop, pig
= *Bulle (Polizist)*

black and white, the 5-0, the po-po, the feds
= *Polizeiwagen*

fridge *(refrigerator)*
= *Kühlschrank*

to buy the farm
abkratzen
to play dirty/get down and dirty/
to pull a fast one/to josh someone
jdn. austricksen
to act up/be actin' up
außer Kontrolle geraten, Scheiße bauen
to save face
das Gesicht nicht verlieren
to be fucked up 💣
erledigt sein
to blow someone away
jdn. umlegen (töten)
to have butterflies in one's stomach
nervös sein
to screw/mess something up
etwas anstellen
to be in the doghouse
großen Ärger haben
Let's get the heck out of Dodge!
Lass uns abhauen!
to be double-crossed
'reingelegt worden sein
to get busted/nabbed
geschnappt/verhaftet werden
to smell bacon
Bullen (Polizei) riechen
to let someone down/to be a let-down
jdn. enttäuschen
to beat the shit out of someone
jdn. windelweich prügeln
to have butterflies in one's stomach
nervös sein/ verliebt sein

to screw/mess sth. up, make a mess out of sth., to be messing with Jack
etwas anstellen, Scheiße bauen

Don't mess with ...
Lass die Finger von ...

to do jail time/ to do time
im Knast sitzen

jail/clink/behind bars/big house/slammer
Knast

mugshot
Polizeifoto

Miranda rights
die Rechte (die man vorgelesen bekommt)

to bail s.o. out/bail on s.o.
jdn. auf Kaution frei bekommen

bail money
Kaution

allgemeine Ausdrücke

and all that jazz	und so weiter
block party	Straßenblock-Party
boombox/ sound system	(Musik-)Anlage
boondocks/boonies	abgelegene Gegend
chew/plug/dip/snuff	Kautabak
smoke/cig/ciggie/ square/butt/ cancerstick	Zigaretten
put-down	Kritik (Anmache)
four-letter words	Schimpfworte
freebee	etw., das gratis ist
garbage/trash can	Mülleimer

to dip snuff
= *Kautabak nehmen*
to have a chew
= *Kautabak kauen*

wörtl.: Krebsstäbchen

Randnotiz	English	Deutsch
	gizmos/gadgets	nutzloses Zeug, (technischer) Schnickschnack
	guts	Mut (Eingeweide)
to bum around with = *mit Leuten herumhängen*	**to hang out/loose**	herumhängen
	hangout	Treffpunkt (üblicher)
	homely	bieder
	locker	Schließfach
	(beer)/(coffee) mug	(Trink-)Becher, Glas
	my folks/peeps/ homies	meine Leute/Familie
	out in the sticks	weit draußen
	pop/soda pop	Soft drink
	coke	Südstaaten: soft drink
sprich: „possi"	**posse**	Gang, Bande
	roommate	Mitbewohner
	skid row	Elendsviertel
	square	konservativ, uncool
	straight	ohne Laster/hetero
	stuff	Zeug/Drogen
	the bottom line	das, worum es geht, die Essenz
von **tickets**	**tix**	Fahr-/Eintrittskarten
	yonder	da drüben
	a waste of time	Zeitverschwendung
	zip/nill/nada/zilch	nichts
	zit/pimple	Pickel
	to pop pimples	Pickel ausdrücken
	bugger	Popel
	da hood/projects/ streets	die Gegend in der man wohnt, Ghetto, „Kiez"
	gutter	Gosse
	nickname	Spitzname

hiccup	Schluckauf
venetian blinds	Jalousien
piggyback	huckepack
punching bag	Sandsack
basketball hoop	Basketballkorb
military (buzz) cut	militärischer Kurzhaarschnitt
High five!	Gib mir fünf!
to fool around with s.th.	mit etw. rummachen
corky	quirlig
white lie	Notlüge
brain fart	im Gespräch den Faden verlieren
chapstick	Labello

Kleidung

threads	Klamotten/ Kleidung
kicks	geile Treter
shit kickers	Cowboy-/Gummi-stiefel
sneakers, shell toes	Turnschuhe
specs	Brille
shades	Sonnenbrille
tuxedo	Smoking
Canadian tuxedo	Jeans und Jeansjacke
wife beater/tank top	Trägerhemd
chinos/dockers	khaki Shorts
denims	Jeans
tag hag	jdm. der nur Marken-kleidung trägt (von **tag:** Preisschild)
zip, zipper	Reißverschluss

von **spectacles** = *quadratisch*

Redewendungen

Can I bum a smoke?
Krieg' ich mal 'nen Glimmstengel?
Chalk it up to experience.
Eine Erfahrung mehr.
Blow it off! It's history! Gag!
Vergiss es!
Does this bug/bother you?
Stört dich das?
Who cares? What of it? So what? Big deal!
Na und?
I don't give a shit/damn/two shits.
Ist mir egal.
That's a crock of shit.
Das ist totaler Blödsinn.
to hold out for the best offer
auf das beste Angebot warten
I'm pullin' for ya!
Ich drück' dir die Daumen!
to have one's shit together
eine klare Linie haben
to kick the habit
eine Gewohnheit aufgeben
Hang in there! Don't give up!
Halt durch!
to kiss someone's ass
sich einschmeicheln, einschleimen
to give someone a piece of one's mind
jdm. sagen, was Sache ist
to grab some shut-eye,
to take a snooze/nap
ein Nickerchen machen

Who gives a flying fuck at a rolling donut?

Let's get down to the nitty gritty.
Las uns auf den Punkt kommen.

He has been around the block.
Er hat einiges erlebt. Er lässt nichts anbrennen/hat sich durchgeschlafen.

to play one's cards right
die richtige Entscheidung treffen

to have a good head on one's shoulders
kompetent sein

to ditch/skip school
schwänzen

to walk on thin ice
auf dem Grat wandern

Park your butt! Park it!
Setz dich!

What the heck are you up to?
Was zum Teufel hast du vor?

on the spur of the moment
spontan

to take a shot at something
etwas versuchen

May I put my happy ass here?
Darf ich mich hier hinsetzen?

It's not worth the trouble.
Das ist es nicht wert./Das lohnt sich nicht.

Yada, yada, yada
... dingsbums/du weißt schon

Don't mean nothin'!	Egal!
to be into something	auf etwas stehen
I can't see shit.	Ich kann nichts sehen.
It was murder!	Es war sauschwer!
to mess it up	es versauen

He's da man.	Er ist cool./ Er hat das Sagen.
Out to lunch!	geistig abwesend
to be grounded	Hausarrest haben
to ham it up	es übertreiben
Good job!	Gut gemacht!
I 've had it!	Das reicht!
Go for it! Go ahead!	'Ran an den Speck!
forever and a day	ewig und 3 Tage
to work it out	es geregelt kriegen
to catch some ZZZZs	sich auf's Ohr legen
to go through the trouble	sich die Mühe machen
to hit the sack	sich schlafen legen
to zonk out/conk out	zusammenbrechen, einpennen

ZZZZs = *aus der Comicsprache*

... und hier noch eine Auswahl von Redewendungen, die von Lesern in den USA aufgeschnappt wurden:

as fit as a fiddle	fit wie'n Turnschuh
as cool as a cucumber	eiskalt (Person)
as flat as a pancake	platt wie 'ne Flunder
No pain, no gain!	Ohne Fleiß kein Preis!
as cool as a cucumber	entspannt, locker

What's sauce for the goose, is sauce for the gander. = *Was dem einen Recht ist, ist dem anderen billig.*

You're barking up the wrong tree!
Du bist auf'm Holzweg!

Birds of a feather flock together.
Gleich und gleich gesellt sich gern.

Don't make a mountain out of a molehill!
Mach aus einer Mücke keinen Elefanten!

Cream of the Crop

super, spitze, affengeil

Diese Ausdrücke meinen etwas Positives wie super, Wahnsinn, geil, hammer, (voll) cool:

awesome	**brutal**	**phat**
burly	**pumped**	**ultra cool**
rad	**radical**	**way rad**
crazy	**sick**	**da bomb**
stoked	**jazzed**	**dank**
sweet	**def**	**dope**
tight	**fresh**	**tough**
funky	**wicked**	**bad**
hot	**wild**	**jiggy**
zany	**off-the-wall**	**cool**
rad, way rad	**phat, fat**	**bad (ass)**
ballin'	**mad**	**the shit**
bangin'	**fly**	**nuts, nutty**

hella/hecka
+ Eigenschaft
= Das ist echt super ...

hellacool
= Das ist echt super-cool.

heckahot
= Das ist echt super-scharf.

insane/crazy/kickass	(ist ja) irre
trippin'/bitchin'	super, irre
top-notch	erstklassig
a real kick	echt abgefahren
weird, kinky, bizarre	irrsinnig stark
terrific	super
neat	prima, witzig
sharp	scharf (angezogen)
rowdy	„Es geht ab!"
He's got the funk.	Er ist obercool.
That's some fly ass car!	Das ist ne geile Kutsche!

He's pretty fly for a white guy.
... für nen Weißen ziemlich sexy.

Man sieht, einige Ausdrücke sind eigentlich negativer Art, werden aber im entsprechenden Zusammenhang gegenteilig verwendet.

We're having a helluva time!
= *Wir amüsieren uns prächtig!*

Just pullin' your leg!
= *Hab' doch nur Spaß gemacht!*

laid-back/easy-going	locker, lässig
mellow	relaxed, entspannt
helluva (= hell of a)	super, hektisch, riesig
cream of the crop	allererste Sahne
down-to-earth	natürlich, ehrlich
Just for kicks/laughs!	Nur zum Spaß!
Just kiddin'!	
For the fun/hell of it!	
For shits and giggles!	Ich lach' mich krank!
Absolutely hilarious!	Absolut lustig!
That's a blast!	
It's hype. (hyperbole)	Das ist Übertreibung.
That turns me on!	Darauf fahr' ich ab!
He cracked me up!	Der war witzig!
That blows my mind!	Das find' ich irre!
That's a mind blower!	
That's classic/tight!	Das ist spitze!
That rocks!	
That's something else!	
That blows my mind! That rocks my socks (off)! That's really something else!	Das haut mich um/ schockt mich!
to be all decked out	gut angezogen sein
to be a real crack-up	irre lustig sein
That's wacky!	Wie seltsam!
to bust a gut	sich krank lachen
to laugh one's head off	
to have the guts	Mut haben

to have gumption	Drive haben
This is a riot!	Das ist Spitze!
This is a blast!	
She's got the giggles.	Sie hat einen Lachanfall.

Die höheren Töchter mit reichem **daddy,** die in **San Fernando Valley** wohnen, haben z.T. eigene „Slang"-Ausdrücke, die mit der Zeit jeder in den USA kennt: **„Oh – she's a valley girl!"**

San Fernando Valley = *Edelvorort von L.A.*

Hier einige typische Redewendungen für „Super, Wahnsinn!":

That's to die for!	**It's so very bad!**
That's real!	**Totally real!**

T-Shirt Slogans

Same shit – different day (SSDD)
Diesselbe Scheiße – anderer Tag

Is that your face or did your pants fall down?
Ist das dein Gesicht, oder ist dir die Hose heruntergerutscht?

Why can't I be rich instead of so damn good-looking?
Warum kann ich nicht reich sein, statt so verdammt gut auszusehen?

I'm not arrogant, I'm just a whole lot better than you.
Ich bin nicht arrogant, ich bin nur viel besser als du.

It's not who you are but what you wear. — I mean, who cares who you are, anyway?
Es geht nicht darum, wer du bist, sondern was du anhast. – Ich meine, wer schert sich schon darum, wer du bist?

Is that your face or did your neck throw up?
Ist das dein Gesicht, oder hat dein Hals gekotzt?

If I were ever to shoot you, it would just be in the leg.
Sollte ich dich jemals erschießen, wäre es nur ins Bein.

Jersey girls ain't trash. (Trash gets picked up.)
Mädels aus Jersey sind kein Müll (keine Nutten). Müll wird aufgesammelt.

Sex – do it for the kids!
Sex – mach es für die Kinder!

Auf T-Shirts oder Mützen stehen manchmal Abkürzungen:

DILLIGAF?
Does it look like I give a fuck?
Interessiert mich doch nicht!

FUBAR
fucked up beyond all reason
total beknackt

LAGNAF!
Let's all get naked and fuck!
Kommt, wir zieh'n uns aus und bumsen

SNAFU!
situation normal; all fucked up!
Alles unter Kontrolle!

Boogie til you puke!
Tanz bis du kotzt.

Irish i were drunk.
(Klingt wie: **I wish I were drunk** = Ich wünschte, ich wär besoffen.)

I (Herz) **dyslexia**
Ich liebe Legasthenie.

Practice safe lunch. Use a condiment!
Praktiziere ein sicheres Mittagessen. Benutze Soßen/Ketchup/Senf.

Verballhornung von: **Practice safe sex. Use a condom.**

Suits suck!
Anzüge sind zum Kotzen!

Nuke the whales,
Verseuche die Wale radioaktiv.

Don't drink or drive.
Weder fahren noch trinken.

Verballhornung von: **Don't drink and drive.**

Hugs & Drugs
Umarmungen und Drogen

Yoga is for posers.
Yoga ist für Angeber.

Blimpin' ain't easy.
High sein ist auch nicht so einfach.

Virginity is for losers.
Jungfräulichkeit ist was für Verlierer.

SILF (= sandwich I'd like to fuck)

To Go Bananas

beschissen, blöde, ausgeflippt

Eine Sammlung von Ausdrücken, die eher Negatives beschreiben:

	dumb	beknackt, dumm
	corny	schmalzig, schnulzig
	tacky	geschmacklos
von **grotesque**	**gross/grody**	beschissen, ekelhaft
	hyper	wibbelig
	freaked-out	ausgeklinkt
	pooped	ausgepumpt, erschöpft
	beat	ausgepowert
	spaced-out	abgefahren (auf Drogen)
	out-of-it	abgefahren sein
	He screwed it up.	Er hat's vermasselt.
	clueless	dumm
	That's bogus.	Das ist Blech/Schrott/ nur Fassade.
	bummed-out	deprimiert
	to be ripped off	übern Tisch gezogen/
	ganked	beklaut werden
	hokey	out, altmodisch
	to be ganked	ungerecht behandelt worden sein
von **lunatic**	**loony**	durchgetickt/-gedreht
	to go nuts/ bananas, to get your head sprung	durchdrehen
	shitty	blöde
	lousy/lame	lausig

daft	bescheuert
That's brutal!	So 'ne Sauerei!
spastic	überdreht
You're sick!	Du spinnst!
That sucks!, That bites/blows!	So eine Scheiße!, Das nervt!
You suck!	Du bist ein Loser!
He's/she's busted.	Er/sie ist sehr hässlich.
nasty	total ätzend
stuck-up	arrogant
two-faced	heuchlerisch
to be on edge	nervös sein
to be edgy/touchy	gereizt sein
to be pissed off	sauer sein
to be blown away	baff sein
to be up in the air	unsicher sein
to be grouchy	missmutig sein
to be grumpy	brummig sein
to be cold	unzugänglich/cool sein
to be fed up	die Schnauze voll haben
He doesn't have the guts to ...	Er hat Schiss.
to be jammin'	abgedreht (high) sein
to be gung-ho	abgetreten sein
dirty tricks/ double dealing	hinterlistige Machenschaften
to be jammin' out/ hangin' out	in Clubs unterwegs sein
That's jammin'!	Das sieht cool aus.

That's a bum rap!
That is so gay.
That's retarded.
(behindert)
That is so lame/ shitty!
That is such crap!
= Das ist bescheuert!

Four-Letter-Words

Schimpfwörter und Beleidigungen

Mit den Schimpfwörtern tut sich ein großes Feld auf. Zu bemerken ist, dass eine ganze Reihe der folgenden Schimpfwörter in der entsprechenden Umgebung und gegenüber Freunden gebraucht u.U. nicht beleidigend wirken müssen. So, wie man auch bei uns einen guten Kumpel mit „Na, du alter Penner" begrüßen könnte. Der Ton macht die Musik. Trotzdem, besser nicht in den Mund nehmen.

wörtl.: verkniffener Hintern	**tight ass**	Blödmann
	fool/foo	Dummkopf
	to have a big mouth	ein Großmaul sein
	ass wipe 💣 **/ass kisser** 💣	Arschkriecher
	butt lick 💣 **/brown noser** 💣	
	wise ass/smart ass/know-it-all/wisecrack	Klugscheißer
	asshole	Arschloch
eigtlich Penis	**dick** 💣 **/prick** 💣	Arschloch
	shithead/dickhead chode/dipstick/ putz/tool	Idiot
	scum	Drecksack
	ad/slut	Schlampe
auch: **double crosser**	**back stabber**	hinterhältiger Typ
	rube	gutgläubiger Dummkopf
	pimp/hustler	Zuhälter

scum/skank	Dreckskerl
jackass	blöder Esel
mofo 💣	„Mutterficker"
son of a bitch 💣	Hurensohn
bastard	Bastard
chicken shit/pansy	Schlappschwanz
killjoy/party pooper	Spielverderber
snotnose	Rotznase
ugly mug	hässliche Fresse
crater/pizza face	Pickelgesicht
truck/fat load/tubbo	Fettsack
fat ass/fatty/fatso/ porker/blimp/tubby	
animal	Tier, Schwein
dud	Blindgänger
cut throat	Karrierist (rücksichtslos)
piece of shit	Stück Scheiße
bum/riff raff/low life	Landstreicher, Penner
grungy	schmutzig

= **motherfucker**

Abk.: **s.o.b.**

Im Gegensatz zu diesen Schimpfwörtern ist **homeless** der neutrale, eher mitfühlende Ausdruck für die Obdachlosen, die z.B. den Strand von **Venice Beach** mit Zelten bevölkern.

crap-weasel	ein Schleimer, der Scheiße labert
He's a pleb.	Er ist ein Langweiler.
airhead	Hohlkopf
BMOC	Angeber, erfolgreicher Typ

= **big man on campus**

butt head/face	Arsch mit Ohren
retard 💣	Idiot
He's flakey./	Er ist unzuverlässig.
eigentl.: Peniskopf **pecker head**	Arschloch
dog-ass	ein Niemand
cry-baby	weinerlicher Typ
goof	Dummkopf
sucker	armer (reingelegter) Kerl

Hier noch einige Redewendungen, die einem „Vollidioten" gelten:

The lights are on but there's nobody home.
Es sieht nur so aus, als ob sein Gehirn funktionstüchtig wäre.

von dt.: lahm **He's lame.**
Er ist eine Niete.

She's not playing with a full deck.
Sie ist nicht ganz klar im Kopf.

He's a lump on a log.
Er ist ein Klotz auf einem Baumstamm./ Er ist ein Langweiler.

He's dead from the neck up.
... vom Hals aufwärts tot

... one beer short of a sixpack.
... fehlt ein Bier bis zum Sixpack

... dummer than a rock.
... dümmer als ein Stein

... a few (French) fries short of a Happy Meal.
Ihm fehlen noch ein paar Pommes bis zum Happy Meal.

... not the brightest bulb in the box.
... nicht die hellste Birne in der Packung

... not the sharpest tool in the shed.
... nicht das schärfste Werkzeug im Kasten
... (as) thick as a brick.
... so dick wie ein Ziegelstein
... (as) dumb as a doorknob/nail.
... so dumm wie ein Türgriff
His goose is cooked.
Seine Gans ist schon gekocht.
He couldn't find his way out of a paper bag.
Er könnte nicht mal aus einer Papiertüte rausfinden.

Frauen

Und jetzt die harten Sachen, alles üble Beleidigungen. Erst mal alles für „Nutte, Hure“:

tramp/hustler/floozy/bitch/hooker/hole/whore/slut/broad/hussy/'ho/hoochie

trash	Drecksweib
bag lady	Landstreicherin
cunt 💣 **/twat**	alte Fotze
wench	Flittchen (Sklavin)

bitch *ist inzwischen im Sprachgebrauch ganz gebräuchlich ohne dass es Hure heißen muss:* **„I'm ..., bitch!“**

trash = *Müll*

Alte

Auch für alte Menschen gibt es einige abwertende Bezeichnungen:

old hag *(hässliche Frau)*	**geezer** *(alter Knacker)*
old fogey *(Kauz)*	**old bag** *(Tasche)*
old fart *(Furz)*	**old bat** *(Fledermaus)*
old crab *(Krabbe)*	**old codger** *(Kauz)*

Volksgruppen

Obwohl – genau genommen – alle Amerikaner (außer den Indianern) ja eigentlich Ausländer sind.

Überall auf der Welt werden Ausländer, Randgruppen u.ä. mit abwertenden Bezeichnungen belegt. Das ist auch (oder gerade) in den Staaten nicht anders. Viele ursprünglich beleidigende Ausdrücke sind aber inzwischen zu Alltagsbegriffen geworden, die einen scherzhaften oder sogar positiven Unterton haben. Man sollte sie trotzdem selbst nicht verwenden, weil es missverstanden werden könnte.

Sauerkraut/Bazille
Pommes Frites

krauts/germs/Nazis	Deutsche
frogs/frenchies/cheese eating surrender monkeys	Franzosen
wops/dagos/goomba/ greaseballs/Guinea/Guido	Italiener
russkies/commies	Russen
Stanley/polak	Pole
hymies/kikes	Juden
JAP (Jewish American Princesses)	junge, verwöhnte Jüdinnen
japs/nips	Japaner
chinks/yellers	Chinesen
slanties	Asiaten
Charlies/gooks	Vietnamesen
sand niggers/towel heads	Inder
diaper heads/rag heads	muslimische Terroristen
camel jockey	Araber
iceback	Kanadier
Mexicants/Sanchez	Mexikaner

Mexikaner

Besondere Unterschiede macht man bei den Mexikanern. Einerseits gibt es die legal eingewanderten **chicanos/beaners** *(Bohnenfresser)* und andererseits die illegal eingewanderten, ohne Aufenthaltserlaubnis: **wet-backs/ illegals / braceros.**

Indianer

Indianer nennt man abfällig „Rothäute" wie im Deutschen: **redskins.**

Puertoricaner

Puertoricaner nennt man **spics** und die, die eine Mischehe mit einer/einem Schwarzen eingehen, nennt man dann scherzhaft **spic and span,** was eigentlich eine bekannte Scheuermittelmarke ist.

Schwarze

„Neger" kann man in einer extrem abwertenden Weise sagen: **porchmonkey** *(Veranda-Affe)* oder **bluegum** *(blauer Gaumen).* Sonst kann man die folgenden Begriffe für Scharze hören: **bloods/crips** (Straßengangs), **nigga, darkie** (dunkle Schwarze), **brother/bro** (Schwarze untereinander), **spade, coon, Uncle Sam, Sambo.**

Weiße

Die Schwarzen nennen die Weißen **honkie, the Man, white devil, powder, snowflake, whitie, Q-tip, haolie, peckerwood.**

White trash ist eine Bezeichnung für arme Weiße, die in trailer parks hausen.

Süd- & Nordstaatler

Die Südstaatler bezeichneten alle Nordstaatler als **yanks,** welches heute alle Amis bezeichnet. Jetzt nennt man die konservativen, gebildeten Nordstaatler **WASPS = white Anglo Saxon Protestants**. Und die Südstaatler bezeichnet man als **redneck/hick/hillbilly/ yokel,** was auch einfach nur Spießer heißt.

Hier noch einige Bezeichnungen für Leute, die sich nicht so wie der Rest ihrer Gruppe verhalten:

twinkie
Asiate, der sich wie ein Weißer gibt
chigger
Asiate, der sich wie ein Schwarzer gibt
ore
Schwarzer, der sich wie ein Weißer gibt
wigger
Weißer, der sich wie ein Schwarzer gibt.

Grüne

Für ihren Lebensstil werden vor allem die Grünen oder Alternativen verlacht als **granola** *(Müsli)* oder **tree huggers** *(Baum-Umarmer).*

Yuppies

Ebenfalls durch den Kakao zieht man die **YUPPIES = young urban professionals.** Die **yuppies** haben mit ihrem **lifestyle** eigene Ausdrücke wie **„Let's do lunch!"** oder **power lunch,** das heißt, beim Mittagessen über die Arbeit sprechen. Alles andere wäre ja vertane Zeit. So heißt **„to yuppify something"** etwas aufmotzen, damit es edel aussieht und ein **yuppie** es kaufen würde.

© Renate Georgi-Wask

Randgruppen

gay, fag, faggot, limp, butt pirate *(Arschpirat)*, **bufu** (butt fuck), **wrist** *(Handgelenk)*, **fudge packer**	*Schwuler*
pal, buddy *(eigentlich nur: Kumpel)*	*Freund eines Schwulen*
gaybie	*Kind eines schw. Paares*
les, dykes, diesels, sisters, rug muncher, muff diver	*Lesben*
bi, AC/DC	*Bisexuelle(r)*
fruit, fruit cake, pansy, fem, homo, fairy *(Fee)*, **queer**	*Tunte*
queen, queeny, drag queen	*Transvestit*
freak	*einer, der kein Hetero/anders ist als die anderen ist*

Etwas mehr Erklärungsbedarf hat **fag hag** *(wörtl.: Schwulenhexe)*. Das ist eine Frau, die mit ihren schwulen Freunden durch die Szene zieht. Wer sein **coming out** noch nicht hatte, kommt jetzt mit der Wahrheit raus, dass er/sie homosexuell ist: **to come out of the closet.** Der Mann im Fummel ist **in drag.**

fluchen, drohen

I'll kick his ass.
Ich mach ihn fertig!

Paybacks are hell/a bitch!
Rache ist süß!

It's no picnic!
Das ist hier kein Kaffeekränzchen!

Watch out! Careful!
Vorsicht! Ich warne dich!

Darn! Doggone!
Damn!
Son-of-a-bitch!
Nuts!
Bummer!
Man alive! Shoot!
= Verdammt!, Verflucht!

a bunch/
a crock of/
a pile of/
a piece of shit!
Fuck! 💣 **Crap!**
Hogwash! Dang!
Shoot! Garbage!
„…, suck!"
= *Mist! Scheiße!*

Get a hold of yourself!
Reiß dich zusammen!

to put someone in his place
jdn. zurechtweisen

Paybacks are hell/It's payback time!

Shit happens!
Scheiße passiert! Alles scheiße!
(Variante am Computer: **Shift happens!**)

(A bunch of) bullshit! B. S. (= bullshit)
Blödsinn!

He's full of it!
Er ist voll mit Scheiße!

What the heck/hell …!
Was zum Teufel …!

Gosh! Gee whizz!
O Mann! Kerlchen!!

Geez! (Jesus)
Um Himmels Willen!

I don't give a flying fuck 💣 **/shit/damn!**
Das interessiert mich nicht die Bohne!

That sucks!
Das ist bescheuert!

Kiss/Lick my ass! 💣 **Suck my butt!**
Leck mich am Arsch!

Dressed to Kill

Zwischengeschlechtliches

Das ist natürlich ein höchst interessantes Gebiet. Und wie bei allem, was tabuisiert, anrüchig oder auch nur pikant ist, gibt es hier eine wahre Fundgrube von Slang- und Szene-Ausdrücken. Der Witz bei der Sache ist natürlich, dass man nicht jeden Ausdruck in jeder Situation anwenden kann und vor allen Dingen nicht unbedingt gegenüber dem anderen Geschlecht.

Einige Ausdrücke sind ziemlich schräg und nicht unbedingt zum Gebrauch gedacht. In der deutschen Übersetzung haben wir versucht, möglichst adäquate Ausdrücke zu finden, man erschrecke also nicht über vulgäre Ausdrücke.

Geordnet haben wir nach dem Gesichtspunkt: „Wer könnte was gegenüber wem benutzen?"

Auch die amerikanische Vorliebe für Abkürzungen trägt neue Blüten zu diesem Thema:

VPL
visible panty line
(der Slip zeichnet sich ab)

MILF
mother I'd like to fuck

MIRF
mother I'd run from

GILF
grandmother I'd like to fuck

She's a winner!
She's a ten!
= Die ist spitze!

er zu ihm über sie

cutie *(hübsch)*	Spitzenfrau
brown sugar *(schwarz)*	
sweet ass	geile Mieze
my boo	Freund/in
doll, babydoll	Puppe
sweet	Süße
looker, fox, foxy lady	steiler Zahn
hot number, a hottie	heiße Alte
a stone cold fox	eine Wucht!
chick	Mieze (Hühnchen)
hon (honey)	süße Kleine

She's a knockout! *= Die ist Wahnsinn!*

She's easy. *= Die ist leicht zu haben.*

She's a tease. *= Die flirtet, geht aber nicht auf's Ganze.*

She's a flirt. *= Die flirtet gern.*

She's a floozy. *= Sie ist 'ne Schlampe/Nutte.*

She's a betty! *sagt man für eine blonde, blauäugige Mieze, die einen* **Rabbit Convertible** *(VW Golf Cabrio) fährt, welchen man kurzerhand* **bettymobile** *nennt. Mädels, die sich aufmotzen, aber nicht naturblond sind, müssen sich anhören:* **She's a wanna-be-betty!**

gal (girl)	Kleines
my ol' lady, my wrap	meine „Alte“
built	gut gebaut
stacked	mit guter Figur
apple bottom	geiler Arsch
cute	süß
pampered	verwöhnt
prissy	Weibchen
dizzy, dip	Dummchen
homebody	Heimchen
T & A (tits & ass)	dumm & gut im Bett
snob, snot	eingebildete Ziege
tomboy	„Bügelbrett“
whale	fette Sau (Wal)
troll	alte Hexe
dyke	Lesbe, hässliche Tussi
rag *(Lappen)*	Meckerziege
cling-on	Klette
gossip	Tratschtante
blabbermouth	Plappermaul
tattle-tale	Brabbeltante
bimbo, bitch	blöde Kuh
two-timer	treibt's mit zweien
run-around	treibt's mit jedem
prude	prüde
ice, frigid	frigide
airhead, blonde	Naivchen
wall flower	Mauerblümchen
meat market	Fleischbeschau
to be an easy pick-up	leicht zu haben sein
dressed to kill, stylin'	scharf angezogen
to bitch and moan	sich beschweren
to rat on someone	jdn. verpfeifen

sie zu ihr über ihn

fox	gutaussehender Mann
cutie, hottie	süßer, heißer Typ
ace *(Ass)*, **honcho**	Spitzentyp
hunk, stud, jock	Muskeltyp, Athlet
hard body, buff	
brain	Schlaukopf
crack-up, kook, joker	Witzbold
player	Casanova mit Erfolg
drag	Langweiler
wimp	Feigling
twirp, dork, loser	Schlappschwanz
bum	Landstreicher
shmuck	Kotzbrocken
maniac	Idiot, irrer Typ!
tightwad	Geizhals
rookie	Anfänger
toy boy	junger Liebhaber
show-off	Angeber
moron, goober	Kindskopf
hot shot/shit	Lackaffe
weirdo, freak	komischer Typ
happy-go-lucky	munterer Typ
smart aleck, wise guy	arroganter Schnösel
nerd, dweeb	Streber
bozo *(span.* vosotros*)*	Typ mit viel Muskeln, aber wenig Hirn
smooth talker, sweet	Süßholzraspler
chauvinist pig, swine	Chauvi

He's a real trip!
= Der ist saugut drauf!

Oh, what a hunk/ piece of meat!
= Mann, was für ein Mann!

Für „Blödmann" und dergleichen kann man endlos vieles sagen:
bonehead, egghead, dope, dummy, creep, geek, jerk

He thinks he's hot shit!
= Er hält sich für den Größten!

He's clean.
= Der ist chic.

preppy, prep
= Muttersöhnchen (besucht die Privatschule, **prep-school***)*

macho	Macho
wacko	Spinner
sissy/pussy	Weichei
tight-ass	verklemmt, spießig
my ol' man	mein Alter

er zu ihr

Hey lady! *kann auch beleidigend „Eh, Alte!" heißen.*

cutie, honey	Süße
good-looking, fine	Schöne
lady	feine Frau
darling, sweetheart	Liebling, Liebes
sweet thing	Kleines
sugar, sweetie pie	Mäuschen
baby, babe	Baby
angel	mein Engel
missy	Fräuleinchen

Die Zeiten, in denen „Mann" zu einer Frau **missy** sagen konnte, sind (glücklicherweise) vorbei. Die neutrale Anrede einer Frau ist heute **Ms.** (ausgesprochen „miz"), ein Gemisch aus **Miss** und **Mrs.**

Üblicherweise beginnen „Annäherungsgespräche" (auch im Netz) recht höflich. Na klar. Im folgenden einige Wendungen zum Ausprobieren:

Haven't we met somewhere before?
Haven't I seen you somewhere before?
Kennen wir uns nicht von irgend woher?
What are you doing tonight?
Was machst du denn heute Abend?

Would you like to come over?
Komm doch 'rüber.

Are you looking for some action?
Nicht's los hier, was?

What do you have in mind?
Na, was hast du vor?

You come here often?
Kommst du öfter hierher?

Are you here with someone?
Bist du alleine hier?

Is this seat taken?
Sitzt hier schon jemand?

Mind if I sit here?
Was dagegen, wenn ich mich setze?

Who's (where's) your date?
Wer (wo) ist dein Freund?

Can I buy you a drink?
Soll ich dir einen ausgeben?

Do you have (need) a ride home?
Soll ich dich nach Hause bringen?

Are you driving?
Fährst du selber nach Hause (allein)?

Can I come over?
Kann ich mit zu dir kommen?

Do you wanna come to my place?
Wollen wir zu mir gehen? (sehr direkt)

Wanna party? Let's party!
Wollen wir uns zusammen amüsieren?

© Renate Georgi-Wask

sie zu ihm

Mehr davon gab's schon im Kapitel Havin' a Helluva Time!

Fangen wir hier mit den Ausdrücken an, die je nach Laune und Härtegrad der Situation zur Verfügung stehen, um einen allzu aufdringlichen Typen abzuwimmeln:

Get lost! Beat it!	Verschwinde!
Shove it!	Zisch ab!
Scram!	Hau ab!
Bite the wall!	Mach die Biege!
Buzz off!	Zieh ab!
Fuck off! 💣	Hau ab, Mistkerl!
Go fuck yourself! 💣	Fick dich selbst!
Go screw yourself! 💣	

Wollen wir hoffen, dass dieses Vokabular nicht allzu oft angewendet werden muss. Weiter im Text:

pal, buddy, dude	Typ
guy	Kerl
big guy	netter Kerl
man	Macker
cuz (cousin)	Kumpel
mack, fella	Typ, Macker
kid, babe, chump	Kumpel
bro (brother), **homey**	Freund

er/sie über „es"

to give someone cavities
Süßholz raspeln (Hohlräume machen)

to make eyes at someone
jdm. schöne Augen machen
to make a pass at/to hit on someone
jdn. anmachen
to ask someone out
fragen, ob er/sie mit ausgeht
to catch someone's eyes
to be fast/to move fast
sich an jdn. ranmachen
to be on the prowl/hunt, to check s.o. out
jdn. anpeilen
to scan the crowd
das „Angebot" durchchecken
to strike out
(bei Frauen) kein Glück haben
to come on to someone
jdn. rumkriegen
to lead someone on/to tease
mit jdm. spielen
to feed someone a line/to make a date
sich verabreden
to date/to go around with someone
mit jdm. „gehen"
to have good chemistry
ein gutes Feeling haben
to get lucky/to get some/to bop/to boff
Sex haben
to get good/bad vibes
einen guten/schlechten Draht haben
to fool/joke/goof/mess/screw/dick around
herummachen
to be wet and ready/to have a hard-on
eine Latte haben

I'm goin' pimpin'.
= *Ich geh' auf Brautschau.*

He's my date.
= *Ich geh' mit ihm. Ich bin mit ihm hier.*

She still has her cherry.
She's a virgin.
= *Sie ist noch Jungfrau.*

to suck face,
to swap spit *(Spucke austauschen),*
to lock lips,
give someone sugar,
smooch, french
= *küssen*

shotgun wedding
= *Muss-Ehe (vom Brautvater mit der Flinte gezwungen)*

He is pussy-whipped.
= *Er hängt an einer Frau (abwertend).*

She is dick-whipped.
= *Sie lässt sich von ihm unterkriegen.*

to shack up with someone
bei jemandem übernachten/ zusammen wohnen

to be ready/to get all hot and bothered/ to be hot to trot
geil sein

to be hot for someone
scharf auf jdn. sein

to get goosed
in den Arsch gekniffen werden

to be on the rag/It's that time of month!
ihre Tage haben

to be in the buff/nude/one's birthday suit
nackt sein

a quickie/fling
„einen auf die Schnelle“

a fling/an affair/a one-night-stand
kurze Affäre

cheap thrills	billiger Sex
rubber	Kondom
the pill	die Pille
to excite	erregen
to get excited	erregt sein
to break up	Schluss machen
to be free/single	nicht gebunden sein
to be available	noch zu haben sein
to score	„Punkte machen“
to pick someone up	jdn. aufreißen
to feel someone up	knutschen
French kiss	Zungenkuss
hickey, suckerbite	Knutschfleck
to be knocked up	geschwängert sein

auch: **lovemark**

„es“

So, und nun das Unvermeidliche: Ausdrücke zum Geschlechtsverkehr. Aus dem reichhaltigen Angebot, hier nur die gebräuchlichsten. Alles, was folgt, heißt „bumsen“, die wörtlichen Übersetzungen geben annähernd Aufschluß über den jeweiligen Sprachlevel.

to boink, bonk, boff, bop, ball	*bumsen*
to screw	*schrauben*
to make it with someone	*es machen*
to make love	*Liebe machen*
to have sex	*Sex haben*
to go all the way	*den ganzen Weg gehen*
to run all the bases *(Ausdruck aus dem Baseball)*	*alle Punkte ablaufen*
to do it	*es tun*
to do someone	*jemanden tun*
to take someone	*jemanden nehmen*
to go down on someone	*einen blasen*
to lay someone	*flachlegen*
a good lay	*gut im Bett*
to make whoopee	*auf die Pauke hauen*
to bang	*klatschen*
to jump someone's bones	*Knochen bespringen*
to hump	*aufbuckeln*
to make/work up	*bearbeiten*
to hit a home run	*Heimspiel haben*
to fuck 💣	*ficken*
to get a piece of ass	*ein Stück Arsch kriegen*
to get some meat	*etwas Fleisch kriegen*
to get some T & A	*Titten & Arsch kriegen*
to get lucky	*glücklich werden*

gelegt werden	**to get laid**
auf ... reinkommen	**to get in on**
(Punkte/Tore) erzielen	**to score**
was kriegen	**to get some**
mit jdm. einhaken	**to hook up with someone**
Hässliche(s) stoßen	**to bump uglies**
(Baseball) Siegtreffer	**to get to home base/to hit a home run**
Stiefel klopfen	**to knock boots/bang boots**
zerstampfen	**to mash**
den horiz. Shuffle tanzen	**to do the horizontal shuffle**
den Rindfleischbus in Thunfischstadt parken	**to park the beef bus in tuna town**

einen Orgasmus haben: **to come, cum, to go for it, to get off**

to jump it	springen
to slam	knallen
to bone	entbeinen
dry sex	Sex mit Kleidern an

Nun, das soll uns reichen. Weiter geht's mit Ausdrücken für „onanieren":

whacky = *verrückt*

pocket pool	Taschenbilliard
to play with yourself	mit sich spielen
to whack off	einen 'runterholen
to get yourself off	sich selbst befriedigen
to beat off	runter schlagen
to jerk off	abspritzen
to beat your meat	Fleisch schlagen
to spank the monkey	den Affen versohlen
a wanker 💣	Onanist
to slap the sausage	die Wurst schlagen
hand job	Handarbeit
to yank it out	(ihn) rausziehen

Anatomie

Die Brüste einer Frau nennt man **boobs, yabos, knockers** (Schläger), **tits** (Titten), **melons** (Melonen), **hooters** (Hupen), **jugs** (Krüge), **bazongas, boodangies.**

(urspr. von Bantu sprechenden Sklavinnen)

Die Vagina heißt **pussy** (Muschi), **bush** (Busch), **crotch** (Gabelung), **hole** (Loch), **cunt** 💣 **/twat** 💣 (Fotze), **snatch, beaver** (Biber), **quim, poontang, muff, cooter, giny, taco, punani, coochie, sausage wallet** (Brieftasche fürs Würstchen), **bearded clam** (Muschel mit Bart), **hatchet wound** (Wunde durch ein Beil). Die Schamhaare sind **pubic hair.**

Der Mann hat, wie wir wissen, einen Penis oder Schwanz:

johnson	**dong/dingle**
schlong/schwang	**(peter) pecker**
Shaft *(Schacht)*	**Mr. Happy**
wiener	**junior**
cyclops *(Einäugiger)*	**boner**
chubby *(Dicker)*	**ding-a-ling**
package *(Paket)*	**wang**
flesh arrow *(Fleischpfeil)*	**third leg** *(3. Bein)*
bulge *(Wölbung, Beule)*	**man meat** *(Männerfleisch)*
purple-headed yoghurt slinger *(lilaköpfiger Joghurt-Schleuderer)*	

Außerdem haben Männer noch ihre Hoden: **the family jewels, balls, nuts, noogies, rocks, nads, boys, testis, sack.**

to have balls = *„Mut haben"*

Da wir gerade dabei sind, auch noch der Allerwerteste von Mann und Frau, entweder **rump** (Hintern) oder **tushy, butt, ass** (Arsch), **cheeks, booty, heiny, keester, tuckas, junk in the trunk** *(Müll im Kofferraum)* = geiler/fetter Arsch.

Wer nach alldem schwanger ist, ist **knocked up, expecting** oder hat **a bun in the oven** (ein Brötchen im Ofen).

Spezialitäten

Oralverkehr: er macht's	**to eat someone (out)/to tongue someone/ muff dive/eat pussy/carpet munch/ to go downtown**
sie macht's	**to give head/to go down on someone/ to suck cock** 💣 **/B. J.** (= blowjob)
beide machen's	**69** (sixty-nine), **to do it doggy style** *(es von hinten treiben)*

whips & chains	Sado-Maso
bufu 💣 (= buttfuck)	Analverkehr
to fake it	so tun als ob
to turn a trick	sich prostituieren
red light district	Prostituiertenviertel
madame	Puffmutter
brothel/cat house	Bordell
the vice squad	die Sittenpolizei
(sexual) intercourse	Geschlechtsverkehr
outercourse	Oralverkehr
high five	HIV-positiv sein

to be a working girl/ to work the streets = *auf den Strich gehen*

Über die Sprache „Amerikanisch“

Zum Schluss möchten wir noch auf einige grundsätzliche Unterschiede zwischen dem amerikanischen (AE) und britischen Englisch (BE) hinweisen.

Im Amerikanischen haben sich einige recht alte Wörter und Formen erhalten, die im Laufe der Zeit im britischen Englisch verschwunden sind. Es sind sozusagen Relikte aus der Zeit der Kolonialisierung, die dem Stand der derzeitigen Sprachentwicklung entsprechen. So sagen Amerikaner zum Beispiel **fall,** die Briten hingegen **autumn,** wenn sie „Herbst“ meinen. Die Amerikaner benutzen **I guess** (eigtl. „raten“), wo die Engländer **I think** sagen, und **to be sick** statt **to be ill** für „krank sein“. Ersteres bedeutet im britischen Englisch „sich übergeben“.

Insgesamt ist das AE eine einheitlichere Sprache. Aufgrund der kürzeren Geschichte sind die Dialekte in Amerika einander ähnlicher als die nach Regionen sehr verschiedenen englischen Dialekte.

Auf der anderen Seite hat hat man in Amerika die Schreibweise vieler Wörter vereinfacht, sozusagen modernisiert. Auch Grammatikregeln werden nicht so strikt eingehalten wie im Mutterland.

AE	BE	Bedeutung
color	**colour**	Farbe
center	**centre**	Zentrum
traveler	**traveller**	Reisender
lite	**light**	leicht, hell

Dann gibt es den Bereich der neuen Begriffe, die in Amerika aufgrund der unterschiedlichen Lebensweise und Entwicklung gebildet wurden. Begriffe wie **robot, computer, hamburger, supermarket, microchip** und **microwave** stammen natürlich aus dem „Land der unbegrenzten Möglichkeiten“, aber auch in anderen Bereichen kam es zu eigenen Wortschöpfungen:

AE	BE	Bedeutung
truck	**lorry**	LKW
elevator	**lift**	Fahrstuhl
cab	**taxi**	Taxi
freeway	**motorway**	Autobahn
subway	**underground**	U-Bahn
vacation	**holidays**	Ferien

Und zu guter Letzt haben die verschiedenen Sprachen der Einwanderer und Ureinwohner ihre Spuren im Amerikanischen hinterlassen:

AE	Ursprung
squash	Indianisch
boss	Holländisch
dime	Französisch
prairie	Französisch
kindergarten	Deutsch
schnaps	Deutsch
ranch	Spanisch
rodeo	Spanisch

Auch heute noch haben viele Amerikaner ihren Original-Akzent nicht ganz abgelegt, und so fällt der Reisende mit deutschem Akzent nicht besonders auf. Obwohl natürlich die Aussprache der Amerikaner insgesamt gesehen breiter und langgezogener ist als beispielsweise in England, hat man keine großen Verständigungsprobleme, zumindest nicht im Nordosten. New Yorker sind recht gut zu verstehen. Im Süden kann es schon etwas schwieriger werden. Südstaatler benutzen beispielsweise anstelle von **you** (ihr) lieber **y'all** als Kurzform von **you all.** Vor allem in Kalifornien und Florida leben viele spanischsprechende Menschen, die teilweise kaum Englisch sprechen, hier kommt man auch mit Spanisch gut zu Rande.

Hier noch einige Ausdrücke wie sie Südstaatler verwenden:

A dollar waitin' on a dime!/ I'm waitin' on ya!
Beeil' dich! Ich warte!

You're darn tootin'!
Absolut richtig!

We're fixin' to leave soon.
Wir sind drauf und dran zu gehen.

We're havin' turkey with all the fixins.
Es gibt Truthahn mit Beilagen.

He's knee-high to a grasshopper.
Er ist winzig klein/sehr jung.

lickety split
ganz schnell

Going to hell in a handbasket
Alles geht schief.
Hold your horses!
Immer mit der Ruhe
Gimme some sugar!
Gib mir ein Küsschen!

Ein **jägerdude** *ist jemand, der sich einen Jägermeister nach dem anderen genehmigt, ohne umzufallen.*

Es gibt erstaunlich viele deutsche Wörter, die Einzug in die amerikanische Sprache genommen haben. Wenn man darauf achtet, z.B. bei einem Spaziergang durch Manhattan, sieht man sie überall. Hier einige Beispiele:

Strudel, Pretzel, Deli, Schadenfreude, „Gesundheit!“ *(nach dem Niesen),* **wunderbar, Bildungsbürger, Gemütlichkeit, Kitsch** usw.

Eine Überschrift aus der *New York Times* hieß:

Marathon Mensch – An angst-ridden man encounters his doppelgänger.

© Alban Egger, Fotolia.com

Literaturhinweise

Es gibt noch einige andere „nicht-wissenschaftliche“ Veröffentlichungen zum Amerikanischen:

Amerika-Wortschatz
(Amerikanisch-Englisch-Deutsch) von F.W. Horlacher und P.C. Hough, Klett Verlag, 1985. Hilfreiches und übersichtliches Nachschlagebuch. Mit Erklärungen des Ursprungs und der Verwendung typisch amerikanischer Ausdrüke.

Amerikanisch, wie es nicht im Wörterbuch steht
von Arthur Steiner, Bastei-Lübbe, 1986. Leider ein recht unübersichtlich geratenes Buch, das teilweise betont witzig sein will. Redewendungen und Anmerkungen zur amerikanischen Lebensart.

Pocket Dictionary of American Slang
Pocket. Erklärungen auf Englisch.

Wer sich ein allgemeines Wörterbuch zulegen möchte, ist mit dem **PONS Kompaktwörterbuch Englisch-Deutsch/Deutsch-Englisch** aus dem Klett Verlag gut beraten. Es bietet auf über 1.300 Seiten ca. 100.000 Stichwörter und Wendungen.

Zum Nachschlagen weiterer Ausdrücke aus der Alltagssprache empfehlen wir folgende Internetadressen:

www.urbandictionary.com, **www.imdb.com** *und* **www.overheardinnewyork.com**

Wortregister

© BG, Fotolia.com

Auf den folgenden Seiten findet sich ein alphabetisch geordnetes Verzeichnis der meisten Begriffe, die in diesem Buch vorkommen. Es soll dem behilflich sein, der ein Wort in irgendeinem Zusammenhang gehört hat, aber nicht weiß, was es bedeutet. Hinter jedem Wort steht die Seite, auf der der Begriff auftaucht.

0-9

A

B

D

G

H

I

J

K

L

M

Q

R

S

U

V

W

E

Die Autorinnen

Anette Linnemann, Jahrgang 1961, wohnt in der Nähe von San Francisco. Sie hat Literatur und Pädagogik in Oregon und Berkeley (Kalifornien) studiert. Ihr besonderes Interesse an Deutschland und der deutschen Sprache führt sie auf ihre Vorfahren zurück, die aus Deutschland einwanderten. Jetzt fördert sie die Deutsch-Amerikanische Freundschaft durch die Ehe mit ihrem deutschen Mann. Der tägliche Gebrauch von Slang (und dieses Buches) ist eine unentbehrliche Grundlage ihrer Beziehung.

Renate Georgi-Wask wurde 1952 in Münstereifel geboren. Als Fünfjährige wanderte sie mit ihren Eltern nach Amerika aus und wuchs in New York auf, wo sie auch zur Schule ging. Nach fünf Jahren kehrte die Familie nach Deutschland zurück, wo Renate erst einmal wieder Deutsch lernen musste. Später studierte sie Englisch und Geographie, war Fremdenführerin und unterrichtete von 1980 bis 1998 Englisch am Kolleg in Bielefeld. Von 1987 bis 1990 reiste sie um die Welt und lebte u. a. in Kalifornien und Südostasien. Zur Zeit lebt sie in Südspanien, wo sie an der Deutschen Schule in Malaga unterrichtet.

Kauderwelsch

Uta Goridis

Spanglish

das Spanisch der USA

© Uta Goridis

Der Slang

Anhang

Vorwort – Von Spanisch zu Spanglish

Warum überhaupt Spanglish, schließlich kommt man in den USA mit Englisch durch? Dieser Band ist für alle gedacht, die den in den Staaten entstandenen Anglo-Latino-Mix mögen, die seine Musik, seine Küche, sein Kino, seine Literatur und seine Malerei antörnt. Spanglish begegnet man auf Schritt und Tritt, auf der Straße, im Fernsehen und in der Werbung, wo die Unterschiede zwischen Anglos und Latinos den Stoff für Witze, Missverständnisse und Klischees, für Dramen und Komödien liefern.

Im Ansatz vergleichbar mit Spanglish ist „Denglisch": eine Mischung aus Deutsch und Englisch. Sie hat Worte wie „Handy" hervorgebracht, eine vom Englischen inspirierte deutsche Eigenkreation für das Mobiltelefon, die man in dieser Bedeutung in keinem englischen oder amerikanischen Wörterbuch entdecken wird, ebensowenig wie man Nachos oder Burritos auf einer mexikanischen Speisekarte findet.

Die Entwicklung von Spanglish ist die Geschichte der Vermischung zweier Kulturen, der angelsächsischen und lateinamerikanischen. Und als Pufferzone zwischen den beiden Amerikas spielt Mexiko eine besonders wichtige Rolle. Schließlich sind 67 % aller südamerikanischen Einwanderer Chicanos, wie die in den USA lebenden Mexikaner und ihre Nachfahren genannt werden.

Aber auch alle übrigen Latinos aus Puerto Rico, Kuba, Chile, Ecuador, Kolumbien, etc. waren mit einer übermächtigen amerikanischen Kultur konfrontiert, der sie sich auf Dauer nicht entziehen konnten. Sie konnten sich ihr anpassen, sie absorbieren, sich von ihr abgrenzen, aber sie konnten sie nicht ignorieren.

Spanglish lässt sich nicht erlernen, denn es gibt keine wirklichen Regeln, sondern nur Sprachgewohnheiten. Gängig gewordene Ausdrücke lassen sich zwar sammeln, doch die Ausbeute hängt ganz davon ab, wo und wann wer was sammelt. Das „Wo" bezieht sich auf den Ort, die Gegend, den Bundesstaat, in dem die Sprecher zu finden sind; das „Wann", auf die bereits in den Staaten verbrachte Zeit der Sprecher, die der ersten, zweiten, dritten Generation angehören können. Das „Wer" auf den Sammler und seine Kriterien; das „Was" auf das Sprachmaterial.

In den 60er und 70er Jahren besannen sich die Latinos auf ihre Identität. Sie mussten sich selbst entdecken in einem Land, in dem sie weder Spanier, noch Mexikaner, noch Angloamerikaner, noch Indios waren. Sie fühlten sich unterdrückt, diskriminiert und wollten der amerikanischen „Leitkultur" etwas Eigenes entgegensetzen. Aber ihre Traditionen waren nicht mehr dieselben, sie hatten sich in den USA bereits ganz anders eingefärbt. Sollte man auf einer illusorischen „Reinheit" bestehen oder einfach diesen neuen Mix akzeptieren?

In der Musik ist dieser Mix jedenfalls sehr erfolgreich gewesen, und auch in der Kunst und Literatur haben sich die Latinos so profiliert, dass inzwischen an beinahe allen amerikanischen Universitäten „Chicano Studies" gelehrt werden. Immer noch problematisch ist aber der als Spanglish bekannt gewordene Sprachmix. Auch wenn er von Millionen Latinos gesprochen wird, und im Untertitel des Spanglish-Wörterbuchs von Ilan Stavans von einer neuen amerikanischen Sprache („The making of a new American language") die Rede ist, so ist Spanglish immer noch eine krause, wenn auch sehr kreative Sprachwolle.

Wenn wir bei den Chicanos als der repräsentativsten lateinamerikanischen Bevölkerungsgruppe bleiben, so verlief die Entwicklung ihrer Sprache in verschiedenen Phasen: Das Katalanische der spanischen Eroberer vermischte sich mit den Indio-Sprachen und entwickelte sich eigenständig weiter. Das Ergebnis war ein mexikanisches Spanisch. In den USA entwickelte sich daraus das Chicano Spanisch oder Español Chicano, das inzwischen immer mehr zum Chicano Englisch oder Spanglish mutiert.

Die im Buch vorgestellten Ausdrücke sind eher Umgangssprache als Slang.

In Zeiten der Globalisierung finden überall solche Vermischungsprozesse statt, und Spanglish und seine Varianten sind einfach nur symptomatisch für diese neue babylonische Sprachverwirrung. Aber nicht nur die mit beiden Sprachen jonglierenden Sprecher müssen kreativ und flexibel sein, auch die Zuhörer sind gefordert. Man wird feststellen, dass der Einfluss des Englischen in den einzelnen Bereichen unterschiedlich stark ist, am stärksten ist er jedoch dort, wo öffentlicher und privater Bereich sich überschneiden, denn dann sind die Chicanos gezwungen, sich den amerikanischen Sitten und Gebräuchen anzupassen. Bei Tisch und im Bett sieht das schon anders aus, aber selbst da lässt sich der wachsende Einfluss des Englischen erkennen.

Auf jeden Fall, nicht abschalten, liebe Latino-Fans, hinhören und Gehirnzellen mobilisieren. **It's culísimo*, supercool*,** denn schließlich absorbiert man mit einer „Sprache" auch immer die Kultur.

Und **welcome in colorful tacolandia,** willkommen im bunten Tacoland!

Ihre Uta Goridis

Hinweise zu diesem Buch

Richtig intim wird's, wenn von den Machos und Marias und der Liebe die Rede ist. Das Vokabular ist je nachdem familiär bis ordinär und nicht mehr salonfähig. Man sollte es sich jedenfalls genau überlegen, ob man einen Macho wirklich eine Queen nennen will.

Damit Sie sich nicht gleich überfordert fühlen, werden in diesem Sprachführer die geläufigsten Ausdrücke vorgestellt, die sowohl dem Chicano-Spanischen, Englischen und dem Mix aus beiden Sprachen entstammen können. Optimal wäre natürlich, wenn Sie beide Sprachen beherrschen, die Spanglish ausmachen. Denn nur wer die Zutaten für diesen kreativen Sprachcocktail kennt, kann auch den Aha-Effekt haben. Aber wenn man mit einem spanischen und englischen Grundwortschatz und mit ein paar Grammatikkennntnissen aufwarten kann, dann reicht das auch.

Um die Grenzen zwischen Spanglish, Chicano-Spanisch und Englisch leichter zu erkennen, sind in diesem Buch die einzelnen Bestandteile gekennzeichnet:

Sind zusätzlich wörtliche Übersetzungen angegeben, gelten diese nur für das Chicano-Spanglish, nicht für die spanische Entsprechung.

Spanglish:	**Es un scuadro*.**
Spanisch:	***Es un hortero.***
Deutsch:	Er ist ein Spießer ***(*square)***.

Der mit * gekennzeichnete Begriff ist englischen Urpsrungs und sofern er nicht geschrieben wird wie im Englischen, finden sie in der deutschen Übersetzung das englische Wort in Klammern hinter der deutschen Entsprechung dieses Begriffes. Ist ein ganzer Satzteil Englisch, ist dieser unterstrichen.

So spricht man's

Da Latinos oder Hispanos aus ganz unterschiedlichen mittel- und südamerikanischen Ländern kommen, variiert ihre Aussprache entsprechend. Eine Rolle spielt auch, ob die Familie des Sprechers bereits seit mehreren Generationen in den USA lebt und er selbst zweisprachig ist. Das allgegenwärtige Fernsehen hat jedoch allgemein verbindliche Maßstäbe geschaffen, so dass Abweichungen und Eigenheiten sich auf die Umgangssprache und die individuellen Sprecher beschränken.

Selbstlaute (Vokale)

Die in der Regel halblang ausgesprochenen Selbstlaute „a, e, i, o, u“ entsprechen dem Standardspanischen, zwischen offenen und geschlossenen Selbstlauten besteht kein wesentlicher Unterschied.

Verbinden sich „a, e, o“ miteinander, behalten diese Laute jeweils ihre Aussprache und verschmelzen nicht zu einem Laut:

ae	wie in „M<u>ae</u>stro“
ao	wie in „M<u>ao</u>ri“
ea	wie in „b<u>ea</u>chten“
eo	wie in „B<u>eo</u>“
oa	wie in „<u>Oa</u>se“
oe	wie in „P<u>oe</u>t“

traela duro *'n Steifen haben*
lao *Seite*
ea *sie*
teoricar *sprechen*
toalla *Handtuch*
poeta *Dichter*

Das „i" und „u" schwächen sich bei einer Verbindung mit „a, e, o" zu einem „j" ab und bilden eine Silbe. Sie können entweder vorangehen oder folgen:

„i" und „u" gehen voran

caldiado *stinksauer*	**ia**	wie „ja"; nicht „siamesisch"
hierba *Gras*	**ie**	wie „jetzt"; nicht „Bier" oder „jeder"
barrio *Barrio*	**io**	wie „Jogurt"; nicht „Bio"
celiula* *Handy*	**iu**	wie „just"; nicht „Pius"
scuadro* *Spießer*	**ua**	wie „Wache"; nicht „dual"
amueblado *möbliert*	**ue**	wie „werfen"; nicht „Uefa" oder „Weg"
doguito* *Hündchen*	**ui**	wie „wir"; nicht „Ruine"
quora* *25-Cent-Münze*	**uo**	wie „Woche"

„i" und „u" folgen

nai* *nett*	**ai**	wie in „Hai"
un seis *Sixpack*	**ei**	wie in „geimpft"
cauboi* *Cowboy*	**oi**	wie in „heute"
dauntaun* *Downtown*	**au**	wie in „aua!"
euro *Euro*	**eu**	wie in „beunruhigt"

Mitlaute (Konsonanten)

Besonderheiten: Im Gegensatz zum Spanischen wird das „z" oder „c" vor „e/i" nicht wie das englische „th", sondern wie das deutsche „ss" ausgesprochen. Diese Besonderheit hat auch einen Namen: **Seseo.** Hier sind die erklärungsbedürftigen Laute:

b/v	1) am Wortanfang und nach „m/n“ wie „b“ in „<u>B</u>ier“; 2) zwischen Selbstlauten wie „w“ in „<u>W</u>asser“	***bato/vato*** *Kumpel (beide Schreibweisen möglich)*
c	1) vor „e/i“ wie „ss“ in „Mu<u>ss</u>“; 2) vor „a/o/u“ und Mitlauten wie „k“ in „<u>K</u>asten“	***grocerías**** *Lebensmittel* ***califa*** *Kalifornier*
cc	wie „ks“ in „Ke<u>ks</u>“	***afeccionado**** *zärtlich*
ch	1) wie „tsch“ in „Ma<u>tsch</u>“; 2) wie „sch“ in „<u>Sch</u>ule“ in aus dem Englischen übernommenen Wörtern	***spich**** *Rede* ***church**** *Kirche*
g	1) vor „e/i“ wie „ch“ in „Ba<u>ch</u>“; 2) vor „a/o/u“ und Mitlauten wie „g“ in „<u>G</u>ans“	***cogedera*** *Orgie* ***gato*** *Angsthase*
gu	1) vor „e/i“ wie „g“ in „<u>G</u>ans“, das „u“ wird nicht gesprochen; 2) vor „a“ auch wie „g“ in „<u>G</u>ans“, aber das „u“ wird gesprochen	***yoguear**** *joggen* ***agua*** *Achtung!*
gü	wie „gu“ in „<u>Gu</u>mmi“	***güerito*** *Blondchen*
h	wird nicht gesprochen	***hijito*** *Söhnchen*
j	wie „ch“ in „Ba<u>ch</u>“	***jefe*** *Chef*
ll	wie „j“ in „<u>J</u>unge“	***pollero*** *Schlepper*
n	vor „b/v/p/m“ wie „m“ in „<u>M</u>utter“	***sinvergüenza*** *schamlos*
ñ	nasaliert wie in „A<u>nj</u>a“	***califeño*** *Kalifornier*
qu	vor „e/i“ wie „k“ in „<u>K</u>uchen“	***vaquero*** *Rinderhirt*
r	einfaches Zungenspitzen-r, wird nur am Wortanfang gerollt	***la Raza*** *Hispanos (alle)*
rr	gerolltes Zungenspitzen-r	***charro*** *Reiter*
s	1) stimmloses „ss“ wie in „mu<u>ss</u>“; 2) stimmhaftes „s“ vor stimmhaften Mitlauten wie „s“ in „Ro<u>s</u>e“	***slice**** *Scheibe (Brot)* ***desde*** *seit*
x	1) wie „x“ in „Ta<u>x</u>i“ in Fremdworten; 2) sonst wie „ch“ in „Ba<u>ch</u>“	***fixear**** *reparieren* ***México*** *Mexiko*

yesco *Kiffer*
Y qué? *na und?*

vergüenza *schüchtern*

y	1) vor Selbstlauten wie „j" in „Junge"; 2) alleinstehend oder am Wortende wie „i" in „Bier"
z	wie „ss" in „muss"

Abweichungen im Chicano-Spanischen

*In diesem Buch werden englische Wörter entweder nach den spanischen Ausspracheregeln geschrieben (**spich*** statt **speech***) oder die englische Schreibweise wird übernommen. Ihre Aussprache ist dem Sprecher überlassen. Die Jüngeren, die in den USA geboren wurden, sprechen beide Sprachen mehr oder weniger akzentfrei.*

Es gibt aber alle Varianten: Spanisch mit englischem Akzent, Englisch mit spanischem Akzent, sowie akzentfreies Englisch und Spanisch.

Der Kontrast zwischen einfachem und gerolltem „r" verschwindet, d. h. **caro** (teuer) und **carro** (Wagen) klingen beide wie „karo".

Häufig wird zwischen „tsch" und „sch" nicht unterschieden: „sheep" ***(cheap),*** billig, und nicht wie im englischen „Schaf". Weitere Beispiele: „shange" ***(change),*** Wechsel, „shurch" ***(church),*** Kirche und „eash" ***(each),*** jedes. Auch das Wort für „Nacht" wird statt spanisch ***noche*** von den Chicanos „noshe" gesprochen.

Gelegentlich werden die englische Schreibweise und Aussprache unverändert übernommen: ***couch*, countdown*, girl*.***

Aus dem Englischen übernommen wurde auch der Laut „dsch" wie in: ***jelly**** (Gelee) oder ***gee whiz**** (Mensch Meier!).

Wenn sich durch die Ähnlichkeit des Spanischen und Englischen bedingt die englische Aussprache anbietet, wird „u" oft wie „ju" gesprochen, z. B. bei **que usaba,** gesprochen: „ke jussaba" (was er benutzte) oder **el uso,** gesprochen: „äll jusso" (Gebrauch), welche beide sofort an das englische ***(to) use*** erinnern.

So funktioniert Spanglish

Zwar wird auch Spanglish oder das, was Chicanos und andere Latinos sprechen, häufig als Slang bezeichnet, doch gibt es neben dem familiären Spanglish auch noch eine „Slang"-Variante, die **caló** heißt. **Caló** beschränkt sich aber nicht auf Gangs und Drogendealer, sondern wird von den meisten Barrio-Bewohnern verstanden, auch wenn die Älteren sich vielleicht davon distanzieren. Das Vokabular hat sich im Lauf der Jahre nicht grundsätzlich verändert. Wie Spanglish ist es mit englischen Ausdrücken durchsetzt, wobei das Mischungsverhältnis Spanisch/Englisch von Faktoren wie Alter, Zweisprachigkeit, Gesellschaftsschicht und spachlicher Kreativität des Sprechers abhängt. Je nachdem überwiegt Englisch oder Spanisch. Jedenfalls kann man einen Sprecher leicht einer bestimmten Generation zuordnen, wenn man die Entwicklung kennt:

Während 84 % der ersten Generation von Immigranten vor allem Spanisch sprachen (und sprechen), sind 84 % der dritten Generation vor allem englischsprachig.

Es ist die Wechselwirkung zwischen Sprache und Sprecher, die das Spanglish im Gegensatz zu einer „richtigen" Sprache ausmacht. Jeder Sprecher kann diesen Cocktail selbst mixen, und das auf der umgangssprachlichen wie auch auf der Slang-Ebene.

Code-switching

Typisch für Spanglish und **Caló:** Codeswitching, sprich der Mix von Englisch und Spanisch innerhalb eines Satzes. Das übernommene englische Wort wird entweder dem Spanischen angepasst, oder wird unverändert eingesetzt (häufig bei Immigranten der zweiten Generation). Regeln gibt es keine. Um von einem Sprachcode in den anderen zu wechseln zu können, muss der Sprecher beide Sprachen beherrschen.

Coge el change*!
¡Toma la vuelta!
Nimm das Wechselgeld!

Déjame expresar mis feelings*.
Déjame expresar mis sentimientos.
Lass mich meine Gefühle ausdrücken.

Dame un slice* de pan.
Damé una rebanada.
Gib mir eine Scheibe Brot.

Sind beim Codeswitching gleich ganze Satzteile original Englisch, sind diese im Buch zur schnelleren Erkennbarkeit unterstrichen worden.

I don't know* ni nada about that stuff*.
No sé nada de esas cosas.
Ich weiß nichts über diese Dinge.

El presidente dió un spich*.
El presidente pronunció un discurso.
Der Präsident hat eine Rede ***(*speech)*** gehalten.

Entfallen von Endungen

Endsilben oder Endmitlaute werden einfach weggelassen, die häufig auf einen Mitlaut endenden englischen Wörter enden dann auf einen Selbstlaut, was eher dem Spanischen entspricht:

bro*	statt ***(*brother)***	*Bruder*
nai*	statt ***(*nice)***	*nett*
mikimau*	statt ***(*Mickey Mouse)***	*Mickey Mouse*
sema	statt ***semana***	*Woche*
pa'	statt ***para***	*für*
mi'jo	statt ***mi hijo***	*mein Sohn*
cora	statt ***corazón***	*Herz*
Don'tá el comedor?	statt ***dónde está***	*wo ist das Restaurant*
fil*	statt ***(*field)***	*Feld*

Verkleinerungsformen

Beinahe alles kann verkleinert werden, da wird auch vor englischen Wörtern nicht Halt gemacht:

hijito	Söhnchen
pobrecito	Ärmster
gringuita	kleine Gringa
güerito	Blondchen
hermanita	Schwesterchen
amiguita	kleine Freundin
diosito santo!	Gottchen!
solito	ganz allein
doguito*	Hündchen ***(*dog)***

Wörtliche Übersetzungen

Calques sind wörtliche Übersetzungen englischer Ausdrücke. So ist **tener un buen tiempo** offensichtlich von ***„to have a good time"*** („haben eine gute Zeit" = eine gute Zeit haben) abgeleitet. Oder: **tienda de grocerías*** („Laden von Lebensmittel") vom englischen ***„grocery store"*** (Lebensmittelladen). Das Wort **atrás** (zurück) wird immer dann gebraucht, wenn im Englischen ***„back"*** steht:

Tengo que dar para atrás el libro a la biblioteca.
Tengo que devolver el libro a la biblioteca.
Ich muss das Buch zur Bibliothek zurückbringen.

Vinieron para atraz.
Volvieron.
Sie kamen zurück.

llamar atrás
devolver la llamada
zurückrufen

Möglichkeits- und Verlaufsformen

Die Möglichkeitsform (Konjunktiv) wird auch immer seltener gebraucht:

No creo que es necesario.
No creo que sea necesario.
Ich glaube nicht, dass das notwendig ist.

Außerdem werden englische Verlaufsformen übernommen. Statt des Spanischen ***te oigo***

(„dich höre-ich") heißt es analog zu ***„I am hearing you"*** („ich bin hörend dich"):

Te estoy oyendo.
Te oigo.
Ich höre dich.

En los Unaited Esteits

Chicanos, Latinos oder Hispanos findet man überall in den **Unaited Esteits*** ***(*United States)*** statt ***Estados Unidos*** in korrektem Spanisch). Während sich an der Ostküste Hispanos aus ganz Lateinamerika und der Karibik niedergelassen haben, sind entlang der mexikanischen Grenze und im Westen vor allem Chicanos anzutreffen. Jede größere amerikanische Stadt hat ihr Barrio (Viertel, in dem die Latinos leben), in dem **espanglés** oder Spanglish gesprochen wird.

Un nacional *ist ein aus Mexiko, nicht aus den USA, stammender Mexikaner.*

Hablas inglés, español o espanglés?
Sprichst du Englisch, Spanisch oder Spanglish?

Obwohl viele, die Spanglish reden, das nicht zugeben wollen.

Hablas un inglés mocho.
Du sprichst ein fürchterliches Englisch.

Zwei berühmte Barrios (es gibt unendlich viele andere): einmal das puertoricanische Barrio in New York, Upper Eastside von **The Big Manzana*** ***(*The Big Apple)*** oder **Nuyol*** ***(*New York),*** wie die in ihm lebenden Puertoricaner sagen. Die Puertoricaner dort nennt man: **puertorriqueño, portorriqueño, borincano, boricua** oder **borinqueño.**

Eres nativo/-a de Puerto Rico?
Kommst du aus Puerto Rico?

*Nicht verwechseln: **Nyorquino** oder **Neorquino** ist ein New Yorker aus New York, aber ein **Nuyorriqueño** oder **Neorriqueño** ist ein Puertoricaner aus New York.*

Nuyorican, Neorican, Nuyorriqueño oder **Nuevo Riqueño** sind hingegen die Festland-Puertoricaner.

Eres Neorican?
Bist du Puertoricaner?

Sí, vivo en el barrio puertorriqueño/portorriqueño de Nuyol.
Ja, aber ich lebe im puertoricanischen Viertel von New York.

*Auch im Osten: **Mallamibish!** – Richtig das bedeutet „Miami Beach"!*

No se comprende el lingo de las calles de Nyol.
Was auf den Straßen von New York gesprochen wird, versteht keiner.

Über eine Million Chicanos lebt in dem Barrio von **East L. A.**, kurz **Istlos.** Hier gibt es eine **Plaza de la Raza** (Park mit Kulturzentrum für Chicanos), eine **Mariachi Plaza** (ein

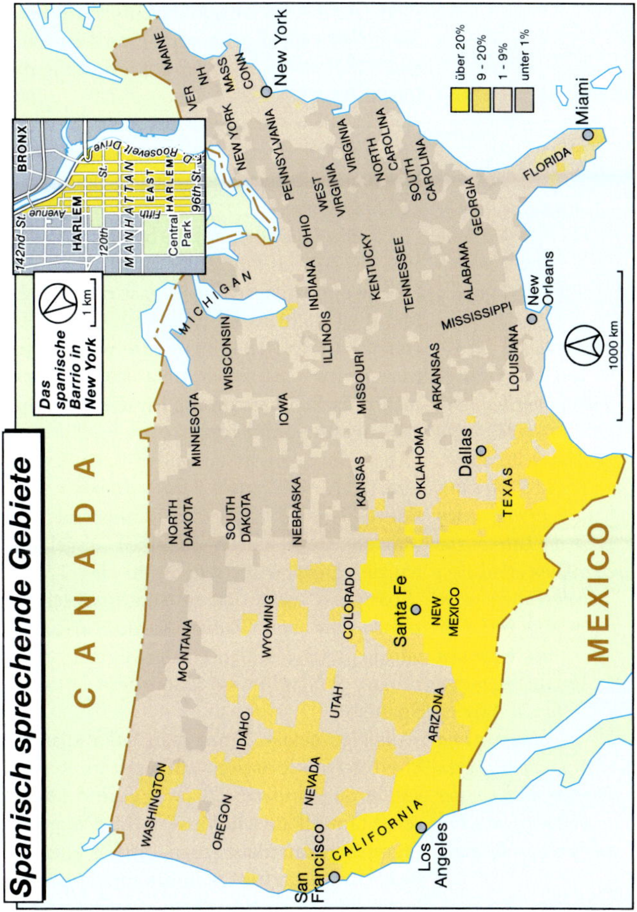

Spanisch sprechende Gebiete

Platz, auf dem sich die Mariachis treffen und darauf warten, angeheuert zu werden) sowie einen **Indoor Mercado** (eine Markthalle mit Restaurants).

Die Kalifornier mexikanischer Abstammung nennt man **califeño, califa** oder **californio** und die Bewohner von L. A. nennt man **Los Angelenos.**

Los ist eine übliche Abkürzung der Chicanos für Los Angeles.

In **Califa** (Kalifornien) ist bereits eingetreten, was für das Jahr 2059 für die gesamten USA prognostiziert wurde: dass nämlich die Mehrheit nicht mehr „weiß" ist. Die Anglo-Herrschaft von 1848 bis heute war einfach nur ein Zwischenspiel. **Amigoization** lautet die ironische Bezeichnung für die Mexikanisierung des Südwestens.

Im New Yorker Barrio gibt es das einzige lateinamerikanische Museum: ***El Museo Del Barrio,*** *1232 5th Avenue. 1996 wurden die Latinos zur zweitgrößten ethnischen Bevölkerungsgruppe in New York City noch vor den Afroamerikanern. In Los Angeles, Houston und San Antonio rangieren sie sogar noch vor der nicht-hispanischen weißen Bevölkerung.*

Abgesehen von diesen beiden Barrios muss man natürlich auch **Nuevo México** oder **Nuevo Méjico** (Neumexiko) nennen, das dem **México viejo** (alten Mexiko) abgekauft wurde. Dort wird seit Ende des 17. Jh. „Spanglish" gesprochen, eine Spanisch-Variante, die von Rubén Cobos erforscht wurde: 2003 erschien sein erweitertes „Dictionary of New Mexico & Southern Colorado Spanish".

Aus Neumexiko kennt man Vokabular wie **charros** (folkloristisch aufgeputzte Reiter), **vaqueros** (Rinderhirt/Cowboy) und **buckaroos*** (amerikanische Version eines Vaqueros im typisch amerikanischen Outfit), allesamt Bezeichnungen für die mexikanischen Cowboys, die natürlich vor dem amerikanischen da waren. Die mexikanischen Rodeos heißen **charreadas** (Vorführungen der Charros bei Volksfesten).

Der Bundesstaat Texas kann sich damit rühmen, dass dort das größte **Texmex** oder **Tejano Conjunto Festival** in San Antonio stattfindet. Hier ist auch **Texmex** oder **Tejano Conjunto** entstanden, ein um die Jahrhundertwende entstandener Mix aus mexikanischen Rhythmen, spanischen Liedern, deutscher Polka, also aus allem, was die Einwanderer an Musik mitbrachten. **Conjunto** erfreut sich deshalb auch universeller Beliebtheit.

Schließlich muss man noch **Aztlán** nennen, denn das ist die mythische Heimat der Chicanos. Es ist aber auch eine Bezeichnung für den Südwesten der USA, wo sich viele bekannte **sanctuarios** (Wallfahrtsorte) befinden.

Grenzland

Hier geht es um alles was sich dieseits und jenseits der **Línea,** wie die Grenze zu den USA genannt wird, abspielt. Der **Rio Grande** – **Río Bravo** für die Mexikaner – ist die „natürliche“ Grenze zwischen den US-Bundesstaaten und Mexiko. An ihm liegen die Grenzstädte El Paso mit seiner Zwillingsstadt Ciudad Juárez wie auch Los dos Laredos, die beiden Laredos: Laredo und Nuevo Laredo, Brownsville und Matamoros.

Um diesen Fluss rankt sich folgendes Sprichwort: **El que no se arriesga, no cruza el río.** Wörtlich: Wer sich nicht auf das Wagnis einlässt, überquert den Fluss nicht. In diesem Fall bedeutet das: Wer den Río Grande nicht überquert, kommt auch nicht **al otro lado,** auf die andere Seite. Allgemein übersetzt also: „Wer wagt, gewinnt!“

**border*

borderismos*	grenzspez. Ausdrücke
(narco-)traficante	Drogenschmuggler
contrabandista	Schmuggler
pollero	Schlepper (wörtl.: Geflügelhändler)
pollo	Illegaler (wörtl.: Huhn)
mojado	Schlepper (wörtl.: nass Gewordener)
coyote	Illegaler (wörtl.: Coyote)
canochi	Mexikaner, der südlich des Rio Grande lebt
fronterizos	Grenzbewohner
borderígenas	Grenzbewohner
la Migra	die Grenzpolizei
alambrista	Illegaler

un indocumentado
un „sin papeles"
Papierloser

Tiene que arreglar sus papeles.
Er muss deine Papiere in Ordnung bringen.

Maquiladoras sind amerikanische Firmen, die sich auf der mexikanischen Seite niedergelassen haben, um von den mexikanischen Niedriglöhnen zu profitieren.

Anglos y chicanos

Die Bezeichnungen Latinos und Hispanos werden häufig unterschiedslos gebraucht, auch wenn Latinos auf Lateinamerika und Hispanos auf Spanien verweist. Chicanos sind Amerikaner mexikanischer Abstammung, eine Bezeichnung jüngeren Datums, die immer auch den Stolz auf **la Raza** (Hispanos in ihrer Gesamtheit) beinhaltet und mit einer Identiätssuche einhergeht. Entsprechend ist **la Causa** die Sache, für die man kämpft und die alte Vorstellung von **mejorar la Raza** (verbessern der Rasse in Richtung blond) hat ausgedient!

Man unterscheidet jetzt einfach zwischen **tacolandia** (Land der Tacos) und **gringolan-**

dia (Land der Gringos). Zu Letzterem passen denn auch die Bezeichnungen für die „normalen, weißen" Amis: **anglos*** steht für **anglosajones*** (Angelsachsen), die man auch **wasps*** nennt. Das ist eine Abkürzung für **White Anglosaxon Protestant*** (weißer, angelsächsischer Protestant).

Diese wiederum bezeichnen die Mexikaner, die bei der illegalen Überquerung des Rio Grande einen nassen Rücken bekommen haben, als **wetbacks*** (Nass-Rücken), was auf Spanisch ***mojados*** heißt. Von **wetbacks*** wurde dann **waspbacks*** oder **waspanos*** für die **anglos*** abgeleitet. Ein Chicano definiert sich selbst folgendermaßen:

Soy americano y mexicano y ninguno soy.
Ich bin Amerikaner und Mexikaner und weder noch.

Die Bezeichnung **gringo** soll angeblich aus der Zeit des Krieges mit Mexiko stammen, als die amerikanischen Soldaten mit ihren grünen Uniformen aufgefordert wurden: ***„Green go home!"*** (grün geh heim). Wahrscheinlicher ist jedoch die Ableitung von **griego** (griechisch) in der Bedeutung von „böhmische Dörfer": **Es griego para mí.** bedeutet „das sind böhmische Dörfer für mich". **Gringo** ist eine Bezeichnung für alles – für Leute wie für Dinge – aus den USA und ist keineswegs abwertend gemeint. Typische Wortschöpfungen mit **gringo** sind:

Hay gríngolatros y gríngófobos.
Es gibt Gringofreunde und Gringofeinde.

Era una gringada.
Das war 'ne echt typische Gringo-Nummer.

Ea quería engringolar a los hijos.
Sie wollte die Kinder „gringolisieren" (zu echten Amis machen).

***ea** ist Chicano-Spanglish für das spanische **ella** (sie)*

Se ha vuelto muy agringado.
Er hat sich total (an die Amis) angepasst.

Daneben gibt es auch die auch bei uns geläufige Bezeichnung **yanqui*** für „Yankee" bzw. „Ami".

Estos yanquis* tienen cada cosa.
Diese Yankees* sind komisch drauf.

Häufig wird auch der Gegensatz **blanco** (Weißer) und **ñero** (Dunkler) betont. Dabei haben sie einige beleidigende Bezeichnungen für einander:

***nerlandés** hat mit keiner Nationalität zu tun, es handelt sich dabei einfach um einen der ständig meckert: **No seas nerlandés!** „Sei kein Holländer!"*

Anglos über Chicanos

beaner*	Bohnenfresser
spic*/spik*	mögliche Ableitung von ***(*hispanic)***
greaser*	„Ölschmierer", bezieht sich auf die öligen Haare
wetback*	„nasser-Rücken" (s.o.)

Und um es mit deutlicher Verachtung zu sagen: **a motherfucker taco boy*** (ein gottverdammter Taco Boy).

Chicanos über Anglos

bolillo	teigig/weiß
toda la bolillada	das ganze Gringo-Pack
gabacho/-a, gaba	„Weißer“
redneck*	Prol
patas saladas	Unglückslatschen (wörtlich: Salzfüße)

© Uta Goridis

Die Angepassten

Die an den amerikanischen **waioflaif*** ***(Way of Life)*** Angepassten nennt man:

un bolillo con cola prieta
weiß mit braunem Schwanz

coco
wie eine Kokosnuss: außen braun, innen weiß

Eres un vendido, un abocado.
Du bist gekauft, angepasst.

vendido *heißt zwar wörtlich „verkauft", aber übertragenend „gekauft", im Sinne von „einer, der seine Seele verkauft hat"*

Un tío taco ist der ewig grinsende Taco-Onkel, der's allen recht machen will.

El estereotipo del chicano es el pocho.
Das Klischee eines Chicano ist ein „gringolisierter", in den Staaten geborener Chicano.

Wörtlich bedeutet **pocho** „ausgebleicht" oder „blass". **Pochos** oder **chicanos** sind somit ein schwacher Abklatsch der „richtigen Mexikaner", also assimilierte Latinos.

Eine historische Person in der Kategorie der Angepassten ist **la Chingada** (die verdammte Verräterin). Gemeint ist damit **la Malinche** (1501-1550), die immer noch verhasste Maya-Indianerin, die der Stratege Cortés zuerst eroberte, damit sie ihm bei seiner Eroberung von Mexiko zur Seite stehen konnte.

malinchi *nennt man einen unpatriotischen Mexikaner*

Our barrio, our hood

Übrigens: ***Maldita vecindad*** *ist auch der Name einer Chicano-Punkgruppe.*

Die Chicanos nennen ihr Barrio entweder **hud*/jut*** ***(*hood)*** = Nachbarschaft, oder auch weniger liebevoll als **maldita vecindad** (verdammter Kiez)! Noch ein typisches Wort: **carrito** für Straßenbahn oder Tram. Hier sind **transportes públicos** (öffentliche Verkehrsmittel) rar, falls es überhaupt welche gibt:

No hay boslain*.
No hay bus.
Es gibt keine Buslinie ***(*busline).***

Me das un raite*/raid* a mi casa?
Can you give me a ride* home?
Statt: ***¿Me llevas a casa?***
Fährst du mich nach Hause?

Coge el boslain* número 10.
Nimm den Bus der Linie ***(*busline)*** Nr. 10.

En el dauntaun* no hay nada.
En el centro no hay nada.
Im Zentrum ***(*downtown)*** ist nichts los.

El saine* dice que el postofe está cerrada.**
El cartel dice que el correo está cerrado.
Dem Schild ***(*sign)*** zufolge ist die Post ***(**post office)*** geschlossen.

Hay una cantina?
¿Hay un bar?
Gibt es eine Kneipe?

Dónde cantonea?
¿Dónde vive?
Wo wohnt sie/er?

Si, a unos blokes* de aquí.
Ja, ein paar Straßenblocks ***(*blocks)*** weiter.

El bloque* *ist von dem englischen Wort* **block** *(Wohnblock) abgeleitet und ersetzt die in Mittelamerika gebräuchliche Bezeichnung* **cuadra.**

Ea cantonea en el barrio.
Vive en el barrio.
Sie lebt im Barrio.

Vive en First/Second/Third Street*.
Er lebt in der ***1st/2nd/3rd Street.***

Vive en un apartamento amueblado.
Vive en un piso/departamento.
Sie wohnt in einer möblierten Wohnung.

La culata so nennt man auf Spanglish den Hinterhof (auf Spanisch hingegen ***patio trasero***), es sei denn:

Manda a los niños jugar a la yarda*!
Schick die Kinder zum Spielen in den Hof ***(*[back/front] yard)!***

Entsprechend kennt man auch den ***yardsale****, *sprich den in den USA üblichen Verkauf von ausgemisteten Dingen im Gebäudehof. Findet es hingegen auf der Autoauffahrt statt, kennt man es unter dem Namen* ***garage sale****.

villita, finca, cantón, chante

Villita (kleine Villa), **finca** (Anwesen/Domizil), **cantón** (Quartier/Belegung) oder **chante*** ***(*shanty*** = Hütte) nennt man das spanische ***la casa*** (Haus und Heim) in den amerikanischen Barrios.

Pasa por mi cantón.
Pasa por mi casa.
Komm bei mir vorbei.

Está casa Pepe.
Está en casa de Pepe.
Er ist bei Pepe (zuhause).

fincar	ein Haus bauen
casa de apartamentos	Wohnhaus
ratonera	Rattenloch
chinchero	Dreckloch
en el ruffo* ***(*roof)***	auf dem Dach
rentero* ***(*to rent)***	Mieter (statt ***arrendador***)
mural	Wandbild
muralista	Wandbildmaler

Kunst im Barrio: Beinahe in jedem Barrio findet man die riesigen bunten Wandbilder mit religiösen oder sozialen Themen.

Shopping

Hay un sale en el mall*.**
Hay rebajas en el comercial.
Im Einkaufszentrum* ist gerade Ausverkauf**.

ir shopping al mall***
ir de compras al comercial / a la galería
ins Einkaufszentrum* zum Shoppen** gehen

El chopinsen* vale madre.
El comercial no vale nada.
Das Shopping Center* ist beschissen.

Es chipe*.
Es barato.
Es ist billig ***(*cheap).***

El comercial no me fió.
No me dieron crédito en el comercial.
In dem Lebensmittelladen bekam ich keinen Kredit.

Ein Einkaufszentrum nennt man auch ***centro abarrotero*** *(Supermarkt für Lebensmittel).*

Tengo que ir a la marketa*
a comprar grocerías.**
Tengo que ir a la tienda a comprar comestibles.
Ich muss in den Laden ***(*[super]market),*** um Lebensmittel ***(**groceries)*** einzukaufen.

	enchalecar	klauen
**grocery store*	**grocería*/grosería***	Lebensmittelladen
**groceries*	**grocerías***	Lebensmittel (Mz.)
**[super]market*	**marketa***	Laden
**butcher*	**buchería***	Fleischer (statt ***carnicería***)
**store*	**estore***	Geschäft (statt ***tienda/almacén***)
**shop*	**cho***	Laden
	tiendita	Tante-Emma-Laden, wo man sich trifft
**boutique*	**botica***	Drugstore, Laden
**building*	**bildin***	Gebäude (statt ***edificio***)
	hospi	Krankenhaus
**factory*	**factoria***	Fabrik (statt ***fábrica***)
**barracoon*	**barracón***	Depot/Lagerhaus
**second hand shop*	**segunda***	Second-Hand-Laden (statt ***baratillo***)
**junkyard*	**yonque***	Schrottplatz (statt ***chatarrería***)

Die **bodega** gibt es auch in Spanien, doch dort bezeichnet es eine Weinhandlung oder Weinstube; im Spanglish ist es ein Lebensmittelladen! Die **washatería*** oder **washetería*** ist ein Waschsalon, ein Mix aus englisch ****to wash*** und spanisch ***lavandería.***

No tienen garra de segundo*?
¿No tienen ropa de segunda mano?
Haben sie keine Secondhand-Klamotten (****second***)?

Gangas, drogas y la jura

Im Barrio wimmelt es nur so von **cholos,** den jungen, ruhelosen Burschen, die unter der Bezeichnung Y.R.Ch.s = Young Restless* Cholos laufen. Sie sind brown-and-proud* (braun-und-stolz) und auch sehr hip. Sie tragen Armeeklamotten und überdimensionale T-shirts, sprechen ihren eigenen Jargon, ganga Spanglish*, hören gangsta rap* und hinterlassen **las placas** (Graffiti).

43 % der Latino-Bevölkerung ist unter achtzehn!

Das Wort **cholo** hat viele Bedeutungen: Ursprünglich bezeichnete es ein Halbblut, einen **mestizo** („mexikanisierter" Indio). Später assoziierte man damit die Mitglieder von Straßengangs, lowriders* (Fahrer von tiefer gelegten Autos) und Zuhälter. Anglos und auch Chicanos benutzten das Wort **cholo** früher so abwertend wie die Bezeichnung spic* (abgeleitet von *speak (sprechen) oder *hispanic) für einen Mexikaner. Inzwischen identifizieren sich junge Chicanos damit.

Los jipis* (*hippies) waren ein Phänomen der Sechziger und Siebziger, das sich auf die Anglos beschränkte. Die Chicanos entdeckten in diesen Jahrzehnten ihre eigene Identität, **La Raza.** Geht es um tineijer* (*teenager) hört man diesen Kommentar:

Tiene la cara comida de espinillas.
Er ist völlig verpickelt.

Jeder **cholo** hat auch seine Clique:

Pertenece a la clica o una ganga*?**
¿Pertenece al grupo o a una cuadrilla?
Gehört er der Clique (**frz.!) oder einer Gang ***(*gang)*** an?

Das jugendliche Gangmitglied oder den toughen Typen nennt man **tirilón, tirilí** oder **titilongos;** wörtlich: „einer, der weit wirft". Ebenfalls toughe Typen sind die **vatos locos** (verrückte Kerle), die man früher **pachucos** (verrückte, tolle Typen) nannte. Schließlich gibt es auch noch den Ausdruck **un vato chingón** für „einen tollen Burschen".

pachucos *ist abgeleitet von* ***El Pachuco,*** *ein Slangwort für „El Paso"*

Quién está manejando la plaza?
¿Quién manda aquí?
Wer hat hier das Sagen?

Die ganze Palette für Marihuana

rocha*	Joint ***(*roach)***
porro	Joint
hierba	Gras
grifa	mex. für „stoned"
mota	Piece, Teilchen
yesca	Feuer, Zunder
yesco	Kiffer
andar moto/-a	bekifft sein

Una rocha* *sollte man nicht verwechseln mit* ***una roche**** *(Kakerlake,* ****[cock]roach*** *statt spanisch* ***cucaracha****).*

No aguanto las roches *kann beides heißen: „Ich kann Kakerlaken/ Joints nicht ausstehen".*

Dame un cartucho!
Gib mir eine Tüte (mit Joints)!

Estás engrifado? Bist du bekifft?

Se acabó la grifa. Das Gras ist aufgeraucht.

Mehr zum Thema harte Drogen

rocka	Crack; Droge allg.
pinga	Pille = Upper, Downer
pingo	Pillenfresser
coca	Kokain (statt ***cocaína***)
ácido*	Amphetamin, Speed
dila*	Dealer (statt ***traficante***)
dilear*/diliar*	dealen (statt ***traficar***)

roca = *Kristall*

****acid***

****dealer***

****to deal***

El dila* es derecho.
El camello es derecho.
Der Dealer* ist in Ordnung.

Venden carga en la esquina.
An der Ecke wird Heroin verkauft.

Heroin (auf Spanisch korrekt ***heroína***) umschreibt man im Chicano-Spanglish mit **carga** (Ladung), **caballo** (Pferd), **chiva** (Ziege), **la madre** (Mutter) und **cura** (Kur). Entsprechend nennt man die Aktivität des Heroinspritzens **curear.**

Das Fixen nennt man ***piquetearse*** *statt* ***inyectarse*** *im Spanischen.*

Dann ist man **prendido/-a** oder **adicto*** (drogenabhängig, ****addict***), was sich im Spanischen ***toxicómano*** oder ***colgado*** nennt.

Ein Heroinabhängiger ist ***un tecato,*** *wörtlich: Box.*

Es adicto* al caballo.
Es heroinómano.
Er ist heroinabhängig ***(*addicted)***.

La metadona está cabróna.
Metadon ist beschissen!

Wer aufhören will, spricht entsprechend des Englischen von ***to quit*** von **quitear*/quitiar*** statt des Spanischen ***deshabituar.*** Und wer gerade einen Entzug macht, ist beim **kikear*/quiquear*** nach dem englischen ***to kick [the habit])*** statt spanischen ***desintoxicar.***

© Uta Goridis

Qué pasa con la Raza?
Was ist los mit den Hispanos?

Viele Chicanos verlassen das Barrio, ziehen in die Vororte und heiraten Anglos. Manchmal vergessen sie sogar ihr Spanisch. Keiner will ein Verlierer, ein **perdedor,** sein, sondern sich im amerikanischen Mainstream eingliedern.

Mis jefitos no liquean el barrio.**
A mis padres no les gusta el barrio.
Meine Alten mögen ***(**to like)*** das Barrio nicht.

Viven afueras, sprich „sie leben draußen“, klingt besser als **viven en los suburbios*,** da **suburbios*** häufig mit Slums assoziiert werden. Neutral hingegen ist **suburbial*** ***(*suburbian),*** der Vorstadtbewohner.

Die Polizei

Die Bullen spielen eine große Rolle im Barrio. Sie haben viele Namen, viele stammen aus dem Tierreich: **la placa** (Plakette), **la chota** (Spitzel), **la jura** (Eid), **chucho** (schlauer Hund), **perro** (Hund), **cuico** (indianisch: Vogel), **marrano** (Schwein) oder **gorrones** (Spatzen). Ganz speziell gibt es dann auch noch **un narco** (Drogenfahnder; auch: Detektiv).

Der Gesuchte ist oftmals ein ***robichi**** ***(*to rob*** *mit Verniedlichungsendung), sprich ein kleiner Gauner oder Dieb.*

Siempre hay trobol*.
Siempre hay problema.
Es gibt immer Ärger ***(*trouble).***

Los gorrones fueron cabrones.
Die Bullen waren beschissen.

La chota me dió un ticket*.
La poli me puso una multa.
Die Bullen haben mir einen Strafzettel ***(*ticket)*** verpasst.

llevar a la pinta
in den Knast stecken

ir al rancho
in den Knast (auf die Ranch) kommen

El barrio virtual

Im virtuellen Kiez wird Cyper-Spanglish gesprochen, da die meisten Begriffe auch im Spanischen vom Englischen übernommen wurden, unterscheidet sich das Spanglish hier kaum vom Spanischen:

**computer*	**computadora***	Computer/Rechner (statt ***ordenador***)
**laptop*	**laptop(a)***	Laptop (span. auch ***ordenador portátil***)
**web*	**web*/Web***	Web (span. auch ***red, telaraña, Malla Mundial***)
**website*	**websait***	Website (statt ***sitio***)
**web*	**webón***	eifriger Webnutzer
**web [sufer]*	**webear***	im Web surfen (statt ***navegar***)
**cyber*	**cibervato***	Chicano im Netz (statt ***ciberadicto***)

Look* en la Web!**
¡Mira en la red!
Schau ***(*to look)*** im Netz** nach!

*ein **webazo*** ist sowas wie eine Hammermail (statt im Spanischen **mensaje doloroso por la web**)*

Mándame un e-mail*/emilio*.
Mándame un correo electrónico.
Schick eine E-Mail*!

Click* el mous(e)* aquí.
Aprieta el ratón aquí.
Click* hier mit der Maus*.

e-mailiar*/imailiar*	mailen (statt ***mandar un correo electrónico***)	***to email**
jaker*	Hacker	***hacker**
downlodear*	herunterladen	***to download**
bácop*/bacup*/ bakaupeo*	Backup (statt ***backup***)	***back-up**
bakupear*	Sicherungskopie machen	***to back-up**
el ratón oder **mous(e)*/maus***	die Maus	***mouse**
chat*/chatear*	chatten (statt ***charlar, chatear***)	***to chat**

Seguro que tiene bácop* of the program?**
¿Seguro que tiene un bacup del programa?
Hat er auch bestimmt eine Sicherungskopie ***(*back-up)*** von dem Programm**?

© Uta Goridis

La familia

Die Familie ist immer noch eine sehr wichtige Instituition, denn sie bietet immer Schutz vor einer feindlichen Außenwelt. Wichtig ist auch die Frage:

Quién es tu familia?
Woher stammst du?

Die Hauptpersonen sind **los jefitos** (die Eltern, span. ***los padres***). Das Familienoberhaupt ist **el jefe** (Chef, Vater; statt ***padre***) bzw. in der Koseform **el jefito,** zumindest nach außen hin. Innerhalb der Familie regiert **la jefa** (Chefin, Mutter; statt ***madre***) bzw. in der Koseform **la jefita.** Für die Kleinen sind sie jedoch noch keine Respektpersonen, sondern :

amá y apá	Mama und Papa
mamacita y papacito	Mami und Papi
mijito/mijo	mein Sohn (statt ***mi hijo***)
hijita	mein Töchterchen (statt ***mi hija***)
mija	meine Tochter (statt ***mi hija***)

Viva enca de su apá.
Viva en casa de de su apá.
Er wohnt bei seinem Alten.

La jefa siempre adora a sus chulos hijos.
La madre siempre adora a sus preciosos hijos.
Die Chefin findet ihre Brut immer ganz toll.

__chulo/-a__ bedeutet „niedlich“ und bezieht sich daher meist auf Kinder

Geht es langsam in den Hafen der Ehe, beginnt es mit **enganchar***, nach dem Englischen ***to engage*** (sich verloben, jemanden so weit kriegen) und der **enganche*** ***(*engagement),*** Verlobung. Wagen sie auch den letzten Schritt, nennt sich dieses „Häuslich werden“ **encantonear** (heiraten), welches im Spanglish von **cantón** (Quartier/Belegung = Haus) abgeleitet wird.

Statt __encantonear__ sagt man im Spanischen __casar__ nach __casa__ = Haus.

Ea se ranó.
Ella se casó.
Sie hat geheiratet.

Mi vieja und **mi ruca** (meine Alte) sind gar nicht so uncharmant wie es klingt, denn **vieja** (Alte) und **ruca** (Altes/Vertrautes) bedeuten auch ganz allgemein eine hübsche Frau. Eine wichtige Familieninstitution ist der **chiz familiar** (Familientratsch, auf Spanisch ***chisme***):

bocón	Tratschmaul
matraca	Plaudertasche (statt ***una chismosa***)
cosas ariscas	verdächtige Dinge

Ein typisches Thema wäre, ob sie „mit Familie“, sprich schwanger ist: **Está con familia?**

pregneada stammt von *pregnant*

Tá esperando?
¿Espera un niño?
Ist sie schwanger?

Está pregneada*?
¿Está embarazada?
Ist sie schwanger?

*Der Babysitter nennt sich **nana** und das Babysitten: **babysit*.***

Tuvo un baby*.
Tuvo un niño.
Sie hat ein Baby* gekriegt.

Está cute*!
¡Qué mono!
Es ist niedlich! ***(*It's cute!)***

Die weitere Verwandtschaft

***relatives**	**los relativos***	die Verwandtschaft (statt ***parientes***)
***grandma**	**grema***	Großmutter (statt ***abuela***)
***grandpa**	**grempa***	Großvater (statt ***abuelo***)
	carnal/-a	Bruder, Schwester (statt ***hermano/-a***)
	mi carnal mayor	mein älterer Bruder
	mi carnalito	mein kleiner Bruder
	coma/comadre	Schwiegermutter (statt ***suegra***)
	compa/compadre	Schwiegervater (statt ***suegro***)
	padrino/nino	Pate

Cuántas sistas* tienes?
Wie viele Schwestern ***(*sisters)*** hast du?

Darüber hinaus gibt es allerlei Ausdrücke für die Kleinen und Kurzen: **chico/-a** (Kleiner/Kleine), **chavo/-a** (Kleiner/Kleine), **chavalo/-a** (Bursche/Mädchen), **batito** (Kid, Verkleinerung von **bato** oder **vato,** was auch „Kumpel" bedeutet), **morro** (Rotznase) oder auch **huerco/-a** („Teufelchen").

Ausdrücke mit „madre"

Ausdrücke mit **madre** (Mutter) sind ebenso geläufig wie die Person allgegenwärtig ist.

masota/mamasota	Superweib
macita/mamacita	hübsches Ding
madrecita	hübsche Frau
A.T.M. (A Toda Madre)	Klasse!
está madre/padre	Das ist ja super!
a la madre	aufs Beste
no valer madre	nichts wert sein
ni madre	überhaupt nicht

Ein Sprichwort:
Que padre madre!
Der Apfel fällt nicht weit vom Baum. (wörtlich: wie Vater Mutter).

Él ni madre lo quiere saber.
Er will es überhaupt nicht wissen.

Zu der Mutter selbst sagt man meistens **mamá,** da **madre** zu steif ist und häufig in Verbindungen wie **tu puta madre** (deine verfickte Alte) und noch schlimmer **chinga tu madre** (fick deine Alte) auftaucht. Die Antwort auf Letzteres wäre: **La tuya!** (die deine)!

Hijo de la/tu chingada madre!
Blöder Arsch! (wörtl.: Sohn der/deiner verficken Mutter)

Madre de Díos!
Jesus Maria! (wörtl.: Mutter von Gott)

Ein Stoßgebet: **Por favor, Madre de Díos, Virgencita.** *= wörtl.: bitte, Mutter Gottes, Jungfräulein.*

Wo wir schon bei der Mutter Gottes angelangt sind, auch noch ein Wörtchen zur Mutter aller Chicanos: **La virgen de Guadalupe,** die Jungfrau von Guadalupe. Der Schriftsteller Rudolfo Anaya hat folgendes ironisches Stoßgebet an sie gerichtet: **... guarda nuestra gente. Cover us with your* manta, aunque estamos chingados!** Sprich: ... schütze unsere Leute. Umhülle uns mit deinem* Mantel, auch wenn wir total am Arsch sind!

© Uta Goridis

Texmex-Küche

Wie die Sprache ist auch die Küche **truly*** **mestizo,** also ein echter Mix wie schon das Wort **Texmex** verrät. Aus kleinen Garagenrestaurants in den Barrios wurden von Anglos frequentierte Spezialitätenrestaurants, die selbst von den Restaurantkritikern der New York Times gerühmt werden (wie das Los Barrios in Austin, Texas).

*truly = *wahrhaft*

Die Chicanos lieben es deftig und billig: **casero style,** Hausmannskost statt Haute Cuisine. Die drei Top-T's: **tortillas, tacos, tamales** sind dank weltumspannender Restaurantketten ein fester Bestandteil der Globalküche geworden.

tortillas sind Fladen aus Mais oder Mehl, Wasser und Salz (eine spanische Tortilla hingegen ist eine Art Omelette)
tacos sind sautierte, dreigeteilte und gefüllte Tortillas
tamales sind Maispasteten, die im Dampfkochtopf gegart werden (Hülle aus Maisblättern enthält die unterschiedlichsten Füllungen)

Die allgegenwärtigen **burritos** (gefüllte dünne Tortilla) und **nachos** (Mais-Chips) sind typische Texmex-Kreationen und in Mexiko unbekannt. Und was ist **Texas caviar?** – Ganz einfach: schwarze Bohnen.

Es gibt über hundert verschiedene **chile**-Sorten, Cayenne ist eine davon. Andere sind **chiles jalapeños** (scharfe grüne Chilischoten) und **chile relleno** (gefüllte Paprika). Ein **chili** sind zu Chilipfeffer weiterverarbeitete **chiles** (Chilischoten).

Die Anglokúche

Hay un broncha*/brunch* a las 11 a.m.**
Hay un almuerzo a las once.
Um elf Uhr vormittags ***(**11 a.m.)*** gibt es einen Brunch*.

Das Mittagessen nennt sich **lonche*** nach dem englischen ***lunch*** und die dazu passende Aktivität nennt sich **lonchear***, frei nach dem englischen ***to lunch.***

Siempre está lonchando*. folgt dem englischen Satzschema ***having his lunch.***

Siempre está lonchando*.
Siempre está tomando lunch.
Er ist ständig beim Lunch*.

Durante el lonche* comen sanwiches*/ sangüeches*.
Über Mittag ***(*lunch)*** essen sie Sandwiches*.

Hazme un sangüichi* por favor!
Hazme una torta por favor.
Mach mir ein Sandwich*, bitte.

Dame una dona*!
Ein Doughnut/Donut bitte!

beicon*	Speck (statt ***tocino***)
hamburguesa*	Hamburger
cachup*	Ketchup
chúingom*/ chiquete**	Kaugummi
esquite	Popcorn (statt ***rosetas/palomitas***)

****bacon***

****chewing gum***
***frz. Kaugummi-Marke:* chiclette

Estos hodogs* están repugnosos.
Diese Hotdogs* sind widerlich.

*Hotdogs werden auch wörtlich mit **perros calientes** (heiße Hunde) übersetzt.*

A mí me gustan los pankeiks*.
A mí me gustan las tortitas.
Mir schmecken (Frühstücks-)Pfannkuchen ***(*pancakes).***

Texmex-Frühstück

huevos fritos con jamón o tocino
Spiegeleier mit Schinken oder Speck
huevos mexicanos
Rühreier mit Tomaten, Zwiebeln, Chilis
huevos rancheros
Spiegeleier auf Tortillas mit Salsa
breakfast* burritos
Eier und Bohnen oder Speck in Tortillas eingerollt
migas
Rühreier mit Tortillastreifen mit verschiedenen Toppings
papas rancheras
Texmex-Version der amerikanischen hash browns (Bratkartoffeln)

Weitere Texmex-Spezialitäten

Eine ganz besondere Art der Soße sind ***moles;*** *das sind Chili-Soßen (häufig mit Schokolade). Berühmt ist die* ***guacamole,*** *die Avocadocreme.*

Caldos sind Bouillons, **sopas** die Suppen und **salsas** sind Soßen! Typische Suppen sind die **caldo de res** (Gemüsebrühe), **caldo de pollo** (Hühnerbrühe), **sopa de tortilla** (Tortillasuppe) und die **sopa de frijol** (Bohnensuppe).

Toma el menudo pa' la cruda.
Toma el menudo para la resaca.
Iss Kutteln gegen einen Kater.

Chile con carne *wird von nicht Spanisch-sprachigen meistens falsch als „Chili con carne" bezeichnet.*

asado de puerco Schweinebraten
cabrito en salsa Zicklein in Soße
cazuelas (de pollo) Schmortopf (m. Huhn)
camarones al ajillo Knoblauchgarnelen
chile con carne Paprika mit Fleisch
empanada Pastete
enchiladas mit Käse oder Fleisch gefüllte Tortillas
steak* fajitas Steak* mit Bohnen (statt ***bistec fajitas***)
tostadas Tortilla-Chips

Vom Essen inspirierte Redewendungen

Die etwas ausgefallenen Koseworte eines glücklichen Essers lauten: **Mi enchilada, mi quesadilla, mi jalapeño, mi fajita,** sprich „Meine Fleischtortilla, mein Käsepastetchen, meine scharfe Schote, mein Böhnchen".
Manche Nahrungsmittel dienen zur Veran-

schaulichung menschlicher Körperteile. So wird der Penis folgendermaßen genannt: **chile** (Paprikaschote), **chile parado** (eine aufrecht stehende Paprika = Ständer), **chorizo** (Hartwurst), **camote** (Süßkartoffel) oder **tamal** (Maispastete).

Testales sind hingegen runde kleine Teigkugeln, aus denen Tortillas gemacht werden. Sie erinnern an das spanische Wort ***los testículos,*** die Eier: **huevos.** Man nennt sie auch **acuacetes** (Avocados; in Spanisch ***aguacates***). **Un huevón** (einer mit dicken Eiern) ist ein Faulpelz, ein Tunichtgut; auf Spanisch ***perezoso.*** **Huevonar** bedeutet entsprechend „faulenzen/ herumtrödeln".

Entsprechend heißt es ***tener huevos*** *(Eier haben = Mut haben) und* ***dar huevos*** *(Eier geben = Mut machen) nach dem englischen* ***to have the balls.***

Te da los huevos para tomar acción.
Das wird dich zur Tat schreiten lassen.

Wörtlich bedeutet **Puras papas!** „reine Kartoffeln"; übertragend jedoch „Quatsch!". Ähnlich wie im Deutschen verbindet man mit der **melona** einen „Wasserkopf" (Melone; in Spanisch ***melón***). Ist jemand **enchilado,** ist er gerade wütend und das hat nichts mit der vorgestellten essbaren **enchilada** zu tun. Zum Schluss noch ein kulinarisches **refrán** (Sprichwort):

A gustos se rompen panzas.
Geschmäcker sind verschieden.
(wörtl.: bei Geschmäckern platzen Bäuche)

Fiestas

Chicanos sind **fiesteros** oder **pariseros,** d. h. sie feiern die Feste immer wie sie fallen; der Anlass kann offizieller oder privater Natur sein.

Nationale Feiertage

Mal ganz chronologisch: **Dieciseis de Septiembre** ist das Wochenende um den 16. September, an dem die Unabhängigkeit Mexikos gefeiert wird.

Der **Día de la Raza** (Tag der Rasse) ist am 12. Oktober, am Columbus Day. Gefeiert wird die Landung von Columbus auf den Bahamas (isla de Guananí) im Jahr 1492. Die Entdeckung Amerikas war auch gleichzeitig der Anfang der Raza, die aus der Verbindung von Spaniern und Indios entstand.
Es ist ein sehr mexikanischer Feiertag.

Am ***Día de los Muertos*** *gibt es* ***pan de muertos*** *zu essen: das „Brot der Toten“, ein süßes Brot.*

Außerdem gibt es ***alfeñique,*** *aus Zuckerpaste geformte Totenschädel, Särge, etc.*

Am 1. und 2. November, Allerseelen und Allerheiligen, trinkt man an diesem **Día de los Muertos** (Tag der Toten) auf die Verblichenen, wobei häufig die Fiesta als eine Art Totenwache auf dem Friedhof stattfindet.

Por las almas perdidas!
Auf die verlorenen Seelen!

Als Nächstes kommt **Sangivin** oder **San Guibin:** ein ganz neuer, aus der Verballhornung von „Thanksgiving“ (amerikanisches Erntedankfest) entstandener Heiliger. Entsprechend nennt man den traditionellen Thanksgiving-Truthahn: **el pavo de San Guibin.**

Schließlich gibt es noch **crismas***: Weihnachten oder Weihnachtsabend (statt spanisch ***Navidad/La Nochebuena***). So heißt es denn auch **Americrismas!*** für „Fröhliche Weihnachten!“ statt des spanischen ***¡Feliz Navidad!*** Der Mann der Stunde ist der **Santiclos***: der Weihnachtsmann statt des spanischen ***papa Noel,*** der offensichtlich dem französischen „père Noël“ nachgebildet ist).

****Christmas***

****A merry Christmas!***

****Santa Claus***

© Uta Goridis

A mí me gusta atender las fiestas patrias.
Ich feiere gern bei offiziellen Anlässen mit.

Familienfeste

Japiverdei tu ju!*
Alles Gute zum Geburtstag!
(nach dem englischen ****happy birthday to you!***)

(Im Spanischen heißt der Geburtstag ***cumpleaños.****)*

Es su birthday* y dió un baile.
Es ist sein Geburtstag* und er hat eine Party organisiert.

Un mariacho le cantó las mañitas.
Ein Mariachi sang Geburtstagslieder für sie/ihn.

Una quinciañera (von **quince** = 15) ist eine Fünfzehnjährige, die ihren Geburtstag feiert, was ein großes Event ist. Das nächste ist dann **El wedding***, die Hochzeit (statt des spanischen ***boda(s)***)!

Cuándo empieza la pachanga?
¿Cuándo empieza la fiesta?
Wann fängt die Party an?

Va 'ber un chancle.
Va haber un baile.
Es wird getanzt!

La pari* de Fela is tomorrow.**
Felas Party* ist morgen**.

Fiesta sin bebidas?!

Bebidas sind bei Parties immer alkoholisch. Bei den Chicanos heißt das im Grunde: kein Fest ohne Tequila. Ein kleiner Tequilaführer: Tequila wird aus Agaven hergestellt. Es gibt dabei vier Sorten: **Plata** wird zwei Monate nach der Herstellung in Flaschen abgefüllt; **oro** wird nicht abgelagert, Farbe und Geschmack werden künstlich verstärkt; **reposado** wird zwei Monate bis ein Jahr gelagert und schließlich der **añejo,** der mindestens ein Jahr in Eichenfässern gelagert wird.

Sehr gut und sehr teuer sind die Marken: ***El Tesoro de Don Felipe, Patron Añejo*** *sowie* ***Sauza Hornitos.***

Margaritas *sind Tequila-Cocktails!*

Bei den Flaschen mit einem Wurm handelt es sich um ***mezcal,*** *nicht um Tequila.*

An der Bar

Tomamos una chela?
Wollen wir ein Bier trinken gehen?

birria*/bironga	Bier ***(*beer)***
unas birongas Tecate	ein paar Tecate-Biere (eine Biermarke)
una caja de ...	ein Kasten ...
un seis	ein Sixpack

Esta birria* está padre.
Dieses Bier ist in Ordnung.

Se flotó una.
Se tragó una cerveza.
Er hat ein Bier gezischt.

Tomas un glasso*?
¿Tomas un vaso?
Wie wär's mit einem Glas ***(*glass)***?

Dame un blodimari*!
Gib mir eine Bloody Mary*!

Abgesehen von den Getränken hat man eventuell noch andere Wünsche in der Bar.

Ese, compa, páseme un frajo.
Pásame un cigarro/pito.
Heh, Mann, gib mir mal ne Kippe.

Im Spanischen werden ***los frajos*** *hingegen* ***frajos pitillos*** *genannt.*

Quién paga el bil*?
¿Quién paga la cuenta?
Wer bezahlt die Rechnung ***(*bill)***?

Dónde está el común?
Wo ist das Klo?

Dónde está la llave pal el reservado?
Wo ist der Schlüssel zum Klo?

Das spanische ***para*** *(für, zu, umzu) wurde im Chicano-Spanischen zu* ***pal*** *oder* ***pa'****.*

Sich betrinken

Quiero pistearme!
¡Quiero emborracharme!
Ich will mich besaufen!

Toma y toma tequila y no se pone pando.
Er kippt einen Tequila nach dem anderen runter und wird nicht besoffen.

Estuve bombo después de siete birongas.
Nach sieben Bieren war ich betrunken.

Watcha* cómo está entosequeado!
¡Mira cómo está entosequado!
Schau nur ***(*watch)***, wie der drüber ist!

Watcha ist ein ganz geläufiger Ausruf und entstand aus der Kombination von Englisch* ****watch!*** *und Spanisch* ***mira!***

Für das, was man im Spanischen ***borracho*** nennt und wir im Deutschen mit „besoffen, blau, voll, dicht ...“ betiteln, hat man im Spanglish die Wahl zwischen **pedo/-a** (Furz, heiße Luft), **completo/-a** (voll), **pando/-a** (verbogen), **pisto/-a** (wirr), **cuete** (einen Schuss haben), **bombo/-a** (aufgeblasen), **calambre** (Krampf, Art Filmriss) und **entosequeado/-a** („vergiftet“) etc. Man sagt z. B. **Está cuete.** = Er ist blau. Heftiger ist **andar hasta las cachas** (stockbesoffen sein; wörtl.: „bis zum Heft arbeiten“) oder „einen Filmriss haben“: **ponerse calambre.**

Die ewigen Biersäufer beschimpft man mit **un bironguero, un birrio** oder **cervero. Un waino*** hingegen ist ein Weinsäufer ***(*wino).*** Der **bobo** ist ein Besoffener oder Verrückter (wörtl.: Narr, Dummkopf) und **un pipa** ist schlicht ein Säufer (wörtl.: Weinfässchen).

Qué borrachal!
Was für'n Suffkopp!

Tiene que cuitear* el pisto.
Tiene que cesar de beber.
Er muss mit dem Saufen aufhören ***(*to quit).***

Me banqueo* a casa.
Voy a casa.
Ich geh nach Hause ***(*to go back).***

Un corbero ist ein Schnorrer: Einer der, sich seine Drinks bezahlen lässt; wörtl.: den Korb füllen lässt!

Cuidado, cuidado. You better not drive!*
Vorsicht, Vorsicht, du fährst besser nicht*!

Um die Häuser ziehen

Pintaron el barrio antenoche.
Sie haben gestern das Viertel unsicher (wörtl.: bunt) gemacht.

Qué onda?
Was geht hier ab? (wörtl.: welche Welle)

No está en la onda.
Es pochinche.
Er ist nicht „in".
(wörtl.: er ist nicht auf der Welle)

Im Spanischen sagt man statt ***atollar*** *(durchwaten) hingegen* ***arollar*** *(durchrollen).*

Me gusta atollar de noche por las cantinas.
Ich zieh nachts gern durch die Kneipen.

Vamos a cabaretear!
Klappern wir die Clubs ab!

rolar* por el barrio
eine Runde im Barrio machen ***(*to roll)***

Im Spanischen nennt sich der Nachtschwärmer ***festero.***

hacer la ronda	eine Runde drehen
janguiar*	herumhängen ***(*to hang out)***
un tecolote	Nachtschwärmer (Eule)

Vamos al mono*?
¿Vamos al cine?
Gehen wir ins Kino (***monkey** = Schau)?

Vamos a jugar pul*.
Spielen wir Pool*.

naitclub*	Nachtclub (***nightclub**) (statt ***club/discoteca***)
discopop	Diskobar
puticlub	Bordell, Bierkneipe (statt ***burdel***)
afterauers*	Afterhours*
cancar/clancelear	tanzen, schwofen (statt ***bailar***)
chanclazo	Schwof, gute Zeit
bailar al techno	zu Techno tanzen
roquenrol	Rock 'n' Roll
roquero	Rocker
tocar la lira	Gitarre spielen (statt ***tocar la guitarra***)

*Wörtlich bedeutet **chanclazo:** Pantoffelgeklapper!*

***Charranga** ist eine Band von kostümierten Straßenmusikern.*

Es un scuadro*.
Es un hortero.
Er ist ein Spießer (***square**).

Armó tremendo chow*.
Armó bastante jaleo.
Er hat eine Riesenshow (***tremendous show**) abgezogen.

Dónde se juntan las frutas*?
Wo sind die Schwulen-(***fruit**) Treffs?

Am nächsten Morgen

Estoy crudo!
Ich hab einen Kater.

Im Spanischen sagt man **la modorra** *statt* **la cruda.**

curarse la cruda
einen nachgießen, damit der Alkoholpegel wieder angehoben wird und der Kater nicht so schlimm ist.
(wörtl.: den Katzenjammer kurieren)

deponer en la carpeta*
vomitar en la alfombra
auf dem Teppich ***(*carpet)*** abkotzen

Cuando anda crudo, no está muy gente.
Wenn er Katzenjammer hat, ist er nicht gerade nett.

© Uta Goridis

Guëlcome y adió

Die alltäglichen Gespräche zeichnen sich nicht gerade durch Tiefgang aus, aber sie halten die Kommunikation aufrecht. Wie man wen begrüßt oder verabschiedet, hängt ganz von den Umständen und dem Grad der Vertrautheit ab.

Begrüßung

Wasá*?
¿Qué tal?
Was gibt's? ***(*What's up?)***

Cómo te va?
¿Cómo te vas?
Wie geht's?

Cómo 'st's, vato?
¿Cómo estás, colega?
Wie läuft's so, Kumpel?

Güelcom* al rancho!
¡Bienvenido a casa!
Willkommen ***(*welcome)*** in meiner Hütte!

Mi casa es tu casa!
¡Estas en tu casa!
Mein Haus ist dein Haus!

A drink?*
¿Una copita?
Ein Drink?*

Wie im Spanischen wird mit **novia** (Verlobte) häufig eine weibliche Begleitung vorgestellt, mit der man weder verlobt ist, noch sich verloben will: **mi amiguita/novia** (meine kleine Freundin / Verlobte).

***Rancho** ist nicht nur eine große Ranch, sondern auch eine Hütte, ein Schuppen etc. Im Spanischen bedeutet **rancho** eine gemeinsame Mahlzeit oder Mannschaftsverpflegung, während eine „Ranch" **hacienda** genannt wird.*

Mucho gusto en conocerte!
Freut mich, dich kennen zu lernen.

Männer – Chicanos wie Spanier – versuchen manchmal mit einem ***Psst!*** *die Aufmerksamkeit der jungen Mädchen auf sich zu lenken.*

Siéntate. No tengas vergüenza!
Setz dich. Sei nicht schüchtern!

Quieres un cocktail*, dear?**
¿Quieres un cóctel, querida?
Möchtest du einen Cocktail*, meine Liebe**?

Salud! <u>I'm glad you're here.</u>*
¡Hola, me alegro verte!
Zum Wohl! Freut mich, dass du da bist.*

Qué has hecho de tu vida?
Was hast du alles angestellt? bzw.
Was hast du aus deinem Leben gemacht?

Quiero teoricar con él.
Quiero charlar/hablar con él.
Ich möchte mit ihm sprechen.

Verabschieden

	Adió! Baybay*!	Tschüss! *Bye-Bye! (statt ***¡Adiós! ¡Chao!***)
***to watch**	**Ay te watcho*!**	Bis später! (statt ***¡Hasta luego!***)
	Adió, linda!	Ciao, meine Hübsche!
***check**	**Hay te checo*/ chekio*!**	Bis später! (statt ***¡Hasta otro rato!***)

Espérate tantito!
¡Espérate un poquito!
Warte einen Augenblick!

Ya vuelvo!
¡Vuelvo ahora misma!
Bis gleich! (wörtl.: ich komm schon zurück)

Adiós, see you*!
¡Hasta luego, nos vemos!
Tschüss, wir sehen uns*!

No dejes de dar la vuelta!
¡No dejes de pasar por mi casa!
Vergiss nicht, vorbeizuschauen!

Nos vemos después!
¡Nos vemos más tarde!
Wir sehen uns später!

Te cuidas, bye-bye*!
¡Cuidate!
Pass auf dich auf! ***(*take care, bye-bye)***

Qué tengas un buen día!
¡Qué lo pases bien!
Einen schönen Tag noch!
(nach dem englischen ****Have a nice day!***)

Porqué chompeas* a la ruca?
¿Porqué te burlas de esa?
Warum machst du die Frau lächerlich?

Der Spruch ***Hasta la vista, beibi*!*** *= „Bis bald, Baby*!" ist seit Schwarzeneggers Film rund um den Globus bekannt. Ähnlich geläufig sind in den USA die Texmex-Songtexte, selbst asiatische Taxifahrer scheinen sie zu kennen.*

****chump:*** *Trottel*

Ein Schwätzchen

Ya sabes que ...
Du weißt ja, dass ...

Yo no he watchado* que ...
No me he dado cuenta de que ...
Mir ist nicht aufgefallen ***(*to watch),*** dass ...

***to bullshit**	**bulchitiar***	Unsinn erzählen
	chingadera	schlechter Deal, Gemeinheit (**chingar:** bescheißen)
	cantinflear/ cantinflade	quatschen, Quatsch (statt ***tontería***)
	cotorrear	schwatzen (***cotorro:*** Elster)
***a chance**	**una chanza***	eine Chance, ein übler Trick (statt ***oportunidad, riesgo***)
***questions**	**cuestiones***	Fragen (statt ***preguntas***)
***to cheat**	**chitiar**	lügen (statt ***mentir***)

© Uta Goridis

No chitiaste.
No mentiste.
Du hast nicht gelogen.

Y qué?
Na und?

Está borin*.
Es aburrido.
Er/sie/es ist langweilig ***(*boring).***

Ea se cree muy machín.
(Ella) Se cree superior.
Sie hält sich für die Größte.

***Machín** bedeutet „Boss" und wird im Spanischen mit **jefe** wiedergegeben.*

I don't know* ni nada about that*.
No tengo ni idea.
Ich kenn mich überhaupt nicht aus damit.

Cuáles colchas?
¿Qué chorrada?
Was redest du da? (wörtl.: Federbett)

La fucking* realidad es que ...
La putada es que ...
Beschissen*, aber wahr ist, dass ...

una cosa that turns me off*
una cosa que me jode
eine Sache, die mich abtörnt

Givis*!	Was du nicht sagst! (statt ***¡No me digas!***)
De veras?	Tatsächlich?
Ándale!	Richtig! (statt ***¡Anda!;*** wörtl.: zieh's durch)

****Gee whiz!***

Telefonieren

*to ring
*to dial

ringear*	anrufen (statt ***llamar***)
dailar*	wählen/durchläuten (statt ***marcar***)
cola	Ferngespräch (Schwanz) (statt ***conferencia***)
ocupado	besetzt (statt ***comunicando***)
No está.	Er/sie ist nicht da.

Bueno!/Sí!/Díga!/Digame!
Ja, bitte!

Daila* a Los.
Llama a Los Angeles.
Ruf in L. A. an.

Su apelación es ...
Su apellido es ...
Ihr Name ist ...

Como se espelea*?
¿Como se deletrea?
Wie buchstabiert ***(*to spell)*** man das?

Oyé, cuelga el teléfono!
Hör zu, häng auf!

In Spanien nennt es sich hingegen immer ***móvil.***

Siempre me llevo la celiula*.
Ich nehm immer das Handy ***(*cellular phone)*** mit.

Unterwegs sollte man immer **la celiula*** ***(*cellular phone)***, **el móvil*** ***(*mobile)*** oder **cell phone*** ***(*cell phone)*** dabei haben. Alles übliche Begriffe für „Handy" in den USA.

Culísimo! Suerte perra!

Stimmungen drücken sich auch im Vokabular aus. Und dieses Vokabular ist so umfangreich, dass man sich manchmal fragt, ob es tatsächlich so viele Gefühle wie Worte gibt. Wir beschränken uns hier auf die wichtigsten.

Super! Zum Glück!

Culísimo*!
¡Supergüay!
Supercool! ***(*cool)***

Qué desaqüita!
¡Qué alivio!
Was für eine Erleichterung!

desagüitar
*= aufmuntern (wörtl.: aus dem Wasser ziehen, statt spanisch **animar**)*

Se encabronó para nada!
¡Se enfadó para nada!
Sie/Er hat sich umsonst aufgeregt!

encabronarse
= wörtl.: sich in einem Bock verwandeln

Suerte loca!
Wahnsinnsglück!

Gut drauf!

Me siento chicho.
Me siento muy bien.
Ich fühl mich großartig.

chicho
= überlegen/tough

Estoy de lado. (wörtl.: auf der (guten) Seite)
Estoy de maravilla.
Ich bin gut drauf.

Ganz nach dem englischen: **my best side.**

mi mejor lado
mi mejor aspecto
meine beste Seite / meine Stärke

De aquellos/ de aquellas! *(wörtl.: von denen) statt des spanischen* ***¡Bomba!*** *für den Ausruf „Klasse!"*

Califas está de aquellas.
¡California está bomba!
Kalifornien ist klasse!

Está a todo dar! (wörtl.: um alles zu geben)
¡Lo pasamos bomba!
Es ist einfach super, wir haben eine tolle Zeit.

Schlecht drauf!

muleta *= Problem/Last*

Estoy de muleta.
Estoy desanimado.
Ich bin schlecht drauf.

Estás nojada por el plantón?
¿Estás enfadado por el retraso?
Ärgerst du dich wegen der Verspätung?

caldiado *ist von dem spanischen Verb* ***caldearse*** *„sich erhitzen" abgeleitet*

Estoy caldiado con el bos*.
Me enfadé con el jefe.
Ich bin stinksauer auf den Boss*.

feeling like a nacho*
sentirse agotado
sich völlig ausgelaugt (wie ein Nacho) fühlen

stres*	Stress (statt ***estrés***)	****stress***
stresado*	gestresst (statt ***estresado***)	****stressed***
cranque*	missmutig (statt ***de mal humor***)	****cranky***

Schock! Kein Spaß! Pech!

Estoy choqueado*, chokeado*!
¡Estoy escandalizado!
Ich bin schockiert! ***(*shocked)***

chokear* = *schockieren*
(*to shock)

Está anonadado.
Está perplejo.
Er ist platt.

anonadar = *erdrücken/vernichten*

los fonis* = *Comics*
(*funnies)

No está foni*!
¡No me hace gracia!
Das ist nicht komisch! ***(*It's not funny!)***

No es fon*!
¡No es broma!
Es ist kein Spaß! ***(*It's no fun!)***

Una movida* chueca!
¡Una mala faena!
Ein übler Streich! ***(*move)***

Es repuñoso.
Es repugnante.
Das ist lästig/irritierend.

Suerte perra!
Verdammtes Pech!
(wörtl.: Hundeschicksal)

Así es la vida!
So ist das eben! (wörtl.: so ist das Leben)

It was* el destino!
¡Era el destino!
Es war* Schicksal!

Con razon (no vino).
Kein Wunder (kam er nicht).
(wörtl.: mit Grund)

Wáchale! – Sori!

Höflichkeit kann nie schaden, die entsprechenden Formeln werden auch überall verstanden.

Aufgepasst!

von **ahora** *(jetzt)* + **le** *(es)*

Órale/Hórale!
¡Oye!
Aufgepasst!

Cuídate!
¡Cuidado!
Achtung!

Watcha*/Guatcha*/Wachale*/Wáchate*!
¡***Atención!***
Pass auf! ***(*Watch out/it!)***

***dog** + *Verkleinerung* **-ito**

Guatcha* el doguito!**
¡Atención, el perrito!
Achtung*, ein Miniköter**!

Agua/Águate! (wörtl.: Wasser)
¡Cuidado! ¡Peligro!
Achtung! Vorsicht!

Huevón, cacha*!
¡Atencion haragán!
Pass auf, Schlafmütze*!

cachar* *= fangen (statt* ***coger;*** *von* ****to catch)***

Höfliches und weniger Höfliches

Esquiyes mi, plis.*
¡Perdón!
Entschuldige mich, bitte. ***(*Excuse me, please.)***

Ayen sori.*
Lo siento.
Es tut mir Leid. ***(*I am sorry.)***

Sori!*
¡Perdona!
Sorry*, tut mir Leid!

Ni modo!
¡De ningún modo!
Nichts zu machen!

Qué gracias!
¡Muy obligado!
Ironisch: Na, vielen Dank!

Ay tú! (statt ***¡Anda!***)
Na, so was?! Hat man das gesehen?!
Entschuldige!

(Es)tá suave*, bato!
¡Tranquilo!
Es ist cool, Mann!

suave* *gibt es auch im Englischen, wo es u. a. die Bedeutung von* ****smooth*** *hat: „Sachte!“*

	Con (su) permiso!	Sie gestatten!
	Con ganas!	Aber gerne! (statt ***¡Con mucho gusto!***)
**okay, alright*	**Okai/oqué, olrait!***	O.K., in Ordnung! (statt ***¡Vale!***)
**Charley = Nobody*	**Chale*!**	Nichts da! (statt ***¡Nada de eso!***)
	Quesí!	Und ob! (von ***que + si;*** statt ***¡Claro que sí!***)
	Nacho!	Klar doch! (Wortspiel mit ***nada*** (nichts); statt ***¡Entendido!***)

Qué cosas! (wörtl.: was für Sachen)
¡No me digas!
Wie nett, prima!

© Uta Goridis

No me chingas, chango

Nicht salonfähig: **fregar, chingar, joder.** Mit diesen drei Wörtern kann man eine ganze, wenn auch nicht unbedingt gepflegte Konversation bestreiten. Was ihre Bedeutung betrifft, so sind sie mehr oder weniger austauschbar. Sie bezeichnen viele Tätigkeiten, z. B. vögeln, fertig machen, vermasseln, kaputt machen etc. Im Spanischen sind vor allem die Ausdrücke mit ***joder*** geläufig. Statt **No me chingues, chango!** würde man also im Spanischen ***¡No me jodas, coño!*** sagen. Auf Deutsch: „Mach mich nicht an, Arschloch!“

Estamos chingados!
¡Estamos jodidos!
Wir sind am Arsch!

Acá la fregada/la chingada!
¡Que putada!
Das sieht gar nicht gut aus!

A la fregada/chingada!
¡La hostia!
Verdammt!

Huerco fregado!
¡Moco!
Verdammter Knirps!

fregador/-a
= *Schwindler/ Opportunist*

Vete al la fregada/chingada!
¡Vete a la mierda!
Fahr zur Hölle!

darse fregazos
darse hostias
sich prügeln

Estoy fregado!
¡Estoy de una hostia perdida!
Ich bin verärgert!

Qué chingadas tienes?
¿Qué hostias te pasan?
Was zum Teufel ist mit dir los?

Qué chingadas quieres?
¿Qué coño quieres?
Was zum Teufel willst du eigentlich?

Me lleva la chingada!
¡Joder!
Verdammt!

A la jodida!
¡Joder!
Verdammt!

Vámonos a la chingada!
¡Larguémonos!
Lass uns so schnell wie möglich Leine ziehen!

Déjate de (tu) chingadera!
¡Déjate de chorradas!
Lass den Scheiß/Quatsch!

Qué chingaderas cargas!
¡Qué choradas cargas!
Was fürn Quatsch hast du vor?

Chinga chingada!
¡Puta mierda!
Verdammte Scheiße!

Hijo de la chingada madre!
¡Hijo de puta!
Verficktes Arschloch! Oder:

Hijo de tu chingada madre!
¡Tonto del culo!
Verficktes Arschloch!

Chingó la baica*!
¡Destrozó la bicicleta!
Er hat das Rad ***(*bike)*** zu Schrott gefahren!

Jodió la radio!
¡Rompió la radio!
Er hat das Radio kaputt gemacht.

Para acabarla de chingar.
Para recargar las tintas.
Um dem Ganzen noch einen draufzusetzen.

Te chingas/jodes que sí/no!
¡Te apuesto que sí/no!
Darauf kannst du Gift nehmen!

No viene más a tu casa? Te chingas que no!
¡No viene más a tu casa? Te juro que no!
Er kommt nicht mehr zu dir nach Hause?
Nein, darauf kannst du Gift nehmen!

chingón/ona
= super/geil
(statt ***supergüay****)*

creerse chingón/-a
= sich ganz toll/
überlegen finden

el mero chingón
= der Boss persönlich
(wörtl.: der
Unvermischte)

vieja chingada/
cabróna/jodida
= verdammte, alte Kuh

Babiches, coños y otros

Dieses Vokabular sollte man lieber passiv als aktiv beherrschen, denn sonst läuft man Gefahr, entweder unfreiwillig komisch zu wirken, weil gerade bei solchen Ausdrücken jede Nuance zählt, oder man kommt in die Bredouille, aus der man sich – verbal zumindest – kaum retten kann.

Verdammt!

*von **puta madre** (siehe S. 47)*

Uta!	Verdammt! Verflucht! (auch bewundernd)
Cabrón!	Verflucht! (wörtl.: Ziegenbock, Scheißkerl)
Hijo!	Verdammt! (wörtl.: Sohn, Abkürzung von **hijo de la chingada** oder **hijo de cabrón;** statt ***¡Joder!***)

Coño (Fotze) ist so allgegenwärtig wie das englische „fuck", vor allem in Spanien. In Chile wird es sogar als Slangausdruck für „Spanier" gebraucht. Manchmal ist es auch nur Ausruf, der Ungeduld ausdrückt.

Coño, tremendo embarque!
¡Coño, es un asunto que la trae de cabeza!
Verdammt, das hat sich gewaschen!
(wörtl.: verdammt, gewaltige Verschiffung)

Was für ein Scheiß!

Puta vida!
Scheißleben!
(wörtl.: Hure Leben)

Pinche Spain!
¡Pinche España!
Scheißspanien!

¡Puro pedo!
¡Mentiras!
Alles nur Lügen!

Qué gacho! (wörtl.: nach unten gebogen)
¡Qué lío!
Was für ein Schlamassel!

Vale cacahuate*!
¡No vale un comino!
Das ist nichts wert! ***(*It's peanuts!)***

La papa!
Der reine Wahnsinn!
(von ***paparrucha:*** Quatsch)

Eher unfreundliche Aufforderungen

Andavete!
¡Vete a la mierda!
Los, hau ab! Verpiss dich!

aus ***andar*** + ***ir***
= gehen

Ya chole!
¡Ya está bien!
Das reicht!

Águate!
¡Date prisa!
Bewegung!

Ya marchó!
¡Se acabó!
Das war's! (wörtl.: läuft schon)

Come here*, pronto!
¡Ven aquí, de prisa!
Komm her*, aber dalli!

Pélamela / pélame la verga!
¡Que te jodas!
Leck mich! (wörtl.: schäl mir die Rute)

Mistkerle

pinche ist von „Fotze" abgeleitet und bedeutet „beschissen/abgefuckt"

No seas tan pinche!
¡No seas tan cabrón!
Sei nicht so ein Arsch!

wörtl.: Sohn der Chingada (siehe S. 31)

Hijo de la chingada!
¡Hijo de puta!
Scheißkerl!

Es un apestado*!
¡Es un pesado!
Er ist eine Nervensäge! ***(*pest)***

(*son of a bitch)

Sanababiche*!	Scheißtyp! (statt ***¡Pinche cabrón!***)
Condenado/-a!	Scheißkerl! (wörtl.: verurteilt)
Culón/-a!	Arschgeige! (***culo*** = vulgär: Arsch)
Metiche!/ Metichi!	Nervensäge! (von ***meterse,*** sich einmischen)

cacahuete = Erdnuss

Es un cacachuate.
Es un cero.
Er ist eine Null.

Eine ganze Reihe an Beschimpfungen kann man mit **Eres ...** (du bist) beginnen:

un agüite	eine Nervensäge (statt ***pesado***)
un babiche*/ sobiche*	ein Dreckskerl
un pendejo	ein Blödmann (wörtl.: Hänger)
muy chocho	ziemlich senil
un gato	ein Angsthase (statt ***cobarde/gallina***)
una cuacha	ein Analphabet/Vollidiot (wörtl.: Hühnerscheiße)
comemierda	Arschloch (von **come mierda** = frisst Scheiße)

****bitch / son of bitch***

No te pongas tan comemierda!
¡No te pongas tan merdoso!
Sei nich so'n Arsch!

Alternativ kann man Sätze auch mit **Es un bato ...** (Der Typ ist ...) beginnen:

	culebra	hinterfotzig (von Schlange; statt ***retorcido/-a***)
	chueco	hinterhältig (krumm; statt ***desconfiado***)
**square*	**escuadra***	spießig (rechteckig; statt ***hortero/-a***)
	gacho	übel (hängend; statt ***malo***)
**not nice*	**not nai***	nicht nett (statt ***poco simpático***)

Idioten und doofe Typen

Es carne seco.
Er ist blöd in der Birne. (wörtl.: Dörrfleisch)

Pata de puerco!
Idiot! (wörtl.: Schweinefuss)

Es un baboso! (wörtl.: geifernd)
¡Es un chiflado!
Er ist ein bescheuerter Typ!

Son Ustedes un atajo de huevones!
¡Son Ustedes un atajo de holgazanes!
Ihr seid doch nur ein Haufen Faulpelze!

Trucha, este babiche* es tramposo.
Cuidado, este cabrón es tramposo.
Pass auf, das ist ein falscher Fuffziger ***(*son of a bitch).*** (wörtl.: „Forelle“, ...; im Sinn von „Achtung“, dieser Kerl ist falsch)

Camello, jale ...

Etablierte Chicanos beginnen auch in eine Collegeausbildung zu investieren, aber manchmal ist die Armee die einzige Möglichkeit, um das bewerkstellligen zu können. Der Slogan lautet:

Muévete! Aplómate!
¡Despierta!
Starte durch! Mach dich schlau!

aplomado/-a
= listillo = *schlau*

fultaim*	Vollzeitbeschäftigung (statt ***a tiempo completo***)
partaim*	Teilzeitbeschäftigung (statt ***a tiempo parcial***)
overtaim*	Überstunden (statt ***horas extraordinarias***)
una quebrada*	eine Chance (statt ***una oportunidad***)
el mero mero	der big Boss (statt ***el jefazo;*** wörtl.: der einzig Wahre)
la mera mera	die Chefin (vom Ganzen) (statt ***la jefaza***)

**** full time***

**** part time***

****overtime***

****a break***

Sabes taipear*?
¿Sabes escribir a máquina?
Kannst du tippen? ***(*to type)***

hacer una aplicación*
escribir una solicitud
eine Bewerbung ***(*application)*** schreiben

Ya le agarró sabor al trabajito.
Ya le tomó el gusto al trabajo.
Er hat sich mit seinem Job angefreundet.

Mi patrón/bos* es muy gente.
Mi patrón es muy amable.
Mein Chef ***(*boss)*** ist sehr nett.

Ein Satz wird häufig mit **hay** *(es gibt) angefangen und dann auf Englisch zu Ende geführt.*

Hay un friendly atmosphere*.
Hay un ambiente agradable.
Die Atmosphäre ist gut* dort.

Die Welt der Meetings

Das nennt sich auf Spanglish **The world of mitins***, wobei das letzte Wort natürlich von ***meetings*** abgeleitet ist.
Ein zweisprachiger Geschäftsmann sagt auch:

Tengo una obligación de negocios en Tejas, pero espero que I'll be back for the meeting the week after.
Tengo que estar en Tejas para mis negocios, pero espero estar de vuelta para la reunion la semana que viene.
Ich hab eine geschäftliche Verpflichtung in Texas, aber ich hoffe, dass ich zu dem Meeting in der Woche darauf zurück bin.

Zum Abwimmeln: **Fué al mitin*.**
Fué a la reunión.
Er hat eine Besprechung*.

Estoy super bisi*.
Estoy muy ocupado.
Ich bin sehr beschäftigt. ***(*super busy)***

Hay un dedlain*.
Hay una fecha tope.
Es gibt einen festen Termin. ***(*deadline)***

Tengo un appointment* en las cinco.
Tengo una cita a las cinco.
Ich hab um fünf einen Termin*.

Tiene que signear* mi check.**
Tengo que firmal el cheque.
Er muss meinen Scheck** unterschreiben ***(*sign).***

Cómo te fue en la office* hoy, my dear?**
Wie war dein Tag im Büro*, mein Liebes**?

***office** *statt des spanischen* **oficina**

Tengo que tomar un break*.
Necesito una pausa.
Ich brauch eine Pause*.

Die Welt der kleinen Jobs

trabajito	Job (Verniedlichung von ***trabajo***)
camello	Maloche (statt ***un curro***)
camellar	malochen (statt ***curr(el)ar***)
jale	Plackerei (statt ***el pringe***)
jalar	schuften (statt ***pringar***)
tallar	schuften (von ***batallar***: kämpfen)
un talle	Job

camello/camellar *von* **camello** = *Kamel*

jale/jalar *von* **jalar** = *ziehen*

Voy al jale.
Voy al curro.
Ich geh malochen.

Manejó el talle bien.
Hizo bien su trabajo.
Er hat gut gearbeitet.

Es muy camella.
Trabaja como una bestia.
Sie schuftet wie ein Tier.

Adió, ellos no quieren camellar!
¡Trabajar, ni pensarlo!
Na die und arbeiten!

Cómo va el trinquete?
¿Cómo va el negocio?
Wie läuft das Geschäft?

Shaineando* no ganas mucha feria.
Limpando botas no se gana mucho.
Als Schuhputzer ***(*to shine shoes)*** machst du nicht viel Geld.

Trabajo como waiter* en un naitclub.**
Soy camarero en una discoteca.
Ich arbeite als Kellner* in einem Nachtclub**.

No tiene mucho negocio.
Das Geschäft läuft nicht.

Trabajo en la <u>travel agency</u>* del lobby de mi building***.**
Trabajo en la agencia de viajes del vestíbulo de mi edificio.
Ich arbeite in dem Reisebüro* in der Eingangshalle** meines Gebäudes***.

Hiciste mucho money*?
¿Ganaste mucho dinero?
Hast du viel Geld* gemacht?

Wenn gar nichts läuft, weil man arbeitslos ist oder sonstwie in der Misere ist:

Me recortaron.
Me despidieron.
Sie haben mich gefeuert.

estar de balde
estar de sobra
keinen Job haben

balde = *arbeitslos, nutzlos, überflüssig*

la chilla	finanzielle Misere (statt ***miseria***)
welfér*	Stütze (statt ***asistencia pública***)
bom*	Penner (statt ***mendigo***)
talón	strebsam (span.: Schuhabsatz)

****welfare***
****bum***

Eine **talona** ist eine Frau, die das Pflaster mit ihren Absätzen abklappert, sprich eine Prostituierte, die man im Spanischen ***una prostituta*** oder ***una golfa*** nennt. Entsprechend zweideutig ist **talonear,** was einerseits „schuften“ und andererseits „auf den Strich gehen“ bedeutet. Im Spanischen heißt es für Letzteres hingegen ***ejercer la prostitución.***

Está malo el cuento.
La situación es fea.
Die Lage ist brenzlig. (wörtl.: die Geschichte sieht schlecht aus)

Voy a quitear* mañana!
Voy a suspender el trabajo mañana.
Ich hör ***(*to quit)*** morgen auf.

Im Spanischen sagt man statt ***job**** *korrekterweise* **empleo.**

No te preocupes, vas a encontrar otro job*.
Mach dir keinen Kopf, du wirst einen anderen Job* finden.

***postman**	**postero***	Postbote (statt ***cartero***)
***maid**	**meid***	Hausangestellte (statt ***criada***)
	chófero	Chauffeur/Fahrer (statt ***chófer***)

Quiere ponerse un bisnes*.
Quiere montar un negocio.
Er möchte sich ein Geschäft ***(*business)*** aufbauen.

Manchmal ist die Armee der einzige Ausweg:

Se fué al ormy*.
Entró en filas.
Er ging zum Militär ***(*army).***

I can't stay* en casa!
¡No aguanto más en casa!
Ich halt's nicht mehr zu Hause aus!

Aquí hay estraique*.
Hay una huelga.
Hier wird gestreikt ***(*strike).***

Por qué no me alivianas?
¿Por qué no me ayudas?
Warum greifst du mir nicht unter die Arme?

Mala educación ...

Für Latinons beträgt die Rate der **drop-outs*** (Schulabbrecher) 30 %, bei den Anglos sind es nur 7,7 %. Und in die öffentlichen Schulen der Innenstädte wird auch immer weniger investiert.

colegiante*	College-Student (statt ***estudiante***)	****college student***
graduante*	höheres Semester (statt ***graduado***)	****graduate***
clecha/clesha	Schule (statt ***escuela***)	
ticha*	(Grundschul-)Lehrerin (statt ***maestro/-a***)	****teacher***
profe	Prof(essor) (statt ***profesor***)	

Clecha ist vermutlich von iglesia (Kirche) abgeleitet, denn früher wurde der Unterricht in der Kirche abgehalten.

Quándo vienes de la clecha?
¿Quándo vuelves de la escuela?
Wann kommst du von der Schule?

Ea 'stá en el sexto grado*.
Ella está en la sexta.
Sie ist in der sechsten Klasse ***(*sixth grade).***

****I flunked the exam.***

Flonqué el exam*.
Fracasé en el exámen.
Ich hab die Prüfung* nicht bestanden.

****to fail in a test***

No feileaste el test*?
¿No fuiste suspendido en la prueba?
Bist du bei dem Test nicht durchgerasselt?

No tenía clas*. ***No había clase.***
Ich hatte keinen Unterricht ***(*class).***

Quiero terminar mi bachelors*.
Quiero hacer el bachillerato.
Ich möchte mein Abitur ***(*bachelor)*** machen.

Yo estaba en que José ya se había graduado*.
Yo pensaba que José ya había aprobado la selectividad.
Ich dachte, José hätte schon sein Abitur gemacht ***(*graduated).***

Te están brain-washing*.
Te dan un lavado de cerebro. Tel comen el coco.
Die verpassen dir eine Gehirnwäsche.

Accept it, bro*!
¡Tómalo, hermano! ¡Tragalo!
Akzeptier's, Bruder!

El profe está buti ardido.
El profe está muy enfadado.
Der Lehrer ist stinksauer.

*Statt **muy** heißt es im Chicano-Spanish **but(i)** für „sehr".*

La nada quotidiana

Zu den Sorgen des Alltags gehört das liebe Geld, für das es wie im Deutschen unendlich viele Bezeichnungen gibt.

Kohle, Zaster, Knete ...

Dass Zeit Geld ist, haben sich auch die Chicanos zu eigen gemacht:

Tiempo es money*!
¡El tiempo es oro!
Zeit ist Geld*!

Tiene feria?
¿Tiene lata?
Hat er Geld?

feria	wörtl.: „Markt(geld)" (statt ***lata***)
ficha/bica	wörtl.: „Spielmarke/Jeton"
sin ficha	ohne Geld (statt ***sin dinero***)
lana	wörtl.: „Wolle" (statt ***tela:*** Stoff)
estar quebrado	abgebrannt sein (statt ***estar en las últimas***)

***cash**	**cash***	Bares (statt ***moneda***)
	bola/dola	Dollar
	bolo	Dollar (in Spanien war ein ***bolo*** eine 5-Peseta-Münze)
	un torreón	halber Dollar, 50 Cent
***quarter**	**un cuala*/ cuara*/quora*/ una cuartilla***	25-Cent-Münze
	una peseta	25-Cent-Münze
	un cobre	Penny (wörtl.: „Messing“)
	un calo	Cent („Messingstück“)
***nickel**	**un nicle***	Fünf-Cent-Stück
***dime**	**un daim(e)**	Zehn-Cent-Stück
***cash and carry**	**cashancary***	Selbstbedienung (statt ***autoservicio***)

Ahora *wird von den Chicanos häufig im Sinne von* ***hoy*** *(heute) gebraucht.*

Ahora viene mi chequecito!
Heute kommt mein Scheck!

© Uta Goridis

Tienes cambio de cinco bolas.
¿Tienes el cambio de cinco dolares?
Kannst du fünf Dollar wechseln?

Haushalt

Der Haushalt ist voller Anglo-Artikel, **Cositas como** (Sachen wie) ...

maicrogüey*	Mikrowelle (statt ***microondas***)	****microwave***
vacunclíner*	Staubsauger (statt ***aspiradora***)	****vacuum cleaner***
carpeta*	Teppich (statt ***moqueta***)	****carpet***
cauch(o)*	Couch (statt ***sofá***)	****couch***
frizer*	Kühlschrank (statt ***la nevera***)	****freezer***
cinc*	Spüle (statt ***fregadera***)	****sink***
trash*	Abfall (statt ***basura***)	****trash***

Klamotten

Siempre anda a la línea.
Siempre está muy bien vestido.
Er/sie immer tadellos gekleidet. (wörtl.: er/sie geht immer nach der Linie gekleidet)

Andan muy jalea.
Se han acicalado.
Sie haben sich in Schale geworfen.

jaleo = *andalusischer Tanz, Fiesta*

El sombrero le quedó a la medida.
Der Hut passt ihm ausgezeichnet.

la gorra de beísbol volteando hacia atrás
la gorra de beísbol al revés
mit dem Schirm nach hinten getragene Baseballkappe

	garras	Klamotten (statt ***trapos***)
****style***	**estaile***	Stil (statt ***estilo***)
****in***	**Está in*.**	Das ist in*. (statt ***Está de moda.***)
****out***	**Está aut*.**	Das ist out*. (statt ***Está pasado de moda.***)
****blue jeans***	**bluyin***	Jeans (statt ***vaqueros***)
	chichero	BH (Slang für ***el sostén, el sujetador***)
****wonderbra***	**bottombra***	Wonderbra
****pantyhose***	**pántijo***	Strumpfhose (statt ***el panty***)
****socks***	**socketines***	Socken (statt ***calcetines***)
****bloomers***	**los blúmer***	Schlüpfer (statt ***bragas***)
****overall***	**overoles***	Overall (statt ***el mono***)
	naguas	Rock (statt ***la falda***)
	calcetas	Strümpfe/Socken (statt ***las medias***)
	calzones	Boxershorts (Unterwäsche) (statt ***calzoncillos***)
****shorts***	**chor***	Shorts (statt ***pantalones cortos***)
****pantsuit***	**pansu***	Hosenanzug (statt ***traje pantalón***)
****smoking***	**esmoquin***	Smoking

pantalon abombachado
weite Hosen

Ponte unos tenis*.
Ponte unas zapatillas de tenis.
Zieh Tennisschuhe ***(*tennis)*** an.

Llegó de pipa y guante.
Llegó relamido.
Er war geschniegelt und gebügelt.
(wörtl.: mit Pfeife und Handschuh)

Nichts hat so viel Furore gemacht wie der **zoot suit***, der in den 1940er Jahren für eine ganz neue Subkultur von Jugendlichen stand, die sich nicht nur durch ihre Kleidung, **el zoot suit***, sondern auch durch ihr neues Selbstbewusstsein auszeichnete. Der Typus, der all das in sich vereinte, hieß **pachuco**: Der taffe Dandy mit bleistiftdünnem Menjoubärtchen und zurückgekämmten, pomadisierten Haaren.

Auf Seite 92 sehen Sie ein Foto von diesem merkwürdig klingenden Kleidungsstück.

Ihre Nachfolger waren die auf Seite 37 vorgestellten **cholos** und **cholas** mit ihrem supercoolen Auftreten, ihren **tacas** (Tätowierungen) und ihren **tags*** (*Graffitis).

Carros y carruchas

Begriffe für den fahrbaren Untersatz sind Ableitungen von „Karre" wie **carro, carrucho, carcacha, carreta, cucaracha,** von „aufpumpen" wie **carrumfla** und **ranfla,** von „schieben" wie **remple** oder schließlich **carrazo** (dickes (altes) Auto).

Anglo-Witz: Warum sind die Lowrider so tief? Ganz einfach: Weil sie dann zum Salatpflücken nicht auszusteigen brauchen.

Integraler Bestandteil der Chicano-Kultur sind die **lowrider* carruchas:** Autos, deren Fahrgestell so niedrig ist, dass sie praktisch auf der Straße kleben. Wie die Hauswände sind sie häufig mit religiösen Motiven verziert.

Der Lastwagen ist ganz nach dem englischen ***truck** ein **troca*,** statt des spanischen ***camión.***

Im Gegensatz zu früher ist **hacer dedo** (Hitchhiking = per Anhalter fahren) nicht mehr angesagt, da praktisch jeder seine eigene Karre hat oder sich andersweitig arrangiert. Bus und Bahn werden im Westen und Südwesten der USA kaum als Verkehrsmittel genutzt.

In Spanien nennt sich die Versicherung hingegen **seguro.**

Necesitas unas aseguranza* para el automóvil.
Du brauchst eine Versicherung ***(*assurance)***
für das Auto.

Usamos la carta* en la gas station.**
Tomamos la tarjeta de crédito en la gasolinera.
Wir nehmen die Kreditkarte* an der Tankstelle**.

***drive**

arrear	fahren (Vieh treiben)
arreador	Fahrer (Viehtreiber)
draivear*	fahren (statt ***conducir***)
pilotear	(Rennen) fahren (statt ***pilotar***)

fixear*	in Ordnung bringen (statt ***arreglar***)	***to fix***
rentar* fierros	Werkzeug verleihen (st. ***alquilar herramientas***)	***to rent***
requear*/recar*	zu Schrott fahren	***to wreck***
gas*	Benzin/Super (statt ***gasolina***)	***gas***
el fénder*	Kotflügel (statt ***guardafango***)	***fender***
winshiwaipers*	Scheibenwischer (statt ***limpiaparabrisas***)	***windshield wipers***
parquear*	parken (statt ***estacionar***)	***to park***
el parqueo*	Parkgarage (statt ***aparcamiento***)	***parking***
yuta*	Kehrtwendung (statt ***media vuelta***)	***U-turn***
un atajo	eine Abkürzung	

Tengo que llenar el tanque*.
Tengo que llenar el depósito.
Ich muss den Tank* aufüllen.

Mi broda* me dió su ranfla.
Mi hermano me dió su coche.
Mein Bruder ***(*brother)*** gab mir seine Karre.

El motor del remple está caliente.
Der Motor der Kiste ist heiß.

Ea chocó/requeó* mi ranfla.
Ella destrozó mi coche.
Sie hat mein Auto zu Schrott gefahren.
(*to wreck)

Tu carreta yo no sopla.
Deine Karre fällt auseinander. (wörtl.: deine Karre gibt keinen Hauch mehr von sich)

Sabe componer carros.
Sabe reparar coches.
Er kann Autos reparieren.

Tengo dos flets*.
Se me pincharon dos llantas.
Ich hab zwei Platten **(*flats).**

Tengo que pompearla*.
Tengo que inflarla.
Ich muss den Reifen aufpumpen **(*pump).**

In Spanien **empujar** *statt* **puchar.**

Tenemos que puchar.
Wir müssen schieben **(*to push).**

Podrías startear* el carro?
¿Podrías arrancar el coche?
Könntest du bitte das Auto starten **(*to start)**?

Anda el motor!
Arranca!
Lass den Motor an!

In Spanien **frenos** *statt* **brecas*.**

Esas brecas* no valen nada.
Diese Bremsen **(*brakes)** taugen nichts.

El parkeadero está lleno.
El aparcamiento está lleno.
Der Parkplatz ist voll.

La troca* cuesta más taxes.**
Los impuestos son más elevados en el camión.
Der LKW ***(*truck)*** kostet mehr Steuern ***(**taxes).***

Klassische Ausrede:

<u>I found myself amid</u>* una combustión de tráfico.
Me encontré dentro de un atasco.
Ich steckte in einem Stau.

Machos y Marias

Beinahe jeder Name wird entweder verkürzt oder verballhornt. Eine Auswahl für Frauen: **Chela** (Graciela/Celia), **Chola/Chole** (Soledad), **Fela** (Felicitas), **Fina/Pepa** (Josephine), **Flore** (Florinda), **Mine** (Hermine), **Nela** (Manuela), **Quela** (Ángela/Micaela), **Tita** (Jesusita), **Tere** (Teresa), **Veva** (Genoveva) und **Yoli** (Yolanda).

Eine Auswahl an Männernamen: **Chelo** (Consuelo), **Chema** (José María), **Chencho/Chencha** (Crescenico/Crescencia), **Chente** (Vicente/Vicenta), **Ferni** (Fernando), **Fito** (Adolfo), **Milo** (Emilio), **Mingo** (Domingo), **Nacho** (Ignacio), **Nelo** (Manuel), **Neto** (Ernesto), **Pepe** (José), **Quique** (Enrique), **Yayo** (Eduardo) und **Yoche** (George).

Sind Typen unter sich, gebrauchen sie folgende Anreden:

	Eit! Éitale!	Heh, du! (statt **¡Eh! ¡Hola!**)
	Ese, compa!	Heh, Mann! (statt **¡Hola chaval!**
***brother**	**bro(der)***	Bruder/Kumpel (statt **colega**)
	mano/manito	Bruder/Kumpel (von **hermano** abgeleitet)
	compa	Alter
	cama(rada)	Partner
	bato/vato	Kumpel
***guy**	**güe*/güey***	Mann
	Speak güey*!	Spuck's aus, Mann! (statt **¡Escupe!**)
	Órale, cabrón!	Heh, du Arsch! (statt **¡Eh, cabrón!**
	carnalismo	Chicano-Brotherhood

Machos

Chicanos gelten generell als Machos, die an einem Casanova-Komplex leiden. Diesem Image entsprechen:

tofudo*	tougher, aggressiver Typ (statt ***buscabroncas***)
cuete	ein Kerl (statt ***coleguilla***)
el gran chingón	der große Boss (statt ***el jefazo***)
super chingón	Supertyp
maniaco	irrer, sexbessener Typ (statt ***maniaco***)
luchista	Macker (statt ***gacho***)
mujeriego	Weiberheld
playboy*	Playboy* (statt ***donjuán***)
matón	Ladykiller
viejero	Schürzenjäger (statt ***golfo***)
culero	einer, der nichts anbrennen lässt (statt ***lobo***)

****tough***

Es un barral/cauboi*.
Es un cachas/vaquero.
Er ist ein Muskelprotz/Cowboy*.

Außerdem nennt man mexikanische Cowboys auch ***caburoos*** *und* ***charros,*** *siehe Seite 24.*

Siempre están bastardiando/chichando.
Siempre están follando.
Ständig huren sie herum.

amores perros
= verdammte Liebschaften

Está sancheando a su ruca.
Se la da a su mujer.
Er betrügt seine Alte.

Wenn er es gut zu vertuschen weiß, ist es ein **santucho**, ein Scheinheiliger, den man in Spanien ***santurrón*** nennt. Manchmal ist aber auch das Gegenteil der Fall, dann haben wir es mit einem Heiligen zu tun:

Es un santo asoluto.
Er ist ein wahrer Heiliger.

Tiene cora.
Tiene buen corazón.
Er hat Herz.

Nunca va al congal.
Nunca va la puticlub.
Er geht nie ins Bordell.

Es muy queredón/-a. (statt ***pegajoso/-a***)
Er/sie ist sehr anhänglich.

*bachelor

bachelor*	Junggeselle (statt ***solterón***)
aparte	Einzelgänger (statt ***solitario***)
sopilote	geiler alter Bock (statt ***viejo verde***)
josco	„bad boy" (statt ***pillo***)

Los prietos prefieren a las güeras.
Los morenos prefieren a las rubias.
Dunkle Typen bevorzugen Blondinen.

Machos sind auf keinen Fall schwul und die folgenden Ausdrücke sollte man besser nicht im Zusammenhang mit ihnen benutzen: **puto, piruco, pirujo, pirano** (männliche Hure), **pirul** (Wirbel) und **chiruco** (Piepser). Ganz poetisch sind auch: **mariposa** (Schmetterling), **flor** (Blüte), **fruta*** (Frucht, nach engl.

fruit**) und **pájaro** (Vogel). Im Spanischen sind es: ***maricones (Marias), ***sarasas*** (nach dem Dorf Sarasa in Navarra, dessen Verwaltung aufgesplittet ist) etc. Jedenfalls sind die Ausdrücke sehr unterschiedlich.

Muchos chirucos va a esa cantina.
Der Club wird von vielen Homos frequentiert.

culero	Arschficker
gay*	Homo (von engl. ***gay**)
cuina*	Homo (von engl. ***queen**)
fifí	Stricher (statt ***mariquita***)
pato de agua	Schwuler (Hasenfuß)
joto/jotingo	Tunte
ser de dulce	schwul sein
chupón	Slang: Homo
volteado/ cambeado	Slang: andersrum

*Ein **culero** kann aber auch ein Weiberheld sein, denn **el culo** bedeutet auch Möse.*

Marías

Es el puro chasís.
Estar en el chasís.
Sie ist nur Haut und Knochen.

Es una ballena.
Es una foca.
Sie ist ein Wal.

Es muy picosa.
Es una tigresa.
Sie ist sehr scharf.

Is she an Anglo girl* o Latina?
Ist sie eine Anglo-Braut oder eine Latina?

***chick**	**chick***	gutaussehende Frau (statt ***tía buena***)
	chata	eine Kurze (statt ***mona***)
	Mi chata!	Meine Süße!
	chapetuda	ein heißes Gestell
	calota	tolle Braut
	cajetuda	sexy (statt ***sexi***)
	chichona	vollbusig (statt ***tetona***)
	cueraza/cuerota	super attraktive Frau
	chapete	heiße Nummer (statt ***tigresa/pantera***)
	aflojadora	sehr freizügige Frau (statt ***fresca***)
	flaquita	eine Dünne (statt ***flaca***)
	bestia	Übersinnliche (statt ***buscona***)
***bambi**	**bambi***	Unschuldslamm (statt ***mosquita muerta***)
	güerita	Blondine (statt ***rubia***)
	morena	Dunkelhaarige
	cucaracha	Spitzname für eine dunkelhäutige Frau
	café con leche	milchkaffeefarben (statt ***mulata***)
***baby/babe**	**beibi***	Baby (statt ***niña***)
	muñeca	Puppe
	matona	Teufelsweib
	jovencita	junges Mädchen
	chavala/-ita	Kleine
	culera/ choteada	eine, die nichts anbrennen lässt (statt ***loba***)
***princess**	**una pocha princess***	verwöhnte Texmex-Puppe*

Qué cuera está esa jaina!
¡Una nina pija!
Ein echtes Prachtstück, die Süße!

Fina es mi beibi*.
Fina es mi niñita.
Fina ist mein Babe*.

Ojalá que no sea gorila la chava!
¡Ojalá que no sea horrenda la muchacha!
Hoffentlich ist das Mädel nicht so hässlich!

Ea está como la jodida.
Es una metemiedo.
Sie ist hässlich wie die Nacht.

Ea es una sinvergüenza.
Sie ist niederträchtig/schamlos.

Es muy chucha.
Es muy mala.
Sie ist eine Ratte. (wörtl.: Hündin/Ratte)

Po, Busen und Beine sind die am häufigsten kommentierten Körperteile:

chiches	Titten (auch: ***peras, tetas***)
chichona	vollbusig (statt ***tetona***)
culo(te)	der weibliche Hintern
dona*	Hinterteil
nalgas	Pobacken
nalgón/-a	prächtig (Arsch)
patas	Beine (Füße)

****dougnut***

Als Letztes gibt es dann noch die Hure oder das Flittchen, für das es vielfältige Namen gibt: **pira/piruja** (Hure; statt ***tortillera***), **pluma** (Feder; statt ***putilla***), **fichera** (Hure; abgeleitet von „Geld"; statt ***puta***), **andadora** (Stricherin), *hustler **josla*** (Stricherin; statt ***zorra***), **cuica** (Vogel), **fodonga** (Prostituierte), **rana** (Frosch) und **cualquiera** (Nutte). Lesben nennt man hingegen auch noch **lesbiana** (Lesbe), **jota** und **jotinga** (nach einem Tanz).

cuera	Verlobte, Freundin (statt ***novia***)
jugada	Playgirl (statt ***juguetona***)
un cojín	Luder (statt ***una sinvergüenza***)

Juegos de seducción y flirteo

Ein Flirt ist ein Flirt – auf Deutsch, Englisch und Spanisch; auf Spanglish kann es auch ein **flirteo** sein.

flirtear	flirten
fletera/carita	Frau, die gern flirtet (statt ***ligue***)

Déjame expresar mis fílins*.
Déjame decir lo que siento.
Lass mich meine Gefühle ***(*feelings)*** ausdrücken.

Dame quebrada*!
¡Dame un respiro!
Verschon mich! ***(*give me a break)***

Tengo una dátil*!
¡Tengo una cita!
Ich hab ein Date*.

Consígueme un deit* con esa beibi.**
Consígueme una cita con es niñita.
Verschaff mir ein Date* mit dem Babe**.

Es caliente.
Tiene carácter.
Er/Sie ist temperamentvoll.

Está caliente.
Er/Sie ist scharf/heiß.

Ella tiene calentura por él.
Sie ist scharf auf ihn.

Estoy pelotas con ea.
Estoy colao con ella.
Ich bin in sie verknallt.

El está canicas sobre ella.
Está loco por ella.
Er ist verrückt nach ihr.

Tuvo un deit* con él.
Se ha quedado con él.
Sie hatte sich mit ihm verabredet ***(*date).***

wörtl.: sei kein Bambi

No seas bambi*!
¡No seas tan niñita!
Hab dich mal nicht so!

No seas pushy*!
¡No avasalles!
Geh mal nicht so ran!

Tienes una pinta de buscanovia.
Tienes pinta de buscona.
Du scheinst auf Männerfang zu sein.

Ay cosotas, ven para acá!
Hallo Süße, komm mal rüber!

It's no fun living* sola.
Es un coñazo estar sola.
Es macht keinen Spaß, allein herumzueiern.

Amor de lejos, amor de pendejos!
Liebe aus der Ferne, Liebe der Dummköpfe.

Está empelotada con la hija de María.
Está colada por la hija de María.
Er ist in die Tochter von Maria verknallt.

Qué carita eres!
¡Qué ligona eres!
Du bist ja ständig dabei!

Eres muy sexi.
Du bist sehr sexy.

Qué quiute* eres!
¡Qué dulce eres!
Wie süß ***(*cute)*** du bist!

No me chocholoques!
¡No me chochees!
Schmeichle mir nicht!

Es muy choteado.
No deja pasar una.
Er lässt nichts anbrennen.

Ay, beibi*, tú con tantas curvas y yo sin frenos.
Oh Baby*, du hast so viele Kurven, und ich hab keine Bremsen.

What's the plan*, chica?
Qué quieres hacer, chica?
Wie sieht's aus, Süße?

Whatever you want*, güerita.
Como quieras, mi rubia.
Ganz wie du willst, meine Blonde.

Me encanta tu outfit*.
Estás monísima.
Ein tolles Outfit*!

Te llamo para atrás*.
Te devolveré la llamada.
Ich ruf dich zurück ***(*call back).***

Zur Anrede der Liebsten verwendet man **jaina*** (Süße; ***honey***), **sweetheart*** (*Liebste), **novia** (Verlobte/Freundin), **torta** (Torte), **chava** (Kleine), **chuca** (von El Paso), **chiflas** (verrückt), **mi locota** (meine Irre) etc.

estar en su fuerza **Su amor estaba en su fuerza entonces.**
= voll im Gang sein Damals war er noch voll verliebt.

I lof you with all my* corazón!
Te quiero con todo mi corazón.
Ich liebe ***(*love)*** dich von ganzem Herzen.

Wer das sagt, gehört schon zur dritten Chicano-Generation, denn, wie man sieht, viel Spanisch ist nicht übrig geblieben.

© Uta Goridis

Komplimente von weiblicher Seite können beginnen mit **Es muy ...** (Er ist sehr ...):

cabroncito	toll (statt ***macho***)
en bisnes	gut in Form (statt ***en forma***)
sexudo	sexy (statt ***atractivo***)
smarte*	(super-)smart (statt ***mono***)
calote	prima
suave	klasse (wörtl.: glatt)
tírili	cool (wörtl.: großer Wurf)

Está cabrón!
¡Está super!
Das ist ja irre!

Estoy abombada!
¡Estoy atontada!
Ich bin überwältigt!

Es un bato cora.
Es muy atlético.
Er ist gut gebaut!

un chamacón	gutaussehender Typ
pasito	hübscher Kerl (statt ***guapo/salado***)

chamacón *= Vergrößerung von* ***chamaco:*** *Junge*

Abfuhr

No bacfid.*	kein Backfeed (statt ***no hay respuesta***)
Mala chansa*!	Pech! (statt ***¡Mala suerte!)***
Qué te pica?	Was passt dir nicht? (statt ***¿Qué te pica?***)
Está borderlain*.	Er ist nicht ganz dicht. (statt ***Esta „pirao“.***)

****no backfeed = feedback***

****chance***

****borderline***

Este bato me cayó como la patada!
¡Este me ha puesto de los nervios!
Der Kerl ging mir auf den Wecker!

In Spanien ***este borde*** *statt* ***el antipático ese.***

No tengo ganas de hablar con el antipático ese.
Ich habe keine Lust mit diesem Widerling zu reden.

In Spanien ***un chulo como ese*** *statt* ***un blaf* como ese.***

Como pudiste enamorarte de un blaf* como ese?
Wie konntest du dich nur in einen solchen Angeber ***(*bluff)*** verlieben?

Tiene carátula de soker*.
Es un paleto.
Er sieht wie ein Trottel ***(*sucker)*** aus.

No es muy afeccionado*.
No es muy cariñoso.
Er ist nicht sehr zärtlich ***(*affectionate).***

Es un dejón.
Es un blandengue.
Er ist ein Schlappschwanz.

Ese tipo me choca.
Ese tipo me da asco.
Ich finde diesen Kerl grässlich.

Ya ni chingas!
De qué vas!
Mann, du bist echt schräg drauf!

Stop being a* berrego!
¡No seas pesado!
Sei nicht so lästig!

No necesito ese pipilo!
¡Este tipo no merece la pena!
Diese Tunte kann mir gestohlen bleiben.

Pa' qué hablaste con ese puto?
¿Porqué hablaste con ese imbécil?
Was gab's denn mit dem Deppen zu bereden?

Intimidades y lo demás

Wie intim ist intim? Das muss jeder selbst entscheiden bei der Wahl seiner Worte. Die Auswahl ist jedenfalls groß.

Eigenhändig

hacerse la manuela	es sich selbst besorgen (statt ***hacerse una paja***)
puñetear	sich einen runterholen (wörtl.: die Hand zur Faust machen)
hacerse la puñeta	wichsen (statt ***hacerse una paja***)
jaleársela	onanieren
casquetear	masturbieren (statt ***cascarsela***)

manuela *ist ein Wortspiel mit* ***la mano*** *= die Hand*

Vorspiel und Sex

Ein „Fummler" ist entsprechend ein **manoseador.**

Den „Hurenbock" beschimpft man entsprechend als **cachero** *oder aber* **cogedor** *(statt* **follador/cabrón**).

Und das **cogedero** *ist ein Bordell statt in Spanien ein* **casa de putas** *oder* **puticlub.**

manosear	fummeln
petting*	Petting*
meter mano	Hand anlegen (Vagina)
cachar	„bei 'n Hörnern nehmen"
chingar	vögeln (statt ***joder***)
coger	„nehmen"
cogedera	Orgie (statt ***orgía***)
parchar	„flicken"
clavar	"nageln"
ponchar	„löchern"
rosquiar	„Möse bearbeiten" (von **rosca:** Möse)
quitar* la linda	entjungfern (***to quit** statt ***desflorar***)
camatear	ins Bett gehen (von ***cama:*** Bett; statt ***ir a la cama***)
echar un palo/ palito	eine Nummer schieben
encaramar	besteigen (st. ***encarmarse***)
chichear	herumhuren, ins Bett gehen (statt ***putear***)
culear	vögeln/ficken
picoso/-a	gut im Bett (statt ***bueno en la cama***)
comer el chorizo	Schwanz lutschen, (wörtl.: die Wurst essen, statt ***chuparla***)

Ein Sprichwort: **Cuídate, no te vaya a picar la víbora.**
Pass auf, dass du nicht deine Unschuld verlierst. (...dass dich die Schlange nicht beißt)

Cogí a aquella jaina.
Ich hab mir diese Tussi vorgeknöpft.

le dió su buena cogida.
Er hat's ihr besorgt.

Quisó parchar a esa cuerota.
Quisó joderse a esa pantera.
Er wollte mit dem Prachtweib ins Bett.

Besonders hilfreich bei alledem: **goma** *(Gummi),* **condón** *(Kondom) und* **perservativo** *(Präservativ).*

Él no se enchufa con esa bruta.
Él no se moja con esa.
Er treibt es nicht mit dieser hässlichen Tussi.

Ya chingó.
Ya jodió.
Er hat einen Treffer gelandet.

No le importa con quien chichea.
Es ist ihm völig egal,
mit wem er ins Bett geht.

Reipearon* a la chava?
¿Violaron a la chica?
Haben sie das Mädchen vergewaltigt?
(*to rape)

Dale en los aguacates.
Dale en los huevos.
Kick ihn in die Eier!

Nun aber mehr zu den ganz konkreten Geschlechtsteilen:

El sexo masculino

Will man die Ausstattung des Mannes beschreiben, hört sich das so an: **palo** (erigierter Penis; wörtl.: Pfahl), **chorizo** (Chorizo-Wurst; statt ***rabo/polla***), **panocha** („Maiskolben"; statt ***panoja***) oder **garrote** (Riesenteil). Hinzu kommen dann noch **cojónes/huevos** (Eier), **blanquillos** („die kleinen Weißen"; statt ***testículos***), **bolas** (Kugeln), **pelotas** (Bälle), **talega** (Sack) oder **aguacates** („Avocados").

ser de buenos cojones = *nicht von schlechtern Eltern sein (statt im Spanischen **viene de buena casa**)*

estar en pelotas *oder* ***estar en bolas*** = *splitternackt sein*

chiludo	gut bestückt (statt ***está bien dotado***)
traerla duro	einen Steifen haben (statt ***la tiene dura***)
ponerla duro	einen Steifen kriegen (statt ***ponerla dura***)

Tiene dulces de toro.
Tiene huevazos.
Er hat die reinsten Stierhoden.

El sexo feminino

Reden wir von der Frau, gibt es **chucha** (kleines Boot; statt ***chocho***), **crica** (Ritze; statt ***agujero***), **cueva** (Höhle), **coño** (Fotze), **culo** (Loch) oder **cosa** (Ding). Manchmal müssen auch Fauna und Flora herhalten: **chocha** (Schnepfe; statt ***chocho***), **gusano** (Raupe), **chango** (Klammeraffe), **pájara** (Vogel), **puzy***

(Pussy*), **gatito** (kleine Katze), **tortuga** (Schildkröte), **chayote** (Chayotefrucht), **pepa** (Kern = Klitoris) oder **papaya** (Papaya). Auch Essbares ist beliebt: **bizcocho** (Biskuit), **galleta** (Keks), **empanada** (Pastete), **tocino** (Speck) ...

Estoy mala.
Ich hab meine Periode.

Culto al cuerpo y al espiritú

Mit Chicano-Künstlern werden oft Wandmalereien im Barrio, Protest-Lyrik, Neon-Altäre für Frida Kahlo und die Virgen de la Guadelupe, Texmex-Musik und Low-riders assoziiert. Integrieren sie sich jedoch in die amerikanische Kultur, heißt es, sie hätten ihre Identität verloren.

cho*/sho*	Aufführung, Ausstellung, Kinovorstellung
shoubísnes*	Showbusiness*
una flica*	Kino(streifen), Drive-in
la vista	Film (statt ***pelicula***)
casita de los tíquetes	Kasse (statt ***taquilla***)
actor/actora	Schauspieler(in) (statt ***actor, actriz***)
(tele)novelas	Telenovelas, Seifenopern
gringo TV	amerikanisches Fernsehen

****show***

****flick***

Im **teatro chicano** wird häufig der Kulturschock thematisiert, der aus dem Aufeinandertreffen von Anglos und Latinos resultiert. **El cine chicano** hat schon längst Hollywood erobert.

Weniger bekannt ist, dass selbst Walt Disney ein Latino war: Er war der Sohn eines spanischen Arztes und seiner Geliebten und hieß José Luis, bevor ihn Elias und Flor Disney in Chicago adoptierten.

películas gringas y el cine chicano
Gringo und Chicano Kino

Quiero ver el nuevo filme* de ...
Quiero ver la nueva película de ...
Ich möchte den neuen Film* von ... sehen.

Rita Hayworth, wurde als Margarita Carmen Cansino in New York geboren.

watchar las movies*
ver/mirar las películas
Filme* anschauen

Anoche fuímos a las vistas. (statt ***al cine***)
Gestern Abend gingen wir ins Kino.

*Berühmt wurde Nilo Cruz mit seinem Stück „Anna in the Tropics", das den Pulitzer Preis bekam. Ein weiterer Vertreter des **teatro chicano** ist Carlos Morton mit Stücken wie „Rancho Hollywood".*

Vamos al cho*! (statt ***al cine***)
Gehen wir in die Vorstellung ***(*show)***!

Tienes un ticket*? (statt ***un boleto***)
Hast du eine Karte ***(*ticket)***?

Vas pal para el mono conmigo?
¿Me acompañas al cine?
Kommst du mit ins Kino?

Los boletos se compran en la box*.
Los boletos se compran en el estanco.
Tickets gibt's an der Kasse ***(*box-office).***

Es una star*. (statt ***estrella***)
Sie ist ein Star*.

Está en una performance*.
Está en un espéctaculo.
Sie tritt in einer Aufführung auf.

Está en el staig* en Broadway.
Es artista en Broadway.
Sie tritt **(*stage)** am Broadway auf.

Ea es una vistera. (statt ***una cinéfila***)
Sie ist ein Filmfan.

Estoy viendo una movie* con el ver.
Estoy veindo una pelicula en el video.
Ich schau mir gerade einen Film*
auf Video an.

Am bekanntesten in Deutschland sind die Romane von Dagoberto Gilb und die Chicano-Krimis von Rudolfo Anaya (Zia Summer, Rio Grande Fall). In allen tritt der in Albuquerque lebende Privatdetektiv Sonny Baca auf.

Musik

Chicano- oder Latino- oder Spanglish-Rap, dazu gehören Gruppen wie Kid Frost, Mellow Man, Ace oder Latin Empire. 1999 setzte sich Latin Pop im amerikanischen Mainstream durch nach Erfolgen von Ricky Martin, Jennifer Lopez und Marc Anthony. Letzterer ist bekannt für sein **Boricua vibe,** *puertoricanische Vibes.*

Latinos haben sich vor allem in zwei Bereichen durchgesetzt: im kulinarischen und musikalischen, und jeder Taxifahrer, egal welcher Herkunft, versteht inzwischen ihre Songtexte.

Im Süden von Texas hört man immer und überall **tejano** und seine Varianten **conjunto, norteño** und **Texmex,** eine dreisprachige Musik, mit englischen und spanischen und spanglischen Texten. **Voy a cantarles un corrido** (ich sing euch eine Ballade), so beginnen **Los Tigres del Norte** ihre **corridos,** gesungene Balladen, in denen von **pobres campesinos, braceros** (armen Landarbeitern und Hilfsarbeitern) und **grandes hacendados** (reichen Ranchern), **güeros sin compasión** (Blonden ohne Mitleid) und **rinches asesinos** (mörderischen Texas Rangers) die Rede ist.

songa*	*Song
mariachis	trad. Hochzeitssänger, wahrscheinlich abgeleitet von frz. „mariage“
salsa	Salsa (in den 1970ern jedoch noch das Wort für eine Soße unterschiedlicher Zutaten)
la salsa caribeña	karibische Salsa
música ranchera	Country-/Western-Musik

Sport

esporte*/spor*	Sport (statt ***deporte***)	****sport***
sporsman*	Sportler (statt ***deportistas***)	****sportsmen***
Gol*!!!	Tor!!!	****goal***
béisbol	Baseball	
béisbolista	Beisballspieler	
boxeador	Boxer	
noquear*	k.o. schlagen	****to knock out***
nocaut*	Knock-out*	
baiquer*	Biker*, Motorradfahrer	
jugar golf	Golf spielen	
ciclin*	Rad fahren	****bicycling***
practicar el baloncesto	Basketball spielen	
boulin*	Bowling*	
sporwer*	Sportkleidung	****sportswear***
sportin*	Sportausrüstung	****sporting equipment***
yoguear*	joggen	****to jog***

A tí te gustan los esportes*?
¿A tí te gustan los deportes?
Magst du Sport?

Soy aficonados al spor*.
Ich bin ein Sportfan.

Soy aficionado al fútbol.
Ich bin ein Fußballfan.

Chuta* un golazo.**
Er schießt ***(*shoot)*** ein Supertor ***(**goal).***

Literatur- & Surftipps

Wer auf den Geschmack gekommen ist und noch mehr Chicano-Spanglish entdecken möchte, dem seien zunächst diese drei Wörterbuch-Klassiker empfohlen:

DVD-Tipp: **Spanglish** *(2004) – eine etwas abgedroschene Komödie über eine scharfe Latina-Hausangestellte und die ihr ausgelieferte Anglo-Hausherrin.*

- **Spanglish – The Making of a New American Language,** Ilan Stanvans, Harper Collins, 2003

- **The Dictionary of Chicano Spanish – El Diccionario del Español Chicano,** Robert A. Galván, R. V. Techner, The National Textbook Company, Chicago 1996

- **Caló Orbis – Semiotic Aspects of a Chicano Language Variety,** Adolfo Ortega, Peter Lang American University Studies, 1991

- **The Official Spanglish Dictionary,** Bill Cruz, Simon and Schuster – eine witzige Sammlung, die man gelesen haben muss

- **A Run for the border: Recipes and Tales from a Tex-Mex Chef,** Matt Martinez, Kochbuch des berühmten Texmex Küchenchefs.

The Chicano Interneta

Für eine Fülle an Links sucht man am besten im Internet unter den Stichwörtern „Chicano“, „Spanglish“ oder „Latinos USA“. Das meiste ist allerdings auf Englisch oder Spanisch. Gute Adressen sind:

- **www.spanishclassonline.com**
  – *für den Online-Unterricht*
- **www.chicano.clara.net**
  – *die „offizielle“ Chicano-Website*
- **omni.ucsb.edu/ccs**
  – *Center for Chicano Studies der University of California, Santa Barbara*
- **http://hercules.us.es**
  – *Cyberspanglish Wörterbuch, Projekt der University of Texas, Austin*
- **www.uta.fi/FAST/us8/SPAN**
  – *kurze Spanglish Biografie von Garland D. Bills von der University of New Mexico, Albuquerque*
- **http://members.tripod.com**
  – *für weiteres Spanglish Vokabular*
- **www.elalmanaque.com**
  – *für den, der sein Spanglish testen möchte*
- **www.ucomics/laloakcaraz**
  – *für Latino Cartoons*

In diesem Register sind alle wichtigen Schlüsselwörter aus den chicano-spanglishen Sätzen und Wörterlisten des Buches aufgeführt.

A

B

C

D

E

F

G

H

I

J, K

L

M

N

O

P

Q

R

S

T

U

V

W

Y-Z

Die Autorin

Uta Goridis studierte Romanistik und vergleichende Sprachwissenschaften, beendete aber ihr Studium mit einem Übersetzerdiplom, Sprachen: Französisch, Spanisch und Englisch. Die Titelliste der von ihr übersetzten Bücher reicht von amerikanischen Feministinnen, französischen Krimiautoren bis zu kreolischen Schriftstellern, die in Deutschland leider noch weitgehend unbekannt sind. In diesem Zusammenhang entdeckte sie auch die in der Karibik und im Indischen Ozean gesprochenen Kreolsprachen und schrieb für die Kauderwelsch-Reihe einen Sprachführer für das Seychellen-Kreol: Kauderwelsch Band 164, Kreol für die Seychellen, ISBN: 978-3-89416-342-6.

Äußerst aufschlussreich war auch ein zweijähriges Stipendium an der Columbia University in New York, die sich unmittelbarer Nähe Harlems und des puertoricanischen Barrios befindet, wo gleich zwei Varianten der amerikanischen Hochsprache gesprochen werden, nämlich das schwarze und das puertoricanische Amerikanisch.

Afrique du Sud

LA NATION ARC-EN-CIEL

Le parc national du Kruger est sur toutes les lèvres. Star emblématique du pays, peut-être même de toute l'Afrique australe, il est réputé pour ses vastes étendues de savane où cohabitent des milliers d'animaux sauvages dont les célèbres et vénérés Big Five : le léopard, l'éléphant, le buffle, le rhinocéros et le lion. Ici les animaux sont rois, les pistes interminables et les lodges n'en finissent pas de nous surprendre tant ils s'habillent du luxe au beau milieu de nulle part. A l'image des dizaines de parcs nationaux et réserves privées du pays qui réservent aussi de bien belles surprises. Puis, on entend parler de la ville de Cape Town, comme une ville unique, vibrante d'art et de culture, et du Cap de Bonne-Espérance, et de sa colonie de manchots de Boulders. Entre ces deux escales incontournables, un fabuleux voyage : l'Afrique du Sud. Vaste et contrasté, longtemps connu à travers la voix de Mandela et tristement célèbre pour ses années d'Apartheid qui ont perduré jusqu'en 1994, ce pays est un véritable tableau vivant. De la région du Kruger à Kosi Bay, du KwaZulu-Natal à l'Eastern Cape, en passant par le Drakensberg, on en prend plein la vue. Puis, on file sur la Garden Route, qui dévoile une côte escarpée de toute beauté, pour atteindre la région du Cap. Là, la délicieuse route des vins surprend notre palais avant de rejoindre le Namaqualand et ses magnifiques tapis de fleurs. L'Afrique du Sud fascine et surprend !

SOMMAIRE

Drakensberg national park. © DIRIYE AMEY - SHUTTERSTOCK.COM

Lionne du parc national Kruger. © GERHARDUS SWANEPOEL - ISTOCKPHOTO

6 INSPIRER

On se laisse emporter par les paysages et les couleurs spectaculaires de l'Afrique du Sud, par l'abondance de sa faune sauvage et le bon-vivre de ses habitants !

35 DÉCOUVRIR

Du parc national du Kruger à la côte bordée par l'océan Indien, du cap de Bonne-Espérance en passant par les routes des jardins ou des vins, que de contrastes !

103 JOHANNESBURG ET LE GAUTENG

Joburg a mauvaise réputation et pourtant : quelle ville attachante avec son centre, ses nouveaux quartiers arty comme Maboneng et l'incontournable Soweto.

141 MPUMALANGA

Au nord-est du pays, Mpumalanga signifie « là où le soleil se lève » en langue xhosa, c'est aussi la région qui abrite le beau et célèbre parc national Kruger.

167 LIMPOPO

La région du Limpopo, connue pour son parc, borde la frontière nord du pays, autrefois appelée Transvaal. Elle abrite la très belle réserve de Marakele.

183 KALAHARI

Au nord-ouest du pays, la région du Kalahari et son désert se niche sur une bande de terre sud-africaine entre les frontières du Botswana et de la Namibie.

195 KIMBERLEY ET FREE STATE

C'est ici que règne le plus grand trou creusé à la main par l'homme, The Big Hole. On retrouve également dans cette région de nombreuses peintures rupestres.

Village culturel du Lesedi. © JANE RIX - SHUTTERSTOCK.COM

BOTSWAN
Windhoek
NAMIBIE
Mariental
Keetmanshoop
Karasburg
Molopo
Tsabong
Dinopeng
Kathu
Upington
ALEXANDER BAY ★★
PORT NOLLOTH ★★
Pofadder
Kenhardt
SPRINGBOK ★★
PARC NATION.
MOKALA
NAMAQUA
NATIONAL PARK ★★★
Brandvlei
De
Carnarvon
Nieuwoudtville
Williston
Vanrhynsdorp
Fraserburg
Océan Atlantique
Clanwilliam
KAROO NATIONAL PARK ★★
GRAAFF-REINET ★
Beaufort
West
PARC NATIONAL DU
TANKWA KAROO ★★
PRINCE ALBERT
★★
Gamtoos
TULBAGH ★★
CERES ★★
CALITZDORP ★★
MUIZENBERG
★★★
PAARL ★★★
OUDTSHOORN ★★
CONSTANTIA ★★★
FRANSCHHOEK ★★★★
TSITSIKAMMA - THE CRAGS ★★
George
LE CAP ★★★★
STELLENBOSCH ★★★★
WILDERNESS ★★
PLETTENBE
BAY ★★
KALK BAY ★★★
SIMON'S TOWN
★★★
HERMANUS
★★★
CAPE AGULHAS ★★
CAPE PENINSULA
NATIONAL PARK ★★★

Serowe
MASHATU GAME RESERVE ★★
Musina
Thohoyandou
Mahalapye
CANYON DE LA BLYDE ★★★★
Lephalale
Polokwane
VAALWATER ★★
HOEDSPRUIT ★★
SABI SAND RESERVE ★★★
Gaborone
Khutsong
KRUGER NATIONAL PARK ★★★★
TSWAING CRATER ★★
WHITE RIVER ★★
MBOBELA ★★
PRETORIA ★
CULLINAN ★★
Mahikeng
STERKFONTEIN CAVES ★★
RHINO & LION NATURE RESERVE ★★
Maputo
JOHANNESBURG ★★★
ESWATINI
Klerksdorp
Vaal
Piet Retief
TEMBE NATIONAL ELEPHANT PARK ★★
moe
MKUZE FALLS GAME RESERVE ★★
FALSE BAY PARK ★★
HLUHLUWE ★★★
Welkom
UMFOLOZI ★★★
DRAKENSBERG ★★★★
SAINT LUCIA ★★★
ESHOWE ★★
Richards Bay
Bloemfontein
GIANT'S CASTLE ★★
LESOTHO
SHAKA'S ROCK – UMHLALI ★★
Caledon
PIETERMARITZBURG ★★
UMHLANGA ROCKS ★★
npsburg
DURBAN ★★
Rietvlei
Aliwal North
Port Shepstone
Middelburg
Mthatha
PORT SAINT JOHNS ★★
COFFEE BAY ★★
Dutywa
UNTAIN ZEBRA NATIONAL PARK ★★
Kwanojoli
Océan Indien
DDO ELEPHANT ATIONAL PARK ★★★
East London
PUMBA PRIVATE GAME RESERVE ★★
T ELIZABETH ★★
PORT ALFRED ★★
erha
200 KM

QUAND Y ALLER

JANVIER

14° / 25°

CAPE TOWN MINSTREL CARNAVAL
(LE CAP)

© URBANCOWBOY - SHUTTERSTOCK.COM

Artistes musiciens, danseurs, acrobates, chanteurs se mélangent dans les rues du Cap : un spectacle haut en couleur !

$ $ $

FÉVRIER

14° / 25°

INTERNATIONAL PUBLIC ART FESTIVAL
(LE CAP)

Une dizaine de jours dédiés aux *street artists*, où les murs du quartier de Salt River sont sublimés sous vos yeux, en temps réel.

STELLENBOSCH WINE FESTIVAL
(STELLENBOSCH)

L'occasion de goûter les nouveautés de près de 148 domaines appartenant à la célèbre et délicieuse route des vins de Stellenbosch.

$ $

MARS

13° / 24°

CAPE TOWN INTERNATIONAL JAZZ FESTIVAL
(LE CAP)

Amateur de jazz, bonsoir : le festival international de Jazz du Cap accueille quarante groupes, internationaux et africains.

MOTHER CITY QUEER PROJECT
(LE CAP)

Avec ses drag queens, ses gens déguisés, ses défilés et ses grosses fêtes, c'est sûrement le festival le plus fou du Cap !

$ $

JUILLET

4° / 16°

KNYSNA OYSTER FESTIVAL
(KNYSNA)

Chaque année, à Knysna les huîtres sont reines, à déguster fraîches, légèrement citronnées ou pimentées, ou au barbecue.

$

AOÛT

6° / 19°

OPPIKOPPI
(NORTHAM)

Dans le Limpopo, un bon festival de musique *live*. Au départ très rock, le festival Oppikoppi s'est ouvert à d'autres genres.

$

SEPTEMBRE

9° / 23°

$

Toutes les saisons ont leur intérêt pour voyager en Afrique du Sud. Pensez bien que les saisons sont inversées par rapport à la France : décembre et janvier correspondent là-bas à la haute saison, à notre juillet-août. Si les villes sont alors vibrantes et rythmées par de nombreux événements culturels, les lodges sont rapidement bondés. Si vous optez pour un départ sur nos mois d'été, les températures peuvent descendre rapidement, mais les baleines seront au rendez-vous sur la côte.

AVRIL

10° / 21°

CAPE TOWN ELECTRONIC MUSIC FESTIVAL
(LE CAP)
Le Cape Town Electronic Music Festival fait taper du pied les amateurs de musique électronique pendant trois jours début avril.

$ $

MAI

7° / 18°

COMRADES MARATHON
(DURBAN)

© LCSWART - SHUTTERSTOK.COM

Ultramarathon de 89 km, le Comrades Marathon relie la ville de Pietermaritzburg à Durban à travers une course à pied extrême.

$

JUIN

4° / 16°

$

OCTOBRE

11° / 24°

PRINCE ALBERT AGRICULTURAL SHOW
(PRINCE ALBERT)
Rencontre avec les agriculteurs du coin et découverte des animaux de la ferme, parfait pour passer du bon temps en famille.

LOERIES CREATIVE WEEK
La Creative Week invite les voyageurs et les habitants du Cap à découvrir l'héritage créatif de la ville.

$ $

NOVEMBRE

13° / 24°

CHERRY JAZZ FESTIVAL
(FICKSBURG)
Quelle journée champêtre au Ficksburg Cherry Festival, où l'on dégustera tous les produits maison dérivés de la cerise !

$ $

DÉCEMBRE

14° / 25°

$ $ $

LES BONNES RAISONS D'Y ALLER

© SIRTRAVELALOT - SHUTTERSTOCK.COM

LE BONHEUR DU SAFARI

En 4 x 4, à pied, à vélo, les réserves animalières proposent de fabuleux safaris.

L'INCONTOURNABLE « BIG FIVE »

Lion, léopard, rhinocéros, buffle et éléphant. Ce sont eux les stars du pays !

© JROSSPHOTO - SHUTTERSTOCK.COM

© SIRTRAVELALOT - SHUTTERSTOCK.COM

LA PLONGÉE DANS L'OCÉAN INDIEN

Entre les océans Atlantique et Indien, une destination pour les admirateurs de requins !

© LUKAS BISCHOFF PHOTOGRAPH - SHUTTERSTOCK.COM

LE DRAKENSBERG ET SES MONTAGNES

La chaîne de montagnes attire chaque année bon nombre d'amateurs ou passionnés de rando.

© FINN STOCK - SHUTTERSTOCK.COM

JOHANNESBURG ET SOWETO

Haut lieu de renouveau et d'histoire, découvrez Johannesburg, de Maboneng à Soweto.

© DEYAN DENCHEV - SHUTTERSTOCK.COM

LA VIBRANTE VILLE DU CAP

Berceau d'une vie rythmée par les vagues de l'Atlantique, l'art et l'air de la montagne.

© DEYAN DENCHEV - SHUTTERSTOCK.COM

LA ROUTE DES JARDINS

Du Cap à Port Elizabeth, la Garden Route offre d'extraordinaires paysages et aventures.

LES BONNES RAISONS D'Y ALLER

LA ROUTE DES VINS

Dans la province du Cap-Occidental, les vignes sont reines dans le paysage vallonné.

© HARRY BEUGELINK - SHUTTERSTOCK.COM

© HARM KRUYSHAAR - SHUTTERSTOCK.COM

DU CAMPING AU LODGE DE LUXE

On passe d'une nuit sous les étoiles au plus près de la faune à un fabuleux lodge moderne.

© ADWO - SHUTTERSTOCK.COM

LE GOÛT DE L'AVENTURE

Plongée, surf, parapente, mountain bike, cheval, randonnée, canyoning : tout est possible.

LES 12 MOTS-CLÉS

#« BIG FIVE »

L'éléphant, le lion, le rhinocéros, le buffle et le léopard représentent le célèbre « Big Five ». Souvent parmi les animaux difficiles à voir pendant les safaris, ils sont aussi les plus dangereux à chasser. Aujourd'hui protégés, ils vivent dans les parcs nationaux comme le Kruger et les réserves privées du pays, au cœur de magnifiques paysages.

© DAVID STEELE - SHUTTERSTOCK.COM

#BILTONG

La spécialité sudaf qui remonte au temps du Grand Trek. À l'époque, les Boers lancés dans les grandes plaines devaient conquérir des terres lointaines. La viande qui n'était pas consommée immédiatement était découpée en fines lamelles et mise à sécher sur les bâches des chariots. Aujourd'hui, le *biltong* se sert en snack, à l'apéro. On adore !

© BLUE PIG - SHUTTERSTOCK.COM

#BIODIVERSITÉ

Le pays étonne par la diversité des espèces végétales, grâce à un climat très changeant d'une région à l'autre. Mais la palme revient au Cap. Protégée au creux d'un environnement classé au patrimoine de l'Unesco, la région jouit d'un climat méditerranéen où règne un écosystème appelé fynbos : 9 000 espèces de plantes, dont la moitié endémique.

#BRAAI

Le *braai*, c'est sacré chez les Sud-Africains ! Blancs, Noirs, Métis ou Indiens, tout le monde est complètement accro au barbecue. Érigé au rang de religion, le *braai* ne sera jamais électrique. Il accueille différentes viandes : saucisses boers, steaks de bœuf et d'autruche ou encore de koudou, le tout servi avec de la bière en abondance.

#MULTIETHNIQUE

L'Afrique du Sud, ce n'est pas moins de onze langues parlées, autant d'ethnies différentes avec des traditions tribales et européennes très fortes. L'apartheid est fini, mais tout le monde se côtoie sans pour autant se mélanger, fossé culturel oblige. La nouvelle génération semble un peu plus mélangée, sur les campus et dans les nouveaux quartiers.

#RAINBOW NATION

L'expression de la nation « arc-en-ciel » a été inventée par l'archevêque Desmond Tutu pour représenter l'éventail des nations sud-africaines à la fin de l'apartheid. Une façon métaphorique de penser la cohabitation des groupes, juxtaposés dans la tolérance. L'image des couleurs qui ne se mélangent pas et des inégalités qui demeurent fut critiquée.

#LE ROOIBOS

En afrikaans, *rooibos* signifie buisson rougeâtre. On l'appelle souvent thé rouge, mais il ne contient pas de théine, et peut se consommer comme une tisane sans problème. Au contraire, le rooibos a bien de multiples vertus médicinales contre l'insomnie, mais aussi l'asthme, les allergies, la constipation… Vous le trouverez sous toutes ses formes.

© DALAIFOOD - SHUTTERSTOCK.COM

#ROUTE DES VINS

La route des vins a été lancée à Stellenbosch dans les années 1970. Aujourd'hui adoptée par d'autres régions viticoles du Cap-Occidental, comme Paarl ou Franschhoek, elle est un haut lieu du tourisme. Nichée entre les flancs de montagne couverts de fleurs d'un côté, de vignes de l'autre, la route est splendide. Au fil du paysage, on déguste.

© QUALITY MASTER - SHUTTERSTOCK.COM

#SANGOMA

Sangoma et autres guérisseurs aux pouvoirs magiques font partie de l'univers zoulou, xhosa et swazi, et sont considérés comme des interlocuteurs incontournables. Les 200 000 « docteurs » traditionnels sud-africains sont consultés en priorité par 80 % de la population noire, qui se méfie de la médecine moderne. Ils ont même une assurance maladie !

#SHEBEENS

Les *shebeens* sont aux Noirs sud-africains ce que les pubs sont aux Anglais, les tavernes aux Bavarois et les bars aux Français. Le nom signifierait « débit de boisson non autorisé ». À une époque, les alcools « pour Blancs » étaient interdits aux Noirs. Sont nés des comptoirs clandestins dans les *townships*. Aujourd'hui, ils sont *the place to be*.

#TOWNSHIPS

Soweto à Johannesburg et Khayelitsha au Cap : ces deux noms sont les plus connus, mais des centaines de *townships* existent à la périphérie des villes. Ces quartiers s'étalent sur des kilomètres. Des petites maisons colorées en dur construites par le gouvernement tentent de remplacer au fur et à mesure les champs à perte de vue de cabanes en tôle.

#UBUNTU

Dans le langage bantou, l'*ubuntu* est considéré comme une véritable philosophie à la fois humaniste et fraternelle, une philosophie qui intègre fondamentalement « l'autre » dans la réussite et l'accomplissement de chacun. Il est un concept fondamental de la philosophie de la réconciliation développée par Desmond Tutu avec l'abolition de l'apartheid.

VOUS ÊTES D'ICI, SI...

- Vous considérez le *braai* comme une religion. Une soirée réussie est une soirée barbecue entre amis.
- Vous accompagnez vos repas d'une bonne bière fraîche ou d'un bon vin local.
- Vous vous retrouvez autour du traditionnel *boma* au clair de lune pour refaire le monde.
- Vous allez dans les *shebeens* pour danser sur des rythmes hip-hop ou kwaito.
- Vous ne traînez pas seul dans les rues à la tombée de la nuit et optez pour rentrer en taxi ou Uber.
- Vous faites vivre l'économie locale en achetant responsable.
- Vous gardez votre plus beau sourire dans toutes les situations.
- Vous sortez vite de l'eau quand un drapeau noir floqué d'un requin se hisse sur la plage et qu'une alarme retentit.
- Vous clamez *lekker!* dès que vous trouvez quelque chose génial.
- Vous vous laissez tenter par les aventures et les sports de nature : du surf au mountain bike en passant par la randonnée.

INTERVIEW

MON AFRIQUE DU SUD

AVEC ROZENN LE ROUX, AUTEURE

© ROZENN LE ROUX

Qu'est-ce qui vous a attirée en Afrique du Sud ?

L'Afrique du Sud est un pays avec une histoire particulière sur le continent africain. L'apartheid, la lutte de Nelson Mandela contre la ségrégation ont marqué le pays qui tente aujourd'hui de se reconstruire. Fouler la terre de Nelson Mandela était depuis longtemps un rêve.

Comment vous êtes-vous sentie dans le pays ?

Il est vrai que l'Afrique du Sud est considérée comme l'un des pays les plus dangereux au monde, avec un taux de criminalité élevé. Pourtant, en prenant les précautions nécessaires et en évitant certains quartiers, je m'y suis sentie à l'aise, voyageant parfois même en transport en commun. Mais le plus sûr reste toutefois de louer une voiture ou d'emprunter les transports privés, assez développés dans le pays.

© ROZENN LE ROUX

Quel endroit vous a le plus marquée ?

Sans aucun doute, le parc national du Kruger ! Considéré comme l'un des plus grands sanctuaires sauvages au monde, il abrite une faune exceptionnelle, dont les fameux *big five*. C'est assez excitant de pister les animaux au cœur d'une nature sauvage et tout aussi saisissant lorsque vous croisez des girafes, des éléphants et des lions dans leur milieu naturel. J'ai d'ailleurs eu la chance d'y croiser mon premier léopard, quel émerveillement !

Outre les safaris, quelle est l'activité incontournable ?

Ceux qui cherchent le grand frisson pourront aller à la rencontre des grands requins blancs, dans la région du Cap. C'est l'un des seuls pays au monde où il est possible de plonger dans une cage pour être au plus près de ces grands prédateurs. Toutes les mesures de sécurité sont respectées minutieusement afin que vous viviez un moment inoubliable. Sensations fortes garanties !

© ROZENN LE ROUX

DISTANCES

TEMPS DE TRAJET

	HOEDSPRUIT	KOSI FOREST	SAINTE LUCIE	DURBAN	JOHAN-NESBURG
HOEDSPRUIT		691 KM 9h30	689 KM 9h	809 KM 10h45	455 KM 5h30
KOSI FOREST	691 KM 9h30		220 KM 3h15	418 KM 5h15	598 KM 8h
SAINTE LUCIE	689 KM 9h	220 KM 3h15		245 KM 2h45	603 KM 7h30
DURBAN	809 KM 10h45	418 KM 5h15	245 KM 2h45		569 KM 6h
JOHANNESBURG	455 KM 5h30	598 KM 8h	603 KM 7h30	569 KM 6h	
BLOEMFONTEIN	851 KM 9h30	845 KM 11h	865 KM 9h45	635 KM 7h15	399 KM 4h
PORT ELIZABETH	1499 KM 16h	1320 KM 16h15	1146 KM 14h15	909 KM 11h	1046 KM 10h45
PLETTENBERG	1593 KM 18h	1548 KM 18h30	1374 KM 16h30	1137 KM 13h30	1140 KM 12h30
SWELLENDAM	1812 KM 19h30	1806 KM 20h45	1711 KM 19h15	1474 KM 16h15	1359 KM 14h
STELLENBOSCH	1822 KM 19h30	1816 KM 21h15	1836 KM 19h45	1605 KM 17h30	1369 KM 14h30
CAPE TOWN	1851 KM 19h45	1845 KM 21h30	1865 KM 20h	1635 KM 17h30	1399 KM 15h
PORT NOLLOTH	1751 KM 18h30	1895 KM 21h30	1936 KM 20h15	1705 KM 17h30	1304 KM 13h30

Si vous vous sentez capable de conduire à gauche, louer un véhicule est la solution la plus agréable pour parcourir le pays. La plupart des routes sont goudronnées et surtout, elles courent à travers un paysage magnifique. C'est en voiture que l'on trouve le plus grande liberté. En revanche, les distances sont longues... De Johannesburg à Nelspruit, il faudra compter 5h et plusieurs jours pour rejoindre Le Cap depuis Joburg ou Durban. Un bus traverse le pays en Hop On Hop Off, le Baz Bus.

BLOEM-FONTEIN	PORT ELIZABETH	PLETTEN-BERG	SWELL-ENDAM	STELL-ENBOSCH	CAPE TOWN	PORT NOLLOTH
851 KM 9h30	1499 KM 16h	1593 KM 18h	1812 KM 19h30	1822 KM 19h30	1851 KM 19h45	1751 KM 18h30
845 KM 11h	1320 KM 16h15	1548 KM 18h30	1806 KM 20h45	1816 KM 21h15	1845 KM 21h30	1895 KM 21h30
865 KM 9h45	1146 KM 14h15	1374 KM 16h30	1711 KM 19h15	1836 KM 19h45	1865 KM 20h	1936 KM 20h15
635 KM 7h15	909 KM 11h	1137 KM 13h30	1474 KM 16h15	1605 KM 17h30	1635 KM 17h30	1705 KM 17h30
399 KM 4h	1046 KM 10h45	1140 KM 12h30	1359 KM 14h	1369 KM 14h30	1399 KM 15h	1304 KM 13h30
	689 KM 7h	747 KM 8h15	945 KM 9h30	975 KM 9h45	1005 KM 10h	1075 KM 10h30
689 KM 7h		231 KM 2h30	561 KM 6h	725 KM 8h15	749 KM 8h30	1265 KM 13h15
747 KM 8h15	231 KM 2h30		304 KM 3h30	497 KM 5h30	521 KM 5h45	1093 KM 12h
945 KM 9h30	561 KM 6h	304 KM 3h30		195 KM 2h30	219 KM 2h30	788 KM 8h30
975 KM 9h45	725 KM 8h15	497 KM 5h30	195 KM 2h30		53 KM 45mn	693 KM 7h
1005 KM 10h	749 KM 8h30	521 KM 5h45	219 KM 2h30	53 KM 45mn		299 KM 7h
1075 KM 10h30	1265 KM 13h15	1093 KM 12h	788 KM 8h30	693 KM 7h	299 KM 7h	

IDÉES DE SÉJOUR

Terre vaste et contrastée, l'Afrique du Sud propose autant de possibilités de séjours que de paysages. Au fil d'un voyage au pays de Mandela, on traverse le monde entier. Depuis la captivante Cape Town ou la fascinante Johannesburg, il faut d'abord appréhender la ville avant de s'en aller sur ses routes magnifiques. Les routes de la boucle nord filent jusqu'aux pistes du Parc National Kruger avant de regagner la côte est jusqu'à Kosi Bay ou Sainte Lucie, traversent ensuite la région du KwaZulu-Natal pour se hisser vers les hauteurs du Drakensberg. Quelle diversité ! Les amateurs de plongée trouveront eux leur bonheur en faisant un crochet à Sodwana ou Umkomaas à la rencontre des requins blancs. Et de juin à octobre, le rendez-vous se fait sur la côte sud à la rencontre des baleines que l'on côtoie au fil de la Garden Route, avant de terminer le séjour en dégustant les vins locaux au cœur des vignes de Stellenbosch !

SÉJOUR COURT EN AFRIQUE DU SUD

C'est parti pour 10 jours en Afrique du Sud ★★★★, « nation arc-en-ciel » qui vous en mettra plein la vue avec sa faune et sa flore étonnantes !

› Jour 1 - Arrivée à Johannesburg

Arrivée à Johannesburg ★★★ (p.107), tour de Soweto ★★★ avec un guide. Déjeunez sur place dans un *shebeen* et visitez l'ancienne maison de Nelson Mandela (p.119) (compris dans certaines visites organisées). L'après-midi, visite du musée de l'Apartheid (p.117). Dîner à Parktown North, selon vos envies.

› Jour 2 - African Craft Market of Rosebank

Faites une virée shopping à l'African Craft Market of Rosebank (l'endroit idéal pour ramener des souvenirs), sinon à Sandton City Shopping Center. Après avoir déjeuné, prenez la route pour Hartbeespoort Dam et passez un moment au sanctuaire des éléphants (prévoir 4 heures). Retour sur Johannesburg ★★★ (p.107). Vous pourrez passer la soirée au théâtre, par exemple.

› Jour 3 - Bourke's Luck Potholes

Partez tôt. Prenez la N4 direction Nelspruit ★★ (p.146). Arrêtez-vous au village Ndebele.

© SUBMAN - ISTOCKPHOTO.COM

Parc national des éléphants d'Addo.

Continuez sur la R532 et admirez les impressionnants Bourke's Luck Potholes. Rejoignez le **parc Kruger** ★★★★ (p.159) par la R536 et passez la soirée et la nuit au camp Skukuza. Pensez à réserver un *morning drive* pour le lendemain matin.

› Jour 4 - Safari et parc Kruger

Après le *morning drive*, brunchez sur une des aires de pique-nique, qui disposent de supermarchés et de barbecues à gaz, puis sillonnez le **Kruger** ★★★★ (p.159) à la recherche des Big Five. Passez la nuit dans une tente safari.

› Jour 5 - Retour sur Johannesburg

Retour sur **Johannesburg** ★★★ (p.107). Prenez le Blue Train ou bien le train Premier Classe Train direction **Le Cap** ★★★★ (p.259). Dîner, nuit et petit déjeuner à bord (trajet 1 jour).

› Jour 6 - Robben Island

Baladez-vous sur le VA Water Front, profitez-en pour faire vos achats. Prenez un des bateaux pour découvrir **Robben Island** (p.272). Le soir, allez prendre un verre et dînez sur Camp's Bay en admirant le coucher de soleil.

› Jour 7 - Stellenbosch

Départ pour **Stellenbosch** ★★★★ (p.317). Arrêtez-vous à **Constantia** ★★★ (p.315), reputée pour ses vins blancs. Pour déjeuner, vous aurez le choix parmi plusieurs restaurants gastronomiques (avec dégustation de vins) à **Stellenbosch** ★★★★ (p.317) même. Enfin, continuez jusqu'à **Paarl** ★★★ (p.328), et optez pour une petite promenade digestive.

› Jour 8 - Table Mountain et farniente

Utilisez les téléphériques pour vous rendre au sommet de la Table Mountain ★★★★. Vous pouvez y déjeuner. Ensuite traversez le parc national en utilisant le **Chapman's Peak** (p.302) (lorsque la route est ouverte), qui vous amènera jusqu'au cap de Bonne-Espérance, sinon empruntez la M4. En fin de journée, rendez-vous à **Kalk Bay** ★★★ (p.307) dans un des bars colorés face à l'océan.

› Jour 9 - Boulder Beach et ses fameux pingouins

Accordez-vous une matinée de repos sur la Boulder Beach et ses fameux pingouins, puis allez au marché du centre-ville de **Cape Town** ★★★★ (p.249), le **Green Market Square** (p.270). Peut-être aurez-vous la chance de croiser le chemin du célèbre Egg Man. Allez dîner dans un des restaurants de Green Point ★★★.

› Jour 10 - Fin du voyage

Passez la matinée à **Hermanus** ★★★ (p.353) si vous y êtes pendant la saison des baleines. Sinon optez pour une visite guidée des *townships* (les maisons multicolores de **Bo Kaap** (p.268), **musée du District Six** (p.269)). Retour en avion.

L'AFRIQUE DU SUD SOUS TOUTES SES FACETTES

Trois semaines, c'est ce qu'il faut pour découvrir en profondeur ce que cache ce grand pays qu'est l'Afrique du Sud ★★★★. Entre une faune et une flore abondantes, des paysages à couper le souffle, des grandes villes animées, rien ne vous échappera.

› Jour 1 - Visite historique de Johannesburg

Arrivée à **Johannesburg** ★★★ (p.107), tour de Soweto ★★★ avec un guide. Déjeunez sur place dans un *shebeen* et visitez **l'ancienne maison de Nelson Mandela** (p.119) (compris dans certaines visites organisées). L'après-midi, visite du **musée de l'Apartheid** (p.117). Dîner à Parktown North, selon vos envies.

› Jour 2 - Journée détente, entre shopping et rencontre avec les éléphants

Faites une virée shopping à l'African Craft Market of Rosebank (l'endroit idéal pour ramener des souvenirs), sinon à Sandton City Shopping Center. Après avoir déjeuné, prenez la route pour Hartbeespoort Dam, et passez un moment au sanctuaire des éléphants (prévoir 4 heures). Retour sur **Johannesburg** ★★★ (p.107). Vous pourrez passer la soirée au théâtre, par exemple.

› Jour 3 - Découverte de la ville en profondeur

Rendez-vous à New Town en empruntant le Nelson Mandela Bridge. Si vous y allez un samedi matin, faites un tour au marché aux puces. Allez visiter le **Museum Africa** (p.114). Puis participez à un cours de djembe.

› Jour 4 - Journée à Sun City

Rejoignez la R556 après **Pretoria** ★ (p.132) jusqu'à **Sun City** ★ (p.138). Profitez de la journée avec les attractions proposées. Dîner dans un des nombreux restaurants du parc et nuit sur place.

› Jour 5 - Départ sur les routes et défilé de paysages grandioses

Partez tôt. Prenez la N4 direction **Nelspruit** ★★ (p.146). Arrêtez-vous au village Ndebele. Continuez sur la R532 et admirez les impressionnants Bourke's Luck Potholes. Rejoignez le **parc Kruger** ★★★★ (p.159) par la R536 et passez la soirée et la nuit au camp Skukuza. Pensez à réserver un *morning walk* pour le lendemain matin.

© STUPORTS - ISTOCKPHOTO

› Jour 6 - Petit safari pour découvrir la faune

Après le *morning walk*, brunchez sur une des aires de pique-nique qui disposent de supermarchés et de barbecues à gaz, puis sillonnez le **Kruger** ★★★★ (p.159) à la recherche des Big Five. Passez la nuit dans une tente safari. Pensez à réserver un *afternoon drive* pour le lendemain.

› Jour 7 - Observation des animaux

Passez cette journée dans la réserve, et une dernière nuit au **Kruger** ★★★★ (p.159). Certains camps proposent des restaurants.

› Jour 8 - Départ pour Cape Town

Retour le matin sur **Johannesburg** ★★★ (p.107). Prenez un vol pour **Cape Town** ★★★★ (p.249), ou alors le Blue Train ou le Premier Classe Train (compter un jour de voyage).

› Jour 9 - Escapade au large de Cape Town

Baladez-vous sur le VA Water Front, profitez-en pour faire vos achats. Renseignez-vous à l'office de tourisme sur la Water Front pour un tour organisé d'une journée sur la route des vins. Prenez un des bateaux pour découvrir **Robben Island** (p.272). Le soir, allez prendre un verre et dînez sur Camp's Bay en admirant le coucher de soleil.

› Jour 10 - Journée gastronomique à Stellenbosch

Départ pour **Stellenbosch** ★★★★ (p.317). Arrêtez-vous à **Constantia** ★★★ (p.315), reputée pour ses vins blancs. Pour déjeuner, vous aurez le choix parmi plusieurs restaurants gastronomiques (avec dégustation de vins) à **Stellenbosch** ★★★★ (p.317)même. Enfin, continuez jusqu'à **Paarl** ★★★ (p.328), et optez pour une petite promenade digestive. Dormez à **Franshhoek** ★★★★ (p.324).

› Jour 11 - Sur la route des vins

Faites le tour organisé de la route des vins que vous aviez réservé.

› Jour 12 - En route pour l'océan

Utilisez les téléphériques pour vous rendre au sommet de la Table Mountain ★★★★. Vous pouvez y déjeuner. Ensuite traversez le parc national en utilisant le **Chapman's Peak** (p.302) (lorsque la route est ouverte), qui vous amènera jusqu'au cap de Bonne-Espérance, sinon empruntez la M4. En fin de journée, rendez-vous à **Kalk Bay** ★★★ (p.307) dans un des bars colorés face à l'océan.

› Jour 13 - Journée farniente sur la plage et promenade dans le centre de Cape Town

Accordez-vous une matinée de repos sur la Boulder Beach et ses fameux pingouins, puis allez au marché du centre-ville de **Cape Town** ★★★★ (p.249), le **Green Market Square** (p.270). Peut-être aurez-vous la chance de croiser le chemin du célèbre Egg Man. Allez dîner dans un des restaurants de Green Point ★★★.

› Jour 14 - Visite des townships

Passez la matinée à **Hermanus** ★★★ (p.353) si vous y êtes pendant la saison des baleines. Sinon optez pour une visite guidée des *townships* (les maisons multicolores de Bo Kaap (p.268), musée du District Six (p.269)). Reprenez la route et allez passer la nuit à Knysna ★ (p.373).

› Jour 15 - Randonnée dans la végétation luxuriante

Le lendemain matin, longez la côte jusqu'à Port Elizabeth ★★ (p.389). Allez faire une randonnée au Bushbuck Walking Trail, où vous admirerez forêt et océan, ainsi que des animaux.

› Jour 16 - Départ pour la côte sauvage

Remontez sur la Wild Coast, en direction de Durban ★★ (p.409). Arrêtez-vous à Morgan Bay après East London ★ (p.397) (N2 + R349). Sur place, faites une balade à cheval sur la plage. Puis reposez-vous sur une des magnifiques plages sauvages. Mangez et dormez sur place.

› Jour 17 - Sortie en bateau

Reprenez la route jusqu'à Umgazi River. Si vous vous y trouvez en mai ou en août, faites une sortie en bateau à la recherche des baleines et des dauphins, sinon vous pouvez aller pêcher. Prenez le temps de vous faire dorloter dans un Spa. Dormez sur place.

› Jour 18 - Acivités variées dans le plus petit désert du monde

Continuez à longer la Wild Coast vers le nord et arrêtez-vous à Port Edward ★ (p.407). Allez découvrir le plus petit désert du monde, le Red Desert, puis activités sportives au choix : surf, canoë, plage, golf...

› Jour 19 - Les alentours de Durban

Reprenez la route pendant environ 1 heure, jusqu'à Durban ★★ (p.409). Déjeunez sur le front de mer et essayez les fameux Bunny Chow indiens. Promenez-vous, puis faites un tour au superbe aquarium du Ushaka Marine World (p.411). Pour les plus courageux, tentez la plongée en cage avec les requins. Le soir, allez dîner en ville dans un des nombreux restaurants indiens.

› Jour 20 - De la mer aux montagnes

Passez la matinée à Gateway, le centre commercial de Umhlanga, station balnéaire voisine. Puis allez déjeuner sur les plages de Umhlanga Rocks ★★ (p.423). Reprenez la route en direction des montagnes du Drakensberg ★★★★ (p.417) (N3). Passez la nuit sur place.

› Jour 21 - Prenez de la hauteur

Pour les amateurs de sensations fortes, faites de l'accrobranche (Canopy Tour). Pour une vue d'ensemble des montagnes, optez pour un tour en montgolfière. Retour vers Johannesburg ★★★ (p.107) (de 3 à 4 heures de route). Avion.

DE JOHANNESBURG AU CAP

Une semaine, c'est assez court pour passer l'Afrique du Sud ★★★★ en revue. Cette proposition de séjour permet d'en découvrir différentes facettes, telles que sa faune diversifiée, avec l'observation des pingouins, dauphins, et la recherche des Big Five lors d'un safari, ou encore ses grandes villes, avec un passage obligé à Johannesburg ★★★ (p.107) et à Cape Town ★★★★ (p.249).

Vuvuzela.

© INSTAPIK - STOCK.ADOBE.COM

Éléphant dans le parc Kruger.

› Jour 1 - Visite historique de Johannesburg

Arrivée à Johannesburg ★★★ (p.107), tour de Soweto ★★★ avec un guide. Déjeunez sur place dans un *shebeen* et visitez l'ancienne maison de Nelson Mandela (p.119) (compris dans certaines visites organisées). L'après-midi, visite du musée de l'Apartheid (p.117). Dîner à Parktown North, selon vos envies.

› Jour 2 - Journée détente, entre shopping et rencontre avec les éléphants

Faites une virée shopping à l'African Craft Market of Rosebank (l'endroit idéal pour ramener des souvenirs), sinon à Sandton City Shopping Center. Après avoir déjeuné, prenez la route pour Hartbeespoort Dam et passez un moment au sanctuaire des éléphants (prévoir 4 heures). Retour sur Johannesburg ★★★ (p.107). Vous pourrez passer la soirée au théâtre, par exemple.

› Jour 3 - Départ sur les routes pour un défilé de paysages grandioses

Partez tôt. Prenez la N4 direction Nelspruit ★★ (p.146). Arrêtez-vous au village Ndebele. Continuez sur la R532 et admirez les impressionnants Bourke's Luck Potholes. Rejoignez le parc Kruger ★★★★ (p.159) par la R536 et passez la soirée et la nuit au camp Skukuza. Pensez à réserver un *morning drive* pour le lendemain matin.

› Jour 4 - Petits safaris à la découverte de la faune

Après le *morning drive*, brunchez sur une des aires de pique-nique, qui disposent de supermarchés et de barbecues à gaz, puis sillonnez le Kruger à la recherche des Big Five. Passez la nuit dans une tente safari.

› Jour 5 - Journée sur les rails dans un des trains les plus chics du monde

Retour sur Johannesburg ★★★ (p.107). Prenez le Blue Train ou bien le train Premier Classe Train direction Le Cap ★★★★ (p.259). Dîner, nuit et petit déjeuner à bord (trajet 1 jour).

› Jour 6 - Excursion au large du Cap

Baladez-vous sur le VA Water Front, profitez-en pour faire vos achats. Prenez un des bateaux pour découvrir Robben Island (p.272). Le soir, allez prendre un verre et dînez sur Camp's Bay en admirant le coucher de soleil.

› Jour 7 - Promenade gastronomique à Stellenbosch

Départ pour Stellenbosch ★★★★ (p.317). Arrêtez-vous à Constantia ★★★ (p.315), reputée pour ses vins blancs. Pour déjeuner, vous aurez le choix parmi plusieurs restaurants gastronomiques (avec dégustation de vins) à Stellenbosch ★★★★ (p.317) même. Enfin, continuez jusqu'à Paarl ★★★ (p.328), et optez pour une petite promenade digestive.

› Jour 8 - En route pour l'océan

Utilisez les téléphériques pour vous rendre au sommet de la Table Mountain ★★★★. Vous pouvez y déjeuner. Ensuite traversez le parc national en utilisant le Chapman's Peak (p.302) (lorsque la route est ouverte), qui vous amènera jusqu'au cap de Bonne-Espérance, sinon empruntez la M4. En fin de journée, rendez-vous à Kalk Bay ★★★ (p.307) dans un des bars colorés face à l'océan.

› Jour 9 - Observation des pingouins

Accordez-vous une matinée de repos sur la Boulder Beach et ses fameux pingouins, puis allez au marché du centre-ville de Cape Town ★★★★ (p.249), le Green Market Square (p.270). Peut-être aurez-vous la chance de croiser le chemin du célèbre Egg Man. Allez dîner dans un des restaurants de Green Point ★★★.

› Jour 10 - Dernière balade dans les townships

Passez la matinée à Hermanus ★★★ (p.353) si vous y êtes pendant la saison des baleines. Sinon optez pour une visite guidée des *townships* (les maisons multicolores de Bo Kaap (p.268), musée du District Six (p.269)). Retour en avion.

PRATIQUE

SE REPÉRER / SE DÉPLACER

DE L'AÉROPORT AU CENTRE-VILLE

En taxi. La plupart du temps, l'option la plus simple pour rejoindre le centre-ville est d'emprunter un taxi ou de commander un Uber. À l'aéroport, ces derniers s'arrêtent sur un espace dédié indiqué sur l'application, de même que le prix est indiqué à l'avance.

En bus. Depuis l'aéroport du Cap, on peut éventuellement prendre la ligne de bus My City A 01 qui passe toutes les 20 minutes environ et vous emmènera dans le centre-ville. À Johannesburg, la ligne de métro est facilement accessible.

TRANSPORTS EN COMMUN

Les transports en commun ne sont pas forcément recommandés. Le mieux, c'est la voiture, et il y a pléthore d'agences de location internationales de type Avis, Bidvest, etc. Vous pouvez louer un véhicule pour une vingtaine d'euros par jour ou prendre des bus de grande ligne bon marché. À Johannesburg, le Gautrain est le métro local. Mais il ne couvre qu'une toute petite partie de la ville. C'est vraiment très pratique pour quitter et aller à l'aéroport depuis les quartiers comme Melrose Arch ou Sandton. Il est très propre et sûr. Des amendes sont distribuées si on mâche un chewing-gum, par exemple… Au Cap, il y a le MyCiti Bus qui couvre toute la ville et les banlieues alentour. Très bien également, sûr et correct au niveau du prix.

AVEC UN CHAUFFEUR

Les taxis, fort nombreux, sont une solution économique et très pratique pour se déplacer d'un point A à un point B dans les villes, qui sont souvent étendues.

« Uber». L'application à télécharger absolument pour ses trajets en taxi dans les grandes villes : un prix juste, plus besoin de petite coupure, plus de panique si on ne voit pas de taxi à l'horizon, et avec le GPS, pas d'incompréhension sur la destination, normalement.

© HOLGS - ISTOCKPHOTO.COM

La Garden Route qui longe la côte sud.

EN VOITURE

La plupart des baroudeurs louent une voiture s'ils comptent vadrouiller à travers le pays. C'est vraiment ce qu'il y a de mieux ici ! Sachez que l'on conduit à gauche. Les routes sont plutôt bonnes, mais il arrive que la conduite des Sud-Africains ne soit pas rassurante. Il n'y a pas vraiment de règles pour doubler, etc. La règle la plus importante : quand vous arrivez à un carrefour, ralentissez jusqu'à vous arrêter et c'est le premier arrivé qui est prioritaire. Ça fonctionne plutôt bien ! Mais restez toujours prudent. Pour des raisons de sécurité, on fermera ses portières et fenêtres aux feux ou autres arrêts obligatoires.

2884 kgCO_2e / personne
Aller-retour Paris-Johannesburg

→ Le calcul de cette consommation CO_2 est fait à partir de Paris. L'idée est ici de montrer concrètement l'empreinte carbone de ce trajet, même s'il n'existe pas d'autre alternative que l'avion pour se rendre dans cette destination de manière directe.

LES PHRASES CLÉS

Bonjour, comment puis-je me rendre à…
Hello, how can I get to…

Est-ce loin à pied ? Y a-t-il le métro ou un bus... pour y aller ?
Is it far on foot? Is there a tube or a bus I can take to get there?

Pouvez-vous me montrer cet endroit sur la carte s'il vous plait ?
Can you show me this place on the map please?

Où puis-je acheter les tickets de transport ? Est-ce que je peux payer en carte de crédit ?
Where can I buy transport tickets? Can I pay by credit card?

Où est la sortie ? A gauche, à droite ou tout droit ?
Where is the exit? Left, right or straight on?

Je suis perdu et je suis en retard, s'il vous plait, aidez-moi ! Merci beaucoup !
I'm lost and I'm running late, please help me! Thank you very much!

PRATIQUE

A VOIR / A FAIRE

HORAIRES

Sachez que les musées ferment le lundi, sauf exception, et sont ouverts jusqu'à 18h en général. Côté shopping, les boutiques font généralement la journée continue de 8h à 17h. Les centres commerciaux ouvrent parfois plus tard, jusqu'à 21h. La plupart d'entre eux vous accueilleront même le dimanche jusqu'à 13h. Dans les administrations, on marque généralement une pause entre 12h et 13h30, pour finalement fermer boutique à 15h30. Pour trouver une station essence, pas d'inquiétude, c'est 7j/7 et 24h/24.

A RÉSERVER

Pour les visites culturelles ou de sites remarquables, aucune réservation n'est requise. En revanche, aux mois de juillet et août, les vacances d'été en quelque sorte, il est plus judicieux de réserver vos hôtels ou auberges de jeunesses en avance, les établissements sont vite pris d'assaut, et c'est encore plus vrai pour les lodges dans les parcs qui ont généralement peu de chambres. De la même façon, si vous voulez être sûr que le guide local que vous avez repéré soit disponible, pensez à réserver en avance.

BUDGET / BONS PLANS

L'Afrique du Sud est la seule destination d'Afrique proposant des safaris abordables. Les parcs nationaux n'exigent pas des tarifs aussi élevés que ceux du Kenya ou du Botswana, et les logements ne se limitent pas aux lodges de luxe ou campings de brousse, une large palette existe, pour tous les budgets. Certaines activités à sensation comme le parapente, la plongée, le saut à l'élastique restent plus abordable qu'en France… Peut-être l'occasion du grand frisson ?

LES ÉVÉNEMENTS

Les Sud-Africains aiment faire la fête. Dans les grandes villes comme Johannesburg ou Le Cap, les événements culturels ont une place importante dans la vie des habitants. Les concerts sont nombreux, dans les salles, dans les bars ou encore en plein air. Chaque soir, l'occasion de se retrouver autour d'une bonne bière et d'un *braai* ne se rate pas.

Safari dans le désert du Karoo.

VISITES GUIDÉES

Pour comprendre comment s'est construite l'histoire de l'Afrique du Sud sous les pavés d'une ville comme Le Cap, Johannesburg ou encore derrière d'anciens champs de bataille, les visites guidées sont presque indispensables. Vous pourrez opter pour voyager avec un guide local ou simplement faire appel ponctuellement au fil de votre parcours aux connaissances et surtout aux anecdotes d'un guide certifié. L'Apartheid Museum de Johannesburg, par exemple, mérite à lui seul une visite guidée. D'autre part, si vous souhaitez visiter les *townships*, optez également pour un guide local.

FUMEURS

Bien que les cigarettes soient bien moins chères ici qu'en France, par exemple, il y a assez peu de fumeurs en règle générale. Il est interdit de fumer dans les hôtels, les lieux publics, parfois même sur les terrasses ou certains espaces pourtant extérieurs. Des zones pour les fumeurs ont été aménagées.

LES PHRASES CLÉS

Bonjour, puis-je avoir deux entrées adultes et un enfant s'il vous plait ?
Hello, can I have two adults and two children tickets please?

Le tarif enfant est jusqu'à quel âge ? Et pour les seniors, est-ce qu'il y a une réduction ?
What age counts as a child? Is there an OAP discount?

Est-ce qu'il y a des visites guidées en français ou un audioguide ?
Is a guided tour in French or an audioguide available?

Combien de temps faut-il pour faire la visite ?
How long does the visit take?

J'ai du mal à monter les escaliers, avez-vous un ascenseur ?
I struggle with stairs, do you have a lift please?

Excusez-moi, pouvez-vous me dire où sont les toilettes ? Merci beaucoup.
Excuse me, can you tell me where the toilets are please? Thank you very much.

SE RÉGALER

HORAIRES

En Afrique du Sud, vous n'aurez pas de problème pour vous régaler de petits déjeuners matinaux comme assez tardifs. Bon nombre de cafés tendance vous proposent des œufs et des cappuccinos presque à toute heure. Si cafés et snacks vous serviront à toute heure, ce n'est pas le cas des restaurants plus conventionnels où les coupures entre le déjeuner et le dîner sont respectées.

En général, on déjeune tôt et on dîne tôt, même si dans les grandes villes cela a tendance à s'atténuer.

BUDGET / BONS PLANS

Il y en a pour tous les prix, mais se restaurer reste tout à fait abordable en Afrique du Sud, surtout si l'on compare à nos standards européens. Vous pouvez manger sur le pouce pour rien du tout, comme vous délester d'un repas gastronomique de six plats, accompagnés de vins locaux, avec une vue splendide et un service aux petits soins pour une somme tout à fait acceptable.

EN SUPPLÉMENT

Le service n'est pas compris dans l'addition. On donnera donc au moins 10 % du montant en *tip*, « pourboire », si l'on n'a pas reçu son poulet-frites sur le pantalon. Ce montant est à inscrire sur l'addition, notamment si vous payez par carte.

C'EST TRÈS LOCAL

Bien que les menus végétariens et végans se développent à vue d'œil dans les restaurants, les boucheries sont toujours les reines du pays et les Sud-Africains restent de grands amateurs de viandes. Le *braai*, autrement dit le barbecue local, est un incontournable, de la même manière que le *biltong*. Ces lamelles de viande séchées, de bœuf, d'autruche, de koudou, plus ou moins épicées, se grignotent à toute heure et surtout à l'apéritif. Vous ne pourrez pas passer à côté. De la même manière que si vous passez par Durban, il faudra goûter le *mutton chow*. Ce sandwich super-copieux et épicé est servi dans les restaurants Indiens. À une époque, quand les personnes de couleur n'avaient pas l'autorisation de manger de la viande, les cuisiniers préparaient ces sandwiches où ils cachaient du mouton.

© ALEXANDR MILODAN - STOCK.ADOBE.COM

Mutton Chow.

À ÉVITER

Tout dépend des lieux et des régions, mais si vous êtes fragile, il vaut toujours mieux éviter l'eau du robinet et opter pour des bouteilles d'eau bien fermées.

ENFANTS

En Afrique du Sud, les enfants sont rois. Vous verrez que dans n'importe quel restaurant, il y a des menus adaptés, mais aussi des aires de jeux, des coloriages… et les serveurs sont de vrais baby-sitters !

LES PHRASES CLÉS

Bonjour, je voudrais réserver une table pour deux personnes pour ce midi ou ce soir.
Hello, I'd like to book a table for two for today at lunchtime or in the evening.

Avez-vous un menu en français ou en anglais ?
Do you have a menu in French or English?

Je suis végétarien, y a t-il des plats sans viande ?
I'm vegetarian, are there any dishes that don't contain meat?

Je n'ai vraiment plus faim mais avez-vous une carte des desserts ?
I'm full now but can I see the dessert menu just in case?

Puis-je avoir l'addition s'il vous plait ? Je peux payer par carte ou en espèces ?
Can I have the bill please? Can I pay by card, or do you need cash?

C'était très bon, nous reviendrons. Merci et à bientôt.
It was delicious, we will be back. Thank you, see you soon.

FAIRE UNE PAUSE

HORAIRES

Du café du matin dans les coffee shops qui ouvrent en général entre 7h30 et 8h30, à la petite bière avant d'aller déjeuner, à l'apéritif le soir qui, pour les plus avertis, se traduira en un cocktail face à la mer, à la savane ou sur un *rooftop* à Maboneng, jusqu'à l'amarula local après le dîner, il y a toujours une heure pour boire un verre en Afrique du Sud, parfois même jusqu'à très tard le soir dans les bars de Long Street au Cap.

Les bars ferment entre minuit et 3h du matin. Dans les *townships*, ce sont les *shebeens* qui sont rois. Ces petits « comptoirs clandestins » ne ferment que quand le dernier client est parti.

A PARTIR DE QUEL ÂGE

Sachez que la loi a changé récemment et que la vente d'alcool aux personnes de moins de 21 ans est désormais interdite.

C'EST TRÈS LOCAL

Au Cap, il faut absolument aller boire quelques verres sur Long Street et Kloof Street pour s'immerger dans les nuits captoniennes. Si l'ambiance étudiante vous attire, le quartier de l'Observatory au Cap vous plaira. Les locaux un peu hipsters optent également pour Woodstock au Cap, ou bien Maboneng à Johannesburg. Partout à travers le pays, le pub est resté une institution, tout comme le très local *shebeen* dans les *townships*.

LES PHRASES CLÉS

Bonjour, quelle est la spécialité de la maison ? Nous voulons découvrir.
Hello, what's the speciality here? We want to try it.

Avez-vous de la place en terrasse ?
Do you have any room on the terrace?

Quel est votre nom ? Je m'appelle… Ravi de vous rencontrer !
What's your name? I'm... So pleased to meet you!

A votre santé ! Zut, j'ai renversé mon verre… pouvez-vous m'aider ?
Cheers! Oh no, I've knocked over my drink...can you help me?

C'était très bon. Nous allons reprendre la même chose s'il vous plait.
It was delicious. We'll have the same again please.

PRATIQUE

(SE) FAIRE PLAISIR

HORAIRES

L'Afrique du Sud est créatrice de talents. Ici, on fait shopping un peu partout : dans les petites villes, les grosses villes, sur les marchés, dans les centres commerciaux, dans les boutiques branchées..., des grandes chaînes aux créateurs locaux, en passant par les friperies aux antiquaires qui débordent. Les magasins sont généralement ouverts toute la journée, de 9h à 19h, sauf peut-être quelques toutes petites boutiques qui fermeraient une heure le midi.

BUDGET / BONS PLANS

Il y en a vraiment pour tous les budgets. Les marchés sont souvent moins chers, encore faut-il que l'on sache marchander. En revanche, de plus en plus d'objets et vêtements dits « locaux » arrivent directement de Chine. Cela dit, vous continuez malgré tout de faire vivre le marchand... Mais les petits créateurs restent souvent le meilleur moyen d'acheter local.

C'EST TRÈS LOCAL

Il y a certains marchés à ne pas rater : renseignez-vous auprès des locaux ou de vos hôtes selon vos envies et surtout les jours où vous êtes sur place.

LES ATTRAPE-TOURISTES

Il n'y a pas vraiment d'attrape-touristes en Afrique du Sud. En revanche, sur les marchés typiques d'artisanat africain comme le Green Market Square au Cap, il est de coutume de négocier : il le faut, cela fait partie du jeu.

LES PHRASES CLÉS

Bonjour, c'est superbe, mais combien ça coûte ?
Hello, that's stunning, but how much is it?

Vous auriez ma taille ? Où se trouvent les cabines d'essayage ?
Do you have it in my size? Where are the changing rooms?

Est ce que je pourrai vous le rapporter et l'échanger si ça ne va pas ?
Can I exchange it if it doesn't fit?

J'ai trop dépensé aujourd'hui, pouvez-vous me faire une réduction sympa ?
I've spent too much today already, any chance of a discount?

Je prendrai celui-ci. Pouvez-vous me faire un paquet cadeau ?
I'll take this one. Can you gift-wrap it for me?

Vous prenez la carte de crédit ? Où puis-je trouver un distributeur de billets ?
Do you take credit cards? Where can I find a cash point?

BOUGER & BULLER

BUDGET / BONS PLANS

Un voyage en Afrique du Sud, c'est une véritable occasion pour faire des activités. Pour les passionnés de montagne au budget serré : l'incontournable randonnée. Les amateurs de glisse et de sports nautiques sont servis eux aussi : surf, kitesurf, canyoning au fil des rivières. Les activités sportives sont relativement accessibles en termes de tarif, on peut se faire très plaisir avec moins d'une centaine d'euros de budget activités, et elles sont généralement très bien organisées.

Les *aficionados* de sensations fortes seront les plus heureux : parapente, sky dive, parachute, saut à l'élastique, tyrolienne géante, ou bien sûr la plongée face au grand requin blanc... Ici la nature est un terrain de jeu.

Les moins téméraires, pour un budget parfois un peu plus onéreux, opteront pour des dégustations de vin directement dans les vignobles avec des vues extraordinaires et pourquoi pas un spa.

C'EST TRÈS LOCAL

Les Sud-Africains sont très attachés au sport, notamment au rugby. Si vous avez l'occasion de vous rendre à un match de rugby ou encore de football, dans l'un des stades mythiques construits pour la plupart lors de la Coupe du monde de 2010, allez-y ! Si vous préférez supporter l'équipe locale au pub, c'est aussi très local. Autre sport national, notamment dans les régions montagneuses autour du Cap : le mountain bike.

A RÉSERVER

Les plongeurs doivent bien sûr réserver leurs plongées auprès des centres. Sachez que vous plongerez si la météo et donc la visibilité le permettent. De même, pour toutes les activités comme le parapente, les sorties sont toutes codépendantes de la météo et surtout du vent. Attention à ne pas prévoir un vol la veille de votre départ, ce serait dommage s'il doit être décalé.

LES ÉVÉNEMENTS

Tout au long de l'année, et plus encore pendant les mois d'été, l'Afrique du Sud promet de nombreux événements musicaux, artistiques, sportifs... Les passionnés de jazz organiseront leur séjour autour du festival Cape Town International Jazz Festival fin mars, quand les passionnés de plongée viendront pour la Sardine Run au mois de juillet.

LES PHRASES CLÉS

Bonjour, comment puis-je me rendre à... ? Est-ce loin ?
Hello, how can I get to...? -Is it far?

J'aimerais aller courir. Il y a un coin sympa pour cela dans la ville ?
I'd like to go for a run. Is there somewhere good to run around the town?

J'adore cuisiner. Savez-vous où je peux trouver des cours de cuisine ?
I love cooking. Do you know where I can take a cooking class?

Vous pourriez m'indiquer une salle de sport pas très loin ?
Can you tell me where the nearest public gym is?

Quel est le sport national ?
What is the national sport?

Pensez-vous que nous pourrions voir cela ou même participer ?
Do you think we could watch it somewhere, or maybe try it?

PRATIQUE

SORTIR

HORAIRES

Il y a deux ambiances en Afrique du Sud, la ville et le bush. Dans les grandes villes, la vie nocturne est animée, on dîne tard et les bars sont remplis jusqu'à tard le soir. Des concerts *live*, des bars dansants et des discothèques accueillent les noctambules. Puis, il y a la vie du bush. Celle rythmée par le soleil, celle où l'on se lève tôt et se couche tôt.

BUDGET / BONS PLANS

Faire la fête en Afrique du Sud ne demande pas un budget faramineux. N'imaginez pas non plus que la vie ne coûte rien. Même si cela reste moins cher qu'à Paris, certains lieux branchés dans les grandes villes s'alignent tout à fait sur des tarifs occidentaux. Pour sortir à moindre coup, on se rend dans les *shebeens*, les petits bars des *townships*.

TRANSPORTS NOCTURNES

La nuit, il est préférable, voire indispensable de se déplacer en taxi. Avec l'application Uber, rien de plus simple, il y en aura toujours au coin de la rue. Les Uber ont l'habitude de raccompagner les gens, même sur de très courts trajets, n'hésitez donc pas. Sinon, pensez à prévoir un numéro de taxi si vous savez que vous rentrerez tard.

C'EST TRÈS LOCAL

Sortir boire un verre sur Long Street ou Kloof Street, y croiser la jeunesse sudaf dans des bars sympa et de bons petits restaus, ça, c'est très local. Autre ambiance, tout aussi locale : le quartier branché de Woodstock au Cap.

FUMEURS

Il est interdit de fumer dans les bars. En terrasse, des tables peuvent être réservées aux fumeurs.

LES PHRASES CLÉS

Bonsoir, comment puis-je me rendre à…
Good evening, how can I get to…

Est ce que cet endroit est tranquille ? Il n'y a pas de problème de sécurité ?
Is it a calm place? Are there any safety issues?

J'aimerais voir un spectacle typique ! Qu'est-ce qu'il y a en ce moment ?
I'd love to see a traditional show! What's on at the moment?

Je ne comprends pas… pouvez-vous répéter s'il vous plait ? Merci.
I don't understand, can you repeat please? Thank you.

Est-ce que je peux vous offrir un verre ? Quel est le meilleur cocktail de la maison ?
Can I buy you a drink? What's the best house cocktail?

J'ai la gueule de bois, auriez-vous quelque chose pour que j'aille mieux ?
I'm hungover, do you have anything that might help?

PRATIQUE

SE LOGER

BUDGET / BONS PLANS

Les plus petits budgets pourront s'en sortir pour une cinquantaine d'euros par jour en dormant dans les auberges de jeunesse et en se déplaçant en bus. Le coût de la vie en général est assez peu cher, mais il peut très vite monter si l'on opte pour un tourisme luxueux ou des packages en pension complète avec deux safaris par jour, où le budget monte facilement à 150, voire 200 € par jour.

A RÉSERVER

En haute saison, notamment entre novembre et janvier, les hôtels, les lodges et les *guesthouses* sont pris d'assaut. Nous vous conseillons de réserver à l'avance. Les hôtels de luxe ou de charme sont complets plusieurs mois à l'avance.

C'EST TRÈS LOCAL

Les *guesthouses* du centre-ville sont souvent aménagées dans d'anciennes demeures coloniales reconverties, des maisons victoriennes pleines de charme.
Dans les parcs nationaux, on opte pour le camping ou la tente safari en communion avec la nature et la faune sauvage, ou encore le chalet en *self-catering* perché sur une montagne. Le très local, c'est aussi dormir directement chez l'habitant, à Soweto par exemple, ou encore chez les fermiers du Karoo.

POUR LES GOURMANDS

La plupart des hôtels proposent un lieu de ravitaillement, du restaurant contemporain à la cuisine raffinée avec son lounge bar où l'on vient siroter un cocktail en début de soirée, parfois avec une vue superbe sur la savane ou bien sur les toits de la ville.

FUMEURS

Les chambres des auberges et hôtels sont non fumeur. Des espaces peuvent être réservés pour les fumeurs.

LES PHRASES CLÉS

Bonjour, avez-vous de la disponibilité pour une chambre double pour ce soir ou demain soir ?
Hello, do you have a double room available tonight or tomorrow?

Avez-vous un code wifi… les enfants ne tiendront pas sans !
Do you have a Wi-FI code... otherwise my kids will go nuts!

C'est bruyant, est ce que je peux changer de chambre ?
It's noisy, can I move to a different room?

Jusqu'à quelle heure est-ce que nous pouvons aller à la salle de sport et à la piscine ?
What time do the swimming pool and gym close?

Est-ce que je peux laisser mon bagage et revenir plus tard le récupérer ?
Can I leave my luggage and come back later to pick it up?

Est-ce que vous pouvez nous appeler un taxi ? Merci beaucoup.
Can you call us a taxi? Thank you very much.

ALLO ?

Dès votre arrivée à l'aéroport ou en ville, nous vous conseillons de vous procurer une carte Sim avec un peu de crédit et de données mobiles. Ainsi, vous pourrez facilement appeler hôtels et guides en cas de besoin, mais aussi utiliser votre GPS ou l'application Uber pour trouver un taxi. Si le Wifi est très répandu dans les cafés et les hôtels, ce peut être très utile sur la route ou dans les petits village perdus. Pour appeler d'Afrique du Sud vers la France, composez le +33 suivi du numéro de votre correspondant sans le 0. Pour appeler de France vers l'Afrique du Sud, composez le +27 suivi de l'indicatif de la ville sans le 0 et du numéro de votre correspondant.

ACCESSIBILITÉ

Si vous présentez un handicap physique ou mental ou encore que vous partez en vacances avec une personne dans cette situation, il est essentiel de préparer longtemps à l'avance votre voyage avec un organisme spécialisé et une agence de renom. Si les accès PMR sont développés dans certains lieux en Afrique du Sud, notamment dans les villes, le bush ne l'est pas. En revanche, on ressent un effort maximal d'accessibilité. La plupart des grands hôtels et de nombreux camps du parc Kruger ont installé des rampes pour les personnes handicapées. Les infrastructures sont bien adaptées en Afrique du Sud. Certaines *guesthouses* sont également équipées pour accueillir les personnes handicapées. Vous trouverez la liste complète des hôtels sur www.sa-venues.com/wheelchairfriendly-westerncape.php.

SANTÉ

En termes de santé, quelques recommandations. La chaleur est particulièrement assommante, surtout dans la région du Kruger, entre les mois de novembre et de janvier. D'autre part, faites attention à l'eau. Aussi, protégez-vous contre les moustiques notamment dans le parc national Kruger, même si l'Afrique du Sud n'est pas un territoire victime du paludisme. Attention aux animaux sauvages, même les chiens et les singes, surtout si vous n'êtes pas vaccinés contre la rage. Aucun vaccin n'est obligatoire pour venir en Afrique du Sud depuis un pays européen, mais les vaccins contre la fièvre jaune et la typhoïde sont obligatoires pour les voyageurs venant d'Afrique de l'Ouest ou d'Afrique centrale.

Les vaccins contre la diphtérie, le tétanos, la poliomyélite (appelé DTP), dont le rappel est tous les dix ans, et les vaccins contre les hépatites A et B sont fortement recommandés, de même que celui contre la méningite à méningocoques.

Visite de la ville du Cap.

Les plus aventureux qui vont se perdre au fin fond du bush tropical devront se vacciner contre la fièvre typhoïde et éventuellement la rage. Planifiez vos vaccinations au moins quinze jours avant le départ. En saison des pluies dans les régions tropicales, des tiques peuvent transmettre la maladie de Lyme, mettez un répulsif sur vos jambes si on vous en signale dans le coin avant d'aller marcher.

URGENCES SUR PLACE

En cas de maladie, un réflexe : contacter le consulat de France. Il se chargera de vous aider, de vous accompagner et vous fournira la liste des médecins francophones. En cas de problème grave, c'est aussi lui qui prévient la famille et qui décide du rapatriement. Pour connaître les urgences et établissements aux standards internationaux, consulter les sites www.diplomatie.gouv.fr et www.pasteur.fr.
Numéros d'urgence : secours : 112, police : 10111.
Sachez que si vous possédez une carte bancaire Visa® et MasterCard®, vous bénéficiez automatiquement d'une assurance médicale et d'une assistance rapatriement sanitaire valables pour tout déplacement à l'étranger de moins de 90 jours. Renseignez-vous auprès de votre banque sur les conditions de prise en charge et les clauses d'exclusion. Si vous n'êtes pas couvert par l'une de ces cartes, n'oubliez surtout pas de souscrire une assistance médicale avant de partir.

SÉCURITÉ

L'Afrique du Sud est souvent montrée du doigt pour son insécurité : tout ira bien si vous respectez quelques règles de conduite et écoutez les locaux. Quand la nuit est tombée, rentrez en taxi, en voiture gardez les portes et les fenêtres fermées aux feux rouges, et ne laissez pas les sacs, téléphones ou objets de valeurs en vue. À Johannesburg, évitez de visiter les CBD la nuit ou le week-end. Renseignez-vous auprès de ceux qui vivent sur place, suivez leurs conseils et vous vous sentirez en sécurité.
Pour rester informer avant le départ, consultez la rubrique « Conseils aux voyageurs » du site du ministère des Affaires étrangères : www.diplomatie.gouv.fr/voyageurs. Sachez cependant que le site dresse une liste exhaustive des dangers potentiels et que cela donne parfois une image un peu alarmiste de la situation réelle du pays.

LGBTQ

L'Afrique du Sud, notamment ses grandes villes, comme souvent, sont très ouvertes, tolérantes et *friendly* quant à l'orientation sexuelle. En 1990, la première manifestation gay du continent s'est tenue en Afrique du Sud. La Constitution garantit désormais la liberté de mœurs pour tous les citoyens, mais les sarcasmes restent monnaie courante chez les ultraconservateurs blancs (puritanisme) et certaines personnalités noires (machisme). Mais une vraie tolérance existe. « Mandela n'a pas seulement libéré les Noirs, il a aussi libéré les homosexuels », lance André Vorster, organisateur du carnaval gay pour les quatre-vingts ans du Madiba. Le mariage gay est légal en Afrique du Sud. Le Cap se présente comme la deuxième ville homo du monde après San Francisco, bénéficiant d'une très forte clientèle durant l'été austral. Certains coins du pays développent un tourisme ciblé sur la communauté, comme Prince Albert, dans le Karoo : La Mecque des mecs ! Cette population gay influence beaucoup l'esprit captonien déjanté, déguisé et très fêtard.

AMBASSADE ET CONSULATS

Avec un passeport français, il n'est pas nécessaire d'obtenir un visa pour moins de 90 jours de voyage.
Sur place, le portail Ariane, proposé sur le site du ministère des Affaires étrangères, permet de s'identifier gratuitement auprès du ministère. Une fois les données saisies, le voyageur pourra recevoir des recommandations liées à la sécurité dans le pays et les alertes sanitaires. En outre, la personne désignée par le voyageur comme « contact » en France sera prévenue en cas de problèmes ou dangers. De nombreux conseils et avertissements sont également fournis grâce à ce service.

POSTE

On trouve ici de très belles cartes postales, en vente dans la plupart des boutiques de souvenirs ou autres petits kiosques de rue. Il faut compter une douzaine de jours pour l'acheminement du courrier vers l'Europe, s'il est posté des grandes villes. Vous pouvez aussi opter pour une application de cartes postales sur votre smartphone comme Fizzer ou Youpix, pour envoyer vos plus belles photos.

MÉDIAS LOCAUX

En Afrique du Sud, la radio est le premier média. L'audience est détenue en majorité par les radios que l'on appelle les African Language Stations. RSG et Metro FM sont les radios nationales les plus écoutées. La télévision se place comme le second média sud-africain. Pas loin de 8 millions de foyers détiendraient un poste de télé et les SABC TV, soit les chaînes publiques, semblent les plus regardées. Quant à la presse, les titres classiques semblent perdre des lecteurs, notamment la presse anglophone, quand la presse zouloue a connu un bel essor avec des titres comme *UmAfrika*, à l'instar des *tabloids* comme le *Daily Sun* qui a profité de belles années 2000. Quant à la fracture numérique, bien que toujours existante, elle tend à diminuer.

LES PHRASES CLÉS

Bonjour, mon téléphone ne fonctionne pas, pouvez-vous m'aider s'il vous plait ?
Hello, my phone isn't working, can you help me please?

Je ne me sens pas bien, pouvez-vous m'amener à l'hôpital le plus proche ?
I don't feel well, can you take me to the nearest hospital?

Est-ce que vous avez un médecin qui parle français ?
Do you have a doctor who speaks French?

Je viens de me faire voler mes papiers, où est le poste de Police le plus proche ?
My passport has just been stolen, where is the nearest police station?

Est-ce un quartier dangereux ou je peux y aller sans crainte ?
Is this area dangerous or can I walk around without worrying?

Avez-vous des timbres pour une carte postale à envoyer en France ? C'est combien ?
Do you have any stamps for a postcard to France? How much is that?

DÉCOUVRIR

Du désert aux plantations de canne à sucre, des plages de l'océan Indien aux falaises du Cap, l'Afrique du Sud s'étend sur pas moins de 1 219 090 km^2. Le pays est doté d'une grande diversité de paysages et de climats tout en présentant un relief relativement simple. Sa zone littorale en V signe la grande frontière sud de l'Afrique et s'étend du Mozambique, côté océan Indien, jusqu'à la Namibie, côté océan Atlantique. En tout, ce ne sont pas moins de neuf écosystèmes qui cohabitent en Afrique du Sud, offrant des paysages complètement différents. En traversant les régions, on peut passer de vastes étendues de pierres et de sable à des forêts d'eucalyptus, ou encore de pins bordant l'océan. Des petits villages figés dans le temps aux mégalopoles vibrantes aux allures de ville américaine, on traverse le pays du bush à l'océan en passant par de superbes chaînes de montagnes ou encore des vignobles à perte vue. Superbe !

MANDELA : SOIF D'IDÉAL

« Je serai toujours bouleversé par la haine raciale et je reprendrai la lutte contre les injustices jusqu'à ce qu'elles soient définitivement abolies », disait Nelson Mandela. Bien que l'homme au combat de toute une vie soit retourné dans sa tombe, le combat continue. Il fait partie des rares personnalités ayant dédié leur vie entière à une cause et à en avoir expérimenté les premiers résultats. Il est né dans un petit village, portant du sang royal dans les veines, et a été étudiant en droit, avocat, soldat, clandestin, prisonnier, puis président et grand-père de toute une nation. Une vie ne suffit pas à combler celle de Mandela. Depuis son plus jeune âge, Mandela est un éternel idéaliste révolté, épris de liberté, d'égalité et de démocratie. « Si cela est nécessaire, c'est un idéal pour lequel je suis prêt à mourir », a-t-il scandé face à la foule lors de son discours du 11 février 1990.

Naissance de Rolihlahla

Le 18 juillet 1918, une future légende pointe son nez dans le petit village de Mvezo, situé à l'est de Port Elizabeth. Rolihlahla Mandela est né. Il fait partie de l'ethnie xhosa, un peuple fier, pour qui l'héritage est transmis par le père, un peuple attaché à la loi, à la politesse et à l'éducation. Du sang royal Thembu coule dans ses veines. Son père fut dépossédé et, face à ces difficultés, sa mère et lui partirent s'installer à Qunu, plus au nord. C'est dans ce petit village, à travers vallées, ruisseaux et vertes collines, que Rolihlahla Mandela passa ses plus belles années d'enfance. « Les garçons étaient pratiquement livrés à eux-mêmes », raconte-t-il. Il n'a pas encore dix ans quand il perd son père, Galda Henry Mphakanyiswa, né chef selon la coutume. Il souffrait d'une maladie pulmonaire et mourra la pipe encore allumée à la bouche, entouré de la mère de Mandela et sa plus jeune femme. Un homme « fier et révolté, avec un sens obstiné de la justice, que je retrouve en moi », écrira Mandela dans sa biographie.

Le jeune Nelson Mandela.

Une adolescence politisée

À la mort de son père, le régent du peuple Thembu, Jongintaba Dalindyebo devint son tuteur. Il allait manquer à sa mère, mais elle ne put refuser une proposition pareille, elle savait qu'il aurait une bonne éducation. Mandela se sent alors comme un poisson dans l'eau dans cette nouvelle maison royale et commence son éducation politique, observant le régent et sa cour, ainsi que le déroulement de grandes réunions où le peuple était invité à s'exprimer. « C'était la démocratie sous sa forme la plus pure. » Dans la tradition xhosa, Mandela ne devient un homme qu'en 1934, année de sa circoncision, de son passage de l'enfance à l'âge adulte. Écolier à Clarkebury, puis lycéen à Healdtown, adolescent, Mandela a déjà un caractère bien trempé. Le jeune révolutionnaire dans l'âme entame ensuite ses études à l'université de Fort Hare. C'est la seule université du pays réservée aux « non-Blancs ». Il étudie l'anthropologie, l'anglais, la politique, l'administration et le droit néerlandais. Si sa campagne lui manque régulièrement, il découvre ici un monde totalement nouveau. Il fait du sport, c'est d'ailleurs lors d'une partie de football qu'il rencontre Olivier Tambo. Le jeune Mandela fait partie de la troupe théâtrale, est membre de le l'Association chrétienne des étudiants et se passionne pour la danse.

Un parcours universitaire agité

Très vite impliqué dans les conditions de vie universitaire, il est désigné pour siéger au Conseil représentatif des étudiants (CRE). Les étudiants de Fort Hare élisaient les six membres du CRE. Lors d'une assemblée générale, les étudiants soulèvent deux problèmes : ils sont insatisfaits de la nourriture et demandent de renforcer les pouvoirs du CRE. Mandela est d'accord avec ces deux points. Alors quand la majorité des étudiants vote le boycott des élections si la direction n'accepte pas ces revendications, lui aussi. Cependant, le directeur, Kerr, lui signale que s'il démissionne du CRE, il devra quitter l'université et éventuellement revenir en septembre en réintégrant le bureau du CRE. Respecter son principe moral ou ne pas ruiner ses études ? La vie en décida autrement pour lui. De retour à Mqhekezweni, l'oncle de Mandela organise son mariage. Rusé, Mandela lui dit qu'il accepte à condition de terminer ses études et s'enfuit à Johannesburg où il découvre la grande ville et y passe quelques années. Après avoir obtenu son examen à l'UNISA, il retourne à l'université de Fort Hare pour la remise de diplôme vêtu d'un nouveau costume.

Naissance d'un combattant de la liberté

Toutes ces années forgent en Nelson Mandela un futur combattant de la liberté. Il écrit : « Être africain en Afrique du Sud signifie qu'on est politisé à l'instant de sa naissance, qu'on le sache ou non. » Celui qui rêvait alors d'une carrière de fonctionnaire participe dès 1944 à la fondation d'une Ligue de la jeunesse dans l'ANC, l'organisation pacifiste dirigée par le docteur Xuma. « Il n'y a pas eu de jour particulier où j'aurais dit : à partir de maintenant je vais me consacrer à la libération de mon peuple ; à la place je me suis simplement retrouvé en train de le faire sans pouvoir m'en empêcher », racontera plus tard Nelson Mandela dans sa biographie. Entouré de Walter Sisulu, il lui porte un profond respect et une admiration sans faille. L'ANC s'inspire de Roosevelt et Churchill pour rédiger sa charte : « Les revendications des Africains ». Début 1946, Mandela emménage à Orlando East avec sa compagne, Evelyn, sans électricité, toit de tôle, sol en ciment, kitchenette et seau au fond d'une pièce en guise de toilettes. C'est dans cette première maison que naît leur premier enfant : Madiba Thembekile. Il porte le nom de clan de son père, Madiba, un héritage important chez les Xhosa. La période qui suit est marquée par le militantisme des populations noires, métis et indiennes.

Lutte pour l'égalité

La Ligue de la jeunesse rêve d'égalité. Quelques années et événements, grèves et autres manifestations plus tard, en 1952, en parallèle de toutes les luttes qu'il conduit, Mandela ouvre le premier cabinet d'avocats noirs d'Afrique du Sud avec son ami Olivier Tambo, le « Mandela et Tambo ». « Les Africains recherchaient désespérément une aide légale : c'était un crime de franchir une porte réservée aux Blancs, de monter dans un bus réservé aux Blancs, de boire à une fontaine réservée aux Blancs, de marcher sur une plage réservée aux Blancs, d'être dans une rue après 11 heures du soir, de ne pas avoir de *pass* et de ne pas y avoir la bonne signature, de ne pas avoir de travail et d'en avoir dans un mauvais quartier, de vivre dans certains endroits et de ne pas avoir d'endroit où vivre… », relate-t-il.

L'incontournable prise des armes

Inspiré par le combat de Gandhi qui a vécu au Natal en Afrique du Sud, Mandela est profondément pacifique. En 1955, l'ANC empêche les jeunes de s'insurger contre la police, ce qui selon l'ANC aurait conduit à un désastreux suicide collectif sans une organisation minutieuse et préparée. Mais l'apartheid creuse un fossé de plus en plus profond, la violence grandit et les négociations pacifiques s'effondrent. Il faut prendre les armes. Le massacre de Sharpeville en 1960 donne le *la*. L'organisation se rallie à la lutte armée et Nelson Mandela créé le MK, Umkhonto we Siswe. S'ensuit une véritable guerre de libération. Sabotages, guérilla, terrorisme… La révolution est ouverte. Nelson Mandela va jusqu'à se former à Oujda, à la frontière entre le Maroc et l'Algérie, en Afrique du Nord. D'ici, l'ANC observe l'évolution militaire des troupes du FLN.

Une première arrestation

Au petit matin du 5 décembre 1956, la police frappe à la porte de Mandela. Devant ses enfants, il est arrêté pour « haute trahison », comme pratiquement l'intégralité de la direction nationale de l'ANC, soit 156 personnes. Le procès les laisse libres dans un premier temps et reprend en janvier, à condition de se présenter chaque semaine au commissariat et avec interdiction d'assister à toute réunion publique. Mais la liberté retrouvée, c'est sa femme Evelyn qui part.

Mandela garde beaucoup de respect pour elle, mais dit simplement avoir raté son couple qui avait des « différences inconciliables ». Par le plus beau hasard des choses, il rencontre rapidement Nomzamo Winnifred Madikizela, *alias* Winnie, dont il tombe amoureux au premier regard. Ils se marient le 14 juin 1958. En 1960, quand Mandela sort de prison après cinq mois de détention, l'état d'urgence est levé.

Déjà il pensait : « Quand on est allé en prison, ce qu'on apprécie le plus, ce sont les petites choses : être capable d'aller se promener quand on veut, entrer dans une boutique, acheter un journal, parler ou choisir de rester silencieux. Le simple fait d'être maître de ses actes. »

Le massacre de Sharpeville

Pendant un demi-siècle, l'ANC a prôné la non-violence. Mais le 21 mars 1960, le massacre de Sharpeville change la donne. Ce jour-là, 69 manifestants noirs sont morts face à la répression policière et plus de 150 sont blessés. Peu après les événements, après de longues et houleuses discussions, le Congrès autorise Mandela à former une organisation militaire indépendante de l'ANC qui reste non-violente. « Moi qui n'avais pas été soldat, qui n'avais jamais combattu, qui n'avais jamais tiré un coup de feu sur un ennemi, on m'avait confié la tâche d'organiser une armée », raconte-t-il. Cette nouvelle organisation porte le nom d'Umkhonto we Siswe ou MK, traduit par « La lance de la nation », arme avec laquelle le peuple africain avait toujours résisté aux Blancs. Mandela vit et lutte dans la clandestinité. Winnie et les enfants viennent lui rendre visite à Riviona, où il vit dans une ferme.

Montée de la violence

Le 16 décembre 1961, jour symbolique de la fête de Dingane, commence la lutte de libération : Umkhonto we Siswe organise des sabotages. Quinze jours plus tard, pour le nouvel an, une autre série d'attentats retentit. Mais la contre-offensive du gouvernement ne tarde pas. Son but : capturer tous les membres du MK. Il faut raconter. Il faut alerter. Il faut que cela cesse. Le 11 janvier 1962, Mandela quitte clandestinement l'Afrique du Sud pour participer au congrès du Mouvement panafricain de libération de l'Afrique orientale, centrale et australe à Addis-Abeba, en Éthiopie. Ambitieux, il cherche des soutiens politiques, financiers et des lieux d'entraînement pour les combattants. Il parcourt l'Afrique jusqu'au Maghreb, puis va jusqu'en Angleterre. « Je me sentais transformé en soldat et je commençais à penser en soldat », dit-il. Mais le combat n'est pas simplement militaire, il est aussi politique. Mandela passe du soldat à l'avocat, de l'avocat au soldat. Mais quelques mois plus tard, de retour de Johannesburg, Mandela et Cecil Williams viennent de passer Howick quand ils sont arrêtés par la police. Nous sommes le 5 août 1962, Mandela a tout juste le temps de glisser son pistolet chargé et son carnet entre les deux sièges. Heureusement pour beaucoup de gens, le carnet ne sera jamais retrouvé. La peine tombe. Il est condamné à cinq ans de prison. S'ensuivra un an plus tard, le 11 juillet 1963, une descente de policiers dans la ferme de Liliesleaf, le quartier général de MK. Le haut commandement est capturé à son tour.

Le procès de Rivonia

Démarre alors le procès de Rivonia. Sentence ? La peine de mort. Si la résolution de « bienveillance » est réclamée par l'ONU, les États-Unis, l'Angleterre et la France s'abstiennent. Nous sommes en pleine guerre froide. Le 12 juin 1964, le verdict tombe : il sont condam-

Nelson Mandela, devenu président de l'Afrique su Sud, à Wahington avec Bill Clinton en 1994.

© ALESSIA PIERDOMENICO - SHUTTERSTOCK.COM

Nelson Mandela en 2006.

nés à perpétuité. Mandela est envoyé au large du Cap. La prison de Robben Island deviendra l'emblème du prisonnier et aujourd'hui encore le « mémorial » de toute une nation, voire de tous. Il y restera vingt-sept ans. Ici, les conditions de vie sont très difficiles. Mandela passe vingt-sept ans à écrire des lettres à sa famille, à ses amis, au directeur de la prison. Ces lettres n'arriveront jamais jusqu'à leurs destinataires ; heureusement, il les avait copiées dans son carnet. Aussi, il apprend l'afrikaans, simplement pour savoir comment pense l'ennemi. Les crises s'enchaînent à partir de 1968, l'effondrement du camp soviétique perturbe la géopolitique et le gouvernement américain demande des changements dans la politique du gouvernement sud-africain. Mandela est transféré près de Paarl, dans la prison de Victor-Verster. Les panneaux « Free Mandela » recouvrent les murs du monde. Le plus vieux prisonnier du monde sera bientôt transformé en icône de la liberté.

Le 11 février 1990 : la liberté retrouvée

Le 11 février 1990 est une date ancrée dans les mémoires et dans l'histoire. À 72 ans, Mandela est libéré. Frederik de Klerk est au pouvoir depuis moins d'un an et Mandela n'a qu'une chose en tête : réconcilier son pays. Libre le jour même, il scande son célèbre discours face à la foule, depuis le balcon de l'hôtel de ville. Comme une ellipse, il enclenche son discours par la dernière phrase prononcée au procès Rivonia en 1964. Dans la foulée, le Parti communiste et l'ANC sont légalisés. Mandela devient alors président de l'ANC. Son combat pour la liberté continue. En bonne entente avec le président Frederik de Klerk, avec qui il reçoit le prix Nobel de la paix en 1993. L'année suivante, les premières élections pluralistes et multiraciales ont lieu. Nelson Mandela est élu président de l'Afrique du Sud en 1994 et publie alors son autobiographie, *Long Walk for Freedom*, qu'il dédie à ses six enfants, vingt et un petits-enfants, trois arrière-petits-enfants, et à ses camarades sud-africains. L'homme prodémocratie ne briguera qu'un seul mandat dans la lignée de ses convictions. En 1999, malgré son immense popularité, Mandela cède sa place à Thabo Mbeki. C'est aussi ça, la démocratie. Au sortir de son mandat, Mandela fête ses 80 ans. Combattant, prisonnier, premier président noir de la nation « arc-en-ciel », grand-père de toute une nation et même arrière-grand-père, il entame sa troisième vie. En 2005, la mort de son fils l'incite à une dernière lutte. « Mon fils est mort du sida, une maladie normale dont il faut parler ouvertement », lance-t-il comme une dernière bouteille à la mer avant de se retrancher de la politique. Mandela vieillit et pose les « armes » pour profiter de son épouse Graça Machel, avec laquelle il se marie le jour de ses 80 ans. En juillet 2010, un grand sourire fend son visage dans les gradins du stade à l'occasion de la finale de la Coupe du monde de football.

Puis en 2013, s'éteint avec lui la lueur d'espoir de la liberté retrouvée. L'ANC est de moins en moins populaire et gérer l'Afrique du Sud sans Mandela, parmi les héros du XXe siècle, n'est pas une mince affaire.

LA GARDEN ROUTE

On l'appelle plus communément la « Garden Route ». En Afrique du Sud, ce n'est pas *via* la route 66 mais bien *via* la route 62 que l'on s'élance du Cap jusqu'à Port Elizabeth, un peu plus de 800 km qui filent entre les terres et la côte sud du pays, 800 km de nature luxuriante entre mer, montagnes et champs de fleurs selon la saison avec des vignobles à perte de vue, des plages sauvages et des forêts touffues, des côtes rocailleuses, des cols et des rivières, mais aussi de jolies petites villes au charme côtier où s'arrêter pour se rafraîchir, pour dîner ou même pour la nuit. Tout au long de ce périple agréable, une faune et une flore incroyables vous accompagnent, allant des baleines aux centaines d'espèces d'oiseaux et de fleurs. Kayak, golf et randonnées, elle offre de nombreuses possibilités d'activités. Elle se parcourt d'est en ouest ou d'ouest en est, au gré de vos envies. Que de belles découvertes vous attendent sur cette route !

Un jour, une activité

Sur la route des Jardins, impossible de s'ennuyer. C'est son principal avantage. Pour peu que l'on ait un peu de budget à consacrer aux activités et autres découvertes culturelles et sportives, il y en a pour tous les goûts. Les amateurs de vins s'attardent d'abord à Stellenbosch, premier bastion viticole du pays, et surtout plus longue route des vignobles au monde avec les visites de caves, les dégustations dans les vignobles, les terrasses à la vue plongeante sur les coteaux et les montagnes en arrière-plan. La région est magnifique. D'autres régions plairont aux palais aguerris, mais aussi aux amateurs de sensations. À Paarl, on prend de la hauteur sur les plantations en s'offrant un vol en ballon dans les airs. À Wellington, c'est à cheval que l'on visite les vignobles. Quelle sensation de liberté ! Dans la petite ville de Tulbagh, encerclée par les montagnes, c'est en VTT que l'on s'aventure au gré des chemins sinueux à la découverte d'un riche patrimoine culturel, car la ville recense un grand nombre de demeures coloniales de toute beauté inscrites au patrimoine provincial et parfois national. Robertson, quant à elle, est connue comme la « vallée des vignes et des roses ». Dotée d'un patrimoine architectural riche, la ville est agréable et compte quelques charmantes maisons d'hôte.

La route 62

Quelques kilomètres plus loin, on arrive à Ashton, le départ officiel de la route 62. Il faut alors décider ici si l'on continue sur la route 62, par-delà l'intérieur des terres, ou choisir la route 60 qui descend doucement vers la mer, direction Mossel Bay. Si l'on continue sur la route 62, on traverse la capitale mondiale de l'autruche. C'est à Oudtshoorn que règnent en maîtres les fermes d'autruches où l'on en apprend beaucoup sur le plus grand de tous les oiseaux, sur cet oiseau qui ne vole pas, mange des cailloux et plonge sa tête dans le sable jusqu'au cou, mais aussi cet oiseau qui court plus vite que son ombre. L'autruche peut facilement atteindre les 70 km/h et il existe même des courses d'autruches. Les plus téméraires tenteront peut-être de monter à dos d'autruche… le ridicule ne tue pas, paraît-il ! Oudtshoorn, c'est aussi un haut lieu de la culture afrikaner et célèbre chaque année le festival Klein Karoo Nasionale Kunstefees.

De Swellendam à George

Nous décidons de rattraper l'océan en nous arrêtant une nuit à Swelledam sur la route, une jolie petite ville traversée par la rivière Koringland. Autrefois point de passage de nombreux commerçants et explorateurs, la troisième ville la plus ancienne d'Afrique du Sud vit aujourd'hui de l'agriculture. Autour de sa célèbre église immaculée Cape Dutch, cafés, antiquaires et galeries d'art en font une escale agréable. Nous dormons tout proche, dans une ferme nichée en pleine campagne, à deux pas du joli Bontebok National Park.

La traversée de l'Overberg de Swellendam à Mossel Bay est magnifique. Lorsque la route finit par filer littéralement entre mer et montagnes, on avance dans une carte postale. George peut être une étape agréable pour grignoter un bout. Non loin de là se situe le village de Wilderness. Comme son nom l'indique, « région sauvage », la nature est reine. La petite station balnéaire du Cap-Occidental invite à s'offrir une nuit ou plus au bord de l'océan ou même au pied du lit de la rivière. C'est ici aussi que l'on s'arrête pour le célèbre point de vue « Map of Africa » : d'ici la rivière vient dessiner autour des montagnes à perte de vue la carte de l'Afrique. C'est splendide ! Vous verrez probablement des parapentes s'élancer des montagnes vers la mer. Pourquoi pas vous ? Rares sont les endroits plus magiques pour tenter cette expérience. Montagnes, océan Indien et, avec un peu de chance, on survole les dauphins joueurs. Magique !

© DOMINIQUE DE LA CROIX - SHUTTERSTOCK.COM

Vue sur la ville de Knysna, étape incontournable sur la Garden Route.

DÉCOUVRIR

L'incontournable escale à Knysna

Depuis George, soit l'on continue à flanc d'océan, soit on opte pour la célèbre Seven Passes Road, qui traverse le sud des monts Outeniqua. Construite entre 1862 et 1882 pour relier les villes de George et Knysna, c'est la plus ancienne route de montagne d'Afrique du Sud. Initiée par Thomas Charles John Bain, elle joue un rôle important lors de la découverte de gisements d'or à Karatara durant sa construction. Aujourd'hui, la route panoramique est très prisée des adeptes du mountain bike ou des motards. À vous de voir ! Par la côte, la route est tout aussi belle jusqu' à Knysna. La ville de Knysna est articulée autour de son fleuve éponyme, entre océan, marais et rivière, avec ses deux îles principales : Thesen Island, avec son *waterfront* à la manière du Cap, ses départs de croisières à la rencontre des dauphins du coin, sa rue commerçante et ses restaurants de fruits de mer où règne l'incontournable huître de Knysna. Puis, il y a Leisure Island, la paisible. C'est ici que nous avons dormi. Leisure Island se la coule douce : tour de l'île à vélo ou en footing le matin, petite baignade, halte au coffee shop, et la journée peut commencer. À l'ouest de Knysna, Brenton-on-Sea offre une vaste plage qui court sur plusieurs kilomètres jusqu'à Buffelsbaai.

Plett, citadine et nature

Si l'on continue notre virée vers l'est, la prochaine étape sur notre Garden Route est Plettenberg Bay. Logée dans les bras de la Robberg Nature Reserve, Plett, pour les intimes, jouit d'un vrai centre-ville, agréable et vivant. Du yoga, du surf, la plage magnifique de Lookout (p.380), des cafés agréables, des bons restaus, des hébergements magnifiques au bord du lagon ou sur l'océan : la vie est belle et douce à Plett. Surtout, la région regorge d'activités en tous genres. Les adeptes des primates s'en iront à Monkeyland, quand les plus téméraires s'offriront peut-être le saut à l'élastique depuis le pont le plus haut du monde qui, surtout, règne dans un décor unique : Bloukrans Bridge, qui sépare le Cap-Occidental du Cap-Oriental avec d'un côté l'océan et de l'autre la montagne, et vous qui sautez au beau milieu ! En continuant dans la direction de Port Elizabeth, on traverse Stormriver et le parc national de Tsitsikamma, un parc forestier protégé et aménagé de passerelles en bois qui borde la côte sauvage maritime jusqu'à Port Elizabeth.

Au bout de la route : bush and beach

Une petite heure au nord de Port Elizabeth, nous optons pour une ultime étape : Addo Elephant Park. Créé en 1931, le parc national a été étendu il y a quelques années jusqu'à l'océan Indien. C'est alors la seule réserve à abriter non plus le « Big Five », mais le « Big Seven », car on ajoute aux cinq grands mammifères stars le requin blanc et la baleine, qui vivent à Algoa Bay. Plus encore, il est possible dans la région, notamment dans les montagnes du Zuuberg un peu plus au nord, d'apercevoir l'espèce en résurgence de l'antilope noire, une expérience très rare. À croire que toutes les merveilles de l'Afrique du Sud se concentrent dans le Cap-Oriental et la Garden Route.

GÉOGRAPHIE

L'Afrique du Sud, ce sont mille paysages en un seul pays. On traverse la brousse du parc Kruger dans le Limpopo, les tourments rocheux du Waterberg, les champs de canne à sucre du Natal, les à-pics vertigineux du Drakensberg, les dunes du Kalahari, la steppe caillouteuse du Grand Karoo, la tranquillité de la Wild Coast, les prairies fleuries du Namaqualand, le vignoble méditerranéen du Boland dans l'arrière-pays du Cap. Depuis plus d'un siècle, les autorités locales organisent l'espace en zones protégées, parcs naturels et réserves. La flore est protégée par le National Botanical Institute et la faune sauvage africaine est ici plus préservée, cajolée, honorée que nulle part ailleurs sur le continent. Le parc Kruger est la principale attraction du pays, mais d'autres parcs, à l'image du kgalagadi, du Mapungubwe ou du Richtersveld, offrent une expérience beaucoup plus brute et authentique.

Une immense diversité de paysages

Du désert aux plantations de canne à sucre, des plages de l'océan Indien aux falaises du Cap, des forêts d'eucalyptus aux forêts de pins qui bordent les plages rappelant les Landes, des bush rocheux et désertiques aux vastes et verts pâturages, l'Afrique du Sud, étalée sur 1 219 090 km², est plus étendue que la France, l'Italie et l'Allemagne réunies. Le pays est doté d'une immense diversité de paysages et de climats, tout en présentant un relief relativement simple. Sa zone littorale en « V », sur 2 954 km de longueur, s'étend de la frontière du Mozambique, côté océan Indien, à l'embouchure du fleuve Orange à la frontière namibienne, côté océan Atlantique. Au nord de ce fabuleux cône, le pays dispose de frontières communes avec la Namibie, le Botswana, le Zimbabwe et le Mozambique, ainsi qu'avec le Swaziland et le Lesotho, qui eux sont deux petites enclaves qui correspondent aux régions montagneuses du pays.

La géographie au cœur du pays

Dans la région centrale s'étend un vaste plateau d'une hauteur moyenne de 1 500 m d'altitude, le Haut Veld. Ce plateau correspondant à la région du Gauteng est séparé des régions côtières verdoyantes au sud par un grand escarpement de massifs montagneux, peu élevés et isolés les uns des autres, qui courent du Lesotho jusqu'au Swaziland. Seul le Drakensberg constitue une véritable chaîne montagneuse, longue de 400 km et difficile à franchir. Ses plus hauts sommets culminent à 3 446 m, comme le pic Mafadi, et 3 280 m, comme les monts aux Sources, et disparaissent parfois sous un manteau neigeux en hiver, dévoilant quelques pistes de ski. Quelle surprenante Afrique du Sud !

Un désert de fleurs à l'ouest

Dans la région occidentale, on trouve de hauts plateaux disposés en demi-cercle tombant vers la cuvette centrale. On les appelle Namaqualand. Leur altitude varie de 1 200 à 1 800 m, dans un paysage fait de vastes étendues de pierres et de sable. Mais aux alentours des mois d'août et de septembre, le printemps pointant son nez, ce désert a la particularité de se couvrir de fleurs sauvages. Quelques gouttes de pluie suffisent pour qu'une étendue vaste et colorée sorte de terre. Cette région n'est pas la plus fréquentée du pays, mais elle est absolument à découvrir à l'époque des champs en fleurs, aux alentours de septembre, au moins une fois dans sa vie. On l'appelle « le désert fleuri », un paradis pour les amoureux de nature en fleur. Laissons-nous aller à rêver, on se croirait directement plongé dans un tableau de Claude Monet !

Le grand désert du Kalahari au nord

Au nord, du côté de la frontière namibienne, se situe le Kalahari, un terme qui signifie en langue tswana « grande soif » ou « lieu sans eau ». Ce désert s'étend largement sur les territoires namibien, botswanais et sud-africain. Connu comme le berceau du peuple bushman ou san, et donc souvent représenté comme le berceau de l'humanité, il présente de vastes étendues, couvertes d'énormes accumulations de sable que le vent a transformées en dunes, oueds et lagunes. Certaines portions de paysages sont entièrement couvertes de végétation. On dit parfois de ce désert qu'il est vivant tant son décor est mouvant au gré du vent.

Le Nord-Ouest, de céréales et d'élevage

Au nord-ouest, dans la cuvette du fleuve Orange, le plus long d'Afrique du Sud dont le lit file entre les roches depuis le Drakensberg jusqu'à l'océan Atlantique, on trouve des plateaux arasés séparés par des cours d'eau. L'érosion a réduit certains plateaux à l'état de *kopje*, ces collines coniques surmontées d'une épaisseur de roche

© RETHA WEPENER - SHUTTERSTOCK.COM

Le Namaqualand, autrement appelé « désert fleuri ».

dure, souvent de nombreux gros rochers ronds qui tiennent on ne sait comment les uns sur les autres. C'est la région des cultures céréalières et de l'élevage bovin. Voilà encore un tout autre décor.

Le célèbre Kruger au nord-est

Sûrement la raison, la motivation, l'élan donné à de nombreux voyageurs qui arrivent en Afrique du Sud, le parc national du Kruger, au nord-est, compte un petit escarpement rocheux qui précède le gigantesque parc Kruger. Haut lieu d'Afrique du Sud, connu de tous et souvent étape décisive ou incontournable du voyage, le parc national Kruger couvre environ 20 000 m^2 du territoire, offrant un relief très varié du nord au sud. La région se caractérise par une végétation de type *bushveld* : épais buissons épineux et terrain boisé, dont la densité varie selon la météo. Les années pluvieuses laissent derrière elles une végétation dense dans laquelle se cachent vainement les animaux, quand les années de sécheresse font du Kruger une vaste plaine aride. C'est à travers ce décor que résident de nombreuses espèces animales, dont le fameux « Big Five ».

Cap au sud

Au sud, côté océan Atlantique, une bande littorale de verdure court le long des côtes, puis laisse place aux plaines semi-arides et caillouteuses du Cederberg. Elles se couvrent, sous l'effet des pluies printanières, d'un magnifique tapis de fleurs. La zone méridionale laisse place à de courts chaînons montagneux, dont les sommets dépassent souvent les 2 000 m d'altitude, comme le Swartberg ou encore le Langeberg. Ces barres rocheuses séparent le Grand Karoo du Petit Karoo, qui s'étend jusqu'aux hauteurs de la région du Cap. Le Cap abrite la célèbre Table Mountain ou encore le magnifique cap de Bonne-Espérance, ces montagnes incroyables qui regardent d'un côté l'océan Indien et de l'autre l'Atlantique. La côte indienne est constituée de l'Overberg à partir du cap des Aiguilles, puis de la Garden Route qui doit son nom à ses nombreuses forêts et bocages marécageux.

Sous les tropiques du Sud-Est

Essentiellement connu pour la ville de Durban où le soleil tape toute l'année et où les vagues sont abondantes pour les amateurs de surf, au sud-est, la région côtière, qui sépare le grand escarpement rocheux de l'océan Indien, est une région chaude été comme hiver dans le Cap-Oriental, voire tropicale dans le KwaZulu-Natal où il fait chaud et humide toute l'année. La région du KwaZulu-Natal est – soit dit en passant – bien plus attrayante et riche de beaux paysages que Durban, qui ne vieillit pas très bien. L'été, les pluies peuvent être diluviennes et tout emporter sur leur passage. Les paysages sont constitués de champs de canne à sucre et de collines verdoyantes où poussent tels des petits champignons des îlots de *rondavel*, ces huttes traditionnelles rondes et colorées avec un toit de chaume.

NATURE

Synonyme de nature, de faune sauvage et de vastes étendues arides, l'Afrique du Sud est l'image indélébile de la savane. Plus de 200 espèces de mammifères, 77 000 espèces d'invertébrés, ou encore 850 espèces d'oiseaux font rayonner le pays à travers sa faune, mais aussi sa flore, dont la célèbre fleur « nationale », la *Protea cynaroides*. Si on vient en Afrique du Sud, c'est surtout pour vivre l'expérience du bush et celle de la rencontre avec des animaux sauvages que l'on ne trouve nulle part ailleurs sur terre. Ici, l'homme est un prédateur parmi d'autres et la loi de la savane est dictée par le roi, le lion. Autre rencontre : celle des océans Atlantique et Indien, où vivent d'imposants mammifères marins : phoques, pingouins, baleines et dauphins, mais aussi des requins et des tortues géantes qui migrent dans le nord-est du pays à la saison de la ponte. Une biodiversité d'une richesse incroyable !

Une longue liste de résidents

Les babouins chacma, les singes samango, les dassies, les suricates de famille des mangoustes, les chacals, les hyènes tachetées et les chiens sauvages, mais aussi des tortues rares et des caméléons en plus d'une centaine d'espèces de serpents, dont les très venimeux black mambas, green mambas, cobras et boomslangs : la liste est longue. L'Afrique du Sud compte plus de 200 espèces de mammifères et 77 000 espèces d'invertébrés. Quant aux oiseaux, on en recense 850 espèces dont 725 résidentes, les autres sont des oiseaux migrateurs qui prennent leurs quartiers en été.

Terre de safaris

En Afrique du Sud, on part en *game drive*. Autre nom donné au safari, c'est une balade dans les parcs et réserves à la rencontre des animaux. À bord d'une voiture, d'un 4 x 4 ou encore à pied encadrés de rangers armés – au cas où –, on observe les habitants de la savane déambuler dans leur élément naturel. Qui allons-nous donc croiser dans ces fabuleux paysages ? D'abord ceux qu'on appelle les « Big Five » : lion, éléphant, buffle, rhinocéros et léopard. Ce sont les cinq animaux les plus difficiles à apercevoir, mais qui étaient à l'époque coloniale les cinq animaux les plus dangereux à chasser. Ajoutons-y toute une multitude d'animaux qui vivent dans le même habitat : guépard, girafe, gnou, zèbre, phacochère, suricate, chacal, koudou, impala, redbok, gemsbok, et bien sûr le fameux springbok.

Trop d'éléphants au Kruger ?

S'il y a de nombreux endroits dans le monde où les éléphants disparaissent, au Kruger, au contraire, ce sont des familles entières qui peuplent le parc. Chaque année, la population

Suricates.

d'éléphants croît de 7 % au Kruger Park où les pachydermes coexistent avec de vastes populations d'autres espèces, dans un environnement riche en variétés de plantes et d'arbres, elles aussi protégées. Y a-t-il alors trop d'éléphants ? Les éléphants, forts de leur embonpoint naturel, cassent et détruisent tous les arbres présents sur leur chemin. Le parc ayant mis fin en 1994 à l'abattage sélectif, au rythme actuel, la population du Kruger devrait passer à quelque 20 000 têtes dans les dizaines d'années à venir. Ne pouvant faire face à la logistique ou aux coûts très élevés, d'autres solutions telles que la contraception sont envisagées. Plus naturellement, la création d'un parc transfrontalier entre Mozambique, Afrique du Sud et Zimbabwe s'est mise en place au fil des ans. Ce dernier, permettant leur migration, aide à la régulation de la population d'éléphants dans le parc.

Le springbok, animal national

La caractéristique de cette espèce d'antilope est le saut, dit le *pronk*. Le springbok, qui atteint 75 cm de hauteur et pèse environ 40 kg, saute jusqu'à 4 m de hauteur et 15 m en longueur. Cette espèce s'est adaptée aux zones sèches et dénudées, ainsi qu'aux plaines herbeuses dégagées. Pour cette raison, on la rencontre essentiellement dans l'État libre, le Nord-Ouest et dans le Karoo jusqu'à la côte ouest. Ce sont des animaux grégaires, qui se déplacent en petits troupeaux en hiver, mais se rassemblent souvent en plus grand nombre les mois d'été.

Le quagga ressuscité !

On pensait que le dernier quagga était mort dans un zoo d'Amsterdam en 1883 et que l'espèce était définitivement éteinte. Sauf que, plus de cent trente ans après son extinction, la science a réalisé un véritable exploit en le faisant réapparaître !

© TSWAINS - SHUTTERSTOCK.COM

Le léopard est l'un des animaux du « Big Five » que l'on peut observer lors de safaris.

Le quagga ressemble à un zèbre, quelques rayures en moins : rayé noir et blanc du museau jusqu'au milieu du ventre comme un zèbre traditionnel, mais avec une croupe sans aucune rayure et de couleur beige-brun. L'animal était très apprécié par les riches notables de l'époque coloniale. Même Louis XVI était particulièrement fier des quaggas qu'il possédait dans sa ménagerie au château de Versailles.

DÉCOUVRIR

© JOHN MICHAEL VOSLOO - SHUTTERSTOCK.COM

Le springbok, animal national.

© WILDESTANIMAL - SHUTTERSTOCK.COM

Baleine à bosse.

À cause de sa notoriété et de sa fragilité, cette sous-espèce de zèbres avait officiellement disparu au XIXe siècle, totalement exterminée par les chasseurs européens de l'ère coloniale qui se nourrissaient de leur viande et utilisaient leur peau pour la confection de vêtements et accessoires.

Pourtant, depuis 2011, on croise à nouveau ces mammifères dans une vallée à seulement deux heures au nord du Cap, au pied des montagnes escarpées du Cap-Occidental, dans la vallée de Riebeek. En effet, un projet nommé le « Quagga Project » – www.quaggaproject.org – a été lancé par des scientifiques au cours des années 1980 qui, après avoir fait analyser des échantillons de peau de quagga au South African Museum du Cap, avaient découvert que l'ADN de cet animal était le même que celui du zèbre des plaines, mis à part quelques rayures. Les deux animaux étant très proches d'un point de vue génétique, il a alors été possible de reconstruire les séquences manquantes de l'ADN du quagga à partir de son cousin. Miracle de la science et de la nature, la cinquième génération est en tout point semblable au quagga des origines ! En 2017, une dizaine des cent animaux de la réserve du parc de Table Mountain pouvaient prétendre au nom de quagga.

A une époque où l'on est plutôt habitué à entendre parler d'extinction des espèces et de destruction de l'environnement, on ne peut que se réjouir d'apprendre que, dans un avenir proche, les quaggas vont à nouveau repeupler les plaines sud-africaines comme avant l'arrivée des premiers colons il y a plusieurs siècles.

Amoureux de côtes et de fonds marins

À la rencontre des océans Atlantique et Indien, baignée de nombreuses rivières, l'Afrique du Sud compte 16 % des espèces de poissons au monde, soit 2 000. Au large de ses côtes, notamment sur celles de l'Overberg et de la péninsule du Cap, vivent d'imposants mammifères marins comme des phoques, des pingouins, des baleines et des dauphins. Quant aux célèbres requins, admirés et redoutés à la fois, ils sont présents sur toutes les côtes. Les tortues géantes, elles, migrent dans le nord-est du pays à la saison de la ponte.

De la famille des baleines

Dans la famille des cétacés, on distingue les baleines à fanons communément appelées baleines « franches » par les chasseurs pour leur forte teneur en graisse, et les baleines à dents, dont font partie les orques et les dauphins. Les baleines franches ont été décimées aux XVIIIe et XIXe siècles jusqu'à leur quasi-extinction dans les années 1960, notamment les baleines franches australes et les baleines à bosse qui sont toujours vulnérables aujourd'hui. Elles se nourrissent essentiellement de plancton, d'un petit crustacé, le krill, mais également de petits poissons et parfois de calamars. On les observe de juin à janvier sur les côtes d'Afrique australe, durant la saison des amours et la naissance des petits, notamment à Hemanus et le long de la Garden Route.

Une centaine d'espèces de requins

Le littoral sud-africain est fréquenté par une centaine d'espèces de requins. L'Afrique du Sud détient avec l'Australie et la France, à la Réunion, le record des attaques. Les récifs externes et les passes où se forment les vagues qui intéressent les surfeurs sont le garde-manger favori des requins. On peut aussi citer les eaux turbides que l'on trouve dans les ports, les estuaires à proximité des complexes agroalimentaires qui rejettent leurs déchets dans la mer ou encore les eaux troubles du littoral après le passage d'une tempête. Seules cinq espèces sont qualifiées de dangereuses compte tenu de leur taille et de leur régime alimentaire : le requin-tigre (*Galeocerdo cuvieri*), le requin blanc (*Carcharodon carcharias*), le requin-bouledogue (*Carcharhinus leucas*), le requin mako (*Isurus oxyrinchus*) et le requin longimane ou océanique (*Carcharhinus longimanus*). Il est intéressant de noter que les requins que l'on aperçoit lors des *shark cage diving* sont différents si l'on plonge dans la région de Durban ou dans la région du Cap. Parmi ces espèces, le requin blanc est le seul représentant actuel du genre carcharodon, immortalisé par le film culte *Les Dents de la mer*. Il peut être approché en plongée dans une cage. Il mesure en moyenne de 3 à 5 m de long pour un poids variant entre 680 kg et 1 t. Ses dents, tranchantes comme des lames de rasoir, peuvent repousser quatre à six fois. Les mâchoires mesurent 90 cm de large pour un spécimen de 6 m. Il semblerait que ces animaux effectuent de très longs trajets. En 2005, un grand requin blanc femelle, qui a été doté d'un capteur de localisation, a traversé, aller-retour, l'océan Indien, du Cap jusqu'aux côtes méridionales d'Australie, soit un périple de près de 10 000 km en moins de neuf mois.

Gigantesque terre pépinière

Un dixième des plantes de la surface du globe pousse en Afrique du Sud, soit de 22 000 à 24 000 espèces différentes selon les botanistes. Cette diversité est due à une grande disparité de climats. Ainsi, les plaines de savanes, les montagnes, les zones désertiques, les régions tropicales et la région du Cap, au climat méditerranéen, abritent des variétés totalement différentes. Cette dernière région est l'unique « région florale » du monde, sur six au total, contenue dans un seul pays. La biodiversité du Cap est inscrite au patrimoine mondial de l'Unesco. Dans cette région de 553 000 ha, approximativement la taille du Portugal, on recense 9 600 espèces de plantes, dont 2 285 poussent dans la seule péninsule de 471 km^2, soit la ville de Londres, et 5 000 n'existent nulle part ailleurs dans le monde. On y dénombre notamment 600 plantes apparentées à la famille des bruyères. Le maquis de type fynbos, du néerlandais *fijnbosch*, couvre la moitié de la région floristique du Cap, mais apporte 86 % du total des espèces. Au mois de septembre, les promeneurs cherchent à voir sur la Table Mountain la célèbre *Disa uniflora*, l'une des 500 espèces d'orchidées que possède le pays. Au printemps, le Namaqualand se couvre d'une infinité de fleurs colorées, au nombre desquelles la fameuse protée. Cette diversité est cependant menacée. Une trentaine d'espèces de plantes ont déjà disparu, 1 406 sont en danger.

Protea cynaroides, fleur « nationale »

Protée (*Proteus*) : « Divinité de la mer qui, lorsqu'on la saisissait endormie pour lui faire prédire l'avenir, cherchait à s'échapper en prenant toutes sortes de formes effrayantes » (dictionnaire Littré). La protée royale, ou protée géante, est largement répandue dans les zones situées au sud-ouest et au sud de la province du Cap, depuis le Cederberg en remontant à l'est de Grahamstown. La protée royale doit à sa ressemblance avec l'artichaut le nom spécifique de « cinaroïde », qui signifie « comme le cynara » (l'artichaut). Cette appellation ne rend pas justice à la beauté des fleurs de cette protée, la plus grande du genre. Elle présente une grande diversité de coloris et de formes des feuilles, mais la plus belle parmi les 115 espèces est la fleur de couleur rose.

Protea cynaroides.

CLIMAT

À la fois subtropical, méditerranéen et océanique, l'Afrique du Sud connaît des saisons inversées par rapport à l'Europe. Les vacances d'été tombent à Noël. Les cloches de Pâques sonnent l'automne. En juin, les premières chutes de neige tombent sur les massifs du Cap-Occidental et du Lesotho. Septembre porte la promesse du printemps, confirmée par l'explosion colorée des jacarandas de Pretoria. Le flux touristique se concentre entre novembre et mars. L'été austral, sous ses 15 °C à 35 °C, est la période idéale pour explorer la région du Cap, la West Coast et la route des Jardins. À partir d'avril, le KwaZulu-Natal devient très agréable, moins humide qu'en été. La période automnale est propice à visiter le Gauteng, le Kalahari, le Cap-Oriental, le Karoo et la brousse du Mpumalanga. En plein hiver, de - 5 °C à 20 °C, de fin juin à fin août, on découvre le Limpopo, le Kalahari, le Venda, le Maputaland et on part en safari dans le Kruger.

Le KwaZulu-Natal, région la plus humide

Sur la côte sud-est du pays, le KwaZulu-Natal, tout autour de Durban, jouit d'un climat tropical chaud et bénéficie d'un phénomène de mousson qui lui permet de recevoir entre 800 et 1 200 mm d'eau par an. Cet arrosage providentiel permet de cultiver la canne à sucre et le bananier. Durban reste une ville très chaude et humide toute l'année.

Du climat tropical au continental

L'intérieur du pays, lui, oscille également entre deux climats : il est soumis à un climat tropical en été et continental en hiver. Ici, les étés sont chauds et pluvieux tandis que les hivers sont froids et secs. Ces régions sont couvertes d'herbages, propices aux grands élevages. À Johannesburg, la moyenne d'été en janvier est de 22 °C tandis qu'en hiver, au cœur de juillet, elle ne dépasse pas les 11 °C. Le froid tombe dès que le soleil se couche, assez tôt d'ailleurs, aux alentours de 17 ou 18h. De nombreux voyageurs sont encore surpris par les différences de température. Le jour et la nuit !

Le Kalahari : là où rien ne pousse

La région du Kalahari, qui porte le nom de son célèbre désert, détient le record national de température à Vioolsdrif : 48,8 °C. Ce territoire, célèbre terre du peuple bushman, est couvert d'une steppe discontinue, mais aucune culture ne peut s'y acclimater.

Les hivers froids des pays enclavés

Dans le Drakensberg, la chaîne de montagnes qui borde le nord-est du Lesotho, les sommets se couvrent de neige et des stations de ski ouvrent le week-end. À l'inverse, en été il y règne une forte chaleur, tempérée par l'altitude et de fortes pluies. Le temps peut alors être lourd et nuageux.

Région viticole

Dans la région du Cap, le climat méditerranéen autorise la culture de la vigne et des arbres fruitiers. Elle est l'une des régions les plus agréables en terme d'appréciation climatique. Les étés y sont chauds et secs et le vent souffle souvent sur la côte. Janvier et février sont les mois les plus chauds. À cette époque, le thermomètre ne descend pas sous la barre des 16 °C. La saison hivernale peut être pluvieuse, mais reste assez douce quand le soleil est au rendez-vous, entre juin et septembre. Il fera la plupart du temps entre 10 et 20 °C.

Des loisirs au fil des saisons

Si l'on apprécie d'autant plus le pays entre les doux mois d'octobre et de mars, l'Afrique du Sud est une terre où l'on randonne toute l'année au fil de circuits plus ou moins ensoleillés, et de nuits plus ou moins chaudes. Ces circuits, selon le lieu et la saison, offrent à chaque fois leur lot de couleurs, de faune et de flore différentes. Les départs en safari, par exemple, sont conseillés pendant les mois de mai, juin, juillet, août, septembre et octobre.

Sur les côtes, de novembre à avril, les voyageurs pourront profiter pleinement des plages, sans oublier les superbes spots de plongée sous-marine. Pour observer les baleines, il faudra privilégier la fin de l'hiver : septembre et octobre sont les mois qui offrent le plus de chances de les voir.

ENVIRONNEMENT

L'Afrique du Sud est un territoire mosaïque, à la géographie et aux climats pluriels. Le pays abrite une vaste biodiversité qui attire de nombreux visiteurs chaque année, notamment dans ses parcs nationaux. Mais ces écosystèmes sont menacés par les activités humaines, qui engendrent changement d'affectation des sols, déclin de la biodiversité et pollutions des milieux naturels. L'enfouissement des déchets domine encore largement, et la question de la pollution plastique de l'océan reste préoccupante. Première puissance industrielle du continent africain, avec une forte consommation de charbon, l'Afrique du Sud figure parmi les gros émetteurs de gaz à effet de serre de la planète. L'urgence écologique se cristallise autour du changement climatique, déjà en œuvre sur un territoire soumis à un important stress hydrique. L'intensité et la longueur des sécheresses font planer, entre autre menace, celle de l'insécurité alimentaire. Un enjeu de taille pour la nation arc-en-ciel.

Une biodiversité exceptionnelle et des parcs nationaux

Le pays compte 23 parcs nationaux, dont la superficie représente plus de 3,3 % du territoire. Ils associent la conservation des espèces et des habitats, avec l'accueil et la sensibilisation des publics. Certains sont cependant menacés par l'urbanisation, les pollutions émanant d'activités minières, mais aussi les longues sécheresses de ces dernières années, qui ont vu périr de nombreux animaux. Le braconnage reste présent, malgré des mesures antibraconnage drastiques.

On citera notamment :

- **Le parc national Kruger :** situé dans le nord-est du pays, il s'agit du plus ancien et du plus vaste parc national, qui abrite de grands mammifères (dont les éléphants), des oiseaux mais aussi de nombreuses espèces floristiques. Classé réserve de biosphère par l'Unesco, il fait partie du parc transfrontalier du Grand Limpopo, qui intègre également le parc national Limpopo au Mozambique et le parc national Gonarezhou au Zimbabwe.
- **Le parc national de la Montagne de la Table :** situé dans la province du Cap-Occidental, il protège différents écosystèmes, dont la montagne de la Table (Table Mountain (p.279)), dont la biodiversité floristique est l'une des plus importantes au monde (près de 70 % d'espèces endémiques) et le cap de Bonne-Espérance. Sa partie littorale accueille toute une faune marine (pingouins, phoques). À noter également : le jardin botanique de Kirstenbosch (Kirstenbosch National Botanical Gardens (p.280)) qui complétera à merveille la visite.

Parc national Kruger.

Randonnée dans le parc national de la Montagne de la Table.

Le parc transfrontalier du Ai-Ais Richtersveld : situé à l'ouest du pays, il est le fruit de la fusion de deux anciens parcs et se partage entre l'Afrique du Sud et la Namibie. Il a la particularité d'être cogéré par les Nama (bergers nomades) et le Conseil des parcs nationaux sud-africains. Zone de montagne aride, il abrite l'un des plus grands canyons du monde et protège une très grande diversité de plantes succulentes. Érigé contre un projet d'exploitation minière, le parc est classé au patrimoine mondial de l'Unesco pour ses paysages botaniques et culturels.

Des initiatives fleurissent çà et là pour préserver la biodiversité. Ainsi, à l'été 2020, des associations environnementales et des professionnels de l'écotourisme sont montés au créneau pour demander la protection d'Algoa Bay, site qui abrite la plus grande colonie au monde de manchots africains. Ce site est en effet utilisé depuis 2016 pour le ravitaillement offshore des cargos, activité qui perturbe les manchots (bruits, fuites d'hydrocarbures survenues en 2017 et 2019) et pourrait affecter également les dauphins, les baleines et la migration des sardines.

Des impacts environnementaux liés à l'industrie et à l'énergie

L'Afrique du Sud possède la première industrie du continent africain. Elle est fondée sur l'exploitation minière et la consommation d'énergies fossiles. L'activité minière génère des rejets, notamment de métaux lourds et radioactifs, dans les eaux de surface. Le drainage minier acide (formation d'acide sulfurique liée à l'oxydation de certains minéraux) induit quant à lui des pollutions de l'eau et des sols rémanentes. Une étude publiée par l'ONG Greenpeace en 2018 classe la province de Mpumalanga parmi l'une des plus polluées du monde au dioxyde d'azote. En cause ? La présence de douze centrales à charbon obsolètes (plus une raffinerie de pétrole et une centrale de liquéfaction de charbon), que l'entreprise exploitante, endettée, peinerait à mettre aux normes. La situation écologique se double d'une question de santé publique. La même année, deux ONG ont attaqué le gouvernement pour des « niveaux mortels de pollution ».

Une agriculture source de pollution, mais aussi des initiatives en faveur de la biodiversité

L'agriculture et la viticulture conventionnelles sont également sources de pollutions par l'utilisation d'intrants chimiques, dont des molécules interdites dans l'Union européenne. Face à cela, on observe des alternatives fondées sur l'agroécologie. Ainsi est née en 2004, dans la province du Cap, la Biodiversity and Wine Initiative (BWI), qui regroupe viticulteurs et associations naturalistes. Son objectif ? Préserver l'exceptionnelle biodiversité de la région. La biodiversité (flore, insectes, etc.) fonctionne comme une alliée des vignes, où aucun produit chimique n'est utilisé. La BWI assure également des formations et organise des partages d'expériences afin de diffuser la démarche.

L'Afrique du Sud face au changement climatique

Plus grande puissance industrielle d'Afrique, le pays est aussi le plus gros émetteur en gaz à effet de serre du continent, avec un mix énergétique dominé par les énergies fossiles. Concrètement, les actions mises en place sont insuffisantes et peu efficaces : taxe carbone instaurée en 2019, construction de fermes solaires, bus fonctionnant au gaz naturel à Johannesburg, installation de chauffe-eau solaires individuels… stoppée par manque de financement. Le pays continue par ailleurs la construction de centrales thermiques au charbon (Medpui). Un rapport publié par l'ONU en décembre 2020 alerte sur le fait que la trajectoire que nous suivons est celle d'un réchauffement planétaire de + 3,2 °C par rapport à l'ère préindustrielle d'ici la fin du siècle. Cela signifie, si rien n'est fait, la transformation irrémédiable du monde que nous connaissons, avec de lourds impacts pour l'humanité. L'Afrique du Sud est un des pays les plus vulnérables face au changement climatique. Les événements extrêmes pourraient se multiplier en fréquence et en intensité. Le pays fait déjà face à de plus longues et plus intenses périodes de sécheresse, avec pour corollaire des pénuries d'eau. En 2019, des restrictions d'eau ont dû être mises en place dans plusieurs régions et l'état de catastrophe naturelle a été déclaré dans le Cap-Nord. La situation a occasionné des pertes de rendements agricoles et la mort de troupeaux de bétail. Selon Wildlife Ranching South Africa, la région du Cap-Nord aurait perdu en trois ans deux tiers de sa faune sauvage. Face à cette situation, le gouvernement a indiqué en septembre 2020 de nouveaux projets de loi pour atténuer le réchauffement climatique et inciter à la mise en place d'une économie circulaire. Un défi majeur qui devra se traduire par des actions concrètes dans les dix ans à venir.

HISTOIRE

C'est au Cap que tout commence et où les premiers colons blancs débarquent pour conquérir de nouvelles terres. Les Boers avancent en terre indigène sous la pression des Anglais. Johannesburg et Pretoria émergent à la fin du XIXe siècle sous l'impulsion de la ruée vers l'or et des diamants. Après la création d'un État sud-africain, l'histoire contemporaine est peu glorieuse, bercée d'obscurantisme et dominée par les Blancs qui bâtissent le régime ségrégationniste de l'apartheid. Nelson Mandela libéré, l'Afrique du Sud renaît. La légende iconoclaste évite au pays de sombrer dans la guerre civile en appelant à la réconciliation et fonde les piliers d'une nouvelle nation démocratique noire sans faire fuir les capitaux blancs. S'ensuit une croissance dynamique, mais qui ne profite pas aux plus pauvres. Les tensions sont exacerbées et les dossiers délicats : criminalité, sida, pauvreté, chômage, logement, éducation, réforme agraire et corruption…

IER SIÈCLE AV. J.-C.

L'ère bushmen

Souvent appelés San, les « Bushmen » en anglais ou « Bochimans » en français, sont considérés comme le premier peuple d'Afrique. Ces petits hommes bruns, chasseurs-cueilleurs, autrefois nomades, vivaient déjà en Afrique australe il y a 40 000 ans, selon certaines peintures rupestres. Ces peuples primitifs semblent avoir occupé une grande partie de l'Afrique orientale, avant de descendre vers le sud sous la pression des peuples noirs bantous originaires du sud du Tchad.

Aujourd'hui, les anthropologues parlent des Khoïsan, un nom collectif qui désigne les Bochimans ou San et les Hottentots ou Khoï. Les premiers sont les descendants des chasseurs-cueilleurs du Kalahari en Namibie et parlent la langue à clics. Les seconds se sont sédentarisés il y a 2 500 ans en pratiquant l'élevage des moutons et des bovidés et ont été assimilés à la population du Cap. Environ 100 000 chasseurs-cueilleurs peuplent aujourd'hui encore le désert du Kalahari.

AU XVE SIÈCLE

Les grands navigateurs débarquent

En 1434, en Europe, le navigateur portugais Gil Eannes se risque au-delà du cap de Bojador puis, en janvier 1486, Diego Cao atteint l'actuelle Namibie. Personne ne le revit jamais. Le Portugal ne renonce pas. L'année suivante, Bartolomeu Dias de Novaes, poussé par les vents, rate la pointe du continent et gagne la terre ferme à Mossel Bay. Entourés de leur bétail, de petits hommes ridés attendent les visiteurs. On échange de la viande contre de la pacotille, le ton monte et finalement on se bat. En mettant voile vers l'Europe, Bartolomeu Dias tombe enfin sur la péninsule du Cap, qu'il baptise Cabo de Boa Esperança, car les vents et les courants violents mettaient alors les bateaux en péril à cet endroit. En 1497, Vasco de Gama part conquérir les Indes. Il contourne le cap puis longe la côte sud-est qu'il appelle, le jour de Noël, la « Terra do Natal ».

XVIᴱ - XVIIᴱ SIÈCLE

Les grandes compagnies

Dès 1550, les Hollandais envoient des navires sur la route des épices et de la porcelaine. Entre l'Europe et l'Asie, une escale s'impose, qui doit offrir de l'eau et des vivres frais. Au nom de la Compagnie hollandaise des Indes orientales, la VOC, Le Cap est choisi comme port d'escale en 1651. Jan Van Riebeeck n'a pas quarante ans et va écrire le premier chapitre de l'histoire d'un pays qui n'existe pas encore : l'Afrique du Sud. Il faut ménager les Hottentots en échangeant des biens contre du bétail. En 1657, neuf hommes reçoivent un lopin de terre et le titre de *freeburghers*. Ces « citoyens libres » fondent des fermes à l'est du Cap, dans les régions fertiles de la vallée du Berg. En octobre 1679, le nouveau gouverneur, un Mauritien nommé Simon Van der Stel, décide d'encourager l'immigration européenne pour domestiquer ce territoire. Les premiers *burghers* sont rejoints par d'anciens fonctionnaires de la VOC et par des soldats démobilisés en quête d'eldorado. Par bateaux entiers arrivent des Allemands, des Danois, des Suédois et des Néerlandais.

FIN XVIIᴱ

La French touch de Franschhoek

En 1661, Louis XIV prend le pouvoir. Les huguenots comprennent vite qu'il faudra abjurer pour vivre et des centaines de milliers de protestants s'enfuient en Hollande, où l'accueil est très chaleureux. Dans le même temps, le gouverneur Van der Stel trouve au vin de la colonie un goût « terriblement âpre ». On réclame des Français, « en particulier ceux qui savent cultiver les vignes et fabriquer le vin, le vinaigre, et distiller le brandy », lit-on dans des écrits officiels. Sur les 60 000 huguenots réfugiés en Hollande, environ 200 répondront à l'appel de l'Afrique, et 175 arriveront vivants. Simon Van der Stel, suivant les recommandations de la Compagnie, installe les nouveaux arrivants dans la vallée du Berg, où se trouvent déjà 23 fermes tenues par des Hollandais. Entre Paarl et Stellenbosch, un village est baptisé Franschhoek, « le coin des Français ». Aujourd'hui, environ 500 000 Sud-Africains portent un nom d'origine française, soit 30 % des Afrikaners.

DÉBUT XVIIIᴱ

De Malais à métis

Entre 1681 et 1749, de nombreux chefs religieux islamiques d'Asie du Sud-Est seront déportés vers l'Afrique du Sud malgré l'opposition de Van der Stel. Ils seront appelés les Malais, mais ces esclaves viennent de Malaisie, d'Indonésie, d'Inde, de Ceylan ou de Madagascar. C'est aussi à cette époque qu'apparut une nouvelle entité, dont l'apartheid fera une race : les *coloured people*. Dès les premières années, des mariages eurent lieu entre les colons et les esclaves chrétiens émancipés ou les femmes khoïsan, mais l'exploitation sexuelle des femmes prit le pas sur les mariages. Les Européennes, c'est vrai, étaient peu nombreuses : une pour dix hommes en moyenne. Le gouverneur reçut l'ordre d'interdire ces alliances, mais la nature fut plus forte.

XVIIIᴱ SIÈCLE - DÉBUT XIXᴱ

Les guerres de frontières

Les enfants des *burghers* du Cap s'enfoncent loin dans les terres, pour essayer d'échapper à l'administration. Ceux que l'on appelle désormais les *trekboers* se consacrent à l'élevage. Ils vivent dans des chariots bâchés, tirés par quatre paires de bœufs. C'est le trek. Au fil de leur longue marche, les *trekboers* atteignent le fleuve Orange en 1779. Sur l'autre front un groupe de *trekboers* se heurte aux premiers bergers xhosa en 1775 à 1 500 km du Cap. Ce sont deux mondes qui se rencontrent sans se comprendre. Le néerlandais est abandonné au profit d'une nouvelle langue, l'afrikaans.

En 1807, dans le même temps à Londres, le commerce des esclaves est interdit dans tout l'Empire britannique. Mais l'abolition n'interviendra qu'en août 1833. Dès 1809, les Khoïsan sont proclamés sujets de Sa Gracieuse Majesté.

XIXe SIÈCLE

Les Anglais s'installent et l'esclavage est aboli

Durant l'hiver 1794-1795, les armées révolutionnaires françaises renversent le gouvernement néerlandais. Le Cap est placé sous protection britannique. Les Anglais débarquent et un siècle et demi de souveraineté de la VOC s'achève. En Europe, la France de Napoléon est défaite à Trafalgar. Le 7 janvier 1806, 61 navires de la Royal Navy pénètrent dans la Table Bay, sans résistance possible. Le nouveau territoire est immense, sans limites clairement établies, sur lequel se trouve une population très disparate composée de 26 000 Européens, de 30 000 esclaves et d'environ 20 000 Khoïsan. À Londres, le Colonial Office se félicite de posséder enfin un « Gibraltar de l'océan Indien » pour verrouiller la route des Indes.

A PARTIR DE 1818

Le chef zoulou Shaka sème la terreur

Né vers 1787, Shaka était un fils du Ciel, un Zoulou. Persécuté à cause de sa naissance illégitime, chassé par son propre père pour avoir laissé un mouton se faire dévorer par un chien sauvage, le jeune garçon trouve refuge chez les Mthethwa, dont il commande bientôt les troupes. En 1818, le voilà à la tête de la confédération Nguni. En 1824, 15 000 guerriers sont sous ses ordres. Shaka fait exécuter tous ceux qui pourraient un jour constituer une menace. Seules les femmes ont la vie sauve, pour devenir mères d'enfants zoulous. Le despote sanguinaire contrôle le Natal et soumet tous les clans entre le sud de la rivière Tugela et le Drakensberg. Shaka est assassiné en 1828 par son demi-frère Dingaan. Le mythe Shaka anime aujourd'hui encore la nation zoulou.

1834

La sixième guerre et le grand trek

La sixième guerre de frontière, en 1834, déclenche le Grand Trek. 10 000 Xhosa passent au sud de la rivière Kei. Les Afrikaners devront partir vers le nord, en abandonnant ces régions dangereuses aux 5 000 colons britanniques débarqués en 1820.

Entre 1835 et 1837, des dizaines de convois s'enfoncent dans l'intérieur du pays au nord. Mais le territoire est déjà bien occupé : entre les fleuves Vaal et Orange par les Griqua, métis khoïsan, armés de fusils et parlant afrikaans, dans l'actuel Natal par les Zoulou, plus forts que jamais avec Dingaan à leur tête, vers le nord, sur les hauts plateaux du Transvaal, le Zoulou dissident Mzilikazi contrôle 800 000 km² avec 20 000 guerriers ndebele, vers l'ouest se trouvent les Tswana, et enfin, derrière leur rideau de pierre des Maluti, les Basotho.

Monument Voortrekker.

Boers-Anglais : la bataille continue

À l'automne 1836, les Boers, munis d'armes à feu, tuent 400 guerriers Ndebele pour seulement deux morts dans leurs rangs. En octobre 1837, les premiers atteignent Port Natal, un comptoir de commerçants et d'aventuriers anglais rebaptisé Durban en hommage au gouverneur d'Urban.

Le nouveau chef, un riche fermier, Andries Pretorius, écrase l'impie zoulou qui compte 3 000 morts dans ses rangs. Depuis, la Buffalo est devenue la Blood River, du sang de la vengeance. Le 16 décembre, jour de la « réconciliation » selon les nouvelles autorités du pays, est toujours une fête nationale sud-africaine.

En 1843, le gouverneur Napier proclame l'annexion du Natal. L'esclavage est désormais illégal, toute discrimination raciale abolie. Les Boers n'acceptent pas les diktats humanistes anglo-saxons, et les voilà repartis à la recherche de terres. Le deuxième Trek a commencé en direction du Transvaal et de l'Orange.

En 1852, la Grande-Bretagne reconnaît l'indépendance de la République sud-africaine, située au nord de la rivière Vaal. La capitale, Pretoria, honore la mémoire du vainqueur de la Blood River, Pretorius. En février 1854 naît un second territoire boer, l'État libre d'Orange. Désormais, les Boers répondent de leurs républiques, sans aucun compte à rendre à la Couronne.

La Constitution du Cap, qui restera en vigueur jusqu'en 1910, autorise les Noirs à se porter candidats ou à voter pourvu qu'ils gagnent au moins 50 livres par an, au même titre que les Britanniques. Dans le Natal, quand la canne à sucre demande de la main-d'œuvre, on sollicite les Indiens. En revanche, chez les Boers, dans
1836 l'État libre d'Orange « seuls les Blancs sont citoyens de la République », et dans le Transvaal « la nation ne reconnaît aucune égalité entre les Blancs et les indigènes ».

© POWEROFFOREVER - ISTOCKPHOTO.COM

Bataille Boers - Anglais.

DÉCOUVRIR

La seconde guerre anglo-boer

Depuis 1877, le gouverneur Shepstone a pris le prétexte de la rébellion Pedi pour annexer la République sud-africaine et sa capitale Pretoria. Après une première guerre anglo-boer en 1880, Paul Kruger part à Londres arracher des concessions aux Britanniques. Résultat, la convention du 27 février 1884 réinstitue définitive-
1899-1902 ment la République sud-africaine.

Mais l'un de ses adversaires rêve d'empire. Le milliardaire Cecil Rhodes incarne l'impérialisme britannique. Il est élu Premier ministre au Cap en 1890 et décide un coup de force contre l'orgueilleuse République sud-africaine de Kruger. En 1895, la guerre anglo-boer est déclarée : d'un côté 30 000 combattants afrikaners, de l'autre 27 000 Britanniques. Ces derniers bénéficient de la supériorité militaire, tandis que les nationalistes boers ont l'avantage du terrain.

1902

Traité de paix et victoire des Anglais

Le traité de paix fut signé en 1902 lorsque, à bout de forces, les Boers font une croix sur l'indépendance de leurs républiques. Sur le terrain, le bilan est terrible : plus de 7 000 morts parmi les Anglais et plus de 6 000 dans les rangs boers. Les Britanniques ont adopté la politique de la terre brûlée : 30 000 fermes ont été détruites, la grande majorité du bétail a été abattue, 120 000 Blancs et 43 000 Noirs ont été déportés en camps de concentration.

DÉBUT DU XXᴱ SIÈCLE

Du sud de l'Afrique à la naissance de l'Union sud-africaine

On fait venir de la main-d'œuvre chinoise et mozambicaine pour les mines : les quantités d'or extraites doublent en volume. En 1907, Louis Botha et Abraham Fisher deviennent Premier ministre, respectivement du Transvaal et de l'État libre d'Orange. À Durban, un accord est trouvé sur la constitution d'un dominion de la Couronne, l'Union sud-africaine, qui fédère les quatre colonies du Cap, du Natal, de l'État libre d'Orange et du Transvaal. Bloemfontein sera la capitale judiciaire de l'Union, Le Cap la capitale parlementaire et législative, et Pretoria le centre administratif où siégera l'exécutif, chaque région conservant son propre vote en vigueur.

1912

Vents de fronde

Le 8 janvier 1912, un petit groupe d'intellectuels fonde à Bloemfontein le Congrès national des indigènes sud-africains (South African Natives National Congress – SANNC) qui deviendra, en 1923, le Congrès national africain (ANC). À la fin du rassemblement fondateur, tous les délégués debout entonnent *Nkosi Sikelel'iAfrika*, « Que Dieu bénisse l'Afrique », devenu hymne national sud-africain en avril 1994. En juin 1913, le Native Land Act est promulgué, qui n'accorde que 7,3 % du territoire de l'Union aux Noirs.

LES ANNÉES 30

L'Afrikanerdom et les fondements de la ségrégation

L'afrikaans, seul héritage propre aux Boers, remplace alors le néerlandais comme seconde langue officielle et l'Union se choisit un drapeau. Le révérend Daniel Malan fonde le Parti national purifié sur les bases de l'Afrikanerdom, l'idéologie afrikaner.

Plusieurs organisations fascistes seront les fers de lance de la reconquête et tous les éléments sont réunis pour la mise en place de l'apartheid. En réaction, pour la première fois depuis la création de l'Union, tous les groupes noirs, indiens et métis se réunissent ensemble : c'est l'All-African Convention en 1935 à Bloemfontein, sur l'initiative de Pixley Seme, le président de l'ANC. En 1936, le Representation of Natives Act prive les Noirs de la province du Cap du droit de vote dont ils jouissaient depuis 1853.

A PARTIR DE 1938

Les inégalités s'escaladent jusqu'à l'apartheid

Le 26 mai 1948, le Parti national réuni remporte les élections générales et Malan devient Premier ministre. Dès 1949, le gouvernement interdit les mariages mixtes et condamne les relations sexuelles entre personnes de races différentes. Le Population Registration Act implique le rattachement de tous les Sud-Africains à l'une des trois « races » définies : blanche, métisse ou indigène.

On créé un « pass » pour les Noirs. La présence des Noirs est limitée à une durée de 72 heures dans les villes blanches.

L'ANC change radicalement d'orientation : boycott immédiat et actif, grève, désobéissance civile, refus de coopérer.

LE 26 JUIN 1952

Lancement de la désobéissance civile

Ce jour-là est une date symbolique. Alors que les Afrikaners célèbrent le tricentenaire de l'arrivée de Jan Van Riebeeck au Cap, l'ANC lance une vaste campagne de désobéissance civile. Des milliers de Noirs pénètrent dans les lieux réservés aux Blancs. On compte 8 000 arrestations. Albert Luthuli prend la tête du Congrès, qui compte désormais plus de 100 000 membres. Nelson Mandela, devenu son adjoint, ouvre un cabinet d'avocats avec Oliver Tambo à Johannesburg. Le 25 juin 1955, près de 3 000 délégués se réunissent dans un terrain vague, près de Kliptown, pour proclamer la Charte de la liberté. Réponse immédiate des autorités : 156 personnes sont inculpées de « haute trahison ». Entre-temps, Robert Sobukwe a créé le Congrès panafricain, la police a tiré sur une foule de manifestants en faisant 69 morts à Sharpeville (21 mars 1960, désormais jour férié) et Hendrik Verwoerd, « grand architecte de l'apartheid », est devenu Premier ministre. Il sera le père de l'indépendance puisque, sur son impulsion, le 31 mai 1961, la République sud-africaine est proclamée.

DÉBUT DES ANNÉES 60

Un bras de fer

Verwoerd déclare l'ANC illégale. Nelson Mandela fonde « Umkhonto we Sizwe », ou « Lance de la nation », et entre dans la clandestinité. Début 1962, Nelson Mandela quitte clandestinement le pays pour une tournée internationale de sensibilisation. Tel un chef d'État, il traverse l'Afrique et tous voient en lui un symbole.

JUILLET 1962

Mandela est emprisonné et devient une icône

Le 5 août, il prend la route de Johannesburg, mais il a été trahi : la police l'attend. Il a 44 ans et va passer 27 ans et 190 jours derrière les barreaux.

Quelques mois plus tard, le 9 octobre 1963, s'ouvre au palais de justice de Pretoria le désormais célèbre « procès de Rivonia ». Parmi les neuf accusés, Nelson Mandela, Walter Sisulu, Govan Mbeki et Ahmed Kathrada. Avant d'être condamné au silence, Mandela se lève et parle : « J'ai lutté contre la domination blanche, et j'ai lutté contre la domination noire. Mon idéal le plus cher a été celui d'une société libre et démocratique dans laquelle tous vivraient en harmonie et avec des chances égales. J'espère vivre assez longtemps pour l'atteindre. Mais si cela est nécessaire, c'est un idéal pour lequel je suis prêt à mourir. » Tous seront condamnés à l'emprisonnement à vie. L'ONU présente une résolution sanctionnant le régime de l'apartheid. La France s'abstient.

Palais de Justice de Pretoria.

DÉCOUVRIR

1971

La « Conscience noire »

Nous voilà dans les sanglantes années 1970. Face au Cap, sur Robben Island, Nelson Mandela travaille pieds nus dans une carrière de pierre. À l'intérieur du pays, les *townships* s'embrasent. Le 16 juin 1976, 20 000 écoliers manifestent dans les rues de Soweto contre l'imposition de l'afrikaans comme langue d'enseignement. Les tirs de la police font officiellement 618 morts et 1 500 blessés. La plupart ont moins de 17 ans. Hector Peterson, 13 ans, tombe le premier et devient un martyr. Une vague de répression très brutale va s'abattre sur les contestataires.

ANNÉES 80

S'adapter ou mourir

Succédant à Vorster, Pieter Botha veut faire du pays un géant régional incontournable. Dominé par la personnalité de l'évêque anglican Desmond Tutu, prix Nobel de la paix, la United Democratic Front (UDF) organise des manifestations dans les ghettos noirs. En janvier 1985, Botha réitère sa proposition à Nelson Mandela : la liberté en échange de sa renonciation à la violence politique. « Seul un homme libre peut négocier », répond-il. Pour le 25e anniversaire du massacre de Sharpeville, la police fait 19 morts. L'état d'urgence est proclamé. Devant le congrès du Parti national, Botha admet la pleine citoyenneté sud-africaine des Noirs, supprime le système des « pass », met un terme aux emplois réservés et autorise les mariages mixtes. Le « vieux crocodile » ne change rien à la ségrégation résidentielle et aux groupes raciaux.

1991

L'apartheid va mourir

De Klerk, réputé conservateur, remplace Botha à la tête du parti puis de l'État. C'est pourtant lui qui va fermer le livre de l'apartheid. Frederik de Klerk annonce son intention de préparer une nouvelle Constitution devant permettre la « cohabitation pacifique de toutes les populations d'Afrique du Sud ». Nouvellement légalisés, l'ANC et le Parti communiste sortent de trente ans de clandestinité. Nelson Mandela est libéré le 11 février 1990. C'est un mythe vivant qui déclare à son arrivée au Cap : « Je chéris toujours l'idéal d'une société démocratique libre, où tous vivront ensemble, avec des chances égales. J'espère vivre pour réaliser cet idéal. Mais s'il le faut, je suis prêt à mourir pour lui. » Pratiquement mot pour mot, c'est la dernière phrase prononcée lors de son procès en 1964 ! Le 6 août, l'ANC suspend sa lutte armée : une page est tournée. Mandela revient d'une longue tournée à l'étranger. En 1991, Frederik de Klerk tient ses promesses en supprimant toute la législation de l'apartheid. Le Parlement vote l'abolition du Native Land Act, la loi sur la terre qui concentre 75 % de la population – les Noirs – sur 13 % du territoire, du Group Areas Act sur l'habitat séparé, et du Population Registration Act, la loi de classification des « races ». Nelson Mandela est élu à la présidence de l'ANC et, le 20 décembre, la quasi-totalité des acteurs du jeu politique sud-africain s'assoit autour de la table de la Convention pour une Afrique du Sud démocratique.

1992

Le référendum pour les réformes démocratiques

Nous sommes en 1992. Frederik de Klerk, obsédé par la montée de l'extrême droite, veut prendre une dernière fois le pouls de la population blanche sous la forme d'un référendum : oui ou non aux réformes démocratiques. Le « oui » l'emporte avec 68,73 % des voix. En juillet, les négociateurs fixent la date des premières élections multiraciales au 27 avril 1994. À la mi-octobre, Nelson Mandela et Frederik de Klerk reçoivent conjointement le prix Nobel de la paix. Le 18 novembre, les principales formations politiques se mettent d'accord sur le texte de la Constitution intérimaire.

Mandela au pouvoir, espoir

1994

En 1994 s'ouvre la campagne électorale. Le président sortant, Frederik de Klerk, se fait photographier ici en tenue traditionnelle swazi ou, à Soweto, entouré de Noirs souriants. Nelson Mandela visite la Bourse de Johannesburg, avant d'enfiler une chemise à motifs ethniques pour un meeting populaire. En mars à mmabatho, le sang coule, certains Afrikaners rêvent d'un État blanc et Johannesburg tremble sous les bombes des fanatiques. Les élections du 27 avril rendent finalement leur verdict : 62,65 % des voix pour l'ANC, 20,39 % pour le Parti national et 10,54 % pour l'Inkata. Nelson Mandela est déclaré par le Parlement élu au poste de chef de l'État.

Les premiers pas vers « vérité et réconciliation »

1996

Mandela propose de composer un gouvernement d'Union nationale, le GNU. Le Parti national de Frederik de Klerk et l'Inkatha de Mangosuthu Buthelezi acceptent les sièges qui leur sont offerts par l'ANC. C'est ensemble que les anciens ennemis mettront en œuvre le Programme de reconstruction et de développement, qui doit conduire la nouvelle Afrique du Sud. La tâche est immense. Il faut satisfaire les attentes de la communauté noire en matière de logements, d'emplois, de santé et d'éducation, sans effaroucher les Blancs qui, inquiets pour leur avenir, pourraient provoquer une fuite des capitaux préjudiciable au fragile équilibre du pays. Pour ce faire, les autorités ont créé la commission « Vérité et réconciliation ». Son but : promouvoir l'*ubuntu*, concept africain qui privilégie le pardon plutôt que le châtiment. Le 9 avril 1996, cet organe présidé par l'archevêque Desmond Tutu a commencé les auditions des victimes d'atteintes aux droits de l'homme.

Le déclin de Mbeki, l'ascension de Zuma

2008

En 2008, une vague de violences xénophobes frappe les *townships* dans les grandes villes du pays. Mis en cause dans des affaires de corruption concernant Jacob Zuma, Thabo Mbeki annonce sa démission le 21 septembre 2008, après avoir été désavoué par son parti. L'ANC nomme alors le vice-président du parti, kgalema Motlanthe, comme président intérimaire jusqu'aux élections. Parallèlement, Thabo Mbeki reprend l'offensive judiciaire contre Jacob Zuma ; il se joint à l'appel du procureur général devant la Cour constitutionnelle contestant le jugement qui avait mis fin au procès pour corruption engagé contre son rival. Après une nouvelle et large victoire de l'ANC aux élections générales en avril 2009, Zuma est élu président de la République avec 65,9 % des suffrages pour une durée de cinq ans.

La Coupe du monde, entre bénéfices et gaspillage

2010

La première Coupe du monde de football en Afrique était forcément historique, par son symbolisme, mais aussi par les espoirs de croissance et de dynamisme qu'elle devait impulser. Les Bafana Bafana de l'équipe nationale ont galvanisé et uni les Sud-Africains pendant les matchs, et la manifestation a été l'occasion de faire la fête sans barrière de couleur ou de milieu social. Côté retombées économiques, les pertes s'élèvent à 2,1 milliards d'euros pour le pays, qui a pourtant rempli son contrat en livrant à temps tous ses gros chantiers. De plus, l'Afrique du Sud a dépensé sans compter dans des stades surdimensionnés dont l'entretien engendre des dépenses encore aujourd'hui.

Le massacre de Marikana

LE 16 AOÛT 2012

34 mineurs en grève sont tués par la police qui ouvre le feu sans sommation sur la foule pendant une manifestation pour la hausse des salaires à Marikana, près de Rustenburg, dans le nord du pays. C'est la stupeur, ces exactions indignent l'opinion publique et la communauté internationale. Pire : les 80 blessés et les 270 mineurs arrêtés pendant la manifestation sont poursuivis pour meurtre par la justice sud-africaine. Près de 30 000 employés font grève malgré la menace explicite de licenciement La tension est à son comble dans toutes les mines du pays pendant plusieurs mois, jusqu'à ce que les 300 à 400 mineurs emprisonnés pour « meurtres » soient finalement relâchés mais tout de même poursuivis pour « violence publique et rassemblement interdit ».

Une nation en deuil

DÉCEMBRE 2013

Depuis que Nelson Mandela nous a quittés le 5 décembre 2013, plongeant le pays dans un deuil national historique, la page de la révolution anti-apartheid a été tournée. Cependant, de grandes tensions sont toujours présentes dans le pays. À l'heure des comptes, la corruption qui gangrène l'État, la crise économique qui touche les pays émergeant des BRICS et spécialement l'Afrique du Sud, les inégalités sociales de plus en plus vives entre les riches et les pauvres créent une situation explosive. En décembre 2012, Zuma est réélu à la tête de l'ANC face à kgalema Motlanthe. Les tensions sont très vives. En janvier 2014, dans le *township* de Mothotlung en bordure du bassin minier de Rustenburg, des policiers (pour certains ayant participé au massacre de Marikana) tuent quatre personnes pendant une manifestation pour réclamer l'eau courante. Cela n'a pas empêché Jacob Zuma d'être réélu président de la République le 21 mai 2014, au grand désarroi d'une très grande partie de la population. Malgré sa condamnation par la Cour constitutionnelle le 31 mars 2016 pour utilisation de 15 millions d'euros de fonds publics pour rénover sa résidence privée, et malgré une immense pression de l'opinion publique, Zuma s'excuse mais refuse catégoriquement de démissionner. Sous la pression de son parti qui le menace de destitution, Zuma quitte la présidence de l'ANC fin 2017 et finit par démissionner le 14 février 2018. Il est immédiatement remplacé par Cyril Ramaphosa, élu président de la République par le Parlement le 15 février 2018.

Un parti corrompu ?

2019-2023

Des élections générales sont organisées en mai 2019 afin d'élire les membres de l'Assemblée nationale qui à leur tour élisent le président de la République pour 5 ans. L'ANC, le pouvoir anti-apatheid, l'emporte avec 57,5% mais obtient le score le plus faible de son histoire. Sans surprise, le président sortant Cyril Ramaphosa est réélu par les députés de son parti qui ont conservé la majorité. Pourtant, le président ne montre pas patte blanche et une enquête est ouverte contre lui pour avoir reçu de l'argent d'une entreprise lors de sa campagne pour la présidence de l'ANC. En février 2020, il prend la présidence de l'Union africaine pendant un an. Le même mois, il aurait intimidé des voleurs qui auraient trouvé 3,8 millions d'euros dans l'un de ses domaines. Une plainte a été déposée contre lui en juin 2022 pour « enlèvement » et « corruption ». En novembre de la même année, une commission parlementaire juge qu'il y a matière à débattre sur la destitution du président. Mais, en mars 2023, le défenseur public considère que Cyril Ramaphosa n'a pas commis d'abus dans l'affaire Phala Phala. Mais la présidence ne crie pas victoire, car plusieurs points restent à être éclaircis et d'autres enquêtes sont en cours.

DÉCOUVRIR

LES ENJEUX ACTUELS

Belle et passionnante, l'Afrique du Sud fait face à de nombreux défis. Mais une impulsion positive pousse malgré tout le pays à avancer vers un avenir plus inclusif et plus durable pour tous. Comme chacun sait, l'Afrique du Sud a dû surmonter l'héritage de son passé d'apartheid. Le pays a vu naître Nelson Mandela pour aider les gens à se rassembler, à guérir et à avancer. Mais malheureusement, il a dû ensuite faire face à un président corrompu pendant dix ans qui a miné le potentiel du pays, entraîné la crise financière, et maintenant le pays doit surmonter le manque d'eau et les coupures de courant incessantes. Mais l'Afrique du Sud est surprenante. Elle possède autant de ressources naturelles qu'elle a de kilomètres carrés, une population jeune, accueillante et ambitieuse. La nation arc-en-ciel pourrait devenir le nouveau chef de file de la croissance et un contributeur clé à la réalisation de l'Agenda 2063 africain.

Sa jeunesse, c'est le tourisme

Un monde dans un seul pays, l'Afrique du Sud possède de magnifiques plages, de hautes montagnes, de grandes villes et de petits villages ruraux. C'est une nature sportive avec un appétit pour l'aventure et de nombreuses expériences passionnantes pour les visiteurs. Il y a de l'artisanat et de la haute couture, des marchés et des centres commerciaux, des discothèques et des parcs d'attractions. Il existe onze langues officielles et autant de cultures. Les déserts et les forêts, les animaux sauvages et les paysages époustouflants sont la toile de fond de bonnes routes, de gens sympathiques, d'une excellente cuisine et d'un vin remarquable.

Économie et société

L'Afrique du Sud possède une économie très développée et des infrastructures avancées, des secteurs juridiques et commerciaux avec un secteur bancaire solide et la plus grande Bourse d'Afrique. Les droits de propriété et les contrats sont garantis, malgré les débats sur la justice redistributive, et il existe un cadre juridique solide avec un pouvoir judiciaire indépendant. Alors que l'Afrique du Sud a un taux de criminalité élevé, comme pour le reste du système, les effets se font sentir principalement au sein des communautés pauvres où la violence familiale est particulièrement élevée. Les risques pour les touristes et les visiteurs sont faibles et seules les mesures de protection de sécurité normales dans les rues bondées de la ville sont recommandées. L'Afrique du Sud, l'Égypte et le Nigeria sont les plus grandes économies africaines, mais l'Afrique du Sud n'est classée que 12e parmi les autres pays africains pour son score de liberté économique. Il est entravé par son marché du travail et les rigidités bureaucratiques, les dépenses publiques élevées, les incertitudes politiques, les restrictions des investissements étrangers et les réglementations complexes entraînant des difficultés à créer de nouvelles entreprises et des inefficacités avec une mauvaise responsabilité du secteur public et la corruption. En 2021, le PIB sud-africain était de 419 milliards de dollars avec un revenu par habitant de 7 055 dollars, une inflation comprise de 4,7 % et un chômage de 32,9 %. Le taux d'imposition le plus élevé sur le revenu des particuliers est de 45 %, le taux d'imposition le plus élevé sur les sociétés est de 28 % et il existe d'autres taxes, notamment un tarif d'importation moyen de 4,6 % et une taxe sur la valeur ajoutée sur les produits vendus qui peuvent être réclamés par les visiteurs quittant le pays. L'Afrique du Sud est bien reconnue comme une option pratique, ensoleillée et excitante pour de nombreuses personnes qui possèdent des résidences secondaires pour migrer vers les hivers européens et y échapper.

Alors que l'économie de l'Afrique du Sud devrait reculer légèrement moins que les baisses prévues au Royaume-Uni et dans d'autres pays occidentaux avancés, cette baisse est beaucoup plus élevée que l'agrégat négatif de 1 % de toutes les économies en développement. Cela s'explique en partie par le fait que l'Afrique du Sud est un pays beaucoup plus avancé et industrialisé que la plupart des autres pays africains et qu'elle part donc d'une base plus élevée, et aussi à cause de son héritage de systèmes réglementaires rigides. Mais elle possède d'excellents aéroports, ports et routes et fournit de l'eau et d'autres services de base à la plupart de sa population. Il existe un accès à Internet dans la plupart des régions et une majorité de la population accède à Internet, principalement *via* les téléphones portables. Les visiteurs peuvent obtenir une connexion locale pour leurs téléphones dans les aéroports et les principaux réseaux ont une capacité 4G dans la plupart des villes et des zones touristiques populaires. Vous ne pourrez peut-être pas accéder à Internet dans les parcs nationaux et dans certains endroits plus éloignés.

L'Afrique du Sud a lancé une initiative « Internet pour tous » qui augmentera l'accès géographique et réduira les coûts des données. Le plus grand éventuel excédent est la grande économie informelle inexploitée où subsistent les chômeurs. L'Afrique du Sud est déterminée à y faire face de manière à la fois durable et inclusive. Le tourisme pourrait jouer un rôle important en fournissant des emplois de bonne qualité et en reliant plus étroitement les Sud-Africains aux visiteurs internationaux.

L'école à deux vitesses

L'éducation en Afrique du Sud reçoit une part relativement élevée du budget, mais c'est un secteur qui n'a pas réussi à sortir de sa division de l'époque de l'apartheid. Il faut se concentrer beaucoup plus sur le renforcement de la capacité et de l'approche des enseignants pour former des diplômés ayant les compétences nécessaires pour opérer dans une économie moderne. Après le Covid-19, l'Afrique du Sud vise à élargir l'accès à Internet et à relier les jeunes aux ressources éducatives pour aider à combler les très faibles niveaux d'éducation des populations les plus pauvres. D'autre part, les villes et les banlieues sont desservies par d'excellentes écoles et les diplômés sud-africains sont à la pointe de nombreuses innovations mondiales dans le domaine médical, l'aéronautique et l'espace, les biens et services de consommation et l'environnement, y compris plus récemment dans la conversion des bouteilles en plastique jetées en bouteilles.

Solidarité

Un résultat positif d'énormes difficultés subies par la pandémie de Covid-19 est la façon dont les gens, les entreprises et le pays ont travaillé ensemble pour soutenir les personnes les plus touchées par les difficultés sanitaires et économiques. De nombreuses personnes dans le pays ont été confrontées à la famine pendant le confinement et l'action concertée de tous les citoyens a aidé les gens à surmonter leurs difficultés jusqu'à ce que le soutien du gouvernement soit disponible. Le chômage en Afrique du Sud est très élevé et le tourisme offre de bonnes opportunités pour aider l'Afrique du Sud à améliorer la croissance et l'équité. L'Afrique du Sud se lance maintenant dans une initiative majeure pour soutenir les petites entreprises et aider à utiliser les nouvelles technologies pour générer de nouveaux services. En 2020, l'Afrique du Sud n'était qu'au milieu du classement de la Banque mondiale sur la facilité de faire des affaires, elle cherche à devenir l'un des meilleurs endroits pour faire des affaires. Le pays possède le capital social, politique et économique pour faire des changements audacieux, ce qui est une bonne nouvelle pour le secteur du tourisme.

Tourisme, le tremplin

Le tourisme fournit des emplois aux personnes qualifiées et semi-qualifiées et la rencontre et l'interaction avec les visiteurs donne aux jeunes Sud-Africains une chance de mieux comprendre les gens, les cultures et les systèmes du monde entier. Le secteur est considéré comme très important par le gouvernement sud-africain et des efforts sont faits pour rendre l'investissement dans le tourisme beaucoup plus facile et plus attrayant. L'Afrique du Sud a été proactive et a relativement réussi à contenir le coronavirus, mais la crise du Covid-19 a eu un impact particulièrement grave sur le tourisme. Aujourd'hui, les visiteurs sont de nouveau accueillis très chaleureusement.

Voyagez en toute sécurité en Afrique du Sud

Il n'y a pas de vaccinations ou de précautions spéciales requises pour voyager en Afrique du Sud, qui est indemne de maladies exotiques. On ne recense ni fièvre jaune, ni dengue, ni fièvre du Nil occidental ou encore virus Zika. Il y a du paludisme dans le nord du pays et si vous visitez ces régions, y compris le parc Kruger, il est conseillé de prendre des prophylactiques antipaludiques, ou de rester bien protégés des moustiques entre le crépuscule et l'aube. Le VIH-sida est répandu dans tout le pays, mais peut facilement être évité avec les précautions appropriées. La majorité de l'eau du robinet est potable et de l'eau en bouteille est disponible si vous préférez. Les routes sont bonnes mais la conduite peut être agressive et les accidents de la route ne sont pas rares, alors soyez vigilant. Dans les zones rurales, les routes ne sont pas clôturées et le bétail se promène dessus, il est donc conseillé de conduire prudemment pendant la journée. La faune est en grande partie confinée aux réserves de gibier. Rester dans la voiture ou suivre les instructions de votre guide vous protégera des lions, des léopards et des buffles. Les serpents venimeux sont même très rarement vus : ils sont sensibles aux vibrations et évitent le contact humain. La plupart des crimes en Afrique du Sud ont lieu dans les quartiers les plus pauvres et vous devriez donc éviter d'y aller, à moins d'une visite guidée ou en compagnie de Sud-Africains que vous connaissez. Si vous n'avez pas de voiture, ne marchez que pendant la journée et vérifiez auprès des locaux la sécurité des transports en commun dans cette zone. Les zones rurales sont généralement sûres, mais il vaut toujours mieux laisser les objets de valeur à la maison.

ARCHITECTURE

Jeune république aux origines millénaires, l'Afrique du Sud est plurielle, tout comme son architecture, miroir de son histoire. Ici, vous découvrirez les témoins des colonisations néerlandaise et anglaise, forts et grands édifices publics en tête, vous déambulerez dans les villages afrikaans tracés au cordeau et peuplés de demeures Cape Dutch, vous vous émerveillerez devant le patrimoine des peuples autochtones, en particulier les superbes maisons aux couleurs vives des Ndebele, et vous pourrez prendre le pouls de la première puissance économique d'Afrique en visitant les superbes créations contemporaines qui jalonnent le pays et qui parviennent à créer un lien durable entre tradition et modernité. Ne faites pas l'impasse sur les *townships*. Stigmates d'un apartheid encore bien présent dans les mémoires, ils sont pourtant le cœur vibrant du pays et possèdent un patrimoine unique. Un voyage surprenant et inoubliable vous attend !

Présence néerlandaise

Le fort de Bonne-Espérance au Cap est le plus ancien témoin de la colonisation néerlandaise. Cette forteresse pentagonale entièrement revêtue de jaune – une couleur qui n'absorbe pas la chaleur – a été construite en lieu et place de celle édifiée par Jan van Riebeeck et qui n'était alors faite que d'argile et de bois. Ne manquez pas le « Kat Balcony », le perron surmonté d'une marquise imaginé par le Français Louis Michel Thibault, à qui l'on doit également de nombreux édifices publics comme la Loge maçonnique du Cap ou bien encore des *drostdy* (résidence pour la représentation du gouverneur), dont celui de Graaf-Reinet. C'est également à lui que l'on doit la rénovation du **domaine de Groot Constantia** (p.315) dans le plus pur style Cape Dutch. Les demeures de ce style sont généralement de longues structures horizontales possédant un ou deux étages, de grands pignons arrondis et souvent ornés, des murs blanchis à la chaux, une toiture de chaume, de grandes fenêtres à guillotines et petits carreaux, des volets en bois et des décors de couleur verte. Les plus beaux exemples de ce style sont à voir à **Stellenbosch** ★★★★ (p.317), notamment au **Village Museum** (p.317) qui regroupe un très bel ensemble de maisons allant du XVIIe au XIXe siècle. Les Afrikaners ont, eux, créé de toute pièce de nombreuses villes, usant de formes urbanistiques bien particulières. Inspirées des anciens *laager*, les camps des premiers colons néerlandais formés des charriots disposés en cercle pour se protéger des tribus hostiles, ces villes sont repliées sur elles-mêmes, se déployant selon un tracé parfaitement géométrique, lui-même élaboré autour de l'élément phare de la ville : l'église. Les édifices de l'Église réformée hollandaise sont le plus souvent d'un blanc immaculé avec un puissant clocher imposant sa verticalité aux demeures, elles, souvent de plain-pied. La plupart de ces villes-champignons sont à découvrir dans le désert du Karoo et dans le Transvaal.

Village Museum.

© KAREL GALLAS - SHUTTERSTOCK.COM

Habitations traditionnelles.

À Beaufort West, le musée des Voortrekkers s'est même installé dans l'ancienne église réformée de la ville. C'est également durant la « période hollandaise » que les premiers Malais arrivent en Afrique du Sud. Leur présence a laissé un patrimoine unique. Au Cap, les superbes *kramat*, ou tombeaux des premiers missionnaires musulmans, forment comme un arc de protection autour de la ville. Carré blanc surmonté d'un dôme vert au pied de la montagne, le tombeau de Shah al-Qadri ne passe pas inaperçu. On retrouve cette savante utilisation des couleurs au cœur du Cap, dans le quartier de Bo-Kaap. Ruelles pavées, mosquées et petites maisons basses construites autour d'un patio témoignent de la richesse du patrimoine musulman, mais ce que l'on remarque surtout, ce sont les couleurs vives qui recouvrent les maisons : durant l'apartheid, les descendants des esclaves malais ont repeint leurs maisons en signe d'opposition au régime – ou la couleur comme arme de résistance.

Influence anglaise

La présence anglaise a laissé un patrimoine au style éclectique inspiré de la mode victorienne. La plupart de ces édifices étaient réalisés et préassemblés en Angleterre avant d'être transportés par bateaux jusqu'en Afrique du Sud. Mêlant les styles néo, le néogothique en tête, l'architecture victorienne fait grand usage de la brique, de nombreuses briqueteries finirent d'ailleurs par être construites directement sur place. Fonctionnelle, cette architecture n'en reste pas moins grandiloquente… les Anglais veulent impressionner. L'hôtel de ville de Durban est ainsi une recréation de celui de Belfast avec ses tours d'angle, sa grande cour fermée et surtout son grand dôme. Le Rand Club, club des gentlemen de Johannesburg, épouse, lui, un mélange détonnant de styles, entre néobaroque édouardien et Renaissance italienne. Le grand architecte de l'époque est Herbert Baker qui réalisa les **Union Buildings de Pretoria** (p.134). Le dôme central de ces monumentaux édifices de grès domine toute la ville. C'est également à Baker que l'on doit un autre édifice célèbre : la **cathédrale Saint-Georges du Cap** (p.271), très bel exemple de néogothique. La présence anglaise est aussi indissociable du développement de l'industrie minière. Parc d'attractions et musée de la mine, le **Gold Reef City** (p.118) de Johannesburg permet de visiter un campement minier et surtout de descendre à 226 m sous terre pour comprendre comment étaient bâties les fameuses mines d'or. C'est d'ailleurs cet or qui a entraîné la croissance quasi effrénée de Johannesburg et de son satellite : le *township* de Soweto. Symboles vivaces de l'apartheid, les *townships* bordent toutes les grandes villes du pays et sont devenus à leur tour des villes à part entière. On les reconnaît à leur *match-box cottages*, ces maisons en forme de boîte d'allumette avec, à l'avant, une petite cour clôturée. La tôle et les matériaux de fortune dominent, pourtant certaines maisons traduisent un niveau de vie plus élevé. Présence d'arbres, éléments décoratifs en façade se retrouvent dans les maisons de « Beverly Hills », le quartier « chic » de Soweto. Le *township* possède également un hôpital et une université. La présence anglaise est aussi indissociable des mains-d'œuvre « importées » et qui ont apporté avec elles des traditions et un patrimoine qui donnent au pays sont superbe métissage. Ne manquez pas le quartier indien de Durban et ses temples hindous, dont l'un des plus célèbres est le temple de la Compréhension avec sa salle de prière en or et marbre de Carrare et ses tours fuselées, qui donneraient presque l'impression de répondre aux minarets surplombés de dômes dorés de la **mosquée Juma** (p.411) de l'autre côté de la ville.

Musée Zeitz Mocaa.

Habitat autochtone

Le pays dévoile une autre facette de son identité dans des zones plus reculées abritant les peuples autochtones et leur riche patrimoine. Le peuple des Xhosa est ainsi connu pour ses huttes aux couleurs vibrantes et aux portes richement sculptées. Souvent rondes, elles sont faites de bâtons et de boues et sont surmontées d'une toiture en chaume, même si aujourd'hui la tôle est de plus en plus employée. Les huttes des Nama sont, elles, d'étonnantes réalisations de nattes de roseaux disposées sur un squelette en bois. L'usage du roseau n'est pas anodin, ses propriétés permettent une absorption de l'eau de pluie et donc une protection de la maison. Les Zoulous, quant à eux, sont célèbres pour leurs huttes circulaires dont la forme rappelle celle d'une ruche. Surmontées d'un toit de chaume, ces huttes consistent, elles aussi, en une structure de bois couverte d'un assemblage de roseaux et d'herbes tressés, un puissant tronc d'arbre faisant office de pilier central. La particularité de ces huttes est leur sol. Composé d'un mélange de terre et de fumier durcis, le sol est poli de façon à avoir une surface quasi miroitante. Les couleurs et les formes de l'habitat ndebele ont, elles, inspirées des artistes du monde entier. Les hommes se chargent de la construction : charpente de bois, toiture de chaume et murs d'argile et de boue. La maison est le plus souvent rectangulaire avec une cour en façade et un mur d'enceinte protecteur. Une pièce extérieure, sorte de petit pavillon, est réservée à la cuisine et au lavage. Les femmes se chargent de la décoration, c'est-à-dire de l'identité de la maison. Avant les années 1960, les femmes travaillaient essentiellement avec des pigments naturels, d'où des couleurs plutôt ocrées. Avec la découverte des peintures acryliques et vinyles, les maisons se sont parées de couleurs éclatantes. Au départ, seuls les motifs géométriques étaient privilégiés, puis progressivement les femmes ont incorporé des éléments figuratifs, un savoir-faire qui se transmet de mère en fille depuis des générations. Les villages de Mapoch et de Mpumalanga dans le KwaZulu-Natal possèdent de superbes exemples de cette architecture unique au monde.

De la modernité à l'avenir

Le pays s'est aussi fait terre de modernité et conserve de nombreux exemples d'Art déco aux couleurs audacieuses, aux formes géométriques étonnantes et surtout à la très grande richesse ornementale. Le plus célèbre des représentants de ce style est le Mutual Building du Cap. Prouesse architecturale de 96 m de haut composée d'une structure en béton revêtue d'une couche de granit, le bâtiment impressionne par sa richesse décorative. Ne manquez pas les hautes colonnes en marbre de la salle bancaire et les fresques de la salle de l'assemblée qui retracent l'histoire du pays. Dans les années 1970, c'est Johannesburg qui devient terre d'innovation en se dotant de quelques-unes des plus célèbres tours du pays : la De Beers Tower taillée comme un diamant à 58 facettes, les Marble Towers toutes de béton et de marbre, les Ponte City Apartments, à l'étonnante structure cylindrique ouverte en son centre créant un puits de lumière, et surtout le Carlton Centre, réalisation de la célèbre agence SOM et qui, du haut de ses 223 m, est le plus haut building d'Afrique. Les années 2000 ont également été une décennie d'effervescence architecturale, le pays se préparant à la tenue de la Coupe du monde de football en 2010. Outre de grands plans de rénovations, les villes se sont dotées de stades à l'architecture étonnante. Parmi les plus célèbres, notons **le stade Moses Mabhida** (p.410)de Durban surplombé d'une arche de 105 m de haut et 350 m de long, le FNB Stadium de Johannesburg avec sa façade inspirée d'une calebasse africaine avec ses dalles de couleurs et de textures variées ponctuées de panneaux vitrées, et bien sûr **le Cape Town Stadium** (p.272), l'un des plus verts au monde. Mais la création contemporaine ne se limite pas qu'aux stades, bien au contraire. Parmi les plus belles réalisations contemporaines, ne manquez pas la chapelle du domaine de Bosjes avec sa forme ondulante, l'Everard Read Gallery à Johannesburg, étonnante structure en spirale qui semble léviter, et surtout le magnifique **musée Zeitz Mocaa** (p.272) du Cap. Symbole du renouveau du Victoria & Albert Waterfront, le musée s'est installé dans un ancien silo à grains tout en béton dont il a conservé l'étonnante structure alvéolaire et tubulaire créant près de 80 galeries sur 9 niveaux. Une prouesse architecturale symbole de la vitalité créatrice du pays, vitalité que l'on retrouve dans les nombreuses initiatives d'architecture durable. Les éco-lodges, dont le très beau Lembombo Lodge, sont les formes les plus évidentes de cette architecture « verte » avec l'emploi qui est fait de matériaux naturels. Mais l'architecture durable peut aussi prendre des formes plus insolites, comme celles de containers. Dans les zones rurales, ces *tiny houses* d'un nouveau genre permettent de s'affranchir des contraintes du terrain et donc d'éviter de coûteuses fondations, tandis que dans les villes, elles permettent de proposer rapidement des logements accessibles à une population qui ne cesse de croître, tout cela en recyclant des containers de marchandises. L'Afrique du Sud n'a pas fini de nous surprendre !

BEAUX-ARTS

Riche en joyaux naturels, l'Afrique du Sud abrite une activité culturelle trépidante. Héritiers d'une tradition picturale ancestrale, les artistes d'aujourd'hui multiplient les initiatives pour associer l'homme et la création. En plus de notre sélection de galeries d'art, l'Artvark du Cap se démarque comme l'adresse incontournable de Kalk Bay, appréciée par les amateurs d'art traditionnel et contemporain. Des actions ont ouvert la marche, comme celles de l'association pour les arts visuels AVA, l'une des premières galeries à but non lucratif de la cité mère. Parmi la cinquantaine d'expositions de son programme, elle a lancé de nombreux artistes sud-africains, un modèle pour toute une génération bourrée de talents qui s'impose sur la scène internationale. L'étonnante Johannesburg, cosmopolite à sa façon, réserve aussi son lot de surprises. Comme un pont entre ces deux pôles, le street art participe en Afrique du Sud au bien-être au quotidien.

Tradition ndebele

Peinture initiatique, l'art ndebele est une affaire de femmes. Les jeunes filles sont initiées par leurs mères à l'art de la fresque, ainsi qu'à la création de bijoux et d'objets rituels. Art essentiellement abstrait, il reflète l'identité et l'appartenance à un clan. Les aplats géométriques de couleurs vives s'inscrivent sur les maisons dans des cadres préalablement soulignés en noir. C'est ainsi que les maîtresses de l'umuzi (ou groupement de bâtiments) décorent, selon une tradition séculaire, les façades de leur demeure.

Les Ndebele sont d'ethnie bantoue. Au XVIe siècle, ce peuple d'éleveurs arrive du Natal et s'installe dans le nord-est de l'Afrique du Sud. Dès ses débuts, l'architecture ndebele va de pair avec la peinture.

Avec le temps, ses caractéristiques ont subi une évolution. Les motifs abstraits laissent place à des images figuratives (lames de rasoir, oiseaux, avions, lions). La palette chromatique s'enrichit. Aux bruns, rouges, noirs et ocre obtenus grâce à la terre, le charbon ou l'argile s'ajoutent aujourd'hui les verts, rouges, jaunes et dérivés issus des mélanges de peintures achetées dans le commerce.

Le style ndebele alliant peinture et architecture est acclamé dans le monde entier comme un modèle esthétique.

Art rupestre

L'art ancestral se trouve en majorité à ciel ouvert. On peut l'apercevoir sur les parois des montagnes et les falaises. Gravures ou peintures, ces œuvres pariétales sont considérées comme les joyaux les plus authentiques de l'Afrique du Sud. Elles nous parlent des cultures perdues comme celle des Bochimans (ou San). Les empreintes laissées par les premiers occupants de la région sont intimement liées au chamanisme. Pour les San, la roche représentait des lieux de passage qu'il fallait marquer par ces dessins. Leur art reflète un monde spirituel.

DÉCOUVRIR

Peintures rupestres, réserve naturelle du Cederberg.

© VLADISLAV T. JIROUSEK - SHUTTERSTOCK.COM

Peinture rupestre bushmen, parc national de Matopos.

Les doigts détourés signalent des points énergétiques là où nous ne percevons aujourd'hui qu'une matière impénétrable. Des milliers de grottes renferment des œuvres d'art rupestre dans la région peu accessible du Cederberg. À 300 km à l'est du Cap, des œuvres vieilles de 77 000 ans ont été mises au jour par Christopher Henshilwood dans la grotte de Blombos. Des fragments de coquillages percés et ornés d'ocre attestent qu'*Homo sapiens* avait une âme d'artiste. Une révélation ! L'archéologue a également découvert sur ce site des croisillons gravés dans la pierre et rehaussés d'ocre. Ce ne sont pas moins que les premiers dessins au crayon que l'on n'ait jamais retrouvés. Le sens de ces motifs reste incertain car le berceau de l'humanité n'a pas fini de révéler tous ses secrets.

Époque moderne

Peintres ou sculpteurs, Blancs et Noirs, se sont lancés à corps perdu dans l'expression d'un drame. Au-delà de la difficulté à vivre de leur art, les Noirs ont rencontré la ségrégation, voire la persécution qui ont contraint Ernest Mancoba et Gerard Sekoto à l'exil en France. Libres de créer, les artistes blancs se sont attachés à produire des œuvres subversives, mettant en lumière l'angoisse d'un monde coupable et assiégé de toutes parts. Pionniers de la contestation, Sue Williamson, Gavin Younge et Michael Golberg inventent l'art politique, dans les années 1970. Leurs œuvres, hérissées de fils de fer barbelés, en disent long sur la perception de l'oppression. William Kentridge, par ses juxtapositions de scènes, exprime la séparation entre les groupes. Breyten Breytenbach, plus connu dans son pays comme écrivain que comme peintre, a dû attendre 1994 pour réaliser sa première exposition à Pretoria. La jeune génération, incarnée par exemple par un Willie Bester, célèbre pour ses compositions à base de graffitis et de montages d'objets, expose déjà en Europe. Les personnages colorés de Tommy Motswai, jeune artiste sourd-muet, séduisent un public international.

Construit en 2017 dans un silo à grains reconverti, le **Zeitz MOCAA** (p.272) est le temple de l'art contemporain africain. Avant son ouverture, les artistes en quête de visibilité étaient contraints de s'exposer sur d'autres continents. À noter que Jochen Zeitz a prêté au lieu sa collection d'art contemporain africain pour une durée illimitée.

Galeries du Cap

Dans l'énergique cité portuaire, les galeries d'art pullulent. Parmi les pionnières, **The Cape Gallery** (p.268) montre des œuvres représentatives de l'identité africaine, paysages classiques ou créations novatrices.

La galerie Goodman, au Cap ou à Johannesburg, défend l'art africain contemporain. Connue pour son soutien envers l'art africain durant l'apartheid, sa renommée n'est plus à faire.

Plateforme pour les peintres et les sculpteurs locaux, l'Everard Read Gallery est idéalement établie au bord de l'eau. Depuis peu, elle a ouvert juste en face un jardin de sculptures en plus de salles d'exposition annexes.

Nombre de galeries sont concentrées dans le quartier trendy de Woodstock, comme la **What if the World Gallery** (p.278), spécialisée en art contemporain novateur. Dessins, sculptures, installations et performances sont signés par des artistes sud-africains émergents.

Niché dans une rue piétonne, Worldart valorise l'art urbain exécuté par des locaux. Les collectionneurs de street art trouveront sûrement leur bonheur.

Eclectica Contemporary valorise l'art africain à travers le monde. Dans son espace, le sculpteur Cobus Haupt dévoile sa vision contemporaine de la sculpture tribale. Ses créations en bronze combinent histoire, culture populaire et traditions. Le peintre Loyiso Mkize, venu du roman graphique, se dit fasciné par les visages, leurs textures et leurs nuances. Il s'est naturellement tourné vers le portrait peint pour sonder l'âme et l'esprit de ses contemporains. Chaque portrait joue avec une réalité à plusieurs niveaux. Résolument surréalistes, les compositions du photographe Kyu Sang Lee reflètent ses origines. Né à Séoul mais établi au Cap dès 2005, il conjugue influences orientales, occidentales et africaines. Ses photographies transmettent ses réflexions sur le temps et la destinée.

CLAMEURS STREET ART

Contre-culture universelle, le street art révèle toute sa pertinence en Afrique du Sud. Ses origines remontent aux années 1980. Puis les festivals transforment l'énergie créatrice en moyen d'expression élaboré et populaire. Les messages peints sur les droits de l'homme ou les questions sanitaires se répandent jusque dans les campagnes et les banlieues délaissées, contribuant ainsi à l'éducation et aux progrès sociaux. En Afrique du Sud, le succès du hip-hop renforce celui des artistes urbains. Au Cap, dès 2005, Bias tague les passages souterrains de Maboneng. La zone industrielle sera rénovée dès 2008. Balthazar Reibero et son collectif d'artistes noirs sèment sur les murs des portraits au pochoir de figures politiques. Les graffeurs sud-africains Faith 47 et Falko ont débuté au Cap.

À Woodstock, le street art réconcilie les habitants avec leur quartier

Au Cap, le street art est apparu après l'apartheid. Il s'est rapidement imposé comme le mode d'expression privilégié de la population noire. Cela ne s'est pas fait sans heurts. La volonté de réguler l'art des rues a occasionné d'âpres négociations entre les artistes et la municipalité. Finalement, Searl Street Park a été désignée zone légale pour l'art. Mais au Cap, les œuvres ne restent pas en place bien longtemps : une fresque en chasse brusquement une autre. En Afrique du Sud, l'art des rues n'a jamais véhiculé de connotation négative. S'il est messager politique, il est aussi conciliateur. Le pinceau embellit tout en gravant l'histoire de la ville, d'un peuple, à la vue de tous, sans faire de différence.

Woodstock, quartier autrefois déshérité, entretient un lien particulier avec le street art. Avant de devenir trendy, le quartier a vu prospérer les couleurs et les formes sur ses murs délabrés. Les œuvres sont réalisées par des artistes venus du monde entier. Certains habitants continuent de solliciter les artistes pour qu'ils soient plus heureux de rentrer dans leurs maisons-tableaux.

L'artiste visionnaire Freddy Sam concilie art, histoire et population

Le street artiste Ricky Lee Gordon a toujours été persuadé que la peinture murale avait la capacité à tout changer. Il commence par le graffiti dès l'âge de 16 ans. S'il expose désormais à travers le monde, il a entrepris en 2013 d'embellir sa ville natale de graffs qu'il signait Freddy Sam. Ricky et son collectif A Word of Art ont transformé le quartier de Woodstock à la faveur de leurs fresques. Pour cela, l'artiste collabore avec la population. Il n'hésite pas à s'armer de bombes de peinture pour décorer un bâtiment dont les occupantes, des femmes qui y habitaient depuis quatre-vingts ans, sont menacées d'expulsion. Les mots inscrits sur la façade « Notre maison est notre cœur » semblent jaillir de la bouche des résidents de Woodstock.

Autre grand nom du street art, le Sud-Africain Sonny, né en Grande-Bretagne. On peut admirer son travail à New York, à Londres, à Amsterdam, à Toronto, à Vladivostok, à Miami, à Waterford et bien sûr en Afrique du Sud. Sans doute avez-vous eu l'occasion d'admirer ses impressionnantes fresques animalières, des espèces sauvages menacées : gorille, rhinocéros, éléphant, lion. Son intérêt pour la faune est né dès son arrivée en Afrique du Sud, à l'âge de 11 ans. Mélange de réalisme et d'éléments abstraits, ses fresques ont pour lui une fonction sociale de sensibilisation aux problèmes environnementaux. C'est à Johannesburg que l'on retrouve ses animaux de la savane.

Johannesburg : histoire d'une heureuse réhabilitation par l'art public

Après avoir détenu le record mondial de criminalité, Johannesburg renaît par l'art. Il faut pour cela saluer Jonathan Liebmann. Originaire de Johannesburg, il décide en 2009 de redorer l'image du centre-ville en le rendant agréable, que ce soit pour travailler, vivre ou sortir. Dans ce but, il acquiert des entrepôts abandonnés dans Maboneng et les aménage en logements-ateliers cédés gracieusement à des artistes. L'initiative baptisée Arts on Main redonne rapidement vie à ce quartier. Ce franc succès en matière de réhabilitation urbaine fera école. Suivant le modèle de la faune artistique, les habitants affluent. Une vie culturelle dynamique se développe au point que Maboneng soit devenu un quartier en vogue. La municipalité et des sociétés privées se sont empressées de suivre son exemple. Plusieurs quartiers sont ainsi réhabilités par l'art. Ce mouvement s'accompagne de commandes de fresques urbaines auprès d'artistes locaux. Johannesburg a depuis clairement exprimé sa volonté de s'imposer comme une capitale du street art. Un festival d'art mural a ainsi vu le jour. Tous les ans au mois d'octobre, les street artistes accourent des quatre coins du monde pour s'associer au City of Gold Urban Art Festival.

MUSIQUES ET SCÈNES

La musique est en Afrique du Sud un véritable miroir de l'histoire mouvementée du pays. Lorsqu'à partir de 1948, l'apartheid pousse massivement la population noire à s'entasser dans les *townships* – celui de Soweto est certainement le plus célèbre –, c'est ici, dans ces ghettos consumés par la misère, que la plupart des grandes révolutions musicales du pays naissent. On y voit éclore le kwela, le marabi ou le mbaqanga, tous cousins sud-africains du jazz qui, chacun à leur manière, servent d'outils pour lutter contre l'oppression. Plus tard, c'est la pression des autorités qui force les plus grandes stars du pays à l'exil comme Miriam Makeba, Abdullah Ibrahim ou Hugh Masekela. Ces derniers deviendront les porte-drapeau de la cause sud-africaine dans le monde. Aujourd'hui, la société s'est apaisée mais les inégalités et la violence demeurent, chose qui s'entend dans le dernier grand courant local : le gqom. En somme, pour connaître l'Afrique du Sud, il faut commencer par l'écouter.

Les musiques traditionnelles

Terre extrêmement fertile pour la création, l'Afrique du Sud possède sans surprise un des plus riches gisements de musiques traditionnelles du continent. C'est dans le Natal que l'on trouve une des traditions les plus spectaculaires avec l'isicathamiya. Ces chants choraux et polyphoniques pratiqués *a cappella* par les Zoulous ont la magnifique fusion des incantations amahubo et des chorales de mariage umbholoho. Ce mélange harmonieux de voix connaît une variante plus puissante nommée mbube. Oublié pendant une large part du XXe siècle, l'isicathamiya ressurgit dans les années 1970-1980, porté par le groupe star Ladysmith Black Mambazo. Aujourd'hui des concours d'isicathamiya ont lieu à Johannesburg et Durban.

Musicien zoulou.

Le kwela

Natif du *township* d'Alexandra (au nord de Johannesburg) dans les années 1940, le kwela est une étonnante musique, imprégnée du swing américain et jouée principalement au penny-whistle, cette fameuse petite flûte à bec métallique, appelée ainsi car elle ne coûtait pas plus d'un penny. Le genre a porté quelques stars telles que les Solven Whistlers, très bon groupe de kwela aux harmonies très sophistiquées, Specks Rampura ou encore Lemmy Special Mabaso. Ils sont tous présents sur l'excellente compilation *Something New in Africa* (éditée chez Decca en 1959), un petit trésor qui documente très bien ce qu'a été la scène kwela en Afrique du Sud. Envoûtant et enlevé, le kwela et ses surprenants solos de penny-whistle ont largement influencé le jazz sud-africain.

Le jazz

À l'origine, il y avait le marabi. Ce genre datant du début du XXe siècle, cousin du jazz, du ragtime ou du blues se jouait à l'orgue électromécanique ou au piano et était destiné à attirer les foules dans les *shebeens*, les bars clandestins de la population noire. Caractérisé par ses motifs mélodiques répétitifs, le marabi est avec le kwela une des bases du jazz sud-africain. Ce dernier voit apparaître sa figure tutélaire dans les années 1950, incarnée par l'immense trompettiste Hugh Masekela (1939-2018). Véritable point de départ du jazz local, Masekela est avec son ensemble légendaire – les Jazz Epistles – le premier groupe de jazz africain à enregistrer un disque et à faire salle comble dans le pays. Iconique toute sa carrière, en 1987, son single *Bring Him Back Home* réclamant la libération de Nelson Mandela devient l'hymne du mouvement de libération sud-africain.

Aussi membre éminent des Jazz Epistles, Abdullah Ibrahim est l'autre patriarche du jazz sud-africain. Considéré aujourd'hui comme l'un

© CODEGONI DANIELE - SHUTTERSTOCK.COM

Danseuses traditionnelles.

des meilleurs pianistes au monde, adulé par tous les fans du genre, il est le premier jazzman africain à connaître une renommée mondiale, une notoriété notamment acquise durant ses années d'exil (il rencontre Ellington à Zurich en 1963, ce qui propulse sa carrière). Dans les années 1960, jouer du jazz en Afrique du Sud, c'est promouvoir la culture noire, donc lutter contre l'apartheid et, *in fine*, un acte de résistance. Imprégnée par l'esprit d'avant-garde des Américains John Coltrane, Thelonious Monk ou Sonny Rollins, toute cette scène de musiciens activistes est, à l'instar de Hugh Masekela et d'Abdullah Ibrahim, sans cesse harcelée, arrêtée et, en fin de compte, poussée à l'exil. Tous les grands noms du jazz de l'époque sont concernés : le saxophoniste Kippie Moeketsi (1925-1983), surnommé le « Charlie Parker d'Afrique du Sud », la chanteuse Sathima Bea Benjamin (1936-2013), le pianiste Chris McGregor (1936-1990), le contrebassiste Johnny Dyani (1945-1986) ou encore la célébrissime Myriam Makeba (1932-2008). Elle qui fut une des plus grandes stars de son pays – notamment grâce à son tube *Pata-Pata* – a été forcée à l'exil pendant près de trente et un ans et destituée de sa nationalité. C'est durant sa période américaine qu'elle chante ses plus beaux airs traditionnels *a capella*, en zoulou, xhosa et sotho, notamment la chanson de mariage traditionnelle *The Click Song* (*Qongqothwane* en xhosa) et *Malaika*.

Aujourd'hui, le jazz sud-africain continue d'attirer l'attention internationale et quelques très bons musiciens perpétuent l'héritage local comme la tromboniste Siya Makuzeni qui mélange jazz, funk et hip-hop, le pianiste Nduduzo Makhathini très inspiré par Abdullah Ibrahim et signé chez le mythique label Blue Note, ou encore SPAZA, ensemble jazz d'avant-garde.

Avec le temps, le Cape Town International Jazz Festival est devenu un des grands rendez-vous internationaux de tous les amateurs de jazz. Conviant une quarantaine de groupes internationaux et africains devant pas loin de 15 000 spectateurs chaque année, l'événement est tout simplement immanquable.

À Johannesburg, le Marabi Club dans le quartier de Maboneng en programme du très bon jazz et au Cap, l'Artscape Theatre Complex (p.300) peut également composer de très belles affiches de jazz contemporain.

Le mbaqanga

En parallèle du jazz se développe dans les années 1960 un style typiquement sud-africain: le mbaqanga. Inventé en 1962 dans les *townships* par West Nkosi et popularisé en 1964 par Simon Mahlathini, le mbaqanga est souvent défini comme un genre puisant ses racines dans la musique zoulou, installé quelque part entre le swing des *big bands* américains et l'aspect répétitif du marabi. Symbole par excellence de la culture urbaine sud-africaine, le genre gagne vite en importance, porté par des stars comme les Mahotella Queens, les African Swingsters ou Mahlathini, le « lion de Soweto », véritable noyau du genre autour duquel s'est articulée toute la scène, autant de grands noms locaux qui font vivre le mbaqanga jusqu'à ce qu'il se transforme en bubblegum dans les années 1980, influencé par la pop et le disco. L'excellente compilation *Next Stop Soweto* éditée chez le (souvent fabuleux) label Struten 2010 documente très bien les grands moments de cette scène mbaqanga.

La pop

Dans les années 1980, la vague disco déferle sur l'Afrique du Sud. La musique locale, notamment le mbaqanga, change de rythme, de couleurs et se gorge de synthétiseurs et d'électronique. Cette musique flashy, joyeuse et acidulée est rapidement qualifiée de ***bubblegum*** par les médias locaux, ces derniers n'y voyant qu'un concentré sucré et jetable sans véritable intérêt artistique. Pourtant, le genre porte quelques-unes des stars les plus importantes (en terme de notoriété ou de vente) du pays comme Brenda Fassie, Yvonne Chaka Chaka, Rebecca Malope ou encore Chicco Twala (plus engagé, comme son *We Miss You Manelo* dédié à Mandela). Ici encore, une excellente compilation est à conseiller : *GumbaFire: Bubblegum Soul & Synth Boogie in 1980s South Africa* parue en 2018 chez Soundway Records, un objet qui capture à merveille cette scène vibrante.

C'est également dans les années 1980 qu'une des stars les plus connues du pays éclot : Johnny Clegg. Surnommé le « Zoulou blanc », il est, avec sa pop très grand public, un des musiciens qui a le plus participé à véhiculer l'image de l'Afrique du Sud en son temps. Il est mort d'un cancer en 2019. Aujourd'hui, la pop locale se porte toujours aussi bien, bichonnée par des artistes comme Petite Noir, qui a charmé les scènes du monde entier avec sa musique froide et chic qu'il qualifie de « noirwave ».

Une excellente manière de goûter à la pop et aux musiques actuelles d'Afrique du Sud est de se rendre au festival Oppikoppi. Considéré comme l'un des meilleurs rendez-vous musicaux du pays, Oppikoppi offre à voir pendant trois jours la crème du rock, de la pop, du jazz ou de la house locale.

La musique électronique

Quelque chose de frappant en Afrique du sud est à quel point la house et la deep house sont populaires. Bien qu'originaires du Chicago des années 1980, la house – et son pendant plus soul la deep house – ont trouvé ici un foyer d'adoption : elle est diffusée en pleine journée sur les chaînes musicales ou à la radio, les enfants et les personnes âgées dansent dessus, bref, elle n'est pas du tout réservée aux oiseaux de nuit ni cantonnée aux clubs. En résumé, la house est ici une part intégrante de la musique pop. D'ailleurs, le géant de la house sud-africaine, Black Coffee, est un peu une pop star. Pleine de soul, incorporant régulièrement des éléments de musique traditionnelle, la house de Black Coffee fait la part belle aux voix et accueille souvent des chanteurs célèbres comme Pharrell Williams.

Cette importance de la house dans le pays a également donné naissance à de nombreux sous-genres dont certains sont devenus des piliers de l'industrie musicale. C'est notamment le cas du kwaito. Le kwaito est à l'Afrique du Sud ce que le grime est à l'Angleterre : le hip-hop local. Musique syncopée des *townships* de Johannesburg, le kwaito est en fait une house très ralentie, gorgée de basses et langoureuse sur laquelle quelqu'un rappe. Comme le hip-hop, le kwaito est devenu un mouvement, une culture, un mode de vie (proche du hip-hop américain, ce qui lui est régulièrement reproché) incarné par des stars. Le « roi du kwaito » est Arthur Mafokate, un des pionniers du genre avec Lebo Mathosa et son groupe Boom Shaka qui ont ouvert la porte à de nombreux artistes : TKZee, Mandoza, Bongo Maffin ou plus récemment le très bon groupe Batuk emmené par le producteur voyageur Spoek Mathambo. Aussi, le fameux duo Die Antwoord et sa rap-rave déglinguée peut être considéré comme une version enragée du kwaito.

Récemment, le dernier dérivé local de la house se nomme le gqom (certains prononcent « djikomou », d'autres « klôm »). Apparue dans les *townships* de Durban au début des années 2010 sous la patte du duo RudeBoyz, cette électronique minimaliste, brute et glaciale mélange musique traditionnelle sud-africaine et house dépouillée et expérimentale. Le résultat est guerrier, fiévreux et hypnotique et s'exporte très bien, emmené par ses porte-drapeau DJ LAG ou DJ Mo Laudiqui qui enchaînent désormais les grands clubs européens.

Quelques bonnes adresses à noter pour goûter à l'électro locale à Johannesburg : le **Living Room** (p.126), non seulement le rooftop le plus sympa de la ville mais aussi un club avec une bonne programmation, le **Kitchener's Carvery Bar** (p.126), pub trendy vieux de cent ans qui attire la jeunesse branchée avec ses bon DJ sets, le **Taboo** (p.130), plus sophistiqué mais proposant souvent une programmation de qualité. Au Cap, le Cape Town Electronic Music Festival est un rendez-vous dédié aux amateurs de musique électronique pointue.

LITTÉRATURE

Où plus qu'en Afrique du Sud la littérature est-elle née et s'est-elle nourrie des guerres ? Qu'elles opposèrent violemment les Afrikaners aux Anglais, ou qu'elles se montrèrent insidieuses sous la forme d'un interminable apartheid, celles-ci menèrent les uns puis les autres à prendre la parole et à faire des lettres une force militante. Pourtant, dans les années 1970, des écrivains et penseurs noirs s'interrogèrent, déjà, sur le sens de cet engagement littéraire et voulurent envisager la possibilité de briser la logique qui voulait systématiquement rapprocher le roman du témoignage ou de la dénonciation politique. À ce jour, pourtant, et bien que nouvelles plumes aient pu s'affirmer plus librement depuis 1991, le besoin de s'exprimer et d'analyser semble rester primordial. Peut-être qu'un jour prochain les cicatrices seront suffisamment cautérisées pour que la nation arc-en-ciel dont rêvait Mandela se concrétise également dans le champ littéraire.

Une histoire complexe

La littérature sud-africaine ne commence vraiment à s'écrire qu'à partir du début du XXe siècle, mais l'histoire du pays est alors déjà marquée par deux vagues de colonisation. Les Néerlandais s'implantent dès 1652 à la faveur de la création d'un comptoir de la Compagnie hollandaise des Indes orientales. Les Anglais, quant à eux, débarquent à la toute fin du XVIIIe siècle. Les rivalités qui les opposent et celles qu'ils cultivent avec les peuples autochtones, tout autant que la découverte de richesses minières qui attisent les convoitises, engendreront maints conflits qui trouveront leur apogée durant la seconde guerre des Boers (1899-1902) et les camps de concentration où sont parqués les descendants des Néerlandais que l'on appelle désormais les Afrikaners. Bien que la mésentente soit profonde, une indépendance relative vis-à-vis de la Couronne britannique sera obtenue lors de la signature du South Africa Act en 1910. Toutefois, si les Blancs s'accordent, la voix des Noirs ne porte pas. En 1912, ils s'unissent dans un parti politique, l'ANC (Congrès national africain). L'année suivante, le Native Land Act leur concède à peine un quart du territoire, comme un présage des terribles inégalités entérinées par les lois de ségrégation qui ne cesseront de se durcir durant l'apartheid (« mise à part », en afrikaans) qui sera adopté en 1948. Pour l'heure, c'est donc à une période charnière de la vie de son pays à laquelle assiste Olive Schreiner à la fin de sa vie, elle qui était née en 1855 et qui décédera à 65 ans, elle surtout qui fut l'auteure d'un livre qui se découvre encore avec passion aux éditions Libretto, *La Nuit africaine*. Fille d'un âpre missionnaire allemand, c'est en Angleterre, où elle avait trouvé refuge, qu'elle réussira finalement à publier ce roman en 1883, quitte pour cela à accepter d'endosser un pseudonyme masculin, Ralph Iron. Le succès fut immédiat pour cette œuvre qui, déjà, évoquait la quasi-impossibilité de vivre ensemble et se mâtinait d'un fort matériau autobiographique. De retour au Cap en 1889, elle s'investira en politique, réclamant l'égalité des droits humains, quel que soit le sexe ou l'origine ethnique.

Tandis que les Afrikaners créent en 1907 une société littéraire, l'Afrikaanse Taalvereniging, les plumes se délient quant aux souffrances endurées durant la seconde guerre des Boers, Jan Celliers (1855-1940) les évoque dès 1908 dans un long poème, *Die Vlakte en ander gedigte*. Ses acolytes, Eugène Marais (1871-1936) et Louis Leipoldt (1880-1947), marcheront dans ses pas, contribuant à écrire la légende de l'esprit pionnier mais aussi l'attachement à la religion et à l'esprit paysan que l'on retrouvera comme ADN du mouvement dit du *Plaas roman*.

Leur contemporain, Solomon Plaatje, né en 1876 dans l'État libre d'Orange, a lui aussi vécu intimement cette guerre, il relatera d'ailleurs de l'intérieur le siège de Mafeking dans un journal resté célèbre. Le nouveau siècle le verra s'investir en politique, au sein du SANNC, précurseur de l'ANC, tout autant qu'en littérature. Tout d'abord collecteur de proverbes tswana, idiome qu'il essaye de préserver, c'est pourtant l'anglais qu'il choisira pour écrire son œuvre la plus célèbre, *Mhudi, An Epic of South African Native Life a Hundred Years Ago*, le premier roman écrit par un Noir en Afrique du Sud et désormais malheureusement épuisé en français chez Actes Sud malgré une brillante traduction de Jean Sévry. Ayant opté pour la langue du colon afin de faire parvenir son message au plus grand nombre, Plaatje veut remettre les peuples natifs au sein de l'histoire d'un pays qui a de plus en plus tendance à les laisser en marge ou à ne retenir que les grands épisodes ayant marqué le sort des Blancs. Pour cela, sa fiction se veut épopée non dénuée d'une certaine touche d'optimisme. *Mhudi* paraît en 1930 après avoir été longuement remanié.

DÉCOUVRIR

Nadine Gordimer.

Quelques années plus tard, Benedict Wallet Vilakazi commence à publier en zoulou après avoir fait ses armes au sein du journal *Ilanga lase natal* cofondé en 1903 par John Langalibalele Dube. Mort précocement à 41 ans, les écrits de Vilakazi, sa poésie ainsi que ses romans, *Nje nempela* ou *Noma nini*, n'ont cessé d'influencer ses pairs. Un hommage posthume lui a été décerné en 2016 par l'ordre de l'Ikhamanga.

L'apartheid

En 1948, Alan Stewart Platon, descendant de colons anglais, publie *Cry, The Beloved Country* – en français, *Pleure, ô pays bien-aimé* – et se fait le chantre à travers les yeux de son héros, Stephen Koumalo, pasteur noir, de la ségrégation galopante qui s'est installée au cours des années précédentes, au rythme même où le nationalisme des Afrikaners se faisait de plus en plus prégnant, preuve étant, s'il en faut, le succès remporté par la reconstitution du Grand Trek (« grande migration ») organisée dix ans auparavant.

Cette funeste année 1948 officialise la division par toute une armada de lois qui se feront de plus en plus oppressantes et qui, très vite, dicteront les aspects essentiels de la vie quotidienne des Noirs (1948 : interdiction des mariages mixtes, 1952 : laissez-passer obligatoires, 1953 : interdiction du droit de grève, etc.). En réaction, les lettres deviennent outil de témoignage, comme c'est le cas dans le magazine *Drum* fondé en 1951 et très vigoureusement remanié par un ex-pilote de la Royal Air Force, Jim Bailey. Si l'aspect militant du périodique est peut-être amoindri par les intérêts personnels de son directeur, la revue a néanmoins l'idée ingénieuse d'ouvrir ses colonnes à des rédacteurs noirs qui vont explorer de l'intérieur la réalité par le biais de reportages ou de photographies. Certains d'entre eux – William « Bloke » Modisane, Daniel « Can » Themba, Nat Nakasa – utiliseront l'écriture journalistique comme tremplin pour des textes plus personnels, voire fictionnels.

D'aucuns finiront aussi par se plier au difficile choix de l'exil, à l'instar de Lewis Nkosi dont le troisième roman, écrit alors qu'il est de retour en Afrique du Sud qu'il a dû fuir durant quarante ans pour cause de censure, est disponible sous le titre *Mandela et moi* aux éditions Actes Sud. Mais les Noirs ne sont pas les seuls à être victimes de l'oppression gouvernementale. Ainsi, Nadine Gordimer voit son livre *Un monde d'étrangers* frappé d'interdiction lors de sa publication en 1958. Née dans un milieu bourgeois en 1923 à Springs, fille d'une Anglaise et d'un Lituanien, la jeune fille est dès son plus jeune âge sensible à la question de la discrimination, prélude de l'engagement qui sera ensuite le sien quand elle intègrera l'ANC auquel elle restera fidèle malgré l'arrestation de Nelson Mandela en 1962 et malgré les pressions dont elle sera l'objet. Dans une pure veine réaliste, l'auteure fait aussi preuve de loyauté envers son pays qu'elle décortique dans ses pires travers, tout en le décrivant avec amour. Son œuvre prolifique, qui se découvre par exemple par la lecture du *Conservateur* (éditions Grasset, Booker Prize 1974) ou de *Fille de Burger* (éditions Points), lui vaudra d'être honorée par le prix Nobel de littérature en 1991.

Du côté des Afrikaners, les années 1960 assistent également à un certain nombre de remises en question qui se traduisent dans les lettres par le courant porté par les Sestigers, des intellectuels qui ont eu l'occasion de voyager, et donc de comparer, et qui deviendront d'influents écrivains. Le premier d'entre eux est certainement André Brink (1935-2015), qui a étudié la littérature à la Sorbonne. De ses séjours parisiens, il rapporte une vision éclairée des liens possibles entre les peuples qu'il n'hésite pas à exprimer dans ses romans, comme en témoigne *Une saison blanche et sèche* qui raconte comment un Blanc va risquer de tout perdre pour élucider la mort d'un Noir dont il était proche. Ce livre reçut le prix Médicis en 1980, il fut par ailleurs le premier roman afrikaner à être interdit par le gouvernement…

C'est à Paris également qu'est contraint de se réfugier Breyten Breytenbach qui convole avec une Française d'origine vietnamienne, ce qui enfreint la loi interdisant les mariages mixtes et lui défend tout retour dans son pays natal. Il contournera en clandestin cette prérogative et écopera d'une longue peine de prison. L'exil, il le mettra en poésie dans *La Femme dans le soleil* à se procurer aux précieuses éditions Bruno Doucey.

Dans leur sillage, d'autres auteurs sont associés aux Sestigers – Elsa Joubert, Anna Louw, Étienne Leroux, Reza de Wet, etc. *A contrario*, J. M. Coetzee, qui est né captonien en 1940 mais sollicitera par la suite la nationalité australienne, a toujours refusé que ses livres – dont l'ancrage historique et géographique est souvent laissé dans le flou – soient considérés comme seule dénonciation de l'apartheid. Non que la politique en soit absente, mais y est prisée l'universalité des combats humains, un goût du « travestissement » que soulignera le jury du prix Nobel en le récompensant en 2003. Son écriture si personnelle se découvre en traduction aux éditions Points avec des titres aussi incontournables que *Michael K, sa vie, son temps* et *Disgrâce* qui – fait notable – lui ont tous deux valu un prix Booker.

De nouvelles pages à écrire

Le terme kwaito désigne avant tout un courant musical qui est apparu à l'heure où sonnait la fin de l'apartheid, pourtant il s'est par ailleurs transposé en littérature sous la plume de Sello Duiker – né à Soweto en 1974, suicidé en 2005 – et sous celle de Phaswane Mpe – né en 1970, mort du sida en 2004. Tous deux avaient créé un cercle de poésie, Seeds, et avaient évoqué dans leur roman (respectivement *Thirteen Cents* et *Welcome to our Hillbrow*) la pauvreté, la prostitution et la xénophobie qui continuaient de ronger la vie des Sud-Africains durant la période de transition. Dire que la page est tournée et que les écrivains peuvent se consacrer à d'autres horizons, peut-être comme le souhaitait Njabulo Ndebele qui, dans les années 1970, se méfiait des limites de la littérature de reportage et qui, vingt ans plus tard, incitait à « redécouvrir l'ordinaire », semble présomptueux quand se constate qu'aujourd'hui encore les auteurs ayant acquis une certaine renommée à l'étranger, par exemple Marlene Van Niekerk (*Agaat*, éditions Gallimard) ou le très célèbre Deon Meyer, qui excelle dans la veine du roman policier, se frottent encore continuellement à l'histoire de leur pays. La liberté est-elle donnée d'aborder d'autres thèmes, il est difficile d'y croire quand le dramaturge Damon Galgut se voit reprocher de ne pas évoquer l'apartheid, mais il est toujours possible de se poser la question comme le fait le jeune Imraan Coovadia dans *Flux et Reflux* (éditions Zoé) lorsqu'il décrit la difficulté à tourner la page et – encore – la difficulté de communication que rencontrent les différentes communautés d'une nation qui s'est pourtant rêvée arc-en-ciel.

TOP 10

LECTURE

Pour qui n'aurait pas le goût des questions historiques ou des problématiques liées aux rapports entre les communautés, la littérature sud-africaine pourrait sembler ennuyeuse. Pourtant, et bien que l'apartheid soit souvent présent, elle se décline en toutes sortes de styles, de l'autobiographie à l'anticipation.

UNE SAISON BLANCHE ET SÈCHE

© LE LIVRE DE POCHE

Interdit à sa publication mais prix Médicis à sa parution en 1980, une œuvre engagée au style atemporel.
André Brink,
Éditions Le Livre de Poche.

CE QUE JE NE VEUX PAS SAVOIR

© ÉDITIONS DU SOUS-SOL

Prix Fémina 2020 pour les deux premiers tomes de son autobiographie, l'auteure revient dans celui-ci sur sa jeunesse sud-africaine.
Deborah Levy,
Éditions du Sous-Sol.

LE LION BLANC

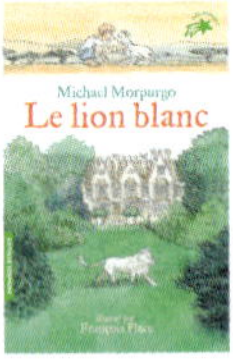

© FOLIO CADET

Au début du XXe siècle, Bertie rencontre dans la savane un lionceau tout blanc. Son nouvel ami est envoyé dans un cirque, lui en pension, se reverront-ils ?
Michael Morpurgo,
Éditions Folio.

BIENVENUE À JOBOURG !

© ÉDITIONS FUTUROPOLIS

À la faveur d'une résidence artistique, Pascal Rabaté livre ses impressions personnelles d'un pays au sortir de l'apartheid.
Pascal Rabaté,
Éditions Futuropolis.

DISGRÂCE

© ÉDITIONS POINTS

Coupable d'avoir voulu séduire une étudiante, David trouve refuge à la campagne auprès de sa fille, mais la violence est omniprésente dans le pays et la paix n'est guère de mise.
J. M. Coetzee,
Éditions Points.

LES CICATRICES DE LA LIBERTÉ

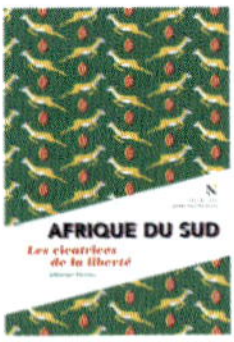

© ÉDITIONS NEVICATA

Comment un beau pays, fort de ses ressources, a dû lutter pour sa liberté avant de succomber aux dissensions internes ?
Sébastien Hervieu,
Éditions Nevicata.

L'ANNÉE DU LION

© ÉDITIONS POINTS

Traduit dans une trentaine de langues, ce roman oscille entre anticipation et chasse à l'homme, palpitant !
Deon Meyer,
Éditions Points.

CONVERSATIONS AVEC MOI-MÊME

© ÉDITIONS POINTS

Son combat et sa personnalité sont intimement liés à l'Afrique du Sud, rencontre intime avec un incontournable.
Nelson Mandela,
Éditions Points.

AFRIQUE DU SUD

© ÉDITIONS PLACE DES VICTOIRES

Plus de 500 pages et presque autant d'évocations d'un territoire dont la faune et la flore sont exceptionnelles.
Collectif,
Éditions Place des Victoires.

L'INITIATION

© ÉDITIONS CAMBOURAKIS

Premier tome de la trilogie que l'auteur, né en 1955 dans le *township* de Batho, consacre à sa vie, entre grande et petites histoires.
Mogorosi Motshumi,
éditions Cambourakis.

A L'ÉCRAN

Le cinéma sud-africain est aussi riche qu'il est empreint de son histoire. L'apartheid est évidemment une période très sombre pour la liberté d'expression, cependant certaines œuvres politiques comme *Pleure, ô pays bien-aimé* (1952) ou *Come Back Africa* (1959) parviennent à être tournées dans le plus grand secret dans le pays. La fin de l'apartheid marque le début d'une renaissance cinématographique dans le pays et une nouvelle génération de réalisateurs comme Zola Maseko, Gavin Hood ou John Trengove reprennent le septième art de leur pays en mains et lui font traverser les frontières. À l'inverse, de nombreux cinéastes internationaux portent au grand écran l'histoire sud-africaine, comme Richard Attenborough avec *Cry Freedom*, *Bille August* et *Goodbye Bafana*, ou le célèbre Clint Eastwood avec *Invictus*, dans lequel Morgan Freeman incarne l'une des figures les plus emblématiques d'Afrique du Sud : Nelson Mandela.

Septième art sud-africain : des débuts difficiles

Si les premières images vidéo en Afrique du Sud sont tournées pour les actualités durant la guerre anglo-boer (1880-1881), le premier long-métrage réalisé sur les terres du pays est signé Harold Shaw. Baptisé *Die Voortrekkers*, cette œuvre en langue afrikaans est, à l'époque, surtout appréciée des Afrikaners et des descendants des Voortrekkers. Très vite, la suprématie blanche est au cœur de toutes les productions cinématographiques. Dans les années 1930, la société Colonial Film Unit propose des programmes éducatifs et produit plusieurs œuvres glorifiant les Afrikaners. L'Américain Isidore W. Schlesinger crée la Schlesinger African Film Productions, une société qui contrôle l'entièreté des productions et système d'exploitation de films jusqu'en 1948, lors du rachat de Schlesinger Production par la 20th Century Fox et surtout, l'institution du régime d'apartheid par les Afrikaners. Dès lors, l'industrie cinématographique n'a pour unique but que le succès commercial, destiné à des spectateurs blancs. De 1956 à 1962, plus de soixante films de fiction sont tournés, dont une quarantaine en afrikaans. Pendant longtemps, les ciseaux de dame Censure se sont dessinés en ombre chinoise derrière l'écran des salles obscures. Vu le régime plus que stricte que le pays subit, bon nombre d'œuvres sont tournées hors des terres africaines. Seuls des films comme *Pleure, ô pays bien-aimé* (1952) de l'Autrichien Zoltan Korda ou l'événement politique *Come Back Africa* (1959), dans lequel on voit la chanteuse sud-africaine Miriam Makeba, de Lionel Rogosin, ou plus tard *Les dieux sont tombés sur la tête* (1980) de Jamy Ulys parviennent à se tourner dans le pays. La fin de l'apartheid marque la renaissance du cinéma sud-africain et les exilés sont de retour. Darrel James par exemple, originaire de Johannesburg, remue les salles de cinéma avec *Place of Weeping* (1982), œuvre anti-apartheid qui le révèle aux États-Unis, puis *The Stick* (1987), un film contre la guerre, interdit pendant deux ans dans son pays. *Sarafina!* (1992) et *Pleure, ô pays bien-aimé* (1995, remake de l'œuvre éponyme de Zoltan Korda) reçoivent une reconnaissance internationale et sont applaudis pour leur conscience politique et le traitement de sujets liés à l'Afrique du Sud.

Le réalisateur sud-africain Gavin Hood.

© FEATUREFLASH PHOTO AGENCY - SHUTTERSTOCK.COM

Clint Eastwood à la première de son film « Invictus » en 2009 à Los Angeles.

Le cinéma post-apartheid

Depuis les années 2000, les cinéastes sud-africains ne cessent d'éblouir la critique internationale. Le très politique Zola Maseko incarne la nouvelle génération très entreprenante du cinéma de son pays et réalise des œuvres engagées comme *L'Étranger*, *A Drink in the Passage* ou encore, en 2004, le long-métrage *Drum*. En 2005, Gavin Hood réalise *Mon nom est Tsotsi* et remporte l'Oscar du meilleur film étranger. En 2009, c'est *District 9* de Neill Blomkamp qui s'empare du box-office. Si l'œuvre n'a pas grand-chose à voir avec l'Afrique du Sud, elle est cependant une métaphore du système de l'apartheid, avec le parcage d'extraterrestres dans des ghettos. Depuis 2015, on observe un regain d'activité pour le cinéma local qui est régulièrement primé à l'international : afrikaans local *Die Windpomp*, avec le prix du Public pour le meilleur film étranger 2015 du Long Beach International Film Festival à New York, *Thina Sobabili* et le Public Choice Award au Festival panafricain du cinéma 2015, et *Necktie Youth*, qui remporte à la fois le prix du Meilleur film sud-africain et le prix du Jury international du meilleur réalisateur au festival du Film de Durban. Plus récemment, Zola Maseko revient avec *The Whale Caller* (2017), adaptation du roman éponyme de l'écrivain sud-africain Zakes Mda. *Les Moissonneurs* (2018) d'Etienne Kallos montre plusieurs régions du KwaZulu-Natal et la réalisatrice Jenna Bass présente au festival de Toronto de 2019 son long-métrage *Flatland*, dans la catégorie « Cinéma du monde contemporain ». Enfin en 2018, *Les Initiés* de John Trengove fait parler de lui à l'international et choque dans son propre pays. Ce long-métrage évoque d'une part les relations homosexuelles, d'autre part, il lève le voile sur un rite ancestral pratiqué par les Xhosa. Dès la diffusion de la bande-annonce, le film fait scandale au sein de la population xhosa qui y voit la révélation d'un secret et une insulte à la tradition. *Les Initiés* est parallèlement très bien reçu à l'étranger et encensé par la critique.

À l'international

L'Afrique du Sud est également devenue très attrayante en tant que lieu de tournage. En effet, on compte plusieurs succès cinématographiques ayant non seulement traversés les terres sud-africaines, mais également transcrit à l'écran l'histoire importante et douloureuse du pays. Ainsi, en 1987, le britannique Richard Attenborough réalise *Cry Freedom* et place son intrigue durant la période des émeutes de Soweto de 1976, retraçant un peu de l'histoire du militant anti-apartheid Steve Biko. Biko est campé par Denzel Washington, qu'on retrouve quelques années plus tard dans la peau du célèbre Malcolm X, dans l'œuvre éponyme réalisée par Spike Lee en 1992. Le film est acclamé par la critique internationale, au même titre que *Blood Diamond* en 2006, avec Leonardo Di Caprio et Jennifer Connelly. L'œuvre tournée dans toute l'Afrique est nominée dans cinq catégories à la 79e cérémonie des Oscars. Un an plus tard, on remarque *Goodbye Bafana* (2007) de Bille August, avec Joseph Fiennes. Fiennes interprète le rôle du Sud-Africain James Gregory, le gardien de prison responsable de Nelson Mandela durant l'incarcération de celui-ci, entre 1960 et 1990. Deux ans plus tard, c'est le célèbre Morgan Freeman qui incarne Mandela dans *Invictus* (2009) de Clint Eastwood. Le film place son intrigue durant la période de la Coupe du monde de rugby que l'Afrique du Sud organise en 1995. Pour son interprétation du célèbre « Madiba », Freeman reçoit une nomination aux Oscars de 2010 comme meilleur acteur, et remporte ce même prix au National Board of Review Awards. En 2013, c'est Idris Elba qui reprend le rôle de Mandela dans *Mandela : un long chemin vers la liberté* de Justin Chadwick. Plus récemment, on remarque *Forgiven* (2017), œuvre sur Desmond Tutu (campé par Forest Whitaker), *Zulu* (2013, Jérôme Salle) avec Orlando Bloom, ainsi que *Mia et le lion blanc* (2018) de Gilles de Maistre, où l'on peut voir la réserve sauvage du Timbavati.

POPULATION

On l'appelle souvent « la nation arc-en-ciel ». Les Noirs représentent 79,2 % de la population, les métis *coloured* 8,9 %, les Blancs 9,4 % et enfin les Indiens/Asiatiques 2,5 %. En tout, selon les estimations du gouvernement, le pays comptait environ 60,6 millions d'habitants en 2022. Sur un territoire vaste comme deux fois et demie la France, mais deux fois plus petit que celui de l'Algérie, le sida frappe près de 13,7 % de la population adulte en 2022, perturbant les données démographiques. Selon la géographie du pays ainsi que les opportunités professionnelles, un quart de la population vit dans la province du Gauteng, vers Pretoria et Johannesburg, environ 20 % dans le KwaZulu-Natal, à Durban et sa campagne, très peuplée, 12,5 % dans le Cap-Oriental, à Port Elizabeth, East London et dans les campagnes, 11,5 % dans le Cap-Occidental, soit Le Cap, et 10,5 % dans le Limpopo, le reste dans des provinces plutôt désertées par la population.

Un pays, onze langues officielles

L'Afrique du Sud est séparée en deux grands groupes linguistiques bantou, à l'ouest de la chaîne Drakensberg-Karoo : les BaSotho, peuples sotho du Nord et du Sud, et les Tswana, et à l'est, les Nguni, peuples zoulou, swazi, xhosa et ndebele. Deux autres groupes occupent une position marginale au Mpumalanga : les Tsonga à la frontière mozambicaine et les Venda à la frontière du Zimbabwe. On dénombre onze langues officielles sur le territoire : l'anglais, l'afrikaans, le zoulou, le xhosa, le ndebele, le sotho du Nord, sotho du Sud, le swazi, le tswana, le tsonga et le venda, mais d'autres langues sont parlées dans le pays, comme le san ou le nama, descendants de KhoiKhoi près du Botswana et de la Namibie. Les trois principales langues maternelles parlées sont le zoulou avec 23,8 % de locuteurs, le xhosa pour 17,6 %, l'afrikaans pour 13,3 % et l'anglais pour 8,2 %. Mais sachez que quasiment tout le monde parle anglais.

Les Zoulous : peuple emblématique d'Afrique du Sud

Ce groupe très puissant est originaire de la partie la plus verte du pays, le Natal. Dans les années 1820, sous les ordres de Shaka, les Zoulous ont semé la terreur dans toute la sous-région. Leur combativité les a amenés à affronter d'autres tribus noires, mais aussi les Boers et les Anglais auxquels ils infligèrent une des plus terribles corrections de l'histoire coloniale. Aujourd'hui, les « fils du Ciel » conservent un poids politique certain, notamment grâce à leur roi. Parlée par 23,8 % des Sud-Africains, la langue des Zoulous est la première du pays. Qui ne connaît pas la musique et les danses traditionnelles qui ont traversés les frontières grâce au célèbre « Zoulou blanc », Johnny Clegg ?

Peuple zoulou.

Le peuple swazi au Swaziland

Les ancêtres du peuple swazi actuel vivaient sur la côte du Mozambique. Aujourd'hui, environ la moitié de la population vit dans le royaume indépendant du Swaziland, un petit État enclavé sur le territoire, coincé entre l'Afrique du Sud et le Mozambique. Un système de régiments royaux, que l'on intégrait en fonction de son âge, a permis aux Swazi de rester très soudés face aux agresseurs. En Afrique du Sud, ils sont concentrés dans la région de l'ancien territoire autonome du KaNgwane.

La souplesse du peuple xhosa

Sur la côte est de l'Afrique du Sud, on rencontre le plus méridional de tous les peuples bantous : les Xhosa. On le surnomme le « peuple rouge » car les adultes portaient souvent des vêtements teints en rouge. Contrairement à celle des Zoulous, leur société traditionnelle est organisée de manière très souple. Il n'existe aucune séparation entre les dieux et la nature dans laquelle se trouve l'homme. Au début du XVIIIe siècle, les Xhosa ont été les premiers Noirs à rencontrer les Blancs. Du contact avec les Bochimans, leur langue, la deuxième du pays parlée par 17,6 % de la population, conserve les fameux « clics ». Pour la petite histoire, Nelson Mandela est né à Mvezo, en pays xhosa.

Les couleurs du peuple ndebele

Les Ndebele vivent au nord-est et à l'est de Pretoria. Fortement influencé par son voisin sotho, ce petit groupe n'en a pas moins développé une forme d'art aujourd'hui reconnue. Chaque maison ndebele est décorée de motifs géométriques aux couleurs vives. Certaines femmes ndebele portent des parures de 25 kg : les anneaux de cuivre perlés s'empilent autour du cou et de la taille. Selon la tradition, leur nombre correspondrait à la réputation de la santé sexuelle de l'époux…

Femme Ndebele.

Les Sotho : ensemble de peuples du Nord

On distingue les Sotho du Nord. Il s'agit d'un ensemble de peuples parlant principalement le pedi. Les guerriers du chef Mzilikazi mirent fin à l'empire des Pedi. Les Sotho du Nord sont répandus de la frontière du Zimbabwe à Pretoria. Le peuple lobedu vénère toujours la « reine de la Pluie » appelée Modjadji, descendante d'une princesse exilée du XVIe siècle. La reine, que ses sujets voient immortelle, ne se marie jamais. Elle porte les enfants d'hommes anonymes. Une de ses filles devient reine à son tour, recevant le pouvoir de faire tomber la pluie sur les cultures. On citera également les Ntwana du Mpumalanga, dont les femmes portent des anneaux autour du cou et de la taille, comme les femmes ndebele. Les trois couleurs sont le blanc, le rouge et le bleu, que l'on retrouve sur le plumage de l'aigle annonciateur de la pluie. Le sepedi est la quatrième langue la plus parlée du pays.

Les Sotho du Sud ou Lesothans

Ils vivent quant à eux autour de Phuthaditjhaba, l'ancienne capitale du bantoustan du QwaQwa. C'est l'histoire étonnante d'un ensemble de clans qui allaient devenir un peuple, puis une nation, grâce à un grand chef et aux missionnaires français. Vers 1825, leur chef Moshesh regroupe plusieurs tribus harcelées par les Zoulous et se retranche derrière la forteresse montagneuse des Maluti. Dans son nid d'aigle, il se fait roi et sollicite l'aide des missionnaires. En 1933, la Mission évangélique de Paris lui envoie trois jeunes pasteurs, dont le Béarnais Eugène Casalis, qui deviendra son plus proche conseiller politique. Pendant de longues années, le roi et les missionnaires conduisent les affaires du territoire au grand agacement des Boers. Vers 1860, l'Église catholique s'intéresse, elle aussi, aux Sotho. Le père Jean-François Allard fonde une mission, Roma, qui est aujourd'hui la ville universitaire du Lesotho.

Le peuple tswana réintégré à l'Afrique du Sud

La tradition orale tswana nous apprend que ce peuple est constitué de nombreux clans rivaux, dispersés depuis des siècles sur un immense territoire entre l'actuel Botswana et le Lesotho. Au XIXe siècle, ces tribus contrôlaient une bonne partie de l'ouest du Transvaal, avant d'être dispersées par des hordes de Zoulous. Aujourd'hui, le Botswana, d'une densité de 2 hab./km^2, est peuplé à 80 % de Tswana. En Afrique du Sud, environ 3 millions de Tswana vivent sur le territoire éclaté de l'ancien bantoustan indépendant du Bophuthatswana entre le nord de Pretoria et l'est de Bloemfontein. En 1994, peu avant les élections sud-africaines, les Tswana ont fait leur révolution populaire pour obtenir, contre l'avis de leur président, leur réintégration à l'Afrique du Sud. Les touristes ne connaissent souvent

© 2630BEN - SHUTTERSTOCK.COM

Chasseur san.

du pays tswana que le fameux complexe de Sun City, véritable cocktail africain de Las Vegas et de Disneyworld.

Les meilleurs pisteurs en brousse : les Tsonga

Soshangana, chef zoulou en exil, quitte le Natal et gagne le Mozambique, où il soumet la population tsonga pour fonder un empire. En 1894, à l'heure du déclin, les Tsonga émigrent dans les basses plaines du Mpumalanga et au nord du Natal. Autour du parc Kruger, les Tsonga, qui s'appellent Shangaan en hommage à leur grand chef, sont considérés comme les meilleurs pisteurs en brousse.

Les Venda et le dieu Python

Ce peuple très mystérieux se rassemble dans la région du Nord, principalement sur le territoire de l'ancien bantoustan indépendant du Venda. Les traces d'installation remontent à 1700 avant Jésus-Christ. Les Venda ont appartenu, un temps, à l'empire du Monomotapa au Zimbabwe. De fructueux rapports commerciaux ont été établis très tôt avec les navigateurs de l'océan Indien. Protégé par la barrière naturelle du Soutpansberg, ce peuple a su développer une culture traditionnelle très particulière autour d'un animal sacré, le python. Une prêtresse vous donnera peut-être l'autorisation d'entrer sur le site sacré du lac Fundudzi, résidence du dieu Python ! Après l'accession à l'indépendance par rapport à l'Afrique du Sud en 1979, et jusqu'en 1994, les dirigeants de l'État ont basé leur autorité sur la terreur. On ordonnait au plus haut niveau des meurtres rituels précédés de mutilations atroces. En 1986, une chasse à l'homme fut organisée pour imposer la circoncision. Les Lemba, qui vivent parmi les Venda, sont considérés comme étant les descendants des commerçants sémites venus d'Orient.

Les premiers chasseurs-cueilleurs : les San

Il y a plus de 20 000 ans, leur territoire s'étendait de la Corne de l'Afrique au cap de Bonne-Espérance. Petits, le teint ocre, la peau très ridée, les pommettes saillantes, les San, du néerlandais *bosjesman*, « homme de la brousse », *bushman* en anglais, *bochiman* en français, ont le type mongoloïde. Ils se déplaçaient sur de grandes distances, en petits groupes, sans être soumis à une hiérarchie quelconque. Ce peuple du fond des âges, qui ne compte que quelques centaines de représentants en Angola, en Namibie, au Botswana et en Afrique du Sud, lègue aux générations futures des milliers de peintures et de gravures.

Les éleveurs : le peuple khoï

Contrairement aux Bochiman, les Khoï pratiquaient l'élevage. Ils vivaient dans toute l'Afrique australe, en habitat semi-groupé, contraints à se déplacer souvent pour renouveler les pâturages. De nos jours, environ 35 000 Khoï subsistent en Namibie : ce sont les Nama. En Afrique du Sud, des communautés métissées khoï vivent bien organisées à Griquatown, à Kokstad ainsi qu'aux portes du Richtersveld.

Une population métissée et le peuple métis

Les premières populations métis, ou *coloured* comme on les appelle ici, étaient les descendants des colons blancs et des femmes esclaves déportées de leur pays d'origine et souvent violées par leur maître. Aujourd'hui, après plus de trois cents ans de métissage, ils ont du sang européen, africain des esclaves venus d'Afrique centrale et de l'Ouest, malgache, malais, indonésien, indien et d'autres peuples d'Asie.

Ils ont construit une culture qui leur est propre, sont les premiers locuteurs de l'afrikaans et ils mènent une vie aussi proche que possible de celle des Africains blancs. Cette communauté, installée surtout au Cap et dans le Karoo, a toujours joué un rôle politique ingrat. Sous l'apartheid, les Métis formaient une « race » distincte, d'où la majuscule ! Cette « race » avait la faveur des Blancs. Ce groupe est durement touché par l'alcoolisme, car leur paye était encore tout récemment « versée »… en liquide dans la région où ils vivent en majorité en constituant les petites mains des grands vignobles. En général, les Métis sont chrétiens, assez souvent catholiques, à l'exception des Malais qui eux sont les descendants d'activistes musulmans expulsés des colonies d'Asie par les Néerlandais. Ils forment plus de 50 % de la population totale dans les provinces du Cap-Occidental et du Cap-Nord.

Les Blancs, Boers et anglophones

C'est la seule tribu blanche d'Afrique. Environ 5 millions d'habitants, soit 9,4 % de la population, un chiffre en perte de vitesse face à l'exil de certains en Europe et aux États-Unis, mais qui connaît un nouveau phénomène de retour au pays depuis 2008. Ils sont divisés en deux camps bien distincts qui ne s'apprécient pas beaucoup : les Afrikaners ou Boers, 60 % des Blancs, descendant des colons néerlandais, qui parlent afrikaans, ainsi que les Métis du Cap, sont très conservateurs et fervents chrétiens, et les anglophones, 40 % de la population, descendant des colons anglais, plutôt démocrates et progressistes. Une détermination et un courage hors du commun, une foi chrétienne chevillée au corps, un enracinement africain sans billet de retour, un complexe de supériorité né de leur expérience unique, un mépris congénital de l'Anglais : voilà les Afrikaners, avec les risques de simplification que cela comporte. Un bémol cependant, la nouvelle génération est moins à cheval sur les principes de papa, plus ouverte, mais tout aussi craintive des Noirs. Après la fin de l'apartheid, certains Blancs très conservateurs ont voulu créer leur communauté entièrement blanche, baptisée Orania dans l'État libre, constituée aujourd'hui de fermiers blancs vivant dans un autre siècle, plutôt miséreux et isolés. Les anglophones descendent des colons britanniques de 1820, des commerçants du Natal ou des chercheurs d'or et de diamants. Traditionnellement plus libéraux que les Afrikaners, c'est-à-dire plus à gauche, ils ont adopté un style de vie colonial sans toutefois se défaire de leurs attaches européennes, au cas où un jour il leur faudrait partir. Les Français huguenots arrivés avec les premiers colons néerlandais ont évidemment été assimilés aux Boers au cours des siècles, seuls les patronymes restent : 25 % des noms afrikaners sont d'origine française. On trouve aussi des petites minorités de descendants portugais et allemands.

Les Indiens et Asiatiques

Avec 1,2 million d'habitants, c'est la communauté indienne la plus importante au monde à vivre en dehors de ses frontières. Sa formation remonte à 1860, lorsqu'un grand nombre d'Indiens de Madras ont été amenés en Afrique du Sud pour travailler dans les plantations sucrières, en qualité d'employés car les Anglais étaient anti-esclavagistes mais recherchaient de la main-d'œuvre bon marché. Plus de 80 % des Indiens vivent encore au KwaZulu-Natal aujourd'hui, principalement à Durban, surnommée la Bombay africaine. Ils parlent tous anglais mais pratiquent aussi leurs langues maternelles. Deux tiers d'entre eux sont hindous, les autres musulmans. L'Afrique du Sud compte encore 13 000 Chinois, descendant des 63 000 Asiatiques venus travailler dans les mines d'or au début du siècle.

Un pays d'accueil : les étrangers expatriés

Disons-le, l'Afrique du Sud, c'est l'auberge espagnole. Le pays compte 600 000 Portugais, la plupart repliés d'Angola et du Mozambique, 80 000 Grecs, 60 000 Italiens et quelque 10 000 Français. Les Juifs forment une minorité d'environ 120 000 personnes, très active dans les milieux d'affaires. Environ 500 000 personnes se disent originaires d'un des pays de la Communauté de développement de l'Afrique australe. Si beaucoup d'affairistes habitent plutôt à Johannesburg, la région du Cap est choisie pour sa qualité de vie par des expatriés en mal de soleil qui travaillent essentiellement dans le tourisme.

Les clandestins, de 3 à 8 millions ?

En Afrique du Sud, les clandestins sont principalement des Mozambicains et des Zimbabwéens. Selon Carien Engelbrecht, coordinatrice chez Planact, la population de Johannesburg est constituée de 10 à 30 % d'immigrés sans papiers, mais elle reste évidemment difficile à évaluer. L'immigration clandestine en provenance d'Afrique francophone (RDC, Burundi, Rwanda, Cameroun, Sénégal) se chiffre en dizaines de milliers. Certains clandestins prennent des risques incroyables pour entrer en Afrique du Sud. Ils traversent le Limpopo plein de crocodiles ou errent dans le parc Kruger, à la barbe des lions. Dans une lettre adressée à un quotidien local, un Sud-Africain s'est élevé contre le triste destin des fauves, abattus pour avoir mangé des étrangers en situation irrégulière, comme le raconte le livre *Le Safari de notre vie* de Nadine Gordimer.

SOCIÉTÉ

Héritées des Anglais et des Néerlandais, les habitudes anglo-saxonnes dominent les mœurs du pays, avec par exemple un petit déjeuner consistant avec œufs et bacon, un lunch léger à midi et un dîner à 18h. Attention si vous voulez sortir au restaurant, ne pensez pas arriver à 22h pour le dernier service, qui s'arrête souvent à 20h. Le rythme de vie est le même qu'en Europe du Nord : ils se lèvent tôt, dînent tôt et se couchent tôt ! Les gros fêtards mettront donc tout le monde au lit, excepté en été où Le Cap ne dort jamais, envahi par les jeunes touristes occidentaux venus faire la fête en masse. Pour des raisons de sécurité, les habitants ont pris l'habitude de rouler portes et fenêtres closes, de ne pas marcher à pied n'importe où, de se rendre dans des *malls* sécurisés pour faire du shopping, etc. Leurs habitudes de vie sont donc dictées par des règles contraignantes, du moins chez les Blancs qui en sont au « tout voiture ».

L'omniprésence de la sécurité

Dès votre arrivée, s'il y a une chose qui saute aux yeux en Afrique du Sud, c'est la sécurité. Chaque maison est équipée de systèmes de sécurité multiples, des petites forteresses pour vivre tranquillement dans sa prison dorée… En une minute, à la moindre sonnerie ou à un appel de votre part, une compagnie privée de sécurité débarque chez vous et a le droit d'ouvrir le feu sur d'éventuels cambrioleurs. Les Blancs ne sont pas les seuls à vivre dans la paranoïa, tous ceux qui peuvent se permettre de sécuriser leur maison le font. Les mentalités ne sont pas toujours aussi ouvertes qu'elles n'y paraissent. Vingt-neuf ans de démocratie n'effaceront pas si vite trois cents ans de ségrégation raciale, notamment pour ceux qui ont grandi sous l'éducation et les lois de l'apartheid. La nouvelle génération est beaucoup plus tolérante envers les autres cultures, mais les différents groupes continuent d'évoluer séparément, fossé culturel oblige. On observe des différences d'état d'esprit entre les régions : Le Cap est connu pour être une ville ouverte et tolérante, cosmopolite, gay friendly et artistique, tandis que la région des vins dans l'arrière-pays du Cap, Pretoria, l'État libre et le Karoo sont connus pour être conservateurs et très chrétiens. Johannesburg est un symbole de modernité très mixte, avec l'émergence d'une classe moyenne noire. C'est pour tous la ville de l'emploi, où les jeunes diplômés ont une chance de trouver un poste intéressant. Durban est davantage peuplée par des Indiens et des Zoulous, mais aussi par une frange d'Afrikaners qui ne sort jamais dans le centre : des rues très animées, voire sales, avec des vendeurs à la sauvette sous les arcades de toutes les rues commerçantes. Certains diront que la ville est dangereuse… si certaines zones de non-droit existent bel et bien, la plupart des rues ne sont pas dangereuses.

Le quartier de Camps Bay.

Vue de Soweto.

Vie à l'américaine chez les Afrikaners

Certains Afrikaners sont très riches, en témoigne la surenchère de beaux quartiers résidentiels dans les grandes villes comme Sandton à Johannesburg ou Camps Bay au Cap, et vivent à la californienne : grosses cylindrées, grande villas de luxe avec piscine, lodge dans une réserve privée, bateaux jet-ski et compagnie. D'autres sont issus des classes moyennes, vivent dans des quartiers calmes, ont leur propre voiture et fréquentent des *malls* le week-end avec leur famille, une vie là encore très à l'occidentale. Enfin, les ruraux rappellent un peu les cow-boys de l'Ouest américain, loin de la métamorphose qui s'opère dans les villes, spécialement dans l'État libre ou le Karoo, des bastions afrikaners.

Vie à l'africaine chez les Bantous

Les Noirs vivent pour la plupart « à l'africaine », d'abord pour des raisons économiques – la plupart sont pauvres et ne choisissent pas leur mode de vie –, ensuite pour des raisons culturelles. On voit dans toutes les villes des marchés populaires grouillant de monde à côté de stations de combis klaxonnant les passants pour compléter le minibus. Des senteurs épicées, des couleurs éclatantes, des conversations joyeuses et sonnantes, on est bien en Afrique ! C'est surtout en arpentant les campagnes, où les gens vivent en mode semi-tribal semi-moderne, que l'on se sent vraiment dépaysé. Les collines verdoyantes du KwaZulu-Natal ou du Cap-Oriental sont couvertes de huttes en toit de chaumes, de *kraals* traditionnels où le chef du village a le vrai pouvoir et le conseiller municipal un rôle de consultant. La hiérarchie tribale est très respectée, de même que la médecine traditionnelle et leurs puissants guérisseurs sangoma qui sont considérés comme les « sages » de la communauté.

La vie dans les townships

La vie en *township* est un art de vivre à part entière. Cette communauté urbaine a développé une identité culturelle très forte entre urbanité et tradition, avec ses avantages et ses revers. De nombreux problèmes ponctuent son quotidien : pauvreté, chômage, alcoolisme… Des conditions de vie infernales, surtout pour ceux qui habitent dans les *shaks*, ces baraquements de tôle, car ils ne sont pas protégés des dangers extérieurs. Les statistiques du pays en matière de criminalité sont effrayantes. Meurtres, viols, car-jacking…, et plus encore : les victimes sont à 90 % des habitants des *townships*. Si le sida touchait auparavant davantage les adultes mariés, le taux de séropositivité chez les jeunes de 15 à 25 ans est en constante augmentation, ce qui préoccupe les autorités du pays. L'apartheid a créé de nombreuses générations sans qualification, et la pauvreté ambiante n'encourage pas les jeunes à étudier, malgré les aides gouvernementales. Cependant l'esprit de solidarité est très vivace dans les *townships* qui forment une communauté soudée. La plupart des habitants vivent mieux ces dernières années dans des *townships* en plein renouveau comme Soweto, grâce à une baisse de la criminalité et à la normalisation de ces cités-dortoirs en ville, avec par exemple la construction de *malls*. Soweto a toujours été la vitrine du progrès social en Afrique du Sud et devrait servir d'exemple dans les années à venir. L'école gratuite instaurée pour les enfants les plus défavorisés vient d'être élargie aux adolescents qui vont au lycée. Une mesure importante car la délinquance et la criminalité touchent des jeunes, surtout les garçons, qui décrochent du système éducatif pour entrer dans des gangs, attirés par l'argent facile et découragés par l'école payante et la pauvreté des parents. L'éducation s'améliorant pour les plus démunis, on voit de plus en plus d'étudiants noirs dans les universités du pays. De jeunes actifs issus des *townships* sont promus à des postes importants grâce au BEE qui leur donne la priorité à l'emploi, sous-qualifié diront certains, un pas de géant diront les autres. Mais la plupart du temps, même s'ils améliorent leur qualité de vie et leur pouvoir d'achat, les habitants des *townships* y sont fortement attachés et ne souhaitent pas déménager.

RELIGIONS

Comme en France, la Constitution sud-africaine garantit la liberté de culte et a pour règle la séparation de l'Église et de l'État. Mais au quotidien, la religion et la spiritualité sont présentes à tous les niveaux de la société sud-africaine. Ainsi, comme aux États-Unis, les hommes politiques et les grandes figures du pays font en permanence référence à Dieu lors de leurs discours ou apparitions à la télé. D'ailleurs, l'hymne sud-africain commence par une prière pour l'Afrique et la part athée de population reste minoritaire. Le pays est empreint d'une grande mixité religieuse que l'on peut retrouver notamment dans les rues de Durban où mosquées, temples et toutes sortes d'églises différentes se côtoient pacifiquement sans qu'il y ait le moindre problème entre les communautés. Malgré les clivages, l'Afrique du Sud est aussi un exemple de mixité et de tolérance à travers toutes les différentes religions qui la composent.

Des églises dans les villes et les villages

Si la Constitution sud-africaine prône la liberté de culte, le christianisme domine largement. En Afrique du Sud, la religion abrahamique est représentée par la plupart des mouvances classiques : catholiques, anglicans, protestants, méthodistes, congrégationalistes, luthériens, presbytériens, baptistes, etc. On retrouve aussi les adventistes et l'Église réformée néerlandaise, aussi appelée Nederlandse Gereformeerde, qui a une place très importante dans la communauté afrikaans. Cette Église est tristement célèbre pour avoir été le principal soutien idéologique de l'apartheid et a souvent cité la Bible pour justifier la séparation des races. Les orthodoxes orientaux, comme les orthodoxes grecs, sont également présents en Afrique du Sud et possèdent de superbes édifices religieux que vous pourrez appercevoir au fil de votre périple si vous avez l'œil averti à ce sujet. Cependant, la très grande majorité des Sud-Africains appartient avant tout à des Églises africaines indépendantes qui vont, elles, associer croyances ancestrales traditionnelles et christianisme. La plus importante de ces Églises est la célèbre Zion Christian Church qui attire près de 12 % des Sud-Africains. Le culte compterait de nos jours plus de 16 millions de membres. On reconnaît facilement ses fidèles à la tenue très colorée, verte, blanche ou bleue, qu'ils portent le dimanche, jour de messe. Ces uniformes varient alors selon l'âge, le genre ou encore l'occasion. Cette Église, très conservatrice, a décidé de quitter le Conseil des Églises sud-africaines qu'elle considérait beaucoup trop progressiste pour son culte.

Des croyances traditionnelles ancrées

Tout en sachant que les croyances traditionnelles s'ajoutent parfois naturellement à la foi chrétienne, le reste de la population sud-africaine, soit 20 %, se répartit entre diverses obédiences. Parmi eux, on estime qu'environ 15 % des Sud-Africains restent très fidèles aux croyances traditionnelles, ce qui en ferait la deuxième religion du pays juste après le christianisme. Ainsi les cérémonies traditionnelles issues des mythologies africaines ancestrales, comme les sacrifices d'animaux chez les Zoulous ou la circoncision des jeunes garçons chez les Xhosa, restent aujourd'hui encore très courantes et pratiquées par une part importante de la population.

Hindous et musulmans originaires d'Inde

Parmi la population d'origine indienne, environ 80 % sont hindouistes. Ils sont surtout présents à Durban, dans le nord-est du pays, où l'on peut observer et visiter leurs superbes temples. Il arrive que l'on appelle la ville de Durban la petite Inde d'Afrique du Sud, bien que toutes les grandes villes aient leur lot d'architecture hindouiste… Quant aux commémorations, les fêtes de Kavadi donnent lieu à des célébrations publiques vibrantes et très colorées.

© JEAN-FRANCOIS - ISTOCKPHOTO.COM

Église rose à Matjiesfontein.

DÉCOUVRIR

Vitraux de l'église Regina Mundi de Soweto.

Au sein de la communauté indienne, environ deux tiers sont hindous et un tiers restant de confession musulmane. Il ne faut pas oublier que Durban a accueilli en 1893 sûrement l'hindou le plus célèbre au monde : Gandhi. Le jeune avocat resta vingt et un ans en Afrique du Sud, et bien sûr à Johannesburg où ont débuté ses plus grandes luttes. Au XVIIe siècle, les Hollandais ont déporté de nombreux esclaves originaires de Malaisie et du reste de l'Asie pratiquant l'islam sunnite. Aujourd'hui, leurs descendants représentent un peu moins de 2 % de la population sud-africaine. Une deuxième vague de migrants musulmans est arrivée à la fin du XIXe siècle, cette fois-ci originaires d'Inde et du Pakistan. On peut visiter de nombreuses mosquées, dont la magnifique mosquée de Juma à Durban ou encore assister aux fêtes traditionnelles comme l'aïd el-fitr célébrant la fin du ramadan. Comme dans toutes les mosquées, les jambes et les épaules doivent être couvertes. Mais l'islam était là bien avant la colonisation. La religion, présente notamment parmi la population métissée, appelée ici les *coloured*, est arrivée à l'époque où les marchands arabes faisaient affaire avec l'Afrique de l'Est *via* la route des Indes.

La communauté juive engagée contre l'apartheid

Le judaïsme compte une communauté d'environ 120 000 personnes. Principalement originaires de Lituanie, ils sont arrivés en Afrique du Sud vers la fin du XIXe siècle. Ils n'ont jamais connu la moindre persécution jusque dans les années 1930, où la propagande nazie traversa alors les frontières. Persécutés par les leaders afrikaners nationalistes, de nombreux Juifs ont dû fuir le pays qui les avait pourtant si bien accueillis un demi-siècle auparavant. En revanche, ceux qui sont restés ont alors été très actifs dans l'ANC et le Parti communiste pour s'opposer aux discriminations et au régime de l'apartheid.

0,1 % de bouddhistes

Une part infime de la population, mais une part tout de même, est de confession bouddhiste. Les bouddhistes ne sont que très peu représentés en Afrique du Sud. Mais à Pretoria, un lieu de culte bouddhiste est pourtant immanquable. Le plus grand temple bouddhiste du continent africain est sûrement ici, un symbole pour toute une minorité, qui a fait du temple Nan Hua un véritable lieu de pèlerinage.

Découvrir l'histoire à travers les lieux de culte

Que vous soyez religieux ou non, rien ne vous empêche de visiter les magnifiques lieux de culte présents sur tout le territoire sud-africain : la cathédrale Saint-Georges et ses vitraux sublimes au Cap, le temple mormon de Parktown à Johannesburg avec ses six flèches qui éclairent le ciel durant la nuit, ou bien encore le plus grand temple bouddhiste d'Afrique, le temple Nan Hua, qui se situe à Bronkhorstspruit dans la région de Pretoria. D'autant plus que nombre de ces édifices ont joué un rôle important durant les événements historiques du pays, comme l'église catholique Regina Mundi de Soweto qui a abrité des activistes anti-apartheid lors de la lutte pour la liberté, ou l'église anglicane du Christ-Roi, à Sophiatown, où l'archevêque Trevor Huddleston s'est dressé contre l'oppression. L'église a aussi servi de tremplin à l'archevêque Desmond Tutu, prix Nobel de la paix en 1984, pour dénoncer publiquement l'apartheid, faire connaître son pays au monde entier et prôner le boycott économique de l'Afrique du Sud. Mais à l'inverse, il ne faut pas non plus oublier la face plus sombre de l'histoire, qu'une très grande partie des hommes de religion sont à l'origine et ont mis en place le système de l'apartheid.

QUE RAPPORTER ?

L'Afrique du Sud est créatrice. Les marchés sont couverts d'étals colorés d'artisanat local : bijoux tissés de perles, masques, tentures, tissus de wax et sandales en cuir. Ici, vous trouverez tout l'artisanat possible, attention cependant à la provenance. Les créateurs locaux ont pris le tournant de la tendance actuelle : revenir au local et au responsable. On rapporte des tissus, de la décoration ou des objets faits avec du ShweShwe, le fameux tissu en coton imprimé de toutes les couleurs, ou bien des objets recyclés. De la papeterie, des arts, des bijoux, des accessoires de mode, et même de la gastronomie : le fameux rooibos d'Afrique du Sud, le biltong, la célèbre viande séchée, reine du snack et des apéritifs. Une chose est sûre, au lieu de se perdre dans les centres commerciaux à l'américaine, on opte pour une balade dans le Biscuit Mill, le Green Market Square du Cap ou bien les Watershed et Neighbours Market de Joburg.

De la carte postale à l'œuvre d'art

Envoyez-vous encore des cartes postales ou préférez-vous rapporter un petit souvenir de voyage à donner en mains propres ? Et si l'on pouvait faire d'une pierre deux coups ? Les créateurs de Woody Cards réinventent la carte postale classique en une petite œuvre d'art. Il y en a des modernes, des *vintage*, des animalières…, toutes peintes à la façon d'une affiche sur une petite plaque de bois. Les Woody Cards redonnent le goût d'écrire, tout comme les petits carnets de route couverts en ShweShwe, le tissu africain coloré de Shweetproducts, jolis, audacieux et 100 % locaux ! Le local, c'est aussi le fer de lance de Whimsical Collection, une société sud-africaine qui calque les plus beaux dessins de Deziree Smith sur vos souvenirs. Sur des coussins, des pochettes, des sacs de plage ou encore des sets de table, le « Big Five » et toute la faune d'Afrique australe est à l'honneur et dans tous ses états. Toujours du côté artistique, vous trouverez an Watershed du V&A Waterfront du Cap la petite boutique de Soil & Co. Connues pour leurs affiches exotiques, illustrées de faune et de flore locales, les sœurs Kara et Mieke Wertschnig, graphistes et illustratrices de formation, font grandir aujourd'hui la marque d'imprimés Soil & Co.

L'incontournable bijou

Comment parler de mode et d'accessoires sans évoquer les bijoux emblématiques de Pitchulik ? Dans le centre-ville du Cap, poussez la porte de la boutique-atelier. Ces bijoux de créatrice allient les formes contemporaines à la matière et aux couleurs traditionnelles. À chaque saison sa collection, où chacune des pièces est destinée à protéger celle qui la porte. Un beau cadeau, qui se marierait parfaitement avec la superbe collection de vêtements au confort chic et éthique d'Addo African Clothes. Dans un style complètement différent, on part à la rencontre de l'univers décalé de Morgane & the Queens. Morgane est une créatrice de bijoux française qui a fait ses armes aux Beaux-Arts de Marseille. Installée au Cap, elle travaille des matières recyclées pour créer ses bijoux. Parfois uniques, souvent insolites, ô combien poétiques. Laissez-vous embarquer ! Il y a aussi les adeptes des perles. Si, comme Anna, créatrice et fondatrice de Beloved Beadword, vous êtes passionné de perles, montées sur des créations originales qui viendront habiller vos oreilles ou vos poignets, foncez ! Saviez-vous qu'en achetant un bracelet vous pouviez changer des vies ? C'est bien ce que revendique Relate. En partenariat avec diverses ONG et autres associations engagées pour l'éducation, l'égalité ou encore la sauvegarde des animaux, Relate vend des bracelets pour la bonne cause. Fabriqués par les personnes âgées, les réfugiés ou encore les jeunes des *townships*, offrir ou s'offrir ce petit bijou sans prétention participe à les aider, tout en soutenant une cause choisie : la sauvegarde des rhinocéros, par exemple. Chouette clin d'œil.

Le goût du voyage

Alors les gourmands, vous êtes toujours là ? On ne vous oublie pas. Si, comme nous, vous aimez rapporter un petit morceau de votre voyage à faire goûter aux copains, voilà quelques idées pratiques. Tout au long de votre périple, il vous suit et ravit souvent les petits creux et les apéritifs : le biltong, *of course*, la fameuse et typiquement « sudaf » viande séchée, inventée par les Afrikaners à l'époque du Grand Trek. Elle est principalement de bœuf, même si l'on trouve aujourd'hui springbok, autruche, koudou, ou piripiri. Vous pourrez toujours en trouver à la boutique Duty Free avant d'embarquer, tout comme les bouteilles de vin. Il serait dommage de taire toutes ces belles robes découvertes dans les vignobles.

© WILDESIDE - SHUTTERSTOCK.COM

Greenmarket Square au Cap.

Mais si vous imaginez retrouver la magie du *braai* sud-africain à votre retour, sachez que les *braai* ne se grillent plus sans les assaisonnements de Funky Ouma, à l'irrésistible packaging. Irrésistible aussi, celui de la boîte de rooibos Mandala Tea : incontournable, belle et incassable dans la valise, la boîte en fer se retrouve dans toutes les boutiques de souvenirs.

Le souvenir décoratif

Il semblerait que le trophée en papier ou en bois soit entré dans la tendance. Chez Headondesign, on en fait de véritables œuvres d'art. Les têtes d'animaux à reconstituer soi-même et à accrocher au-dessus des cheminées comme des bureaux ou des lits de bébé font un tabac. Multicolores, bleues et blanches, inspirées de la savane, de la jungle, les têtes de kudu, d'éléphant, de taureau nguni, de buffle ou de rhinocéros peintes par Sharon et Joanna sont splendides. À plat dans la valise, ça se monte à la maison ! Vous verrez qu'ici l'art de perlage prend une place importante sur les marchés. Avec du fil de fer ou des perles de toutes les couleurs, les artistes sont capables de fabriquer un petit taxi-bus en décoration, avec des passagers. Dans le quartier de Bokaap, Streetwires est un atelier-boutique où l'on peut s'offrir un petit objet typique en soutenant l'artisanat local. Vous pourrez même apprendre à fabriquer votre propre porte-clés en perles avec un artiste. Continuons dans la décoration. Lilly Loompa est le surnom de Lizl. Elle crée des objets design faits à partir de pièces recyclées, accessoires de table, lampes ou un de ses objets phares : My Africa, une carte de l'Afrique en bois à accrocher au mur – simplicité et poésie. Du côté des arts de la table, il y a de superbes créations de poterie en Afrique du Sud. Celles de Wonki Ware ont commencé sur la Garden Route dans un petit atelier personnel de la ville de George jusqu'à employer aujourd'hui environs 70 personnes issues de quartiers défavorisés.

Et si le marché venait à vous ?

Un *personal shopper* à domicile ! C'est le pari de Fleur et Cécile, les créatrices de Wonderlands, qui proposent les essentiels pour un bébé : bavoirs, tapis à langer, attache-tétines, lingettes réutilisables… En développant une approche locale, éthique et le plus écoresponsable possible, les deux amies cherchent à mettre en avant des entrepreneuses avec qui elles partagent ces valeurs. Alors, elles créent un collectif qui regroupe les francophones ayant créé leur marque en mettant en avant les couleurs et les richesses locales : Les Artisanes du Cap. L'idée ? « Se rassembler et venir avec une sélection de produits directement dans l'hôtel des clients au Cap pour qu'ils fassent leur sélection sans se déplacer. Un *personal shopper* à domicile », nous explique Fleur. Encore en expansion, le collectif se compose déjà des Françaises de Wonderlands, les créatrices, mais aussi le linge de maison et de plage d'African Jacquart, les designs personnalisables de The Sugard Bird, les sacs et autres accessoires artisanaux de Bamba Zonke ou encore les souvenirs en tout genre créés par les artisans des *townships* du Cap grâce à Ikamva Design. Alors si vous n'êtes pas adepte des emplettes, à l'aise en anglais, ou n'avez simplement pas le temps, le marché des Artisanes du Cap viendra à vous, qu'en dites-vous ?

SPORTS ET LOISIRS

Après plus de vingt ans d'isolement, l'Afrique du Sud a réintégré en 1992 les instances internationales. Le pays n'a pas tardé à accueillir de grands événements sportifs : la Coupe d'Afrique des nations de football (1996, 2013), la Coupe du monde de rugby (1995), la Coupe du monde de cricket (2003) et surtout la Coupe du monde de football en 2010, organisée pour la première fois sur le continent. Entre un match de rugby ou de football devant la télévision, Sud-Africains et touristes profitent de l'incroyable nature du pays pour pratiquer de nombreuses activités. Sur terre, les chemins de randonnées d'exception sont légion, que l'on parcourt à pied, en VTT ou à cheval, alors que le canyoning et l'escalade font le bonheur des amateurs de sensations fortes. Après une partie de golf, on plongera dans les eaux sud-africaines pour partir à la rencontre des grands requins blancs ou s'offrir une mémorable session de surf.

Le rugby, un symbole sud-africain

Quand on pense au sport en Afrique du Sud, on pense d'abord au célèbre maillot vert et or des Springboks (du nom de l'« antilope à ressort » que l'on peut observer dans le désert du Kalahari), l'une des plus célèbres équipes de rugby de la planète, une équipe immortalisée sur grand écran par Clint Eastwood dans le film *Invictus*, qui raconte la formidable épopée des rugbymen locaux lors de la Coupe du monde 1995 remportée dans l'Afrique du Sud post-apartheid et sous les yeux de Nelson Mandela (campé par le génial Morgan Freeman). La victoire historique en finale face aux mythiques All-Blacks néo-zélandais précède celles de 2007 face à l'Angleterre en France et celle de 2019 au Japon toujours devant les Anglais. Cette dernière Coupe du monde fut d'ailleurs une nouvelle fois historique pour les Boks, puisqu'ils ont remporté le trophée Webb Ellis avec pour la première fois un capitaine noir, le troisième ligne Siya Kolisi. Un symbole fort, puisque pendant plusieurs décennies le rugby symbolisa l'apartheid, car adulé par les Afrikaners blancs. Aucune personne noire ou métis n'avait le droit de porter le maillot de l'équipe nationale. Les Sud-Africains de Kolisi tenteront maintenant de garder leur trophée lors de la prochaine édition, organisée en France en 2023.

Le football, l'autre sport national

Premier grand fait d'armes en 1996… et à domicile une fois encore ! Un an après les rugbymen lors de « leur » Coupe du monde, l'équipe nationale des Bafana Bafana (« les gars » en argot) remporte la Coupe d'Afrique des nations (CAN) pour sa première participation. Emmenée par Mark Fish, l'idole de tout un peuple, la sélection nationale écrit une page importante pour le football du pays. Depuis cette date, un véritable championnat national a d'ailleurs vu le jour. La Premier Soccer League regroupe seize clubs et se dispute d'août à juin. Les Mamelodi Sundowns de Pretoria, champions en 2020, sont l'équipe la plus titrée (dix succès). Mais c'est surtout la Coupe du monde de football 2010, le plus grand événement sportif mondial après les Jeux olympiques, qui fut un événement à part dans l'histoire du pays et même du continent. Les yeux de milliards de téléspectateurs, de trois millions de visiteurs étrangers et de la crème des médias sportifs du monde entier se sont tournés vers l'extrémité sud de l'Afrique, un continent jamais choisi jusque-là dans l'organisation d'événements sportifs de cette envergure. Au total, neuf stades ont accueilli sous une cacophonie de *vuvuzelas* les matchs de la Coupe du monde 2010. Cinq ont fait l'objet de grandes rénovations : Soccer City et Ellis Park à Johannesburg (Gauteng), Loftus Versfeld à Pretoria (Gauteng), Royal Bafokeng à Mafikeng (Nord-Ouest) et le Vodacom Park à Bloemfontein (Free State). Deux nouveaux stades sont sortis de terre : le Mbombela Stadium à Nelspruit (Mpumalanga) et le Nelson Mandela Bay Stadium à Port Elizabeth (Cap-Oriental). Enfin, trois stades ont été entièrement reconstruits : le Peter Mokaba Stadium à Polokwane (Limpopo), le Moses Mabhida Stadium à Durban (KwaZulu-Natal) et le Green Point Stadium au Cap (Cap-Occidental). Si elle n'est pas sortie de sa poule, l'équipe nationale sud-africaine a donc vécu un moment historique sur ses terres. Bien plus discrets ensuite (non qualifiés pour les mondiaux 2014 et 2018), les Bafana Bafana vont refaire parler d'eux en 2019 en atteignant les quarts de finale de la CAN.

La passion du cricket

Pendant longtemps réservé à l'élite blanche comme le rugby, le cricket est devenu un véritable sport national avec son stade légendaire de Newland au pied de Table Mountain au Cap. Avec l'arrivée massive d'Indiens et de Pakistanais au cours du XXe siècle, l'apartheid sportif a commencé à diminuer au fil des années. Aujourd'hui, l'équipe nationale de cricket est de plus en plus métissée.

Vive le noble art !

La boxe est depuis longtemps populaire. Mandela, jeune avocat, chauffait déjà ses gants ! Aujourd'hui, avec les droits de retransmission télé et le débarquement des promoteurs internationaux, la boxe connaît une nouvelle jeunesse. Pour les gamins des bidonvilles, la boxe est l'espoir d'empocher quelques centaines de rands d'un coup. Il y aurait un millier de professionnels dans le pays, tous des enfants de Joe Gumede, l'homme qui organisa le 4 novembre 1978 (en plein apartheid) le premier combat entre un Noir et un Blanc – Segkapane-Steyn : victoire de Segkapane.

On pourra citer plus récemment Zolani Tete qui s'impose en 2017 lors du championnat du monde des poids coqs WBO et qui confirme ce succès en s'imposant aux points en avril 2018, avant de s'incliner en 2019 face au Philippin John Riel Casimero.

Des golfeurs de renom

Gary Player reste le plus célèbre des golfeurs sud-africains avec, à son palmarès, trois British Open, trois Masters, deux USPGA et un US Open, pour n'évoquer que les grands tournois. Cet homme, vainqueur également à treize reprises de l'Open d'Afrique du Sud, a fait beaucoup pour son sport, mais aussi pour son pays dans les années 1960 et 1970.

La relève a ensuite été assurée par Ernie Els. Vainqueur de l'US Open en 1994 et 1997, vainqueur de la Coupe du monde 1996 avec Wayne Westner, vainqueur du British Open en 2002, « Big Easy » fut un prodige sud-africain au swing réputé. D'autres talents ont pris la suite : Louis Oosthuizen, Retief Goosena, Trevor Immelman ou Charl Schwartzel.

Des activités pour découvrir une nature époustouflante

Randonnées et trails. L'Afrique du Sud, avec ses paysages tous plus incroyables les uns que les autres, est un véritable paradis pour les amateurs de randonnée. Que ce soit dans les montagnes du Cap, dans le Drakensberg ou dans le Blyde River Canyon, les points de vue sont à couper le souffle et vous trouverez des randonnées ou des parcours de trail pour tous les niveaux. Pour ceux qui auront le temps et la chance d'aller au Lesotho, préparez-vous à découvrir des habitants chaleureux et des falaises spectaculaires. Les plus courageux pourront aussi tenter les walking trails au milieu des fauves du Kruger Park accompagnés par des rangers armés jusqu'aux dents.

Canyoning, rafting et escalade. De magnifiques sites s'offrent à vous au KwaZulu-Natal et au Drakensberg. Un combiné de glisse, d'escalade, de baignade, de sauts et de randonnée. Avis aux amateurs de sensations fortes !

Équitation. En Afrique du Sud, on élève des chevaux depuis la nuit des temps, il est donc facile de pratiquer cette activité un peu partout. Une des régions la plus propice est le Lesotho qui offre des paysages fabuleux, mais vous pourrez aussi vous balader dans les nombreux parcs du pays pour un safari original, sur les plages, sur les rives des lacs ou dans les vignobles.

Golf. Envie de jouer au golf sur des parcours sublimes entourés d'antilopes et de girafes ? L'Afrique du Sud, avec ses terrains d'exception, est faite pour vous. Dans la région du Cap où le climat est favorable, vous pourrez pratiquer votre swing à des tarifs très accessibles et dans

Découverte en kayak de la Garden Route, près de Knysna.

© FIONA AYERST - SHUTTERSTOCK.COM

Grand requin blanc à Gansbaai.

des conditions optimales. La plupart des terrains vous proposent aussi une dégustation de vin après la partie.

Chasse. Le pays est très couru par les amateurs de grande chasse. Si ce sport est censé contribuer à la régulation des troupeaux, chacun se fera cependant son avis. En tout cas, les réserves ouvertes aux chasseurs ne sont généralement pas les mêmes que celles où vous irez… photographier l'impala.

Ski. En juin-juillet voire août, des flocons tombent sur les Maluti, à la frontière du Lesotho. On y trouve l'Afriski Mountain Resort et ses cinq remontées mécaniques. Dans le sud du Drakensberg, au-dessus du village de Rhodes, la petite station de Tiffindell vous attend aussi avec son hôtel, ses 2 km de pistes, son snowpark et ses canons à neige.

Sous l'eau ou sur l'eau, des activités de choix

Plongée. Bienvenue au paradis des requins ! Gansbaai, située à 2h à l'est du Cap, est mondialement connue comme étant La Mecque des plongées avec les grands requins blancs. Peu importe la saison, le spectacle proposé par le seigneur des océans à la surface ou sous l'eau dans la cage vous laissera un souvenir impérissable ! Mais il serait vraiment dommage de se contenter de plongée en cage uniquement à Gansbaai. En effet, les plongées dans la région de Durban sont tout aussi magnifiques, voire encore plus impressionnantes car en plus du grand requin blanc, cette région possède une très grande variété d'autres requins : requin-tigre, requin-marteau, requin-bouledogue, requin à pointes noires, etc. Ainsi, lors de votre plongée dans le KwaZulu-Natal, vous avez toutes les chances que votre cage soit encerclée par une dizaine de requins en même temps. Inoubliable !

Mais les requins ne constitueront pas vos seules rencontres. Il faut dire qu'à la confluence des océans Indien et Atlantique (et de leurs courants respectifs) vit une population unique d'animaux marins, dont les stars sont aussi les baleines, les manchots, les phoques, les otaries, les dauphins…

Une colonie de manchots s'est notamment établie à Stony Point, à une quinzaine de kilomètres à l'ouest de Kleinmond. Ce sont les cousins de ceux de Boulders Beach, les célèbres représentants protégés de la seule espèce d'Afrique *Spheniscus demersus*. Que dire du spectacle des baleines, qui s'approchent parfois à quelques mètres du rivage ? La baleine southern right (*Eubalaena australis*) est la plus courante à Walker Bay, au sud du Cap. Elle met bas ici, entre juin et novembre, à 8 000 km de sa résidence d'été dans les eaux de l'Antarctique. Un spot unique pour les observer de la terre comme de la mer !

Surf-kitesurf. Les dingues de glisse et les fanas de vitesse se donnent rendez-vous en Afrique du Sud et spécialement vers Le Cap pour profiter des spots ventés et des grosses vagues du coin, mais aussi dans les environs de Durban. Impossible de se promener sur ces plages sans remarquer les surfeurs dans les vagues, de la vaguelette au gigantesque « tube », comme sur le spot mondialement connu de Jeffreys Bay dans la province du Cap-Oriental. Avis aux *riders* !

GASTRONOMIE

La cuisine sud-africaine a construit ses particularités sur son histoire et ses origines néerlandaise, anglaise, malaise et indienne, tout en puisant dans un savoir-faire et des ingrédients typiquement africains, un melting-pot gastronomique unique en termes de saveur et d'art de vivre. La culture des Sud-Africains néerlandophones ou afrikaners se ressent à travers le *braai*, un barbecue typique de la nation arc-en-ciel qui, en plus d'être une bonne raison de savourer de délicieuses viandes grillées, est aussi un moment de partage essentiel dans le quotidien des locaux. La présence anglaise a vu également l'arrivée de nombreux travailleurs indiens et malais qui ont apportés leur goût pour les épices. Sans oublier le thé que les Sud-Africains sirotent avec des pâtisseries succulentes. Enfin, si la bière est de tous les événements, la viticulture est une affaire sérieuse en Afrique du Sud, le pays étant le huitième plus gros producteur mondial de vin.

Produits et cuisine indigènes

Avant la période coloniale, la cuisine indigène des tribus xhosa et khoïsan se caractérisait par l'utilisation d'une vaste palette de produits, notamment des fruits, des noix, des bulbes et des feuilles, complétée par du gibier sauvage chassé ou de la viande de brousse. L'introduction du bétail domestique et des cultures céréalières s'est faite il y a 12 000 ans environ par les Bantous, venant d'Afrique centrale. Le régime alimentaire de ces populations se composait majoritairement de céréales cuites, en particulier de sorgho et de millet, de lait fermenté (appelé amasi) et de viande rôtie. Puis avec la découverte de l'Amérique, le maïs remplace progressivement les autres céréales. Le samp est un plat de base du peuple xhosa, composé de grains de maïs grossièrement concassés, alors que le mielie-meal, très populaire, un type de semoule extrafine, qui permet de préparer le pap, une sorte de porridge. Le maïs est aussi utilisé pour préparer l'umphokoqo (un pâté de maïs très friable cuit avec du lait aigre), l'umxhaxha (un ragoût de citrouille et de maïs) et l'uphuthu (une pâte épaisse de farine de maïs roulée en boules).

Le bœuf, le mouton et la chèvre constituent alors les principales sources de protéines en dehors du gibier, le viande bovine restant la plus prisée même aujourd'hui. Les Xhosa adorent la viande et lors des rituels où les animaux sont abattus, aucune partie n'est gaspillée. Les tripes de bœuf et de mouton sont regardées comme des mets délicats généralement cuits en ragoût. On y ajoute diverses variétés de légumes comme la citrouille, dont on retrouve de nombreuses variétés indigènes en Afrique du Sud, sans oublier le riz et les haricots qui sont également très populaires.

Les classiques de la cuisine sud-africaine

Héritage afrikaner, le biltong est né pendant les grands treks afrikaners. Ces bâtonnets de viande séchée (bœuf ou gibier local) étaient alors parfaits pour suivre les colons lors des déplacements des chariots à travers le pays. C'est pendant ces grandes marches que la chasse au gibier local et les premiers barbecues sont également entrés dans les mœurs. Le *braai* est une institution chez les Sud-Africains, qui s'y adonnent à cœur joie chaque week-end, en familles, entre amis, et même entre collègues. Le *braai*, ou barbecue, est préparé au feu de bois. Différentes viandes y sont cuites (bœuf, porc, autruche, agneau). Les boerewors, de délicieuses saucisses grillées épicées avec du poivre, de la coriandre, du clou de girofle et du thym, font partie intégrante du *braai*. Sans oublier les skilpadjies, des boulettes de foie d'agneau parfumées d'oignon puis roulées dans de la crépine avant d'être grillées.

Les poissons et fruits de mer sont également très appréciés. Il faut dire que les côtes sud-africaines, baignées par des courants froids, sont particulièrement poissonneuses. Thon, langoustes, moules, huîtres et bien d'autres espèces abondent dans le pays. À noter que le geelbek ou saumon du Cap n'a rien d'un saumon, bien que le pays possède quelques fermes de pisciculture où les saumons sont élevés. Le poisson que vous n'oublierez pas s'appelle kingklip, le « roi des roches », à la chair ferme et savoureuse, proche du cabillaud.

Parmi les accompagnements citons les tjips (chips sud-africaines), qui ont une saveur particulière car les pommes de terre prennent souvent un bain de vinaigre juste avant pour leur donner un petit goût relevé supplémentaire, sans oublier le roosterkoek (c'est le pain local qui est cuit au barbecue), le chakalaka (ragoût de légumes légèrement relevé au curry et aux piments) et l'amadumbe (variante de la patate douce généralement servie en purée avec du beurre, des cacahuètes et un filet de miel). Le paptert, plat qui ressemble à des lasagnes, se compose de couches de pâte de farine de maïs et de légumes mijotés en sauce tomate agré-

© MD_PHOTOGRAPHY - SHUTTERSTOCK.COM

L'incontournable braai sud-africain.

mentée de bacon. Vendu dans la rue ou les fast-foods, le vetkoek est un beignet salé que l'on fourre de viande hachée ou de saucisse, façon hamburger.

Les influences étrangères

Enfin la cuisine sud-africaine a été enrichie par les nombreuses vagues migratoires venues des colonies britanniques d'Asie, notamment d'Inde et de Malaisie. Le bobotie est emblématique de la cuisine malaise du Cap. Ce hachis composé de viande de bœuf et/ou d'agneau, d'oignons et de fruits secs est parfumé d'une multitude d'épices, le tout étant nappé d'une crème au lait et aux œufs avant d'être gratiné au four. Sinon le sosatie est un type de brochettes généralement d'agneau ou de mouton finement épicées. Le tomato bredie est un ragoût de mouton agrémenté de tomate et de potiron, d'origine malaise. Enfin le bunny chow se présente sous la forme d'une miche de pain de mie creusée et fourrée de curry. C'est un plat de Durban, que les locaux décrivent parfois comme « la plus grande ville indienne hors d'Inde ». Le chutney a été introduit par les Indiens également. Ce condiment, qui accompagne les currys ou les viandes grillées, est préparé à base de légumes ou de fruits (mangue, citron vert, courgette, oignons, etc.). Il mêle à la fois la douceur, l'acidité et le piquant, selon les recettes. Il est aussi appelé achard, suivant les régions.

Desserts et boissons chaudes

Les Sud-Africains raffolent des mets sucrés, on peut citer les koeksisters, de simples beignets tressés arrosés de sirop parfumé à la cannelle ou au gingembre. Ils peuvent aussi être saupoudrés de noix de coco râpée. Le melktert est une tarte simplement garnie d'une crème au lait et aux œufs généreusement parfumée de cannelle, ou encore le malva pudding, un gâteau très moelleux, parfumé d'une pointe de confiture d'abricot et servi avec de la crème anglaise.

Les hertzoggie sont des tartelettes fourrées de confiture d'abricots et couvertes d'une meringue à la noix de coco. Enfin – influence indo-malaise oblige –, le boeber est un entremets à base de vermicelles, de lait et de sagou (un tubercule) aromatisé de cannelle, de cardamome et d'eau de rose. Cette crème est traditionnellement servie le quinzième soir du ramadan. Adoré aussi bien par les Indiens que par les Britanniques, le thé est devenu très rapidement l'une des boissons les plus populaires du pays, qui est le treizième plus gros consommateur au monde avec presque 1 kg par an et par habitant. On le préfère à l'anglaise, donc noir, généralement avec un nuage de lait et une tranche de citron. L'Afrique du Sud possède d'ailleurs une petite production localisée dans le nord-est du pays. Consommé depuis des siècles, le rooibos – comprendre « buisson rouge » – pousse exclusivement en Afrique du Sud dans les montagnes du Cederberg, situées au nord de la ville du Cap. Bu en infusion, chaude ou froide, on lui prêterait de nombreuses vertus thérapeutiques. Surtout la plante ne contient pas de théine et n'empêche donc pas le sommeil, contrairement au thé.

© AS FOOD STUDIO - SHUTTERSTOCK.COM

Les koeksisters.

Entre vin, bière et aramula

Le premier vin produit par les colons hollandais en Afrique du Sud date de 1659, mais c'est à partir de 1688 que les premiers huguenots – fuyant le royaume de France – développent le vignoble et affinent les techniques. Malgré une production locale conséquente au cours du XXe siècle, il fallut attendre les années 1990 pour que la viticulture en Afrique du Sud connaisse un renouveau et s'exporte à l'international avec des crus d'excellence. L'industrie vinicole du pays est concentrée dans un rayon de 200 km autour du Cap, entre les villes de Constantia, Paarl, Stellenbosch et Worcester. Au-delà le climat est soit trop aride soit trop chaud, bien que des essais soient réalisés depuis quelques années dans d'autres régions comme le Cap-Oriental et le Cap-Nord, notamment en montagne ou dans des régions plus sèches.

Les vins sont étiquetés ici selon le cépage et le domaine, et non selon le terroir comme en France. On retrouve toutefois soixante appellations bénéficiant du label Wine of Origin (WO), un système mis en place en 1973 en s'inspirant de l'appellation d'origine contrôlée (AOC) française. Les vins blancs sont principalement issus des cépages de chenin, de sultanine, de chardonnay et de sauvignon, alors que les vins rouges se concentrent sur la production de cabernet-sauvignon, de shiraz, de merlot et de pinotage. Ce dernier est un cépage authentiquement sud-africain, né d'un croisement dans les années 1930 entre le pinot noir et le cinsault (ou hermitage), omniprésent sur les côteaux de la vallée du Rhône. Le pinotage a depuis conquis ses lettres de noblesse chez les amateurs de vin.

Avec un double héritage hollandais et anglais, on s'attend forcément à trouver de la bonne bière dans les bars. Si vous trouvez facilement de la Heineken, Guinness ou Amstel, les bières les plus populaires sont sud-africaines. On peut citer la Castel Lager, légère, et la Black Label, ambrée. D'autres bières namibiennes sont aussi consommées, comme la Windhoek ou la Hansa. La particularité de ces bières, c'est leur héritage africain : elles contiennent toutes du maïs, un ingrédient qui améliore le goût de ce breuvage dans les pays chauds. Il est utilisé depuis la nuit des temps par les Xhosa pour fabriquer une bière traditionnelle à base de sorgho, d'aspect opaque, maltée et consistante, la umqombothi. Elle est consommée lors de cérémonies traditionnelles mais aussi dans les *sheebeens* des *townships* noirs du Cap, majoritairement xhosa.

L'amarula est le fruit d'un arbre dont les éléphants raffolent. Une fois tombé par terre, il fermente pour atteindre rapidement 17 degrés d'alcool. Il arrive ainsi parfois de voir des éléphants, des phacochères, des singes soûls suite à l'ingestion des fruits fermentés. Présentée dans une belle bouteille flanquée d'un éléphant, cette liqueur crémeuse qui rappelle un peu le Bailey's incarne plus que jamais l'Afrique du Sud. Enfin le mampoer – pouvant se traduire par « alcool de contrebande » – est une eau-de-vie de fruits – généralement de pêche – extrêmement corsée pouvant atteindre jusqu'à 70 degrés. Pour souligner le côté ultrafort de cette boisson, les bouteilles sont même entourées de fils barbelés.

AGENDA

Quand le *township* ne dort jamais, les quartiers résidentiels se barricadent à la nuit tombée. L'Afrique du Sud oscille entre la culture fêtarde du continent et les tempéraments plus introvertis hérités de l'époque coloniale. Mais s'il y a une tradition à la fête partout en Afrique du Sud et véritablement ancrée dans la culture, c'est le braïi, le fameux barbecue « sudaf ». Peu importe l'occasion, s'il y en a une, elle est toujours bonne pour déguster une bonne viande grillée entre copains et papoter autour d'un feu. Des fêtes traditionnelles dans les villages aux festivals à l'américaine comme l'Africaburn, sorte de *burning man* version désert africain, les événements en tous genres ponctuent largement le calendrier. Les noctambules se donnent rendez-vous au Cap où les étés transforment la ville en une énorme bulle effervescente de musique, d'art et de culture qui ne se rendort qu'une fois l'hiver venu.

CAPE TOWN MINSTREL CARNAVAL

LE CAP

Le 2 janvier.

Après le carnaval de Rio et de la Nouvelle-Orléans, probablement le meilleur carnaval au monde ! A ne pas manquer, le carnaval des métis du Cap, la parade part de District 6 pour rejoindre le quartier malais de Bo Kaap. Quelle énergie dans les rues ! Musiciens, danseurs, acrobates, costumes, chanteurs et beaucoup d'autres artistes se mélangent et vous offrent un spectacle haut en couleur dans leurs costumes flashy. Une des meilleures fêtes de rue de la ville.

MOTHER CITY QUEER PROJECT

LE CAP

✆ +27 21 461 4920

www.mcqp.co.za

En mars. 1 jour.

C'est sûrement le festival le plus fou du Cap avec ses drag queens, ses gens déguisés, ses défilés et ses grosses fêtes. Le Mother City Queer Project a juste un peu moins d'une trentaine d'années, l'événement communautaire et clandestin à la base a pris une ampleur populaire et internationale. Dans une ville aussi ouverte que Le Cap, les déguisements défilent chaque année aux couleurs d'un thème sur le tapis rose, plus déjantés les uns que les autres.

CAPE TOWN PRIDE FESTIVAL

LE CAP

cptpride.org

Fin février/début mars - une semaine.

Le Cape Town Pride Festival a généralement lieu fin février ou début mars. La fête démarre alors pour toute une semaine. Ce festival gay affiche fièrement la tolérance et le respect des différences de la ville du Cap. Durant l'événement s'enchaînent les expositions, les concerts, la fête de la pleine lune à Lion's Head et le fameux Saturday Pride Parade : le temps fort de la semaine de festival qui réunit certainement le plus de monde en même temps.

CAPE ARGUS CYCLE TOUR

LE CAP

www.cycletour.co.za

Mi-mars.

Cape Argus Cycle Tour est l'un des événements sportifs les plus suivis dans toute la région du Cap. Cette course cycliste parcourt pas moins de 109 km en passant par plusieurs villages de la péninsule du Cap, sans compter la montée sur la mythique route Chapman's Pick qui offre une superbe vue du haut de la montagne devant l'océan, derrière les montagnes et les vignobles. Pour les sportifs et aventuriers, c'est une superbe occasion de découvrir la région, sillonnant des paysages extraordinaires auxquels on n'accède pas en voiture.

CAPE TOWN INTERNATIONAL JAZZ FESTIVAL

LE CAP

✆ +27 21 671 0506

www.capetownjazzfest.com

Fin mars. 2 jours. Pass de 750 R à 1 290 R.

La fin du mois de mars retentit au Cap sous le son des trompettes et des saxophones ! À ne surtout pas manquer si vous êtes amateur de jazz : le Festival international de jazz de Cape Town dure deux jours et accueille pas loin de 15 000 spectateurs chaque année. Environ 40 groupes, internationaux et africains, mais aussi des expositions photographiques et d'art en tout genre envahissent l'atmosphère. Une super-ambiance et des énergies très *jazzy* !

FNB DANCE UMBRELLA

1 President Street

JOHANNESBURG

✆ +27 11 492 0709

15 jours de début mars à mi-mars. Tickets entre 80 R et 150 R selon la représentation.

Cet événement FNB Dance Umbrella a plus de trente ans de chorégraphie derrière lui. Un spectacle époustouflant ! Généralement pendant la première quinzaine de mars dans toute la ville de Johannesburg, la fête est à la danse. Le FNB Dance Space accueille plusieurs groupes de danseurs sud-africains se produisant devant des recruteurs internationaux. Croyez bien que tout se joue ici ! Les chorégraphies sont principalement contemporaines, et c'est du haut, voire du très haut niveau. Il est grandement conseillé de réserver à l'avance.

INFECTING THE CITY

LE CAP

www.infectingthecity.com

Mi-mars.

Toujours dans le vibrant Cap, à la mi-mars, Infecting the City investit la ville. Ce festival artistique qui dure une semaine permet à plus d'une cinquantaine de musiciens, de danseurs et autres artistes d'occuper l'espace public du centre-ville. Les rues et places du City Bowl, mais aussi les théâtres et cinémas sont renversés par l'art et deviennent de véritables galeries à taille réelle pour présenter les œuvres. Ce festival permet d'ouvrir les portes de l'art à tous, amateur, simple vagabond ou passant. Un rendez-vous à ne pas manquer.

CAPE TOWN ELECTRONIC MUSIC FESTIVAL

LE CAP

www.ctemf.com

Pendant 3 jours début avril. Entre 150 R et 600 R selon le nombre de concerts.

Chaque année depuis une dizaine d'années, au début du mois d'avril, le Cape Town Electronic Music Festival fait taper du pied les amateurs de musique électronique pendant trois jours. Faka, Muzi, Doowap, Phat Jack… ce festival de musique électronique pointue programme de belles têtes d'affiches internationales et des artistes émergents. Une programmation surprenante qui vous embarque au fil de pépites musicales à travers différentes scènes de la ville et en plein air.

CHEESE FESTIVAL

FRANSCHHOEK

✆ +27 21 975 4440

www.cheesefestival.co.za

Fin avril - 3 jours.

Les amateurs de fromage seront ravis de se retrouver aux alentours de Franschhoek à la fin du mois d'avril… Pendant trois jours, le Cheese Festival prend place dans les rues du petit village franchouillard niché entre les vignes, sur les hauteurs dans la région du Cap. Rien que le nom du festival en fait déjà saliver plus d'un ! Ici, on trouve des fromages par centaines. Au programme, des rencontres avec les nouveaux producteurs, et qui dit frometon, dit dégustation : on en profite pour s'offrir avec ça un bon verre de vin rouge local.

LAMBERT'S BAY KREEFFEES

LAMBERTS BAY

✆ +27 27 432 1000

Fin avril/début mai.

Souvent à la fin avril et au début du mois de mai, on se rend à Lambert's Bay, sur la côte ouest du Cap, pour manger des écrevisses fraîches devant un concert de rock. Oui, oui, c'est possible ! Bon, on vous l'avoue, la musique n'est pas toujours au top, mais après avoir englouti une bonne douzaine d'écrevisses et un bon verre de vin blanc, vous aurez le choix entre le farniente avec une bière bien fraîche, un saut à l'élastique pour les plus téméraires, ou encore un semi-marathon pour les sportifs… Que d'activités à Lambert's Bay !

PRINCE ALBERT TOWN AND OLIVE FESTIVAL

N1 from Cape Town
PRINCE ALBERT
✆ +27 23 5411 366
Fin avril.

On se croirait presque dans le Sud de la France ! Ce festival familial et bon enfant dure deux jours à la fin avril. Au programme, dégustation d'olives et de fromages venus tout droit de la ferme, plats traditionnels en tous genre, jeux culturels pour les enfants... On peut aussi faire un tour de tracteur en famille ! Pour les plus sportifs, vous pouvez vous inscrire au marathon de 10 km. En fin de journée, on peut participer à la chasse aux fantômes dans la ville, frissons garantis !

COMRADES MARATHON

DURBAN
✆ +27 33 897 8650
www.comrades.com
Fin mai ou début juin. Inscription : 1 200 R pour les Sud-Africains et 4 500 R pour les étrangers.

C'est l'événement sportif de l'année à Durban ! Cet ultra marathon de 89 km relie la ville de Pietermaritzburg, dans les terres du KwaZulu-Natal, à la ville de Durban, face à l'océan Indien, à travers une course extrême. À l'arrivée de la plus ancienne course de marathon du monde, on peut observer certains coureurs ramper jusqu'à la ligne d'arrivée après avoir épuisé jusqu'à leurs dernières forces et franchi pas moins de cinq chaînes de montagnes au fil du parcours. Un défi impressionnant qui dépasse complètement le mental !

TWO OCEANS MARATHON

LE CAP
www.twooceansmarathon.org.za
Week-end de Pâques.

Pendant le week-end de Pâques, c'est l'événement sportif le plus important de la ville du Cap, aussi bien pour les habitants et les marathoniens que pour l'économie de la ville et même de la région du Cap. Et pour cause, il rassemble chaque année plus de 15 000 personnes et il est retransmis en direct à la télévision locale. Deux compétitions sont au programme : l'ultra-marathon, de 56 km, et le mi-marathon, dit le *half* de 21 km. Le tracé de la course via Chapman's Peak, Hout Bay et Constantia Nek est sublime.

RIEBEEK VALLEY OLIVE FESTIVAL

✆ +27 22 487 1133
www.riebeekvalley.info
Début mai.

Au début du mois de mai, dans la province du Cap-Occidental, la petite ville de Riebeek s'anime autour des saveurs de la région. Pour le Riebeek Valley Olive Festival, les dégustations d'olives, d'huiles et autres produits à base d'olives s'enchaînent pour le bonheur des papilles du coin. Le tout accompagné, bien sûr, de produits frais et de vins locaux pour agrémenter la visite. On en profite alors pour visiter la région tout en goûtant des spécialités locales. Quoi de mieux ?

VORTEX

LE CAP
✆ +27 74 791 5555
www.intothevortex.co.za
Début avril (parfois fin mars). Pré-vente : 950 R, achat en ligne : 850 R et achat sur place : 1 100 R.

Le festival Vortex a lieu généralement aux alentours de début avril dans la région du Cap. Âmes sensibles, s'abstenir ! De la trance, du son très fort, des gens « venus d'ailleurs », vous voilà à Vortex ! On y campe trois jours, on y dort très peu et on tape beaucoup du pied. C'est le festival, le vrai de vrai. On aime beaucoup le lac bien frais, et bien calme en comparaison, qui règne non loin du camp, où il fait bon aller prendre l'air et se rafraîchir avant de retourner au combat. Au Vortex, ambiance psychédélique assurée !

FRANSCHHOEK BASTILLE FESTIVAL

FRANSCHHOEK

Le 14 juillet se fête aussi en Afrique du Sud, plus précisément à Franschhoek, le village des Français. Les villageois célèbrent leurs origines françaises en colorant le village en bleu, blanc, rouge et en sortant leurs bérets rouges du placard. Un petit festival est organisé chaque année sous un grand chapiteau où l'on prend à l'entrée un « pass dégustation » : il faut alors choisir ses stands préférés pour aller déguster diverses saveurs gourmandes. Concerts et ambiance festive !

petit futé
Alexa, lance Petit Futé !
Des idées week-end
et vacances
pour partir en France
et dans le monde !
petit futé
Essayez, «Alexa, je veux partir en juillet ?»
avec les podcasts tourisme
SUD RADIO
Amazon, Alexa, Echo, et toutes marques associées sont des marques d'Amazon.com, Inc. ou de ses sociétés affiliées.
© PATRYK KOSMIDER - STOCK.ADOBE.COM

KNYSNA OYSTER FESTIVAL

KNYSNA

www.oysterfestival.co.za

10 jours en juillet.

On ne peut pas séjourner à Knysna sans goûter les fameuses huîtres. Au cœur de l'archipel, les huîtres sont d'une qualité sans pareille. On les choisit sauvages ou d'élevage, avec une préférence pour les premières, soit dit en passant. Pendant le festival, chaque année en juillet, les huîtres sont reines. Vous les dégusterez fraîches, légèrement citronnées ou pimentées, ou bien, surprise : au barbecue ! À tester, vraiment. Ce festival propose également beaucoup d'activités sportives, des concerts, le tout dans une ambiance conviviale et familiale.

STELLENBOSCH WINE FESTIVAL

STELLENBOSCH

✆ +27 21 426 5775

www.stellenboschwinefestival.co.za

3 jours en août, du vendredi au dimanche.

Chaque année, le Coetzenburg Stadium à Stellenbosch se remplit d'amateurs de vins, de fromages et d'olives. L'occasion de goûter les crus et les nouveautés de près de 148 domaines appartenant à la célèbre et délicieuse route des vins de Stellenbosch. À boire, certes, mais aussi à manger. Pendant les trois jours de festival, du vendredi au dimanche, vous pouvez profiter des stands gastronomiques également présents pour accompagner vos dégustations.

NATIONAL ART FESTIVAL

GRAHAMSTOWN

✆ +27 860 002 004

nationalartsfestival.co.za

Fin juin-début juillet.

Au début du mois de juillet, a lieu le National Art Festival, un festival de rue qui se tient à Grahamstown, une petite ville nichée dans les terres au sud-est du pays. C'est l'événement théâtral le plus important et le plus intéressant de l'année, car toutes les troupes du pays viennent s'y produire, des grandes compagnies aux petites structures alternatives. Le théâtre est mis alors à l'honneur. Cet art est d'ailleurs un véritable vecteur d'intégration en Afrique du Sud, notamment pour les jeunes issus de milieux plus défavorisés.

ARTS ALIVE

JOHANNESBURG

artsalive2022.joburg

Pendant d'octobre à décembre.

D'octobre à décembre à Johannesburg, l'art prend vie. Arts Alive a déjà plus de vingt-cinq ans d'expérience au compteur. L'événement est fait pour les amoureux de l'art en général, l'art dans toute sa dimension. De la peinture à la poésie, en passant par la musique, la danse ou encore le théâtre, tout y est ! Plus de 600 artistes participent à cet événement tant attendu à Johannesburg, se produisent et font vivre leur art. Le dernier jour du festival est généralement consacré au jazz. Vivez l'art comme vous le l'avez jamais vécu.

OPPIKOPPI

Oppikoppi Farm

NORTHAM

✆ +27 12 326 0560

Début août. Autour de 550 R l'entrée, interdit aux moins de 18 ans.

Oppikoppi fait bouger le nord du pays ! Au début du mois d'août, dans la région du Limpopo, un très bon festival de musique live se produit sur des scènes en plein air et sur trois jours dans la ferme éponyme de la ville de Northam. Au départ ancré dans un style très rock, le festival s'est ouvert au fil des années à d'autres genres musicaux comme la world music, le jazz, la house, la folk acoustique… Aujourd'hui les artistes se mélangent et les scènes attirent chacune leurs fans dans une ambiance chaleureuse et très festive.

LOERIES CREATIVE WEEK

✆ +27 11 772 12 20

www.loeries.com

Début octobre.

La Loeries Creative Week invite les voyageurs et les habitants du Cap à découvrir l'héritage créatif de la ville. Animée par le street art, les expositions en plein air, les walking tours, les conférences, les performances ou encore les lectures, ce festival artistique avant-gardiste propose de nombreux événements créés par des artistes, des architectes, des auteurs, des collectifs d'artistes, des organisateurs d'événements ou même des entreprises. Tout le monde est invité à une chose : démontrer et exposer toute sa belle créativité.

HERMANUS WHALE FESTIVAL

79 Marine Drive - **HERMANUS**
✆ +27 66 478 0081
hermanuswhalefestival.co.za
Fin septembre ou début octobre - 3 jours.

Le Hermanus Whale Festival a lieu à la fin du mois de septembre ou au début du mois d'octobre, au cœur de la saison des baleines, bien entendu. Pendant trois jours, c'est un spectacle « 2 en 1 » qui se met en place : des plats et boissons typiques, de la musique sud-af' et, à l'horizon, le spectacle des baleines qui sautent au large… Un événement spectaculaire à Hermanus. Haut lieu de passage de notre rorqual préféré, surtout, le festival d'Hermanus se déroule dans et pour le respect de l'environnement et de la faune sauvage marine.

ROCKING THE DAISIES

✆ +27 67 094 0410
www.rockingthedaisies.com
Début octobre-2 jours. Entre 795 R et 1 295 R selon les formules.

Début octobre chaque année, Rocking the Daisies fait vibrer Le Cap et se balancer les marguerites. Ce festival très tendance programme les meilleures têtes d'affiche internationales du moment : le rappeur anglais Stormzy ou encore la voix soul d'Ari Lennox, mais aussi des tas de petits groupes alternatifs et des artistes locaux intéressants et prometteurs. Les trois jours de festival sont de vraies vacances : une espace extérieur gigantesque dans un superbe décor, des scènes incroyables et une ambiance déjantée : A ne pas manquer.

PRINCE ALBERT AGRICULTURAL SHOW

PRINCE ALBERT
✆ +27 23 5411 366
Mi-octobre.

Parfait pour passer du bon temps en famille et avec les locaux de Prince Albert. Au programme, rencontre avec les agriculteurs du coin et découverte des animaux de la ferme, mais aussi des expositions agricoles, différents événements culturels selon les éditions ou encore des concours. Du concours hippique au championnat de chèvre et de mouton, ou encore du savon d'huile d'olive, il y en a pour tous les goûts. Mais le *must to do* : le *braai* du midi !

CHERRY JAZZ FESTIVAL

FICKSBURG
✆ +27 73 109 9865
Deux jours mi-novembre. Environ 350 R l'entrée.

La petite ville de Ficksburg est connue pour la qualité de ses cerises… Rares sont ceux qui n'apprécient guère ce joli fruit rouge jumeau que l'on cueille en famille, en s'en faisant des boucles d'oreilles. Eh bien, voici le thème principal de ce festival bon enfant : le festival des Cerises de Ficksburg. Ce rassemblement, qui a désormais plus d'un demi-siècle, vous fera passer une journée très sympa et plutôt champêtre d'ailleurs : le jour du Ficksburg Cherry Festival, vous dégusterez tous les produits maison dérivés de la cerise.

Hermanus whale festival.

Marre de passer des heures sur internet pour trouver des bons plans ?
mypetitfute
M'A FAIT GAGNER UN TEMPS FOU AVEC SES RECOMMANDATIONS D'ITINÉRAIRES ET SES BONS PLANS TESTÉS PAR DES RÉDACTEURS LOCAUX.
VOTRE GUIDE NUMÉRIQUE SUR MESURE EN MOINS DE 5 MINUTES POUR 2,99 €
mypetitfute.fr

JOHANNESBURG ET LE GAUTENG

Tout autour de Johannesburg se trouve le Gauteng. La région s'étend sur la ville et s'étale jusqu'au nord-ouest en direction du parc national du Pileanesberg. Ce dernier, situé dans un cratère de volcan éteint, fait d'ailleurs partie des immanquables du Gauteng, au même titre qu'aller voir les ossements humains de Little Foot vieux de trois millions d'années, dans la grotte de Sterkfontein, classée au patrimoine mondial de l'humanité par l'Unesco, mais aussi parcourir la mine de diamant de Cullinan, visiter le Mapungubwe Museum et se promener dans le parc de l'Union Building, qui domine la ville de Pretoria. Autour de Johannesburg, on visite absolument Soweto, le musée d'Hector Pieterson, la maison de Mandela sur Vilakazi Street, ou encore l'Apartheid Museum. On se balade sur la quatrième avenue de Parkhurst, dans le quartier de Melville, et bien sûr, on flâne dans Braamfontein et à Maboneng pour le marché du dimanche. Riche Gauteng !

Moruleng
Sandfontein
PILANESBERG NATIONAL PARK
Mogwase
Ga-tshefoqe
Jericho
SUN CITY
Monnakato
Phatsima
Hex
Hartbeesfontein
Rasimone
Letlha
Ga-luka
Modikwe
Bethanie
Phokeng
Makolokwe
Rustenburg
Marikana
Moddersspruit
Mooinooi
RUGANIA GAME PARK
Hekpoort
RHINO & LION NATURE RESERVE
Mogale City
STERKFONTEIN CAVES
Mathopestad
Orient Hills
Krugersdorp
Randfontein
N 14
Tshepisong
Klerkskraal
West Rand Ah
Lenas
ABE BAILEY NATURE RESERVE
Carletonville
Wagterskop
20 KM

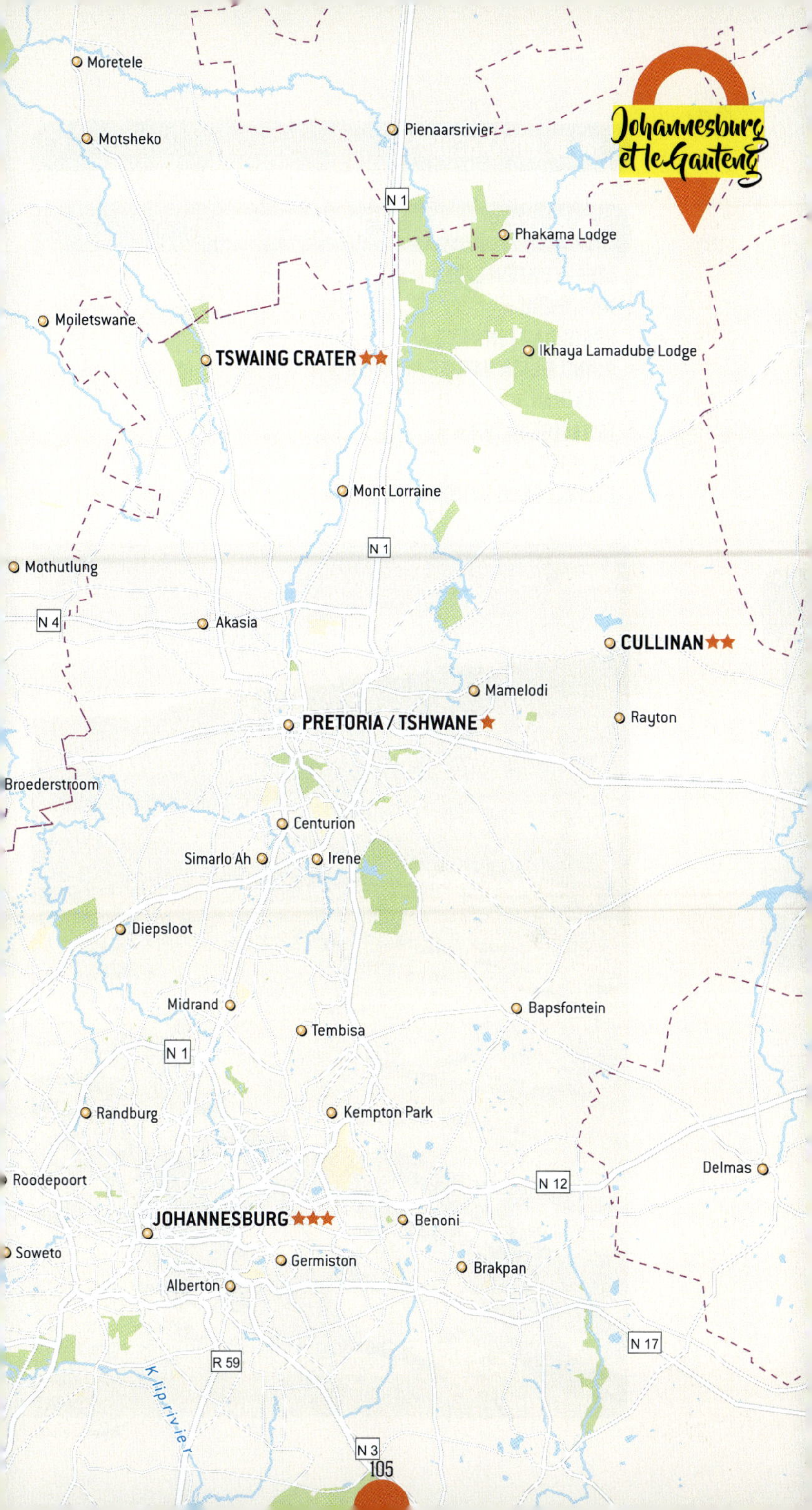
Johannesburg et le Gauteng
Moretele
Motsheko
Pienaarsrivier
N 1
Phakama Lodge
Moiletswane
TSWAING CRATER ★★
Ikhaya Lamadube Lodge
Mont Lorraine
N 1
Mothutlung
N 4
Akasia
CULLINAN ★★
Mamelodi
PRETORIA / TSHWANE ★
Rayton
Broederstroom
Centurion
Simarlo Ah
Irene
Diepsloot
Midrand
Bapsfontein
Tembisa
N 1
Randburg
Kempton Park
Delmas
Roodepoort
N 12
JOHANNESBURG ★★★
Benoni
Soweto
Germiston
Brakpan
Alberton
N 17
R 59
Kliprivier
N 3

Tswaing crater.

JOHANNESBURG

Joburg, Jozi ou Egoli, « la cité de l'or », comme on la nomme ici : il faut découvrir Johannesburg, mégalopole complexe et souvent difficile à appréhender de par la mauvaise réputation qu'on lui colle à la peau. S'il est vrai que l'insécurité peut exister, comme dans toutes les grandes villes, en respectant les règles on évite bien des soucis. Il serait dommage de visiter l'Afrique du Sud et de ne pas faire une halte a Joburg. S'intéresser à la ville, c'est s'offrir l'opportunité de comprendre l'histoire complexe de ce pays en visitant Soweto et ses sites historiques pour toucher du doigt la réalité de l'apartheid, en arpentant le centre-ville historique et les nouveaux quartiers *arty* et tendance pour constater l'évolution de la ville entre hier et aujourd'hui. Bâtie sur la ruée vers l'or de la fin du XIXe , elle est devenue la ville la plus moderne du pays, voire d'Afrique, et fait briller les yeux des jeunes diplômés de tout horizon.

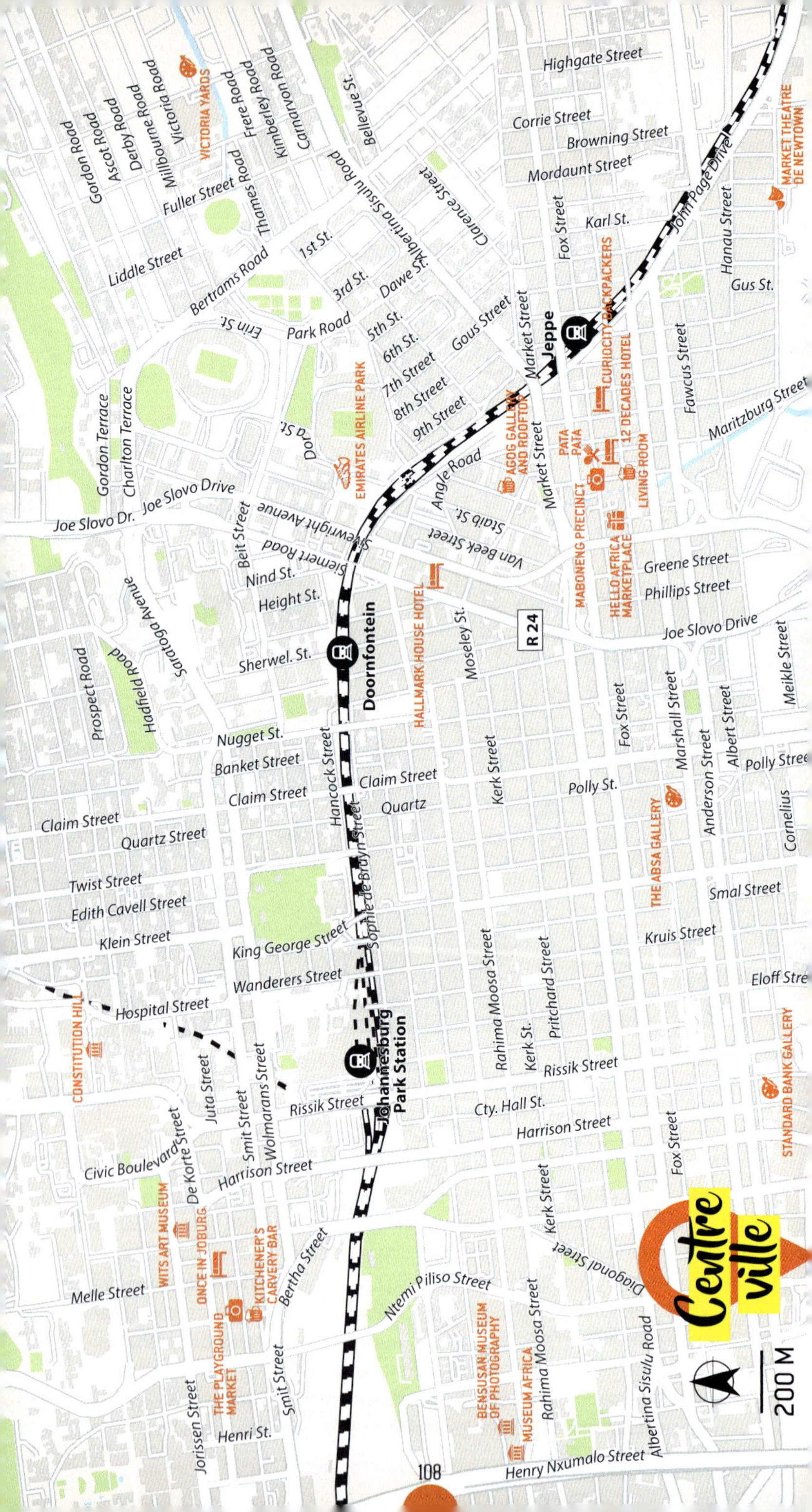
Centre ville
200 M
Highgate Street
Corrie Street
Browning Street
Mordaunt Street
Karl St.
Fox Street
John Page Drive
MARKET THEATRE DE NEWTOWN
Hanau Street
Gus St.
CURIOCITY BACKPACKERS
Jeppe
Market Street
12 DECADES HOTEL
Fawcus Street
Maritzburg Street
PATA PATA
LIVING ROOM
AGOG GALLERY AND ROOFTOP
MABONENG PRECINCT
HELLO AFRICA MARKETPLACE
Greene Street
Phillips Street
Joe Slovo Drive
Meikle Street
Gordon Road
Ascot Road
Derby Road
Millbourne Road
Victoria Road
VICTORIA YARDS
Frere Road
Kimberley Road
Carnarvon Road
Bellevue St.
Fuller Street
Thames Road
Albertina Sisulu Road
Clarence Street
Liddle Street
Bertrams Road
1st St.
3rd St.
Dawe St.
Erin St.
Park Road
5th St.
6th St.
7th Street
8th Street
9th Street
Gous Street
EMIRATES AIRLINE PARK
Gordon Terrace
Charlton Terrace
Dora St.
Joe Slovo Dr.
Joe Slovo Drive
Angle Road
Staib St.
Van Beek Street
Beit Street
Siewright Avenue
Siemert Road
Nind St.
Height St.
HALLMARK HOUSE HOTEL
Moseley St.
R 24
Doornfontein
Sherwel. St.
Prospect Road
Hadfield Road
Saratoga Avenue
Nugget St.
Banket Street
Claim Street
Hancock Street
Claim Street
Quartz
Kerk Street
Polly St.
Marshall Street
Albert Street
Polly Street
THE ABSA GALLERY
Anderson Street
Cornelius
Claim Street
Quartz Street
Twist Street
Edith Cavell Street
Klein Street
King George Street
Sophie de Bruyn Street
Smal Street
Kruis Street
Eloff Street
Wanderers Street
Hospital Street
CONSTITUTION HILL
Rahima Moosa Street
Pritchard Street
Kerk St.
Rissik Street
STANDARD BANK GALLERY
Johannesburg Park Station
Juta Street
Smit Street
Wolmarans Street
Rissik Street
Cty. Hall St.
Harrison Street
Fox Street
Civic Boulevard
De Korte Street
Harrison Street
WITS ART MUSEUM
ONCE IN JOBURG
KITCHENER'S CARVERY BAR
Bertha Street
Kerk Street
Diagonal Street
Melle Street
Ntemi Piliso Street
THE PLAYGROUND MARKET
BENSUSAN MUSEUM OF PHOTOGRAPHY
MUSEUM AFRICA
Rahima Moosa Street
Albertina Sisulu Road
Jorissen Street
Smit Street
Henri St.
Henry Nxumalo Street

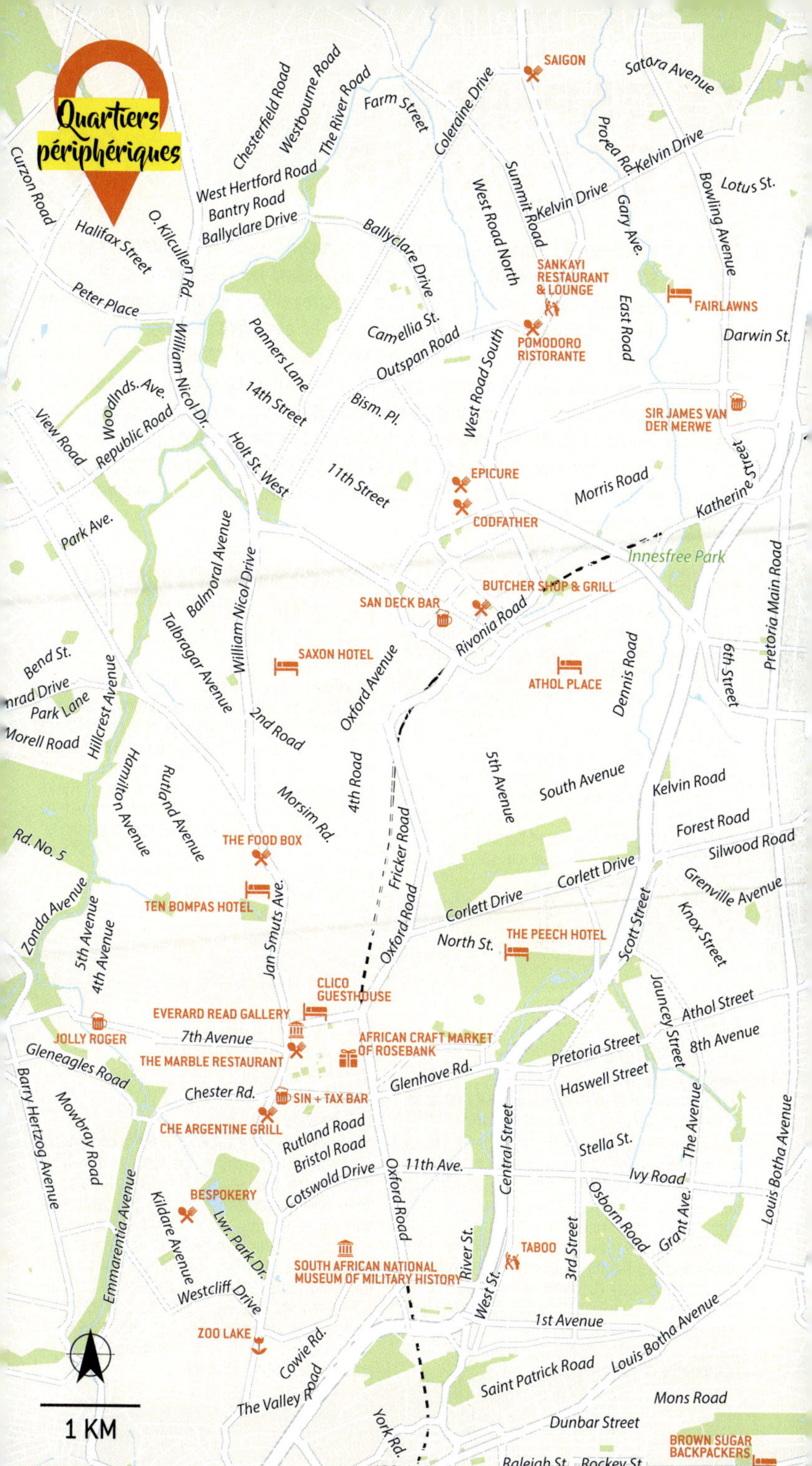
Quartiers périphériques
SAIGON
SANKAYI RESTAURANT & LOUNGE
POMODORO RISTORANTE
FAIRLAWNS
SIR JAMES VAN DER MERWE
EPICURE
CODFATHER
Innesfree Park
BUTCHER SHOP & GRILL
SAN DECK BAR
SAXON HOTEL
ATHOL PLACE
THE FOOD BOX
TEN BOMPAS HOTEL
THE PEECH HOTEL
CLICO GUESTHOUSE
EVERARD READ GALLERY
JOLLY ROGER
AFRICAN CRAFT MARKET OF ROSEBANK
THE MARBLE RESTAURANT
SIN + TAX BAR
CHE ARGENTINE GRILL
BESPOKERY
SOUTH AFRICAN NATIONAL MUSEUM OF MILITARY HISTORY
TABOO
ZOO LAKE
BROWN SUGAR BACKPACKERS
Curzon Road
Halifax Street
Peter Place
O. Kilcullen Rd.
Chesterfield Road
Westbourne Road
The River Road
Farm Street
Coleraine Drive
Satara Avenue
West Hertford Road
Bantry Road
Ballyclare Drive
Summit Road
West Road North
Kelvin Drive
Protea Rd.
Gary Ave.
Bowling Avenue
Lotus St.
East Road
Darwin St.
William Nicol Dr.
Panners Lane
Camellia St.
Outspan Road
West Road South
Woodlnds. Ave.
Republic Road
View Road
14th Street
Bism. Pl.
Holt St. West
11th Street
Morris Road
Katherine Street
Park Ave.
Balmoral Avenue
William Nicol Drive
Rivonia Road
Pretoria Main Road
Bend St.
nrad Drive
Park Lane
Morell Road
Hillcrest Avenue
Talbragar Avenue
2nd Road
Oxford Avenue
Dennis Road
6th Street
4th Road
5th Avenue
South Avenue
Kelvin Road
Forest Road
Silwood Road
Hamilton Avenue
Rutland Avenue
Morsim Rd.
Fricker Road
Rd. No. 5
Grenville Avenue
Corlett Drive
Knox Street
Zonda Avenue
5th Avenue
4th Avenue
Jan Smuts Ave.
Oxford Road
North St.
Scott Street
Jauncey Street
Athol Street
7th Avenue
Pretoria Street
8th Avenue
Gleneagles Road
Glenhove Rd.
Haswell Street
Chester Rd.
Barry Hertzog Avenue
Mowbray Road
Rutland Road
Bristol Road
Central Street
Stella St.
The Avenue
Cotswold Drive
11th Ave.
Ivy Road
Louis Botha Avenue
Emmarentia Avenue
Kildare Avenue
Lwr. Park Dr.
Osborn Road
Grant Ave.
3rd Street
River St.
West St.
Westcliff Drive
1st Avenue
Cowie Rd.
Saint Patrick Road
Louis Botha Avenue
The Valley Road
Mons Road
Dunbar Street
York Rd.
Raleigh St.
Rockey St.
1 KM

SE REPÉRER SE DÉPLACER

La ville de Johannesburg compte deux aéroports, mais vous entendrez le plus souvent parler de OR Tambo, c'est lui qui assure les vols internationaux. Pour rejoindre la ville depuis l'aéroport vous pourrez emprunter le Gautrain, une sorte de métro tout à fait sécurisé et rapide, mis en place lors de la Coupe du monde de football de 2010. D'autre part, les taxi ou encore, *via* les applications mobiles comme Uber, sont ici monnaie courante et fonctionnent très bien pour se déplacer en ville d'un point à un autre lorsqu'on n'a pas loué de voiture ou bien qu'on ne se sent pas à l'aise pour conduire en ville. En effet, il ne faut pas avoir peur de conduire à gauche dans un trafic dense et parfois imprévisible. D'autre part, il est préférable de ne pas conduire la nuit quand on ne connaît pas la ville, car certains quartiers sont plus propices à des *carjackings*. Si vous sortez le soir, prenez donc un taxi.

AIRLINK

www.flyairlink.com

Depuis 1995, cette compagnie privée sud-africaine opère des vols régionaux dans plus de quarante-cinq destinations à travers l'Afrique australe. On peut par exemple se rendre de Johannesburg ou du Cap au Botswana (Gaborone, Maun et Kasane), au Mozambique, au Zimbabwe ou encore à Madagascar. De nombreux vols intérieurs sont également assurés par la compagnie. Les prix sont corrects, ce qui vous fera gagner beaucoup de temps durant votre séjour. Compagnie sérieuse et ponctuelle. Petite collation à bord offerte, que ce soit pour les courts ou les longs trajets.

JOHANNESBURG INTERNATIONAL O.R. TAMBO

✆ +27 11 921 6262

www.airports.co.za

L'aéroport OR Tambo de Johannesburg, construit en 1952, a fait peau neuve et s'est agrandi pour accueillir les touristes en 2010 lors la Coupe du monde. Tous les jours, de nombreux vols nationaux et internationaux y décollent et y atterrissent. On y trouve des distributeurs et un magasin Vodacom : achetez une puce de téléphone avec crédit Internet rechargeable en arrivant si vous voulez vous servir du GPS de votre téléphone avec une puce sud-africaine, économique et très pratique.

GAUTRAIN

✆ 0800 428 87246

www.gautrain.co.za

Trajet aéroport jusqu'à Sandton à 191 R (achat de la carte 15 R), Rosebank : 202 R, Pretoria : 217 R.

Pour ceux qui préfèrent les transports locaux à l'incontournable Uber, mis en place pour la Coupe du monde de 2010, le Gautrain est comparable au métro parisien, en un peu plus cher. Idéal pour rejoindre Johannesburg ou Pretoria depuis l'aéroport, neuf arrêts sont possibles. Les habitants de Pretoria travaillant sur Johannesburg l'utilisent au quotidien. C'est un moyen de transport très sécurisé, très bien fréquenté, spacieux, silencieux et rapide. À peine une douzaine de minutes pour rejoindre le centre-ville de Johannesburg.

KULULA AIRLINES

Cnr. 1 Marignane Drive and Atlas road

✆ +27 11 921 0500

www.kulula.com

Call center de 7h à 19h.

Avec ses avions vert flashy, c'est la compagnie aérienne sud-africaine, partenaire privilégié d'Air France depuis octobre 2014, Kulula Airlines relie quotidiennement Le Cap avec Durban, Johannesburg, mais aussi les plus petites villes de Lanseria, George, Port Elizabeth et East London. Il sera parfois plus simple, voire incontournable dans certains cas d'effectuer certains trajets en vol interne, les villes phares étant parfois trop éloignées. Sur son site, vous avez la possibilité de créer votre package avec vol, location de voiture et hôtel.

SOUTH AFRICAN AIRWAYS

✆ +27 11 978 1111

www.flysaa.com

Autrefois compagnie nationale de l'Afrique du Sud, cette compagnie désormais privée est l'un des principaux transporteurs sur le continent. Elle opère des vols à travers le pays, depuis/vers Johannesburg, Le Cap, Durban, Port Elizabeth, Kimberley, Bloemfontein, Hoedspruit, George, Plettenberg Bay... Mais aussi dans plusieurs pays africains ainsi qu'en Amérique latine. Du confort à l'hospitalité à bord en passant par la confection de menus par de grands chefs, tout est mis en œuvre pour vous garantir une expérience des plus hauts standards en toute sécurité.

TEMPEST CAR HIRE

✆ +27 11 479 4000

www.tempestcarhire.co.za

Premier prix à partir de 650 R pour un forfait de 200 km par jour.

Tempest Car Hire est une société de location de voiture sérieuse présente partout dans le pays, ce qui aide le voyageur, car il peut plus facilement prendre la voiture dans une ville pour la rendre quelques jours plus tard dans une autre sans engager trop de frais de supplémentaires de rapatriement ou autres inconvénients. Les options sont à 100, 200, 400 km par jour ou illimité. Nous vous conseillons d'opter pour l'illimité, étant donné les distances généralement parcourues à travers le pays. Agences dans les aéroports, Sandton entre autres.

MISE EN GARDE ET CONSEILS DE VISITE

Circuler à pied est plutôt déconseillé en ville, en raison de l'insécurité générale qui y règne. Mais elle évolue et gagne, bloc par bloc, un peu plus de sécurité chaque année, grâce à la mise en place de caméras de surveillances dans le CBD et à la « gentrification » de zones particulières, c'est-à-dire l'expulsion des squats et la rénovation des immeubles. Le vrai problème reste le trafic de drogue, la prostitution et l'argent que les puissantes mafias génèrent dans ces quartiers, causant une insécurité folle en raison des règlements de compte qui s'y déroulent. Sachez que vous pouvez vous rendre à de nombreux endroits si vous êtes accompagné de quelqu'un qui connaît.

De nouveaux transports en commun abordables. Un circuit guidé en minibus ne pose aucun problème. Vous pouvez aussi vous y rendre en taxi mais c'est très cher d'aller d'un point à un autre. La nouvelle alternative pour les touristes (depuis la Coupe du monde de football et les efforts qui ont été faits) est bel et bien les transports en commun : vous pouvez désormais prendre le Gautrain, un service de train sécurisé qui relie Pretoria, l'aéroport et le centre de la ville, lui-même relié au réseau de bus sécurisés Rea Vaya, qui vont à Ellis Park, Soweto. Prendre le bus rouge touristique CitySightSeeing qui peut vous déposer et vous prendre au passage de son itinéraire touristique et qui compte quelques promenades à pied dans certains quartiers.

METROBUS OF JOHANNESBURG

Enoch Sontonga Ave & Raikes rd

✆ +27 11 403 4300

https://mbus.joburg.org.za/

A partir de 30 R le trajet.

Le Metrobus of Johannesburg est le réseau de transports en commun de la ville. Ne vous attendez surtout pas au service des bus de ville à la française ! Les horaires ne sont pas toujours respectés et la propreté laisse souvent à désirer, mais, au moins, c'est vraiment très bon marché ! Arrêts devant le mall de Rosebank, de Cresta ou du square Ghandi. Demandez bien la direction du bus au chauffeur avant de prendre la route ! À éviter, peut-être, si vous avez un rendez-vous à honorer ou encore si vous avez un avion à attraper.

REA VAYA

✆ +27 860 562 874

Comptez autour de 15 R pour un aller-retour.

Ce réseau de bus sécurisés, facile, peu cher et rapide, nous amène dans de nombreux quartiers de Jo'Burg, dont Soweto. Quelques lignes :

- **Ligne T1 : de Thokoza Park à Ellis Park** > Soweto (Orlando Police Station, Diepkloof, Soccer City, par le Carlon Center (Top of Africa), Fashion Square, Johannesbourg Art Gallery, la Old Synagogue et le stade à Ellis Island pour le rugby.
- **Ligne T2 : de Tholoza Park à Braamfontein par l'autoroute>** même trajet jusqu'à Soccer City, puis à la fin de la ligne Park Station, Jo'burg Theatre et Constitution Hill à Braamfontein.

JOHANNESBURG

À VOIR / À FAIRE

Dans le centre historique de Johannesburg, une dizaine de musées et galeries d'art très intéressants se visitent à Newton ou encore Braamfontein. Il existe également quelques sites d'intérêt autour de Melville. En journée, on visite le CBD, le fameux quartier d'affaires aux beaux gratte-ciel et aux immeubles Art déco, ainsi que les maisons victoriennes de Partown. On peut trouver quelques attractions plutôt commerciales et culturelles dans les quartiers de Sandton, où s'établissent de nombreux expatriés, et Rosepark. Au sud de la ville, se trouve le complexe de loisirs Gold Reef City, construit sur une ancienne mine juste à côté de l'Apartheid Museum. Mais l'incontournable de Johannesburg reste Soweto. Le *township* fascine de par son dynamisme et son histoire encore récente. Sa visite se fait bien souvent à la rencontre de ses habitants et de leur quotidien, une rencontre humaine forte qui marque les voyageurs.

SOWETO INFO

90 Dowling Avenue Westbury
✆ +27 83 535 4553
www.soweto.co.za

Vous avez forcément entendu parler du quartier de Soweto. En passant par Johannesburg, il est presque incontournable de ne pas visiter, ou du moins passer par Soweto. Le quartier est immense ! Étendu sur 80 km^2, il y en a des choses à voir et à faire. Sur ce site dédié au quartier, vous trouverez toutes les informations utiles pour parcourir Soweto : tours organisés, hébergements, conférences, dîners et rencontres… ou encore saut à l'élastique entre les deux célèbres tours de Soweto. Notez que le guide Alain Samy propose une très belle découverte du quartier.

EFFECTIVE CONNECTIONS

6 Cambridge Road
✆ +27 82 328 0212
www.effectiveconnections.co.za

Spécialiste de l'Afrique australe et de l'Est depuis plus de vingt ans, l'équipe bilingue d'Effective Connections est à votre disposition pour vous conseiller, établir avec vous un devis sur mesure et répondre à toute demande de voyage à la carte ou d'excursion guidée. Les excursions se font au départ du Cap et de Johannesburg. L'agence propose également des voyages et des combinés en Namibie. A leur connaissance approfondie de la région s'ajoute l'accès à des tarifs privilégiés d'opérateurs locaux et l'assistance 24h/24 pendant le voyage.

A TASTE OF AFRICA

✆ +27 82 565 2520
tasteofafrica.co.za

Soweto 750 R, 24h à Soweto incluant une nuit chez l'habitant. Kruger 3 jours et 2 nuits à partir de 4 950 R.

Cedric de la Harpe est un « zoulou blanc » qui connaît Soweto et ses habitants comme personne. Ici, on rencontre les gens du quartier normalement. Et la découverte de ce *township* avec lui offre une expérience forte en émotion. Il propose différentes formules de tourisme équitable et solidaire, dont le logement chez l'habitant, notamment chez Mama Angie et d'autres encore à petit prix. Il encourage les touristes à prendre les transports en commun et s'adapte aux budgets de chacun, même des routards. Il organise également des visites dans Jo'Burg à Alexandra. Vous pouvez aller voir par exemple les églises apostoliques, prier le dimanche sur les hauteurs de Hillbrow, prenez-vous au jeu, magnifique ! Mais ce sont aussi des tours au Kruger, un parc exceptionnel. Vous passerez une nuit dans le village de Josepha à la porte Punda Maria du parc dans le Limpopo nord, chez l'habitant là encore ! Mama Rosa et les autres dames du village vous accueilleront dans leurs maisons et vous feront visiter leur village, là où peu de touristes s'aventurent. Une expérience vraiment inoubliable. Cedric a d'ailleurs ouvert un petit backpacker dans ce coin pour les routards qui aiment sortir des sentiers battus. Un coup de cœur Petit Futé !

▸ ***Passport to Soweto.*** Cedric a écrit ce livre pour vous aider à visiter Soweto par vos propres moyens. Ce guide vous prépare et vous fournit les connaissances locales pour prendre les bonnes décisions lors de votre journée. Une belle initiative aussi bien pour la communauté que pour les visiteurs.

BUS CITYSIGHTSEEING JOBURG

Bureau à Gold Reef City
✆ +27 21 511 6000
www.citysightseeing.co.za
Un jour : 275 R, 2 jours 870 R, achat possible en ligne ou en CB directement dans le bus. Réductions sur le site.

Le bus rouge à étage ouvert pour les touristes fait un circuit simple en navettes permanentes dans toute la ville jusqu'à Gold Reef City et le musée de l'Apartheid pour donner aux touristes l'occasion de découvrir le centre, en passant par toutes les attractions touristiques de la ville et par des quartiers en pleine renaissance urbaine comme Braamfontein. Le principe ? Un ticket à la journée et le nombre d'arrêts que vous voulez sur votre route.

MAIN STREET WALKS MABONENG

264 Fox Street ✆ +27 11 614 0163
www.mainstreetwalks.co.za
Mercredi et jeudi à 15h (2h de tour). Tarif : 550 R. D'autres tours à pied sont proposés dans d'autres quartiers.

Maboneng, ou « lieu de lumière » en langue sotho, est un quartier en plein essor : branché, culturel et multiracial. L'agence Main Street Walks offre des excursions dans ce quartier à la mode. Au programme : visite du cinéma indépendant Bioscope où vous visionnerez un film sur la création de Maboneng, de l'hôtel 12 Decades Art Hotel, du MOAD, le *Museum of African Design*, du marché traditionnel Kwa Mai-Mai et de l'art qui se cache partout dans les rues et sur les murs du quartier.

SHIKWARU ADVENTURES

✆ +27 73 256 3514
shikwaru-adventures.com

Lancée en 2016, cette agence touristique est menée par Federica Aletti et Ruan Mey, un couple vénézuélo-africain passionné par le tourisme. Ils proposent des *city tours* à Johannesburg hors des sentiers battus, mais aussi à Pretoria et au Cap. Selon vos centres d'intérêt, vous pourrez adapter votre circuit, sous les conseils avisés de ces deux professionnels. Federica parle en plus très bien français et travaille également avec des guides français installés sur place. L'agence organise des circuits dans tout le pays, la Namibie, le Botswana et le Zimbabwe.

TOURS A LA CARTE

✆ +27 76 830 9594
À partir de 2 600 R pour la journée à Johannesburg et Soweto. Alain Samy peut vous aider à organiser votre séjour.

Alain est vite devenu notre compagnon de route. Attaché à l'Afrique du Sud et fasciné par son histoire, il en parcourt dès qu'il peut les entrailles, curieux de découvrir de nouvelles pépites – panoramas, tables délicieuses et hôtes d'excellence – à partager avec vous. Son professionnalisme naturel lui permet d'être 100 % flexible selon vos attentes. Il vous présentera sa bien aimée Joburg sur la journée ou vous embarquera pour trois semaines de périple, tintées d'histoire et d'anecdotes, d'humour et de surprises, d'incroyables paysages et d'aventures.

© ELISA VALLON

© DR

JOHANNESBURG

BENSUSAN MUSEUM OF PHOTOGRAPHY

121 Bree Street
✆ +27 11 833 5624
Ouvert du mardi au dimanche, de 9h à 17h.

Un des plus grands musées de la photo du monde. Belle collection d'appareils anciens, dont certains datent du début du XIXe siècle, documentation très riche sur l'évolution des techniques et des équipements, des premiers clichés en noir et blanc jusqu'aux hologrammes expérimentaux en 3D. Ne pas rater le portrait de l'astronome britannique Herschel réalisé en 1869 par Julia Margaret Cameron. Jetez donc un œil à la bibliothèque si vous vous intéressez aux techniques de photographie.

MUSEUM AFRICA

121 Bree Street
✆ +27 11 833 5624
Ouvert du mardi au dimanche, de 9h à 17h.
Gratuit.

Le musée se trouve dans les halles de l'ancien marché aux fruits et aux légumes du quartier. Ici, les techniques muséographiques les plus modernes ont été mises au service de l'histoire humaine et artistique du pays. Intéressante collection d'art pariétal datant de l'époque San, histoire des mineurs à la recherche de l'or, la vie dans les bidonvilles et le jazz dans les *townships*. L'exposition *Tried for Treason* permet de revivre le procès pour haute trahison qui s'est tenu en 1956, après l'adoption de la Charte de la liberté, 156 militants, dont Nelson Mandela.

MABONENG PRECINCT ★★★

Maboneng
✆ +27 72 880 9583
www.mabonengprecinct.com

Un projet à l'image de Jo'burg : cosmopolite, branché, avant-gardiste au cœur de la cité. Réapproprié peu-à-peu par des promoteurs immobiliers et mouvements alternatifs : bobos, intellos, et tous ceux qui ont envie d'exploiter ces bâtiments à l'abandon pour faire de beaux projets, comme à Woodstock au Cap, Maboneng Precinct est de ceux là. Imaginez un quartier entier réhabilité, centré sur une usine désaffectée, transformée en marché. Le dimanche, stands de nourriture, meilleurs restos de la ville, galeries d'art, magasins de créateurs, fripes et ateliers.

STANDARD BANK GALLERY

Standard Bank Centre
✆ +27 11 631 4467
Ouvert du lundi au vendredi de 7h à 16h. Fermé le week-end.

Dans le centre-ville de Johannesburg, la Standard Bank Gallery est une fois encore un très beau lieu d'exposition. Excitante collection d'artistes européens et sud-africains très connus comme Irma Stern, Gerard Sekoto, William Kentridge, Thomas Baines et Cyprian Shilakoe, mais aussi des jeunes pousses créatrices et surtout très douées. La collection d'art africain compte notamment un ensemble de 5 000 pièces en bois sculpté : des instruments de musique locaux, des objets rituels et coutumiers, des masques africains ou encore des figurines…

Maboneng Precinct.

CONSTITUTION HILL ★★

11 Kotze Street, Braamfontein
✆ +27 11 381 3100
www.constitutionhill.org.za
Ouvert tous les jours de 9h à 17h. Pour 1 heure, entrée adulte : 100 R ; pour 2 heures, entrée adulte : 180 R.

Un site historique érigé en symbole, comme un lieu de pèlerinage. Ici se dressent les remparts du Old Fort construit par le président Boer de l'époque Paul Kruger à partir de 1896 pour stopper l'Anglais. Dans ce fort, une prison fut construite en 1902, qui fut transformée en trois prisons sous l'apartheid : celle des Noirs (prison Number 4, aux conditions de vie inhumaines), celle des Blancs, où Nelson Mandela fut le seul Noir incarcéré car il fallait le séparer des autres, et celles des femmes (Women's Gaol). On peut aussi visiter l'Awaiting Trial Block où les 156 accusés du procès des signataires de la Charte de la liberté en 1956 étaient enfermés. Parmi les autres prisonniers célèbres de cette prison, on compte Gandhi, Albert Luthuli, Robert Sobukwe et, chez les femmes, Winnie Mandela et Albertina Sisulu. On découvre aussi le splendide travail architectural post-apartheid de la Constitutional Court, un exercice de haute voltige sur la matière brute et les volumes, intégrant l'ancien fort à une construction moderne réussie. Il abrite les activités de la Cour constitutionnelle d'Afrique du Sud, que les visiteurs peuvent voir en séances à travers une grande baie vitrée. Elle abrite également une collection d'œuvres d'art réalisées par des artistes sud-africains (plus de 200 tapisseries, peintures, sculptures, gravures, toutes déclinant le thème des droits de l'Homme. On y trouve aussi boutiques, restaurants et cafés. Ne manquez pas la vue sur la ville depuis les remparts ! Stop bus rouge Citysightseeing.

© JACEK SOPOTNICKI

THE ABSA GALLERY

160 Main Street, Absa Towers North
CBD
✆ +27 11 350 5139
www.absa.co.za
Ouvert du lundi au vendredi de 9h30 à 15h30.

Dans le gratte-ciel Absa où se trouve le siège de la banque éponyme, cette galerie expose des œuvres de son impressionnante collection, près de 20 000 tableaux, qu'elle renouvelle régulièrement. Ce faisant, les expositions temporaires varient au fil des saisons. Aussi, la banque Absa propose d'offrir ses murs aux jeunes artistes lauréats de divers concours. La galerie tente de donner un maximum de visibilité aux artistes émergents et locaux. Les salles se succèdent, belles et spacieuses, au sol entièrement couvert de parquet.

THE PLAYGROUND MARKET ★★★

73 Juta Street ✆ +27 60 890 4501
www.theplayground.co.za
Tous les samedis de 10h à 18h et tous les dimanches de 10h à 16h. Gratuit jusqu'à midi, ensuite 20 R l'entrée par carte.

© ANNA K MUELLER - SHUTTERSTOCK.COM

Autrefois connu comme le Neighbourgoods Market, ce marché artisanal promet une agréable balade animée par les artistes locaux. Aménagé dans un immeuble décoré par une fresque murale de l'artiste Eduardo Villa, il regroupe un ensemble de stands des meilleurs restaurants trendy de *Joburg*, burgers, plats bio, indiens de Durban, poissons, cuisine végétarienne, *smoothies*... Ici s'est même installée une chocolaterie de Brooklyn, des vins bios... de quoi étourdir les épicuriens de passage ! Quelques *corner shop* de créateurs exposant leurs collections d'habits branchés !

VICTORIA YARDS

16 Viljoen Street
www.victoriayards.co.za
Ouvert du lundi au vendredi de 9h à 17h, à partir de 10h le samedi et jusqu'à 16h le dimanche.

Dans le centre-ville de Johannesburg, cette vieille friche industrielle a été entièrement réhabilitée pour en faire un superbe lieu multiculturel. Au cœur de Victoria Yards, cohabitent aujourd'hui des boutiques d'artisanat, de design et de créateurs. On découvre des ateliers d'artistes, des peintres, des sculpteurs ou encore des souffleurs de verre, un petit marché regroupant des produits d'entrepreneurs ultralocaux. Certains week-ends, des événement ont lieu dans cet espace insolite et inspirant, invitant alors des DJ à animer les lieux de leur musique *live*.

WALTER SISULU BOTANICAL GARDEN

Entrée Thomas Bowler Street, Emmarentia
✆ +27 86 100 1278
www.sanbi.org
Ouvert tous les jours de 8h à 17h. Entrée : 70 R, enfant de moins de 6 ans : gratuit.

Une vraie bouffée d'oxygène au cœur de Johannesburg, à deux pas du quartier Melville, le rafraîchissant jardin botanique nommé Walter Sisulu est un lieu animé pendant le week-end où sont organisés régulièrement des concerts en plein air. La partie botanique du parc comprend un magnifique jardin à bonsaïs, une roseraie, mais aussi quelques plantes médicinales. Ici, on se prélasse quelques heures dans une ambiance calme et relaxante tout autour du lac.

WITS ART MUSEUM

A l'angle de Jan Smuts Avenue et Jorissen Streets, Braamfontein ✆ +27 11 717 1365
www.wits.ac.za
Ouvert du mardi au samedi de 10h à 16h. Gratuit, donation recommandée.

Ce beau musée est l'un des plus intéressants du pays. Il compte près de 9 000 œuvres africaines, du IVe siècle après J.C à aujourd'hui, aussi bien classiques, historiques et contemporaines. Les collections dites d'art primitif proviennent d'Afrique australe, de l'Ouest et centrale principalement. De nombreux objets en perles, des instruments de musique, sculptures et masques, textiles traditionnels. On retrouve aussi des peintures d'Irma Stern, Walter Battiss, Gerard Sekoto et d'autres artistes plus actuels qui se sont exprimés pendant les années d'apartheid...

JOHANNESBURG

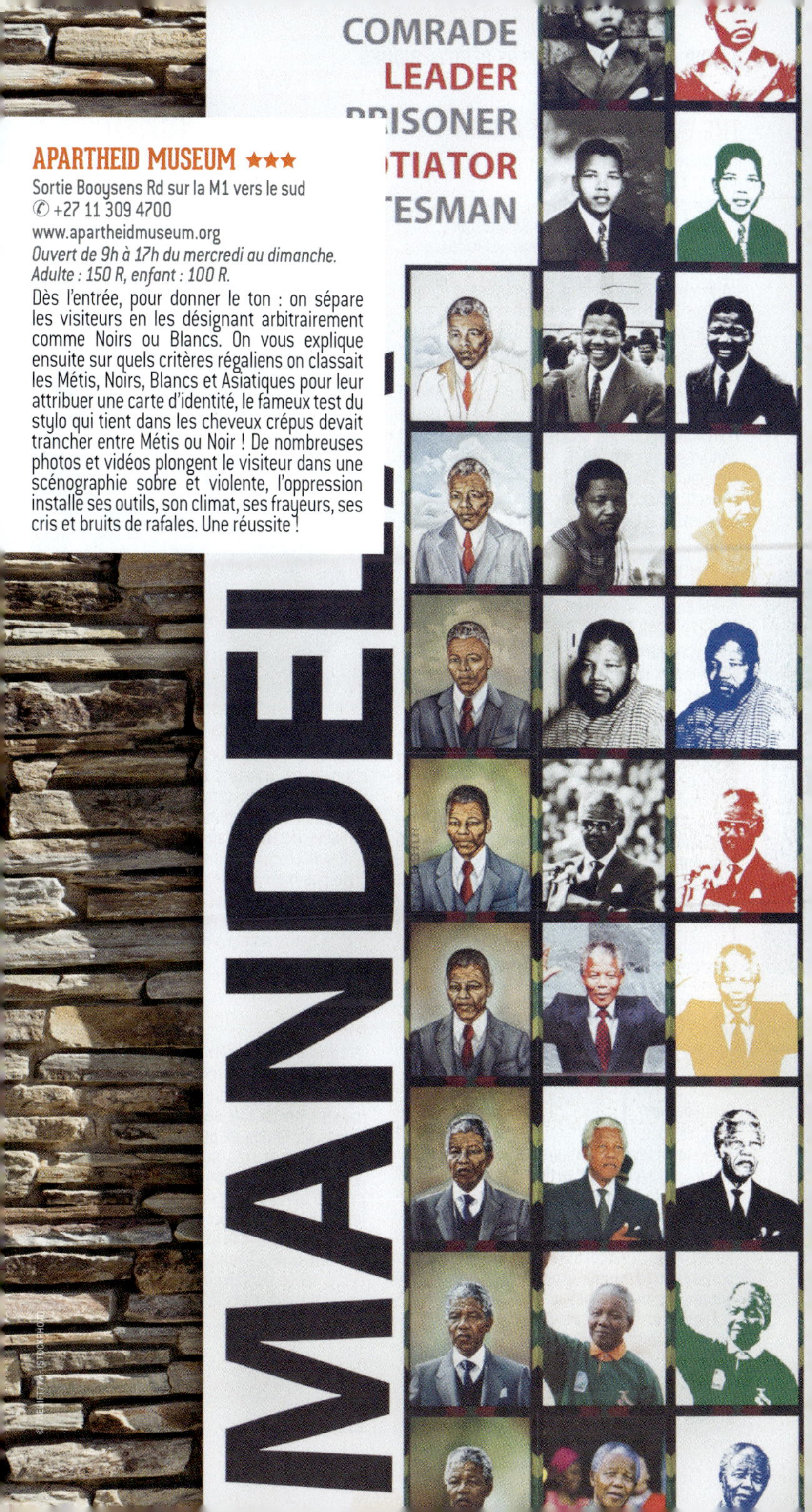

APARTHEID MUSEUM ★★★

Sortie Booysens Rd sur la M1 vers le sud
✆ +27 11 309 4700
www.apartheidmuseum.org
Ouvert de 9h à 17h du mercredi au dimanche.
Adulte : 150 R, enfant : 100 R.

Dès l'entrée, pour donner le ton : on sépare les visiteurs en les désignant arbitrairement comme Noirs ou Blancs. On vous explique ensuite sur quels critères régaliens on classait les Métis, Noirs, Blancs et Asiatiques pour leur attribuer une carte d'identité, le fameux test du stylo qui tient dans les cheveux crépus devait trancher entre Métis ou Noir ! De nombreuses photos et vidéos plongent le visiteur dans une scénographie sobre et violente, l'oppression installe ses outils, son climat, ses frayeurs, ses cris et bruits de rafales. Une réussite !

THE EVERARD READ GALLERY

6 Jellicoe Avenue, Rosebank
✆ +27 11 788 4805
www.everard-read.co.za
Ouvert du lundi au vendredi de 9h à 17h, le samedi de 9h à 13h. Fermé durant les vacances scolaires.

L'une des galeries les plus réputées d'Afrique du Sud expose une partie de ses collections contemporaines ici. Depuis 1913, The Everard Read Gallery est une référence notamment pour les bronzes animaliers et les toiles des plus célèbres paysagistes sud-africains. Située dans le quartier de Rosebank, elle est une étape obligatoire pour les voyageurs amateurs d'art contemporain. En 2021, Daniel Naudé expose *The Bovine Prophecy*. Rien que l'immeuble d'architecture post-moderne est remarquable pour qui s'intéresse un tant soit peu à l'architecture.

GOLD REEF CITY ★

Sortie Booysens sur le M1 vers le sud
✆ +27 11 248 5000
www.goldreefcity.co.za
De 9h à 17h, fermé les lundi, mardi et mercredi hors saison. Entrée : 250 R, gratuit pour les moins de 3 ans.

Et dire qu'en 1942, quelques semaines durant, le jeune Mandela fut ici employé comme veilleur de nuit. Torche en main, il surveillait le puits de la Crown Mines. Aujourd'hui, on découvre une reconstitution intelligente et fidèle d'un village de pionniers : Jo'burg, millésime 1890, avec ses maisons à auvent et ses magasins. Underground Tour : descente sous casque dans le puits 14 d'une mine ouverte en 1887 et exploitée 84 ans ! Dans un mélange des genres, cette mine-musée se trouve dans un superbe parc d'attractions avec des manèges et des enfants partout.

GRAVURES RUPESTRES DE REDAN ★

✆ +27 16 450 3031
Demi-journée.

Plus de deux cents figures géométriques et quelques représentations d'animaux, félin, éland… gravées par des mains mystérieuses. Il s'agit du site naturel le plus proche de Johannesburg. Alors prenez la R59 pour Vereeniging, sortie à gauche « Vereeniging-M27/Voortrekker Street », suivez Voortrekker et tournez à droite après l'hôtel Formula 1, puis à droite encore, et demandez les clés au Vaal Teknorama Museum, 1 Beethoven St, Duncanville, Vereeniging.

SOUTH AFRICAN NATIONAL MUSEUM OF MILITARY HISTORY ★★

22 Erlswold Way, Saxonwold
✆ +27 11 646 5513
https://militarymuseum.co.za/
Ouvert de 8h30 à 15h30. Adulte : 50 R.

© ARTUSH - SHUTTERSTOCK.COM

Qui se souvient des 20 887 Noirs sud-africains engagés durant la Grande Guerre sur le sol français ou des soldats zoulou prisonniers des camps italiens pendant la Seconde Guerre mondiale ? Dans le parc du musée de l'histoire militaire sont exposées des pièces d'artillerie, dont le terrifiant G-6. Ne pas manquer deux toiles, *POW*, autoportrait bleu et vert du peintre Alexis Preller et *Lance-Caporal Jacob Masego*, portrait d'un héros noir réalisé au Caire par Neville Lewis.

ZOO LAKE

Jan Smuts Avenue, Parkview

Le Zoo Lake fait partie du parc populaire Hermann Eckstein, il est très fréquenté pour ses balades en bateau sur le lac, sa piscine, ses courts de tennis et pour ses festivals de musique, dont le très sympathique Jazz on the lake. On aime s'y promener par une belle après-midi un dimanche et s'arrêter boire un thé sous les arbres. Le premier week-end du mois, plus d'une centaine d'artistes contemporains, des peintures, des sculptures, des céramiques et des poteries sont exposés dans la galerie Artist under the sun, dans le parc.

HECTOR PIETERSON MUSEUM ★

8288 Khumalo Street, Orlando West

✆ +27 11 536 0611

Ouvert tous les jours de 10h à 17h. Entrée : 50 R.

Ce musée commémore la révolte des étudiants de Soweto contre l'obligation d'apprendre l'afrikaans, manifestation pacifiste qui finit dans un bain de sang et marque le signal d'une série de révoltes dans les *townships*. Le 16 juin 1976, 566 jeunes manifestants périrent sous les balles de la police. La première victime fut Hector Pieterson, 12 ans. La photo de cet enfant mort et de sa sœur désespérée reste un cliché connus de ce jour sanglant et est érigé en symbole. Comment les gens de Soweto vivaient sous l'apartheid et comment la lutte a commencé dans le *township*.

KLIPTOWN OPEN AIR MUSEUM

Walter Sisulu Square

Ce musée en plein air conserve les écrits officiels de la Charte de la liberté adoptée par 3 000 délégués pour assister au Congrès des peuples en 1955. Un bel hommage à ce texte qui fait aujourd'hui partie intégrante de la Constitution sud-africaine et un effort de mémoire aussi envers les autres peuples qui ont signé cette charte. Sur les 3 000 délégués, on a compté 320 Indiens, 230 Métis et 112 Blancs. Cet événement est documenté par des photos et des coupures de journaux d'époque, ou bien des documents officiels et des témoignages de délégués qui y ont assisté.

MANDELA HOUSE MUSEUM ★★

8115 Ngakane Str, Orlando West

✆ +27 11 936 7754

www.mandelahouse.com

Ouvert tous les jours de 9h30 à 16h45. Entrée adulte : 60 R, enfant : 20 R.

© GIL.K - SHUTTERSTOCK.COM

La maison où Nelson Mandela a passé une bonne partie de sa vie avec sa première femme Evelyn, lorsqu'il n'était pas en prison. A sa sortie, il est revenu vivre ici mais a dû déménager. On peut visiter le lieu, davantage pour mieux connaître le personnage que pour la maison. On y découvre les petits détails du quotidien de l'homme qui a libéré le pays jusqu'à ses vieilles paires de chaussures ! On y apprend par exemple que la CIA a collaboré à l'arrestation de Madiba en 1962 lorsque Bush père était aux commandes des barbouzes.

ORLANDO TOWERS

Dynamo Street

✆ +27 71 674 4343

sowetotowers.co.za/bungee-jump

On ne peut pas les louper. Les deux énormes tours qui s'érigent au cœur de Soweto, vestige de l'ancienne centrale d'Orlando, sont rapidement devenues un symbole de la ville, et surtout du quartier. Entièrement repeintes par des artistes locaux aux couleurs de l'Afrique du Sud, les tours dominent les 80 km^2 que représente Soweto et permettent d'ailleurs de se repérer plus facilement. Au pied des tours, un bar accueille à la fois touristes et locaux dans une ambiance festive et décontractée, pendant que certains sautent à l'élastique.

VISITE SOWETO AVEC ALAIN

✆ +27 76 830 9594

Contactez Alain Samy pour obtenir un devis.

Vous avez deux heures, une demi-journée ou deux jours ? Vous aimez les musées, l'architecture, l'histoire, la culture ou encore l'aventure et les sensations fortes ? Vous rêvez que l'on vous raconte l'histoire de l'immense quartier de Soweto, qui tient son nom de sa situation géographique au sud-ouest de la ville ? Nous avons votre homme. Passionné par l'Afrique du Sud, féru d'histoire, particulièrement attaché à son joli Johannesburg, Alain Samy saura vous faire aimer sa ville et notamment l'incroyable et surprenant quartier de Soweto.

SE LOGER

Johannesburg est vaste. Où dormir ? Dans le quartier branché du centre-ville, à Maboneng, il existe des possibilités d'hébergement allant de l'auberge de jeunesse à l'hôtel design. Le plus : on s'y déplace à pied, c'est 100 % sécurisé et il y a un nombre incalculable de restaurants et de bars à la mode. À Melville ou Parkhurst, les quartiers dits bobo-intello, on opte pour les environs de la quatrième avenue, animée par des bars et des restaurants. Dans le nord de la ville, les fans de shopping et de luxe logeront à Sandton, dont le centre névralgique est un énorme *mall* huppé, de même du côté de Rosebank ou de Melrose, d'autres quartiers chic de Johannesburg. Si l'on reste quelques jours en ville, on peut aussi s'offrir une nuit chez l'habitant à Soweto : une expérience unique qu'il faut vivre pour comprendre l'esprit de la communauté. Besoin de rester proche de l'aéroport ? À l'est de la ville, vous pouvez loger chez Ikamu's Lodge.

BROWN SUGAR BACKPACKERS €

75 Observatory Avenue
✆ +27 10 237 0708
www.brownsugarbackpackers.com
Dortoir autour de 210 R, doubles à partir de 340 R avec salle de bains privée. Petit déjeuner inclus. Dortoirs féminins.

Brown Sugar Backpackers est aménagé dans une villa de luxe au design rococo dans un quartier assez central. Il doit son nom à l'ancien propriétaire des lieux : un dealer de « brown sugar » de l'héroïne brune, qui n'a pas gardé son palace bien longtemps. La maison a été rénovée et aménagée en excellente auberge : propre, équipe très sympathique, cuisine vaste et bien équipée, bar chaleureux avec de grandes boiseries en déco. Grande terrasse sur le toit, piscine au fond du jardin. Wifi, parking, sécurité bien assurée, Baz Bus stop, pick-up gratuit à l'aéroport.

LEBO'S SOWETO BACKPACKERS €

10823 Pooe Street
✆ +27 11 936 3444
www.sowetobackpackers.com
A partir de 220 R en dortoir. Double à partir de 325 R.

Au cœur de Soweto, l'auberge de jeunesse propose bar, restaurant, *bicycle tour* et bien d'autres activités. Le Lebo's nous accueille dans un lieu agréable. Le salon est plaisant, le jardinet idéal pour faire un *braai*, le soir l'ambiance s'anime autour du feu dans le *boma* et autour du bar. Lebo propose les services classiques de transfert et de visite de Soweto, la touche locale en plus. Quelques chambres individuelles bien nettes et colorées et des dortoirs pour faire étape à Soweto.

ONCE IN JOBURG €

90 De Korte Street
✆ +27 87 057 2638
Dortoir à partir de 180 R, chambre double à partir de 735 R.

Dans le quartier étudiant, tendance, central et animé de Braamfontein. Qui dit étudiant dit large choix pour boire des bières, assister à des concerts ou manger dans des restaurants bon marché. Près du Gauteng, Once in Joburg propose un mix entre l'hôtel et l'auberge de jeunesse, et prend le meilleur des deux : le côté confortable, propre et sécurisé d'un hôtel et l'ambiance backpackers. Un restaurant et un bar font partie du lieu, c'est là que le petit déjeuner est servi, vous y trouverez aussi des plats faits maison et même de la bière locale « lekker » !

12 DECADES HOTEL €€

286 Fox Street - Maboneng
✆ +27 10 410 5460
arthotel12decadesjohannesburg.com
A partir de 970 R.

Au cœur du quartier Maboneng, haut lieu d'artistes, il n'est alors pas étonnant de trouver cet hôtel des 12 Decades. Les pièces et les chambres de l'hôtel 12 Decades racontent l'histoire de Johannesburg. Elles ont été conçues et conceptualisées par des artistes et designers locaux. De véritables œuvres d'art à elles seules, comme de jolies bulles d'exposition, les pièces et chambres sont toutes différentes et originales, elles invitent à l'observation et à la détente. A quelques pas, on retrouve des restaurants, des bars et des boutiques. Excellent emplacement.

FURAHA GUEST LODGE €€

45 Observatory Avenue
✆ +27 87 149 4148
www.furahaguestlodge.co.za
Chambre de luxe à partir de 650 R.

Dans l'un des plus anciens quartiers de Johannesburg, Furaha Guest Lodge, qui signifie en kiswahili joie et bonheur, offre un petit havre de paix, au cœur d'une grande propriété verdoyante. Les chambres, dispersées dans un bâtiment contemporain de charme, sont confortables et paisibles. Pour les amis ou les familles, les chambres 9 et 10 disposent d'un salon commun avec canapé et écran plat. On apprécie les deux jardins bien tondus pour se détendre après une longue journée de visites, chacun étant doté d'une piscine. Bon accueil.

HALLMARK HOUSE HOTEL €€

54 Siemert Road, New Doornfontein
✆ +27 10 591 2879
https://hallmarkhouse.info/
A partir de 1 120 R pour une chambre double.

C'est le dernier venu juste à côté de Maboneng, le quartier qui a le vent en poupe. Dans un grand immeuble moderne, bienvenue dans un hôtel plutôt conceptuel : de grands espaces, une lumière tamisée tout au long de la journée, une décoration urbaine et industrielle, béton au sol, mobilier *vintage* et dépareillé... Les chambres et les salles de bains sont spacieuses, parées dans des couleurs différentes. Toutes disposent d'une terrasse avec balançoire pour admirer la vue sur la ville. Un bar branché, un bon restaurant. L'établissement tendance de Johannesburg.

IKAMU'S LODGE €€

102 Chris St, Dinwiddie ✆ +27 60 9532 613
https://ikamuslodge.co.za
Chambre double à partir de 650 R par personne avec le petit déjeuner. Superbe loft en self-catering 1 980 R/nuit.

À 15 minutes de l'aéroport, la maison de Géraldine et David est une pépite. Nichée dans un quartier résidentiel, la demeure s'érige sous de hauts plafonds et des bois majestueux. Depuis 2020, la *guesthouse* offre un petit bout d'Afrique au cœur de la ville que l'on apprécie autant à l'arrivée qu'au départ. À la croisée des cultures réunionnaise, africaine et française, le voyage commence ici, à Ikamu's. Des chambres magnifiques, un minibush où il fait bon méditer, un saut dans le bain bouillonnant ou dans la piscine aux airs de canyon, et l'apéritif autour du *boma*.

PABLO HOUSE

3 4th Avenue
✆ +27 66 215 0993
pablohouse.co.za
Chambre double standard à partir de 1 900 R.

Coup de cœur pour cette charmante *guesthouse* s'intégrant harmonieusement à la nature sur les hauteurs du quartier de Melville. Les 7 chambres douillettes et le cottage avec cuisine équipée et mezzanine sont dispersés dans un environnant luxuriant, offrant une vue superbe sur Johannesburg. Jolie piscine. La table d'hôte, ouverte aux clients extérieurs, est d'ailleurs très appréciée des locaux qui viennent y prendre un brunch gourmand, manger des pizzas au feu de bois ou des plats bien élaborés avec des produits frais. Une adresse à découvrir !

EMPERORS PALACE €€

64 Jones Road
✆ +27 11 928 1000
www.emperorspalace.com

L'Emperors Palace est situé tout près de l'aéroport international OR Tambo. En plus du casino offrant tous les jeux habituels dans un cadre sécurisé, vous trouverez sur place un véritable complexe, offrant notamment quatre hôtels, un magnifique spa, des restaurants et mêmes des shows avec des concerts produisant des stars internationales. Vous aurez aussi votre propre coin shopping, avec diverses boutiques pour vos souvenirs, ponctué de stands de nourriture variée. Dans tout le complexe, le service professionnel est particulièrement soigné.

ATHOL PLACE €€€

90 Pretoria Avenue
✆ +27 11 783 7553
Doubles à partir de 5 800 R avec petit déjeuner.

Somptueux boutique hôtel Classic Retreat tout proche de Sandton, Athol Place est un petit paradis pour gens fortunés. Cet hôtel ne compte que dix chambres exclusives et immenses, déclinées selon trois standings différents. Sous de très hauts plafonds, l'espace est harmonieusement arrangé, dans une déco afro chic très raffinée. Le jardin compte un arbre centenaire et, au fond, une piscine de rêve agrémentée de chaises longues design et de palmiers pour faire de l'ombre. Dîner sur demande, préparé par un chef talentueux, qui raconte le petit déjeuner en œuvre d'art.

SAXON HOTEL

36 Saxon Road - Sandhurst
✆ +27 11 292 6000
www.saxon.co.za
A partir de 10 880 R.

Un établissement haut de gamme et enchanteur. Le Saxon Hotel est un 5 étoiles à l'allure contemporaine, vous apprécierez le jardin magnifiquement entretenu à contempler au petit matin, la superbe piscine où se rafraîchir après une journée à arpenter la ville de Johannesburg, le délicat spa pour prendre soin de vous et vous faire chouchouter, le restaurant gastronomique pour vous régaler et, bien sûr, les suites et les villas superbement agencées où poser vos bagages pour quelques jours. Un véritable écrin de sérénité à découvrir.

CLICO GUESTHOUSE €€€

27 Sturdee Avenue
✆ +27 11 252 3300
www.clicoguesthouse.com
Doubles à partir de 1 350 R avec petit-déjeuner.

Cette guesthouse doit son nom à la passion que voue le propriétaire au champagne Veuve Clicquot. Luxe et raffinement sont de mise dans cette maison de style Cape Dutch décorée de sculptures d'Anton Smitt, avec un plancher en bois d'Oregon, un mobilier en bois exotique, le tout à deux pas du centre de Rosebank. Chambres avec terrasse ou entrée sur le jardin, intérieur design. La cuisine est d'inspiration française bien sûr, pour s'allier avec le champagne, les verres en cristal et les nappes blanches. Wi-fi, parking, piscine.

TEN BOMPAS HOTEL

10 Bompas Road
✆ +27 11 325 2442
www.tenbompas.com
La suite double à partir de 3 100 R.

Hôtel haut de gamme : les hébergements sont des suites qui font minimum 70 m² ! Dans chacune d'entre elle une cheminée, on peut venir vous allumer un feu pour vous réchauffer en hiver. Bouteille de vin et fruits offerts à votre arrivée, le soir on vient vous ouvrir votre lit, on dépose de l'eau et des cookies sur votre table de nuit, journal du jour accroché à votre porte au petit matin, service de blanchisserie gratuit... Dans les salles de bains baignoire et douche, qui fait sauna. Le jardin, la piscine, le restaurant, tout est parfait.

THE FAIRLAWNS €€€

1 Alma Road
✆ +27 11 808 7300
https://fairlawns.co.za/
A partir de 8 750 R la double avec petit-déjeuner, jusqu'à 32 500 R pour la maison spa.

Ce petit hôtel de grand luxe nous est apparu à l'image de la patronne italo-maltaise : plein de classe. Une douzaine de chambres, dont la délicieuse « African » décorée en trompe l'œil, équipée d'une salle de bains immense. En fait, elles sont toutes belles et parfois très kitsch, dans le style Empire ou Louis XV. Vous remarquerez ici plein de choses sympathiques, comme la robinetterie égyptienne ou le curieux tableau de Napoléon dans le salon. Agréable salle à manger et de petit déjeuner sur une terrasse chauffée en hiver, avec vue sur la piscine et sur le parc.

THE SATYAGRAHA HOUSE

15 Pine road
✆ +27 11 485 5928
www.satyagrahahouse.com
Chambre confort 4 840 R, chambre supérieure 7 010 R, suite 9 450 R, cottage familial 11 500 R.

Inscrite au Patrimoine historique du pays, la Satyagraha House est un hôtel pour le moins exceptionnel. Il y a plus d'un siècle, la maison fut la propriété de Gandhi de 1908 à 1909. L'architecture est celle d'une ferme typique sud-africaine et abrite aujourd'hui un musée en l'honneur du Mahatma. La maison d'origine compte sept chambres ; à l'extérieur, un cottage et une nouvelle aile a vu le jour pour accueillir les hôtes. Vous aurez même la possibilité de participer aux cours de yoga ou encore de méditation sur réservation.

SE RÉGALER

Si les Sud-Africains aiment se retrouver entre amis autour d'un bon *braai*, ils apprécient tout autant de sortir au restaurant, en amoureux, entre amis ou en famille. Parfois semblables au modèle américain, on trouve de tout parmi les enseignes sud-africaines ayant pignon sur rue, de la cuisine internationale aux saveurs italiennes, asiatiques, françaises, aux pubs et aux fast-foods, mais aussi aux restaurants plus chic aux assiettes gastronomiques. Sachez que les portions sont généralement très généreuses en Afrique du Sud. À Johannesburg, on trouve de bons petits restaurants dans le néoquartier tendance de Maboneng où les *rooftops* fleurissent sur les toits. On pourra aussi parcourir le quartier de Parkhurst qui regorge de petits restaurants et boutiques, notamment le long de la quatrième avenue. Dans un autre style : si l'on s'arrêtait déjeuner localement ou carrément sur le pouce dans le quartier populaire de Soweto ?

BESPOKERY €€

66 Tyrone Ave
✆ +27 72 752 4184
https://bespokery.co.za
Ouvert tous les jours de 11h à 22h. Autour de 100 R le plat.

Le Bespokery est le restaurant un peu *trendy* de Parkview. Dans une ambiance lumineuse, douce et confortable, on s'installe ici pour partager un repas entre amis ou en famille, car le concept ici est au partage. Les assiettes sont servies ultracolorées sous forme de tapas à partager. Le Bespokery a à cœur de vous faire voyager à travers les saveurs incontournables de la cuisine méditerranéenne en fonction des saisons. Le lieu propose un savoureux brunch, le tout orchestré par un service à la fois délicat et amical, aux petits oignons.

LA PERGOLA €

44 Stanley Avenue
✆ +27 87 110 0626
Ouvert du mardi au samedi de 11h à 22h et le dimanche jusqu'à 18h.

L'Italie s'invite à Johannesburg avec ce restaurant de spécialités italiennes qui a, depuis son ouverture en 2022, conquis de nombreux locaux avec ses mets goûteux et copieux. Bien sûr, à la carte, on retrouve les incontournables de la cuisine italienne, les pâtes et les pizzas ! Ces dernières sont cuites au feu de bois pour une pâte bien croustillante. Soupes, antipasti, salades, sandwichs et autres plats consistants complètent la carte dédiée aux saveurs de l'Italie. Quelques bons vins italiens pour accompagner vos plats. Service agréable.

CHE ARGENTINE GRILL €€

128 Jan Smuts
✆ +27 11 268 2509
cheargentinegrill.co.za
Ouvert du mardi à samedi de 12h à 22h. Entrée environ 70 R, plat environ 300 R et dessert environ 65 R.

Dans le quartier de Parkwood, c'est un petit bout d'Argentique que vous allez trouver à Joburg. Oscar et Bernardo, l'un originaire d'Uruguay l'autre d'Argentine, partagent leur amour pour la bonne viande. Les morceaux sont copieux, tendres, découpés et cuits sous vos yeux, au grill, si vous vous asseyez au bar. A vous de choisir votre accompagnement : légumes grillés, patate douce, pommes de terres sautées à l'ail... La salle est immense, aérée et décorée d'éléments industriels, évidemment, c'est là que réside toute l'âme de Parkwood.

THE FOOD BOX €

293 Jan Smuts Avenue
✆ +27 64 049 2867
https://thefoodboxsa.co.za/
Ouvert du mardi au samedi de 11h30 à 21h et le dimanche, jusqu'à 20h.

C'est le nouveau lieu branché du quartier de Dunkled West où se retrouvent les jeunes et moins jeunes pour se délecter d'une cuisine fraîche, délicate et de tout horizon. Le concept est simple : plusieurs stands gastronomiques se partagent l'espace et l'on commande selon nos envies avant de s'installer sur de grandes tables conviviales. Au choix cuisines japonaise, mexicaine, indienne et méditerranéenne. En dessert ou en goûter, ne manquez pas les gaufres gourmandes de Ms. Waffles, servies de manière originale, en bâtonnet et trempées dans du chocolat belge.

PATA PATA €€

286 Fox Street - Maboneng
✆ +27 79 089 3676
Tous les jours de 8h à 23h. Comptez autour de 90 R pour un plat.

Le nom du restaurant rappelle la célèbre chanson de Miriam Makeba, chanteuse sud-africaine engagée dans la lutte contre l'apartheid. Mais aujourd'hui, Pata Pata dont on parle, c'est un petit restaurant sympa, au cœur du quartier tendance de Maboneng. Ici, on profite ici d'une cuisine locale et de ses délicieux morceaux de viandes comme le T-bone, par exemple. Des grandes tables en bois, de la musique live presque tous les soirs et des cocktails qui annoncent une belle atmosphère et surtout une très bonne soirée en perspective !

THE MARBLE RESTAURANT €€€

Trumpet on Keyes, Corner Keyes and Jellicoe Avenue ✆ +27 10 594 5550
http://www.marble.restaurant
Ouvert tous les jours de 12h à 22h. Plats à partir de 205 R.

Au dernier étage du centre d'art contemporain de Rosebank, Keys Art Mile, ce restaurant gastronomique de haute volée dévoile une vue superbe sur le nord de Johannesburg. Au bar ou au restaurant, sont servis des plats raffinés et créatifs concoctés par le célèbre chef David Higgs et son équipe. Comme la cuisine traditionnelle du pays, tout est cuit au feu de bois sur un grand barbecue. Les viandes sont de très bonne qualité, avec une cuisson parfaitement respectée dans l'assiette. Quelques plats végétariens aussi à la carte. Grands crus et très bons cocktails.

BUTCHER SHOP & GRILL €€

Shop 30
✆ +27 11 784 8676
www.thebutchershop.co.za
N'accepte pas les enfants en dessous de 14 ans. A partir de 150 R.

Alan, qui a grandi dans la boucherie paternelle près du Cap, propose aujourd'hui dans le quartier de Sandton des viandes d'exception. Attention, le nom de l'établissement peut être relativement trompeur, alors qu'on ne s'y trompe pas : il ne s'agit pas d'un grill-snack mais d'un restaurant gastronomique. Ici, les viandes sont sélectionnées en fonction de la provenance et de l'alimentation des bovins, puis mises à rassir dans des salles particulières. Une fois dans vos assiettes, vous appréciez et savourez au Butcher Shop & Grill une cuisson parfaite.

THE CODFATHER €

Angle Rivonia Rd et 1st Av, Morningside
✆ +27 10 020 0286
A partir de 150 R.

Voici enfin un restaurant décontracté qui ne se trouve pas dans un centre commercial ou à côté de la route ! Laissez votre voiture au parking et pénétrez au royaume du poisson frais. Il faut descendre les marches de bois, laisser derrière soi la première salle et atteindre un magnifique jardin tropical. Là, sous les frondaisons douces, attention tout de même aux nids d'oiseaux, vous vous sentirez enfin… en Afrique. On va simplement choisir son poisson ou ses fruits de mer ultrafrais sur le banc de glace et hop, au grill ! Extra.

EPICURE €€€

3 Lower Road - Morningside
✆ +27 10 594 5336
epicurerestaurant.co.za
Tous les jours de 11h à 23h, jusqu'à 16h le dimanche. Petit déjeuner : environ 65 R, 230 R pour un plat.

Soyez l'épicurien qu'appelle cette bonne table. Une cuisine africaine sophistiquée et revisitée par le chef Coco dans le joli décor moderne du restaurant Epicure. Ce belgio-congolais fait des miracles avec les saveurs. Une nouvelle vague gastronomique, des plats innovants, magnifiques dans les assiettes et passionnants. D'un côté le restaurant et ses banquettes bleues, belles et confortables, avec un bel échantillon de la cave sur les étagères alentour, et de l'autre le bar, un établissement dont vous vous souviendrez à coup sûr !

LEBO'S SOWETO BACKPACKERS €

10823 Pooe Street
✆ +27 11 936 3444
www.sowetobackpackers.com
Ouvert tous les jours.

Le Lebo's Soweto Backpackers est aussi un superbe restaurant de plein air où l'on s'installe sous les paillotes sur les tables en bois ou bien carrément dans le jardin sur une couverture pour pique-niquer. Au centre, le feu réchauffe le *braai* ou bien souvent les potjiekos, ces fameux et traditionnels ragoûts qui cuisent dans des casseroles en fonte, dégageant de délicieuses odeurs qui nous mettent en appétit. Buffet de salades pour l'entrée et bar à jus frais pour se désaltérer.

POMODORO RISTORANTE €€

Corner Rivonia and Outspan Road - Morningside
✆ +27 11 883 1854
www.mypomodoro.co.za
Du lundi au samedi de 12h à 21h30. Environ 60 R.

Le propriétaire de Pomodoro est un Espagnol qui a fait ses classes en France et qui a ouvert un restaurant italien en Afrique du Sud ! Quoi de plus logique ? Depuis des années c'est un succès. Les pizzas et les pâtes sont délicieuses, et même si les alentours n'ont rien de très sexy, ici l'accueil est toujours au rendez-vous ! L'ambiance du lieu est familiale et conviviale vous fera d'autant plus apprécier votre repas que ce soit pour un déjeuner sur le pouce ou un dîner à rallonge. On y trouve un excellent rapport qualité/prix.

SAIGON €€

Shop 2, Rivonia Junctionvoie
✆ +27 11 807 5272
www.saigonrivonia.co.za
Menu complet à partir de 150 R.

Le Saigon est sûrement le meilleur restaurant de cuisine asiatique du quartier de Riviona au nord de Johannesburg. Le cadre est magnifique, mais surtout les plats sont absolument délicieux. Si vous voulez notre conseil, commandez le *angry duck*, si vous aimez les plats épicés, et la mousse au chocolat… On en salive encore. Mais aussi des soupes, des currys aux multiples saveurs, du porc, du bœuf, du poulet à toutes les sauces, ainsi que de nombreux plats végétariens, des crevettes ou encore un traditionnel poisson caramélisé.

FAIRE UNE PAUSE

Entre deux musées, une virée à Soweto et un tour de bus rouge, on en a appris des choses sur la surprenante ville de Johannesburg ! Mais ne mérite-t-on pas une petite pause ? Si on s'offrait ce moment de répit non loin du centre-ville, dans le quartier de 44 Stanley ? Ici, les bâtiments industriels des années 1930 ont fait place à de jolies cours sous les arcades. Le lieu accueille des boutiques coquettes, des restaurants gourmands, et surtout de belles terrasses en fer forgé à l'ombre des oliviers. On s'installe au Salvation Cafe pour s'offrir une pause agréable, accompagnée d'un cappuccino ou même d'un cocktail et d'un petit frichti si le cœur vous en dit. Olé ! On fait une pause encore plus branchouille ? Direction les cafés et les *rooftops* du néoquartier un peu arty de Maboneng pour prendre de la hauteur sur la ville et se laisser alors tenter par un moment haut perché avec vue sur Johannesburg.

AGOG GALLERY AND ROOFTOP

12 Lower Ross Street - New Doornfontein
✆ +27 62 686 0136

Ouvert de 11h à 23h dimanche, mercredi et jeudi et de 11h à 2h samedi et dimanche. Cours de danse.

À deux pas du quartier de Maboneng, se niche un beau *rooftop*. L'établissement AGOG Gallery est avant tout une belle galerie d'exposition que vous pourrez admirer tout en montant les étages vous menant sur le toit. Les expositions varient régulièrement, toujours d'une très grande qualité. Là-haut : une belle ambiance, une balançoire, des canapés et régulièrement des événements sont organisés. Cela va des concerts jusqu'aux cours de danse… Pour une centaine de rands, on vient prendre un cours de kizomba ou encore de samba le vendredi soir de 19h à 20h.

KITCHENER'S CARVERY BAR

juta St.
✆ +27 11 403 0166

Ici, les lustres surplombent même les espaces en plein air, pour vous dire à quel point l'esprit du lieu est décalé. Le Kitchener's Carvery Bar, qui se revendique le plus sexy de Joburg depuis 1906, a toutes les bonnes raisons de le faire : la tapisserie de mamie, de la bonne musique indie, afro-beat et électro, un pub ultratrendy vieux de 100 ans rénové il y a quelques années, qui attire aujourd'hui beaucoup de jeunes hipsters. Des événements sont régulièrement organisés, des concerts live ou encore des soirées stand up comedy.

JOLLY ROGER

10 4th Avenue - Parkhurst
✆ +27 11 442 3954

Ouvert tous les jours de 10h à 2h, jusqu'à 3h vendredi et samedi.

Au même titre qu'en Irlande ou en Angleterre, le pub fait partie intégrante du quotidien de très nombreux Sud-Africains. Alors au fil de nos visites, on s'y arrête pour un cappuccino comme pour un fish & chips. Au Jolly Roger, nous sommes dans le plus ancien pub de Johannesburg, croyez bien que l'établissement est une véritable institution ou tout simplement l'endroit parfait pour faire une petite pause dans la journée et boire une bonne bière. Le piège, c'est que les pauses sont parfois interminables dans les pubs… Une adresse à découvrir.

LIVING ROOM

20 Kruger Street - Maboneng
✆ +27 84 529 9006
www.livingroomjozi.co.za

Du vendredi au dimanche de 11h à 22h, jusqu'à 20h le dimanche.

Probablement le *rooftop* le plus sympa de la ville pour admirer le coucher de soleil en sirotant une bière, un cocktail maison ou un smoothie. Un jardin sur le toit, une ambiance bohème, des plantes dans tous les sens, du mobilier en bois et de la musique *lounge* pour passer une excellent moment dans le bar tendance de Johannesburg. Le but : le parfait et savant mélange entre l'urbain et la nature, entre le lieu branché et vert. Un petit creux ? Les tapas sont fraîches, originales et hautes en couleur ! Les privatisations sont possibles.

SAN DECK BAR

5th Street - Sandton
✆ +27 11 780 5000
www.tsogosun.com/san-deck
Ouvert tous les jours de 11h à 22h.

Le San Deck Bar, c'est simplement le bar de l'hôtel qui porte le même nom. Un lieu de fête en plein air, sur le toit, avec une vue splendide sur les environs de Sandton, le quartier un peu prisé, notamment par les expats qui arrivent à Johannesburg. Sur le rooftop, on s'allonge dans des chaises longues, pour écouter de la musique *live* et un DJ le week-end. En fait, la popularité de ce lieu est incontestée et incontestable. Quand vient le soir, les couchers de soleil y sont magiques et les cocktails particulièrement délicieux.

SIN + TAX BAR

Corner of Bolton & Jan Smuts Roads - Rosebank
✆ +27 10 900 2559
sintaxbar.com
De mercredi au samedi de 17h à minuit.

Ici les verres sont à l'honneur, les boissons, et non pas les cocktails car on ne les appelle pas comme ça ici, sont toutes plus originales les unes que les autres. Des zestes d'orange, de la betterave parfois, du basilic, de la fraîcheur, un doux équilibre dans chaque mélange. Ce sont de véritables œuvres d'art, travaillées pour vous séduire ! Aussi belles que fraîches et délicieuses. Pour ceux qui ne boiraient pas d'alcool, il n'y a aucun souci, on peut vous préparer des boissons non alcoolisées qui sont toutes aussi à tomber.

SIR JAMES VAN DER MERWE

6 Desmond Street
✆ +27 72 607 4235
www.katyspalacebar.co.za
Les mercredis de 16h à minuit.

C'est dans un entrepôt immense et impressionnant, rempli d'antiquités et de bibelots mondains que vous vous apprêtez à boire un verre ou deux ! Le Sir James Van Der Merwe, c'est comme une grande verrière, avec au sol un carrelage en damier noir et blanc, un bar carré central et des espaces salon avec gros canapés par-ci par-là. Un espace éclectique, vif et énergique pour passer une bonne soirée à danser, écouter de la musique *live* quand il y en a, jouer au billard ou simplement papoter autour d'un verre, ou encore manger un bout.

THE SALVATION CAFÉ

44 Stanley Avenue
✆ +27 11 482 7795
www.salvationcafe.co.za
Ouvert du mardi au dimanche de 8h à 16h.

Dans cette usine des années 1930 aménagée en centre commercial, The Salvation Café accueille les visiteurs pour une pause gourmande entre amis ou en famille. Il faut souvent attendre un peu pour voir une table se libérer, mais ça vaut le coup de patienter ! Gaufres, pancakes, croissants croustillants, gâteaux maison, œufs Bénédicte... tout est succulent. On se régale également à midi de salades fraîches, de hamburgers gourmets et de plats consistants. Grande variété de boissons dont d'excellents smoothies. De quoi prendre des forces avant un peu de shopping !

TILT COFFEE

75 4th Avenue
✆ +27 67 093 3313
www.tiltcoffee.co.za
Ouvert tous les jours de 7h à 15h30. Milkshakes à partir de 70 R.

Installé dans un bâtiment à l'architecture originale, voici un petit café cosy à l'ambiance amicale et chaleureuse où il fait bon s'arrêter boire un bon café, un cappuccino ou un cocktail de fruits maison si vous êtes de passage dans le quartier de Melville. Vous pourrez aussi déguster de délicieux gâteaux maison, dont les fameux cookies *Kourabiedes* de Lisa, la sympathique propriétaire, préparés selon la recette de sa grand-mère, et de gourmandes tartines salées concoctées avec des ingrédients de qualité. Une adresse à découvrir.

XAI-XAI

Melville Gardens 7th Street
✆ +27 83 584 2955

Dans le quartier de Melville, sur la branchée 7th Street, le lieu se prononce Shy Shy, un bar lounge décontracté où l'on fait du coude à coude avec les poètes et les nouvellistes de la presse sud-africaine. Le bar-restaurant tient son nom d'une petite ville côtière mozambicaine, le décor rappelle donc le pays voisin, entre mer et jungle. Les habitués passent ici des soirées interminables, autour d'un plat traditionnel portugais, d'une bonne bière ou encore des cocktails de la maison. L'ambiance s'envole parfois quand les étudiants sont de sortie.

(SE) FAIRE PLAISIR

Si le culte local compte de nombreux temples du shopping, du Hyde Park Corner au Rosebank Mall, en passant par Mandela Square, Village Walk et Melrose Arch, tous sécurisés, climatisés et aseptisés, on préfère de loin la kyrielle de marchés que propose Jo'burg. Les jeudis et samedis matin, le Michael Mount Organic Market prend ses aises sur Curloss Road à Byanston. Le samedi, on fait un tour chez les designers du Neighbourgoods Market Johannesburg dans le quartier de Braamfontein où on en profite pour déjeuner sur le pouce. À tester également, sous sa halle immense, le 1 Fox Food Market pour déjeuner du vendredi au samedi. On garde l'œil ouvert car des événements musicaux y sont souvent organisés. Pour les habitués du marché du dimanche, il y a le Market on Main de Maboneng alliant les plaisirs du shopping et des saveurs, le tout dans une version locale, bien sûr ! Pour chiner de magnifiques objets, direction Amatuli.

AFRICAN CRAFT MARKET OF ROSEBANK

Cradock av
✆ +27 11 568 0850
www.rosebankartandcraftmarket.co.za/

Niché au dernier étage du centre commercial de Rosebank. Un emporium bien organisé, bien fourni, composé de 650 stands où toutes les formes d'artisanat sont représentées. En trente minutes, vous aurez fait le tour des artisanats d'Afrique du Sud, et même de l'Afrique entière, car de nombreuses pièces sont étrangères. Même si on ne vous le dira pas comme ça ! Des bijoux, de la déco et toutes sortes de souvenirs, l'idéal pour faire des cadeaux avant de reprendre l'avion.

ROSEBANK SUNDAY MARKET

50 Bath Avenue
✆ +27 64 735 4224
www.rosebanksundaymarket.co.za
Tous les dimanches de 9h à 16h.

Installé tous les dimanches dans le parking du centre commercial Rosebank, ce marché animé attire plus de 200 commerçants locaux qui proposent tous types d'objets, du neuf à l'occasion. On y trouve de l'artisanat local, des cosmétiques, des bijoux, des vêtements, des livres et diverses trouvailles *vintage*, à négocier au meilleur prix. On peut aussi y faire son marché de fruits et légumes ainsi que manger sur le pouce des sandwichs, des empanadas ou des hamburgers. Parfois des animations égaient le marché pour le plus grand bonheur des visiteurs.

HELLO AFRICA MARKETPLACE

264 Fox Street - Art On Main - Maboneng
✆ +27 71 997 9186
Tous les jours de 10h à 16h.

Hello Africa Marketplace recense de nombreux artistes, artisans, stylistes, designers, etc., sous une même enseigne garantissant des productions 100 % africaines, majoritairement sud-africaines même. Forcément, on les retrouve dans le quartier branché de Maboneng, dans l'enceinte de Art On Main. On y trouve alors des souvenirs, de l'artisanat, des bijoux, des poteries, des sacs, des accessoires... Et tout est fait main. Pour en savoir un peu plus, ou bien faire du repérage, ils ont une page Facebook ou encore un profil Instagram.

BOOKDEALERS OF MELVILLE

7th St, Melville
✆ +27 11 726 4054
Ouvert 7 j/7, de 9h jusqu'à 18h en semaine.

Voilà un libraire, Doran Locketz, à la manière du Quartier latin de Paris. Des vieux récits de voyage, des cartes de toutes les époques, un rayon français, des guides d'occasion... C'est sûrement la plus cool et la meilleure librairie indépendante de toute la ville de Johannesburg. Annexe au Bryanston Shopping Centre, au Cloisters de Rivonia et au Mutual Square de Rosebank. Des livres, des livres, des livres : il y en a partout. Quelques fauteuils où s'affaler. Nous avons trouvé des merveilles poussiéreuses dans ce *dealer de books*.

BOUGER & BULLER

La ville de Johannesburg vibre sous les couleurs de ses artistes avec des murs peints et des quartiers entiers, comme des villages urbains où il fait bon se balader, bouger ou buller. Il y a ceux qui préfèrent arpenter ces rues à pied et ceux qui optent pour un voyage en bus rouge qui s'attrape près de la gare de Rosebank. Vous pourrez facilement faire une halte pour visiter les musées de l'Apartheid et Constitution Hill. Vous aimez allier aventure et découverte ? Le Lebo's Backpackers de Soweto propose par exemple d'arpenter le quartier du moins une partie de ses 80 km², à vélo. Un moyen de transport facile et agréable qui nous embarque au plus proche des habitants et de la vie de quartier. Les plus téméraires se lanceront à coup sûr le défi de Soweto : sauter à l'élastique entre ses deux énormes tours, les Orlando Towers. Il n'y a pas plus frissonnant pour voir toute l'étendue du quartier !

BILL HARROP'S ORIGINAL BALLOON SAFARIS

✆ +27 83 457 3402
www.balloon.co.za
De 1 890 R à 2 595 R par personne selon le package et la saison.

Il faut se réveiller tôt, avant le soleil, pour être à l'heure au point de rendez-vous, mais déjà un chocolat chaud vous attend. Regardez les immenses ballons se gonfler avant d'embarquer pour votre vol au-dessus du massif du Magaliesberg. Le silence, la hauteur, la grandeur, c'est magique là-haut. A l'arrivée, une coupe de champagne vous sera servie et de retour au *penthouse*, un petit déjeuner gargantuesque est préparé pour vous remettre de vos émotions. Une expérience inoubliable !

ORLANDO TOWERS

Dynamo Street ✆ +27 71 674 4343
sowetotowers.co.za/bungee-jump
Saut à l'élastique de 100 m pour 630 R, escalade sur la cheminée pour 48 R. Ouvert du jeudi au dimanche.

Amis aventuriers, bonjour ! Découvrez le grand frisson ici à Orlando Towers dans une aventure et un décor hors du commun : des immenses cheminées de refroidissement désaffectées et recouvertes des pieds à la tête par les idoles locales. Une fois arrivé au sommet, la vue est impressionnante sur tout Soweto. Le plus dur reste à faire : sauter dans le vide ! Durant la descente vous entendrez les acclamations des habitants de Soweto qui vous féliciteront d'avoir osé faire le grand saut. Une expérience inoubliable dans un décor unique, vous ne le regretterez pas !

EMIRATES AIRLINE PARK

Corner of Currey and Staib Street Doornfontein
✆ +27 86 056 2874

Situé près du CBD dans le quartier de Doomfontein, son aménagement est stratégique pour réhabiliter les alentours encore difficilement fréquentables. Construit en 1928 pour accueillir des matchs de rugby, il fut entièrement reconstruit en 1982. Il est connu sous son ancien nom, Ellis en l'honneur du maire de l'époque. Ce stade a accueilli la finale de la Coupe du monde de rugby en 1995 que l'Afrique du Sud a remportée. C'est ici que joue l'équipe de rugby locale les Lions, mais aussi les Orlando Pirates au football. Il peut accueillir 62 567 spectateurs.

SOCCER CITY STADIUM

Nasrec 5

Ce stade, entièrement reconstruit, est le plus important car il a accueilli le match d'ouverture et la finale de la Coupe du monde de football ! Un des stades les plus artistiques, le design est inspiré par la calebasse, une cruche africaine.

Proche de Soweto, c'est un symbole pour les millions de Noirs qui habitent dans ce township. Nelson Mandela y prononça l'un de ses discours les plus célèbres à sa sortie de prison en 1990. C'est ici encore que l'Afrique du Sud remporta la Coupe des Nations africaines en 1996 en finale face à la Tunisie, historique.

SORTIR

À Johannesburg, les évasions nocturnes sont nombreuses et très abordables. Pour en profiter, il convient cependant de rester prudent et de choisir de se déplacer en taxi à la nuit tombée, même pour de courtes distances, parfois pour remonter une avenue, les Uber ont l'habitude. Les fêtards et les fêtardes auront le choix entre des dizaines de bars de nuit et les traditionnelles discothèques où la musique électronique est bien souvent la reine de la soirée. Mais il n'y a pas que les amateurs de dancefloors qui sortent le soir ! Qu'en est-il alors des théâtres et des salles de concert où les artistes nationaux et internationaux se disputent l'affiche ? Comme dans toutes les capitales culturelles qui bougent, les adresses changent de mois en mois. Notre conseil pour connaître les meilleurs endroits du moment : se renseigner auprès des locaux, des auberges de jeunesse ou encore regarder les événements sur les réseaux sociaux.

SANKAYI RESTAURANT & LOUNGE

Centre The Pavilion, à l'angle de Kelvin Drive et de Rivonia Rd
✆ +27 62 774 5273
https://sankayi.com/

Le Sankayi est un club très exclusif où l'on vient faire la fête dans le quartier de Sandton. C'est ici que se retrouve l'élite afro-style sur les airs de Kinshasa et d'Abidjan les vendredi et samedi soir entre 22h et 5h du matin. On danse jusqu'au petit matin sur des rythmes R'n'B, zouk ou encore hip-hop. Attention, entrée difficile et gorilles massifs, car la place est tenue d'une main de fer par un Kinois sapé. Les dimanches, le club offre un buffet africain à toute la clientèle.

TABOO

24 Central, Sandton
✆ +27 11 783 2200
www.taboo.co.za

Ouvert les week-end jusqu'au petit matin.

Comme il est temps de sortir à nouveau jusqu'au petit matin, de danser toute la nuit sans limites, alors direction le Taboo. Un lieu sophistiqué et élégant dans le quartier riche de Sandton, quartier plutôt privilégié où vivent la plupart des expatriés, notamment les Français qui arrivent à Johannesburg pour une entreprise internationale. Le Taboo Group possède également d'autres établissements à Sandton comme l'Onyx, le Cocoon ou encore le Rouge ou le Boa. Des soirées branchées où l'on vient écouter de la musique, boire et enflammer le dance-floor !

CIVIC THEATRE

✆ +27 11 877 6800

Construit en 1962, le Civic Theatre est le surnom que l'on donne au théâtre de Johannesburg, un complexe culturel et artistique qui regroupe pas moins de quatre théâtres. L'affiche y est très riche. Même si le nom du lieu laisse croire à des représentations d'art dramatique, ce ne sont pas les seules à monter sur scène. Il y a également des danseurs, des chanteurs, des comédies musicales et toutes les autres facettes de la culture qui s'offrent les différentes scènes du Civic Theatre, ainsi que certains artistes permanents comme le Joburg Ballet.

MARKET THEATRE DE NEWTOWN

56 Margaret Mcingana Street
✆ +27 11 832 1641
www.markettheatre.co.za

The National Theatre for the People ! C'est un lieu de légende, habité par tous les fantômes de la culture en lutte, un vrai théâtre de création et de passion où l'on a pu croiser Peter Brook. A proximité du centre-ville, donc ouvrez l'œil ! Programme de grande qualité à découvrir dans la presse ou sur son site Internet. « Quarante-quatre ans d'histoire et plus de trois cents récompenses », scande-t-il, fier de sa production à la pointe laissant la part belle la diversité africaine.

STERKFONTEIN CAVES ★★

Les grottes de Sterkfontein, qui appartiennent officiellement à l'université de Witwatersrand, sont un endroit assez incontournable de la région de Gauteng. Le site est préhistorique. Ici furent retrouvés des fossiles incroyables, dont un squelette d'australopithèque pratiquement entier, fossilisé depuis trois millions d'années. Les grottes sont impressionnantes, on se sent tout petit à côté de ces gigantesques murs ciselés. Parfois, des piscines naturelles se sont formées dans la roche. Aujourd'hui, le lieu a été entièrement aménagé pour accueillir les touristes : passerelles, promenade, restaurant, ou bien même une salle de conférence.

MAROPENG ★

Maropeng est parfois surnommé le berceau de l'humanité. En effet, non loin de là, creusés dans le paysage, les Sterkfontein disent avoir trouvé des fossiles humains vieux de trois millions d'années. La ville est belle et bien connue pour Maropeng Visitor Centre. Cet impressionnant musée, complètement futuriste, permet de comprendre de manière très ludique toute l'histoire de l'humanité. Cette mise en scène épatante invite la tradition au cœur des nouvelles technologies, comme la représentation d'un *boma* traditionnel avec un feu dont les bancs tout autour racontent l'histoire. Un musée interactif qui plaît autant aux parents qu'aux enfants.

GROTTES DE STERKFONTEIN PATRIMOINE MONDIAL ★★

R 563. A côté du Lion & Rhino Park et de Maropeng à environ 1 heure de Sandton.
✆ +27 14 577 9000
www.maropeng.co.za
Ouvert de 9h à 17h, dernier départ 16h. Entrée adulte : 100 R. Ticket combiné avec Maropeng : 190 R par adulte.

Vous pourrez profiter d'un belle visite guidée des grottes toutes les heures entre 9h et 16h. Sachez que les grottes de Sterkfontein sont inscrites sur la liste du Patrimoine mondial par l'Unesco, comme d'ailleurs les sites voisins de Swartkrans et Kromdraai. Attention si vous êtes sujet au vertige, car on y accède par un escalier vertigineux. Prière de ne pas rater une marche ! Le point le plus profond se trouve à 46 m sous terre. La notoriété mondiale de Sterkfontein est due à la découverte du docteur Robert Broom : le crâne d'une femme qui vécut ici il y a plus de deux millions d'années, Mrs Ples, ou plutôt l'*Australopithecus africanus*. Depuis les années 1930, quelque 800 spécimens d'hominidés primitifs ont été retirés de Sterkfontein. A la fin des années 1990, Ron Clarke, élève du professeur Tobias, a découvert le plus beau et le plus complet des australopithèques trouvés à ce jour. Le bien nommé Little Foot vivait avant même la célèbre Lucy ! Phillip Tobias, véritable pape de la paléoanthropologie sud-africaine, affirme que « cette nouvelle découverte est la plus importante du XXe siècle après le crâne de l'enfant de Taung ». Au fond de la grotte, vous verrez un lac qui mesure 150 m de long sur 30 m de large et que l'on dit magique. Les tribus de la région y viennent rituellement chercher de l'eau, afin de soigner leurs malades. Les aveugles lui attribuent des vertus miraculeuses, alors ils s'y baignent, en espérant peut-être recouvrer la vue.

TUMULUS DE MAROPENG ★

R400 par la R563, à environ 1 heure de Pretoria à côté du Rhino & Lion et des grottes de Sterkfontein. ✆ +27 14 577 9000
www.maropeng.co.za
Ouvert de 9h à 16h tous les jours, dernier départ 16h. Entrée : 100 R. Combinaison avec Sterkfontein Cave : 190 R.

Exploit muséographique de la nouvelle Afrique du Sud sous la forme d'un tumulus géant abritant un musée souterrain et un parc d'attractions à vocation pédagogique. Pénétrez dans les entrailles de la terre et embarquez dans une navette aquatique pour traverser tous les climats et les époques, des glaces aux éruptions volcaniques. Très réussi sur le plan didactique, dans un cadre naturel qui paraît inchangé depuis l'ère de nos lointains ancêtres, pour les petits et les grands. A la sortie, prenez un verre face au vaste paysage, au pied d'une muraille de pierres.

PRETORIA / TSHWANE ★

Pretoria, ville capitale, à 50 km au nord de Johannesburg, est encore et toujours synonyme du mot « apartheid ». Rebaptisée Tshwane, elle tente en surface de faire oublier ce passé peu glorieux. L'installation de Nelson Mandela à la présidence de la République, donc dans l'Union Building, puis de Tambo Mbeki et enfin de Jacob Zuma a forcément un peu changé la donne. Mais Pretoria (que personne n'appelle Tshwane) conserve sa réputation de bastion blanc afrikaner et conservateur, même si son centre est fréquenté par les Noirs de la ville. La ville cultive la mémoire des Voetrekkers et des Boers à travers ses monuments et son histoire, et garde le souvenir de sa grande époque. Pretoria développe aujourd'hui un petit côté provincial, se voulant un lieu où les « vraies valeurs » (gastronomie, peinture, diplomatie, horticulture) ont encore l'avantage sur les tics modernes des Joburgers.
Aujourd'hui, elle n'a pas le dynamisme de sa voisine Jo'Burg, contemporaine et cosmopolite, qui attire les jeunes diplômés de toutes origines. Néanmoins, les étudiants de la réputée université de Pretoria rendent le centre un peu plus vivant. Le centre reste par ailleurs fréquentable à pied la journée, contrairement à Jo'burg, sans objets de valeur sur soi tout de même. La ville est surnommée « la cité mauve » en raison des 60 000 jacarandas qui s'embrasent en octobre de mille fleurs.

Histoire

Au bord de la rivière Tshwane. Jusqu'en 1600, seuls les Ndebele goûtaient au climat subtropical des ces vallées. Pas un Blanc à l'horizon. En 1825, l'avancée dévastatrice du chef Mzilikazi atteint la région. Les beaux villages ndebele sont rasés. En 1832, Mzilikazi est à son tour chassé par une armée zoulou. En 1837, Andries Pretorius décide de s'installer dans cette contrée, aussi loin que possible de l'Anglais. Dans la vallée où les rivières Tshwane et la Crocodile mêlent leurs eaux, à 1 370 m d'altitude, le héros de la Blood River construit la ferme Grootplaats. Selon le processus habituel en Afrique du Sud, les fermiers se regroupent pour des raisons de sécurité. Deux ans après la mort du vieux guerrier, son fils Marthinus donne son nom à la ville nouvelle : Pretoria, née le 16 novembre 1855.

Le cœur de l'Afrikandernom. La cité, qui compte alors autant de chariots que d'habitants, devient la capitale de la « Zuid Afrikaansche Republiek », véritable caisse de résonance du nationalisme afrikaner. La ville devient alors le centre des décisions et négociations. Le traité de paix de la première guerre anglo-boer fut signé ici en 1881. Durant la seconde guerre anglo-boer, c'est également ici que le conflit s'est arrêté, après la signature du traité de paix Vereeniging en 1902. Durant cette période, Winston Churchill a été emprisonné dans l'école Staats Model School mais a réussi à s'échapper au Mozambique. Quand, après la guerre gagnée par les Britanniques, il faudra choisir un centre administratif, ce sera bien sûr Pretoria. Si, en 1910, l'Union sud-africaine écoute les juges de Bloemfontein et vibre aux débats parlementaires du Cap, elle marche surtout au pas selon le rythme fixé par les architectes du développement de la cité mauve. Ville de fonctionnaires blancs, elle comptait, en 1921, 110 000 habitants dont la moitié étaient des Noirs. En 1950, Pretoria ne comptait que deux quartiers non blancs, Marabastad et surtout Lady Selborne, où vivent 30 000 Noirs, métis et Indiens. La ville dénombrait 133 000 squatters (36 % de la population) avant l'application des lois de l'apartheid.

Un modèle d'apartheid urbain. Les lois du Groupe Land Area posées, le quartier de Lady Selborne et les camps de squatters furent détruits et les Africains relogés dans deux nouveaux *townships*, Atteridgeville et Mamelodi. Les Indiens furent envoyés dans le *township* de Laudium et les métis dans celui d'Eersterus. Les zones d'activités industrielles furent localisées pour être une zone de tampon entre les quartiers noirs et les quartiers blancs. A partir de 1960, Pretoria était devenu un modèle d'apartheid urbain avec la prise en compte de la politique de bantoustanisation. De nouveaux *townships* comme Garankuwa, Mabopane et Temba furent construits hors de la zone urbaine de Pretoria, à l'intérieur des frontières du bantoustan du Bophuthatswana. Comme si deux villes parallèles existaient, Pretoria devient officiellement capitale administrative lors de la création de la République d'Afrique du Sud en 1961. Pour elle, Herbert Baker construit un temple majestueux sur Meintjieskop ; les Union Buildings coûtent plus d'un million de livres à la Couronne. Des monuments à la gloire des Boers (Voortrekker Monument) sortent de terre, avec des rues tirées au cordeau, lisses comme de parfaites banlieues américaines. En 1994, Pretoria comptait 31 % de fonctionnaires alors que 45 % de salariés blancs travaillaient pour le gouvernement. Seule la chute de l'apartheid allait changer la donne.

FREEDOM PARK ★★

Sortie Potgieter Street, à travers Pretoria Central Prison, Salvokop ✆ +27 12 336 4020

www.freedompark.co.za

Ouvert tous les jours de 8h à 16h30. Tours guidés à 9h, 12h et 15h. Entrée adulte : 150 R avec la visite guidée.

Le poète et écrivain sud-africain Mongane Wally Serote est l'instigateur du projet. L'idée originale est d'offrir une réponse architecturale et donc symbolique au Voortrekker, ceci sur la colline voisine. Un hommage officiel à l'histoire politique du pays, à l'héritage naturel et culturel black de la nation. Les 35 ha du site comprennent un musée et un jardin du souvenir avec des statues des leaders nationaux qui ont marqué l'histoire, autre que blanche, des personnalités comme : Steve Biko, Oliver Tambo, Helen Joseph, Albert Luthuli et Bram Fisher. Un hommage officiel aux victimes de la violence en Afrique du Sud et aux libérateurs de pays sous domination occidentale dans le monde se traduit par l'inscription de quelque 136 000 noms sur une muraille longue de 697 m de ceux qui sont tombés dans les guerres boers, pendant les deux guerres mondiales et sous l'apartheid. Ce parc est perçu comme une contribution au procès Vérité et Réconciliation pour rétablir l'histoire de l'Afrique du Sud, la vraie. En outre, les voyageurs seront heureux de croiser ici le souvenir de leaders internationaux qui ont su créer des révolutions dans leur pays colonisé : le président mozambicain décédé dans un accident d'avion, qui a vécu en Afrique du Sud avant de libérer son pays de la colonisation, Samora Machel, du théoricien moderniste sur la Révolution africaine Amilcar Cabral, mais aussi le souvenir du libérateur du joug français, l'Haïtien Toussaint Louverture, et à Cuba du Che Guevara et de Fidel Castro !

JAN SMUTS HOUSE MUSEUM

Jan Smuts av

✆ +27 12 670 9017

www.smutshouse.co.za

Du mardi au dimanche, de 9h à 16h, jusqu'à 18h le week-end.

Le général de guerre boer, chef politique de l'Union sud-africaine et deux fois Premier ministre et ami de Churchill retrouvait ici sa famille. La Big House est une maison de bois et de tôle ondulée. Dans son bureau, on découvre un Jan Smuts fermier, avocat, botaniste. A l'entrée, des brochures flatteuses sur sa participation à la rédaction du préambule de la charte des Nations unies, pour la paix dans le monde et l'union du Commonwealth. En revanche, il refusa de signer la charte de l'Atlantique en 1941 qui proclamait le droit des peuples à disposer d'eux-mêmes.

MELROSE HOUSE

275 Jeff Masemola Street

✆ +27 12 322 0420

Ouvert de 10h à 17h, fermé le lundi. Entrée : 25 R par adulte, 12 R par enfant et autour de 15 R pour l'audio guide.

Bel exemple architectural de transition de la période victorienne à la période edwardienne, pour constater tout le confort de vie d'une prospère famille d'origine britannique à la fin du XIXe siècle. Elle fut l'acquisition d'un jeune homme de Durban ayant fait fortune dans la ruée vers les diamants avant d'être rachetée par le conseil municipal de Pretoria. C'est ici même que l'on signa le traité de paix après la guerre anglo-boer en 1902. Un joli jardin avec salon de thé, qui se transforme chaque année en haut lieu de bric-à-brac et de brocante.

MUSEUM OF CULTURAL HISTORY

149 Visagie Street

✆ +27 12 492 5744

www.ditsong.org.za

Ouvert tous les jours de 7h30 à 16h, week-end et jours fériés. Adulte 70 R, enfant 40 R.

Un hommage à l'histoire culturelle du pays. Situé dans le Old Mint Building, il est reconstruit en 1997. Ce musée est intégré à celui du Transvaal sur l'histoire naturelle et le musée de l'Histoire militaire d'Afrique du Sud pour donner une vision de l'histoire plus objective. Objets trouvés sur des sites archéologiques et œuvres artistiques, documents historiques et archives des installations multimédia décrivant des sites archéologiques de l'âge de la pierre et l'âge du fer...

NATIONAL BOTANICAL GARDEN ★

2 Cussonia Avenue

✆ +27 12 843 5071

www.sanbi.org

Ouvert de 8h à 18h, dernière entrée 17h. Adulte : 55 R, enfant : 20 R.

A 8 km du centre-ville, ce jardin fait partie des dix jardins botaniques d'Afrique du Sud. Il permet de découvrir toutes les espèces tropicales : on y croise alors toutes les espèces de plantes du pays, et bien la moitié de ses espèces arboricoles, mais aussi au-delà des frontières. Une serre abrite des plantes de Madagascar, de Namibie et du Namaqualand. On ne renonce pas à une pause au Tea Garden sur place ou à un pique-nique des mois d'avril à septembre.

PAUL KRUGER HOUSE MUSEUM

60 WF Nkomo Street
+27 12 492 5744
www.ditsong.org.za
Tous les jours de 7h30 à 16h. Entrée : 80 R par adulte, 40 R par enfant.

C'est dans cette maison de plain-pied sur Church Street, dans le centre de Pretoria, que vécut le célèbre ancien président sud-africain Paul Kruger. L'homme qui laissa son nom au célèbre parc vivait et travaillait ici jusqu'à son voyage en 1900 vers l'Europe, d'où il ne reviendra jamais. Entre autres, le musée retrace les péripéties de son voyage en France : une arrivée à Marseille le 22 novembre 1900, un accueil triomphal à Avignon le lendemain, qui traduit le soutien d'une partie de l'opinion française à « l'héroïque peuple transvaalien ».

TRANSVAAL MUSEUM OF NATURAL HISTORY ★★

432 Paul Kruger St
+27 12 492 5744
www.ditsong.org.za
Tous les jours de 7h30 à 16h. Entrée : 80 R par adulte et 40 R par enfant. Visite guidée en supplément.

A visiter pour l'énorme squelette de baleine, pour celui du mystérieux dodo de l'île Maurice, bien plus petit, et surtout pour l'Austin Roberts Bird Hall, où l'on peut s'offrir un concert d'oiseaux en appuyant sur des boutons. Une arche de Noé de mammifères broussards empaillés, ainsi que l'unique et précieux crâne de Mrs Ples, l'australopithèque de Sterkfontein, née il y a deux millions d'années. Et qui, disent certains savants français, pourrait en vérité être un monsieur...

SCHANSKOP FORT ★

A côté du Voortrekker Monument
+27 69 265 2408
www.vtm.org.za
Ouvert de 8h à 18h (17h du 1er mai au 31 août).

Cet édifice, formait avec Klapperkop, Wonderboompoort et Daspoortrand, un ensemble défensif très robuste. Recommandés au gouvernement de la ZAR par L. Grunberg, un ex-officier artilleur français, au lendemain de l'alerte du Raid Jameson en 1896, les travaux ont été menés par Grunberg pour Daspoortrand. A l'entrée, une statue de Danie Theron. Quelle vue sublime sur la ville enchâssée dans ses collines, les pharaoniques bâtiments de l'université, les Union Buildings, le Voortrekker Monument lui-même ! A l'intérieur, une charmante galerie de souvenirs historiques.

UNION BUILDINGS ★

Government Avenue
L'intérieur ne se visite pas.

En 1910, Herbert Baker sait qu'il doit offrir à la nouvelle Union sud-africaine un siège de gouvernement digne de son rayonnement. Il dessine donc un édifice inspiré de l'Acropole d'Athènes. C'est toujours le plus grand et le plus impressionnant siège gouvernemental du continent. C'est ici, que le 10 mai 1994, Nelson Mandela, président de la République, s'est adressé à l'assemblée des 45 chefs d'Etats et à une foule de 100 000 Sud-Africains : « Jamais, plus jamais cette terre ne devra connaître l'oppression. Que la liberté règne. Que Dieu bénisse l'Afrique. »

THE ANN VAN DYK CHEETAH CENTRE ★

Sur la R513 direction Pretoria North
+27 63 693 7403 - www.dewildt.co.za
Ouvert tous les jours sauf le lundi. Visite payante guidée sur réservation. Cheetah run et walking tour, 300 R.

La Namibienne Ann Van Dik dirige un véritable centre de recherche et d'élevage. Les guides sont souvent des étudiants vétérinaires de Pretoria, l'une des toutes premières du monde dans ce domaine. Adossé au massif du Magaliesberg, le De Wildt Cheetah Centre fait office de pension pour les guépards, les hyènes et les chiens sauvages. Prévoir un vêtement chaud l'hiver car on gèle vite à bord des voitures durant la promenade. Un deuxième centre a ouvert près de Bela-Bela dans le Limpopo.

ULYSSES TOURS & SAFARIS

5 Johannes Drive
+27 12 653 0018
www.ulysses.co.za
Ouvert du lundi au vendredi, 8h-13h et 14h-18h. 700 R pour un tour de Pretoria, 800 R pour Soweto.

Ulysses Tours & Safaris vous offre tout un tas de possibilités pour apprécier votre séjour à Pretoria et dans les environs : chauffeurs, transferts, tours collectifs, tours privés... Les excursions proposées sont très diverses, en journée complète ou en demi-journée, tour de Pretoria, de Johannesburg, dans les townships, vers Cullinan et Sun City... Mais aussi des excursions nature dans les parcs à la découverte des animaux. Encore plus loin des mini-séjours vers la route des jardins ou Cap Town... Vous trouverez forcément votre bonheur !

VOORTREKKER MONUMENT HERITAGE SITE

Eeufees Road, Groenkloof
✆ +27 69 265 2408
www.vtm.org.za
Ouvert de 8h à 18h. Tenue correcte exigée, pas de sandales de plage. Entrée 200 R, enfant : 50 R.

Le Voortrekker Monument est aussi appelé : « the big lie on the hill », ce qui signifie « le gros mensonge sur la colline », par ceux qui le voient avant tout comme un temple de l'apartheid. Pour les Afrikaners puristes, c'est un lieu de pèlerinage, leur totem sacré.

Dès l'abord, le voyageur sera étonné par la forme architecturale du bâtiment. Un sondage réalisé par le *Sunday Times* auprès des touristes illustre bien le caractère mystérieux de ce monument : pour les personnes interrogées, il pouvait s'agir d'un grille-pain géant, d'un poste TSF surdimensionné ou encore d'un crématorium. Sacrilège… Il s'agit du Voortrekker Monument, le lieu de pèlerinage des Afrikaners ! C'est à l'intérieur que l'on prend toute la mesure ou plutôt la démesure de ce monument construit par Gerard Moerdijk. Pour affirmer plus encore leur paradoxale « africanité », les Afrikaners ont érigé entre 1937 et 1949 un monstre de granit sur le modèle des murailles du Grand Zimbabwe. Le motif à chevrons du peuple karanga est d'ailleurs reproduit fidèlement sur la façade du Voortrekker Monument.

Devant l'entrée, Anton Van Wouw a représenté dans le bronze une femme avec deux enfants qu'elle protège. Le trio est surmonté de têtes de gnou. Au-dessus de la porte principale, un buffle solitaire veille. Sur les quatre faces du cube, une frise en forme de *laager* de 54 chariots : les Afrikaners font de la résistance. A l'intérieur, on verra notamment un bas-relief sculpté en Italie avec le même marbre qu'utilisait Michel-Ange. Avec ses 92 m de long sur 2,30 m de hauteur, ce bas-relief serait la plus grande frise de marbre du monde. Toute l'histoire du Grand Trek y défile avec, bien sûr, l'épisode célèbre de la Blood River, la tristement célèbre bataille de 1838 qui opposa les Zoulous et les Boers dans la région du KwaZulu-Natal, autour du lit de la Blood River.

On peut monter jusqu'au balcon, d'où l'on aura une vue panoramique sur Pretoria. Dans la crypte, il faudra se pencher sur un cénotaphe en granit contenant symboliquement les restes des héros du Grand Trek, la migration des peuples pionniers de la région du Cap vers les terres intérieures du pays, et portant l'inscription : « Ons vir jou, Suid-Afrika : Nous tous pour toi, Afrique du Sud. » Chaque année, le 16 décembre à midi – jour de la bataille de Blood River –, les lettres sur la pierre s'éclairent d'un rayon de soleil, tombant du ciel au travers d'un orifice biseauté dans la structure de la toiture.

BLUE TRAIN

✆ +27 12 334 8459
www.bluetrain.co.za
Chambre double à partir de 15 000 R. Selon la saison et selon la classe pour laquelle vous optez.

Le Blue Train est une expérience à part entière. La compagnie de train de luxe a deux lignes : Pretoria-Le Cap et Pretoria-parc du Kruger. Le train bleu est résolument plus moderne que les autres, confort et *design*, loin des « tchout-chous » à vapeur. Il est un véritable hôtel 5 étoiles roulant, filant à travers les plaines, se faufilant entre les chaînes de montagnes, traçant au cœur des paysages arides et ralentissant à la rencontre des animaux sauvages croisés sur la route. On est encore loin du rêve du Caire, mais les prémices ont été posées en Afrique du Sud.

ROVOS RAIL

Paul Kruger Dr
✆ +27 12 315 8242
www.rovos.com
Pretoria-Victoria Falls à partir de 2 000 USD. Départs jusqu'à une fois par semaine.

Cette compagnie de train de luxe qui part de Pretoria dessert toute l'Afrique australe jusqu'aux chutes Victoria. Belle locomotive à l'ancienne, ambiance romantique et cuisine raffinée. Depuis Pretoria, deux trajets nationaux existent seulement. Le trajet allant de Pretoria au Cap inclut la visite de Matjiesfontein et le Big Hole tour à Kimberley, pour les amateurs d'histoire et de diamants. Une fois de plus, loin du train classique, il est question avec Rovos Rail d'un véritable hôtel roulant à travers les paysages d'Afrique du Sud.

MENLYN BOUTIQUE HOTEL €€

209 Tugela Road
✆ +27 86 100 7387
www.menlynhotel.com
De 1 500 R à 3 200 R selon le type de chambre, petit déjeuner inclus.

Au Menlyn Boutique Hotel, le luxe, la tranquillité et l'art se rencontrent. Services et prestations haut de gamme dans une ambiance conviviale, un pari réussi. Les chambres sont sobres et confortables, le spa et la piscine vous permettront de vous détendre et le restaurant est absolument succulent, l'une des meilleures adresses de la ville. Le Black Bamboo est géré par le célèbre chef Pellie Grobler et offre le meilleur de la gastronomie sud-africaine. Le menu en constante évolution comprend des options pour tous les palais. Chouette sélection de vins.

OSBORNE HOUSE €€

82 Anderson Street, Brooklyn
✆ +27 12 362 2334
www.osborneguesthouse.com
Chambre simple à partir de 950 R, double à partir de 1 300 R avec petit déjeuner.

Osborne House est un superbe manoir de style edwardien construit en 1904 très bien situé dans le quartier central de Brooklyn, à une distance raisonnable du mall, des cinémas et restaurants, mais également du Loftus Sport Stadium. La déco change des sempiternelles froufrous et rideaux de velours, ici les chambres mêlent avec élégance meubles contemporains et anciens. Une belle piscine dans le jardin à l'arrière, toutes les chambres y ont un accès direct. Terrasse ensoleillée pour le petit déjeuner, lunch et dîner sur demande. Parking, wi-fi, shuttle.

ALPINE BOUTIQUE HOTEL €€€

522 Atterbury Road
✆ +27 61 799 4495
www.alpineattitude.co.za
Doubles de 1 600 R à 2 200 R avec petit déjeuner.

Au cœur de Pretoria, un boutique hôtel ultradesign et très chic. Atmosphère cool et confortable, design poussé à l'extrême. Chaque pièce a été pensée et décorée par des artistes architectes sur des thèmes graphiques intéressants, un régal ! Chaque chambre a son propre style mais toutes ont le lit en plein milieu de la pièce et les salles de bains sont complètement vitrées. Petit déjeuner copieux, belle piscine bleutée et ses chaises longues fantaisies. Bar et restaurant à la déco ultra high tech et afro, cuisine délicieuse, dans un style africain revisité.

WHISTLETREE LODGE €€€

Queenswood
✆ +27 12 333 9915
www.whistletree.co.za
Doubles de 1 800 R à 4 000 R avec petit déjeuner.

Quand la grande et la petite histoire se croisent ! Sur ce site qui accueillait les écuries de l'armée britannique durant la guerre anglo-boer, le lieutenant Brown tomba raide amoureux de la jeune lady Mumnerville. Enceinte, elle décida de retourner en Angleterre, obtint le divorce, et alors qu'elle naviguait vers l'Afrique, enfin libre, son soldat trouva la mort. Inconsolable, elle s'installa là où son amour avait grandi. Bref ! L'actuel propriétaire a su conserver le meilleur de la tradition pour imaginer un bâtiment très audacieux. Paix et douceur de vivre...

BRASSERIE DE PARIS €€

381 Aries Street, Waterkloof Ridge
✆ +27 12 460 3583
www.labrasseriedp.co.za
Ouvert de 12h à 14h30 et de 18h30 à 21h30 du mercredi au samedi, et de 18h30 à 21h30 le mardi. Environ 270 R le plat.

La Brasserie de Paris est un restaurant gastronomique français qui vous offrira une expérience culinaire inoubliable. Situé dans la maison Karl Jooste, ici, l'ambiance est élégante, intimiste et contemporaine. Soupe à l'oignon, champignon sauvage et pâtes à la truffe, saumon vol-au-vent, filet de bœuf ou encore magret de canard glacé à la rhubarbe… Les plats que l'on peut lire à la carte font saliver. Le menu et ses plats de tous les temps mettront inévitablement tous vos sens en éveil, au même titre que la belle sélection de vins.

KREAM €€

283 Dey Street, Nieuw Muckleneuk
✆ +27 12 346 4642
kream.co.za
Ouvert tous les jours de 12h à 22h, sauf le dimanche de 12h à 20h. Environ 190 R le plat.

Cuisine de haute voltige ! Fondée en 2007 par Tufan Yerebakan, Kream s'est établie et s'est développée pour devenir une expérience branchée et unique. Servant une délicieuse cuisine moderne dans un environnement artistique, Kream combine les deux pour offrir une grande expérience sensorielle. Les plats proposés sortent de l'ordinaire, de la salade de poire pochée fourrée au fromage de chèvre au lapin braisé enrobé de jambon de Parme, en passant par les créations autour du saumon ou des calamars, sans oublier les assiettes de sushis et la sélection de vins.

FERMIER €€€

141 Lynnwood Road
✆ +27 76 072 5261
www.fermierrestaurant.com
Ouvert du mardi au samedi de 19h à 22h. Menu 7 plats à 850 R (400 R en supplément avec le vin).

Ce restaurant veut devenir complètement autonome. Le bâtiment a grandi « organiquement », le sol de la région a été utilisé pour construire des murs en pisé, créant ainsi une ambiance « à la ferme ». Toute la vaisselle, les tables et les chaises ont été conçues et fabriquées à la main par des artisans du Karoo. Elza a réalisé la vaisselle de son atelier de poterie et le charpentier, Dawie, s'est occupé des tables et des chaises. L'idée est de combler le fossé entre le produit, la ferme et le produit final. Une initiative gourmande, fraîche et passionnante.

GROUNDED AT ECHO

Shop 1, 353 24th Avenue, Villieria
✆ +27 12 329 0159
groundedat.co.za
Du lundi au vendredi de 6h à 16h, samedi de 7h à 14h, les jours fériés et vacances de 8h à 13h. Fermé le dimanche.

Grounded at Echo a été créé comme un véritable lieu de vie dès 6h du matin, un espace où les gens peuvent se détendre, discuter, et boire un bon café. Il y a un espace dédié pour le *coworking*, où l'on vient potasser, travailler ou brainstormer. Le midi, on retrouve des recettes simples, fraîches et efficaces, des pâtes au pesto, du houmous maison, ou encore le brunch du dimanche et ses œufs Bénédicte. Aussi, de nombreux événements sont régulièrement organisés : on peut trouver un cours de yoga, ou encore des soirées dansantes...

BROOKLYN MALL

Middel St
✆ +27 12 346 1063
www.brooklynmall.co.za
Du lundi au vendredi de 9h à 19h. Les samedis, dimanches et jours fériés de 9h à 17h.

Tout ce qu'il faut de tentations pour passer une journée de pluie, ou non. On ne saura choisir parmi la multitude de restaurants. Le centre accueille le Cinéma Nouveau Ster Kinekor. Dans l'aile Brooklyn Square, faites étape à la terrasse grecque du restaurant Natassa & Melina's Taverna, une des meilleures adresses méditerranéennes de la région. Ceux qui ont le mal du pays pousseront jusqu'au Greenlyn Village Centre, attirés par l'odeur de pain chaud de l'Epis Doré et là s'offriront un délicieux sandwich-baguette, une tartelette ou même un vol-au-vent au curry !

STATE THEATRE

301 Church Street
✆ +27 12 392 4000
www.statetheatre.co.za

Avis aux amateurs de culture. Le théâtre de Pretoria attire les mélomanes et autres aficionados de spectacle vivant de toute la région. Avec ses six auditoriums et ses deux restaurants, le théâtre propose des récitals le dimanche matin, des concerts de jazz, mais pas seulement ! Des spectacles de danse contemporaine et, surtout, les plus grosses productions d'art lyrique. Un détour par le State Theatre peut être un excellent moyen de découvrir la culture actuelle du pays, ses artistes et ses créations, tout en passant une belle soirée.

RHINO & LION NATURE RESERVE ★★

Dans la région du Gauteng, la Rhino & Lion Nature Reserve promet une fois de plus de très beaux safaris au cœur d'une nature sauvage et vaste. On part à la découverte des rois de la jungle, les lions majestueux, des guépards, des vautours, ou encore des rhinocéros... Ces dernier font partie des espèces grandement menacées par le braconnage et la Rhino & Lion Nature Reserve compte parmi les réserves qui détiennent un centre de réhabilitation. Au total, plus d'une centaine d'espèces de mammifères, de reptiles et d'oiseaux. Hébergements, restaurants, activités de loisirs : tout est mis en place au cœur de la nature pour effectuer un séjour.

RHINO & LION NATURE RESERVE ★★

Kromdraai Road
✆ +27 11 957 0109
www.rhinolion.co.za
Ouvert de 8h à 16h45. Entrée adulte 300 R, enfant 250 R (de 3 à 12 ans). Game drive à partir de 900 R.

© SHAMS F AMIR - SHUTTERSTOCK.COM

Cette réserve couvre 1 400 hectares, soit beaucoup plus que le Lion Park. Le spectacle naturel est plus authentique car, une fois sur les pistes, on n'aperçoit plus aucune zone urbaine. Vous y croiserez guépards, buffles, lions et rhinos... L'enclos des chiens sauvages est très intéressant. Les animaux sont séparés dans différents espaces, les carnivores ne côtoient pas les herbivores ! En plus du *game drive*, vous aurez la possibilité, en supplément, d'interagir avec certains félins.

CULLINAN ★★

Vous ne regretterez pas le déplacement jusqu'à ce village de poupées posé sur un tas de diamants, à environ 35 km à l'est de Pretoria. Dans la rue centrale, entourant le bureau de réservation pour les visites, plusieurs cafés et des brocanteurs vous accueillent. Pour l'anecdote, sachez que Cullinan s'est fait une seconde notoriété en organisant la compétition Groot Gat Godin, un concours de beauté réservé aux femmes qui s'habillent en taille 48 et plus ! Pour s'y rendre, prévoir une bonne demi-heure depuis Pretoria. En ville, prendre Schoeman Street vers l'est puis la N4 direction Witbank. Sortir à l'*exit* n° 27 (Cullinan, Rayton).

TSWAING CRATER ★★

Tswaing Crater est situé à un peu plus d'une trentaine de kilomètres au nord-ouest de Pretoria. Au cœur d'un vaste paysage complètement vide d'infrastructures, on aperçoit un plan d'eau. Loin d'être une simple flaque géante, nous sommes ici face à un cratère météoritique d'exactement 1,13 km de diamètre. Appelé le cratère Tswaing, son nom signifierait la « place du sel » dans la langue tswana. Il est difficile d'estimer l'âge exact de cette gigantesque cavité creusée sur le sol sud-africain à moins d'une heure de sa capitale. On considère que le gouffre aurait été créé par l'impact d'une météorite il y a 52 000 à 220 000 ans.

PREMIER DIAMOND MINE ★

9 Oak Avenue ✆ +27 12 734 0081
www.diamondtourscullinan.co.za
Visites guidées d'environ 2 heures. Entrée autour de 100 R.

Jackpot pour Thomas Cullinan. En 1905, il découvrit ici un « Youkounkoun » à faire tomber Louis de Funès : une pierre de 3 106 carats, le plus gros diamant de l'histoire. Dans ce brut, on tailla neuf pièces, dont le « Great Star of Africa » de 530 carats, taillé en poire et monté sur le sceptre impérial de la reine d'Angleterre. La mine est toujours en activité, à côté de son Big Hole de 32 hectares. Petit musée passionnant où l'on peut voir des répliques des gros cailloux et un atelier de taille où travaillent des jeunes issus des communautés défavorisées.

SUN CITY ★

Est-ce un mirage, un rêve d'enfant, un caprice de milliardaire ? Ou bien l'œuvre de quelque pharaon des temps modernes ? Tout simplement une folie signée Sol Kerzner, le PDG de la chaîne hôtelière Sun International en 1978, alors que le pouvoir blanc venait tout juste de créer un bantoustan pour les Tswana à quelques kilomètres de là. L'hôtel Sun City, le golf Gary Player et le Waterworld furent inaugurés en même temps que le parc du Pilanesberg adjacent. L'hôtel Cabanas vint s'ajouter en 1980, l'hôtel Cascades et sa forêt vierge en 1984 et Lost City en 1992.

JAN HARMSGAT SE AGTERPLAAS €€

Oaklaan 88
✆ +27 74 3225 225
www.janharmsgat.co.za
À partir de 1 190 R la double avec petit déjeuner.

Tenu par l'esthète Jan Harm Vorster, cet hôtel est surtout devenu un lieu prisé pour les mariages ou les anniversaires en grande pompe. Le cadre est enchanteur. Chaque détail compte et la décoration à la fois bohème chic, un soupçon champêtre, se prête parfaitement à un événement ou simplement à un séjour hors du temps. Le plus : le Zau Spa. Incroyable. Bains de plantes, déjeuner ou goûter au coin du feu, sieste au cœur de la nature, massages… Une journée de déconnexion totale.

JUNGLE DE LA « VALLEY OF WAVES »

Accès par Valley of Waves.

Ici sont regroupés plusieurs écosystèmes de la planète implantés par les meilleurs paysagistes. On y trouve 3 200 espèces d'arbres, dont 75 % viennent d'Afrique du Sud, des arbres transplantés alors qu'ils étaient déjà immenses, dont un énorme baobab, des lacs et cascades… Prévoir deux heures pour explorer : la Lost Forest de baobabs, Spider Web Bridge, Boiling Waters, Lake of Peace, Crocodile Valley, Hippo Gorge, Hidden Cave Falls et Rain Forest Adventure Trail.

MANKWE SAFARI

✆ +27 14 552 5020

www.mankwegametrackers.co.za

Mankwe Gametrackers, c'est une agence d'aventures. Située au cœur de la station balnéaire Sun City, elle nous emmène à la découverte des 60 000 hectares du célèbre parc du Pilanesberg, l'un des plus beaux d'Afrique du Sud. Au programme : des promenades en 4X4, le matin, l'après-midi et le soir, *game drives* à la recherche du « Big Five », *bush walk* ou balade en pleine brousse, vol en montgolfière, tir à l'arc, accro-branche, quad, et bien d'autres aventures de plein air qui nous en mettent plein la vue et créent des souvenirs mémorables !

THE PALACE OF THE LOST CITY €€€

✆ +27 14 557 4307

www.suninternational.com

Doubles de 6 437 R à 30 500 R.

Ce palace pourrait être celui des *Mille et Une Nuits* africaines. L'architecte à qui l'on doit l'hôtel de Disneyland Paris, signe ici une « folie ». Dès l'entrée, on est ébloui par la coupole multicolore. Une trentaine d'artistes a travaillé pour décorer le dôme à la manière du *Livre de la Jungle*. La salle du restaurant Crystal Court en contrebas, puis le couloir jusqu'à la galerie du Tusk Bar. La grande piscine, avec ses soleils immergés, a été confiée au Pretoria Art Museum...

SUN CITY HOTEL €€€

✆ +27 14 557 1000

www.suninternational.com

Doubles de 2 700 R à 10 600 R.

Dans le style vaisseau spatial en béton, le bâtiment en impose. L'intérieur du Sun City Hotel a été entièrement redécoré et repensé. Dès l'entrée, vous êtes plongés dans une jungle fluorescente et clignotante. Tout compte fait, c'est réussi. De belles chambres avec vue sur le lac, une étonnante piscine entourée de palmiers, un golf et les monts du Pilanesberg. Prévoir des bouchons d'oreille si l'on ne supporte pas le cliquetis des bandits manchots. La restauration n'est pas le fort du lieu. Un casino géant et des spectacles quotidiens, surmontés de chambres.

THE CRYSTAL COURT PALACE HOTEL €€€

✆ +27 14 557 4307

Petit déjeuner de 6h30 à 11h30, goûter de 15h à 17h30 et dîner de 18h30 à 22h.

A-t-on déjà vu quelque chose d'aussi grandiose ? Imaginez une salle dotée en son centre d'une fontaine constituée de quatre éléphants de trois mètres de haut qui crachent de l'eau par leur trompe, des singes de bronze tenant les appliques murales et, vingt-neuf mètres plus haut, accrochées en guise de lustre, des palmes de bronze qui diffusent la lumière de milliers d'éclats de cristal de roche. Le spectacle est dans la salle… et aussi dans l'assiette !

GARY PLAYER COUNTRY CLUB

✆ +27 14 557 1245

www.suninternational.com

Environ 830 R par personne pour le greenfee.

Ballesteros, Nicklaus et bien d'autres sont venus ici disputer le Million Dollars Challenge. Le Gary Player Country Club est un parcours de golf superbe parfois traversé par les singes du Pilanesberg. Construit sur le site d'un volcan éteint, c'est l'un des plus beaux golfs du monde, dessiné par la plume experte de Gary Player. Ce golf accueille le Nedbank Golf Challenge. Une boutique et un bar sur place. Conseil : Allez au clubhouse et depuis son restaurant, profitez de la vue sur l'étendue du golf et les montagnes. C'est magnifique !

VALLEY OF WAVES

Tous les jours de 10h à 18h. Adultes à partir de 395 R.

Au pied des hautes tours du Palace of the Lost City, voilà le complexe nautique le plus délirant de la planète : 23 millions de litres d'eau en circulation, deux toboggans souterrains, une piscine à vagues hautes de près de 2 m pour les surfeurs, sans oublier la plage de sable blanc... On passe une belle journée dans une ambiance digne de nos plages bondées du mois d'août : animation pour les petits – et les grands – enfants, des beignets pour les gourmands quand vient la pause du goûter, et pas de moment de répit : musique à fond !

WATERWORLD

Niché sur un grand lac artificiel de 1,3 million de mètres cubes : le Waterworld. En effet, tous les sports nautiques sont au rendez-vous face à l'hôtel Cabanas. Au programme, on retrouve du parachute ascensionnel pour les plus téméraires, du ski nautique, de la planche à voile pour les passionnés, du catamaran, du jet-ski, un serpent gonflable pour y aller tranquillement, ou encore de la barque pour ceux qui aiment se la couler douce ! Le parc est accessible à tous sans réservation, mais en payant les activités pour lesquelles on se laissera tenter.

PILANESBERG NATIONAL PARK ★★

Le massif du Pilanesberg, sorte de couronne montagneuse autour du lac Mankwe, est le cratère d'un volcan éteint qui a plus de 1 200 millions d'années. Près de 6 000 animaux ont été introduits lors de l'opération Genesis, une première mondiale. Ceux qui regrettent l'aspect parfois un peu monotone de certaines réserves de Mpumalanga découvriront ici un paysage magnifique : des savanes et des vallées accidentées, des épineux et des prairies… Un réseau complexe de 150 km de pistes permet de visiter ce parc de 58 000 ha avec son propre véhicule. Ce parc offre également une grande variété d'espèces animales, notamment des antilopes.

INFO PARC

✆ + 27 14 555 1600
www.pilanesbergnationalpark.org
Ouvert de 5h30 à 19h de novembre à février et 18h l'hiver. Vérifiez bien à l'entrée. Prix : 110 R, véhicule : 40 R.

Pilanesberg est à environ une heure et demie de Pretoria. Près du lac Mankwe, au centre, Pilanesberg Centre dispose d'un restaurant, d'un bar et d'une boutique. Pour une journée, nous recommandons d'entrer par Bagkatla et de faire le grand tour par le nord en faisant étape aux points de vue de Lenong View, où vous accéderez par une piste escarpée. Ensuite, filer sur Moloto et gagner Bakubung. Cette section sud est la plus riche sur le plan animalier. Vous pourrez revenir par le lac avec une étape au point de vue de Fish Eagle.

TSHUKUDU BUSH LODGE €€€

Pilanesberg Street
✆ +27 14 552 6255
www.legacyhotels.co.za
Double à partir de 5 500 R en pension complète.

Au cœur du parc national de Pilanesberg, un petit lodge qui propose des chalets suspendus absolument fabuleux. Ils comptent parmi nos préférés en Afrique du Sud. Charme rustique et confortable, fait de pierres apparentes et de bois brun. Une vue magnifique depuis votre terrasse et votre étonnante baignoire encastrée, ou bien même depuis la piscine à l'effet naturel dans la pierre. Attention aux jambes fragiles ou aux genoux sensibles : il faut gravir 132 marches pour atteindre le lodge. Accès par l'entrée Bakubung, à 8 km à l'ouest de Sun City.

JOHANNESBURG

© SOUTH AFRICAN TOURISM

Pilanesberg National Park.

MPUMALANGA

Les voyageurs attirés par les vastes étendues sauvages convergent vers le parc national du Kruger, du Great Kruger et les réserves privées de la région. À quatre ou cinq heures de voiture en partant de Johannesburg, après les mornes plaines du Haut Veld, le paysage se renouvelle étonnamment dans la partie orientale du Mpumalanga, des rivières cristallines et poissonneuses de Sabie et Dullstroom, haut lieu de la pêche à la truite, jusqu'aux défilés majestueux de la rivière Elands, mais aussi des bougainvilliers de Nelspruit au bananeraies de Hazyview, Barberton en pays swazi et Komatipoort aux portes du Mozambique. Et bien sûr l'incontournable Blyde River Canyon, ses montagnes arrondies, ses gorges profondes et ses cascades vertigineuses. Quelle incroyable région, qui nous surprend et se réinvente parfois du tout au tout, au fil des kilomètres parcourus ! Berceau du Kruger, elle restera toujours un immanquable.

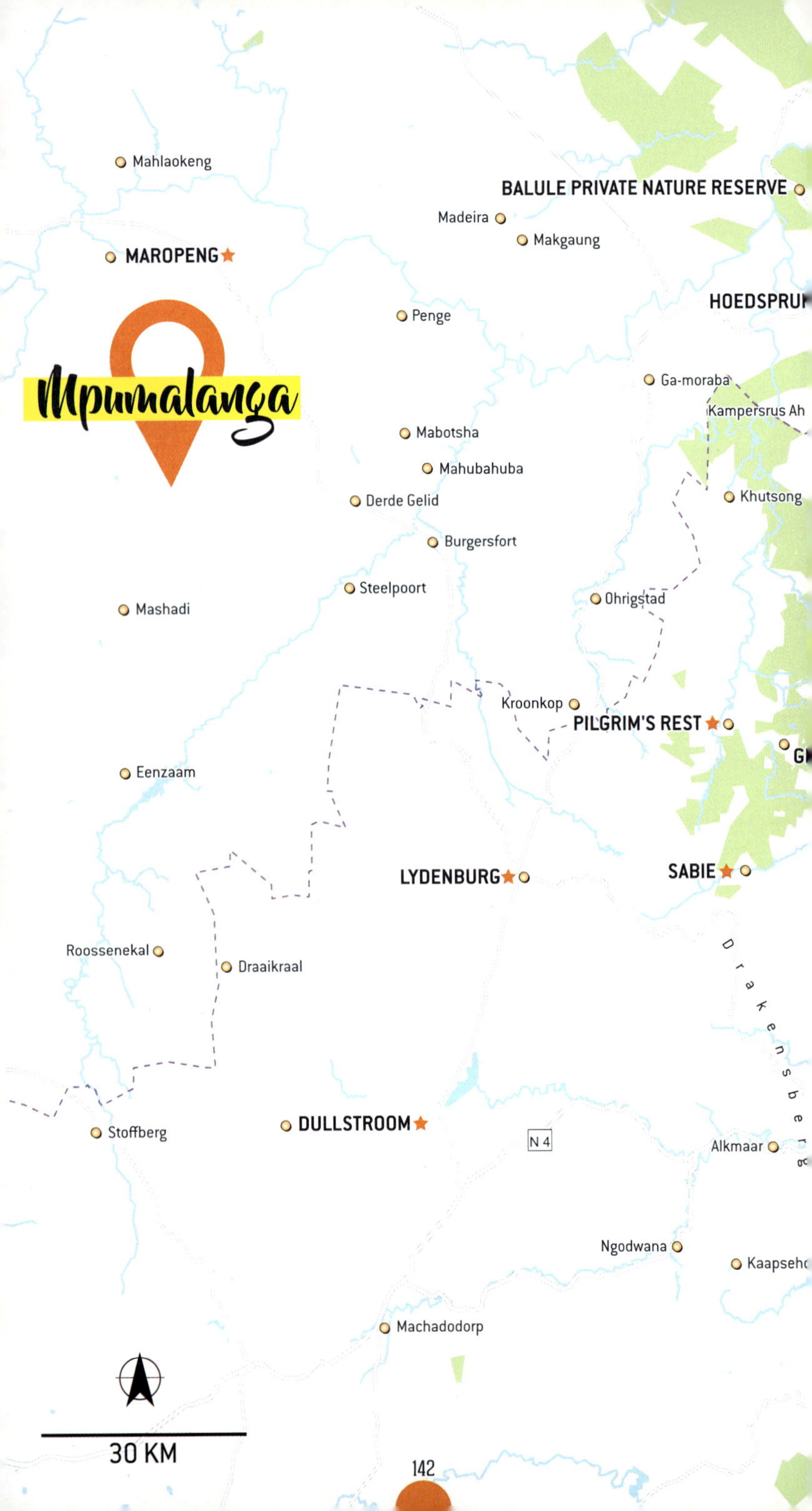
Mpumalanga
Mahlaokeng
MAROPENG
BALULE PRIVATE NATURE RESERVE
Madeira
Makgaung
HOEDSPRU
Penge
Ga-moraba
Kampersrus Ah
Mabotsha
Mahubahuba
Derde Gelid
Khutsong
Burgersfort
Steelpoort
Ohrigstad
Mashadi
Kroonkop
PILGRIM'S REST
Eenzaam
LYDENBURG
SABIE
Drakensberg
Roossenekal
Draaikraal
Stoffberg
DULLSTROOM
N 4
Alkmaar
Ngodwana
Kaapsehc
Machadodorp
30 KM

Balule Satellite Camp
Mopane Dam
Roodewal Bush Lodge
Leadwood Private Camp
TIMBAVATI NATURE RESERVE ★★
CANYON DE LA BLYDE ★★★★
KAPAMA GAME RESERVE ★★
Satara Rest Camp
Mathikiti Camp
THORNYBUSH PRIVATE GAME RESERVE ★★
MANYELETI GAME RESERVE ★
Acornhoek
Imbali Safari Lodge
MOZAMBIQUE
Seville
Motlamogale
SABI SAND RESERVE ★★★
Bushbuckridge
★★
Mkhuhlu
Tinga Narina Lodge
HAZYVIEW ★★
Tshabalala
KRUGER NATIONAL PARK ★★★★
Lower Sabie Rest Camp
Jerusalem
WHITE RIVER ★★
Marloth Park
NELSPRUIT ★★
Ressano Garcia
KOMATIPOORT ★
Matsulu
MALELANE ★
Kamhlushwa
Tonga
Kamaqhekeza
Schulzendal
Emjindini
BARBERTON ★
ESWATINI

DULLSTROOM ★

Et au milieu coule une rivière... Le royaume de la pêche à la mouche, c'est ici ! Dullstroom est un petit village où le temps semble s'être arrêté, pour mieux vous laisser le loisir d'aimer les choses essentielles : les fleurs, la pêche, les cigognes, les radis, l'air frais... Car il fait souvent frisquet à Dullstroom, parfois même - 10 °C en hiver, étant situé à 2 075 m d'altitude et comptant la gare la plus haute du pays. La rue principale est bordée par de jolis cafés cosy, quelques restaurants et des *guesthouses* simples et chaleureuses. Cette destination s'adresse aux fans de pêche, notamment de la pêche à la truite, et aux retraités du coin.

THE CRITCHLEY HACKLE LODGE €€€

✆ +27 13 254 0055

www.critchley-hackle.co.za

Doubles à partir de 2 200 R pour 2 personnes en fonction du lodge en self-catering. Prix longue durée possibles.

Au Critchley Hackle Lodge, toutes les chambres disposent d'une cheminée et ouvrent sur un petit lac. Les amateurs de pêche à la truite seront conquis. Après la flambée, le bois est déjà coupé, pourquoi pas une promenade en barque ou quelques longueurs dans la piscine couverte ? Dans cet hôtel, qui pourrait être en Ecosse, le dîner est souvent servi aux chandelles... Un vieux cognac, et direction la chambre où le feu crépite encore. Le restaurant est ouvert aux non-résidents.

VERLOREN VALLEI NATURE RESERVE

✆ +27 13 254 0799

https://verlorenvalei.org.za/

Visite guidée sur rendez-vous. Autour de 48 R l'entrée pour les adultes et de 25 R pour les enfants et retraités.

Pour se refaire une santé à grandes gorgées d'air frais, on se rend à environ 13 km de Dullstroom : une promenade sur 6 000 hectares autour du Suikerboschkop, la réserve naturelle Verloren Vallei. Au printemps, des fleurs à foison, et à l'automne, beaucoup de champignons (cèpes !). Une chance, peut-être, d'apercevoir une grue bleue, le *national bird*. La réserve naturelle abrite également deux autres espèces de grues menacées : la grue caronculée et la grue couronnée.

DUNKELD COUNTRY & EQUESTRIAN ESTATE €€

80 Tonteldoos Road

✆ +27 71 745 1652

www.dunkeldestate.co.za

Chambre standard à partir de 1 300 R. Bar, équitation, piscine extérieure, piscine intérieure, tennis.

Dans une immense propriété plantée d'eucalyptus et entourée de montagnes, ce complexe hôtelier offre un cadre plaisant et relaxant pour se poser quelques jours. Vous aurez le choix de l'hébergement entre des chambres d'hôtel confortables, des chalets tout équipés et des villas luxueuses. Nombreuses activités sur place : équitation, pêche à la mouche, tennis, minigolf, vélo... Piscines et salles de massage. Deux restaurants de bonne facture et un bar de jazz sympa.

MAYFLY RESTAURANT & COCKTAIL LOUNGE €

67 Naledi Drive

✆ +27 13 254 0332

www.mayfly.co.za

Tous les jours de 10h à 23h. Fermé le mardi soir. De 70 R à 250 R le plat.

Une cuisine familiale généreuse, des patrons avenants qui ouvrent aussi le dimanche. La salle est cosy avec une belle cheminée qui crépite le soir. Tentez la truite en papillote ou le filet de bœuf, très tendre, surmonté d'un camembert au goût relevé par du poivre de Madagascar. Salades, pizzas et pâtes complètent la carte. On y vient aussi pour bien commencer la journée avec des petits déjeuners copieux que pour siroter des cocktails maison à l'heure de l'apéro. Service impeccable.

MRS SIMPSON €€

194 Teding van Berkhout Street

✆ +27 13 254 0088

www.mrssimpsons.co.za

Ouvert de 11h30 à 15h et de 18h à 21h45 sauf les lundi et mardi. De 70 R à 120 R le plat.

Mrs Simpson a fait sa réputation depuis quelques années. C'est l'un des restaurants les plus populaires de la ville. Il souhaite d'ailleurs offrir l'expérience d'un endroit où on mange et boit bien à un prix abordable. Au cœur d'une région connue pour la pêche à la truite, le restaurant sert une excellente truite farcie ou en filet, mais aussi un bon gigot d'agneau au thym, un curry coco thaï au poulet, une combinaison de calamars et de merlu, et bien d'autres plats arrosés de bon vins. Chez Mrs Simpson, il fait très bon vivre !

NELSPRUIT ★★

Le chef-lieu de la province de Mpumalanga, renommé Mbombela, doit son nom aux frères Nel, Gert, Louis et Andries, qui achetèrent la première ferme du coin en 1890. Avec l'extension du chemin de fer et le développement de l'agriculture (un tiers de la production nationale d'oranges), Nelspruit est devenue un vrai centre économique. Située à 619 m d'altitude dans la vallée de la rivière Crocodile, il y fait toujours doux : en hiver, on y enregistre une température moyenne de 23 °C et en été de 30 °C. Nelspruit n'est pas des plus attrayantes, mais elle propose des logements peu chers et constitue une bonne porte d'entrée du Kruger par le sud.

LOWVELD NATIONAL BOTANICAL GARDENS

✆ +27 13 752 8880

Ouvert de 8h à 17h30. Adulte : 35 R, enfant : 15 R.

On retrouve ici un concentré de toute la flore de la région. Selon la direction du jardin botanique, il représenterait sur 158 ha la plus grande concentration de cycas du continent et un exemple de forêt primaire d'Afrique centrale. Le Crocodile River Trail se parcourt à pied en environ deux heures. A 4 km sur la R40 vers le nord, face à la bifurcation vers Sabie, on peut faire une halte dans un café qui propose également des snacks, très agréable.

MPUMALANGA

GROTTES SUDWALA ★

✆ +27 83 446 0228

www.sudwalacaves.co.za

Ouvert de 8h30 à 16h30 tous les jours. Tour de la grotte à 100 R par adulte, 60 R pour les moins de 16 ans.

© BURHAN AY PHOTOGRAPHY - SHUTTERSTOCK.COM

Jadis le repaire de quelques groupes de Swazi, les grottes sont aujourd'hui enfouies dans la végétation de la vallée Houtbosloop. Grâce aux travaux du spéléologue Harold Jackson, on sait qu'elles s'étendent sur au moins 2 500 m. La chronique locale veut que le réseau de chambres, partiellement exploré. Dans la partie ouverte aux visiteurs, au-dessus du Screaming Monster les algues primitives fossilisées. Il y a 2 000 millions d'années, ces stromatolites ont produit par photosynthèse l'oxygène nécessaire à l'apparition de formes de vie plus développées.

FUNKY MONKEYS BACKPACKERS & SAFARIS €

102 Van Wijk Street

✆ +27 13 744 1310

Dortoir : 150 R, double à partir de 390 R, avec petit déjeuner. Parking sécurisé.

Un des *backpackers* les plus connus, surtout des fêtards car le bar a une licence pour les alcools forts. Bonne ambiance autour du billard, salon agréable avec un perroquet qui fait l'animation, *staff* chaleureux. Les chambres dans la maison sont agréables et propres, cuisine commune bien équipée, jardin disposant d'un barbecue et d'une piscine. L'auberge propose également des tours organisés, notamment à Blyde River Canyon, de qualité pour des prix raisonnables.

OLD VIC TRAVELLER'S INN €

12 Impala Street

✆ +27 13 744 0993

https://oldvictravellersinn.com/

Dortoir : 260 R, doubles à partir de 500 R (avec ou sans salle de bains privée).

Old Vic Traveller's Inn est l'un des backpackers les plus visités et recommandés à Nelspruit. Une belle terrasse, une piscine entourée d'une jungle rafraîchissante, des chambres proprettes, équipées de salles de bain avec baignoire et de la climatisation. Les parties communes sont agréables à vivre. Dave est un guide assermenté, reconnu par SATSA, qui saura vous transmettre le goût de l'aventure. Il gère d'ailleurs l'agence Kruger Flexi Tours et organise des tours et des safaris dans le Kruger. L'auberge Old Vic est dotée du Wifi.

CASAMBO EXCLUSIVE GUEST LODGE €€

74&75 Goedehoop Farm
✆ +27 72 277 6830
A partir de 1 400 R.

Situé dans un écrin de verdure, au milieu des rochers, Casambo est un point de chute parfait pour découvrir les merveilles de la région ou lors de visites organisées par Tracey. L'établissement est à proximité du Kruger National Park, de la Panorama route, de l'aéroport Kruger Mpumalanga International. Un chalet cosy, envoûté par le chant des oiseaux et pourrez concocter votre propre *braai* ou bien profiter des repas préparés par le chef. Deux piscines à disposition.

LA ROCA €€€

56 Van Wijk Street
✆ +27 13 752 6628
www.laroca.co.za
Simple à partir de 1 138 R, double à partir de 1 480 R.

Perchée sur les hauteurs de Nelspruit, la guesthouse La Roca n'est pourtant qu'à 5 minutes du cœur de la ville. La dizaine de chambres, chacune décorée dans un style différent, évoque les nombreux voyages de Marlea et Rob, les heureux propriétaires des lieux. Dotée d'un bar et d'une piscine, la terrasse, des plus agréables sous un joli toit de chaume comme à l'accoutumée, offre aussi une jolie vue sur la réserve naturelle alentour. Un petit plus pour la maison : le petit déjeuner de Marlea est copieux et différent chaque jour.

CHEZ VINCENT GUESTHOUSE €€

56 Ferreira Street ✆ +27 13 591 2646
chezvincent.co.za
Simple à partir de 895 R, double autour de 1 095 R avec petit déjeuner inclus.

Les *Frenchies* de Nelspruit, c'est Vincent Martinez et son épouse. Le couple a patiemment aménagé leur villa dans un quartier calme de Nelspruit. Tout d'abord le restaurant avec sa terrasse, ainsi qu'une piscine pour se rafraîchir. Puis, à l'arrière, ces chambres que l'on croirait plantées en Camargue ou en Provence, chacune selon sa couleur, toujours dans un esprit gai et lumineux. L'appartement peut accueillir une famille de quatre personnes. Le lieu est très sympa, bien décoré et sans prétentions. Les vacances, les vraies !

ECOTRAINING

Angle Van der Merwe et Ehmke street
✆ +27 13 752 2532
www.ecotraining.co.za
Plusieurs programmes : 5, 7, 14, 28 ou 55 jours.

Cette agence propose des forfaits à la Koh Lanta, pour devenir un vrai ranger et savoir déchiffrer toutes les empreintes d'animaux sauvages, sur 7, 14, 28 ou 55 jours. Tout est inclus, seul le billet d'avion et le transfert restent à votre charge. Un mélange de vacances, d'échange culturel, d'apprentissage au cœur de la nature et de jeux. Une agence réputée et populaire. En Afrique du Sud, elle propose quatre lieux différents : Prideland, Makuleke dans le Kruger, Karongwe Game Reserve ou encore dans la vaste Selati Game Reserve à l'ouest du Kruger.

MPUMALANGA

ZEST RESTAURANT €€

A 10 km de la ville, via la R37 direction Sabie
✆ +27 74 637 0067
www.lowveldlivingguesthouse.co.za
Ouvert du lundi au samedi de 9h à 22h. A partir de 100 R le plat.

Il faudra sortir de la ville en voiture pour avoir le privilège de goûter aux assiettes de cet excellent restaurant. GT and Lizelle Lundie ont travaillé tous les deux dans les cuisines du prestigieux lodge Singita dans le Kruger, sous les ordres méticuleux d'un chef français. Ils proposent des plats originaux avec une french touch dans la cuisine comme dans la présentation, comme un délicieux carpaccio de springbok, un poulet aux petits légumes et champignons... et pour les amateurs, une bonne carte de vins et différents fromages.

DIGGER'S RETREAT €

Route de Kaapmuiden
✆ +27 13 719 9681
A partir de 100 R.

Etape historique et très traditionnelle pour les voyageurs sud-africains, une manière de déguster une grillade, du foie de volaille à la mozambicaine ou encore de belles tartes faites maison, en jetant un coup d'œil aux œuvres du peintre-légionnaire Genal. Le Digger's Retreat accueille une affluence importante le week-end. Si vous souhaitez rester sur place et en profiter pour découvrir la région de la ville historique de Barberton, il y a quelques modestes chambres, des rondavels ou des campings pour vous accueillir sur place.

BARBERTON ★

Barberton s'est rêvée la capitale cousue de fil d'or de la grande Afrique du Sud. Dans les années 1880, après la découverte de l'or de Kaapsehoop par le Français Auguste Robert, Graham, Fred et Harry Barber débarquèrent ici pour tenter leur chance. Le métal jaune était au rendez-vous : le 24 juin 1884, on brisa une bouteille de gin sur un rocher pour baptiser ce campement Barberton. Pendant quatre ans, les investisseurs du monde entier n'eurent d'yeux que pour ce coin reculé : à l'heure où Johannesburg n'était qu'une morne plaine, Barberton alignait fièrement ses hôtels, sa Bourse, ses commerces, et s'encanaillait avec des reines de beauté aux noms évocateurs de Golden Dane ou encore Trixy. Mais en 1888, tout était fini. Le crash devait ruiner des milliers de Britanniques qui avaient misé gros sur les mines de Barberton. La vallée de la rivière Kaap, dite « vallée de la Mort » à cause des ravages de la malaria, méritait plus que jamais son nom. Aujourd'hui, une quarantaine de kilomètres au sud de Nelspruit, la ville de Barberton et ses 25 000 habitants produit des noix de pécan, des fruits tropicaux, du café et du coton. Les chercheurs américains de la Nasa ont prélevé dans le coin des roches vieilles de 3,2 milliards d'années pour les comparer aux fragments lunaires. D'un point de vue géologique donc, la ville est reconnue pour cette ceinture de vieilles roches vertes : on l'appelle d'ailleurs « la ceinture de Barbeton ». Une formation naturelle devenue célèbre dans le milieu !

MALELANE ★

Ne soyez pas étonné si vous tournez en rond ; cette drôle d'agglomération a été créée en 1949 sur le modèle d'une roue de char à bœuf. Encore le syndrome du *laager*, qui colle à l'histoire blanche de ce pays ! Vu d'avion, c'est plutôt étonnant. Malelane est entourée d'immenses champs de canne à sucre. Son nom d'origine eMlalani est issu de la langue swazi et signifiait alors « l'endroit des palmiers ». La région produit également des fruits et légumes. Au nord du parc national Kruger, la petite ville renommé Malalane en 2007 et autrefois étape entre Pretoria et Maputo est aujourd'hui une porte d'entrée vers la savane et le « Big Five ».

COMMENT PASSER AU SWAZILAND PAR LE NORD OU LE CONTOURNER ?

Barberton est la dernière ville étape avant le Swaziland quand on vient de Nelspruit. La route la plus directe, la R40 qui passe par la Barberton Nature Reserve, offre des paysages panoramiques à couper le souffle. Mais la route en lacets est très mauvaise, prenez donc de la marge pour arriver à la frontière en journée bien tôt, car côté Swaziland, c'est pire ! Même si la route ferme tard, il n'y a plus personne en fin de journée. Il est préférable de passer par l'autre route qui mène à Manzini, *via* la R38 jusqu'à Badplaas, puis la R541 jusqu'à la frontière.

© SOUTH AFRICAN TOURISM

Barberton.

HHUSHA HHUSHA €

15 Park Street

✆ +27 13 790 0958

www.hhushahhusha.co.za

Chambre double de 640 R à 850 R. Petit déjeuner : 60 R.

L'accueil est chaleureux à Hhusha Hhusha, ce qui rend le séjour vraiment agréable. La maison qui abrite les chambres est moderne et haute sous plafond, à l'intérieur, tout est pimpant et douillet. Dehors, une grande hutte abrite des canapés cosy blanc et bois foncé très élégants, où il fait bon se prélasser avec un bon bouquin. Idéal aussi pour prendre un verre et papoter près de la piscine dans le jardin. On peut aussi choisir de s'offrir une sieste dans le hamac à l'ombre des arbres. Quoi de plus agréable pour se ressourcer ?

BUHALA COUNTRY HOUSE €€€

✆ +27 82 909 5941

www.buhala.co.za

Chambre standard à partir de 5 600 R en B&B, à partir de 6 560 R en demi-pension.

Une propriété splendide au bord de la magnifique Crocodile River, autrement dit devant la frontière du parc Kruger. Depuis la terrasse du Buhala Lodge, on ne peut pas manquer les animaux qui viendraient s'hydrater ou s'amuser dans le lit de la rivière. La maîtresse de maison a meublé avec beaucoup de goût ses huit chambres, certaines disposent d'un balcon, avec vue bien sûr ! En plus des habituels safaris au Kruger organisés la journée à la recherche du Big Five, vous pourrez vous détendre au Spa ou dans la piscine en pleine nature.

KOMATIEPOORT ★

En 1890, ce n'était qu'un dépôt de matériel pour la construction de la voie ferrée Lourenço Marques-Pretoria, à proximité de la Nkhomati, la « rivière des vaches ». Aujourd'hui, la ville dort, écrasée de chaleur, un œil vers Johannesburg, à 500 km à l'ouest, et l'autre vers Maputo, à une centaine de kilomètres à l'est. La ville est quasiment sur la frontière. La chronique locale cultive le souvenir d'un personnage haut en couleur, flic et voyou. Durant la guerre anglo-boer, au tournant du siècle, le « colonel » Ludwig avait mis sa bande de malfrats au service des Anglais. L'entrée Crocodile Bridge du parc Kruger se trouve à 10 km au nord de la ville.

ACASIA GUEST LODGE €€

29 Hartebees street

✆ +27 13 793 7847

A partir de 550 R par personne et par nuit avec petit déjeuner.

Il y a finalement peu de lodges abordables aux abords du National Kruger Park. Celui-ci, situé à seulement 8 km de la Crocodile Gate, propose de jolis cottages au toit de chaume pour 2 à 4 personnes, idéal parfait pour les familles, à prix raisonnables. En prime, jolie piscine, jardin agréable, lodge principal cosy avec un grand salon, barbecue, chambres toutes équipées, simplement décorées et avec lit douillet, parfait pour une halte reposante avant d'entrer au Kruger. Petit déjeuner pantagruélique avant d'arpenter le parc !

MPUMALANGA

WHITE RIVER ★★

Le Manzemhlope, alors surnommé « les Eaux blanches » par les tribus locales, est devenu Witrivier, puis White River. En effet, de nombreuses sources jaillissent dans la région, ce qui a d'ailleurs facilité le développement d'une intense activité agricole. Avec plus de 3 000 fermiers, White River est le village sud-africain qui possède la plus forte concentration d'actifs ruraux. Mais que cultivent-ils ? Des noix, dans la Nutcracker Valley, des agrumes et toutes sortes de fruits tropicaux. L'ouverture de l'aéroport international Kruger Mpumalanga à 18 km du village a relativement dopé l'activité locale en favorisant l'accès à la région.

OLIVER'S RESTAURANT & LODGE €€

White River Country Estate
✆ +27 13 750 0479 - www.olivers.co.za
A partir de 1 900 R par personne. Petit déjeuner inclus.

L'atmosphère autrichienne surplombe le 18 trous du White River Country Club. Entouré des plantations de Macadamia et d'avocats du Mpumalanga, Oliver's est situé dans la région de White River. Outre l'hébergement remarquable, le restaurant propose des plats de qualité ainsi qu'un large choix de vins dans un décor particulièrement cossu et gracieux. Dans la bâtisse adjacente se trouvent treize chambres tout aussi luxueuses. Un service efficace et une ambiance décontractée !

CASTERBRIDGE FARM COUNTRY SHOPPING

Au bord de la R40, à l'entrée sud de la ville
✆ +27 13 751 1540
www.casterbridge.co.za
Ouvert de 9h à 16h30 du lundi au vendredi, jusqu'à 16h le samedi et de 9h30 à 15h les dimanches et jours fériés.

Sur le site, de ce qui fut une plantation de mangues, on circule de pavillons en bâtiments anciens, par les allées et les jardins. Ici, les échoppes relèvent plutôt de l'artisanat et de l'épicerie fine. Cinéma, objets de décoration, cafés chics, centre d'informations touristiques, et la présence d'un célèbre fabricant de meubles Hans van der Merwe & Sons. Ne pas rater la chocolaterie Shautany, qui débite 700 kg par mois de pâte belge de bon aloi !

COUNTRY BOUTIQUE HOTEL €€€

Farm 64
✆ + 27 13 751 3109
countryboutiquehotel.co.za
A partir de 1 890 R la nuit.

Rien que l'entrée grandiose nous donne l'impression de rentrer à la Maison-Blanche. Dans le sublime hôtel 5 étoiles, Country Boutique Hotel, le décor est idéal pour recevoir les lunes de miel qui se veulent chics et classiques. L'intérieur a été pensé par un décorateur français alternant entre l'ultra-moderne et le style Renaissance : le résultat est absolument magnifique. Pour parfaire le séjour : une belle piscine, un petite salle de gym, un sauna ou un bain bouillonnant où se relaxer, autour d'une coupe de champagne à l'occasion !

MPUMALANGA

HAZYVIEW ★★

C'est l'histoire d'un village qui a grandi autour d'un bureau de poste appelé Blue Haze. Certains soirs, un voile bleuté couvre l'horizon, bleu comme les sacs en plastique qui recouvrent les régimes de bananes des fermes du coin. En venant de White River, on traverse d'immenses bananeraies. Aujourd'hui, Hazyview est le carrefour de communication de toute la région : Sabie à l'ouest et l'entrée Paul Kruger du parc à l'est, Nelspruit au sud et Hoedspruit au nord. On trouve tous les services dont le voyageur a besoin, du supermarché au fast-food, du distributeur de billets à la pompe à essence… sans oublier un marché africain sur le trottoir.

PERRY'S BRIDGE HOLLOW HAZYVIEW BOUTIQUE HOTEL €€

R40

✆ +27 013 737 7752

www.seasonsinafrica.com

A partir de 2 000 R la chambre double de luxe avec petit déjeuner inclus.

Un très bel hôtel situé au croisement des routes entre Blyde River Canyon, Graskop et le Kruger, le Perry's Bridge Hollow peut être idéal pour rayonner autour. Les chambres sont agréables, avec douches intérieure et extérieure, ainsi qu'une piscine commune au milieu du jardin. Le soir, vous pouvez observer les étoiles allongé dans les canapés extérieurs, dans le jardin. Un moment tout simplement magique étant donné le ciel qui s'offre à nous ici !

PERRY'S BRIDGE REPTILE PARK

Perry's Bridge

✆ +27 13 737 7680

Ouvert de 10h à 17h, fermé le vendredi. 150 R par adulte, 80 R par enfant.

Le Perry's Bridge est un parc à reptiles très éducatif, géré par Rick, qui est d'ailleurs francophone. Les démonstrations, qui s'effectuent tous les jours, sont bien plus qu'un show : on vous explique en effet comment se sortir de situations délicates, que faire en cas de morsures… Surtout, on vous démontre par A+B que les serpents ne vous veulent généralement aucun mal, ils sont simplement des animaux très peureux et défensifs s'ils sentent un danger quelconque.

HIGHGROVE HOUSE €€€

Accès par la R40, à 17 km au sud de Hazyview

✆ +27 83 675 1500

www.highgrove.co.za

A partir de 5 720 R la double en demi-pension.

Au printemps, l'arrivée par l'allée bordée d'immenses jacarandas en fleur est inoubliable. Entièrement rénovée, cette belle et vieille propriété est située à 1 000 m d'altitude sur une plantation d'avocats et de bananes. Les suites, très confortables, lumineuses et particulièrement spacieuses et douillettes, ouvrent sur la vallée verdoyante. Certaines jouissent d'une petite terrasse avec vue sur la montagne. Une piscine turquoise sommeille au milieu du jardin tropical où l'on peut profiter d'un superbe et délicieux dîner aux chandelles.

CASA DO SOL HOTEL & RESORT €€

Sabie Road

✆ +27 13 737 8111

www.casadosol.co.za

Chambre standard à partir de 1 800 R, avec petit déjeuner inclus.

À seulement 15 minutes en voiture du parc national du Kruger, ce *resort* offre confort et tranquillité pour se reposer après de longs *game drives* exaltants. Le jardin exotique, où se baladent à leur guise les singes, invite à la détente près de ses deux belles piscines. L'établissement comporte divers types de chambres, de la standard aux villas avec terrasse, en passant par la Casa Grande, dotée d'un bain bouillonnant et d'une piscine privés. Spa et terrain de tennis. Bon accueil.

SUMMERFIELDS KITCHEN €€€

Summerfields Rose Retreat & Spa, Sabie Road

✆ +27 82 611 6956 - www.summerfields.co.za

Ouvert du mardi au samedi, de 18h30 à 21h. A partir de 250 R le dîner par personne.

Au-delà d'être un hôtel luxueux, où l'on voudrait passer quelques jours à se relaxer et profiter du spa, c'est aussi une bonne table du réputé Summerfields. Elle est ouverte à tous, c'est l'occasion pour les gourmets de déjeuner ou dîner dans un cadre idyllique, une cuisine de saison, bien sûr, de haute volée gastronomique, composée avec des ingrédients ultra frais, du moment, du coin, et le tout élégamment présenté. Quant à la carte des vins, elle est à la hauteur de l'assiette : superbe ! Pensez bien à réserver votre table.

SABIE ★

Sabie est une petite ville forestière de 10 000 habitants qui porte le nom d'une des fameuses rivières qui traversent le Kruger Park. En langue tsonga, *ulusaba* veut dire « craintif », ce que l'on peut comprendre quand on voit le nombre d'animaux qui viennent s'y abreuver. Entourée de vastes plantations de pins et d'eucalyptus, elle constitue un carrefour touristique entre le Kruger et la Blyde River Canyon. La ville est née autour des mines, qui ont produit plus de 35 000 kg d'or jusqu'à la fermeture en 1950. Quant à la production de bois pour la pâte à papier, elle a commencé au début du siècle. Au sud-ouest, se trouvent les chutes Bridal Veil et Lone Creek.

THE SABIE TOWN HOUSE €€

1 Power Street
✆ +27 13 764 2292
www.sabietownhouse.co.za
Double en B&B à partir de 1 335 R en fonction de la chambre, appartement en self-catering pour 4.

Une étape très agréable au cœur de la réserve de Sabie. Chez Ty et Ginny Viner, The Sabie Town House offre un grand confort avec une splendide piscine creusée dans le deck en bois brun de la terrasse, à l'ombre de la nature luxuriante qu'offre la réserve. Une petite dizaine de chambres aux doux noms d'animaux de la savane, chacune leur atmosphère, leur style et tout aussi joliment décorées. La suite Zebra a même une terrasse avec bain bouillonnant. Petite chambre pour enfants tapissée aux couleurs de la savanes et de ses animaux.

THE WOODSMAN BED & BREAKFAST €€

94 Main Road
✆ +27 13 764 2204
Chambre double à partir de 990 R la nuitée. En self-catering, autour de 1 050 R la nuitée.

En plein centre de Sabie, ce bar-restaurant est le repère des *bikers* qui visitent la région. On s'y arrête en route pour se rafraîchir, manger un morceau ou encore passer la nuit. La carte dévoile un large choix de plats, allant du poulet grillé aux calamars et crevettes, en passant par les hamburgers et les pâtes. L'établissement propose également des chambres correctes en *bed & breakfast* ainsi que des appartements en *self-catering*. Une halte agréable.

GRASKOP ★★

Au bord de l'escarpement, près du Kowyns Pass, c'est le point de départ de la Panorama Route qui serpente le long du canyon de la rivière Blyde. Peuplé d'environ 3 500 âmes vivant de l'agriculture et de l'exploitation forestière, Graskop est aujourd'hui un lieu de villégiature des Sud-Africains fortunés, et un carrefour touristique à la porte du Blyde River Canyon. En afrikaans, *graskop* veut dire « colline herbeuse ». Du haut de ses 1 400 m, on profite du paysage vallonné et de la vue depuis la God's Window, la « fenêtre de Dieu », d'où l'on voit le grand escarpement. Les enseignes sont figées dans le temps et comptent quelques boutiques et crêperies.

GRASKOP GORGE LIFT ★

R533 Graskop Gorge
✆ +27 66 305 1572
www.graskopgorgeliftcompany.co.za/
Tous les jours de 8h30 à 17h. Tarif ascenseur adulte : 225 R et enfant : 145 R. Accès au centre : 50 R par adulte.

Un voyage singulier au cœur de la forêt indigène. Ici, il vaut mieux ne pas avoir le vertige… car tout commence à bord d'un ascenseur panoramique, le Graskop Lift, qui vous mène au sommet de la falaise. Là-haut, un vaste réseau de passerelles surélevées, de ponts suspendus et d'expositions interactives vous mèneront le long des sentiers forestiers et à travers les ruisseaux. Une façon d'arpenter la nature de manière assez sécurisée et plus rassurante pour certains, tout en restant une aventure à part entière pour tout le monde !

GRASKOP HOTEL €€

Hoof St
✆ +27 13 767 1244
www.graskophotel.co.za
Double à partir de 900 R par personne avec petit déjeuner.

Beau travail de décoration avec des clins d'œil artistiques inattendus, car signés des plus grands pinceaux contemporains de la Rainbow Nation. Au fond du jardin, pour les familles avec enfants en âge de peindre eux-mêmes sur les murs, des unités *ad hoc* ! Mais les chambres qui valent leur prix sont celles près de la rue. Établissement bien tenu et conçu, ou plutôt une belle galerie d'art dans laquelle on dort, comme ils disent ! Avec une grande piscine, une boutique et une bonne table pour dîner sur place, pensez à réserver.

MPUMALANGA

BIG SWING GRASKOP

Mogodi Lodge
✆ +27 66 305 1572
www.graskopgorgeliftcompany.co.za/
Saut : 550 R. Tyrolienne : 250 R.

Amis aventuriers bonjour ! Vous pouvez sauter, ou plutôt vous jeter en arrière, du haut de cette falaise de 70 mètres pour plusieurs secondes d'adrénaline pure : vous descendrez alors à 140 km/h en trois secondes. Possibilité de sauter en duo pour ceux qui ne se séparent jamais de leur bien-aimé, dans les meilleurs... comme dans les moments les plus effrayants ! Pour ceux qui préfèrent les tyroliennes, vous êtes aussi au bon endroit : ici la zipline traverse la gorge de Graskop pendant 130 m au-dessus d'un très beau paysage.

CANYON DE LA BLYDE ★★★★

Le canyon de la Blyde est considéré comme un trésor national, c'est le troisième plus grand au monde. Par beau temps, on ne se lasse pas de voir cette extraordinaire veine, creusée jusqu'à 700 m de profondeur, où la rivière Blyde subit une dénivelée de 1 000 m sur 20 km. Pour le parcourir, le mieux est de louer une voiture à plusieurs et de faire le trajet Graskop-Echo Caves dans les deux sens. Sortir de Graskop par la R532, puis prendre la petite R534 à droite pour arriver à :

- **Pinacle Rock.** Ce rock de quartzite qui ressemble à une tour s'élève à 30 m au-dessus de la forêt. À côté, on trouve la première des huit petites chutes des rapides de Ngwaritsane. Entrée : 10 R par voiture.
- **God's Window et Wonder View.** Ces points de vue perchés sur la Blyde offrent une vue panoramique du bas Veld (sur le Kruger Park et le Mozambique) à plus de 900 m de hauteur, où le paysage est sublime. C'est d'ici que le Bochiman Xaï lance la bouteille de Coca-Cola dans le film *Les dieux sont tombés sur la tête*. Le premier est plus spectaculaire car on marche un peu jusqu'à la falaise, mais il est payant : 15 R par personne. Le second est gratuit (bon plan !), à 2 km plus loin. À 1 730 m d'altitude, c'est le point culminant de la zone, directement en bord de route.
- **Lisbon Falls.** Ne manquez pas les Lisbon Falls, les plus spectaculaires du coin avec une hauteur de 92 m. On découvre un beau panorama impressionnant. Pour vous y rendre, la petite route panoramique R534 finit par retomber sur la R532 entre Graskop et les Echo Caves. Repartez vers Graskop sur 800 m et prenez la piste sur 2,2 km. Entrée : 15 R par voiture.
- **Berlin Falls.** Un peu plus loin en repartant sur la R532, vous roulez 2 km après le croisement avec la R534 par où vous êtes arrivé. À 2 km de la route par une piste, vous pourrez admirer les Berlin Falls, qui font 45 m de hauteur, mais se jetant à la verticale d'un seul gros roc. Entrée : 15 R par voiture.
- **Bourke's Luck Potholes.** Voici le début du Blyde River Canyon, à 35 km de Graskop, très étroit à ce niveau. La roche ocre comme l'or est creusée comme un gruyère par l'eau tourmentée de la Treur River qui se jette en contrebas dans la Blyde River. Il doit son nom (« les marmites de la chance de Bourke ») à un chercheur d'or, Tom Burke, qui prédisait pouvoir trouver des tonnes d'or dans ses trous et qui n'en a pas tiré une once.

Bourke's Luck Potholes, Canyon de la Blyde.

Entrée : adulte 55 R, enfant 30 R. Un centre des visiteurs donne des informations explicatives sur la région. C'est ici que vous pouvez réserver une randonnée dans la réserve naturelle de la Blyde River Canyon.

- **Lowveld View.** En route sur la R532, ce point de vue offre un panorama sur la Blyde River Canyon, la Blyde Dam et le Lowveld au fond. Gratuit.
- **Tree rondavels View Point.** À 45 km de Graskop, vous arrivez enfin au panorama le plus connu de la Blyde River Canyon, celui des trois rondavels, ces gigantesques montagnes de quartzite sculptées par l'érosion qui ressemblent à des huttes aux toits de chaume, le tout dans un paysage grandiose de gorges, de falaises et de végétation. Dans l'intimité, elles portent le nom des trois épouses du roi swazi Maripi Mashile, Magabolle, Mogoladikwe et Maseroto. Entrée 20 R par voiture.
- **Blyde River Canyon.** Encore un point de vue incroyable sur le canyon, l'un des plus impressionnants, derrière le parking du chalet Aventura Blydepoort Nature Reserve Resort, à 51 km de Graskop. Entrée 15 R par voiture (inclus : Tree Rondavel View Point).
- **À savoir.** Tous les points de vue payants sont soumis à des horaires d'ouverture, la plupart du temps de 7h à 17h. On vous conseille d'y aller le matin très tôt pour la lumière. De plus, en été, quand les touristes sont là, on est souvent privé du spectacle par le brouillard. Les photos pour les cartes postales sont prises, sachez-le, en plein hiver.

MPUMALANGA

BLYDE RIVER CANYON NATURE RESERVE ★★★

✆ +27 13 769 6019

Sur 29 000 hectares de gorges et de vallées, où vivent bien cachés des léopards, des lynx ou encore des antilopes… C'est une destination idéale pour les amateurs de randonnées et les amoureux de la nature. Pour faire les sentiers Blyderivierspoort Trail, il faut compter généralement cinq jours, Protea Trail, sur quatre jours, et Geelhout Trail sur deux jours, et à la journée il faut s'inscrire à l'avance au centre des visiteurs de Bourke's Luck Potholes.

MACMAC FALLS & POOLS

A 20 et 22 km de Graskop par la R532 direction Sabie

Entrée : 20 R par voiture pour les cascades, et/ou 30 R par personne pour les piscines naturelles.

Déclaré Monument national, les Mac Mac chutes ne font « que » 65 m de haut, mais sont tout de même magnifiques. L'eau était à l'origine en un seul bloc, mais des chercheurs d'or ont dynamité le rocher créant des filets. Intéressant si vous voulez pique-niquer dans un endroit idyllique, les Mac Mac Pools sont des piscines naturelles où vous pouvez vous baigner pour vous rafraîchir, faire votre barbecue et siester à l'ombre. On peut aussi prendre un petit sentier circulaire de 3 km pour parfaire sa digestion lors d'une petite balade.

PILGRIM'S REST ★

Inscrit au registre des monuments historiques, ce village de mineur fut restauré pour mieux tomber en ruines de nos jours. En 1873, le chercheur d'or Alec Patterson trouva ici la fortune. Le filon, vite connu, attira des centaines d'aventuriers. Theta Mine, la dernière mine de la Transvaal Gold Exploration Company, fut un temps la mine d'or la plus riche du monde. Elle a fermé en 1972. Jusqu'en 1881, le bourg, qui ne comptait pas moins de 1 400 prospecteurs, avait un journal, *The Gold News*, et des dizaines de commerces. Aujourd'hui, Mineur Land, au cachet à l'ancienne, est en pente douce vers le naufrage commercial, le village semble arrêté dans le temps.

ALANGLADE HOUSE MUSEUM

A l'extérieur du village, au nord

✆ +27 13 759 5432

Entrée 30 R. Visites guidées à 11h et à 14h.

La maison du patron des mines Dick Barry a été construite en 1916 selon une architecture edwardienne influencée par le maître de l'époque Sir Herbert Becker. Elle constitue un bel exemple des maisons bourgeoises opulentes de l'époque, avec sa collection de mobilier d'antiquité des années 1920-1930, son court de tennis et son terrain de croquet au beau milieu du bush. Un vrai contraste avec les bidonvilles environnants où logeaient alors les mineurs. On y trouve aussi une exposition d'Art déco dont quelques sculptures Lalique.

DIGGINS SITE MUSEUM

A la sortie du village direction Sabie
✆ +27 13 768 1060
Adulte : 10 R, enfant : 5 R. Visite guidée et démonstration tous les jours à 10h, 11h, 12h, 14h et 15h.

Sur le Uptown Pilgrim's Rest, Diggin Site Museum est un musée en plein air créé sur le site d'une ancienne mine et de ses ateliers. Vous y apprendrez comment la fièvre de l'or a attiré des milliers de mineurs dans la région, comment les filons étaient repérés, les pépites filtrées et traitées. Derrière la mine, un village reconstitué présente le bureau du commissaire qui estimait autrefois la valeur des pépites, ou encore la tente des prisonniers, les wagonnets de transport… Un véritable bond dans le temps et la ruée vers l'or.

DOWN TOWN ★

Ville basse à 1 km au nord

Dès l'arrivée au village de Pilgrim's Rest, c'est comme si le temps s'était arrêté à l'époque des mineurs. On est tout de suite plongé dans une ambiance d'époque. Il faut alors aller voir le Highwayman's Garage et faire un tour dans le magasin Pilgrim's Place Old General Dealer, où l'on verra un étonnant bric-à-brac de vieilleries, comme si rien n'avait changé. On peut même y acheter les souvenirs les plus curieux : le savon du mineur, des pépites, des thés, des cartes postales anciennes, des émaux… et diverses autres babioles !

UP TOWN ★

Figée dans le temps, la ville haute présente quelques édifices remarquables : l'église anglicane et son orgue centenaire, le Royal Liquor Store, le Royal Hotel avec son pub, installé dans l'ancienne chapelle d'une école de jeunes filles du Cap, amenée en pièces détachées par bateau via Delagoa Bay, le Drezden Shop et le House Museum, reconstitution d'un magasin des années 1930 et maison victorienne sans grand intérêt. Sur Main Street, vous trouverez le centre d'information, près des musées, où l'on achètera les billets d'entrée pour les maisons anciennes.

CRYSTAL SPRINGS MOUNTAIN LODGE €

✆ +27 13 768 5000
www.crystalsprings.co.za
A partir de 780 R en chambre double, petit déjeuner inclus.

Perché au-dessus du petit village de Pilgrim's Rest, dans la réserve naturelle éponyme, le Crystal Springs Mountain Lodge, c'est une soixantaine de chalets familiaux, une trentaine de chambres, un espace spa avec sauna, un coin bar et restaurant dans son style montagnard, tout en bois brun et vernis… Mais c'est aussi une piscine, un terrain de tennis, de squash, des sentiers de marche, le tout dans le décor des montagnes et de la réserve d'animaux.

MOUNT SHEBA €€

✆ +27 13 768 1241
www.mount-sheba.co.za
Camping : autour de 180 R la tente. A partir de 1 990 R la chambre double avec petit déjeuner.

A environ 25 km du village, par le Robber's Pass, dans la réserve naturelle du même nom qui abrite la dernière parcelle de forêt naturelle de la région, voici un hôtel de luxe avec de petits bungalows à toits de chaume et des suites luxueuses. L'établissement dispose d'une belle piscine, d'un terrain de tennis, de squash, mais surtout d'une vue panoramique splendide. Plusieurs circuits de marche sont ouverts aux non-résidents, et pour les heureux campeurs, les occasions ne manquent donc pas pour vous adonner à de belles randonnées enivrantes.

SCOTT'S CAFE

Main road
✆ +27 82 611 3237
Ouvert de 9h à 17h. Jusqu'à 19h les week-ends.

Au bout de la Mainroad, dans le Uptown de Pilgrim's Rest, s'érige fièrement le Scott's Cafe, une architecture refaite dans le style de l'époque avec sa robe en taule verte, ses porches et sa calèche à l'entrée. Ici, on s'arrête pour faire une petite pause cappuccino, aussi bien que pour déguster une pizza cuite dans le beau four à bois à l'intérieur ou bien boire une bière. Mais la spécialité du lieu semble rester le gin. Il est distillé directement sur place dans des alambics traditionnels, ce qui offre tout son charme au lieu.

LYDENBURG ★

Situé entre la ville de Pretoria et le parc du Kruger, autrefois un centre minier important du Transvaal, la petite ville de Lydenburg porte un nom afrikaans à la signification assez violente de « ville des souffrances ». C'est aujourd'hui une agglomération proprette de 33 000 âmes, qui jouit d'un climat chaud en été et tempéré l'hiver, à une altitude de 1 400 m. La région, principalement agricole, est aussi un centre d'élevage de truites, très abondantes dans les rivières. La ville produit également du ferrochrome pour l'exportation. Ne pas rater le musée pour l'histoire des très célèbres « têtes de Lydenburg » exposées en 2002 à Paris dans le cadre d'Ubuntu au musée des Arts d'Afrique et de l'océan Indien.

◗ **Depuis les grottes Sudwala**, à mi-chemin en direction de Nelspruit, deux possibilités s'offrent à vous pour rejoindre Lydenburg : soit poursuivre par la piste, en traversant les beaux paysages de la forêt et du col Mokobulaan (1 890 m), sur une cinquantaine de kilomètres qu'on ne regrettera pas, soit rejoindre Lydenburg par le splendide Schoemanskloof. Dans ce cas, revenir des grottes sur la R539 et atteindre la N4 à quelques kilomètres au sud. Prendre à droite sur 5 km, puis bifurquer à droite sur la R539 de nouveau, en direction de Bambi. La route grimpe dans une vallée verdoyante et fleurie au milieu des plantations de tabac et des champs de maïs. On traverse les cols de Schoemanskloof (1 295 m) et Skaapwagters (1 280 m). Une dénivelée totale de 900 m permet de passer du Lowveld au Highveld.

RÉSERVE NATURELLE GUSTAV KLINGBIEL ★

Une jolie réserve de 2 200 ha que l'on découvre en voiture, ou mieux encore à pied, par les circuits fléchés. La Pedi Route, sur 5 km, mène aux ruines pedi. La Crane Route, sur 9 km, passe par ces mêmes ruines, la Protea Route, sur 12 km, permet d'admirer de nombreux protées tout en s'approchant des ruines d'un fortin boer et la Ribbok Route, sur 20 km, s'effectue en deux jours avec une nuit en hutte ! Réservation au musée. Les trois premières randonnées sont accessibles à tous.

LYDENBURG MUSEUM

A l'entrée de la réserve Gustav Klingbiel
✆ +27 13 235 7343

Visite intéressante pour les répliques de trois des sept « Têtes de Lydenburg » en terre cuite datant du premier âge de fer, on retrouve les originaux au musée du Cap. La ville de Lydenburg signifierait « la ville des souffrances ». Son musée éponyme nous permet de comprendre la vie et l'histoire peu connue des tribus Pedi, un peuple bantou qui vivait dans le Transvaal et alors considéré comme un sous-groupe ethnique du peuple Sotho. Il permet également de trouver diverses informations sur les sites archéologiques de la région alentour.

HOEDSPRUIT ★★

De nombreux voyageurs en route vers les réserves de Kapama, de Thornybush, de Timbavati, de Manyeleti et, au nord, de Sabi Sand traversent sans s'en apercevoir cette petite ville qui se consume sur la R40. En vérité, la ville « blanche » est cent fois plus petite que le *township* noir… Aujourd'hui, la réserve de Hoedspruit est un agréable sas entre la ville et le bush. Une soixantaine de *guesthouses*, hôtels, *lodges* et particuliers se sont installés dans les allées de sable de la réserve. Les établissements trouvent ici le calme et l'impression d'être seuls au milieu de nulle part, au milieu du bush. Une belle étape à une heure du parc national du Kruger.

Hoedspruit.

HOEDSPRUIT ENDANGERED SPECIES CENTRE (HESC)

✆ +27 15 793 1633
www.hesc.co.za

Visite guidée 2h de 9h-11h et 11h-13h tous les jours. 600 R par adulte, 300 R pour les enfants de 6 à 12 ans.

Dans la réserve de Kapama, ce centre est préoccupé par la conservation des animaux en voie de disparition. Ouvert depuis 1990, l'accent était mis à l'origine sur le guépard, mais le centre accueille aujourd'hui d'autres espèces animales vulnérables et rares, majoritairement des rhinocéros orphelins, ou qui ont été victimes du braconnage. La visite de l'établissement rappelle l'importance de préserver la faune, et permet de rencontrer ses animaux résidents. Un lieu chargé d'émotions !

JESSICA THE HIPPO

✆ +27 15 817 1865
www.jessicahippo.com

Du lundi au samedi, de 9h à 11h et de 14h à 15h. Dimanche, de 9h à 11h. Entrée : 150 R par adulte.

C'est l'histoire touchante de Jessica, une hippopotame à peine née, échouée sur les berges de la rivière Blyde lors des inondations terribles qui ont touché le Mozambique et l'Afrique du Sud au début de l'année 2000. Recueillie par Tonie et Shirley Joubert, elle s'est attachée à ses sauveurs, venant même dormir dans leur maison ! Aujourd'hui, elle rejoint la nuit un troupeau sauvage d'hippopotames mais revient toujours se faire dorloter chez les Joubert. Elle a maintenant un fils adoptif, Richie, sauvé en 2012. Une rencontre incroyable avec ces charmants molosses.

CAPE VULTURE LODGE €€

Postnet Suite 006
✆ +27 76 362 0390
www.capevulturelodge.co.za

Tente à partir de 4 000 R.

Chacune des neuf suites sous tente est placée de manière à tirer le meilleur parti des paysages spectaculaires et à permettre d'observer les majestueux oiseaux de proie qui s'élèvent sans effort au dessus des 1 800 ha du Cape Vulture Conservancy où l'on se consacre à la conservation de plus de 650 couples reproducteurs de vautours du Cap, une espèce en voie d'extinction. Les tentes sont lumineuses et élégantes, décorées dans un style épuré. On apprécie la terrasse privée d'où se dévoilent les montagnes à l'horizon. Un petit havre de paix.

GOMO GOMO GAME LODGE €€

Klaserie Game Reserve
✆ +27 21 762 1543

A partir de 2 391 R par personne et par jour, en pension complète avec deux game drives et un bush walk inclus.

Chalets ou tentes safaris au bord de la rivière Nhlaralumi sont proposés dans ce grand nord de la réserve Klaserie, qui s'étend sur 60 000 ha. Non loin du Kruger Park et des prestigieuses réserves de Tronybush ou Timbavati, elle a le mérite de proposer outre des lodges de luxe des hébergements moins chers, tout en abondant d'animaux. Dans ce camp qui propose des prix très abordables : un calme royal, une clientèle sans frime, du farniente sur la terrasse qui offre une vue imprenable sur la rivière, piscine, chambres luxueuses, repas au coin du feu dans le boma...

THORNHILL SAFARI LODGE €€

Portion 144 of the Farm Geurnsey 81 KU Hoedspruit
✆ +27 73 261 5552
www.thornhillsafarilodge.com

A partir de 1 485 R par personne, en pension complète.

Sans prétention, peu ostentatoire, et surtout authentique et bien placé, ce lodge est situé entre les plus prestigieuses réserves privées du pays et la partie du Kruger riche en Big 5. Lieu de rencontre, autant avec des touristes de passage pour partager ses expériences de safari qu'avec le chauffeur et conteur du lodge, Landy au grand cœur. Les chambres sont jolies et confortables, la piscine rafraîchissante. Très bon rapport qualité-prix à la fois proche du Kruger et à 5 minutes du centre de rééducation d'animaux en détresse.

TSHUKUDU GAME LODGE €€

KT 206 & 207
✆ +27 15 793 2476
www.tshukudulodge.co.za

A partir de 2 930 R tout compris : repas, safari, marche et hébergement.

Qui n'a jamais rêvé de se balader en pleine brousse avec un guide ranger et partir à la découverte du bush accompagné de félins ? Ce rêve peut se réaliser au Tshukudu Game Lodge, avec Patrick et son équipe de rangers, dont certains sont aussi pisteurs. Les *game drive* après le *walking safari* sont de grande qualité. La propriété est nichée au cœur d'une vaste réserve. Les chambres, dans des huttes de luxe indépendantes, sont abordables et bien équipées. La nuit, un hippo solitaire vient brouter l'herbe près de la piscine, des rhinos et des buffles sous les fenêtres.

UKUTHULA BUSH LODGE €€

356 Hoedspruit Wildlife Estate
+27 76 466 6196
https://ukuthulabushlodge.com
À partir de 165 € la grande chambre double ou le bungalow pour deux personnes. Le petit déjeuner est inclus.

Après plusieurs détours par l'Afrique du Sud, Fabian et Karine ressentent l'appel du bush et décident de tout quitter à la Réunion. Ukuthula Bush Lodge, c'est un nouveau départ pour ce couple passionné de nature. Orthophoniste et institutrice, ce nouveau métier d'hôte leur va à ravir : « Je n'ai pas de clients, je reçois des amis », dit Fabian. Loin de la conventionnelle déco, ici, rien n'est laissé au hasard, chaque meuble a une histoire. Après une longue journée de safaris, on se relaxe sur la terrasse du bar au bord de la piscine. « Paix et sérénité. »

LINDIWE SAFARI LODGE €€€

Wildlife Estate Hoedspruit
+27 65 878 23 11
www.lindiwe-safari-lodge.com
Suite lune de miel : 182 €, suite quadruple : 150 €, suite familiale : 150 €.

Plein de charme et d'élégance, ce lodge francophone se niche au cœur du « triangle d'or », entre la Blyde River Canyon, le parc Kruger et le Moholoholo Animal Rehabilitation Center. Les chambres, pensées pour les familles et les couples, offrent un confort indéniable, avec leurs lits douillets. On apprécie aussi le restaurant, qui joue avec les saveurs du pays. Ici, on est au contact de tous les animaux de la savane – excepté les « Big Five » – ce qui permet de se déplacer sans risque, à pied ou en scooter électrique ! Un très bel endroit pour un séjour parfait.

PEZULU TREE HOUSE €€€

Guernsey Private Nature Reserve
+27 15 000 6583
www.pezulu.co.za
À partir de 1 850 R par personne dans les tree-houses en pension complète. Journée au Kruger : 1 250 R.

Qui n'a pas rêvé un jour de dormir dans les arbres ? Voyez cette passerelle qui décolle dans un salon pour atteindre le bar tout là-haut, et cette suite nuptiale accrochée dans un *huilboerboon* dont les branches traversent le plancher et viennent se couvrir de feuilles en surplomb sur votre oreiller. Pezulu propose des *game drives* paisibles sur une réserve voisine, les visites au centre d'élevage des lions et surtout la possibilité de voler en ULM au-dessus de la brousse. Inoubliable décollage à la fraîche face au Drakensberg encore dans ses langues bleutées.

UNEMBEZA LODGE & SPA €€€

288 Wildlife Estate
+27 15 013 0274
www.unembeza.com
A partir de 3 000 R en chambre deluxe à 4 250 R en suite, villa familiale autour de 7 000 R. Petit déjeuner inclus.

Éden au cœur de la réserve d'Hœspruit, à environ 1h du parc Kruger. Ce lodge allie modernité et tradition. La piscine est joliment bordée de petites pergolas... Le soir, l'apéritif est servi autour du feu et le repas à la carte à la lueur des bougies est délicieux. Ne manquez pas le spa au milieu de la nature et le bonheur du massage traditionnel ! Les activités proposées sont nombreuses : équitation, balade en vélo, excursion de la route panoramique, journée au Kruger... Les chambres sont fabuleuses et vastes, avec de grandes terrasses et une douche extérieure.

BALULE NATURE RESERVE

Appartenant au Grand Kruger Park, une grande aire de conservation longeant la rivière Olifants. Cette réserve privée partage une frontière non clôturée avec le parc national du Kruger, permettant à la faune des déplacements en plus grande liberté. Les *walking safaris*, accompagnés d'un ranger armé, et les *game drives* sont incroyables puisque le *big five* y est présent, en plus de nombreuses espèces d'antilopes, des girafes, des zèbres, des hyènes, des hippopotames et de pas moins de 250 espèces d'oiseaux. Vous êtes sûr d'en prendre plein la vue ! Plusieurs *lodges* et camps y sont installés pour des expériences uniques et intimes au cœur de ce riche écosystème.

NALEDI GAME LODGE €€

+27 15 001 7092
www.naledigamelodge.com
À partir de 5 470 R par personne.

Au cœur d'une réserve privée, ce *lodge* luxueux et intime vous garantit un séjour inoubliable entre ses *game drives* « exclusifs », ses repas de bonne facture et son cadre agréable. Les 4 suites sont spacieuses et élégantes, disposant d'une salle de bains intérieure et extérieure ainsi que d'une terrasse privée. Le bâtiment principal abrite d'agréables espaces communs, entre son bar, sa piscine et ses nombreuses terrasses s'ouvrant sur la brousse. Les repas sont pris dans la convivialité, avec tous les hôtes. L'occasion de partager les moments forts de la journée.

MPUMALANGA

KRUGER NATIONAL PARK ★★★★

Qui n'a jamais rêvé de se perdre des heures durant dans le Kruger ? Adossé à la frontière mozambicaine au nord-est du pays, le parc Kruger, sur 20 000 km², est le pays où les animaux sont rois. Son créateur Paul Kruger cherchait à protéger la richesse du pays : ses animaux sauvages. Au fil du temps, les Sud-Africains en ont fait l'une des plus belles réserves du monde, un territoire à la fois immense et facile d'accès. Comme la réserve est économiquement viable, elle est entretenue et organisée. Si les réserves privées offrent la garantie de voir des fauves, quelques jours dans le Kruger avec une voiture reste tout de même irremplaçable pour qui aime rouler à sa guise, s'arrêter près d'un point d'eau et pique-niquer, découvrir différents écosystèmes, et apprécier, le soir venu, l'ambiance populaire dans les camps.

Faune et Flore

Le sud-ouest du parc est couvert d'arbrisseaux épineux et de saules rouges (*red blush willow*). Les acacias dominent le long des cours d'eau. C'est le coin des rhinocéros et des buffles. Dans la moitié orientale, au sud de la rivière Olifants, le paysage se caractérise par de vastes étendues de pâturages où dominent l'herbe rouge et l'herbe à buffle. Les knob-thorns, leadwoods et marulas, arbres typiquement sud-africains, sont nombreux. On voit beaucoup de girafes, zèbres, gorgons bleus, rhinocéros noirs… et, parfois, un lion à l'affût (Lower Sabie, Crocodile Bridge). Au nord de l'Olifants, principalement sur le côté ouest, c'est la région sèche du Dry Woodland avec ses milliers de mopanes aux feuilles en forme de papillon. Les éléphants les adorent. Autour de Punda Maria, le Veld sableux abrite une large variété d'espèces d'oiseaux. Tout en haut, vers Pafuri, beaucoup d'animaux et de baobabs. Une forêt tropicale se trouve entre le Limpopo et la rivière Levuvhu.

Histoire

Un an après la création des premières réserves naturelles du pays (Hluhluwe-Mfolozi), le président Kruger décida de sanctuariser le territoire entre les rivières Crocodile et Sabie pour protéger la faune du bas Veld. La Sabie Game Reserve était proclamée le 26 mars 1898. Rebaptisée parc Kruger, elle allait accueillir ses premiers visiteurs en 1927. En ces temps héroïques où l'on ne connaissait pas les réactions des bêtes sauvages aux véhicules à moteur, les touristes se munissaient de fusils, au cas où. Il fallut creuser des puits, construire des camps, installer des lignes téléphoniques, poser des clôtures. Aujourd'hui, l'extension du parc vers le Mozambique a été décidée et prend d'ores et déjà le nom de Great Limpopo Transfrontier Park (35 000 km²). Mais il faudra bien résoudre le problème des réfugiés économiques qui tentent d'entrer clandestinement en Afrique du Sud en passant par le Kruger. De nombreux Mozambicains ont été dévorés par les fauves. D'autres ont réussi le passage, comme les personnages de Nadine Gordimer, dans son livre *Le Safari de votre vie*. Le parc a fêté son centenaire en mars 1998, en présence de Nelson Mandela.

Tourisme

Le parc Kruger occupe un territoire de 20 000 km², soit deux fois et demie la Corse : il s'étend sur environ 350 km du sud vers le nord, sur une largeur de plus de 60 km. Au nord et au sud, le parc est bordé par les rivières Limpopo et Crocodile.

À l'est, les monts Lebombo le séparent du Mozambique. À l'ouest, ses limites suivent l'orientation de la chaîne du Drakensberg, à une soixantaine de kilomètres. L'altitude varie de 200 m à l'est à 900 m à Pretoriuskop. Le climat est subtropical, avec des chutes d'eau plus importantes dans le sud (700 mm) que dans le nord (400 mm), diminuant également d'ouest en est. En été, les températures dépassent souvent les 40 °C.

Une équipe constituée de 2 000 personnes – gardes, pisteurs, vétérinaires, personnel hôtelier, employés de voirie, pilotes, garagistes – travaille 365 jours par an à faire tourner la plus fabuleuse organisation que l'homme ait jamais conçue au service de la vie sauvage : une trentaine de camps, une vingtaine de stations-service, un réseau de 2 500 km de routes et de pistes.

A TASTE OF AFRICA

© +27 82 565 2520

www.tasteofafrica.co.za

Formule chez l'habitant : autour de 300 R/personne en rondavel familial. Repas compris. Transfert : 200 R/personne A/R.

Cédric de la Harpe propose une expérience exceptionnelle. En plus du traditionnel safari, un moment rare : une nuit dans le village de Josepha, chez l'habitant, non loin de Punda Maria, en plein pays Venda, une zone sauvage connue pour sa densité d'éléphants et sa richesse culturelle. Accueil simple, chaleureux et festif du village. Cédric propose trois formules : tout compris avec *game drive*, en demi-pension chez l'habitant avec sa propre voiture, en demi-pension en transport en commun. Aussi, des combinés Soweto/Kruger park, le tout chez l'habitant.

Kruger national park.

LOWER SABIE REST CAMP €

✆ +27 13 735 6056

www.sanparks.org

Camping à 389 R, hutte à partir de 414 R/2 personnes, tente safari à 1 352 R, bungalow à partir de 1 504 R.

Dans le sud du parc, le Lower Sabie Rest Camp offre un un superbe espace de restauration en terrasse face au spectacle naturel des animaux défilant au bord de la rivière Sabie. Préférez bien sûr les bungalows en tête à tête avec la rivière ou l'extraordinaire *guesthouse* isolée et panoramique, mais les huttes et tentes safaris sont très correctes aussi ! Sur place : station essence, supérette. Ce camp est réputé pour la forte présence de lions et de léopards, alors si vous voulez multiplier vos chances de voir des gros chats, optez pour un *sunset* ou *sunrise drive*.

TAMBOTI ET MAORELA BUSH CAMP €

✆ +27 21 424 1037

www.krugerpark.co.za

Mareola : Camping 2 personnes autour de 285 R. Tamboti : tente safari de 570 R à 1 250 R, jusqu'à 4 personnes.

Les deux bush camps annexes d'Orpen proposent : un camping basique ou de belles tentes pourvues d'une cuisine équipée. Les deux ont un point de vue sur la Timbavati et les animaux qui viennent y boire. Les tentes 21 ou 22 à Tamboti ont l'avantage d'une ambiance de brousse sans foule. Le soir, repas dans le *boma* autour du feu : magique. Le matin, vous aurez de grandes chances de voir lions, léopards, guépards, buffles, éléphants avec votre propre véhicule.

ORPEN REST CAMP €€

✆ +27 13 735 6355

www.sanparks.org

Bungalow 2 personnes à partir de 1 312 R, cottage (4 à 6 personnes) à partir de 2 412 R.

Sur place, tout le nécessaire : supérette, station-service, distributeur et piscine, mais pas de surpopulation comme à Skukuza. Orpen a l'avantage d'être bien placé, à côté de l'Orpen Gate, près des réserves privées de luxe Timbavati et Manyeleti. Les animaux circulent librement, et la forêt alentour regorge de lions, guépards, hyènes, mais aussi rhinos, éléphants, buffles... et d'antilopes, bien sûr. Petits budgets : pour voir les Big 5 avec votre propre voiture, tentez les camps satellite d'Orpen dans le bush : Tamboti ou Maroel, moins chers et plus sauvages.

TALAMATI BUSHVELD CAMP €€

✆ +27 13 735 6343 - www.sanparks.org

Autour de 1 277 R pour le cottage simple ou entre 2 371 R et 3 027 R pour le guest cottage.

Si vous voyagez à quatre et cherchez un camp de brousse pour faire une halte, arrêtez-vous à Talamati. Seul camp proche des réserves privées de luxe Manyeleti et Sabi Sand collées au parc, il bénéficie d'un emplacement exceptionnel au cœur d'une forêt fréquentée par de nombreux léopards, mais aussi des antilopes, zèbres, hyènes. C'est d'ailleurs l'un des seuls camps de brousse qui proposent des *game drives*, c'est le bon plan pour ceux qui cherchent un des meilleurs endroits pour un *sunset* ou *night drive* dans une ambiance de camp de brousse authentique.

CAMP SHONGA €€€

Près de Crocodile Bridge Gate.

✆ +27 13 735 3300

www.shishangeni.com

A partir de 7 270 R par personne, en pension complète avec 2 game drives inclus.

Un *lodge* de brousse 100 % ethnique : décoration, personnel, direction, rangers, tout porte la marque des Shonga. Votre suite n'a des huttes traditionnelles que la forme générale, à l'intérieur : immense lit surmonté d'art tribal et salle de bains princière. Lors du safari-photo, votre ranger parlera des plantes médicinales et du rôle magique de certains animaux. Le soir, au moment du repas, les employés forment une chorale très authentique. On discute sous les étoiles ou dans les salons à toit de chaume. Expérience culturelle intéressante et unique.

KRUGER SHALATI €€€

Selati Station & Bridge

✆ +27 13 591 6000

www.krugershalati.com

À partir de 19 900 R pour 2 personnes.

À la recherche d'une expérience unique ? Le Kruger Shalati vous promet un séjour incroyable dans l'une de ses 24 chambres luxueuses, logées dans les wagons d'un train sur un pont qui enjambe majestueusement la rivière Sabie à l'entrée du parc Kruger. Au petit matin, le réveil est superbe : antilopes et autres animaux s'abreuvent dans la rivière, avec en bruit de fond le chant des oiseaux. Superbe piscine panoramique. Sept autres suites sont installées près du pont dans un superbe jardin éclairé par la douce lumière du train la nuit tombée. Magique !

RHINO POST SAFARI LODGE €€€

✆ +27 11 467 1886
www.rhinopostsafarilodge.co.za
À partir de 7 200 R/personne la nuit au Rhino Post. Rhino Walking Safaris : à partir de 12 000 R les 3 jours de trek.

D'abord, il y a le magnifique Rhino Post Camp, suspendu au bord de la Mutlumuvi, une retraite de tentes luxueuses. Puis, l'aventure des sentiers connus des seuls rangers et des animaux. Une aventure initiatique vraiment fantastique. Depuis le plancher des rhinocéros, la perception du bush est beaucoup plus intense qu'en 4 x 4. Le cœur cogne et les rangers apparaissent comme des anges gardiens. Et si on continuait l'aventure à Plains Camp, dans la savane de Timbitene ? Dans le bush, haut perché sous les étoiles afin de se fondre dans la nature luxuriante.

QUELQUES CONSEILS

- **Si l'on s'intéresse uniquement aux animaux,** les mois de juillet et d'août constituent la meilleure période pour visiter le parc Kruger.
- **Si vous comptez séjourner dans un camp,** prévoyez une lampe torche.
- **En cas de panne de voiture,** ne descendez sous aucun prétexte de votre véhicule pour aller chercher de l'aide : vous avez toutes les chances de ne jamais revenir entier. Il y a de nombreux accidents chaque année.
- **Ne pas klaxonner.**
- **Surveiller sa jauge d'essence** et faire le plein aux pompes dans un des camps.
- **Si un animal dangereux** se trouve au bout de votre capot, ne pas sortir le torse par la fenêtre pour filmer, il y a eu des accidents.
- **Au cas où un éléphant** vous prendrait en chasse, ne pas paniquer et accélérer. Ne vous approchez pas trop des éléphants avec votre voiture, aussi grosse qu'elle soit elle ne fait pas le poids face à un éléphant échaudé.
- **En brousse, on se réveille très tôt.** Prévoir une promenade en voiture vers 6h, retour vers 9h, et une autre sortie entre 15h30 et 17h30.
- **Éviter les habits de couleurs vives** et les baskets d'extraterrestres. En brousse, vive la sobriété ! Autrement, vous passerez pour un Texan en voyage de noces.

ROYAL KRUGER LODGE €€€

1224 Volstruis Rd, Marloth Park, 1340
✆ +27 71 204 0641
www.royalkrugerlodge.co.za
Chambre double à partir de 2 800 R, petit déjeuner inclus. Package demi-pension disponible à partir de 3 200 R.

À la frontière sud du Kruger, nous sommes dans Marloth Park : au Royal Kruger Lodge & Spa. La nature s'invite dans ce lieu hors du temps où l'accueil chaleureux et humain de Marie donne l'agréable sensation d'être en famille. Dans le respect de la tradition africaine, des lieux de partage comme le « Boma » ont été créés autour du feu. On s'y retrouve pour de délicieux dîners autour d'une grande tablée après un apéritif surplombant la Crocodile River. Pour les amateurs de bien-être, au-delà du plongeon dans la piscine, le spa offre un moment incroyable de détente.

SINGITA LEBOMBO LODGE €€€

Orpen Gate ✆ +27 21 683 3424
www.singita.com
Suite de 1 495 R à 4 485 R. Villa à partir de 6 890 R.

La piste du Kruger s'arrête contre ces montagnes qui forment la frontière naturelle du Mozambique. Deux *lodges* ont été intégrés à la nature avec légèreté par l'architecte Luc Bailes. Tous les matériaux employés dégagent une douceur naturelle. Sweni Lodge, le plus petit, est bâti tout en longueur au bord de la rivière, à l'ombre des arbres touffus. Lebombo Lodge, la vedette, prend ses aises sur un affleurement rocheux. À deux pas, la piscine s'envole vers le ciel, bordée de matelas où se lover. En contrebas, les chambres : majestueuses cabanes de verre et de bois.

THE OUTPOST LODGE €€€

Pafuri Gate
✆ +27 11 568 0384
www.rareearth.co.za
A partir de 7 300 R par personne.

Sur la rivière Levuvhu, des bungalows reliés par une longue passerelle. Les cloisons allient le végétal et le minéral... L'audace : une simple moustiquaire vous sépare la nuit du bush rugissant. La douche ? Ruisselez sous l'eau chaude sur ce balcon aérien qu'un filin métallique protège des félins, vivez le moment de communion, nu face à la sombre densité de la nature. Demain, un bain en plongeant dans cette coque d'escargot préhistorique ! La gestion est partagée avec les Makuleke, redevenus propriétaires de leur terre ancestrale au terme d'une bataille juridique.

KAPAMA GAME RESERVE ★★

Kapama, ce sont quelque 12 000 ha séparés du parc national Kruger. Ici existe un seul propriétaire, et surtout une vue imprenable sur la chaîne du Drakensberg. Les paysages magnifiques trouvent toute leur splendeur au coucher du soleil. Dans la réserve, on trouve des lodges luxueux et des safaris à la rencontre du « Big Five ». Pendant un séjour dans la Kapama Game Reserve, on peut aller visiter le centre de recherche et d'élevage de guépards qui occupe une centaine d'hectares à l'autre bout de la réserve. Il faut compter 6 heures de route depuis Johannesburg tandis que, pour ceux qui arrivent en avion, l'aéroport de Hoedspruit est à 15 minutes.

KAPAMA RIVER LODGE €€€

✆ +27 74 133 6874

www.kapama.co.za

A partir de 8 000 R. Le prix inclut les 3 repas, les boissons, 2 game drives, les transferts.

Le capitaine est un richissime Afrikaner passionné par la protection de la nature : Kapama est l'aboutissement de ses combats pour la survie des espèces menacées et pour le développement des zones naturelles protégées. Cette réserve aux contours très découpés abrite un très grand nombre d'animaux. En fait, la partie sur laquelle se trouve le Kapama Lodge est bien distincte de celle du Buffalo : une piste publique passe entre les deux sections clôturées. Du coup, cette petite zone connaît une concentration en faune rarement vue.

JABULANI SAFARI €€€

R40

✆ +27 12 460 7348

https://jabulanisafari.com/

À partir de 17 600 R la journée et la nuit en tout inclus avec safari.

A deux pas de l'aéroport d'Hoespruit, Jabulani Safari est un lodge luxueux qui saura ravir petits et grands. Tout est fait pour que vos vacances soient exceptionnelles. Outre la qualité de l'hébergement et de la cuisine, Jabulani Safari est avant tout le repère des amoureux des animaux. Précurseur de la réintroduction d'espèces menacées, la famille Roode, qui gère les lieux, vous propose un séjour hors du commun. Les visiteurs peuvent participer à des balades à dos d'éléphants de jour comme de nuit, et profiter de la réserve lors de safaris à couper le souffle.

SABI SAND RESERVE ★★★

Très belle alternative au parc du Kruger, ces 65 000 ha de concessions privées, voisines du Kruger (il n'y a aucune clôture entre les deux), constituent le « triangle d'or » de la faune, partagé en une vingtaine de concessions. Sabi Sand Reserve, c'est aussi l'hectare de brousse le plus cher du monde. Chaque hébergement propose au minimum du luxe, si ce n'est du très grand luxe, en lodge ou en tente safari entièrement aménagée. Depuis Johannesburg, en voiture, comptez 6 heures jusqu'aux entrées Newington et Shaws, 7 heures pour Gowrie. En avion, aéroport Kruger Mpumalanga pour les deux premières, ou encore aéroport de Hoedspruit pour Gowrie.

Kapama Game Reserve.

ELEPHANT PLAINS GAME LODGE €€€

✆ +27 13 735 5358

www.elephantplains.co.za

A partir de 5 150 R par personne en rondavelle, 7 050 R en suite deluxe. Tout compris.

Le lodge dispose de douze chambres luxueuses et spacieuses à la décoration soignée, chacune équipée d'un deck et d'une douche extérieure, salon privé et chambre. Le lodge principal est sublime, avec sa cave de bonnes bouteilles, son restaurant, un *boma* pour les dîners au coin de feu, un autre restaurant avec vue sur un point d'eau où viennent s'abreuver les animaux… Petit déjeuner exceptionnel, après le game drive du matin, pourquoi pas suivi d'un massage au spa, relaxant et divin.

IDUBE GAME LODGE €€€

Newington Gate

✆ +27 13 735 8000

www.idube.com

A partir de 8 000 R par personne, en pension complète avec deux game drives par jour. Enfants à partir de 12 ans.

À l'ouest du parc national Kruger, une clairière et son point d'eau, quelques chalets de brique qui recherchent l'ombre rare des arbres, équipés luxueusement pour recevoir des guests exigeants en pleine brousse. L'Idube Game Lodge est un des lodges historiques de la réserve, très « nature », idéal pour les photographes animaliers puisque c'est le métier de Grant Marais. Nous sommes ici plongés dans une ambiance à la fois chic, rustique et familiale. Sont proposés des safaris à pied ou en *game drive*, ainsi que des sorties pour les passionnés d'oiseaux.

SINGITA EBONY & BOULDERS €€€

Newington Gate

✆ +27 21 683 3424

www.singita.com

A partir de 32 950 R en double.

Vous l'avez rêvé, ils l'ont fait… Singita, dit « le miracle », demeure le plus bel éclat de civilisation en terre d'Afrique. Les bungalows, conçus pour abriter une quarantaine de privilégiés dans deux camps différents, surplombent la rivière Sand. Dans une chambre au sol de terre battue vernie, un grand lit sous une moustiquaire ; le salon, à la cheminée pivotante, ouvre sur une terrasse privée. Vous gagnerez le restaurant par une longue passerelle de bois. L'Ebony et le Boulders s'inscrivent dans la même destinée d'élite avec des volumes encore plus spacieux.

ULUSABA SAFARI LODGE €€€

Newington Gate

✆ +27 13 735 5460

À partir de 13 800 R la chambre double, Rock Lodge à partir de 13 800 R, en pension complète avec activités.

Depuis cet éperon rocheux qui domine la brousse, quelle vue ! Devons-nous avouer un vrai coup de cœur pour l'ambiance, unique, jeune et sexy du Rock Lodge ? La déco de ce safari qui emprunte autant au *Livre de la jungle* qu'à l'univers du *Seigneur des anneaux*. Soyez prévenu : dans les salons de cette hacienda futuriste, vous entendrez plus facilement de la musique clubbin' que le son *live* de la nature, la cuisine est moderne et on ne se couche pas aux aurores, le bar est ouvert le soir. Les chambres sur pilotis, accessibles par des ponts mobiles, sont fabuleuses !

MANYELETI GAME RESERVE ★

Gérée par la communauté mnisi, la Manyeleti Game Reserve, « la place des étoiles », est un domaine de 23 000 ha administré par la province du Limpopo. L'espace est ouvert sur le parc national du Kruger, mais aussi sur les réserves animalières privées voisines comme Timbavati ou Sabi Sands, ce qui permet aux animaux de circuler librement entre les réserves. Les pistes ne sont pas toujours en très bon état, surtout après les pluies où il est plus adapté de se déplacer en 4 x 4. Ici, on alterne des vues sur la savane et son « Big Five » ainsi que sur les forêts denses. Comptez 6 heures depuis Johannesburg ou 1 heure depuis l'aéroport de Hoedspruit.

HONEYGUIDE TENTED SAFARI CAMPS €€€

✆ +27 21 424 3122

www.honeyguidecamp.com

A partir de 4 100 R. Tous les repas, boissons, game drives et activités inclus.

Nous sommes ici chez le francophone Christoff van Staden. Mantobeni s'étire gentiment sous les arbres tamboti : douze tentes cossues dressées chacune sur une plate-forme. Des espaces au sol vernissé, de plain-pied, avec un coin salon pour rêvasser et des salles de bains ultradesign. Étonnants salons et restaurant dans un bâtiment architecturé comme un loft de brousse. La bonne idée : les enfants sont pris en charge par un ranger spécialisé pendant que les parents partent en safari !

THORNYBUSH GAME RESERVE ★★

Le Thornybush Game Reserve ne compte pas moins de 11 000 ha de concessions animalières privées séparées du célèbre parc national Kruger. On retrouve une fois encore le « Big Five » à travers le bush. On profite de panoramas splendides sur les reliefs de la chaîne de montagnes du Drakensberg. Les lodges, souvent dotés d'une infrastructure luxueuse et tout confort, appartiennent à des personnes différentes, mais sont parfois gérés par le même bureau de réservation. Lodges et tentes safari avec de superbes vues sur la savane. En voiture, il faut prévoir 6 heures de route depuis Johannesburg et l'aéroport de Hoedspruit est à 25 minutes.

MOPAYA SAFARI LODGE €€€

✆ +27 78 958 3571

www.mopayasafari.co.za

À partir de 5 728 R par personne, en pension complète, avec open bar et activités, au minimum 3 nuits.

Sur les 4 900 ha de la réserve animalière Blyde Olifants, la brousse s'étend à perte de vue devant les reliefs du Drakensberg. Les activités sont variées : sorties en 4x4, marches guidées, brasses dans la piscine, siestes dans la luxueuse tente safari aménagée sur pilotis, apéros au coin du feu avec Michel. Le territoire qui nous entoure, traversé de pistes, est de toute beauté. On assiste au coucher de soleil du haut de la tour d'observation, puis on rejoint le *boma* pour le dîner. Le matin, on part en safari-photo dans la réserve ou en excursion dans le Kruger.

ROYAL MALEWANE SAFARI LODGE €€€

Par R531 vers Orpen Gate

✆ +27 21 671 5502

www.royalmalewane.com

A partir de 13 500 R par personne et par nuit, tout compris.

Au sommet du luxe, vivez vos rêves les plus audacieux, vivez selon l'envie de l'instant. Chaque suite est un voyage en élégance, des livres anciens, des fauteuils de cuir, une piscine privative sur un ponton face à la brousse. A côté de votre chambre, vous trouverez une belle « paillote » pour se reposer sur un lit, à l'extérieur. Au Royal Malewane Safari Lodge, la cuisine de haute volée est préparée par un chef résident. Enfants à partir de 12 ans.

TIMBAVATI NATURE RESERVE ★★

Encore une fois, ouverte sur l'extérieure, aucune barrière ne sépare la réserve animalière privée du gigantesque parc Kruger, libre aux animaux sauvages de circuler dans les plus de 65 000 ha de Timavati Nature Reserve. Aussi dénommée Timbavati Game Reserve, on s'y rend pour faire des safaris, à la rencontre de plus de 70 mammifères dont le fameux « Big Five », soit les lions, les éléphants, les rhinocéros, les léopards et les buffles, ainsi que de nombreux oiseaux. La réserve de Timbavati offre un décor propice à de très beaux safaris photographiques. Compter autour de 6 heures depuis Johannesburg. Aéroport de Hoedspruit à 1 heure.

SHINDZELA SAFARI CAMP €€

✆ +27 82 307 9493

www.shindzela.co.za

À partir de 3 800 R/2 personnes, inclus : hébergement, repas et 2 safaris par jour (safaris et/ou marche).

Shindzela, qui signifie « blaireau de miel » en shangaan, est un authentique camp, équipé de tentes en bois et en toile, en pleine brousse, dans la réserve de Timbavati, à quelques kilomètres du parc national Kruger. Solution abordable pour effectuer un safari, c'est rare. Vous pourrez explorer la nature sauvage africaine dans les véhicules ouverts ou à pied lors de promenades dans le bush. Les activités safari sont menées par des guides professionnels compétents. Une atmosphère informelle et détendue, camp très vivant et très bon accueil.

NGALA TENTED SAFARI CAMP €€€

Orpen Gate ✆ +27 11 809 4300

www.andbeyond.com

A partir de 6 500 R par personne. Enfants à partir de 11 ans.

Dans la famille des Small Luxury Hotels of the World, demandez la petite dernière, élégante et broussarde, si snob qu'elle s'est offert le luxe d'un design décalé, vaguement Fifties. Un auvent de toile abrite des suites princières où se répondent le chrome, le bois, la pierre brute et les joncs. Au salon, au dîner, chaque élément entrant dans votre champ de vision est une caresse audacieuse. Un travail exquis, la piscine devant le lit asséché de la Timbavati, le coin Internet, la cuisine afro-chic : chez Ngala Tented Safari Camp, on est dans les tops du top !

Thornybush Game Reserve.
© FIONA MILLER

LIMPOPO

Direction le grand nord, le Limpopo. Le fleuve a donné son nom à la région du Transvaal du Nord à la chute de l'apartheid. Pour vous, nous avons sillonné cette terre rebelle, brûlée, sanguine, la plus africaine qui soit. Loin des villes où se concentrent les tensions sociales, découvrez vers l'ouest, par-delà le Waterberg, des ranchs et des réserves isolés, puis le parc de Mapungubwe. Au cœur de ce dernier se trouvent les fondations d'une des plus anciennes civilisations d'Afrique subsaharienne. Le Limpopo est aussi la région la plus pauvre du pays. Les hôpitaux, les écoles et les administrations doivent être partagés par tous, c'est-à-dire près de six millions de personnes. Cela induit malheureusement une forte mortalité infantile, des salles de classe surpeuplées et plus de 60 % des citoyens de plus de 15 ans sans source de revenus. Voilà le profil socio-économique grossier d'une province désargentée, mais magnifique.

Limpopo
50 KM
BOTSWANA
ZIMBABWE
MOZAMBIQUE
MASHATU GAME RESERVE
PARC NATIONAL MAPUNGUBWE
Dumisa
Linton
MUSINA
MOGALAKWENA
MAKULU MAKETE WILDLIFE RESERVE
Bandur
TSHIPISE
MAKUYA PRIVATE GAME RESERVE
Mapai
Grootpan
JOSEFA
Manyii
Chadibe
Groblersbrug
Burgerregt
MAKHADO
(LOUIS TRICHARDT)
THOHOYANDOU
Malamulele
Marnitz
Elim
Senwabarwana
Mogwadi
Giyani
GREAT LIMPOPO TRANSFRONTIER PARK
Bangalong
Ga-rabogale
Sekgopo
Lephalale
MODJADJI NATURE RESERVE
TZANEEN
HAENERTSBURG
GRAVELOTTE
Lulekani
POLOKWANE
PHALABORWA
Makekeng
Laaste Hoop
Letsitele
LEYDSDORP
ENTABENI
GAME RESERVE
VAALWATER
Mokopane
BALULE PRIVATE NATURE RESERVE
Sentrum
HOEDSPRUIT
TIMBAVATI NATURE
MARAKELE NATIONAL PARK
WELGEVONDEN
GAME RESERVE
Lebowakgomo
MAROPENG
Makgaung
CANYON DE LA BLYDE
KAPAMA GAME RESERVE
Mookgophong
THORNYBUSH PRIVATE GAME RESERVE
THABAZIMBI
THABA PITSI NATURE RESERVE
Roedtan
Khutsong
MANYELETI GAME RESERVE

PAGES

On file à travers la jolie route R71 jusqu'au parc national Kruger. Les paysages se déploient à travers les plantations de tabac, de mangues ou encore de thé.

Après la parenthèse de la pseudo-indépendance, entre 1979 et 1994, le territoire des Venda a réintégré l'Afrique du Sud sans rien céder de son identité très forte. Les valeurs culturelles et les croyances locales semblent bien, en effet, être le fruit de plusieurs peuples d'origines distinctes. Si les Venda ont forgé une unité, c'est surtout au XIXe siècle lors des accrochages avec les trekkers et les aventuriers blancs. Les premiers habitants de la région étaient les Ngona, accueillants et pacifiques. Profitant de cette disposition, les Vhatavhatsinde s'installèrent sur leur territoire. A la fin du XVIIe siècle, d'autres étrangers, moins débonnaires, arrivèrent du nord : les Makhwinde, conduits par leur chef Dimbanyaka, puis par son fils Thoho-ya-ndou (tête d'éléphant). Quant aux rares Lemba présents dans la région (les « juifs noirs »), ils descendraient, selon leurs dires, des exilés d'une des dix tribus d'Israël. Ils pratiquent cette religion et exercent leurs talents dans le travail du métal et le petit commerce. En se regroupant autour du massif du Soutpansberg, ces diverses populations ont formé un groupe ethnique, l'un des plus secrets d'Afrique du Sud : les Venda.

PAGES

180

●● BIOSPHÈRE DU WATERBERG

Au départ de Modimolle par la très belle R517, on atteint le cœur du Waterberg, une sorte d'altiplano où de luxueuses réserves privées proposent des safaris. Avec deux avantages ici : on est à 3 heures de l'aéroport (et non pas 6 heures comme le Kruger) et il n'y a pas de paludisme. En hiver, disons d'avril à octobre, les matins sont souvent givrés, parfois enneigés. Grâce au travail inlassable du naturaliste Clive Walker, le Waterberg est depuis 2001 une réserve de biosphère de plus de 400 000 hectares, consacrée par l'Unesco. Vaalwater, un carrefour routier devenu un village, devient, de fait, l'escale incontournable. Ne manquez pas de goûter le *biltong* de bœuf Bonsmara fabriqué par le boucher local. Pour une évasion par la piste, quittez le goudron de la R33 au nord de Modimolle, vers la droite, direction Melrivier. Prévoir 2 heures à travers la savane puis les montagnes, sur une piste parfois rouge sang. La réserve la plus réputée pour sa beauté et sa faune est la Welgevonde, juste à côté. Magnifique !

© LESNIEWSKI - STOCK.ADOBE.COM

Marakele national park.

POLOKWANE ★

Située dans une dépression naturelle, le Polokwane des Sotho, la capitale régionale cultive le souvenir de Pieter Joubert, le héros de la bataille de Majuba, qui n'est autre que le lointain descendant de Pierre Joubert, huguenot de Provence arrivé au Cap en 1688. C'est un groupe de Voortrekkers, chassé de Schoemansdal par les Venda, qui fonda la ville le 11 novembre 1884. Quasiment encerclée jusqu'en 1994 par l'État bantou autonome du Lebowa, Polokwane, également connue sous le nom afrikaans de Pietersburg aux plus de 500 000 habitants, doit aujourd'hui faire face à un afflux de populations déshéritées et les tensions sociales y sont fortes.

Cathédrale de Polokwane.

BAKONE MALAPA NORTHERN SOTHO OPEN AIR MUSEUM

Chuenespoort Road
✆ +27 68 563 3605
Ouvert de 8h à 15h30 du lundi au vendredi.

Un village traditionnel des Sotho du Nord, créé sur un terrain de 126 hectares par des membres de la tribu des Bakoni de Matlala. Les huttes, regroupées en lapa pour les trois épouses du chef, sont construites en bois d'acacias. C'est une véritable reconstitution de la vie quotidienne de la tribu : fabrication traditionnelle du feu, brassage de bière, broyage de maïs, poterie, sculpture sur bois, tissage, poterie, vannerie traditionnelle. Un bel échantillon de l'art de vivre local.

GROTTE DE MAKAPAN ★

A 11 km de Polokwane par la N1 vers le sud, suivre les panneaux
✆ +27 15 293 8300
Il faut s'inscrire auprès de l'office de tourisme pour obtenir un permis de visite.

Impossible d'aller plus loin que la ferme Peppercorn, car le site est un monument national inscrit au Patrimoine mondial de l'Unesco ainsi qu'un chantier de fouilles. C'est ici que fut découvert le premier australopithèque en 1947. En 1854, les Tlou, une tribu Ndebele, s'y réfugièrent après le massacre de Moorddrif. Paul Kruger, simple soldat, sortit le corps d'un chef de district. Un groupe de Blancs découvrit un horrible charnier de corps putréfiés dans la grotte. Sur les 1 500 indigènes réfugiés à Makapansgat, peu avaient survécu à la faim et la soif.

POLOKWANE GAME RESERVE

✆ +27 15 290 2331
Tous les jours, de 7h à 17h30.

Au sud de Pietersburg, vous trouverez la réserve de Polokwane. Il faut alors compter au moins 2h30 à bord de votre propre véhicule pour parcourir ce vaste territoire le long des pistes de cette réserve municipale de 3 200 ha. Un véritable sanctuaire naturel et aussi un abri traditionnel du type de végétation très localisé du Plateau False Grassland. On y croise des antilopes par dizaines, des zèbres, des girafes, des rhinocéros... Dans un autre style, les amateurs d'observation des oiseaux pourront s'en donner à cœur joie, avec de nombreuses espèces endémiques.

LIMPOPO

THE COTTAGE €

78 Erasmus Street, Flora Park
✆ +27 82 080 9695
http://thecottagepolokwane.co.za/
Simple 320 R, double 420 R, triple 480 R, quadruple 560 R, petit déjeuner inclus.

Dans le quartier de Flora Park, c'est une des adresses de la ville idéale pour les petits budgets : The Cottage est central, agréable et bien tenu. Un hébergement indépendant, une maison en bois lambrissé, pourvue de deux chambres simples et propres, et une cuisine entièrement équipée à des prix tout à fait abordables. Un salon, une salle de bains, et surtout un grand jardin et une table pour manger dehors. Une des premières choses que l'on vous montre dans une location sudaf, c'est bien entendu où faire votre braii du soir.

MAVUTA MANOR €€€

94 Voortrekker Street

✆ +27 15 297 2740

Chambre standard à partir de 1 750 R, chambre de luxe 1 930 R et suite 2 200 R, petit déjeuner compris.

Superbe guesthouse construite à deux pas du centre-ville de Polokwane. Dix-sept chambres très modernes, cosy, décorées avec beaucoup de goût et tout confort, avec parquet, écran LCD, et TV satellite. L'établissement dispose également d'une grande et belle piscine avec terrasse et propose un délicieux petit déjeuner de chef ! Pancakes, œufs Bénédicte, on ne se refuse rien ici. Le chef Patrick est excellent, nous vous recommandons d'ailleurs de rester dîner à Mavuta Manor au moins une fois pendant votre séjour. C'est beau et c'est bon.

SASKIA RESTAURANT €€€

5 Schoeman Street

✆ +27 15 291 4042

www.fusionboutiquehotel.co.za

Ouvert de 7h à 22h tous les jours. Comptez entre 100 R et 200 R pour un plat.

C'est le restaurant du Boutique Hotel Fusion, un établissement très raffiné, fréquenté par la classe aisée de la ville. Nappes et serviettes blanches immaculées et décoration chic et élégante dans un cadre cosy et discret. Dans vos assiettes : une cuisine quasiment gastronomique. Ici, les plats se dégustent d'abord avec les yeux, travaillés comme des œuvres d'art, place aux couleurs des petites fleurs comestibles de saison qui dominent le savoureux décor. Du côté de la cave, on trouvera d'excellentes bouteilles de vin à déguster.

PETER MOKABA STADIUM

Ce stade situé à 5 km de la ville de Polokwane a été construit en 2009 en vue de la Coupe du monde de football pour 1,24 milliard de rands. Il compte 46 000 places et son design est inspiré de l'arbre fétiche de la région, le fameux baobab. L'idée de rénover l'ancien stade a rapidement été abandonnée pour la construction d'un nouveau. Son nom, Peter Mokaba, est en hommage au leader de la ligue de jeunesse de l'ANC, le Congrès national africain, un parti socialiste alors déclaré illégal dans les années 1960 à l'époque de l'apartheid.

HAENERTSBURG ★

D'après le nom d'un prospecteur qui « lança » les Woodbrush Goldfiels et attira dans la région des centaines de chercheurs d'or, la ville d'Haenertsburg est le point de départ de magnifiques marches à pied dans le massif du Wolkberg. Vous y trouverez tout le confort nécessaire pour y passer la nuit. Sachez qu'un festival des Cerisiers en fleur, appelé en anglais Cherry Blossom Festival, y a lieu à la fin du mois de septembre et durant les dix premiers jours d'octobre. La ville se pare alors de jolies couleurs et trouve un peu plus de vie sous ses beaux cerisiers qui égayent le quotidien des habitants et des voyageurs de passage.

MAGOEBASKLOOF TOURIST ASSOCIATION

✆ +27 83 442 7429

www.magoebasklooftourism.co.za

Cette association et bureau d'informations vous propose des activités diverses et variées à Magoebaskloof, dans la région du Limpopo : de la pêche, du vélo, de la randonnée, de l'observation des oiseaux et des tours guidés... Il y en a des activités possibles autour de ce joli village rappelant un village suisse « sans la neige », comme dit l'association. Le site recense également quelques hébergements environnants, campings, hôtels, ou encore les self-caterings.

STANFORD LAKE LODGE €€

Stanford Farm A21 between and Magoebasko

✆ +27 79 519 9211

www.stanfordlake.co.za

De 890 R à 2 990 R.

Au milieu du magnifique pays de Haenertsburg, dans la belle province de Limpopo, terre de montagnes, de lacs, de cascades et de forêts, se dresse l'élégant Stanford Lake Lodge, un hommage à ceux qui recherchent le summum de l'intimité idyllique... On se croirait presque dans des contrées canadiennes plus qu'africaines. Ici, on loue un joli chalet en bois sur pilotis tout équipé, allant de l'appartement pour les amoureux à la maisonnette spacieuse, disposant de quatre chambres, pour les amis ou familles nombreuses, avec vue sur le lac et la forêt.

MAGOEBASKLOOF CANOPY TOURS

George Valley Road
✆ 27 83 866 1546
www.magoebaskloofcanopytour.co.za
Par personne : autour de 500 R pour 2h30 d'accrobranche, déjeuner et guidage inclus.

Pour une balade inoubliable dans la cime des arbres. Situé dans les collines de la George's Valley, au-dessus de la rivière Letaba et dans des gorges aux cascades spectaculaires, optez pour Magoeaskloof Canopy Tours. Ponts de singe, tyrolienne d'un arbre à un autre, vous êtes entièrement pris en charge par un guide professionnel, compétent et surtout passionné. Une façon à la fois sportive et aventurière de profiter pleinement de la nature et de son panorama à couper le souffle.

TZANEEN ★

Tzaneen doit son développement au chemin de fer et à l'extension des cultures tropicales. Le premier bâtiment public de la ville y fut édifié en 1924. À cause des fortes précipitations dans la région, pas moins de 1 143 mm par an, la ville apparaît dans un écrin de verdure, et parfois derrière un épais voile de brume. « C'est notre Suisse tropicale », expliquent les nombreux Sud-Africains qui se rendent en vacances dans la région. Compte tenu de la douceur du paysage, ce serait plutôt une sorte d'Auvergne un peu moite. Le soleil est plus souvent au rendez-vous en hiver avec 26 °C en moyenne qu'en été, où le curseur tutoie pourtant les 33 °C.

UNE REINE LÉGENDAIRE

L'histoire des reines de la Pluie constitue un des derniers grands mystères d'Afrique du Sud. Au XVIe siècle, une fille d'un chef karanga du Zimbabwe fut chassée après être tombée enceinte de son demi-frère. Accompagnée de sa suite, elle trouva refuge dans la vallée de la Molototsi et fonda le royaume des Lobedu, « ceux qui détiennent le pouvoir de la pluie ». Au siècle dernier, le chef Mugudo décida de transférer le pouvoir aux femmes de la tribu. De son union incestueuse avec sa propre fille naquit une fille, Modjadji, la première reine de la Pluie. Grâce aux offrandes et aux craintes de tous les peuples de la région, les Lobedu (environ 100 000 personnes) ont pu maintenir leur suprématie. Les rites pratiqués pour faire tomber la pluie sont assez méconnus. On emploie, dit-on, la peau des vieilles reines poussées au suicide pour laisser le trône à une jeune. Pour rencontrer les souveraines, prendre contact avec l'office de tourisme de Tzaneen. Lors du rendez-vous, il convient de ne pas arriver les mains vides : la *queen* aime les billets de 100 rands ! Pour éviter toute prétention masculine, la souveraine ne révèle jamais l'identité de ses amants. Ses enfants, et donc la future reine, n'ont pas de père. La reine est immortelle. S'inspirant de cette curieuse histoire, sir Henry Rider Haggard écrivit son célèbre roman *She* (*Elle-qui-doit-être-obéie*, Bouquins, Laffont), après le succès des *Mines du roi Salomon*.

LIMPOPO

ATELIER KAROSS ET CAFE ★

Giyani Rd, Middelplaas, Letsitele
✆ +27 76 499 6778
www.kaross.co.za
Ouvert du lundi au vendredi de 8h à 16h.

Dans cet atelier remarquable, des centaines de femmes shangaan brodent à la main les fameux panneaux de coton tressés de fils colorés devenus un succès national sous l'impulsion de la créatrice Irma van Rooyen, des œuvres d'artistes qui se déclinent alors au fil de coussins, de pochettes, de nappes, de sets de table… Sur chacune de ces créations se trouve comme une peinture d'art primitif haute en couleur cousue sur le tissu. À travers la fondation, Kaross cherche à financer des projets et à améliorer durablement la vie quotidienne de ses employés.

COACH HOUSE HOTEL €€€

Old Coach Road, Agatha
✆ +27 15 306 8000
www.orionhotels.co.za
Doubles à partir de 1 304 R.

L'étape historique de la région, sur l'emplacement de l'ancien relais de poste. Cet hôtel d'une tenue parfaite offre des prestations très luxueuses. Chambres spacieuses, décorées de manière très classique, avec des boiseries et d'épaisses couvertures. Un spa pour se détendre. Vue magnifique sur la vallée, plantée d'avocatiers. Pub chaleureux, piscine panoramique circulaire. Une visite en cuisine s'impose pour voir comment on fait le nougat spécial, à base de noix de macadamia. À table, les saveurs sont justes, les cuissons précises et le service bien dressé.

MODJADJI NATURE RESERVE ★★

La Modjadji Nature Reserve est idéale pour des balades, se rafraîchir et organiser un barbecue sur place. Attention : la piste n'est pas en très bon état. Soyez très prudents les jours de pluie. Mais surtout, il faut aller voir de près les cycas sacrés de la reine de la Pluie. Contrairement à leur apparence, ce ne sont pas des palmiers. Ces arbres nourrissaient les dinosaures il y a cinquante millions d'années. Protégés par leur caractère sacré, ils forment ici la plus grande concentration du monde d'une seule espèce de cycas. Une croyance locale veut que leurs graines soient empoisonnées. Montez au sommet de la colline pour admirer l'océan.

LEYDSDORP ★

Très proche de Gravelotte se trouve Leydsdorp. En 1888, la rumeur de l'or tourna la tête des aventuriers de tout poil. Un nouveau gisement aurait été découvert par le géologue Roderick Murchison, une moisson de carats à portée de pelles. Cela devait durer une bonne dizaine d'années, suffisamment pour créer dans le coin une petite vie sociale, avec ses bars, son hôtel, ses commerces et son journal, *The Leydsdorp Leader*. Au temps de la ruée, les camps s'appelaient Great Bonanza, Dirty Dick ou encore French Bob. On visite aujourd'hui Leydsdorp, ex-French Bob Camp, le petit bourg organisé autour de l'étonnant Français Auguste Robert, la vedette locale.

GRAVELOTTE ★

Au cœur du bush vallonné, on traverse le Murchison Range pour atteindre l'embranchement de Kremetartboom, puis le Baobab Bar. À l'époque de la ruée vers l'or, des dizaines de prospecteurs venaient y prendre un petit verre. De retour sur la piste, direction Gravelotte. Certaines nuits, on voit des koudous ou des girafes sur ces terres riches en mica, feldspath, silice et émeraudes. Dominée par les 874 m du Spitskop, la petite ville aurait été baptisée par un missionnaire, le révérend Fritz Reuter. Non loin se trouve la plus grande mine d'antimoine du monde. En 1892, à l'heure de l'or, une vaste escroquerie aux chemins de fer entraîna un scandale national.

PHALABORWA ★★

Cette ville d'environ 12 000 habitants compte deux étés et repose sur un volcan éteint il y a deux milliards d'années. L'explosion a amené à la surface des minerais très divers, dont le cuivre exploité ici par un peuple venu du Zimbabwe il y a douze cents ans. Phalaborwa est née en 1957 et a connu une forte expansion au tournant du siècle, lorsque les Blancs ont repris le flambeau et développé les opérations à un niveau industriel. Aujourd'hui, une mine extrait encore chaque année 80 000 t de cuivre. C'est aussi une bonne halte pour visiter le parc Kruger, qui se trouve à seulement 4 km de la ville, vers l'est. Letaba est le camp le plus proche.

LIMPOPO

Leydsdorp.

Mine de cuivre.

PHALABORWA TOURISM CENTRE

73A Sealene Avenue
✆ +27 15 781 7760
www.phalaborwa.co.za
Ouvert de 8h à 17h du lundi au vendredi.

L'endroit où il faut absolument passer pour commencer votre périple dans la région. Des idées de logements, des bonnes adresses pour vous restaurer et boire un verre et surtout tous les contacts et renseignements sur les nombreuses activités à faire dans le coin, à mi-chemin entre le parc Kruger et le Limpopo. Saviez-vous que le nom Ba-Phalaborwa a été donné à la ville par les tribus sotho qui s'y sont installées et qu'il signifierait « meilleur que le sud » ?

LA LECHÈRE €€€

8 Sysie Avenue
✆ +27 15 781 7510
www.lalechere.co.za
Chambre simple de 800 R à 1050 R et chambre double de 1 650 R à 2 000 R. Lit supplémentaire : 350 R.

La Lechère Guesthouse est une jolie petite propriété de 9 chambres doubles et 3 suites tenue par Hanny, une Allemande expatriée au pays du *biltong*. Equipées d'écran plat, lecteur DVD et connexion wi-fi, les chambres sont tout confort et se trouvent à deux pas de la piscine. Un joli deck en bois, ombragé, l'endroit idéal pour déguster son petit déjeuner au bord de la piscine ou s'installer pour un verre en fin de journée. En plus de vous cuisiner de bons plats méditerranéens, Hanny se chargera aussi d'organiser vos excursions dans le Kruger et ses environs...

KAIA TANI €€€

29 Boekenhout Street
✆ +27 64 991 8930
www.kaiatani.com
A partir de 690 R avec petit déjeuner inclus.

À quelques minutes du parc national Kruger, Kaia Tani est un petit établissement de sept chambres magnifiquement décorées dans un style purement africain. Bien que petites, les salles de bains valent le détour à elles seules ! La piscine est creusée dans une pierre volcanique vieille de milliers d'années. Ici, la cuisine est italienne, tout comme le guide Alberto. Diplômé officiellement par le gouvernement sud-africain en tant que guide nature, il saura vous faire vivre l'expérience Kruger avec une approche intéressante. Un véritable coup de cœur.

SEFAPANE LODGE €€€

Copper Rd
✆ +27 15 780 6700
www.sefapane.co.za
Rondavel à partir de 2 100 R, 4 personnes 5 560 R avec petit déjeuner inclus. Safari, walk ou river safari : 660 R.

Une grande propriété idéalement située à seulement 5 minutes de la porte d'entrée du Kruger. On a le choix entre de simples chambres doubles, de petites huttes individuelles sous leur toit de chaume, ou bien même une maison pouvant accueillir jusqu'à quatre personnes. Dans le jardin, se trouve une grande hutte juste à côté de la piscine pour trouver de l'ombre pour le déjeuner ou pour se rafraîchir. Restaurant, bar, rien ne manque au confort. Excursions et safaris variés dans le Kruger, en bateau, en pick up, à pied ou encore à vélo… Wifi et parking.

MAKHADO (LOUIS TRICHARDT) ★

À 117 km au nord de Polokwane, la ville portait le nom d'un chef du Grand Trek qui explora la région dès 1836, Louis Trichardt. À cette époque et jusqu'au tournant du siècle, les affrontements entre colons et indigènes venda étaient très courants. La République du Transvaal ne put reprendre le contrôle du Soutpansberg qu'en 1898. Aujourd'hui important centre agricole, la ville produit du bois, du bétail, des litchis, des mangues, des bananes et des noix. Depuis quelques années, la région se développe car elle est sur la route du Zimbabwe et notamment du côté du massif du Soutpansberg, « la montagne des lacs salés » où de nombreux lodges sont installés.

MANSDAL OPEN AIR MUSEUM

Quitter Louis Trichardt par Krogh Street, et prendre la R522 vers l'ouest sur 10 km. Tourner à gauche vers The Schoemansdal Open-Air Museum (8h-16h), la ville-fantôme des commerçants d'ivoire.

Andries Hendrik Potgieter fonda ici sa république indépendante du Zoutpansberg en 1848. Une république frondeuse et riche autour d'un village tout simplement nommé Zoutpansbergdorp, et dont la population atteindra les 1 500 âmes en 1855. Les défenses d'éléphant étaient acheminées jusqu'à Delagoa Bay sur la côte mozambicaine, où elles étaient vendues aux grossistes portugais. Aujourd'hui, à droite de la piste d'accès au musée, cherchez parmi les herbes folles le cimetière national de Schoemansdal où repose le trekker Hendrik Potgieter. Atmosphère fantomatique.

SHILUVARI LAKESIDE LODGE €€

Par la R578 vers Giyani/Elim à 26 km
✆ +27 73 918 3303
www.shiluvari.com
De 850 à 1 150 R la double en B&B, de 1 340 à 1 640 R en demi-pension.

Michel et Claire partagent leur petit paradis au bord du lac Albasini. La maison et la piscine donnent sur le plan d'eau. Les chalets bien équipés sont en self-catering et les rondavels se prolongent par un balcon sur le lac. Nuit paisible sous la moustiquaire, réveil au chant des oiseaux. Michel se fera un plaisir de vous initier aux charmes du pays Venda qu'il connaît comme sa poche. Son frère Paul, de Kuvona Cultural Tours, organise des circuits incluant les ruines Dzata et le lac sacré. Tourisme responsable et main dans la main avec les communautés locales.

THOHOYANDOU ★

Il n'y a pas grand-chose à faire dans cet ancien bantoustan, comme on l'appelait à l'époque de l'apartheid. Peuplée de près de 70 000 habitants, la ville de Thohoyandou vit aujourd'hui de l'agriculture. Elle attire les populations pauvres venues des campagnes et les *townships*, déjà nombreux, ne cessent de grossir. On est en tout cas près du royaume des pachydermes, d'ailleurs Thohoyandou veut dire « tête d'éléphant » en venda, c'était le nom d'un roi du royaume Vhavenda qui régna aux XVIIe et XVIIIe siècles. On pourra loger au Pafuri Rivercamp, niché sur les berges de la rivière Mutale, et profiter des *game drives* dans le parc du Kruger.

PAFURI RIVER CAMP €€

Par R525 juste avant Pafuri Gate
✆ +27 82 785 0305
www.pafuri.co.za
À partir de 350 R en chambre partagée. Camping : 150 R/personne. Petit déjeuner : 85 R. Dîner : 150 R.

Changez d'univers. Ici, ni béton, ni électricité, ni portable. On passe la journée avec les oiseaux qui hantent par milliers les arbres touffus des berges humides. Une piscine toute mignonne, un bar dont on ne décroche pas jusqu'à tard et là-bas, près de la rivière, votre chambre dans les arbres en bungalow ou sous tente safari. Derrière, les douches communes. Confort sommaire, mais quelle qualité de vie, quelle douceur au réveil dans les arbres ! Soirée au coin du feu, nombreuses activités de rivière, *game drive* dans le parc Kruger. Et ce bain dans la rivière !

JOSEPHA ★

Ce petit village tout proche de la porte Punda Maria est constitué de huttes traditionnelles en terre aux toits de chaume. Le mode de vie y est rural, mais les populations shangaan connaissent tout du parc Kruger car elles y habitaient bien avant la création du parc national, de ses pistes et de ses infrastructures. Ces habitants pionniers vous raconteront d'ailleurs de belles histoires et légendes sur le parc et ses animaux. On ne vient pas dans le village de Josepha par hasard, en revanche on peut loger chez l'habitant en passant par exemple par l'agence de tourisme équitable A Taste of Africa. Dépaysement et expérience humaine inoubliable.

TSHIPISE ★

Cette station thermale est appelée Tshipise. En langue venda, Tshipise signifie « source chaude ». Et pour cause, quelque 227 306 litres d'eau jaillissent chaque jour à une température de 65 °C. La station thermale accueille de nombreux vacanciers et curistes pour profiter des bienfaits de ses sources d'eau chaude naturelles. La région abrite quelques arbres remarquables : des jacarandas, des flamboyants, des frangipaniers et des baobabs. Sur la ferme Nonsiang, un baobab géant de pas moins de 30 m de haut serait âgé de quatre mille cinq cents ans. Mais sachez que pour rajeunir un peu, rien ne vaut un bon bain soufré, c'est très bon pour la peau !

MUSINA ★

Le pays du baobab cuit sous un soleil écrasant. Pour les anciens mineurs africains, Musina désignait le cuivre. De fait, encore de nos jours, le district est le premier producteur du pays. Si l'exploitation minière à l'européenne a commencé en 1905, la municipalité ne fut créée qu'en 1968. La frontière de Beit Bridge étant à une quinzaine de kilomètres, on vit ici au rythme plutôt secoué du « zim », avec toujours la crainte d'un déferlement. La gare de Musina constitue l'attraction principale. En 1915, Frank Bretag, employé des chemins de fer, plantait un baobab près de la voie : l'arbre est toujours là pour voir passer les rapides.

FOREVER RESORTS TSHIPISE €€

✆ +27 15 539 0634

www.forevertshipise.co.za

Pour 2 personnes : camping 350 R, rondavel 995 R, en self-catering.

Le Forever Resorts Tshipise n'a rien d'extraordinaire à nous conter, mais il est le seul hôtel du village. Il propose un camping assez cher et des huttes de deux à six personnes toutes équipées avec une cuisine, une salle de bain et un barbecue, bien sûr. Elles parsèment le vaste jardin. L'intérêt ici est d'avoir accès aux piscines d'eau thermale chaude ou froide, et de profiter d'un certain confort dans les chambres : les rondavels, sous leur joli toit de chaume, sont équipées de la télévision et de la climatisation, qui peut être utile.

MUSINA NATURE RESERVE

✆ +27 15 516 3415

Accès à 5 km au sud de la ville, de 7h30 à 16h.

Le Musina Nature Reserve est une bonne étape pour un pique-nique près des baobabs, en suivant le sentier balisé au fil des 4 910 ha de la réserve. Paysage brûlant de beauté sauvage. Une merveille géologique se cache ici. Le Sand River Gneiss, composé de cristaux de mica, de quartz et de feldspath, remonte à 3 852 millions d'années. A ce jour, il s'agit de la plus vieille roche métamorphique d'Afrique ; c'est l'un des plus anciens gneiss de la planète. Sur la route, attendez-vous à croiser girafes, antilopes et autres zèbres.

LIMPOPO

MAKUYA GAME RESERVE ★

Partageant une frontière avec le parc national Kruger près de la porte de Pafuri dans le nord, ce camp est impressionnant, plus encore parce que situé au sommet d'une montagne qui offre une vue spectaculaire sur la rivière Levuvhu ainsi qu'une forêt de baobabs où les éléphants, les hippopotames et les crocodiles se pavanent tranquillement. Vous pourrez y rencontrer les célèbres et majestueux animaux du « Big Five » ainsi que toutes les autres espèces que l'on trouve dans la région. Tout autour de la Makuya Game Reserve s'étend également une région idéale pour l'observation des oiseaux : avis aux nombreux amateurs de *birdwatching* !

BUSHMEN INN GUESTHOUSE €€

43 Irwin Street

✆ +27 15 534 0243

www.bushmen.co.za

De 700 R à 1 400 R, petit déjeuner inclus.

Une des seules *guesthouse*s du coin, abordable, au nom plutôt surprenant en plein pays Venda. Pratique si vous passez la frontière vers le Zimbabwe ou si vous allez au Kruger Park par la Pafuri Gate, la plus au nord du parc. Au Bushmen Inn Guesthouse, les chambres sont douillettes et confortables, bien décorées et à la propreté irréprochable, avec mini-bar, TV satellite et climatisation. Un bar tout en bois, des pierres apparentes au mur, de la paille au plafond, un joli petit jardin luxuriant avec son incontournable piscine pour se rafraîchir un peu.

MAPUNGUBWE NATIONAL PARK ★★

On se déplace librement dans cette réserve de 28 000 ha, intégrée au parc transfrontalier Afrique du Sud-Botswana-Zimbabwe. Les animaux sauvages sont progressivement acclimatés dans la perspective de créer une zone « Big Five ». La beauté sauvage de ces paysages constitués d'éperons de grès ocre, dressés dans un océan de baobabs, est fantastique. Les éléphants sont bien sûr le clou du spectacle. Contrairement à tous les autres parcs nationaux du pays, le Mapungubwe n'est pas entièrement clôturé pour permettre la migration des éléphants, qui ne se privent pas pour écraser les barbelés qui subsistent sur les berges. Les voyageurs intéressés par l'histoire ancienne doivent s'inscrire à la visite guidée de la cité perdue, inaccessible par leurs propres moyens. Cette option permet de grimper sur la colline royale par un escalier vertigineux entre les figuiers sauvages et, là-haut, de découvrir les traces au sol des habitations ainsi qu'un fascinant plateau de jeu awalé creusé dans la roche. Un rhinocéros en feuilles d'or fut trouvé ici, dans la tombe du roi. Vue panoramique et des centaines de peintures et de gravures rupestres. Les plateformes du View Point édifiées en surplomb au-dessus du Limpopo offrent un panorama grand écran absolument stupéfiant. Faites escale au Boardwalk.

MAZHOU CAMPSITE €

✆ +27 12 428 9111

www.sanparks.org

Comptez autour de 200 R par tente double, 70 R par adulte supplémentaire (jusqu'à 6 personnes).

Même si l'on peut croire que les logements situés au cœur des parc nationaux sont plus chers et souvent hors budget, il existe bien souvent des campings, appelés ***campsite***, qui vous permettent de vous loger sur place à moindre coût. Ici, le parc Mapungubwe n'est pas accessible qu'aux gros budgets : le modeste camp de Mazhou est un coin de nature pure et dure, à la frontière du Botswana. Le lieu propose un camping avec un accès électrique rudimentaire, mais pour le coup une immersion totale dans la vie sauvage. Rentrez plutôt par la Mapungubwe Gate.

LEOKWE CAMP €€

✆ +27 15 534 2014

www.sanparks.org

À partir de 1 000 R le cottage pour 2 personnes.

Au centre de la réserve, ce camp offre tout ce que l'on attend du confort en brousse. Les bungalows sous les chaumes dégagent de vastes volumes et sont joliment décorés : chambre agréable, coin salon, cuisine aménagée, terrasse avec barbecue bien entendu, et surtout la douche extérieure. Quel bonheur de pouvoir se doucher sous le ciel bleu ou étoilé ! Leokwe Camp est entouré de reliefs rougeoyants et dentelés. C'est au cœur de ce décor que s'est creusée dans les rochers une superbe piscine. Un trésor de camp en harmonie avec le paysage.

© VILLIERS STEYN - SHUTTERSTOCK.COM

Baobab dans Mapungubwe national park.

MOPANE BUSH LODGE €€€

R572 en face du parc
✆ +27 15 534 7906
www.mopanebushlodge.com
Chambre double 3 760 R avec petit déjeuner, le dîner et 2 activités par jour.

Simplement luxueux ! Au milieu de cette réserve animalière privée de 6 000 hectares, la piste d'accès serpente entre les arbres mopane, puis soudain débouche devant une cathédrale à toit de chaume ouverte sur l'horizon. Là, vous déjeunerez en observant le va-et-vient des phacochères. Les chalets, décorés dans des tons nature, allient le bois sombre à la clarté des étoffes. Le soir, après un plongeon dans la piscine, on rejoint la compagnie autour du *boma*. Paul emmène ses hôtes à Poacher's Corner, un coin secret de Mapungubwe où le Limpopo apparaît en majesté.

MAKULU MAKETE WILDLIFE RESERVE ★

Dans cette réserve très abordable, même pour les petits budgets, vous pouvez admirer des baobabs géants plantés dans un paysage spectaculaire tout proche de la Mogalakwena River et des hyènes brunes. Le site propose un lodge et des camps en association avec la très sérieuse organisation De Wildt Wild Cheetah Project (www.makulumakete.com) qui se bat pour sauver les guépards gravement menacés d'extinction. Le parc œuvre à leur réhabilitation à l'état sauvage, un travail de très longue haleine pour les chercheurs. Un endroit unique pour découvrir ces fascinants animaux et financer une bonne cause. La route est assez difficile à trouver.

MOGALAKWENA RIVER ★

Cette superbe réserve privée est un arrêt idéalement situé près d'Alldays, pour les voyageurs désirant atteindre le Kruger Park, ou peut-être même voyager vers le Botswana ou encore le Zimbabwe depuis Johannesburg. Les terres du Mogalakwena sont riches en minéraux, platine, diamants et granite. Comme toujours, de nombreuses activités physiques sont à l'honneur : des randonnées, de l'escalade, des balades en 4 x 4 et du camping le soir. Vous y découvrirez également une diversité d'oiseaux impressionnante, sans oublier les animaux du bush, mais il n'y a pas de gros prédateurs : des antilopes, des girafes, des crocodiles et des zèbres.

MASHATU GAME RESERVE ★★

Plus de 900 éléphants se déplacent en paix entre le Botswana, là où se trouve Mashatu, le Zimbabwe voisin et l'Afrique du Sud de l'autre côté du fleuve à travers le grand parc naturel transfrontalier. En insistant un peu auprès des rangers, vous serez peut-être conduit en 4 x 4 à la cité perdue de Mapungubwe. En fin de journée, face au soleil couchant safrané, une grimpette sur l'éperon rocheux orné d'un baobab, près des plus anciens vestiges de l'histoire de l'Afrique subsaharienne, vous laissera un souvenir pour la vie. Attention aux conditions d'accès : pour pouvoir traverser le Limpopo, il faut passer le poste frontière de Pontdrif.

MOGALAKWENA RIVER LODGE €€

Po Box 60 Alldays Limpopo 0909
✆ +27 72 123 0505 - www.mogalakwena.com
Entre 1 440 R et 2 200 R avec petit déjeuner inclus. Dîner autour de 185 R.

Au bord de la rivière Mogalakwena, bungalows prolongés par un deck constituent le *main lodge*. A l'intérieur : sols et murs vernissés, drapés voluptueux, incrustations de galets polis. Après un plongeon dans la piscine allongée sur la berge, on gagne le salon dressé en hauteur, sous les chaumes, pour se régaler de légumes bio et de pâtes au basilic. On peut aussi séjourner au camp Artist's Retreat, moins cher, ou dans le bush camp. Sur demande, escapade voisine dans une réserve plantée de baobabs géants et ponctuée d'éperons rocheux, une vue inoubliable !

MASHATU GAME RESERVE €€€

✆ +27 31 761 3440 - www.mashatu.com
Comptez 290 € par personne en tente double et 375 € en suite de luxe. Inclus : transferts et les game drives.

Le Main Camp dispose de vastes huttes luxueuses à la décoration ethnochic, mêlant matériaux naturels au confort d'un luxe absolu. Piscine et joli bar. Dîners somptueux au coin du feu, point d'eau idéal pour voir les animaux devant le lodge principal. Le camp propose de jolies tentes safari un brin moins chères, mais pas aussi confortables, l'intérêt est d'avoir un contact privilégié avec la nature : douche extérieure, petit nombre de tentes. Piscine ombragée et dîners au coin du feu. *Game drives* matin et soir avec *tracker* et ranger, la grande classe.

LIMPOPO

THABAZIMBI ★

Thabazimbi, la « montagne de fer », doit son nom aux carrières alentour, où l'on exploite l'un des plus importants gisements de minerai de fer du monde. Pas question de s'orienter à la boussole : les champs magnétiques sont trop violents. La ville ne voit pratiquement jamais de touristes, c'est surtout un point de passage vers le Botswana. Osez donc le grand Nord ! Vous ne regretterez pas cette évasion vers le septentrion, à travers des savanes immenses. Passé Thabazimbi, prenez par Vaalwater, Marken, Tolwe et gagnez Alldays. La présence des premiers baobabs indique que l'on s'approche du fleuve non loin de la mine de diamants la plus généreuse du pays.

MARAKELE NATIONAL PARK ★★

Un des derniers-nés des parcs nationaux, sur 45 000 ha de relief très tourmenté, avec un point culminant à plus de 2 000 m, abrite les grands mammifères comme les éléphants, les rhinocéros, les fauves et, pour les amateurs, les fameux vautours du Cap. Sans 4 x 4, on ne peut emprunter que la seule piste du Krantzberg en faisant un aller-retour sur un dénivelé de plus de 1 000 m. Si l'on souhaite pleinement profiter du Marakele National Park, il faudra prévoir 4 heures en tout, en prenant le temps de profiter d'un pique-nique en haut. C'est une superbe expérience par temps clair, quand la vue est entièrement dégagée.

RATHO BUSH CAMP & CROCODILE FARM €

✆ +27 15 575 9946
www.ratho.co.za
Camp : autour de 400 R. Tente : 800 R pour 2 personnes.

Les Boshoff ont installé leur ferme gigantesque en plein pays des éléphants. Une grande maison sous les arbres où dansent les singes, c'est là. On visite l'élevage de crocodiles. Sur la berge du Limpopo, aux premières loges pour voir traverser les pachydermes, un camp self-catering avec ses tentes aménagées, son grand *braai* central et un bar très sympa. Idéal pour un séjour nature en famille ou entre amis. La réserve Ratho abrite encore d'autres camps de brousse accessibles en 4 x 4.

MARATABA SAFARI COMPANY €€€

✆ +27 21 203 1913
www.marataba.co.za
De 8 125 R à 12 525 R en double et de 11 790 R à 18 778 R en simple. Petit déjeuner et game drive inclus.

Au top du luxe dans la province, et même en route vers les sommets nationaux en matière de camp de toile, le Marataba dresse ses quinze tentes royales au cœur d'un domaine exclusif de 23 000 ha. Décoration papier glacé, cuisine en lévitation, gastro et service de palace. Il y a le Safari Lodge, plus familial au pied des montagnes, mais aussi le Mountain Lodge hissé sur une colline, avec vue sur Waterfall Valley, où l'on peut dormir à la belle étoile. Le luxe ici : la nature brute et ses grands espaces. D'ailleurs, c'est un Relais & Châteaux.

LIMPOPO

© STEPHANIE PERIQUET - SHUTTERSTOCK.COM

Marakele National Park.

THABA PITSI NATURE RESERVE ★

Dans le nord du pays, au-dessus de la ville de Pretoria, à environ 17 km de Bela Bela, cette réserve privée de 500 ha est parfaite pour les familles ou les amateurs d'animaux paisibles. Encore de magnifiques paysages de nature luxuriante entre bush, savane et doux relief montagneux. On y observe déambulant toutes sortes de bucks, de zèbres, de girafes, d'autruches, de phacochères et de babouins, mais pas de gros prédateurs en vue dans la réserve de Thaba Pitsi Nature. Au cœur de la réserve, de très beaux et luxueux lodges offrent des séjours tout confort avec en prime le luxe de la nature du Waterberg Estate tout autour.

WELGEVONDEN GAME RESERVE ★

Dans la province du Limpopo, cette réserve de chasse privée de 36 000 ha est l'une des meilleures du Waterberg, car elle se compose du célèbre « Big Five », dont deux groupes de nombreux lions, mais aussi des guépards, ou encore un couple d'hippopotames et de très nombreux animaux du bush, ainsi que plus de 300 espèces d'oiseaux, pour les amateurs de *birdwatching*. Les paysages alentour sont très variés. La réserve ne compte que quelques luxueux *lodges* exclusifs, les visiteurs sont donc relativement tranquilles pour observer les animaux lors de très beaux safaris en *game drive* à travers la belle et très vaste Welgevonden Game Reserve.
Plus d'infos sur www.welgevonden.org.

LALUKA SAFARI LODGE €€€

Welgevonden Game Reserve, Site 8
✆ +27 14 161 0897
www.lalukasafarilodge.com
À partir de 8 500 R par personne, par nuit, en pension complète. Deux game drives par jour et nature walks inclus.

Au cœur de la réserve Welgevonden, le Laluka Safari promet une expérience douce et agréable. On profite de la vue incroyable sur la vallée et le ruisseau d'eau douce qui traverse la propriété. Le temps d'une bonne tasse de café sur le deck, la nature se réveille, et l'on embarque pour un safari guidé. Et si on réservait un soin au spa pour se prélasser un peu avant l'heure du déjeuner ? En fin d'après-midi, nous voilà repartis pour un *game drive*, car on ne s'en lasse pas. Les chambres, décorées avec goût autour de matières nobles, se prêtent à un séjour reposant.

SEDIBA PRIVATE GAME LODGE €€€

Welgevonden Game Reserve
✆ +27 14 755 4909
www.sediba.com
à partir de 5 500 R par personne. Le prix comprend tous les repas, les transferts et deux safaris.

Le Sediba Private Game Lodge compte deux *lodges* luxueux, le Rock Lodge et le Mountain Lodge, perdus à 10 minutes en 4 x 4 l'un de l'autre entre les montagnes verdoyantes et les paysages rocheux de la réserve privée de Welgevonden. L'ensemble compte au total 15 chambres spacieuses et douillettes, à la décoration africaine raffinée. Le Rock Lodge est pourvu d'un spa et d'un sauna pour se ressourcer et évacuer le stress. Des safaris exclusifs dans la réserve vous en mettront plein la vue !

SHIBULA LODGE & BUSH SPA €€€

Welgevonden Game Reserve ✆ +27 65 005 4035
De 2 200 à 3 100 R par personne et par nuit dans les lodges, selon la saison, pension complète et game drive inclus.

Au fin fond de la Welgevonden Game réserve, nichée là où résonnent les cris des babouins, telle une loge à l'opéra de la nature, Shibula ! Observez les singes batailleurs depuis la terrasse panoramique, passez chez l'esthéticienne pour un bain d'argile et partez en 4x4 dans la brousse. Les chalets, parfois équipés d'un Jacuzzi privé, jouent sur la gamme de tous les luxes tandis que les suites atteignent des dimensions indécentes. Une somptueuse adresse, à l'image d'ailleurs des concurrents de la réserve naturelle de Welgevonden.

MAKWETI SAFARI LODGE €€€

Welgevonden Game Reserve
✆ +27 11 837 6776
www.makweti.com
Chalets privés, par personne et par nuit en pension complète : à partir de 4 500 R, game drives (matin et soir) inclus.

Makweti est un luxueux lodge isolé au milieu du bush. Une vraie expérience « nature » qui est proposée aux hôtes, le grand luxe en prime. Les chalets sont isolés les uns des autres, décorés selon un style ethnochic raffiné avec des matériaux naturels, une terrasse avec vue panoramique et pour certains une piscine privée. Le *lodge* principal est un trésor d'architecture et offre des coins pour se reposer ainsi qu'une grande piscine et une terrasse à deux pas d'un point d'eau où s'abreuvent les animaux. Mention spéciale à la bibliothèque et à la cave à vins.

VAALWATER ★★

Petite ville située au bord de la Mokoko River, elle est le point de passage des touristes qui visitent la biosphère du Waterberg, classée au patrimoine mondial de l'Unesco, un paysage de roches, de buttes et de falaises, façonné à travers les ans sous les courants et les mouvements d'érosions fluviales. On y trouve quelques magasins d'artisanat, des échoppes et une station-service pour tout ravitaillement, mais aussi, au fil de ce décor magnifique, vivent de grands mammifères comme le rhinocéros blanc, particulièrement en danger face au braconnage, mais aussi des girafes, des gnous bleus et d'autres espèces d'antilopes, que l'on croisera volontiers.

ANT'S HILL €€€

✆ +27 87 820 7233
www.waterberg.net
A partir de 2 950 R par personne et par nuit.
D'abord des chevaux, puis la nature en majesté. Ses antilopes, girafes, rhinocéros et zèbres, lui du terroir, elle du Kenya. Et ce décor, où chaque objet raconte une histoire ou cache un mythe. Profitez du *deck* suspendu au-dessus de la gorge broussarde, de la piscine discrète et panoramique, puis gagnez votre suite somptueuse à la salle de bains taillée dans la pierre. A 30 minutes, l'annexe ultra-privée, Ant's Nest, une villa dans la prairie. Nous aimons la liberté d'aller et venir, les balades à cheval et les surprises de cette brousse.

RHINO MUSEUM

A une quarantaine de kilomètres de Vaalwater en direction de Marken puis par la piste de Melkrivier School à gauche.
✆ +27 14 755 4428
Ouvert du mardi au dimanche de 9h à 17h. Entrée dès 10 R. Fermé temporairement.
Nous voilà chez Clive Walker, le naturaliste et le peintre, le sauveteur du rhino noir. Visite de la galerie consacrée à l'histoire de l'implantation humaine et à la vie d'Eugène Marais (1871-1936), un des précurseurs de l'éthologie. Les toiles de Clive Walker sont d'ailleurs d'une très grande qualité. Côté rhino, vous apprendrez à distinguer les différentes espèces et verrez une reproduction de la célèbre gravure d'Albrecht Dürer. Une jolie boutique et un restaurant et bar agréables avec une jolie terrasse ombragée pour se poser.

ENTABENI GAME RESERVE ★

Cette réserve très vaste au cœur de la biosphère Waterberg s'étend sur environ 22 000 ha, un écrin de nature grandiose qui offre de jolis paysages montagneux et une foule d'animaux : girafes, impalas, lions, hyènes, buffles, éléphants, léopards, les « Big Five » et beaucoup d'autres encore. Sachez que l'école de guides nature Entabeni Nature Guide Training School est également basée sur la réserve, un terrain d'apprentissage idéal pour les jeunes diplômés. En prime, vous pouvez visiter un village pedi dans les environs, l'un des groupes ethniques d'origine bantoue et présents en Afrique du Sud, établis dans le Transvaal.

ROYAL MORUBISI FOUNDERS LODGE €€

Witfontein Road
✆ +27 800 008 710
www.royalmorubisi.com
Contacter le lodge pour les prix.
Au cœur de Kaingo Game Reserve, une réserve située à moins d'une heure de Vaalwater, ce *lodge* de luxe promet un séjour mémorable. Il s'intègre harmonieusement dans la nature, puisqu'il est construit tout en pierre naturelle avec des toits de chaume. Pouvant accueillir seulement 28 personnes, il offre une expérience intime et chaleureuse, avec un personnel dévoué et attentionné. Entre les *game drives*, les balades en bateau et les pique-niques dans le bush, les activités y sont variées.

LEGEND LODGES ENTABENI €€€

Marken Road ✆ +27 15 880 1261
www.legendlodges.co.za
Par personne et par nuit selon les lodges : à partir de 1 730 R en haute saison, pension complète et game drive inclus.
L'hôtelier de luxe, Legend, a créé ici cinq lodges au cœur d'une réserve de 22 000 ha, spectaculaires par leur architecture et les prestations proposées. Ravineside Lodge est suspendu à la montagne, tandis que Lakeside lodge est au bord d'un sublime lac, tout comme Kingfisher lodge, plus exclusif et encore plus luxueux, équipé d'un spa. Hanglip Mountain Lodge est plus romantique, décoré dans un style baroque. Enfin le Wildside safari Camp est plus proche de la nature, vous dormez sous des tentes luxueuses en observant les étoiles autour du feu dans le *boma*.

KALAHARI

La route nationale R27 conduit le voyageur à la découverte du pays profond, traversant de part en part les provinces du Nord-Ouest et du Cap-Nord. C'est une Afrique tantôt verte, tantôt désertique, où les paysages s'étendent à perte de vue par-delà l'horizon. On quittera Rustenburg, antichambre de Sun City, pour découvrir la nature en majesté du Marico avant d'atteindre la capitale régionale, mmabatho, où Baden Powell inventa les boy-scouts. Puis on filera vers Kuruman en traversant les vastes pâturages du Stellaland, comme on nomme le « Texas sud-africain ». Quelle chaleur ! « Chaud comme l'enfer », dit-on à Hotazel, ville qui tire son nom d'un jeu de mots sur *hot as hell*, quand la première ferme fut visitée. Au bout de la route, sous un ciel bleu, Upington offrira aux voyageurs courageux un verre du fameux colombard glacé, ce vin produit par miracle au bord de l'Orange, à deux pas des dunes.

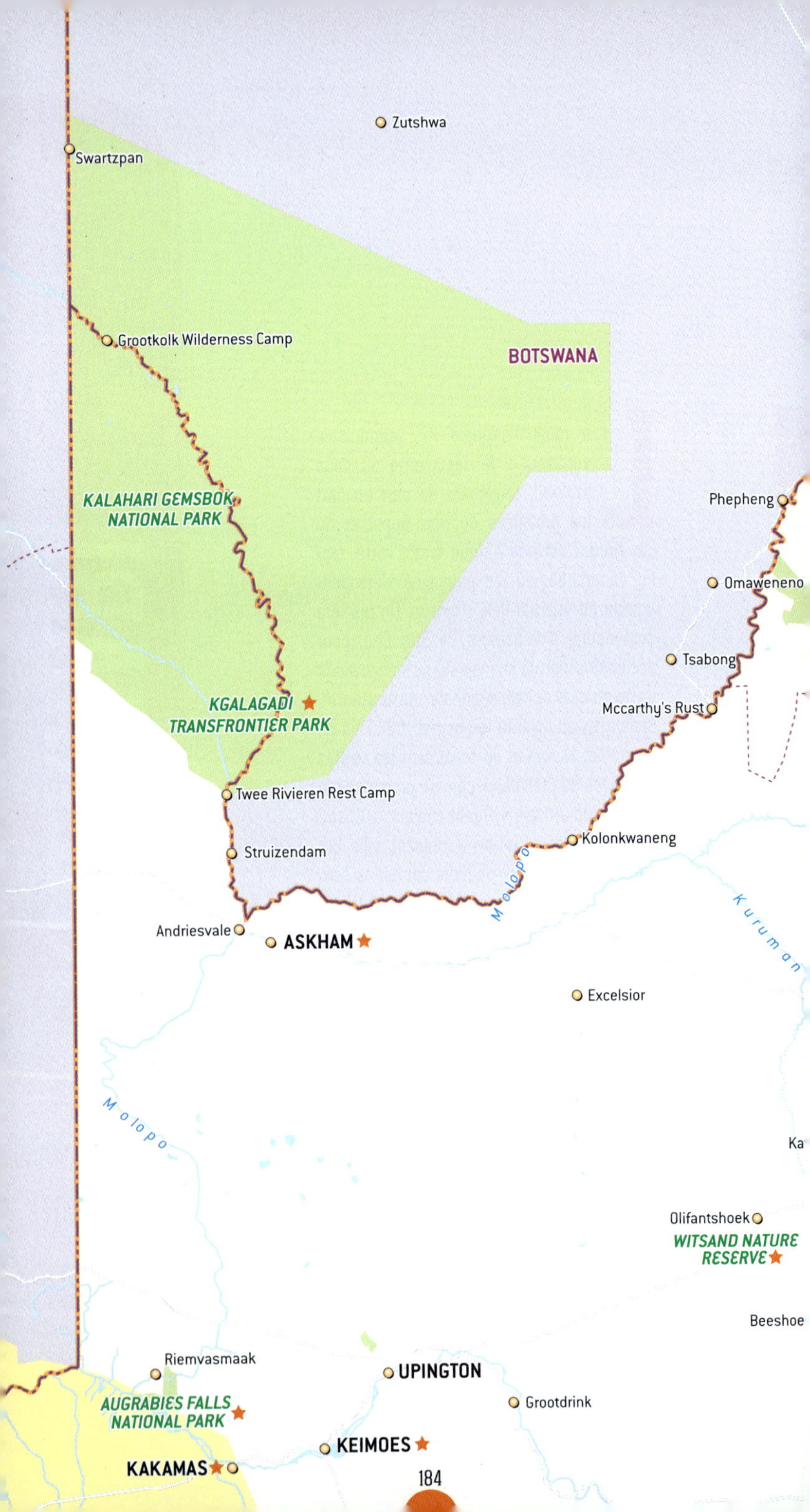
Zutshwa
Swartzpan
Grootkolk Wilderness Camp
BOTSWANA
KALAHARI GEMSBOK NATIONAL PARK
KGALAGADI TRANSFRONTIER PARK
Phepheng
Omaweneno
Tsabong
Mccarthy's Rust
Twee Rivieren Rest Camp
Struizendam
Kolonkwaneng
Molopo
Kuruman
Andriesvale
ASKHAM
Excelsior
Molopo
Ka
Olifantshoek
WITSAND NATURE RESERVE
Beeshoe
Riemvasmaak
UPINGTON
Grootdrink
AUGRABIES FALLS NATIONAL PARK
KEIMOES
KAKAMAS

Kalahari
Motokwe
Molepolole
Jwaneng
Gaborone
Semane
MADIKWE RESERVE EAST
Kokotsha
Kanye
Lobatse
Werda
Lorolwana
Bray
Tswanyaneng
Zeerust
Pomfret
MMABATHO
Mahikeng
Morokweng
Lichtenburg
Coligny
Ganyesa
Stella
Rugby
Delareyville
Dinopeng
Ottosdal
Bendell
Vryburg
Schweizer-reneke
Ga-motlhware
Mothibistad
Pudimoe
Boskuil
KURUMAN
Reivilo
TAUNG
Pholoholo
Savannah Small Holdings
Hoopstad
Warrenton
Lime Acres
Ulco
Windsorton
BARKLY WEST
50 KM
KIMBERLEY
185

PAGES

●● KALAHARI

Une région encore peu foulée d'Afrique du Sud, où les paysages se déclinent tantôt verts, tantôt désertiques, mais toujours avec cette impression de bout du monde.

Witsand Nature Reserve.

MADIKWE RESERVE ★

Dans l'extrême nord, à la frontière du Botswana, découvrons cette merveille naturelle sans paludisme et très gâtée par le Créateur. À 4 bonnes heures de Johannesburg-Pretoria et environ 2 heures 30 de Sun City, la réserve de Madikwe s'étend sur quelque 75 000 ha. Ces terres occupées longtemps par les bovins ont été restituées... à l'Afrique sauvage : en 1996, l'opération de repeuplement Phoenix a permis le retour des animaux de l'époque de Noé sur ce sol contenant le Modibe Gabbro, une roche âgée de 2,63 milliards d'années. Il y a donc les « Big Five » et bien d'autres animaux, notamment près de 250 espèces d'oiseaux, et le chien sauvage, un animal en voie de disparition puisque les experts estiment qu'il n'en reste que 3 000 à 5 000 sur le continent. Ceux que nous avons pu voir ici semblaient très heureux. L'hiver est sec et lumineux. Notez que cette réserve est la seule de la région à abriter du Kalahari *thornveld*, un écosystème qui existe dans le kgalagadi, le « Kalahari vert ». Dans certaines parties de Madikwe, notamment du côté de Tau, on s'imaginerait presque dans ce désert. Comme dans toutes les réserves de luxe, il est impossible de traverser le domaine avec sa propre voiture, il est donc impératif de réserver dans un des camps : tous proposent des safaris. Vous pourrez ainsi profiter pleinement des balades rythmées par les percées d'animaux sauvages, plantés au bord des points d'eau pour se rafraîchir, se baladant tranquillement ou encore planqués dans le bush tentant de ne pas être vus par les prédateurs.

© KRITSADAP - SHUTTERSTOCK.COM

Madikwe Reserve.

JACI'S LODGES €€

Molatedi Gate
✆ +27 83 700 2071
www.jacislodges.co.za

Entre 9 900 R et 15 750 R. Comptez autour de 50 000 R pour 1 suite de 4 personnes. Petit déjeuner et game drive inclus.

Le Tree Lodge avec ses suites sur pilotis noyées dans les arbres tamboti dégage un charme coloré de style contemporain : sofas, cloisons en voilage, mosaïques savantes, tout est *very trendy*. Nous préférons le camp original Safari Lodge, une merveille d'intégration à la flore sauvage, une tanière distinguée pour hobbit en vacances, le pont suspendu et la termitière, cette cuisine à l'américaine ouverte sur le bar, les chambres sous les chaumes équipées d'une baignoire en pierre, ou encore la suite familiale Nare et sa piscine privée.

MADIKWE RIVER LODGE €€€

Derderpoort Gate ✆ +27 14 778 9000

De 2 680 R à 3 680 R par personne et par jour, incluant les repas, boissons et game drives.

Ce camp de grand luxe vous accueille dans des bungalows au bord de la rivière Groot Marico. Chaque unité est décorée avec un soin infini et quelques clins d'œil modernes : couleurs vives, masques, tentures... Une petite terrasse devant la chambre permet de buller en paix sous les étoiles... On circule entre les bungalows par un petit chemin qui court, parallèle avec la rivière. Le bâtiment principal tout en bois et chaume est équipé d'une superbe piscine. Par une passerelle, vous traverserez le cours d'eau jusqu'au restaurant de plein air sur une petite île ombragée.

RHULANI SAFARI LODGE €€€

Wonderboom Gate
✆ +27 14 553 3981
www.rhulani.com

Chalet de 8 600 à 11 352 R. Ces prix incluent : nuitée, tous les repas, Internet, 2 game drives par jour et transferts.

Superbe étape à l'élégance afro-contemporaine, rapidement accessible depuis la route de Zeerust. Huit suites paradisiaques, vastes et claires, prolongées par un deck où vous attend la piscine privative. Décoration très réussie, tout en sobriété beige et brune, dans des matières nobles. Les safaris bien sûr sont à l'honneur du côté des activités. On s'en va alors à la recherche du « Big Five ». Au retour, on partage son expérience. Le salon des hôtes s'ouvre sur la nature, comme une invitation au repos : « Assied-toi et profite du bush africain. » Rien d'autre.

MMABATHO

Chef-lieu de la province du Nord-Ouest, mmabatho, « la mère du peuple », a hérité des constructions pharaoniques réalisées au temps où elle se croyait capitale d'un État libre et souverain. Le Bophuthatswana, bantoustan du peuple tswana déclaré indépendant en 1977, a réintégré l'Afrique du Sud en mars 1994 au terme d'une révolution populaire. Des rêves fastueux du président Mangope, il reste aujourd'hui un stade en forme de coquillage, une grande université et une station de radio et de télévision ultramoderne. mmabatho est le siège du gouvernement régional à majorité ANC. Cette petite province s'assure de confortables revenus grâce aux deux plus grandes mines de platine du monde. En 1899, la ville fit la une de la presse internationale : le colonel Robert Baden-Powell et ses 1 200 hommes parvinrent à résister aux attaques des 8 000 Boers de Cronje puis de Snyman pendant deux cent dix-neuf jours, grâce notamment à la création d'un corps des cadets affecté aux transmissions et au ravitaillement. Baden-Powell avait inventé les boy-scouts. Mafikeng a abrité l'administration du protectorat du Bechuanaland, le Botswana, jusqu'en 1965. Les Anglais se sont toujours obstinés à appeler la ville Mafeking, peut-être par réflexe monarchique. Mafikeng est aujourd'hui le vieux quartier de mmabatho.

MUSÉE DE MAFIKENG

Old Town Hall de Mafikeng
✆ +27 18 388 9000
De 8h à 16h30 du lundi au vendredi, fermé le samedi et dimanche.

Le conservateur a fait de ce musée l'un des tout premiers du pays. Journaliste noir de la tribu rolong, Plaatje vécut à Mafikeng de 1898 à 1909 et il écrivit un « journal » du siège. En 1913, il fut envoyé en Grande-Bretagne par le South African Native National Congress pour protester contre le Natives Land Act. Traducteur de Shakespeare en langue tswana, il a laissé un roman, *Mhudi*, le premier roman écrit en anglais par un Noir sud-africain. Son récit *Native Life in South Africa* est considéré comme le premier témoignage sur le quotidien des Sud-Africains noirs.

MMABATHO PALMS €€

Nelson Mandela Drive
✆ +27 18 389 1111
www.mmabathopalms.co.za
A partir de 1 300 R la double avec petit déjeuner.

Le mmabatho Palms est un grand hôtel, surtout grand par sa taille. Cet hôtel est l'un des premiers ouverts dans le pays dans les années 1970. Un établissement de classe, avec son bar, le Moo Bar, son restaurant italien et même une rôtisserie, et tous les services que l'on peut attendre de ce type d'établissement : une grande piscine et un service aux petits soins. Un peu bruyant à cause du Casino néanmoins, mais si vous aimez jouer à la roulette, au black-jack ou encore passer la soirée aux machines à sous : c'est l'occasion !

CANNON KOPJE ★★

Accès à la sortie de la ville par la R52 vers Lichtenburg.

Cannon Kopje est une étape historique. Ce point d'observation sur la vallée de la Molopo, où l'on a trouvé des vestiges de l'âge de pierre, fut d'abord utilisé par les Boers en 1882. Après avoir enlevé puis fortifié l'emplacement, les troupes anglaises s'y installèrent, repoussant une attaque livrée par les Boers en 1899. Grâce à une ligne téléphonique spéciale, les officiers pouvaient communiquer avec le quartier général de Baden Powell à Mafikeng. Il serait alors l'un des premiers exemples de téléphone utilisé en temps de guerre.

KURUMAN ★

Voici Kuruman, la « fontaine de la chrétienté en Afrique australe », une terre chaude où jaillissent tout de même quelques 20 millions de litres d'eau chaque jour, dans « l'œil de Kuruman », la plus importante source naturelle de l'hémisphère sud. Les missionnaires sont installés dans le Kalahari depuis 1801. En 1821, le désormais célèbre Robert Moffat prit possession des lieux au nom de la London Missionary Society. On visite aujourd'hui la mission restaurée, désormais contrôlée par l'United Congregational Church of Southern Africa. Les terres de la région regorgent de fer, d'amiante et de manganèse, en exploitation depuis près d'un siècle.

WONDERWERK CAVE ★

Accès par la R31, à 43 km vers Daniëlskuil
✆ +27 87 310 4356
http://wonderwerkcave.com/
Entrée à 20 R par personne.

Wonderwerk Cave est comme un musée creusé dans la roche. C'est ici que les archéologues ont trouvé des peintures bochimanes de plus de 8 000 ans, du pollen vieux de 400 000 ans, des ossements et quelques dents d'une espèce de cheval, aujourd'hui disparue. Pour la petite anecdote, une famille blanche de onze garçons et trois filles vivait encore dans cette grotte au début du XXe siècle. Vous trouverez aux alentours un camping ou encore des chalets familiaux si vous souhaitez rester faire étape pour la nuit dans la région.

CULLINAN GUEST FARM €

✆ +27 82 4916 432
Double à 400 R par personne (200 R pour les enfants de moins de 12 ans), camping à 120 R par personne.

Un trésor d'humanité et de gentillesse dans une des régions les plus reculées d'Afrique du Sud. Autrefois tenu par un sympathique couple de fermiers, Bennie et Marda, Cullinan Guest Farm a été repris par leur charmante belle-fille, Wilmale Oosthuysen. La ferme dispose de quelques chambres très confortables, d'un ravissant bungalow pour plus d'espace et d'un bush camp à l'écart. Celui-ci est très réussi, avec ses huttes rougeoyantes gracieusement civilisées et ses emplacements de barbecue. Equitation, piscine et terrain de tennis sur place.

TSWALU KALAHARI RESERVE €€€

Accès par Sonstraal, sur la R31 au nord de Kuruma. ✆ +27 53 781 9331
www.tswalu.com
A partir de 33 500 R. Minimum 2 nuits.

Ces 90 000 hectares abritent quelque 12 000 animaux acclimatés, prédateurs compris. Vous aurez peut-être la chance de voir à Tswalu les seuls rhinocéros noirs du désert d'Afrique du Sud (*Diceros bicornis bicornis*), importés spécialement de Namibie. Les antilopes les plus rares sont protégées des lions dans un parc fermé. Hébergement dans des bungalows de grand luxe, décorés par Boyd Ferguson à la mode africaine ultrachic. Prestations gastronomiques, et safaris photo au top niveau dans les paysages inoubliables des confins du Kalahari.

WITSAND NATURE RESERVE ★

Cette réserve provinciale de 3 300 ha protège une des curiosités naturelles d'Afrique du Sud : des dunes mesurant entre 20 et 60 m de hauteur, regroupées dans un massif de 9 km sur 4, au milieu d'une vaste plaine dominée par les monts Langberg. De loin, on croirait voir de gigantesques tas de sable abandonnés là par un génie malicieux. Le mystère est amplifié par l'extrême blancheur de certaines dunes et par les sifflements qui se produisent dans des conditions météo particulières, généralement l'été. Une trentaine de sites de dunes « chantantes » seulement sont répertoriées dans le monde. En 2002, deux chercheurs du CNRS ont publié les résultats de leur étude conduite sur de telles dunes au Maroc. Stéphane Douady et Pascal Hersen évoquent le phénomène dit « de dilatance de Reynolds », une pulsation qui fait vibrer l'air, générant ainsi une onde acoustique. « Le chant des dunes apparaît quand le sable est en mouvement, précise Pascal Hersen, lorsqu'une avalanche se déclare sur le versant le plus abrupt de la dune. » Les Français ont mesuré des chants très puissants, autour des 100 décibels, avec des harmoniques à 200, 300 ou 400 hertz. Pour Witsand, mystère ! Réserve extrêmement bien entretenue : pique-nique, piscine, observation des oiseaux, sentiers botaniques, location de vélos.

Witsand.

WITSAND NATURE RESERVE CHALETS €

✆ +27 83 234 7573
www.witsandkalahari.co.za
Via le Padkloof Pass, de 8h à 18h, entrée adulte : 80 R. Tarifs : 495 R/personne le chalet en self-catering.

Hébergement dans des chalets très confortables et même luxueux : un panorama particulièrement gracieux, équipé façon « lune de miel ». Terrasse privée, cuisine à l'américaine, table et banc sous les arbres pour le dîner. Vous apportez vos vivres ! A la boutique, vous trouverez boîtes de conserve, bois pour le *braai* et parfois quelques saucisses surgelées. Essentiel : faire le plein d'essence avant d'arriver, prendre garde aux singes vervets qui dévalisent votre cuisine.

UPINGTON

À 821 km du Cap et 875 km de Johannesburg, autant dire loin de tout, Upington se rafraîchit près du fleuve Orange lent et lourd. Pourquoi pense-t-on irrésistiblement à l'Égypte ? Peut-être parce que l'Orange, comme le Nil, apporte l'eau, la vie, les fruits à la tonne. Peut-être aussi à cause des palmiers omniprésents dans la lumière dorée, et puis des dattes et du coton. Bien sûr, on vous dira qu'on s'ennuie à Upington. Certains pourtant ne se lassent pas du paysage lunaire dans lequel la ville semble sertie, des vignes sur pied à la frontière du désert, du climat chaud et sec et des matins givrés. Grâce aux travaux d'irrigation effectués par les premiers missionnaires, l'agriculture s'est développée sur une grande échelle. Par un système complexe de canaux, l'eau du fleuve, entraînée par des roues, atteint les cultures les plus éloignées ; c'est ainsi qu'un joli ruban vert serpente d'Augrabies à Upington.

Upington est associée à un personnage quasi « légendaire » enterré dans le cimetière, celui que l'on appelait le Robin des Bois d'Afrique du Sud, George Saint-Leger Gordon Lennox, dit « Scotty Smith ». Un peu soldat et surtout mercenaire, il prit part aux guerres coloniales en Inde, à la guerre de 1870, puis guerroya en Espagne avant de débarquer en Afrique du Sud.

KALAHARI ORANJE MUSEUM COMPLEX

4 Schröder Street
✆ +27 54 331 2640
En semaine de 9h à 12h30 et de 14h à 17h. Entrée : 100 R.

Plusieurs bâtiments très blancs posés sur une pelouse très verte, au bord du fleuve Orange. C'est le développement de cette mission qui a donné naissance à la ville. La visite du Kalahari Oranje Museum est très intéressante : elle retrace l'histoire locale, la création des camps de concentration par les Britanniques ou encore la résistance des Noirs. Un âne en bronze signé Hennie Potgieter rend hommage à tous les ânes qui ont travaillé dans la région.

PIERRE VAN RYNEVELD AIRPORT

A 7 km au nord de la ville, par Diedericks Weg.

Les passionnés d'aviation iront voir l'aéroport d'Upington. Ces installations étaient très actives durant la guerre contre la Swapo en Namibie et les Cubains en Angola. Le général Van Ryneveld effectua en 1920 le premier vol entre l'Angleterre et Le Cap et, en 1927, le premier vol direct entre Pretoria et Le Cap. Fondateur de l'armée de l'air sud-africaine, il a commandé les Forces sud-africaines engagées aux côtés des Alliés durant la Seconde Guerre mondiale.

A LA FUGUE GUESTHOUSE €

40 Jan Groentjieweg
✆ +27 54 338 0424
www.lafugue-guesthouse.com
De 350 à 550 R la chambre double, 80 R par personne supplémentaire.

A l'extérieur de la ville, dans un quartier très élégant, voici la villa délicieuse de Jacqueline, dite la Franco-Suisse du Kalahari. Une piscine comme dans les rêves tropicaux, près du lapa-bar, qui le soir éclaire doucement le jardin, où il fait bon se reposer dans le hamac sous le saule pleureur. Les deux chambres de la maison principale sont joliment agencées, mais il est difficile de pas avoir un penchant pour les bungalows, le superbe Rossini et le Rustica, véritables et charmants minichalets suisses. L'accueil est amical et chaleureux.

RIVER PLACE MANOR €€

36 a Steenbok Avenue
✆ +27 54 332 3102
www.river-place.co.za
A partir de 1 510 R.

Un petit coin de paradis perdu au milieu des vignes et au bord de la rivière Orange. L'environnement du River Place Manor est tout simplement superbe. Un décor de rêve et un accueil extrêmement chaleureux. La plupart des chambres ont un balcon donnant directement sur le cours d'eau de la rivière, tout comme le restaurant et ses grandes baies vitrées. Elles sont modernes et la literie est de très bonne qualité. Dans le jardin, le deck est prolongé par une petite piscine à débordement qui vous permettra de vous détendre. Un beau moment d'évasion...

ASKHAM ★

Dans la municipalité de Dawid Kruiper, ce petit village est situé juste avant l'entrée du parc national. C'est une bonne halte pour faire le plein d'essence, retirer de l'argent, acheter quelques courses, qui seront moins chères que dans le parc national, ou encore faire connaissance avec les Bushmen, qui vendent des souvenirs sur le bord de la route, au niveau de l'intersection avec la nationale. Il arrive qu'ils proposent également des tours culturels en expliquant leurs traditions. À Askham, on trouve aussi un bon nombre de *guesthouses* pour se loger, qui sont assez luxueuses. Ici, vous êtes aux portes du désert du Kalahari.

KHOMANI SAN

Bushman Council Office
✆ +27 76 613 9095
www.khomanisan.com
Tour culturel 250 R/personne, randonnée demi-journée 350 R, journée 700 R, logement chez l'habitant 170 R/personne.

Voilà un projet de tourisme équitable intéressant, puisque la communauté Bushmen ici bénéficie directement de l'argent versé. Beaucoup d'activités sont proposées, à commencer par la visite d'un musée en plein air, danses et chants dont la fameuse danse de la pluie, randonnée avec des pisteurs, chasse traditionnelle, visite en 4x4..., et même des logements chez l'habitant dans des cases pour les routards qui veulent connaître un peu plus ce peuple du désert qui connaît la nature mieux que quiconque, ainsi que des *bush-camps* très abordables.

KALAHARI TRAILS €

✆ +27 63 087 7732
www.kalahari-trails.co.za
Chambre double à partir de 450 R pour 2 personnes. Camping : autour de 150 R par personne.

Dans cette réserve privée de 3 500 hectares, Anne Rasa, femme à la fois savante et passionnée, faisait découvrir les dunes du Kalahari, elle qui connaissait parfaitement le désert. Aujourd'hui, c'est son fils Richard qui a repris les activités de sa mère, décédée fin 2020. Maison d'hôte avec une vue plongeante sur le lit de la rivière Nossob. Chambres doubles ou familiales, chalets *self-catering* au cœur du domaine, ou bien en camping, toujours à des prix responsables. Accès facile au bord de la route de Twee Rivieren, en pays Bushmen, à 35 km de l'entrée du parc.

Askham.

SOETVLAKTE GUEST FARM €

R380 entre Hotazel et la frontière botswanaise de McCarthy's Rest ✆ +27 83 470 6644
www.soetvlakte.co.za

À partir de 480 R/personne avec petit déjeuner, bush camp autour de 250 R self-catering. Game drive, balade à cheval…

Le milieu de nulle part, donc le centre du monde ! Louis et Dorette ont aménagé le grand pavillon devant la piscine en luxueux bungalow familial. Vous serez séduit par la beauté du petit jardin et envoûté par le calme infini qui règne ici. Les plus aventureux réserveront les huttes ajourées des deux bush camps pour un séjour nature en *self-catering*. Le propriétaire de Soetvlakte Guest Farm lit la brousse à livre ouvert. Sa mission : transmettre la beauté de la vie sauvage et la tranquillité du géant Kalahari à travers un écotourisme responsable.

ROOIPAN GUEST HOUSE €€

R360
✆ +27 82 415 1579

A partir de 995 R la double.

Une noble demeure aux allures de manoir, le miracle d'une piscine cristalline au bout du monde, chambres cossues ou bungalow familial *self-catering*. Mais le véritable intérêt se trouve en cuisine : la maîtresse des lieux Lizette s'est fait une réputation nationale en réussissant à mettre au point une soupe divine, la N'Abba Soup. La N'Abba (*Terfezia pfeilii*) est une variété de truffe n'existant que dans le Kalahari. Les Bushmen étaient les seuls à connaître les secrets de la collecte, fin avril, après les pluies d'été, cachée sous la surface du sable.

KGALAGADI TRANSFRONTIER PARK ★

Ce parc national créé en 1931 s'étend sur 37 991 km² entre l'Afrique du Sud, le Botswana et la Namibie. En 1999, l'ensemble est devenu le premier parc transfrontalier d'Afrique à l'occasion de la signature d'un accord bilatéral entre Pretoria et Gaborone pour fusionner deux anciens parcs situés de part et d'autre de la frontière. Les animaux s'y promènent librement puisque aucune clôture ne marque la frontière. Son animal star est l'oryx, cette drôle de gazelle aux cornes droites que l'on retrouve beaucoup dans les déserts des deux pays voisins plus au nord. Le parc compte aussi des suricates et de nombreux félins : 450 lions, 150 léopards, 200 cheetahs, 600 hyènes brunes et 375 hyènes tachetées. De l'avis des scientifiques, le kgalagadi Transfrontier Park est l'une des zones les plus préservées du monde. Les dunes du sud, rougies par l'oxydation du sable au contact de l'air, sont d'une hauteur moyenne de 10 m. Pas aussi joli que le désert du Namib et un peu monotone, mais plus de 50 puits, forés au XXe siècle pour des besoins humains, attirent aujourd'hui les animaux. Pendant les grandes sécheresses, ils sont toutefois vides, les seules sources d'eau sont alors les melons tsamma et les concombres sauvages. kgalagadi signifie d'ailleurs « le pays de la soif ».

DIAMOND T COFFEE SHOP €

✆ +27 82 566 8119

Ouvert du lundi au vendredi de 8h à 17h ; le samedi de 9h à 14h.

Près de la dernière station-service avant le parc, ce coffee shop aménagé dans la maison de Johanna et Cilla est un éden de verdure et de fraîcheur. On peut y déjeuner des quiches, des salades et des sandwichs pas chers du tout, servis à l'ombre sur les tables dans le jardin, et terminer son casse-croûte par un bon expresso. A l'intérieur, un petit magasin de produits de beauté, de thés, de rooibos assurément et bien d'autres produits élaborés à partir de plantes du surprenant Kalahari, peuvent inspirer quelques idées cadeaux à rapporter dans son sac à dos.

BUSH CAMPS €

✆ +27 12 428 9111
www.sanparks.org

Les bush camps Kieliekrankie, Urikaruus, Gharagab, Bitterpan et Grootkolk sont limités à 8 personnes. Ils ne sont pas protégés par des barrières, prudence la nuit ! Interdit aux enfants de moins de 12 ans. Cabines uniquement doubles, pas de cabines familiales, pas de supérette, pas de station service, mais des barbecues. Bitterpan et Gharagab sont accessibles uniquement en 4x4. Le premier par une route en sens unique Nossomb, où on fait le check in > Bitterpan > Craig Lockhart. Comptez 2h30 chaque trajet. Le second est à 164 km de Nossomb.

! XAUS LODGE €€€

Dune 91
✆ +27 21 701 7860
www.xauslodge.co.za
À partir de 5 375 R en chambre partagée. Ce prix comprend pension complète, game drive, visites et transferts.

Ce lodge « écolo » est à couper le souffle. L'eau des douches est pompée directement des nappes souterraines, et un système de purification d'eau la rend potable. Perché sur une dune, pas d'Internet, ni de réseau, juste le silence du désert et parfois le rugissement de quelques lions. On y mange très bien. Il s'agit d'un lodge communautaire où tous les employés sont des San, un personnel chaleureux et aux petits soins. On adore la piscine surplombant la vallée. Jolies chambres spacieuses. Et puis, cerise sur le gâteau, la visite d'un petit village san.

DE WERF GUEST CHALETS €€

✆ +27 54 461 1635 - www.dewerflodge.com
A partir de 1 100 R la double avec petit déjeuner inclus.

Non loin des sources chaudes de Riemvasmaak et des champs de fleurs du Namaqualand, Dewerf Guest Chalets est une jolie maison au chapeau pointu habillée de briques, bordée de colonnes et d'arcades. Tout autour des pavillons équipés sur une pelouse que l'on croirait taillée avec des ciseaux. Voilà une belle ordonnance des lieux. Le restaurant est plutôt sympathique avec sa grande terrasse et ses saveurs variées. On y sert le fameux Orange River Wine. Quant aux chambres, elles sont simples et cosy avec chacune sa petite citation inspirante au-dessus du lit.

KEIMOES ★

Keimoes est une oasis verte dans ce désert aride. À 50 km au sud-ouest d'Upington, ce village pittoresque est un centre de cultures fruitières et maraîchères, et surtout de vignobles, grâce à un système d'irrigation qui part du fleuve Orange. Attraction intéressante dans la ville, une grande roue d'un moulin à mil se trouve sur le canal d'irrigation, qui fonctionne encore. À 4 km de Keimoes, sur la route des chutes Augrabies, vous trouverez la Tieberg Nature Reserve, 160 ha où poussent de multiples aloès, dont la plante endémique à la région *Aloe gariepensis*. Le fleuve Orange se divise ensuite en petits cours d'eau formant une série d'îles.

KAKAMAS ★

À Kakamas subsistent les roues à aubes des premiers travaux d'irrigation de la région. Cet ingénieux système permet de faire pousser pratiquement tout, malgré les faibles précipitations. La ville produit des raisins de table, du vin (vous pourrez d'ailleurs faire la visite du cellier), des dattes ou encore du coton. Retrouvez les informations sur www.kakamas.co.za. Entre Kakamas et Pofadder, la route s'envole vers le ciel dans un nuage de chaleur. Rien à l'horizon, rien d'autre que les mirages. Ça y est, le désert est là. N'oubliez pas, il faudra penser à faire le plein car il n'y aura probablement pas de pompe à essence avant d'arriver à Pofadder.

Kgalagadi Transfrontier Park.

KAKAMAS HOTEL & RESTAURANT €€

Off N14

✆ +27 54 431 0976

www.augrabiesfalls.co.za

Chambre simple à partir de 1 005 R. Déjeuner et dîner en supplément.

Nichée dans la vallée du fleuve Orange, entourée par les vignobles et les fermes alentour, Kakamas Hotel jouit d'un environnement agréable et d'une beauté saisissante. Les 25 chambres sont luxueuses et décorées dans un style afro-chic. Il existe également quelques suites indépendantes autour de la piscine, nos préférées. Vous pourrez prendre votre petit déjeuner sur la terrasse au bord la piscine. Le restaurant joue avec les saveurs locales et internationales.

AUGRABIES FALLS NATIONAL PARK ★

Augrabies, le « lieu du grand bruit », est un accident de parcours pour le fleuve Orange. Il y a plus de 500 millions d'années, les plaques de gneiss granitique se sont fracturées, créant deux chutes de 56 et 75 m. Un canyon de 18 km de long s'est creusé dans le sol sous la force des eaux. Dans les temps anciens, les Bochimans venaient chasser et pêcher autour des chutes. On peut visiter le parc en voiture dans la journée, par la piste de Moon Rock, Ararat, Echo Corner et Spring. Du camp, trois marches d'une heure sont accessibles à tous. Plusieurs points de vue sur les chutes se trouvent à proximité des bâtiments. Les comprimés contre le paludisme sont conseillés par la direction. En 1994, après les élections démocratiques, de nombreuses communautés noires ont réclamé le droit de retrouver leur terre natale. À Riemvasmaak, au nord du parc par la piste, la petite communauté noire qui y vit a été expropriée par l'armée de son village au bord du Molopo puis s'est réinstallée sur sa terre brûlante. Près de 90 % des Riemvasmakers sont catholiques et tous parlent l'afrikaans. On retrouve des paysages semblables en Namibie. Dans certaines parties du parc, on se croirait vraiment sur la lune ! Les plantes et les arbres ont dû s'adapter à des températures dépassant les 40 °C en été.

BUREAU DU PARC AUGRABIES FALLS

A une quarantaine de kilomètres de Kakamas.

✆ +27 12 428 9111

www.sanparks.org

Parc ouvert de 7h à 18h. Entrée adulte : 252 R et enfant : 126 R.

Les conditions de visite et les consignes de sécurité sont loin d'être aussi draconiennes qu'au kgalagadi. L'Augrabies est un parc majoritairement pour les familles, et l'atmosphère s'en ressent. Le parc est ouvert de 7h à 18h. On observe les chutes d'eau depuis un ponton en bois. La direction du parc recommande la période de mars à octobre pour s'y rendre, parce que les températures sont un peu plus supportables. Durant l'été, les chutes sont encore plus spectaculaires.

FELIX UNITE

✆ +27 87 354 0578

www.felixunite.co.za

À partir de 4 150 R par personne pour le Orange River Trip de 4 jours.

Qui ne rêve pas de s'aventurer dans la descente du fleuve Orange en bivouac et canoë ? Au fil des paysages, on se laisse porter par le cours de la rivière, sillonnant vallées et vignobles. Pour une journée, deux, trois ou même quatre jours, Felix Unite avec Breede Rivers Trips organise cette évasion en pleine nature seul, en famille, entre amis, peu importe. Vous traversez des petits villages pittoresques et dormez dans les superbes camps aménagés ou bien en bivouac au bord de l'eau. Tout est possible avec cette agence de voyage, spécialisée dans le rafting.

KALAHARI OUTVENTURES

✆ +27 82 476 8213

www.kalahari-adventures.co.za

L'Afrique du Sud, c'est le pays aux mille activités ! Ici, Kalahari Adventure vous accompagne dans vos envies d'aventures les plus folles : l'agence vous propose tout un tas d'activités. Pour les amateurs de sports de rivières et frissons, il y a le rafting, ou bien le canoë pour les esprits un peu plus paisibles. Mais vous pourrez aussi vous essayer au paddle ou encore à la pêche pour les accro à l'eau et aux sports nautiques. Côté bush, il y a bien sûr les safaris pour les aventuriers et même de la montgolfière pour les plus rêveurs.

KIMBERLEY ET FREE STATE

Kimberley est le chef-lieu de l'immense province du Cap-Nord, une province grande comme les deux tiers de la France. Immense et vide, avec plus d'un million d'habitants, cette région désertique revendique sa spécificité culturelle : c'est la seule du pays où l'on parle majoritairement l'afrikaans, à 70 %. La province connaît un essor spectaculaire grâce au ruban vert du fleuve Orange. Kimberley, c'est d'abord et avant tout le diamant. Dans la région de Kimberley, le diamant est contenu dans la kimberlite, une roche magmatique ultrabasique de couleur bleu sombre à la densité de 19 carats pour 720 000 kg de matière. La ville diamant, comme on la surnomme, est connue pour son immense trou : le Big Hole. C'est un gigantesque gouffre, une spectaculaire mine de diamant, de la taille de huit terrains de football, creusée à la main. Sur cinq trous existants, il est le seul à avoir gardé un intérêt. Ici, on s'offre un bijou unique !

Kimberley et Free State
50 KM
Vers TAUNG
BARKLY WEST
KIMBERLEY
Douglas
Lilydale Lodge
MOKALA NATIONAL PARK
Jacobsdal
Koffiefontein
Hopetown
ORANIA
Luckhoff
Petrusville
Philippolis
Philipstown
ck River
De Aar
COLESBERG
Oviston
BETHULIE
Aliwal North
Dealesville
Winnie Mandela
Glen
BLOEMFONTEIN
Botshabelo
Dewetsdorp
Edenburg
Trompsburg
Smithfield
Marquard
Ha-maputsoe
LADYBRAND
MASERU
MORIJA
Matsieng
ROMA
Mafeteng
MALEALEA
Mohale's Hoek
Matlakeng
Phamong
TIFFINDELL
RHODES
Tlokoeng
Maluti
SEMONKONG
LESOTHO
KATSE
Bela Bela
TSEHLANYANE
LERIBE
Butha-buthe
Khubelu
GOLDEN GATE HIGHLANDS NATIONAL PARK
CLARENS
QWA-QWA

Mokala National Park.

KIMBERLEY ★

L'aventure commence en 1866 à Hopetown, la bien nommée. Le fermier Schalk Van Niekerk rend visite à son voisin Daniel Jacobs lorsqu'il surprend un enfant en train de manipuler une pierre très brillante. Le caillou est envoyé à Grahamstown pour analyse : il s'agit d'un diamant de 21,25 carats que l'on baptise « Eurêka ». Deux ans plus tard, un indigène griqua trouve un diamant énorme qu'il propose à Van Niekerk contre dix bœufs, cinq cents moutons et un cheval. Le « Star of Africa » aux 83,5 carats donne le véritable coup d'envoi de la première ruée, celle vers Hopetown. En 1871, c'est au tour de Kimberley. La ville qui porte le nom d'un secrétaire britannique aux Colonies n'existe pas encore. En mai et en juillet, on trouve des pierres sur le terrain de la ferme des frères De Beer et à Colesberg Kopje, un trésor fantastique qui déclenche la seconde ruée, la plus importante que l'on ait jamais connue pour le diamant. Des milliers de prospecteurs se disputent la fortune naturelle du Griqualand West en creusant à Kimberley le plus grand trou du monde, The Big Hole. Aujourd'hui, Kimberley est une ville peu attrayante, il n'y a pas grand-chose à faire dans la région et les logements sont assez chers et vieillots. Soyez prévenu si vous y passez une nuit sur la route. On pourra se rendre au Mokala National Park qui protège les espèces menacées, ou encore faire un tour par le Kimberley Mine Museum, ou au McGregor Museum, s'offrir un safari dans le Karoo, faire un détour par le Wildebeest Kuil Rock Art Centre, et bien sûr déguster un biltong.

Capitale de la province de Northen Town et aussi du diamant.

BIG HOLE COMPLEX ★★★

West Circular Road
✆ +27 53 839 4600
www.thebighole.co.za
Ouvert tous les jours de 8h à 17h. Tours guidés. Tarif adulte : 100 R.

La principale attraction de la région, juste au bord du plus grand trou jamais creusé par l'homme. La mine de 17 ha a été abandonnée en 1914, après qu'elle eut produit 145 045 66 carats, soit 2 722 kg de diamant pur. Avancez jusqu'à la plate-forme suspendue au-dessus du « Big Hole » : absolument vertigineux. La vision des oiseaux qui tournent dans cette plaie gorgée d'eau est presque inquiétante. Le musée présente une reconstitution du Kimberley de la grande époque. On se promène dans les rues anciennes sous le regard des mannequins de cire en costumes d'époque.

DUGGAN-CRONIN GALLERY

4 Egerton Rd
✆ +27 53 839 2700
Ouvert du lundi au vendredi de 9h à 16h. Fermé les week-ends et jours fériés. Entrée libre.

Dans cette maison construite de briques rouges, le témoignage photographique d'Alfred Duggan-Cronin, un Irlandais employé par la De Beers dans les années 1920, sur la vie des populations noires entre 1919 et 1939. Des photos saisissantes prises lors d'un périple de 120 000 km à travers l'Afrique australe qui constituent aujourd'hui un véritable héritage photographique, mais aussi ethnographique du pays. Sous une architecture originale abritant de précieux souvenirs de la nation, le lieu a été déclaré monument national en 1984.

FELIDEA CENTER ★★

A 30 km de Kimberley, Petrusburg road, sur la N8
✆ +27 82 900 0567
www.felidaecentre.co.za
Tarifs : 200 R par adulte, 100 R par enfant. À 11h : nourriture des lions. À 14h : tour complet.

Le parc Felidea Center met au premier plan les besoins des animaux et s'efforce de les garder dans un environnement sans stress. Sa mission est de promouvoir le bien-être et la survie de ces derniers, et notamment la large famille des félins, tout en éduquant le public à la réalité des espèces sauvages. Pendant les visites et les interactions avec les animaux, vous aurez l'occasion de rencontrer des chats sauvages, d'assister à l'alimentation des lions, de nourrir les renards à oreilles de chauves-souris... Vous pourrez même parrainer un animal !

© BOB BALESTRI - ISTOCKPHOTO

Le Big Hole de Kimberley.

FREDDY TAIT GOLF MUSEUM

au Kimberley Golf Club (1890)
✆ +27 53 841 0179
Ouvert de 9h à 12h et de 14h à 17h. Entrée : donation de votre choix.

Le Kimberley Golf Club a été fondé en 1890, témoignant non seulement de l'attrait de ce jeu séculaire, mais aussi de l'histoire et du patrimoine de cette partie de l'Afrique du Sud et de la province du Cap-du-Nord. C'est ici que se trouve le Freddie Tait Golf Museum, premier musée de ce sport sur le continent. Freddie Tait était un champion amateur, originaire de Grande-Bretagne, qui a remporté des tournois majeurs en 1896 et 1898. Le terrain de golf est une création du célèbre designer Bob Grimsdell. La disposition est peu commune notamment avec un 19e trou.

MCGREGOR MUSEUM ★

5 Atlas Street
✆ +27 53 839 2700
Ouvert du lundi au samedi de 9h à 17h et de 10h à 17h les jours fériés. Fermé le dimanche. Tarifs : 30 R.

Le musée McGregor a été officiellement fondé le 24 septembre 1907 lorsque les titres de propriété ont été remis au comité de gestion. Il y a eu plusieurs appels à la création d'un musée à Kimberley, puis c'est madame McGregor, la veuve d'un ancien maire de Kimberley Alexander McGregor, qui a fait don des fonds nécessaires à l'établissement du musée. Le titre officiel devait être le Alexander McGregor Memorial Museum, mais il a été affectueusement dénommé « McGregor ». Le musée apporte une grande contribution à la connaissance écologique et historique du Cap nord.

MAGERSFONTEIN BATTLEFIELD ★

à 30 km par la N8
✆ +27 53 839 2722
Ouvert tous les jours de 8h à 17h. Tarif adulte : 30 R, enfant : 20 R.

© WILDESIDE - SHUTTERSTOCK.COM

Voilà le champ de bataille de Magersfontein. C'est ici à Kimberley, que le général PA Cronje et ses troupes Boers ont vaincu les forces anglaises. Un mémorial au sommet d'une colline situé à proximité du musée commémore les morts écossais, tandis que le monument des Royal Highlanders honore les hommes du 2e bataillon tombés au combat. Deux autres mémoriaux notables sont ceux des Scandinaves qui ont combattu aux côtés des Boers et de l'imposant monument de Burgher.

KIMBERLEY ET FREE STATE

WILDEBEEST KUIL ROCK ART CENTRE

A 15 min à l'ouest de la ville par la R64
✆ +27 53 839 2747
www.wildebeestkuil.itgo.com
Ouvert de 9h à 16h du lundi au vendredi. Tarif adulte : 40 R, enfant : 20 R.

Originaires de Namibie et d'Angola, ces Bushmen employés comme pisteurs par l'armée sud-africaine ont vécu pendant dix ans sous des tentes militaires à Schmidtsdrift. Afin de les remercier pour les services rendus dans la guerre contre-révolutionnaire, l'Etat leur a offert 13 000 ha de terres. C'est aussi un site d'art rupestre de réputation mondiale où l'on observe de nombreuses pierres gravées par les lointains ancêtres des actuels occupants. Suivez le sentier et admirez.

WILLIAM HUMPHREYS ART GALLERY

Cullinan Crescent
✆ +27 53 831 1724
www.whag.co.za
Ouvert de 8h à 16h45 en semaine, de 9h le samedi et de 9h à 11h45 le dimanche et les jours fériés. Tarif adulte : 5 R.

Une importante galerie d'art, de par les artistes exposés : des toiles de maîtres européens comme celle d'Horace Vernet, et de nombreuses œuvres sud-africaines comme Irma Stern, Pieter Wenning, Moses Kottler, Cecil Skotnes, François Krige, ou encore Sydney Kumalo. Agréable à visiter, mais n'a tout de même pas la trempe des galeries du Cap, de Jo'burg ou de Durban car il y a assez peu de toiles. On peut y rester pour une pause goûter après la visite.

NORTHERN CAPE TOURISME AUTHORITY

15 Villiers Street
✆ +27 53 832 2657
www.experiencenortherncape.com

Le site officiel du tourisme du Northern Cape. Il n'y manque aucune info sur la province (hébergements, activités, transports...). Vraiment très pratique. Vous disposerez de toutes les adresses pour se loger, une liste d'activités, d'événements, de tour-opérateurs et même les informations sur les temps de conduite entre deux villes ou provinces. Un site Internet à privilégier si l'on veut organiser son voyage dans cette région en mixant bien entre nature, culture et activités.

THE KIMBERLEY VINTAGE TRAM

121 Bultfontein Road
✆ +27 53 830 6272
Ouvert tous les jours de 9h à 16h15. Tarif : 20 R par personne.

Kimberley est la seule ville sud-africaine avec un système de tramway opérationnel, datant de l'ère de la ruée vers le diamant. Mis en place par la Victoria Tramways Company, il transportait les ouvriers vers le Big Hole lorsque le commerce du diamant était en pleine expansion. Aujourd'hui il est surtout utilisé par les touristes. Le tour dure environ 20 minutes, par le puits minier, l'authentique bar West End, le tour du Big Hole. Un voyage au XXe siècle sur les sièges en bois d'origine !

Open Mine Museum.

TOMBE DU COLONEL DE VILLEBOIS-MAREUIL

Magersfontein Burgher Monument
De 8h à 17h. A 47 km au sud de Kimberley par la N12 puis la piste de Modderrivier à gauche.

Cet officier français, natif de Nantes, le colonel Villebois-Mareuil, rejoignit les forces nationalistes boers en 1899, déclarant au passage : « Il s'agit tout simplement d'arracher tout le Sud africain aux Anglais : c'est la cognée dans le grand chêne. » Après avoir combattu aux côtés des généraux Joubert, Cronje et Du Toit, il sera lui-même nommé général. En avril 1900, il sera tué près de Boshof, dans un combat au corps à corps mené contre les troupes anglaises de Lord Methuen. Ses restes furent alors transférés le 14 août 1971 au Burgher's Monument, le cimetière des héros de l'histoire sud-africaine. Dans cette plaine caressée par le vent chaud, on s'arrêtera devant une épitaphe : « A la mémoire du comte de Villebois-Mareuil, ancien colonel de la Légion étrangère en France, général du Transvaal, mort au champ d'honneur, près de Boshof le 5 avril 1900 [les pèlerins de Boshof prendront une chambre au Boshof Arms], dans sa cinquante-troisième année. » A Boshof, une stèle portant une inscription en anglais et en afrikaans marque l'endroit précis où l'officier français est tombé au terme de quatre heures de résistance. Intervenant en septembre 1999 lors de la cérémonie inaugurale de la commémoration du centenaire de la guerre des Boers, le représentant en Afrique du Sud du Comité Villebois-Mareuil déclarait ceci : « J'ai l'honneur et le privilège de vous adresser un message de profonde sympathie et d'amitié de la part de vos nombreux amis français qui vous rejoignent ici en pensées pour rendre un solennel et pieux hommage aux volontaires venus combattre à vos côtés, il y a cent ans, pour la sauvegarde de vos droits, de votre patrimoine et de votre liberté. […] Pour mémoire, les termes de l'appel aux armes, lancé par le général boer Georges de Villebois-Mareuil à ses anciens soldats de la Légion étrangère française pour qu'ils viennent ici, en terre d'Afrique : – Il y a, en avant du Vaal, un peuple qu'on veut exproprier de ses droits, de ses biens et de ses libertés. Ce peuple a la moitié de sang français dans les veines et la France lui doit une éclatante manifestation d'assistance. La France n'a jamais oublié. » Le comte a laissé son nom à une promotion de l'Ecole nationale d'administration et à de nombreuses rues de France et d'Afrique du Sud.

▶ **A lire :** *Villebois-Mareuil, le héros de l'Afrique du Sud*. Carnets de campagne présentés par Bernard Lugan. Editions du Rocher. A commander chez l'auteur BP 6, 03140 Charroux.

KIMBERLEY ANN HOTEL €€

60 Mac Dougall Street
✆ +27 53 492 0004
www.kimberleyanne.co.za
À partir de 2 390 R la double.

Le Kimberley Ann Hotel se veut un petit havre luxueux dans la province du Cap-Nord. Un pari réussi car c'est un très bel établissement entre tradition et modernité. Les tons sont naturels, du bois, du beige, du vert dans un esprit un peu baroque du côté des chambres, qui les rend uniques et cosy. L'endroit est apaisant et confortable car tout est soigné dans les moindres détails. Quant au restaurant, il propose une cuisine de grande qualité : des produits majoritairement locaux, de saison, de qualité et surtout, du tout fait maison.

KIMBERLEY COUNTRY HOUSE €€

6 Carrington Road
✆ +27 76 388 0756
www.kchouse.co.za
De 950 R à 1 400 R.

Au cœur du pays du diamant, voici un petit bijou, une maison d'hôtes de luxe. L'attrait de cette maison de dix chambres, autrefois la propriété de De Beers, est un mélange équilibré de passé et de présent. Les bâtiments de cette zone remontent à la ruée vers le diamant en 1866. Alors que Kimberley Country House capture l'histoire et la grandeur d'un siècle, sur ce magnifique parquet d'époque vous trouverez tous les équipements modernes que vous attendez dans un établissement de luxe, dont une belle piscine dans le jardin, sous les palmiers.

OLEANDER GUEST HOUSE €€

28 Carrington Street
✆ +27 53 832 7088
www.oleander.co.za
A partir de 900 R, petit déjeuner inclus.

Dans la banlieue historique de Belgravia, à proximité du centre-ville, Oleander est un établissement victorien unique où vivent cent ans d'histoire soigneusement capturés. La maison d'hôte propose 10 chambres élégamment décorées avec tout le luxe que vous pouvez imaginer. Les jardins, la piscine, la terrasse en bois et les aires de repos confortables autour de la maison sont une retraite accueillante après votre journée. Le restaurant est également délicieux. L'établissement est connu pour son hospitalité généreuse, son service passionné et sa superbe cuisine.

Mokala National Park.

OCCIDENTAL BAR & RESTAURANT €€

Tucker Street, Big Hole Complex
✆ +27 53 831 1296
Ouvert de 12h à 22h du lundi au samedi et de 11h à 15h le dimanche. Comptez autour de 100 R pour un plat.

Le restaurant n'a rien d'extraordinaire, le cadre est simple et décontracté, à la façon d'un pub *old school*, son bar en bois brun et ses murs couverts de lambris. En tous cas, on mange très bien à l'Occidental Bar & Restaurant : des fish and chips, des burgers, des calamars, et autres beignets de poisson… Il y a un large choix de plats et également de bières artisanales pour accompagner votre repas. Il y a même parfois des concerts de musique *live*.

DIGGIES PUB & GRILL

112 Landbou Road
✆ +27 60 333 9333
www.diggies.co.za
Ouvert tous les jours de 7h à 22h. Fermé le dimanche.

Diggies Pub & Grill est un pub sympa à seulement 3 km du plus grand centre commercial de Kimberley, le Diamond Pavilion Mall. Possibilité d'y prendre votre petit déjeuner et d'y grignoter pour le déjeuner ou de venir dîner entre amis. Ici, l'ambiance est au vieux pub américain : un long bar en bois, une ambiance ultratamisée sous un plafond bas et des murs en pierre apparente, quelques écrans pour les soirées sportives, des carrés de banquettes et de larges tables rondes et hautes pour déguster une bonne bière locale entre amis.

ORANIA

Orania est une ville privée, une enclave blanche et afrikaner, où se sont réfugiés les ultraréactionnaires à la fin de l'apartheid, bouleversement qu'ils n'ont pas accepté. Aucun métis ne vit à Orania. Fondée à partir d'une petite concession abandonnée d'une dizaine de maisons répartie sur 4 000 ha, elle a été rachetée au gouvernement sud-africain en 1990 lorsque commençaient les négociations avec l'ANC afin d'abroger les dernières lois d'apartheid et organiser les premières élections multiraciales. Cette année-là, quarante familles afrikaners s'installent à Orania, censées constituer un embryon de Volkstaat, une microrépublique boer. En avril 2004, Orania lance sa propre monnaie, l'ora. La ville est divisée en un quartier riche et un quartier moins riche (Downtown Kleingeluk), dont les habitants effectuent les travaux autrefois réservés aux Noirs. On n'a pas beaucoup évolué… Orania est ainsi réputée pour ses techniques modernes d'agriculture au milieu d'un désert aride. Le dernier projet en date est la culture massive de la noix de pécan. Aujourd'hui, le village compte environ 1 500 habitants et constitue le centre des Afrikaners prônant l'autonomie d'un État blanc. Aux dernières nouvelles, la ville semblait éteinte avec des maisons à l'abandon, des infrastructures vieillottes…

MOKALA NATIONAL PARK ★★

C'est le seul espace naturel du pays où cohabitent sur quelque 22 000 ha trois écosystèmes différents : le *veld* du Karoo, celui du Kalahari et le *grassveld*. Ce parc, qui remplace le Vaalbos, est situé sur la ferme Wintershoek. Il est accessible par la N12 à 57 km au sud de Kimberley, puis piste vers l'ouest en direction de Hayfield Gate sur 21 km. C'est un parc de safari sauvage et vraiment africain avec de la terre rouge, des herbes hautes et des animaux de gibier autour de chaque virage, les visiteurs du parc national apprécieront de nombreuses observations comme celles des rhinocéros noirs et blancs, du nyala, de la girafe et du renard à oreilles de chauve-souris ou encore le buffle du Cap et l'hippotrague. Les safaris guidés par le parc valent la peine d'être réservés, en particulier après le coucher du soleil pour observer des animaux nocturnes que l'on voit rarement en voiture. Pour d'autres activités, vous pourrez également faire de l'équitation guidée ou du VTT. La région environnante est riche en gravures d'art rupestre et les visiteurs peuvent prendre une visite guidée pour voir les œuvres d'art et en apprendre davantage sur le patrimoine culturel de la région. La réserve est également connue pour offrir une grande observation des oiseaux. La liste, qui fait état de 139 espèces, est en croissance. Les amateurs de birdwatching seront ravis de lever les yeux au ciel et d'admirer le spectacle. Au parc national Mokala, on profite du paysage magnifique de tous les côtés.

MOSU LODGE €

Northern Cape

✆ +27 53 204 0158

À partir de 800 R pour un bungalow semi luxe pour 2 personnes et 1 000 R pour un bungalow de luxe.

Le Mosu Lodge dispose d'une piscine étincelante et fraîche pour les mois les plus chauds, d'un restaurant, d'un bar, d'un salon et d'un espace de divertissement avec cheminée. Architecture sobre et mobilier rudimentaire. Les logements sont constitués de sympathiques bungalows nichés dans le parc pour profiter pleinement de l'environnement naturel tout autour. D'ici, vous aurez la possibilité de réserver des safaris guidés pour vous balader dans le Mokala National Park à la recherches de vos espèces animales favorites et de beaux paysages.

BARKLY WEST

Le village de mineurs est le premier site de recherche de diamants alluviaux. Il se trouve sur une petite réserve naturelle. Au fond se situe une aire de pique-nique agréable mais écrasée de soleil. On peut aller jeter un coup d'œil aux minerais du Musée municipal. Sachez que l'écrivaine Sarah Gertrude Miller a passé ses jeunes années dans le village. Dans les environs se trouve le camp de mineurs de Sydney-on-Vaal. Dans les années 1960, Sydney a été racheté par la famille Gant et rénové « à l'ancienne » afin d'attirer le tourisme. On visite le camp et la bibliothèque Mendelssohn. Plusieurs activités sportives : natation, tennis, marche, pêche, canoë…

TAUNG

La région de Taung a été occupée au milieu du XVIIIe siècle par la tribu tswana des Barolong. Leur chef s'appelait Tao, le Lion. Le 7 février 1925, le célèbre magazine *Nature* publiait un article du professeur Raymond Dart de l'université de Johannesburg dans lequel celui-ci affirmait être en possession d'un petit crâne fossilisé d'une valeur scientifique extraordinaire. Le crâne de Taung, trouvé en novembre 1924 dans une carrière, appartenait à un enfant ayant vécu il y a environ deux millions d'années. La polémique fut terrible. Était-il possible que l'Afrique, « ce continent sauvage », soit le berceau de l'humanité ? Un membre de la famille des hominidés pouvait-il avoir un cerveau si petit ? Après s'être querellés pendant des dizaines d'années, les scientifiques semblent se ranger à l'avis du professeur Philip Tobias, le disciple de Dart, qui affirme en 1980 qu'*Australopithecus* est le premier *small-brained hominid*, « le premier des hominidés à petit cerveau ». On lira avec grand intérêt l'essai de Philip Tobias, *Dart Taung and the Missing Link* publié par l'université Wits de Johannesburg, où se trouve le crâne en question. Ceux qui veulent se rendre sur le site de la carrière doivent s'attendre à ne rien voir. Que voit-on des recherches ? Rien, quelques éboulis et une plaque.

CHRISTIANA ALL SEASONS RESORT €

✆ +27 61 463 3848

A partir de 800 R pour 2 personnes.

Dans cette région pelée, ce complexe aquatique est un vrai bonheur. On trouvera ici plusieurs piscines, deux bains bouillonnants et huit bains privés avec l'eau à 36 °C, mais aussi un terrain de tennis et un minigolf. Pour les amateurs, vous pourrez faire de l'équitation ou encore de la pêche. La réserve animalière offre de beaux safaris. On profite de la boutique, du restaurant et du bar. On loge dans des bungalows équipés ou bien dans des chambres d'hôtel.

LINDBERGH LODGE €€€

Accès à 230 km au nord de Kimberley par la N12 jusqu'à la piste de Rietpan, située à l'ouest de la route à environ 18 km au sud de Wolmaransstad ; à partir de là, faire 15 km sur la piste puis prendre à droite au panneau « Leeufontein » et continuer encore pendant 1,5 km jusqu'à l'entrée du lodge sur la ferme Vaalbosch. ✆ +27 72 765 7201

www.lindberghlodge.co.za

À partir de 1 200 R par personne.

Imaginez une propriété de famille de plus d'un siècle, où les troupeaux de gnous et d'oryx vivent en liberté dans les hautes herbes, de grandes plaines plantées d'acacias, un lodge aux murs blanchis à la chaux. Nous sommes chez Diana Lindbergh, qui, après ses études, a décidé de reprendre l'affaire familiale. Ici, les larges espaces de savane herbeuse rappellent l'Afrique de l'Est. Lieu absolument magique. C'est ici qu'Alain Delon tourna *Le Lion*…

BLOEMFONTEIN ★

La « ville des roses » doit son surnom à la grande quantité de fleurs qui foisonnent dans ses parcs et jardins. Son histoire se confond avec l'aventure de l'État libre. Située à 1 395 m d'altitude sur le plateau du haut Veld, que certains appellent Motheo, elle bénéficie de conditions climatiques très favorables pour les cultures et pour les hommes. Ici, il y a des étudiants, des rugbymen, des aubergistes accueillants, des gaillards francs du collier et, sur le lot, des gens moins sympathiques, pas envers vous mais envers le voisin noir. Le racisme est palpable dans cette ville qui ressemble à une cité du Far West américain avec ses cow-boys blancs.

ANGLO BOER WAR MUSEUM ★★

A 3 km du centre par Harvey et Monument Road ✆ +27 51 447 3447
www.wmbr.org.za
Du lundi au vendredi de 8h30 à 16h30. Visite de groupe sur demande : 100 R.

© GROBLER DU PREEZ - SHUTTERSTOCK.COM

Si vous vous demandez encore pourquoi on n'aime pas trop les Anglais par ici… Approchez d'abord du National Women's Memorial, l'obélisque en grès à la mémoire des 27 927 femmes et enfants morts de faim ou de maladie dans les 130 camps de concentration mis en place par les Britanniques durant la guerre anglo-boer (1899-1902). A côté, le War Museum, présente un panorama très complet des atrocités et des enjeux politiques de cette guerre décidée par les Blancs mais dans laquelle périrent de nombreux Noirs. Le bilan total des victimes dépasse les 70 000 morts.

FIRST RAADSAAL MUSEUM

36 Aliwal Street
✆ +27 51 447 9609 - www.nasmus.co.za
De 9h à 16h30 du lundi au vendredi. Entrée : 10 R par personne.

Le First Raadsaal Museum est le plus vieil édifice de la ville puisque le Major Warden y installa la première école de la région en 1849. Il est aujourd'hui une extension du National Museum de Bloemfontein. En 1854, les Boers, enfin maîtres chez eux, en firent le siège de la première assemblée populaire, d'où le nom actuel. Ici prend fin la visite du centre à pied, dans ce petit musée ayant vocation à proposer des expositions de qualité à travers lesquelles l'établissement veut mettre en avant la conservation, la recherche et l'éducation.

FOURTH RAADSAAL

10 President Brand Street
Ouvert du lundi au vendredi de 8h à 17h. Entrée libre.

Le Fourth Raadsaal s'érige sur l'artère historique de la ville, President Brand Street, face à la cour suprême d'appel. L'ancien parlement de 1893 de style néoclassique, construit en grès et brique, a abrité les travaux de la dernière assemblée populaire de la république de l'Etat libre d'Orange. Une statue équestre du général Christiaan de Wet, héros de la guerre anglo-boer, semble encore défendre le bâtiment orné de larges colonnes et coiffé d'une coupole de fer. Vous pouvez y rentrer librement ou simplement profiter de la belle architecture extérieure.

NATIONAL MUSEUM ★

36 Aliwal Street
✆ +27 51 447 9609
www.nasmus.co.za
Du lundi au vendredi de 9h à 16h30 ; le samedi de 10h à 15h. Entrée : 10 R.

Avez-vous déjà vu un embryon d'éléphant de 11 g ? Une défense de mammouth de 4 millions d'années ? Un mégazostrodon de 15 cm ? Une météorite de 48,89 kg ? Connaissez-vous le *Tapinocephalus* de Prince Albert ? Quelques raisons de visiter ce vieux et bon musée, à la fois musée de l'Homme, palais de la Découverte et Centre de recherche universitaire de renommée internationale. Dans le Paleontology Hall, le seul squelette entier de l'Euskélosaure, le plus vieux des dinosaures. Le Florisbad Skull, dont on voit un moulage, est une pièce essentielle de l'évolution.

TOLKIEN ET LA VALLÉE DE LA DÉSOLATION

Le 3 janvier 1892 naît un petit garçon aux doigts très longs, aux cheveux très clairs, John Ronald Reuel Tolkien. L'enfant sera baptisé le 31 janvier à la cathédrale anglicane de Bloemfontein. Son père Arthur Tolkien dirige l'agence de la Banque d'Afrique. Sa mère, la douce Mabel, s'ennuie à mourir dans ce trou. Dans une lettre à sa famille, elle signale que « le jardin de la ville consiste en une dizaine de saules et une flaque d'eau. Le Veld commence quelques centaines de mètres derrière les maisons. C'est un affreux désert ! Une vraie désolation ! ». Bébé Tolkien passa les quatre premières années de sa vie à Bloemfontein. Les spécialistes n'ont pas fini de s'interroger sur le poids de l'influence d'une telle naissance sur son œuvre, *Le Seigneur des anneaux* ou *Le Silmarillion*. Selon l'un des biographes de l'écrivain, Humphrey Carpenter, l'enfant aurait connu des chocs émotionnels très forts durant ses années à Bloemfontein. Il fut par exemple enlevé par le serviteur noir Isaak qui souhaitait montrer à sa famille à quoi ressemblait un bébé blanc !

Quelques mois plus tard, Tolkien mit le pied sur une tarentule qui le piqua. Carpenter écrit alors : « Plus tard, il se souvint d'un jour très chaud et d'une course apeurée dans de hautes herbes mortes, mais le souvenir de la tarentule elle-même s'évanouit, et il disait que l'incident ne lui avait pas laissé une aversion particulière pour les araignées. Pourtant, il décrit plus d'une fois dans ses contes de monstrueuses araignées à la morsure empoisonnée. »

OLD PRESIDENCY

A l'angle de President Brand et St George Street
✆ +27 51 448 0949
Ouvert de 8h à 16h du lundi au vendredi et de 14h à 17h le dimanche. Fermé samedi.

La résidence officielle des présidents Brand, Reitz et Steyn, les trois derniers chefs d'Etat de la république boer indépendante. Construit dans le style Scottish Baronial, le bâtiment occupe symboliquement le site de la première ferme de la ville, celle que Johannes Brits créa près de la fameuse source Bloemfontein. Aujourd'hui, on trouve un musée relatant la vie des derniers présidents y ayant résidé. Inscrit au registre des monuments nationaux d'Afrique du Sud, il abrite également une galerie et un théâtre. Une belle reconversion.

OLD PRESIDENCY MUSEUM

16 Harry Smith St
De 9h à 16h du mardi au vendredi et de 14h à 17h le dimanche. Fermé samedi.

Etonnante découverte que cette somptueuse maison Cape Dutch à mille lieues de Bonne-Espérance ! L'ancienne résidence du gouverneur britannique de l'Union sud-africaine abrite désormais une collection d'art moderne sud-africain ainsi qu'une galerie consacrée à la culture des Bushmen. Un restaurant permet de se relaxer, à l'arrière, devant le parc enchanteur où trône un curieux carrousel. Approchez donc ! Dix artistes du cru ont créé des personnages fantasmagoriques inspirés du patrimoine mythologique africain, à la place des habituels chevaux de bois.

LA BOHEME GASTEHUIS €

159 Benadedrive, Fichardtpark
✆ +27 51 522 4269
Entre 680 R et 2 000 R selon le type de chambre. Petit déjeuner autour de 70 R.

Dans une belle et grande demeure blanche, superbe guesthouse de grand confort, la Boheme Gastehuis propose de jolies chambres doubles, ainsi que des chambres familiales avec un lit superposé supplémentaire pour les enfants. Décoration travaillée, tons chatoyants de beige rose et violet, chambres de très grand confort avec petite terrasse ou balcon individuel. Du côté du jardin, une agréable piscine avec un deck en bois, une aire de barbecue pour les adeptes, un parking qui peut souvent être utile. Tout ce qu'il faut à un prix abordable.

A CHERRY LANE SELF CATERING AND B&B €€

3 Ds Kok Road ✆ +27 51 443 8024
acherrylane.co.za
Self-catering de 850 R à 1 260 R (de 1 à 6 couchages), chambre de 660 R à 950 R, petit déjeuner inclus.

Ce sont Nita, Kassie et Chris-Marie qui vous accueillent dans ce magnifique établissement. Vous trouverez une partie *bed and breakfast* ainsi qu'une autre partie *self catering*, très chère à la population locale qui ne jure que par le *self catering* et la possibilité de faire son braaii. Ici, tout le monde est content ! Cherry Lane jouit d'un grand jardin et d'une piscine, de chambres décorées avec soin, et de salles de bains spacieuses. Tout est réuni pour passer un bon séjour.

DIAS GUESTHOUSE €€

14 Dias Crescent
✆ +27 51 436 6225
www.diasgh.co.za
À partir de 900 R.

Dans les quartiers nord de Bloemfontein, la Dias Guesthouse est à seulement une quinzaine de minutes de l'aéroport, l'idéal à l'arrivée ou au départ de la région. Rhyno, le patron, est une figure du tourisme local. Avec sa compagne Mariette, ils proposent ici huit chambres, toutes différentes, mais toutes plus cosy et chaleureuses les unes que les autres. Le quartier est vraiment calme, un brin excentré, mais on accède à pied à quelques bons restaurant et à un *mall*. Après, entre la piscine et le barbecue, il fait aussi bon rester sur place.

59 PLENTY €

59 Dan Pienaar Drive
✆ +27 51 444 1683
www.cafeplenty.co.za
Ouvert du lundi au jeudi de 7h à 19h, le vendredi et le samedi de 7h à 22h et de 8h à 16h le dimanche.

Sur Leviser Street, une salle à la décoration décontractée, des fresques sur les murs, et surtout une très belle terrasse nichée sous les voiles pour trouver un peu d'ombres. Côté cuisine, des assiettes alléchantes et appétissantes. Un établissement chaleureux pour prendre un copieux petit déjeuner, manger une salade fraîche, grignoter un sandwich ou encore savourer de la bonne cuisine asiatique. C'est aussi un lieu d'expositions de jeunes artistes. Ici, au 59 Plenty, l'art est à l'honneur sur les murs et dans vos assiettes !

© THEGIFT777 - ISTOCKPHOTO

Statue du Général Christiaan Rudolf de Wet, Bloemfontein.

HOBBIT HOUSE €€€

19 President Steyn Av
✆ +27 51 447 0663
www.hobbit.co.za
Double à partir de 800 R, suite familiale autour de 1 100 R, avec petit déjeuner.

Réservez dans la maison magique des Uys, un petit paradis poétique et baroque qui adresse un clin d'œil appuyé aux créatures de l'auteur du *Seigneur des Anneaux*. Décoration de grand goût dans les 21 chambres luxueuses sous le doux nom de Hobbits. Le jardin-terrasse luxuriant donne sur une belle piscine. Dîners raffinés sur demande. Adresse exceptionnelle de réputation nationale, bardée de prix et de trophées, dans un quartier sympathique de Westdene, un quartier à la fois résidentiel et festif puisque les restos sont à côté.

LONGHORN GRILL €€

1 Du Plessis Avenue, 1st Floor, Spitskop Centre
✆ +27 51 446 5552
www.longhorngrill.co.za
Du lundi au vendredi de 11h30 à 21h30 et de 11h30 à 22h les samedis, dimanches et jours fériés.

La spécialité ici au Longhorn Grill : les grillades ! Soit dit en passant, elles sont absolument délicieuses. De la viande, bien sûr, pour les carnivores, dans tous les styles : du bœuf, du porc ou encore du poulet grillé. Pour les autres, pas d'inquiétude, une large sélection de poissons grillés et de fruits de mer sont également à la carte. En face du Stirling Small, le décor du restaurant est plutôt apaisant, tout de bois vêtu et de couleurs clairs. Le personnel est de bons conseils et le service est efficace et très agréable.

Ferme près de Clarens
© SOUTH AFRICAN TOURISM

BÉTHULIE ★

Assiégée par Holopherne, la ville palestinienne de Béthulie fut délivrée grâce au dévouement de Judith. Son histoire est contée dans le livre de l'Ancien Testament. La Société missionnaire de Londres céda le poste de Moordenaarspoort au bord de l'Orange aux Français en 1833. Ceux-ci rebaptisèrent la mission Béthulie. Au cœur de l'État libre, la ville de Béthulie dont le nom n'est alors pas choisi au hasard – et pour cause puisqu'il signifie « choisi par Dieu » – se trouve à 185 km au sud de Bloemfontein, on y accède par la N1 jusqu'à Springfontein, puis la R715. C'est ici que l'on pourra découvrir le fameux hôtel Royal et ses 30 000 livres.

SENTINEL DRIVE

La route, puis la piste, grimpe à l'assaut de la montagne sur plus de 34 km. On quitte Phuthaditjhaba pour se retrouver bientôt à 2 540 m sur le Sentinel Car Park. Ce voyage réserve des perspectives panoramiques sur l'Etat libre à l'ouest et le KwaZulu-Natal à l'est. La Sentinel Hiking Route conduit en 4 heures 30 (aller-retour) à plus de 3 000 m d'altitude sur le fameux « amphithéâtre » du Natal. L'ascension du fameux Mont-aux-Sources peut être entreprise depuis ce plateau. Par temps clair, même si l'on n'est pas très randonnée, la Sentinel vaut le déplacement.

QWA-QWA ★

Le Qwa-Qwa, ex-bantoustan autonome, est le pays des Sotho du Sud, les frères des Lesothans, regroupés ici au sein des tribus Kwena et Tlokwa. En 1994, le drapeau vert et orange frappé d'un poney a été jeté dans les oubliettes du développement séparé. Désormais, ce petit territoire grand comme un timbre-poste a réintégré la mère patrie sud-africaine. On y fait l'ascension de la Sentinel Drive, l'une des routes les plus hautes du pays sans l'usage d'un véhicule 4 x 4. Ultime précision, en forme de clin d'œil aux publicitaires : Qwa-Qwa pourrait se traduire par « plus blanc que blanc ». C'est dire qu'il y fait froid en hiver et pas très chaud en été.

CLARENS ★

Dans l'État libre, le petit village de Clarens, homonyme du lieu de la mort du président Kruger en Suisse en 1904, somnole tranquillement au cœur du massif du Rooiberg, sous la haute stature du mont Horeb qui s'élève à 2 449 m. Niché dans le creux des montagnes, il y a à Clarens pleins de jolies galeries de peinture, des coffee-shops où il fait bon s'arrêter pour une petite pause et des boutiques de souvenirs pour trouver l'objet idéal à rapporter dans sa valise, le tout... dans une seule et unique rue qui traverse le village ! Les alentours invitent à se lancer dans de belles randonnées en montagnes pour prendre de la hauteur sur le paysage.

BASOTHO CULTURAL VILLAGE

✆ +27 58 721 0300

Autour de 70 R l'entrée pour les adultes.

« Tlo bone » ! Venez donc nous voir, nous les Sotho ! Un village-musée pour comprendre la dimension d'une culture méconnue, même des Sud-Africains. L'art pictural litema des femmes sotho est de toute beauté. Repas traditionnel sur commande, logement. Si vous avez les papilles curieuses, goûtez à la bière traditionnelle. Si vous êtes en jambe, suivez le sentier balisé à la découverte des plantes médicinales. Le village se trouve sur le territoire de 22 000 hectares du Qwaqwa Highlands Park. Sur la R712, à 10 km de Phuthaditjhaba et à 20 km du parc Golden Gate.

FERTILITY CAVE

La Fertility Cave, c'est une bonne idée de promenade facile : dans cette grotte, l'une des plus grandes d'Afrique du Sud, ont lieu ici des séances rituelles destinées à protéger la famille et à encourager la fertilité. Accès depuis Clarens en suivant la route de Fouriesburg sur une douzaine de kilomètres ; puis tourner à droite au panneau « Bramhof » ; continuer jusqu'à l'aire de stationnement de la ferme de Lusthof. A partir de là, on peut marcher durant une petite heure, en suivant les repères jaunes le long de la rivière...

CLARENS INN AND BACKPACKERS €

93 Van Reenen Street
✆ +27 76 369 9283
www.clarensinn.co.za
Camping mobil-home 120 R, dome, teepees et dortoir 220 R, hutte simple 280 R, doubles à partir de 500 R.

Dans les contreforts des montagnes Maluti, un backpacker à quelques kilomètres de Clarens. Les amoureux des grands espaces ou des fossiles de dinosaures à petits budgets apprécieront. Au Clarens Inn and Backpackers, plusieurs options s'offrent à vous : il y a le coin camping et les tipis, mais aussi des chambres doubles et des cottages. Le soir venu, on prend un verre au bar et on se retrouve pour papoter avec les hôtes autour d'un beau feu de camp.

CRANBERRY COTTAGE €€€

37 Beeton St
✆ +27 51 923 1500
www.cranberry.co.za
Entre 640 R et 1 450 R selon le type de chambre.

Un relais de campagne, un beau jardin, des chambres d'un luxe discret, et une cuisine créative au dîner. Loin de l'époque qui voyait passer la reine d'Angleterre en grand convoi puisqu'il n'y a plus qu'un ou deux trains de marchandise par semaine, à vitesse d'escargot. Le guichet, le bureau du contrôleur ont fait place au sommeil grand confort, à une déco amusante et aux rêves à toute vapeur... Bev rencontre un succès national avec sa gamme Rain de produits en cire d'abeille et ses savons ouvragés. Fabrication locale, style écolo-chic très trendy, magnifique !

LADYBRAND ★

Nous sommes ici dans le grenier céréalier de l'État libre, à quelques kilomètres des plus belles peintures pariétales d'Afrique australe. La capitale du Lesotho se trouve juste de l'autre côté du poste-frontière de Maseru Bridge. Au printemps, le royaume organise une fête culturelle très spectaculaire, le Morija Arts Cultural Festival. Dans les plaines environnantes, vous aurez droit au spectacle éblouissant des tournesols. Cette étape permet de découvrir l'étonnante grotte de Saint Augustine et les travaux des Bochimans. La présence dans le coin des lieux-dits Marseilles ou Cabrière témoigne de l'installation de descendants de huguenots.

MY HOUSY B&B €€

17a Prinsloo St
✆ +27 71 248 2254
www.myhousy.co.za
580 R pour une chambre twin, 780 R pour une chambre double et 850 R pour une chambre familiale. Petit déjeuner inclus.

À Ladybrand, nous voilà au cœur d'un jardin poétique et luxuriant, la villa colorée d'une artiste peintre pour un séjour tout confort, entre les bouquets de fleurs et les aquarelles. Dans la salle du petit déjeuner, les toiles recouvrent complètement les murs, ce qui ajoute au charme déjà existant du lieu. Au My House B&B, il y a une petite dizaine de chambres, pas plus, qui se faufilent sur les petits chemins tracés à travers les jolis bancs et les plantes. A réserver sans attendre pour faire une petite escale dans cette jolie *guesthouse*.

SAINT AUGUSTINE'S PRIORY ✝

✆ +27 51 924 3318
Accès par la R26, au nord de Ladybrand.

Quelques croix penchées sur les pierres tombales envahies par les herbes folles ; le vent siffle dans les arbres et se griffe les ailes sur un massif de cactus... Difficile de se frayer un chemin jusqu'à la grotte-église consacrée en 1869 par la Société anglicane de Saint-Augustine. Drôle d'atmosphère dans cette mission qu'aimait fréquenter l'archevêque Desmond Tutu. Entre 1929 et 1955, des centaines de jeunes Africains reçurent ici une éducation de haut niveau. Pour la communauté Sotho, la tombe de la prophétesse Mantsopa Anna Makheta est un lieu de pèlerinage.

GOLDEN GATE HIGHLANDS NATIONAL PARK ★

Ce parc de 34 000 ha, dominé par les 2 837 m du Generaalskop, doit son nom à ses étonnantes formations de roches stratifiées. En venant de Clarens – ou mieux, de Kestell par la piste du Bothasberg –, vous verrez que les éperons de grès se maquillent d'or à l'heure du soleil rasant. Sur fond de savane herbeuse, en particulier à l'automne, l'effet est saisissant. Une section animalière clôturée abrite de nombreux oiseaux, des antilopes, des gnous noirs et des zèbres. Plusieurs sentiers fléchés, randonnées avec guide, équitation et canoë. La route qui relie Clarens à Phuthaditjhaba traverse de part en part le Golden Gate.

Golden gate highlands national park.

GLEN REENEN RESTCAMP & CHALETS €€

© +27 58 255 1000
www.sanparks.org
Au Restcamp : camping 330 R pour 2, cottage pour 3 : 1 880 R.

Le Glen Reenen Restcamp propose des bungalows familiaux, équipés d'un coin cuisine pour le *self-catering*. Ils sont très mignons. Dans le jardin, la rock pool offre une pause rafraîchissante. Une étape plus exclusive à Noord Brabant Guest House, une vieille ferme entièrement rénovée pour le self-catering à six personnes, dans un coin isolé du parc. Pour un grand bol d'air : essayez le séjour d'altitude, à 2 200 m, dans les maisonnettes en bois du Mountain Retreat.

RHODES ★

Un rêve de village au bout du monde, une sorte de secret que l'on aimerait garder pour soi. C'est notre Saint-Moritz à nous, disent les Sud-Africains avec humour. Sauf qu'ici, on descendait les vitres du Horseshoe Hotel à coups de fusil jusque dans les années 1950 ! Tous les trafiquants et voleurs de bétail de la région se retrouvaient à Rhodes pour la grande explication. Durant l'hiver, de mars à septembre, les sommets se couvrent souvent de neige. L'eau gèle dans les canalisations. Rhodes, perché à 1 860 m, tout entier sacré monument national, entre alors dans sa saison touristique : on vient skier sur les hauteurs de la province du Cap-Oriental.

TIFFINDELL ★

Située à 2 700 m d'altitude, dans le sud du Drakensberg au pied du mont Ben Mcdhui (3 001 m) qui marque la frontière du Lesotho, Tiffindell, qui ne compte qu'un tire-fesse et quelques canons à neige, s'adresse aux skieurs débutants. On y pratique aussi le snowboard et le hors-piste. On peut y venir aussi pour le plaisir de skier en Afrique ! Location d'anoraks et de combinaisons en plus des skis-bâtons-chaussures. Club enfants pour les petits. Fréquentes soirées dansantes bien arrosées parfois suivies de descentes aux flambeaux. La saison de ski va de juin à septembre. Il convient de réserver longtemps à l'avance, car on affiche souvent complet.

NAUDÉ'S NEK PASS

Piste d'altitude la plus haute du pays ! Un environnement absolument superbe entre Rhodes et Maclear (105 km). Aire de pique-nique là-haut, à 626 m. Afin de trouver le chemin idéal pour le tracé de cette route, on aurait suivi celui emprunté par un cheval. Pauvre bête ! En descendant vers Maclear, le site d'Oakleigh comporte une série d'empreintes de dinosaures. Ces traces fossiles, datées de quelque 200 millions d'années, sont les plus anciennes du pays. Alors gardez bien l'œil ouvert : on fait parfois d'étonnantes rencontres avec l'histoire.

TIFFINDELL SKI RESORT €€

© +27 11 781 2620
www.tiffindell.co.za
Package pension complète, forfait de ski, location de matériel, assurance, entrée au resort : 5 300 R/personne/3 jours.

Le resort propose des packages de minimum trois jours tout compris, même les pulls, pantalons et matériel de ski, ce qui évite des problèmes logistiques quand on ne s'attend pas à dévaler les pistes en Afrique du Sud. La formule comprend aussi le petit déjeuner, le dîner, la chambre en chalet de quatre à six personnes, le forfait, l'assurance et les animations du Tiffindell Ski resort. Confort et chaleur assurés dans les beaux chalets en bois, pour se payer le luxe de skier en juillet sur la piste méconnue du massif du Drakensberg.

WALKERBOUTS INN €

1 Vorster Street
© +27 45 974 9290
www.walkerbouts.co.za
À partir de 765 R par nuit et par personne, dîner et petit déjeuner inclus (en chambre partagée).

Bonne pioche chez Dave puisqu'on a ici à portée de main et de gosier la bière pression locale, la Highland brassée sur place. Walkerbouts Inn propose six chambres sympa où vous pourrez passer la nuit. La bonne nouvelle : un four à pizza pour combler tous les petits creux du soir, et bien entendu un pub ambiancé et très sympa pour étancher sa soif et passer une belle soirée. Aussi, Dave pourra vous confier tout plein de conseils avisés pour les artistes de la pêche à la mouche, passionné de ce loisir tranquille. Rendez-vous à Rhodes.

LE KAROO

Voulez-vous cueillir quelques tiges au parfum de miel et d'oseille ? Savez-vous préparer la peau de porc-épic à la sauce aigre-douce et distinguer l'herbage d'un mouton à son goût ? Le Karoo est un monde traversé de chemins ivres qui semblent aller nulle part. On vient s'y perdre sous un soleil acide, d'éolienne en éolienne, de village en village, pour retrouver avec la nuit la chaleur des *dorpshuisies*, ces belles maisons au sol de fumier et de noyaux de pêche. Bien sûr, le Karoo se mérite. Il faut parcourir parfois plusieurs centaines de kilomètres pour trouver une ferme ou un hôtel, de l'autre côté de l'horizon. Un désert poussiéreux et venté, où des dizaines de milliers de moutons broutent l'herbe rase, quel intérêt ? Sous son aspect rude, le Karoo cache des trésors d'hospitalité et de simplicité, des fermiers au grand cœur et de nombreuses auberges de charme. Il y a deux cents millions d'années, c'était un grand lac bordé de cycas.

50 KM
Le Karoo
Carnarvon
Williston
VICTORIA W
Loxton
Sak River
Fraserburg
KAROO NATIONAL
Karoo National Park Camp Site
BEAUFORT
Sutherland
Merweville
Leeu-gamka
Prince Albert Road
Laingsburg
MATJIESFONTEIN
PRINCE ALBERT
Matjiesrivier
Vrede
LADISMITH
CALITZDORP
DE RUST
OUDTSHOORN
Volmoed
Uni
PARC NATIONAL
WILDERNESS
GEORGE
Herbertsdale
WILDERNESS

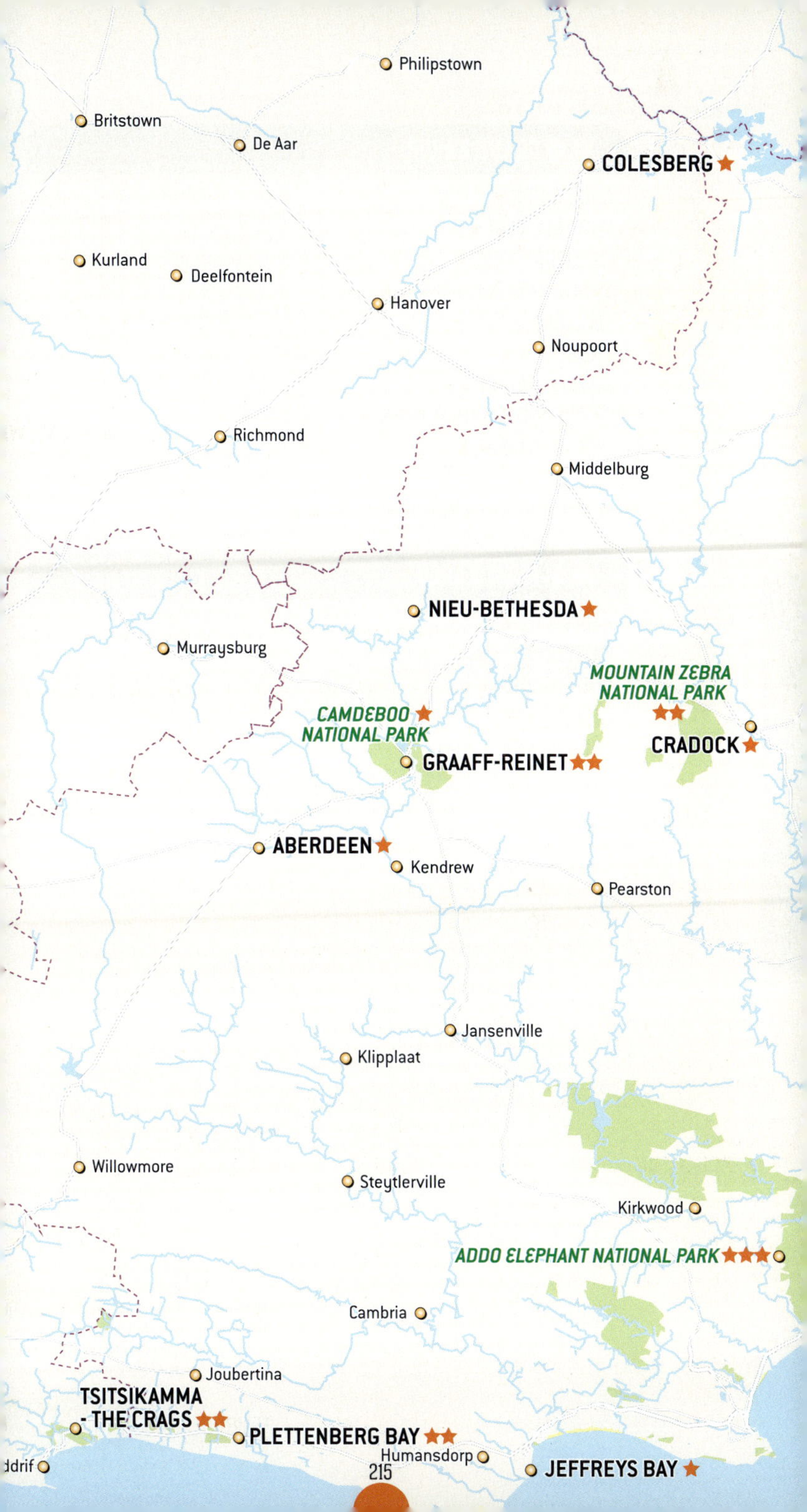

Philipstown
Britstown
De Aar
COLESBERG
Kurland
Deelfontein
Hanover
Noupoort
Richmond
Middelburg
NIEU-BETHESDA
Murraysburg
MOUNTAIN ZEBRA NATIONAL PARK
CAMDEBOO NATIONAL PARK
CRADOCK
GRAAFF-REINET
ABERDEEN
Kendrew
Pearston
Jansenville
Klipplaat
Willowmore
Steytlerville
Kirkwood
ADDO ELEPHANT NATIONAL PARK
Cambria
Joubertina
TSITSIKAMMA - THE CRAGS
PLETTENBERG BAY
Humansdorp
JEFFREYS BAY

PAGES

COLESBERG ★

La petite ville se trouve presque à mi-chemin sur la route entre Johannesburg et Le Cap. Beaucoup d'automobilistes s'y arrêtent pour la nuit, comme auparavant les chasseurs, aventuriers et hommes d'affaires, lorsque la route entre les deux villes était infinie et fatigante. Le style Cape Dutch et géorgien domine l'architecture locale. On ira jeter un coup d'œil au Horse Mill situé à Coach House, un des derniers moulins à traction animale encore complet. Cette région est une des plus isolées du pays, de nombreux fermiers y élèvent leur troupeaux en paix, notamment des moutons mérinos (pour la laine) et des chevaux. Une sorte de Far West africain.

KUILFONTEIN STABLE COTTAGES €€

N° 1, 12 km au sud de Colesberg
✆ +27 51 753 1364 - www.kuilfontein.co.za
Dans les cottages : chambre simple 1 050 R, double 700 R. Petit déjeuner inclus. À partir de 1 200 R par paddock.

Les écuries de cet ancien haras ont été transformées par les Southey en délicieuses chambres campagnardes. Une maison historique, au grand air et à la cuisine chaleureuse au sein d'un élevage de moutons mérinos. Le Karoo splendide, simple et puissant comme vous l'aimerez. Deux chambres luxe, une chambre familiale et cinq standard. Tous les produits viennent de la ferme, vous pourrez goûter au repas typique du Karoo : agneau, légumes, pain et beurre faits maison, humble et copieux.

VICTORIA WEST ★

La chronique locale rapporte que les fermiers du coin, enrichis par le commerce de la laine, se faisaient présenter des images animées dès 1902. Mais c'est un immigré grec qui allait tout révolutionner. Dans les années 1920, l'entreprenant Andrew Aristides Bassil vient à Victoria West pour tenir le Good Hope Café. Il décide alors d'ouvrir un vrai cinéma, l'Apollo Talkies Theatre. En 1930, on programme les premiers films parlants. L'aventure s'achève en 1981. Grâce à des fonds privés et publics, le cinéma renaît à partir de 1999. C'est aujourd'hui la seule salle Art déco active et intacte d'Afrique du Sud, le seul cinéma purement associatif du pays.

BEAUFORT WEST ★

Il y eut en fait un avant et un après les « trekkebokke ». La terrible sécheresse de 1849 avait fait fuir des animaux sauvages, les springboks ; selon la légende, le troupeau fou était allé se jeter dans l'Atlantique. On se lança alors dans l'élevage intensif du mouton mérinos. La ville de Beaufort West, créée en 1820, allait ainsi devenir un centre ferroviaire important sur la ligne du Cap et un marché de laine très couru. Pourquoi Beaufort ? Parce que le père du Premier ministre du Cap de l'époque était duc de Beaufort. La ville est très fière d'avoir vu naître Chris Barnard, le chirurgien qui réalisa la première transplantation cardiaque.

© GROBLER DU PREEZ - SHUTTERSTOCK.COM

Colesberg.

MUSÉE DE BEAUFORT WEST

87 Donkin Street
✆ +27 23 415 2308
Ouvert du lundi au vendredi de 7h45 à 16h45 (18h en haute saison) et de 9h à 12h le samedi. Entrée : 15 R.

Sur la route principale de Beaufort West, juste à côté de l'office de tourisme, nous entrons dans le musée de la ville. Pour nous, la partie la plus intéressante de ce musée est celle consacrée à l'œuvre de Chris Barnard, né le 8 novembre 1922 dans le presbytère adjacent où œuvrait son père, le révérend Adam Barnard. Sont entassés ici tous les cadeaux, toutes les décorations reçus par le célèbre chirurgien après la célèbre transplantation cardiaque réussie du 3 décembre 1967. Dans un tout autre style, une autre partie du musée est consacrée à Napoléon.

BEAUFORT MANOR €€

13 Bird St
✆ +27 23 415 2175
www.beaufortmanor.co.za
Chambre simple : 650 R, chambre double entre 780 R et 1 500 R, cottage de 800 R à 2 000 R. Petit déjeuner inclus.

À mi-chemin entre Durban, Le Cap et Johannesburg, sur la N1 en plein cœur du Karoo, se trouve un joli havre de tranquillité : le Beaufort Manor, une belle demeure moderne de grand style, animée par une maîtresse de maison particulièrement avertie en matière de décoration. Les chambres s'éclairent dans des tons anglais, mais notre préférence revient au pavillon familial façon chalet suisse. Jardin bien entretenu avec en son centre une jolie piscine pour se rafraîchir après les heures chaudes. Quelques tables autour de la piscine pour boire un verre.

LEMOENFONTEIN GAME LODGE €€€

Par N1 vers le nord puis la piste à gauche vers De Jagers Pass, à 7 km ✆ +27 23 415 2847
www.lemoenfontein.co.za
Chambre double entre 995 R et 1 990 R. En self-catering entre 845 R et 1 690 R.

Dans cette réserve privée de 11 000 hectares, vous découvrirez les charmes anciens d'un pavillon de chasse du Karoo élégamment décoré. Parcours en 4x4 et sentiers de randonnée, *game drive* dans le parc qui abrite une vingtaine d'espèces dont certaines endémiques à la région, notamment élands, girafes, koudous, zèbres... Une douzaine de chambres confortables et délicatement aménagées, entre ancien et moderne chic – surtout celles qui donnent sur la piscine. Dîners de charme avec vue panoramique sur la ville et la plaine immense. Un lieu intense au coucher du soleil.

KAROO NATIONAL PARK ★★

Accès à 4 km au sud de la ville de Beaufort West. Un parc magnifique s'étend sur 73 000 ha de collines et de Veld dégagé. Une expérience très forte pour qui veut vivre au plus près de la nature ; le Karoo est ici martien, comme brûlé de l'intérieur. Nombreuses antilopes, zèbres de montagne, rhinocéros, buffles et plein de renards. Le Springbok Hiking Trail se parcourt en trois jours, sur 41 km avec un sommet à 1 900 m. Pour une brève visite, nous recommandons le Fossil Trail, à côté du camp, qui présente sur 400 m les ossements fossilisés des reptiles géants qui couraient la région il y a 200 millions d'années.

Karoo National Park.

MAIN REST CAMP €

✆ +27 23 415 2828
www.sanparks.org
Camping à partir de 200 R pour 2 personnes, bungalow 2 à 4 personnes, de 1 000 R à 1 500 R.

Depuis le camp principal, une jolie vue sur les alentours. Il ne faudra pas manquer le pittoresque col de Klipspringer ni le mirador de Rooivalle. Vous trouverez alors sur place : un camping doté de l'électricité et des bungalows à des prix intéressants si vous voyagez à quatre personnes. On trouve également dans le camp un restaurant où l'on pourra prendre un petit déjeuner avant de partir en balade ou reprendre la route. Sur place, une supérette, une laverie, un barbecue et une aire de pique-nique. Et même une piscine pour les résidents !

MATJIESFONTEIN ★

Une vaste plaine vide, excepté un ou deux *kopjes*, sinon rien d'autre que la gare, en plein milieu de nulle part, qui fit la fortune d'un Écossais malin. Employé des chemins de fer, Jimmy Logan ouvre un restaurant et une station climatique au bord de la voie ferrée à 27 ans. Dix ans plus tard, il est millionnaire, membre du Parlement et propriétaire de tous les lieux de rafraîchissement entre Le Cap et Bulawayo. À sa mort en 1920, la gare de Matjiesfontein est abandonnée. À la fin des années 1960, un homme d'affaires décide de redonner à la station climatique son visage d'antan. Ambiance *ghost city* séduisante où de nombreux fantômes se promènent dans les maisons.

ABERDEEN ★

À la fin du XIXe siècle, les éleveurs installés dans le périmètre de la ferme Brakkefontein ont connu une période de très grande prospérité durant laquelle ils se sont fait construire de grandes maisons princières. Ainsi Aberdeen, qui porte le nom d'une ville écossaise, est née. Et comme rien n'était trop beau pour ces rois de la laine et de la plume, on décida de bâtir la plus haute église du pays. Rien que ça. L'une des plus gracieuses aussi, tel un phare de la foi au milieu d'un immense nulle part. Comme un village fantôme tiré d'un long sommeil par quelques artistes, Aberdeen est une des plus belles surprises que peut offrir le désert.

THE LORD MILNER HOTEL €€€

✆ +27 23 561 3011
www.matjiesfontein.com
Entre 960 R et 5 560 R selon le type de chambre.

Les drapeaux flottent au vent du Karoo sur les tours crénelées de ce bâtiment hors du commun. Vous traversez le jardinet et entrez dans la machine à remonter le temps, un univers suranné où les tapis profonds et l'escalier géant semblent ourdir la même conspiration. Les chambres donnant sur le balcon du premier étage sont particulièrement agréables. Chaque pièce de mobilier raconte ici une histoire. Le temps n'a que peu de prise sur ce château du désert qu'on dit hanté par de gentils fantômes ! Dîners dans la salle à plafond de bois, après un saut dans la piscine.

THE DUTCH REFORMED CHURCH ✝

Une merveille ! Achevée en 1907, elle domine le village du haut de ses 51 m. Son clocher légèrement désaxé, ses murs crème, ses volumes généreux, ses plafonds en tôle peinte et ouvragée, son orgue monumental et ses lustres forment un ensemble qui surpasse en harmonie l'église-sœur de Graaff-Reinet. A l'extérieur, on découvre le kerksaal, un hall dont les murs s'ornent d'une tapisserie en laine peinte. Volumes et couleurs racontent la création du monde et l'avènement de Jésus-Christ.

Matjiesfontein.

GRAAFF-REINET ★★

C'est une vieille dame en robe blanche qui rêvasse au bord de la rivière Sundays. La ville fut créée par le gouverneur du Cap, Jacob van De Graaff, en 1786. Celui-ci répondait ainsi à la pétition soulignant la nécessité de créer un centre administratif. Graaff-Reinet est donc la quatrième plus ancienne ville sud-africaine, après Le Cap, Stellenbosch et Swellendam. Elle compte environ deux cents monuments historiques, ce qui est beaucoup plus que les autres villes du pays. On pourra consacrer une journée au centre historique. Aujourd'hui, à 759 m d'altitude, la ville est le point de rencontre de tous les éleveurs de moutons mérinos et de chèvres angoras.

THE OLD RESIDENCY ★

De 8h à 13h et 14h à 17h du lundi au vendredi, de 9h à 12h le samedi et de 9h à 13h le dimanche. Tarif : 30 R.

On traverse Murray et on emprunte Parsonage Street jusqu'à la porte de The Old Residency, l'ancienne résidence du juge de la ville : voici l'illustration – comme sa voisine Reinet House – d'une version primitive du style hollandais du Cap (début XIXe siècle), sur une structure dite en « H ». C'est désormais un musée d'histoire avec ses armes à feu de la guerre anglo-boer et sa galerie du souvenirs pour rappeler les exploits contemporains de l'armée sud-africaine (Tripolitaine, campagne d'Italie). Reprendre Murray St. vers la gauche en direction de Church Street.

DUTCH REFORMED CHURCH (1887) ★

De 9h à 12h et de 14h à 17h.

En haut de Church Street, forcément, difficile de la rater car c'est une des plus belles églises d'Afrique du Sud. On croirait que l'édifice est recouvert de sucre glace. Ce bâtiment de style gothique victorien, qui peut abriter jusqu'à 1 500 personnes, a été construit sur le modèle de la cathédrale de Salisbury. A l'intérieur, la chaire en teck de Birmanie fait face au grand orgue. La visite du centre historique commence ici, pour une demi-journée de promenade.

GRAVURES BOCHIMANES DE REITVALLEI ★★

✆ +27 49 891 8001

A 18 km de Graaff-Reinet.

Le peuple chasseurs-cueilleurs des San, également appelés Bochimans ou Bushmen, étaient là bien avant tout le monde. En se promenant sur leur propriété, les Van Rensburg ont découvert des animaux et des formes humaines gravés pour certains il y a 10 000 ans. Amateurs de peinture rupestre bienvenus. Après la visite, on n'hésite pas à s'arrêter pour prendre un verre au Homestead, un monument national qui date de 1817. Pour cette expérience fabuleuse, contacter Lyell van Rensburg.

REINET HOUSE MUSEUM ★

Market Square

✆ +27 49 892 3801

www.graaffreinetmuseums.co.za

Du lundi au vendredi de 8h à 16h30, le samedi, le dimanche et les jours fériés de 9h à 13h. Tarif : 30 R.

© GROBLER DU PREEZ - SHUTTERSTOCK.COM

Par Somerset, gagnez Murray Street et rejoignez Reinet House, face à Parsonage Street. Cet ancien presbytère abrite le musée local des Arts populaires. Les pièces de l'étage principal donnent une bonne idée du cadre de vie des notables du XIXe siècle. Dans la cour, une halle cache de curieux engins parmi lesquels on trouve une carriole à chèvres et un brancard monté sur roue. Le jardin, avec son pied de vigne centenaire, complète un ensemble architectural conçu en 1812 sur la base de plans, alors attribués à Louis-Michel Thibault.

THE OLD LIBRARY ★

✆ +27 49 892 3801

www.graaffreinetmuseums.co.za

Du lundi au jeudi de 8h à 16h30, le vendredi de 8h à 16h, les week-ends et jours fériés de 9h à 13h. Tarif : 30 R.

Descendez Church Street, traversez Somerset et entrez dans le musée The Old Library qui abrite la galerie des fossiles Lex Bremner : un ensemble crâne et mâchoire inférieure est daté de 230 millions d'années. Au fil des maigres notices explicatives, on apprend que ces reptiles proliféraient dans la région quelque 100 millions d'années avant les dinosaures. Terminez la visite en admirant un spécimen de coelacanthe ainsi qu'une défense et un fémur d'éléphant, sans oublier la galerie d'hommage au leader Robert Sobukwe, natif de la ville.

THE VALLEY OF DESOLATION ★★

Accès par la R63 vers Murraysburg à 5 km, à droite du centre.

On accède en voiture au lieu-dit « The Valley of Desolation » par la Camdeboo Nature Reserve. Un site magnifique, où la montagne semble avoir été tranchée à la hache. Une fois garé, on marche 10 minutes en suivant le sentier balisé jusqu'à la plate-forme au bord du précipice. Si l'on dispose d'une heure, on opte pour le Nature Walk, balisé d'un logo en forme de lézard. La vue porte à une centaine de kilomètres. En chemin, le point de vue sur Graaff-Reinet offre l'occasion de comprendre comment la ville s'est développée en rond, dans une courbe de la rivière...

WELLWOOD TRYMORE COTTAGE €

Par la N9 vers Middelburg, puis la piste de Nieu Bethesda à 30 km ✆ +27 82 379 0131

www.wellwood.co.za

Par personne : 620 R en self-catering, 50 % de réduction pour les enfants de moins de 12 ans.

Un grand cottage luxueux, étape exceptionnelle au milieu des moutons avec une véranda pour faire le vieux fermier, bière à la main. On a l'impression exaltante de séjourner dans une résidence secondaire puisque, après le dîner, on se retrouve en solitaire au cœur de l'immense plaine. Mais il y a un autre trésor : la propriété des Rubidge abrite une des premières collections au monde de reptiles du Permien fossilisés. Le matin, si vous le souhaitez, découvrez la galerie privée et vous y verrez des pièces que les musées nationaux envient.

CLIFTON COUNTRY HOUSE €€

✆ +27 83 651 2022

www.cliftoncountryhouse.co.za

A partir de 400 R en chambre partagée.

Elsona de Klerk sait faire mille choses, par exemple élever des chèvres angora et créer de magnifiques étoffes peintes ou brodées. Bienvenue dans son palais broussard, un noble manoir édifié en 1774 dans le pur style hollandais du Cap offrant quelques chambres ultra-chic décorées à la manière afro-contemporaine. Un trésor bien caché, au bout du bout d'une piste sillonnant sur les flancs d'une gorge vertigineuse. Faites-vous bien indiquer l'accès car la ferme est une des plus isolées du coin. Comme nous, vous ne regretterez pas cette plongée dans le Karoo profond.

ANDRIES STOCKENSTRÖM €€€

100 Cradock St

✆ +27 49 892 4575

À partir de 1 400 R pour 2 personnes, selon le standing, avec petit déjeuner.

Voici l'auberge gastronomique de Gordon et Rose Wright, un des meilleurs cuisiniers du pays. Dès la porte franchie, l'harmonie s'installe autour de vous : parquets luisants, meubles anciens et musique classique. Les chambres, disposées à l'arrière dans le jardin des senteurs, près de la piscine, ont des airs de petit paradis. Correspondance des couleurs, de la lumière du Karoo, des tissus élégants, de la literie bien choisie. La carte, en perpétuelle évolution en fonction des saisons et des coups de cœur du chef, met les produits du terroir à l'honneur.

CAMDEBOO NATIONAL PARK ★

Ce parc national est situé dans les environs de Graaff-Reinet. Son nom, Camdeboo, est issu d'un mot hottentot qui signifie « montagnes vertes ». Ici, c'est le Karoo dans toute sa splendeur. L'écrivaine Eve Palmer a écrit un des plus grands succès de la littérature sud-africaine contemporaine, *Plains of Camdeboo*, qui n'est malheureusement pas traduit en français, mais qu'il faut lire si la région vous « parle ». C'est vraiment un lieu magique, hors du monde. Les randonneurs viennent marcher de ferme en ferme dans l'espoir de s'imprégner du mystère Camdeboo. La réserve animalière clôturée du Camdeboo National Park est accessible par la R63.

NIEU-BETHESDA ★

C'est le révérend Murray de Graaff-Reinet qui décida en 1875 de construire une église dans cette petite vallée du Sneeuberg où vivaient déjà quelques fermiers. Le Kompasberg, qui s'érige à 2 504 m d'altitude, est le point culminant de la chaîne. Bethesda, de l'araméen *bêt hisda*, « maison de miséricorde », est le nom de la piscine miraculeuse située au nord du Temple, à Jérusalem, où Jésus guérit un infirme. On traverse le village en empruntant Martins Street, bordée de saules et de maisons un peu décaties. Depuis quelque temps, ce *dorp*, village, isolé est devenu furieusement à la mode. Nieu-Bethesda doit sa célébrité à la défunte Helen Martins.

OUTSIDERS OWL HOUSE BACKPACKERS €

Martins Street
✆ +27 49 841 1642
Dortoir 125 R, camping 75 R, double 460 R, avec ou sans salle de bains. Avec petit déjeuner inclus ou self-catering.

Pour les petits budgets qui viennent se perdre dans le Karoo pour visiter la fameuse Owl House et les œuvres d'Helen Martins. C'est la base idéale pour visiter la vallée de la Désolation et The Mountain Zebra National Park. Les chambres sont propres et claires, le mode de vie est épicurien : transat dans le jardin et admirez le ciel plein d'étoiles en goûtant les vins sélectionnés avec attention par la maison. Pain fait maison, fromage blanc, barbecue d'agneau du Karoo.

GANORA FARM €€

✆ +27 49 841 1302
www.ganora.co.za
De 750 à 1 000 R la chambre double avec petit déjeuner inclus.

Chez Hester, une belle ferme de 4 000 ha, vous logerez dans un cottage à l'écart de la maison principale. Quatre chambres décorées avec goût dans des tons chaleureux. Ici, on s'essaye à l'équitation, on découvre la galerie de fossiles, la boutique, et on profite même d'une introduction au travail de la laine. Au Ganora Farm, on part à la découverte à pied de peintures rupestres. L'étape mérite un minimum de deux nuits afin de pouvoir suivre le mari d'Hester sur la piste des trésors historiques ou même aller randonner sur le sentier du canyon.

THE OWL HOUSE ★

Main road
✆ +27 49 841 1733
https://theowlhouse.co.za/
Ouvert tous les jours. Entrée : 60 R.

La maison de l'artiste Helen Martins, sa vie, ses œuvres. Drôle de personnage que cette Helen Martins, née à Nieu-Bethesda en 1898, morte au même endroit en 1976. Après avoir soigné ses vieux parents, et essayé deux maris, cette institutrice s'était enfermée dans sa maison du bord de la rivière pour créer. Elle lisait beaucoup Blake et Khayyam. Elle était passée vivante de l'autre côté du réel, actrice de ses fantasmes, victime de ses rêves les plus fous. Pendant dix-sept ans, seule puis secondée par Koos Malgas, son bras, sa main (son double resté sur terre ?), Helen Martins brisa des milliers de bouteilles de verre, des bleues, des vertes, des rouges, pour ensuite coller les éclats scintillants sur les murs de sa maison. Puis, avec Koos, elle imagina une folle méharée dans son jardin. Travaillant parfois jour et nuit, à la lueur des bougies, le couple de créateurs – elle, vieille femme blanche, lui, métis dans sa quarantaine – fit naître un bestiaire de ciment et de verre, une crèche païenne en marche. Entrez donc dans cette Owl House, sentez l'odeur de soude et de mort, puis sortez dans la cour des miracles pour découvrir les têtes de girafes, les chevaux ailés, les hommes mangeurs de serpents, les bouddhas à coiffe de verre bleu, et ces deux créatures accrochées à la pendule d'un clocher, espérant retenir les heures. Helen Martins, voyant peut-être le sablier couler trop vite, se donna la mort à 78 ans en avalant de la soude caustique. « Son vrai nom était Mona Lisa », écrit encore Breytenbach. « Certaines nuits, elle allumait toutes les lampes et la goélette incandescente remplie d'une cargaison de rêves et de globes célestes de toutes les couleurs faisait voile dans les ténèbres du Karoo, en se reflétant dans une mer d'étoiles. » La maison des chouettes n'a pas fini de faire courir l'imagination des artistes, de plus en plus nombreux à Nieu-Bethesda. Le grand dramaturge sud-africain Athol Fugard a écrit une pièce de théâtre inspirée de la vie d'Helen Martins. L'oeuvre en question, *The Road to Mecca* (Faber and Faber, Londres), a été adaptée au cinéma. Un film, avec Athol Fugard lui-même, Yvonne Bryceland et Kathy Bates, tourné ici en 1991. On aime ou on déteste la maison des chouettes. Ce lieu est en tout cas en accord avec le climat de la vallée, à la fois intimidant et serein. L'écrivain David Robbins a voulu attendre la nuit dans le jardin d'Helen. Sous le ciel bleu marine, il a vu l'arche de pierre s'animer, les chameaux se mettre à marcher vers le désert. Dans la chambre d'Helen, une statue est couchée au pied du lit.

CRADOCK ★

Fondée en 1814, cette ville doit son nom à John Cradock, gouverneur du Cap. Avec le musée Olive Schreiner, le parc national du Zèbre de montagne à proximité et l'hôtel Die Tuishuise, cela fait au moins trois bonnes raisons de venir voir ce petit bijou du Karoo. Certains se souviennent du soulèvement des *townships* dans les années 1980 : Cradock fut le point de départ d'une révolte initiée ici, dans le quartier pauvre de Lingelihle par Matthew Goniwe, héros de la lutte anti-apartheid liquidé par les forces de sécurité en 1985 lors de la fameuse embuscade de « Cradock Four ». En été, le thermomètre dépasse souvent les 40 °C tandis qu'il gèle en hiver.

THE OLIVE SCHREINER HOUSE ★

9 Cross Street
✆ +27 48 881 5251
Ouvert du lundi au vendredi de 8h30 à 12h45 et de 14h à 16h30. Tour guidé : 50 R.

Ce petit musée administré par le National English Literary Museum de Grahamstown présente l'œuvre et la vie de l'écrivain Olive Schreiner, née en 1855 près du Lesotho, décédée au Cap en 1920 et enterrée selon ses vœux au sommet du Buffelskop près de Cradock. Elle vécut ici, avec ses frères et sa sœur et fut gouvernante dans le Karoo. Avec de bonnes chaussures et une demi-journée devant soi, on peut faire l'ascension du Buffelskop, où l'écrivain repose, aux côtés de sa chienne Nita.

HERITAGE HOUSE €€

45 Bree St
✆ +27 48 881 3210
www.wheretostay.co.za/heritagehouse
Double à partir de 1 000 R avec petit déjeuner en cottage.

Une maison où souffle l'histoire des grandes années avec son parc majestueux orné d'une attrayante piscine. Les enfants aimeront les poules, les canards, les antilopes apprivoisées et aussi le grand python dans sa cage. Le maître des lieux, fils de la comtesse Gisèle de Neuilly et d'un soldat sud-africain, descendant d'une famille de conseillers à la cour de France, est un héros de la campagne d'Egypte de 1942. Geoffrey de Neuilly-Rice présentera fièrement sa bibliothèque française où figurent de précieuses éditions de Balzac, Stendhal, Lamartine et Montesquieu.

MOUNTAIN ZEBRA NATIONAL PARK ★★

Situé sur les versants du Bankberg dans le Grand Karoo, le parc national du Zèbre de montagne couvre 6 536 ha. La neige vient parfois montrer patte blanche en hiver. Dans ce parc, les zèbres côtoient le bubale rouge, l'éland, le gnou noir, le koudou, le rhinocéros noir, le buffle du Cap, le springbok, le blesbok, le cob des montagnes, le rhebok gris, le céphalophe, le steenbok, l'antilope sauteuse, l'aigle noir et le caracal aux oreilles pointues. On se promène librement sur les 45 km de pistes après être passé par la réception-restaurant pour prendre les brochures. Les marcheurs se lanceront sur les sentiers pour une heure ou bien pour la journée.

BUREAU DU PARC DE ZEBRA MOUNTAIN

✆ +27 48 881 2427
www.sanparks.org
Entrée : 240 R par jour par adulte, et 120 R par enfant. Ouvert de 7h à 18h, jusqu'à 19h entre octobre et avril.

Voici le bureau d'informations du parc national de Zebra Mountain. Tout y est pour vous donner les moindres détails sur ce magnifique parc et vous renseigner sur ses paysages époustouflants. Balades en voiture ou à pied accompagnées par un guide spécialisé. Vous trouverez également sur le site San Park toutes les options d'hébergement, les différentes installations et activités du parc, mais aussi la rubrique « comment s'y rendre », qui peut être utile.

MOUNTAIN COTTAGE ET DOORNHOEK GUESTHOUSE €

Par la N10 puis la R61 vers Graaff-Reinet, à 25 km
✆ +27 12 428 9111 - www.sanparks.org
Cottage à 1 140 R pour 2, 300 R par adulte supplémentaire. Doornhoek Guesthouse à 5 210 R pour 6.

Hébergement en bungalows modernes et climatisés avec boutique et restaurant. Les standards classiques des parcs nationaux. Pour quelque chose d'exceptionnel, choisissez la guest house Doornkeok. Maison tout équipée avec trois chambres et leurs salles de bains. La terrasse surplombe le parc. On peut se préparer le repas sur place ou aller dîner au restaurant du camp principal. Charme et isolement, dans un monument national, six personnes maximum. Réservez longtemps à l'avance.

LADISMITH ★

Ladismith, ou encore surnommée la Dame du Petit Karoo, se trouve le long de la route 62, au pied de la majestueuse Towerkop, avec son sommet fendu qui domine la ville. Fondée en 1852 en l'honneur de Lady Juana Smith, épouse du gouverneur du Cap, c'est une zone de culture jouissant d'un climat idéal pour les arbres fruitiers comme les abricotiers, les pêchers, les pruniers, ou encore la culture des nectarines et du raisin. Mais la ville de Ladismith est aussi connue pour ses fromageries et son fromage de chèvre qui se déguste directement dans les fermes. Les rues de Ladismith fourmillent de jolies maison datant de l'ère victorienne et de belles églises.

CALITZDORP ★★

Le plus charmant des petits villages, un concentré de *dorps* avec son église, ses maisons modestes, des rues d'une netteté toute helvétique, un musée de poche, quelques auberges fleuries, une réserve naturelle abritant les rares zèbres de montagne et des grappes sucrées qui produisent le meilleur vin de liqueur du pays, un vin sucré qui se déguste en apéritif ou en dessert, dans le style du porto. Pour s'offrir du très grand spectacle, et si le ciel est bleu, il faut faire la boucle des Red Stone Hills par la piste de Groenfontein et de Kruisriver qui sort du village à la hauteur de Calitz Street, vers le nord en direction du lac. Il n'y a plus qu'à admirer.

Eglise de Ladismith.

EGLISE ET TUISHUISES ✝ ★★

Lourens Street

Une jolie petite promenade dans les rues proches de l'église offre de bons exemples du style du Karoo, tendance « Karoo Victorian ». La Dutch Reformed Church, de style néo-byzantin, a été construite en 1912 avec de gros blocs de grès acheminés par chariot. Elle est couverte d'un « Marseilles roof », une appellation dont nous n'avons pu trouver l'origine. Les maisons des rues Potgieter, Church et Lourens, les fameuses tuishuises, étaient occupées à l'époque par les fermiers qui venaient en ville pour assister à l'office du dimanche.

MISSION DE AMALIENSTEIN ET SEWEWEEKSPOORT ★★

Le long de la R62, à 22km de Ladismith direction Oudtshoorn

La mission de Amalienstein, du nom de sa bienfaitrice Frau Amalie von Stein. On y voit une église luthérienne construite par la Société des missionnaires de Berlin. On peut dormir dans les bâtiments restaurés de Aunt Carolina's Guest House, puis prendre la piste vers le nord dans le Klein Swartberg. Sur 22 km, un des plus majestueux défilés du pays : la piste se taille un chemin entre les murailles de pierre, comme prise dans un piège minéral aux couleurs fauves. C'est magnifique.

GAMKABERG NATURE RESERVE ★★

Andries Pretorius Road ✆ +27 44 213 3367

www.capenature.co.za

Entrée adulte : 50 R. Ouvert tous les jours de 7h30 à 16h. Camping à partir de 140 R/nuit.

Cette réserve provinciale de 9 428 hectares, située dans le massif Gamka, a été créée pour protéger le zèbre de montagne, une espèce dont il ne reste que quelques centaines de représentants en Afrique du Sud. Elle abrite également des antilopes, des singes et de très rares léopards. La végétation est typique du Petit Karoo : plantes grasses et fynbos. Pas moins de six circuits de randonnée faciles sont proposés, de la Guarrie Walk (15 minutes) au Tierkloof Trail (6 heures), avec des aires de pique-nique en chemin. Hébergement rustique sous des paillotes.

LENIES HOF €

23 Wesoewer Road
✆ +27 79 868 7478
www.lenieshof.com
A partir de 840 R la chambre double.

Un séjour à la ferme ! Lenies Hof est situé dans une ferme bio, magnifiquement restaurée avec un sens du détail incroyable. Les studios sont décorés avec goût : un style contemporain s'invite alors au cœur de la ferme, chacun dispose d'un petit perron d'où vous pourrez admirer les étoiles à la nuit tombée. Steve et Mo, les propriétaires, mettront un point d'orgue pour que votre séjour au cœur du Petit Karoo soit extraordinaire. En été, profitez de la grande piscine où vous rafraîchir dans le calme le plus absolu, en pleine nature.

THE RETREAT AT GROENFONTEIN €€

Calitz Street
✆ +27 44 213 3880
www.groenfontein.com
De 1 040 R à 1 630 R. Ces prix incluent le petit déjeuner et le dîner (3 ou 4 plats).

Etape exceptionnelle au bout d'une des plus jolies pistes de la région, à l'ombre du Swartberg. Vous serez sous le charme devant l'intensité du paysage, cet écrin vert loin du tohu-bohu des villes. Là, vous attendent Marie, Laylaa et Marco. Une ferme au milieu de champs vallonnés, la piscine discrète, l'orgueilleux profil des montagnes : c'est un tableau édénique et bien réel. On ne peut que conseiller de passer au moins deux jours pour avoir le temps d'explorer les environs…

RED MOUNTAIN NATURE RESERVE €€€

R62
✆ +27 44 213 3615
De 600 R à 1 000 R par personne. Non autorisé aux enfants de moins de 12 ans.

Par la piste enivrante qui trace au pied du Swartberg, gagnez le refuge de Charles Roux, l'hôtelier de Prince Albert qui a franchi la chaîne de montagne pour investir un des plus beaux sites naturels de la région. Face à vous, les reliefs rougeoyants et crénelés, parfois creusés en leur cœur. Quelques chambres divines ouvertes sur le grand dehors, juste à côté d'une fière demeure entourée d'une terrasse pour les repas. Belle piscine d'eau salée, promenades en liberté.

PORTO DELI €

7 Calitz Street
✆ +27 44 213 3007
Ouvert du lundi au samedi de 17h à 21h. Comptez entre 100 R et 150 R pour un plat.

Un authentique restaurant portugais dans la rue principale de Calitzdorp. D'accord, ce n'est pas le plus local qu'on puisse trouver, mais la cuisine méditerranéenne est un délice et la salle est très agréable avec ses azulejos au mur et des arcades en briques rouges. L'ambiance est amicale dans cette jolie maison, les tables dressées comme à la maison avec des nappes à carreaux bleus et blancs. Dans les assiettes : poissons et gambas grillés, crevette à la crème d'ail, curry de fruits de mer, et même de beaux plateaux de fromages.

LE KAROO

© CHLOÉ OBARA

En entrant dans Calitzdorp...

OUDTSHOORN ★★

Imprononçable, n'est-ce pas ? Dites « Oeudsourren », et l'on comprendra peut-être que vous désignez la ville au centre du Petit Karoo. Oudtshoorn, la capitale mondiale de la plume d'autruche, se dore au soleil, étalée dans une grande plaine aux reflets cuivrés. En venant de la côte, il faut négocier le col Outeniqua pour l'apercevoir enfin, ouverte, offerte, dans un paysage digne du Colorado. La ville accueille des centaines de milliers de visiteurs durant les vacances de Pâques pour le festival du Petit Karoo KKNK. Cet événement culturel est un des plus importants du pays pour les Afrikaners, une sorte de fête de cow-boys africains.

CHARLES PAUL NEL MUSEUM ★

3 Baron van Reede Street
✆ +27 44 272 7306
www.cpnelmuseum.co.za
Ouvert de 8h à 17h du lundi au vendredi et de 9h à 13h le samedi. Les dimanches et jours fériés, ouvert sur demande.

Un bâtiment de grès construit en 1907, à la grande époque de la plume, par l'Anglais Charles Bullock pour abriter une école de garçons. On visite plusieurs galeries intéressantes, notamment celles consacrées à l'oiseau-roi de la région : l'autruche. Tout ce que vous avez toujours voulu savoir sur l'autruche, sans avoir jamais osé le demander est là ! Mais aussi de belles informations sur l'histoire culturelle et le mode de vie des habitants de la région du petit Karoo. Repérez les pilules aphrodisiaques et demandez la brochure en français.

ÉLEVAGE D'AUTRUCHES HIGHGATE ★★

R328 ✆ +27 44 272 7115
www.highgate.co.za
Tour traditionnel : durée 1h15, 187 R. Tour traditionnel + repas des autruches : durée 2h20, 372 R.

Les autruches se donnent en spectacle depuis 1938. Chez les Hooper, on sait y faire pour attirer les touristes. Alex Hooper n'a-t-il pas promis une robe de chambre en plumes d'autruche à Elizabeth Taylor si la divine venait visiter Highgate ! La ferme publie un petit journal pour informer les curieux. Durant le tour on vous donne une connaissance de base de l'oiseau et ensuite vous pouvez vous faire tirer le portrait sur son dos. Un coup de patte de l'autruche peut tuer même un lion !

L'AUTRUCHE, ANIMAL SACRÉ DU KAROO

Connaissez-vous l'histoire des autruches du Karoo ? En 1911, le gouvernement sud-africain a financé une expédition particulièrement audacieuse afin d'offrir du sang neuf aux éleveurs d'autruches du Karoo. Trois broussards, Russell Thornton, Dick Bowler et Frank Smith, ont embarqué au Cap avec pour mission de trouver des oiseaux en Afrique noire. Leur récit de voyage est stupéfiant. Ils sont d'abord à Kano au Nigeria, puis à Zinder au Niger où le gouvernement français refuse catégoriquement de leur vendre des autruches. Téméraires, les Sud-Africains poursuivent jusqu'à Tombouctou, où ils réussissent à acquérir 156 bêtes. Le convoi traversera le désert ainsi, prendra le train puis embarquera sur le *S.S. Éthiope*. En mer, les réserves de maïs vite épuisées, il faudra nourrir les emplumées avec des oignons ! Aujourd'hui, vous croiserez donc dans le Karoo des autruches « maliennes ». D'ailleurs vous en croiserez dans toute la campagne comme on croise des vaches ou des brebis chez nous. Quelquefois elles partagent leur enclos avec des vaches et se tiennent compagnie. C'est un tableau étonnant.

L'autruche ou *ostrich* en anglais, seul représentant de la famille des struthionidés, atteint les 100 kg et peut courir une demi-heure à 50 km/h, avec des pointes à 70 km/h ! Apportons une petite mise au point nécessaire : la politique de l'autruche n'existe pas. Elle ne se met jamais la tête dans le sable, contre toute attente. À la saison des amours, les mâles sont très agressifs. L'énergie d'un coup de patte de l'autruche peut égaler celle d'une ruade de cheval ! Vous les repérerez à leurs pattes et leur bec rouge fluo, et aux danses qu'ils exécutent pour séduire les dames. Nous ne connaissons pas l'origine de cette chorégraphie sophistiquée, mais le résultat est très esthétique. Une fois la belle charmée, les autruches vont en général par paires. Les deux animaux creusent de concert le nid qui est un large trou circulaire, pratiqué en terrain plat, loin parfois des arbres. Une fois les fruits du péché pondus, une vingtaine d'œufs en tout, vous serez surpris par cet œuf énorme, tout blanc et extrêmement résistant. Vous pouvez sauter dessus à pied joint, il ne cassera pas ! La femelle couve pendant le jour et le mâle prend la relève pendant la nuit. Si vous voulez goûter une omelette d'autruche, sachez qu'un œuf compte pour dix-huit œufs de poule.

GROTTES DU CANGO ★★

R328
✆ +27 82 303 0029
www.cango-caves.co.za
Ouvert de 9h à 16h. Heritage Tour : 1 heure, 170 R par adulte. Adventure Tour : 1 heure 30, 240 R par adulte.

L'une des plus grandes grottes d'Afrique. Elle fut découverte en 1780 par un fermier dont l'un des moutons était tombé dedans. A l'intérieur, vous découvrirez un spectacle naturel de stalactites dentelées, de concrétions calcaires dorées et de cristaux scintillants. Magnifique ! Contrairement à ce que l'on pourrait imaginer, il fait chaud dans la grotte toute l'année. Pour les plus aventuriers, vous pouvez aussi opter pour l'*adventure tour* : spéléologie et escalade dans les parties les plus étroites et sombres. Déconseillé aux personnes claustrophobes.

GUMTREE GUEST HOUSE €

139 Kerk Street
✆ +27 44 279 2528
www.gumtreelodge.co.za
Chambre double avec petit déjeuner de 700 R à 1 400 R. Cottage à partir de 1 900 R.

Phil et Linda se feront un plaisir de vous accueillir et de vous donner un maximum de conseils pour votre séjour à Oudtshoorn. La maison d'hôte compte plusieurs chambres et un appartement tout équipé. Une déco locale avec une touche de modernité. Chambres spacieuses, et grande salle de bains, wi-fi et petit déjeuner complet inclus. La pièce maîtresse de la maison ? Le bar, où l'on se retrouve le soir autour d'un bon verre de vin local. Il y a aussi la piscine et sa terrasse où des barbecues sont organisés par Phil de temps en temps. Une belle adresse à prix doux.

La salle du trône dans les Grottes de Cango.

SAFARI OSTRICH FARM ★★

A 6km d'Oudtshoorn sur la R328
✆ +27 44 272 7312
www.safariostrich.co.za
Tous les jours de 8h à 17h. Tours tous les 30 minutes. Tractor Tour adulte : 165 R (enfant - 14 ans : 80 R).

Depuis 1956, la ferme propose des tours bien rodés d'environ une heure. Pas de place à l'impro : passage par une partie musée où l'on vous donnera des informations sur les œufs d'autruche, le cuir, les plumes, avec un arrêt dans la salle d'incubation, puis vous embarquez à bord d'un tracteur pour faire le tour de la ferme et découvrir ces étranges créatures. Attention, elles ne sont pas farouches et n'arrêteront pas d'essayer de vous piquer vos lunettes ou votre chapeau ! Pas de panique, il suffit de les toucher, elles n'aiment pas ça et s'éloigneront.

LODGE 96 €

96 Langenhoven Road
✆ +27 44 272 2996
lodge96.co.za
Chambre de 250 R à 550 R. Dortoir : 170 R. Camping : 100 R.

Rosa l'Espagnole et Matt le Gallois ont décidé de quitter le Vieux Continent pour créer leur lodge 96 à Oudstshoorn, ville dont ils sont tombés amoureux. Ils connaissent tout le monde dans la région et seront vos meilleurs conseillers ! Ils pourront organiser toutes les sorties qui vous intéressent. N'hésitez pas à leur poser des questions. Le lodge possède une cuisine commune, une piscine, ainsi qu'un espace braai pour vos festins autour du feu. Ne manquez pas l'omelette que vous fera Matt pour le petit déjeuner en cassant... un immense œuf d'autruche !

CANGO WILDLIFE RANCH ★★

Baron van Reede Street
✆ +27 44 272 5593 - www.cango.co.za
Ouvert de 8h30 à 17h en haute saison. Entrée adulte : 190 R. Ticket Premium : entrée + rencontre avec un animal : 290 R.

Cango WildLife Ranch n'est pas un zoo, loin de là. Il s'agit d'un espace de conservation et de protection de la faune sauvage, ainsi qu'un lieu d'éducation pour les jeunes générations. A travers les différents espaces que vous traverserez, vous en apprendrez plus sur les animaux, mais aussi surtout comment les protéger. Ainsi, le ranch récupère des animaux blessés ou dont les parents ont été abattus par des braconniers ou fermiers. Quand cela est possible, le ranch réintroduit les animaux à la vie sauvage une fois que ces derniers ont été soignés. Cango Wildlife Ranch a aussi mis en place des programmes de reproduction et de parrainage pour sauver les espèces en voie d'extinction, particulièrement les guépards. Ainsi, juste au Cango Ranch, ce programme a permis la naissance de plus de guépards que tous les programmes équivalents réunis aux Etats-Unis. Nous vous conseillons vivement la visite avec Eudes, guide francophone congolais, passionné par son métier et par la protection des animaux. Ils vous racontera des anecdotes passionnantes et vous permettra de mieux comprendre les programmes de protection. Vous aurez aussi, si vous le souhaitez, la possibilité d'adopter ou de parrainer un animal du ranch et de participer ainsi à sa reproduction ou à sa réintroduction. Enfin cerise sur le gâteau, rencontrer et caresser des animaux : guépards bébés ou adultes, lémuriens, serval ou serpents. Ou encore, la terrifiante rencontre avec les crocodiles du Nil, immergé sous l'eau dans une cage en acier suspendue... souvenir inoubliable !

© PHOTOSKY - SHUTTERSTOCK.COM

ALOE MANOR €€

54 Jan Van Riebeeck Street
✆ +27 66 282 2109
www.aloemanor.co.za
A partir de 1 060 R en chambre double et de 2 960 R en self-catering pour deux personnes.

Un petit bijou, un écrin de beauté et de sérénité. Le jardin aux dizaines d'agaves a été merveilleusement conçu et le décor minimaliste mais saisissant de l'intérieur crée une harmonie parfaite. Avec en son centre une belle et grande piscine entourée d'une terrasse où il fait bon lézarder. Les chambres sont spacieuses et ouvertes sur l'extérieur. Les levers de soleil et les vues sur les montagnes du Swartberg que l'on peut apprécier depuis la véranda restent inégalés. La tranquillité et la beauté naturelle de l'environnement vous assurent un séjour de rêve.

BOULDERS LODGE & SPA €€

20 Bruwer Street
✆ +27 44 272 5559
De 995 R à 2 100 R.

Un *lodge* splendide articulé autour de la piscine. La maison au toit plat a des allures de maison d'architecte, invitant le contraste des bétons bruts et des pierres apparentes. A l'extérieur tout est de bois, c'est reposant et tout à fait charmant. A l'intérieur, des espaces vastes et des chambres confortables. Certaines chambres disposent de leur petite terrasse ou balcon. Au Boulders Lodge & Spa, comme son nom l'indique, il y a un espace de soin. Vous pourrez donc vous offrir un massage aux pierres chaudes ou tout autres moments de détente... Une bonne adresse.

BUFFELSDRIFT GAME LODGE €€

Schoemanshoek Valley ✆ +27 44 272 0000
www.buffelsdrift.com
De 2 250 R à 3 080 R par personne. Ce prix inclut le petit déjeuner, le dîner et les activités.

Elégance et raffinement composent ce lodge et restaurant qui dispose de tentes de luxe au bord d'un sublime lac habité par des hippos et avec une vue incroyable sur les montagnes en toile de fond. Le restaurant, juché sur une terrasse surplombant le lac, présente lui aussi une vue stupéfiante, notamment au coucher du soleil. Juste à côté de la célèbre Route 62, Buffelsdrift Game Lodge vous propose une évasion spectaculaire au milieu d'une faune abondante : éléphants, rhinocéros, buffles, girafes, hippopotames et plus de 200 espèces d'oiseaux...

CHANDELIER GAME DRIVE €€

✆ +27 72 742 4405
www.chandelier.co.za
Chambre individuelle : 1 575 R. Ces prix incluent le petit déjeuner et un game drive le matin.

Ce lieu est un bijou. Les lieux et le personnel sont à tomber par terre. La gentillesse et disponibilité de Garry sauront vous mettre à l'aise. Nous avons testé le fameux *night braai-diner* sous les étoiles. Les chaînes de montagne à perte de vue, impossible d'effectuer une photo panoramique tellement le champ de vision est large ! Il faut le voir pour le croire. Enfin, de sacrés énergumènes font partie du décor : le zèbre qui boit du Coca au pied de la terrasse, les poules qui gigotent de partout, bref une vraie ambiance de ferme ! Une adresse à découvrir...

EARTHBOUND GUEST HOUSE €€

19 Naude Street ✆ +27 44 272 7902
www.earthboundbb.co.za
Chambre double à partir de 950 R, chambre luxe à partir de 1 130 R et villa à partir de 3 000 R.

Un peu excentré, mais dans un quartier résidentiel calme, Earthbound propose à ses clients six jolies chambres modernes, propres et superbement décorées. De la pierre apparente aux murs, de beaux panneaux de bois en tête de lit : douceur et volupté. Pour vous détendre, profitez de la piscine d'eau salée scintillante située au centre du jardin. Excellente façon de vous rafraîchir et de terminer la journée de retour peut-être de Swartberg Pass, du Safari Ostrich Show ou du Cango Wildlife Ranch, autant de décors, fermes et autres aventures à explorer dans le coin.

DE ZEEKOE €€

7 km d'Oudtshoorn, face à Safari Ostrich Farm. Prendre la R62, puis la R328 en direction de MosselBay ✆ +27 82 551 3019 - www.dezeekoe.co.za
Doubles avec petit déjeuner à partir de 800 R par personne et par nuit, cabanes sur pilotis à partir de 2 200 R.

Une de nos adresses favorites à Oudtshoorn. De Zeekoe est la plus grande ferme du coin, et l'une des plus importantes d'Afrique du Sud. Accueil extra, des chalets au bord de l'eau, resto de grande qualité, sortie avec les suricates et Devey au petit matin, piscine avec vue... sur l'horizon, loin, très loin devant ! Les chambres et chalets sont très confortables, bien entretenus, équipés et décorés. Pensez à réserver la sortie avec les meerkats, découvrir ces petites créatures dans leur milieu naturel vaut vraiment le détour. Ambiance un brin magique, on a adoré.

LA PLUME GUESTHOUSE €€€

En venant du Cap, traverser Calitzdorp et continuer environ 30 minutes sur la R62, jusqu'au panneau indicatif à gauche. ✆ +27 44 272 7516
www.laplume.co.za
De 1 651 R à 3 070 R selon le type de chambre. Petit déjeuner inclus.

Un havre de paix où se mêlent l'art décoratif et la gastronomie. Le petit déjeuner est tout simplement majestueux et le soir, il est possible de dîner aux chandelles. Un plaisir insoupçonné. Géré par le couple très accueillant des Du Toit, La Plume Guesthouse reste un lieu très classe, avec une touche locale à la *Out of Africa*. Il est possible de visiter la ferme avec Bartel, fin connaisseur. À l'intérieur, la décoration victorienne date de 1902. Alors quel cachet ! Se laisser caresser par la plume est un bon point d'ancrage pour un détour par Oudtshoorn.

JEMIMA'S RESTAURANT €€

94 Baron van Reede Street
✆ +27 44 272 0808
www.jemimas.com
Ouvert tous les jours de 8h30 à 21h. Comptez entre 120 et 280 R le plat.

Une bonne table qui nous emmène à la découverte des multiples trésors gastronomiques du Karoo. Dans une grande maison aménagée, de nombreuses tables élégantes et romantiques, et dans un joli patio et jardin avant ou arrière, quelques tables agréables où l'on déjeune sous un rayon de soleil. A la carte des viandes d'autruche bien évidemment, mais aussi d'agneau, de bœuf et d'antilope (venaison) parfaitement cuites accompagnées de sauces goûteuses, le tout accompagné d'un bon vin du coin. Chez Jemima's Restaurant, le service est impeccable.

KARUSA €€

Sur la R348 en direction de Cango Caves
✆ +27 44 272 8717
www.karusa.co.za
Ouvert du lundi au vendredi de 9h30 à 16h et le samedi de 10h à 14h30. Entre 75 R et 115 R. Pensez à réserver.

Un endroit un peu magique pour un déjeuner au milieu des vignes et avec les montagnes du Swartberg en toile de fond. La propriété, quant à elle, est de style victorien et son atmosphère détendue est parfaite pour savourer les mets et les vins de la région, dans un espace en plein air complètement privilégié. Événements, lunch, dégustations et tapas : le Karusa est à la fois un vignoble familial du coin et un pionnier dans le domaine de la bière. Car c'est aussi la première microbrasserie artisanale de la région du Petit Karoo.

NOSTALGIE RESTAURANT €€

74 Baron Van Reede Street
+27 44 272 4085
www.nostalgiebnb.co.za
Ouvert du lundi au samedi de 7h à 22h30. Entre 60 R et 100 R.

Une excellente adresse et un restaurant qui porte bien son nom. C'est une maison de poupées avec pleins de vieilles babioles en décoration : des valises, des chapeaux, des bouteilles... Sur les tables, des napperons en dentelle de nos grands-mères et de vieux vinyles en guise de sets de table. Quelle nostalgie ! Les plats sont simples et savoureux et le rapport qualité/prix imbattable. Et forcément, l'autruche est à l'honneur dans vos assiettes ! De la fantaisie en bouche et autour de vous pour ce savoureux saut dans le temps.

BEANS ABOUT COFFEE

136 High Street
+27 82 380 2984
www.beansaboutcoffee.co.za
Ouvert de 6h15 à 17h du lundi au vendredi, de 8h à 14h le samedi et de 9h à 13h le dimanche.

Une excellente adresse pour déguster un café succulent accompagné d'une gourmandise sucrée ou salée. Beans About Coffee se veut un véritable artisan du café : « Il doit être frais, accessible et incroyable. » Ici, les grains de café du monde entier sont torréfiés avec amour pour donner un espresso irrésistible en bouche. Pour Thomas, le café, comme le vin, ça se mélange, ça se goûte et ça se déguste. L'atmosphère est détendue, idéale pour se retrouver entre amis ou pour travailler. Sans compter que le personnel est très souriant.

COOPÉRATIVE DU CUIR D'AUTRUCHE

15 Rademeyerstreet
+27 44 279 2127
capekarooint.com
En semaine de 7h30 à 17h, samedi de 8h à 13h.

C'est ici même que se trouve le fournisseur officiel des plus grandes maisons du monde de la mode et du cuir, j'ai nommé Hermès, Gucci… ces maisons qui travaillent des cuirs de première qualité. Alors c'est ici, en plein Karoo, à la Cape Karoo Ostrich Emporium qu'on vous offre l'occasion d'acheter des articles à un prix bien plus avantageux qu'au Faubourg Saint-Honoré ! Vous trouverez des sacs, des boas, des frous-frous et autres plumeaux multicolores.

DE RUST ★★

Toujours dans la région du Cap-Occidental, le petit village de De Rust, ce qui signifie « le repos », se trouve à 35 km à l'est d'Oudtshoorn en filant par la route nationale N12. C'est une très belle vallée où l'on élève les autruches, le fameux plus grand oiseau du monde, mais aussi où l'on cultive la vigne au bord de l'Olifants. De Rust permet d'accéder au Meiringspoort, un défilé spectaculaire au cœur du massif du Swartberg, où les montagnes rocheuses se succèdent jusqu'à ce que l'eau en jaillisse. Une cascade descend alors le long des roches ocre pour nourrir une piscine naturelle qui offre alors un spectacle naturel et rafraîchissant.

COL DE MEIRINGSPOORT ★★

On y apprend que notre bon vieux géranium trouve ses origines ici, dans les anfractuosités des blocs de grès. Le géranium sauvage fut collecté par Hendrik Oldenland durant l'année 1689 et envoyé en Europe, notamment à la duchesse de Beaufort. La plante du Meiringspoort fleurit désormais de l'île de la Réunion à la Suisse en passant par la Côte d'Azur. Des aires de pique-nique et une chute d'eau où on peut se baigner mais sachez qu'il est interdit de couper ne serait-ce qu'un brin d'herbe. Ce défilé majestueux débouche au nord sur Klaarstroom et sur le Grand Karoo.

DIE GAT GUESTHOUSE €€

+27 44 241 2406
www.diegat.co.za
De 1 000 R à 2 800 R la double avec petit déjeuner.

Un décor de cinéma ? Oui, car la maison a déjà prêté ses charmes décoratifs au Septième art. À l'écart de De Rust, par la piste des autruches, cette maison compte quelques chambres à la mode afrikaner, mobilier en bois, napperons et bibelots très kitsh. La vedette des lieux, ce chariot du Grand Trek aménagé en suite à roulettes. On vient y tourner des scènes romantiques pour la télé. A noter qu'un diplôme est offert aux téméraires qui goûtent le shot d'alcool très apprécié des Sud-Africains. Une étape à conseiller sans aucune hésitation.

Chaîne de montagne, De Rust.

PRINCE ALBERT ★★

Prince Albert est situé près du versant nord du massif du Swartberg qui sépare le Karoo du Klein Karoo. Le village, fondé en 1842, a été baptisé en l'honneur du prince, époux de la reine Victoria. C'est un refuge de civilisation entre le Grand et le Petit Karoo, une oasis entre deux déserts. Sortez le soir dans la rue et levez les yeux vers le ciel : on entend les étoiles. En plus, il y a un domaine viticole, un producteur d'huile d'olive et la possibilité d'acheter de la confection locale en laine mohair. Prince Albert est à la mode. Une petite tribu d'ex-citadins de qualité fait ici un retour à la terre *very chic*. La preuve : on y loue des scooters.

GAY'S GUERNSEY DAIRY ★

4 Church Street
✆ +27 23 541 1274
www.gaysguernseydairy.com
En semaine, de 7h à 16h, le samedi jusqu'à 15h et le dimanche jusqu'à 12h.

À l'extrémité de Church Street en direction du Swartberg Pass, règne en maître fromager Gay's Guernesey Dairy. Ici, les gourmands peuvent pénétrer dans les locaux rafraîchissant de cette laiterie artisanale produisant 450 litres de lait par jour. Vaches en liberté dans un décor fabuleux, produits naturels, non pasteurisés, fromages fabriqués à la main à partir de lait cru, entier, et présure végétale. Si vous passez à l'heure du pique-nique, n'hésitez pas à acheter sans réserve les fromages les plus jeunes, ainsi que les yaourts maison.

FRANSIE PIENAAR MUSEUM ★

42 Church Street
✆ +27 23 541 1172
www.princealbert.org.za
Ouvert de 9h à 12h30 et de 14h à 16h30 du lundi au vendredi, de 9h30 à 12h le week-end. Tarif adulte : 20 R.

Dans cette grande maison de plain-pied au toit rouge, bordée par son porche à l'américaine, on trouve aujourd'hui le musée Fransie Pienaar, comme une chronique de la petite histoire locale marquée par l'épopée des trekkers, de la découverte de l'or et de l'élevage des autruches, mais aussi une collection d'antiquités recueillies par Fransie Pienaar, de fossiles et la figure de l'époux de la reine Victoria, Albert de Saxe-Cobourg. Une collection qui continue de croître grâce aux dons des anciens habitants ou résidents actuels de Prince Albert.

DE BERGKANT LODGE €€

5 Church Street ✆ +27 23 541 1088
www.debergkant.co.za
Chambre simple de 1 785 R à 2 295 R. Chambre double de 1 050 R à 1 350 R par personne, avec petit déjeuner.

Luxe suprême d'une demeure Cape Dutch disposant de huit chambres dignes des revues de décoration : Charles Roux, dont les ancêtres sont arrivés de La Motte d'Aigues en 1688, a du cœur et du goût. Cette maison est celle de ses rêves : riche de meubles patinés et de jolies idées. Voyez ces salles de bains à la douche spacieuse. Piscine d'eau salée, carré de fines herbes et la divine baignoire extérieure, au fond du jardin, pour s'offrir une plongée mousseuse sous les étoiles. Institut de beauté et salon de massage. Les résidents peuvent réserver un dîner exclusif.

SAXE-COBURG LODGE €€

60 Church Street
✆ +27 69 567 7913
www.saxecoburg.co.za
À partir de 725 R par personne, petit déjeuner inclus.

Une petite maison typique du Karoo, avec son patio et ses recoins secrets. Chambres très confortables dans la villa et d'autres plus indépendantes dans les cottages du jardin. Dick le francophone est une mine d'informations sur la région. Randonneur émérite, il fait plusieurs kilomètres tous les matins avec son chien. Les sentiers de la montagne, jusqu'à Die Hel… il les connaît tous ! Une étape honorant la mémoire du prince Albert, à fréquenter sans réserve pour le calme et le petit plus d'humanité qui fait toute la différence.

KAROO KOMBUIS €€

18 Deurdrift Street
✆ +27 23 541 1110
Fermé le dimanche. Ouvert seulement le soir.

Dans le centre du village de Prince Albert, on aime le côté gentiment déjanté de ce renommé restaurant où des patrons interlopes proposent les spécialités régionales autour du mouton fétiche du Karoo, toujours parfaitement cuisiné. Pour le dîner, l'ambiance est tamisée au Karoo Kombuis et les chandelles disposées sur chaque table dressée sur sa nappe à carreaux rouges. Dans l'assiette, tout est fait maison et servi généreusement, comme chez grand-mère. Vous trouverez toujours certaines options végétariennes à la carte pour les non-carnivores.

THE LAZY LIZARD €

9 Church Street
✆ +27 23 541 1379
www.lazylizardprincealbert.co.za
Ouvert tous les jours de 7h à 19h.

Sur Church Street, The Lazy Lizard est un café fort chaleureux pour lézarder un peu. Sa terrasse ombragée nous appelle vivement à venir nous installer pour le petit déjeuner. Dans cette maison blanche toute mignonne, on vient également manger sur le pouce ou grignoter un bout dans l'après-midi. Une charmante table où l'on sert de petits plats et sandwichs ainsi que d'excellentes pâtisseries, le crumble est un régal, à des prix tout doux. Caryn la cuisinière vous fera aussi une limonade maison à tomber ! Wi-fi gratuit, mais pas d'alcool.

O FOR OLIVE ★

A 4km de Prince Albert sur Kruidfontein Road
✆ +27 23 541 1917
www.oforolive.co.za
Du mardi au vendredi de 9h à 16h, le samedi, le dimanche et les jours fériés de 9h à 14h.

O for Olive a fait sa réputation en tant que producteur d'huile d'olive en plein désert du Karoo. Mais aujourd'hui, il existe le Café O, un café-restaurant plus qu'agréable au cœur de la ferme d'oliviers, avec les superbes montagnes de Swartberg en toile de fond. On vient ici savourer quelques tapenades sur du pain frais, un déjeuner léger, un thé accompagné d'un gâteau pour le goûter, ou encore une dégustation d'huile d'olive, qui débouche souvent par l'achat d'un souvenir gourmand : huile d'olive, olives, tapenades et autres gourmandises.

Prince Albert.

LE KAROO

NAMAQUALAND ET LA CÔTE ATLANTIQUE

Il y a quelque cinquante millions d'années, un courant marin venu du pôle Sud – le Benguela – entraîna ici des changements climatiques très importants. Cette côte, auparavant humide, devint désertique. Mais la nature, parfois, nous donne des leçons de survie. Certaines plantes parviennent à résister aux étés brûlants, passent l'automne et l'hiver et n'apparaissent qu'au printemps. « On entend les fleurs s'ouvrir », dit-on ici. Entre la mi-août et la mi-septembre, des millions de marguerites, de violettes, de pélargoniums et de glaïeuls tapissent le plateau rocailleux et la plaine côtière sablonneuse. À Kleinzee et Alexander Bay, on observerait des fonds diamantifères à 100 m de profondeur. Ces pierres auraient été déversées dans l'océan il y a plus de cent mille ans par les rivières Orange et Buffels. Les ressources, qu'on dit extraordinaires, sont gardées secrètes pour ne pas faire plonger les cours.

AIS-AIS RICHTERSVELD
TRANSFRONTIER PARK
Sanddrift
NAMIBIE
Orange
ALEXANDER BAY
Goodhouse
Lekkersing
Pofadder
Aggeneys
PORT NOLLOTH
SPRINGBOK
Buffelsrivier
Hondeklipbaai
NAMAQUA
NATIONAL PARK
Kheis
Sous
Loeriesfontein
Bitterfontein
Nieuwoudtville
CALVINIA
Vanrhynsdorp
Océan Atlantique
Vredendal
Olifants
LAMBERTS BAY
CLANWILLIAM
Namaqualand
et la côte atlantique
Redelinghuys
Citrusdal
PATERNOSTER
SALDANHA
LANGEBAAN
WEST COAST
NATIONAL PARK
Tulbagh
RIEBEEK WEST
RIEBEEK-KASTEEL
100 KM

PAGES

© GROBLER DU PREEZ - SHUTTERSTOCK.COM

Namaqua national park.

NAMAQUA NATIONAL PARK ★★★

Le parc, constitué autour de la réserve de fleurs sauvages de Skilpad et dans la zone entre les estuaires des rivières Groen et Spoeg, couvre une surface encore à développer de 45 698 ha. Environ 60 % des 4 000 espèces de plantes et de fleurs sont endémiques. Cet écosystème dit « Succulent Karoo » est le plus diversifié et le plus riche parmi les ensembles semi-arides de la planète. Le parc Namaqua s'étend sur le Hardeveld, entre le Sandveld côtier et le plateau du Bushmanland. De début août à fin septembre, la région poussiéreuse se transforme en tapis de fleurs multicolores peuplé de papillons et d'oiseaux en tout genre. À voir au moins une fois !

KAMIESKROON HOTEL €

Main Street, Kamieskroon, à 1h30 de l'entrée du parc sur la N7 juste avant la bifurcation vers le parc. © +27 27 672 1614
kamieskroonhotel.com

Double à partir de 800 R, chalet en self-catering : 800 R, 4 personnes : 1 200 R. Petit déjeuner : 135 R.

À 20 km du parc national Namaqualand, au pied des collines de Kamiesberge, le Kamieskroon Hotel est un établissement familial très chaleureux et très bien tenu devenu le quartier général printanier des chasseurs de fleurs. Il y a cinq appartements en *self-catering* ainsi qu'un *caravan park*, ou pour ceux qui préfèrent l'option *bed and breakfast*, c'est possible aussi dans les 24 chambres ! L'hospitalité typique de la région, à prix équivalents à ceux du parc, le service en plus. Pratique aussi si vous êtes en route pour la Namibie car il est situé au bord de la N7.

LA ROUTE DES FLEURS

La floraison commence sur la côte et gagne progressivement l'intérieur. Il faut, si possible, rouler avec le soleil dans le dos… car les pâquerettes se tournent vers l'astre du jour. Les fleurs sont en beauté entre 11h et 15h. Par temps couvert, les fleurs ne sortent pas. La meilleure période s'étend de la mi-août à la mi-septembre (de 23 °C à 5 °C), mais il vaut mieux se renseigner avant de faire le voyage. Certaines années, le spectacle commence début août. Pas question de composer des bouquets : la cueillette est interdite. Les Sud-Africains vouent un véritable culte au Namaqualand. Les parcours suivants, empruntés par les connaisseurs, vous prendront généralement une journée.

- **Circuit 1** : Kamieskroon/Leliefontein/Garies/Kamieskroon.
- **Circuit 2** : Kamieskroon/Spoegrivier.
- **Circuit 3** : Garies/Soutfontein/Nariep/Groenriviermond/Nariep/Doringdraai/Garies.
- **Circuit 4** : Nuwerus/Koenkenaap/Standfontein/Vredendal/Vanrhynsdorp/Vanrhyn's Pass.
- **Circuit 5** : Springbok/Hondeklip Bay/Walekraal/Kamieskroon/Springbok.
- **Circuit 6** : Springbok/Steinkopf/Port Nolloth/Grootmis/Springbok.
- **Circuit 7** : depuis Le Cap dans la journée, prévoir les étapes suivantes : Postberg au sein du parc national de la West Coast, Langebaan, Saldanha, Tienie Versveld Wild Flower Reserve et les fermes autour de Darling. Second circuit : Van Rhynsdorp, Klawer, Vredendal et, éventuellement, Nieuwoudtville. Quitter Le Cap au plus tard à 7h du matin.

SPRINGBOK ★★

On appelle Springbok, la « capitale » du Namaqualand, le pays des mille fleurs. Les nombreuses antilopes qui galopaient dans les environs ont donné leur nom à Springbokfontein puis, en 1862, à la ville de Springbok. En été, sous le ciel le plus bleu qui soit, vous découvrirez une paisible bourgade de près de 12 000 habitants, entourée de reliefs cuivrés. La ville est une bonne étape si vous allez en Namibie, aux Augrabies Falls NP puis au Kalahari NP, et pour séjourner dans une *guesthouse* confortable, mais préférez les camps dans les parcs pour un panorama plus « nature », en faisant toutes vos emplettes à Springbok avant d'y aller.

MINE MUSEUM ★

Nababeep

Ouverture de 9h à 13h d lundi au vendredi. Entrée autour de 20 R.

Le salaire de la sueur pour les mineurs : toute l'histoire de l'extraction du métal rouge, entre 1876 et 1919, puis de 1937 à nos jours. N'oublions pas qu'on est dans le pays de la ruée vers l'or et du diamant, alors les mineurs furent une part importante de l'économie et de l'histoire de l'Afrique du Sud. Belle locomotive à vapeur sur ses rails, Clara, qui prit la relève des ânes un temps chargés de tirer les wagons sur la ligne historique de Port Nolloth. Poussez jusqu'au village d'Okiep, il abrita la plus grande mine de cuivre du monde.

GOEGAB NATURE RESERVE ★★★

✆ +27 27 718 9906

Tous les jours de 7h30 à 16h.

© CLOETE55 - SHUTTERSTOCK.COM

Une réserve naturelle de plus de 15 000 ha à une quinzaine de kilomètres au sud-est de Springbok. Antilopes et zèbres de Hartmann parmi une quarantaine d'autres espèces de mammifères, 36 espèces de reptiles et 94 espèces d'oiseaux. Au printemps, féerie florale. On visitera avec intérêt le jardin Hester Malan, riche en plantes grasses. On peut suivre des sentiers de 6 ou 12 km ; un trail sur deux jours est également proposé. Pour les amateurs de VTT, circuits de 14 et 20 km. Vous pourrez acheter des plantes grasses à la Namaqualand Succulent Nursery.

ELKOWERU GUEST LODGE €

1 Bree Street

✆ +27 27 718 1202

www.elkoweru.co.za

Chambre à partir de 720 R, en self-catering 2 à 4 personnes à partir 1 100 R.

Il existe assez peu de logements bon marché à Springbok, mais cette guesthouse propose des cottages en self-catering basiques et abordables, mais aussi des chambres agréables pas trop chères, le tout équipé de climatisation, de la télévision satellite, d'une connexion wifi... La Elkoweru Guest Lodge est une bonne adresse d'étape. Vous pourrez trouver de nombreuses activités dans le Namaqualand, comme de l'équitation, du cyclisme, du canoë, de la course à pied, la visite des mines historiques ou encore de la réserve naturelle de Goegap.

KLEINPLASIE GUEST HOUSE €€

1 Koeboegas (R355) ✆ +27 27 712 1141

www.kleinplasie.com

Chambre double à partir de 1 360 R et chambre familiale à partir de 2 150 R. Petit déjeuner inclus.

Dans la petite ville de Springbok, voici une jolie guesthouse. Une grande maison blanche, spacieuse et joliment décorée avec des lits immenses et moelleux. Des chambres doubles, des twin ou encore des suites familiales. Un super plan pour les budgets moyens. A l'extérieur, un grand jardin parfaitement entretenu avec une terrasse pour se relaxer après une journée de visite dans la région du Namaqualand, et profiter d'une piscine salvatrice en été. Le petit plus qui fait toujours la différence : l'accueil est plus que chaleureux.

Springbok.

NARIES NAMAKWA RETREAT €€

A 27 km de Springbok sur la R355 de Kleinsee
✆ +27 21 872 0398 - www.naries.co.za
Chambre simple/double de 2 870 R à 3 880 R, chambre partagée de 1 910 R à 3 030 R.

Un havre de paix incroyable en plein désert. Des chambres plutôt luxueuses et un *cottage* creusé dans la roche au bout de nulle part, en pleine campagne, comme de jolies grottes bulles dans un décor fabuleux. Les chambres sont créées autour du paysage rocheux complètement intégré dans le décor. Tout est très confortable et décoré avec beaucoup de goût. L'accueil et l'ambiance sont chaleureux. Les dîners servis sur place sont également de très bonne facture, une délicieuse expérience. Amateurs de lieux insolites et d'une nature luxueuse.

SPERRGEBIET LODGE €€

Sperrgebiet Farm, Droëdap Road
✆ +27 71 680 8494
www.sperrgebietlodge.co.za
Chambre double à partir de 900 R.

Quelques bungalows, version suites ou bien en *self-catering,* nichés sur un site absolument fabuleux au milieu de la nature. Autour de vous rien, juste l'horizon. Mais les cabanes sont tout confort, joliment décorées et très bien entretenues. A l'extérieur, vous retrouverez l'indispensable barbecue et bien sûr une piscine pour prendre un bain toujours agréable en fin de journée. Quant à l'accueil chaleureux, il vient parfaire votre séjour au Sperrgebiet Lodge. Voilà un vrai petit bijou où faire un saut sur la route de la Namibie !

ANNIE'S COTTAGE B&B €€€

4 King Street
✆ +27 27 712 1451
anniescottage.co.za
Chambre double à partir de 650 R.

Nichée dans un parc à la fraîcheur paradisiaque, une demeure ancienne joliment restaurée par Petronella, que vous saluerez de notre part ! Avec beaucoup de goût et de fantaisie parfois, madame anime donc la meilleure auberge à des dizaines de kilomètres à la ronde. Choisissez les chambres du bâtiment principal, en version indienne ou africaine, ou bien celles qui ouvrent sur le jardin et la piscine, ou encore le délicieux loft des amoureux. Pet', grande voyageuse, saura vous proposer tout plein d'idées de visites dans les environs. Coup de cœur.

TAUREN STEAK RANCH €€

2 Hospitaal Sreet
✆ +27 27 712 2717
Ouvert du lundi au samedi de 10h30 jusqu'à 22h. Ouvert le dimanche uniquement pendant la période de floraison.

Le restaurant est caché dans le sous-sol ! Depuis la rue, l'entrée se fait directement par un escalier qui descend à la cave. Déjà la délicieuse odeur de viande grillée vous fera succomber. En bas, le bar en bois, une petite table sous les voûtes pour un dîner plus intimiste ou romantique. Au Tauren Steak Ranch, comme son nom l'indique, on est plutôt carnivore et généreux, les plats sont généralement très copieux. L'accueil est chaleureux et c'est un endroit où l'on se sent bien, idéal pour partager un bon moment entre amis.

PORT NOLLOTH ★★

Le bout du bout de la terre africaine approche. Au départ de Springbok, vous emprunterez l'enivrante R382 qui file vers l'Atlantique par l'Anenous Pass à 1 774 m, une route particulièrement spectaculaire qui paraît vouloir plonger dans l'océan. En 1854, un capitaine de la Royal Navy y développe un port pour les mines de cuivre. Noyé la plupart du temps dans une brume résultant du choc thermique entre le désert et l'océan glacé, Port Nolloth vous apparaîtra tel qu'il est : un bourg portuaire oublié du monde où se retrouvent des centaines de petits trafiquants du diamant et quelques immigrés clandestins rescapés de la traversée de l'Orange à la nage.

PORT NOLLOTH MUSEUM

Beach Road

✆ +27 27 851 8865

www.portnolloth.co.za

De 8h30 à 13h. Fermé le dimanche.

Des fortunes de mer, des collections de photos sépia de l'histoire du cuivre et du diamant. Le meilleur, et peut-être le seul véritable musée du Namaqualand. Vous voilà à Port Nolloth, ici vous serez accueillis par George Moyses, le créateur du musée, qui sera aussi votre guide pour entamer une visite des lieux, si vous le souhaitez. Ancien scaphandrier qui travaillait à une époque dans les mines de diamants, il a des tas d'anecdotes passionnantes à raconter, et c'est exactement ça qui fait la différence. Il faudra passer absolument !

BEDROCK LODGE €€

Beach Rd

✆ +27 27 851 8865

www.bedrocklodge.co.za

Chambre simple de 880 R à 990 R, double de 1 200 R à 1 320 R. Petit déjeuner inclus.

Au bout de la route, face à l'océan sombre et puissant, le voyageur découvre la plus vieille maison d'hôte de Port Nolloth, un lieu chargé d'histoire constitué de bâtiments construits en 1855. La maison principale et les maisonnettes de pêcheurs, savamment restaurées, sont pourvues de tout le confort moderne, dans une décoration élégante. De son vivant, l'ancienne propriétaire du Bedrock Lodge, Grazia de Beer, fut à l'initiative du musée de Port Nolloth qui continue d'exister. Dans un vieux bâtiment, l'histoire de la ville défile à travers documents et objets.

ALEXANDER BAY ★★

À 83 km plus au nord, la ville d'Alexander Bay veille sur l'embouchure du fleuve Orange né quelque part dans le secret des montagnes du Drakensberg lésothan. Le village se trouve à la frontière namibienne, si vous passez le pont vous arrivez à Oranjemund. Attention : au-delà d'Oranjemund vers le nord, le Sperrgebiet, une zone diamantaire exploitée par De Beers, est interdite d'accès aux touristes. Il vous faudra alors longer la frontière et l'Orange jusqu'à rejoindre la route principale C13 *via* l'Auchass Pass. Sachez que ce genre de périple est tout de même bien plus agréable et sûr au volant d'un 4 x 4, plus que conseillé.

AIS-AIS RICHTERSVELD TRANSFRONTIER PARK ★★

Hallucinant décor que ce désert montagneux à l'extrême nord-ouest de l'Afrique du Sud, créé en 1991. Un accord fut signé avec les populations nama pour que celles-ci puissent demeurer dans leur habitat naturel. En 2002, les autorités sud-africaines et le gouvernement namibien ont créé un parc transfrontalier, regroupant les deux anciens parcs nationaux de ces pays respectifs. On découvre ici, dans la dernière boucle de l'Orange avant l'Atlantique, un paysage lunaire d'une beauté tout simplement stupéfiante. Des plantes succulentes, d'étonnantes formations géologiques, ce territoire protégé de 162 445 ha est en partie considéré comme un désert.

Ais-Ais Richtersveld Transfrontier Park.

LAMBERTS BAY ★

Au début du siècle, le vent de l'Atlantique y décoiffait quelques cabanons solitaires. Lamberts Bay est aujourd'hui un port de pêche d'environ 6 000 habitants qui exporte ses anchois, ses snoeks et surtout ses langoustes dans le monde entier. Environ 350 tonnes de Cape Rock lobsters sont congelées chaque année. Les amateurs de sensations fortes ne seront pas déçus… par l'odeur de poisson qui envahit le port ! L'air de l'océan et les senteurs marines vous retaperaient n'importe quel moribond. On pourra suivre la piste de la côte vers le sud, jusqu'à Elandsbaai. De juin à septembre, les fleurs couvrent le *sandveld* après la pluie. À ne pas manquer.

PATERNOSTER ★

Longtemps, comme à Saint-Tropez jusqu'au XIXe siècle, il n'y eut que des pêcheurs, des femmes de pêcheurs et des langoustes à profusion. De génération en génération, les indigènes métis suivaient le trafic des bateaux au large mais ne voyaient personne venir. La plage immense était à eux, eux qui ne possédaient que de modestes bicoques cubiques blanchies à la chaux. Longtemps, et jusque dans les années 1990… Puis un citadin fortuné est venu du Cap en décapotable, puis deux, puis cent. Il n'y a pas encore de boîtes de nuit mais déjà plusieurs auberges très étoilées et des villas design. Paternoster est un trésor simple que les riches ont découvert.

ROUTE DE LA CÔTE ★★

Il faudra prendre la route côtière vers le sud jusqu'à une patte-d'oie ; attention à ne pas filer tout droit. Il faut quitter l'axe principal sur la droite et conserver toujours la voie ferrée à main gauche. C'est une piste accessible entre 8h et 18h, à travers la réserve d'oiseaux de Rocherpan. Vous atteignez ainsi Elandsbaai. Cette petite station offre quelques plages et surtout un spot de surf réputé dans le milieu de la glisse. L'étang formé par la rivière Verlorenvlei est quant à lui très prisé des ornithologues et passionnés de *bird watching*.

PHARE DU CAP COLOMBINE ★

✆ +27 21 449 2400

Entrée autour de 20 R. Ouvert de 10h à 15h.

A 5 km de Paternoster, ce phare tout blanc construit en 1936 se dresse à l'horizon. Avant cette date, les naufrages sur cette côte sud-africaine étaient fatals et de nombreuses victimes s'y sont échouées. Aujourd'hui, la très belle péninsule de Cap Colombine et son phare éponyme sont classés comme réserve naturelle. L'intérêt ici, c'est que le phare se visite, même si un gardien y vit toujours. Tout en haut, on accède à une très belle vue sur le village, la péninsule et la côte sauvage de l'Atlantique. Virée agréable au grand air !

SOUTHERN SKIES ELANDS BAY €

✆ +27 71 471 2582

www.safarinow.com

En self catering 833 R. Appartement pour 6 ou 8 personnes : à partir de 5 160 R.

Cette jolie villa surplombant la baie, nichée entre la roche de la montagne et le bleu de l'Atlantique, ravira les surfeurs de passage comme les amoureux de la côte sauvage. Les appartements comptent 2, 6 et 8 couchages, des lits confortables et propres, et disposent tous d'une cuisine et d'une salle de bain et kitchenette pour le studio. Les grands appartements comportent en plus un coin-salon et une terrasse avec vue sur la mer. Ambiance jeune et conviviale.

FARR OUT €€

17 Seemeeusingel

✆ +27 22 752 2222

www.farrout.co.za

En chambre partagée : de 890 R à 990 R. En occupation seule : de 1 680 R à 1 800 R. Petit déjeuner et wi-fi inclus.

Voilà l'un des meilleurs logements de charme de Paternoster, près du centre du village. Ici, on fait du glamping, doux mélange entre camping et glamour. Au Farr Out, on se prélasse dans un bain bouillonnant face à l'océan et on dort dans un tipi fantaisiste, joliment décoré et aménagé avec un vrai lit et un coin douche. Du côté des chambres, on peut également dormir dans la maison principale : abordables, toutes blanches et douillettes entièrement équipées. Sans oublier le braai qui trône en maître dans le jardin avec un pont pour faire bronzette.

© MADELE - SHUTTERSTOCK.COM

Phare du Cap Colombine.

GOBLIN'S CREEK €€

St Helena Bay
✆ +27 22 742 1331
A partir de 700 R la double et autour de 50 R le petit déjeuner.

L'une des rares maisons à proposer une vraie piscine pour les hôtes. Cinq chambres, décorées de boiseries exotiques, avec des baignoires à l'ancienne sur pieds. Vous êtes à Saint-Helena'bay, à une dizaine de kilomètres par la piste de Paternoster, là où les maisons sont en tête à tête avec l'océan et la plage sauvage. Quoi de plus précieux qu'un réveil face à l'océan Atlantique ? Dans le jardin, une pelouse soignée et des animaux, sans oublier le barbecue. Un accueil charmant dans la jolie maison Goblin's Creek, faites comme chez vous !

ABALONE HOUSE BOUTIQUE & SPA GUESTHOUSE €€€

3 Kriedoring Street
✆ +27 22 752 2044
A partir de 2 400 R la chambre double avec petit déjeuner.

Cet établissement dispose de dix suites magnifiques, autour d'une cour centrale. Bain bouillonnant sur le toit, avec une vue panoramique sur la mer, pour le plaisir des invités. Piscine entourée d'un jardin coloré. Mélange d'objets modernes et d'antiquités surdimensionnées, grands tapis. Plein de couleurs, sols en pierre et plafonds en bois brut et cheminées énormes, on se sent chez soi. Le restau Reuben's propose une cuisine afro-mondiale, avec des produits et des vins locaux.

GAAITJIE €€

Sampson Street
✆ +27 22 752 2242
www.gaaitjie.co.za
Ouvert de 12h à 14h et de 18h à 20h. Fermé mardi et mercredi. De 100 à 150 R le plat.

Voilà une table de haute volée ouverte par Suzi Holtzhausen, aujourd'hui reprise par la famille Kruger et le chef Jaco Kruger. Une jolie maisonnette sur la plage pour profiter du panorama et des assiettes qui émerveillent les papilles : jugez plutôt le pain maison pour vous mettre en appétit avec des petites gourmandises, la langouste entière et son fagot d'asperges, le curry de poisson au riz, l'agneau braisé aux figues... Une cuisine qui ne fait pas de surenchère de sauces comme certaines tables locales. Ne manquez pas cette adresse, et pensez à réserver.

NOISY OYSTER €€

62 St Augustine Road
✆ +27 22 752 2196
Ouvert de 12h à 15h et de 18h à 21h du mercredi au dimanche. Environ 120 R le plat.

Avec un nom pareil, « l'huître bruyante », ce restaurant ne pouvait être ouvert que par des Capetoniens funky, qui ont poussé leur délire à la fois « cool » et sophistiqué. Il fallait bien que les citadins retrouvent un peu d'originalité dans ce patelin huppé. Au menu : des plats exotiques revisités, influencés par la cuisine « Cap Malay » comme le *massaman duck*, la laksa aux fruits de mer, des sushis fondants... Le cadre : les pieds dans l'eau sur un deck en bois, jolis tissus colorés tendus, tables éclairées par des lampions colorés et par un feu dans le *boma*.

SALDANHA

La baie de Saldanha fut explorée par Étienne de Flacourt en 1648 puis en 1655. Celui-ci fit un inventaire précis des ressources et des possibilités d'approche. En décembre 1666, le marquis de Mondevergue mouille à Saldanha et va planter un poteau en terre, prenant officiellement possession de la baie au nom du roi Louis XIV. Pendant plusieurs années, les équipages français utilisent les fantastiques ressources marines de cette côte, les peaux de phoque en particulier. Défigurée par les usines et les réservoirs d'hydrocarbure, Saldanha est aujourd'hui la ville la plus hideuse du pays. Il convient donc de filer directement à Langebaan.

ELWIERDA BUS COMPANY

37 Sycamore Street
✆ +27 21 557 9002
www.elwierda.co.za
Bureaux ouverts de 8h à 18h en semaine, et de 8h à 16h les week-ends et jours fériés.

Si vous ne souhaitez pas louer de véhicule et que vous préférez vous déplacer en bus, cette compagnie de bus privée assure une liaison quotidienne entre Cape Town et Saldanha, pratique ! Les départs se font à 17h du Cap tous les jours sauf le samedi à 14h, et il faut compter 3 heures et demie de trajet. Depuis Saldanha départ à 5h30 tous les jours sauf le vendredi et le dimanche départ à 12h30. Si vous allez à Paternoster, le bus peut vous déposer à Vredenburg à 13 km. N'hésitez pas alors à demander à l'hôtel un transfert par exemple, tout est possible.

WEST COAST FOSSIL PARK ★

Par R45
✆ +27 22 766 1606
https://fossilpark.org.za/
Ouvert du mardi au dimanche, de 9h à 15h. Compter 50 R pour visiter le musée (30 R pour les enfants de moins de 15 ans).

© ECOPRINT - SHUTTERSTOCK.COM

A 50 km à l'est de Saldanha, le site d'Elandsfontein est mondialement connu pour ses fossiles. En 1953, Ronald Singer, un paléontologue au South African Museum, a découvert dans les dunes un cimetière d'espèces disparues. Autour de ce qui fut un lac, il put recueillir plus de 6 000 os fossilisés vieux de 150 000 à 75 000 ans, ainsi que les ossements du « Saldanha Man », du type *Homo sapiens*. Un peu plus au nord, le gisement de phosphate de Langebaanweg est réputé pour sa richesse. A l'arrêt de l'exploitation minière en 1995, le site fut classé monument national.

LANGEBAAN ★

Les premiers Européens sont arrivés ici en 1497, chassant les peuples Khoikhoi et San. Aujourd'hui, situé à 120 km du Cap, Langebaan est un magnifique lagon où il fait bon venir passer un week-end ou plus. Les voyageurs et les Sud-Africains s'y rendent tout particulièrement pour ses plages de sable blanc, qui sont très appréciées et très propres d'ailleurs ! Mais pas seulement, car les alentours du lagon sont tout aussi attrayants : avis aux amateurs, ils abritent quelque 300 espèces d'oiseaux. Pour les passionnés de mammifères marins, il faudra venir en octobre et novembre : c'est l'endroit idéal pour voir les baleines.

CRYSTAL LAGOON LODGE €€

Casos Road 52 Calypso Beach
✆ +27 22 772 0550
www.crystallagoonlodge.co.za
A partir de 900 R.

Un havre luxueux de paix. Depuis le Crystal Lagoon Lodge, la vue sur l'océan depuis votre chambre sera probablement imprenable. Les chambres et les suites sont modernes et confortables et certaines offrent un véritable balcon sur la mer. Au petit matin, après une nuit sous le doux clapotis des vagues, prenez un petit déjeuner copieux pour vaquer à vos activités de bord de mer. Pour le dîner, il n'y a pas de restaurant sur place, mais vous trouverez votre bonheur tout près, à peine 5 minutes, le long de la belle et vaste plage de Calypso Beach.

Plage de Langebaan.

WINDTOWN LAGOON RESORT & SPA €€

9 Bree street
✆ +27 22 772 1064
www.windtown-sa.com
Chambre standard à partir de 1 615 R, chambre de luxe à partir de 1 913 R et chambre familiale à partir de 4 500 R.

Voici une adresse taillée pour la jeunesse dorée du Cap : ambiance villa de rêve avec piscines multiples, la jeunesse se relaxe sur le ponton face à la vue sur l'océan. L'ambiance est branchée, festive, musicale, mais tout de même huppée. Fauteuils poufs multicolores sur la terrasse, piscine cristalline, design des chambres funky et coloré, et bien sûr : le spa, avec massages et sauna. À Langebaan, on vient aussi pour le surf, les bars à cocktails et les restos.

LANGEBAAN BEACH HOUSE €€€

44 Beach Road ✆ +27 22 772 2625
www.langebaanbeachhouse.com
A partir de 1 000 R pour deux personnes, minimum 2 nuits.

Plus près de l'onde, c'est difficile puisque le jardin débouche directement sur le sable. Quelle agréable étape qui permet d'accéder à la plage au bord de la lagune sans même avoir à traverser la route ! La garden Suite par exemple, offre une belle vue sur l'océan directement depuis sa jolie terrasse où trônent fièrement deux transats moelleux. Pour ceux qui préfèrent le chlore à l'eau salée, la Beach House a sa propre piscine. Si vous voulez vous faire plaisir pour le dîner, il y a plusieurs restaurants le long de la plage, donc juste à côté.

DIE STRANDLOPER €€

✆ +27 22 772 2490
www.strandloper.com
Fermé lundi, mardi et jeudi. Les midis : mercredi et dimanche. Vendredi et samedi midi et soir. Tarif unique : 350 R.

Au Die Strandloper, il y a comme un air de festoche. Des lampions flottent sous le soleil ou au clair de lune, quelques tables en bois ont les pieds dans le sable, le bruit des vagues s'entend en fond sonore… Une escale fabuleuse sur la plage de Langebaan, pour une ventrée de fruits de mer, des moules, un curry de fruits de mer, ou un *waterblometjiebredie* suivi d'un *moerkoffie*. Ici, on ne se pose pas de question, tarif unique pour tout le monde. Et pour les enfants ? Ils paient en fonction de leur taille ! Vous réfléchissez encore, vraiment ?

WEST COAST NATIONAL PARK ★★

De septembre à avril, le peuple migrateur cher à Jacques Perrin est ici ! Des milliers d'oiseaux, en vacances de la lointaine Sibérie, s'offrent l'été africain autour de la merveilleuse lagune turquoise reliée à la baie de Saldanha : près de 140 espèces à plumes au cœur de l'action, sur ce territoire de dunes et de marais de 30 000 ha. Découverte en voiture (deux entrées possibles sur R27 ; prévoir 4 heures ; 9h-17h) ou à pied sur les sentiers. Ce parc a été créé en 1985 pour protéger le lagon de Langebaan et les îlots vers lesquels des dizaines de milliers d'oiseaux migrent à chaque printemps. Les spécialistes estiment qu'il s'agit du quatrième plus important refuge ornithologique de la planète (flamants roses, pluviers, sanderlings des sables, bécasseaux, cormorans, fous de Bassan). Dans le lagon, long de 16 km et large de 4,5 km, on trouve de considérables dépôts de coquilles d'huîtres sur une épaisseur variant entre trois et sept mètres ; selon les scientifiques, un brusque changement de température de l'eau de mer aurait entraîné la mort de ces millions de mollusques. En août 1844, plus de trois cents bateaux furent comptés en même temps dans la baie ; l'île Malgas, recouverte d'une couche de dix mètres de guano, attirait tous les affairistes européens. Il pleut principalement entre mai et août. C'est ensuite le début du printemps le plus fleuri qui soit : du lagon jusqu'au Namaqualand, là-haut vers le nord, la terre se couvre de fleurs (marguerites, gazanias, mésembryanthémacées). À cette période (du 1er août au 30 septembre), la direction du parc permet aux visiteurs d'accéder (de 9h à 17h) à la section sauvage de Postberg (Oude Post date de l'époque de Jan van Riebeeck). Les étés sont chauds et secs, avec les traditionnelles brumes matinales.

En 1995, le géologue David Roberts a découvert ici les plus anciennes empreintes laissées par l'*Homo sapiens*. Fossilisées dans le grès, ces traces de 20 cm ont été faites il y a 117 000 ans, sans doute par une jeune femme de 1,60 m. Par comparaison, rappelons que les empreintes de la grotte Chauvet en France sont datées entre 20 000 et 30 000 ans.

HOUSEBOAT & COTTAGES €€

Sur la lagune

✆ +27 22 772 2144

www.sanparks.org

Pour 4 personnes : maison bateau à partir de 1 400 R, cottage à 1 500 R environ (+ 340 R/adulte supplémentaire).

Dans le parc national, vous avez le choix entre des cottages sur la terre ferme, prévoyant de l'espace pour 4 à 8 personnes, et une maison sur l'eau, pour passer la nuit sous les étoiles. Quel réveil inoubliable ! Réservez très longtemps à l'avance cette cabane flottante, de six personnes, équipée d'une cuisine et de sanitaires, car, ce n'est pas étonnant, ce petit trésor insolite est très demandé. Evitez néanmoins la pleine saison, le port est alors bondé de bateaux assez bruyants, et qui font même parfois bouger la maison !

RIEBEEK KASTEEL ★

À environ 75 km du nord-est du Cap, le site de la petite ville de Riebeek Kasteel est d'abord découvert par les Européens au XVIIe siècle puis habité un siècle plus tard par les Boers. Aujourd'hui, elle est surtout connue et réputée pour sa gastronomie comme pour ses bon vins, un tourisme gastronomique et œnologique qui attire donc chaque année les voyageurs épicuriens et autres passionnés de tourisme culinaire. Le clocher s'érige au centre de la ville et tout autour s'étale la superbe vallée de Riebeek Kasteel : des champs à perte de vue et des montagnes à l'horizon. Au mois de mai, Riebeek Kasteel organise un festival de l'olive.

OLIVE BOUTIQUE

49 Church Street

✆ +27 22 448 1368

www.olive-boutique.co.za

Ouvert de 9h à 16h du lundi au vendredi et de 10h à 13h30 le samedi et le dimanche.

Boutique spécialisée dans l'huile d'olive et les produits à base d'olives : vierge, extra vierge, dont de nombreuses huiles ont été primées, mais aussi des olives de table séchées et de la pâte d'olive à tartiner sur un petit toast croquant, quel délice ! Plus étonnant encore, une très belle gamme de produits cosmétiques... Susan et Derek vous livreront alors à la fois leurs recettes et conseils pour agrémenter vos plats et vous vanteront les bienfaits des olives pour la santé, la peau et les cheveux. Miraculeuse huile d'olive !

RIEBEEK WEST ★

Le Swartland, le pays noir, est avant tout le grenier à blé de l'Afrique du Sud. Entre Malmesbury et Eendekuil, c'est une région agricole et viticole qui sépare en quelque sorte la West Coast de la vallée de la Breede. Vous allez découvrir des paysages enivrants par leur immensité. Un peu comme dans le Karoo, il faut « comprendre » ce pays pour l'apprécier. Le Swartland est d'abord un voyage intellectuel, un risque géographique entre les vignes rudes et les peintures bochimanes, les entrées glaciales d'air marin et le flux torride du désert. Ici, on se prépare pour le Namaqualand et la Namibie. À Riebeek Kasteel, ne manquez pas l'Olive Boutique.

THE RIEBEEK VALLEY HOTEL €€€

4 Dennehof Street ✆ +27 81 409 6624

www.riebeekvalleyhotel.co.za

Chambre double standard à 1 100 R, chambre supérieure à 1 300 R, suite à 1 450 R.

Une propriété qui a de l'allure, Madame ! Et encore, vous n'avez rien vu ! Demandez la piscine… Dans une véranda habillée de dentelles victoriennes, ce carré bleu sous plafond, voilà un beau bassin intérieur. À l'extérieur, le bassin est semblable à un étang clair, une piscine naturelle avec différentes profondeurs qui règne au cœur d'un magnifique jardin et des oiseaux de paradis. Du côté des chambres, on va de la standard à la suite supérieure, mais toujours en s'offrant un luxe douillet. Restaurant Bishop très recommandable.

ALLESVERLOREN ESTATE

Allesverloren St

✆ +27 22 461 2320

www.allesverloren.co.za

Ouvert de 9h à 17h du lundi au vendredi et de 10h à 15h le week-end. Dégustation à 45 R par personne pour 5 vins.

Pour déguster de bonnes bouteilles… Danie et Fanie Malan, huguenots originaires de Saint-Martin-de-la-Brasque en Provence, font des miracles sur leurs terres ingrates. Goûtez le Port, un des meilleurs du pays, et leur célèbre shiraz. Et allez saluer notre ami Bertus, l'ancien patron de Witsand, désormais installé à demeure. Si l'on peut simplement profiter du restaurant familial Pleasant Pheasant, ou acheter du vin, se rendre à Allesverloren Estate, c'est aussi l'occasion de s'offrir une dégustation de vins avec un équipe de bons vivants et de passionnés.

MERINDOL MANOR €€€

40 Church Rd
✆ +27 81 763 0798
www.merindolmanor.com
Dès 2 500 R la nuitée.

Le Merindol Manor est un luxueux hôtel de caractère. C'est l'une des plus anciennes maisons patrimoniales de la pittoresque vallée de Riebeek, productrice de vin et d'olives, au cœur du Swartland, à environ une heure de route du Cap. Autrefois une maison familiale majestueuse, aujourd'hui une luxueuse maison d'hôte restaurée avec amour, le Merindol Manor possède des jardins paysagers et sa propre oliveraie. Les 4 chambres spacieuses offrent une vue sur la montagne, la piscine ou le jardin. Une oasis propice à la détente où vous serez accueilli en français.

© OK

© OK

CLANWILLIAM ★

Petite ville au pied des monts du Cederberg, vous ne trouverez pas grand-chose à Clanwilliam, à peine une rue principale, une jolie petite église, un Pick'n'Pay pour faire ses courses et une station essence. Mais le vrai élément phare de la ville, celui qui en fait toute sa fierté, c'est la House of Rooibos. En effet, c'est autour de la cité bicentenaire de Clanwilliam que fleurit la plante sud-africaine rooibos. Le magasin d'usine a donc pris possession de ses locaux dans le centre-ville de la bien nommée « capitale du rooibos » pour offrir une expérience unique, ultralocale et raffinée à ses visiteurs.

BIRD ISLAND ★

Private Bag X29
✆ +27 21 483 0190
www.capenature.co.za

Combien sont-ils ? Des milliers ! Des millions ! Depuis 1959, une digue permet d'accéder à pied sec, de 7h à 17h, à cet îlot de 3 hectares où vit une colonie de cormorans et de fous du Cap. Il existe également une belle colonie de pingouins à découvrir. L'odeur du guano est plutôt entêtante ! Pour quelques rands, réfugiez-vous dans l'abri… Sur le site de Cape Nature, on retrouve plein d'informations sur les réserves naturelles du pays, la conservation animale et les différents lieux d'observation des différentes espèces concernées.

BUSHMANS KLOOF WILDERNESS RESERVE

Par R364 vers Calvinia sur environ 45 km.
✆ +27 27 482 8200
www.bushmanskloof.co.za
Pension complète à partir de 4 540 R la double.

Le trésor ici : 125 sites d'art bochiman dans des grottes, en extérieur à flanc de montagne, dans le lit des rivières… Aux premiers jours du printemps, une moquette fleurie fait le décor. Les rangers ont reçu une formation particulière pour commenter les peintures. Dans les chalets, très belles chambres claires, suites princières, voire suite nuptiale avec terrasse privée. Allez au bassin naturel près de la cascade, pour un bain d'ivresse au pied des roches dessinées par les San.

© KOBUSPECHE

RÉSERVE NATURELLE DU CEDERBERG

Pour les randonneurs, un paradis de 75 000 ha où l'on voit des formations de grès ciselées par le temps. La section autour du pic Wolfberg est la plus spectaculaire, une quarantaine de léopards vivent dans le massif. En voiture, prenez la piste fantastique depuis le sud de Clanwilliam, franchissant le Cederberg Pass pour atteindre Prince Alfred Hamlet. Arrêt obligatoire au domaine viticole le plus paumé du pays. A Cederberg, Flippie Nieuwoudt élabore son cedar rouge à base de pinotage.

ROOIBOS TEA BOARD

Rooibos Avenue
✆ +27 27 482 2155
rooiboslted.co.za
Visite de l'usine en semaine à 10h, 11h30, 14h et 15h30.

Le Red Bush, savamment appelé : *Aspalathus linearis linearis,* pousse à l'état sauvage dans le Cederberg. Benjamin Ginsberg et le docteur Le Fras Nortier furent les pères de l'industrie du rooibos, le « thé » sud-africain par excellence qui, soit dit en passant, est une très bonne idée de souvenir à rapporter de son voyage. Pour cela, rendez-vous à la Rooibos Tea House. On vous donnera même une série de recettes de cuisine incluant l'herbe rouge, qui ne se fume pas ! Achats sur place à des tarifs avantageux, et bien sûr, pause dégustation.

GECKO CREEK €

Sur la N7, à 29 km après Citrusdal, tourner à droite et suivre Algeria Cederberg, 4 km après le panneau Gecko Creek à droite. ✆ +27 27 482 1300
www.geckocreek.com
Prix par personne : camping 170 R, tente safari 270 R, cabines 370 R. Prix à partir de la 2e nuit.

Un backpacker haut de gamme, au cœur d'une réserve naturelle de 500 ha, c'est bien une rareté ! En plus, il est à l'entrée de la réserve du parc du Cederberg qui elle est immense, environ 800 000 ha. L'Olifant River n'est pas loin non plus pour aller pique-niquer. Sur place, tentes et cabines surplombant la vallée de rochers de grès, cuisine en self-catering bien équipée et même une piscine. Côté ambiance : chants et percussions autour du feu de camp, *braai*, balades à travers la réserve, lecture dans des hamacs confortables…

NDEDEMA LODGE €€€

48 Park St
✆ +27 82 559 6489
www.ndedemalodge.co.za
A partir de 1 700 R la double avec petit déjeuner.

A l'extrémité du quartier résidentiel, assez loin du centre si vous n'êtes pas véhiculés, Wilma vous ouvre les portes d'une demeure richement meublée au pied des montagnes Cedarberg. Les suites luxueuses disposent de lits à baldaquin et de baignoires de style victorien. Jardin aromatique et tonnelle divine au petit matin pour le petit déjeuner. De la classe et un accueil chaleureux. Au Ndedema Lodge, on souhaite honorer ce nom, donné en honneur de l'antilope la plus sacrée et supérieure du royaume naturel animal du peuple Khoi-San, Ndedema.

CALVINIA ★

La charmante petite ville qui honore la mémoire du réformateur français fut fondée en 1845 au pied du Hantamsberg. Pour mémoire, Jean Calvin, né en 1509 à Noyon, écrivit l'*Institution de la religion chrétienne* comme une affirmation solennelle de la souveraineté de Dieu, seul maître du salut de l'homme par la prédestination. Le sentiment d'espace et de liberté est vraiment enthousiasmant dans cette bourgade noyée dans les fleurs à la fin de l'hiver et au printemps et entourée de moutons mérinos. Un véritable paradis, perdu dans les solitudes intérieures. Osez donc Calvinia, vous ne le regretterez pas… si toutefois vous aimez les grands espaces !

MUSÉE DU MOUTON

44 Church St
✆ +27 27 341 1043
De 9h à 13h et 14h à 17h en semaine, fermé le week-end.

Dans cette région du Karoo, le mouton occupe une place extrêmement importante. Alors, à Calvinia, pour tout savoir sur l'élevage du mouton et sur le peuplement européen de la région, rendez-vous au musée du mouton. Ici, les enfants seront sidérés par les animaux empaillés qui sont de véritables colosses. Niché dans l'enceinte d'une synagogue, alors utilisée pour le culte jusqu'en 1968. Un cadre original pour une excellente présentation. Voilà sûrement l'un des meilleurs musées du Karoo que vous vous apprêtez à visiter ces jours-ci.

DIE HANTAM HUIS €€

44 Hope St
✆ +27 27 341 1606
www.calvinia.co.za
En chambre partagée de 1 000 R à 1 350 R. Petit déjeuner inclus. En self-catering entre 1 500 R et 2 200 R.

Aux bons soins d'Alta et Erwin Coetzee, c'est-à-dire au top de l'hospitalité et de l'élégance du Karoo. Conseillée par son époux, un médecin farfelu, richissime et généreux, Madame a rénové les plus belles maisons de la ville avec une science de muséographe et souvent beaucoup d'humour. Vous aurez le choix du style décoratif : victorien, pop seventies, fermier bourgeois… Ou encore la dernière création du bon docteur, avec ses meubles ultra kitsch et ses couleurs style disco. Voilà bien une de nos adresses les plus « extraordinaires » du pays.

LE CAP ET SA RÉGION

Rayonnant autour de la pointe sud-ouest du pays, la région du Cap est un peu le bout du monde, le bout de l'Afrique du moins. Il faudra atteindre le Cap de Bonne-Espérance et gravir la Table Mountain pour regarder les océans se rejoindre dans un magnifique et tumultueux tourbillon. Si la région est si attrayante, elle le doit bien évidemment à sa ville phare : Le Cap. Vaste et vibrante, la ville vit au rythme de la nature, des loisirs, des arts et de la culture, baignée entre ses plages les plus secrètes et les spots de glisse les plus réputés, et bordée de ses montagnes majestueuses. En allant vers les terres, ce sont les vignobles qui s'étendent à perte de vue. De Constantia au Karoo, en passant par Stellenbosch, Franschhoek ou Paarl, on s'élance sur la route des vins. La région s'étend jusqu'à Montagu, *via* la route 62, à travers la surprenante vallée de la Breede. Quelle magnifique région que celle du Cap !

Vers ROBBEN ISLAND
Quartiers Le Cap
Green Point Park
GREEN POINT
WATERFRONT &
Signal Hill
QUARTIERS PÉRIPHÉRIQUES
Vers CLIFTON BEACHES
LION'S HEAD
De Wa
Park
Leeuwenhof
500 M

GOODMAN GALLERY CAPE
Rooftop Garden
CITY BOWL & FORESHORE
SLAVE LODGE
CASTLE OF GOOD HOPE
npany's arden
DISTRICT SIX MUSEUM
QUARTIERS PÉRIPHÉRIQUES

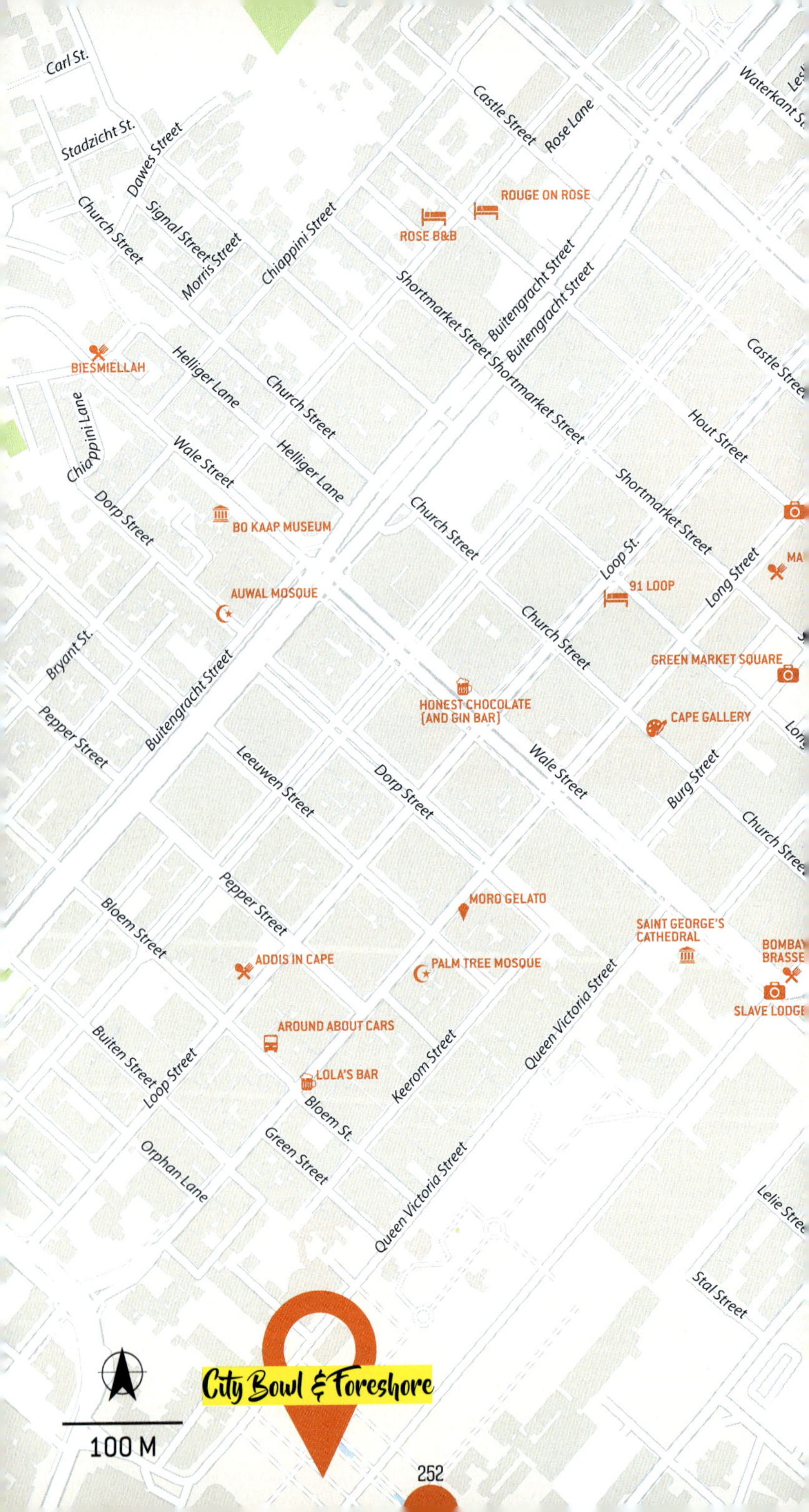
Carl St.
Stadzicht St.
Dawes Street
Signal Street
Morris Street
Church Street
Chiappini Street
Castle Street
Rose Lane
Waterkant St.
ROUGE ON ROSE
ROSE B&B
Shortmarket Street
Buitengracht Street
BIESMIELLAH
Helliger Lane
Chiappini Lane
Wale Street
Dorp Street
BO KAAP MUSEUM
Castle Street
Hout Street
Loop St.
91 LOOP
Long Street
AUWAL MOSQUE
Bryant St.
Pepper Street
HONEST CHOCOLATE (AND GIN BAR)
GREEN MARKET SQUARE
CAPE GALLERY
Leeuwen Street
Burg Street
Bloem Street
MORO GELATO
SAINT GEORGE'S CATHEDRAL
ADDIS IN CAPE
PALM TREE MOSQUE
Queen Victoria Street
SLAVE LODGE
AROUND ABOUT CARS
Buiten Street
Loop Street
LOLA'S BAR
Keerom Street
Bloem St.
Orphan Lane
Green Street
Lelie Street
Stal Street
City Bowl & Foreshore
100 M

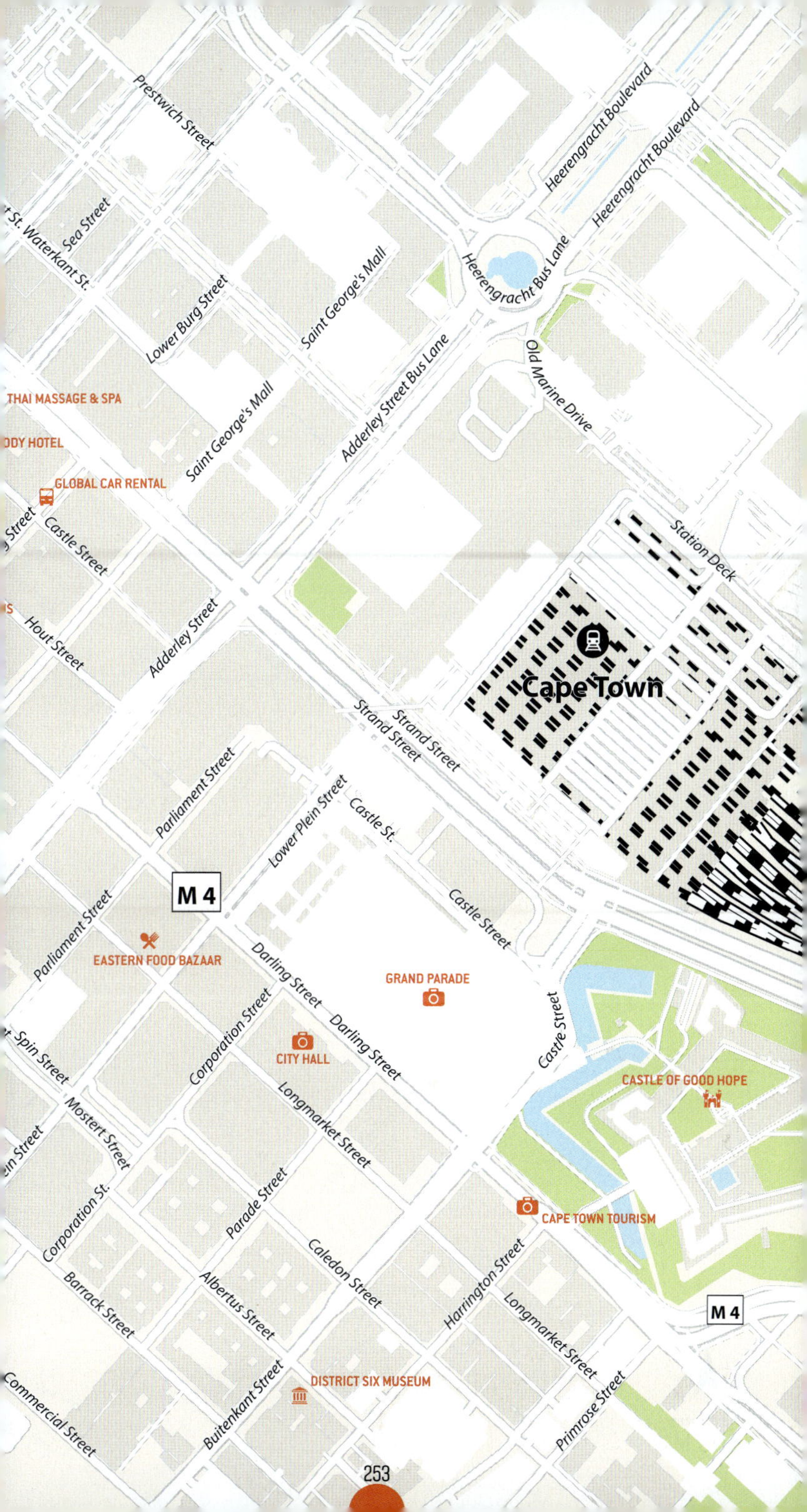
Prestwich Street
Heerengracht Boulevard
Heerengracht Boulevard
Sea Street
St. Waterkant St.
Heerengracht Bus Lane
Lower Burg Street
Saint George's Mall
Adderley Street Bus Lane
Old Marine Drive
THAI MASSAGE & SPA
DDY HOTEL
Saint George's Mall
Adderley St.
GLOBAL CAR RENTAL
Castle Street
Station Deck
Hout Street
Adderley Street
Cape Town
Strand Street
Strand Street
Parliament Street
Lower Plein Street
Castle St.
Castle Street
M 4
Parliament Street
EASTERN FOOD BAZAAR
Darling Street
GRAND PARADE
Darling Street
Castle Street
Corporation Street
CITY HALL
Spin Street
CASTLE OF GOOD HOPE
Longmarket Street
Mostert Street
Parade Street
Corporation St.
CAPE TOWN TOURISM
Caledon Street
Harrington Street
Barrack Street
Albertus Street
M 4
Longmarket Street
DISTRICT SIX MUSEUM
Buitenkant Street
Primrose Street
Commercial Street

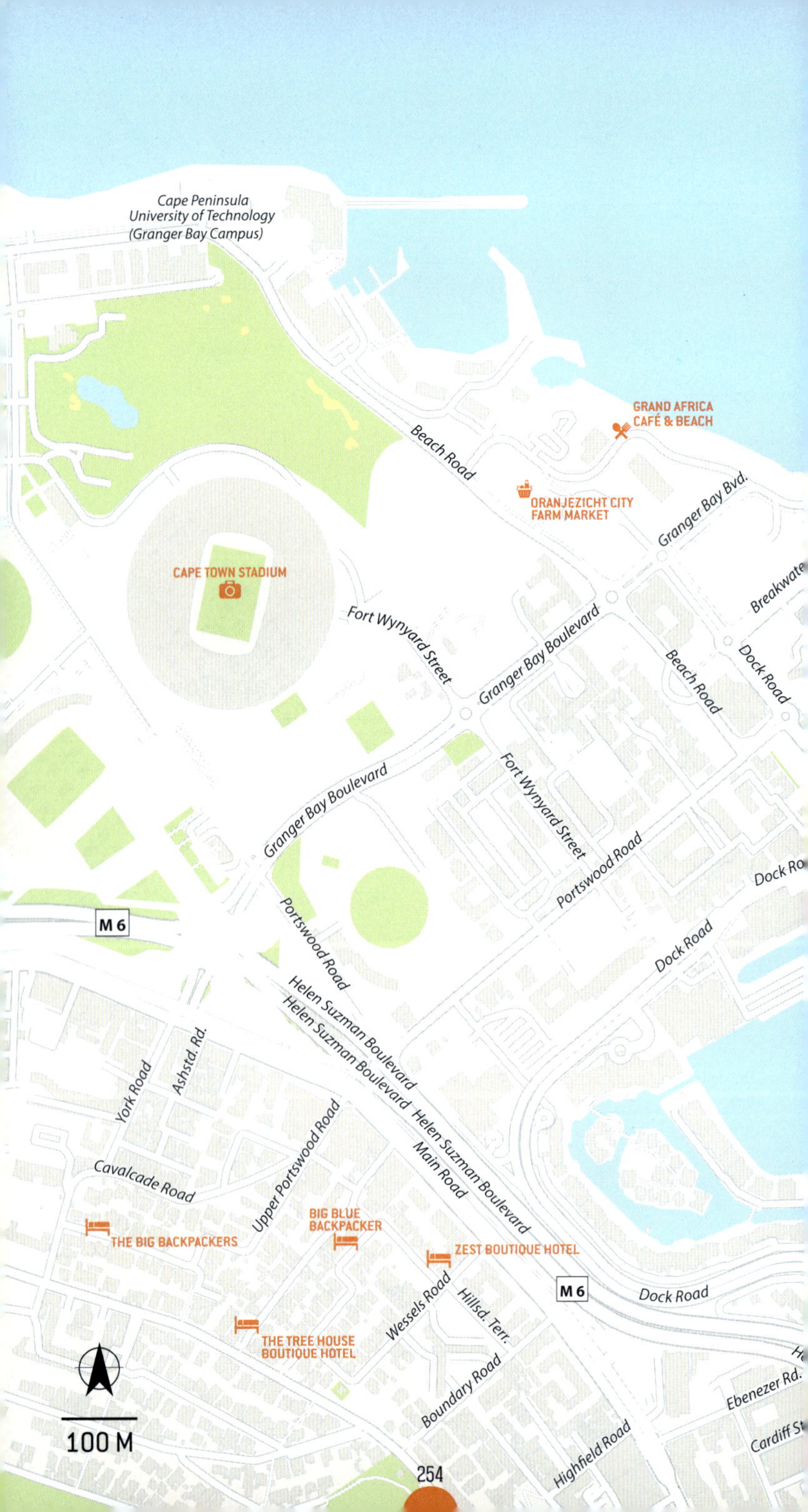

Cape Peninsula
University of Technology
(Granger Bay Campus)
GRAND AFRICA
CAFÉ & BEACH
Beach Road
ORANJEZICHT CITY
FARM MARKET
Granger Bay Bvd.
CAPE TOWN STADIUM
Breakwate
Fort Wynyard Street
Granger Bay Boulevard
Beach Road
Dock Road
Fort Wynyard Street
Granger Bay Boulevard
Portswood Road
Dock Ro
M 6
Portswood Road
Dock Road
Helen Suzman Boulevard
Helen Suzman Boulevard
Ashstd. Rd.
York Road
Helen Suzman Boulevard
Main Road
Upper Portswood Road
Cavalcade Road
BIG BLUE
BACKPACKER
THE BIG BACKPACKERS
ZEST BOUTIQUE HOTEL
M 6
Dock Road
Wessels Road
Hillsd. Terr.
THE TREE HOUSE
BOUTIQUE HOTEL
Boundary Road
Ebenezer Rd.
100 M
Cardiff St
Highfield Road
254

Breakwtr. La.
Breakwater Lane
DEN ANKER
East Pier Road
WATERSHED
KARIBU
BELTHAZAR
Jetty 1
CABO BEACH CLUB
Victoria Basin
MINI-CROISIÈRES TIGGER 2
THE SILO HOTEL
Collier Jetty
South Arm Road
ZEITZ MOCAA (MUSEUM OF CONTEMPORARY ART AFRICA)
CAPE TOWN DIAMOND MUSEUM
East Quay Road
THE YARD
West Quay Road
South Arm Road
Duncan Road
Dock Road
Dock Road
Dockrail Road
Port Road
Green Point, Waterfront & Silo

Le Cap et sa région
LAMBERTS BAY ★
Graafwater
CLANWILLIAM ★
TANKWA KAROO NATIONAL PARK ★★
Tankwa
Elandsbaai
Bosdorp
Redelinghuys
Citrusdal
Dwarskersbos
Doring River
Berg River
Piketberg
Porterville
50 KM
WEST COAST NATIONAL PARK
Moorreesburg
TULBAGH ★★
RIEBEEK WEST ★
CERES ★★
Nduli
RIEBEEK-KASTEEL ★
Hermon
De Doorns
Atlantis
WELLINGTON ★
WORCESTER ★
PAARL ★★★
ROBERTSON ★
VERS MONTAGU ★★
VERS BONNIEVALE ★
FRANSCHHOEK ★★★★
LE CAP ★★★★
LANGA ★
STELLENBOSCH ★★★★
CONSTANTIA ★★
GUGULETU ★
Villiersdorp
MCGREGOR ★
HOUT BAY ★★
MUIZENBERG ★★★
KHAYELITSHA ★
GENADENDAL ★
GREYTON ★
NOORDHOEK ★★
SOMERSET WEST ★
KALK BAY
HELDERBERG ★
SEAL ISLAND
KOMMETJIE ★
SIMON'S TOWN ★★★
CALEDON ★★
SCARBOROUGH ★
CAPE PENINSULA NATIONAL PARK ★★★
KLEINMOND ★
HERMANUS ★★★
STANFORD ★
Napier
Océan Atlantique

Kalk Bay.

LE CAP

Le Cap évoque naturellement le cap de Bonne-Espérance, la pointe sud de l'Afrique où les océans se percutent avec force, creusant les reliefs de bord de mer en des côtes escarpées à la beauté sauvage. Mais Le Cap est aussi une cité trépidante, titanesque, sophistiquée, cosmopolite et métissée, dominée par l'envoûtante Table Mountain, au sommet constamment drapé de nuages. Les atmosphères qu'elle abrite sont aussi multiples que ses quartiers : l'industriel Woodstock aux anciennes usines couvertes de graffitis et réinvesties par les artistes, l'historique Bo-Kaap, le moderne Silo, le central et administratif CBD bien sûr, les populaires *townships*, sans oublier les iconiques Waterfront et Sea Point, propices à la flânerie, ou encore le quartier de Gardens, temple de la fête, puis Camps Bay et ses plages dorées garnies de villas splendides où l'on se régale de magnifiques couchers de soleil.

SE REPÉRER SE DÉPLACER

La ville du Cap est assez étendue. Chose pratique, l'aéroport n'est pas très loin du centre-ville, il faut compter une bonne vingtaine de minutes. Si on veut réellement sillonner la ville à la rencontre de ses différents quartiers et surtout pouvoir se déplacer facilement et librement dans les régions alentour, on loue un véhicule à l'aéroport et on se déplace en voiture, à la captonienne. Pour ceux qui souhaiteraient laisser de côté les soucis de la route, il est très simple, sécurisé et surtout assez économique de prendre un taxi ou, plus simple encore, de commander un Uber pour se déplacer d'un point à un autre tout au long de la journée. À la nuit tombée, c'est d'ailleurs la solution indispensable et hautement recommandée. Pour vous rendre à Table Mountain, ou encore au cap de Bonne-Espérance, qui demande un peu de route, sachez que si vous optez pour les services d'un guide, il sera véhiculé.

CAPE TOWN INTERNATIONAL AIRPORT

Cape Town International Airport
✆ +27 21 937 1200
www.capetown-airport.com

Il n'y a qu'un seul aéroport au Cap, avec un terminal international et un terminal domestique. Compter entre 20 et 30 minutes pour rejoindre l'aéroport depuis le centre. Un peu moins d'une heure quand l'autoroute est chargée, par la N2, sortie n°18. A l'intérieur : des distributeurs de billets, bureaux de change, restaurants, kiosque de l'office de tourisme, agences de location de voiture. Wi-fi. Voir Vodacom/MTN pour l'achat de cartes SIM locales.

BAZ BUS

32 Burg Street
✆ +27 21 137 1588
www.bazbus.com

Tous les jours de 8h à 21h (20h le week-end). Tarifs pass : 8 jours 3 886 R, 14 jours 4 596 R et 21 jours 5 306 R.

Absolument génial ! Depuis 1995 cette compagnie privée met à disposition des minibus qui transportent les jeunes d'auberge en auberge. Aujourd'hui plus de 250 partenaires ! L'assurance d'arriver en sécurité à bon port, sans frais de taxis et en profitant du paysage. Un itinéraire à son rythme, de ville en ville. Un billet « travel pass » pour 8, 14 ou 21 jours en s'arrêtant où et quand on veut sur la ligne Cape Town - Port Elizabeth. Ou bien un « hop on/hop off », en s'arrêtant autant de fois qu'on veut sans faire demi-tour.

BLUE TRAIN

✆ +27 12 334 8459
www.bluetrain.co.za

À partir de 25 820 R par personne en basse saison en cabine double Luxury. Inclus trajet, repas-boissons, excursions.

Le Blue Train est l'une des machines les plus luxueuses du monde. Il effectue huit fois par mois l'aller-retour entre Pretoria et Cape Town. La route dure 28 heures et s'étend sur 1 600 km, avec une escale à Kimberley et la visite de l'Open Mine Museum dans un sens, puis la ville de Matjiesfontein dans l'autre. Autre destination : Kruger et Limpopo pour un « rail safari » à travers les magnifiques parcs nationaux du pays. Un voyage unique et fastueux qui traverse des paysages d'Afrique du Sud spectaculaires à une vitesse de croisière agréable.

CITY HOPPER SHUTTLE SERVICE

✆ +27 21 936 3460
www.citihopper.co.za

L'agence City Hopper Shuttle Service propose des transferts depuis et vers l'aéroport du Cap, mais pas seulement. Service de porte à porte à la demande, 24h/24 et 7j/7, pour aller d'un point A à un point B, en toute sécurité et très confortablement. Le chauffeur vous conduit jusqu'à un point d'intérêt, un hébergement, une agence de location ou encore une réunion. Des *city tours* sont aussi organisés. Service de déplacements sur mesure et de qualité, pour se déplacer en toute sérénité.

TRANSLUX

Old Marine Dr
✆ +27 21 449 6209
https://res.prasa.com/translux/booking
Plusieurs départs par jour depuis Le Cap : à partir de 200 R pour Paarl, Worcester, Stellenbosch.

Translux fait partie des opérateurs les plus fiables pour les voyageurs en bus qui cherchent à se déplacer à travers le pays à des prix raisonnables. La compagnie de transport dessert beaucoup de villes, à la fois sur des petits trajets comme sur des grandes distances, depuis Le Cap jusqu'aux villes de Paarl et Worcester ou encore Stellenbosch, George et Plettenberg Bay, mais aussi depuis Durban jusqu'à Pretoria ou bien depuis Johannesburg au Cap. Toutes les réservations de vos trajets peuvent s'effectuer sur le site en ligne.

AFRICAMPER

Unite 10.Trade Link Park, Potgieter Street
✆ +27 87 821 6285
www.africamper.com
À partir de 1 300 R par jour, selon modèle et saison. Cartes routières, GPS, équipement cuisine et camping.

Le concept est génial ! Vous avez sûrement déjà vu ces voitures magiques sur le toit desquelles se déploit un espace de camping. Chez Africamper, vous pouvez louer un 4x4 aménagé, avec un grand réservoir d'essence, un frigo et une ou deux tentes dépliables sur le toit ! On se sent à la fois complètement libres d'aller et venir, et en sécurité pour dormir surélevé. Posté face à la vue de votre choix, quel luxe ! C'est parfait pour rejoindre le parc national du Karoo ou encore la Namibie, en couple ou en famille. Une aventure inoubliable.

AROUND ABOUT CARS

20 Bloem Street
✆ +27 21 422 4022
www.aroundaboutcars.com
En kilomètres illimités, à partir de 431 R/jour pour une location de 4 à 9 jours, tarifs dégressifs.

Situé en plein centre, pratiquement sur Long Street, cette agence de location nationale propose une large flotte de véhicules toutes catégories en bon état, à prix vraiment très abordables et en kilométrage illimité. Pour les petits budgets, des citadines à utiliser dans Cape Town et les environs immédiats sont à prix plancher. Pour les aventuriers, des 4x4 tout équipés pour aller en Namibie, pratique ! Service sérieux, voitures bien révisées et possibilité de transfert à l'aéroport. Les tarifs sont dégressifs et intéressants à partir de quatre jours.

RICHIE'S RENTALS CAR HIRE

Unit 6 Rochco Park, 21 Stella Rd, Montague Gardens
✆ +27 82 874 9016
richiesrentals.co.za
Location de véhicule dès 150 R par jour, sur la base de 30 jours de location hors saison et hors assurance.

© RICHIE

Vous trouverez chez Richie des locations de voiture à des tarifs abordables ainsi qu'une grande sélection de véhicules de qualité. Ceci combiné à un service typiquement capétonien personnalisé, faisant la fierté de l'entreprise. Service sérieux, voitures bien révisées et fiables. Possibilité de transfert à l'aéroport et location longue durée. Assistance routière 24h/24 et assurance complète, sans surprise de coûts. Une agence que l'on recommande fortement.

LEKKERCAMPER

Somerset West
✆ +27 76 592 3989
www.lekkercamper.co.za
À partir de 1 400 R par jour selon le type de véhicule et le nombre de jours de location. 200 km/jour. Promos en hiver.

Encore une idée géniale : qui n'a jamais rêvé de parcourir l'Afrique du Sud en van ou de longer la côte de plage en plage ? Avec Lekker Camper, louer un van VW pour deux ou pour huit personnes, avec cuisine et couchettes aménagées est un jeu d'enfant. Vous pourrez vous arrêter là où vous le souhaitez et quand vous le souhaitez, autant de temps qu'il le faudra pour profiter du goût de la liberté ! C'est l'idéal pour barouder à deux sur les routes d'Afrique australe, dans le style bohème, avec des planches de surf sur le toit, of course !

CAPE TOWN CYCLE HIRE

✆ +27 84 400 1604
www.capetowncyclehire.co.za
Bureau ouvert tous les jours de 7h à 18h. Réservations sur Internet. Entre 450 R et 950 R/jour selon le vélo.

Le Cap est une ville sportive ! Alors pourquoi ne pas l'arpenter à vélo ? Cape Town Cycle Hire propose des locations de VTT. Vous pourrez même profiter de la livraison du vélo gratuitement dans le centre-ville et à Camps Bay. L'agence propose également des visites guidées d'une journée entre Mouille Point et Camps Bay entre autres. Pensez à réserver à l'avance de préférence. Si vous voyagez en famille, pour les plus jeunes, des vélos enfant sont disponibles. Avis aux amateurs de montagnes : nous sommes dans la région du mountain bike !

HARLEY DAVIDSON CAPE TOWN

2 Hospital Street, Harbour Edge Building, De Waterkant
✆ +27 21 401 4260
harleydavidsonsouthafrica.co.za
A partir de 1 350 R/jour.

Se balader dans Cape Town et ses environs en Harley Davidson, en voilà une expérience unique ! Les cheveux au vent jusqu'au cap de Bonne Espérance, une virée dans la vallée du Vin, les options sont nombreuses pour profiter de cette moto mythique, tout en visitant à son rythme la région. Plusieurs modèles de motos au choix, dont les tout derniers sortis sur le marché. De quoi ravir les passionnés d'Harley Davidson qui pourront choisir leur préférée pour un tour hors du commun !

INTERCAB

35a Arnold Street, Observatory
✆ +27 21 44 777 99
www.intercab.co.za
Environ 10 R/km. 24h/24.

Le Cap est une grande ville, où les distances sont parfois assez longues d'un point à un autre. En outre, la plupart des professionnels du tourisme comme des habitants de la ville vous le diront : prenez donc un taxi ! Une fois le soir venu, il n'est pas toujours très sûr de se balader à pied ou d'attendre le bus, alors on fait appel à une compagnie de confiance, présente partout en ville : Intercab. Cette agence propose également des tours touristiques dans la péninsule et du côté de la route des vins si cela vous intéresse.

METRORAIL

Cape Station
✆ 0800 65 64 63
Southern Line, Cap-Simon's Town : de 12 R à 20 R l'aller simple et de 50 R à 115 R le ticket valable toute la semaine.

Avec le métro aérien du Cap, vous pouvez circuler en toute sécurité la journée, jusqu'à Simon's Town en vous arrêtant en bord de mer. Jusqu'à Muizenberg, Kalk Bay et Fish Hoek. Une autre ligne passe par Bellville et bifurque soit vers Stellenbosch, soit vers Paarl et Wellington. Les gares sont centrales et vous pouvez marcher jusqu'aux points d'intérêt ou la plage. Bonne option pour ceux qui n'ont pas de voiture et veulent voir les environs du Cap à leur propre rythme et sans trop dépenser. Comptez 1h du Cap jusqu'à Simon's Town. Déconseillé après 19h.

MYCITI

Hertzog Boulevard
✆ +27 800 65 64 63
myciti.org.za
Depuis Long Street, le ticket coûte autour de 20 R pour Civic Center et de 28 R pour Waterfront. Bus toutes les 20 min.

MyCiti assure la liaison de l'aéroport au centre-ville direct. Il existe plusieurs lignes : la L102 direction District Six, Woodstock, la L106 et la L107 vers Civic Center - Garden's - Camp's Bay. Deux lignes relient le Civic Center et tout le City Bowl, les lignes 108 et 109 Civic Center Sea Point - Hout Bay, L105 Civic Center - Sea Point, L104 Civic Center - Waterfront - Gree Point - Sea Point. Attention : il faut acheter une carte dans les magasins Shoprite ou Pick n Pay, et mettre du crédit dessus pour pouvoir monter dans le bus.

RIKKI'S TAXI

49 Albert Road
✆ +27 21 447 3559
www.rikkis.co.za
Course partagée dans la ville environ 40 R par personne. Supplément pour Table Mountain, Signal Hill ou Lion's Head.

Voici une option moins chère pour les trajets plus longs et pour les voyageurs solitaires qui veulent partager le Rikki. Ici, les prix sont fixes, par personne et selon la destination. À noter que plus les courses sont partagées, plus elles sont longues, car il faut compter le temps des détours. Attention, les Rikki's ne se prennent pas au vol comme un bus classique, il faut réserver et attendre entre 5 et 10 minutes. Vous trouverez dans de nombreux bars et backpackers des téléphones jaunes spéciaux pour pouvoir les commander.

À VOIR / À FAIRE

Il y en a des choses à faire au Cap ! Il y en a de belles choses à voir au Cap ! Du côté de l'architecture, on a déjà affaire à un patchwork de jardins fleuris, d'Art déco, d'édifices coloniaux au charme désuet et de street art, partout présent, notamment dans le quartier de Salt River où il colore les murs. Le Cap se déguste. Sa gastronomie se décline autour de mille saveurs épicées. Un voyage au Cap ne saurait être complet sans faire un tour dans la vallée des vins, mondialement réputée. Les surfeurs et autres passionnés de loisirs nautiques ne seront pas en reste non plus. Enfin, Afrique du Sud oblige, les environs de la sudiste cité abritent une profusion naturelle époustouflante : on s'en va à la rencontre des manchots, des baleines, des requins, des dauphins, des babouins ou encore des autruches, qui ne sont jamais bien loin. Un passage par Le Cap en appellera à coup sûr un second !

CAPE TOWN TOURISM

Darling Street
✆ +27 861 322 223
www.capetown.travel
Ouvert du lundi au vendredi de 8h à 17h, samedi de 8h30 à 14h et dimanche et jours fériés de 8h30 à 13h.

Voilà l'agence centrale et officielle de la ville ! Attention aux multiples offices de tourisme privés. Très complète, elle dispose d'une quantité énorme de brochures et de cartes détaillées. Vous trouverez à l'intérieur un café, un comptoir de réservation, un espace avec quelques produits touristiques en vente et, très important, des toilettes gratuites. Prenez le temps de concocter votre périple ou bien le peaufiner ici. Le petit plus : l'office de tourisme fait la promotion du label Fair Trade, un label de tourisme solidaire.

AFRICAN EAGLE DAY TOURS

4 Malta Road
✆ +27 21 464 4266
www.daytours.co.za
Visites en journée, demi-journée et soirée. Pack 3/4 jours de 14 490 R à 33 500 R. Bureau ouvert tous les jours, 7h-23h.

Cette agence permet de s'immiscer dans les diverses cultures du Cap et d'aller à la rencontre de ses habitants. Découverte notamment de District Six : son musée, ses guérisseurs traditionnels, ses shebeens où l'on peut goûter à la bière traditionnelle, son école communautaire... A Khayelitsha, le plus grand *township* de la ville, on a l'occasion de rencontrer des entrepreneurs du canton, ou encore d'assister au service de l'église charismatique, uniquement le dimanche. Des tours en *fat bike* sont également à l'honneur au Cap et dans ses environs.

AFRIQUE DU SUD DECOUVERTE

16 Bryant Street
✆ +27 78 268 1846
www.afriquedusud-decouverte.com
Ouvert de 8h à 18h du lundi au samedi.

© AFRIQUE DU SUD DÉCOUVERTE

Ce spécialiste du sur-mesure propose diverses formules en autotour, pour découvrir l'Afrique du Sud à son rythme. Aide dans le choix des étapes et des hébergements, location de véhicules... Le suivi est fait 24h/24 pendant toute la journée du séjour. Circuit Springbok, découverte de l'Afrique du Sud en famille, voyage 100 % safaris... Telles sont parmi les formules proposées par Olivier et Claudie, deux Français installés dans le pays depuis de nombreuses années.

CAPE ADVENTURE ZONE

Sea Cottage Drive
✆ +27 76 251 8584
www.capeadventurezone.com

De la randonnée à Mountain Table à la plongée avec les grands requins blancs, Ian, un pur Capetonien fan de sports et d'aventures, vous fait découvrir sa ville et ses alentours lors de séjours sur mesure. Parapente au-dessus de l'océan Atlantique, kayak avec les phoques du Cap ou encore une dégustation de vin à cheval, vous profiterez de l'expertise de Ian et de son équipe pour une découverte du Cap amusante, sportive et culturelle. Découverte de la Garden Route avec saut à l'élastique le plus haut du monde, tyrolienne dans la forêt, séjour dans le Cederberg.

DUNAS SAFARIS LE CAP

Angle Burg et Strand street
✆ +27 21 422 1003
www.dunas-safari.com

Branche locale de l'agence déjà connue et reconnue en Namibie, Dunas Safari peut vous accueillir en français. Du circuit autour du Cap jusqu'au voyage à l'intérieur des terres, cette agence située en plein cœur du centre-ville saura vous aiguiller et vous accompagner dans votre séjour sur-mesure au cœur des immanquables du Cap et de ses alentours, ou encore jusqu'à Johannesburg et les terres peuplées par les *big five* du parc national Kruger au nord-est du pays. Les prix sont calculés en fonction de l'articulation du séjour demandé.

CAPE POINT ROUTE

Glen Road
✆ +27 21 789 00 93
www.capepointroute.co.za

L'agence de voyage Cape Point Route propose des packs d'activités sportives, culturelles ou nature pour découvrir la péninsule. Les packs sont thématiques : aventure, golf, famille, romantique... Ils concentrent toutes les informations sur les options de séjour sur leur site et font également le lien entre vous et le prestataire de services. Simple et pratique pour assurer ses déplacements, avoir une place sur un bateau, réserver une leçon de surf, un guide de randonnée, surtout en haute saison. Formules à la carte, en fonction des budgets.

EKIMA AFRIKA TRAVEL

1 Birkdale Ave, Woodstock
✆ +27 21 879 0870
www.ekimatravel.com

Ekima Afrika Travel est une agence de voyages fondée par une Française passionnée des terres d'Afrique et de rencontres. L'équipe d'Ekima est composée de professionnels du terrain dynamiques, francophones, et aux petits soins pour créer votre séjour personnalisé en Afrique australe. Avec ou sans guide, chez l'habitant ou en lodge 5 étoiles, en safari ou au contact de la population locale, Ekima organise votre voyage « cousu main ». Vous trouverez tous les renseignements sur le site Internet, les réseaux sociaux ou par téléphone.

COFFEEBEANS ROUTES

44 Orange Street
✆ +27 79 49 58 782
www.coffeebeansroutes.com

Coffeebeans Route propose des sorties culturelles exceptionnelles (tour en anglais) : jazz, reggae, hip-hop, foot, art, « storytelling », cuisine, jardins privés... Le principe est le même pour toutes les sorties : pendant la journée ou en soirée lorsqu'il s'agit de musique, vous partez en petits groupes à travers des lieux animés de la ville connus des locaux, souvent dans les vibrants townships à la découverte des vrais clubs de jazz ou dance halls, ou encore des parties de foot avec des jeunes de Khayelitsha... Une expérience originale, unique et abordable.

LOISICO

Fisherhaven
✆ +33 6 24 46 20 51
www.loisico.com
Activités au Cap et environs à partir de 300 R.

Loisico Tours et Excursions est un tour-opérateur spécialiste du Cap, mais aussi de l'Afrique du Sud et des pays limitrophes comme le Botswana, la Namibie ou le Zimbabwe. Les professionnels du tourisme vous proposent alors des séjours sur-mesure d'un à cinq jours, voire plus, à votre convenance. Les petits plus : les interactions avec les animaux sauvages, les safaris à la rencontre des *big five* et la découverte de paysages extraordinaires. Si vous n'êtes pas à l'aise en anglais, vous aurez la possibilité de profiter des tours guidés en français.

© TERRA AFRICA

TERRA AFRICA

✆ +27 72 983 3905

www.afriquedusud-voyage.com

L'équipe Terra Africa est spécialiste de la conception et de l'organisation de voyages sur mesure dans les pays d'Afrique australe et Afrique de l'Est. Depuis son camp de base au Cap, elle conçoit des programmes selon vos goûts, vos envies et votre budget, dans la bonne humeur et en français. Sa connaissance du terrain et son appétence à personnaliser les expériences vous promettent des voyages hors du commun en Afrique du Sud, au Botswana, en Tanzanie, au Kenya, au Mozambique, en Zambie et au Zimbabwe. Bref, un opérateur sérieux et qualifié pour un voyage réussi.

© TERRA AFRICA

PRIVATE SAFARIS

Ground Floor, Block 3
✆ +27 21 528 2200
www.privatesafaris.com

Envie de découvrir l'Afrique de l'Est et australe avec un patrimoine riche en réserves animalières et paysages spectaculaires ? Présent dans 15 pays africains, Private Safaris offre la possibilité de découvrir la magie de ce continent en vous offrant de nombreux services, allant des ville-break, safaris, visites, aux trains, vols, croisières et excursions. Idéal si l'on ne connaît pas bien le pays ou si l'on ne souhaite pas organiser son voyage. Dès votre arrivée à l'aéroport, accueil avec un kit de bienvenue très personnalisé. Un succès à coup sûr !

SOUTH AFRICAN TRAVELLERS

8 Governors Walk
✆ +27 72 92 00 490
www.satravellers.com

SATravellers est une agence locale francophone basée au Cap et au parc national Kruger. Elle est tenue par Filip Wuyts, un Belge installé au Cap qui est passionné par l'Afrique du Sud. SA Travellers crée en exclusivité des circuits découvertes et authentiques alliant le confort et la sécurité. Du séjour romantique au circuit moto du Cap à Cederberg, la sélection de maisons d'hôte et lodges privés est faite aux petits oignons, et SATravellers encadre et choie ses clients du premier au dernier jour de leur périple.

TERRA SOUTH AFRICA

Mowbray
✆ +27 72 983 39 05
www.afriquedusud-voyage.com

Terra South Africa est une agence du groupe Terra Explora créé en 1998 par des Français passionnés. Basée au Cap, l'équipe est spécialiste du voyage à la carte en Afrique du Sud et conçoit des programmes sur mesure selon vos goûts, vos envies et votre budget, dans la bonne humeur et en français. Leur connaissance renouvelée du terrain permet de répondre au mieux à vos attentes. Ils proposent aussi des circuits combinés avec les pays voisins : Namibie, Botswana, Mozambique et Zimbabwe. Bref, un opérateur sérieux et qualifié pour un séjour réussi.

BAZ BUS EXCURSIONS ★

32 Burg Street ✆ +27 21 137 1588
www.bazbus.com

Tour de la Péninsule (journée complète) : 847 R. Randonnée Table Mountain (environ 5h) : gratuit (pourboire).

En plus de leur service de bus, Baz Bus propose deux excursions à Cape Town. L'une vous emmènera à la découverte de la Péninsule jusqu'au Cap de Bonne Espérance en passant par Hout Bay, Chapman's Peak et Simon's Town et ses manchots ! Tout est inclus : snack, déjeuner, entrées... L'excursion est assez complète : pas trop de bus, de l'autonomie et du temps sur chacun des sites, du vélo dans le parc du Cap de Bonne Espérance, 45 minutes de marche au Cap de Bonne Espérance et un bon pique-nique. L'autre vous fera prendre de la hauteur en gravissant Table Mountain.

CAPE TOWN FREE WALKING TOURS ★

Church Square
✆ +27 76 636 9007
freewalkingtourscapetown.co.za

Départs tous les jours de l'année à 11h et 16h20. Durée : 1h30. Départ : Church Square. Pourboires à votre guise.

Ces tours à pied sont organisés tous les jours de l'année ! Sous les parapluies verts, les guides dynamiques vous emmènent à la découvert de Cape Town. Plusieurs circuits proposés : les classiques « historique » ou « Apartheid » nous plongent dans l'histoire de la nation arc-en-ciel, le « Bo Kaap » nous perd dans les ruelles de ce quartier aux maisons colorées, le gourmand part à la dégustation des mets sud-africains et le « Bijou » plaît aux adeptes de shopping.

CITY SIGHTSEEING CAP TOWN HOP ON / HOP OFF ★

36 Auckland Street ✆ +27 21 511 6000
www.citysightseeing.co.za
Tous les jours à partir de 9h. Ticket 1 jour 259 R, 2 jours 359 R.

Une bonne façon de visiter les musées du Cap et même d'aller plus loin quand on n'a pas de voiture. Ce bus rouge à deux étages, certes très touristique, fait un circuit identique toute la journée et passe par les principaux points d'intérêt de la ville. Notamment Long Street, Kirstenbosch Garden, Table Mountain et une partie des vignobles de Constantia. Avec le ticket « drop off - drop on » à la journée, on monte et on descend quand on le souhaite. Pratique : les commentaires de la visite en français, grâce au casque multilingue.

Il existe deux lignes principales et il faut choisir laquelle prendre au moment d'acheter le ticket. Même si elles se croisent au long de Camps Bay, jusqu'au centre-ville, les passagers doivent se tenir à leur ligne d'origine. C'est peut-être un peu dommage, mais il y a tellement d'attractions qu'il vaut mieux prendre un ticket pour 2 jours pour combiner les lignes rouge et bleue. Ce ticket permet également d'emprunter à 18h un « Sunset Bus » pour rejoindre Signal Hill et profiter du coucher du soleil sur l'Atlantique.

- **Ligne Rouge (tous les 20 minutes) :** 12 arrêts qui couvrent bien le centre et les musées, ainsi que la Table Mountain.
- **Ligne Bleue (tous les 30 minutes) :** 15 arrêts au long de ce trajet qui fait le mini-tour de la péninsule jusqu'à Hout Bay. Sur cette ligne on peut changer de bus pour aller jusqu'à Constantia Valey, pour un « wine tour » dans deux domaines, sans supplément à payer ou encore descendre pour visiter un township.

IMZU TOURS

Lookout Hill, Khayelitsha ✆ +27 73 507 3622
www.imzutours.co.za
Demi-journée : 750 R. Possibilité de combiné le tour du township avec d'autres points d'intérêt. Nuit en B&B : 565 R.

Une expérience sûre, amusante, socialement responsable et inoubliable. Depuis 2011, Imzu Tours a organisé plus de 10 000 visites et a relié des milliers de touristes aux communautés des townships du Cap. L'agence est dédiée à l'autonomisation des communautés du canton en créant des emplois locaux. Les habitants conduisent les townships en avant et loin de son histoire d'apartheid. Chaque visite d'Imzu est conçue pour présenter cet effort et éclairer les gens au style de vie qui court dans les townships de Langa et Khayelitsha, où l'on peut même passer la nuit !

KIFF KOMBI TOURS ★

8 Kloof Street
✆ +27 72 213 3888
www.kiffkombitours.co.za
Ouvert de 8h à 18h tous les jours. Des tours notamment des townships de 4 heures à partir de 850 R.

Kiff Kombi Tours avait pour objectif de créer des excursions alternatives au Cap ! Les fondateurs de l'entreprise sont fiers d'organiser des itinéraires et des expériences fun et originales. Leur objectif : plonger dans les territoires inexplorés de la ville dans un mini Van coloré ! Tout a commencé avec un vestige, le VW Kombi nommé Veronica, puis le jeune Trevor, le Toyota Van, a pris le relais et est paré des derniers vêtements de la rue, ce qui en fait le fourgon le plus à la mode et le plus tendance dans les rues du Cap. Coup de cœur.

CAPE TERROIR

Observatory - - Le Cap
✆ +27 72 463 1681 - www.capeterroir.com
Autour de 2 500 R par personne. Tarifs dégressifs à partir de 3 personnes. Transport, lunch et dégustation inclus.

Cape Terroir, c'est l'assemblage du savoir-faire français et du terroir sud-africain, guidé par un expert, Mathieu Labaki. Riche d'une expérience au cœur du vignoble du Cape, il sait avec pédagogie et décontraction, partager sa passion du vin. Bien au-delà d'une simple visite, s'adressant tant aux débutants qu'aux passionnés, c'est une véritable immersion. Mathieu et son équipe vous offrent une nouvelle approche de la dégustation et du vin. Pour Mathieu, « le vin est un art, mais un art qui devient accessible quand cette passion est partagée ».

LOVE CAPE TOWN BY JULIE

✆ +27 71 14 96 468

D'un naturel dynamique et enjoué, Julie a été accréditée guide au Cap : le centre-ville, Franschoek, Stellenbosch, Constantia, Camps Bay, Muizenberg Beach… La ville, la plage, les vignes ou les montagnes : Le Cap et sa région n'ont plus aucun secret pour Julie. Pour quelques heures ou pour la journée entière, laissez-vous guider. Son discours vous embarque au fil de l'histoire et des anecdotes, avec un humour et un entrain presque théâtral. Spécialisée dans les familles, elle connaît les hauts lieux pour voyager avec vos enfants. Julie nous a conquis.

AUWAL MOSQUE ★★

34 Dorp Street

© GROBLER DU PREEZ - SHUTTERSTOCK.COM

La plus ancienne mosquée du pays. Symbole de la lutte des musulmans du Cap pour la reconnaissance de leur religion et la conquête de leur liberté. Son premier imam fut banni à Robben Island pour avoir comploté avec les Anglais dans le dos des Hollandais. En prison, il écrivit de mémoire de nombreux exemplaires du Coran, jusqu'à sa libération en 1793, lorsque les Britanniques prirent le pouvoir dans la colonie. Il ouvrit une « madrassa », école coranique. Près de cinq ans plus tard, un de ses élèves lui fit don d'un terrain où il put construire cette mosquée.

BO KAAP MUSEUM ★★

71 Wale Street
✆ +27 21 481 3800
www.iziko.org.za
Ouvert du lundi au samedi de 9h à 17h. Fermé le dimanche et jours fériés. Entrée adultes 30 R.

Ce petit musée est aménagé dans une maison où se sont succédé plusieurs familles de Malais descendant d'esclaves affranchis, puis opprimés sous l'apartheid. Une exposition de toutes sortes d'objets d'époque donne un bon aperçu de la vie et de la culture de la communauté musulmane au XIXe entre la période esclavagiste et l'apartheid. Une exposition dépeint la vie quotidienne de ces familles au XXe siècle à travers des portraits expressifs et des scènes de rue animées. On peut sentir en filigrane la pression des lois de l'apartheid sur l'évolution de la communauté.

CAPE GALLERY ★

60 Church Street
✆ +27 21 423 5309
www.capegallery.co.za
Ouvert du lundi au vendredi de 9h30 à 16h, samedi de 10h à 14h.

Au cœur de la vieille ville, derrière sa façade colorée, cette galerie a une approche assez conservatrice de la peinture, et s'emploie à mettre en valeur les peintres paysagistes, un style cher aux artistes du Cap, fascinés depuis toujours par cette terre fleurie et peuplée d'animaux sauvages. On retrouve alors des paysages de nature, des horizons et d'interminables étendues de savanes. Mais derrière les murs de la Cape Gallery, on trouve aussi des sculptures, des œuvres en céramique ou encore des toiles à l'art plus graphique.

CASTLE OF GOOD HOPE ★★★

Buitenkant Street
✆ +27 21 787 1200
www.castleofgoodhope.co.za
Ouvert tous les jours de 9h à 16h, sauf le 25/12 et le 01/01. Adultes 50 R, - 16 ans, étudiants et séniors 25 R.

Le château de Bonne-Espérance est le second fort construit en terre sud-africaine par la Compagnie des Indes hollandaises, et le plus ancien encore intact. Les colons ont posé les premières pierres en 1666 et l'ont achevé au bout de treize ans. Ce mini-château fort pentagonal est flanqué de cinq bastions. Jusqu'en 1811, il était occupé par le gouverneur et des notables civils, mais aussi par les baraquements des soldats et des officiers, et des échoppes. Surnommé par les marins « la Taverne des mers », il était le centre de toutes les décisions administratives locales. À l'arrivée des Anglais, il devient un quartier général militaire, il abrite toujours le siège de l'armée au Cap et on peut assister à la cérémonie de remise des clés de la garde. Dans le fort, un musée militaire retrace les conquêtes des colons et, à l'étage, la guerre anglo-boer, avec costumes et armes d'époque. Le bâtiment abrite également une collection d'antiquités et de tableaux légués par Williams Fehr, datant des XVIIIe et XIXe siècles, l'âge d'or du mobilier « Cape Dutch ». Depuis le « Kat Balcony », annonces publiques, sentences judiciaires et proclamations officielles étaient lues aux colons, esclaves et soldats rassemblés dans la cour. Le style intérieur « Cape Dutch » est caractérisé par des meubles austères, imposants et rustiques, à l'image de la colonie. Dans la deuxième cour, vous pouvez visiter des salles de torture et des oubliettes où l'on enfermait les esclaves et les Hottentots rebelles, attachés à des anneaux encore accrochés au mur.

CITY HALL ★★

Darling Street

Pas de visite.

Ce majestueux bâtiment fut construit en 1905 pour accueillir la mairie, en pierre calcaire importée d'Angleterre. Mairie jusqu'en 1970, elle ne compte aujourd'hui que des bureaux administratifs. Sa façade de style edwardien est sculptée et décorée de colonnades. Elle est surmontée d'une tour où se trouve un carillon de 39 cloches. S'y trouve également la pièce maîtresse de l'édifice : un orgue de 3 165 tuyaux, construit en bois d'acajou, teck et pin, qualifié de « triomphe mécanique et artistique », dit l'organiste de la cathédrale Saint Paul à Londres.

DISTRICT SIX MUSEUM ★★★

25a Buitenkant Street

✆ +27 21 466 7200

www.districtsix.co.za

Du lundi au samedi de 9h à 16h. Visite guidée avec des anciens habitants du quartier : 60 R, sur réservation.

Inauguré en 1994, le District Six Museum avait pour objectif initial de restituer la mémoire de ce quartier rayé de la carte, de réaliser une véritable recherche des familles y ayant habité 40 ans plus tôt, afin de faire avancer le processus de restitution des maisons. Les familles n'ont pas su ce qu'étaient devenus leurs voisins de l'époque, car beaucoup s'exilèrent pendant le durcissement de l'apartheid. Ainsi, ce petit musée contient des miettes de ce qu'était le quartier. Sur un plan au mur, les habitants ont signalé l'emplacement de leur ancienne maison.

GRAND PARADE ★★

Darling Street

Grand Parade est le nom de la place plantée de palmiers située entre le City Hall et le Castle of Good Hope. C'est là que Jan Van Riebeck édifia, en 1652, le premier fort colonial, en argile et en bois. Un vestige de ce fort a été retrouvé lors des travaux de réaménagement de Grand Parade, en 2009. À l'époque et pendant de nombreux siècles, sur cette place avaient lieu les défilés militaires et les exécutions publiques. C'est ici même que s'est tenu le plus grand rassemblement multiracial anti-apartheid, le 14 septembre 1989.

C'est là encore, depuis le balcon du 1er étage, que Nelson Mandela fit son célèbre premier discours dès sa sortie de la prison Robben Island, le 11 février 1990, après 27 années d'enfermement. Ce dimanche-là, 70 000 personnes s'étaient rassemblées spontanément pour fêter la libération de « Madiba ». « Amandla ! Afrika ! » a-t-il lancé en levant les bras au ciel, devant une foule émue qui a répondu un jubilant « Awethu ! », qui signifie « Le pouvoir de l'Afrique au peuple », en xhosa et en zoulou. Des slogans longtemps criés dans les meetings de l'ANC, le Congrès national africain, et qui devenaient enfin réalité. Enfin, c'est également ici qu'une immense foule a suivi sur des écrans géants les matchs de football du Mondial de 2010. Un autre grand moment d'émotion pour une nation, réunie autour du ballon rond. S'il est agréable de fouler les pavés de ces réunions historiques, il faudra tout de même éviter, toujours pour des questions de sécurité, de s'y promener le soir après 17h.

LE CAP

Castle of Good Hope.

GREEN MARKET SQUARE ★

Entre Shortmarket et Longmarket Streets.

Du lundi au vendredi de 10h (voir avant) à 17h et de 10h à 16h le samedi.

Établie en 1696, c'est une des places les plus anciennes de la ville du Cap. Un grand marché d'artisanat africain se trouve au milieu de cette place centrale, dénommée Green Market Square. Ici, les étals s'installent au petit matin et quand Le Cap se réveille, les allées sont déjà colorées par les peintures sur toiles. On peut manger un bout sur le pouce, s'offrir des bijoux artisanaux, des sandales en cuir, des ornements et plein d'autres petits trésors aux couleurs de l'Afrique à rapporter à la maison. Il est de coutume de marchander.

METROPOLITAN METHODIST CHURCH ★

Green Market Square

Construite en 1871 au coin de Burg Street et Long Street, cette église a été décorée dans un style néogothique que l'on dirait sorti de Gotham City, vous savez, la ville toute sombre dans *Batman*. Elle contraste véritablement avec le reste de Green Market Square, blanc, coloré et gai ! Au début du XIXe siècle, à l'arrivée en Afrique du Sud du méthodisme, un courant issu du protestantisme, l'église servait d'école, puis de base aux activistes opposés à l'apartheid.

LONG STREET ★★

Long Street

© MOOBATTO - SHUTTERSTOCK.COM

Artère commerçante et touristique, Long Street est au cœur de la vie nocturne du Cap. C'est aussi l'axe qui joint Green Point et Camps Bay, une raison qui a probablement conduit à son développement il y a plus de 300 ans. Comme son nom l'indique, elle est très longue : elle part du quartier d'affaires De Waterkant puis, après l'intersection avec Strand Street, devient une partie du populaire quartier de Bo Kaap, avec ses petites épiceries halal, ses librairies, ses mosquées. Enfin, dans sa partie haute, elle aligne restaurants, discothèques et backpackers.

OLD TOWN HOUSE & THE MICHAELIS COLLECTION ★

Green Market Square ✆ +27 21 481 3933

www.iziko.org.za

Ouvert du lundi au samedi de 9h à 16h. Fermé temporairement. Adulte : 20 R, - 18 ans et étudiants 10 R.

Construite entre 1755 et 1761, dans un style Cape Rococo, la demeure regroupait alors le Sénat, la Cour de magistrature et la police. La truelle en argent qui a servi à poser la première pierre est visible dans le musée ! La Old Town House a été transformée en mairie, jusqu'à son déménagement dans le nouveau City Hall, en 1905. Elle accueille désormais une collection de l'âge d'or de la peinture néerlandaise, du XVIe au XVIIe siècle. Dans sa cour arborée, un agréable salon de thé.

PALM TREE MOSQUE ★

185 Long Street

Lorsque le père de l'islam en Afrique du Sud, Tuan Guru, mourut en 1807, le mouvement s'est scindé en deux congrégations et la maison de Jan van Boughies a été transformée en salle de prière. Toutefois, selon la légende, le caractère difficile de Jan aurait poussé les pratiquants à revenir dans la première mosquée. Le nom de celle-ci a été ensuite changé et fait désormais référence au palmier qui pousse devant son entrée. Sur Buitengracht, se trouve la Nurul Islam Mosque, fondée par le fils de Tuan Guru en 1844. Tenue « correcte » exigée.

LE CAP

SAINT GEORGE'S CATHEDRAL ★

5 Wale Street
✆ +27 21 424 7360
www.sgcathedral.co.za
Ouverte à l'heure des offices.

Sa construction commença en 1904, mais fut retardée par la guerre anglo-boer. La chapelle ne fut commencée qu'en 1908 et le transept achevé en 1936. La cathédrale n'a pas un grand intérêt architectural, mais notez en entrant que le Christ est noir ! Son intérêt historique : y fut ordonné en 1986 le premier archevêque anglican noir, Desmond Tutu, Prix Nobel de la paix 1984, président de la Commission Vérité et Réconciliation en 1996. C'est de là encore qu'il organisa une démonstration de masse de désobéissance civile de 30 000 personnes sur Grand Parade, en 1989.

SAINT STEPHEN CHURCH ★

Riebeeck Square

Ce théâtre de 1801 fut vendu à l'église protestante hollandaise en 1839 et devint lieu de culte, d'échange, école pour les jeunes et centre communautaire pour les esclaves. L'église fut fréquentée par les chrétiens, mais aussi par les musulmans de Bo Kaap et du District Six. Les caves de l'église furent louées à des négociants en vins. En témoigne le graffiti : « Il y a un esprit dessus et un esprit dessous, l'esprit du dessus est celui du bonheur, l'esprit du dessous est celui du malheur, l'esprit du dessus est divin, l'esprit du dessous est celui du vin ! »

SLAVE LODGE ★★★★

Corner Adderley and Wale Streets
✆ +27 21 467 7229
www.iziko.org.za
Ouvert de 9h à 17h, fermé le dimanche, le 1er mai et le 25 décembre. Entrée : 30 R, - 18 ans étudiants : 15 R.

Le Slave Lodge est l'un des plus anciens édifices de la ville. Construit en 1679, il a abrité plus de 9 000 esclaves amenés par la Compagnie hollandaise des Indes pour servir de main-d'œuvre à la colonie. A partir de 1810, le bâtiment fut transformé pour servir de bureau gouvernemental, puis de Cour suprême. Restauré une première fois en 1960 pour devenir le musée de l'Histoire culturelle, il fut rebaptisé Slave Lodge en 1998. Aujourd'hui, la mémoire collective tente de mettre en valeur l'héritage des esclaves au Cap, un héritage longtemps occulté dans l'histoire du pays. L'accent est mis sur les racines et les ancêtres des métis du Cap. La route des esclaves de la Compagnie néerlandaise des Indes orientales (VOC), venus d'Indonésie, d'Inde, du Sri Lanka, de Madagascar et du Mozambique, est comparée à la route transatlantique vers les plantations d'Amérique. Dans une alcôve, sur une colonne lumineuse interactive, à l'intérieur d'anneaux tournants, sont inscrits des noms donnés aux esclaves par leurs propriétaires : Bienvenu, Fortune, Septembre, Titus, Cupidon, Salomon ou Moïse… Pendant des générations, ces esclaves, une fois arrivés au Slave Lodge, étaient vendus comme des biens ordinaires sous un figuier situé à l'arrière du bâtiment, actuellement sur Spin Street. Enfin, une salle multimédia plonge le visiteur dans cet univers sombre et oppressant. Pour mieux comprendre leur quotidien, rendez-vous à Groot Constantia, un domaine agricole où ils étaient largement exploités. Les expositions temporaires sont intéressantes.

Slave Lodge.

CAPE TOWN DIAMOND MUSEUM ★★

V&A Waterfront Mall ✆ +27 21 421 2488
www.capetowndiamondmuseum.org
Ouvert tous les jours, de 9h à 19h. Entrée adulte : 100 R, senior et - 14 ans : gratuit.

Situé dans le centre animé de la célèbre Grande Horloge au V&A Waterfront, le musée est le premier à rendre hommage à l'histoire de l'industrie sud-africaine du diamant. Découvrez l'histoire de la ruée et des répliques grandeur nature des diamants les plus célèbres du monde. Vous pouvez même marcher à travers un puits de mine. L'ensemble du parcours permet de comprendre comment les diamants ont, il y a des milliards d'années, été formés sous la surface de la terre. La coupe et le processus de polissage peuvent être vus en direct, une expérience unique.

CAPE TOWN STADIUM ★★

Fritz Sonnenberg Road
✆ +27 21 417 0111
https://dhlstadium.co.za/
Visites guidées du lundi au vendredi à 10h, 12h et 14h. Adulte autour de 45 R, enfant - 12 ans à partir de 17 R.

© ABDESSLAM BENZITOUNI

On le voit très bien depuis les hauteurs de Signal Hill, le Cape Town Stadium a accueilli le Mondial de football en 2010. Spécialement conçu pour réduire l'impact du vent fort qui souffle souvent sur Green Point, il est très lumineux car son toit translucide et rétractile laisse passer le soleil. Le stade à 4,5 milliards de rands et aux 68 000 spectateurs n'accueille aujourd'hui que les modestes équipes de l'Ajax Cape Town et Santos Football club et sa maintenance plombe de plusieurs millions de rands le budget annuel de la municipalité.

ROBBEN ISLAND ★★★

Robben Island
✆ +27 21 413 4200
www.robben-island.org.za
Départs tous les jours (à côté de Clock Tower) à partir de 9h. Adulte : 600 R/enfant : 310 R. Réservation recommandée.

Depuis 1997, Robben Island est classée sur la Liste du patrimoine mondial de l'humanité. Indispensable pour comprendre l'histoire encore récente du pays, cette visite est un temps fort en raison de la solennité de ce site où sont morts des centaines de personnes. Le caillou, situé à 9 km du port du Cap, abrita, entre le XVIIe et le XXe siècle, une prison, un asile, une léproserie et une base militaire avant de devenir, à partir de 1963, une prison de haute sécurité. La plupart des rebelles combattants de la liberté, Hottentots ou esclaves, ont été en réalité les premiers prisonniers politiques du pays !

Un bus vous fait faire le tour de l'île. Celle-ci est entourée d'une large zone maritime destinée à protéger l'unique colonie de 140 000 manchots africains, et les 60 espèces d'oiseaux. Le bus s'arrête à la carrière de chaux, là où Mandela et les autres prisonniers avaient travaillé dur, les mains et les yeux brûlés. La visite se poursuit dans l'atmosphère pesante des salles de prison et près du terrain de football, seul loisir autorisé. Le guide, ancien détenu politique, en raconte l'expérience intense. Vous visitez le bloc B, de très haute sécurité, celui des prisonniers politiques, et la minuscule cellule où Nelson Mandela a passé 18 de ses 27 années d'emprisonnement, s'échappant par la pensée et par l'écriture. Les illettrés et analphabètes sortaient instruits, à l'image de l'ancien président de la République, Jacob Zuma, entré en 1963 et sorti dix ans plus tard. On regrette que la visite s'effectue au pas de course...

ZEITZ MOCAA (MUSEUM OF CONTEMPORARY ART AFRICA) ★★

Arm road ✆ +27 87 350 4777
www.zeitzmocaa.museum
Ouvert du mercredi au lundi de 10h à 18h. Fermé le jeudi. Tarifs adulte : 230 R, gratuit pour les moins de 18 ans.

C'est LE musée d'Art contemporain du Cap. Un édifice immense, celui de l'ancien Silo Building, un projet pharaonique de transformation dans le quartier industriel du V&A Waterfront qui a donné naissance au premier musée de cette envergure en Afrique. Une institution culturelle qui outre des expositions, des animations, des ateliers, des workshops et d'autres événements, contribuent à la scène culturelle et artistique du Cap et met en lumière l'art contemporain de toute l'Afrique.

LE CAP

© TWO OCEAN

TWO OCEANS AQUARIUM ★★

Dock Road ✆ +27 21 418 3823
www.aquarium.co.za

Ouvert tous les jours de l'année de 9h30 à 18h (9h les samedis et dimanches). Entrée adultes 220 R.

Plus de 5 000 poissons, du requin au thon, la Kelp Forest sous-marine, la Touch Tide Pool et la Ray Pool, pour une expérience tactile étonnante au moyen d'un système de caméras et de télescopes ! Les visiteurs sont littéralement « plongés » dans le monde de Nemo ! Des poissons multicolores, des tortues géantes, l'univers marin enchanteur, tout cela est impressionnant à observer, le nez collé contre les grandes vitres cernées par l'eau. Nombreuses installations interactives pour conscientiser le public sur la pollution marine et la préservation de l'environnement.

© TWO OCEAN

La Prison de Robben Island.
© ABDESSLAM BENZITOUNI

BAZ-ART

310 Victoria Road
✆ +27 72 877 4415
https://baz-art.co.za/
Festival IPAF tous les ans en février. Tours guidés toute l'année dans le quartier de Salt River.

Baz-Art est une petite ONG basée à Woodstock, le quartier *hype* du Cap. En 2016, l'association a créé l'International Public Art Festival (IPAF). Alexandre et son équipe travaillent chaque année avec des artistes locaux et internationaux pour redonner des couleurs au quartier de Salt River. Autrefois riche de l'industrie textile, le quartier retrouve aujourd'hui une identité à travers le street art. Baz-Art propose des tours guidés à pied ou à vélo à la découverte des œuvres murales et de l'ambiance culturelle de ce quartier malais. Magnifique !

BERTRAM HOUSE ★

Orange Street
✆ +27 781 595 1991
www.iziko.org.za
Ouvert du lundi au vendredi, de 9h à 16h. Fermé les dimanches, les 1er mai et 25 décembre. Adulte : 20 R, enfant : 10 R.

Cette maison de style géorgien, dont l'origine reste un mystère, a été rénovée en 1983 aux fins de reconstitution d'une maison typique des habitants du Cap sous occupation britannique, il y a deux siècles. On y retrouve de nombreuses porcelaines, des meubles anglais de l'époque géorgienne ou de la fin du XVIIIe siècle. Au premier étage, deux pièces documentent les visiteurs sur les loisirs pratiqués à l'époque par les femmes de bonnes familles, par exemple l'art de la correspondance ou encore celui de la broderie. Plongée dans le temps.

CLIFTON BEACHES ★★★

Clifton

Après la plage de Camps Bay, arrivée aux plages de Clifton. Semblant être plus réservées vu de loin, l'accès se fait par des escaliers, mais elles sont aussi très fréquentées. Les plages sont numérotées d'un à quatre et séparées naturellement par des rochers. La plage 1 est un concentré de muscles au mètre carré, occupée par des surfeurs et des volleyeurs en bandes. Les plages 2 et 3 sont familiales et fréquentées par la jeunesse. La plage 4 est plutôt branchée. C'est le « Saint- Trop' » du Cap, avec des yachts flottants dans les criques.

HOUSE OF PARLIAMENT ★★

50 Parliament Street
✆ +27 21 403 2911
www.parliament.gov.za
Visite de 9h à 12h du lundi au vendredi ; pièce d'identité obligatoire. Réserver une semaine à l'avance.

Construit en 1885 par Henry Greaves, ce majestueux bâtiment à l'entrée de Company's Garden est le siège du Parlement d'Afrique du Sud. Fronton triangulaire, portiques et pavillons corinthiens de style classique, pour mieux l'admirer, regardez-le depuis Plein Street. A l'intérieur, sa bibliothèque est remarquable. De janvier à juin, l'édifice peut être visité. Visionnage d'une vidéo sur les nouveaux symboles de la nation et l'emblème du nouveau Parlement, accès aux débats depuis les galeries publiques de l'Assemblée nationale ou du Conseil national des provinces.

Clifton Beaches.

GOODMAN GALLERY CAPE ★★★

37A Somerset Road
✆ +27 21 462 7573
www.goodman-gallery.com
Ouvert du mardi au vendredi de 9h à 17h, le samedi de 9h à 16h.

Elle est la petite sœur de la galerie de Johannesburg fondée en 1966. La Goodman Gallery encourageait à l'époque les artistes à s'exprimer sous l'apartheid. « Les messages des tableaux ont changé en quinze ans avec l'avancée de la démocratie dans le pays, l'art n'est aujourd'hui plus un art pour se défendre », dit sa propriétaire. Aujourd'hui, la galerie continue à promouvoir des artistes contemporains d'Afrique du Sud et de pays en développement « qui trouvent de nouvelles esthétiques à des thèmes sociaux, politiques et économiques avec une créativité engagée ». Elle a été encore une pionnière en s'installant dans le quartier des usines désaffectées de Woodstock, aujourd'hui quartier hipster et branché du Cap. En 2017, changement de concept ! La galerie, en plus des expositions classiques des œuvres d'artistes de sa collection, organise de véritables expositions dignes des petits musées. En guise d'exemple : une exposition transcontinentale Afrique-Amérique latine d'artistes contemporains des deux continents, avec une mise en perspective des œuvres. Depuis l'année 2017 également : au rez-de-chaussée de l'édifice, Goodman a ouvert une mini-galerie dédiée au cinéma d'art et aux livres de photos d'art contemporain. N'hésitez surtout pas à entrer, et voir les trois courts-métrages qui changent chaque semaine projetés dans une salle au fond de la pièce. Aux murs, des œuvres des artistes de la galerie, on se souvient notamment d'une belle toile de Kentridge. Les livres sont des perles rares.

GROOTE SCHUUR ESTATE ★★

29 Klipper Road
✆ +27 83 414 7961
Visite guidée autour de 80 R, uniquement sur rendez-vous.

Ce domaine est situé sur les contreforts intérieurs de la chaîne des Twelve Apostles, vers Devil's Peak, au sein du Table Mountain National Park. S'y trouvent le Rhodes Memorial et le bâtiment colonial, construits en 1866 pour la VOC. La propriété fut rachetée par Cecil John Rhodes, qui fit fortune dans les diamants avec la De Beers Company puis devint Premier ministre de la colonie du Cap. De 1911 à 1994, le domaine fut la résidence officielle de 11 Premiers ministres d'Afrique du Sud (sous le régime d'apartheid).

Rhodes Memorial. Il fut construit également par Sir Herbert Baker à la mort de Rhodes, à l'endroit où celui-ci aimait admirer le paysage de roses, hydrangées, cannes à sucre, bougainvillées et fuchsias. Au loin, sur Devil Peak, il voyait passer antilopes, zèbres, élands et autruches. Le monument en forme du « U » est monté sur 38 colonnes, dans le style du temple grec de Segesta. L'homme d'affaires avait voulu faire construire en son honneur un monument bien plus impressionnant qu'il aurait appelé « Le Colosse de Rhodes », comme l'une des sept merveilles du monde antique ! Mais il tomba en disgrâce avant sa mort, à l'époque de Paul Kruger, et fut écarté du pouvoir.

Activités. Aujourd'hui, plus d'animaux, mais la vue panoramique est toujours aussi sublime depuis le haut de l'escalier monumental surveillé par huit lions de bronze. On peut se promener sous les arbres centenaires, faire un pique-nique, un jogging ou faire une pause café dans le « tea garden » très sympa (ouvert de 8h à 18h).

Lion's Head vu de Table Mountain.

IRMA STERN MUSEUM ★★

21 Cecil Road
✆ +27 21 650 7240
www.irmastern.co.za
Du mardi au vendredi de 10h à 17h, le samedi de 10h à 14h. Adultes : 65 R.

Cette maison a été achetée par les parents d'Irma Stern en 1927. La peintre sud-africaine d'origine allemande y vécut près de 40 ans, jusqu'à sa mort en 1966. La maison est décorée de nombreux objets d'artisanat qu'elle a collectés au cours de ses voyages en Afrique. Ses toiles, plaquées sur les murs repeints en rouge, vert ou bleu, sont exposées dans le salon, la salle à manger et son atelier. Au fil de la visite, on découvre l'œuvre étonnante et colorée d'une femme aventurière qui osa voyager en Afrique, à Zanzibar, au Sénégal et au Congo pendant la Seconde Guerre mondiale, et qui en rapporta des portraits, des paysages ou encore des carnets de voyage illustrés. À Zanzibar, Irma Stern décrit des femmes indiennes en purdah et des hommes arabes enturbannés et parés de robes blanches, ainsi que l'abondance de produits frais sur les marchés colorés. Il faut y aller pour admirer *African Woman with Children*, *Rich Old Arab* ou encore *The Hunt*, peint en 1926. C'est aussi l'occasion de découvrir une partie de la collection d'art primitif de mme Stern dont la pièce maîtresse est un siège-autel à cariatide de l'école du maître africain de Buli, façonné, selon les experts, entre 1840 et 1860. Il n'existe pas plus de vingt objets pareils dans le monde, en comptant les pièces exposées au British Museum et au MET de New York. En 2011, un tableau de l'artiste a été acquis à Londres dans une vente aux enchères à environ 5 millions de dollars ! C'est marqué comme un record pour une artiste sud-africaine.

LION'S HEAD ★★★

Lion's Head
Parking route de Signal Hill. 1h30 d'excursion pour les bons marcheurs, très populaire au moment du coucher du soleil.

Il faut de l'imagination pour reconnaître son profil de Tête de Lion. Au sommet, la vue est prenante : Table Mountain dans le dos, on domine le centre-ville d'un côté, Camps Bay de l'autre, l'océan entre les deux. Une randonnée très populaire parmi les locaux. La partie la plus ardue : l'arrivée sur le sommet, à 669 m. Gare au vertige et aux jeunes enfants, les deux itinéraires sont difficiles. D'un côté, un passage en escalade à l'aide d'une chaîne de fer pour les sportifs, de l'autre, un passage par des gros cailloux au bord de la falaise.

RUST EN VREUGD ★

78 Buitenkant Street
✆ +27 21 481 3903
www.iziko.org.za
Entrée 20 R pour les adultes. Ouvert du lundi au vendredi de 9h à 16h.

Ce gracieux bâtiment édifié en 1777 est considéré aujourd'hui comme un des exemples les plus achevés de maison bourgeoise du XVIIIe siècle, il fait d'ailleurs partie des rares édifices de cette époque de la ville. En témoignent les sculptures rococo au-dessus de la porte, réalisées par l'Allemand Anton Anreith. Autrefois, ce bâtiment était le centre des impôts de la VOC. Aujourd'hui, il abrite la collection William Fehr, homme d'affaires et collectionneur d'art sud-africain, dont une partie est aussi exposée dans le Castle of Good Hope.

SOUTH AFRICAN JEWISH MUSEUM ★

88 Hatfield Street ✆ +27 21 465 1546
www.sajewishmuseum.co.za
Ouvert du dimanche au jeudi 10h-17h, vendredi 10h-14h. Fermé le samedi et pendant les vacances juives. Adultes : 200 R.

Entre la Old Synagogue, la première édifiée en Afrique du Sud en 1863, et la Great Synagogue, construite en 1905, ainsi que le Albow Centre, qui comprend le Cape Town Holocaust Centre et le Israel Abrahams Hall : le musée est un immeuble futuriste design où les nombreuses installations interactives racontent l'histoire de ces familles juives qui arrivèrent en Afrique du Sud aux différents siècles et de leur intégration dans la colonie. Café et gift shop à l'intérieur du complexe.

SOUTH AFRICAN NATIONAL GALLERY ★★

Company's Garden
✆ +27 21 481 3970
www.iziko.org.za
Ouvert tous les jours de 9h à 17h. Entrée adultes 30 R, étudiants et - 18 ans 15 R.

La Galerie d'art nationale d'Afrique du Sud fait partie de la petite quinzaine de musées Iziko. Au cœur de cette belle bâtisse, la collection permanente est constituée de toiles d'artistes sud-africains, français, dutch et flamands, la plupart du XVIIe au XIXe siècle. Une partie de la galerie, d'ailleurs renouvelée régulièrement, expose des nombreuses œuvres et photographies contemporaines étrangères, ainsi que des œuvres d'artistes sud-africains d'avant-garde.

South African Museum & Planetarium.

SOUTH AFRICAN MUSEUM & PLANETARIUM ★

25 Queen Victoria Street ✆ +27 21 481 3800
www.iziko.org.za
Entrée adultes : 60 R. Ouvert tous les jours de 9h à 17h. Le musée comprend également un planétarium.

Fondé en 1825, ce musée est le plus ancien d'Afrique subsaharienne. Les petits et les grands seront séduits par la section des grands mammifères marins, dont l'attraction principale est un squelette de baleine bleue de 20 m de long, ou encore les grands squelettes de dinosaures et le seul quagga empaillé existant au monde. Cette espèce de zèbre du Karoo a disparu dans l'indifférence générale en 1883, à la mort de son dernier représentant dans un zoo d'Amsterdam.

La section la plus passionnante de l'exposition est celle consacrée aux Bochimen. En prenant note des réserves exprimées par l'équipe scientifique actuelle du musée, vous pourrez admirer les étonnants moulages réalisés en 1911. On croirait des êtres vivants ! C'est d'ailleurs tout le problème, car ces moulages ont été faits par les taxidermistes du musée sur des individus vivants, censés représenter de « parfaits sauvages ».

L'Afrique australe est la région du monde la plus riche en peintures rupestres. Des milliers de sites sont répertoriés, la plupart inaccessibles au public non averti. Heureusement, les autorités prennent peu à peu conscience de l'importance de la mise en valeur et de la protection de ce patrimoine fabuleux. Imaginez que les peintures les plus anciennes, découvertes sur des roches de la grotte Apollo 11 en Namibie, sont l'œuvre d'artistes qui vivaient 27 000 ans avant notre ère, soit une centaine de siècles avant les peintres de Lascaux ! Amoureux des constellations, dirigez-vous vers le Planetarium.

THE WOODSTOCK EXCHANGE ★★

66 – 68 Albert Road
✆ +27 21 486 5999
www.woodstockexchange.co.za
Du lundi au vendredi de 8h à 17h, samedi de 8h à 14h.

C'est le nouveau *hub* artistique et d'économie créative du Cap. Un grand centre culturel et artistique installé dans une ancienne fabrique, à l'image de l'actuel quartier de Woodstock. Dans les ateliers et bureaux, jeunes entreprises, designers, dessinateurs, photographes et autres artistes constituent une véritable pépinière économique des métiers du design et de la création artistique. On y trouve également deux cafés, de nombreux magasins de vêtements de créateurs, un coiffeur branché… et des fresques de street art partout. Un vrai repère de hipsters.

WHAT IF THE WORLD ★★

16 Buiten Street
✆ +27 21 569 0680
www.whatiftheworld.com
Ouvert du lundi au vendredi de 9h à 17h (jusqu'à 16h le vendredi), le samedi de 9h à 13h.

La première galerie à avoir déménagé de son tout petit local pour occuper, à City Bowl, un immense espace design dans un entrepôt ! Les expositions y sont généralement très bien choisies. Suivie bientôt par de nombreuses autres galeries, la « What if the world » a été sélectionnée en 2007 parmi les 50 galeries émergentes dans le monde par le très sélect *Contemporary Magazine*, en raison de son développement rapide qui a attiré de nombreux collectionneurs. La galerie possède dans le centre un studio d'artistes, que l'on visite seulement sur rendez-vous.

TABLE MOUNTAIN ★★★★

10A Tamboerskloof Road ✆ +27 21 424 0015
www.tablemountain.net

Téléphérique à partir de 8h. Vérifiez les infos selon la saison et la météo. Aller-retour adulte : 395 R.

Intégrée à la chaîne montagneuse Cape Peninsula National Park qui se déroule jusqu'à la péninsule, la Table Mountain est un passage obligé au Cap. Elle est devenue l'une des nouvelles sept merveilles du monde pour sa beauté et sa biodiversité incroyable. Au loin, les montagnes du Drakensberg, tandis que la ville se dessine autour des monts de Signal Hill et Lion's Head. Au nord, Devil Peak est un pic pointé vers le ciel, encerclé d'un petit nuage. Au Sud, les « 12 apôtres » au-dessus de Camps Bay sont majestueux, on aperçoit au loin la pointe de Cape point. De nombreux dassies vivent là-haut. Attention, ça mord ! Bien sûr, il est interdit d'y cueillir la moindre fleur ni d'allumer la moindre cigarette ou de nourrir les dassies.

▸ **Son ascension à pied** (2 heures) ou en téléphérique permet de s'émerveiller de la vue spectaculaire sur la ville et la péninsule, à plus de 1 000 m d'altitude. La montée en téléphérique est impressionnante.

▸ **Randonnée de 15 minutes.** Un circuit plus court : le Dassie Walk, fait un rapide tour près de la station de téléphérique. Un autre tour de 30 min « Agama Walk » pour une vue à 360° du Cap et de la péninsule.

▸ **Randonnée de 3h.** Une grande boucle qui fait le tour du plateau et passe par le point culminant de la montagne Mac Lear's Beacon, à 1 087 m d'altitude. Par beau temps, prévoyez 3 bonnes heures pour vous promener sur le plateau, lézarder au soleil et prendre un verre au restaurant. En été, il est préférable de monter en fin de journée, pour le coucher de soleil (pensez à réserver sur internet le week-end !). Visites guidées gratuites quotidiennement à 10h et à 12h.

▸ **Randonnée 1 jour.** De nombreux itinéraires sont possibles depuis Camps Bay, Kirstenbosch et même Constantia. Nous vous conseillons de partir le matin du jardin botanique de Kirstenbosch (entrée payante) et de monter par l'un des deux passages, Skeleton Gorge ou Nursery Ravine, pour atteindre le plateau. Un parcours qui passe par deux lacs de montagne vous mènera jusqu'à la station de téléphérique (minimum 4 heures). Sachez que, tout le long du parcours, il faut passer par des échelles, très sûres, mais peu adaptées aux non-sportifs et aux craintifs. De nombreux chemins existent pour descendre, le plus pratique étant celui qui mène au parking. Si vous avez la flemme de monter à pied et que vous voulez vous consacrez à cette balade à partir de 11h, achetez un aller simple et faites le parcours inverse jusqu'à Kirstenborsch, c'est le parcours le plus classique.

▸ **Randonnée 5 jours/4 nuits.** Le Hoerikwaggo trail, organisé par les guides du parc national se réserve longtemps à l'avance ! Vous randonnez depuis le cap de Bonne-Espérance en petit groupe jusqu'à la Table Mountain, en passant par la chaîne de montagnes des « 12 Apôtres » et dormant dans des camps de tente lourdes bien équipés, accompagné d'un ranger.

▸ **Conseils :** Renseignez-vous sur la météo. Achetez la carte détaillée du parc ou recourez aux services d'un guide car les chemins de marche ne sont pas bien balisés et la montagne peut être dangereuse : brouillards soudains, crevasses... Restez toujours vigilants et promenez-vous en groupe, pas trop tard dans l'après-midi. Attention également en hiver, ne passez pas par Skeleton Gorge car ce chemin est le lit d'une rivière abrupte aux cailloux très glissants et franchement dangereux, préférez Nursery Ravine. N'oubliez pas d'emporter avec vous une petite laine car lorsque le temps se couvre, la température descend rapidement.

Au sommet de Table Mountain.

KIRSTENBOSCH NATIONAL BOTANICAL GARDENS ★★★

Rhodes Drive **NEWLANDS**
✆ +27 21 799 8782 - www.sanbi.org
De 8h à 19h de septembre à mars et de 8h à 18h d'avril à août. Tarif adulte : 210 R. Tarif enfant (6-17 ans) : 30 R.

Un des plus beaux jardins botaniques du monde (élu à la 7e place) qui s'étend sur les contrebas de la Table Mountain. Depuis sa création en 1913, les botanistes y ont planté environ un quart des 20 000 plantes recensées en Afrique australe. On s'émerveille devant chaque bosquet. Il faudrait des jours et des jours pour explorer en profondeur, tous sens en éveil, les 36 hectares accessibles (560 hectares au total). Les passionnées se renseigneront sur les travaux du botaniste et poète français Adelbert Von Chamisso, natif de Boncourt en Champagne, réalisés lors d'un tour du monde entre 1815 et 1818. Ne pas rater l'enclos des protées, l'amphithéâtre des cycas et la promenade du Fynbos. Demander la brochure en français (10 R). Bon restaurant, boutique très attrayante, vente de plantes, expositions en plein air de sculptures. On peut aussi pique-niquer sur place, au bord d'un point d'eau, sur l'herbe verte bien tondue ou sur les bancs installés tout le long des parcours. Le jardin est également connu pour la passerelle Canopy, construite pour commémorer le 100e anniversaire du jardin botanique en 2013. Le « Boomslang » est une passerelle de 130 mètres de long nichée entre plus de 450 arbres, discrètement située dans le célèbre arboretum. Il offre une vue imprenable sur le jardin, la montagne et au-delà. A ne pas manquer les concerts d'été (décembre à mars) du dimanche après-midi à 17h. A noter : la ligne bleue du City Sightseeing marque un arrêt au jardin botanique.

SE LOGER

Haut lieu du tourisme de découverte et d'affaires, Le Cap dispose d'une offre d'hébergements digne de ce nom. On choisira le centre-ville, le Silo, un quartier alentour plus résidentiel, ou encore les vues sur la mer de Campsbay. Toutes les grandes enseignes se situent dans de hauts buildings, souvent du côté du Waterfront assez bétonné, offrant des vues grandioses sur la ville, l'océan et bien sûr les montagnes, dont la célèbre Table Mountain qui dessine l'horizon aux frontières de la ville. Mais Le Cap, c'est surtout le charme des maisons captoniennes, d'anciennes demeures coloniales victoriennes et leur haut plafond, leur parquet en bois centenaire et leur vitraux Art déco. Ces belles maisons, réinventées et réaménagées en hôtels et *guesthouses* de charme, tenues bien souvent par des hôtes aux petits soins, sont donc une délicate invitation au repos au cœur de la vibrante ville du Cap.

91 LOOP €

91 Loop Street
✆ +27 21 286 1469
www.91loop.co.za
Dortoir à partir de 320 R, chambre double à partir de 1 200 R.

Une auberge chic et moderne au design minimaliste en plein centre-ville. A quelques pâtés de maisons de la gare centrale, de la rue branchée Bree Street, de Green Market Square, et le Waterfront est à environ 15 minutes à pied. Selon votre budget et vos envies, le 91 Loop propose à la fois des chambres doubles classiques et des dortoirs. Les « Pod », sorte de petite niches, sont une chouette option pour le baroudeur en quête d'un peu d'intimité. Le personnel jeune et dynamique se fera un plaisir de vous conseiller sur les activités. Une bonne et belle adresse.

BIG BLUE BACKPACKER €

7 Vesperdene Road
✆ +27 21 439 0807
www.bigblue.za.net
Dortoir à partir de 240 R, double salle de bains partagée à partir de 700 R.

L'un des backpackers les moins chers de la ville est en fait un manoir victorien très bien conservé, avec plancher et boiseries précieuses, vitraux, colonnades, moulures et haut plafond, offrant aux dortoirs un côté très chaleureux. Très bien situé, sur le front de mer à côté des bars de Green Point, à 5 minutes du grand stade et à 15 minutes à pied du centre-ville du Cap. Une jolie petite piscine trône dans le jardin, idéale pour se rafraîchir après une journée de visites et avant de rejoindre le bar de l'auberge, fief cosmopolite.

ASHANTI GUEST HOUSES €

7+9 Union street Cape town
✆ +27 21 423 8721
www.ashanti.co.za
1 200 R en haute saison.

© ASHANTI

Ashanti a été l'une des premières auberges de routards du pays. Aujourd'hui, l'établissement propose uniquement le service de maison d'hôte, ainsi que diverses excursions et activités. La *guesthouse* est installée dans deux maisons victoriennes qui disposent de chambres doubles et triples confortables et spacieuses. Chambre familiale avec lit double et deux lits simples. Déco au design funky. Wifi et cuisine à disposition tout équipée pour se concocter de bons petits plats. Petit déjeuner royal et vue imprenable sur Table Mountain.

THE BACKPACK €

74 New Church Street, Tamboerskloof
✆ +27 21 423 5555

Dortoir de 3 à 8 lits, certains féminins : de 280 R à 450 R, chambre double à partir de 1 120 R.

Le Backpack est une auberge de jeunesse pour routards exigeants : tout est ultra propre, les dortoirs spacieux, la cuisine équipée luxueuse, et l'ambiance tranquille, pour dormir en paix. Les chambres simples, doubles triples et familiales sont luxueuses, arty, lumineuses et colorées. Il y a même une tente safari dans le jardin et des appartements en self-catering ! Un petit déjeuner copieux et une piscine pour se rafraîchir en sirotant un cocktail. Barbecues, bar, Wi-fi, billard… Mais aussi agence de voyage de tourisme responsable labellisé « Fair trade ».

THE BIG BACKPACKERS €

18 Thornhill Road
✆ +27 21 745 6637

Dortoirs à partir de 320 R, chambre double à partir de 1 125 R, triple 1 500 R, familiale 1 900 R.

The Backpackers à Green Point ou « B.I.G » pour faire court, est parfaitement situé entre les montagnes emblématiques du Cap et l'océan Atlantique, dans l'une des banlieues les plus élégantes et dynamiques de la ville. Le B.I.G se trouve à distance de marche du centre-ville du Cap et à seulement quelques kilomètres des plages immaculées de Camps Bay et de Clifton Beach. Les chambres, de la double au dortoir, en passant par la familiale ou la triple, sont modernes, propres et lumineuses. De l'espace bureau à la piscine dans le jardin, il n'y a qu'un pas !

BLACKHEATH LODGE €€

6 Blackheath Road
✆ +27 21 439 2541
www.blackheathlodge.co.za

De 1 675 R à 2 900 R la chambre double.

Grande maison victorienne sur les flancs de Sea Point. Blackheath lodge a capté l'âme du Cap, entre maisons bourgeoises du XIXe siècle et design. Beaucoup d'espace pour se retrouver ou s'isoler ont été prévus dans cet établissement noté 4-étoiles, le jardin intérieur s'articule autour de la piscine chauffée. La décoration est très réussie et une réelle attention est portée au bien-être des résidents. Les hôtes Anthony et John n'ont pas leur pareil pour créer une ambiance mêlant décontraction et attentions. Le service est de grande qualité. Une superbe adresse.

HIPPO BOUTIQUE HOTEL €€

5-9 Park Road
✆ +27 21 423 2500
www.hippotique.co.za

Chambres doubles standard à partir de 2 150 R, exécutive suite autour de 3 150 R. Petit déjeuner inclus.

Discret et central, cet hôtel est à l'image du quartier et de ses bars : branché et design. Ici, c'est le high-tech qui compte. Ces petits plaisirs sophistiqués s'accordent avec les lignes épurées du mobilier. La façade en verre du bâtiment laisse entrer la lumière et offre une vue panoramique sur Table Mountain et Lion's Head depuis les chambres. Mention particulière pour les lofts en self-catering, avec leurs canapés en cuir, leur table d'hôtes en bois massif et la cuisine équipée. A l'étage, lit king-size lové sous les toits et baignoire sous le velux.

IGADI HOUSE BOUTIQUE HOTEL €€

1 Faure Street
✆ +27 72 841 2241
https://igadihouse.com/

Selon la saison, de 2 600 R à 5 800 R.

Dans cette maison victorienne joliment aménagée, Cécile, une Française installée depuis de nombreuses années en Afrique du Sud, vous accueille avec le sourire. Décorées dans un style contemporain, les 10 chambres, dont 2 avec jardins privatifs, sont douillettes et impeccables, avec tout le confort nécessaire. Certaines donnent sur le balcon filant victorien où il est agréable de boire son café. Au cœur d'un quartier sécurisé, l'hôtel est à deux pas de Kloof Street, une rue bien animée.

MOJO HOTEL €€

30 Regent Road
✆ +27 87 940 7474
www.themojohotel.com

Studios de 1 800 R à 3 000 R.

Aménagé dans un édifice ancien de Regent Street, le Mojo séduit ses visiteurs par sa décoration fun et design : des dortoirs haut de gamme, des chambres doubles standard, supérieures et même des studios décorés de fresques de street art avec mezzanine, cuisine et grande verrière vitrée. Certains ont vue sur la mer ! Vélos à disposition, café et même parking gratuit et surveillé. C'est LA nouvelle adresse branchée du Cap. Sur le toit, une terrasse solarium avec une vue sur la promenade de Camps Bay, des sofas et une aire de barbecue où des soirées sont organisées.

NUMBER 5 GUEST HOUSE €€

5 Union Street, Gardens
✆ +27 71 123 9739
number5-guesthouse.co.za
Chambre double à partir de 2 490 R selon la saison et le type de chambre. Petit déjeuner inclus.

Une adresse comme on les aime dans l'ambiance fleurie, calme et sereine du quartier de Gardens. Depuis la guesthouse vous pourrez rejoindre sans problème, à pied, la dynamique et sympathique Kloof Street qui regorge d'adresses gourmandes et de bars à la mode. Dans cette belle maison familiale et coloniale, Patricia, Sandra et Marie-Laure, d'origine française, vous réservent un accueil agréable et personnalisé. Chacune des sept chambres a son animal et la décoration est soignée, épurée, les matières naturelles sont à l'honneur. Recommandé par le Petit Futé !

ROUGE ON ROSE €€

25 Rose Street
✆ +27 21 426 0298
www.rougeonrose.co.za
Tarif : veuillez contacter Rouge On Rose. Transferts depuis et vers l'aéroport possible.

Un petit bijou. Situé au cœur du coloré quartier de Bo-Kaap, ce boutique-hôtel offre un design unique et un service attentif de Michel et Ursula. Au total, 6 chambres avec kitchenette en self-catering, et 3 chambres luxe en suite de 50 m², d'un blanc lumineux, avec salles de bain décloisonnées, baignoire dans votre chambre, sol en béton armé et déco africaine. Un subtil mix entre tradition et modernité. Petit déjeuner à la carte d'une qualité extraordinaire. Ursula et Michel sont d'excellents conseillers concernant les visites et les restaurants à ne pas manquer.

THE HYDE ALL SUITE HOTEL €€

13 London Road
✆ +27 21 434 0205
www.thehydehotel.com
Chambre à partir de 3 000 R selon le type d'hébergement et la saison. Petit déjeuner inclus.

L'hôtel Hyde est situé dans la partie la plus vivante de Sea Point. Un petit bijou de l'hôtellerie sud-africaine, où toutes les suites sont un doux mélange entre l'élégance de leur design et le confort. Calme, sérénité et fraîcheur vous raviront après une journée en extérieur. Le plus : les studios équipés avec chambre, cuisine, salle de bains, wi-fi, air conditionné et TV écran plat. Ou encore la fabuleuse piscine sur le toit de l'hôtel avec vue imprenable sur Cape-Town et Table Mountain. Le petit déjeuner est un pur délice.

THE THREE BOUTIQUE HOTEL €€

3 Flower Street
✆ +27 21 424 1530
www.thethree.co.za
Chambre double à partir de 2 840 R et suite à partir de 3 400 R.

Ne serait-ce que pour la vue à 360 degrés sur la Table Mountain et le Lion's Head, vous aurez compris pourquoi vous pouvez débourser un montant abordable pour un luxe et un confort à la hauteur de vos espérances. Petit déjeuner copieux, bar agréable à disposition, de grandes chambres sans froufrou et surtout un accueil à la cool mais très professionnel... Autant de raisons de rester au Three Boutique. A deux pas des bons petits restaurants de quartier et autres activités incontournables à faire à pied dans la jolie ville du Cap.

LA ROSE B&B €€

32 Rose Street ✆ +27 21 422 5883
www.larosecapetown.com
Chambre simple de 800 R à 1 100 R, doubles de 1 000 R à 1 300 R, petit déjeuner inclus.

Ici, le cosmopolitisme de Cape Town prend tout son sens ! En plein centre du Bo-Kaap et gérée par un jeune couple breton-sud-africain, la Rose B&B, une belle maison aux couleurs chatoyantes, est un vrai point de convergence des cultures et des influences du Cap. Chacune des 8 chambres est décorée différemment, pour une ambiance funky et colorée. Air conditionné, internet wi-fi, TV, station thé et café dans chaque chambre. On a apprécié le petit déjeuner, très convivial. Vous pouvez aussi prendre votre café sur la terrasse et y travailler tranquillement.

THE TREE HOUSE BOUTIQUE HOTEL €€

28 Vesperdene Road - Green Point
✆ +27 21 439 9296
www.thetreehouseboutiquehotel.co.za
À partir de 2 450 R pour une chambre double vue montagne, 2 550 R pour une chambre double vue mer, 4 050 R la suite.

Un espace unique dans le quartier branché de Green Point. Labellisé « Tourisme vert », le Tree House Boutique Hotel promet un accueil impeccable non loin du quartier d'affaires. Créativité et couleurs locales ont été privilégiées et la décoration est sobre, minimaliste et design. Le petit jardin est charmant. Les chambres sont belles et confortables et bien sûr, le petit plus ici : le Zest Spa ! Très agréable et propice à la détente qui propose des massages et des soins de qualité.

AC HOTEL BY MARRIOTT WATERFRONT €€€

Dockrail Road, Foreshore
✆ +27 21 137 1100
www.achotelcapetown.com
Chambre double à partir de 3 300 R la nuit, incluant le petit déjeuner.

Ses hauts volumes abritent 188 chambres, de la standard à la suite. La lumière s'invite à travers les grandes baies vitrées qui s'ouvrent sur les couleurs des chantiers industrialo-portuaires du Cap. Au rez-de-chaussée, ambiance design, toute une petite vie s'organise autour du bar à tapas, de la libraire et de la supérette maison. Il fait bon prendre de la hauteur sur la terrasse avec piscine, avant de rejoindre le Warterfront à deux pas pour le dîner, directement en Water Taxi.

ATLANTIC VIEW €€€

31 Francolin Road
✆ +27 63 959 7983
www.atlanticviewcapetown.com
Double de 2 399 R à 4 999 R, avec petit déjeuner. Les enfants ne sont pas acceptés.

Si vous rêvez d'une immense villa avec une piscine à débordement qui se confond avec la mer, vous y êtes. Image même de l'opulence, l'hôtel Atlantic View, situé au pied de la Table Mountain, a fait la une de nombreux magazines de tourisme de luxe. Il n'y a d'ailleurs pas qu'une piscine à débordement mais deux, une salle de gym et de musculation, une salle de massage et bien plus encore. Le plafond boisé et stratifié rend la maison chaleureuse et peu conventionnelle, avec différentes hauteurs et volumes. Certaines chambres ont une vue imprenable sur l'océan.

AZAMARE GUESTHOUSE €€€

133 Victoria Road
✆ +27 21 438 0682
www.azamare.com
De 4 100 R à 8 800 R. Petit-déjeuner inclus.

Azamare s'élève à Camps Bay, endroit pittoresque entouré par les montagnes des Douze Apôtres, Table Mountain et l'océan Atlantique de l'autre côté. Ici, vous trouverez l'une des plus belles vues sur la mer et les couchers de soleil sur l'océan. L'hôtel dispose d'installations de qualité et de très bons services. Chambres et suites élégantes très lumineuses, avec salles de bains fonctionnelles. Belles vues depuis la piscine, le bain bouillonnant ou de son propre balcon. Idéal pour se détendre tout au long de la journée. Très bon accueil.

CARMICHAEL HOUSE €€€

11 Wolmunster Road
✆ +27 21 689 8350
www.carmichaelhouse.co.za
Chambre double à partir de 2 510 R la nuit, petit déjeuner inclus. Pour les enfants jusqu'à 12 ans, comptez 400 R.

Dans un quartier résidentiel huppé du Cap, le charme victorien opère au Carmichael Boutique Hotel. Entièrement retapée en 2020, la bâtisse a conservé toute son histoire : hauts plafonds, planchers magnifiques et vitraux conservés à l'identique. Dans cette demeure luxueuse, proche du centre-ville et au calme, Yves et Valérie sont aux petits soins. Rubis, jade, saphir… chaque chambre porte le nom d'un joyau. C'est autour de sa couleur que se décline la décoration, minutieusement pensée dans le détail par Valérie. Le petit plus : la cheminée au pied du lit !

LA GRENADINE PETIT HOTEL €€€

15 Park Road ✆ +27 21 424 1358
http://lagrenadine.co.za/
Chambre double à partir de 2 490 R. Petit déjeuner inclus. Location de bornes wi-fi portable.

Une des *guesthouses* les plus charmantes de la ville. Magnifique bâtisse du XIXe siècle entièrement rénovée, cette maison d'hôtes design est située en plein centre, dans le branché et créatif Kloof Street. Les chambres s'articulent autour du jardin bucolique. Vous pourrez profiter d'un délicieux petit déjeuner à l'ombre des grenadiers accompagné de quelques notes de jazz. À 5 minutes en voiture de Table Mountain et des plages... Le charme des briques apparentes, des meubles chinés, des baignoires sur pieds et des draps brodés à la main. Un vrai paradis.

O'ON KLOOF BOUTIQUE HÔTEL & SPA €€€

92 Kloof Road
✆ +27 21 439 2081
www.oonkloof.co.za
Double standard à partir de 3 118 R, luxury : 3 958 R et O'Suite : 5 481 R.

À deux pas du front de mer de Sea Point, une sublime villa. Mobilier contemporain de grand standing, piscine intérieure chauffée, salle de gym, spa... Huit chambres avec écran plasma, base pour iPhone, chauffage au sol. Dans les O'suites, la terrasse lambrissée (la n° 5 a vue sur la mer !) avec chaises longues et bain à bulles méritent tous les superlatifs. Le petit déjeuner peut être servi en chambre sur un vaste plateau d'argent, royal. Le charme réside dans toutes ces attentions !

GRAND DADDY HOTEL €€€

38 Long Street ✆ +27 21 207 8888
www.granddaddy.co.za

Chambre double à partir de 2 105 R, suite à partir de 3 400 R, caravane à partir de 2 880 R. Petit déjeuner inclus.

Au cœur de Long Street, le Grand Daddy Boutique Hotel s'érige dans son emblématique immeuble gris. La porte passée, on pénètre dans un monde hors du temps, comme dans un roman à la Sherlock Holmes ! Réception cosy aux canapés en velours, ascenseur en bois à l'ancienne, escaliers molletonnés... Les chambres sont colorées et modernes. L'originalité de l'établissement réside principalement sur son toit : on y dort dans des caravanes style années 50 ! Et on profite du roof-top bar ou du Pink Flamingo Rooftop Cinema. Un hôtel de charme au design funky et local.

SØVN €€€

27 Geneva Drive
✆ +27 21 438 9247
www.sovn.co.za
De 2 800 R à 5 000 R selon la saison et le type de chambre.

C'est à Camps Bay, entre montagnes et océan, que se niche Søvn Experience. Une jolie maison d'hôtes de charme composée de cinq chambres. Côté décoration, un mélange élégant de minimalisme scandinave et de vie africaine, rend le lieu très beau. Tout est minutieusement à sa place et les couleurs ont été judicieusement choisies. Une agréable piscine est creusée dans la terrasse, offrant un superbe décor pour se rafraîchir. De la vue à l'accueil : tout est au top ! Une adresse vivement recommandée et recommandable. Søvn propose également des excursions.

THE TWELVE APOSTLE HÔTEL & SPA €€€

Victoria Road
✆ +27 21 437 9000
www.12apostleshotel.com
De 3 000 R la chambre double à 12 000 R la suite.

Le summum du luxe ! Situé près du Glen Country Club, entre les plages de Camps Bay et de Clifton Bay. Un Spa fou, avec des voûtes de roches éclairées de néons bleus et une déco « bouddhiste ». La piscine de l'hôtel au milieu de rochers paraît naturelle. Des chambres raffinées, l'Azur Restaurant et le Leopard Bar, d'or et de boiseries. Bien connu des locaux : le petit cinéma privé. Pack dîner-ciné-chambre, pop-corn, glaces et bonbons à volonté dans la salle obscure et petit déjeuner.

THE MARLY €€€

201 The Promenade, Victoria Road - Camps Bay
✆ +27 21 437 1287
www.themarly.co.za
De 5 150 R à 14 150 R selon le type de chambre et selon la saison.

L'emplacement de l'hôtel The Marly est idyllique. Nous sommes à quelques pas de la célèbre plage de Camps Bay. Ici, les onze suites sont extrêmement confortables et offrent différentes vues toutes plus belles les unes que les autres : sur l'océan ou encore sur la montagne des 12 apôtres… Un intérieur immaculé et moderne ouvert sur la nature, tapisserie ciel au-dessus du lit pour s'endormir la tête dans les nuages ! Rooftop bar avec une vue à 360 degrés, transat directement dans la piscine, spa… Les prestations sont haut de gamme. Une luxueuse adresse.

WINCHESTER MANSIONS HOTEL €€€

221 Beach Road ✆ +27 21 434 2351
https://newmarkhotels.com/
Chambres doubles à partir de 1 800 R. Le large buffet de petit déjeuner est compris. Navette vers le V&A gratuite.

Une des dernières constructions historiques de Sea Point, qui impressionne par son emplacement spectaculaire en front de mer. Le charme de ce vieil hôtel vous plaira certainement avec sa cour intérieure, véritable oasis où gargouille une fontaine et où poussent les palmiers. Pour les chambres, bien modernisées, on hésite entre celles qui donnent sur l'océan et l'avenue… ou celles situées bien au calme dans la cour. Le dimanche, le jazz s'invite pour le brunch !

THE SILO HOTEL €€€

V & A Waterfront ✆ +27 21 670 0500
www.theroyalportfolio.com
De 14 500 R à 82 000 R selon le type d'hébergement et la saison. Penthouse à partir de 82 000 R. Petit déjeuner inclus.

Véritable symbole de la ville, le Silo, imaginé par Liz et Joe Biden, se situe sur les docks du port de commerce, à l'emplacement de l'ancien silo à grains de 57 m de haut. 28 chambres ainsi qu'une piscine et bar à cocktails au dernier étage offrent des vues imprenables. Œuvre du designer britannique Thomas Heatherwick, il se constitue d'un bloc de béton de six étages, percé d'ouvertures et de bow-windows. Marbre, lustres en cristal de Murano, baignoire à l'ancienne avec vue sur Table Mountain ! Le bâtiment jumeau a été transformé en musée d'art contemporain.

ZEST BOUTIQUE HOTEL €€€

2 Braemar Road
✆ +27 21 433 1246
www.villazest.co.za
Standard double à partir de 3 700 R. Petit déjeuner inclus.

Zeste de fraîcheur au cœur de Green Point. Dans le jardin à l'arrière, se trouvent une terrasse, une piscine chauffée, des chaises longues et des sofas immaculés. Déco vintage 70's et contemporaine. Dans le couloir, belle collection des tout premiers objets électroniques de cette époque psychédélique, notamment des polaroïds, un TNT 8 morceaux et une radio « Toot-a-loop ». Dans le salon blanc illuminé par de grandes baies vitrées, un fauteuil Bulle est posé sur un tapis de fourrure. Sur le toit, une terrasse offre une vue à 360° sur Green Point et le stade.

SE RÉGALER

Ça vibre sous les papilles au Cap ! Forte de sa situation géographique entre mer et montagnes, la ville du Cap est une capitale gastronomique enivrante. Son atmosphère cosmopolite invite toutes les spécialités et les épices du monde dans les assiettes, à commencer par l'incontournable street food et son iconique Gatsby, le fameux sandwich qui déborde, garni de frites, de viande ou de poisson. Puis, il y a les tables gastronomiques orchestrées par des chefs internationaux, en passant par les fish and chips ultrafrais de cabillaud ou de *snoek*, préparés dans de petites échoppes poissonneuses ou les pubs. Les cornets de *biltong* des impressionnantes boucheries à grignoter à toute heure, les huîtres fraîches à déguster face à l'océan, la colorée, épicée et savoureuse cuisine Cape Malay que l'on retrouve dans les bouis-bouis typiques du quartier de Bo-Kaap. Aux alentours de la ville : des vignobles… pour arroser vos plats !

© SOUTH AFRICAN TOURISM

Gastronomie traditionnelle.

ADDIS IN CAPE €€

168 Loop Street
✆ +27 76 846 0929
www.addisincape.co.za
Ouvert du lundi au samedi de 12h à 22h30. Plats autour de 160 R. Menu du midi à partir de 125 R.

Un resto éthiopien, voilà qui change des steak-houses. Les saveurs de ce pays, connues pour être piquantes et riches en herbes aromatiques, sont ici revisitées façon Orient, Occident et Afrique. Les mets, que l'on mange avec les doigts, sont servis sur de jolies tables traditionnelles appelées « mesob ». Grand choix de plats végétariens. Le service est lent, mais la cuisine est fantastique. Attention, les plats épicés sont très forts. Demandez « mild » si vous n'êtes pas habitué, et c'est déjà plus qu'assez pimenté, croyez-nous !

BIESMIELLAH €€

Pentz Street
✆ +27 21 423 0805
www.biesmiellah.co.za
Ouvert du lundi au samedi de 12h à 22h. Plats de 95 R à 179 R.

Le meilleur restaurant de Bo Kaap pour la gastronomie malaise. Cette communauté qui descend des esclaves asiatiques du Cap mêle les saveurs orientales d'Inde et d'Asie du Sud-Est aux ingrédients sud-africains. Nous vous conseillons de commander plusieurs plats et de les partager, afin de goûter un maximum de spécialités. Viandes cuites à la biryani, une marinade d'épices orientales, en curry Kalya, et plats typiques de la communauté, comme le denning vleis ou le bobotie. Un restaurant familial très simple, abordable. Possibilité de prendre à emporter.

BOMBAY BRASSERIE €€€

Wale strett, City Bowl
✆ +27 21 819 2000
www.tajhotels.com
Ouvert tous les jours de 18h à 22h30. Fermé le dimanche. Plats à la carte autour de 150 R.

Installé dans le très chic Taj palace, Bombay Brasserie est un excellent restaurant indien. Cuisine raffinée et parfumée comme l'inévitable Chicken Tikka Massala, mais surtout de nombreuses compositions créatives mixant épices et ingrédients aussi bien indiens que locaux. Les plats et menus sont listés en « végétariens » et « non végétariens » laissant un grand choix aux plats sans viande ni poisson. La soupe de maïs est un régal. Les lumières sont tamisées, l'atmosphère intimiste, le service un peu cérémonieux, les prix salés, mais la cuisine très fine.

EASTERN FOOD BAZAAR €

96 Longmarket Street
✆ +27 21 461 2458
www.easternfoodbazaar.co.za
Du lundi au jeudi de 10h à 21h, jusqu'à 22h30 vendredi et samedi. Plats autour de 60 R.

Une adresse vraiment bon marché avec un grand choix entre nourriture indienne, chinoise, kebabs, falafels et plats végétariens. A l'intérieur de cette grande cave, les odeurs allèchent les narines. On se dirige vers un des îlots, chacun est destiné à un type de nourriture. On paye d'abord et après on vient chercher la commande avec le ticket en mains. Du côté indien, le bol de manchurian avec riz ou nouilles est plus que généreux, il faut juste faire attention au niveau des épices, le « mild » (modéré) est déjà plus que piquant !

MADAM TAITOU €

77 Long Street
✆ +27 72 427 5184
Tous les jours de 11h à 23h. Environ 110 R pour un plat.

On entre chez Madame Taitou avec la même sensation que lorsqu'on entre dans une brocante de rêve : mille et un objets d'Éthiopie et de toute l'Afrique, partout. Ici, on nous invite à nous installer dans des sortes de petits salons *cocooning*. On s'assoit sur des banquettes confortables et on mange sur une belle table basse. La nourriture arrive sur une grande crêpe, sur un plateau à partager, avec les doigts. C'est délicieux. Encore mieux, des mezzanines ont été créées façon cabane dans les arbres, au cœur du restaurant : dîner dans une jungle luxuriante !

YINDEES €€

22 Camp Street
✆ +27 21 422 1012
https://yindees.com/
Ouvert du mardi au dimanche, de 12h à 15h et de 17h jusqu'au dernier client. Curry à partir de 160 R.

Envie de varier les plaisirs ? Ce restaurant est réputé dans tout le quartier pour sa cuisine thaïlandaise, authentique et généreuse. Installé à même le sol sur des coussins, à la lueur des bougies, ou en terrasse, le service est aux petits soins durant tout le repas. La carte reste limitée et vous ne tarderez pas à faire votre choix entre les currys, les plats à base de volaille ou de poisson. La teneur en épices est indiquée, ce qui évite les mauvaises surprises. Arrivez tôt ou réservez, le restaurant est souvent pris d'assaut par les locaux.

BELTHAZAR €€

Shop 153, V&A Waterfront
✆ +27 21 421 3753
www.belthazar.co.za
Tous les jours de 12h à 23h. Réservation conseillée. Plats entre 90 R et 325 R.

Un bistrot moderne et plein d'entrain, comme la jeunesse du Cap. Dans l'agréable quartier V&A Waterfront du front de mer, la terrasse est vaste et ombragée. Au Belthazar, la carte oscille entre terre et mer. Des sublimes pièces de bœuf grillées, des brochettes, ou encore des camarones du Mozambique, fruits de mer et autres poissons grillés de première qualité. Mais le lieu est également connu comme bar à vin. Du côté des pinardiers, une considérable sélection de vins au verre que l'on goûte volontiers, accoudé au bar lumineux du Belthazar.

CABO BEACH CLUB €€

12 South Arm Road
✆ +27 21 137 5401
www.cabobeachclub.co.za
Ouvert tous les jours de 12h à 22h30. La cuisine ferme tous les jours à 22h.

Le Cabo Beach Club est l'endroit idéal pour allier bain de soleil, baignade, cocktail et dîner entre amis ou en famille. Un restaurant impressionnant et élégant de plus de 200 places face à l'océan. Pour se régaler, on trouve un bar à sushis d'un côté et des pizzas au feu de bois de l'autre. Pour amuser les plus petits, une salle de jeux est disponible à l'intérieur. Passé une certaine heure, les lieux s'animent. La scène extérieure, au bord de la piscine, accueille régulièrement des concerts et laisse place à des soirées endiablées !

DEN ANKER €€

Pier Head, Waterfront
✆ +27 21 419 0249
www.denanker.co.za
Ouvert tous les jours de 11h à 22h30 (minuit pour le bar).

Un resto belge se doit de servir de bonnes moules, et celui-ci honore la tradition ! La terrasse ensoleillée au bord de l'eau est très agréable et offre une vue absolument superbe sur la montagne de la Table. Den Anker, c'est aussi une fort belle collection de bières belges en bouteille et à la pression, mais aussi sous forme de dégustation. Quoi encore ? La soupe de poisson normande, les tartares, l'os à moelle, les chocolats belges. Un détour par la bonhomie du pays plat, mais le tout sous le soleil de la belle ville du Cap.

GRAND AFRICA CAFÉ & BEACH €€

Granger Bay Road
✆ +27 021 425 0551
www.grandafrica.com
Ouvert tous les jours de 12h à minuit. Plats à partir de 180 R, bouteille de vin à partir de 150 R.

Restaurant, café, bar, discothèque… Au déjeuner comme à l'apéritif, c'est un lieu mythique à ne pas manquer. Asseyez-vous les pieds dans le sable et profitez de la vue magnifique sur l'océan Atlantique, les yachts et Robben Island. L'entrée se fait par une petite passerelle en bois, puis on choisit entre le bar à gin, la grande salle style loft-entrepôt ornée de lustres, les balançoires accrochées à des containers, ou les bains de soleil de la plage privée avec l'espace VIP.

KARIBU €€

Shop 156
✆ +27 615 235 836
https://kariburestaurant.co.za/
Ouvert tous les jours de 11h à 23h (fermeture le dimanche à 22h30). Autour de 260 R le plat.

Installé sur le Waterfront, ce restaurant élégant s'ouvre sur le plus ancien port d'Afrique du Sud, avec Table Mountain en toile de fond. Des spécialités locales à la viande de gibier, en passant par les plats végétariens et de poissons, la carte déroule une variété de mets copieux, bien élaborés. On y vient aussi pour ses délicieux braais traditionnels concoctés avec des viandes de qualité supérieure, le tout arrosé d'un des meilleurs vins d'Afrique du Sud. Les serveurs sont attentionnés et veillent à ce que votre expérience culinaire se déroule pour le mieux.

V&A WATERFRONT FOOD MARKET €

Dans le bâtiment historique Pumphouse du Nobel Square, V&A Waterfront. ✆ +27 21 418 1605
www.waterfrontfoodmarket.com
Tous les jours de 10h à 19h ou 20h de novembre à avril (jusqu'à 21h vendredi et samedi). De 10 R à 120 R environ.

Dans un hangar, de nombreux petits stands aux mets délicieux. Il y en a pour tous les goûts, de toutes les saveurs et de tous les pays. Des gourmandises sucrées, des douceurs salées et des boissons acidulées. Faites votre choix dans les différentes échoppes et installez-vous sur l'agréable terrasse extérieure pour déguster votre butin. Le week-end, le *food market* accueille régulièrement des artistes : on en profite alors pour écouter des concerts sur le *waterfront*.

AUBERGINE €€

39 Barnet Street ✆ +27 21 465 0000
www.aubergine.co.za
Déjeuner jeudi et vendredi, dîner du lundi au samedi. Menu dégustation 3 plats à partir de 665 R.

Aménagé dans une maison coloniale historique, l'Aubergine est un restaurant réputé au Cap. Le chef propose une cuisine gastronomique élaborée à partir d'ingrédients sud-africains épicés et de saveurs orientales. Une vraie réussite ! Cuissons justes, saveurs fortes, sauces aériennes : un savoir-faire de grande maison et une carte des vins de sommelier. Le chef ne se repose pas sur ses lauriers et concocte constamment de nouveaux plats, dont un d'agneau qui côtoie le strudel ! Grand choix de plats végétariens. Et nous n'avons rien dit de la piscine dans le jardin !

BILBOA €€

Shop 120, First Floor, The Promenade, Victoria Road
✆ +27 21 286 5155
bilboa.co.za
Du lundi au vendredi de 12h à 22h30. Les week-ends et jours fériés de 9h à 22h30. Comptez autour de 150 R pour un plat.

Comme la plupart des restaurants à Camps Bay, le Bilboa bénéficie d'une belle terrasse avec vue sur la plage. La décoration est à la fois chic et sobre : des sièges confortables en cuir beige, du bois, notamment sur la terrasse ombragée… Au Bilboa, le service est attentif et la cuisine délicate. La carte est aux couleurs de la vue avec sa belle et large sélection de fruits de mer et autres spécialités de poissons. Mais aussi des viandes grillées, tout aussi appétissantes. Quant aux cocktails, ils feront des envieux sous le soleil !

CAFE CAPRICE €

37 Victoria Road
✆ +27 21 438 8315
www.cafecaprice.co.za
Tous les jours de 9h à 22h. Petit déjeuner à la carte entre 75 R et 115 R, plats de 85 R à 220 R.

Ce café très animé propose de très copieuses salades de qualité, à un prix modique, ainsi que des burgers, grillades et tapas. Face à la mer, sur la terrasse ensoleillée, on sirote un cocktail en regardant passer la jeunesse dorée de Camps Bay. Le week-end, la terrasse, sous les jolies colonnades de la façade rose pâle, ne désemplit pas. A l'intérieur, des grands canapés cosy blancs et une déco à fleurs colorées. Pour les amateurs : le café Caprice retransmet les événements sportifs comme les matchs de foot ou encore de rugby.

EL BURRO TAQUERIA €

1, New Church St & Kloof Nek Road
✆ +27 21 422 3554
www.elburro.co.za
Ouvert du lundi au samedi de 12h à 23h. Quesadillas et tacos à environ 40 R, cocktails autour de 45 R.

Décor branché d'inspiration mexicaine, la taqueria propose de délicieuses tapas gourmets. On commande plusieurs plats et on partage, pour tout goûter. Quelques tacos bœuf, poulet ou porc, mais si on optait pour le chèvre : viande de chèvre, clous de girofle, amande, cumin, cannelle, sauce salsa chili. Quesadillas salades végétariennes… On peut accompagner ses tapas d'intéressants cocktails à la téquila mexicaine comme le Mexican Mule (téquila, ginger ale jus de citron vert pressé) d'une bière mexicaine ou même d'un petit mezcal pour les amateurs.

MANTRA CAFÉ €€

43 Victoria Road
✆ +27 65 823 3901
www.mantracafe.co.za
Ouvert tous les jours de 8h30 à 21h. Plats signature à partir de 185 R.

Surplombant la plage de Camps Bay, ce bar-restaurant offre une jolie vue pour déjeuner ou dîner ou tout simplement pour prendre l'apéro, à l'heure du coucher du soleil. L'intérieur dévoile une décoration africaine contemporaine, égayée par de nombreuses plantes vertes. À la carte, des plats signature bien préparés, des fruits de mer et du poisson, ainsi que des pizzas au feu de bois. Large choix de cocktails maison et carte des vins bien fournie. À l'entrée, une petite boutique présente des produits locaux de qualité. Bon accueil du personnel.

PARANGA €€

Victoria Road
✆ +27 21 438 0404
www.paranga.co.za
Ouvert tous les jours de 12h à 23h. Environ 120 R pour une entrée, 290 R pour un plat et 120 R pour un dessert.

Au rez-de-chaussée, sur la promenade et juste de l'autre côté de la plage de Camps Bay, le Paranga est une bonne option pour déjeuner ou bien dîner. La vue sur l'océan Atlantique est imprenable derrière les grandes baies vitrées comme sur la jolie terrasse côté rue où vous serez au cœur de l'animation de la station balnéaire, ou encore en prenant un peu de hauteur sur le balcon. Fruits de mer, plateaux de sushis maison, poissons frais et grillés… Une belle carte pour retrouver dans votre assiette une cuisine fraîche et délicate.

REVERIE SOCIAL TABLE €€€

226A Lower Main Road, Observatory
✆ +27 21 447 3219
www.reverie.capetown
Du mardi au samedi de 18h30 à 23h. Fermé dimanche et lundi. Menu dégustation autour de 820 R.

Le quartier est moyennement bien fréquenté la nuit mais venez en taxi et tout ira bien ! Cette table en vaut vraiment la peine. Le concept est simple, original et unique à Cape Town : vous faites table commune avec les autres clients. L'enjeu est de se « sociabiliser », de discuter et d'échanger autour d'un repas. Il y a des touristes, des locaux, c'est cosmopolite et propice aux rencontres. Menu surprise, la jeune chef Julia vous explique en détail le contenu de chaque assiette et le verre de vin qui l'accompagne. Une cuisine délicate, enivrante et succulente.

SUPERETTE €

66 Albert Road
✆ +27 21 447 5352
www.superette.co.za
Ouvert du lundi au vendredi de 7h30 à 15h et le samedi de 8h à 14h. Plats et burgers autour de 85 R.

Charmant petit café très *trendy* installé au rez-de-chaussée de l'imposant Woodstock Exchange, ancienne usine reconvertie en centre artistique. Les proprios du Neighbourgoods Market voisin ont récemment ouvert ce lieu. Avec ses chaises jaunes et son carrelage blanc, la décoration rappelle plutôt les cantines scolaires que les supérettes, on y sert des bons sandwichs, bagels, assiettes brunch et salades, ainsi que quelques plats du jour et d'excellents jus de fruits, le tout préparé avec soin et à base d'ingrédients bio et frais !

SWAN CAFE €

Corner Buitenkant & Barrack Street
✆ +27 79 45 44 758
swancafe.co.za
Ouvert du lundi au samedi de 8h à 15h et le dimanche de 8h à 14h. Entre 95 R et 160 R la galette.

Une crêperie très frenchy tenue par Jessica. Swan Café est un petit bout de France, de Bretagne plus précisément, à Cape Town. Vous entendrez parler français de tous les côtés, en quelques mois c'est déjà devenu le repaire des expatriés, et pour cause, c'est la seule vraie crêperie de la ville. Galettes et crêpes traditionnelles, mais faites avec des produits locaux. Il y a du cidre, de la variété française en fond sonore, les serveurs sont vêtus de marinières rouges et blanches et vous entendrez chanter des « bonjour » et des « au revoir ».

THE 41 €€

41 Victoria Road
✆ +27 21 437 0558
www.the41.co.za
Ouvert de 9h à 22h30. À partir de 70 R pour les entrées, 200 R pour les poissons et 90 R pour les desserts.

The 41 est un excellent établissement ouvert par deux Français, deux frères. Une architecture industrielle et contemporaine à la fois qui offre une large fenêtre sur l'océan. Au pied du bloc, la terrasse sur la rue est conviviale. En cuisine, le chef a fait ses preuves dans l'art de la gastronomie un peu partout dans le monde et a travaillé dans plusieurs restaurants étoilés. Du petit déjeuner sur la baie au cocktail à la nuit tombée, il met aujourd'hui son savoir et sa créativité à votre service au cœur de Camps Bay. Un régal.

THE BLACK SHEEP €€

104 Kloof street
✆ +27 21 426 2661
blacksheeprestaurant.co.za
Du mardi au samedi de 12h à minuit et de 18h à minuit le lundi. Fermé le dimanche. Plat : environ 170 R.

De bons plats et de la bonne compagnie ! Voilà ce que revendique The Black Sheep qui fait ses preuves depuis plus de vingt ans. Dans l'assiette, une cuisine traditionnelle et savoureuse, mais aussi durable et éthique qui nous fait découvrir les spécialités de la région, que ce soit les plantes, le poisson ou le gibier du coin, tout ça dans une ambiance familiale et conviviale chez Jonny, Jorge et toutes leurs familles. Le soir venu, la lumière se tamise pour un délicieux dîner plus intimiste. Un très bon rapport qualité/prix.

THE BUNGALOW €€

3 Victoria Road
✆ +27 21 438 2018
www.thebungalow.co.za
Ouvert de 12h à 22h tous les jours (fermé lundi et mardi en hiver). Autour de 120 R pour une entrée, 200 R pour un plat.

Envie d'un dîner romantique au bord de l'eau ? *Go to The Bungalow*, une paillote chic, un peu comme à Saint-Tropez ! Le restaurant propose une carte variée de l'entrée au dessert, avec des menus de saison, des viandes et des poissons frais et bien préparés. Une valeur sûre pour passer un délicieux moment branché en bord de mer dans un décor somptueux : d'un côté la montagne, de l'autre la mer. À l'heure du coucher de soleil, la vue se teinte de magnifiques couleurs, il est grand temps de commander un cocktail pour l'apéritif !

THE MOVEABLE FEAST €€

13 Kloof Nek Road
✆ +27 21 213 1212
themoveablefeast.co.za
Restaurant ouvert du lundi au samedi de 18h à 22h et le bar-café à partir de 12h. Le dimanche, de 10h à 15h.

Du côté de Kloof, le bien nommé bar-restaurant The Moveable Feast se traduit par « Paris est une fête ». L'établissement au style bistro parisien invite la France dans le décor et dans l'assiette ! A la carte : escargots, soupe à l'oignon ou encore tartare de bœuf. L'atmosphère est agréable, à la fois feutrée et lumineuse. Quant au service, il est très attentionné. Commencez par dîner du côté du restaurant et poursuivez votre soirée en dégustant de bons cocktails du côté du bar. Chaque semaine, des DJ sont invités à la fête.

THE POT LUCK CLUB €€

373-375, Albert Road
✆ +27 21 447 0804
www.thepotluckclub.co.za
Ouvert du lundi au samedi de 12h30 à 14h et de 18h à 22h. Tapas de 60 R à 200 R.

Après le Test Kitchen, le Salsify et le Shortmarket Grill, le chef Luke Dale-Roberts a ouvert The Pot Luck Club à la Old Biscuit Mill. Concept totalement différent, l'idée est de partager des tapas autour de la table, issus de 5 types de plats de cuisine fusion asiatique. L' « umami », qui veut dire « savoureux » en japonais, est l'une des cinq saveurs de base : avec le sucré, l'acide, l'amer et le salé. Piochez dans le menu et découvrez de nouvelles saveurs de cuisine ultra sophistiquée et transformée. Une table gastronomique à ne pas rater.

THE TEST KITCHEN €€€

375 Albert Road, Salt River
✆ +27 21 447 2337
www.thetestkitchen.co.za
Du mardi au samedi de 18h à 21h. Menu à partir de 1 800 R (2 150 R avec le vin). Réservation à l'avance obligatoire.

Ce restaurant rafle les prix dans le monde de la gastronomie. L'apothéose en 2016 où il a été élu « Meilleur restaurant d'Afrique » par The World's 50 Best Restaurants et restaurant de l'année par Eat Out Mercedes-Benz Restaurant Awards. Les superlatifs ne manquent pas pour qualifier le jeune chef britannique Luke Dale-Roberts. La cuisine est inventive et créative, c'est une explosion de saveurs qui restera gravée dans votre palais. Une expérience culinaire inoubliable si vous avez la chance de trouver une table... Il faut réserver plusieurs mois à l'avance.

THE THREE WISE MONKEYS €

77 Regent Road
✆ +27 21 433 1837
threewisemonkeys.co.za
De 12h à 23h tous les jours sauf lundi à 15h. Comptez autour de 120 R le ramen ou le kushiyaki.

À Sea Point, le lieu branché et arty, avec de la bonne musique groovy, quelques tables et un comptoir ouvert sur la rue, propose une carte d'inspiration japonaise, quelques sushis classiques et des *rāmen*, ces fameuses pâtes japonaises ainsi qu'un *kushiyaki* « sur le grill ». On vient surtout pour les *rāmen*. Un choix de deux au bœuf et un aux champignons. Le végétarien donc : le *shitake dashi & miso broth* est bon, les sushis corrects sans plus. Ce n'est pas l'authenticité japonaise mais davantage la branchitude capetonienne qu'on vient chercher ici.

YOURS TRULY €

73 Kloof Street
✆ +27 21 426 2505
Ouvert tous les jours de 15h à 22h. Comptez autour de 70 R pour une salade et environ 120 R pour une pizza.

C'est le nouveau spot pour les *afternoon parties* au Cap : un *rooftop* avec des murs végétaux et seaux à vins rafraîchissants, programme des DJ pour des après-midis sonores et festifs du jeudi au samedi. Une ambiance branchée, un *dancefloor* et beaucoup de bières fraîches. Le matin et le reste de la semaine, le bar au rez-de-chaussée est plus classique, propose salades, burgers, wraps et autres snacks bourrés de légumes. Un bon plan pour les petits déjeuners, car ce bar fait partie de l'auberge de jeunesse « Once » et offre des formules abordables et délicieuses.

ZENZERO €€

Victoria Road
✆ +27 21 438 0007
www.zenzerorestaurant.co.za
Tous les jours de 12h à 23h. Comptez 200 R pour un plat.

La Dolce Vita à Camps Bay ! Avec son style chaleureux et élégant et les traces de romarin frais qui chatouillent vos papilles, ce charmant restaurant met à l'honneur la cuisine italienne. Tout en profitant de la belle terrasse sur la mer et du soleil d'été qui se couche à l'horizon, offrez-vous un risotto aux calamars, aux crevettes et aux asperges ou encore celui avec du saumon norvégien grillé. Et en hiver, laissez la chaleur des lueurs du feu accompagner votre copieuse longe de poireau de veau et ses côtelettes d'agneau au grill.

FAIRE UNE PAUSE

Sillonner Le Cap et ses longues avenues, aller de musées en expositions, de marchés artisanaux en boutiques design, de plages en montagnes, cette grande vadrouille mérite bien quelques pauses. Pour cela, la ville ne manque pas de ressources. Dès le matin, les cafés sont au centre du quotidien captonien. Terrasses ensoleillées, intérieurs douillets et cosy, accueil chaleureux, les établissements sont tous plus charmants les uns que les autres, ils proposent du café dans tous ses états bien souvent torréfié sur place, mais pas seulement. Votre boisson réconfortante s'accompagnera peut-être d'une gourmandise ? Sous les cloches, les gâteaux sont faits maison. Forte de ses origines, la ville connaît l'essor du *high tea*, ce thé gourmand à l'anglaise servi avec une farandole de gourmandises sur un joli plateau à étages. Si l'on préfère une petite pause glacée, c'est possible et tout aussi délicieux !

CAUSE EFFECTS

280 Dock Road
✆ +27 21 422 0266
https://causeandeffect.co.za/
Ouvert de 9h à 1h tous les jours. Environ 120 R pour un cocktail.

Quelques années d'ouverture pour ce bar nouvelle génération, et c'est un réel succès. Le concept : un menu liquide ! On vous propose ces plaisirs à boire en formule entrée, plat, dessert. Les barman sont de véritables artistes qui jouent avec les saveurs et les présentations, et qui font le show tout en préparant les boissons. Les cocktails sont des créations servies sur des assiettes comme dans un restaurant gastronomique. Une expérience carrément unique. Ça fume, c'est coloré, c'est animé et on a envie de tout tester… Sympa !

CHINCHILLA ROOFTOP CAFE & BAR

Victoria Road, shop 120
✆ +27 21 286 5075
chinchillarooftop.co.za
Ouvert du lundi au vendredi de 12h jusqu'à 22h. Entre 125 R pour un cocktail.

Le plus haut *rooftop* sur le bord de mer du joli quartier de Camps Bay. Montez boire un verre en fin de journée pour profiter pleinement de la vue à l'heure du coucher de soleil, qui est alors splendide. L'ambiance est à la fois chic et décontractée à la fois avec des fauteuils moelleux, des canapés et des tables en rotin. Les coussins colorés et les petites lanternes apportent au lieu une touche *coconing* pour goûter les délicieux cocktails et écouter de la musique *live*.

HONEST CHOCOLATE [AND GIN BAR]

64A Wale Street
✆ +27 76 765 8306
www.theginbar.co.za
Ouvert du mardi au jeudi de 17h à 1h et le vendredi et le samedi de 16h à 2h.

C'est un bar caché, secret et *underground*… bien qu'un peu moins, maintenant qu'on vous donne le tuyau. Il faut passer la chocolaterie pour découvrir le Gin Bar, niché dans une cour confidentielle. Le gin est à la mode en Afrique du Sud, on vous servira des cocktails de toutes les couleurs à base de cet alcool. Introuvable, presque invisible, bienvenue dans ce bel espace aux airs de Méditerranée où le soleil brille le jour et les lanternes scintillent la nuit, welcome to Gin Bar !

JASON BAKERY

83 Main Road
✆ +27 21 433 0538
www.jasonbakery.com
Ouvert du lundi au vendredi de 7h à 15h, samedi de 8h à 14h. Petit déjeuner jusqu'à 11h. Sandwiches.

On s'arrête majoritairement à la Jason Bakery pour s'offrir une petite pause café-viennoiserie. Le petit café boulangerie de Green Point est connu pour servir de bons petits-déjeuners. Outre les pains de qualité, ce qui n'est vraiment pas toujours simple à trouver, il y a un grand choix de viennoiseries. Pour les amateurs de pauses plutôt salées ou de déjeuners sur le pouce, Jason Bakery prépare également de bons sandwiches frais pour déjeuner sur place ou encore à emporter tout en continuant votre visite en flânant dans les rues.

LOLA'S BAR

228 Long Street
✆ +27 21 423 0885
Ouvert de 7h30 à 16h du lundi au vendredi, à partir de 8h30. Petit déjeuner à partir de 75 R.

Café branché avec grandes baies vitrées sur Long Street. Belle déco vintage et colorée, des fleurs sont déposées sur chaque table. C'est l'endroit idéal pour prendre son petit déjeuner, déjeuner léger ou boire un café dans la journée. Des plats simples et délicieux inspirés de cuisines du monde. Exemples : salade poire pochées noix et gorgonzola, des fish cake, la spécialité du chef, du poulet sauce cajun. Tout est frais, bon, sain, bien cuisiné, on en fait vite une cantine. Jus frais détox : pomme, épinard, concombre, ou carotte, épinard, céleri, betterave.

MORO GELATO

165 Long Street
✆ +39 33 36 43 41 67
www.morogelato.co.za
Du lundi au mercredi de 12h à 23h et du jeudi au dimanche de 11h à 23h.

Sur la très centrale Long Street, une pause rafraîchissante s'impose chez Moro Gelato. Très jolie échoppe aux tons clairs, dans laquelle les parfums des délicieuses glaces maison colorent la vitrine. Pistacchio, nocciola, ricotta e fichi, mango, tiramisu, salted caramel, fico..., plus de 25 parfums pour vous ravir. Ici, Stefano perpétue la tradition italienne de son enfance : des fruits frais coupés, de l'eau, du sucre, son lait frais et sa crème marchese. Une recette familiale qu'il honore avec amour chaque jour à Moro Gelato. Quel délice !

OBZ CAFÉ

115 Lower Main Road
✆ +27 21 007 1397
www.obzcafe.co.za
Ouvert de 11h à 23h, tous les jours sauf le lundi. Environ 60 R pour un cocktail.

Un café-restaurant animé, le temple de la vie nocturne à Obs', comme on appelle Observatory, le quartier étudiant du Cap, très bohème et intellectuel comme on les aime, avec ses bobos et ses étudiants sympathiques dans une ambiance new-yorkaise. L'endroit est très vaste et plutôt relax, on s'y retrouve à l'apéritif entre amis pour siroter une bonne bière artisanale ou un cocktail maison élaboré. Vous pourrez même y commander une pizza à partager, cuite au feu de bois, ou vous attabler pour goûter une cuisine délicate à base de viande ou de poisson.

RICK'S CAFE AMERICAIN

103 kloof street Crn, Weltevreden Street
✆ +27 21 424 1100
www.rickscafe.co.za
Ouvert du lundi au samedi de 11h à 2h. Environ 80 R pour un cocktail.

Véritable institution à Cape Town, le Rick's Café a élu domicile dans le vibrant quartier de Kloof Street. Installé à l'époque dans une maison victorienne vieille de 110 ans, la nouvelle demeure a tout autant de charme, avec en prime le balcon sympathique qui dessine l'angle des rues de Kloof Street et Weltevreden. À l'intérieur, le décor est inchangé et rappelle le film *Casablanca*. Un décor feutré, des banquettes de velours, de la mosaïque colorée au mur ou au fil des marches de l'escalier. Des bougeoirs en fer forgé tamisent l'ambiance.

THE YARD

Ground Floor, Silo 4, Silo District, V&A Waterfront
✆ +27 21 879 1157
www.theyardatsilo.co.za
Ouvert de 7h30 à 22h du lundi au vendredi, de 8h à 22h le samedi et de 8h à 15h le dimanche. Entre 70 R et 200 R.

The Yard est un café et restaurant branché avec une vue imprenable sur le musée MOCCA d'art contemporain d'Afrique et son bâtiment bien original. Vaste salle avec le bar et les cuisines ouverts dans l'îlot central. Dans ce nouveau quartier en développement juste à côté du Waterfront : le quartier Silo. Une atmosphère industrielle et contemporaine bien agréable, mais surtout, une cuisine moderne et très joliment servie. Il fait bon aussi s'arrêter pour un café glacé délicieux au détour d'une promenade pour se rafraîchir en terrasse dans l'après-midi.

TRUTH COFFEE

36 Buitenkant Street
✆ +27 21 201 7000
www.truth.capetown
Ouvert tous les jours, de 7h à 18h.

Envie d'une pause café ? À deux pas du District Six Museum, un bel espace, dédié en partie à l'art de déguster un bon café, nous attend. Ce lieu s'appelle le Truth Coffee, il nous transporte à peine la porte franchie dans une autre époque, un peu dandy des années 1930. Les serveurs portent tous des uniformes du siècle dernier, et la carte se lit dans un journal. Tous et toutes sont aux petits soins. Pour faire une pause café d'exception, petit déjeuner ou bien même bruncher, l'endroit est idéal. Une adresse hautement recommandée.

(SE) FAIRE PLAISIR

Quelle mine d'or si l'on souhaite se faire plaisir ! La ville du Cap regorge de propositions et d'idées pour qui veut s'offrir un souvenir de voyage, un beau bijou, comme une nouvelle déco d'intérieur. Foisonnant et novateur, Le Cap inspire de nombreux artistes et artisans. Les créations artisanales aux couleurs de l'Afrique du Sud illuminent les marchés tendance de Biscuit Mill et les *pop up stores* du centre-ville. Parmi eux, on retrouve de nombreuses femmes talentueuses et passionnées, mises en lumière grâce au collectif Les Artisanes du Cap. Aussi, vous vous perdrez dans de magnifiques magasins d'antiquités, remplis d'objets en tout genre comme de véritables cavernes d'Ali Baba : masques africains, vinyles et fripes. L'Afrique du Sud, haut lieu des pierres semi-précieuses, vous invitera à découvrir la gemmologie et la lithothérapie, à la fois pour la beauté et les histoires que cela raconte.

MOJO MARKET

30 Regent Road
✆ +27 21 422 4888
www.mojomarket.co.za
Ouvert tous les jours de 8h à minuit.

Ce marché de nourriture est ouvert sept jours sur sept. Le Mojo Market est un mélange éclectique de 45 étals de vente au détail de produits frais, issus de producteurs locaux et internationaux. Sous les halles, on s'installe à de nombreuses tables entre amis en choisissant son repas préféré. Après s'être régalé, on y trouve aussi pléthore de vêtements, de cadeaux, de bijoux et autres articles ménagers, mais surtout, les week-ends sont souvent synonymes d'une ambiance décontractée, festive, parfois même avec un concert de musique *live*.

NEIGHBOURGOODS MARKET

375 Albert Road
✆ +27 21 462 6361
www.neighbourgoodsmarket.co.za
Le samedi, de 9h à 17h et le dimanche, de 10h à 16h.

Tous les restaurateurs et les petits marchands de bonne cuisine de la ville tiennent un stand sur ce marché gastronomique, du resto qui a pignon sur rue aux hippies sortis de leur communauté pour vendre leurs produits. On y propose des sandwiches, des plats préparés, des viandes grillées, des brochettes de champignons, des gâteaux faits maison, des spécialités asiatiques... Le tout, sain et savoureux. Egalement des stands de vins, cocktails et jus de fruits frais. Il y en a pour tous les goûts, toutes les saveurs et de tous les pays.

OLD BISCUIT MILL

375 Albert Road
✆ +27 21 447 8194
www.theoldbiscuitmill.co.za
Ouvert en semaine de 10h à 16h, le samedi de 9h à 14h et le dimanche de 10h à 16h. Marché uniquement le week-end.

Dans le quartier branché de Woodstock, le Biscuit Mill est incontournable. D'un côté un marché gastronomique qui fait tournoyer les papilles de ses visiteurs, de l'autre des magasins de design, de décoration, d'incroyables boutiques de brocante et de bric-à-brac, et un marché de jeunes créateurs le samedi. Vous y trouverez des articles originaux, *vintage*, chics, bohèmes, des posters imprimés aux couleurs de votre voyage, des bijoux fantaisie, des accessoires... L'occasion également d'acheter de la sape unique, belle et pas trop chère.

ORANJEZICHT CITY FARM MARKET

Beach Road
Tous les mercredis de 17h à 19h, les samedis de 8h à 14h, les dimanches de 9h à 14h (quel que soit le temps !).

Trois fois par semaine au V&A Waterfront, le OZCF Market Day est un marché fermier communautaire pour les agriculteurs locaux indépendants et les producteurs d'aliments artisanaux. Ici, on peut faire ses emplettes habituelles de légumes, fruits, pain, produits laitiers, œufs fermiers, goûter de délicieux plats cuisinés ou se laisser inspirer par un système alimentaire alternatif : plantes comestibles, compost et équipement de jardinage. Une belle mise en avant des produits locaux.

SHIMANSKY DIAMONDS

✆ +27 21 421 2788
www.shimansky.com
Ouvert tous les jours, de 9h à 21h.

© SHIMANSKY

Un lieu qui permet de découvrir, en direct, toutes les étapes de transformation du diamant, de sa forme brute à son état final, en passant par les ateliers de taille et de polissage. Un verre de vin sud-africain ou de café fraîchement moulu, on se promène à travers le Showroom Shimansky, qui contient des conceptions totalement uniques. Pour tout achat, des consultations de conception sont possibles, vous permettant de sélectionner personnellement votre diamant. Si votre temps est limité, votre sur-mesure peut être fabriqué et livré dans les 24 heures.

AFROGEM

181 Buitengracht Street
✆ +27 76 726 8491
www.afrogem.co.za
Entrée libre et visite de l'usine : en semaine de 9h à 17h30, le samedi de 9h à 15h.

Les pierres font partie des incontournables. Afrogem pour afro gemmologie. Découvrez ici la création et fabrication de magnifiques bijoux dans les coulisses d'une des plus anciennes bijouteries du Cap. Bagues, pendentifs et boucles d'oreilles serties de diamants et autres pierres précieuses, tanzanite, aquamarine, topaze, citrine, tourmaline : ça brille ! Cela pourrait donner quelques idées de projets aux amoureux de se passer la bague au doigt, et amoureux de bijoux de s'offrir une belle parure. N'hésitez pas à demander une visite avec un guide francophone.

TOWNSHIP PATTERNS

19 Fisher Avenue
✆ +27 72 550 7093
www.township.co.za
Ouvert tous les jours de 10h à 19h.

Township Patterns est une entreprise sociale créée par une Française, Nicole-Marie Iresch. Elle a mis au cœur de sa mission le développement économique des townships d'Afrique du Sud par la commercialisation de sacs design et arty fabriqués par les femmes des townships de Khayelitsha et Manenberg, en collaboration avec l'École Duperré d'arts appliqués à Paris. Les produits sont en vente dans la boutique, colorés, beaux, bien finis, de jolis ouvrages. La boutique propose aussi des accessoires pour les femmes, les hommes et les enfants.

AFRICAN JACQUARD

7 Woodlands Road
✆ +27 21 448 4886
www.africanjacquard.com
Visite du Showroom sur rendez-vous. Magasin en ligne et points de vente sur le site Internet.

Les créations African Jacquard allient la tradition française du tissage de linge de maison aux couleurs chaudes d'Afrique pour le plaisir de nos tables et de nos cuisines ! Tisser du linge de maison aux couleurs du continent selon le procédé Jacquard. Les designs parlent d'histoires de voyages, de symboles, de lieux que l'on a parfois du mal à quitter, dont on veut rapporter de beaux souvenirs. Côté création, Christine s'est alliée des compétences de jeunes designers sud-africaines à Cape Town, afin d'élargir les sources d'inspiration et les styles.

LES ARTISANES DU CAP

✆ +27 72 832 7040
Visite du showroom sur rendez-vous. Les artisanes viennent à votre rencontre pour des ventes privées.

Créé par cinq entrepreneuses francophones engagées, le nouveau collectif joliment nommé Les Artisanes du Cap nous promet un shopping singulier. Le concept ? Des souvenirs qui viennent jusqu'à vous à travers des ventes privées sur mesure. Parmi la grande diversité d'objets fabriqués de manière artisanale, toutes les approches sont responsables, éthiques et les marques à visée solidaire. Les ventes en direct vous offrent sans conteste un tarif avantageux et la certitude de soutenir l'économie locale. Un *personal shopper* aux couleurs de l'Afrique du Sud.

BOUGER & BULLER

Les Captoniens ne passent pas un week-end sans une activité de sport ou de loisir. Et pour cause, l'environnement de la ville se prête parfaitement aux amateurs de plein air. Entre le centre-ville bouillonnant, la mer et la montagne, tout est possible au Cap. On bulle dans l'un des spas somptueux des hôtels de luxe de la ville ou encore des vignobles alentour le temps de s'offrir un soin du visage ou un massage, avant de prendre le thé et de retrouver la douceur et la lenteur des vacances. Un autre jour, on bouge ! Selon les intérêts et les rêves, on s'offre une session de surf, de kite, ou encore une plongée à la rencontre des requins. Envolez-vous du haut de Table Mountain en parapente pour découvrir la ville d'une autre façon ou choisissez d'honorer la terre pour une belle randonnée. Les passionnés de montagne et de vélo découvrent et testent le sport emblématique du coin : le mountain bike.

ABSEIL AFRICA

295 Long Street
✆ +27 72 065 1520
www.abseilafrica.co.za

Descente de la rivière et sauts de 3 à 22 m : 1 195 R. Descente en rappel de la Table Mountain pour 995 R.

Avis aux aventuriers et passionnés de sport de nature. Abseil Africa est une agence spécialisée dans l'escalade et le canyoning. Les *aficionados* de canyoning trouveront leur bonheur dans une chute de 65 m de haut. Vous pourrez aussi opter pour une descente de la Table Mountain : 112 m en rappel le long du « Kamikaze Kanyon », un espace vertical époustouflant, et surtout une vue panoramique imprenable depuis Table Mountain. L'océan magnifique d'un côté, la montagne des Douze Apôtres de l'autre, le cœur qui bat, quelle belle expérience !

CAPE TOWN HELICOPTERS

220 East Pier, Breakwater Edge, V&A Helipad, V&A Waterfront ✆ +27 21 418 9462
www.helicopterscapetown.co.za

Tour en hélicoptère à partir de 2 600 R par personne.

Un expérience inoubliable que de découvrir Table Mountain et Cape Town depuis les airs. Sans doute l'une des plus belles destinations pour un vol en hélico. On survole une ville splendide, nichée entre les montagnes de la Table, des Douze Apôtres et la beauté de l'océan Atlantique, les plages magnifiques de Camps Bay ou encore de Clifton. Il existe un package combiné avec l'équipe Ocean Experience qui poursuit la balade dans les airs par une virée en mer. Un autre point de vue sur la ville, mais surtout une rencontre avec les dauphins, les phoques, les baleines…

PARAGLIDE SOUTH AFRICA

✆ +27 83 251 9892
www.paraglidesa.com/

Vol en tandem à partir de 1 400 R.

Le Cap est sans aucun doute la destination de voyage la plus spectaculaire pour le parapente. Avec des sites de renommée internationale comme Signal Hill et Lion's Head, le parapente en tandem est devenu l'activité d'aventure la plus populaire au Cap. Avec plus de vingt-six ans d'expérience et une sécurité sans faille, Paraglide South Africa propose des initiations en tandem ou des cours de parapente pour apprendre à voler seul. Un moment inoubliable où l'on apprécie des vues imprenables sur la ville du Cap, tout en ayant des sensations fortes.

COASTLINE KITESURF

12 Sceptre Cres
✆ +27 74 0926 526
coastlinekitesurfing.com
A partir de 1 800 R par cours collectif.

Pourquoi ne pas profiter de votre séjour au Cap pour vous mettre au kite surf ? Longues plages, vent très fréquent : les conditions sont idéales. Coastline Kitesurf est une école sérieuse qui vous permettra d'apprendre le kitesurf étape par étape, tout en sécurité, pour que vous deveniez en quelques sessions un sportif indépendant et puissiez vous amuser. Des stages découverte aux stages de cinq jours pour devenir vraiment à l'aise avec son kite, il y en a pour tous les goûts et les niveaux. Les cours ont lieu sur les plages de Blouberg et Muizenberg.

MINI-CROISIÈRES TIGGER 2

Shop 5B, Quay 5
✆ +27 21 418 0241
www.tiggertoo.co.za
Sunset cruise 480 R/personne apéritif inclus.
Croisières avec repas à partir de 820 R/personne.

Le bureau est accessible au départ du Warterfront, ici Tigger 2 propose, entre autres, une croisière d'une heure et demi pour aller voir le coucher du soleil avec une vue privilégiée, la « Sunset Cruise ». On embarque alors à bord d'un joli bateau à moteur pour prendre l'air en mer. Un verre de mousseux et des canapés à grignoter font partie du voyage. Vous avez également la possibilité aussi de louer le bateau pour une croisière romantique à deux, ou encore choisir la croisière « Lunch Cruise » ou « Dinner Cruise » pour vous régaler au grand large.

SUP CAPE TOWN

Sur le Waterfront
✆ +27 71 603 8388
supcapetown.co.za
1h dans la zone du Waterfront : 250 R.

Non loin du V&A Waterfront du Cap, situé sur le canal à côté du Battery Park, l'agence Sup Cape Town propose de la location de paddle pour pagayer autour du Waterfront ou un même un peu plus loin, sur l'océan. Les mois d'été, en décembre et janvier, l'agence est également présente sur Clifton 4th Beach. Ici, vous pouvez louer des paddles aussi bien pour faire un tour sur les canaux que pour la totalité de vos vacances. Pour les amateurs de découverte, il est possible de prendre une leçon guidée d'une heure en équilibre sur votre paddle.

THE TANDEM FLIGHT CO.

Signal Hill Road
✆ +27 62 501 7847
tandemflight.co.za
Vol à partir de 1 350 R avec la vidéo.

Si vous vous baladez en levant un peu les yeux, vous les verrez planer au-dessus de vos têtes dans le ciel bleu. Quelle aubaine ! Découvrir Cape Town depuis le ciel, en parapente. Un moment magique et une vue époustouflante à un prix plus abordable que de voler au-dessus de nos contrées. Si vous êtes partant, n'hésitez pas à vous lancer sans attendre votre dernier jour de voyage. Cette activité étant entièrement réalisable en fonction de la météo, il se pourrait que la date fixée au préalable soit décalée à cause du vent. Lancez-vous !

UP CYCLES

Waterfront
✆ +27 74 100 9161
www.upcycles.co.za
En ville 1h : 90 R, demi-journée : 260 R, journée : 330 R.

Un bon moyen d'explorer la ville à vélo grâce aux différentes formules proposées. C'est simple : vous choisissez une station de départ, vous payez, vous roulez et vous déposez le vélo à la station de votre choix. Les vélos sont de style hollandais et offrent une postures droite, assis sur une selle tout confort qui s'adapte à toutes les tailles, hommes et femmes confondus. Ils sont bien agréables pour se balader tranquillement en ville et faire du tourisme sans avoir la tête dans le guidon. Up Cycles propose également une flotte de vélos enfants si besoin.

RUAN THAI MASSAGE & SPA

36 Long Street
✆ +27 21 424 7444
www.ruanthaispa.co.za
Massage thai 60 minutes 400 R, massage des pieds thaï 380 R, sauna 50 R.

Voilà un endroit qui ne paye pas de mine, d'où vous ressortirez pourtant sur un petit nuage. Un vrai massage thaïlandais traditionnel. Accrochez-vous, le massage traditionnel s'apparente presque à une séance d'ostéopathie ! Mais pour le plus grand bonheur des amateurs de massage, on peut le combiner avec un massage thaï aux huiles. Également, il est possible d'opter pour un massage de réflexologie plantaire traditionnel, la réflexologie dont les bienfaits sont assez extraordinaires. Pas cher et un vrai bonheur, très recommandable !

COFFEEBEANS ROUTES

44 Orange Street
✆ +27 79 49 58 782
www.coffeebeansroutes.com
Entre 620 et 1 100 R la soirée ou la journée, selon la programmation.

Coffeebeans Route propose des sorties thématiques culturelles exceptionnelles : jazz, reggae, hip-hop, foot, art, « storytelling », cuisine, jardins privés… Le principe est le même pour toutes les sorties : en journée ou en soirée lorsqu'il s'agit de musique. En petits groupes à travers des lieux animés de la ville connus des locaux, deux ou trois endroits différents par sortie, souvent dans les vibrants townships. Les vrais clubs de jazz ou les dance halls des townships, ou un football avec des jeunes de Khayelitsha… Une expérience originale et unique.

TOTAL BLESSING AND WINE TASTING TOURS

✆ +27787589451

Envie d'aventures, de sport et de vous reconnecter à la nature ? Total Blessing vous propose des programmes de fitness adaptés, des cours de boxe, des randonnées en pleine nature et des dégustations de vins. Partez sur les chemins de randonnée de Table Mountain avec ce sportif entraînant. Respirez à pleins poumons et émerveillez-vous devant les vues renversantes sur Le Cap ou arpentez les vignes du Cap pour goûter aux meilleurs crus de la région.

SEANCE PHOTOS A BO KAAP

114 Church Street, Bo-Kaap
✆ +27 786 92 65 07
Sur rendez-vous. Séance photos d'environ 1 heure. Shooting privé sur demande. À partir de 800 R par personne.

Une expérience unique pour un souvenir original et coloré. Derrière l'objectif, c'est Marie-Laure, une pétillante Française, qui vous prendra en photo sous tous les angles avec son œil d'experte. Pendant environ une heure, vous déambulerez et vous poserez dans le quartier aux maisons multicolores de Bo Kaap. C'est son terrain de jeu préféré, car il offre de nombreuses possibilités, mais la séance photos peut avoir lieu dans d'autres quartiers sur demande. Pour Marie-Laure, la photographie est une passion et ça se sent. Au final ce sont entre 25 et 35 photos.

SORTIR

Le Cap est la ville où l'on sort par excellence, particulièrement d'octobre à mai, quand le soleil est au plus haut, quand les vibrations de l'été sont les plus fortes. Alors les bars ne désemplissent pas, les concerts en plein air s'enchaînent. De novembre à mars, les pelouses du Kirstenbosch National Botanical Garden accueillent chaque dimanche des concerts au coucher du soleil. Quel cadre ! Les noctambules plus urbains, eux, se retrouvent sur Long Street, la rue de la fête, de la soif, de la *night*, la rue où les *barmaids* enchaînent les cocktails. Une atmosphère animée dans laquelle les terrasses aux balcons de fer forgé donnent un air de Nouvelle-Orléans à la ville. De nombreuses auberges de jeunesse ont leur propre bar. Non loin de là, le quartier de Kloof Street est un haut lieu de la nuit captonienne avec ses restaus branchés aux terrasses fleuries à l'ambiance guinguette ou bohème sous les loupiotes.

CHEZ NTEMBA VIP CLUB

39 Main Rd, Green Point
✆ +27 21 423 7575
Ouvert de 22h à 4h du jeudi au dimanche.

Le Congolais Kayembe Ntemba qui a ouvert des clubs « Chez Ntemba » partout en Afrique n'a pas oublié Jo'burg, Durban, Pretoria et bien sûr Cape Town ! Ambiance ndombolo et coupé décalé de Kinshasa et Brazzaville jusqu'au bout de la nuit devant les miroirs et sous les boules à facettes : ça change du rock et de la deep house. Et si vous parlez français, vous serez encore mieux reçus, car vous croiserez probablement une grande communauté de francophones. Rendez-vous du jeudi au dimanche sur Main Road, à l'arrière du Waterfront.

THE BAXTER THEATRE

Main Road Rondebosch
✆ +27 21 685 7880
www.baxter.co.za
Administratif : ouvert tous les jours de 9h à 13h et de 14h à 17h.

Dans la banlieue de Rondebosch, The Baxter Theatre a été inauguré en 1977 comme le centre de théâtre de l'université. Un théâtre mythique au Cap, au cœur de l'université. Aujourd'hui, trois salles accueillent des troupes internationales, nationales et locales. La programmation du lieu est extrêmement riche, l'ambiance bohème, intellectuelle et charmante. The Baxter organise régulièrement des stages ou des ateliers destinés aux jeunes des communautés défavorisées ainsi que le festival annuel de théâtre Baxter Zabalaza, pour les jeunes talents du théâtre.

ARTSCAPE THEATRE COMPLEX

D.F. Malan St, Foreshore
✆ +27 21 410 9800
www.artscape.co.za

La plus grande salle de spectacle pour les concerts classiques : orchestres, opéras, ballets, pièces de théâtre. Toutes les grandes troupes passent dans cette salle qui peut accueillir plus de 1 000 personnes, l'Opera House. A l'intérieur du complexe, les salles « Cape Town City Ballet « et « Jazzart Dance Theatre » accueillent respectivement des troupes de danse classique et de jazz contemporain. Consulter le programme sur le site web. La nuit tombée, il n'est pas recommandé de se promener à pied dans les rues avoisinantes.

THE LABIA THEATRE

68 Orange Street
✆ +27 21 424 5927
www.labia.co.za
A partir de 40 R la place.

Ancienne salle de bal de l'ambassade italienne inaugurée en 1949 par la princesse Labia. Le lieu est le cinéma d'art et d'essai le plus ancien du pays. Le tout a son charme, même si l'ancienne salle a été divisée en deux et que l'on ne peut plus trop apprécier sa splendeur. Au total 4 salles un peu vieillottes, mais la programmation, l'ambiance et les petits prix garantissent la qualité du spectacle ! Le Labia possède également deux salles modernes sur Kloof Street, dans le centre commercial. Programmation un peu plus commerciale, mais mêmes tarifs.

GUGULETU ★

Dans la langue xhosa, Guguletu signifie « notre fierté ». À une quinzaine de kilomètres à l'est de la ville, le *township* s'étend de part et d'autre de Steve Biko Drive, sur des kilomètres de maisons de taule non loin de l'aéroport. Plus communément appelé « Gugs », c'est un des plus grands *townships* du Cap, on trouve en majorité des populations noires bantoues. Il fut créé en 1958, dans le but premier d'étendre son voisin, Nyanga. À travers ses allées poussiéreuses, le tourisme se développe grâce notamment aux nombreux B&B et activités écosolidaires qui offrent la possibilité de découvrir le lieu et surtout ses habitants à travers un prisme solidaire.

LANGA ★

Fondé en 1927, Langa est l'un des plus anciens *townships* d'Afrique du Sud. Centre de résistance et bastion de la lutte durant les années de l'apartheid, il a été construit avec une seule entrée pour que la police puisse mieux contrôler les habitants. On y trouve aujourd'hui des quartiers un peu plus prospères, mais aussi des aires de grande pauvreté. Les habitants de Langa sont pleins d'entrain et d'idées. De très belles initiatives sont mises en place au sein du *township*. Parmi ces bonnes idées, vous pourrez notamment vous initier à la cuisine locale : une rencontre qui se veut alors culturelle, humaine et culinaire au cœur du *township* de Langa.

Garçon jouant du vuvuzela, Guguletu.

MZOLI'S €

Shop 3, NY 115

✆ +27 21 638 1355

Pour les gens extérieurs au township, venir le dimanche après-midi.

Mzoli's : une institution au Cap. Mzoli's Ngcawuzele a contribué à développer le tourisme dans le township de Gugulethu. Au départ une boucherie, Mzoli's a ouvert un restau dans le garage, vite devenu « the place to be ». L'un des rares endroits où se mêlent des familles et des jeunes de toute origine ethnique et sociale. On y vient pour la viande grillée sur le *braai* traditionnel et pour le son : du kwaito, de la house, les musiques des townships, les vraies, mixées par des DJ locaux. On achète ses consos juste à côté. La nuit venue direction le night-club !

FOOTSTEPS TO FREEDOM

Castle Street

✆ +27 83 3095 378

https://footstepstofreedom.co.za/

Tour privé : à partir de 3 749 R de 1 à 4 personnes, transport A/R inclus. Autour de 300 R par personne supplémentaire.

Footsteps to Freedom, « Les pas vers la liberté » en anglais. L'agence de visite touristique nous propose de découvrir à pied le township de Langa avec un guide local, dans la matinée ou l'après-midi. Après avoir traversé des banlieues pleines d'histoire en voiture, la balade à pied dure 2h au fil des rues et des ruelles de Langa, des acteurs du *township* et des petits bouibouis où l'on s'arrête. Sur réservation, la visite se termine alors de façon conviviale avec un buffet généreux chez un résident de la région. Une expérience authentique.

KHAYELITSHA ★

Le plus grand *township* de la région et le deuxième d'Afrique du Sud après Soweto. Un tiers de la population du Cap y vit, soit plus d'un million et demi de personnes. Créé par le gouvernement de l'apartheid en 1984 et situé à 40 km du Cap, Khayelitsha, qui veut dire « nouvelle maison » en xhosa, regroupe autant d'habitations en brique, notamment dans le quartier de Beverly Hills où vit la nouvelle classe moyenne, que de cabanes en tôles. Le *township* se renouvelle et s'agrandit sans cesse, ceux qui ne peuvent s'installer à Langa et Nyanga continuant de venir grossir les rangs. Le tourisme solidaire se développe et permet de découvrir le quotidien ici.

HOUT BAY ★★

Le port est à l'entrée de la ville où restaurants et magasins de souvenirs attendent le tourisme. C'est de là que partent les bateaux pour aller voir les phoques sur l'île de Duikker. En venant de Camps Bay se trouve l'une des plus belles plages de la péninsule, Llandudno. Puis, à proximité, Sandy Bay et la plage du village dans la baie, familiale et proche des cafés. Le site appelé Dungeons est l'un des spots de surf les plus prisés de la planète. Les surfeurs s'engouffrent dans d'énormes tubes ! Malgré de nombreux accidents mortels, les amateurs continuent d'affluer pendant la Red Bull Big Wave Africa, en hiver, à la recherche de la grosse vague et du grand frisson.

BAY HARBOUR MARKET ★★

31 Harbour road

✆ +27 84 370 5715

www.bayharbour.co.za

Ouvert le vendredi de 17h à 21h, le samedi et dimanche de 9h30 à 16h.

Tout comme le Neighborhood Market à Woodstock, le marché de Hout Bay propose des stands de nourriture gastronomique et bio et des stands de shopping divers et varié. On peut donc manger sur place avant d'aller faire ses emplettes ou entre deux bonnes affaires. L'avantage, c'est qu'il est plus petit, bénéficie d'un emplacement idéal en bord de mer, dispose de tables extérieures, ça c'est top, et finit plus tard que son concurrent. Idéal avant d'aller se prélasser sur la plage à Llandudno, joli village résidentiel au bord de l'eau.

CHAPMAN'S PEAK DRIVE ★★★

✆ +27 21 791 8222

www.chapmanspeakdrive.co.za

Péage en voiture : 57 R, en moto : 37 R.

Près de 9 km et 114 virages serrés au-dessus de l'océan, au bord d'une falaise vertigineuse de 600 m de hauteur qui relie Hout Bay à Nordhoek. Le tronçon est payant, mais ça vaut vraiment le spectacle. Le mieux est de le prendre dans le sens Nordhoek – Hout Bay à l'heure où le soleil se couche pour apprécier la vue sur l'océan. Faites très attention en conduisant et arrêtez-vous dans les refuges pour admirer le paysage. La route est fermée en hiver à cause des éboulements. Vous avez peut-être déjà admiré cette route à travers les spots publicitaires de voitures.

DUIKER ISLAND ★★★

Duiker Island

Tour de 35 minutes, comptez environ 130 R par adulte et 70 R par enfant.

Une colonie de phoques vit sur Duiker Island. Une petite croisière au départ du port de Hout Bay jusqu'à ce caillou, le long de la côte et même jusqu'au Cap en été. Plusieurs compagnies opèrent sur le port, mais les plus petits bateaux sont ceux de Drumbeat Charters. Pas besoin de réserver, des bateaux partent sans arrêt. Sur le quai, les phoques sont prêts à se livrer à de véritables shows pour obtenir un poisson. Les phoques restent des animaux sauvages et s'ils paraissent être de grosses bêtes très attendrissantes, ils peuvent vous mordre !

Chapman's Peak Drive.

© FRANCESCO DE MARCO - SHUTTERSTOCK.COM

Duiker Island.

WORLD OF BIRDS ★

Valley Road
✆ +27 21 790 2730
https://worldofbirds.co.za/
Ouvert de 9h à 17h. Adulte : 130 R, enfant : 50 R.

World of Birds, ou le monde des oiseaux. Sur la Valley Road, rendez-vous dans le sanctuaire des singes et de la vie sauvage. Pour ceux qui n'ont pas été traumatisés par le film d'Alfred Hitchcock, voici le plus grand jardin ornithologique d'Afrique. Vous croiserez alors ici environ 3 000 oiseaux de 450 espèces différentes. Ceci est un véritable spectacle. Aussi, le parc accueille plus d'une trentaine de new world monkeys, des petits singes agiles et curieux qui gambadent et jouent dans tous les sens, attention à vos effets personnels !

AFRICAN EAGLE DAY TOURS

4 Malta Road
✆ +27 21 464 4266
www.daytours.co.za
Départ 8h-9h, retour 17h30. Excursion dans la péninsule du Cap à 1 590 R/pers.

L'agence African Eagle propose un bon nombre de sorties et d'excursions au Cap et dans ses environs. Au programme de l'agence, la visite de la péninsule à travers de charmants villages historiques, mais aussi la découverte du point de rencontre des deux grands océans Atlantique et Indien au niveau du cap de Bonne-Espérance. On s'en va alors à vélo, en hélicoptère ou en bateau, en ville, en montagne, ou encore en mer, à la découverte de la région. Des circuits safari sont aussi proposés au parc national du Kruger et sur la Garden Route.

CUBE GUEST HOUSE €€

20 Luisa Way
✆ +27 71 441 8161
www.cube-guesthouse.com
De 1 000 R à 2 450 R selon le type d'hébergement et selon la saison. Petit déjeuner inclus.

Du côté des beaux quartiers d'Hout Bay, une guesthouse à l'architecture cubique où la modernité et les lignes carrées règnent. Les six chambres de cette jolie maison disposent d'une terrasse privée dont la plupart bénéficient d'une vue sur la montagne et sur la mer. À l'intérieur, la décoration est épurée, des grandes baies vitrées, les tons sont blancs et les matériaux utilisés sont nobles, le bois et le verre. Il y a un jardin, un patio et une très belle piscine pour vous relaxer au calme. Les adeptes d'art ou de décoration contemporaine adoreront.

POSEIDON GUEST HOUSE €€

15 Marlin Crescent
✆ +27 21 791 0868
www.poseidonhouse.com
De 750 R à 1 300 R, petit déjeuner inclus.

Sur les hauteurs et offrant une superbe vue sur la baie, un accueil discret et charmant. Une grande pièce de vie, coquette et cosy avec ses fauteuils moelleux et fleuris, un grand jardin avec une piscine. Les chambres ont toutes un thème différent mais les tons restent clairs et doux dans chacune d'entre elles, certaines avec balcons, d'autres avec un accès direct au jardin, toutes avec cette splendide vue dont vous ne vous lasserez pas... Et que dire de l'excellent petit déjeuner : jus de fruit pressé, salade de fruits, pain et viennoiseries faites maison.

THE TARRAGON €€

21 Hunters Way
✆ +27 21 791 4155
www.thetarragon.com
Bungalow avec cuisine équipée à partir de 1 400 R selon la saison et le type de cottage.

Tarragon = estragon en français, d'où les noms épicés des 5 bungalows : jasmin, angélique, lierre, thym et safran. Une vraie oasis gérée par Mark et Julia. On est ici en pleine nature, au milieu des arbres, points d'eau, petits ponts et escaliers en bois, pierres apparentes, entouré de libellules et autres papillons sur 8 000 m². Un vrai sentiment de sérénité dans cet espace très familial, calme et relaxant. Les bungalows sont de grande classe, avec de nombreux éléments de déco africaine. Le must, se prélasser autour de la piscine avec Table Moutain derrière nous.

CHEYNE'S €

1 Main Road
✆ +27 66 412 3289
Ouvert de 18h à 22h du lundi au jeudi et de 12h à 15h et de 18h à 22h le vendredi et le samedi. Fermé le dimanche.

Sur la rue principale d'Hout Bay, le restaurant Cheyne's est une brasserie asiatique chic ! Du bois, des murs à la peinture noire, une ambiance tamisée et des bougies sur chaque table... Installez-vous confortablement sur les canapés avec leurs gros coussins ou encore sur la table haute qui fait l'effet d'un bar sur la terrasse, ou encore sur les tables basses autour de la fontaine centrale, et régalez-vous avec des saveurs d'Asie parfaitement cuisinées. Les assiettes sont divines, surmontées souvent d'une petite fleur comestible pour colorer vivement votre plat.

LA CUCCINA €

13 Boundary Road
✆ +27 21 687 0099
www.lacuccina.co.za
Ouvert tous les jours de 7h30 à 17h. Café, buffet petit déjeuner, déjeuner. Prix au poids.

La Cuccina est l'endroit idéal pour prendre son petit déjeuner le matin ou pour faire une pause le midi. Un endroit cosy très agréable où l'on sert une nourriture fraîche, bio et de saison. Le concept est simple et attrayant puisqu'un énorme buffet est mis à votre disposition, avec des produits frais, des quiches maison et un large choix de plats de viandes ou encore de salades composées et appétissantes. Comme une grande cantine qu'aurait ouvert notre grand-mère, le tout est délicieux et l'on apprécie l'attention du service.

MARINERS WHARF €€

Hout Bay Harbour
✆ +27 21 790 1100
www.marinerswharf.co.za
Ouvert tous les jours de 9h à 21h30. Plats de 85 R à 495 R. Fish'n'chips 95 R.

Installé dans les entrepôts d'une ancienne pêcherie, l'intérieur du restaurant ressemble aux cabines des bateaux anglais et l'on est accueilli par des serveurs habillés en mousse. Ce restaurant reçoit directement les poissons et crustacés de qualité. Il est réputé pour son succulent panier du pêcheur : calamars, moules, crevettes, poissons et langoustes. La terrasse extérieure, à l'étage, est le cadre le plus agréable pour profiter de la vue sur la baie et pour apercevoir les otaries. Pensez à réserver, notamment le week-end, car l'endroit est pris d'assaut.

QUENTIN AT OAKHURST €€

Oakhurst Farm Main Road
✆ +27 21 790 4888
www.oakhurstbarn.com
Du mardi au samedi de 9h à 22h. Les dimanches de 9h à 16h. Plats autour de 250 R.

Dans une ferme de Hout Bay, le restaurant Quentin at Oakhurst et sa cave suivent les traces de plusieurs générations d'agriculture familiale et de traditions culinaires. La grange met en valeur son patrimoine et y associe son savoir gastronomique. Le gargouillement de l'eau, la volée des pintades et le craquement des glands sous le pied, embrassés par la fraîcheur de la canopée majestueuse et puissante du chêne, créent des arrangements magnifiques qui servent d'inspiration au Chef. Cadre épuré, grandes tablées, chaises en chêne, et dans l'assiette : un pur régal.

WHARFSIDE GRILL RESTAURANT €€

1 Harbour Road
✆ +27 21 790 1100
Ouvert tous les jours de 12h à 21h30. Plats à partir de 150 R.

Fourni par les pêcheurs du coin, ce restaurant à la terrasse panoramique sert d'excellents poissons, fruits de mer et même sushis. Il est vite pris d'assaut par les touristes à midi, le mieux reste d'arriver tôt pour bénéficier des meilleurs emplacements. La salle nous transporte à l'intérieur d'un bateau où il fait bon prendre place en soirée. Les serveurs en tenue de matelot sont à la disposition du client et sont de bon conseil. Service rapide et soigné.

MUIZENBERG ★★★

Muizenberg, « Muizies » comme l'appellent les locaux, est la première station côtière le long de la False Bay en arrivant du centre du Cap par la M3. C'est une ville un peu bohème, pas seulement une destination d'été où les Sud-Africains et les touristes se ruent, mais aussi une bourgade où il fait bon vivre. Mais Muizenberg, c'est surtout et avant tout le paradis des surfeurs avec sa grande plage aux cabanes multicolores que l'on voit sur les cartes postales. Si vous voulez suivre des cours de surf, de kitesurf ou de char à voile, c'est ici qu'il faudra vous rendre. Pour admirer la plage d'en haut, ne manquez pas la Boyes Drive sur les hauteurs de la ville.

THE CATWALK ★

Une très sympathique balade entre Muizenberg et Saint James, le long d'une allée en béton au milieu des rocs. Vous voyez les vagues qui viennent s'écraser sur les rochers, des pêcheurs, et les baleines dans la baie, quand elles sont là de la fin août au début d'octobre environ. Attention à la douche, les vagues peuvent être très fortes ! Quand la mer se calme, on voit apparaître les sommets des forêts de kelps qui dépassent à la surface. Puis, au coucher du soleil, les couleurs chatoient et apportent toute la douceur d'une fin de journée réussie.

MUIZENBERG BEACH ★★

Une large bande de sable blanc et fin et une eau bleu turquoise. Surveillée de près par l'équipe de guetteurs du haut de la Boyes Drive. S'il y a débarquement de requins, on sonne l'alarme et on hisse un drapeau noir orné d'un requin. Il faut alors sortir de l'eau rapidement. Le drapeau rouge signifie que les requins étaient là il y a moins de deux heures ou que l'eau est trop trouble pour voir très loin. C'est la plage des surfeurs débutants et des familles, idéale pour des cours. Et n'oublions pas les cabanes aux couleurs vives qui font le charme de la plage.

COLONA CASTLE BOUTIQUE HOTEL €€€

1 Verwood Street
✆ +27 21 788 8235
A partir de 2 440 R la double en saison avec petit déjeuner.

Adossée à la montagne au-dessus de Muizenberg, la station balnéaire qu'aimait fréquenter Rudyard Kipling, cette grande villa construite en 1929 fut jadis un manoir à tourelles. Le salon panoramique décoré à la manière d'un cabinet d'antiquités offre la promesse d'un petit déjeuner princier. Concernant les chambres, toutes somptueuses, nous avons un faible pour la familiale Safari, la Marocaine et sa salle de bains en mosaïque verte, le Penthouse et son balcon de 13 m. Excellent !

AFRICAN SOUL SURFER €

13 York Road
✆ +27 21 788 1771
www.africansoulsurfer.co.za
Chambre double à partir de 580 R.

Aucun doute, les surfeurs et les routards se l'arrachent ! Auberge de jeunesse idéalement située, perchée sur le bord de l'une des plages de surf les plus populaires. La maison à deux étages loue des planches, offre des leçons de surf avec des instructeurs qualifiés. Les murs sont ornés d'œuvres d'art, de planches de surf vintage et de peintures murales dédiées à l'art de la vague. Les 15 chambres spacieuses sont toutes nommées d'après des spots de surf célèbres et tout l'espace respire une aura insouciante, de ceux qui passent leur vie à se balader sur l'océan.

Cabines de plage colorées de Muizenberg.

THE MUIZE B&B €

4 Axminster Road
+27 21 788 1950
www.themuize.co.za
De 790 R à 1 260 R. Petit déjeuner inclus.

Le Muize Bed and Breakfast est une maison d'hôtes à la gestion familiale et l'accueil chaleureux. Non loin de la plage bien sûr, ce sont huit chambres, dont six disposent d'une salle de bains privée, à la décoration épurée et au confort optimal. La maison a été soigneusement rénovée et les chambres ont été terminées et décorées avec goût. Une inspiration à l'ancienne pour un résultat moderne. Êtes-vous prêt à vous lancer dans l'expérience principale de la région ? J'ai nommé le surf, bien sûr ! Il faudra au moins essayer. À moins que vous soyez déjà là pour ça !

SURFERS CORNER €

Empire Building Beach Road
+27 21 788 3513
www.surferscorner.com
En self-catering à partir de 880 R pour une personne, 1 000 R pour 2 personnes et 1 160 R pour 3 personnes.

Idéalement situés à mi-chemin entre la ville du Cap et Cape Point, les appartements indépendants du Surfers Corner offrent les vagues à votre porte et une invitation irrésistible à vivre pieds nus directement installés sur Beach Road, qui porte bien son nom, face à la mer. Ici, l'air marin frais vous promet un séjour décontracté et iodé. Un hébergement tout confort en bord de mer où vous n'êtes plus tributaire de personne si ce n'est des vagues et des marées, pour les amateurs. Liberté et indépendance dans votre petit nid avec balcon sur l'océan.

LUCKY FISH AND CHIPS €

80 Beach Road
+27 21 788 9597
www.luckyfishandchips.co.za
Tous les jours de 11h jusqu'à 19h. Environ 95 R pour un fish & chips.

S'il y a bien un truc que l'on mange tout le temps et partout dans la région, c'est le fish & chips. N'importe quelle échoppe de bord de route ou n'importe quel pub vous en servira. Puis, il y a les vrais, les frais, les très bons fish & chips que servent par exemple Lucky Fish and Chips. Du poisson extrafrais et des frites à la fois croustillantes et moelleuses. On choisit notre classique préféré, le combo hake, sorte de cabillaud local, et le calamari, ou encore le snoek, le poisson ultralocal. Régalez-vous dans un décor sympa et pour un tarif intéressant.

EMPIRE CAFE

11 York Road
+27 21 788 1250
Ouvert du mardi au samedi de 7h à 16h (jusqu'à 21h le vendredi) et de 8h à 16h les dimanches et jours fériés.

Le temple du café à Muizenberg. Situé dans l'une des plus populaires villes de surf d'Afrique du Sud, voire du monde, l'Empire Café offre une vue imprenable sur l'océan, en direction de Seal Island. Les clients apprécient l'atmosphère conviviale et l'excellente qualité du café. Les boulangers de l'Empire proposent tous les jours de vrais croissants au beurre, des sandwichs ciabattas et des pains bruns fermiers, ainsi qu'une large gamme de biscuits et de confiseries. Des collations et des plats sont également disponibles à la demande.

KALK BAY ★★★

À une petite heure du Cap, Kalk Bay est l'une de nos étapes préférées. Les premiers pêcheurs furent débarqués ici des Philippines, mais aussi des esclaves exilés de force par la VOC néerlandaise de Malaisie et d'Indonésie, ceux que l'on appelle les *Malays* du Cap. Dans les années 1800, c'était la station des baleines du Cap, mais dès 1830 l'extinction de l'espèce menaçant l'économie locale, les bateaux se limitèrent à la pêche aux poissons et à la chasse aux lions de mer. Ce petit village pittoresque est aujourd'hui assimilé à la banlieue cossue du Cap. La communauté de *Coloured* est donc différente de celle de Hout Bay, car ici les pêcheurs étaient propriétaires de leur bateau alors que dans l'autre village, ils appartenaient à l'usine de poissons. Aujourd'hui, à part les bateaux colorés de la rade, on y trouve de nombreux magasins, galeries, antiquaires et cafés le long de l'avenue principale. Kalk Bay se trouve après la plage de Saint James lorsqu'on vient du Cap, au bord de mer et desservie par le train. C'est une halte très agréable, appréciée des Captoniens le week-end pour aller chiner dans les galeries et antiquaires et se balader. Au soleil couchant, le temps est venu de s'arrêter à Cape to Cuba pour déguster un cocktail face à l'océan ou encore dîner dans ce décor qui rappelle la jolie Cuba.

Le mythe de l'œuf. Vous ne trouverez jamais un œuf dur à Kalk Bay, du moins dans la communauté de pêcheurs qui y vit. Pourquoi ? Selon la légende locale, sa présence à bord d'un bateau attire terriblement le danger.

Kalk Bay.

KALK BAY HARBOUR ★

Kalk Bay Harbour

Le port de Kalk Bay : un des derniers ports de pêche en activité de la péninsule du Cap. Situé dans la baie de Kalk, à environ 30 km du Cap, le port est emblématique avec ses bateaux de toutes les couleurs et ses phoques qui se dandinent sur les quais ! Quelques bons restaurants, de poisson évidement ! Vous pouvez vous procurer du poisson frais auprès des pêcheurs, ou prendre quelques plats cuisinés à déguster sur le quai chez Lucky Fish. Kalk Bay Harbour est une visite incontournable lorsque vous séjournez au Cap, en particulier lorsque les bateaux débarquent.

CHARTFIELD GUESTHOUSE €€

30 Gatesville Road

✆ +27 21 788 3793

www.chartfield.co.za

A partir de 900 R en chambre simple et 1 200 R en chambre double.

Loin de la maison, mais comme à la maison ! C'est un havre de paix créé pour vous emmener loin de tous les soucis du monde, au moment même où vous entrez dans cette grande maison vieille de plus de 120 ans surplombant le port pittoresque de Kalk Bay. La plupart des chambres offrent une vue imprenable et irrésistible sur la mer et sont décorées dans un style confortable et contemporain. Toutes les chambres sont nommées d'après les bateaux du port de Kalk Bay et la brise fraîche de l'océan murmure à travers les fenêtres au petit matin marin.

KIMBERLEY COTTAGE €€

✆ +27 83 337 4406

https://kimberleycottage.co.za/

À partir de 2 950 R par jour en saison basse et autour de 3 700 R en saison haute.

Kimberley House offre un environnement luxueux et détendu. La maison a récemment été rénovée mais conserve de vieux planchers de pin d'Oregon, de hauts plafonds et d'autres caractéristiques originales qui soulignent son charme naturel. Grande véranda dans laquelle on peut dîner les soirs d'hiver et petite terrasse avec barbecue pour faire le traditionnel braii et profiter du soleil. Tout est décoré dans un style simple et épuré, mais tous les efforts ont été faits pour conserver l'intégrité du lieu. Cette demeure est en *self-catering*, faites comme chez vous.

OHANA CAFE €

23 Main Road
✆ +27 21 788 4761
Ouvert tous les jours de 7h30 à 16h. Entre 70 R et 145 R.

Depuis la terrasse du Ohana Cafe à Kalk Bay, on a une belle vue sur l'océan. Des plats simples mais bien cuisinés. Mais à vrai dire, c'est surtout le lieu idéal pour prendre un café, un bon petit déjeuner, grignoter pour le déjeuner ou bien s'arrêter pour la pause goûter, et opter pour la formule magique « Cake and Coffee ». Depuis sa banquette tout confort, on écoute le bruit de l'océan, on observe les surfeurs s'aventurer dans les vagues au-dessus de la forêt de kelp et on repère à l'horizon, selon la chance et la saison, une orque, une baleine ou un dauphin.

HARBOUR HOUSE €€

Kalk Bay Harbour
✆ + 27 21 788 4136
www.harbourhouse.co.za
Ouvert tous les jours de 11h à minuit, jusqu'à 18h le dimanche. Plats entre 170 R et 395 R.

Une salle très spectaculaire le soir, quand de puissants projecteurs éclairent les rochers à nos pieds, de l'autre côté de la baie vitrée. Une vraie communion avec la nature, plus particulièrement l'océan. Il est difficile d'être plus près de l'eau. Alors forcément, ici les spécialités tournent autour du poisson et des fruits de mer, et c'est exquis. Le service est très agréable. On peut aussi prendre un verre affalé sur les banquettes de la terrasse et commander un joli plateau de sushis à grignoter. Quelle vue ! N'oubliez pas de réserver.

THE BRASS BELL €

Kalk Bay Railway Station
✆ +27 21 788 5455
www.brassbell.co.za
Ouvert de 11h à 23h. Plats entre 90 R et 150 R.

Incontournable à Kalk Bay. A marée haute, les vagues viennent lécher les fondations de ce restaurant et pub, parfois arrosant même les premières tables. À l'entrée de la ville, The Brass Bell est très couru par les matelots de comptoir et par les habitants du Cap le week-end. Sur la terrasse, on regarde la mer en refaisant le monde. Mais surtout, on la déguste, la mer. Car dans nos assiettes, c'est iodé : des poissons de la pêche du jour, des crevettes, des calamars, de délicieuses langoustes ou encore des huîtres bien fraîches.

LEKKER

106 Main Road
✆ +27 21 788 3424
lekkerkalkbay.co.za
Ouvert de 6h30 à 20h.

Tout d'abord sachez que *lekker* est un mot afrikans évoquant la satisfaction et le fait que l'on passe un moment plaisant, un peu dans le sens de « génial, ça ! ». Alors tout est dit ! Sur la rue principale, le Lekker s'ouvre sur un design moderne aux grandes baies vitrées industrielles. Une table de bar avec vue sur la rue offre un « intérieur-extérieur » agréable. Ici tout est excellent, du petit déjeuner avec ses croissants tièdes au dessert avec ses gaufres au chocolat coulant. Côté boissons, les smoothies et les jus de fruits sont délicieux.

CAPE TO CUBA €€

165 Main Road
✆ +27 21 788 1566
www.capetocuba.com
Tous les jours de 11h jusqu'au dernier client. Plats entre 155 R et 435 R.

Situé au bord de l'eau, ce resto est une épopée dans l'univers cubain, on s'y croirait ! Grâce à la musique de Buena Vista Social Club, aux posters du Che, aux cigares cubains et au mobilier colonial espagnol… Sans oublier les nombreuses plantes vertes ni les boiseries richement sculptées du sol au plafond. D'un côté une déco kitsch et colorée, délirante et splendide, on est plongé dans un autre monde pour le restaurant, et de l'autre du sable entre les orteils et des mojitos. Dans les assiettes, des combinaisons originales et succulentes comme le poulet-mojito.

KALK BAY GARDEN SHOP

67 Main Road
✆ +27 60 446 4544
Ouvert tous les jours de 9h à 17h.

Une jardinerie à ciel ouvert, comme dans un parc. Quel endroit agréable pour les grands amoureux de plantes et de nature, de vert et de senteurs ! Même si vous ne comptez pas ramener des fleurs ou des plantes de votre séjour en Afrique du Sud, ce n'est pas vraiment très pratique, baladez-vous dans ce petit jardin enchanteur. Il y en a partout et de toutes sortes, des petites, des grosses, des grasses, des fleuries, des cactus… Le Kalk Bay Garden Shop est un peu la caverne d'Ali Baba des plantes. On ne saura où donner de la tête !

KALK BAY TRADING POST

71 Main Road
✆ +27 21 788 9571
Ouvert tous les jours de 9h30 à 17h.

Décidément, qu'est-ce qu'on aime flâner dans les petites boutiques de cette ville… Voilà un antiquaire emblématique à Kalk Bay. Rien que pour l'ambiance façon musée d'époque, cela vaut absolument le détour. Vous passerez devant une cour remplie de baignoires, de tables, de canapés... On peut dénicher des perles rares dans ce magasin, mais il faut avoir l'œil et de la patience pour trouver son bonheur dans ce bric-à-brac d'objets hétéroclites : jouets vintages, livres, verres, bouteilles, cartes postales anciennes... Chinez, chinez, chinez !

KALK BAY VILLAGE SQUARE

53 Main Road
Ouvert tous les jours de 9h30 à 17h.

Une jolie cour, comme un square tout petit, tout charmant avec vue sur l'océan, et tout autour, des cabanes en bois correspondent chacune à une petite échoppe. Une friperie, une boutique de vêtements originaux, une autre de décoration, des bijoux de créateurs d'un côté, et des babioles, tasses et autres gadgets aux couleurs de Kalk Bay, des affiches d'artistes du coin… De beaux articles en vente, et au bout de la cour, directement sur l'océan, un petit café bleu où il fait bon s'arrêter boire un café glacé en regardant l'océan.

OH SO BOHO

96 Main Road
✆ +27 21 788 2443
www.ohsoboho.co.za
Ouvert tous les jours de 9h à 17h.

Sous les arcades, une superbe boutique pleine de couleurs. À peine franchie l'entrée du Oh So Boho, ça sent l'encens. La boutique nous plonge dans une ambiance à l'indienne tout en gardant une *African touch*. Ici, on trouve à la fois des vêtements très colorés, sarouals et autres chemises à motifs, du cuir, des sacs, des bijoux en argent, mais aussi des encens en veux-tu, en voilà, des tambours, des bols tibétains et autres clochettes et coussins pour vous accompagner dans vos futures méditations au bord de l'océan. Une très belle boutique !

SIMON'S TOWN ★★★

Simon's Town est la dernière localité avant la réserve du cap de Bonne-Espérance, un bon point de chute pour rayonner dans la péninsule. Le centre historique est charmant avec son alignement de maisons victoriennes, mais aussi son port de plaisance animé. Une petite ville agréable où les sports et activités nautiques font partie du quotidien des habitants comme des voyageurs de passage. Des sorties de plongée se font régulièrement au départ de Simon's Town, ou encore des sorties plus intenses émotionnellement à la rencontre des requins. Ne manquez pas les quelques musées et la superbe colonie de manchots africains à la sortie de la ville.

CAPE POINT OSTRICH FARM ★★

Plateau Road ✆ +27 21 780 9294
http://capepointostrichfarm.com
Tous les jours de 9h30 à 17h30. Tour guidé autour de 70 R/adulte. Environ 25 minutes, visite guidée en français.

© WAYANADANWIND - SHUTTERSTOCK.COM

Cette ferme d'élevage d'autruches est entourée de champs peuplés… d'autruches. Vous pouvez simplement vous arrêter pour les observer ou faire la visite guidée. L'élevage compte environ 800 autruches, mais vous ne le verrez pas forcément, le lieu est vaste. Vous visitez les différentes salles, de la couvaison à l'élevage des petits, en passant par l'éclosion. La visite est finalement assez rapide, mais très intéressante, surtout pour les enfants. À la fin de la visite, une petite boutique d'articles en cuir et en plumes et d'œufs décorés.

COLONIE DE MANCHOTS DE BOULDERS ★★★

Boulders Beach
✆ +27 21 786 2329
L'été de 7h à 19h30, mi-saison : 8h-18h30, hiver : 8h à 17h. Entrée adulte : 420 R.

Un ruban de sable nacré apparaît entre les blocs de granit formés il y a déjà 540 millions d'années, voici Foxy Beach, cœur de la réserve naturelle de Boulders, désormais intégrée au Cape Peninsula National Park. Par des passerelles sur pilotis, on gagne les abords immédiats de la plage où vit une société de 3 000 manchots africains [African Penguins – Sphenicus demersus], un oiseau d'ailleurs inscrit sur la liste rouge des espèces menacées. A la fin du XXe siècle, on estimait qu'il ne restait que 10 % du million et demi de manchots africains enregistrés en 1910 ! Le colonie de Boulders, issue de deux couples seulement, se donne en spectacle dans un cadre extraordinaire, entre l'océan virant au turquoise sous le soleil et les lentisques du fynbos côtier.

Depuis le ponton en bois aménagé comme une passerelle d'observation, vous pourrez les observer à quelques mètres et suivre leur perpétuelle agitation. Ces animaux, qui nagent à 7 km/h et peuvent rester sous l'eau pendant deux minutes, ont développé une protection chromatique particulière : leur ventre est blanc pour ne pas être repéré par les prédateurs qui nagent plus en profondeur et regardent vers les eaux claires, tandis que leur dos est noir pour échapper au danger venu d'en-haut. Incroyable, non ? Chez le manchot africain, la période de reproduction débute en février ; en septembre et octobre, les oiseaux sont moins nombreux sur la terre ferme car ils cherchent leur nourriture en mer.

© NEIL BRADFIELD - SHUTTERSTOCK.COM

S.A. NAVAL MUSEUM 🏛

St George's Street
✆ +27 21 787 4686
https://sanavymuseum.co.za/
Ouvert de 9h30 à 15h30. Entrée libre. La visite guidée du SAS Assegai s'effectue entre 10h30 et 15h30.

La ville de Simon's Town abrite une des plus importantes bases navales de l'hémisphère Sud. Ce sont les Britanniques qui ont construit les installations portuaires, utilisées depuis 1957 par la marine sud-africaine. Le quartier général de la South African Navy Force, installé dans le fort, est couplé avec le centre d'écoute de Silvermine. Les visites guidées n'ont lieu qu'entre 10h30 et 15h30, mais on peut entrer librement. Une autre « grande oreille » avait été implantée par l'armée sud-africaine dans la ferme-pilote de Bob Denard aux Comores.

SIMON'S TOWN BOAT COMPANY - SEAL ISLAND 📷 ★★★

Simon's Town Harbour, sur le Waterfront
✆ + 27 83 257 7760
www.boatcompany.co.za
Seal Island Tour à partir de 400 R, whale watching autour de 850 R [enfant 500 R].

Le must : l'île aux phoques. À 16 km de la côte, au beau milieu de la baie, l'île est peuplée de milliers d'oiseaux et de 75 000 phoques joueurs. Âmes sensibles s'abstenir, mais le matin, lorsque des escadrons de requins blancs font une virée, on voit ces prédateurs sauter pour attraper des phoques au vol. De mars à novembre les baleines sont aussi présentes. Elles improvisent des chorégraphies, vrilles et parfois sauts spectaculaires. Puis les dauphins adorent suivre les bateaux.

BOULDERS BEACH LODGE 🛏 €€

4, Boulders Place
✆ +27 21 786 1758
www.bouldersbeach.co.za
Double à partir de 1 300 R, self-catering 4 personnes autour de 2 400 R, petit déjeuner inclus, - 50 % à partir d'avril.

A deux pas de la plage aux manchots, on trouvera ici une douzaine de chambres très confortables et deux appartements de deux chambres en self-catering. Les responsables du lodge militent pour la protection de l'espèce, encore en danger malgré les efforts réalisés ces dernières années. Ici, vous êtes véritablement aux premières loges pour observer la colonie… la nuit ! Car les manchots sortent de l'eau, surtout pendant la saison des amours. Si vous vous levez avec le soleil, vous en trouverez peut-être dans vos escaliers ou sur le parking.

Colonie de manchots sur la plage de Boulders, Simon's Town.

PENGUINS VIEW GUESTHOUSE €€

1 Bellevue Road
✆ +27 72 373 4277
penguinsview.co.za
A partir de 1 350 R.

Penguins View Guesthouse est une belle demeure ensoleillée, offrant cinq hébergements, dont un hébergement indépendant avec une vue imprenable sur la mer. A votre disposition : piscine, barbecue, parking... La maison d'hôtes se trouve à 3 minutes à pied de la célèbre plage de Boulders qui abrite une colonie d'environ 3 000 pingouins africains en voie de disparition. Les visiteurs peuvent se promener le long de la passerelle en bois spécialement érigée, qui serpente le long de la plage et admirer ces petites créatures sans les déranger pour autant.

QUAYSIDE HOTEL €€

Jubilee Square, St Georges Street
✆ +27 21 786 3838
aha.co.za
A partir de 1 200 R la chambre double, petit déjeuner inclus.

Un navire de guerre au mouillage, des voiliers amarrés, la montagne au fond du décor. C'est le véritable hôtel à quai, sans même l'obstacle de la route. Chambres claires et modernes, dont les plus chères sont bien entendu pourvues de balcon ouvert sur l'océan. En été, par la fenêtre ouverte, le spectacle des eaux turquoise de la baie est saisissant. On rêvasse en suivant le ballet des mouettes rieuses avant de descendre au bistrot sur le quai pour se régaler d'un kingklip grillé. En fait, il fait tout simplement bon vivre au Quayside Hotel !

RESIDENCE WILLIAM FRENCH €€€

44 Dorries Drive ✆ +27 72 403 2463
williamfrench.co.za
À partir de 1 500 R selon le type de chambre et selon la saison.

Perchée sur la colline, la Residence William French est un véritable bijou. C'est dans cette villa magnifique que William a élu domicile avant d'y accueillir ses hôtes de la même façon qu'il accueille ses propres amis. Une déco bien léchée, coquette et moderne, et surtout, amour, humour et bons petits plats sont au rendez-vous pour un séjour inoubliable dans cette belle *guesthouse*. Difficile de décrire le panorama depuis la terrasse, où le bleu de la piscine à débordement rencontre celui de l'océan, avant de rejoindre celui du ciel à l'horizon.

LIGHTHOUSE CAFE €

90 Georges Street
✆ +27 21 786 9000
www.thelighthousecafe.co.za
Ouvert de 8h30 à 16h le lundi et dimanche et de 8h30 à 22h du mercredi au samedi. Plat entre 80 R et 150 R.

Depuis que le Lighthouse Café a ouvert ses portes, tout le monde s'y presse pour profiter de sa luminosité, de son caractère et de ses bons petits plats. Des *fish and chips*, des croissants œufs brouillés-bacon, de bonnes salades fraîches, garnies et colorées : bref, tout pour se régaler et une belle ambiance, un peu française, un peu provençale, un peu côtière avec ses dégradés de bleus pastel. On aime y passer du temps entre amis, avec un livre, au petit déjeuner avec un bon cappuccino mousseux, pour le déjeuner autour d'une assiette rafraîchissante.

LE CAP

Le Parc du Cap de Bonne-Espérance.

CAPE PENINSULA NATIONAL PARK ★★★

N'est-ce pas le but de tout voyage au Cap que de voir enfin cette mythique pointe rocheuse ? En prenant la direction du cap de Bonne-Espérance, remarquez les différents tons de bleu des deux océans, l'Atlantique à droite et la False Bay à gauche. Vous passerez devant le Visitor's Center où sont vendues les cartes détaillées avec les temps de parcours des cinq randonnées possibles. Le tour de la réserve de 33 km se fait en deux jours, nuitée sur place, environ 150 R tout compris. On bifurque ensuite sur la droite pour atteindre le cap en longeant la côte. La pureté de l'air vous fait aussitôt gagner dix ans de vie ! À Cape Point, la vue est beaucoup plus spectaculaire. On grimpe à 40 dans un funiculaire pour gagner la station météo, ou on y va à pied en une demi-heure.
Par un petit chemin, on descend à l'ancien phare. Une promenade d'une heure mène jusqu'à la plage. La baignade est très dangereuse.

Dans la réserve. Deux sites sont conseillés pour la baignade et les pique-niques : Buffelsbaai et Bordjiesdrif. À l'heure du coucher du soleil, prenez la route Olifantsbosbaai, à l'ouest. Là-bas, empruntez le splendide sentier côtier au milieu du fynbos, où vous croiserez les autruches et les antilopes de la réserve. À marée basse, allez voir les restes du *Nolloth*, un navire échoué en 1965.

SEAL ISLAND ★★

Seal Island, à ne pas confondre avec la Duiker Island, est à 30 km au large du Cap. C'est ici que National Geographic et la BBC ont tourné leurs documentaires légendaires sur les grands requins blancs. Au beau milieu de la baie, elle est peuplée de milliers d'oiseaux et de 75 000 phoques joueurs, qui se donnent en spectacle en braillant et en se laissant glisser dans l'eau. Le matin, des escadrons de requins blancs font une virée dans leur garde-manger et croquent un ou deux phoques. Les prédateurs sautent pour attraper des phoques au vol. Le « Great White Shark Breaching » est un spectacle que l'on ne voit qu'une fois, d'avril à septembre.

SCARBOROUGH ★

Dernier village à l'extrémité de la péninsule et à l'embouchure de la rivière éponyme, Scaborough ne présente que des maisons résidentielles et des plages sauvages. Sa situation géographique au bord de la mer en a d'abord fait un village de vacances assez convoité avant qu'il ne soit aujourd'hui administré par la municipalité du Cap depuis les années 2000 et protégé pour son environnement. Le village ne compte aujourd'hui qu'à peine un peu plus d'un millier d'habitants. Sur la route entre la réserve et Scaborough, ne manquez pas de vous arrêter à la ferme d'élevage d'autruches, toujours amusant, et au très bon restaurant de la Cape Farmhouse.

KOMMETJIE ★

Voici un charmant petit village isolé et préservé à l'ouest de la péninsule du Cap. En arrivant par la route de Scarborough, vous ne manquerez pas d'apercevoir son phare tout blanc se dessiner dans le ciel bleu à l'horizon. Des babouins s'y sont installés, vous les croiserez sûrement sur la route vaquer à leurs occupations, à l'heure du coucher du soleil. Du sommet du phare, par temps clair, une vue superbe se déploie sur les environs et sur les baleines quand elles sont là, généralement entre juillet et octobre. Long Beach est La Mecque des surfeurs et kitesurfeurs locaux. Si l'envie vous prend, essayez le sandboard, du surf sur sable.

NOORDHOEK ★★

Dernier petit village avant la Chapman's Peak Drive, Noordhoek mérite surtout le détour pour sa superbe plage sauvage et préservée. C'est un vrai bonheur de venir y pique-niquer le week-end. Ceux qui aiment marcher les pieds dans l'eau le long de la plage pourront s'en donner à cœur joie, tout comme les cavaliers qui apprécieront de galoper au grand air. Niché entre terre et mer, Noordhoek est aussi un petit village fermier avec ses commerces artisanaux, ses bars et ses cafés torréfacteurs où il fait bon faire une petite pause avant d'arpenter la majestueuse Chapman's Peak Drive quand d'autres s'offrent une virée dans un vignoble.

PLAGE DE LONG BEACH ★★

Long Beach

Long Beach est l'une des plages les plus spectaculaires du Cap : 8 km de sable blanc poudreux. Situé dans le village balnéaire de Kommetjie, c'est une destination fantastique pour le surf et le body board. Il y a beaucoup d'activités à faire dans et hors de l'eau. L'eau est plutôt froide pour la baignade, mais une petite mare, « Kom », offre un bain sûr pour les enfants. Il y a de belles promenades à faire, l'une d'entre elles passe devant une épave bien préservée, Kakapo. Vous pourrez également vous en donner à cœur joie si vous aimez l'équitation.

IMHOFF FARM ★

Entre Noordhoek et Kommetjie

✆ +27 21 783 4545

www.imhofffarm.co.za

Ouvert du mardi au dimanche de 9h à 19h.
Balades à cheval de 2 heures tous les jours.

Imhoff Farm est un complexe ferme bio pas vraiment sexy ni authentique, dans un hangar blanc et vert, un peu à l'américaine, où l'employée du rayon fromages est déguisée en fromagère française, un peu « too much ». Vous y trouverez des produits artisanaux pour faire des sandwiches. L'endroit est sympa pour les familles, situé entre le Snake Park pour voir les serpents, la visite de la ferme avec ses animaux et les balades à dos de chameau. Terrain de paintball et séances de yoga. Il y en a pour tous les âges et tous les goûts, semble-t-il.

Plage de Long Beach.

© LEELA MEI - SHUTTERSTOCK.COM

Noordhoek.

MASIPHUMELELE TOWNSHIP

En face de l'ancienne Solole Game Reserve
✆ +27 83 982 5692

Charlotte « Nomthunzie » Swartbooi vous fera visiter son *township* de 4 000 habitants où tout le monde la connaît pour son activisme militant. Initiez-vous à la culture xhosa en allant voir un sorcier, celui que l'on appelle généralement *sangoma*, visitez l'école maternelle du quartier et le jardin potager bio des femmes du *township*. C'est toujours une belle occasion de découvrir les projets de développement en cours. Nomawethu accueille aussi les touristes pour un thé ou un déjeuner africain authentique, chez l'habitant, donc ! Laissez-vous guider.

SACRED MOUNTAIN LODGE €€

6 Avondrust Lane
✆ +27 21 789 2713
www.sacredmountain.co.za

De 1 200 R à 2 700 R en chambre simple, petit déjeuner inclus. De 1 050 R à 1 700 R en self-catering.

Ce sublime lodge domine toute la baie et le début de la Chapman's Peak Drive. Il est niché entre les sommets du parc national de Table Mountain, la vallée de Noordhoek et l'horizon turquoise de l'océan. L'ambiance est nature, créée dans le décor d'un mobilier luxueux, mais très chaleureux. Ici, toutes les chambres ont une vue sur le jardin boisé, quelle tranquillité ! Encore mieux, un centre Spa avec un sauna et un Jacuzzi sont à la disposition des clients, ainsi qu'une piscine chauffée cachée dans les arbres. Préparation de paniers à pique-nique sur demande.

CAFE ROUX €

Noordhoek farm village
✆ +27 21 789 2538
www.caferoux.co.za

Ouvert tous les jours à partir de 8h30, petit déjeuner et déjeuner. Plats entre 75 R et 165 R environ.

Quelques tables en bois, un menu léger, des ingrédients sains et bio, le Café Roux se distingue par l'originalité de sa carte et la présentation sophistiquée de ses salades et sandwiches pour un restaurant sans prétention. La *butternut & goat cheese salad* est sans doute la meilleure salade du Cap. Surtout, la petite affaire de famille est devenue une scène incontournable de la région. Le lieu est ouvert pour des concerts « livemusic and comedy » certains soirs de la semaine et a accueilli parmi les meilleurs groupes et comédiens one-man show du coin.

THE FOODBARN €€

Noordhoek Farl Village, Village Lane
✆ +27 21 789 1390
www.thefoodbarn.co.za

Ouvert tous les jours de 8h à 21h30 et jusqu'à 19h les dimanche et lundi. 3 plats + 2 vins : 620 R.

Entre épicerie fine, bistro gastronomique et pique-nique chic, le repaire du meilleur chef français au sud du Karoo, s'appelle the Foodbarn. Franck a quitté les cuisines du prestigieux mais guindé restaurant La Colombe, à Constantia, pour ouvrir son resto, plus convivial et expérimental. Ce passionné y donne libre cours à toutes ses fantaisies, et c'est tant mieux pour nous. Le menu Bistro, qui change selon la saison, reste à un prix abordable. Après le repas, vous pouvez faire un tour à l'épicerie fine du Foodbarn. Pains faits maison, viennoiseries.

CONSTANTIA ★★★

Constantia est un haut lieu de la bourgeoisie et de l'aristocratie. C'est là qu'ont été construits les premiers domaines viticoles du Cap à l'arrivée des colons, notamment Groot Constantia, en 1685. Les vignobles occupent une grande partie du site qui compte d'autres domaines réputés pour leur vin de Constance, comme Constantia Uitsig, Klein Constantia ou Steenberg. L'ambiance est plutôt guindée, très « ancien empire », contrairement au reste de la ville. Dans ces grands domaines ont été aménagés des hôtels de luxe et des restaurants gastronomiques. Le centre commercial de Cavendish Square, dans le quartier voisin, est réputé pour ses magasins de luxe.

EAGLE'S NEST

Constantia Main Road
✆ +27 21 794 4095
www.eaglesnestwines.com
Dégustation de vins tous les jours de 10h à 16h30, à 95 R par personne (5 vins).

Ici sont cultivés des cépages sur des terrasses escarpées composées de granit et d'argile, entre 100 et 400 m d'altitude. Le résultat en bouche est étonnant, fruité et fin, pour le plus grand plaisir des papilles, avec une mention spéciale pour les vins rouges. Le domaine accueille les visiteurs pour des dégustations raffinées, qu'elles soient simples ou accompagnées de charcuterie et/ou de fromages. À l'ombre des arbres, l'endroit est frais, ce qui est bien agréable en été. Service de qualité, accompagné d'une explication pour chaque vin dégusté.

GROOT CONSTANTIA ESTATE ★★

Private Bag X1 ✆ +27 21 794 5128
www.grootconstantia.co.za
Ouvert tous les jours de 9h à 17h. Entrée adulte : 115 R (visite complète + dégustation de vin). Wine Tour en bus.

En 1685, le gouverneur Simon Van der Stel reçoit une immense propriété où il fait planter 70 000 pieds de muscat de Frontignan. Il meurt en 1712, après avoir tiré le premier vin digne de ce nom en Afrique du Sud. En 1778, Hendrik Cloete rachète Constantia, plante de nouvelles vignes et produit bientôt le fameux « Vin de Constance » qui séduira poètes, rois et… Napoléon. Cloete fait construire un cellier. Près d'un siècle plus tard, ses descendants vendent la propriété au gouvernement. On visite aujourd'hui « The Manor House » et le musée du Vin.

KLEIN CONSTANTIA ESTATE ★★★

Accès par la Spaanschemat River Road
✆ +27 21 794 5188
www.kleinconstantia.com
Du lundi au samedi de 10h à 17h et le dimanche de 10h à 16h. Dégustation à partir de 150 R.

Le légendaire Vin de Constance est de nouveau produit depuis 1986, grâce au talent du vinificateur Ross Gower et grâce à un double miracle de la nature : les pieds de muscat de Frontignan utilisés sont des clones de ceux importés de France en 1656 par le gouverneur Jan van Riebeeck. Chaque année, avant les vendanges, des busards quittent les plaines de Sibérie et viennent passer quelques mois dans la vallée de Constantia, protégeant ainsi les vignes des oiseaux pilleurs. La résistance de la vigne et la menace des rapaces ont permis de faire renaître le vin qui accompagna Napoléon dans son exil de Sainte-Hélène. Un somptueux liquoreux commandé au XIXe siècle par toutes les cours d'Europe. Contrairement aux sauternes, il n'y a pas de pourriture noble mais la raison mûrit très longtemps sur pied, d'où une concentration du sucre et des arômes fruités. Un mois avant la vendange, toutes les feuilles sont enlevées pour permettre au raisin de respirer et d'être exposé au soleil. Certaines années, jusqu'à la moitié des raisins sont sacrifiés afin d'offrir aux pieds davantage de réserves à puiser dans le sol. Une fois récolté, le muscat de Frontignan, mûr à l'extrême, est un raisin délicat à presser et qui nécessite une longue fermentation. C'est là qu'intervient tout le savoir-faire du maître de chai. Le vin est ensuite élevé pendant quatre ans dans des barriques de chêne français. À l'entrée du domaine, le tombeau du sheik Abdurahman Matebe shah, le dernier sultan de Malacca, il vécut à Constantia jusqu'à sa mort vers 1681.

DENDRON €€

21 Ou Wingerd Rd
✆ +27 21 794 6010
www.dendron.co.za
Cottage pour 2 personnes entre 1 000 R et 1 500 R, pour 4 entre 1 350 R et 2 000 R en saison.

Au cœur des vignes, entre les montagnes, en pleine campagne du Cap. Le self-catering en majesté chez les McMahon. Il serait bien difficile de ne pas apprécier le calme et la douceur de ce jardin, les vignes si proche, et tout le confort des bungalows. Chacun dans leur style, propre et classique, ils rappellent la maison agréable de grand-mère où l'on aime passer ses vacances, se relaxer et faire traîner les dîners sur la terrasse. Certains soirs, si le cœur vous en dit, taillez à travers le vignoble pour rejoindre le restaurant de Groot Constantia.

ALPHEN HOTEL €€€

Alphen Drive
+27 21 795 6300
www.alphen.co.za
Chambres doubles à partir de 4 500 R.

Historique. C'est bien le mot qui convient pour désigner la propriété de la famille Cloete, les descendants du créateur des célèbres vins de Constantia chantés par les poètes. Vous aimerez le luxe sans ostentation de ce lieu, les parquets usés et les fleurs fraîches, les promenades autour du domaine. Une escale au pub Boer & Brit ? Vraiment authentique. Pour les chambres, optez pour l'aile moderne ou pour le bâtiment historique et son ambiance plus traditionnelle. On profite de la piscine avant de rejoindre le Blanko, le restaurant ou The Rose Bar.

SIMON'S RESTAURANT €€

Groot Constantia Road
+27 21 794 1143
https://simons.co.za/
Tous les jours, de 7h à 23h (jusqu'à 22h le lundi et dimanche). Plat à partir de 185 R.

Au cœur du domaine de Groot Constantia, le restaurant jouit d'un cadre privilégié, entre les vignes et les montagnes. En terrasse les beaux jours ou à l'intérieur, près de la cheminée, les soirs d'hiver, vous vous délecterez de plats raffinés, préparés avec des produits de qualité. Laissez-vous tenter par les viandes grillées servies avec des légumes frais, le saumon norvégien poêlé et sa sauce au wasabi, ou encore par les hamburgers gourmets. Le tout à arroser avec un délicat vin produit à Groot Constantia. Le mariage parfait !

LA COLOMBE €€€

Silvermist Wine Estate, Main Road, Constantia Nek
+27 21 794 2390
www.lacolombe.co.za
Ouvert tous les jours de 12h à 14h et de 18h30 à 21h. Réservation hautement recommandée. Menu à partir de 1 395 R.

Couronné de maintes récompenses, ce restaurant de cuisine française contemporaine s'érige au sommet d'un col avec vue sur les vignobles et la montagne. Ici, un jardin bio directement utilisé par le restaurant. Toute la bonne société du Cap s'y presse les soirs de week-end. Ambiance guindée mais romantique. Menu dégustation de 7 à 11 plats midi et soir, préparés sous la houlette du chef Scot Kirton, dont chacun peut être accompagné d'un vin différent à tester. Mais aussi deux menus de 7 et 11 plats végétariens, pour les inconditionnels de haute cuisine sans viande.

SOMERSET WEST ★

À environ 45 km du Cap, Somerset West est connue pour ses paysages remarquables, ses quelques fermes et ses domaines viticoles situés aux pieds des montagnes de Helderberg. La petite ville est plutôt résidentielle, ses allées montent et descendent au rythme du paysage, offrant tantôt une vue dégagée sur la montagne, tantôt un coin d'horizon sur l'océan. Entièrement niché entre terre et mer, son front de mer est en revanche assez décevant car il est très bétonné, mais sa plage reste tout de même la plus proche de la région des vins qui, soit dit en passant, regorge de belles et bonnes adresses de restaurants au cœur des vignes.

NOMAD AFRICA ADVENTURE TOURS

38 Chilwan Crescent
+27 21 845 7400
www.nomadtours.co.za

En 1997, Nomad Africa Adventure était un seul camion et seulement un départ par mois. Aujourd'hui, elle détient une flotte de plus de 40 véhicules, réunit une équipe de 130 personnes et propose de nombreux départs dans toute l'Afrique du Sud. L'agence propose à ses clients un très bon rapport qualité prix, tout en conservant la magie du safari. De plus, socialement et écologiquement responsable, l'agence porte un intérêt particulier à l'environnement.

SPANISH FARM GUEST LODGE €€

40 Silverboomkloof Road +27 21 852 7352
www.rawafricaboutiquecollection.co.za
Chambre avec petit déjeuner de 1 600 R à 2 600 R selon saison. Villa de 1 900 R à 6 000 R selon la saison.

Des chambres et des villas luxueuses dans un cadre idyllique, voilà ce que vous propose cette chambre d'hôtes. Tous les hébergements sont minutieusement décorés et spacieux et le service est impeccable : terrasses avec piscine ou encore petite terrasse privée et transats moelleux devant le bassin naturel et ses jolis nénuphars. À l'intérieur, canapés en cuir, peaux de bête au sol, poêle à bois, cuisine ouverte pour les *self-catering*, larges baies vitrées qui s'ouvrent sur la lumière du paysage. Dehors, la vue sur les montagnes est splendide.

STELLENBOSCH ★★★★

Ses rues plantées de grands chênes, ses demeures blanches aux lourdes portes de bois, ses pignons ouvragés, ses vignes trois fois centenaires, ses hôtels comme autant de musées et ses restaurants aux plafonds à coffrages... Tout commence le 6 novembre 1679, lorsque le gouverneur Simon van der Stel découvre à quelques 48 km de cheval du Cap une vallée enchanteresse. Une douce rivière serpente dans l'herbe grasse sur fond de montagne. Un cadre et un climat idéaux pour développer l'agriculture. En 1682, un représentant de la colonie s'installe officiellement à Stellenbosch, près de l'Eerste River. La cité des pionniers occupe une place à part dans la mémoire collective des Blancs sud-africains. Elle serait la preuve que tout avait bien commencé, un modèle d'élégance et de raffinement, une manière de rachat devant l'histoire qui, plus tard, devait faire la grimace. Aujourd'hui, Stellenbosch est une des premières villes universitaires d'Afrique du Sud. Plus de 20 000 étudiants y suivent les cours donnés principalement en afrikaans. Ne cherchez pas les noms des rues à hauteur d'homme puisqu'ils sont inscrits au ras du sol, sur les trottoirs. La ville est agréable, un peu comme une galerie à ciel ouvert avec des œuvres d'art, notamment des sculptures, qui habillent les rues. L'art ponctue les balades à pied dans le centre-ville. Souvent des sculptures en acier : des danseurs ou encore des chevaux à la crinière dans le vent. Puis on s'arrête dans de jolies cours ombragées où s'entremêlent les terrasses des cafés et quelques boutiques.

RUPPERT MUSEUM ★

Stellentia Avenue
✆ +27 21 888 3344
www.rupertmuseum.org
Ouvert de 10h à 17h du mardi au vendredi, de 10h à 16h les week-ends. Fermé le lundi.

Inauguré en 2005, ce très beau musée d'Art contemporain ouvert par la célèbre famille sud-africaine propose plus de 350 œuvres sorties de la collection familiale privée, de 1940 à 1970. Vous y trouverez des artistes locaux, mais aussi des œuvres de Rodin ou de Kathe Kollwitz. Les collections sont minutieusement choisies. Surtout, l'architecture du musée et son joli café valent le détour. Le Ruppert s'inscrit dans une dynamique événementielle interessante et propose maintenant des cours de yoga au musée tous les jeudis au Marker Studio.

VILLAGE MUSEUM ★

37 Ryneveld Street
✆ +27 21 887 2937
www.stelmus.co.za
Ouvert du lundi au samedi de 9h à 17h. Le dimanche d'avril à août de 10h à 13h, de septembre à mars de 10h à 16h.

Schreuderhuis est un des plus vieux ensembles d'habitations du pays, les maisons restaurées couvrent la période de 1709 à 1929. Sa visite est intéressante et bien conçue. Elle commence par la maison la plus rustique, celle des premiers colons, puis continue par des maisons de plus en plus bourgeoises et richement décorées. Il faut traverser la rue pour voir la maison n° 3. Une visite amusante car ce quartier se présente comme un musée en plein air qui raconte l'histoire et l'art de vivre au fil des années et des différentes classes de populations.

LE CAP

© SOUTH AFRICAN TOURISM

Stellenbosch.

Vignes au pied du Simonsberg.

BIKES'N WINES

+27 74 186 0418

www.bikesnwines.com

À partir de 845 R par personne. Réservation indispensable.

Bike'n Wines propose une visite plus originale et écolo des domaines. Au lieu de prendre la voiture, on part en vélo à la découverte de la wineland. Une autre façon de découvrir les châteaux, tout en profitant du paysage et de la nature. On peut opter pour une journée de 9 km au détour de deux vignobles et une distillerie de Brandy, ou encore des circuits familiaux un peu plus long de 12 jusqu'à 18 kilomètres. Sachez que le transport en train avec votre vélo depuis le Cap ou Stellenbosch est compris et pour le petit plus : une bonne bouteille de vin !

BONNE ESPERANCE €€

17 Von Riebeeck Street

+27 21 887 0225

www.bonneesperance.com

Nuitée à partir de 1 895 R.

Pour changer du style hollandais, une adorable maison victorienne dont les formes élégantes font souvent le bonheur des revues de décoration. Dès l'entrée, on est sous le charme. La salle à manger, jaune citron, est très réussie. Les chambres et les studios en self catering tous différents. On profite de la piscine et du sauna. Tout l'héritage patrimonial de la maison est à la fois respecté et mis en valeur par la touche de décoration plus actuelle. L'accueil est primordial pour les hôtes de Bonne Espérance qui souhaitent que les voyageurs se sentent bien.

COOPMANHUIJS BOUTIQUE HOTEL €€

33 Church Street

+27 21 883 8207

coopmanhuijs.co.za

Simple à partir de 1 900 R, double à partir de 2 070 R.

Un excellente adresse. Ce boutique hôtel a posé ses bagages dans l'une des premières grandes résidences de Stellenbosch, un bâtiment emblématique datant de 1713. Les chambres sont décorées dans un style 1900 néerlandais ; elles sont confortables mais assez petites, c'est aussi ce qui fait leur charme ! L'emplacement est idéal, en plein de cœur de la ville. L'hôtel dispose d'un parking. Toute l'équipe est extrêmement dévouée et vous fera passer un excellent séjour.

KNORHOEK GUEST HOUSE €€

R44

+27 21 865 2114

www.knorhoek.co.za

A partir de 610 R par personne et par nuit, cottage familial à 2 970 R.

Dans cette petite vallée presque oubliée, à 7 km du centre, Carol s'occupe de la guesthouse tandis que Hansie vinifie la récolte du domaine. Les chambres sont délicieusement aménagées avec des meubles anciens dans des tons lin et blanc. Les baignoires d'époque sur pied et les armoires Cape Dutch ont du cachet. Des chambres abordables avec terrasses, tout au bout d'un chemin infini. Un petit appartement pour 3 personnes est en self-catering ou deux cottages de luxe en self-catering sont blottis dans les lavandes. Equitation, tennis, ornithologie, VTT, piscine.

MAJEKA HOUSE €€

26-32 Houtkapper Street Paradyskloof

+27 21 880 1549

www.majekahouse.co.za

De 1 800 R à 3 100 R selon le type d'hébergement et la saison.

Un bel hôtel design et plein de charme. Le Makeja House est situé légèrement à l'écart de la ville, mais c'est un emplacement idéal pour partir à la découverte des vignobles. Les chambres sont modernes et la décoration soignée. Le petit déjeuner est excellent et la restauration de qualité. Vous apprécierez le magnifique espace de détente bordé de plantes vertes avec une grande piscine, des bains bouillonnants et même un sauna. Un établissement qui vaut le détour où l'accueil est agréable et aux petits soins tout au long de votre séjour.

MOLENVLIET €€

Old Banhoek Road

+27 79 836 6127

molenvliet.co.za

De 2 645 R à 5 495 R selon le type d'hébergement et la saison.

Niché à environ 10 km de Stellenbosch, c'est au milieu des vignobles que ce splendide établissement vous reçoit. La vue sur le parc et les vignes est à couper le souffle. D'une beauté envoûtante, vous pourrez séjourner dans le manoir dont la décoration est digne d'un grand château. Les lustres en cristal sont suspendus au-dessus des tables dans la salle de réception, la véranda s'ouvre sur les vignes taillées et dans la piscine se reflète la montagne rosée par la lumière du soir. Le Molenvliet Vineyards est un endroit merveilleux.

L'AVENIR €€€

Klapmuts Road R44
✆ +27 21 889 5001
www.lavenirestate.co.za
Doubles de 2 200 R à 3 700 R, petit déjeuner inclus.

Un domaine magnifique, celui de Michel Laroche, avec une demeure luxueuse en plein milieu des vignes. Derrière une porte d'entrée gigantesque, vous trouverez un salon élégamment décoré afro-chic, très chaleureux. Les chambres présentent un caractère intimiste avec leur terrasse privée où l'on profite agréablement de la vue. Chambres et appartements sont tous équipés d'un mobilier de luxe confortable. Les salles de bains, spacieuses, et quelle vue ! Une piscine à débordement se confond avec le lac en arrière-plan, au milieu des vignes et des montagnes. Magique.

BASIC BISTRO €

31 Church Street
✆ +27 21 883 3629
www.basicbistro.co.za
Du lundi au vendredi de 7h30 à 22h, le week-end de 9h à 22h. De 120 R à 150 R le burger.

Au Basic Bistro, il faut se sentir comme à la maison. Ici on sert à toute heure des formules très créatives avec des noms en clin d'œil à la France, au petit déjeuner : des croissants Napoléon ou Marie-Antoinette, des french toasts et des omelettes à customiser. Le midi et le soir, des burgers « gastronomiques », des wraps « italiens », ou encore des plats copieux de curry malais. Une adresse jeune, gourmande et abordable où l'on vient à la fois entre amis pour manger un burger et boire des bières artisanales, ou en amoureux pour siroter un cocktail au vin blanc.

DELAIRE GRAFF LODGES AND SPA €€€

Helshoogte Pass Banhoek Valley
✆ +27 21 885 8160
www.delaire.co.za
Lodge à partir de 19 500 R. Lodge 4 personnes à partir de 46 400 R. Petit déjeuner, dégustation de vin, transfert.

Perché sur la colline, le Delaire Graff Lodges and Spa est un établissement très chic et sophistiqué. Ici, les prestations ne peuvent qu'être à la hauteur de vos attentes, car tout est luxe et volupté. Les *lodges* vous promettent une évasion tout en élégance et sont dotés d'un confort irréprochable. Tous sont spacieux, lumineux et disposent d'une terrasse et d'une piscine privée. Salle de bains en marbre, salle de cinéma et restaurant gastronomique... Un havre de paix somptueux.

96 WINERY ROAD €€

96 Winery Road
✆ +27 21 842 2020
www.96wineryroad.co.za
Tous les jours, sauf dimanche soir, de 12h à 16h et de 18h à 21h. Menu deux plats à partir de 255 R.

Coup de cœur pour cet établissement très populaire, au cadre boisé et rustique, qui porte comme nom son adresse, le 96. Dans les assiettes, une cuisine rurale colorée où l'on vous présente la pièce de viande avant de vous découper votre entrecôte. Ici, on boit son verre de vin près du feu de bois en attendant que mijotent les potjies et autres kabeljou. La liste des vins est d'ailleurs excellente, mais serions-nous dans une des plus belles régions viticoles d'Afrique du Sud ? Bien sûr que oui. D'ailleurs, il y a même une petite cave pour les emplettes.

RIVER MANOR €€€

6 The Avenue
✆ +27 21 887 9944
www.rivermanor.co.za
A partir de 3 280 R la chambre double, petit déjeuner inclus, en haute saison.

Situé en face de la rivière Eerste, à deux pas du centre, dans une avenue tranquille, l'établissement, au style contemporain colonial, dispose de vérandas, de deux piscines, d'un Spa et de jardins privés. Les chambres sont élégantes et de grand confort. On y dénote un vrai souci du détail. Elles offrent corbeille de fruits, peignoirs, cherry, minibar, coffre-fort, plateaux à thé et café, wi-fi, ventilateurs et climatisation. Après un bon petit déjeuner près de la piscine, on peut partir en *wine tours* guidés, au départ de River Manor, tous les jours.

JARDINE RESTAURANT €€

1 Andringa Street
✆ +27 21 886 5020
restaurantjardine.co.za
Ouvert du mardi au samedi de 12h à 14h30 et de 18h à 20h30. Comptez 300 R pour le déjeuner et 450 R pour le dîner.

Encore un excellent restaurant dans la gourmande et jolie ville de Stellenbosch. Au Jardine Restaurant, une décoration simple et raffinée et des assiettes méticuleusement dressées et délicieuses. La salle est aménagée dans une cour pavée au sol et feu qui crépite dans la cheminée en hiver, enfin c'est-à-dire lorsqu'il fait 20 °C parfois. Pour le déjeuner du vigneron, comme on l'appelle ici, le brunch du dimanche ou encore pour un événement spécial si vous le souhaitez, profitez d'une cuisine subtile et délicate à des prix abordables.

THE TABLE €€

De Meye Wine Farm, Muldersvlei

✆ +27 72 696 0530

www.thetablerestaurant.co.za

Ouvert du jeudi au dimanche de 12h30 à 17h30 l'été et du mercredi au dimanche l'hiver. Menu 3 plats : 495 R.

Merveilleuse adresse qui vous accueille dans son bâtiment historique en hiver autour de son poêle à bois et sur sa pelouse fraîchement tondue en été ! Chaque table est disposée sous un arbre et vous donne un sentiment d'intimité. Un sentiment de liberté, celui de déjeuner à l'ombre d'un beau jardin. Idéal pour un déjeuner romantique. Les produits cuisinés sont issus du potager et couplés à d'autres ingrédients locaux. Le menu, renouvelé selon les produits de saison, est composé de 3 plats. Une cuisine familiale, généreuse et sophistiquée.

DELAIRE GRAFF

Helshoogte Pass

✆ +27 21 885 8160

www.delaire.co.za

Dégustations tous les jours à partir de 10h.

Une situation de toute beauté, à flanc de coteau, sur la charmante route R310 de Franschhoek. C'est le lieu idéal pour pique-niquer. Le multimilliardaire britannique de Graff a tout refait, pour allier une architecture traditionnelle à un espace ultramoderne de verre et d'acier. On aime particulièrement les grandes statues de guépard en acier avec les sublimes montagnes en arrière-plan. Vous pourrez aussi voir les barriques dans la cave de verre éclairée par des néons bleus. Splendide, rien que pour la visite, une dégustation, ou peut-être une nuit de luxe.

TOKARA €€€

Helshoogte Pass

✆ +27 21 808 5900

www.tokara.com

Du lundi au dimanche de 12h à 15h et de 18h à 21h (du mardi au samedi). Plat environ 300 R.

Le restaurant de Carolize Coetzee, l'une des cheffes les plus prometteuses du pays, installé dans le prestigieux Tokara, un domaine au design contemporain, presque futuriste ! Elle livre un menu différent au fil des saisons et des plats du jour toujours plus créatifs les uns que les autres. On peut tester par exemple en entrée le topinambour rôti au poivron rouge et à la sauce de tomates séchées. En plat, l'appétissant magret de canard fumé et son jus aux épinards, à la grenade et au marsala a déjà comblé moult palais d'amateurs au Tokara.

KANONKOP ESTATE

R44

✆ +27 21 884 4656

www.kanonkop.co.za

Du lundi au vendredi de 9h à 17h, samedi de 9h à 15h, jours fériés de 10h à 16h. Dégustation à partir de 50 R.

Ce domaine, appartenant aujourd'hui aux petits-enfants de l'ancien ministre Paul Sauer, offre quatre superbes grands rouges de garde, l'équivalent de premiers crus chez nous. Il faudra dix ans pour que ces vins Pinotage, Cabernet Sauvignon et Paul Sauer arrivent à maturité. Pour produire des grappes plus grosses, le patron diffuse des enregistrements de chants d'oiseaux à haute fréquence, selon la méthode Sonic Boom. Sur commande, on vous organisera un barbecue de poisson *snoek*. Pour une petite folie, repartez avec les crus 91 ou 86 de la réserve.

ANNANDALE

Annandale Road

✆ +27 72 675 5558

www.annandale.co.za

Ouvert du mardi au samedi de 9h à 17h.

Ici, les murs abritent les belles quilles. Gerhard Hempies Du Toit, cet ancien rugbyman très célèbre en Afrique du Sud, est par ailleurs un descendant de Français huguenots, vignerons depuis cinq générations. Il vous fera partager son amour du vin bien fait et vous montrera peut-être ses belles bouteilles de saint-émilion qui dorment là depuis plus de vingt ans. Le vin qu'il produit est un nectar pour connaisseurs. Goûtez donc le cabernet sauvignon 2020, le shiraz 2018 et, surtout, le cavalier 2020. Pour les amateurs, la maison fait aussi du vin port.

MARIANNE WINES

Valley Road

✆ +27 21 875 5040

www.mariannewines.com

Autour de 80 R la dégustation 5 vins, 100 R la dégustation 5 vins + biltong. Visite des caves, visite du domaine…

Originaire de Bordeaux d'une famille de vignerons, les propriétaires, amoureux de l'Afrique du Sud et du bon vin, ont acheté ce domaine en 2004. Marianne Wines Estate est aujourd'hui réputé en Afrique du Sud pour son savoir-faire français assemblé aux températures clémentes du pays. Vous trouverez une collection de vins rouges vintages qui ont été vieillis en fûts français. Les 24 ha de vignes permettent un vin de qualité. Ils sont les seuls à faire la dégustation vin et biltong ! Une anecdote : la cuvée 2004 du Floréal a été servie pour les 90 ans de Mandela.

MORGENHOF

R44

✆ +27 21 001 9416

www.morgenhof.com

Ouvert en semaine de 9h à 16h30, samedi et dimanche de 10h à 16h30. Réservation de paniers de pique-nique à l'avance.

Escale obligée dans ce domaine viticole, prisé des futurs jeunes mariés. On y admire les bâtiments de style Cape Dutch, la cloche aux esclaves, les pelouses bien taillées et le cellier ultramoderne. Chez Morgenhof, il existe un petit restaurant qui propose les fameux et délicieux paniers de pique-nique qu'il faut réserver la veille pour le lendemain au minimum. D'un autre côté, il y a le coffee-shop, qui permet de goûter des bons produits du terroir. Côté vin, le morgenhof estate, le chardonnay et le chenin blanc sont très bien notés.

NEETHLINGSHOF

Neethlingshof Estate

✆ +27 21 883 8988

www.neethlingshof.co.za

Semaine : 9h à 17h, week-end : 10h à 16h. Dégustation à partir de 70 R/pers. Visite des caves : 55 R.

C'est par une allée bordée de pins parasols majestueux que l'on atteint ce domaine où tout n'est qu'ordre et beauté, du restaurant à la cave, du parc au parking. Ici, sous ce territoire magnifique, les racines de la vigne remontent à l'époque des toutes premières vinifications de la région du Cap. Aujourd'hui, le Neethlingshof tient un équilibre parfait entre son héritage chargé d'histoire et les innovations dans le domaine du vin qui ne cessent d'avancer. On y retrouve en vedette le weisser riesling, le gewürztraminer et le laurentius.

RUST EN VREDE ESTATE

Annandale Road ✆ +27 21 881 3881

www.rustenvrede.com

Dégustation du lundi au samedi de 9h à 17h et le dimanche de 10h à 16h. Restaurant ouvert tous les midis. Menu : 890 R.

Un domaine spécialisé dans les grands rouges, et en particulier le shiraz. Le patron, Jean Engelbrecht, est le fils d'un ancien ailier des Springboks, l'équipe de rugby locale dont vous entendrez forcément parler pendant votre séjour. De jolies bâtisses Cap Dutch, des terrasses ombragées et le bâtiment Jonkershuis de 1780, qui s'érige dans un cadre idyllique planté de fleurs colorées et de chênes centenaires. Le Rust En Vrede Estate est connu comme l'un des meilleurs vignobles du pays, et le vin de ce domaine est d'ailleurs reconnu et réputé internationalement.

RUSTENBERG ESTATE

Rustenburg Road

✆ +27 21 809 1200

www.rustenberg.co.za

En semaine de 10h à 16h30, le samedi jusqu'à 16h et le dimanche jusqu'à 15h.

Princes et écrivains de renom ont fréquenté ce domaine de grande classe, qui s'est offert le luxe de ne changer que quatre fois de maître de caves en cent ans. Les grandes demeures de style Cape Dutch semblent figées dans le temps, au milieu des chênes et des pieds de vignes. Les pierres de l'escalier de la porte principale sont des « klompie bricks », ce sont les briques qui servaient de ballast aux navires de la Dutch East India Company. Les rouges de cette maison sont de haute volée, notamment le peter barlow, le five soldier, le syrah et le john x merriman.

SIMONSIG ESTATE

Kromme Rhee Road

✆ +27 21 888 4900

www.simonsig.co.za

En semaine de 8h30 à 16h30, samedi de 8h30 à 15h30, dimanche de 11h à 14h30. Tour gratuit des caves. Dégustation : 75 R.

Frans Malan fut le premier en Afrique du Sud à lancer l'idée d'une route des vins. Le premier aussi à produire selon une méthode champenoise. Un précurseur dans le domaine, donc. Aujourd'hui, le maître de chais élabore un excellent pinotage, appelé redhill pinotage, mais également un syrah, le merindol sirah. Aussi, il améliore d'année en année sa méthode Cap Classique, ex-champenoise, Kaapse Vonkel, qui selon nous s'inscrit dans le top national. A noter les fabuleux vins de Lisa, Chenin blanc ou Sauvignon blanc sémillon. À la vôtre !

WATERFORD ESTATE

Blaauwklippen Road

✆ +27 21 880 5300

www.waterfordestate.co.za

Tous les jours de 10h à 17h. Dégustation simple, vin et chocolat safari dégustation. De 125 R à 1 600 R.

Voici, encore une fois, une excellente adresse pour venir déguster les vins de la région. Waterford Estate appartient à la famille Ord et a été développé sous l'œil attentif de Kevin Arnold. Le domaine propose un cadre relaxant où les clients peuvent s'asseoir et profiter de diverses options de dégustation autour du nectar du coin : j'ai nommé le vin. N'hésitez pas à jouer la carte de l'originalité et à tester la dégustation vin et chocolat par exemple, vous pourriez être surpris de cette belle association de saveurs en bouche.

HELDERBERG ★

Le Helderberg s'étend du sud de la ville de Stellenbosch jusqu'à False Bay. C'est également le nom de cette courte mais impressionnante chaîne de montagne sur le flanc de laquelle tant de vignes sont plantées. Les passionnés de vins et de vignobles seront servis ! Si vous êtes marcheur, l'ascension du Dôme, le plus haut sommet de la chaîne, est immanquable. Par temps clair, la vue sur la baie y est phénoménale. Le départ du sentier se fait de la Helderberg Nature Reserve à Sommerset West. Une belle étape de voyage pour les passionnés de nature sauvage, de randonnées et pourquoi pas même pour les amateurs de photographies de paysages naturels.

EIKENDAL LODGE €€

R44

✆ +27 21 855 3617

www.eikendal.com

Chambre double à partir de 1 750 R, petit déjeuner inclus.

Au milieu des vignes, avec la chaîne de montagnes des Helderberg juste derrière, et la mer qui se dessine à l'horizon devant. Ce petit lodge est agréable pour profiter d'un séjour au grand air. Neuf chambres superbes, dont la plupart ont un accès direct sur l'extérieur, et quel spectacle reposant au cœur du domaine viticole d'Eikendal ! Ici, nous sommes véritablement entourés par les terrains de golf qui se dessinent sur le paysage. Les passionnés trouveront alors leur bonheur entre les parties de golf et des dégustations de vin, c'est certain.

VERGELEGEN ★★

Lourensford Road

✆ +27 21 847 2100

www.vergelegen.co.za

Ouvert tous les jours de 9h à 17h. Entrée 10 R adulte et 5 R enfant. Visite guidée, dégustation...

En 1708, le gouverneur Willem Adriaan van der Stel est rappelé en Hollande par la Compagnie. Il n'aura pas profité longtemps de son « Versailles » d'Afrique du Sud, une demeure aujourd'hui classée monument historique. Vergelegen est alors la propriété de la société Anglo-American, qui a décidé de relancer la production vinicole tout en maintenant la production fruitière. Goûtez les assemblages vergeleguen red et white, sublimes. Le jardin octogonal est unique en Afrique du Sud, avec son chais vrillé à dix mètres du sol, au sommet de la colline. Du jamais-vu !

LONGRIDGE

Eikendal Road

✆ +27 21 855 2005

www.longridge.co.za

En semaine de 9h à 17h, samedi jusqu'à 14h. Restaurant ouvert tous les jours. Dégustation à partir de 80 R par personne.

On a une jolie vue sur False Bay depuis ce domaine. Par temps clair, on peut voir jusqu'à Cape Point. Si la vue est magnifique, les vins produits ici valent aussi largement le détour. Au domaine de Longridge, on travaille largement sur des vins naturels. Ici, on se laisse guider par la vigne et son essence naturelle et non l'inverse. Cela accentue le goût du terroir. On utilise des techniques et des connaissances de vinification naturelles anciennes pour en sortir de délicieux trésors, le merlot étant d'ailleurs parmi les meilleurs.

Vergelegen.

FRANSCHHOEK ★★★★

En 1687, un groupe de cavaliers conduit par Simon van der Stel quitte Stellenbosch afin d'aller explorer les terres derrière les montagnes. Les hommes atteignent ainsi la vallée de la rivière Berg, par-delà le massif du Drakenstein. Vers l'est, ils découvrent un espace vallonné, bien protégé du vent, au cœur d'un cirque rocheux : Olifantshoek, le coin des éléphants. À des milliers de kilomètres de là, en Europe, la Compagnie hollandaise des Indes orientales entame une opération de recrutement pour renforcer la colonie du Cap. Sur les 60 000 huguenots réfugiés en Hollande après la révocation de l'édit de Nantes, environ 200 sont tentés par l'aventure africaine. Van der Stel leur attribue la vallée de Franschhoek, propice à la viticulture, à condition qu'ils en chassent les éléphants. Aujourd'hui, la petite ville de Franschhoek revendique ses origines françaises de toute part. Les noms des rues et des hôtels sont en français. Les vignobles sont inspirés de la tradition française, tout comme la plupart des restaurants de Franschhoek sont sans conteste influencés par la gastronomie et l'art de vivre à la française. De fait, le joli petit bourg tranquille, un peu à l'image des villages « typiques » de notre chère Provence condamnés au défilé permanent des touristes, fut quelquefois victime de son succès. Il est vrai que l'on aime particulièrement y flâner dans ses rues, rester des heures en terrasse et visiter le musée des Huguenots.

Festivals. En avril, les foules deviennent furieuses lors du Cheese Festival, un événement unique dans le pays tenu dans les environs et qui, du coup, connaît un succès fou. Même ambiance en juillet lors des flonflons du Bastille Day le 14 juillet. Une autre référence à la France qui attire de nombreux expatriés. C'est un moment très patriotique, mais vraiment sympathique. Un gigantesque chapiteau est monté et abrite des dizaines de stands : chaque vignoble du coin tient son stand et propose de faire découvrir ses vins, rouge, blanc, rosé, pétillant… Quand on achète un billet d'entrée, on choisit un nombre de dégustations et c'est parti ! On accompagne ses verres en allant vers les stands de nourriture. Des huîtres, des sandwiches, du fromage, des crêpes… et au beau milieu, des tablées en bois. Tout le monde s'installe, discute, partage, puis un concert vient animer le lieu et faire danser les festivaliers francophones, francophiles ou amateurs de bons vins.

MONUMENT HUGUENOT ★

Huguenot Road

Dans la ville de Franschoek, un monument à la mémoire des huguenots, protestants d'origine française ayant immigré en Afrique du sud au XVIIe, a été inauguré en 1948. L'œuvre du sculpteur Coert Steynberg représente une figure féminine, portant la Bible dans la main droite et une chaîne cassée dans la main gauche qui représente alors la liberté. Un bateau vogue vers la pointe de l'Afrique et l'on voit, rassemblés autour du Livre, la roue de l'industrie, la lyre des arts, le grain et le raisin de l'agriculture. Quant aux trois arches, elles symbolisent la Trinité.

MUSÉE DES HUGUENOTS ★★★

Huguenot Road ✆ +27 21 876 2532

www.museum.co.za

Du lundi au samedi de 9h à 17h, dimanche de 14h à 17h. Adulte : 80 R, enfant : 40 R.

Si l'on s'intéresse à l'histoire là où se posent nos pas, alors il faudra découvrir ce musée. Les huguenots font toute l'histoire de la ville de Franschhoek, depuis leur arrivée au XVIIe siècle. Au musée des Huguenots, on y verra la Bible que Pierre Joubert aurait fait sortir de France dans une miche de pain. Lui-même a quitté La Motte-d'Aigues dans le Vaucluse à 24 ans. Puis, il est arrivé en Afrique du Sud après un détour par Genève et Rotterdam. En 1700, il possédait 16 000 pieds de vigne et 300 moutons. Les panneaux historiques ont été offerts par la direction des Archives de France.

On découvre une copie de l'édit de Nantes et la liste exhaustive des huguenots d'Afrique du Sud, avec leur région française d'origine. Lors de la visite en Afrique du Sud de Jacques Chirac, une plaque a été posée pour marquer le 400e anniversaire de l'édit de Nantes, « symbole de la tolérance et de la liberté ».

Si par hasard vous avez l'âme d'un chercheur, on peut même soumettre ses interrogations généalogiques à la direction du musée, qui se propose de faire des recherches. Le bâtiment principal a été édifié en 1967 d'après les plans de « Saasveld », la demeure construite au Cap en 1791 par l'architecte français Louis-Michel Thibault.

A l'arrière du bâtiment se trouve le siège de la société savante The Huguenot Society, à laquelle n'importe qui peut adhérer afin de recevoir le bulletin historique annuel. En septembre 2002, le musée a accueilli une journée durant les membres distingués de la Conférence internationale des Huguenots.

FRANSCHHOEK WINE TRAM ★★

32 Huguenot Road ✆ +27 21 300 0338
www.winetram.co.za

Tous les jours de 9h à 18h. Tarif adulte : 280 R, enfant : 90 R + entre 25 R et 75 R/personne/dégustation.

Montez à bord d'une des six lignes à arrêts multiples du Franschhoek Wine Tram et partez à la découverte des vignobles de la vallée de Franschhoek. Vous embarquez au niveau de la billetterie située au cœur de la ville et vous serez transportés par une combinaison de tramway et de bus autour d'une boucle d'arrêts vous permettant de descendre et de monter à votre guise. Il n'y a plus qu'à choisir en fonction des dégustations qui vous attirent : chacune des lignes vous offre une sélection de domaines viticoles à visiter et bien sûr de vins à déguster !

BASSE PROVENCE €€

R45
✆ +27 21 876 2994
www.basseprovence.co.za

De 2 900 R à 4 400 R selon la saison et le type de chambre.

De par son architecture Cape Dutch très travaillée et ses grands chênes, c'est l'une des guesthouses les plus belles que l'on puisse voir depuis la route. À 3 km de Franschhoek, Basse Provence, dans son vaste manoir de 1855, offre sous son toit de chaume, huit chambres à l'intérieur aménagé luxueusement, dans des boiseries chaudes typiques de la région préservant tout son héritage huguenot et l'alliant au confort moderne actuel. Un peu à l'écart, un cottage de deux chambres est également disponible, c'est une petite merveille.

KLEIN WATERVAL RIVERSIDE LODGE €€

R45 Groot Drakenstein
✆ +27 21 874 1711
www.kleinwaterval.com

Doubles à partir de 1 400 R, suites à partir de 2 800 R, avec petit déjeuner, selon la saison.

Près de Franschhoek, un lodge charmant et confortable. Lit de princesse à baldaquin, fauteuils anciens drapés de tissus précieux, élégante alternance de boiseries et de surfaces claires, baignoire d'époque. La rivière Berg s'écoule le long du bâtiment, et de ses chambres intimistes, avec chacune une terrasse et une vue sur les vignobles. Petit coup de cœur pour le loft et sa mezzanine. Enjambant la petite rivière, un pont relie le lodge principal et la piscine aux chambres.

THE CORNER HOUSE €€

5 Unie Straat
✆ +27 63 674 1040
www.thecornerhouse.co.za

De 900 R à 2 200 R selon la saison et le type de chambre. Petit déjeuner inclus.

Dans une rue résidentielle calme à deux pas de la rue principale, des activités et des restaurants, The Corner House est une option parfaite pour votre séjour au cœur de la vallée des vins. Décoration douce et raffinée. Tout au long de votre séjour, de charmantes attentions seront laissées dans votre chambre : un mot de bienvenue, une bouteille de vin offerte... On vous laisse découvrir le reste. Le jardin est très agréable, bordé de jasmin qui embaume l'air, et la piscine tombe à pic en été. Enfin le petit déjeuner est complet, frais et délicieux.

© SOUTH AFRICAN TOURISM

Restaurants à Franschhoek.

THE LAB LIFESTYLE €€

15 Nerina Street
+27 64 928 5626
www.thelab.africa
Chambre de 770 R à 1 500 R par personne et cottage à partir de 1 950 R.

The Lab Lifestyle propose 12 chambres spacieuses et modernes. Découvrez les dernières technologies dans votre chambre et utilisez l'éclairage, la musique, les stores et la douche uniquement à l'aide de votre voix. Les repas sont servis sur la longue table de cuisine ou sur la terrasse en mosaïque. La vue sur la montagne est fabuleuse, et trouve toute sa splendeur à l'heure où le soleil se couche. Vous pourrez vous détendre sur l'une des chaises longues autour de la piscine étincelante, profiter d'un bain à remous ou encore opter pour un massage.

LE FRANSCHHOEK HOTEL & SPA €€€

16 Minor Road +27 21 876 8900
www.lefranschhoek.co.za
Chambre standard à partir de 1 700 R, chambre deluxe à partir de 2 200 R, suite à partir de 2 700 R.

Membre du groupe Three Cities, allie classe et romantisme, vues imprenables sur la montagne et les vignes, décoration moderne et équipe aux petits soins. Un peu cher, mais c'est un 5-étoiles luxueux, ne l'oublions pas. Les chambres sont tout confort et chauffées au sol, les petits déjeuners copieux. Grande piscine azurée, spa pour des vacances détendues et belle table gastronomique pour le dîner. Situé au cœur des vignobles, la localisation est idéale pour les dégustations de vin.

HOLDEN MANZ COUNTRY HOUSE €€€

3 Green Valley Road
+27 21 876 2738
www.holdenmanz.com
De 2 900 R à 6 700 R selon le type d'hébergement et selon la saison. Petit déjeuner inclus.

L'élégance de l'architecture hollandaise, la tranquillité des lieux font de Holden Manz l'une des maisons de campagne les plus accueillantes de Franschhoek. Un excellent petit-déjeuner est servi dans le manoir. L'accès au restaurant, le Franschhoek Kitchen, se fait via une courte promenade à travers les vignes, cadre idéal pour un déjeuner ou un dîner relax. De nombreuses activités proposées : Spa, pique-nique sous les arbres centenaires au bord de la rivière ou près de la piscine...

MAISON CABRIERE €€€

51 Cabriere Street
+27 76 786 3351
maisoncabriere.com
A partir de 2 100 R.

La maison Cabrière dispose de trois suites, toutes trois aménagées avec style et modernité. On croirait presque le décor d'un beau magazine de décoration avec parquet à chevrons et fauteuils au coin du feu. Deux suites se situent au rez-de-chaussée avec leur propre terrasse adjacente au jardin et une suite au premier étage avec un grand balcon et une vue imprenable sur la chaîne de montagnes de Franschhoek. Dans le jardin, un joli deck en bois accueille la piscine tout en longueur bordée par de moelleux transats et des agapanthes. Une très belle adresse.

LE BON VIVANT €

22 Dirkie Uys Street
+27 21 876 2717
www.lebonvivant.co.za
Ouvert de 12h à 22h. Fermé le mercredi. Plats entre 185 R et 285 R. Menu 2 plats : 285 R et menu 3 plats : 355 R.

Une grande terrasse sur les pavés de brique et sous le porche, mais surtout, à l'intérieur, outre le beau parquet et la cheminée qui réchauffe l'atmosphère : une cuisine presque ouverte où l'on peut voir les cuisiniers à l'œuvre ! Qu'est-ce qu'on aime voir les artistes travailler nos assiettes ! Pierre, d'origine néerlandaise, est un amoureux de la bonne chère, le bon vivant, c'est lui. Il vous fera même goûter ses spécialités dans le jardin de l'établissement si vous le souhaitez. Les plats sont aussi beaux et frais que délicats et délicieux.

REUBEN'S €

Au sein du Chamonix Wine Estate
+27 21 876 3772
www.reubens.co.za
Ouvert tous les jours de 12h à 15h et de 18h30 à 21h. Plats entre 185 R et 295 R.

Tout le long de la vaste salle en longueur de Reuben's, se dévoilent les puits de lumière à travers les hautes fenêtres cintrées. Ce restaurant, sans prétention mais réputé, sert des repas légers et délicieux. Du tacos de fruits de mer aux huîtres fraîches, en passant par les curry de poulet ou encore les ribs fumés, tous les classiques se réinventent entre les mains des cuisiniers de la brasserie du Chamonix Wine Estate. Si vous ne savez pas où déjeuner à midi, essayez-le, vous ne serez pas déçu, c'est certain. Pensez à réserver.

HAUTE-CABRIÈRE RESTAURANT €€

Pass Road ✆ +27 21 876 8500
www.hautecabriere.com

Ouvert de septembre à mai de 12h à 14h et de 18h30 à 20h30. Menu dégustation autour de 635 R.

Une assiette composée et son verre de vin… que demander de plus dans un décor aussi beau ! Cette escale d'altitude en dehors de la ville, au milieu du pinot noir, est le fruit d'une savoureuse complicité entre le vigneron Achim von Arnim. Profitez-en pour goûter le pierre jourdan, un gris rosé très bien élevé. Le chef propose des menus de dégustations gastronomiques inspirés des produits de saison, dont une option entièrement végétarienne et des tapas de haute volée.

LE COIN FRANÇAIS €€€

17 Huguenot Road
✆ +27 74 126 0022
lecoinfrancais.co.za

Ouvert du jeudi au dimanche pour le déjeuner de 12h à 14h30 et du mardi au samedi pour le dîner de 19h à 20h30.

C'est Ephraim qui vous accueille et vous installe dans la salle sobre et élégante, aux tons gris et blanc. Le feu crépite dans la cheminée qui trône au milieu de la pièce. Lumière tamisée, variétés françaises... Un moment de volupté. La cuisine ouverte sur la salle affole les papilles. Une coupe de champagne local vous est offerte. Et lorsque les assiettes sont posées sur la table, c'est un régal des yeux. Les sens sont en éveil. Un mélange de couleurs, de saveurs, de textures. Une explosion en bouche de l'entrée au dessert. Service discret et ambiance huppée.

LA PETITE COLOMBE €€€

Dassenberg Road
✆ +27 21 202 3395
www.lapetitecolombe.com

Tous les jours de 12h à 22h. Menus à partir de 1 395 R, menu gourmand à 1 795 R, sans le vin.

Un des meilleurs restaurants de la ville, attendez-vous à toucher l'excellence, La Petite Colombe n'a d'ailleurs rien à envier aux établissements étoilés. Une cuisine de haute voltige, belle à regarder et exquise à déguster. Installés dans l'agréable salle aux larges baies vitrées qui offrent montagnes et verdure comme décor, vous succomberez aux mets des chefs qui s'agitent en cuisine pour vous proposer une assiette raffinée et des saveurs extraordinaires, toujours à la pointe. Pensez à réserver, la salle est quasiment tout le temps comble.

DE VILLIERS CHOCOLATE CAFE

Heritage Square, 9 Main Road
✆ +27 67 805 4515
www.dvchocolate.com

Ouvert tous les jours de 9h30 à 17h30. Comptez environ 40 R pour une glace ou un milk-shake.

Au fond d'une petite cour, l'odeur du chocolat vous appelle ! Courez vite, c'est ici que De Villiers Chocolate prépare et revend du bon chocolat en lingot, en tablette, noir, au lait, fourré au caramel ou encore en chocolat chaud à déguster sur place. Car dans la petite cour sont disposées quelques tables sur la pelouse artificielle, faites une pause autour d'un bon café accompagné d'un morceau de chocolat ou même d'une coupe de glace pour les plus gourmands.

BOSCHENDAL ESTATE

Accès par la R310 ✆ +27 21 870 4200
www.boschendal.com

Tous les jours de 10h à 18h. Visite des vignes. Dégustation à partir de 250 R. Vin, vin + chocolat, vin + huîtres…

La Manor House, œuvre de Paul de Villiers dans le style Cape Dutch, est enregistré comme monument historique. Avec ses parquets splendides, les objets d'ébénisterie... On se promène dans le parc, planté de grenadiers, de lilas d'Inde et de poiriers, un domaine immense. Optez pour le Pique-Nique de mi-octobre à mi-mai : on achète son panier garni, avec une bouteille, et on s'allonge sur la pelouse pour déjeuner. Le restaurant comme la boutique restent ouverts toute l'année. Côté cave, craquez pour le blanc de noir (rosé), sec, parfumé, séduisant comme un tavel.

LA BRI ESTATE

Wine Estate, La Bri
✆ +27 21 876 2593
www.labri.co.za

Du lundi au vendredi de 10h à 17h et de 10h à 16h les samedis, dimanches et jours fériés.

La maison, fondée par le huguenot Jacques de Villiers en 1694, est une des plus belles de la vallée. C'est un bien joli vin que cet assemblage fait avec des vignes de sémillon presque centenaires. Ici on tente de respecter au maximum le fruit et sa fraîcheur. Pour conserver les saveurs, la vinification se fait dans une cave circulaire et par un système de gravité et non de pompage. Parmi les 15 ha de vignes magnifiques et ses différents sols, vous pourrez par exemple tester le fameux shiraz-viogner, qui offre un résultat plutôt original.

HAUTE CABRIÈRE

Pass Road
+27 21 876 8500
www.cabriere.co.za

Du lundi au samedi et les jours fériés de 10h à 17h et le dimanche de 10h à 16h. Visite des caves à 12h sauf le samedi.

Achim von Arnim a deux amours : le champagne et les Citroën. Une DS et une 2 CV dorment dans la cour. Quant au champagne, Achim a fait le pari de s'en approcher le plus possible en appliquant rigoureusement la méthode champenoise, ou plutôt la méthode Cap Classique. Haute Cabrière est le seul domaine privé à se consacrer exclusivement aux vins pétillants de grande classe. Haute Cabrière produit aussi, en très faible quantité, le seul ratafia d'Afrique du Sud, ainsi que le tranquille, un gris rosé délicieux élevé à partir d'un assemblage champenois.

LA MOTTE ESTATE [LA MOTTE-D'AIGUES]

R45 Main Road
+27 21 876 8000
www.la-motte.com

Ouvert du lundi au samedi 9h-17h. Musée, restaurant et produits de la ferme. Dégustation à partir de 30 R.

La Motte Estate est sûrement l'une des plus belles salles de dégustation de la région. Une pièce a été spécialement aménagée dans le cellier, mais séparée de celui-ci par une immense baie vitrée. Les bouteilles sont exposées dans des écrins de verre, comme des joyaux. C'est la propriété de la chanteuse d'opéra Hanneli Koegelenberg, la fille de feu le milliardaire Anton Rupert, numéro 2 mondial du luxe et propriétaire de trois grandes marques de cigarettes.

L'ORMARINS

Accès par la R45
+27 21 874 9041
www.rupertwines.com

Du lundi au samedi de 10h à 16h30. Entrée payante.

Albert Camus, qui est enterré à Lourmarin, aurait sans doute aimé la douceur méditerranéenne de cette somptueuse demeure qui cultive le souvenir de son premier propriétaire, Jean Roi, originaire du Luberon. La beauté du jardin, les chevaux, les moulures de la maison, le petit musée de vieilles voitures… Tout cela est semblable à un rêve ! Les armes et les noms des familles huguenotes figurent sur tous les tonneaux. Notez bien dans un coin de votre tête que le blanc fumé est un best-seller national et le pinot gris une rareté.

PARADISE STABLES

Robertsvlei Road
+27 21 876 2160
www.paradisestables.co.za

Balade de 2h30 à cheval dans les vignobles, dégustation de vin incluse, 1 100 R/personne. Balade simple : 500 R.

Pour se balader à cheval et apprécier autrement le beau paysage de la région. En voilà une bonne idée ! Une fois au Paradise Stables, on rencontre son futur guide cavalier et compagnon de route, Pieter Hugo. Il a fait partie de l'équipe nationale des cavaliers d'endurance. Les balades sont possibles pour les débutants comme pour les plus avancés. Que diriez-vous de vous évader pour 4 heures 30 à cheval dans les vignobles, à travers les forêts et les montagnes, tout en s'arrêtant pour une petite dégustation de vin au Rickety Bridge et au mont Rochelle ?

PAARL ★★★

Diamandt ende Peerlbergh, « le diamant et la perle »… Abraham Gabbema est littéralement ébloui par le reflet du soleil printanier sur cette masse de granit encore mouillée par l'averse. Nous sommes en octobre 1657. De retour au Cap, le cavalier annonce avoir découvert une vallée propice aux cultures. Les premiers fermiers ne tardent pas à s'installer parmi lesquels une majorité de huguenots : Isaac Taillefert à Laborie et Picardie, Jean Cloudon à De Goede Hoppe, Gabriel Le Roux à La Concorde, Pierre Labuscaigne à Pontak, Jean Imbert puis Jacques Therond à Languedoc et Armand Véron à Saint-Omer… La ville proprement dite a été fondée en 1720.

AFRIKAANS LANGUAGE MUSEUM ★★

11 Pastorie Avenue +27 21 872 3441
www.taalmuseum.co.za

Ouvert du mardi au vendredi de 8h à 16h. Entrée adulte : 20 R, enfant : 10 R, gratuit pour les moins de 6 ans.

Comme son nom l'indique, ce musée retrace l'histoire de la langue afrikaans, inventée par les esclaves et structurée par les professeurs et les missionnaires. Un beau jour d'août 1875, Arnoldus Pannevis réunit ici quelques amis, dans la maison du huguenot Gidéon Malherbe, pour fonder la « Genootskap van Regte Afrikaners », « l'Institut des Vrais Afrikaners ». En 1876, ils publient *Die Patriot*, le premier journal en afrikaans. Les intéressés iront voir la mission de Genadendal.

Paarl.

PAARL MUSEUM

303 Main Street
✆ +27 21 872 2651
En semaine de 9h à 16h. Fermé le week-end. Entrée payante.

L'ancien presbytère de 1714, ex-musée des Huguenots, abrite aujourd'hui des antiquités hollandaises et des objets qui retracent l'histoire de Paarl. Alors l'histoire certes, mais aussi la vie quotidienne des habitants. Il ne serait pas étonnant de trouver dans ce musée un presse-agrumes ou encore une râpe à légumes reléguée au titre d'antiquité et bonne à être exposée ! Il est toujours intéressant lorsqu'on arrive quelque part de commencer par le musée de l'histoire de la ville, cela peut aider à comprendre beaucoup de choses et à la parcourir différemment.

RÉSERVE NATURELLE DE LA MONTAGNE DE PAARL ★★

Jan Phillips Mountain Drive
✆ +27 21 807 7744
www.paarlonline.com
En été de 7h à 19h, en hiver de 7h à 18h.

Réputée pour son immense variété de fynbos et protées, ne manquez pas le jardin botanique, cette réserve offre de nombreux circuits de promenade, à pied ou à vélo tout-terrain. La montée au sommet de Paarl Rock, 45 minutes depuis le parking du bas ou 15 minutes depuis celui du haut, est facile et impressionnante. Par mauvais temps, attention à l'orientation ! Pour avoir une vue panoramique sur la vallée, emprunter la Jan Phillips Mountain Drive qui longe la réserve.

TAALMONUMENT ★

Paarl Mountain
✆ +27 21 863 0543
www.taalmuseum.co.za
Du lundi au dimanche de 8h à 16h45 d'avril à octobre et de 8h à 20h de novembre à mars. Adulte : 40 R.

Le sculpteur Jan van Wijk aurait voulu représenter ici l'apport des Européens, des Africains et des Malais à l'élaboration de la langue afrikaans, que les Afrikaners ont longtemps « brandie comme un gourdin contre leurs ennemis », selon l'expression de l'écrivain Coetzee. Sachez que la colonne la plus haute est censée représenter l'afrikaans, puis accolée, la République, la terrasse étant l'Afrique et la colonne à gauche, l'Occident. Venez vous faire une idée sur place, devant ce monument qui semble un curieux vestige politique. Mais la vue y est superbe…

MADELIEFIE €€

424 Main Road
✆ +27 84 493 1258
madeliefie-paarl.co.za
A partir de 730 R par personne, petit déjeuner inclus (650 R sans le petit déjeuner).

Situé sur la route principale de Paarl, Madeliefie Guest Accommodation dispose de cinq chambres confortables. Construite en 1927, la maison patrimoniale a été rénovée en 2016 et transformée en chambre d'hôtes par les nouveaux propriétaires Willie et Minette. Les chambres sont claires et lumineuses avec de jolies touches de couleurs dans la déco, certaines ont même une belle terrasse en bois. Il fait bon boire le thé dans les lieux communs, où il y a toujours une petite bonbonnière quelque part pour une petite douceur. Madeliefe, c'est tout mignon, un petit cocon !

Taalmonument.

GRANDE ROCHE €€€

Plantasie Street

✆ +27 21 863 5100

www.granderoche.com

A partir de 2 500 R pour une chambre standard, jusqu'à 9 500 R pour une suite.

Au milieu des vignes et des montagnes, ce boutique-hôtel de luxe est installé dans un magnifique manoir. Le bâtiment central et les pavillons d'esclaves ont été entièrement restaurés et réaménagés pour offrir un confort digne des grands palaces. On ira faire un tennis, croquer quelques raisins dans les vignes ou bien se faire dorloter au salon de beauté. Les soirs de concert en plein air, les clients se pressent vers l'amphithéâtre du domaine. Le restaurant Bosman's, l'unique Relais Gourmand du continent africain, est une des plus grandes tables du pays.

NOOP €€

127 Main Street

✆ +27 21 863 3925

www.noop.co.za

Du lundi au samedi de 11h jusqu'au dernier client. Plats environs 150 R, salades de 120 R à 135 R selon la taille.

Ouvert depuis 2012, ce restaurant est parmi les meilleurs de Paarl, et il est franchement abordable. Une bonne adresse pour expérimenter par exemple une souris d'agneau rôtie lentement avec son confit de patate douce, mijoté au vin rouge, à l'ail, au jus de romarin et aux petits légumes, ou encore pour les palais adeptes des produits de la mer, le délicieux poisson grillé à la poêle recouvert de son beurre blanc au citron et aux câpres et accompagné de ses légumes verts de saison et ses frites maison. Un régal dans d'excellentes assiettes.

BEAN IN LOVE €

289 Main Street

✆ +27 21 872 0987

Ouvert du lundi au vendredi de 7h à 17h et de 8h à 14h le samedi.

Un *coffee shop* vraiment sympa à l'intérieur chaleureux sous son haut plafond, avec une belle terrasse à l'ombre des arbres. Il fait bon s'y arrêter boire une tasse de café, la spécialité. Car ici, vous le comprendrez vite, le café est torréfié directement sur place. On peut goûter l'or noir de Colombie, du Salvador, du Guatemala ou encore d'Afrique, bien sûr. Mais l'établissement propose également de très bons snacks pour le déjeuner – omelettes, toasts au bacon – ou encore de généreux goûters – gaufres gourmandes, excellents et originaux milkshakes.

THE SPICE ROUTE €€

Suid Agter Paarl Road

✆ +27 21 863 5200

www.spiceroute.co.za

Ouvert tous les jours sauf le dimanche de 11h à 17h. Plats à partir de 120 R.

Un restaurant installé dans un superbe domaine, on traverse les vignobles pour accéder au château réputé pour ses vins rouges, et notamment son remarquable Syrah. Chez The Spice Route, on sert une gastronomie locale accompagnée judicieusement de différents vins du coin, ou bien on profite des pizzas et du *burger bar*. La grande terrasse s'ouvre sur le paysage environnant, les champs, les vignes et la montagne au loin. Il fait si bon vivre au grand air ! Egalement une chocolaterie ainsi qu'un bar où l'on peut acheter différents types de biltongs, la viande séchée.

GOATSHED €€

Fairview Estate, Suid Agter Paarl Road

✆ +27 21 863 3609

www.fairview.co.za

Ouvert tous les jours de 9h à 17h. Ouvert pour le lunch.

Le Goatshed, c'est le restaurant du Fairview Estate. Comme pour le domaine viticole, la philosophie se résume à « c'est meilleur quand c'est frais et fait maison », formule qui règne en maîtresse de maison ici aussi. Salle lumineuse et colorée, bordée par les hautes fenêtres cintrées. Sur chaque petite table en bois est disposé un bouquet de fleurs. Sur l'ardoise, les produits changent selon les arrivées de la ferme Fairview, notamment spécialisée dans les fromages, primés et artisanaux, que l'on arrose de vins artisanaux eux aussi. Voilà un repas réconfortant !

AVONDALE

Lustigan Road

✆ +27 21 863 1976

www.avondalewine.co.za

Du lundi au dimanche de 10h à 16h. Dégustation de vin : 75 R par personne.

Lové contre les Alpilles locales, un domaine qui mérite le détour d'abord pour le cadre enchanteur digne des cartes postales. Chez Avondale, *terra est vita* est la philosophie, ce qui signifie « le sol, c'est la vie ». On devine que le domaine est tourné vers une agriculture bio, biodynamique et naturelle. Ici on considère que l'eau, l'énergie, les plantes, les animaux, les personnes et même les bâtiments demeurant sur le sol d'Avondale font partie d'un système à part entière, interconnectés. Le vin se consomme ici en honneur de l'amour de la vie.

FAIRVIEW WINE AND CHEESE

Suid-Agter Paarl Road
© +27 21 863 2450
www.fairview.co.za
Ouvert tous les jours de 9h à 17h. Dégustation standard : sélection de 6 vins et fromages pour 50 R.

Le domaine le plus visité par le touriste en raison de sa production de fromages, le roydon de style camembert, de sa tour à chèvres, et de son impressionnante gamme de vins. Le Fairview Wine and Cheese est malheureusement un peu victime de son succès. Charles Back s'essaie au viognier, cépage rare en Afrique du Sud comme en France… et aussi au style Côte du Rhône avec ses vins baptisés – attention, jeu de sonorités – « Goats do Roan » et « Goat Rôti ». L'Institut national des appellations d'origine a porté plainte (!). Restaurant agréable.

GLEN CARLOU

Simondium Road
© +27 21 875 5528
www.glencarlou.co.za
Dégustations, du lundi au vendredi de 9h à 17h et jusqu'à 16h, samedis, dimanches et jours fériés. Resto tous les midis.

Encore un domaine où vous ne risquez pas de tomber sur un car de dizaines de touristes japonais. Au Glen Carlou, c'est du sur-mesure, de l'artisanat de haut vol. Marius Cloete fait partie de ces vinificateurs qui travaillent chaque bouteille, lentement, avec amour et sans attendre une commande de centrale d'achats. On s'installe sur une très belle terrasse avec vue sur la campagne de Paarl et ses vignobles à perte de vue. Voilà donc le grand classique ! Un assemblage de type bordeaux, et le chardonnay, un des fleurons sud-africains.

KWV WINE EMPORIUM & HOUSE OF FIRE

Kohler Street © +27 21 807 3007
https://kwv.co.za/
Visites des caves à vins. Visites de la distillerie House of Fire. Prix des dégustations de 70 R à 150 R.

La cave KWV à Paarl est l'une des plus grandes au monde. Dès ses premières racines en 1918, année de naissance de Nelson Mandela, KWV était déjà une petite coopérative de producteurs, fiers pionniers avec la vision d'améliorer les normes et la qualité de l'industrie vinicole en Afrique du Sud, il est devenu un producteur mondial. Notre moment favori : la partie dégustation de Brandy & Chocolat après une visite de la distillerie, un vrai changement comparé aux autres domaines.

WELLINGTON ★

Non loin du Cap, à environ 35 minutes de route par la N2, la ville de Wellington est connue par son vignoble et la beauté de son paysage avec la Groenberg Mountain en arrière-plan. Ici aussi, les huguenots sont connus comme les premiers habitants de la ville et de sa région alentour au XVIIe siècle. Cette petite bourgade tranquille nichée entre les montagnes et les vignes a fait de ces dernières son économie principale. La ville ne manque pas de charme, avec sa belle église blanche et ses nombreux vignobles situés sur la R44 au pied de la montagne qui valent le détour, aussi pour la vue qu'ils offrent que pour les dégustations.

DIEMERSFONTEIN COUNTRY ESTATE €€

Jan van Riebeck Drive
© +27 21 864 5050
www.diemersfontein.co.za
Chambre double à partir de 1 399 R et villa à partir de 8 250 R.

Une grande demeure de la fin du XIXe siècle fière de sa terrasse à colonnades. Dès l'entrée de la propriété, le mot Grandiose vient aux lèvres. Une pièce d'eau à contourner, une allée bordée d'arbres centenaires, et enfin ce repaire princier, la maison du très francophone David Sonnenberg. Pour une simple nuit, la guesthouse nous comble de bonheur, entourée de son parc majestueux. Chambres dans la Manor House ou au fond du jardin, un peu à l'écart.

VAL DU CHARRON WINE AND OLIVE ESTATE €€

256 Groenberg Farm
© +27 21 873 1256
www.vdcwines.com
Chambre double à partir de 2 792 R.

Cette adresse est située dans une ferme au cœur de la vallée Bovlei à dix minutes de la ville de Wellington, au pied de la montagne. La ferme d'origine a été construite en 1699 et les propriétaires ont voulu maintenir son caractère historique et rétablir la tradition de la fabrication du vin à la ferme, tout en agrémentant les lieux d'une jolie décoration. Des chambres aux tons blonds et blancs, terrasses avec vue sur les vignes et les montagnes, piscine et dégustation de vins.

TULBAGH ★★

Tulbagh aligne une trentaine de monuments historiques au-delà de ce que les pionniers appelaient le Limietberg. Au-delà de la frontière. Dès les débuts du XVIIe siècle, quelques colons courageux sont venus s'établir dans ce bout du monde. Mais Tulbagh est avant tout le pays d'une grande famille huguenote d'origine nîmoise, les Thérond, descendants de Jacques Thérond, débarqué du Oosterland le 25 avril 1688. Nous vous conseillons le très magnifique trajet Gouda-Tulbagh-Wolseley-Ceres-Prince Alfred Hamlet *via* Mitchell's Pass. Vers le sud, empruntez la R303, de l'Elandskloofberge à Wellington, une des routes les plus escarpées du pays.

DE OUDE DROSTDY MUSEUM ★★

Winterhoek Road

✆ +27 67 184 0041

Ouvert du lundi au vendredi de 10h à 16h, le samedi de 11h à 13h.

Ce vieux drostdy où siégeait et habitait le juge-gouverneur du secteur justifie à lui seul le voyage à Tulbagh. Selon la légende, les magistrats avaient décidé de s'installer aussi loin de la ville afin de décourager les plaignants. Le bâtiment fut érigé en 1804, dans un style néoclassique, d'après les plans de l'architecte français Louis-Michel Thibault, puis abandonné en 1822 et transféré à Worcester, à la suite d'un orage qui l'avait fortement endommagé. Secoué par le tremblement de terre de 1969, le drostdy a été magnifiquement restauré.

OUDE KERK VOLKMUSEUM ★★

Church St ✆ +27 23 230 1041

Du lundi au vendredi de 9h à 17h. Le samedi de 9h à 14h.

La plupart des bâtisses de Church Street sont des propriétés privées, mais beaucoup restent publiques. La plus ancienne est la Oude Kerk Volksmuseum construite en 1743, en face de l'Office du tourisme. Remarquez l'épaisseur des murs qui confère à cette ancienne église une bienfaisante fraîcheur. Quelques dizaines de mètres plus loin, se trouve la maison du huguenot Danie Theron, juste à côté des jardins de Paddagang où les amateurs de verdure feront une halte. Îlot de fraîcheur, surnommé « frog alley », le rendez-vous des grenouilles à la saison des amours.

WITTEDRIFT MANOR HOUSE €

5 Vos Street ✆ +27 82 970 3703

www.wittedriftmanorhouse.com

À partir de 500 R/pers selon les maisons et les cottages. Jusqu'à 12 pers. dans la maison principale. Suites familiales.

Les propriétaires de Oude Herberg ont les clés de ce somptueux manoir hollandais appartenant à une fortune européenne qui ne vient que très rarement. C'est donc à vous ! Bénéficiant d'un rapport qualité-prix exceptionnel, vous logerez dans une des trois chambres décorées avec une science d'antiquaire et prendrez garde à ne pas tomber des lits très élevés. Vaste salle à manger et salons richement meublés. Les toiles contemporaines aux murs, comme la plupart des objets ici, ont été chinées et dénichées au fil d'une vie et avec amour. Un trésor que l'on nous offre.

VINDOUX TREE HOUSES €€

Van Der Stel Rd

✆ +27 23 230 0635

www.vindoux.com

La maison dans les arbres pour deux personnes à partir de 2 250 R. Petit déjeuner inclus.

Etape exceptionnelle pour ceux qui n'ont pas le vertige ! On séjourne ici dans de luxueuses cabanes montées sur pilotis à plusieurs mètres du sol. Comme les cabanes dans les arbres de notre enfance, sauf que celles-ci sont parfaitement équipées et d'un confort moderne impeccable. Vous n'oublierez pas la vue sur le Saronsberg par-delà les pruniers. Vous pourrez aussi opter pour les cottages en self-catering au sol, si vous êtes plus terre à terre. Dans tous les cas, profitez de la piscine ou bien d'une journée de bien-être du côté du spa.

SARONSBERG

Waveren Street

✆ +27 23 230 0707

www.saronsberg.com

Dégustations et vente du lundi au vendredi de 8h à 17h, samedi de 10h à 14h et dimanche de 10h à 13h.

Le domaine high-tech de la vallée, avec ses chais ultra-modernes et ses beaux espaces de dégustation meublés à la mode contemporaine. A l'intérieur, une galerie d'art à l'étage dans un grand bâtiment moderne dont les grandes baies vitrées laissent voir les chais, magnifique. La propriété est superbe, surtout l'architecture paysagère avec des étangs, les montagnes et bien sûr les vignes en arrière-plan. Sauvignon blanc, viognier, grenache, shiraz. Le « full circle », le vin phare du domaine de Saronsberg est un assemblage dans le style côte du Rhône.

LE CAP

TWEE JONGE GEZELLEN ESTATE

R44

✆ +27 23 230 0680

www.tweejongegezellen.co.za

Dégustation de vin du lundi au vendredi de 10h à 16h et de 10h à 14h le samedi.

Voici, paraît-il, la seule cave à champagne souterraine de l'hémisphère Sud. Nicky a creusé son trou avec ses ouvriers et a utilisé les cailloux de la rivière pour faire une charpente résistante aux tremblements de terre. Sa cuvée Krone borealis brut est bien notée, on peut en acheter sur place. Mais les plus curieux voudront visiter la ferme ; vieille de trois cents ans, elle a été entièrement restaurée, gardant le cachet de son patrimoine et sa renaissance contemporaine.

MATROOSBERG RESERVE €€

R318

✆ +27 23 312 2282

www.matroosberg.com

À partir de 90 R/personne en camping, 180 R/personne pour les ski huttes sans électricité, cottages à partir de 3 100 R.

Voici mille hectares de sauvagerie montagnarde autour du toit du Boland, à seulement 34 km de Ceres. Une caillasse infernale et brûlante en plein été, et la surprise de trouver un paysage sous une couverture blanche en plein hiver. Durant cette période, les fanatiques viennent alors franchir les 2 000 m avec leur ski-board. Du côté des logements, ils sont plutôt confortables, avec un bon pull, dans Goatherd's House proposée en self catering pour six ou encore la Ski Hut pour vingt personnes. A plusieurs, on se tient plus chaud !

CERES ★★

Un bourg rude et mignon, un « coin de Suisse », a-t-on dit, l'Afrique du Sud sans frime que nous aimons, et un climat idéal. La devise de Ceres n'est-elle pas : *Loci dulceto nos attinet* , « la beauté de cet endroit nous enchante ». L'arrivée par le nord, à la sortie du désert, est stupéfiante. L'entrée par le sud, après le franchissement du Bain's Kloof et du Michell's Pass, est inoubliable. Il y a déjà de quoi contenter l'honnête homme en voyage : vins, jus de fruits, biltong, safaris, même du ski autour du Matroosberg. 80 % de la production nationale de jus est *made in Ceres*, quant aux poires du Cap que nous achetons, elles viennent aussi d'ici.

KAGGA KAMMA RESERVE €€€

Off R303, Koue Bokkeveld ✆ +27 21 872 4343

www.kaggakamma.co.za

En tout inclus : cabanes et caves à 4 508 R/pers., cave premium 4 951 R, cave lune de miel 5 214 R.

Insolite et magique... Tout commence par 40 km de piste. On atteint ce site magnifique perdu dans un désert rocheux et rocailleux. C'est vrai que les prix sont élevés, et quel est le prix à payer pour dormir sous le ciel étoilé ? Un établissement original qui propose : cabane, caves ou suite à ciel ouvert. Vous avez bien compris, ici on vous propose de dormir dehors, avec pour seule limite le ciel et la nature à perte de vue. Dans les montagnes alentour, une grande variété d'antilopes, cascades préhistoriques et peintures rupestres. Un autre monde !

CERES FRUIT JUICES LIMITED ★

Bon Chretien Street

✆ +27 21 974 4000

www.ceres.co.za

Visites guidées des installations sur demande auprès de Nico Dempers.

Entre les mois de décembre et de mars, il est possible de demander une visite guidée des installations. Vous aurez la possibilité d'être reçu dans les fermes et les zones de séchage. Nico Dempers se fera un plaisir de vous accompagner sur Ceres Fruit Juices Limited. Des fruits aux jus de fruits, l'entreprise jouit d'un environnement spectaculaire dans la vallée de Cérès. C'est bien cette nature qui rend le fruit encore plus juteux et plus « joyeux ».

TANKWA KAROO NATIONAL PARK ★★

Après Ceres, il faudrait avoir le temps de monter à Calvinia en empruntant la R355 au cœur du désert du Karoo. À 110 km de la ville, prenez à droite la P2250 en direction de Middelpos sur 70 km de grande solitude : voici l'entrée du parc national le plus paumé du monde, le Tankwa. Des pistes à n'en plus finir à travers un paysage aride et orangé. Le Tankwa National Park offre un espace de paix et de tranquillité hors du temps. Des montagnes aux sommets plats, des étendues de sable, ou encore des roches ocre qui se révèlent d'une couleur incroyable à l'heure du coucher de soleil, et quelques lodges au milieu de nulle part.

© INVERDOORN

INVERDOORN SAFARI LODGE €€

60 km après Ceres par la R356.
✆ +27 21 422 0013
www.inverdoorn.com

Chambre de 5 200 R à 9 365 R. Suite de 8 850 R à 14 920 R. Chalet de 4 950 R à 8 620 R.

Le lodge propose des bungalows 4-étoiles, 5-étoiles et une suite « Ambassador », avec une décoration safari-contemporaine, tout le confort moderne, cheminée, grande salle de bains, deux terrasses privées devant le chalet et sur le toit. Le tout dans un cadre inspiré d'éléments désertiques. L'espace exclusif des camps Kuganha vous offre une expérience authentique en immersion totale dans le bush sur l'une des plus belles parties de la réserve. Un itinéraire sur mesure. Le soir, on partage un « braai » en écoutant la vie de la réserve. Inoubliable !

© INVERDOORN

AQUILA SAFARI ★★★

R46, Aquila Private Game Reserve
✆ +27 21 430 7260
www.aquilasafari.com

Safari en journée complète à partir de 1 990 R par personne. Package hébergement à partir de 1 965 R.

Déclarée réserve naturelle depuis 1985, Aquila s'étend sur 10 000 hectares de paysage vallonné, à moins de deux heures du Cap. Vous y rencontrerez parmi d'autres animaux des élands, zèbres, hippopotames, springboks… et les 5 Big five. Safari traditionnel, à dos de cheval, en quad, au petit matin ou au coucher du soleil : tout est possible. Des chalets vous permettent de séjourner dans la réserve, deux piscines et leur bar avec vue sur la réserve, dont une d'eau salée de 35 m de long près du restaurant, et un boma dans lequel un feu brûle le soir venu.

WORCESTER ★

Fondé en 1819, le poumon économique de la vallée de la Breede n'est pas vraiment une destination touristique. On pourra néanmoins s'y arrêter pour visiter l'intéressant jardin botanique du Karoo, voir les chais de brandy et aller s'acheter une bouteille de Nuy, un des meilleurs muscadels du pays. Ici, à un peu plus de 100 km du flambant Cap, les piliers de l'économie de Worcester restent l'eau-de-vie, les fruits en conserve et la laine. La petite ville de Worcester, dominée par le clocher vêtu de blanc de son église réformée hollandaise nommée Die Moederkerk, se niche tout de même dans un superbe paysage montagneux.

KAROO DESERT NATIONAL BOTANICAL GARDEN ★★

Roux Road, Panorama
✆ +27 23 342 1298
www.sanbi.org.za
Ouvert de 7h à 18h, toute l'année. Adulte : 40 R et enfant : 20 R.

Plus de 140 hectares de végétation semi-désertique et 10 hectares de plantations. C'est un espace particulier puisqu'il s'agit du seul jardin de plantes grasses désertiques de tout l'hémisphère Sud… et de toute l'Afrique. Spectacle merveilleux des fleurs au printemps, plantes à bulbe à l'automne et aloès en hiver. Parcours spécial : *trail* pour comprendre les différences entre le « Great », le « Little » et le « Hantam » Karoo, car il y en a trois ! Et le Shale Trail dans les koppies.

WORCESTER MUSEUM ★

Robertson Rd
✆ +27 23 342 2225
www.worcestermuseum.org.za
Du lundi au vendredi de 8h à 16h, le samedi de 8h à 13h, fermé le dimanche. Entrée : 15 R, enfant 5 R.

« Connecter les gens, les communautés et les cultures à travers l'expérience de l'art », voilà toute la mission du Worcester Art Museum. Sont organisés également des partenariats universitaires et des cours d'ateliers d'art. Visiter cet intéressant musée d'arts et traditions populaires à ciel ouvert vous permet de vous informer sur les modes de vie dans les campagnes environnantes. On comprend la fabrication de la laine, du tabac ou encore de l'alcool, tout ça travaillés en « live ». Cette étape est très bien faite pour les enfants.

GOUDINI SPA HOLIDAY RESORT €

Slanghoek road
✆ +27 23 349 8100
www.goudinispa.co.za
Appartement 2 personnes à partir de 1 075 R. Rondavels à partir de 915 R.

Par la route de la « vallée du coin des serpents », à une vingtaine de kilomètres à l'ouest de la ville, accédez à un des temples de la culture locale. L'Atkw, association de promotion de la culture afrikaans, gère ce complexe thermal irrigué par une source à près de 50 °C. Les bungalows sont très bien équipés avec un coin camping, une boutique, un restaurant et des piscines délicieuses. L'ambiance est totalement ancrée dans la pure « tradition » afrikaans.

ROBERTSON ★

La ville porte le nom d'un ministre réformé hollandais et écossais. Basé à Swellendam, il se rendait tous les trois mois au domicile de M. Johan Van Zijl, de la ferme Roodezandt, pour rendre des services religieux aux familles de la région. En 1852, il décida de créer une ville autour de la ferme et c'est ainsi que Robertson se développa autour des vignobles. On aime le charme discret de Robertson, qu'un simple col sépare du Karoo. Niché dans les montagnes au cœur de jolis vignobles, l'étape est champêtre avec de nombreux domaines à visiter et un centre-ville provincial, agréable et populaire. Un cheval et une autruche veillent sur le blason de la ville.

© CHLOÉ OBARA

Les cactus de Robertson.

LE CAP

SHEILAM CACTUS GARDEN ★

R60, vers Ashton
✆ +27 23 626 4133
www.sheilamnursery.com
Du lundi au jeudi de 8h à 17h30, le vendredi jusqu'à 16h et le samedi de 8h30 à 14h. Entrée : 19 R.

La création du jardin date de 1954 et le nom de Sheilam correspond aux acronymes des prénoms des enfants des premiers propriétaires. 24 ans après avoir acquis les lieux, à 84 ans, ils passent la main aux actuels propriétaires de cet endroit magique. Le jardin est avant tout une entreprise qui cultive et exporte des cactus dans le monde entier. Il n'y a pas de période idéale pour visiter le jardin, les périodes de floraison ne sont pas les mêmes selon les plantes et parfois elles fleurissent seulement pendant une journée ! En été privilégiez la visite le matin.

EXCELSIOR ESTATE €€

Ashton
✆ +27 23 615 1980
www.excelsior.co.za
Du lundi au vendredi de 10h à 16h, le samedi de 10h à 15h. A partir de 1 280 R la double avec petit déjeuner.

Issue des De Wet, cette propriété viticole est tout simplement époustouflante. Un petit lac avec une avancée sur pilotis, entourée par des pieds de vigne à perte de vue, on croit rêver... L'Excelsior Estate propose bien évidemment des dégustations de vins Excelsior que l'on retrouvera d'ailleurs dans de nombreux restaurants du pays. Une très belle maison d'hôtes, que l'on ne manquera pas de recommander aux couples à la recherche d'un petit coin romantique ! Depuis la piscine, la vue est panoramique sur les vignes, profitez pleinement du lieu.

26 ON CHARDONNAY €€

26 Chardonnay Road
✆ +27 82 332 8692
26onchardonnay.co.za
A partir de 600 R par personne et par nuit.

Le 26 On Chardonnay propose un hébergement haut de gamme, parfait pour une escapade agréable à la campagne. Situé sur le domaine de golf de Silwerstrand, cette maison pleine de bonnes ondes et extrêmement relaxante avec sa décoration aux couleurs douces et aux matières naturelles, rechargera votre âme. Ici, vous faites comme chez vous dans cette maison éclatante et décloisonnée proposant quatre chambres, chacune avec sa propre salle de bains. Grand jardin et belle terrasse meublée pour des dîners à l'ombre du soir autour du braii traditionnel.

OLIVE GARDEN COUNTRY LODGE €€

Klassvoogds West
✆ +27 23 626 2028
De 1 600 R à 2 700 R selon le type de logement, petit déjeuner inclus.

Au fond de cette vallée retirée, la guesthouse de ce sympathique couple belge, Gina et Fernand communie avec la nature qui l'entoure. A perte de vue s'étend un paysage de Fynbos et tout ici est naturel à l'exemple de la savoureuse cuisine de Fernand qui utilise les herbes du jardin et l'huile d'olive produite maison. Les 4 grandes chambres disposent chacune d'un balcon et d'une cheminée et sont très confortables. Au milieu des oliviers : piscine et bain bouillonnant.

ALBATROSS COUNTRY HOUSE €€

10 Silwerstrand Boulevard
✆ +27 83 652 2105
www.albatrosscountryhouse.co.za
A partir de 1 500 R en chambre double.

L'Albatross Country House est une maison en *self-catering* idéalement située, à environ 500 mètres du parcours de golf Silwerstrand de Robertson. Un établissement épuré, classique et classieux ! Du bois, de la pierre apparente, des briques, un lieu à la fois authentique et moderne. Un ancrage idéal pour qui aime passer ses journées au golf avant de retrouver un endroit calme pour le barbecue du soir et s'offrir une ou deux journées pour visiter la région et profiter des délicieuses et agréables dégustations de vin alentour. Une belle adresse.

ORANGE GROVE FARM €€

Worcester
✆ +27 21 286 0672
www.orangegrovefarm.co.za
Cottages 2 personnes à partir de 1 900 R, 4 personnes de 2 600 R, 6 personnes de 3 900 R en self-catering.

Ce grand domaine offre de splendides paysages entre montagnes et vignes. Les luxueux cottages indépendants, de tailles différentes, tous décorés avec goût, disposent chacun d'une piscine privée et d'une terrasse avec barbecue. Ils sont isolés les uns des autres au cœur des vignobles pour assurer une intimité agréable aux *guests*. Un petit déjeuner avec du pain et des croissants maison délicieux, ainsi que le dîner peuvent être livrés dans les maisons. La cuisine et le salon sont néanmoins bien équipés. Nombreuses activités possibles.

THE LAB LIFESTYLE ROBERTSON & ROSENDAL WINERY €€

Klaas Voogds West
✆ +27 72 196 1117
www.thelab.africa
De 1 800 R à 2 800 R selon le type de chambre et la saison.

Une institution dans la région ! La piscine à débordement et le bain bouillonnant offrent une vue magnifique sur la campagne et les montagnes et le lieu devient complètement magique au coucher de soleil. Bar extérieur, salle de conférence, spa et possibilité d'effectuer des dégustations de vins... L'établissement est écologique et encourage le tourisme vert, avec l'énergie solaire, mise à disposition de scooters électriques, le recyclage, et pas de bouteille d'eau en plastique.

THE ROBERTSON SMALL HOTEL €€

58 Van Reenen Street
✆ +27 23 626 7200
www.therobertsonsmallhotel.com
Chambre double de 2 860 R à 4 850 R selon le type de chambre et selon la saison.

Cet hôtel 5-étoiles est une petite merveille. Très élégant, au style victorien, avec de nombreuses pièces d'art par ci, par là. Dix chambres divisées en trois types : Manoir, avec véranda, Stable, sous les toits et Piscine, dont la vue diffère mais qui dispose des mêmes équipements. Certaines sont même articulées autour de la belle piscine. The Small Restaurant propose une cuisine très épicurienne et organique. De votre lit à votre assiette, vivez un rêve éveillé.

FOUR COUSINS €

54 Voortrekker Avenue
✆ +27 23 615 1505
www.fourcousins.co.za
Ouvert de 8h30 à 21h30 tous les jours sauf le dimanche jusqu'à 17h. À partir de 80 R.

C'est évidement l'histoire de quatre cousins ! A la sortie de Robertson, vous ne pourrez pas manquez cet immense établissement composé d'une boutique, d'une grande salle dédiée aux dégustations de vin, d'une cuisine ouverte, de deux salles de restaurant et d'une gigantesques terrasse. La bâtiment est moderne, en acier avec des baies vitrées et des plafonds hauts. A la carte, on retrouve les classiques : *wraps*, pizzas, salades, viande, poisson... Un large choix pour les enfants et une aire de jeux à l'extérieur. Une belle adresse à Robertson.

THE SMALL RESTAURANT €€

58 Van Reenen Street
✆ +27 23 626 7200
www.therobertsonsmallhotel.com
Tous les jours de 11h30 à 14h30 et de 18h30 à 20h30. Comptez autour de 225 R pour un plat.

C'est le restaurant de l'hôtel éponyme. A l'intérieur tout est mignon, cosy et chic. A l'extérieur, on trouve une très belle terrasse. Au Small Restaurant, on vient aussi bien pour le petit déjeuner, le déjeuner ou le dîner. La cuisine y est raffinée, le menu plutôt classique et à base de produits locaux de saison. Les cartes sont sous forme de courrier, apportées dans une enveloppe qu'on ne tarde pas à ouvrir. Le personnel est adorable et saura vous conseiller de bons cépages de vins traditionnels et locaux pour accompagner vos plats.

GRAHAM BECK WINERY

Scenic Cape Route 62
✆ +27 23 626 1214
grahambeck.com
En semaine de 9h à 17h, week-end de 10h à 16h.

Après avoir fait fortune dans le charbon, Graham Beck, qui n'est plus de ce monde aujourd'hui, s'est offert un rêve d'homme : une propriété vinicole. Alors, Johan Wessels lui a dessiné un cellier aux contours révolutionnaires, tandis que le sculpteur Eduardo Vila imaginait un mystérieux masque africain pour décorer l'entrée et orner les étiquettes. Dans la *tasting room*, on s'offre un lone hill chardonnay et une méthode Cap Classique en tenue de soirée. Goûtez également le viognier. Derrière les baies vitrées, le décor s'apparente à une carte postale.

VAN LOVEREN FAMILY WINES

Klaasvoogds
✆ +27 23 61 51505
www.vanloveren.co.za
Du lundi au vendredi de 8h à 17h, le samedi de 9h30 à 16h et le dimanche 11h à 15h.

Quand les Allemands ont perdu la guerre, Jean Retief a planté un pin de Norfolk. Quand les Japonais ont perdu la bataille du Pacifique, elle a fait de même... et voilà comment, grâce à cette femme aux racines huguenotes orléanaises, aujourd'hui malheureusement disparue, Van Loveren possède un jardin magnifique. C'est autour de ce décor que ses descendants font un vin de très bonne qualité comme le pinotage. Vous pourriez par exemple encore goûter le blanc de noir shiraz au nez de framboise ; sentez toutes ces saveurs qui vous explosent en bouche !

MCGREGOR ★

Bienvenue dans le joyau caché du Langeberg, bienvenue au village de McGregor, qui s'établit sur la route qui mène à nulle part, un petit village oublié au bout d'une piste dans le Riviersonderend ! La mode a fait le reste, et voilà notre hameau comptant aujourd'hui presque autant d'auberges et de *bed and breakfast* que d'habitants. McGregor est un lieu idéal pour passer un week-end écolo-vélo-dodo au cœur de jolis paysages. On se balade en montagne ou au fil de la ville qui compte plusieurs de ses bâtiments classés sur la liste des monuments historiques. Un séjour authentique, rustique, dans le bon sens du terme, romantique et champêtre assuré.

WHIPSTOCK FARM €€

McGregor
✆ +27 72 929 3925
www.whipstock.co.za
A partir de 390 R.

Voilà une escale de choix et de charme pour loger à la ferme. Dans des pavillons retapés, le Whipstock nous invite à retrouver le calme et la sérénité de la vie rurale. Il n'y a qu'à voir le Rietvlei Cottage avec ses lampes à pétrole. Une fois arrivé ici, on fait un saut dans le temps et le cerveau se met sur pause. La jolie ferme d'hôte donne sur les montagnes, un horizon de nature à perte de vue. Ça fait du bien ! On peut faire des randonnées agréables au départ de la propriété accompagné d'un guide, ou bien aller se baigner ou faire du canoë au barrage.

RÉSERVE VROLIJKHEID ★

McGregor

La réserve Vrolijkheid se trouve à cinq minutes du village de McGregor. Au cœur de cette vaste nature, vous pourrez vous adonner à la joie des randonnées sur le Heron Trail, de 3 km, ou encore le Rooikat, de 18 km, dans l'Elandsberg. Le sentier pédestre reliant McGregor à Greyton, sur environ 15 kilomètres, est une très jolie marche. Vous pourrez aller jusqu'à la chute d'eau qui se trouve à mi-chemin pour retrouver une sensation de fraîcheur qui n'est pas négligeable sous la chaleur du soleil sud-africain, surtout pendant l'été.

BONNIEVALE ★

Fondée en 1922, la petite ville de Bonnievale tient son nom de l'ancienne ligne de chemin de fer qui passait par ici et s'appelait Bonnie Vale. Perdu non loin des rives de la rivière Breerivier, nous sommes dans le pays du vin et du fromage où il ne manque plus qu'un bon boulanger. Au nord-ouest de la jolie ville de Swellendam, un détour par cette bourgade de la municipalité de Langeberg offre l'occasion relativement étonnante de visiter la plus grande fabrique de gouda d'Afrique du Sud. Les passionnés de vignobles seront gâtés par les quelques caves et vignobles qui se succèdent. Les amateurs tenteront les vins du prisé Weltevrede Wine Estate.

FOSSIL HILLS FARM COTTAGE €€

Dans la Breede Vallée entre Robertson et McGregor
✆ +27 23 625 1743
www.fossilhills.co.za
Entre 1 200 R et 4 000 R selon le type de cottage et la saison.

Le nom Fossil Hills, qui signifie collines des fossiles, vient des fossiles qui existaient et se trouvent encore sur la ferme. Les trouvailles remontent à l'« âge des poissons » il y a 355 millions d'années. Au cœur de la ferme viticole, les 6 cottages sont tout à fait charmants et très bien décorés. A la fois simples et coquets, vous ne résisterez pas à leurs belles terrasses et au bain bouillonnant extérieur offrant une vue spectaculaire. Montagnes, paix et tranquillité.

WELTEVREDE ESTATE GUEST FARM & RESTAURANT €

Accès par la R317
✆ +27 23 626 2141
www.weltevrede.com
De 760 R à 1 090 R pour deux personnes. Dégustations en semaine de 8h à 17h, samedi jusqu'à 15h30 : 250 R.

Une vaste exploitation viticole où les enfants seront heureux, mais les parents tout autant. Il y a de l'espace, des fleurs, du bon vin, de charmants cottages, une belle piscine, un délicieux resto. Philip Jonker a travaillé autrefois à Saint-Emilion et a gardé le goût des bonnes choses. Le chalet nommé Bidsprinkaan par l'écrivain sud-africain André P. Brink est considéré comme le refuge idéal des auteurs en quête d'inspiration. Cheminée qui crépite, nature et beaux livres.

VILJOENSDRIFT

Accès par la R317
✆ +27 23 615 1901
www.viljoensdrift.co.za
De 9h à 17h en semaine, de 10h à 16h le samedi et jusqu'à 15h le dimanche. Dégustation à partir de 40 R.

Les frères Viljoen produisent un chardonnay, un colombard-chenin blanc et un joli pinotage. Quelle situation, juste au bord de la Breede ! Venez donc pique-niquer et embarquez pour une mini-croisière sur la barge à deux étages complètement ouverte, au doux nom d'Uncle Ben. Un délicieux moment au fil de l'eau. On profite de l'expérience fluviale, du bon vin, des produits de l'épicerie et du joli paysage. On croise de nombreuses espèces d'oiseaux dans les oliviers sauvages qui bordent notre balade. Laissez-vous glisser sur l'eau !

MONTAGU ★★

Nous avons quitté les doux vignobles de la vallée de la Breede, franchi la montagne par le petit col Cogman, là où le cuir de la terre se plisse comme une peau de vieillard, nous voilà transportés en quelques kilomètres dans un autre monde, celui du Karoo. La région du Cap est gâtée par la nature. Montagu est un de ses joyaux. Ce petit village de 9 500 habitants, fondé en 1851 entre les rivières Keisie et Kingna, produit un très bon vin de muscat et beaucoup de fruits. Monuments historiques et sommets. À la nuit tombée, on prend le bain de sa vie dans le spa aux eaux tropicales avant de retrouver la R62, une des plus belles du pays.

HOT SPRINGS - SOURCE CHAUDE ★

R318
✆ +27 23 614 1150
www.avalonsprings.co.za
Entrée 100 R en semaine, 120 R le week-end et pendant les vacances. De 8h à 20h.

Au milieu d'un gigantesque resort hôtelier, un réseau de piscines permet de recueillir cette eau qui sort de terre à 43°. Ce sont des sources d'eau chaude naturelles, la première étant plus chaude que la dernière. Pour une expérience inédite, venez après la tombée de la nuit, quand les piscines se vident et les étoiles éclairent le ciel. Les oiseaux nocturnes et les rongeurs font leur gentil tintamarre dans les cavités de la falaise qui surplombe les bassins.

JOUBERT HOUSE ★

25 Long Street
✆ +27 23 614 1774
En semaine de 8h à 17h, week-ends de 10h à 12h.

Bâtie en 1853, c'est la plus ancienne maison de la ville qui accueille le musée de Montagu depuis plus de quarante-cinq ans. Dans la Joubert House, on y voit les souvenirs de la famille du général Joubert, héros de l'histoire boer, descendant du huguenot provençal Pierre Joubert, ainsi qu'une collection très originale de plantes médicinales. C'est le moment de tirer de l'oubli toutes les préparations traditionnelles des Hottentots. Un joli saut dans l'histoire, mais aussi l'occasion de découvrir les belles expositions temporaires qui changent très régulièrement.

DEBOS GUEST FARM €

8 Brown Street
✆ +27 71 462 8812
www.debos.co.za
Camping à partir de 165 R, dortoir à partir de 265 R, double à partir de 450 R. Bungalow et cottage.

Une ferme Cape Dutch aménagée comme un *backpackers* de campagne, pour héberger des jeunes voyageurs à petits budgets. Les bungalows sont spartiates, mais charmants avec leur petit Boma aménagé sur la terrasse, et le cadre tout autour reste magnifique. Les dortoirs sont installés dans les box de l'ancienne étable, original ! Lits superposés en bois, simple et efficace. Pour le traditionnel barbecue et les amateurs de camping, ça s'organise naturellement au cœur du vaste jardin. C'est très certainement le seul hôtel à ce prix que vous trouverez à Montagu.

AASVOËLKRANS B&B €€

✆ +27 82 872 3548
www.aasvoelkrans.co.za
A partir de 900 R la chambre double avec petit déjeuner.

Jeanne Alston vous accueille chez elle au fin fond d'une vallée mystérieuse. Quelle belle surprise ! On croirait arriver dans un atelier secret d'artiste. Dans cette superbe maison d'hôte, l'art fait entièrement partie du décor. Toiles colorées et fleuries, sculptures et autres objets d'art habillent les murs, des espaces communs jusqu'aux dessus de lits, dans les chambres belles, spacieuses et lumineuses, puis dans le jardin et dans le creux de nombreux recoins. Une adresse de très grand confort, comme un esprit bourgeois bohème à la ferme.

AVALON SPRINGS €€

Uitvlugt St
✆ +27 23 614 1150
www.avalonsprings.co.za
Double de 900 R à 2 800 R selon la chambre et la saison, appartement 4 personnes de 1 200 R à 3 000 R.

Construit un peu à l'extérieur de Montagu, Avalon Springs est un bel hôtel érigé à côté des fameux *hot springs*, les bains chauds naturels. L'espace est très vaste, construit un peu dans l'esprit d'un *resort*. Il faut compter environ une minute trente à pied entre votre chambre et la piscine bouillante. Quel pied ! Si vous résidez ici, vous avez l'avantage d'accéder gratuitement aux piscines, tout en profitant d'un très bon confort : tennis, bar, restaurant à l'ambiance brochettes. Des chambres doubles bien sûr, mais aussi de beaux appartements familiaux.

GALENIA ESTATE €€

R62
✆ +27 23 614 2514
www.galenia.co.za
Double de 2 500 R à 3 500 R selon le type de chambre et la saison. Petit déjeuner inclus.

Dès le portail, vous savez que vous avez choisi le bon endroit ! Les 10 élégantes suites sont tout confort, chacune avec sa terrasse personnelle donnant sur les montagnes. La piscine et le bain bouillonnant jouissent eux aussi de cette vue à couper le souffle. Les transats disposés sous une paillote appellent à la détente. Le restaurant, derrière une grande baie vitrée, donne sur les plantations d'oliviers et les montagnes environnantes, et le soir, c'est dîner semi-gastronomique après avoir profité de la dégustation d'huile d'olive en rentrant de randonnée.

IN ABUNDANCE GUEST HOUSE €€

Corner of Bath and Rose Street
✆ +27 82 325 8872 - www.inabundance.co.za
En chambre double : de 2 300 R à 2 900 R. Petit déjeuner inclus.

In Abundance Guest House est une maison d'hôtes disposant de quatre chambres spacieuses, toutes joliment décorées avec soin et attention. Elles sont disposées comme de petits bungalows modernes sur pilotis qui s'ouvrent sur le jardin luxuriant et zen. Les chambres 3 et 4 offrent une vaste vue sur la rivière Keisie, le jardin, la piscine et les montagnes magnifiques. Vous pourrez vous détendre sur la terrasse en bois, bien exposée, au bord de la grande et belle piscine. Cette chambre d'hôte est un véritable cocon tout mignon et extrêmement cosy.

MIMOSA LODGE €€

19 Church Street
✆ +27 23 614 2351
www.mimosa.co.za
Ouvert du mardi au dimanche de 12h à 15h et de 18h à 22h, le lundi seulement pour le dîner. Plat autour de 200 R.

Voilà une très bonne maison d'hôtes. On y vient en repos pour le confort des chambres, la douceur des lumières, la fraîcheur d'un jardin potager, la clarté de la piscine, les délices de la table, le petit verre de muscadelle à boire le soir sous les arbres. Certaines chambres ont un accès direct sur la rue tranquille alors que d'autres ont des airs de nids d'amour dans le jardin. Une étape chaleureuse, à la fois familiale et raffinée. Une table très renommée et le vin Mimosa est à découvrir d'urgence. Une valeur sûre de la région qui ne manque pas de surprises !

THE BARN ON 62 €

60 Long Street
✆ +27 23 614 1196
Ouvert de 8h30 à 16h, sauf les lundi et dimanche.

Autour d'une jolie petite fontaine circulaire s'articule à l'ombre des arbres la terrasse de The Barn On 62. À l'intérieur, la décoration est impeccable avec une salle traversante tout en longueur. Béton brut au sol, belle portes en bois d'époque et jolis lustres chandeliers. Du côté du jardin paisible, on voit les montagnes. Ici, le café est délicieux et les salades, fraîches et savoureuses. Une bonne adresse, aussi bien pour venir prendre un bon petit déjeuner salé que pour déguster une bière artisanale un peu plus tard. Excellent rapport qualité/prix.

FOUR OAKS €€

46 Long Street
✆ +27 72 330 5105
www.montq.co.za
Ouvert tous les jours de 18h à 20h30. Plats entre 85 R et 130 R.

Sous son toit de chaume se trouvde un joli petit bistrot. Le Four Oaks est tenu par une charmante famille qui propose une cuisine inspirée par les ingrédients de saison et très majoritairement locaux. Les assiettes sortent belles, colorées, originales et délicieuses. Sur la terrasse, les tables s'alignent tout du long si vous venez en groupe ou pour fêter un événement. Un accueil aux petits soins pour que vous passiez une belle soirée. Sachez que Four Oaks est aussi une guesthouse de quatre chambres, où l'on profite alors de la piscine dans le jardin enchanteur.

OVERBERG

Respirer le vent du pôle au cap le plus austral du continent, celui que l'on nomme aussi le cap des Aiguilles, face auquel l'océan Indien rencontre l'Atlantique. C'est sur ces mêmes côtes, parmi d'autres, que l'on décide, téméraire, de s'immerger dans une cage pour voir passer le grand requin blanc et ressentir cette folle sensation au moins une fois dans sa vie. Les moins courageux pourront faire le tour des vignobles de la région avec l'agence Hermanus Wine Hoppers avant de marcher sur la plage immense de Kleinmond, apercevoir le cap de Bonne-Espérance par-delà False Bay et tomber sous le charme de la mission de Genadendal, voir Greyton et vouloir y rester. Entre les mois de juillet et d'octobre, ces moments se ponctuent par le ballet majestueux des baleines. Puis, on atteint enfin les vertes prairies de Swellendam, appréciant la rudesse terrienne de l'Overberg. Ne cherchez plus : vous êtes à la pointe sud du continent africain.

Malan
Botha
WELLINGTON
WORCESTER
Rawsonville
PAARL
Kwaggaskloof
Breede River
Klapmuts
FRANSCHHOEK
STELLENBOSCH
MCGREGO
Jamestown
Villiersdorp
GENADENDAL
GREYTON
SOMERSET WEST
HELDERBERG
Grabouw
De Rust Village
Botrivier
CALEDON
Jongensklip
KLEINMOND
Betty's Bay
Tesselaarsdal
Vermont
HERMANUS
STANFORD
GANSBAAI
Baardskeerdersbos
Van Dyksbaai
Océan Atlantique
Pearly Beach
20 KM

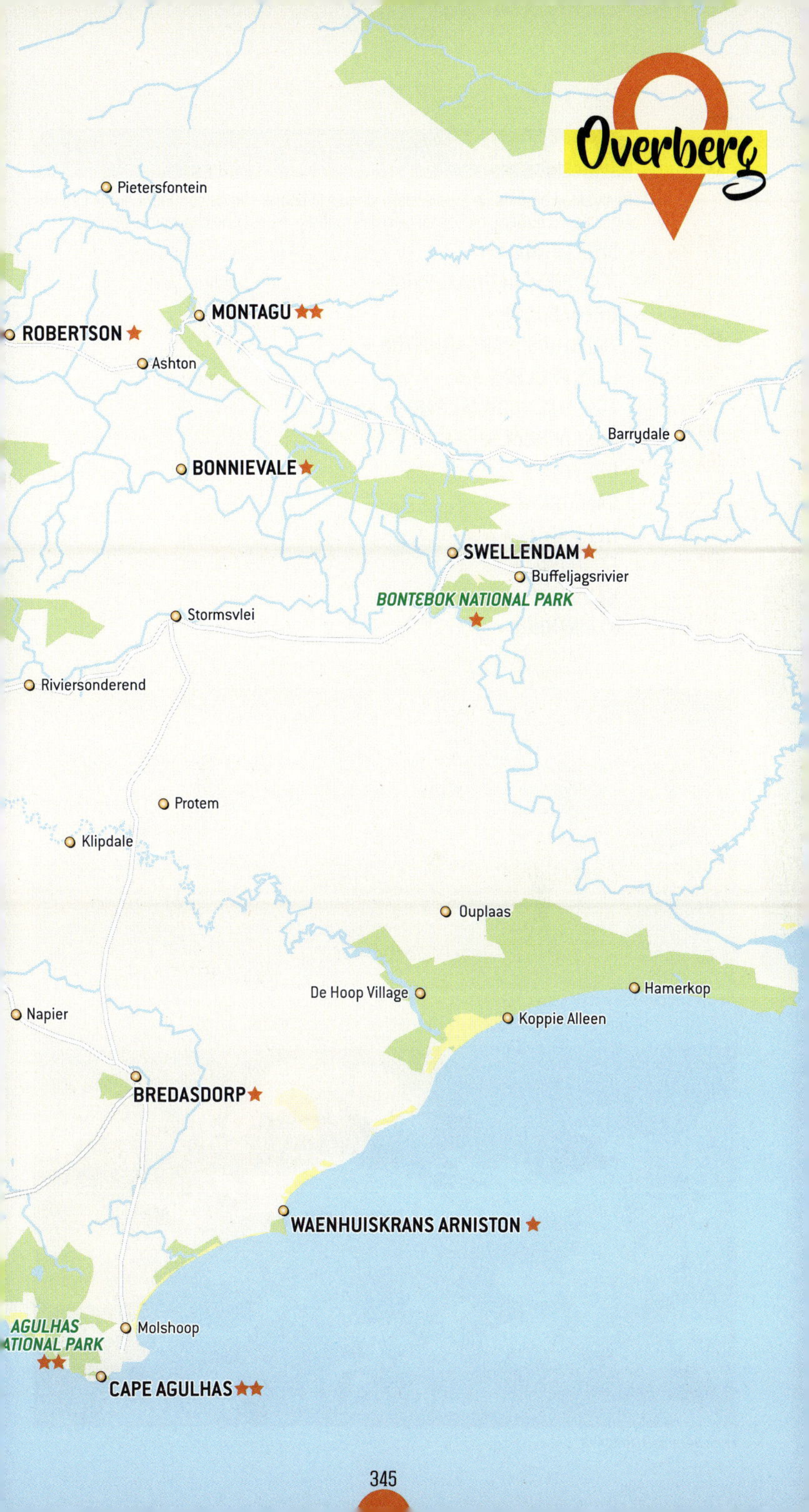
Overberg
Pietersfontein
MONTAGU
ROBERTSON
Ashton
Barrydale
BONNIEVALE
SWELLENDAM
Buffeljagsrivier
BONTEBOK NATIONAL PARK
Stormsvlei
Riviersonderend
Protem
Klipdale
Ouplaas
De Hoop Village
Hamerkop
Koppie Alleen
Napier
BREDASDORP
WAENHUISKRANS ARNISTON
AGULHAS
ATIONAL PARK
Molshoop
CAPE AGULHAS

PAGES

347 ●● OVERBERG

Des vastes prairies de Swellendam jusqu'à la pointe sud du continent sur le Cap des Aiguilles, l'Overberg, nichée au pied des montagnes est une charmante région.

© CHLOÉ OBARA

Front de mer à Hermanus.

SWELLENDAM ★

Swellendam est la troisième plus ancienne ville d'Afrique du Sud après Le Cap et Stellenbosch. Cette région de l'Overberg avait déjà attiré de nombreux fermiers en quête de terre et de liberté. L'administration de la Compagnie hollandaise des Indes les rattrape pourtant et fonde, en 1745, la ville de Swellendam. On découvre aujourd'hui un bourg tranquille au pied du majestueux Langeberga. En plein centre on trouve la grande église réformée hollandaise. Elle s'érige dans son beau manteau blanc, parmi tous les monuments historiques qui ont été parfaitement restaurés. Le village compte de bonnes tables, de jolis cafés, des petites boutiques et des galeries.

VIEUX SWELLENDAM ★★

Drostdy St

Après avoir visité le musée, prenez Drostdy St en face et admirez les maisons aux numéros 5 et 14, puis tournez à droite dans Church, et encore à droite dans Hermanus Steyn pour un coup d'œil aux numéros 10 et 8. Prendre à gauche jusqu'à la rue centrale et là, à droite dans Van Oudtshoorn, où vous verrez Morgenzon et The Residency côté droit et Braeside et la n° 11 à gauche. De retour dans Voortrek, un arrêt devant l'église Dutch Reform de 1910. Admirez le mélange harmonieux des styles : un pignon Cape Dutch, une coupole byzantine, un clocher de belle taille.

RÉSERVE NATURELLE MARLOTH ★

Whyte Street

✆ +27 87 087 8250

www.capenature.co.za

Ouverte de 7h à 16h. Adulte : 50 R, enfant : 30 R.

Une petite réserve de montagne sous le pic Hermitage qui s'érige à 1 554 m d'altitude. C'est une bonne occasion, en empruntant l'un des six sentiers de randonnée tout à fait accessibles de 1,5 à 8,5 km, de découvrir le Cape Fynbos, comme un parterre de plantes grasses et de buissons en fleur, ce système végétal unique au monde qui couvre une partie de la province du Cap et qui constitue à lui seul ce que les botanistes appellent un « royaume floral ».

AUGUSTA DE MIST COUNTRY HOUSE AND AFRICAN KITCHEN €€

3 Human Street

✆ +27 28 514 2425

De 1 940 R à 2 800 par personne en suite double avec petit déjeuner, selon le confort et la saison.

Dans la paisible Swellendam, Augusta de Mist est une halte sympathique pour partir à la découverte des alentours. Ici, la qualité du service, le design contemporain, la beauté des jardins et la finesse de la cuisine, ne peuvent que faire l'unanimité. La jolie guesthouse ravira les amateurs d'hébergements de charme originaux et tous pourront profiter de la piscine et du panorama à couper le souffle, qui offre une vue sur l'Overberg comme sur un tableau.

L'Eglise de Swellendam.

GAPA HOUSE €€

15 Tomlinson Street
✆ +27 79 439 3705
A partir de 1 750 R par nuit, petit déjeuner inclus.

Chez Anne-Catherine et Frédéric, la décoration est contemporaine avec des touches africaines. Terrasse, jardin et piscine donnent sur les montagnes et on se relaxe dans le bain bouillonnant. La chambre du jardin dispose d'une douche extérieure et d'un sauna et le petit déjeuner est servi dans un panier livré devant la porte de votre chambre. Croissant, salade de fruits, œuf, jambon, fromage, jus de fruit, café... A déguster sur votre terrasse, vue sur les montagnes. A votre disposition : un bar, une belle pièce commune avec une cheminée pour les soirées d'hiver.

ROTHMAN MANOR €€€

268 Voortrek Street
✆ +27 28 514 2771
www.rothmanmanor.co.za
De 1 700 R à 3 500 R en chambre double selon le type d'hébergement et la saison.

Guesthouse luxueuse, là, au cœur du village, derrière ses murs blancs ennoblis par le temps, avec quelques suites aériennes. Sous les trois maisons au toit de chaume de 1834, construites dans l'architecture hollandaise du Cap, les intérieurs gracieux sont contemporains, avec même des iPad dans les chambres. À l'extérieur on a le plaisir de cohabiter avec les animaux abrités sur une petite réserve privée. Profitez du bain bouillonnant extérieur, de la piscine d'eau salée tout en observant les zèbres et les springboks s'amuser autour !

A RIVERBED GUESTHOUSE €€

7 River Lane
✆ +27 60 940 3342
www.ariverbed.co.za
Chambre double à partir de 1 800 R.

Au pied des montagnes du Langeberg, la superbe maison d'hôtes A Riverbed se situe au bord de la rivière Koornlands. Un lieu parfait pour se ressourcer et se détendre. Les quatre suites sont luxueuses, parfaitement équipées, joliment décorées dans une atmosphère douce et lumineuse. Elles offrent une vue splendide sur la montagne, la rivière et la piscine à débordement. Cette dernière comprend une partie bains bouillonnants, ainsi que les sièges pour profiter au maximum de la beauté du paysage qui vous entoure après une belle balade dans la ville de Swellendam.

IKIGAI COFFEE BAR & DELI €

19 Swellengrebel Street
✆ +27 63 450 7909
ikigaicoffeebar.co.za
Du lundi au vendredi de 8h à 16h, de 9h à 13h le samedi. Fermé le dimanche. Petit déjeuner : environ 85 R.

Ikigai signifie une raison d'être. C'est un concept japonais, un havre de paix dans une ambiance pastel et boisée. Vous passez votre commande au bar et vous vous installez au choix, sur la petite terrasse à l'avant de l'établissement ou dans la salle cosy. A la carte : de très bons petits déjeuners, des œufs Bénédicte parfaitement cuits, des sandwiches sains, vous choisissez votre pain, des cafés latte pour les réveils en douceur et de délicieux milkshakes. Les serveuses sont douces et souriantes, on se sent bien dans ce cocon de quiétude.

ROOSJE VAN DE KAAP €€

5 Drostdy Street
✆ +27 28 514 3001
www.roosjevandekaap.com
Chambre double de 1 500 R à 2 100 R. Bar, piscine extérieure.

C'est à l'ombre du Drostdy historique que vous attendent Helpi et Freerk Brandsma, le couple et leurs enfants qui vous assurent le couvert et le repos. Et de quelle manière ! Voyez ces cottages délicats ouverts sur le frais jardin, le spectacle de la douceur élégante sans excès baroques. La plupart des chambres disposent d'une grande terrasse avec une vue époustouflante. Mais avant de vous plonger dans les draps, vous ferez l'expérience, aux chandelles, d'une table de très bonne renommée. Restaurant accessible aux non-résidents, mais fermé le dimanche.

TREDICI €

68 Somerset Street
✆ +27 28 514 2216
tredici.co.za
Ouvert de 7h à 18h tous les jours sauf le mardi. Environ 70 R.

Vous ne pourrez pas manquer cet immeuble imposant ! Tredici, c'est un restaurant et épicerie qui propose de délicieux et copieux petits déjeuners ainsi que du *snacking* tout au long de la journée : des sandwiches, des wraps, de fabuleux et copieux burgers, des salades, des pizzas ou encore des plats de pâtes, et surtout du bon pain et de bonnes pâtisseries, un lieu vraiment sympa pour une pause gourmande sur la terrasse à n'importe quel moment de la journée. La décoration, avec son allure d'épicerie fine, est épurée et chaleureuse.

DROSTDY RESTAURANT €€

28 Swellengrebel Street
✆ +27 79 645 5312
Ouvert du samedi au mercredi de 18h à 23h. Fermé dimanche et lundi. Comptez autour de 150 R.

Voici une belle table à Swellendam. Le propriétaire et chef cuisinier est français, son épouse est sud-africaine et opère en salle ; à eux deux, ils forment un excellent tandem. Dans les assiettes, la cuisine est excellente et authentique à base de produits locaux. Une très bonne adresse pour déguster du springbok, goûter peut-être pour la première fois l'excellente viande d'autruche ou de koudou. Le service est très prévenant. La salle est pittoresque, cosy et fait un peu penser à une auberge normande avec sa décoration à l'ancienne.

FIELD AND FORK €€

26 Swellengrebel Street
✆ +27 72 157 0055
www.fieldandfork.co.za
Ouvert tous les jours à partir de 18h. Dîner uniquement. Menu 3 plats environ 400 R.

Dans cette belle maison, une ambiance tamisée, à la lueur des bougies sur chaque table, Field And Fork vous propose un menu composé de trois mets et des plats à la carte. Ici, la carte change tous les mois, au gré des produits de saison. Les associations sont raffinées et originales. Le chef ose une entrée à base de fraises, de roquefort, de jambon de parme et d'amandes caramélisées... C'est succulent ! L'établissement est situé au cœur de la ville, juste à côté de l'office de tourisme. Une excellente cuisine sud-africaine, comme ils savent si bien faire.

LA SOSTA RESTAURANT €€

145 Voortrek Street
✆ + 27 28 514 1470
www.lasostarestaurant.com
Ouvert uniquement pour le dîner, du mardi au samedi de 18h30 à 20h. Menus autour de 450 R.

L'aventure de ce restaurant a commencé dans les années 2000, il a été l'un des meilleurs restaurants de Swellendam. Les chefs, Nina et Salvatore, ont pour objectif de faire de la Sosta un restaurant encore meilleur qu'il ne l'était. Les trois menus, l'un à base de viande, un deuxième à base de poisson et un dernier végétarien, évoluent au fil des saisons. Pour compléter ces mets, l'établissement propose une carte complète des vins à base de sélection locale, mais aussi de vins importés d'Italie qui s'accommodent parfaitement avec les plats aux saveurs italiennes.

WILDEBRAAM

Hermitage Valley S4
✆ +27 28 514 3132
www.wildebraam.co.za
En semaine de 8h à 17h, samedi de 9h à 16h.

La région de Swellendam assure 95 % de la production nationale de youngberries, un sorte de vigne épineuse produisant des baies pourpres à la saveur légèrement acide. Les fermiers font une liqueur délicieuse à partir de ces baies cueillies en novembre et décembre. Il existe alors plusieurs types de liqueurs et de gourmandises, des confitures, des chutneys... Tout est à essayer dans la *tasting room*. La marque Wildebraam, titrant 24°, compte parmi les marques de liqueurs les plus connues d'Afrique du Sud. Il est possible de dormir au Wildebraam Berry Estate.

BONTEBOK NATIONAL PARK ★

Les montagnes de Langeberg apportent incontestablement du cachet à ce parc de 4 000 ha, créé en 1931 pour protéger les derniers spécimens du bontebok, qui a donné son nom au parc. Avec ses 200 espèces d'oiseaux et sa spécialité que sont les bonteboks, dont les effectifs ne cessent de croître pour atteindre les 3 000, c'est un paradis pour la préservation de la vie animale. La réserve abrite également des rheboks gris, des grysboks, des steenboks, des bubales, de frêles céphalophes et des zèbres de montagne. Outre le trekking, le VTT, la rando, bordé à l'ouest par la rivière Breede, le parc invite à la pêche, aux baignades et à l'observation des oiseaux.

LANG ELSIES KRAAL REST CAMP €

✆ +27 12 428 9111
www.sanparks.org
Camping à 270 R la nuit, chalets 2 personnes de 1 560 R à 1 750 R la nuit, cottage 4 personnes à partir de 2 630 R.

Un endroit vraiment tranquille et reposant dans ce parc de taille modeste, non loin de la rivière Breede. Le camp de repos du parc national Bontebok, qui fut d'ailleurs l'un des premiers, propose une dizaine de chalets où l'on peut dormir jusqu'à quatre personnes grâce au canapé-lit. Depuis la terrasse de votre chalet, profitez d'une vue magnifique sur la vallée, le paysage est majestueux : les montagnes de Langeberg s'offrent à vous et la rivière Breed coule au pied des montagnes.

BREDASDORP ★

Bredasdorp, là-bas, semble toujours très difficile à atteindre. Ce sentiment participe à la magie du voyage qui nous mène au cap des Aiguilles, le point le plus austral du continent africain. En venant du Cap, on aura choisi la R316 au départ de Caledon, afin de passer par Napier où se trouve une curieuse église en forme de croix grecque. La ville, au centre d'une région agricole et d'élevage de moutons mérinos, est en quelque sorte la capitale de la pointe sud. Au passage, ne manquez pas le hangar, à l'angle de Patterson Road et First Avenue, où l'on découvre une très large gamme de bougies sculptées à la main. Design et couleurs superbes.

KAPULA CANDLES ★

13 Cereal Street

✆ +27 28 425 1969

www.kapula.com

Du lundi au vendredi de 9h à 17h30 et le samedi de 9h à 13h.

Dans cet atelier des centaines de bougies sont fabriquées artisanalement depuis plusieurs années. Les lieux sont ouverts à la visite et un *show room* de 600 m² fait office de galerie. Chez Kapula Candles, les bougies ont un design et des couleurs remarquables, sous toutes les formes et aux couleurs chatoyantes de l'Afrique. L'atelier est également créateur et artisan dans l'art de la céramique. Bols, tasses, toujours de toutes les couleurs, et bien sûr bougeoirs qui ornent les bougies artisanales confectionnées avec beaucoup d'amour.

MISSION D'ELIM ★

Entre Bredasdorp et Gansbaai

Cette mission moravienne s'est développée à partir de 1824 sur le site de la ferme construite en 1796 par le huguenot dénommé Louis Du Toit. L'horloge de l'église a été importée d'Allemagne en 1914. Visite des vieux bâtiments dans Church Street et du moulin à eau situé juste à côté du temple, un moulin qui broie le blé depuis 150 ans. Quelque 2 000 métis vivent là, administrés par un conseil de l'Eglise des frères moraves. Voici une visite quelque peu insolite d'un village considéré comme historique dans le petit comté de Bredasdorp.

MUSÉE DES NAUFRAGES - THE SHIPWRECK MUSEUM ★★

6 Independent St

✆ +27 28 424 1240

Du mardi au vendredi de 9h à 16h30. Entrée : 60 R.

Fortune de mer, un musée qui fait froid dans le dos. Le naufrage de l'Arniston, en mai 1815 à Waenhuiskrans, a entraîné la mort de 372 personnes. Mise en scène spectaculaire, un luxe de détail, voilà qui plaira aux enfants et aux parents avant la visite du Cap des Aiguilles, le « cimetière » des bateaux. Le conservateur de ce musée a présenté à Jackie Charotte du Consulat de France au Cap un extrait du rapport établi en 1871, par un certain Mr. Hugo, représentant du Consul à l'époque.

RÉSERVE NATURELLE DE HOOP ★★

✆ +27 28 542 111

www.capenature.co.za

Ouvert de 7h30 à 16h. Adulte : 50 R et enfant : 30 R.

Dans la réserve naturelle de Hoop, nous entrons dans un temple de la biodiversité. Ici, il n'y a pas moins de 36 000 hectares, qui présente sept écosystèmes différents. On traverse de magnifiques étendues de fynbos, le fameux bush fleuri endémique de la région, il contient environ 1 500 variétés de plantes. Mais surtout, on découvre l'incomparable paradis des oiseaux à De Hoop Vlei. Zèbres de montagne, plus petits et plus courts sur pattes que les zèbres de la savane, et de nombreuses antilopes dont le bontebok, pour lequel cette réserve fut créée. Plusieurs sentiers permettent même d'atteindre les plages. On peut alors y faire de la plongée au masque dans une eau à température acceptable... Eh oui, on n'est tout de même pas dans les Caraïbes ici ! C'est aussi l'endroit idéal pour une excursion en VTT : Mountain Bike Trail sur 24 km avec nuit en chemin. En été, n'oubliez pas votre bombe anti-insectes car le secteur est hanté par des millions de moucherons agités. Pour les treks à la journée :

- **De Hoop Coastal Trail**. Balade le long de la plage et des piscines naturelles de roche, de préférence à marée basse pour marcher sur la plage.
- **De Hoop Klipspringer Trail** (2h). Chemin circulaire à travers les montagnes de Porberg, belle vue sur la vallée de la Breede River. Ne manquez pas de voir les vautours du Cap pendant la balade.
- **Le Whale trail 55 km,** 5 nuits où l'on dort dans des refuges sur le chemin, une superbe expérience à réserver longtemps à l'avance.

WAENHUISKRANS ARNISTON ★

Ici le vent semble arriver en ligne directe du pôle, une lumière opalescente baigne les rochers où le navire *Arniston* qui a donné son nom au village a fait naufrage en 1815, ce jour où 372 personnes périrent. Ce modeste village de pêcheurs est très à la mode, de nombreux Sud-Africains viennent ici trouver leur « Bretagne ». Le *fynbos* et les dunes s'étalent, protégés et protégeant le littoral d'Arniston. Les rochers bruts et sauvages dessinent une côte en dentelles, dans l'eau fraîche turquoise et transparente. Quelques criques se dévoilent pour profiter de la plage, comme la magnifique Die Otter Beach, ou encore la plus accessible Roman Beach.

AGULHAS NATIONAL PARK ★★

Le parc national s'étend sur plus de 20 000 ha. Il s'agit de protéger le *fynbos* traditionnel du Cap, et en particulier une centaine d'espèces qui poussent ici… et nulle part ailleurs sur la terre. Des vestiges d'implantations humaines ont été trouvés sur le site. La pointe sud de l'Afrique est loin d'être aussi spectaculaire que le cap de Bonne-Espérance mais c'est la pointe sud : 34° 49' 58". Les locaux, qui en ont assez de se faire voler la vedette par Bonne-Espérance, rappellent que la position a été certifiée par l'Organisation hydrographique internationale dont l'Afrique du Sud fait partie. Ici, l'océan Atlantique embrasse l'océan Indien.

CAPE AGULHAS ★★

Cape Agulhas fut baptisé ainsi par les navigateurs portugais qui avaient constaté que les aiguilles de leur boussole indiquaient ici le nord sans subir aucune variation. Après une longue route longeant baies sablonneuses, petits villages et paysages accidentés, vous voilà au bout du monde ! Le cap des Aiguilles, c'est la pointe la plus au sud de l'Afrique. Moins époustouflant que Bonne-Espérance, la symbolique reste forte, on est au bout de l'Afrique : 34° 49' 58. On profite de la féerie de la rencontre entre l'océan Indien et l'océan Atlantique, de la puissance du vent et des vagues. Phare, petit restaurant, boutique et belle balade.

SUIDPUNT POT POURRI COFFEE SHOP €

115 Main Road
✆ +27 28 435 7378
www.suidpuntpotpourri.co.za
Ouvert tous les jours de 8h à 17h.

Sur la route du cap des Aiguilles, voici un café bien sympathique pour faire une petite halte. La décoration est mignonne et vous y dégusterez d'excellents petits déjeuners, avec des œufs bien entendu, cuisinés dans tous les sens. Ne manquez pas les tartes ou encore les gâteaux maison pour les pauses gourmandes. Dans le petit restaurant, il y a aussi une boutique avec des bibelots, des souvenirs et plein d'idées cadeaux si jamais vous manquez d'inspiration.

PHARE D'AGULHAS ★★

A l'intérieur du parc
Ouvert de 9h à 17h tous les jours. Entrée adulte : 20 R et enfant : 10 R.

© MEZZOTINT - SHUTTERSTOCK.COM

Comme une gigantesque cheminée en rouge et blanc, il s'érige, fier au-dessus du toit d'une maison. Construit en 1849, il se dresse à 27 mètres du sol et porte à 30 miles. C'est le deuxième plus ancien phare d'Afrique du Sud. Le bâtiment abrite un petit musée des phares et offre, au prix d'une montée de 71 marches, une vue panoramique sur la côte. Vous vous demandiez où les océans Indien et Atlantique se rencontrent-ils ? Eh bien c'est ici, au niveau du phare du cap des Aiguilles que se fait le passage officiel d'un océan à l'autre.

CAPE AGULHAS BACKPACKERS €

Struisbaai, R316 ✆ +27 82 372 3354
www.capeagulhasbackpackers.com
À partir de 200 R selon la taille du dortoir. Chambre double à partir de 450 R. Petit déjeuner : 50 R. Dîner : 90 R.

La plus réputée des auberges de jeunesse de la région pour son ambiance sympa et son emplacement au cœur du parc, exceptionnel. La fête et la nature, une sacrée communion. Cape Agulhas Backpackers offre un séjour haut en couleur. Ici, on plonge presque dans l'œuvre de Dalí. Les murs des chambres sont bleus, orange, multicolores ou encore couverts d'une fresque. Sur la terrasse, ambiance *Mille et Une Nuits* autour de la piscine où règne un bleu Majorelle profond. Le mieux est d'aller s'y perdre quelques jours pour bien l'apprécier.

SOUTH POINT €

190 Main Road, 200 mètres après le phare à droite ✆ +27 28 435 7402
www.south-point.co.za
De 850 R à 2 000 R selon le type de logement.

Tout près du fameux phare du cap des Aiguilles, South Point est un des endroits un peu secret et abordable que l'on affectionne tout particulièrement car il se trouve à 200 mètres de l'entrée de la réserve et 100 mètres de la plage, des restaurants, des magasins de souvenirs et des cafés. Donc, une situation très agréable. En revanche, le lieu fonctionne en *self-catering*. Les cottages sont dans le jardin avec piscines pour nager en sécurité, tout équipés, avec un barbecue privé. Anciens filets de pêcheurs toujours sur les lieux, et Fynbos Hiking trail non loin.

AGULHAS COUNTRY LODGE €€€

Main Road
✆ +27 28 435 7650
www.agulhascountrylodge.com
Chambre simple de 1 600 R à 1 800 R et chambre partagée de 995 R à 1 100 R.

Cette maison de pierre, édifiée en 1997 face à l'océan, paraît conçue pour résister à toutes les tempêtes. Il faut dire que le patron, Phil Fenwick, était lieutenant-colonel dans l'armée de l'air et s'occupait des entraînements sur la base ultra-sensible près de Bredasdorp. Au Agulhas Country Lodge, on trouve une dizaine de chambres grand confort, dont certaines avec vue sur la mer. L'établissement dispose également d'un restaurant à l'ambiance chaleureuse. On dîne au coin du feu, sous les chandeliers, avant de s'accouder au bar en bois pour un dernier verre.

GENADENDAL ★

Genadendal, la vallée de la grâce, plus que tout autre lieu en Afrique du Sud, a valeur de symbole. Depuis sa création en 1738, cette mission des frères moraves soutient la petite communauté hottentote de Baviaans Kloof. Les 5 000 personnes qui vivent aujourd'hui dans les maisons autour de l'église ont, pour certaines, été chassées de Greyton, le village voisin que les lois de l'apartheid avaient placé en zone « blanche ». À l'heure de l'Afrique du Sud démocratique, la visite de Genadendal présente un réel intérêt, quel que soit le regard que l'on porte sur l'entreprise missionnaire dans l'histoire africaine. Nous allons découvrir un musée fascinant…

ÉGLISE DE GENADENDAL

Cette église de grande taille a été construite sur l'emplacement de la précédente en 1893. En 1831, une mystérieuse Française, Juliana, décide d'offrir un orgue à la mission. L'instrument arrive sur place le 30 janvier 1832, faisant naître des vocations au sein de la communauté. Lors de la construction de la nouvelle église, l'orgue de « Juliana » est déplacé dans une autre mission. Un facteur d'orgue n'a retrouvé sa trace qu'en 1988, chez un antiquaire du Cap. Une souscription a permis sa restauration et son installation à Genadendal.

GENADENDAL MISSION MUSEUM COMPLEX

✆ +27 28 251 8582
https://genadendalmuseum.org/
De 8h30 à 17h (fermeture à 15h30 le vendredi) et le samedi de 10h à 14h.

Pendant vingt ans, armé de sa seule bonne volonté, Isaac Balie, un historien métis diplômé de l'université afrikaans de Stellenbosch, a rassemblé dans ce bâtiment tous les trésors de Genadendal. Considéré jusqu'en 1994, comme un musée pour *coloured*. On découvre ce qui fut fait dans cette vallée isolée pendant plus de deux siècles. On voit les presses de l'imprimerie d'où sortirent les premiers livres en genadendal afrikaans, une langue nouvelle, différenciée du high dutch dès 1816.

GREYTON ★

Fondé en 1845 par un certain Herbert Vigne, Greyton est un petit bijou de village. Autour de la rue centrale, les maisons rivalisent de fraîcheur et de balcons fleuris, au pied du massif Riviersonderend. Depuis quelques années, des artistes de bonne renommée se sont installés à Greyton, attirant dans leur sillage les esthètes du Cap. Greyton n'a pas le côté un peu tape-à-l'œil des villages riches du Boland. C'est un havre de paix dans une verte campagne. Le village se visite à pied, en empruntant les rues sablonneuses d'atelier en atelier, de maison en maison, s'arrêtant chez tel antiquaire avant de prendre un thé à l'ombre d'un *stoep*. Un délice…

HERMANUS ★★★

Un beau jour de 1814, Hermanus Pieters découvrit que la vallée « du paradis et de la terre » menait à l'océan. Chaque année, Hermanus arrive fréquemment en tête du classement des villes où il fait bon vivre. Ici, loin de leur Antarctique, les baleines viennent mettre bas de juin à novembre, on les observe depuis la plage. C'est ici que l'on pêche les oreilles de mer, des mollusques ou abalones. C'est le lieu idéal pour découvrir la saveur étrange de ce coquillage, cuisiné en ragoût. Non loin, à Gansbaai, les téméraires peuvent s'offrir une plongée en cage. D'autre part, on fait un tour dans les vignobles de la belle vallée Hemel-en-Aarde.

CALEDON ★★

La station thermale aux sept sources – six chaudes (50 °C) et une froide – était déjà connue des premiers habitants de la région sous le nom de Disporekamma (l'eau chaude). C'est bien la seule attraction de la ville. Même si vous n'allez pas sur place, vous ne pourrez pas échapper à Caledon, puisque la station commercialise une des meilleures eaux minérales du pays. Non filtrée, elle apparaît très brune, « Die Bruine Bronne », chargée en fer et manganèse, à une température de 49 °C. La réserve naturelle de 214 ha permet de découvrir les nombreuses plantes qui constituent le fynbos. Un agréable sentier de 10 km peut être emprunté.

THE CALEDON HOTEL & SPA €€

1 Nerina Avenue

✆ +27 28 214 5100

www.thecaledon.co.za

A partir de 1 595 R la double avec petit déjeuner.

Un très bel hôtel, construit en 1990 sur l'emplacement de l'historique centre thermal. On vient s'y relaxer en essayant pour certains hôtes de perdre même quelques kilos. Car ici, on profite des bains victoriens, qui ont des propriétés bien reconnues. D'un côté le centre de remise en forme, de l'autre l'institut de beauté, l'espace de massages et d'aromathérapie. L'usage des bains est en libre accès pour tous les résidents, et les soins particuliers se réservent au Spa. Certaines chambres de luxe disposent même de bains privés. Pour les amateurs : un casino !

CLIFF PATH ★★

Still Street

C'est l'une des principales attractions d'Hermanus, le sentier de la falaise serpente sur 11 km le long de la côte. Les lieux sont protégés dans la réserve naturelle de Fernkloof, avec des vues à couper le souffle. Le sentier Cliff Path, est l'un des meilleurs points de vue (allez, soyons fous, disons du monde !) pour observer les baleines. C'est un véritable spectacle vivant à ne manquer sous aucun prétexte si vous êtes dans la région pendant la si spéciale saison des baleines à savoir généralement entre les mois d'août et d'octobre.

GROTTO BEACH ★

7th Street

Grotto Beach à la sortie est de la station par Main Street et 7th Street vers Gansbaai. Un ruban de sable très large et très blanc, sous Pavillon Bleu. Une plage vraiment très belle et agréable, mais surtout une plage qui peut être complètement déserte selon la saison et offrir un vrai paysage de carte postale à qui voudra bien l'observer. Ne pas trop s'éloigner à cause des dents de la mer ! Un joli sentier côtier surveillé permet de marcher le long des rochers ou d'effectuer son jogging matinal le long de l'océan. Quoi de plus agréable ?

Cliff Path.

HAROLD PORTER NATIONAL BOTANICAL GARDEN ★

Betty's Bay
✆ +27 28 272 9311
www.sanbi.org
En semaine de 8h à 16h30, le week-end de 8h à 17h. Adulte : 40 R, senior : 18 R.

Entre l'océan iodé et la montagne, voici une des plus belles introductions que l'on puisse trouver dans le pays au fameux Royaume floral du Cap. Vous découvrirez 5 hectares de fynbos cultivés et 195 ha de nature en liberté. Randonnée possible dans Leopard's Kloof. La Disa uniflora fleurit de la mi-décembre à la fin janvier. Voir aussi la fleur nationale, la protée royale, la très jolie *Protea cynaroides*. Il y a un coin de vente de plantes et un restaurant.

RÉSERVE NATURELLE DE FERNKLOOF ★

Sur les hauteurs de la ville
✆ +27 28 313 0819
www.fernkloof.org.za
De 6h à 19h en été et de 7h à 19h en hiver. Gratuit (donations appréciées).

La flore sud-africaine est considérée par les botanistes comme l'une des plus riches du monde. C'est ce qu'on appelle le « Royaume floral du Cap » ou Cape Floral Kingdom. Cette petite réserve de 14 000 hectares abrite plus de 1 400 espèces différentes, soit presque autant que l'Irlande ! On peut y faire des marches agréables dans le fynbos (*thin bush*) à travers plusieurs chemins de randonnée. Le long de la balade, la vue sur l'océan est simplement spectaculaire.

OLD HARBOUR MUSEUM ★★

64 Marine Drive
✆ +27 28 312 1475
www.old-harbour-museum.co.za
Ouvert de 9h à 16h30, le dimanche de 11h à 15h. Entrée combinée avec le musée des Baleines à partir de 20 R.

Un petit musée de la pêche pour nous rappeler que Hermanus était bien tranquille avant de voir arriver dans ses rues des foules de vacanciers. Intéressant, et presque les pieds dans l'eau, car c'est le Old Harbour, le vieux port donc, qui est proclamé « musée » de la ville d'Hermanus en 1972. Aujourd'hui, il existe également un espace intérieur. Ne manquez pas l'intéressant musée des baleines, aussi appelé le Market Square. On y trouve la très belle retransmission des cris des baleines en saison. Quel bonheur d'écouter parler les baleines !

SANDBAAI ★

Piet Retief Singel

Niché entre l'océan et la vertigineuse montagne Onrust, Sandbaai est le quartier d'Hermanus où est localisé le nouveau port de la ville, au sud du centre historique. C'est d'ici que partent la plupart des bateaux qui sillonnent la baie à la recherche des baleines. C'est une jolie étape pour flâner, on y trouve quelques restaurants sur les docks. Sandbaii préserve son patrimoine et souhaite garder ses routes de gravier pour ne pas abîmer ou dénaturer le paysage qui l'entoure. Juste derrière Sandbaai, le village d'Hemel-en-Aarde est très vivant.

WHALE WATCHERS ★★

Westcliff Road
✆ +27 28 312 4957
www.hermanuswhalewatchers.co.za
Adulte : 1 000 R, enfant de moins de 14 ans : 550 R. Départ à 9h, 11h, 14h et 16h. Réservation sur place ou sur le site.

Whale Watchers est le dernier arrivé sur le port d'Hermanus pour aller voir les baleines. Un grand bravo pour la possibilité d'accès pour les personnes à mobilité réduite, les fenêtres rabattables et le deck supérieur pour avoir une vue directe sur les baleines. De juin à octobre, on peut observer trois grandes espèces Humpback, Bryde's et Southern Right Whale juste à côté de soi. A croire qu'elles veulent venir dire bonjour, incroyable et incontournable. Arriver 30 minutes avant le départ. Prévoir 1h30/2h sur l'eau, des vêtements chauds. Équipe au top.

HERMANUS WINE HOPPERS

4 Mitchell Street
✆ +27 76 991 2498
www.hermanuswinehoppers.co.za
Du lundi au dimanche de 8h30 à 17h. 350 R par personne. Départ de 9h à 12h en semaine, de 9h40 à 12h30 le week-end.

Hermanus Wine Hoppers est idéal pour s'en aller déguster sans limites et profiter pleinement. C'est un tour organisé des vignobles de la route des vins d'Hermanus avec un service de navette Hop-on/Hop-off quand bon vous semble. Vous montez, vous roulez, vous descendez, vous dégustez, vous changez. Où que vous soyez, plusieurs voitures passent en permanence dans les vignobles pour vous prendre au passage quand vous le désirez. Vraiment idéal et particulièrement bien pensé pour les personnes raisonnables qui veulent boire sans conduire.

HERMANUS BACKPACKER €

26 Flower Street
✆ +27 28 312 4293
www.hermanusbackpackers.com
Dortoir 160 R, double 420 R, avec salle de bains privée 470 R, familiale 720 R. Activités proposées depuis l'auberge.

Un des plus sympas des backpackers à Hermanus, et de loin. On se croirait ici dans une grande maison de vacances, que l'on partage avec ses cousins et cousines. Le jardin est super agréable, avec ses tables de pique-nique et son barbecue. Les dortoirs sont propres et les chambres doubles très correctes. La cuisine collective est agréable et l'accueil très sympa et professionnel. L'équipe est réactive pour réserver des activités dans la journée. Bon plan : l'adresse est intéressante pour les tours vraiment pas chers.

BAMBOO GUEST HOUSE €€€

303 Main Road
✆ +27 28 312 4836
www.thebambooguesthouse.co.za/
Chambre à partir de 1 320 R par personne.

Voici une *guesthouse* de luxe où déconnecter totalement du quotidien, dans une ambiance relaxante. Ici, le bambou est roi et on le retrouve dans toutes les pièces de la maison pour un résultat élégant. S'ouvrant sur les montagnes ou la mer, les dix chambres sont spacieuses et lumineuses, avec tout le confort moderne. On apprécie le jardin bien entretenu et sa piscine où il fait bon piquer une tête les jours de grosse chaleur. Mention spéciale pour le petit déjeuner à base de produits frais, très copieux. Accueil aux petits oignons du propriétaire.

© DR

© DR

OVERBERG

© ANELA.K - SHUTTERSTOCK.COM

Grotto Beach.

AUBERGE BURGUNDY €€

16 Harbour Road
✆ +27 28 313 1201
www.auberge.co.za

Chambre double à partir de 1 795 R, suite à partir de 2 174 R. Penthouse 3 790 R/pers/nuit. Petit déjeuner inclus.

Relais luxueux dans un style plus ou moins provençal, façade jaune et volets lavande, en plein centre d'Hermanus et à deux pas de l'océan magnifique qui s'offre aux abords de la ville. Il ne manque plus que les cigales pour égayer encore un peu plus le jardin romantique ! Les chambres sont plutôt sobres et superbement équipées : chauffées par le sol, lits immenses, meubles en rotin... On ressent beaucoup de goût pour la décoration et les belles choses. Chacune bénéficie d'une petite terrasse donnant sur le jardin ou sur la piscine.

FRANCOLINHOF GUEST HOUSE €€

44, 10th Street ✆ +27 28 314 0571
www.francolinhof.co.za

De 970 R à 1 380 R par personne selon la saison. Petit déjeuner inclus.

Une adresse vraiment sympa. C'est l'une des guest-houses situées les plus hautes sur Hermanus. Vue exceptionnelle ! Adossée à la montagne, on peut facilement accéder aux sentiers menant au sommet des rochers et admirer la mer, voire même admirer les baleines pendant la saison ! Et on est à 5 minutes en voiture du centre-ville. 4 chambres mignonnes et spacieuses avec chauffage au sol, grands lits et salles de bain. Des propriétaires très sympas, diététiciens de métier. Les petits déjeuners sont exquis. Bon rapport qualité-prix.

MOSSELBERG ON GROTTO BEACH €€

253A, Tenth Street
✆ +27 28 314 0055
www.mosselberg.co.za

De 3 940 R à 4 640 R pour une chambre double.

Surplombant les montagnes majestueuses d'un côté et la plage saisissante de l'autre, le Mosselberg on Grotto Beach est une luxueuse utopie africaine cinq étoiles nichée sur le sable. N'hésitez pas à venir vous y reposer et admirer le ballet des baleines pendant la saison. Les chambres donnent pour certaines sur l'océan, d'autres sur la pente de la montagne, et au cœur de l'hôtel de Mosselberg on Grotto Beach, l'atmosphère est douce au bord de la piscine.

OLD MAC DADDY €€

112 The Valley Road – Grabouw
✆ + 27 21 844 0241
www.oldmacdaddy.co.za

Double 2 095 R (par caravane), 2 995 R selon la saison. À partir de 4 095 R pour une villa.

Des caravanes pas comme les autres ! Old Mac Daddy a été créé pour le plaisir et la détente – sans chichis, sans prétention et sans se prendre trop sérieux. Ici, on fait place au confort, à l'humour et à la création de bons souvenirs, c'est tout ! Projet primé lauréat d'Or aux Loerie. Les propriétaires ont même été informés qu'ils ne pouvaient pas être classés parce qu'ils ne rentraient pas dans le moule ! 12 caravanes excentriques, avec des déco à thème. Le mieux est de visiter leur site internet qui propose des visites à 360 degrés et de nombreuses photos.

ONE MARINE DRIVE BOUTIQUE HOTEL €€

1 Marine Drive
✆ +27 28 313 1234
www.thelivingjourneycollection.co.za
A partir de 1 500 R.

L'hôtel se trouve sur le front de mer, à quelques minutes à pied des magasins, des galeries d'art, des bars et des restaurants de la ville balnéaire et à quelques pas du joli sentier du Cliff Path, la meilleure observation des baleines depuis la terre au monde. Ici, presque tout est fait de blanc immaculé. La décoration des chambres est magnifique, certaines avec un balcon sur la mer... Vous apprécierez de lézarder au bord de la piscine et profiterez du service attentif de l'équipe.

SELKIRK HOUSE €€€

29 Selkirk Street
✆ +27 28 312 4892
www.selkirkhouse.co.za
De 1 500 R à 2 150 R en chambre double.

Jolie maison moderne et spacieuse sur les hauteurs d'Hermanus, adossée à la montagne. Située au calme dans une zone résidentielle, elle n'est qu'à quelques minutes du centre et d'un marché hebdomadaire très reconnu. Sur la terrasse au sommet de la maison, vous aurez une vue panoramique sur Hermanus, et pourrez peut-être voir quelques baleines à l'horizon. Grandes chambres luxueuses, modernes et sans vis-à-vis, piscine, mobilier au design épuré et contemporain. Pieter est aux petits soins pour vous et vous livrera toutes ses bonnes adresses !

BURGUNDY RESTAURANT €

7 Harbour Rd
✆ +27 28 312 2800
www.burgundyrestaurant.co.za
Ouvert tous les jours de 8h à 21h. Petit déjeuner entre 75 R et 155 R, fruits de mer entre 135 R et 445 R.

Dans un style pop-art, baroque chic, le Burgundy Restaurant. Pour donner le ton, des horloges de toutes formes ou encore un mur tapissé de photos de visages en noir et blanc. Les plats sont extrêmement bien présentés et bons, même si la carte paraît classique. Pas mal de vins locaux et poissons frais, pêchés le jour même à Hermanus. Réservation conseillée, spécialement pour une table en terrasse. A noter que le Burgundy travaille en étroite collaboration avec les vins *Creation*, un domaine situé dans les hauteurs d'Hermanus. Visites et dégustations possibles.

CAND'S KITCHEN €

3A High Street
✆ +27 79 833 8811
www.candskitchen.co.za
Ouvert de 7h30 à 16h30 du lundi au vendredi et de 8h à 14h le samedi. Fermé le dimanche. Comptez autour de 100 R.

La cuisine est dirigée par le couple Candy et Daniel Bradley, d'où le Cand's Kitchen. Ils sont tous les deux chefs et passionnés par ce qu'ils font. On découvre leur sélection de quiches fraîchement cuites, de gâteaux et de salades purement et simplement divines. Quelques plats sur l'ardoise pour le déjeuner, un buffet pour ceux qui souhaitent emporter leur repas ou encore un excellent petit déjeuner pour les plus matinaux. A l'intérieur, c'est cosy et les murs sont rose poudré. Une halte véritablement simple et gourmande qui est un vrai régal.

GELATO MANIA

Marine Drive
✆ +27 78 496 2321
www.gelatomania.co.za
Ouvert du lundi au jeudi et le dimanche jusqu'à 19h et jusqu'à 20h les vendredis et samedis.

On ne peut pas se balader au bord de la mer, sous le soleil ardent, sans s'imaginer la regarder une glace à la main. Une telle gourmandise rafraîchissante et plaisante ne se refuse pas ! Allons vite faire un tour au Gelato Mania : ici, les crèmes glacées sont colorées et il y en a pour tous les goûts, sous toutes les formes : boules de glace en cornet, en pot, milk-shake... À déguster sur la belle terrasse attenante à la boutique. Boutique par ailleurs très jolie où même les suspensions lumineuses sont en forme de cornets de glace. Original !

CREATION

Hemel en Aarde Road ✆ +27 28 212 1107
www.creationwines.com
De 15 R à 50 R pour une dégustation simple. Dégustation pour 2 avec assiette de fromages : 350 R.

Jean-Claude et Carolyn vous accueillent dans leur vignoble d'une élégance remarquable. Ce domaine créé en 2002, propose aujourd'hui des sauvignons blancs, pinots ou chardonnays classés dans le top 100 mondial et le top 12 sud-africain ! Vous avez le choix entre une dizaine d'accompagnements et tapas tous plus délicieux et subtils les uns que les autres. On aime particulièrement l'option dégustation pour les enfants et les personnes ne buvant pas d'alcool où chaque plat est accompagné d'une boisson surprise qui se marie parfaitement avec les mets. Belle idée !

STANFORD ★

La Klein River qui traverse Stanford est la principale attraction du lieu, situé en retrait de la baie entre Hermanus et Gansbaai. Les amoureux de la nature peuvent louer des canoës pour faire du *birdwatching*, comme on appelle l'observation des oiseaux, ou peut-être même s'offrir quelques heures de pêche au bord de la rivière. Stanford, c'est également un village agréable pour faire une journée pique-nique en nature ou encore pour découvrir ses vignobles alentour. Pourquoi ne pas s'offrir une dégustation de vins locaux au Walker Bay ou encore un détour par la Birkenhead Brewery, qui produit de bonnes petites bières locales aux étiquettes colorées ?

BRASSERIE BIRKENHEAD

✆ +27 28 341 0013

www.walkerbayestate.com

A 2 km d'Hermanus après Stanford par la R43. Ouvert de 10h à 17h tous les jours, les cuisines ferment à 16h.

L'eau de source du Cap et les meilleures céréales, plus un peu de savoir-faire… pour produire une excellente bière artisanale. Depuis 1998, la Birkenhead Brewerie est l'une des plus anciennes brasseries artisanales d'Afrique du Sud. Ici, la bière s'inspire de la puissance du paysage sud-africain et de ses personnages charismatiques, filtrée, pasteurisée, mais surtout réalisée avec amour au clair de lune par l'expertise des brasseurs. On vient faire un tour au pub et au restaurant sur place, dans un cadre très moderne, pour déguster ces belles et bonnes créations.

SANCTUAIRE PANTHERA AFRICA

Farm 933 Portion 2 ✆ +27 76 974 3088

pantheraafrica.co.za

Ouvert tous les jours : 10h-11h30 et 15h-16h30. Samedi : 17h-19h. Visite éducative, 240 R, ou coucher de soleil, 490 R.

40 ha avec une belle maison pour les animaux, fondé par Lizaene Cornwall et Cathrine S. Nyquist : un sanctuaire écologique pour les grands félins élevés en captivité, où ils seront protégés et prospéreront pour le reste de leur vie. Le nom de Panthera Africa s'inspire de leur passion pour les quatre panthères : *panthera leo* (le lion), *panthera pardus* (le léopard), *panthera onca* (le jaguar) et *panthera tigris* (le tigre). L'un des principaux objectifs : être une plate-forme éducative.

FROMAGERIE DE KLEIN RIVER VALLEY

sur la R326 à 7 km de Stanford

✆ +27 28 341 0693

www.kleinrivercheese.co.za

Ouvert du lundi au samedi de 9h à 16h. Assiette de fromages maison pour 2 personnes autour de 250 R.

En route vers Gansbaai, pour garnir son panier de pique-nique, étape obligée dans cette ferme où s'élaborent quelques bons fromages. Un leiden acceptable, mais surtout un gruyère unique en Afrique du Sud. Goûtez donc le « matured », étonnant après 10 mois de cave. Dans la fromagerie de Klein River Valley, on ne fait pas seulement du fromage, on cherche à le « célébrer » et à mettre en avant les valeurs du pique-nique et de la famille. Jeux pour enfants.

© PETER TITMUSS - SHUTTERSTOCK.COM

Stanford.

Gansbaai.

GANSBAAI ★

C'est ici, dans le petit village de pêcheurs de Gansbaai, que s'organisent les plongées en cage pour observer les requins, notamment le grand requin blanc. L'expérience est inoubliable ! Si la nature reste imprévisible, on sait que de mai à octobre le squale est quasiment garanti. Sur les ailes de saison, en avril et novembre-décembre, c'est du 70 %. En revanche, de janvier à mars, il y a 50 % de chances de le voir venir tourner autour du bateau, dans une eau qui dépasse rarement les 16 °C. Mais n'ayez crainte, l'adrénaline réchauffe ! C'est l'attraction majeure de la ville, et d'ailleurs l'une des principales lors d'un voyage en Afrique du Sud.

SEA STAR LODGE €€

19 Ingangstraat De Kelders
✆ +27 28 384 0012
www.seastar.co.za
De 2 900 R à 4 500 R.

Le Sea Star Lodge était conçu à l'origine pour être une maison privée. Les propriétaires étant intéressés par les rencontres, ils ont décidé d'ouvrir leur maison ! Il faut dire qu'il y avait de la place… Le design ultramoderne, l'architecture en bloc blanc et rouge et l'intérieur spacieux du lodge complètement ouvert et vitré vers l'extérieur offrent une vue imprenable sur la mer. Les arts africains et les pièces de décoration contemporaines se fondent parfaitement dans le décor et créent une atmosphère unique. La piscine est creusée dans la terrasse.

WHALESONG LODGE €€

83 Cliff Street ✆ +27 28 384 1865
www.whalesonglodge.co.za
De 1 295 R à 1 595 R/personne en chambre standard et de 2 000 R à 2 350 R/personne en suite, avec petit déjeuner.

Une maison d'hôtes intime au sommet des falaises escarpées de De Kelders, surplombant la baie pittoresque de Walker Bay avec vue sur la côte. L'hébergement comprend quatre chambres standard ainsi qu'une superbe suite. Les chambres spacieuses sont élégamment décorées et ont toutes une vue sur la mer et un petit balcon privé pour prendre l'air marin. Au Whalesong Lodge, on prend le temps de vivre, d'écouter le clapotis des vagues, de regarder la mer et les montagnes qui se dessinent derrière, mais surtout le chant des baleines entre les mois de juillet et d'octobre.

GROOTBOS NATURE RESERVE €€€

Grootbos Private Nature Reserve
✆ +27 28 384 8008 - www.grootbos.com
23 000 R en chambre double selon la saison. Ce prix comprend : dîner, petit déjeuner et activités au sein de la réserve.

Sur les hauteurs de Walker Bay, le paradis de fynbos sur 1 200 ha ! Les frères Lutzeyer, papes sud-africains de l'écologie chic, ont créé ce sanctuaire naturel autour d'un maître mot : le respect. Depuis le deck splendide, gorgez-vous de la vue panoramique sur l'océan bleu roi et repérez entre juin et décembre, les baleines joueuses. Equitation, marches libres ou guidées en suivant les sentiers fleuris, excursion en bateau pour aller voir les phoques, descente sur la plage immense, visite des grottes. Hébergement dans des cottages enfouis dans la végétation.

WHITE SHARK PROJECTS

16 Geelbek Street ✆ +27 76 245 5880
www.whitesharkprojects.co.za

À partir de 2 320 R/pers. (équipement, boissons, snacks). Comptez 400 R pour le transport aller-retour depuis Le Cap.

Une structure bien rodée qui organise des plongées en cage au plus près du grand blanc. Frissons garantis ! Au-delà, il est possible de se joindre à leurs expéditions de 10 jours. L'entreprise garde une approche éthique concernant les requins, espèce en danger qu'elle entend contribuer à conserver et à protéger. De trop nombreux films ont porté préjudice aux requins, notamment au grand requin blanc. Pour info, entre 150 et 200 millions d'entre eux sont abattus chaque année. Une expérience comme celle proposée par White Shark Projects vous permet de vous rapprocher de ces espèces menacées dans leur respect total. Les départs se font de Kleinbaai en fonction de la marée, mais soyez prêt à partir très tôt le matin. Un transfert du Cap peut être arrangé dans la journée, départ à 4h environ pour deux heures de route. Le bateau reste suffisamment longtemps en mer pour que tout le monde (max. 18 personnes) puisse profiter de la plongée. Il n'y a pas besoin d'avoir un brevet, vous restez la tête dans l'eau juste durant le passage du requin, la cage n'est pas complètement submergée. Ceux qui ne sont pas rassurés peuvent rester sur le bateau, du deck supérieur on peut aussi observer les requins. La houle est assez forte ce qui peut retourner les estomacs les plus fragiles, mais le spectacle reste impressionnant. Au retour, vous pouvez utiliser la salle de bains pour prendre une douche chaude.

COFFEE ON THE ROCKS €

81 Cliff Street
✆ +27 28 384 2017
www.xplorio.com

Ouvert du mercredi au dimanche de 10h à 17h. Plats entre 60 R et 110 R.

Sur Cliff Street, face à la mer, Coffee on the Rocks est un sympathique restaurant familial avec un superbe balcon sur l'océan. En sirotant un café ou se délectant de son petit déjeuner, on peut y apercevoir les baleines en saison. Au menu : des salades fraîches, des sandwichs garnis dans du pain maison et des petits plats locaux. Le café est très bon. À l'intérieur, la décoration semble figée dans le temps, un vieux piano en bois d'un côté, des fauteuils d'époque moelleux et à carreaux, de la vaisselle d'antan, comme les photos encadrées au mur.

THYME AT ROSEMARY €€

13 Main Road
✆ +27 68 699 4627

Ouvert tous les jours de 12h à 15h30 et de 18h30 à 21h. A partir de 125 R.

Un petit cocon de nature. À peine la porte de Thyme at Rosemary passée, le décor est apaisant. A l'arrière se trouve un beau jardin fleuri avec un patio ombragé, où il fait bon de manger à la fraîche. A l'intérieur, deux salles, une à l'avant plutôt sombre et une deuxième lumineuse avec une grande baie vitrée donnant sur le jardin luxuriant. Les tables sont joliment dressées avec des napperons en dentelle beige. La carte est locale et raffinée, les assiettes sont fraîches et colorées. Quant à l'accueil, il est discret et chaleureux. Un délicieux moment.

DYER ISLAND CRUISES

5 Geelbek Street, Kleinbaai
✆ +27 82 801 8014
www.dyer-island-cruises.co.za

En activité toute l'année selon la météo. Transport payant disponible depuis Le Cap.

A deux heures du Cap, les excursions donnent l'opportunité de rencontrer les baleines de juin à décembre, mais aussi le grand blanc, des pingouins africains, phoques à fourrure et bien sûr les bien-aimés dauphins. Deux biologistes marins sont présents pendant l'excursion. Le bateau de 11 m a été conçu spécifiquement pour observer les baleines. Confortable et spacieux, il dispose de toilettes à bord, d'un pont d'observation, d'un système de sonorisation et même d'un hydrophone ! Le port du gilet de sauvetage à bord est obligatoire.

KLEINMOND ★

La jolie ville côtière de Kleinmond se trouve à moins de 40 km d'Hermanus en passant par la R44 et R43. Au début du XXe siècle, une station baleinière fut construite au niveau de Stony Point. Heureusement en 1930, la chasse à la baleine s'est arrêtée toute seule suite à la chute du prix de l'huile de baleine. Au cœur d'une biosphère recensée par l'Unesco, on vient ici pour voir la nature : l'océan, les chevaux sauvages et la colonie de manchots. La plage de Kleinmond est l'une de nos préférées. En saison, autour des mois de juillet et d'octobre, vous verrez les baleines le long d'une balade sur la plage. Quel bonheur !

KLEINMOND BEACH ET SES MANCHOTS ★★

Stony Point

© PETER TITMUSS - SHUTTERSTOCK.COM

Eh non, il n'y a pas qu'à Boulders que l'on peut voir les manchots ! Non loin de Kleinmond Beach aussi règne une belle colonie de pingouins. Elle s'est établie à Stony Point, à une quinzaine de kilomètres à l'ouest de Kleinmond par la R44 côtière. Ce sont les cousins de ceux de Boulders, les représentants protégés de la seule espèce d'Afrique, *Spheniscus demersus*. On préfère largement ce lieu, beaucoup moins touristique et plus sauvage. Garez-vous au parking et marchez jusqu'au rivage.

KLEINMOND TOURISM

29 Main Road
✆ +27 28 271 8474
www.kleinmondtourism.co.za

Du lundi au vendredi de 8h30 à 16h30, le samedi de 9h à 13h. Fermé dimanche.

L'office de tourisme de Kleinmond regorge d'informations en tout genre sur ce que la région a à offrir. On peut se renseigner sur la localisation des fameux chevaux sauvages de Kleinmond, il y en aurait quelques dizaines dans le secteur de la réserve de Rooisand, mais ils sont difficiles à voir. Activités, villages alentour, hébergements, restaurants. Selon votre timing, vos centres d'intérêts et vos envies, vous trouverez assurément de quoi occuper vos journées. Le bureau détient un bon nombre d'objets chargés d'histoires et de légendes.

ARABELLA COUNTRY ESTATE €€€

Entre Sandbaai et Stanford ✆ +27 28 284 0000
arabellacountryestate.co.za

A partir de 2 500 R la double avec petit déjeuner.

Au bord d'un lac immense filant vers l'océan. Les amateurs viendront pour le parcours de golf de classe internationale, d'autres pour l'équitation. Décoration réussie, chaleureuse, élégante. Dans les chambres, confort hors normes, noblesse des matériaux. L'établissement dispose d'un centre de remise en forme AltiraSpa ouvert à tous. Luxe suprême : aller de la piscine extérieure au bassin intérieur équipé de « lits bains bouillonnants », prendre une douche à vapeur et terminer par une immersion dans la piscine verte aux sels de la mer morte, sonorisée par le fond !

PASSPORT

ROUTE DES JARDINS ET EASTERN CAPE

La fameuse Garden Route d'Afrique du Sud, qui pourrait très bien s'appeler « la route des forêts », suit le littoral entre la rivière Storms et Mossel Bay. Il s'agit d'une bande côtière assez étroite, coincée entre l'océan Indien et les monts Tsitsikamma et Outeniqua. Au hasard des criques et des estuaires, on découvre des plages magnifiques bordées de dunes ou de forêts impénétrables. Bien que ce soit une région très touristique, la création de nombreuses réserves naturelles a permis de protéger le caractère sauvage du littoral. Ce périple vous réserve des paysages d'une grande pureté, de longs rubans de sable clair entrecoupés de roches brunes, de paisibles lagunes, quelques huîtres fraîches accompagnées d'un petit vin blanc. Si la météo est clémente toute l'année, quelques pluies peuvent s'abattre sur la Garden Route, qui reste néanmoins un rendez-vous populaire chez les jeunes, les moins jeunes et les surfeurs.

Route des Jardins et Eastern Cape
KAROO NATIONAL PARK ★★
BEAUFORT WEST ★
PARC NATIONAL DE CAMDEBOO ★
GRAAFF-REINET
ABERDEEN ★
CRADOCK ★
PARC NATIONAL DU ZÈBRE DE MONTAGNE ★★
VERS PORT SAINT JOHNS ★★
VERS COFFEE BAY ★★
CINTSA ★
Leeu-gamka
Kwanojoli
Jansenville
EAST LONDON – BUFFALO CITY ★
PRINCE ALBERT ★★
Willowmore
Wolwefontein
KWANDWE PRIVATE GAME RESERVE ★
GRAHAMSTOWN ★
SIDBURY ★★
SHAMWARI GAME RESERVE ★★
PUMBA PRIVATE GAME RESERVE ★★
ADDO ELEPHANT NATIONAL PARK ★★★
Paterson
LALIBELA GAME RESERVE ★
DE RUST ★★
OUDTSHOORN ★★
Uniondale
KARIEGA GAME RESERVE ★
PORT ALFRED ★★
SIBUYA GAME RESERVE ★★
Kariega
Joubertina
PARC NATIONAL WILDERNESS ★★
PORT ELIZABETH ★★
GEORGE ★
WILDERNESS ★★
TSITSIKAMMA - THE CRAGS ★★
PLETTENBERG BAY ★★
KNYSNA ★
JEFFREYS BAY ★
MOSSEL BAY ★
SAINT FRANCIS ★
Océan Atlantique
100 KM

PAGES

●● ROUTE DES JARDINS

366

Sûrement une des routes les plus fréquentées du pays : la Garden Route. À juste titre, de Mossel Bay à Port Elizabeth, les paysages sont superbes et les activités variées.

●● EASTERN CAPE

385

S'il fallait regrouper tous les avantages de l'Afrique du Sud en une seule région, ce serait probablement l'Eastern Cape. La mer, la montagne, les safaris, les sensations...

MOSSEL BAY ★

Ainsi tout a commencé dans la baie des Moules. Sans prêter attention aux coquillages, Bartolomeu Dias débarqua ici le 3 février 1488. Au XIXe siècle, le port de Mossel Bay connut des heures fastes en permettant l'acheminement vers l'Europe des stocks de plumes d'Oudtshoorn. Aujourd'hui, Mossel Bay n'a pas vraiment d'intérêt, la ville est un grand port industriel avec des plages immenses avec comme toile de fond les usines et leur fumée. Durant l'été, les campings et les hôtels attirent pourtant de nombreux vacanciers en famille. Les baleines viennent en hiver et les requins sont là toute l'année. Comme à Gansbaai, plongez donc en cage pour vérifier !

ÎLE AUX PHOQUES ★★

Ils sont trois mille braillards sur leur caillou, vivant leur vie de phoque en s'amusant dans l'eau et en se faisant des bisous sur les rochers. De nombreuses excursions en bateau permettent de les observer de près. Ne ratez pas cette chance de découvrir ces jolis bestiaux évoluer dans leur environnement naturel en embarquant simplement depuis le port de Mossel Bay. Au-delà de l'île aux Phoques, c'est une belle excursion sur l'océan que vous vous offrez, au pied des falaises abruptes et au large de jolis phares qui montent la garde.

DIAZ MUSEUM ★

Market St
✆ +27 44 691 1067
www.diasmuseum.co.za

De 8h15 à 17h du lundi au vendredi et de 9h à 16h les week-ends. Entrée : 20 R adulte et 5 R enfant.

On y verra la réplique de la fameuse petite caravelle à bord de laquelle le courageux Dias est arrivé à Mossel Bay au XVe siècle. Ce bateau a été fabriqué au Portugal et offert à la ville pour le 500e anniversaire de son voyage. Le Diaz Museum propose aujourd'hui d'intéressantes galeries historiques, un musée d'histoire locale, un grenier à blé ou encore un arbre postal : on peut poster ses lettres dans la boîte historique pour qu'elles reçoivent un affranchissement spécial. Une annexe dans Shirley Building abrite un musée des Coquillages.

LITTLE BRAK BEACH HOUSE €

9 Barwell Street ✆ +27 44 696 6769
www.littlebrakbeachhouse.co.za

Double : 500 R avec salle de bains, chambre familiale 650 R par nuit. Petit déjeuner autour de 40 R.

Une adresse un peu excentrée par rapport au centre-ville de Mossel Bay, mais bel et bien à 200 m d'une plage où l'on peut nager et surfer. Le Little Brak Beach House offre une vue magnifique sur l'océan depuis la maison. Si les chambres n'ont rien d'exceptionnel, elles sont propres, sobrement décorées et elles sont toutes équipées de TV. De toute façon, il est fort probable que vous passiez la majeure partie de votre temps dehors ! L'avantage ici, les services gratuits : le wi-fi, les navettes pour aller en ville, la location de canoë ou encore le petit déjeuner.

Mossel Bay.

MOSSEL BAY BACKPACKERS €

1 Marsh Street
✆ +27 44 691 3182
www.mosselbaybackpackers.co.za
Dortoir de 4 à 8 lits à partir de 180 R, doubles de 390 R à 790 R, avec bain bouillonnant : 890 R.

Adresse la plus populaire du coin, près de la plage et surtout près du Point Beak pour les amateurs de surf. Le Mossel Bay Backpackers jouit d'une belle terrasse et d'une piscine pour ceux qui préfèrent les eaux calmes. Les chambres sont très bien aménagées. L'auberge propose des activités à prix intéressants comme le skydiving, la plongée avec les requins, ou encore les sorties en bateau. L'ambiance est parfois un peu tristoune néanmoins en raison du peu de touristes à Mossel Bay, mais avec un peu de chance on fait toujours de belles rencontres ! Baz Bus Stop.

AFRICAN OCEANS €€

Bob Bouwer Cresent 7
✆ +27 44 695 1846
www.africanoceans.co.za
De 1 980 R à 3 440 R selon le type de chambre et la saison. Petit déjeuner inclus. Pique-nique : 420 R par personne.

African Oceans est un peu à l'écart mais vaut le détour, ne serait-ce que pour contempler la vue à l'aube, en prenant son petit déjeuner ! Ce 5-étoiles offre tout le confort prévu avec notamment un salon qui est la pièce de tous les échanges et une piscine fabuleuse dont le deck offre une vue imprenable sur l'océan. Les chambres sont toutes très bien équipées. Adresse idéale pour un stop sur la route, même avec un budget limité, on profite tout de même des installations exclusives de l'hôtel. Attention c'est petit, pensez à réserver à l'avance !

BOTLIERSKOP PRIVATE GAME RESERVE €€

Gonnakraal Road ✆ +27 44 333 0021
www.botlierskop.co.za
Entre 4 200 et 6 800 R en tente de luxe selon la saison. 12 600 R dans le manoir. Demi-pension, pension complète, spa…

A environ 25 km de Mossel Bay, il faut un peu s'enfoncer dans les terres et suivre une piste en pleine nature pour arriver dans cette réserve privée. Hébergement en tente deluxe au confort parfait ou dans le manoir où chaque chambre dispose de sa propre terrasse donnant directement accès à la *pool house*. Depuis cet espace, c'est le calme absolu… Admirez le spectacle qui se joue sous vos yeux. Au coucher du soleil, les zèbres, les gnous, les impalas passent inlassablement.

GONDWANA GAME RESERVE €€

Heuningkip Farm, R327 ✆ +27 21 555 0807
www.gondwanagr.co.za
Environ 7 575 R/personne suivant les types de logements (lodge, villa ou tente), la pension complète et les game drives.

A seulement 25 km de Mossel Bay, les Big 5 se baladent en toute liberté. Vous ne serez donc pas à l'abri comme nous d'entendre les éléphants venir s'abreuver dans la piscine à la nuit tombée. Hutte de luxe ou villa privée avec vue panoramique où vous pourrez vous réunir en famille. Il est souvent difficile de faire des safaris avec les enfants, mais ici tout est prévu ! Baby-sitting, menu enfant aux restaurants et villa privée pour des vacances indépendantes, en couple ou en famille. La piscine à débordement vous permettra de vous relaxer entre deux game drives.

THE POINT €€

Point Road
✆ +27 44 110 0388
www.pointhotel.co.za
Chambre double à partir de 3 000 R, chambre familiale à partir de 5 000 R avec petit déjeuner, dîner.

The Point, l'hôtel connu et reconnu de tous, se dresse face à l'océan. Un immeuble façon marina pour de jolies chambres avec balcon devant le rivage rocheux. Ne manquez pas le spectacle saisissant des vagues cognant violemment les rochers au pied de l'hôtel… intense et unique. La côte se découpe sous les rochers et se recouvre du bleu de l'océan à marée haute, ne laissant apparaître que la cime d'une vaste forêt sous-marine de kelp. Votre séjour inclut également un accès au spa où vous pourrez si vous le souhaitez opter pour un massage.

SANTOS EXPRESS TRAIN LODGE €€

Munro Road
✆ +27 44 6911 995
www.santosexpress.co.za
Dortoir 195 R, chambre simple à partir de 255 R, double de 550 R à 1 200 R. Petit déjeuner inclus.

Mais que fait ce beau train bleu à quai, face à la mer ? Le Santos Express Train Lodge est une expérience assez unique : ici, on vient dormir dans un train à 30 m de la plage. Les chambres sont des compartiments avec une vue spectaculaire sur l'océan : tantôt semblables à celles d'un train couchettes classique, tantôt de vraies chambres doubles, confortables et cossues. C'est une expérience à ne pas manquer si vous aimez l'originalité et l'insolite.

CAROLA ANN'S €€

38 Marsh Street

✆ +27 64 154 6393

Ouvert du lundi au samedi de 8h à 21h. Comptez autour de 150 R.

Le Carola Ann's est un restaurant tout à fait délicieux. Le décor est frais et minimaliste, ce qui ne vous distrait pas, pour encore mieux apprécier les jolies assiettes qui vous sont servies. Dans ce lieu intimiste, on vous propose alors de savoureux petits déjeuners, mais aussi des burgers et des sandwiches ainsi que quelques plats végétariens. La terrasse est particulièrement agréable, à l'ombre des arbres et sous les loupiotes de guinguette quand le soir tombe, avec de belles et grandes tables en bois, à la chaleur des deux barbecues extérieurs.

BLUE SHED COFFEE ROSTERY

33 Bland Street

✆ +27 44 691 0037

www.blueshedroasters.co.za

Ouvert tous les jours de 7h à 18h. Comptez autour de 20 R pour un snack salé ou sucré.

Sous ce grand hangar bleu nommé Blue Shed Coffee Rostery : c'est un vrai bric broc à l'intérieur comme à l'extérieur. Dans la cour d'entrée de vieilles voitures cabossées, une terrasse au mobilier dépareillé, vous pouvez par exemple vous installer dans une baignoire ou dans une barque pour prendre votre café ! *What else?* Dans un hangar bleu où la récupération est reine, vous pourrez déguster des snacks faits maison : samoussas, quiches, gâteaux… et d'excellents cafés et milkshakes. La commande se fait au bar et c'est très bon marché !

SHARK AFRICA

7 Church Street

✆ +27 82 455 2438

www.whitesharkafrica.com

Tarifs directement au club et sur devis.

Shark Africa a opté pour Mossel Bay en raison de l'abondance de sa faune sous-marine. En effet, sur cette côte sud du pays, et au niveau de la célèbre Garden Route qui attire bon nombre de voyageurs chaque année, les eaux sont poissonneuses, mais renferment aussi des phoques, des manchots, des baleines pendant la saison, des orques, des dauphins, et surtout celui qui intéresse la maison : le requin blanc. Alors, à certaines périodes de l'année, il est possible de plonger en cage pour observer, avec de la chance, un grand requin blanc. Une expérience inoubliable.

GEORGE ★

En 1811, les Britanniques créaient une ville en l'honneur du roi George III d'Angleterre. Au début du XXe siècle, le chemin de fer arrivait du Cap ; au prix de travaux titanesques, on parvint à faire grimper le train sur la montagne pour qu'il atteigne finalement Oudtshoorn. George, située à 226 m d'altitude, est une ville très étendue. Sa traversée en voiture paraît interminable. La ville, qui dispose d'un aéroport, fait figure de carrefour de communication pour la route des Jardins et le Petit Karoo. Si elle n'a pas d'intérêt majeur, un peu comme sa voisine Mossel Bay, George peut être une étape de ravitaillement sur la Garden Route.

MONTS OUTENIQUA ★★

Montagu Pass

Pour atteindre les monts Outeniqua, il faut prendre la direction d'Oudtshoorn par la nationale 12 et entreprendre l'ascension des monts Outeniqua par la route de l'Outeniqua Pass à 800 m d'altitude, ou mieux, par la piste du Montagu Pass à 745 m d'altitude, qui bifurque sur la droite vers Herold. Sachez d'ailleurs, pour la petite anecdote, qu'il a fallu quatre ans pour tailler le chemin. Pensez à vérifier la météo pour vous y rendre quand il fait beau temps car, par temps clair, le spectacle est garanti et magnifique. Savourez !

FRENCH LODGE INTERNATIONAL €€

29 York Street

✆ +27 44 874 0345

www.frenchlodge.co.za

Chambre simple de 749 R à 899 R, double de 999 R à 1 099 R, familiale de 1 299 R à 1 999 R.

Noël a su reconstituer une ambiance de petit village africain avec ces huttes en toit de chaume qui ont poussé autour de la belle piscine. Les possibilités d'hébergement sont variées, de l'immense suite nuptiale et son Jacuzzi de 600 litres en son centre jusqu'aux chambres familiales pour 3 ou 4 personnes. Les dix-huit chambres sont toutes équipées de Jacuzzi. Pratique : le lodge offre toute possibilité de restauration. Une étape vraiment sympathique sur la Garden Route.

© DOMINIQUE DE LA CROIX - SHUTTERSTOCK.COM

Monts Outeniqua.

SURFARI €€

Victoria Bay Road
✆ +27 44 889 0113
Dortoir autour de 300 R, chambre de 800 R à 1 500 R selon le type d'hébergement.

Voilà une ravissante adresse. A 15 minutes de George, sur la côte de Victoria Bay, entre la forêt et la mer, le Surfari, doux mélange entre le surf et l'océan, le bush et les safaris, est une bouffée d'oxygène. Fait de bois et de grandes baies vitrées, c'est un havre de paix aux chambres spacieuses et modernes, ouvertes vers la nature. Le lieu est fréquenté par les locaux et les surfeurs en quête de quiétude, c'est une belle étape sur la Garden Route. Si vous êtes en Baz-Bus Stop, il pourra vous déposer dans cette belle auberge.

LA CAPANNINA €€

122 York Street
✆ +27 44 874 5313
lacapanninageorge.co.za
Ouvert du lundi au vendredi de 12h à 14h30 et de 17h à 22h. Le samedi de 16h à 21h30. Plats entre 80 R et 245 R.

Dans le centre de George, La Capannina ne peut pas se louper sous son large toit vert. Ici, vous trouverez une cuisine d'inspiration italienne, mais aussi quelques spécialités régionales. La carte s'étend alors de la pizza au four jusqu'au très local et savoureux steak d'autruche, un risotto aux champignons, en passant par un bon poisson frais, bien entendu – n'oublions pas que l'on est au bord de la mer. Dans ce restaurant, les plats sont tout à fait délicieux et le service est attentionné. Tout est fait pour que le client se sente comme à la maison.

WILDERNESS ★★

À la fin du siècle dernier, une dame accepta d'épouser un homme à la condition que celui-ci l'emmène vivre *in the wilderness*, dans un endroit sauvage. L'heureux homme acheta donc un terrain par ici ! C'est aujourd'hui une petite station très agréable, au bord d'une immense plage de sable fin. Malheureusement, la baignade y est un peu dangereuse. En été, tous filent à Victoria Bay, la crique voisine, la plage favorite des habitants où il est possible de piquer une tête. Les lacs formés par la rivière Touw constituent le parc national de Wilderness. On trouve des petits sentiers de randonnée rafraîchissants et même des hébergements au bord de l'eau.

HELLO AFRICA ADVENTURES

✆ +27 74 977 2215

Vous souhaitez découvrir les coins cachés de la Garden Route et vous émerveiller devant des paysages à couper le souffle ? Hello Africa Adventures s'occupe de vous concocter un programme sur mesure selon vos envies et vos attentes, à la journée ou à la demi-journée. Cette entreprise familiale, installée à Wilderness depuis plusieurs années, connaît très bien la région et vous la fera découvrir de manière plaisante. Des visites de village aux activités en plein air, en passant par une dégustation de vins, la journée promet d'être chargée !

WILDERNESS EXPRESS TOURS & TRANSFERS

✆ +27 74 977 2215

www.wildernessexpress.co.za

Pour tous vos déplacements à Wilderness et sur la Garden Route, cette entreprise familiale se fera un plaisir de vous organiser vos transferts et des visites selon vos envies. De Wilderness, vous pourrez découvrir Knysna, Plettenberg Bay ou encore George, en compagnie d'un chauffeur local connaissant parfaitement la région. Il n'hésitera pas à vous conter des histoires locales pour égayer votre voyage. Les voitures sont en bon état et fiables pour des trajets en toute sécurité.

WILDERNESS BEACH HOUSE BACKPACKER €

Western Road

✆ +27 44 877 0549

www.wildernessbeachhouse.com

Dortoir 14 lits à partir de 240 R, doubles à partir de 500 R, et 750 R avec salle de bains privée.

Cette auberge de jeunesse est aménagée dans une grande maison lumineuse, à deux pas de la plage ! Dans les chambres toutes blanches, en bois, les lits sont très confortables. Les dortoirs restent un peu chers, alors il est presque plus valable de s'offrir une chambre double spacieuse avec un petit balcon en bois pour profiter tranquillement de la vue sur l'océan. Depuis la terrasse ombragée, le décor est splendide aussi : d'un côté les vagues, de l'autre les montagnes.

THE WILD FARM €

White's Road

✆ +27 67 416 6773

wildfarmbackpackers.co.za

Camping de 150 à 180 R, dortoirs de 200 à 220 R par personne, doubles à partir de 450 R, familiales de 880 à 1 120 R.

Voilà une destination très populaire qui mérite ses galons. Au sommet d'une colline offrant une vue imprenable sur la côte océanique, les lacs de la Garden Route et sur les montagnes Outeniqua derrière, The Wild Farm est magnifique. Ce lieu est propre, bien tenu, avec un feu de camp tous les soirs où l'on vient se retrouver au clair de lune pour échanger sur sa journée. On peut prendre des leçons de surf ou simplement louer des planches pour une petite virée. Les dîners sont préparés avec les légumes du potager. Pick-up avec le Baz bus.

THE DUNE GUEST LODGE €€

31 Die Duin

✆ +27 44 877 0298

www.dunebeachhouse.co.za

Chambre à partir de 2 700 R, avec petit déjeuner.

Gary Grimes, un géant francophone érudit, vous fait l'honneur de son hacienda posée sur la dune. Attention, grande maison ! Traversez les salons clairs ponctués d'œuvres contemporaines au mur et gagnez la terrasse : oui, 180 degrés d'océan bleu roi, ça décoiffe… Les suites immaculées, lumineuses et spacieuses, garantissent un séjour très palace. Le petit déjeuner est frais, copieux et délicieux, mais surtout il est servi sur la terrasse ensoleillée au petit matin, entre la piscine et la mer. Que c'est agréable !

Victoria Bay.

THE OCEAN VIEW €€

39 Die Duin
✆ +27 815 69 15 19
www.theoceanview.co.za
Chambre double à partir de 1 999 R selon la saison. Petit déjeuner inclus. Penthouse de 2 999 R à 4 299 R.

Depuis l'établissement c'est tout l'océan Indien qui s'offre à vous ! La terrasse et la piscine sur le toit vous promettent une vue imprenable, tout comme les chambres et la majeure partie de la *guesthouse* puisqu'il y a de grandes baies vitrées absolument partout. Vous disposez également d'un accès direct à la plage, quel bonheur ! Les chambres sont contemporaines et confortables, décorées sur le thème de la savane avec d'immenses cadres d'animaux sauvages en noir et blanc. La jolie guesthouse The Ocean View est un petit coup de cœur.

TREEDOM VILLAS & VARDOS €€

248 Dune Mole Street ✆ +27 83 324 0080
www.treedomvillas.co.za
Nuitée en roulotte à partir de 1 700 R ; villa pour 4 personnes à partir de 2 600 R.

Debbie et Marc, deux hôtes adorables, vous ouvrent les portes de leur monde fantastique, niché au cœur d'une forêt luxuriante, sur les hauteurs de Wilderness. Le lieu est surprenant avec sa luxueuse villa en bois et sa piscine en forme de cœur, et ses deux roulottes joliment décorées. Les jardins privés invitent à la détente autour d'un braai, dans la serre aménagée en salon cosy ou sous les étoiles, lové dans un croissant de lune faisant office de hamac. À la nuit tombée, les lumières scintillent de toutes parts pour un moment des plus romantiques. Magique !

VIEWS BOUTIQUE HOTEL & SPA €€

South Stree
✆ +27 44 877 8000
www.viewshotel.co.za
Autour de 4 500 R pour une chambre standard avec vue sur la mer, 6 600 R pour une suite standard.

Un emplacement d'exception notamment pour admirer le coucher du soleil. Car comme son nom l'indique très clairement, perché sur une falaise, le Views Boutique Hôtel & Spa est un établissement somptueux où les vues sur le paysage sont imprenables. La décoration des chambres est ultra moderne et raffinée et le confort est optimal. Les prestations sont haut de gamme : spa, piscine, accès direct à la plage, salle de sport avec vue sur la mer, restaurant...

WILDERNESS MANOR GUEST HOUSE €€

397 Waterside Road
✆ +27 44 877 0264
www.manor.co.za
De 650 R à 1 200 R selon la saison et le type de chambre. Petit déjeuner inclus.

Wilderness Manor est une maison d'hôtes élégante et raffinée surplombant le magnifique lagon. Au pied de l'établissement la promenade sur les pontons de la réserve de Wilderness et à proximité, les plages de sable doré, les restaurants et les magasins du village. Cette maison au style colonial africain, superbement décorée avec des tapis orientaux, des œuvres d'art et des antiquités, dégage une ambiance de tranquillité. Quatre élégantes chambres, toutes donnant sur le lagon.

HILLTOP COUNTRY LODGE €€€

Victoria Bay Heights
✆ +27 44 889 0142
www.hilltopcountrylodge.co.za
À partir de 1 470 R la double.

Situation exceptionnelle au-dessus d'une de nos plages préférées, puisqu'en partant de Victoria Bay, il suffit d'une dizaine de minutes pour… en prendre plein la vue. Le long ruban de sable de Wilderness s'allonge sous nos yeux, le vent nous réveille. On en profite pour faire un saut dans la piscine après avoir utilisé la salle de gym. Sous le long toit vert du lodge, huit luxueuses chambres dans un parc de 12 hectares très bien entretenu et fleuri, et l'une des plus belles vues marines du pays. Un nid d'aigle exceptionnel dans la quiétude de la nature.

ILALI RESTAURANT €

197 George Road
✆ +27 44 877 0808
www.ilalirestaurant.co.za
Ouvert du lundi au vendredi, de 11h à 21h30, le week-end à partir de 9h. Hamburgers à partir de 145 R.

On vient déguster ici une cuisine simple et sans chichis, préparée avec des produits locaux de qualité. Salades fraîches, tapas, poke bowls, hamburgers gourmets et pizzas au feu de bois, la carte laisse libre cours aux envies les plus diverses. Mention spéciale pour le *chicken burger*, avec son excellent poulet mariné à la façon japonaise. En terrasse ou dans le patio, le cadre est agréable mais les places vites prisées, notamment lors des concerts régulièrement organisés. Très belle carte de cocktails. Service attentionné et soigné.

THE GREEN SHED COFFEE ROASTRY €

3 Leila's Lane
✆ +27 44 333 0207
www.greenshed.co.za
Ouvert de 7h à 18h30 tous les jours. Comptez autour de 50 R pour un snack salé ou sucré.

Même concept que le Blue Shed à Mossel Bay. Un petit établissement en tôle garni de bric broc en tout genre. L'intérieur est charmant et coquet avec des canapés vintage, l'extérieur est tout aussi original avec des lustres dans les arbres et une voiture délabrée en guise de gigantesque pot de fleur ! Il y a des petites tables en fer forgé un peu partout. Votre commande se fait au comptoir, on vous donne un numéro et on vous apporte vos consommations à table.

THE GIRL'S ON THE SQUARE €€

Palms Garden Square - 1 Owen Grant Street
✆ +27 44 877 0445
www.thegirls.co.za
Ouvert de 9h à 21h tous les jours. Premier service à 18h et second service à 22h.

C'est une histoire de filles... L'aventure a commencé en 2001 et a toujours été couronnée de succès. The Girl's on the Square s'est établi dans un joli petit square au cœur de la ville de Wilderness, un endroit réellement séduisant. Ici, la terrasse est chaleureuse et la salle accueillante et élégante sous un toit de chaume. Quant au service, il est impeccable. La nourriture est raffinée, la carte des vins et des cocktails très complète. Les amateurs de sushis seront également comblés avec une belle sélection à la carte. Une adresse incontournable.

BLUE OLIVE RESTAURANT €€

Au coin de George Road et Leila's Lane
✆ +27 44 877 0731
www.blueoliverestaurant.co.za
Ouvert tous les jours de 7h30 à 22h. Environ 120 R pour un plat de poisson, 130 R pour un plat de viande.

Au cœur de la rue commerçante de Wilderness, le Blue Olive Restaurant offre de belles assiettes, colorées, fraîches et bien garnies : de la viande, des fruits de mer, des burgers, des salades, il y en a pour tous les goûts. Le restaurant s'avance sur une belle et grande terrasse en bois bien agréable. À l'ombre des arbres, les tables en bois sont rondes et entourées de bancs assortis. Dès le petit matin, on peut s'y installer pour prendre un bon petit déjeuner, avec des œufs Bénédicte, peut-être ! On y trouve un bon rapport qualité/prix.

SERENDIPITY €€€

Freesia Avenue
✆ +27 44 877 0433
www.serendipitywilderness.com
Du lundi au samedi, uniquement pour le dîner, à partir de 18h. Menu : 679 R.

Ici on travaille en famille ! Ce restaurant est l'une des grandes tables de la région. Lizelle, fille d'Elsabe et chef décorée à de nombreuses reprises pour ses préparations sudafs de fine cuisine, est au fourneau pendant que Rudolf, son mari, vous déroule le menu avec un enthousiasme qui ne semble pas s'atténuer au fil des ans. L'adresse gastro de la Route des jardins, qui dispose de 4 chambres d'un grand confort donnant sur une grande terrasse ouverte sur le lagon. Au petit déjeuner, les pancakes de la maîtresse de maison, Elsabe, valent la peine à eux seuls !

SALINAS BEACH RESTAURANT €€

458 Zundorf Lane ✆ +27 44 877 0001
www.salinas.co.za
Ouvert tous les jours de 10h à 22h. Entre 120 R et 250 R pour un plat.

On vient ici surtout pour l'emplacement idéal qui offre une vue panoramique sur la plage de Wilderness. Il est donc exquis de déjeuner ou dîner sur la terrasse en écoutant le bruit des vagues et le souffle du vent. Les plats sont plutôt bien cuisinés, mais la carte est plutôt commune. Bien sûr, on y retrouve les traditionnels fruits de mer : calamars grillés, moules, crevettes, ou encore l'incontournable de tous les pubs sur la Garden Route, le *fish and chips*. La cuisine propose un poisson blanc du jour, souvent le snoek ou le cabillaud.

BLACK HORSE TRAILS

Beervlei Corner, Seven Passes Road
✆ +27 82 494 56 42
www.blackhorsetrails.co.za
À partir de 13 ans. Promenade de 1h30 à 550 R à travers la ferme et les montagnes.

Débutants ou cavaliers aguerris, ne vous privez pas d'explorer à cheval ou à poney les paysages exceptionnels qu'offre Wilderness, entre mer et montagnes luxuriantes. Vous ne le regretterez pas ! Accompagné d'un cavalier chevronné, vous sillonnerez les chemins de terre de la ferme et des alentours, au pas, au trot et même au galop pour les plus confirmés. Sur place, un café cosy réputé pour ses cheesecakes, ses gaufres et ses milkshakes gourmets. Cette entreprise familiale fabrique même ses propres savons et crèmes à base de suif. À tester !

EDEN ADVENTURES

✆ +27 44 877 0179
https://eden.co.za/
Location de kayak à partir de 140 R par heure. Descente en rappel autour de 750 R la demi-journée.

Les plus sportifs des lecteurs se tourneront vers cette agence touristique, spécialisée dans les excursions d'aventures en plein air pour découvrir Wilderness et ses environs autrement. Canyoning et descente en rappel, en demi-journée ou en journée complète, feront le bonheur des amateurs de sensations fortes. On peut aussi louer un kayak pour sillonner la rivière jusqu'à une jolie cascade, se rapprocher de l'embouchure ou observer les oiseaux à travers les roselières. Prévoyez votre pique-nique, il y a des coins plaisants pour se poser.

WILDERNESS NATIONAL PARK ★★

Le parc s'étend de Sedgefield à Wilderness sur plus de 2 612 ha de marécages et de cours d'eau. Les cinq lacs qui en font partie ont tous la réputation d'être hantés. Apparemment, c'était aussi le point de vue des premiers habitants de la région qui y ont laissé des peintures rupestres représentant l'histoire à travers les dessins des esprits aquatiques et de drôles de sirènes ! Le Wilderness National Park est néanmoins très attrayant. Pour les amateurs de randonnées, on peut y suivre cinq sentiers différents au milieu de la nature. Il faut aussi s'inscrire au *canoe trail* pour une aventure guidée sur trois jours au fil de l'eau.

WILDERNESS NATIONAL PARK

Garden Route ✆ +27 12 428 9111
www.sanparks.org/parks/garden_route
Ouvert de 7h à 21h30 (les portes ferment à 18h). Tarif adulte : 180 R par jour. Tarif enfant : 90 R par jour.

Niché entre George et Knysna : une tapisserie de paysages magnifiques. Rivières, lacs, plages, forêts et montagnes. Il existe également un certain nombre de sites historiques d'importance archéologique et c'est un habitat idéal pour l'observation des oiseaux, des bêtes en tout genre. Vous pourrez observer cinq types de martin-pêcheur, le héron cendré et le petit héron, l'hippocampe, les dauphins, les baleines. Profitez-en pour louer un canoë, un vélo et explorez les environs, pratiquez la descente en rappel, le parapente, la navigation, la pêche ou la randonnée.

KNYSNA ★

L'arrivée à Knysna depuis Wilderness est splendide, entre montagne, lagon et mer. Knysna s'est construite autour de son lagon et est captivante entre l'océan, les marais et la rivière Knysna qui encerclent ses îles. Sur son joli archipel, on se promène de la douce et paisible Leisure Island au dynamique *waterfront* de Thesen Island, en allant jusqu'à l'historique Belvidere et, quand bien même on atteint le littoral du côté de Brenton et Buffelsbay ou la quiétude de plage Bollard Bay, les panoramas se succèdent. Embarquons pour aller voir les dauphins sauter au large et n'oublions pas de déguster les huîtres et le gin de Knysna. Que de belles adresses !

BUFFALO BAY ★

N2

Sur la côté ouest de Knysna s'étend une plage magnifique. Tel un ruban de sable blanc de 8 km de long, c'est celui de Buffalo Bay. L'endroit est idéal pour satisfaire une forte envie de se dorer la pilule au soleil. On accède à la plage soit par Brenton-on-Sea, soit par Buffelsbaai, au départ de la N2 en direction de Wilderness. Si vous n'avez pas prévu de pique-nique, pas d'inquiétude : il y a des snack-bars des deux côtés de la plage. L'eau est assez fraîche, mais qu'est-ce qu'elle est belle sous son manteau de vagues qui ondulent !

KNYSNA HEADS

Knysna Head émarge de la force brute de l'océan pour se dresser comme de hautes sentinelles, gardant le lagon et la ville. Les eaux océaniques déferlent et se brisent de façon spectaculaire. East Head est facilement accessible en voiture et propose un certain nombre de points de vue et de ponts d'où vous pourrez admirer de superbes panoramas. Il y a aussi plusieurs petites plages et piscines rocheuses accessibles via East Head. Il est aussi possible d'admirer Knysna Head depuis la mer si l'on s'en va au large pour une balade en bateau.

NOETZIE BEACH ★

Noetzie

À l'extrême sud-est de Knysna, les plages sont sauvages et le paysage qui borde l'océan l'est encore plus. Nous voilà dans le Pezula Private Estate. Ici, l'accès n'est pas toujours facile. Si l'on prend la peine d'observer un peu autour de nous, on verra d'étranges constructions sur la plage : ce sont les fameux châteaux de Noetzie. Construits tout de pierres apparentes, comme des châteaux forts de l'époque médiévale, ils proposent aujourd'hui des hébergements luxueux et uniques en leur genre. Les fenêtres cintrées dans les murs de pierre s'ouvrent sur l'océan.

JOHN BENN EXPERIENCE

Remembrance Drive

✆ +27 44 382 1693

www.knysnafeatherbed.com

Sur réservation. Pour la croisière d'une durée de 1h30. Tarif adulte : 232 R. Croisière en catamaran 1h30, 520 R.

John Benn est l'un des incontournables sur le lagon. Les différents bateaux de John Benn voguent inlassablement du Waterfront jusqu'à Knysna Head, tout au long de la journée. Quelle belle flotte ! Il propose bien sûr plusieurs options pour se balader tranquillement sur l'eau et profiter du paysage : des croisières classiques, d'autres pour le déjeuner, des croisières au coucher du soleil ou encore pour le dîner, mais aussi de la navigation sur de beaux voiliers ou catamarans pour les adeptes de sortie en mer plus « sportives ».

Noetzie Beach.

EMZINI TOURS

✆ +27 82 338 6289

www.emzinitours.co.za

Sur réservation. Tarif adulte : 400 R. Tarif enfant : 200 R.

Pendant environ 3 heures, vous partirez à la découverte du Township de Knysna et de la culture Xhosa avec votre guide. Voilà ce que propose Emzini Tours. Alors, qu'est-il prévu au programme ? Vous vous arrêterez dans une école, mais aussi probablement chez l'habitant. Pour cette journée, préparez-vous à recevoir une grande dose de chants, de danses, d'amour et de bonheur dans une zone qui semble parfois chaotique, mais où règnent pourtant une communion, une entraide et une solidarité extrême entre les habitants des quartiers.

BADGER'S LODGE €

1509 Welbedacht Lane

✆ +27 44 382 2840

www.badgers.co.za

A partir de 1 500 R en haute saison pour une chambre double et 950 R en basse saison. Petit-déjeuner compris.

L'ensemble de l'établissement a été détruit par le feu en juin 2017. Le Badger's Lodge alors reconstruit, c'est dans un lodge tout beau et tout neuf au style bien africain que vous séjournerez. Les logements sont des huttes en dur, avec toit en paille, murs et terrasses en bois. Et pour couronner le tout, une superbe piscine, située au cœur d'une forêt où la végétation est revenue. Idéal pour les aventuriers en herbe, à la recherche d'une belle expérience. Vous êtes à 3 km du centre ville seulement, dans une zone calme et sécurisée. Idéal pour toute la famille.

KNYSNA BACKPACKERS €

42 Queen Street
✆ +27 82 583 7510
www.knysnabackpackers.co.za

Dortoir à partir de 250 R, double à partir de 695 R, familiale à partir de 1 095 R.

Le Knysna Backpackers est niché dans une maison victorienne, un peu vieillotte mais à l'ambiance sympathique. L'auberge de jeunesse est très centrale près des bars, des boutiques et des restaurants. On profite de cet endroit, surtout depuis la terrasse et le jardin, pour une halte agréable sur la Garden Route. On peut profiter de la vue sur la ville et le lagon de Knysna, un environnement plein de charme classé au patrimoine national. Ici, pas de piscine, mais un geste pour l'écologie : recyclage, réutilisation, conservation des ressources.

AMANZI ISLAND LODGE €€

31 Cearn Drive
✆ +27 44 384 1236
amanzilodge.co.za

Suite de 1 545 R à 4 900 R selon le type d'hébergement et selon la saison. Petit déjeuner inclus.

Sur la calme et paisible Leisure Island et sur les rives de la lagune de Knysna, bienvenue au *Amanzi Island Lodge*, une maison d'hôte au bord de plage offrant une jolie vue sur Knysna Head et sur la réserve naturelle de Featherbed. Les chambres spacieuses et ensoleillées s'ouvrent sur un balcon donnant sur le lagon ou sur le jardin. Détendez-vous au bord de la piscine isolée ou asseyez-vous sur la terrasse surplombant le lagon et profitez du coucher de soleil. Des vélos et des kayaks sont mis à votre disposition. Une évasion paradisiaque qui n'attend que vous...

BAMBOO GUEST HOUSE €€

7 Bolton St, Hunters Home
✆ +27 44 384 0937
www.bambooguesthouse.co.za

Chambres doubles à partir de 995 R, petit déjeuner inclus.

Bamboo est un petit bijou unique en son genre, un petit écrin de verdure où il fait bon se relaxer ! Son emplacement, à quelques minutes seulement de l'océan, est idéal et les chambres sont spacieuses, confortables et très bien équipées. Jaynie et Gordon sont des gens très accueillants et ils sauront vous recommander des visites adaptées à vos envies. Ils pourront même vous proposer de faire un tour sur le lagon à bord de leur propre bateau ! A noter également une piscine remplie d'eau de mer. Assurément la bonne adresse de Knysna !

BRENTON BEACH HOUSE €€

116 Watsonia Avenue
✆ +27 44 381 0175
www.brenton-beach-house.co.za

De 1 200 R à 2 800 R par personne selon la chambre et la saison, petit déjeuner inclus. Package avec golf.

Magnifique maison d'hôtes avec vue sur l'océan Indien dont on ne se lassera jamais ! A deux pas des plages de sable fin. Parfait pour un petit jogging matinal sur la superbe plage de Brenton, où il n'est pas rare de voir des dauphins. Plusieurs chambres sympas, dont une avec vue sur la mer. Pour la petite histoire, il s'agit d'une maison d'hôte reprise récemment par Derrick, Sud Africain francophile, et Jean Michel Bayle. Derrick est un passionné de golf, il n'est pas impossible qu'il vous donne les meilleurs plans du coin. Une bonne adresse !

CAMBALALA GUEST HOUSE €€

46 Circular Drive ✆ +27 62 406 2403
www.cambalala.co.za

Chambre standard à partir de 1 700 R et penthouse à partir de 3 700 R. Petit déjeuner inclus.

Cambalala est une maison d'hôtes luxueuse idéalement située au paradis avec une vue magnifique sur le lagon de Knysna. Dans le jardin en terrasses, la piscine asymétrique est à débordement et s'évanouit sur le paysage de bleu et de vert. C'est l'endroit idéal pour oublier le reste du monde ! Les chambres sont élégantes, spacieuses et confortables avec un service et une hospitalité impeccables, et toujours cette vue magique. Dans le jardin luxuriant, sous une belle tente de toiles tendues, se trouve un joli salon, où l'on vient se relaxer ou lire un bouquin.

CHEZ PIERRE €€

1 Kings Way
✆ +27 82 659 2190
https://chezpierre.co.za/

Chambre double à partir de 2 100 R avec petit déjeuner frais. Accessible PMR, bar, location de vélos, piscine.

À l'entrée de la douce et paisible Leisure Island, nous arrivons Chez Pierre. Une grande et lumineuse maison d'hôte aux chambres spacieuses où l'on retrouve ici et là quelques notes de Belgique, quand Tintin est posé sur l'étagère ou plaqué au mur de la chambre des enfants. L'architecture en U abrite une piscine tout en rondeurs, au bord de laquelle on savoure un petit déjeuner divin : croissants au four, muesli maison et œufs frais. Le soir, sur le deck, l'heure est à la dégustation : plutôt gin de Knysna ou bière belge ? Ce qu'on aime : l'accueil, le vrai !

PUMULA LODGE €€

7 Lindsay Street, Hunters Home
✆ +27 82 569 7856
www.pumulalodge.co.za
Chambre double à partir 1 900 R. Tarif en chambre individuelle à partir de 1 650 R. Petit déjeuner inclus.

Au cœur de la Garden Route, niché entre Knysna et Knysna Heads, *Pumula Lodge* vous accueille dans son cadre paisible et son atmosphère naturelle. Ici vous pouvez respirer et vous éloigner de l'agitation. Il est difficile d'imaginer que vous êtes à seulement cinq minutes du centre ville. L'emplacement permet un accès facile aux nombreuses attractions de la région : golf, randonnée, activités nautiques... Réveillez-vous au son des oiseaux, faites une promenade dans le jardin, profitez d'un barbecue, sirotez un cocktail sur votre balcon ou au bord de la piscine.

TENIQUA TREETOPS €€

15 km au nord de la N2 entre Knysna et Sedgefield ✆ +27 44 356 2868
www.teniquatreetops.co.za
Suites de 1 450 R à 3 168 R selon la saison, maison famille entre 2 880 R et 4 170 R.

Vous avez toujours rêvé de vivre dans une cabane perchée dans les arbres ? Alors vous allez probablement tomber amoureux de cet endroit incroyable ! Perdu au cœur d'une forêt totalement vierge uniquement habitée par des singes, des oiseaux et des servals, Teniqua Treetops propose 8 éco-cabanes différentes, totalement isolées et perchées dans les cimes. Les cabanes sont entièrement réalisées à partir de bois local et en matériaux recyclés. Pas de restaurant dans la forêt sauvage, pensez à amener vos provisions. Un superbe établissement original et écologique !

THE LOFTS BOUTIQUE HOTEL €€

The Boatshed ✆ +27 44 302 5710
www.knysnahotel.co.za
Chambre double de 3 305 R à 5 510 R selon type de chambre et selon saison.

Le paradis à Knysna ! *The Lofts Boutique Hotel* est en plein centre ! Au centre du lagon, au centre de Knysna et de la Route des Jardins. Le bâtiment est en bois blanc et incarne le calme. Magnifiquement décorées et spacieuses, les chambres disposent également d'une grande salle de bains. La plupart d'entre elles offrent une vue sur le lagon depuis la terrasse. Il y a une toute petite piscine pour se rafraîchir. Un établissement à la fois moderne et cosy qui fait partie du Boatshed : un passage avec des galeries ainsi qu'un espace avec des plantes et des livres.

THE TURBINE BOUTIQUE HOTEL AND SPA €€

TH 36 Sawtooth Lane ✆ +27 44 050 3500
www.turbinehotel.co.za
Chambre standard 2 750 R par personne, suite à partir de 3 630 R par personne, selon saison. Petit déjeuner compris.

The Turbine Boutique Hotel and Spa est une ancienne centrale électrique transformée en un boutique hôtel unique à Knysna. Toutes les anciennes machines ont été restaurées avec amour et font partie de l'esthétique du lieu. Une fascinante mixture d'histoire et d'innovation. Situé sur la pittoresque Thesen Island, on profite d'une jolie vue sur l'estuaire depuis la piscine. Ici, 2 bars, 2 restaurants, une librairie et un spa proposant de nombreuses prestations pour vous détendre.

BOLLARD BAY HOUSE €€€

101 Bayswater Dr
✆ +27 44 384 0155
www.bollardbayhouse.com
Suite à partir de 2 750 R la nuitée.

Il n'y a pas plus paisible que la petite île de Leisure Island, comme un quarter de Knysna entouré de la lagune quand la mer monte. Ici, tout va au ralenti, dans la douceur et la quiétude. Le Bollard Bay est une maison d'hôte qui s'ouvre directement sur la mer. Ici, à marée haute, on descend dans la lagune par une échelle comme dans une piscine. Quelques brasses matinales dans la nature, une séance de bronzette sur la terrasse, un saut dans la piscine : la journée peut commencer ! Les chambres sont spacieuses, lumineuses, avec vue sur l'eau.

HEAD OVER HILLS €€€

22 Glen View Drive
✆ +27 44 384 0384
www.headoverhills.co.za
Doubles à partir de 6 400 R. Suites à partir de 8 400 R.

La tête dans les nuages, les pieds dans le bain à remous ou dans la piscine, les yeux rivés sur l'horizon de l'océan à perte de vue. Martin et Therese ont sûrement dépassé les rêves de chaque touriste, et même les leurs ! Une vue comme vous l'avez compris, imprenable et saisissante à pré-découvrir sur leur site Web ! Peu facile d'accès, mais le plaisir de se retrouver dans ce joyau est d'autant plus excitant. Les quelques chambres possèdent toutes une déco moderne boisée de très bon goût, et sont pour certaines dotées d'un balcon ouvert sur le grand large.

KANONKOP HOUSE €€€

6 Cuthbert Street
✆ +27 44 382 2374
www.kanonkophouse.com
Chambre double de 6 500 R à 8 500 R selon la saison. Petit déjeuner, Wifi, parking et service de conciergerie 24h/24.

Qu'ajouter de plus au sujet de cette maison d'hôtes, certes de luxe, sinon de dire qu'elle offre une vue imprenable et superbe sur tout le lagon ? Peut-être raconter qu'il s'agit d'une histoire de famille avec à sa tête Chris, secondé par ses enfants tous passionnés par les rencontres. Ou alors annoncer combien, l'ambiance, ici, est chaleureuse ? Ou préciser enfin qu'on ne s'y ennuie vraiment pas : un parcours de golf, des sorties en bateau, ou du kayak sont possibles. Un cadeau à s'offrir en amoureux en fin de séjour pour couronner un voyage en Afrique du Sud !

EAST HEAD CAFÉ €€

25 George Rex Dr
✆ +27 44 384 0933
www.eastheadcafe.co.za
Ouvert du mardi au dimanche de 9h à 15h. Comptez autour de 100 R pour un plat.

A la pointe de Knysna, au niveau de The Head évidemment, ce restaurant bénéficie d'une jolie vue sur l'océan et le lagon à l'entrée de Knysna, que ce soit depuis la salle intérieure au décor chic sur le thème marin ou depuis la terrasse avec ses grandes tables en bois blanc, ses parasols si le soleil tape trop fort et ses plaids si le vent est trop frais ! Les plats sont bien cuisinés, on retrouve des *fish and chips*, des moules, des salades... A noter qu'une belle balade est possible au départ du parking en contrebas de l'établissement.

VILLA CASTOLLINI €€

Route de Brenton-on-Sea
✆ +27 44 381 8200
www.castollini.co.za
De 2 465 R à 3 658 R la chambre double et de 3 499 R à 6 318 R la suite. Petit déjeuner inclus.

Sur cette parcelle excentrée de la ville de Knysna, règne seule la Villa Castollini. C'est ici qu'un richissime sud-africain a pu acquérir à temps un terrain sur la colline surplombant la lagune, du côté de Brenton. En fait, il n'y a pas de voisin et vous voilà face à la plus belle vue de la région depuis la grande terrasse avec piscine. Chambres luxueusement équipées à la décoration classique. Accueil francophone et super sympa ! Le lieu est assez prisé pour les mariages et autres célébrations, un porche sous de belles voûtes en pierres offre un superbe décor.

TAPAS & OYSTERS €

31 Safron Lane
✆ +27 44 382 7196
www.tapasknysna.co.za
Ouvert tous les jours de 11h à 22h. Tapas entre 30 R et 110 R.

Des tapas et des huîtres ! Une ambiance à l'américaine dans ce restaurant spécialisé dans les tapas, mais il y a aussi des pizzas et des sushis. De grands écrans au-dessus du bar, une musique assez forte, des drapeaux suspendus... Les tables sont recouvertes de toiles cirées avec le nom du restaurant peint à la main et des bouteilles de tequila vides recouvrent les murs jusqu'au plafond. La grande carte plastifiée propose un immense choix de tapas du monde entier et les huîtres sont délicieuses. La terrasse est très agréable pour un boire un verre le soir.

© CHLOÉ OBARA

Knysna Elephant Park.

Paysage de Knysna.

THE DRYDOCK €

Knysna Waterfront
✆ +27 44 382 7310
www.drydock.co.za
Ouvert tous les jours de 11h à 22h. Entre 30 R et 95 R les sushis, plats à partir de 100 R.

Difficile de trouver un restaurant correct sur le Waterfront. Mais celui-ci a une terrasse agréable au ras de l'eau. Il propose des plats classiques comme des poissons, des fruits de mer, ou encore des viandes grillées et le vendredi après-midi, vous craquerez peut-être pour des sushis à moitié prix. Ce ne sont pas les meilleurs de la côte mais ils sont à prix plancher et le poisson est très frais. Au Drydock, on peut aussi goûter les fameuses huîtres de Knysna. En revanche, on ne sert que des huîtres de culture, vous n'en trouverez pas de sauvages.

34°SOUTH €€

Sur le Waterfront
✆ +27 44 382 7331
www.34south.biz
Ouvert de 9h à 22h tous les jours. Plateau de fruits de mer à partir de 200 R. Huîtres sauvages à 25 R l'unité.

Installé au bord de l'eau, ce restaurant jouit d'une solide réputation grâce à ses livraisons quotidiennes de fruits de mer et de poissons frais. Des huîtres, des gambas mozambicaines, du kingklip, des langoustes… Le menu propose un choix impressionnant de produits venant de la mer mais aussi des mets mexicains, des pizzas, des soupes... Les plats sont très consistants et l'on se régale installés sur la terrasse en bois sur pilotis, façon *waterfront*. Souvent bondé, le lieu est assez touristique, mais mérite largement le détour.

ISLAND CAFE €€

Sawtooth Lane, Thesen Islands
✆ +27 44 050 3500
www.turbinehotel.co.za
Ouvert tous les jours de 7h à 21h30. Comptez 120 R pour un plat le midi et 150 R le soir.

Island Cafe, c'est le restaurant de l'hôtel *The Turbine*. Il est ouvert à tous pour le petit déjeuner, le déjeuner et le dîner. Les repas sont servis au milieu des turbines et des tuyaux avec une décoration et une ambiance baroque tout autour. Les chaises sont toutes dépareillées et colorées et la salle se dresse derrière de grandes baies vitrées. La carte est plutôt raffinée avec des burgers, des tempuras de crevettes ou encore des filets de viande, les saveurs sont agréables et les assiettes soigneusement présentées parfois servies sur des planches.

SIROCCO RESTAURANT €€

Thesen Harbour Town
✆ +27 44 382 4874
www.sirocco.co.za
Ouvert tous les jours de 12h à 22h. Plats autour de 130 R.

Superbement situé au bord de la mer avec une belle terrasse et vue sur le lagon de Knysna, le Sirocco propose quelques bons plats à base de fruits de mer servis dans un cadre branché et moderne. Crevettes marinées à l'ail, huîtres fraîches avec sauce à l'échalote, plateaux de sushis colorés et frais de la pêche du jour, ou encore pizzas aux fruits de mer. Le restaurant Sirocco est un endroit très prisé au coucher du soleil pour ses délicieux cocktails, c'est le lieu idéal pour profiter d'un apéritif romantique au bord de l'eau.

ÎLE DE PAIN

8-10 The Boatshed
✆ +27 44 302 5705
www.iledepain.co.za
Ouvert du mardi au samedi de 8h à 15h. Tout au long de la journée, snacks à déguster sur place ou à emporter.

Cette délicieuse boulangerie « à la française » fait partie de la galerie du Boatshed. C'est une institution à Knysna, tenue par l'Autrichien Markus Farbinger, considéré comme un magicien de la farine en Afrique du Sud ! Le service est excellent et que dire des pâtisseries, des croissants comme chez nous et des succulents petits-déjeuners magnifiquement présentés. Tout sort tout chaud du four et différents types de pain sont fraîchement préparés quotidiennement. Dégustation sur place sur la paisible terrasse ombragée ou à l'intérieur, ou à emporter.

THE PROJECT BAR AND LOUNGE

Upper level, TH 28
✆ +27 44 382 4874
https://theprojectbar.co.za/
Ouvert tous les jours de 17h à 22h.

Un bar à l'ambiance lounge au-dessus du restaurant Sirocco. Il faut entrer à l'intérieur du restaurant et prendre les escaliers pour y accéder. Il y a une belle terrasse avec vue sur le lagon et avec des recoins chaleureux. A l'intérieur des canapés douillets et des tables rondes pour partager de bons moments entre amis. La carte des alcools est très complète et les cocktails sont extraordinaires et originaux. Testez les délicieux mojitos passion ou myrtille !

PLETTENBERG BAY ★★

La plage… ou la plage. L'élégante « Plet » ne se cache pas derrière un écran de fumée culturel pour s'affirmer haut et fort station balnéaire. La nature ici est généreuse puisqu'en quelques enjambées on passe de la montagne au lagon et du lagon à l'océan. Allons voir les dauphins ou, pourquoi pas, les baleines ! Durant la saison d'été, de décembre à mars, 50 000 vacanciers colonisent cette petite ville de 10 000 habitants. Les hivers sont plus paisibles, tout aussi ensoleillés mais plus frais. Aux yeux de certains, Plet est un peu frimeuse, un brin prétentieuse. Côté ambiance et côté décor, Plet est surtout sympathique ! On s'y sent bien.

CENTRAL BEACH ★

Juste devant le Beacon Island Hotel, cette espèce de paquebot-hôtel au bord de l'eau, voilà Central Beach, la plage centrale. Elle n'est pas la plus belle plage de Plettenberg Bay, mais l'endroit a l'avantage d'être assez animé et d'héberger les centres d'activités touristiques, que ce soit le scuba diving, les plongées avec les phoques ou encore le kayak. C'est le lieu idéal pour une journée tranquille et familiale. Le sable est ratissé et on peut barboter sans soucis. Parking aisé à proximité, des petits commerces et plusieurs restaurants.

ROBBERG NATURE RESERVE ★★

A 8 km au sud-est de la ville
✆ +27 44 533 2125
www.capenature.co.za
Ouvert tous les jours de 7h à 20h l'été, et de 8h à 18h du 1er mai au 30 septembre. Entrée adulte 60 R, enfant 40 R.

© CHLOÉ OBARA

Une magnifique réserve entre mer, montagne et dunes de sable sur une péninsule recouverte de fynbos et de petits arbustes gorgés de sel. Incroyable balade entre pontons aménagés à flan de colline, escaliers de bois rocambolesques et rochers glissants ! 3 circuits balisés : 2, 5 et 10 km. Pour ce dernier 4h de marche intensive. Ça monte, ça descend, il faut parfois escalader, grimper, se faufiler. C'est sportif mais l'effort en vaut la peine, les vues sont spectaculaires. Au fil des kilomètres on croise peut-être quelques damans, lézards multicolores et phoques.

LOOKOUT ★

Lookout beach

Comme son nom l'indique, la plage de Lookout offre un point de vue extraordinaire. Elle est la plage la plus vaste et très certainement la plus belle, une courbe parfaite, le sable doux, fin et clair, des vagues qui arrivent par trois, formant une irrésistible dentelle de houle sur le bord de l'eau. Au coucher du soleil, on vient marcher les pieds dans l'eau le long de la plage pour admirer le spectacle. Quelle beauté ! Faites attention tout de même, car il peut être risqué de s'avancer au-dessus des genoux, la plage est souvent très ventée.

CORNERWAY HOUSE €€

61 Longships Drive
✆ +27 44 533 3190
www.cornerwayhouse.co.za
Chambre double 2 590 R selon la saison. Petit déjeuner inclus.

Quelle charmante maison à deux pas d'une plage surveillée, nichée dans un beau jardin fleuri où un palmier géant offre son ombre salvatrice et une piscine son eau turquoise rafraîchissante. Dee et Kathy sont des hôtes accueillants qui proposent des chambres toutes différentes, décorées avec beaucoup de goût et terrasse privée. Elles sont isolées les unes des autres pour respecter l'intimité de chacun. Le petit déjeuner est copieux et délicieux, avec des cookies maison servis tous les jours, du vrai café. Atout rare : les *guests* peuvent se servir de la cuisine.

LONG STORY GUEST HOUSE €€

8 Daedalus Reef Drive
✆ +27 44 533 0596
thelongstory.co.za
Chambre double à partir de 2 200 R selon le type de chambre et selon la saison. Petit déjeuner inclus.

Dans un quartier résidentiel et calme, on entend seulement le bruit des oiseaux depuis la Long Story Guest House. Située à 300 m de la plage de Robberg Beach, cette maison d'hôtes est charmante. La pièce commune harmonieuse est un grand espace où se mêlent cuisine, salon et patio avec vue sur le jardin, la piscine et les transats moelleux et confortables. Les chambres sont bien agencées dans les tons bleus et blancs, des petits nids douillets avec une terrasse. L'accueil est aux petits soins. Le *staff* est plein de bons conseils locaux.

PIESANG VALLEY LODGE €€

Piesang Valley Road
✆ +27 44 533 6283
www.pvl.co.za
1 230 R en chambre double avec petit déjeuner. Pas de supplément chambre individuelle du 15 décembre au 10 janvier.

Voici quelques années désormais, John a construit de ses propres mains les six chambres de son lodge. Entièrement réalisées en bois, elles donnent l'impression agréable de se trouver dans un chalet savoyard, une petite cabane douillette au fond du jardin. L'amabilité de John et sa grande disponibilité font partie de la beauté du décor, ainsi que la vue magnifique dont on dispose sur la baie de Plett. Dans le jardin, perchée sur une superbe terrasse en bois, trône une belle piscine pour ceux qui préfèrent l'eau douce à l'eau salée de la mer.

FYNBOS RIDGE COUNTRY HOUSE & COTTAGES €€€

✆ +27 44 533 0106
www.fynbosridge.co.za
De 1 300 R à 2 300 R selon la saison en chambre double et de 4 000 R à 6 800 R en cottage. Petit déjeuner inclus.

Cette magnifique maison Cape Dutch est très poétique, isolée dans la lande de fynbos à deux pas de l'océan au cœur d'une réserve naturelle, pour les privilégiés ! Plongez dans la grande piscine azur depuis la terrasse, et ressortez la tête de l'eau face à une vue panoramique ! Ambiance océane dans les chambres claires et meublées élégament, le charme des maisons de vacance sud-africaines avec des terrasses sous des tonnelles de vigne. Coup de cœur à Plett'.

THE PLETTENBERG €€€

40 Church Street
✆ +27 44 533 2030
www.theplettenberghotel.com
Chambre double à partir de 3 000 R, cottage à partir de 12 000 R (3 chambres). Petit déjeuner inclus.

Cet établissement, membre de la famille des Relais & Châteaux, occupe la place la plus enviée de la station : il se dresse sur l'éperon rocheux qui domine la lagune et la longue plage. Les chambres claires aux tons bleus et blancs, le mobilier de bois clair, les riches tentures, reprennent le doux refrain du luxe, du calme et de la… beauté. On aimerait rester là, regarder l'horizon immense et l'océan dans lequel les deux piscines des deux bâtiments qui composent l'hôtel semblent se déverser. Le restaurant de l'hôtel est spécialisé dans les fruits de mer.

THE OLD RECTORY €€€

2 Bull Street
✆ +27 11 568 0384
www.rareearth.co.za
Suite à partir de 7 970 R.

Jamais très loin de la plage, une oasis de calme et de luxure. Avec ses dix-huit suites élégantes The Old Rectory est l'escapade idéale si vous recherchez une expérience personnelle et privée. Meublées avec des lits king-size, les suites comprennent une douche à effet pluie, une grande baignoire pour la majorité des chambres et une terrasse ou un jardin. Sur place, vous pourrez profiter de tout le confort de The Old Rectory grâce à son bar, son restaurant et sa piscine, ou encore son superbe spa pour vous relaxer. Une excellente adresse.

TSALA TREETOP LODGE & HUNTER'S COUNTRY HOUSE €€€

Vers Knysna à 11 km ✆ +27 44 501 1111
www.hunterhotels.com
Hunter's Country Lodge : à partir de 1 750 R/pers. la Garden suite + petit-déjeuner. Tsala Treetop Lodge 5 500 R/pers.

Bienvenue au Tsala Treetop Lodge. Une merveille en lévitation tout de bois, verre et acier : 10 suites et 6 villas de deux chambres reliées par un réseau de passerelles qui courent dans la forêt jusqu'au lodge principal et jusqu'au sublime restaurant Zinzi. On s'offre une robinsonnade poétique. Petit déjeuner divin, sur la terrasse tutoyant le ciel. Puis, situé sur la même propriété, le Hunter's Country s'adresse à des familles. Petits pavillons aménagés dans un style cosy-colonial.

EMILY'S MOON €€

Emily River Lodge ✆ +27 44 501 2500
www.emilymoon.co.za
Ouvert tous les jours de 18h à 21h30. En décembre et janvier, ouvert le midi du mardi au dimanche.

À l'entrée de Plettenberg Bay, près du Goose Valley Golf, Emily's Moon est installé dans un cadre enchanteur et exotique, avec une ravissante terrasse avec piscine dominant une jolie petite rivière et des marécages avec les montagnes en toile de fond. Ce restaurant est l'une des meilleures tables de Plettenberg. La cuisine est raffinée, au menu viandes tendres et poissons frais sont proposés ainsi qu'une bonne carte des vins afin de satisfaire les fins gourmets et amateurs de bonnes bouteilles. Les réservations sont fortement conseillées tant l'adresse est cotée.

NGUNI RESTAURANT €€

6 Crescent Street
✆ +27 44 533 6710
www.nguni-restaurant.co.za
Ouvert de 12h à 22h du lundi au vendredi et de 18h à 22h le samedi. Plats entre 120 R et 250 R.

Le restaurant Nguni, un bâtiment d'ailleurs classé monument historique, est situé dans le centre-ville de Plettenberg. A la carte, un menu typiquement sud-africain avec une touche créative. Carpaccio de thon, steak d'autruche, crevettes marinées à l'ail et grillées à la plancha, poulet peri-peri, ou encore plats végétariens comme steak de chou-fleur rôti ou falafel bowls. Les chefs sont passionnés de cuisine et font tout pour utiliser des ingrédients frais, locaux, et autant que possible de saison. Une belle adresse à Plett.

NINETEEN 89 €€

N°7 Hill House, Au coin de Odlands & Main Street
✆ +27 81 306 2618
Du lundi au samedi de 10h à 21h. Autour de 120 pour un plat. Petit déjeuner environ 90 R.

Le Nineteen 89 est un restaurant gastronomique à la mode sud-africaine, c'est-à-dire de belles assiettes mais avec des portions tout à fait copieuses. Le restaurant Nineteen 89, c'est une histoire de famille. Les plats sont savoureux et cuisinés avec passion. Une expérience culinaire sympathique, que ce soit pour déguster un petit déjeuner, profiter d'un déjeuner ou bien savourer un bon dîner dans un restaurant spacieux décoré d'œuvres d'art Pop Culture des années 80 et d'œuvres d'artistes locaux mises en avant sur les murs du restaurant.

ZINZI RESTAURANT €€

Tsala Treetop Lodge, à 11Km de Plettenberg sur la N2 direction Knysna.
✆ +27 44 532 8226
https://zinzi.hunterhotels.com/
Tous les jours de 13h à 15h et de 18h à 21h30. A partir de 95 R le plat.

Le cadre d'abord est sublime : au milieu de la canopée, vous dînez aux chandelles, séparés de la forêt par une baie vitrée, accompagné d'un service aux petits oignons. Dans l'assiette : une cuisine de fusion créative, mêlant des influences de cuisine du monde d'une grande finesse, comme le tendre filet de koudou, avec sa sauce cerise – chocolat noir, ou ce curry de poulet indonésien aux haricots verts, noix de cajou, noix de coco grillées et chutney de figues épicées, sans oublier les végétariens. Pour arroser le tout, belle cave à vins.

OCEAN SAFARIS

Hopwood Street
✆ +27 82 784 5729
oceansafaris.co.za
Durée : 2h. Observation des baleines à partir de 750 R et croisière à la découverte des dauphins 600 R.

Sur Hopwood Street, vous pouvez passer à l'agence Ocean Safaris pour attiser votre curiosité et choisir l'expérience de vos rêves. Le bureau de Plett vous propose des sorties en bateau, pour aller observer les baleines en hiver et les dauphins en été. Ce sont des expériences complètement uniques que vous vivrez. Si vous avez de la chance, vous vous souviendrez toute votre vie de cette baleine venue vous saluer sous la coque du bateau et du saut en l'air un peu lui loin, ou encore, selon la saison, de magnifiques bancs de dauphins.

SKYDIVE PLETTENBERG

Plettenberg Airport
✆ +27 82 905 7440
www.skydiveplett.com
A partir de 3 150 R le saut en tandem à 10 000 pieds. 4 130 R avec la vidéo.

A l'aérodrome de Plettenberg. Notre adresse préférée sur la côte, pour son accueil et surtout pour son option « atterrissage sur la plage » : Skydive Plettenberg. Le vent étant moins important qu'au Cap, il est beaucoup plus facile de réserver en toute tranquillité ici, sans avoir peur de voir son saut annulé pour cause d'intempérie. La région offre des paysages incroyables, et les vues sur l'océan Indien sont imprenables. Laissez-vous tenter par l'aventure et prenez votre envol pour un saut en tandem à 10 000 pieds de hauteur !

TSITSIKAMMA - THE CRAGS ★★

C'est au cœur de la forêt primaire de Tsitsikamma, « l'endroit des eaux claires » dans le langage des Hottentots, que l'on voit les fascinants *yellowwoods*, des cladrastis centenaires se parer d'une collerette de fougères et d'orchidées sauvages. Nous vous conseillons vivement d'emprunter dans un sens ou dans l'autre l'extraordinaire route R102. On quitte alors la N2 pour, depuis l'est, descendre dans la gorge de la rivière Vark et remonter vers le Bloukrans Pass. Le paysage est de toute beauté. À un moment, on apercevra depuis la route l'immense pont de l'autoroute qui enjambe le Bloukrans. Il s'agit du plus grand pont d'Afrique, long de 451 m. C'est là que les volontaires iront faire le plus grand saut à l'élastique du monde depuis un pont, un plongeon de 216 m. Environ 14 km après l'avoir quitté, la route rejoint finalement la N2, que l'on coupe pour continuer sur notre R102 vers Nature's Valley. On découvre au bas de la vallée, allongée entre le lagon et l'océan, la plage la plus magique d'Afrique du Sud. La R102 remonte ensuite par un autre chemin vers The Crags et la N2. Nous sommes ici dans la partie la plus sauvage de la route des Jardins. Il y a très peu d'hôtels et ceux qui existent sont très espacés les uns des autres. Sur cette côte, la R102 est notre préférée. Les paysages se suivent et ne se ressemblent pas. Et puis, les activités ne manquent pas. Tout au long de cette route, on choisit de regarder la mer ou la montagne, les plaines ou la forêt de Tsitsikamma, le surf, le sauf à l'élastique ou l'accrobranche.

MONKEYLAND PRIMATE SANCTUARY ★

The Crags ✆ +27 44 534 8906

www.monkeyland.co.za

Ouvert tous les jours de 8h à 17h. Tour guidé obligatoire inclus dans le prix du ticket. Tarifs adulte : 320 R.

Vous voilà en plein milieu de la forêt. Les singes sont libres, ça saute, ça court, et ça fait beaucoup de bruit ! Des petits, des gros, des timides, des farceurs... pas moins de 11 espèces venant de tous les continents. Le site est fortement engagé dans la protection de la nature et des animaux. Une belle balade d'environ 45 minutes au cœur de la forêt et des primates avec un passage sur un immense pont suspendu. Portez de bonnes chaussures fermées et mettez de l'anti-moustique.

TSITSIKAMMA NATIONAL PARK ★★

✆ +27 42 541 1607

www.sanparks.org

De 7h à 18h. Entrée du parc adulte : 235 R, enfant : 118 R.

Une réserve forestière et marine de plus de 64 000 ha qui s'étend sur 80 km de côte. Très connue pour ses *yellowwoods* et ses stinkwoods. Les visiteurs journaliers parcourent les *trails* au départ des deux camps. Depuis le camp principal Storms River Mouth Camp, qui dispose d'un restaurant sur l'océan, on suivra par exemple le Blue Duiker Trail (4 km), le Mouth Trail (1 km via le pont suspendu) ou le Loerie Trail (1 km). En été, des *trails* pour les plongeurs au masque.

TSITSIKAMMA BACKPACKERS €

54 Formosa Street ✆ +27 42 281 1868

www.tsitsikammabackpackers.co.za

Dortoir : 300 R, double sous tente : 700 R, en chambre à partir de 720 R.

Auberge de jeunesse 4-étoiles très populaire dans sa catégorie, cette maison au cœur de la forêt offre un grand confort par l'équipement des chambres, des pièces communes et du jardin agréable où l'on se prélasse dans le hamac. Un établissement *Eco friendly*, qui met en avant le commerce équitable et le tourisme responsable, c'est l'adresse bobo-écolo du coin. L'endroit propose toutes les activités couramment pratiquées dans la région, notamment un *canopy tour* dans les arbres, ou encore des balades en Segway tout terrain à travers les sentiers cabossés de la forêt.

WILD SPIRIT LODGE €

R102

✆ +27 82 828 8008

www.wildspiritlodge.co.za

Camping : à partir de 120 R, dortoir 220 R, tente safari double 380 R, chambres doubles 750 R. Petit déjeuner 60 R.

A la frontière entre le Tsitsikama National Park et la Garden Route, cette étape au cœur de la forêt est magique, relaxante et régénérante. Vue spectaculaire depuis le ponton du bar qui passe de la bonne musique. En contrebas, deux foyers de feux de camps au centre des nuits musicales animent le lieu chaque soir. Ici on mange bio et végétarien. Cottages à l'ancienne offrant une belle vue sur les montagnes alentour proposant des dortoirs spacieux et confortables et des chambres individuelles. On vient ici pour les activités et pour l'esprit de Nature's Valley.

BUFFELSDAM COUNTRY HOUSE €€

Redford Road ✆ +27 72 695 1558
www.buffelsdam.co.za

Chambre (vue jardin ou vue montagne) à partir de 1 235 R et maison à partir de 5 750 R. Petit déjeuner compris.

Perdu au bout d'un chemin de terre un peu accidenté, au pied des montagnes de Tsitsikkamma, le Buffelsdam Country House est une belle propriété en pleine nature, dans un parc de plusieurs hectares. Dotée de deux piscines, dont l'une est exclusivement réservée aux adultes loin des cris et des éclaboussures des enfants, le lieu se prête à la relaxation. Côté hébergement, six chambres et un grand cottage familial. Corry et Beth, les deux sœurs et propriétaires du domaine sauront vous accueillir chaleureusement. Une très jolie étape du côté de The Crags.

HOG HOLLOW COUNTRY LODGE €€€

The Crags ✆ +27 82 896 5975
www.hog-hollow.com

Chambre simple à partir de 2 650 R, chambre double à partir de 5 650 R. Petit déjeuner inclus.

Impatients de retrouver la rêverie douillette de votre splendide chambre forestière, vous irez tout de même dîner. Et là, autour de la table d'hôtes, les saveurs explosives, les idées bizarres, l'esthétique générale du lieu, ajouteront leur quota de simple bonheur. Une étape gastronomique très renommée au beau milieu d'un jardin poétique et labyrinthique. Après un plongeon dans la piscine, rendez-vous sur la terrasse qui surplombe le paysage. Au coucher du soleil, on s'installe avec un cocktail dans les canapés, non loin du feu, pour observer le spectacle coloré.

THE FERNERY LODGE & CHALETS €€€

Comptez 4 km à l'est du pont sur la Storms River, puis 8 km de piste vers l'océan
✆ +27 42 280 3588 - www.forestferns.co.za

Suite 4 470 R et chalet 4 310 R. En basse saison : suite de 2 590 R à 4 030 R et chalet de 2 590 R à 4 210 R.

Une petite merveille que l'on doit aux Gerber, les rois des fougères à l'export. Plongez dans la serre humide qui abrite des centaines de plantes du temps des dinosaures puis poussez en direction de la mer pour découvrir les chalets self-catering et leurs terrasses aériennes au-dessus d'une ravine. Confort super étoilé pour un séjour au grand vert. Un lodge hissé sur de vertigineux pilotis à flanc de roche, tel un nid d'aigle panoramique. Les vagues se fracassent à vos pieds.

BRAMON WINE ESTATE €€

N2
✆ +27 73 833 8183
www.bramonwines.co.za

Ouvert tous les jours de 11h à 19h. Tapas entre 30 R et 90 R.

Bramon Wine Estate est une adresse séduisante au milieu des vignobles. Quand le temps le permet les tables sont dressées au cœur des vignes. Ambiance champêtre garantie ! Lorsqu'il fait froid ou lorsque la pluie s'invite, la belle et grande salle intérieure s'articule autour d'un feu de bois convivial, un autre charme qui opère. Le concept : à votre arrivée on vous remet une fiche où vous cochez les tapas que vous souhaitez déguster, 2 ou 3 par personne suffisent. Le tout accompagné de pain maison et d'un bon verre de vin évidemment !

FACE ADRENALIN

Bloukrans River Bridge
✆ +27 42 281 1458
www.faceadrenalin.com

Tous les jours de 9h à 17h. Sur réservation. 1 490 R le saut, par personne. Supplément photos + vidéo : 500 R.

Tout simplement le plus haut saut à l'élastique du monde au départ d'un pont, figurant dans le livre des records Guiness ! L'accès au point de saut est spectaculaire : vue imprenable sur l'océan et la gorge séparant le Western Cape de l'Eastern Cape, musique à fond, les vibrations à chaque passage de voiture et une équipe d'enfer, toujours le sourire aux lèvres. Tout est vérifié plusieurs fois avant chaque saut, 100 % de sécurité. Photo et vidéo de votre exploit disponible à la fin de votre session. Rien que pour le paysage, on se lance et s'élance !

TSITSIKAMMA CANOPY TOUR

✆ +27 42 281 1836
www.canopytour.co.za

Ouvert tous les jours de 8h à 17h. Sur réservation. A partir de 995 R par personne pour 3 heures.

Ce lieu fait partie des incontournables de la Garden Route : Tsitsikamma Canopy Tour est un accrobranche géant, ou du moins grandeur nature. Dans la belle forêt de Stormsriver s'étendent, d'arbre en arbre, des tyroliennes et des parcours d'accrobranche, en tout une dizaine de tyroliennes, dont la plus longue s'étend sur 91 mètres et chacune se terminant sur une plateforme construite dans les arbres, à plus de 30 mètres au-dessus du sol. Une aventure à la fois sportive, originale, familiale et au plus proche du paysage. La découverte au cœur de l'aventure !

CAPE SAINT FRANCIS ★

Comme l'ont prouvé les recherches menées dans une grotte à une vingtaine de kilomètres d'ici, l'homme utilisait déjà les ressources de la mer pour vivre il y a 10 000 ans. On profite ici des plages sauvages, entre les dunes et l'océan. Il y a Saint Francis Bay, une marina privée de grand luxe baignée par les eaux de la Kromme, et il y a le village de Cape Saint Francis, situé à Seal Point. Pour les amateurs de surf, l'endroit restera toujours associé au film culte des années 1960, *Endless Summer*, le spot s'appelle Bruce's Beauties. Pour ceux qui aiment les plages très sauvages, rendez-vous entre Seal Point et Shark Point à Cape Saint Francis.

TWENTY-TWO EATERY & WINE BAR €

173 St Francis Drive
© +27 66 457 5486
Ouvert tous les jours de midi à minuit. Plats locaux à partir de 155 R.

Fréquenté par les habitués et les touristes, ce restaurant met à l'honneur les spécialités italiennes. Bruschettas, pâtes délicatement cuisinées ou pizzas au levain naturel sont à accompagner d'un bon cru sud-africain. À la carte, on trouve également des salades gourmandes et quelques plats locaux comme le poulet mayonnaise, servis avec des légumes de saison et des frites. L'atmosphère y est conviviale et chaleureuse. Serveurs attentifs et efficaces.

CAPE SAINT FRANCIS HOLIDAY RESORT €

© +27 42 298 0054
www.capestfrancis.co.za
Chambre double avec petit déjeuner entre 600 R et 1 200 R. Cottage 2 personnes de 1 800 R à 2 280 R.

Les *thatched cottages* dans les dunes sont très bien aménagés, confortables et propres avec leur cuisine et leur barbecue pour des soirées typiquement sud-africaines. Seules manquent les serviettes de toilette, pensez-y. C'est un emplacement exceptionnel : on sort de son bungalow et l'océan est juste là. Cette plage, entre Shark Point et Seal Point, est une des plus belles de la côte. On profite aussi du restaurant, de la piscine, du tennis et de la location de planches et de vélos.

NEVERMIND €€

Seal Point Lighthouse
© +27 66 421 1532
https://sealpointlighthouse.com
Ouvert du lundi au samedi de 8h à 15h30 et de 17h30 à 20h30. Le dimanche, de 8h à 15h30. Plats à partir de 85 R.

Dans un cadre privilégié, au pied du phare Seal Point, ce restaurant ravira les palais les plus fins par ses mets délicats et créatifs, variant au fil des saisons. Ici, on invite les clients à partager les plats pour une expérience culinaire des plus complètes. Commencez par les huîtres pêchées au large de la côte servies avec une sauce thaïe avant de succomber pour le sashimi de thon ou le magret de canard, qu'on accompagnera d'un délicieux pain de pommes de terre cuit au bois. Renseignez-vous, des visites du phare sont organisées. On peut aussi dormir sur place.

BEACH BREAK GUEST HOUSES AND VILLAS €€€

© +27 42 298 0054
www.capestfrancis.co.za
Villa pour 8 personnes à partir de 3 637 R.

Les villas et maisons d'hôte Beach Break offrent des vues inégalées et un isolement paisible. Bordée par l'océan Indien et des dunes de sable, chaque villa offre des allées privées menant directement à la plage et dispose d'un jardin indigène, d'une piscine, de salles à manger en plein air, d'un mobilier somptueux et d'une terrasse spacieuse. Ceux qui recherchent le summum de l'exclusivité peuvent réserver une villa, avec les services optionnels d'un chef privé.

JEFFREYS BAY ★

Ils viennent de Sydney ou de Biarritz, d'ici ou d'ailleurs, pour tester le Supertubes, un spot de légende considéré par les surfeurs comme un des meilleurs du monde. Lorsque le vent souffle, notamment en hiver, la station devient la capitale de la glisse à tel point qu'on se sent un peu nu sans surf. Spots connus : Albatross, Phantoms, The Point, Supertubes, Tubes, Magnatubes et Kitchen Windows. Plusieurs boutiques spécialisées en ville, notamment Glen d'Arcy Surf Design, un fabricant de planches. Pour le commun des nageurs, il fait tout de même plus chaud l'été. Pour ceux qui ne goûtent pas la glisse sur l'onde, le lieu n'a aucun intérêt.

PARADISE BEACH ET DOLPHIN BEACH ★

© LOUISLOTTERPHOTOGRAPHY - SHUTTERSTOCK.COM

Let's go to the beach! À Jeffreys Bay, on se rend sur les plages de Paradise Beach et de Dolphin Beach, qui sont les deux principales de la ville. Voilà alors deux immenses étendues sauvages de sable très clair d'où vous aurez très probablement la chance d'apercevoir des dauphins à l'horizon, sautant au large du grand bleu. Quelle joie intense quand cela nous arrive ! Ces plages sont également pourvues de belles vagues, idéales pour les surfeurs.

UBUNTU BACKPACKERS €

8 Cherry Street
✆ +27 42 296 0376
www.jaybay.co.za

Camping 110 R, dortoir à partir de 175 R, doubles à partir de 380 R. Baz Bus Stop. Wifi.

Etape roots, bobo, hippie, comme vous voulez, cette auberge propose des cours de yoga, recycle ses déchets et travaille main dans la main avec la communauté locale. C'est aussi ça l'esprit Ubuntu ! L'endroit est à 100 m des vagues (tubes) si recherchées par les surfeurs expérimentés. A disposition des guests : une librairie, des planches de surf, des DVD et un projecteur pour des séances de cinéma. La maison est décorée avec de l'artisanat local, ambiance très relax avec hamacs dans le jardin, *boma* pour les feux de camps. Repas africain le vendredi.

ON THE BEACH GUESTHOUSE €€

32 Waterkant Street ✆ +27 42 293 3427
onthebeach.co.za

Chambre standard à partir de 1 290 R, chambre de luxe à partir de 1 595 R, suite à partir de 3 220 R.

Directement nichée sur la plage, comme son nom l'indique, On The Beach Guesthouse offre une atmosphère détendue et raffinée pour profiter du cadre spectaculaire. Le design classique, le décor élégant et l'ambiance harmonieuse, combinés avec des vues incroyables depuis la plupart des chambres, vous assureront un séjour fort agréable. Sur la plage, chaises longues, parasols et serviettes sont à votre entière disposition. Profitez également d'un bon barbecue sud-africain au coucher de soleil sur le bord de la plage et cherchez les dauphins au large.

SUPERTUBES GUESTHOUSE €€€

10 Pepper St
✆ +27 42 293 2957
www.supertubesguesthouse.co.za

En individuelle à partir de 1 050 R, en double 1 700 R, petit déjeuner inclus. Villa 4 000 R, sans petit déjeuner.

A un jet de pierre des vagues, voici sept chambres colorées et confortables. Marésa Meyer connaît très bien le coin et propose tout plein d'activités, du sandboarding, le fameux surf sur les dunes, aux randonnées à cheval sur la plage en passant par les incontournables leçons de surf, de kitesurf ou encore de planche à voile. Ici tout ce que touche l'océan, la glisse ou la nature, ça les connaît ! L'annexe voisine comprend des suites plus luxueuses, il y en a pour tous les goûts et tous les budgets, mais le paysage, lui, ne change pas : splendide.

KITCHEN WINDOWS BEACH RESTAURANT €€

80 Ferreira Street
✆ +27 42 293 4230
www.kitchenwindows.co.za
Du lundi au samedi ouvert de 11h à 21h, le dimanche de 11h à 15h, jusqu'à 21h d'octobre à avril. Le plat 150 R environ.

Marius et Lorraine sont heureux de partager cet endroit. Venez jeter vos yeux sur les vagues et les dauphins qui font certainement de cet endroit l'un des plus spéciaux de la ville. L'origine du nom Kitchen Windows fait référence au spot de surf à droite du restaurant. Devenu populaire dans les années 1960, les surfeurs de l'époque regardaient à travers la fenêtre de leur cuisine pour voir si le ressac tirait. Un restaurant familial où il y a du bon vin et de la bonne nourriture.

NINA'S REAL FOOD €€

126 Da Gama Road
✆ +27 42 296 0281
www.ninas.co.za
Ouvert tous les jours de 7h à 22h, sur place ou à emporter. Entre 50 R et 265 R.

Passionnée par la ville, son style et surtout par le surf, la famille Smith arrive à J-Bay. L'établissement porte le nom de leur première fille partie très jeune, Nina. Depuis ils ont été bénis avec trois belles surfeuses qui travaillent dans l'entreprise familiale quand elles ne sont pas en compétition ou sur l'eau. À la carte, des plats copieux : steak d'autruche, bols de poké aux nachos de porc effilés, rôtis d'agneau, salade méditerranéenne croustillante ou hamburgers. Que vous soyez sans gluten, végétarien, gourmet, carnivore... vous serez conquis !

WAVECREST SURF SCHOOL

6 Drommerdaris Street
✆ +27 73 509 0400
www.wavecrestsurfschool.co.za
Cours de surf tous les jours à 10h et à 14h. Durée : 2 heures. À partir de 350 R.

L'école de surf Wavecrest a été fondée à Jeffreys Bay en 2005. Situé sur le front de mer, à proximité des restaurants et des bars, l'atmosphère est géniale ! Sautez simplement de votre voiture, rencontrez Andrew et courez dans cet océan magnifique pour commencer votre leçon de surf ! Une expérience inoubliable avec plaisir garanti, mais surtout toute la pédagogie et la patience nécessaire pour vous offrir un délicieux moment, même en tant que débutant, et peut-être la fierté de se lever sur sa planche pour prendre sa première vague.

ADDO ELEPHANT NATIONAL PARK ★★★

Cent vingt éléphants en douze mois... Joli carton, major ! Nous sommes en 1919 et le major Pretorius est presque au bout de ses peines. Les fermiers du coin l'ont payé pour exterminer totalement les éléphants du Zuurberg qui détruisent les cultures et terrorisent la population. Heureusement l'affaire s'ébruite et, sous la pression de l'opinion, le massacre s'arrête. Il ne reste alors que quinze éléphants, malades ou blessés. En 1931, onze survivants trouvent refuge dans la réserve nouvellement créée. Mais le problème reste entier car les pachydermes piétinent les barrières et reprennent de plus belle leurs raids sur les fermes ; certains s'installent même sur la voie ferrée ! La solution ne sera trouvée qu'en 1954 : un fabricant d'ascenseurs décide d'offrir plusieurs kilomètres de câble métallique résistant aux éléphants. On ira donc voir ces animaux à propos desquels James Stevenson-Hamilton écrit « qu'ils sont de plus petite taille que l'éléphant d'Afrique et qu'ils sont pour la plupart sans défenses ».
Les visiteurs du jour (7h-19h) peuvent traverser la réserve avec leur propre véhicule ou explorer l'Addo Bush en parcourant le Spekboom Nature Trail qui dure trois ou quatre heures. Sur une surface totale de plus de 145 000 ha, quelque 12 000 sont réservés aux 400 éléphants. Aujourd'hui Addo Elephant National est un incontournable. Au-delà d'y vivre probablement les plus belles scènes de rencontre avec les troupeaux d'éléphants, il s'étend, magnifique, entre le bush et l'océan. Plusieurs jours à Addo ne sont jamais de trop...

ADDO AFRICAN HOME €€

Caesar Avenue ✆ +27 42 233 1244
www.addoafricanhome.co.za/
Rondavel (maison typique ronde) à partir de 920 R en chambre double. Maison principale dès 1 210 R en chambre double.

Adossé au parc d'Addo se trouve l'éthique et écoresponsable havre de paix Addo African Lodge. Les toits de chaume des rondavels se fondent en un joli village dans le vert du paysage. Parterres de cactus et d'aloés, tandis qu'au beau milieu des roseaux s'étend la piscine naturelle. Safaris organisés quotidiennement à Addo, excursions en mer à la rencontre des baleines ou cours de cuisine. Pas le temps de s'ennuyer chez Laurence ! Sinon, on opte pour un massage... Le soir, on traverse le potager en permaculture pour arriver à Molo Lolo Restau. Que le régal commence !

CHARIHANDRA PRIVATE GAME LODGE €€

R335

✆ +27 41 008 5002

https://addogamelodge.co.za/

À partir de 1 200 R la pension complète.

À une vingtaine de kilomètres du parc national d'Addo, ce *lodge* de charme offre un séjour intime et authentique en plein bush. Les cinq chalets, dont trois familiaux, sont parfaitement équipés pour le *self-catering* : braai, gazinière, micro-ondes, four, frigo… Certains disposent d'une terrasse spacieuse, surplombant un petit point d'eau où viennent s'abreuver les antilopes et les girafes. Restaurant sur place. Jolie piscine avec cascade. Possibilité de camping et de *game-drives* à Addo.

GORAH ELEPHANT LODGE €€€

✆ +27 44 501 1111

gorah.hunterhotels.com

À partir de 9 325 R la tente de luxe double en suite, en pension complète avec 2 game drives.

La concession privée s'étend sur 4 500 hectares. Un luxe de haute volée. Le lodge est un bijou griffé Relais et Châteaux et Hunters Hotels. Une gracieuse demeure à colonnade datant de 1856, avec des salons et vérandas somptueusement décorés, face à la prairie aux éléphants. Piscine sublime, cuisine prestigieuse, petit déjeuner féerique, on dort dans un palace de brousse sous de grandes tentes en pleine nature, avant de partir observer les éléphants, les lions, buffles, et rhinos qui vivent dans le parc. Les *designers* ont réussi de sublimes salles de bains.

MATYHOLWENI REST CAMP €€

✆ +27 41 468 0916

www.sanparks.org

Cottage 2 personnes à partir de 1 500 R.

Le camp Matyholweni, situé tout au sud du parc à la porte éponyme propose des chalets directement à l'intérieur du parc. L'intérêt ? Et bien beaucoup d'autres animaux que les éléphants s'observent ici, c'est la partie la plus peuplée de vie sauvage : en *game drive* ou avec sa propre voiture, on peut voir des lions, rhinos noirs, buffles, zèbres... Le camp est plutôt bien tenu, les logements sont confortables et la piscine impeccable, proche de la petite ville de Colchester où vous devez faire vos courses avant d'entrer car ici, c'est du *self-catering*.

LALIBELA GAME RESERVE ★

Un petit bout d'Éthiopie dans la brousse sud-africaine ? Rick, le fondateur de Lalibela Game Reserve, n'était pas du genre à se laisser bercer par le romantisme fervent de l'épopée orthodoxe : c'est un grand chasseur devant l'Éternel reconverti dans l'écotourisme. Un rude, pas un tiède. Il a tout construit de ses mains. Ici, les « Big Five » disposent d'un terrain de jeu de plus de 7 500 ha, entre vallées et collines. Quelques années ont été nécessaires pour que ce qui était une terre de pâturage reprenne l'aspect du bush. On y voit les « Big Five » bien sûr, mais aussi des guépards, des hippopotames, des zèbres, des antilopes, et un peu plus rarement des hyènes.

SPEKBOOM TENTED CAMP €€

✆ +27 42 233 8600

www.sanparks.org

Tente safari 2 personnes à partir de 1 150 R.

Le bon plan du parc : cinq tentes safaris exclusives sans vis à vis abordables au coeur du bush pour une expérience en pleine nature. Frissons garantis la nuit... Le camp est bien tenu, sur place vous trouverez une cuisine collective, des barbecues, des sanitaires qui restent propres. On s'occupera du check in et des provisions au Main Camp, le camp principal. Il est toujours préférable de réserver en avance si l'on ne veut pas se retrouver coincé. Pas besoin ici d'arriver obligatoirement en 4x4 suréquipé. Laissez-vous porter par la vie sauvage du parc.

TREE TOPS, LENTABA SAFARI LODGE & MARK'S CAMP €€€

✆ +27 41 581 8170

https://lalibela.net/

Tree Tops lodge de 6 575 à 7 950 R/personne, Lentaba et Mark's Camp : à partir de 6 050 R en pension complète.

Marks Camp et Lentaba proposent huit chalets, sans surprise décorative, ils arborent un style afro chic. Une belle piscine et dans le main lodge, des canapés confortables et un bar convival, Mark's peut accueillir des familles. Le Tree Tops, lui, est plus exclusif, et plus proche de la nature, car il propose des tentes safaris de grand luxe, comme son nom l'indique, dans les arbres. Vue sublime depuis les pontons, piscine reposante sur le grand deck, à vous de choisir.

PORT ELIZABETH ★★

Entre les mâchoires du cap Recife et du cap Saint Francis, de Port Elizabeth à Seal Point, la côte prend le vent de plein fouet, d'où le surnom « Windy City ». La ville a connu un essor industriel considérable au XXe siècle, qui a façonné son architecture. Des centaines d'entreprises sont installées dans les banlieues comme Uitenhage, Despatch et Coega, avec qui elle forme un cordon urbain appelé la métropole « Nelson Mandela Bay » de plus d'un million d'habitants. « Windy City » étend ses *townships* tentaculaires vers l'intérieur des terres, tandis que les quartiers riches sont près des plages, comme Summerstrand, là où sont la plupart des hôtels.

PLAGES ★

Et si on faisait un petit tour des plages du coin pour savoir où poser sa serviette ? Humewood Beach, devant Beach Road, a été le premier site balnéaire hors d'Europe à décrocher le fameux drapeau Bleu du respect de l'environnement. Esthétiquement, ce n'est quand même pas les Bahamas ! Baignade en bassin surveillée, et chauffé à MacArthur's Baths, avec vestiaires, sur King's Beach. Pour éviter de s'entasser sur les plages de la ville, on peut se rendre à Van Stadens River Mouth, où le sable est plus solitaire. Accès à l'ouest de Port Elizabeth par la N2.

HIPPO BACKPACKERS €

14 Glen Street, Richmond Hill
✆ +27 41 585 6350
www.thehippo.co.za
Dortoir : 190 R, simple : 290 R et double à partir de 430 R. Baz Bus stop.

Hippo Backpackers est très proche du stade de foot qui a accueilli le célèbre Mondial 2010. Les prestations sont très correctes dans une grande maison familiale, les chambres sont propres, et on offre les options chambres doubles ou dortoir. La partie extérieure est très sympa. Dotée de la très grande piscine, à taille d'hippopotame, d'une table de ping-pong, d'un bar où partager ses aventures avec les hôtes, mais aussi d'un boma, où l'on se réunit le soir autour du feu comme à l'accoutumée. L'auberge dispose d'une connexion Wifi.

ISLAND VIBE €

4 Jenvey Road, Summerstrand
✆ +27 41 582 3443
www.islandvibe.co.za
Dortoir : 300 R, doubles 350 R/personne avec salle de bains, chalet self-catering vue sur la mer : 500 R par personne.

Un autre backpacker Island Vibe également à Jeffrey's Bay et Kysna offrant là encore un super service. Dans cette belle maison, les lits sont confortables avec de belles têtes de lit en velours et les dortoirs sont particulièrement spacieux, agréables et dotés d'un joli mobilier en bois clair et d'une grande piscine avec son Jacuzzi pour les adeptes des bains relaxants dans les bulles, niché sous une « serre tropicale ». Ce backpacker est légèrement plus cher que la moyenne mais constitue une excellente étape. Baz Bus stop.

Market Square à Port Elizabeth.

LUNGILE BACKPACKER €

12 La Roche drive, Humewood

✆ +27 41 110 0743

www.lungilebackpackers.co.za

Dortoir à partir de 230 R, doubles de 670 R à 880 R (avec salle de bains).

Lungile signifie ***all's good***, c'est l'un des meilleurs backpackers du coin : le plus luxueux et très bien placé, proche de la plage, à quelques kilomètres du centre. Au Lungile Backpacker, les chambres sont spacieuses et colorées, certaines lambrissées très charmantes, à l'extérieur de la belle maison : une vaste pelouse d'un côté, de l'autre la terrasse avec sa piscine creusée, un bar et une super ambiance. Dans le salon commun, on s'affale dans les gros canapés en cuir entre deux parties de billard. Discount Around About Car. Baz Bus stop.

AMANI GUEST LODGE €€

11 4th Avenue

✆ +27 41 581 6037

www.amaniguestlodge.co.za

Environ 1 000 R pour deux personnes.

Cette maison d'hôte est un petit havre de tranquillité au cœur de la ville. Les onze chambres, dont trois avec coin terrasse, sont confortables et bien entretenues. On se sent comme chez soi dans cette maison tenue par Carl, qui vous conseillera avec le plus grand plaisir. Le jardin exotique à la pelouse bien tondue accueille une agréable piscine où il fait bon se détendre sur les transats. Le petit plus ? Amani Guest Lodge n'est situé qu'à quelques minutes de l'aéroport. On peut aussi se rendre à la journée au parc national d'Addo et revenir le soir s'y reposer.

NO. 5 BY MANTIS BOUTIQUE ART HOTEL €€

5 Brighton Drive Summerstrand

✆ +27 41 502 6000

no5bymantis.co.za

Suite de 2 550 R à 3 000 R, suite présidentielle : 3 060 R.

No 5 est une vitrine de l'art sud-africain authentique et un chef-d'œuvre de confort et d'opulence. Dans cette villa à l'architecture bétonnée tout en rondeur, neuf chambres au style unique, un restaurant aux assiettes délicates, une cave gastronomique, un salon de whisky et de cigares pour combler les amateurs, une salle de réunion pour les entreprises en voyage d'affaires, un cinéma privé, un spa, une salle de sport pour les plus assidus et une piscine agréable pour se détendre.

THUNZI BUSH LODGE €€

Maitland Road

✆ +27 84 890 9218

www.thunzibushlodge.co.za

Suite à partir de 1 595 R, self-catering à partir de 2 850 R, chalet à partir de 3 500 R.

Bien qu'à seulement 25 km du centre de la ville de Port Elizabeth, on se croirait ici, à Colleen Glenn, au cœur de la brousse. Des bungalows en bois, dotés pour certains de cuisine équipée, sont répartis en bordure d'un point d'eau où l'on imaginerait aisément voir apparaître des crocodiles ou des hippos. Rassurez-vous, il n'en est rien ! Profitez donc plutôt du splendide petit déjeuner. Piscine dans le roc, décoration des chambres ambiance nature, avec beaucoup de bois et de goût, coin *boma* avec feu de camp et pique-niques sous les arbres.

HACKLEWOOD HILL COUNTRY HOUSE €€€

152 Prospect Road, Walmer

✆ +27 41 581 1300

www.hacklewood.co.za

Chambres à partir de 1 448 R.

Majestueuse demeure de 1898 entièrement restaurée. Le grand luxe et le plaisir d'être dans un lieu qui a vécu, loin des pop-corns du front de mer, au cœur du quartier super chic. Le Hacklewood possède un très beau jardin, un terrain de tennis, une piscine bien appréciée après une journée de visites ou de route. L'hôtel propose aussi une très bonne table : le restaurant est niché dans une salle superbe et notez bien qu'il est ouvert aux clients non résidents.

BOCADILLOS RESTAURANT & BAKERY €

42 6th Avenue

✆ +27 41 581 1523

www.bocadillos.co.za

Du lundi au samedi de 7h30 à 21h et le dimanche de 9h à 14h. Petit déjeuner, déjeuner et dîner.

Un lieu très agréable pour s'offrir une petite pause sandwich, ou plutôt *bocadillos*. Bocadillos est à la fois une boulangerie et un restaurant. Ici, l'expérience culinaire est très détendue, quelque chose de différent à chaque passage. Salades, *nachos*, *burritos*, *tacos* : le lieu nous fait voyager en Amérique latine le temps d'un déjeuner ou d'un dîner. La boulangerie à la déco moderne propose également des petits déjeuners à partir de 7h30 le matin.

COMO CAFFÉ €

86 Heugh Road
✆ +27 41 581 2798
https://comocaffe.co.za/

Ouvert du lundi au vendredi de 7h30 à 17h et le week-end de 8h à 14h. Hamburgers, bagels et sandwichs à partir de 80 R.

Dans une ambiance new-yorkaise à la décoration design, Como Caffé se veut le petit coin d'Italie de la trépidante ville américaine, à Port Elizabeth. À la carte ? Des paninis, des hamburgers gourmets, des salades colorées, et bien sûr des pâtes et des pizzas. On y vient aussi déguster un bon café et des cocktails de fruits préparés sur le moment. C'est aussi une épicerie fine proposant des spécialités locales de bonne facture. Faites un tour dans le bar pour apprécier un mobilier unique et de jolies pièces contemporaines. À découvrir !

SUSHIBRAZ & ASIAN CUISINE €

154 Main Road
✆ +27 41 065 0811

Tous les jours de 10h à 21h, fermeture à 18h le dimanche. À partir de 40 R les 4 sushis.

Envie de sushis ou de plats asiatiques ? Sushibraz vous accueille dans un cadre simple mais convivial pour vous servir des sushis frais, classiques ou créatifs, sûrement les meilleurs de la ville. La carte propose aussi des salades, du sauté de bœuf grésillant, des plats de curry et de délicieux rouleaux de printemps. Les assiettes ravissent à la fois les papilles et les yeux, tant elles sont copieuses et bien présentées. Très bon service. Possibilité de livraison à l'hôtel.

GINGER €€

Marine Drive - Summerstrand
✆ +27 41 583 1229
www.ginger-restaurant.co.za

Ouvert tous les jours de 11h à 15h et de 18h à 22h. Comptez autour de 200 R.

Ginger est un restaurant gastronomique situé sur le front de mer de Port-Elizabeth. L'atmosphère conviviale de la ville se prolonge jusque dans le restaurant. La combinaison est très simple : des ingrédients frais et locaux, de nouvelles idées pour confectionner des assiettes particulièrement originales et une carte des vins primée à déguster. Autant pour profiter d'un déjeuner entre amis au grand air face à la mer ou un dîner romantique en écoutant le bruit des vagues tout en sirotant un cocktail, le Ginger offre une belle expérience.

MUSE RESTAURANT €€

1B Stanley Street
✆ +27 41 582 1937
www.muserestaurant.co.za

Du mardi au samedi de 12h à 22h. Entre 80 R et 260 R pour un plat.

Simone et Allan, les propriétaires de l'établissement, proposent une cuisine raffinée, en réinventant et en modernisant des classiques. Ici les produits sont choisis avec soin : fenouil sauvage du kloof, salicorne des plages et sel de la mer, vinaigre fermenté maison et fromages aromatisés sur place. La viande est fournie par un petit boucher local et tous les produits frais proviennent de petits fournisseurs indépendants, qui sont tous biologiques. Allan est fier de dire qu'il ne congèle rien, sauf en cas d'absolue nécessité !

SUNDAY'S RIVER ADVENTURES

1 Jetty Street
✆ +27 41 4922 355
www.sundaysriveradventures.com

A partir de 550 R par personne (2 personnes minimum) pour 2 heures d'activité.

Le Sunday's River Adventure propose moult activités pour vous amuser lors de votre périple sur la Garden Route ou la route 62, notamment le nouveau sport à la mode pour dévaler au milieu des dunes sublimes, le sandboard, avant d'aller se baigner dans l'océan. Eh oui, ceux qui ne surfent pas sur les vagues, surfent sur les dunes, face aux vagues. Tout autant de sensations garanties ! L'agence propose aussi des tours dans Addo Elephant Park ou encore des croisières en canoë.

THE BOARDWALK CASINO

Beach Rd, Summerstrand
✆ +27 41 507 7777
www.suninternational.com

Un ensemble « Waterfront » plutôt réussi devenu le centre d'attraction de toute la région. Vous y retrouverez toutes les boutiques habituelles qui habitent les centres commerciaux, franchisées ou locales, une foule de restaurants en tout genre et de cafés. Un cinéma et surtout, pour les amateurs de roulettes, black jack ou autres machines à sous : un casino. Une fois à l'intérieur, la fièvre du shopping ou du jeu monte vite. Attention, il faudra que vous puissiez faire entrer toutes vos emplettes dans vos bagages… Restez, un peu, raisonnables !

PORT ALFRED ★★

Le port créé par les colons britanniques de Grahamstown est devenu aujourd'hui une souriante station balnéaire. Un village s'est développé à l'abri des dunes, au bord de la rivière Kowie, dont on peut remonter le cours sur 28 km. Port Alfred, situé à mi-chemin d'East London et de Port Elizabeth, à environ 150 km de chaque côté, est très fréquenté par les vacanciers entre Noël et Pâques, cette période correspondant à l'été sud-africain. Mais dans la région de Port Alfred, on profite des belles journées ensoleillées jusqu'au mois de juin. Une ambiance balnéaire, un petit port, quelques bars et maisons d'hôte, puis la plage.

EAST BEACH

À l'est de Port Alfred, East Beach est assez étendue. Elle est une de nos plages préférées. Pour se rendre sur cette plage des surfeurs, il faut prendre la direction de Beach Crescent. Une fois arrivé, la baignade est normalement sans trop de dangers des deux côtés. Il arrive même ici que les fanatiques de la glisse skient dans les dunes d'East Beach ! À marée basse, il y a parfois des morceaux de carcasse d'épaves qui font surface sur le sable doré et ajoutent un peu d'histoire et d'aventure au charme naturel de la plage d'East Beach.

CROIX DE DIAS ★

Une promenade dans les dunes dorées jusqu'au *padrao*, érigée le 12 mars 1488 par le navigateur portugais Bartolomeu Dias, premier à doubler le cap des Tempêtes. La croix en question fut retrouvée brisée par le temps. Une réplique réalisée au Portugal fut érigée à Kwaaihoek, sur le site historique. Quittez à gauche la R72 quelques kilomètres à l'ouest de Kenton-on-Sea, puis à gauche jusqu'au parking. On laisse sa voiture, pour 2h de marche aller-retour dans le sable. Fatigant, mais exaltant. Le contraste des dunes dorées sur l'océan bleu roi est saisissant.

GREAT FISH POINT LIGHTHOUSE

Phare de Great Fish sur la R 72
✆ +27 46 675 1067

Un site extraordinaire comme nous les aimons. Un petit phare octogonal de 9 m de haut, édifié en 1898 sur une butte, à 76 m au-dessus du niveau de la mer. La plage immense et vierge est à vos pieds. Bravez la route d'accès en mauvais état, et par temps clair vous ne le regretterez pas ! L'endroit est idéal pour un pique-nique panoramique. Le phare est automatisé, mais un personnage vous accueille : c'est l'ancien gardien, qui fut le premier homme de couleur à un tel poste dans le pays.

Port Alfred.

PLANTATION D'ANANAS SUMMERHILL

Vous voulez voir l'ananas géant de Bathurst ? Il mesure 16,70 m de haut et l'on peut même rentrer à l'intérieur. Hissé sur quatre étages au cœur d'une ferme, cet ananas ovni offre de nombreuses attractions touristiques, notamment destinées aux enfants : ferme-modèle, village xhosa, présentation des ananas, ou encore, pour les plus grands et les gourmands, un restaurant et un pub. À 12 km de Port Alfred, avant d'entrer dans le vieux village de Bathurst.

OCEANA BEACH AND WILDLIFE RESERVE €€

Off the R72

✆ +27 43 555 0305

oceanareserve.com

Suite à partir de 10 720 R et maison privée à partir de 23 500 R.

Oceana Beach and Wildlife Reserve porte bien son nom. Le superbe boutique-hôtel est niché au cœur du bush, face à l'océan. Entièrement intégré dans l'environnement sous ses jolis toits de chaume, l'établissement 5 étoiles de luxe offre de très belles chambres, suites ou même villas privées de six personnes, en pleine forêt et ouvertes sur la plage sauvage de 7 km de long. L'hospitalité est inégalée dans ce lieu exclusif mais sans prétention. Sur place : un magnifique spa.

MPEKWENI BEACH RESORT €€€

Par la R72 vers East London, à 38 km

✆ +27 40 676 1026

www.mpekweni.co.za

A partir de 1 900 R la double avec petit déjeuner.

Cet hôtel de grand confort borde un petit lac naturel et la plage déserte du Ciskei. Le Mpekweni a des allures de complexe de bord de mer. D'un côté la plage, l'eau salée pour la pêche et la baignade, et de l'autre l'eau douce du lac pour la glisse. On peut s'essayer à la planche à voile, au ski nautique, au jet-ski, ou simplement aller se balader sur l'eau grâce à quelques coups de pédales sur les bateaux. Ici, le ciel paraît plus haut, le monde plus grand. Une escapade en liberté, avec une piscine, un bar et un restaurant.

GRAHAMSTOWN ★

En 1812, le colonel John Graham nomme le camp qu'il vient de créer Grahamstown. En 1830, la deuxième ville la plus importante d'Afrique australe devient un centre intellectuel et religieux. Dans les rues se croisent missionnaires, trafiquants d'ivoire, chasseurs de fauves, militaires de tous grades, poètes, musicologues et grands scientifiques. Le voyageur traverse Grahamstown à toute vitesse, or ce petit bout d'Angleterre offre aux curieux de très bons musées, des librairies attachantes, le plus beau Church Square du pays et quarante églises, une sorte de bouillon de culture dans un jardin anglais. Bref, ce petit quelque chose en plus.

CHURCH SQUARE

Au centre de cette place magnifique trône, telle une gardienne anglicane, la Cathedral of Saint Michael and Saint George (1824-1952). Ce fut la première église du continent dotée d'un ensemble de huit cloches. Du côté gauche, *via* Bathurst Street, les façades victoriennes décorées comme des choux à la crème. Le *Grocott's Mail* est le plus ancien journal du pays. On visite sous les arcades de High Street la librairie Grocott & Sherry où il est édité tous les mardis et vendredis. Sur ce même trottoir, la Settler Memorial Tower (1870) et le City Hall (1877).

INTERNATIONAL LIBRARY OF AFRICAN MUSIC ★

Prince Alfred Street,

✆ +27 46 603 8557

www.ru.ac.za/ilam

Une des plus belles collections du monde d'instruments de musique d'Afrique, à découvrir sur rendez-vous et uniquement durant la semaine. Le fonds a été rassemblé dans les années 1920 par Hugh Tracey. Harpes, xylophones, kalimbas, cornes, flûtes et koras de toute beauté. Avec cette collection, il crée en 1954 ce lieu unique, le plus grand dépositaire au monde autour de la musique africaine. Il soutient également un travail de terrain contemporain.

© SOUTH AFRICAN TOURISM

Cathédrale St Michael et St George.

OBSERVATORY MUSEUM

10 Bathurst St
✆ +27 46 622 2312
En semaine de 9h à 16h.

La vraie, la grande aventure du diamant en Afrique du Sud trouve son point de départ ici, dans la bijouterie de Henry Carter Galpin. C'est alors en 1867 que le docteur William Atherstone authentifia la pierre brillante envoyée du Griqualand : un diamant. Mais, le saviez-vous ? La principale attraction de ce musée se trouve sur le toit. Il s'agit de l'étrange *camera oscura,* autrement dit la chambre obscure, un système optique pivotant à 360 degrés qui permet d'avoir une vue panoramique de la ville. Le musée porte alors bien son nom : Observatory.

THE COCK HOUSE €€

10 Market St
✆ +27 46 636 1287
De 900 R à 1 100 R la double avec petit déjeuner, +250 R par adulte supplémentaire.

Avant d'appartenir à Peter et Belinda Tudge, la maison, édifiée en 1826, a vu passer le docteur Atherstone, qui authentifia le premier diamant, William Cock, le créateur de Port Alfred, et André Brink qui écrivit ici *Une saison blanche et sèche*. The Cock House est aujourd'hui une délicieuse auberge, un relais distingué par la critique nationale. Les chambres sont très confortables dans le jardin et un restaurant aux murs recouverts de tableaux d'époque, le Norden's, de très bonne qualité ouvert aux non-résidents pour le déjeuner. Une option self-catering.

SAINT AIDAN'S MANOR

Milner Street

Si vous souhaitez faire un bond dans le temps, si vous êtes passionné par l'histoire des religions ou encore amateur d'architecture religieuse, ici, durant près d'un siècle, les jeunes Sud-Africains sont venus faire leurs humanités au Saint Aidan's College. Les jésuites, parmi lesquels de nombreux pères français, leur enseignaient des matières comme le latin, le grec ou encore les mathématiques. Mais en 1973, tout s'est arrêté. On reste alors stupéfait en pénétrant dans la grande chapelle gothique construite en 1924 par le père Labœuf.

SIDBURY ★★

Dans la superbe région du Cap-Oriental, Sidbury est une toute petite ville. À peine une centaine d'habitants y vit, tandis qu'un beau lodge accueille les voyageurs. Une petite église aux murs blancs et au clocher carré s'érige au centre de la ville, entourée d'une nature luxuriante. Tout autour de la ville, la nature s'étend, de vert et de vallée. Sidbury est situé au cœur d'une superbe réserve, la Kwantu Private Game Reserve, toute proche de la Sahmwari Private Game Reserve. Au sud-ouest de la ville, on retrouve le magnifique et unique Addo Elephant Park qui s'étend jusqu'à Colchester, aux portes de l'océan Indien, offrant une expérience *bush & beach*.

IDWALA LODGE €€€

Prendre la N2 de Port Elizabeth à Grahamstown. Sortir à Kwantu-Bayete-Eagles. Chercher ensuite le signe pour Idwala Lodge sur la droite de la route, 7 km après le début de la route en terre.

✆ +27 46 622 2163

En saison, comptez autour de 8 100 R pour deux personnes, en pension complète avec 2 game drive.

Alida et sa famille ouvrent les portes de leur lodge aux touristes, construit près de la réserve Lalibela. Quatre bungalows de luxe sont répartis autour de la piscine. À proximité de tout, et pour autant, on jouit cependant d'une sensation reposante et satisfaisante d'éloignement. Le ranger du lodge qui vous raccompagne dans votre chambre, une fois la nuit tombée, y est sans doute pour quelque chose... Il vous épaulera ainsi en cas de rencontre inopportune avec un éléphant ! Assurément, voici l'une des bonnes adresses de la région.

MSENGE BUSH LODGE & PUMBA WATER LODGE €€€

✆ +27 41 502 3050

www.pumbagamereserve.co.za

À partir de 17 050 R par personne pour les deux lodges, pension complète et game drive inclus.

Les chanceux rejoindront l'un des deux lodges de luxe de la réserve après le dîner. Msenge Bush Lodge propose 11 chalets privatifs, avec douche extérieure et piscine sur un deck privé, face au bush, juste au-dessus d'un point d'eau où viennent s'abreuver les animaux. Leur particularité : ces chalets de verre et de bois donnent l'impression de vivre à même la forêt. Le Pumba Water lodge offre une vue sublime sur le lac Kariega, et dispose d'une vaste piscine collective et d'un spa.

PUMBA PRIVATE GAME RESERVE ★★

Un vrai coup de cœur. S'il ne devait y avoir qu'une réserve privée à choisir dans les environs de Grahamstown, ce serait Pumba, le nom du phacochère en swahili dans *Le Roi lion*. Cette petite réserve de 6 000 ha compte deux lodges de luxe, mais n'est pas destinée qu'aux plus fortunés : elle propose des safaris à la journée pour les *non-guests*... qui auront peut-être la chance d'apercevoir un lion blanc. Cette espèce très rare qui existait autrefois à Timbavati près du Kruger à l'état sauvage a complètement disparu du bush, mais existait toujours dans des zoos et des enclos. Elle est réintroduite aujourd'hui à l'état sauvage dans quelques rares endroits. Magnifique ! Pumba est en plus une des seules réserves de la côte qui peut offrir la symphonie croisée des lions et des oiseaux aquatiques puisque ici un lac vient ajouter au charme de la brousse. Sous un ciel sans nuages, le spectacle des eaux tranquilles bordées de hautes herbes et, en fond de décor, les collines sauvages couleur paille constituent un paysage absolument saisissant. Partez à la recherche des grands mammifères, car le lion blanc cohabite avec les autres lions, tous les « Big Five » et les habituels animaux de brousse et plus de 250 espèces d'oiseaux. Les rhinocéros restent menacés par le braconnage pour leurs cornes.

SHAMWARI GAME RESERVE ★★

Territoire « Big Five » de 25 000 ha pour des prestations safari de haute volée. Créé par Adrian Gardiner, qui a réussi à attirer ici les têtes couronnées et les rock-stars. Son domaine, devenu aujourd'hui une des plus vastes réserves privées d'Afrique du Sud, a lancé le tourisme de brousse dans le Cap-Oriental, une région qui pendant longtemps s'est contentée de montrer... la mer ! Les différents lodges de la réserve sont très différents les uns des autres : de la maison coloniale de style edwardien édifiée en 1910 aux typiques toits de chaume en passant par des suites luxueuses à décoration afro-chic contemporaine. Le choix revient au voyageur !

Shamwari Game Reserve.

Kariega Game Reserve.

KARIEGA GAME RESERVE ★

En bas, au creux de la rivière Kariega, se trouve une vaste plaine de 10 000 ha pour dégourdir les pattes des zèbres, girafes, antilopes, hippopotames, rhinocéros blancs et noirs, buffles, lions, guépards, éléphants, léopards, mais aussi chats sauvages, lynx, hyènes… la totale. Une réserve très riche en faune et assez grande pour la région, qui propose des *game drives* de qualité. Trois lodges se partagent l'espace, c'est peu, et ils sont luxueux. Un spa avec massages à la carte et salle de gym est accessible depuis tous les lodges. On peut accéder à la réserve depuis la R343 entre Grahamstown et Kenton-on-Sea, à 30 minutes du carrefour avec la N2.

MAIN LODGE, UKHOZI LODGE ET RIVER LODGE €€€

R343 vers Kenton-on-sea ✆ +27 46 636 7904
www.kariega.co.za
Main lodge 7 300 R/personne selon la saison, Ukhozi et River lodge 9 100 R, en pension complète avec game drives inclus.

En haut, sur la colline, un ensemble de bungalows nichés dans la végétation. Le Main Lodge comprend une vingtaine de chalets pourvus de 2, 4 ou 6 chambres, d'un salon, d'une cuisine entièrement équipée, d'une terrasse, et pour certains d'une piscine privée. Un peu à l'écart, l'Ukhozi Lodge, ses suites lumineuses avec terrasse panoramique, son salon-restaurant luxueusement aménagé, attire les plus aisés, tout comme le River lodge, plus exclusif avec seulement dix suites.

SIBUYA GAME RESERVE ★★

À 120 km à l'est de Port Elizabeth, la réserve de Sibuya est un énième magnifique écrin de nature luxuriant de la région du Cap-Oriental. Traversée par une large et sinueuse rivière qui se jette dans l'océan à l'extrême sud, la réserve est particulièrement riche de sa faune et de sa flore. Au-delà du célèbre « Big Five », on y recense pas mois de 400 espèces d'oiseaux, qui raviront les passionnés d'observation. Pour rester quelques jours, il y en a pour tous les goûts : *river camp*, *forest camp* ou *bush camp*. Une véritable expérience de nature et d'aventure car l'un des points forts du lieu, la rivière Kariegarivier, est navigable.

SIBUYA GAME RESERVE €€

39 Eastbourne Road ✆ +27 46 648 1040
www.sibuya.co.za
De 4 410 R à 5 893 R par pers, pension complète avec game drive et balade en bateau. Transfert bateau depuis Kenton.

Découvrez le magnifique estuaire de Kariega et tutoyez l'océan Indien. Après la réception de cette réserve de 3 000 ha, les invités embarquent pour 40 minutes de tour en bateau moteur sur la rivière Kenton-on-Sea qui forme un serpent à travers le bush, pour observer plus de 400 espèces d'oiseaux présents ici. Les « birdwatchers » vont adorer. Des excursions pour voir les fameux Big 5 sont aussi proposées. Hébergement : en tentes de bois de luxe, soit dans le River Camp, soit dans le Forest Camp. Le gérant et les guides s'adaptent aux demandes exclusives.

KWANDWE PRIVATE GAME RESERVE ★

Dans les parages de la rivière Great Fish, là où les Noirs et les Blancs entrèrent en contact pour la première fois, se trouve une ferme avec des chèvres et des autruches. Pendant des décennies se joue ici la vie rurale basique. On traverse en safari photo 22 000 ha de bush « Big Five », avec le spectacle des aloès en fleur entre la mi-mai et la mi-juin. Aujourd'hui, la réserve compte de nombreux lions, léopards, rhinocéros, buffles, cheetahs et d'autres grands mammifères. Seuls les *happy fews* ont leur entrée ici, car cette réserve ne compte que 22 suites réparties dans 4 lodges exclusifs, classés Relais & Châteaux, dont 2 seulement se réservent à la nuit. Grandiose.

Kwandwe Private Game Reserve.

ECCA LODGE & GREAT FISH RIVER LODGE €€€

✆ +27 46 603 3400

www.kwandwe.com

De 13 450 R à 20 440 R par personne selon la saison, pension complète et game drive inclus. Fermé juin, juillet, août.

Ecco lodge ne propose que 6 suites dans des bungalows séparés, où les jeunes enfants ne sont pas acceptés pour plus de calme. Design très contemporain pour vivre la brousse façon *new school*. Piscine privée au bout du deck face à la savane, grandes baies vitrées à la place des murs, pour vivre en symbiose avec la nature. Great Fish River lodge (9 suites) accepte tous les âges, la décoration est plus classique, et là encore, piscine privée sur le deck, dîner au coin du feu dans le *boma*.

EAST LONDON – BUFFALO CITY ★

East London est une création anglaise, forcément. En 1835, une mission d'exploration atteignit l'embouchure de la rivière Buffalo. Il fallait absolument établir un port dans ce secteur afin de pouvoir approvisionner rapidement les troupes engagées dans la sixième guerre de frontière contre les Xhosa. En 1848, sir Harry Smith baptisa le nouveau poste avancé « London », un port qui devint bientôt « East London ». Aujourd'hui plus important port fluvial d'Afrique du Sud, les esthètes fermeront les yeux sur l'architecture, du centre et du front de mer. La communauté urbaine regroupant East London, King William's Town et Bisho se fait appeler Buffalo City.

EAST LONDON MUSEUM ★

A l'angle de Lukin et Oxford St

✆ +27 43 743 0686

www.elmuseum.za.org

Ouvert de 9h à 16h. Le samedi jusqu'à 13h. Fermé le dimanche. Entrée à 25 R.

Ce musée possède deux trésors : le coelacanthe et l'œuf de dodo. S'adapter ou mourir. Le premier a survécu, le second a bel et bien disparu. Le coelacanthe, nous apprend le dictionnaire, est « un poisson marin crossoptérygien fossile, dont les nageoires sont des ébauches des membres des tétrapodes ». On le croyait disparu depuis 60 ou 70 millions d'années. Fin 1938, le capitaine Goosen attrape dans ses filets au large d'East London un poisson bizarre qu'il présente au musée pour expertise. Les scientifiques concluent qu'il s'agit d'un coelacanthe, pesant 57 kg et mesurant 1,60 m de long. Phénomène extraordinaire, ce poisson préhistorique, identifié dans des fossiles de plus de 300 millions d'années, a pu survivre jusqu'à nos jours. On en pêche parfois dans le canal de Mozambique. Deuxième trésor, l'œuf de dodo, cet oiseau de l'île Maurice disparu depuis 1693. Le musée possède le seul œuf du monde, précieusement enfermé à double tour dans un coffre. Vous verrez la réplique dans la galerie. Les amateurs de sensationnel seront par ailleurs séduits par l'exposition consacrée au naufrage de l'*Oceanos*. Ce bateau de croisière avait quitté le port d'East London le 3 août 1991 à 15h35, à 22h23, après l'arrêt des machines, l'officier radio lançait un appel de détresse, le lendemain à l'aube, l'ordre d'abandon fut donné en pleine tempête, l'opération de sauvetage des 571 passagers a fait la gloire de la marine sud-africaine. Aucun disparu et aucun mort. En entrant, la chaloupe où 40 personnes ont passé une nuit d'angoisse.

NELSON MANDELA MUSEUM ★

Immeuble Bhunga, Rue Owen Mthata
✆ +27 47 501 9500
www.nelsonmandelamuseum.org.za
Ouvert du lundi au vendredi de 9h à 16h, le samedi de 9h à 13h et le dimanche sur réservation.

Le musée a été créé par le gouvernement sud-africain en tant qu'institution à but non lucratif. Un complexe multipolaire entre Umtata : sa vie, son œuvre, Mvezo, son lieu de naissance à 67 km de là, et Qunu, là où il a grandi et où il s'est fait construire une maison, à 32 km. Ne perdez pas votre temps avec la visite du musée de Qunu qui ne présente absolument aucun intérêt. C'est Nelson Mandela lui-même qui a inauguré ce musée à son nom, un musée qui cherche à inspirer les gens, à travers la culture, l'éducation ou encore le tourisme.

STATUE DE STEVE BIKO ★

Devant le City Hall, accessible par Oxford Street, voyez ici s'ériger la statue réalisée par Noami Jacobson. Représenté ici : Stephen Bantu Biko, appelé plus communément Steve Biko. Le jeune homme était militant engagé dans la lutte contre l'apartheid et fondateur du mouvement de la Conscience noire, il est mort entre les mains de la police de l'apartheid en septembre 1977, et est enterré non loin de sa maison, dans le cimetière de Ginsberg près de King William's Town. Le site a alors été rebaptisé en sa mémoire : « Jardin du souvenir Steve Biko ».

PLAGE DE NAHOON ★

Accès depuis l'Esplanade, par John Bailie Road, puis Epsom Road ou Beach Road.

© LIHLU - SHUTTERSTOCK.COM

Vous pourrez parfaitement aller vous baigner sur la plage du centre-ville d'East London, mais nous vous conseillons d'aller jusqu'à Nahoon Beach, située entre Nahoon Point et l'estuaire de la rivière du même nom. Une plage existe plus en retrait, plus agréable, plus belle et plus sauvage, nichée entre les dunes au petit bush et le bleu de l'océan. Surtout, les accros du surf qui se rendent ici pour prendre quelques vagues, prétendent que le reef est comparable à celui de Sunset Beach à Hawaï. Quelle comparaison ! Avis aux amateurs.

SUGARSHACK BACKPACKERS €

Eastern Beach Esplanade ✆ +27 43 722 8240
www.sugarshack.co.za
Camping : 100 R, dortoir : 120 R, chambres doubles à partir de 400 R. Arrêt Baz Bus.

Spectaculairement situé sur une dune de sable sur Eastern Beach, directement sur la plage et à seulement quelques minutes à pied des restaurants, des pubs, des clubs et des supermarchés. Le coin *backpackers* est situé dans le bâtiment original de sauveteurs, avec une terrasse ensoleillée, un grand coin TV et des chambres propres et confortables. La Sugarshack Backpackers est à la fois un lieu confortable et rustique où l'on observe les dauphins et les baleines passer au large. Depuis l'auberge de jeunesse, on peut accéder à pied à la gare routière.

HOYLAKE INN €€

6 Hoylake Road, Bunkers Hill
✆ +2743 735 2853
www.hoylakeinn.co.za
Comptez à partir de 800 R la chambre double avec petit déjeuner, 900 R la triple.

Une jolie guesthouse sur les hauteurs d'East London, qui offre une belle vue sur la ville et l'océan à l'horizon. Nichée dans un quartier huppé, avec vue sur la mer, la *guesthouse* dispose d'une très jolie piscine creusée dans le roc. La décoration est soignée et le linge de maison de qualité. Hoylake est entouré d'un jardin luxuriant, d'une belle terrasse, d'un bon accueil chaleureux des hôtes, d'un petit déjeuner succulent, et même d'un espace extérieur très équipé et agréable pour préparer le *braai* le soir. Un sans faute, à prix plancher.

RIVERVIEW GUESTHOUSE €€

17 Chestnut Crescent
✆ +27 83 300 6208
www.riverviewgh.co.za
Chambre double à partir de 1 530 R.

A la base, la Riverview Guesthouse n'avait rien de très attrayant et ressemblait plutôt à une décharge ! Aujourd'hui, c'est devenu une maison très agréable. Il a fallu quatre ans pour que le vilain petit canard se transforme et devienne enchanteur ! Chaque chambre a la même vue magnifique sur la rivière, une vue depuis laquelle les couchers de soleil sont parfois flamboyants de rose et d'orange. Magnifique ! Les matériaux utilisés sont nobles. Les propriétaires du Riverview Guesthouse sont tout simplement accueillants, chaleureux et adorables.

GRAZIA FINE FOOD €€

Upper Esplanade/Beach Front Road
✆ +27 43 722 2009
www.graziafinefood.co.za
Tous les jours de 12h à 22h. Entre 150 R et 200 R pour un plat.

Chez Grazia Fine Food, l'Italie prime dans les assiettes. On y déguste des pâtes fraîches travaillées avec les délicieux et frais produits de la mer, des raviolis faits à la main et remplis de viande et de parmesan. Vous pourrez goûter les pâtes au poulet cajun, agrémentées de feta, de tomates séchées et de sauce crémeuse au piri-piri, le piment local. Un restaurant agréable à l'intérieur, et quelle belle et grande terrasse ! Elle offre une vue magnifique sur la mer. Un endroit de choix pour déguster un bon plat et boire un cocktail au coucher du soleil.

SANOOK CAFE €€

11 Chamberlain Road
✆ +27 43 721 3215
www.sanook.co.za
De 9h à 21h sauf le dimanche.

Le Sanook Cafe est le genre de petit restau-café où l'on aime bien s'arrêter faire un tour. Sous un toit de taule ondulée habillée d'une jolie installation luminaire, se trouvent un espace tout en longueur et quelques tables qui trônent pour accueillir les gourmands avec de belles peintures plaquées sur le mur en briques repeint en blanc. Ici, on mange des plats à base de produits frais, ainsi que de bonnes et belles pizzas, des hamburgers gigantesques et très copieux, bref une bonne adresse pour se régaler dans une ambiance chaleureuse et décontractée.

LOCK ST GAOL

Fleet Street

Après avoir hébergé les condamnés à mort, cette prison devint un centre pénitentiaire pour femmes. La dernière détenue est partie en 1979. On découvre aujourd'hui un curieux centre commercial : des boutiques installées dans les cellules ! Shopping encore au Latimer's Landing, une belle réalisation dans le style Waterfront. Le quai sur la Buffalo a été aménagé et vendu en parcelles. On y trouve de nombreux restaurants et des boutiques. Shopping toujours, même le dimanche matin, au centre commercial Vincent Park, Devereux Avenue, au nord de la ville.

CINSTA ★

Cintsa ou Chintsa, dit en faisant claquer sa langue, est séparée en deux, la partie est et la partie ouest, par la rivière éponyme. C'est la première véritable étape sur la Jizekela Route, qui compte 17 km de plages et de bons spots pour surfeurs. Faites-vous expliquer les détails sur place. Le côté oriental est plus développé que le côté ouest, mais les deux communiquent par la plage. En 1647, le vaisseau portugais *Atalaia* disparaissait dans les eaux tumultueuses de ce petit village de pêcheurs et des canons retrouvés ici sont visibles au musée d'East London. Aujourd'hui, Cinsta travaille davantage dans l'hôtellerie pour accueillir ses voyageurs.

INKWENKWEZI GAME RESERVE

✆ +27 43 734 3234

Dotée de quatre espèces du « big five » sur cinq, la réserve Inkwenkwezi Game Reserve n'est pas dénuée d'intérêt puisque l'on peut y voir des lions, et avec de la chance, des léopards, mais aussi des rhinos, buffles, antilopes, zèbres… L'avantage ici, c'est la multitude de paysages : la réserve compte pas moins de cinq écosystèmes régionaux différents et même un estuaire rattaché aux marées, car la plage non plus n'est pas très loin, à quelques kilomètres de là. Plusieurs camps et *lodges* sont accessibles et agréables pour dormir au cœur du paysage.

BUCCANEERS BACKPACKERS €

Sur Jizekela Road, tournez à Chintsa West, 1 km après Buccaneers à gauche.
✆ +27 43 734 3012
www.cintsa.com
Camping à partir de 125 R, dortoir à partir de 190 R, doubles à partir de 625 R, cottage à partir de 1 250 R.

La vue incroyable sur l'océan et la lagune, sa plage et surtout son ambiance bohème et fêtarde. Repas délicieux, planches de surf à disposition, belle piscine et terrain de volley, petit déjeuner au sommet de la colline face à l'océan… L'auberge propose de nombreuses activités : sorties culturelles dans le village chez Mama Tofu, massages, sorties à cheval sur la plage, leçons de surf. Les chambres et dortoirs sont situés dans des cottages avec terrasse face à la mer et *braai*. Des suites surplombant la baie sont proposées, décorées façon afro pop art, divin !

CINTSA LODGE €€

684 Fish Eagle Drive
✆ +27 43 738 5146
www.cintsalodge.com
À partir de 2 700 R en chambre individuelle. Chalet pour 2 pers à partir de 2 200 R, 4 pers à partir de 2 950 R.

Sur les hauteurs de Cintsa, le Cintsa Lodge est un *bed & breakfast* de charme sur Cintsa East qui propose cinq chambres dans une maison sur les hauteurs, ainsi que deux cottages séparés. Depuis la terrasse on trouve une vue superbe et cette belle piscine qui s'accorde à la couleur de la vue : le bleu de l'océan. Accueil francophone et chambres assez classiques du côté de la décoration mais confortables où il fait bon se reposer quelques jours avec vue sur l'océan ou le jardin. La *guesthouse* dispose d'un parking et d'un accès Internet.

CRAWFORD BEACH LODGE €€

✆ +27 43 738 5000
www.crawfordsbeachlodge.co.za
A partir de 1 645 R par personne en demi-pension. Lounge avec Wifi gratuit.

Superbe complexe hôtelier tenu par la sympathique famille Crawford, dont les différentes maisons à toit de chaume sont perchées sur la colline dans la forêt avec un accès privé à la plage. Les chambres doubles, en B&B ou self-catering sont très spacieuses et sont toutes face à la mer. Lit king size, hauts plafonds, déco nature, terrasse immense. Des appartements pour famille sont également à louer, avec deux chambres ou plus. Belle piscine, terrain de tennis et bon restaurant ! Garderie pour enfant et service de babysitting. Très bon rapport qualité-prix.

COFFEE BAY ★★

La ville doit son nom à une cargaison de café échouée à la suite du naufrage d'un navire à la fin du XIXe siècle. Située à l'embouchure de la Nega River, elle n'est pas coincée entre des montagnes comme Port Saint John's. Coffee Bay est la plus populaire chez les jeunes et les néo-hippies, ce lieu-dit n'a rien d'historique. On y vient pour ses belles plages et surtout pour l'ambiance de fête au paradis qui y règne. Tous les soirs, les djembés et autres percussions résonnent sur la plage, une sorte de retour dans les années 1970 avec un côté écolo en plus. Comme partout le long de la Wild Coast, on y vient pour pratiquer des activités, notamment le surf.

Coffee Bay.

HOLE IN THE WALL ★

A 6 km au sud de Coffee Bay

« Le trou dans le mur » : on atteint cet endroit insolite à pied en longeant la plage, c'est plus sympa qu'en 4x4 et la marche est assez courte. Il s'agit d'un rocher massif qui s'avance dans l'eau et qui a… un énorme trou au milieu, à moitié immergé. Le son des vagues résonne dans ce caisson à tel point que les Xhosa nomme l'endroit iKhaleni, « l'endroit bruyant ». La vue sur ce grand rocher coiffé d'herbe, comme un pont naturel sur l'eau, est magnifique. Une idée de sortie agréable entre l'attraction touristique et la promenade sympathique sur la plage.

BULUNGULA RIVER MOUTH €

Bulungula, route de Coffee Bay
✆ +27 47 577 8900
www.bulungula.com
Camping : 180 R, dortoirs : 250 R, double 650 R, quadruple à partir de 935 R. Petit déjeuner autour de 55 R.

Etape roots et posée par excellence, loin de la fête de Coffee Bay, en beaucoup plus sauvage. Venez vous perdre dans cet éden authentique. Pas besoin de 4x4, vous garez votre voiture sur un parking et on vient vous chercher pour traverser de roulantes et vertes collines jusqu'à un petit village de huttes traditionnelles aux toits de chaume. C'est ici, entre la forêt, l'océan et les rivières, au sommet d'une colline devant l'embouchure de la rivière, que se trouvent les chambres. Le *backpacker* est certifié Fair Trade et travaille avec les communautés locales.

THE COFFEE SHACK €

Sur la plage
✆ +27 47 575 2048
www.coffeeshack.co.za
Camping : 130 R, dortoir : 220 R, doubles à partir de 480 R. Petit déjeuner : 35 R. Dîner : 75 R.

Le backpacker le plus réputé de toute l'Afrique du Sud pour faire la fête dans un cadre de rêve. Moins calme que ses voisines Chintsa et Port Saint Johns, Coffee Bay attire tous les « djeuns » surfeurs fêtards qui finissent tard sur la plage. Ambiance bohémienne là encore, mais un cran au-dessus question beuverie. L'étape incontournable pour faire la fête, vous l'aurez compris. Et toujours, surf surf surf ! Doubles dans des rondavels traditionnels, de l'autre côté de la rivière, dortoirs et camping. Coussins et hamacs partout pour se relaxer.

OCEAN VIEW HOTEL €€

✆ +27 47 575 2005
www.oceanview.co.za
Doubles à partir de 1 000 R. Parking, Internet.

L'un des meilleurs resorts de la région dans cette gamme de prix. L'Ocean View Hotel propose des chambres claires et gaies avec de belle baies vitrées donnant sur une terrasse privée ou encore un balcon. Le complexe est à la fois à 50 m de la plage et au cœur du village. Dans le jardin se trouve une belle piscine pour se rafraîchir ou faire quelques brasses. Ici, l'ambiance est familiale et bon enfant. Bon nombre d'activités sont proposées : du kayak, des sorties en mer, de la randonnée ou encore de la pêche. Le resort propose un bar et un restaurant.

PORT SAINT JOHNS ★★

Port Saint Johns est le plus gros bourg du coin avec quelque 10 000 habitants. Il se situe à l'embouchure de la Mzimvubu River, la « maison des hippopotames », qui rejoint la mer entre les monts Sullivan et Thesiger. La ville compte trois plages : la première est proche du centre, la seconde est au sud, plus populaire, dans une baie protégée du large par des montagnes, tandis que la troisième est au nord après le Ferry Point. Plus que jamais Port Saint Johns est un repaire d'excentriques, de hippies et jeunes voyageurs. Mais le village en lui-même est très africain, très animé, avec un marché de rue permanent, des fruits, des légumes, du bric-à-brac, des *sangoma* qui étalent leurs stands dans la rue, dévoilant peaux de bête, potions et autres secrets magiques. C'est ici que se trouve le seul supermarché du coin, pas très bien fourni. L'endroit est connu pour être un haut lieu de culture du cannabis. L'origine du nom de la ville fondée en 1878 est mystérieux. Le village garde les traces d'une grandeur coloniale : ses majestueuses bâtisses luxueuses accueillent aujourd'hui les touristes. Randonnées à travers la forêt qui recense plus de 250 espèces d'oiseaux, canoë, golf, équitation… La route entre Mthatha et Port Saint Johns est l'une des plus belles de la région. Port Saint Johns et ses alentours invitent à de superbes randonnées à travers la forêt qui ne recense pas moins de 250 espèces d'oiseaux, vivant et virevoltant dans les cimes de la forêt. Quel pays ! Quelle carte postale !

ROUTE DES JARDINS ET EASTERN CAPE

© SOUTH AFRICAN TOURISM

Umgazi Boundary.

HLULEKA NATURE RESERVE ★

✆ +27 43 492 0881
www.wildcoast.co.za
Chalets en self-catering à partir de 800 R, et de 200 R à 300 R par extra (au maximum 2 personnes).

Une partie de la réserve est un territoire d'une ancienne ferme tandis que l'autre abrite les forêts de Congwane Mtombo et Ndabeni Hluleka. Là encore, de belles randonnées à travers la forêt, des pique-niques sur des plages vierges et l'observation des nombreux oiseaux pour les amateurs de *bird watching*. La réserve compte, elle aussi, son lot d'impalas, de zèbres, dassies, gnous… que vous aurez peut-être la chance de croiser à pied. Cette réserve n'est pas réputée comme la plus belle du coin, mais certains chemins sont très agréables.

SILAKA NATURE RESERVE ★

Sud de Port Saint John's
✆ +27 43 492 0883
www.wildcoast.co.za
Chalets pour 2 personnes à partir de 400 R.

Cette belle réserve naturelle de la côte est du Cap-Oriental s'étend sur 400 ha. Silaka Nature Reserve est située entre la seconde plage et Sugarloaf, et on y vient aussi pour se promener, se baigner, observer les oiseaux et les orchidées qui poussent dans la forêt. On vient ici goûter au plaisir de traverser un endroit vierge et magnifique habité par ailleurs de quelques antilopes, des zèbres et des gnous. Vous aurez également la possibilité de vous loger sur place, une option très agréable pour se reconnecter à la beauté de la nature.

AMAPONDO BACKPACKER LODGE €

Second Beach ✆ +27 83 315 3103
www.amapondo.co.za
Camping à partir de 100 R, dortoir à partir de 160 R, double à partir de 420 R, cottages à partir de 750 R.

Amapondo est une institution à Port Saint John's pour son ambiance, chaleureuse un brin hippie. Son emplacement, sur les hauteurs, avec un accès direct à la plage. Le soir, le bar s'anime autour du billard, bons petits plats maison. Les chambres sont aménagées dans une hutte haute sous plafond, simples et jolies. Le *must* : les cottages équipés sur les hauteurs avec une vue à couper le souffle. Et si on jouait du tam-tam en regardant le coucher de soleil en haut de la montagne ?

CREMORNE ESTATE €€

Près de Port St John
✆ +27 47 564 1110
www.cremorne.co.za
Cottages de pêcheurs 500 R la double (jusqu'à 6 personnes avec supplément), camping doubles avec petit déjeuner 1 300 R.

Le Cremorne Estate regroupe des maisonnettes aux toits de chaume éparpillés dans la forêt qui constituent un complexe hôtelier plaisant. Au cœur de cet espace de nature règnent une belle piscine et un bar accueillant. Il existe des doubles cabines et des cottages familiaux de différents standings pour s'adapter à tous les budgets des voyageurs. À la fois cottages de pêcheurs, chambres doubles, camping, avec petits déjeuners ou encore en *self-catering*, c'est vous qui choisissez ce qui vous convient le mieux. Vraiment idéal pour les familles.

N'TABA RIVER LODGE & SPA €€€

634 Umzimvubu Drive ✆ +27 47 564 1707
www.ntabariverlodge.com
Chambre standard 1 400 R, chambre supérieure 1 600 R, chambre exécutive 1 800 R, selon saison. Petit déjeuner inclus.

Voici l'un des complexes du coin : simple mais chaleureux. N'taba River Lodge est bien équipé et situé le long de la rivière. Ici on vient à la fois pour le service, le jardin agréable, la piscine bien entendu, et les différentes activités proposées comme le VTT, le ping-pong, la possibilité de louer des planches de surf, la gym ou encore le volley-ball. Restaurant sympathique, vidéothèque. La déco des chambres est rétro, mais le confort et l'espace sont là. Encore un endroit idéal pour les familles. Un peu cher pour le standing tout de même.

UMNGAZI RIVER €€€

Route de Port St John
✆ +27 47 564 1115
www.umngazi.co.za
Bungalow à partir de 1 620 R. Suite à partir de 2 395 R.

Voilà le seul véritable hôtel de luxe du coin : des bungalows magnifiques richement équipés, décorés avec goût et mobilier de grande qualité. Une vaste terrasse surplombant la mer et un bar très sympa. Ici la baie est couleur lagon, azur. L'hôtel met à disposition des guests un « coin créatif » pour les artistes ou ceux qui voudraient s'essayer à la peinture, la sculpture, le dessin… Pour les enfants : terrain de jeu, trampoline, restaurant, salle TV spéciale et service de baby-sitting. Cerise sur le gâteau, le Spa. Bains bouillonnants face à l'océan.

KWAZULU-NATAL

Extraordinaire diversité des paysages, étonnante complexité de la mosaïque humaine… Cette petite province de 92 100 km², peuplée de 10 millions d'habitants, tourne le dos au reste du pays pour mieux regarder vers la mer des Indes et se flatter d'être tout à la fois, ou plutôt consécutivement, zouloue, indienne et anglaise. À l'ouest, côté continental, le massif du Drakensberg et les monts du Swaziland barrent l'horizon. Au sud, on bute contre les hauts plateaux du pays xhosa. Au nord, il faut compter avec les bourbiers et les marécages du Maputaland. Il reste alors l'océan, comme seule fenêtre sur le monde, d'où vinrent les Anglais qui, à leur tour, firent venir les Indiens. Beaucoup de sang fut versé pour que chacun trouve sa place. Voortrekkers contre Zoulous, Zoulous contre Anglais, Anglais contre Boers : finalement, ces derniers choisirent le repli vers l'hinterland, laissant aux commerçants leurs comptoirs.

MBABANE
MOZAMBIQUE
ESWATINI
Bethal
Ermelo
Big Bend
TEMBE NATIONAL ELEPHANT PARK ★★
KOSI BAY ★
Manguzi
Standerton
Piet Retief
Golela
Volksrust
Pongola
MABIBI ★
PONGOLA ★
PONGOLA GAME RESERVE ★
SODWANA BAY ★
VRYHEID ★
Newcastle
MKUZE FALLS GAME RESERVE ★★
PHINDA RESOURCE RESERVE ★
FALSE BAY PARK ★★
HLUHLUWE ★★★
DUNDEE ★
UMFOLOZI ★★★
ULUNDI ★
iNtabazwe (Harrismith)
SAINT LUCIA ★★★
LADYSMITH ★
DRAKENSBERG ★★★★
Melmoth town
ROYAL NATAL NATIONAL PARK ★★
RICHARDS BAY
ESHOWE ★★
MOKHOTLONG ★
GIANTS CASTLE ★★
MOOIRIVIER ★
KARKLOOF NATURE RESERVE ★
BALLITO
KWADUKUZA ★
BALGOWAN ★
NOTTINGHAM ROAD ★
LIDGETTON ★
HOWICK ★
SHAKA'S ROCK – UMHLALI ★★
SANI PASS
LOTHENI NATURE RESERVE ★
PIETERMARITZBURG ★★
HIMEVILLE ★
UMHLANGA ROCKS ★★
UNDERBERG ★
Mpumalanga
DURBAN ★★
PENNINGTON ★
UMZUMBE ★
KOKSTAD
Boschfontein
PORT SHEPSTONE ★
Océan Atlantique
SOUTHBROOM ★
RAMSGATE ★
PORTOBELLO
PORT EDWARD ★
PORT ST JOHNS ★★
Kwazulu-Natal
Coffee Bay
100 KM

PAGES

● ● CÔTE SUD

● ● DRAKENSBERG

Classée au patrimoine mondial de l'Unesco, la chaîne de montagne du Drakensberg est majestueuse. C'est un véritable terrain de jeu pour les randonneurs.

● ● CÔTE DES DAUPHINS

● ● MIDLANDS

PAGES

●● LES BATTLEFIELDS

Les « battlefields » (champs de bataille) sont de vastes plaines fertiles dans l'arrière-pays zoulou où se sont déroulés les combats entre les guerriers du grand Shaka et les Anglais, et entre les Anglais et les Boers. La conquête de cette terre s'est faite dans le sang, à l'image de la Blood River, la bataille la plus connue. On y arrive depuis Durban par les Midlands, on peut aussi s'improviser à travers la piste qui part d'Eshowe (Zouloualand) vers Vryheid ou Dundee, mais vérifiez l'état de vos pneus avant ! Cette route est beaucoup plus longue, mais plus charmante.

●● ZULULAND

Sûrement l'une des plus belles régions du pays. C'est dans la région du Zululand que l'on peut découvrir l'une de nos réserves favorites : Thula Thula Game Reserve.

●● HLUHLUWE UMFOLOZI PARK

●● MAPUTALAND

Le Maputaland est unique au monde. C'est une des dernières « frontières » du pays, une zone sauvage et difficile d'accès, au même titre que le Richtersveld ou le kgalagadi près de la Namibie. Le Maputaland s'étend sur plus de 900 000 km², délimités par les monts Lebombo à l'ouest, le Mozambique au nord, l'océan Indien à l'est et l'embouchure de la rivière Mfolozi au sud, près de Saint Lucia Estuary. Pour les vrais amoureux de la nature, cette région présente un intérêt considérable car elle se situe à la jonction des climats tropicaux et subtropicaux. De nombreux écosystèmes sont représentés dans cette plaine autrefois sous les eaux : savane aride, savane arbustive, structure deltaïque, forêt primaire.

Les plus hautes dunes du monde recouvertes de végétation et les récifs de corail les plus austraux de la planète figurent parmi les trésors du Maputaland. Les voies de pénétration de la région sont parfois en très mauvais état mais cela s'est considérablement amélioré avec la construction d'une voie rapide transfrontière vers Maputo, via l'est de Phinda. Pour explorer les pistes des zones les plus reculées, un 4x4 est nécessaire. Il y a très peu de stations-service, on fera donc un plein sur la N2 par mesure de précaution. Les moyens de communication sont également très réduits.

PORT EDWARD ★

Petite station balnéaire très fréquentée à la lisière de la côte sauvage, Port Edward est situé au sud de la côte dans la belle région du KwaZulu-Natal, un point de chute idéal pour des vacances en famille et assez peu touristique. La plage principale de Silver Beach est accessible facilement, mais plus belles encore et surtout un soupçon plus sauvages, en remontant le littoral vers de nord, sont la Leisure Bay Beach ou, légèrement plus haut, la Munster Beach. Si vous arrivez depuis Port Saint John's, vous pourriez prendre la petite route qui passe par Bizana : elle est magnifique et plutôt en bon état pour que la conduite soit agréable.

RAMSGATE ★

En 1922, une seule personne vivait en Robinson ici, Paul Buck, un peintre et violoniste, sans doute inspiré par la beauté de la nature environnante. Ramsgate est un petit village charmant de la côte localisé à l'embouchure de la rivière Bilanhlolo, nommé ainsi par les Zoulous et signifiant « le bouillonnement merveilleux », en raison des bulles formées à la rencontre des forts courants de la rivière et de l'océan à cet endroit. On rejoint la plage par le quartier de Lawrence Rocks ou un peu plus au nord en allant jusqu'à Margate Beach ou Margate North Beach. Quelques boutiques, *guesthouses* et restaurants apportent une atmosphère agréable à Ramsgate.

SOUTHBROOM ★

Au sud de Port Shepstone, la petite ville côtière de Southbroom et ses nombreux hébergements regardent l'océan Indien. Bercée par la Trafalgar Marine Protected Area, la petite aire marine protégée s'étend sur un peu plus de 8 km^2, de Marina Beach à Palm Beach. Une riche diversité d'algues marines, une vaste plage de sable, une zone rocheuse, puis de marais salés et une zone d'eau douce dans la réserve naturelle Mpenjati : Southbroom, c'est à la fois le sable chaud de plage d'Umkobi et les leçons de surf, mais aussi la possibilité de s'offrir quelques trous au Southbroom Golf Club, sur un terrain de golf avec vue sur la mer, bien entendu.

WAILANA BEACH LODGE €€

436 Ashmead Drive
✆ +27 39 314 4606
www.wailana.co.za
Doubles à partir de 800 R avec petit déjeuner.

Un Robinson suisse vous accueille dans sa villa tropicale, perchée face à l'océan, la vue est fantastique depuis la terrasse du petit déjeuner. Wailana Beach Lodge propose deux chambres qui donnent sur le jardin et trois autres sur la mer, mais toutes disposent d'une terrasse privative où il fait bon se relaxer en observant la nature autour de nous. Chacune des chambres est décorée selon un thème bien trouvé : il y a la Cabine du capitaine, l'Orientale, la Plantation, la Cime des arbres... Le tout dans une ambiance particulièrement relaxante.

Port Edward.

PORT SHEPSTONE ★

Fondée en 1867, la ville est à l'époque le port principal de toute la région du sud du KwaZulu-Natal. Située à l'embouchure de la rivière Mzimkulua, la petite station balnéaire de Port Shepstone compte environ 10 000 habitants. A une heure et demie de Durban en voiture, elle est naturellement devenue un lieu de villégiature pour la classe aisée de Durban qui aime y trouver le calme et la douceur de vivre. Peut-être aussi des plages plus agréables : moins bondées et plus sauvages. Ainsi, de nombreuses jolies maisons d'hôte sont sorties de terre, offrant pour beaucoup d'entre elles de belles vues sur la mer où il fait bon faire escale.

RÉSERVE ORIBI GORGE

✆ +27 21 975 2189

La gorge d'Oribi traverse la plaine éponyme et celle du KwaZulu-Natal. Le canyon est alors traversé par la rivière Mzimkulwana. Au cœur de la réserve, près des chutes d'eau, filent des sentiers de randonnée et des aires de pique-nique. Il est possible de faire du rafting. On peut trouver des boutiques d'artisanat et des possibilités de logement au sein même de la réserve Oribi Gorge. Pour s'y rendre, il faut compter 20 minutes de route depuis Port Shepstone, une demi-heure depuis Margate, ou encore à environ 35 km au nord-ouest de Port Shepstone.

AFRICAN DIVE ADVENTURES

Albert Meyer Dr

✆ +27 82 456 7885

www.afridive.com

Plongées simples, à partir de 900 Rand. Nitrox, 150 Rand.

Chez African Dive Adventures, Roland vous invite à découvrir l'expérience de la plongée avec les requins sauvages dans leur environnement naturel. Pointe noire, tigre, le *bull shark* et le grand blanc. Il y a aussi une grande variété de poissons de récif, de raies et de murènes. Ce sont les pionniers de plongée sur Protea Banks, ils proposent également des sorties plongée sur d'autres récifs. Un niveau expérimenté est nécessaire pour certaines sorties quand il s'agit de plongées profondes entre 32 et 38 m, souvent avec du courant.

UMZUMBE ★

Umzumbe est une petite station balnéaire entre les rivières Mzumbe, dite la « rivière dangereuse », et Ingambili. A une centaine de kilomètres au sud de Durban, ce sont ses dunes de sable et ses belles plages qui en font la principale attraction pour qui aime marcher pendant de longues heures sur le sable, observer les levers de soleil magnifiques à l'horizon sur l'océan Indien très tôt le matin, crapahuter dans les rochers jusqu'à la jetée sauvage de Stiebel Rocks, ou encore s'essayer au sport national du coin qui n'est autre que la pêche au harpon. A vous de jouer ! Quelques *guesthouses*, avec vue sur la mer, n'attendent plus que vous à Umzumbe.

MANTIS AND MOON BACKPACKER LODGE €

178 Station Road

✆ +27 39 684 6256

www.mantisandmoon.net

Dortoir à 300 R, doubles de 650 R à 825 R, tree-houses à partir de 900 R.

Backpacker lodge 4-étoiles, cet endroit est incroyable ! Vous logez dans de luxueux dortoirs, des chambres doubles dans des cabines avec baignoire en plein air ou dans des cabanes dans les arbres, à prix abordable. Situé à quelques minutes de la plage, dans une bananeraie, l'endroit cache une piscine, un bain bouillonnant et, pour ceux qui sont joueurs, une table de blackjack et une autre de roulette. Baz bus stop, transfert gratuit depuis Port Shepstone.

PENNINGTON ★

Dans le creux de la rivière Mzinto, au sud de la ville de Durban, la petite ville de Pennington fait partie de ces lieux prisés pendant les vacances de Noël en Afrique du Sud, qui sont par ailleurs les grandes vacances d'été pour les Sud-Africains. Au sud de Durban, la petite ville côtière de la très belle région du KwaZulu-Natal offre une belle et grande plage, vaste et sauvage. Ici, règnent un bon nombre de lodges, d'hôtels ou de *guesthouses*, s'érigeant face à l'horizon et aux belles vagues de l'océan Indien, ou dans le centre-ville, non loin de l'unique pub de Pennington où se retrouvent habitants et voyageurs de passage, l'Uncle Bobs.

DURBAN ★★

Durban est un grand port qui cache bien son jeu. S'il ne s'éloigne pas du centre et du front de mer touristique, le voyageur n'en verra rien ou presque. Cette ville de 3,7 millions d'habitants ne livre pas ses clés trop vite, préférant se donner du temps pour gagner le visiteur à ses charmes orientaux. Quelques heures ou quelques jours, cela dépend de son humeur. L'office de tourisme promet 320 jours de soleil par an, avec un bon 30 °C de janvier à mars, un hiver à 20 °C de juin à août et quelques pluies terrifiantes de septembre à novembre. On s'y baigne toute l'année grâce aux filets antirequins installés. En simplifiant, on dira qu'il y a deux villes : le Durban de l'intérieur, avec ses vieux bâtiments, son quartier indien, ses centres commerciaux rutilants et ses tours de verre, puis le Durban côté mer, son esplanade et ses toboggans, ses hôtels, chacun semblant vouloir grignoter quelques mètres carrés à l'autre, histoire d'impressionner un peu plus les Sud-Africains, si fiers de leur Golden Mile où ils viennent par milliers passer les vacances de Noël entre béton et néon. Comme toutes les grandes villes sud-africaines, la géographie de Durban évolue avec la société : le bord de mer est désormais fréquenté majoritairement par les Noirs des classes moyennes, ceux qui accèdent enfin au luxe des vacances. Du coup, ceux qui ont un peu plus de moyens fuient rapido vers le nord, à Umhlanga. La ville est très cosmopolite mais suit un clivage très fort entre Blancs, Noirs et Indiens, chacun restant dans ses « quartiers ». Durban n'est pas vraiment une belle ville, de nombreux immeubles sont à l'abandon et décrépis, bienvenue dans un Miami défraîchi !

Histoire

Durban est né en 1824, lorsque 25 hommes sous les ordres du lieutenant anglais Farewell s'installèrent dans la baie du Natal depuis la colonie du Cap. Le diplomate Fynn's, qui négociait entre les Anglais et les Zoulous en pleine guerre, fut remercié par le grand roi zoulou Shaka qui lui offrit une terre où une trentaine de résidents s'installèrent. Ils décidèrent de nommer la ville Durban en l'honneur du gouverneur de la colonie du Cap sir Benjamin d'Urban. Les conflits entre Anglais et Boers, mais ensuite entre Anglais et Zoulous, se déroulèrent dans l'arrière-pays appelé aujourd'hui « Battlefields ». Devant la ténacité et la peur qu'inspiraient les guerriers zoulous, les Blancs décidèrent de se réunir sous la pression militaire. Ainsi en 1844, les Afrikaners acceptèrent leur annexion par les Britanniques. Ces derniers voulurent créer un comptoir sucrier dans les années 1860, car cette industrie naissante était florissante. Pour mener à bien leur projet et pallier le manque de main-d'œuvre, il firent venir des milliers de travailleurs indiens sous contrat pendant cinq ans, dont beaucoup finirent par s'installer dans la région. Durban doit aussi son essor à celui des mines et des industries de Johannesburg, car l'or récolté et les biens produits étaient transportés en camion et en train jusqu'au port de Durban puis en bateau jusqu'en Europe. Sous l'apartheid, dont les bases du régime ont été posées ici, bon nombre de Zoulous rejoignirent les rangs de l'Inkhata, le « concurrent de l'ANC » dans la revendication des droits, car cette organisation se voulait exclusivement africaine.

BERGTHEIL LOCAL HISTORY MUSEUM

16 Queens Avenue
✆ +27 31 203 7107
Ouvert du lundi au vendredi de 8h à 16h, samedi jusqu'à midi. Gratuit.

Cette demeure de 1840 est le plus ancien édifice de Westville. Elle appartenait à Jonas Begtheil, un colon allemand, alors directeur de la Natal Cotton Company. Épais murs en pierre, planchers en bois de yellowood… Cette maison-musée retrace le rôle des colons allemands dans l'essor des quartiers de Westville, Cleremont et New Germany. On trouve d'autre part une exposition d'artisanat et d'art traditionnel zoulou, ainsi qu'un aperçu de la culture hindoue et musulmane à Durban.

CITY HALL ★

A l'angle des rues Samoral Machel et Pickley Kaseme
✆ +27 31 311 1111

Le duc de Connaught a posé, en 1906, la première pierre de cet hôtel de ville, copié sur celui de Belfast. C'est vraiment l'un des plus imposants du pays, et sûrement un des plus beaux de Durban. Remarquez sur le fronton principal une grande sculpture symbolisant l'unité et le patriotisme. On devine plusieurs personnages, parmi lesquels une femme en tenue orientale et un guerrier zoulou avec son bouclier traditionnel. Hôtel, mais pas seulement : ce magnifique bâtiment abrite aussi une galerie d'art, le musée des sciences de Durban et même la bibliothèque.

DURBAN NATURAL SCIENCE MUSEUM

Hôtel de ville

✆ +27 31 311 2256

Ouvert du lundi au vendredi de 9h à 15h, le samedi de 9h à midi. Gratuit.

Ce musée a été modernisé d'écrans plasma expliquant les évolutions naturelles des plantes et des animaux. Quelque 300 000 pièces dans la collection « insectes et araignées », avec une spectaculaire collection de 700 araignées locales, une collection de 50 000 papillons endémiques à la région. Comme tout musée d'Histoire naturelle, la collection de 12 500 spécimens de mammifères est accompagnée de 1 700 exemples trempant pour l'éternité dans des bocaux remplis de formaldéhyde.

KWAMUHLE MUSEUM

130 Bram Fischer Rd

✆ +27 31 311 2237

Du lundi au vendredi de 8h30 à 16h, jusqu'à 12h30 le samedi. Gratuit.

Ce musée a pour objet de corriger la vision de l'histoire contée sous l'apartheid. Ce bâtiment était le siège des autorités coloniales de Durban qui ont créé une ségrégation raciale par le travail, ce qui a ensuite fait école dans le pays donnant les bases du régime d'apartheid. Aujourd'hui, c'est un musée qui « dépeint Durban comme une cité africaine qui se cherche une nouvelle identité dans un nouveau contexte politique ». De la naissance de Durban à son développement, il met en exergue les interactions, les confrontations et les relations du peuple.

HERB MARKET

Warwick

Tous les jours.

Plus de 700 vendeurs sur la place des Isangoma, comme on appelle les traditionnels guérisseurs zoulou, et aux alentours. L'ambiance est vraiment particulière, presque envoûtante... Ça brûle à même le sol, ça concasse, ça concocte des potions. Il y a tout ce qu'il faut pour faire de la sorcellerie et des philtres magiques : des racines, des écorces, des bois, des plantes sèches mais aussi des os, de la peau, des écailles, des cheveux et même des cerveaux, morceaux d'intestins... C'est à voir, mais ne pas y aller seul, soyez accompagné et pas de photo.

MOSES MABHIDA STADIUM ★★

Stamford Hill

✆ +27 31 582 8222

www.mosesmabhidastadium.co.za

Tous les jours de 9h à 17h. Autour de 60 R pour le SkyCar, 90 R l'Adventure Tour et 695 R le saut Big Rush.

Ce stade est situé au cœur du complexe sportif de Kings Park. Moses Mabhida fut l'un des chefs politiques de la branche armée de l'ANC durant l'apartheid. Plus tard, il devint commandant de MK. Après la Coupe du monde de 2010, la municipalité a décidé de rentabiliser son stade. Pour les plus aventuriers, vous pourrez aussi découvrir l'Adventure Tour qui vous emmènera escalader la grande arche du stade avec des longes et des cordes. Enfin, pour les kamikazes, vous pourrez essayer de sauter du haut de l'arche à 220 m avec le Big Rush.

Vue aérienne de Durban.

MOSQUÉE JUMA ★

Angle Dennis Hurley et Yusuf Dadoo

Visites possibles en semaine et le samedi matin en réservant.

A partir de 1860, les Anglais firent venir de nombreux Indiens pour travailler dans les champs de canne à sucre, là où les Zoulous ne donnaient pas toute satisfaction. La première vague, principalement constituée d'Hindous, fut suivie d'une deuxième, celle des commerçants indiens musulmans des années 1970. Sur un terrain de 975 m², ils construisirent ce majestueux bâtiment, une grande mosquée de l'hémisphère sud. On se sent vraiment le bienvenu lors de la visite. Pas de jupe ou de short, ou sinon prêt d'une tenue plus adéquate gratuitement.

OLD COURT HOUSE MUSEUM

77 Samora Machel street

✆ +27 31 311 2229

Ouvert du lundi au vendredi de 8h30 à 16h, jusqu'à 12h30 le samedi. Gratuit.

Le plus ancien bâtiment public du CBD a un passé chargé. Endommagé pendant la guerre anglo-zoulou de 1879, puis par les guerres sud-africaines, ensuite la rébellion de Bambatha... Plus récemment, il faisait office de centre de recrutement. Ici, sous l'apartheid on autorisait ou non l'accès à la ville aux Africains, c'est ici aussi qu'un juge demanda à un tout jeune activiste du nom de Gandhi de quitter la salle parce qu'il portait un turban. Une partie du musée est consacrée à l'histoire du KwaZulu-Natal, une autre à celle de la ville.

PHANSI MUSEUM

500 Esther Roberts Road

✆ +27 31 206 2889

www.phansi.com

Ouvert de 8h à 16h du lundi au vendredi et de 10h à 14h le samedi.

Un musée privé présentant de riches collections d'œuvres perlées du KwaZulu-Natal, du Cap-Oriental mais surtout du pays ndebele. Cuillères, appuis-tête et autres bols constituent un ensemble unique en Afrique du Sud. Les amateurs découvrent également de belles pièces tressées en fils de cuivre. Pour ceux qui souhaitent poursuivre l'expérience, et peut-être acheter des pièces de première qualité, nous conseillons la visite de l'atelier de création de la grande dame du bijou en perles, Jane Bedford, 98, 11th Avenue (✆ +27 31 563 3801 – www.beadwork.co.za).

1ST ZULU SAFARIS

uShaka Marine World

✆ +27 82 776 6771

www.1stzulusafaris.co.za

Ouvert de 9h à 18h du lundi au vendredi (jusqu'à 19h samedi et dimanche).

© 1ST ZULU

L'agence 1st Zulu Safaris propose des excursions à la journée comme des aventures sur plusieurs jours. Sotiris et son fils connaissent tout de la région Kwazulu-Natal, vous pouvez leur faire confiance. Entre autres : découverte de Durban, safaris, visite culturelle des villages, battlefields tours, St Lucia et son estuaire... avec départs et retours en véhicule sur Durban. Il y a tellement à faire dans les alentours que nous recommandons vivement de faire appel à une agence de ce genre pour découvrir les points les plus importants dans un minimum de temps.

USHAKA MARINE WORLD ★★

1 1 King Shaka Avenue ✆ +27 31 328 8000

www.ushakamarineworld.co.za

Du lundi au dimanche de 9h à 17h. Entrée du parc aquatique : 202 R par adulte. Entrée aquarium : 104 R par adulte.

Chacun peut venir s'en donner à cœur joie sur 16 hectares de décor péplum. Une plage, des jeux aquatiques, un centre commercial mais surtout l'un des aquariums les plus grands du monde avec ses 17 500 mètres cube d'eau. Cet aquarium géant a été construit dans une réplique d'épave de bateau très réaliste. Les bassins sont très agréables à regarder, on pourrait y passer des heures à se laisser bercer par la valse des poissons. Bassin de requins spectaculaire. Pour les téméraires, plongée avec bouteilles ou en snorkeling dans un aquarium, dont celui des requins.

TEMPLE OF UNDERSTANDING

De 10h à 13h et de 16h à 20h. Sur donation.

Le temple Hare Krishna de la Compréhension vaut le détour de 30 km depuis le centre de Durban. Il faut un véhicule, un plan détaillé et un minimum de sens de l'orientation pour trouver son chemin, d'abord par l'autoroute N2 de la côte sud, puis en prenant la Higginson Highway à l'échangeur Mobeni/Chatsworth, jusqu'à Chatsworth Centre à environ 8 km. Le quartier de Chatsworth, baptisé d'après le nom de la propriété familiale du duc du Devonshire, fut créé en plein apartheid, en 1957, comme lieu de résidence des Indiens. On conseille une visite le samedi, jour d'affluence dans les commerces.

Le temple Sri-Sri Radha-Radhanath appartient à l'International Society for Krishna Conciousness. Dès votre arrivée, et quelle que soit votre confession, vous serez accueilli par un ou une guide affichant un perpétuel sourire.

On vous montrera la magnifique salle de prière en marbre de Carrare et or, ornée de représentations de la vie de Krishna. Quand il était petit, Krishna volait du beurre, vous dira peut-être votre accompagnatrice. Les croyants, en état de « compréhension », viennent s'allonger à plat ventre sur le marbre froid. L'expérience est étonnante : on cherche à convaincre les visiteurs, non pas en les assommant de vérités divines, mais en leur donnant un sentiment de liberté et de grande plénitude. Les séances de chant pour Krishna, ouvertes à tous, ont lieu en pleine nuit, à 4h30 du matin. Courage ! Par ailleurs, on peut s'alimenter en version végétarienne au restaurant Govinda, sous le temple.

VICTORIA STREET MARKET ★★

Yusuf Daddo

Ouvert du lundi au vendredi de 6h à 18h, le samedi jusqu'à 14h et le dimanche de 10h à 14h.

Le Victoria Street Market, ce sont des centaines d'étals couverts de viandes et de poissons du côté du marché alimentaire, des magasins de soieries brodées indiennes multicolores et des petits magasins vendant mille épices aux senteurs orientales. Chaque stand offre de grands tas de senteurs colorées, de noix en tous genres, un vrai plaisir pour les yeux et le nez ! On comprend en arpentant les allées pourquoi Durban est appelée communément la petite Inde d'Afrique du Sud : on se croirait vraiment en Inde… mais aussi au pays des touristes, qui se baladent dans ce lieu clos au milieu de la foule. Ainsi, on retrouve malheureusement de plus en plus d'étals vendant uniquement des babioles touristiques et autres maillots de football. On trouve également de nombreux magasins d'artisanat local zoulou et xhosa de grande qualité. Alors il faut garder l'œil bien ouvert ! Chinez dans le marché pour trouver vos meilleurs cadeaux et souvenirs. Des allées, des passerelles, c'est un vrai labyrinthe. Attention, n'allez pas là-bas trop tard l'après-midi, le quartier est moyennement sûr lorsque les rues se vident. Idem le week-end, allez-y tôt le matin, de toute façon si vous arrivez trop tard, la plupart des stands seront fermés. Règle basique comme n'importe où, mais on le redit : attention aux pickpockets qui sont tout contents de voir débarquer des touristes avec un sac à dos ! Attention aussi aux vendeuses qui remplissent un sac d'épices dès que vous rentrez dans leurs magasins et qui vous forcent à l'acheter par la suite.

BIWAKWANGO

84 Rainbow Drive

✆ +27 31 776 3165

www.biwakwango.com

Journée sur mesure à partir de 800 R/personne, le prix varie selon les activités proposées.

Oubliez les séjours bateau et les tours impersonnels. Biwakwango est spécialiste du voyage d'exploration en Afrique australe. Les circuits sont conçus méticuleusement en s'appuyant sur sa profonde connaissance de la région et du terrain. Avec une démarche écologique et solidaire, l'agence propose des séjours de safari (à pied, en canoë, des treks), des randonnée et des voyages d'aventure hors des sentiers battus. Le personnel et les guides sont top et ont plein d'histoires et de culture à transmettre. Vous pouvez les contacter en français.

AÉROPORT INTERNATIONAL KING SHAKA

King Shaka Drive, La Mercy

✆ +27 32 436 6585

kingshakainternational.co.za

King Shaka est l'aéroport récent et moderne de Durban, qui a ouvert ses portes en 2010. L'ancien aéroport Louis Botha Airport se trouvait en effet à 60 km au nord de Durban, ce qui n'était pas vraiment pratique pour les affaires. Les compagnies comme FlySafair, Kulula et South African Airlines assurent des vols réguliers entre Durban et les principales villes du pays : Johannesburg, Le Cap, Port Elizabeth, East London, Bloemfontein, Nelspruit et George.

CURIOCITY HOTEL DURBAN €

55 Monty Naicker Road
✆ +27 31 286 0025
curiocityhoteldurban.com
Simple à partir de 320 R, double de 690 R à 990 R, triple autour de 1 200 R.

Un des hôtels de Durban parmi les plus sympas. Après Johannesburg, c'est ici dans un immeuble Art déco que le Curiocity Hotel a ouvert son établissement. Un hôtel nouvelle génération avec son spa, ses cours de yoga, ou encore de salsa et ses activités diverses et variées. Les chambres sont propres et hyper modernes, tout comme le bar, le patio où les clients se retrouvent pour discuter ou bien la librairie. Idéalement placé dans un quartier animé, proche de la plage et de nombreux magasins, si vous hésitez, c'est la bonne adresse où se poser à Durban.

TEKWENI BACKPACKERS €

169 Nineth avenue, Morningside
✆ +27 31 303 1433
www.tekwenibackpackers.co.za
Dortoir à partir de 200 R, doubles et triples autour de 720 R, quadruples dès 960 R.

L'un des plus anciens et des plus réputés backpackers de la ville de Durban, le Tekweni Backpackers garde le cap. Nichée dans cette grande maison victorienne construite en 1896 dans le quartier de Morning Side, à deux pas des restaurants de la Florida Road, l'auberge est bien située. On aime sa propreté, le jardin avec la piscine où il fait bon profiter un après-midi entier s'il le faut, le bar super animé le soir. Ici, ce qui compte, c'est l'ambiance festive, les rencontres entre les baroudeurs, les échanges, de bons conseils et l'amour du fun !

TEREBINTE BED & BREAKFAST €

62 J.B. Marks Road, Glenwood
✆ +27 82 850 0139
www.terebinte.co.za
À partir de 425 R par personne, petit déjeuner inclus.

Une toute petite *guesthouse*. Situé dans le quartier de Glenwood, le Terebinte Bed & Breakfast possède seulement deux chambres. La décoration est éclectique, personnalisée et très colorée, aux goûts de Yuri et Gerhard les propriétaires. De nombreuses œuvres d'artistes locaux ornent les murs. Il n'y a pas une pièce qui se ressemble et c'est très chouette ! Le patio est très agréable avec sa jolie œuvre street art *Life Is Beautiful*. Une très bonne adresse, originale et familiale.

ANNIE'S PLACE €€

3 Holmpark Place
✆ +27 31 564 7358
www.anniesplace.co.za
Simple de 680 R à 750 R, double de 950 R à 1 120 R, petit déjeuner inclus.

Au nord de la ville, en direction de Umhlanga, voici vingt ans qu'Annie a ouvert sa maison aux voyageurs. Une petite vue sur l'océan située à deux pas de là, et idéalement placée à 5 minutes du nouveau stade. Par contre, il faudra prendre la voiture pour se rendre dans le centre-ville. Mais vous ne pourrez qu'apprécier la quiétude de l'endroit, l'agréable piscine et le dévouement de la maîtresse de maison pour ses invités, notamment à l'heure du petit déjeuner, copieux et délicieux. Annie's Place, c'est clairement une adresse futée !

GIBELA BACKPACKERS LODGE €€

119 Ninth Avenue ✆ +27 31 303 6291
https://gibelatravellerslodge.co.za/
Dortoir à 6 chambres filles ou garçons à partir de 260 R/personne et double à 340 R, toutes avec petit déjeuner.

Une jolie maison avec ses palmiers, sa pelouse parfaite, sa pataugeoire rafraîchissante et son potager pour agrémenter les repas des légumes du jardin. Les chambres sont peut-être un tout petit peu plus chères que dans une auberge classique, mais elles sont spacieuses et joliment décorées, avec un petit déjeuner délicieux. Superbe salon à la marocaine en extérieur, avec des canapés et coussins confortables où il fait bon s'affaler le soir pour discuter avec les autres convives. Une cuisine bien équipée et un excellent accueil.

LUXE ON RIDGE BOUTIQUE HOTEL €€

350 Peter Mokaba Ridge
✆ +27 31 202 3706
www.luxeonridge.co.za
Prix sur demande.

Tout près des jardins botaniques de Durban, ce nouvel établissement offre un environnement agréable et sécurisé pour poser ses valises. Les chambres sont spacieuses et équipées d'une télévision, d'un frigo, de la climatisation et d'une salle de bains avec douche. Une grande terrasse invite à se détendre au soleil ou à prendre son petit déjeuner. On peut aussi se relaxer au spa qui propose toutes sortes de soins. Accueil sympathique. Parking surveillé.

RIDGEVIEW LODGE €€

17 Loudoun Rd, Berea
✆ +27 31 202 9777
À partir de 1 250 R la double avec petit déjeuner.

Voici une demeure de grande classe avec sept chambres toutes différentes, des salons richement décorés, des tapis, meubles anciens, tableaux. Une déco classique et de bon goût. Le must : le panorama splendide depuis les hauteurs de la ville où se trouve le lodge – surtout à l'heure du coucher du soleil qui dégage cette lumière orangée – et sa piscine nichée dans un parc luxuriant. Ici, vous êtes en pleine nature, et pourtant dans le centre de Durban. Réservez à l'avance car excellent rapport qualité-prix et adresse très connue des Sud-Africains.

THE BENJAMIN €€€

141 Florida Avenue
✆ +27 31 303 4288
www.benjamin.co.za
A partir de 1 650 R par personne avec petit déjeuner.

A l'image du quartier, le Benjamin est un boutique hôtel cosy au style colonial. L'établissement profite de sa situation idéale sur Florida Street, artère principale de Durban avec les restaurants et bars les plus branchés de la ville. Vous pourrez vous balader sans problème dans le quartier et profiter de la beauté de l'architecture Victorienne environnante. Au total, 43 chambres avec des grands lits, bien équipées, une jolie piscine rafraîchissante dans le jardin, des tables en terrasse pour profiter du soleil et un service attentif.

THE CONCIERGE BOUTIQUE BUNGALOWS €€

37-43 St Mary's Avenue, Greyville
✆ +27 078 405 3822
www.the-concierge.co.za
A partir de 1 150 R la double jusqu'à 1 900 R avec petit déjeuner.

Ce boutique-hôtel aux murs en brique et bois allie design *arty* et *funky*. Situé près de Florida Street, au calme, il propose des chambres toutes différentes, aux détails soigneusement pensés, équipées de lits *king size*. Egalement une terrasse privative dans un jardin agréable et intime, borne Iphone, wi-fi... Le petit déjeuner bio servi au Freedom café, très recommandable, fréquenté par la jeunesse branchée du Cap. Parking sécurisé, accueil du staff très chaleureux.

FREEDOM CAFE €

37-43 St Marys Avenue
✆ +27 78 405 3822
Ouvert de 7h à 15h30. A partir de 50 R.

Le Freedom Café est le rendez-vous un peu branchouille de la jeunesse de Durban, qui propose sans prétention des petits déjeuners, des burgers, des soupes, des tartines colorées, des rolls, des salades extrêmement bien garnies et préparées avec des ingrédients ultra frais. Au Freedom Cafe, on profite de la terrasse sous les arbres pour prendre un déjeuner bien agréable, ou du petit café tout en verre, à la déco design futuriste, ou encore un délicieux smoothie. Une adresse *funky* et colorée où souffle un doux vent de liberté.

AVONDALE BOUTIQUE HOTEL €€€

335 Avondale Road ✆ +27 31 942 0004
www.avondalehotel.co.za
Chambre standard à partir de 2 000 R, familiale : 4 000 R. Petit déjeuner inclus.

Ce boutique-hôtel est un établissement 4-étoiles pittoresque et esthétiquement conçu. Nichées dans une belle bâtisse, se trouvent 17 chambres spacieuses, lumineuses et joliment décorées de quelques couleurs pastel, de grandes douches à l'italienne et de tons clairs. Dans les lieux communs, on se rejoint dans le restaurant très agréable où l'on dîne de très bons plats, frais et locaux. Quant au petit déjeuner, il est délicieux et vous pourrez même le déguster dans le jardin pour profiter comme il se doit des premiers rayons de soleil matinaux.

ANTIQUE CAFE €

91 Churchill Road
✆ +27 81 444 1986
www.antiquecafe.co.za
Tous les jours de 7h30 à 16h30. Environ 70 R pour un petit déjeuner complet, 80 R pour un plat et 100 R pour une salade.

Vintage au goût du jour à l'Antique Cafe. Un café original et charmant situé dans une véranda entre deux bâtiments classés. Sous le haut plafond, des poutres apparentes, des lustres, des vitraux, des tables et des chaises en bois dépareillées, de la vaisselle à fleurs à l'anglaise de chez grand-mère, et des objets *vintage* décorent la salle. L'ambiance est champêtre et agréable du côté de la terrasse et de ses jolies chaises en fer forgé repeintes en blanc. Une excellente adresse pour boire un café, prendre un petit déjeuner ou bruncher.

Portrait d'un chef Zoulou.

THE LITTLE INDIA €

155 Musgrave Road
✆ +27 31 201 1121
www.littleindiarestaurant.co.za
Ouvert de 10h à 22h. Environ 95 R pour un plat.

The Little India porte bien son nom. Vous l'avez compris, Durban est la petite Inde d'Afrique du Sud. Alors les restaurants traditionnels indiens ne manquent pas et les plats indiens font indéniablement partie de la culture de la ville. Vous ne pouvez pas venir à Durban sans goûter les plats traditionnels de ce restaurant. Litlle India tient sa promesse : une cuisine pleine de finesse et succulente, notamment le célèbre *mutton bunny chow*, ce copieux pain surprise au mouton. Attention si vous n'avez pas l'habitude de manger épicé !

9TH AVENUE BISTRO €€

Avonmore Centre
✆ +27 31 940 4628
www.9thavenuebistro.co.za
Du mardi au vendredi de 11h à 23h, dimanche de 11h à 17h. Couvert à 200 R par personne. Environ 200-300 R pour un plat.

Au bord de l'eau, du côté du port de Durban, le 9th Avenue Bistro est un restaurant bistronomique, comme l'évoque le doux mélange de la cuisine de bistrot et la cuisine gastronomique. Les assiettes sont belles, colorées, joliment dressées et intéressantes en bouche. On part ici, face à la vue du port et des hauts immeubles derrière, à la rencontre des plats où se mêlent les influences asiatiques du côté des cuissons, et européennes du côté des saveurs. Des émotions salées-sucrées, des audaces, une belle adresse.

BUTCHER BOYS €€

170 Florida Road
✆ +27 31 312 8248
https://butcherboysgrill.co.za/
Ouvert tous les jours de 11h à 22h. À partir de 160 R les 200 g de bœuf.

Les carnivores ne manqueront pas ce *steak house*, réputé pour sa viande de qualité supérieure issue des élevages du coin. Surlonge, faux-filet, filet, bifteck ou côte, le bœuf est proposé dans tous ses états et la cuisson y est méticuleusement respectée. Très belle sélection de vins pour accompagner sa copieuse assiette. On trouve aussi à la carte des hamburgers gourmets, des salades à personnaliser et quelques plats végétariens et de poissons. Toutefois, gardez une place pour les desserts faits maison, vous ne le regretterez pas !

NEXT CHAPTER RESTAURANT €€

167 Florida Road
✆ +27 31 312 1099
Ouvert tous les jours de 8h à 23h. Plats autour de 200 R.

Surplombant la rue animée de Florida Road, Next Chapter Restaurant est le rendez-vous des locaux pour venir déguster des plats copieux à des prix corrects. Suivant des jeux de mots en anglais, la carte présente une variété de plats pour satisfaire tous les goûts : salades, pâtes, pizzas, poissons, volaille… La terrasse abritée est agréable pour se poser et l'intérieur, climatisé pour ceux qui souhaiteraient se réfugier de la chaleur. Les matchs de football sont retransmis sur écran plat, dans une ambiance conviviale et joyeuse.

ROMA REVOLVING RESTAURANT €€

Margaret Mncadi Avenue
✆ +27 31 337 6707
www.roma.co.za
Du lundi au jeudi de 18h à 22h30, vendredi et samedi de 12h à 14h30 et de 18h à 22h30. Comptez 140 R pour un plat.

Le Roma Revolving Restaurant est niché haut perché sur l'immense tour John Ross House. Ici règne alors le seul restaurant tournant du Natal et l'un des 32 au monde. Les cartes sont italienne et française, avec notamment les champignons à la façon du Val d'Aoste, les *piccatas* de veau, et un chariot de desserts spectaculaires. Le soir, la vue est extraordinaire et scintillante sur la ville en bel habit de lumière qui s'étend quelque 136 mètres plus bas.

SHARK CAGE DIVING KZN

Landers Dive Centre
✆ +27 82 373 5950
www.sharkcagedivingkzn.com
A partir de 1 000 R la plongée incluant un package photos.

Si dans la région de Cape Town vous ne verrez principalement que des grands requins blancs, lors de votre plongée ici vous pourrez voir une multitude d'espèces. L'incroyable John Miller vous emmène à bord de son bateau pour la plongée en cage de votre vie. Après 30 minutes de traversée vous vous retrouvez au milieu de l'océan prêt à vous immerger dans la cage. Une fois sous l'eau, le spectacle est merveilleux : requins à pointes noires, requins-marteaux, requins-tigres, requins-baleines... tournant dans une véritable frénésie autour de la cage, de vous. Magique !

DRAKENSBERG ★★★★

La fantastique muraille de basalte, née il y a plus de 140 millions d'années, s'étend sur quelque 250 km entre Sentinel et Xalanga et culmine à 3 482 m. Le Drakensberg, « la montagne du dragon », doit son nom à un groupe d'explorateurs européens qui croyaient à une monstrueuse créature vivant sur les sommets. On y dénombre plus de deux mille grottes peintes par les Bochimans, premiers habitants de la région. Bien qu'identifié dès 1593 par les naufragés portugais, le massif ne fut officiellement reconnu qu'au XIXe siècle. Pendant leurs vacances, les Sud-Africains séjournent en famille dans les camps du KZN Wildlife ou les auberges d'altitude du Drakensberg.

© DIRIYE AMEY - SHUTTERSTOCK.COM

Drakenserg national park.

THE MAIN CAVE ★

Visite commentée d'une heure tous les jours de 9h à 15h.

La cave principale est l'endroit idéal pour voir des peintures réalisées par les Bochimans. Il y en a plus de 500 facilement accessibles à pied, au départ du camp de Giant's Castle où l'on achète un ticket de visite. Voir notamment le magnifique éland polychrome. L'œuvre la plus récente remonte à 800 ans à peu près, c'est dire. Ceux qui sont intéressés par cet art primitif de grande beauté pourront se procurer l'ouvrage de J. D. Lewis-Williams, *Rock Paintings of the Natal Drakensberg*, University of Natal Press, Pietermaritzburg.

DRAKENSBERG ADVENTURES

✆ +27 83 987 3071

www.drakensbergadventures.co.za

Prix vraiment dégressifs pour 3 ou 4 personnes. Pour 2 : Sani Pass (1 jour) pour 890 R, Hogsons Peaks (3 265 m) 890 R.

Cette agence est née en 1997 sous l'impulsion de Simone et Russel du Sani Lodge, des spécialistes et surtout des passionnés du Lesotho. A pied, à cheval ou en 4x4, ils seront les mieux placés pour vous conseiller parmi les multiples options de visite de ce royaume intact et méconnu des touristes. Ici, les sorties se font pour deux ou trois jours à dos de poney basotho ou encore quatre jours pour atteindre le plus haut sommet d'Afrique australe, Thabana Ntlenyana. On opte encore pour le frisson du grand trek de cinq jours sur le « toit de l'Afrique ».

AMPHITEATRE BACKPACKERS LODGE €

R74, Northern Drakensberg

✆ +27 82 855 9767

www.amphibackpackers.co.za

Camping : 135 R, dortoir : 295 R, doubles de 410 R à 695 R par personne.

Tout proche de l'Amphithéâtre, un paysage spectaculaire. Des randonnées à Tugella Falls, de l'escalade et des sorties au Lesotho avec une guide qui mène les randonnées en haute montagne à travers des chemins difficiles. Mais aussi pêche à la mouche, sortie en VTT, équitation… Le backpacker lodge en lui-même est exceptionnel : chalet de bois, piscine dans le roc ou bain bouillonnant pour se détendre après la marche, une grotte et même un sauna ! Et bien sûr un bar animé.

INKOSANA LODGE AND TREKKING €

R600, derrière Champagne Castle

✆ +27 81 528 7878

www.inkosana.co.za

Dortoir : 350 R, doubles de 498 R à 598 R par personne. Randonnée, équitation, rafting et VTT.

Superbe backpacker dans un bâtiment moderne vaste avec ces grandes baies vitrées sur la montagne, chambres spacieuses et bien agencées. À l'extérieur, une piscine et le sentier des yellowoods, ces arbres endémiques à la région. En toile de fond, les montagnes de Little Berg et les pics de Champagne Castle et Cathkin. L'auberge donne des conseils avisés sur les randonnées. Des nuits peuvent être arrangées à Ship's Prow Pass ou Malafadi, le plus haut sommet d'Afrique du Sud !

THE TREEHOUSE €€

Mooi River
✆ +27 33 263 5009
www.treehouse-acc.co.za
À partir de 990 R par personne pour le treehouse, 690 R par personne pour le cottage. Dîner et petit déjeuner inclus.

Vous n'avez jamais imaginé dormir perché au sommet d'un arbre, réveillé au petit matin par le simple chant des oiseaux et la lumière qui passe à travers les poutres de bois de votre cabane ? Réalisez un rêve d'enfant, offrez-vous une nuit dans les arbres, mais dans une véritable maison sur deux étages. On se croirait dans un conte de fées. Les repas, dîner et petit déjeuner sont bons et copieux, le personnel est super sympa et vous donnera tous les bons plans pour découvrir les environs. L'idéal pour un séjour en famille ou en amoureux.

THREE TREE HILL LODGE €€€

D 564, Ladysmith ✆ +27 36 448 1171
www.threetreehill.co.za
À partir de 5 600 R par personne, cottage à partir de 7 900 R par personne avec petit déjeuner.

Carrément perché sur une montagne, surplombant des collines verdoyantes, ce joli lodge est parfait pour passer un agréable week-end en famille. Les propriétaires se feront un plaisir de vous raconter la belle histoire des montagnes du Drakensberg, et pourquoi pas se laisser conter monts et légendes à dos de cheval ? Les repas, qui sont inclus, sont très bien préparés et les chambres confortables et charmantes. A noter, les activités offertes par la région comme le *canopy tour*, se trouvent à plus d'une heure en voiture du lodge.

INKUNZI CAVE AND ZULU HUT €

✆ +27 82 422 2846
www.inkunzicave.co.za
De 650 R à 1 500 R selon la saison pour 2 personnes en self catering.

Qui n'a jamais rêvé de dormir dans une grotte ou dans une véritable hutte, avec le confort en plus ? Estelle a eu la bonne idée de créer ces deux chambres atypiques, très bien agencées et équipées d'une cuisine dans chacune d'elles, au milieu d'un jardin magnifique. Chaque chambre peut accueillir quatre personnes, ou même cinq, si on se serre un peu. Quant à la piscine, elle est bien agréable aussi. Bref, un super endroit, pour les grands enfants comme les petits !

DRAKENSBERG CANOPY TOUR

R 600
✆ +27 83 661 5691
www.drakensbergcanopytour.co.za
750 R pour 3 heures. 150 R pour le film de votre performance et 200 photos.

Voici une activité complètement immanquable de la région. Le Drakensberg Canopy Tour est un bon moyen de vous débarrasser de votre peur du vide. Comment faire ? En tentant de vous aventurer à travers les douze tyroliennes qui s'étendent d'un point à un autre à travers les montagnes magnifiques du Drakensberg. Des vues plus belles les unes que les autres et des guides très professionnels tout au long de l'épopée. Accordez-vous ces ascensions, accordez-vous ces sensations de liberté totale au cœur d'une nature complètement reine.

ROYAL NATAL NATIONAL PARK ★★

Dans la région du KwaZulu-Natal, le Royal Natal National Park s'étend sur plus de 80 km² et fait partie intégrante du parc du Drakensberg connu pour son incontournable massif montagneux. C'est ici, sur les pentes du mont aux Sources, que naissent les sources des rivières Orange et Tugela, dont les chutes éponymes de cette dernière se précipitent sur un tout petit moins de 1 km, 948 m pour être exact. Vedette également de la réserve naturelle : l'Amphithéâtre. Située dans le nord du Drakensberg, la formation rocheuse de 5 km de long est impressionnante. Les randonneurs aguerris s'en donnent à cœur joie !

ROYAL NATAL NATIONAL PARK €€

✆ +27 36 438 6411
www.thendele.co.za
De 1 à 6 personnes dès 3 300 R par chambre.

Au cœur du parc national de Royal Natal, vous pourrez toujours trouver une option d'hébergement : le parc propose des chalets en bois, assez rustiques et sympathiques, des bungalows ou encore des cottages pour deux, trois, quatre ou bien même six personnes. Directement au cœur du paysage, plusieurs activités sont proposées : de l'équitation, des marches fabuleuses dans le cadre du magnifique « Amphithéâtre » encadré par deux sommets à plus de 3 000 m.

Royal Natal national park.

GIANT'S CASTLE ★★

Dans la région du KwaZulu-Natal, le Giant's Castle s'intègre dans la chaîne du Drakensberg. Le lieu est particulièrement couru pour sa belle réserve animalière de 35 000 ha, gérée par KZN Wildlife, où l'on recense aussi bien des élands que des vautours du Cap. Mais cette réserve est également connue pour ses nombreuses peintures rupestres qui colorent les grottes. « Le château des géants » tient son nom de la forme que dessine l'ensemble de ses sommets et ses vallées lorsqu'on prend du recul, comme un géant endormi sur le paysage. De nombreux passionnés de nature et autres amateurs de randonnées veulent marcher dans les pas du géant.

LOTHENI NATURE RESERVE ★

La réserve Lotheni Nature abrite de nombreuses antilopes, et notamment la jolie oribi en voie de disparition, qui gambadent et se prélassent à travers ce vaste paysage, vert et vallonné, sans prédateurs aucun pour les en empêcher. On s'y rend pour marcher librement, profitant de très agréables balades avec pique-nique en chemin et baignade rafraîchissante dans la rivière Loteni. Que dire de cette rivière, sinon qu'elle est un paradis pour les pêcheurs de truites, qui disposent d'un permis de pêcher – attention ! Durant la saison, entre le 1er septembre et le 31 mai, les pêcheurs affluent des quatre coins du pays pour lancer leurs cannes.

GIANT'S CASTLE CAMP €€

✆ +27 36 353 3718

Double chalet avec petit déjeuner 1 300 R, avec dîner 1 720 R.

À l'extrémité sud de la chaîne du Drakensberg s'érige le Giant's Castle, comme le nom d'une des montagnes. Elle est réputée pour ses caves, ses grottes ou encore les peintures rupestres qu'elle abrite depuis des milliers d'année. Au Giant's Castle Camp, on profite de logements en huttes, de bungalows et de cottages, doubles ou familiaux, jusqu'à six personnes. Options avec les petits déjeuners, les dîners ou en *self-catering*. Bien sûr, de nombreuses activités sont proposées : belles randonnées guidées et parfois très sportives.

LOTHENI NATURE RESERVE €

✆ +27 33 845 1000

www.kznwildlife.com

A 45 km de Himeville. Chalets en self-catering pour 3, 6 ou 10 personnes de 580 R à 2 920 R par personne.

Logement confortable dans des chalets entièrement aménagés pour deux ou trois personnes. D'autres chalets peuvent accueillir jusqu'à six ou même dix personnes sous le même toit. Idéal quand on voyage en famille nombreuse ou avec un groupe d'amis. Tout est sur place, sauf la nourriture que l'on peut acheter à l'épicerie de Loteni, à 14 km de là, car ici la location se fait en *self-catering*, typiquement sud-africain. La situation des hébergements de la réserve est magnifique : elle donne directement sur les contreforts du Drakensberg.

KWAZULU-NATAL

© ELEANOR H HATTINGH - SHUTTERSTOCK.COM

Souimanga à plastron rouge, Giant's Castle.

NOTTINGHAM ROAD ★

Après avoir quitté la N3 à Nottingham Road/Mount West, on rejoint le village de Nottingham Road. C'est ici que commence une des plus belles routes du pays, celle qui part vers l'ouest pour rejoindre Himeville et Underberg en longeant l'axe du Drakensberg, *via* Lower Loteni, un voyage inoubliable d'abord sur le goudron, puis sur une piste, mais en bon état. Roulez tout de même prudemment à cause des ravins. Avec, à droite, la barre basaltique tantôt brune, tantôt rouge, parfois rousse, on découvre des paysages féeriques dont la violence semble s'être apaisée au fil des siècles. Un grand bol d'air pour les yeux, qui naviguent à travers une carte postale.

THATCHINGS GUEST HOUSE €€

✆ +27 33 266 6275
http://thatchings.co.za/
Chambre à partir de 895 R par personne.

Au cœur des Midlands, à une dizaine de kilomètres de Nottingham Road et sur l'une des principales routes d'artisanat sud-africain, se cache une jolie maison d'hôte : la Tatchings Guest House. Une maison confortable, dans un esprit tout à fait chaleureux et champêtre où il fait bon passer quelques jours. Faune et flore s'invitent dans le jardin bordé de 300 ha de domaine privé, pour le plus grand bonheur des hôtes. D'ici, nous sommes à deux petites heures de route du magnifique Drakensberg, du Sani Pass ou encore du centre d'art de San Rock.

UNDERBERG ★

Au pied du massif du Drakensberg, la petite bourgade d'Underberg n'a pas d'intêret extraordinaire si ce n'est qu'un paysage magnifique l'entoure et qu'elle est une escale naturelle et agréable pour qui se rend en montagne ou encore au Lesotho, car la frontière n'est plus très loin. Montagnes et vallées à perte de vue, lacs, rivières et cascades aux eaux pures. La nature est majestueuse et se pare chaque jour de ses plus belles couleurs à mesure que le soleil brûlant se couche à l'horizon. En route vers Underberg, il est également possible de faire escale à la réserve naturelle de Kamberg, à 48 km de Nottingham Road.

SANI PASS TOURS

Shop no 22, Trout Walk Centre
✆ +27 72 124 4356
www.sanipasstours.com
940 R par personne. Ouvert toute l'année même les jours de neige.

L'histoire de Sani Pass Tours remonte à 1955. David Alexander était alors passionné par ces routes vertigineuses où s'échangeaient autrefois mohair et laine contre vêtements et farine de maïs. Ce faisant à dos d'âne, le jeune homme commence à y imaginer des véhicules... Aujourd'hui, Sani Pass Tours organise un départ pour l'ascension du col tous les jours à 9h30, un véritable bol d'air là-haut et apéro au pub d'altitude, le plus haut d'Afrique, ou une virée au Lesotho. Les guides sont passionnés, ils vous livrent tous leurs secrets.

SANILODGE BACKPACKERS €

✆ +27 83 987 3071
www.sanilodge.co.za
Dortoir : 250 R, doubles à partir de 560 R, rondavelle à partir de 760 R. Petit déjeuner : 95 R.

Un backpacker au pied du Sani Pass : l'endroit est exceptionnel. Depuis la véranda, on ne se lasse pas d'observer les imposantes montagnes du Lesotho. Russell et Simone sont très sympathiques et vous conseilleront de belles randonnées dans le coin. Au milieu des vaches et des montagnes paisibles, ce chalet suisse est très confortable. Jozi, LA vache du lodge, offre son bon lait pour la préparation de yaourts et glaces maison. mmm... Le lodge propose des packages pour les randonneurs, dont le Sani Pass à la journée, ou des treks sur plusieurs jours très intéressants.

GOODERSON DRAKENSBERG GARDENS GOLF AND SPA RESORT €€

3257 Drakensberg Garden ✆ +27 31 337 4222
www.drakensberggardens.co.za
À partir de 1 300 R par personne en chambre standard, 1 450 R en chambre supérieure. Self-catering possible.

Perdu au coeur des pins et des montagnes du Drakensberg, l'établissement accueille aussi bien les petits budgets en camping que les couples en lune de miel. De nombreuses activités sportives sont proposées, outre la piscine et le spa : des terrains de golf, des randonnées à pied ou à cheval, du VTT, de la pêche, des tyroliennes, des terrains de tennis, du tir à l'arc, etc. Les enfants pourront nourrir les animaux de la ferme. Cinq restaurants et quatre bars. On ne s'ennuie pas.

HIMEVILLE ★

Himeville est surtout le point de départ pour l'ascension du col Sani à 2 874 m. Une ascension de 3 heures de route. D'en haut, on aperçoit le fameux Ntabana Ntlenyana que l'on pourrait traduire librement par « petite montagne pas très jolie ». C'est le point culminant de l'Afrique australe. Avec un véhicule normal, il est possible de monter jusqu'au poste de la police sud-africaine à 25 km de l'embranchement de Himeville. Les huit derniers kilomètres ne sont franchissables qu'avec un 4 x 4. Le poste qui garde le passage est ouvert tous les jours de 8h à 16h. Sachez que, suivant votre nationalité, il vous faudra un visa pour entrer au Lesotho.

KOKSTAD ★

Kokstad, la ville de Kok, est née en 1862, lorsqu'un groupe de 2 000 métis Griqua emmenés par le chef Adam Kok III fit le voyage depuis Philippolis, dans l'État libre d'Orange, jusqu'aux pentes du mont Currie. Dix ans plus tard, un pasteur persuada la petite colonie de quitter son refuge pentu pour venir fonder une ville : Kokstad. En prenant la route du Cap-Oriental, on doit s'attendre à des paysages saisissants. Aux aventuriers de la route sauvage, il est conseillé d'emprunter la R56 par Matatiele, Mount Fletcher, Maclear, Eliot, Lady Frere et Queenstown. Vous ne rencontrerez pas beaucoup d'étrangers sur cet altiplano aux dimensions vertigineuses.

PREMIER HOTEL SANI PASS €€

1 Sani Road
✆ +27 86 111 5555
www.sanipasshotel.co.za
Doubles à partir de 2 500 R en demi-pension.

La montagne en version grand confort sur la piste du col Sani. Le Premier Hotel Sani Pass est un très bel établissement avec terrain de tennis, squash, sauna et deux piscines immenses, dont une entoure le bar. De l'équitation et golf 9-trous au pied du Drakensberg. De nombreux Sud-Africains ont découvert ici, à 1 500 m d'altitude, les plaisirs sans cesse renouvelés de la bataille de boules de neige ! Le soir après 21h, on ouvre le casino. Le samedi soir, le dîner est dansant. La direction propose de vous monter au Sani Pass en camion 4X4.

MASAKALA TRADITIONAL GUESTHOUSE €€

R 56 vers Matatiele à 70 km ✆ +27 39 737 3289
www.mehloding.co.za
Chalet en self-catering de 2 à 12 pers à partir de 300 R/personne, en formule petit déjeuner et dîner à 550 R/personne.

Près du village de Matatiele, la communauté Phuti, originaire du Lesotho, a formé le Mehloding Community Tourism Trust. Quelle belle expérience ! On dort dans des chambres tout confort, après avoir soufflé sa lampe à pétrole. Les repas sont préparés par les mamans du coin avec les légumes du potager. On règle son séjour au bureau de Matatiele. Toujours dans le cadre du Trust communautaire, possibilité de parcourir l'Adventure Trail durant 4 jours, en dormant dans des chalets aménagés.

Kokstad.

KWAZULU-NATAL

UMHLANGA ROCKS ★★

En 1925, Alfred Campbell, fils du magnat du sucre Sir Marshall Campbell, fit construire une maison près de la mer, histoire de pouvoir venir chasser plus souvent dans la forêt côtière de Hawaan. Il n'y avait alors dans le secteur qu'une petite baraque, face à l'océan, l'Oyster Box, que les marins repéraient de loin grâce aux reflets du soleil sur son toit métallique. Dans les années 1920, la fille du planteur mauricien Melidor Chéron, Virginia, chanteuse à succès, ouvrit avec son époux écossais le premier hôtel du coin, le Victoria. En 1953, on construisit un phare rouge et blanc, puis la mode fit le reste… Aujourd'hui, Umhlanga, prononcez « M'Chlanga », est une des stations balnéaires les plus chics d'Afrique du Sud. Vue du centre, l'agglomération manque de cachet mais la promenade côtière au coucher du soleil est inoubliable. Les activités de loisirs sont légion, avec la gamme complète des sports nautiques et d'agréables randonnées. On vient à Umhlanga Rocks avant tout pour se reposer sous un soleil quasi permanent, et pour profiter de l'océan tempéré. Compte tenu de la croissance urbaine, Durban touche les faubourgs d'Umhlanga. D'ailleurs, la station est désormais considérée comme le quartier chic de la capitale régionale, et pour certains le seul coin vivable de Durban !

NATAL SHARKS BOARD

✆ +27 31 566 0400

www.shark.co.za

Show vidéo à 9h, 12h, 13h, 14h et 15h les lundis, mardis, mercredis et jeudis.

Cet Institut de recherche, unique en son genre dans le monde, se consacre à l'étude du comportement des requins. Il a été créé en 1964, après que de nombreux baigneurs eurent été croqués près de la côte. Le personnel de l'Institut est notamment chargé de l'entretien des 450 filets à grosses mailles immergés sur plus de 400 km entre Port Edward au sud et Zinkwazi au nord. Pour faire de la pédagogie, le Natal Sharks Board présente son travail au public : dissection et show vidéo pour avertir et sensibiliser le public au requin mal-aimé.

RÉSERVE NATURELLE DU LAGON

Cette réserve côtière, Umhlanga Lagoon Nature Reserve, est gérée par le très sérieux Natal Parks Board. Elle occupe une vingtaine d'hectares de taillis et de dunes, 26 ha plus exactement. On la visite librement du lever au coucher du soleil. Une marche facile d'à peine deux kilomètres, qui file le long de l'océan Indien, à travers les dunes sauvages. Elle abrite la lagune ainsi que l'embouchure de la rivière Ohlanga. Départ près du Breakers Hotel, à l'extrémité nord de la station.

BEVERLY HILLS HOTEL €€€

Lighthouse Road

✆ +27 31 561 2211

www.southernsun.com/beverly-hills

A partir de 5 995 R la double, petit déjeuner inclus.

En 1964, c'était un terrain vierge dans un village de pêcheurs. Sol Kerzner avait rassemblé quelques économies pour acquérir cette parcelle… et y construire le premier hôtel 5-étoiles d'Afrique du Sud : le Beverly Hills. Les couleurs douces, le personnel souriant, les matelas profonds, la piscine majestueuse, les chambres fleuries… tout invite au repos. De la terrasse, le regard effleure le phare et surfe sur les rouleaux de l'océan qui dégagent un frais parfum d'iode en s'écrasant sur les rochers. Un festin de la mer au restaurant The Sugar Club.

LUCKY SHAKER

No.9B Mayfair On The Lake, 5 Park Lane

✆ +27 83 755 9595

luckyshaker.com

Ouvert du lundi au samedi de 15h30 jusqu'à 22h30. Comptez autour de 70 R pour un cocktail.

Ici, on s'installe le long du beau bar en bois brut pour déguster un bon cocktail, tout en admirant les serveurs œuvrer dans la préparation de belles boissons fun et colorées. Le Lucky Shaker est un bar à cocktail tout à fait délicieux autant par son décor que par ses breuvages. Les boissons sont innovantes pour satisfaire toutes vos envies et parfois même servies dans de jolis verres originaux, comme des totems. La petite équipe est aux petits soins pour vous faire passer un bon moment, une expérience originale et délicieuse.

BALLITO

À une quarantaine de kilomètres au nord du Durban, Ballito est considérée comme une petite station balnéaire plutôt bétonnée. La ville côtière est assez bien développée avec de nombreux restaurants, des bars et des possibilités d'activités nautiques, bien sûr. Située à moins d'une demi-heure de route de King Shaka, l'aéroport international de Durban, il est parfois recommandé aux voyageurs simplement de passage de séjourner plutôt à Ballito qu'à Durban pour profiter d'une vie un peu plus douce et tranquille au bord de l'océan Indien avant de rejoindre les réserves du KwaZulu-Natal ou encore de s'aventurer dans le massif du Drakensberg.

PETITE PROVENCE B&B €€

7 Mdoni Road ✆ +27 32 525 5316

www.petiteprovence.co.za

Chambre double à partir de 850 R, suite à partir de 1 200 R et appartement à partir de 2 400 R. Petit déjeuner inclus.

Jacques et Fanny vous accueillent comme à la maison. Spacieux jardin tropical, cette villa haute en couleur vous propose le meilleur de l'Afrique du Sud en y ajoutant les plus doux arômes de Provence, pour un subtil mariage entre deux petits coins de paradis... Les cultures sud-africaines et françaises des propriétaires se sont bien mélangées dans ce gîte exceptionnel. Quatre chambres parfaitement équipées permettent de se reposer avant de partir à la conquête des environs... se relaxer sur la terrasse et profiter de la piscine... à moins de 500 m de l'océan !

MONKEYBAY BACKPACKERS €

9 Jack Powell Rd

✆ +27 71 348 1278

www.monkeybaybackpackers.co.za

Camping à partir de 110 R, dortoir à partir de 170 R, chambre double à partir de 480 R.

L'auberge de jeunesse par excellence. Qu'ils soient adeptes des chambres dortoirs ou encore amateurs de camping écologique, les backpackers devant l'éternel trouveront ici ce qu'ils recherchent. Un hébergement au cœur de la nature, et pourtant, à deux pas de l'océan Indien et du centre de Ballito, non loin de l'aéroport King Shaka. L'auberge Monkeybay Backpackers est un bon point de départ pour découvrir le KwaZulu-Natal ou encore pour profiter des plages de Ballito et s'adonner à quelques sessions de surf sur les vagues de l'océan Indien.

ZIMBALI LODGE €€€

1 Lodge Lane

✆ +27 32 001 0550

https://dreamresorts.co.za/

A partir de 2 500 R la chambre double avec petit déjeuner.

A une quarantaine de kilomètres de Durban, voici une création de Trish Wilson, la décoratrice du Palace de Sun City. Le Zimbali Lodge, appartenant désormais au Dream Hotels & Resorts, est une étape de grand luxe, avec terrain de tennis, balades en forêt et golf international. Un boutique-hôtel, comme on dit ici. Petit, chic et cher. Depuis la terrasse, la piscine semble verser dans l'océan. Domaine de 300 hectares pour circuler en voiture de golf ! Demandez une chambre pas trop loin de la réception pour éviter de sonner le voiturier dès que vous voulez sortir.

SHAKA'S ROCK - UMHLALI ★★

La Thompson's Bay est un des plus jolis coins de la bien nommée Côte des Dauphins. En suivant Compensation Road depuis Ballito, on atteint la plage de Thompson, protégée par des filets antirequins. Comme une énorme piscine naturelle remplie avec la marée haute de l'océan Indien accrochée à la côte rocheuse, on découvre ce lieu génial que l'on appelle parfois le rocher percé où, dit-on, le chef Shaka venait se divertir. Un peu plus loin, à Shaka's Rock, il mesurait jadis le courage de ses hommes en les « invitant » à plonger dans les eaux parfois turbulentes de l'océan ; clairement, il y décimait surtout ses ennemis.

KWADUKUZA ★

Aujourd'hui indien, ce centre était hier zoulou. Shaka avait installé ici la capitale de son royaume, Dukuza. Il fut assassiné sous un arbre par ses demi-frères le 22 septembre 1928. Un jardin à sa mémoire se trouve en haut de Couper Street. Aujourd'hui encore, des milliers de Zoulou convergent chaque année vers Stanger pour célébrer le Shaka's Day. On pourra découvrir le Zululand intérieur en empruntant la jolie route R74 vers Greytown. La société Sappi fabrique du papier de haute qualité, à partir de la bagasse, le résidu de la canne après extraction du jus. Ce support est utilisé par la Tate Gallery de Londres pour la reproduction des œuvres d'art.

PIETERMARITZBURG ★★

En 1838, après la victoire de la Blood River, les Voortrekkers installèrent ici la capitale de la République du Natal, qu'ils baptisèrent Pietermaritzburg, en hommage conjugué aux héros de leur cause, Piet Retief et Gerrit Maritz. Les Britanniques prirent le contrôle en 1843. Fort Napier fut construit et, en 1845, Martin West, le gouverneur de Sa Gracieuse Majesté, pouvait administrer d'ici toute la colonie britannique du Natal. Aujourd'hui, Pietermaritzburg conserve un petit côté « ville aux champs », avec ses nombreux parcs et ses bâtiments historiques. On y vient pour flâner dans les larges avenues et visiter de très intéressants musées.

MSUNDUZI MUSEUM (EX-VOORTREKKER MUSEUM)

Longmarket Street

✆ +27 33 394 6834

www.msunduzimuseum.org.za

Du lundi au vendredi de 9h à 16h, le samedi de 9h à 13h.

Le musée Msunduzi, créé à l'époque en hommage au Voortrekker qui lui avait donné son nom, est aujourd'hui et depuis les années 1990 une partie de l'Agence nationale des arts et de la culture. Certaines expositions dévoilent des pièces liées à l'histoire du Prince impérial. Nombreux dons du souvenir napoléonien. Voir aussi le fusil du pionnier français Adulphe Delegorgue. D'une façon générale, le musée recense le patrimoine des différents groupes culturels de la région du KwaZulu-Natal.

NATAL MUSEUM

237 Jabu Ndlovu Street

✆ +27 33 345 1404

www.nmsa.org.za

Ouvert du lundi au samedi de 9h à 16h et le dimanche de 10h à 15h. Adulte 15 R, 2-17 ans : 5 R.

Un des cinq plus grands musées du pays, et qui vaut vraiment le détour. Dans l'une des salles principales, on découvre des animaux empaillés, la reproduction du moa, le plus grand oiseau terrestre ayant existé, le chameau vert, le guépard royal. Une salle d'art africain offre l'art du Ghana, Côte d'Ivoire, du Zululand… Il y a aussi la galerie des explorateurs portugais, la galerie des colons britanniques, la galerie des poissons, la galerie des dinosaures ou encore la galerie de photo Ogilvy comprenant des clichés du lieu de la mort du Prince impérial.

KARKLOOF SAFARI VILLAS €€€

Ottos Bluff Road, Karkloof Valley

✆ +27 33 569 1321

À partir de 4 000 R/personne en pension complète, incluant un game drive, un tour à la cascade et l'accès au spa.

Belle étape de luxe dans une grande réserve où courent buffles, antilopes, zèbres, girafes, rhinos et léopards. Ici on alterne *game drive*, balade à pied jusqu'à la chute de Karkloof et Spa. L'éco-lodge est couvert de pelouse. Ainsi les nyalas et autres antilopes viennent gentiment brouter là pendant que vous vous baignez dans l'un des multiples bains. Des maisons au toit de chaume ont une grande terrasse avec vue imprenable sur la réserve. Grande piscine dans le lodge principal. Bibliothèque et cave à vin, cuisine créative et savoureuse, presque gastronomique.

HOWICK ★

À une vingtaine de kilomètres au nord de la ville de Pietermaritzburg, Howick est une ville d'environ 20 000 habitants connue aujourd'hui grâce à la création du Mandela Capture Site, un hommage artistique en mémoire du 5 août 1962, le jour où Nelson Mandela fut arrêté sur la route d'Howick puis enfermé pour pas moins de vingt-sept ans. La sculpture s'érige dans le paysage en colonnes offrant avec un certain angle le visage emblématique de Mandela. Le site propose également des *school tours* ou encore des *mountain bike trails* pour découvrir le paysage de la vallée alentour à vélo avant de revenir au point de départ, l'œuvre d'art commémorative.

BALGOWAN ★

À environ 140 km au nord de Durban, Balgowan était à l'origine une station de train et un petit supermarché de ravitaillement sur la route des Battlefields. De nombreux bâtiments de style gothique rappellent la grande ville coloniale voisine, Pietermaritzburg, dont une jolie petite chapelle. Aujourd'hui, Balgowan est entourée de forêts de pins et d'eucalyptus qui font la richesse des exploitations forestières tenues par les fermiers alentour. Ne manquez pas de passer par la route panoramique R103 des Midlands Meander pour apprécier les paysages splendides qui s'offrent à vous. On y trouve de nombreux stands d'artisanat, restaurants et hôtels.

MANDELA CAPTURE SITE ★★★

R 103
✆ +27 72 351 0967
www.thecapturesite.co.za
Ouvert tous les jours de 8h30 à 16h45. Entrée à 100 R (30 R pour les enfants de 12 à 18 ans).

© LCSWART - SHUTTERSTOCK.COM

Ce site est l'endroit où Nelson Mandela a été arrêté en 1962. Le monument en son honneur a été créé par Marco Cianfanelli et Jeremy Rose. La sculpture comprend 50 colonnes d'acier de 6 à 9,5 mètres de hauteur et couvrant une largeur de près de 30 mètres, découpées au laser pour former une image de l'ancien président. Son visage se dévoile au fil de vos pas sous un angle bien particulier… Les 50 colonnes représentent les 50 années écoulées depuis sa capture. Ce monument est situé à la fin d'un chemin sinueux : « la longue marche vers la liberté » et l'égalité.

SWISSLAND CHEESE

Old Main Road R103
✆ +27 82 418 3440
www.swisslandcheese.net
Boutique ouverte du lundi, vendredi, samedi et dimanche de 9h30 à 16h.

Ici, les chèvres gambadent sur la haute colline en regardant les vallées qui s'étendent en contrebas. C'est alors comme sur les traces de la célèbres Heidi que Richard et Francine Vermaak savent s'y prendre pour tirer le meilleur du lait de leurs biquettes blanches. Et pour cause ! Brie style, cream cheese, pecorino, sainte-maure, drakensberg… Outre la grande variété de créations, leurs délicieux fromages de chèvre ont été primés, valorisant un élevage sain, heureux et des chèvres en liberté. Possibilités de marche dans la forêt proche. Ambiance champêtre !

LIDGETTON ★

Niché dans la superbe région du KwaZulu-Natal, voilà un tout petit village au milieu des Midlands sur la R103. Si Lidgetton n'a pas un attrait spectaculaire, il est réputé pour la pêche à la truite dans sa rivière voisine. Avis aux amateurs ! Pour les golfeurs, vous trouverez le terrain de Gowrie Farm plutôt convivial et dans un décor agréable. D'autre part, c'est non loin d'ici en redescendant vers Howick que s'est érigée la dernière pierre en 1965 du barrage de Midmar. Il permet l'alimentation en eau potable pour l'irrigation et l'industrie. Le barrage est impressionnant : sa crête s'étend sur 1 423 m et 32 m de haut.

CLEOPATRA MOUNTAIN FARMHOUSE €€€

✆ +27 33 267 7243
www.cleopatramountain.com
A partir de 2 450 R la double avec petit déjeuner.

Avec sa belle barbe blanche, Richard Poynton ressemble un peu à un gourmet père Noël austral. Avec Mouse, il tient cette belle maison d'altitude désormais inscrite en lettres d'or dans l'agenda des gourmands. Ici, s'articulent un jardin potager, des casseroles tintinnabulantes et la fraîcheur absolue des produits. Le Cleopatra Mountain Farmhouse, c'est l'histoire d'un relais de montagne devenu un grand restaurant. Heureusement, on dort sur place car la piste est longue.

LYTHWOOD LODGE €€

Lidgetton West
✆ +27 82 681 3934
www.lythwood.com
Double à partir de 1 930 R avec petit déjeuner, cottage en self catering pour 4 personnes à 3 150 R.

Au bout d'une allée éclairée par les fleurs d'amandiers, c'est un manoir d'altitude construit par des prisonniers de guerre italiens. La découverte des salons du bâtiment principal est un délice : horloges en toiles de maître, miniatures en bibelots et cheminées pour les nuits les plus froides. Des chalets familiaux aux suites exécutives, les chambres sont toutes aussi bien décorées. Elles sont spacieuses et lumineuses, dotées pour certaines d'un patio privé. Vous aimerez aussi le parc planté d'arbres centenaires et cette piscine discrète, couleur nature.

KARKLOOF NATURE RESERVE ★

Cette réserve protégée, située à 22 km de Howick, est constituée de pas moins de 900 ha de forêt indigène. Au cœur de la Karkloof Nature Reserve, on recense plus de 80 espèces d'oiseaux différentes, levez les yeux au ciel les *birdwatchers* ! On vient ici randonner à travers un superbe paysage, profiter d'une grande bouffée d'oxygène dans cette petite jungle, on file à travers les sentiers, parfois aménagés avec de jolies passerelles de bois, pour arriver jusqu'aux chutes. Là, les yeux s'écarquillent toujours à la vue des cascades naturelles qui dégringolent en pleine nature. La réserve propose une sacrée tyrolienne au-dessus des cimes.

MOOI RIVER ★

Située sur les contreforts de l'impressionnant et magnifique massif du Drakensberg à 1 400 m d'altitude, Mooi River domine les vallées fertiles des Battlefields et les Midlands. Cette situation géographique lui offre une belle vue dégagée sur la région du KwaZulu-Natal. D'abord née sous le nom de Lawrenceville, sur la ferme Grantleigh, à l'époque où fut construite la ligne de chemin de fer à la fin du XIXe siècle, la ville a été rebaptisée en 1961, au moment où elle a obtenu le véritable statut de ville. Aujourd'hui, la petite gare ferroviaire subsiste. Mooi River signifie en langue afrikaans « jolie rivière ».

Karkloof Nature Reserve.

HARTFORD HOUSE €€€

✆ +27 33 263 1081

www.hartford.co.za

Suite à partir de 2 680 R, petit déjeuner inclus.

Coup de cœur ! Cette demeure grandiose et extraordinaire où traîne le fantôme du dernier Premier Ministre du Natal accueille aujourd'hui en grande pompe les voyageurs fortunés. Au cœur de la maison Hartford, la décoration est travaillée et de très bon goût, le parc manucuré et la table gastronomique. Un véritable voyage dans le XIXe siècle, à travers architecture et culture dans de vastes espaces que la lumière du soir caresse doucement. Ici, les passionnés iront voir les chevaux de course de la propriété, qui sont parfois ceux des princes.

KARKLOOF CANOPY TOURS

✆ +27 76 241 2888

www.canopytour.co.za

825 R par personne pour 2 heures.

S'il y a une chose qui prime en Afrique du Sud, c'est la nature et l'aventure ! Le Karloof Canopy Tours n'y déroge pas. Ici, nature et aventure ne font plus qu'une sur la cime des arbres. Tyroliennes extralongues et accrobranche pour tous les âges, les petits et les grands vont se régaler. Arbres géants, montagnes et cascades, le paysage est superbe et on l'arpente à travers les airs grâce à l'accompagnement de guides locaux extrêmement aguerris et surtout complètement férus de nature et passionnés de loisirs. À tester pour sûr !

BLUEBERRY CAFÉ

Nottingham Road

✆ +27 33 266 7132

www.netherwoodfarm.com

Ouvert tous les jours de 8h à 16h.

Sur Nottingham Road, on a la douce impression d'entrer chez notre fleuriste préféré ou encore dans la serre du jardin des plantes. Mais sous cette belle et haute verrière, aux murs couverts d'étagères vertes et fleuries, trônent quelques tables. Nous sommes au Blueberry Café. Un bar absolument superbe qui, de l'autre côté, derrière ses grandes baies vitrées, offre une vue à couper le souffle sur le Drakensberg et ses montagnes. On prend le temps de déjeuner ou simplement de déguster un bon café et un cheesecake, les immanquables du lieu.

LADYSMITH ★

La Lady en question n'était autre que l'épouse du gouverneur britannique Harry Smith. En 1847, quelques années avant que les Anglais baptisent le secteur, un petit groupe de fermiers remontés avait formé ici la république indépendante de Klip River, sous le commandement suprême d'Andries Spies. Ladysmith, assiégée de novembre 1899 à février 1900, fit la une de la presse londonienne durant la guerre anglo-boer. Une importante communauté indienne vit à Ladysmith, où l'on cultive le souvenir de Gandhi. La ville s'enorgueillit d'avoir donné naissance au plus célèbre groupe vocal sud-africain, l'incontournable Ladysmith Black Mambazo de Joseph Shabalala.

STATUE DE GANDHI ★

Dans Forbes Street

Arrivé de Londres en 1893, le jeune Gandhi prit très vite une part active à la guerre anglo-boer au sein de l'Indian Voluntier Ambulance Corp. En 1913, il conduisit une marche de protestation des Indiens de Ladysmith jusqu'à la frontière du Transvaal. Devant la bibliothèque de la ville, s'érige la statue fabriquée par Madhubhai Patel à Bombay, elle porte sur le socle les mots du Mahatma : « Là où il y a l'amour pur et fort pour les pauvres, il y a Dieu. » On peut se rendre dans le même temps au Temple de Vishnu qui trône juste à côté d'ici.

MOSQUÉE SOUFIE

Prendre Lyell Street, puis Short Street.

C'est sur ce même site, à Ladysmith, que les premiers commerçants musulmans arrivèrent en 1885. Les hommes d'affaires et fidèles firent alors construire une première mosquée en bois et en fer par Hazrah Soofie Saheb, envoyé comme missionnaire en Afrique du Sud. Elle sortit de terre en 1898. En 1969, la mosquée Soufie a vu le jour sur les traces de sa grandes sœur. Sur la rive gauche de la rivière Klip, la magnifique mosquée à laquelle on accède par une étroite passerelle. Son architecture de manteau blanc s'érige dans le ciel.

DUNDEE ★

Thomas Smith avait passé cinq ans à chercher de l'or en Australie avant de s'installer ici en 1855, baptisant sa ferme du nom de sa ville en Ecosse. Son frère Peter devait le rejoindre en 1864 et faire fortune en découvrant le charbon qui allait valoir à la ville son surnom de « Coalopolis ». Un autre militaire écossais joua également un rôle majeur dans les premières années de Dundee. En 1896, il vendit des parcelles de terrain à des familles indiennes : on trouve aujourd'hui d'excellents samoussas. Qu'on se rassure, si l'on estime les réserves de charbon encore inexploitées à 2 700 millions de tonnes, Dundee ne ressemble pas à un centre minier.

MUSÉE DU SIÈGE

Dans Old Market House,

✆ +27 366 372 231

De 8h à 16h du lundi au vendredi, 9h à 12h le samedi.

Dans l'Old Market House, non loin de l'hôtel de ville de Ladysmith, vous pourrez découvrir le musée du Siège. Les passionnés d'histoire ou de grandes batailles seront ravis de tout connaître sur le calvaire des soldats britanniques pendant le siège de 118 jours. Quatre batailles sanglantes furent livrées pour tenter de faire céder les Boers, à propos desquels le correspondant de guerre Winston Churchill écrivait dans le *Morning Post* : « Un Boer tout seul sur son cheval, dans ce pays, équivaut à quatre ou cinq de nos soldats. »

BATAILLE DE LA BLOOD RIVER ★

A 48 km de Dundee (une demi-heure), par la R33 sur 27 km, vers Vryheid.

Le 16 décembre 1838, Andries Pretorius, ses 530 hommes et leurs 64 chariots mirent en déroute une armée zoulou. Bilan de légende : 3 000 Zoulou tués contre 4 Boers. Le 16 décembre, anciennement Jour de la Promesse, a été transformé en 1994 en Jour de la Réconciliation. On visite le site, avec une reproduction en bronze des 64 chariots. Pour les Afrikaners, c'est un lieu de culte. A proximité, le Ncome Museum (8h-16h30) présente l'histoire, côté zoulou.

© ESIWENI LUXURY SAFARI LODGE

© ESIWENI LUXURY SAFARI LODGE

© ESIWENI LUXURY SAFARI LODGE

ESIWENI LUXURY SAFARI €€€

Memorial Gate, Nambiti Game reserve
✆ +27 36 636 9002 - www.esiwenilodge.com
À partir de 7 414 R/personne/nuit en pension complète, 2 safaris/jour et transferts depuis l'entrée de la réserve.

Au cœur du pays zoulou, dans la réserve de Nambiti, 20 000 ha et le Big 5 s'offrent à vous. La vue sur le canyon en fait un joyau caché, une oasis de calme et de sérénité. Les 5 chambres, nichées en haut d'une falaise, surplombent la savane. Décoration sophistiquée, luxueuse et élégante. Douche extérieure, piscine à débordement, terrasse… Autant d'espaces qui appellent à la détente. Le chef ravira vos papilles avec ses mets raffinés et originaux : carpaccio de kudu, tartare de zèbre… Un safari intime pour admirer les animaux qui se désaltèrent au bord de l'eau.

© ESIWENI LUXURY SAFARI LODGE

© ESIWENI LUXURY SAFARI LODGE

CHAMP DE BATAILLE ET MUSÉE DE RORKE'S DRIFT ★

Accès par la R68, à 42 km de Dundee vers Nqutu (30 minutes).
✆ +27 34 642 1687
Tous les jours 9h à 16h (prévoir 2 heures en tout).
Quelques heures après leur victoire à Isandlwana, le 22 janvier, 4 000 Zoulou donnent l'assaut contre la mission suédoise d'Oscarberg où une centaine de soldats britanniques, embusqués derrière des sacs de farine et des boîtes de biscuits, parviennent à repousser les assaillants en faisant plus de 400 victimes dans leurs rangs. Dix-sept Britanniques furent tués. Onze Victoria Cross ont été décernées ce jour. Voir le film de Cy Endfield, *Zoulou*, à propos de cette bataille sanglante.

MUSÉE ET CHAMP DE BATAILLE DE TALANA

✆ +27 34 212 2654
www.talana.co.za
De 8h à 16h30, le week-end de 9h à 16h30.
Si on devait choisir de ne voir qu'un seul musée dans la région, ce serait celui-là, le musée et champ de bataille de Talana. Plusieurs bâtiments ont été construits autour de la maison de Peter Smith, l'un des fondateurs de la ville, sur le site même de la bataille de Talana (20 octobre 1899). On jette un rapide coup d'œil à l'exposition sur les mines de charbon et à la galerie de l'histoire du travail du verre. Voir au passage les superbes pièces de René Lalique et des frères Daum. A côté, visiter la galerie du vieux Dundee, au temps de la splendeur de « Coalopolis ». Dans le hall d'entrée, statues de George Jansen, enfant de la ville, qui fut gouverneur général de l'Union en 1951 avec son épouse Martha Pelissier, la petite-fille du missionnaire français Jean-Pierre Pelissier, fondateur de Béthulie dans l'Etat libre d'Orange. Elle fut l'auteur de la première grammaire de la langue afrikaans. Il faudra ensuite traverser le grand parc pour découvrir l'aile principale du musée, avec ses différentes sections : paléontologie, cannibales (de la région !), guerre anglo-zoulou, guerre des Boers (et les camps de concentration). Vous ferez certainement une escale attentive devant la vitrine consacrée au prince Napoléon, tué en 1879. Son corps fut ramené jusqu'à Dundee par les troupes à cheval. Si l'on est en jambes, ça vaut le coût de faire le Talana Trail d'une trentaine de minutes à pied, qui suit l'avancée des troupes britanniques sur la colline.

MÉMORIAL DU PRINCE IMPÉRIAL NAPOLÉON ★

Dans la vallée de Jojosini, on ne peut s'empêcher d'éprouver un petit pincement au cœur. Vous verrez la plaque érigée pour le centenaire de la mort du prince, en 1979, par l'ambassadeur de France et feu le prince Napoléon. Les Sud-Africains l'appellent « The Prince Imperial ». Entre 1872 et 1875, le jeune garçon suit les cours de l'académie militaire de Woolwich, en Grande-Bretagne, pays où sa famille vit en exil. Après la mort de son père en 1873, les espoirs d'une partie des monarchistes se portent sur lui. Contre l'avis du Premier ministre Disraeli, mais avec l'autorisation de la reine Victoria, le prince s'embarque pour le Natal en février 1879, il veut avoir l'expérience du terrain. En mai 1879, le prince Napoléon est intégré aux troupes de lord Chelmsford en tant qu'observateur extraordinaire. Le 1er juin, il participe à une mission de reconnaissance sous le commandement du capitaine Carey. Vers 15h, ils font reposer leurs chevaux près de la rivière Ityotyozi lorsque des Zoulou se précipitent sur eux. Le prince parvient à grand-peine à rattraper son cheval affolé par les hurlements des assaillants. Il est sur le point de monter en selle lorsque l'étrier casse net. Faisant alors face aux Zoulou, il utilise ses dernières munitions et tombe transpercé par les lances. On retrouve son corps le lendemain, portant dix-sept plaies. Entièrement dénudé, il ne lui restait autour du cou que la médaille de la Vierge, frappée au dos du sceau impérial. La dépouille mortelle est acheminée jusqu'à Dundee, puis jusqu'à Pietermaritzburg. Le prince repose à côté de son père à Farnborough. Un an plus tard, l'impératrice Eugénie fait le long voyage jusqu'au Natal pour venir se recueillir sur les lieux de la mort de son fils. Pour des raisons de sécurité, elle s'embarque sous l'identité de la duchesse de Pierrefonds. En repartant, elle laissa tomber un gant noir, aujourd'hui exposé au musée national d'Histoire de Pretoria. Depuis Dundee, prendre la R68 sur 52 km jusqu'à Nqutu où vous verrez un panneau. Traverser le village et filer tout droit vers Nondweni.

▸ **Renseignements et visite guidée** auprès du professeur Glenn Flanagan, initiatrice du projet, qui organise tous les ans une semaine de commémoration (✆ +27 33 342 4599 / +27 82 677 9997 – glennf@dit.ac.za). Autre française guide des Battlefields, Elizabeth, basée à Dundee.

▸ **A lire** : *Le Prince impérial « Napoléon IV »*, Jean-Claude Lachnitt. Perrin. *Napoléon IV, un destin brisé*, Alain Frèrejean. Albin Michel.

ELIZABETH DURHAM

✆ +27 34 212 1014

www.cheznousbb.co.za

Basée à Dundee, Elizabeth est une française, guide dans la région, qui connaît parfaitement l'histoire des Battlefields et vous fera découvrir ces champs de bataille à travers l'histoire du pays. Elizabeth est également propriétaire d'une jolie maison d'hôte, Chez nous Bed & Breakfast, où tout est fait pour que vous vous sentiez à la maison. L'occasion de rencontrer, peut-être, votre futur guide qui vous emmènera dans les *battlefields* à la demi-journée pour 800 R, ou encore à la journée pour 1 200 R, ou bien même dans le Zululand en 4 x 4 pour 1 700 R.

FUGITIVES' DRIFT LODGE €€€

✆ +27 34 271 8051

www.fugitivesdrift.com

Lodge à partir de 7 400 R et guesthouse à partir de 3 052 R, en pension complète.

Escale luxueuse chez feu David Rattray, qui fut l'un des meilleurs spécialistes de l'histoire des batailles anglo-zoulou, avant son assassinat par des maraudeurs. Le site de Fugitives' Drift se trouve sur cette propriété de 2 200 hectares traversée par la rivière Buffalo. Après la bataille d'Isandlwana, les lieutenants Melvill et Coghill furent tués en tentant de sauver le drapeau. On peut se promener librement dans l'enceinte du lodge, où vivent zèbres, girafes, impalas et nyalas… Dans la salle à manger, voir la riche décoration digne d'un musée militaire.

ISANDLWANA LODGE €€€

✆ +27 82 415 3679

www.isandlwana.co.za

A partir de 4 320 R la double avec petit déjeuner. Déjeuner : autour de 130 R/personne. Excursions à partir de 650 R.

C'est une colline qui semble encore porter la marque d'une sanglante gravité, comme si la blessure était toujours là. Avec vue sur le mont Isandlwana, voici un refuge d'un luxe minéral, construit pierre à pierre à la manière d'un fortin de cailloux. On s'avance sur la terrasse dans le vent plein du cri des hommes massacrés sous ces latitudes et l'on voudrait siffler la fin du film. Mais il n'est pas question de cinéma ou encore de guerre, simplement du plaisir d'une étape de très haut niveau, au bonheur d'une déco de classe internationale.

VRYHEID ★

Ayant lancé un appel aux forces vives, les Boers voient arriver des volontaires de tout le pays et de toutes les nationalités. Une troupe de 800 hommes rassemblés le 22 mai 1884 au lieu-dit Zallflaager proclame Dinizulu roi des Zoulous. En août, le souverain offre les terres promises aux volontaires. La ville de Vryheid est créée en septembre 1884. Un président est nommé, Lucas Johannes Meyer. Quatre ans plus tard, la Nouvelle République rejoint le Transvaal. En 1903, la région est intégrée au Natal. Les amateurs d'histoire militaire trouveront leur bonheur dans les environs de Vryheid, avec les champs de bataille des conflits anglo-zoulou et anglo-boer.

ABBAYE D'INKAMANA

✆ +27 83 304 2084

www.inkamana.org

A quelques kilomètres, sur la route de Melmoth.

Inkamana est une déformation du mot zoulou *Inqamana*, qui signifie « l'endroit de la bataille ». Sur ce site, durant le règne du roi Mpande (1840-1872), une bataille opposa le chef Nhlaka Mdlalose au chef Zikale Ngwane, sous prétexte que ce dernier avait manqué de respect au souverain. L'église a été construite et achevée en 1952. La mission a été créée par des moines bénédictins allemands. En 1997, l'intérieur a été restauré pour accueillir des œuvres d'art zoulou. La sérénité de ce lieu et la beauté de l'abbaye au bord d'un lac méritent que l'on s'y arrête.

MAISON DU PRÉSIDENT MEYER

En face du bureau d'information

Le chef de l'éphémère république indépendante de Vryheid habitait dans cette maison bourgeoise. Architecture victorienne préservée sous un joli jaune pâle. A l'intérieur, meubles d'époque et pièces de collection. Lucas Johannes Meyer, mort le 8 août 1902 à Bruxelles âgé de 55 ans, eut un rôle important à jouer dans la seconde guerre anglo-boer. Il commanda par exemple les forces boers dans l'attaque contre Dundee en 1899, la bataille de Talana Hill.

Sites de la Guerre Anglo-Zoulou de 1879.

MUSÉE DE LA NIEUWE REPUBLIEK

119 Landdrost Street

De 7h30 à 16h en semaine.

Le bâtiment qui abrite le musée était autrefois le siège du gouvernement de la Nouvelle République. Commencée en novembre 1884, la première séance de l'Assemblée législative put s'y tenir le 1er juin 1885. Les collections retracent de manière très complète les différentes tentatives des Boers pour établir leurs propres républiques… et les raisons de leur échec. Beau sujet de méditation pour les observateurs de la politique sud-africaine d'aujourd'hui !

RÉSERVE DE VRYHEID ET SITE DE LANCASTER HILL

Un espace naturel de plus de 700 hectares où vous croiserez des zèbres et toutes sortes d'antilopes. On peut observer sur place des constructions liées à la guerre anglo-boer. La colline de Lancaster Hill a été le théâtre d'une bataille le 12 décembre 1900. La garnison de Vryheid, le 2e régiment royal du Lancaster, fut attaquée par une force d'environ 1 200 Boers. Au terme d'une journée de combats, les assaillants durent se retirer sans avoir pu s'emparer du sommet.

SITES DE LA GUERRE ANGLO-ZOULOU DE 1879 ★★

La bataille de la montagne de Hlobane. Dans les annales de la guerre anglo-zoulou, elle reste la seule qui ait été livrée, côté anglais, uniquement par des cavaliers. Fin mars 1879, les soldats de Sa Majesté tombèrent nez à nez avec 25 000 combattants zoulou !

Bataille de Kambula. Le choc eut lieu le lendemain de l'attaque de Hlobane. Des Zoulou guidés par Mnyamana et Mtshingwayo passèrent à l'assaut contre la position fortifiée du colonel Evelyn Wood. Le site est d'une grande beauté.

SITES DE LA GUERRE ANGLO-BOER (1899-1902) ★

Bataille de Scheepersnek. Le 20 mai 1900, une compagnie d'infanterie montée tombe dans une embuscade tendue par les Boers. Monuments visibles depuis la route, à 14 km de Vryheid sur la R33 de Dundee.

Bataille de Holkrans. Alors que les négociations étaient en cours entre les Anglais et les Boers, une petite troupe bivouaquait sur la ferme Holkrans, sur les pentes de la montagne de Zungwini. Le 6 mai 1902, les Zoulou attaquent le campement par surprise, tuant 56 des 72 soldats présents. Depuis Vryheid, prendre la R33 en direction de Paulpietersburg sur 20 km. Au panneau « Zungwini », tourner à droite et poursuivre pendant 4 km jusqu'au panneau « Holkrans ». Continuer 100 m jusqu'à une maison en mauvais état sur la gauche. Garez-vous et traverser la rive. Derrière le sommet de la colline : le monument.

Bataille de Blood River Poort. En afrikaans, un *poort* est une passe entre deux montagnes, un défilé. Lors de la seconde invasion du Natal, le général Louis Botha quitte la ville d'Ermelo pour être rejoint dans la passe par les forces du commando de Vryheid placées sous les ordres du général Emmet. Ignorant ce rendez-vous, les Anglais lancent une attaque. Le 17 septembre 1901, le colonel Gough déclenche un choc frontal contre les hommes d'Emmet mais les Anglais sont aussitôt pris sur leurs flancs par les soldats de Botha… et battus. Prendre la R33 en direction de Dundee sur 21 km, puis à droite vers Utrecht sur 5 km et à droite au panneau « Blood River Poort ». Continuer sur 8 km.

VILLA PRINCE IMPERIAL €€

136 Brëe Street

✆ +27 34 983 2610

www.vpibb.co.za

Doubles à partir de 700 R, triple à partir de 1 050 R, petit déjeuner inclus.

Dans cette jolie guesthouse, somme toute assez classique mais à l'accueil très sympathique, vous choisissez votre chambre de princesse parmi les huit qui vous serons proposées suivant leur prénom : Pauline, Eugénie, Hortense, Caroline, Joséphine, Laetitia ou la suite Louis Napoléon. Prenez votre petit déjeuner à l'anglaise dans un joli jardin arboré, qui compte d'ailleurs une piscine bien agréable pour se rafraîchir pendant les heures chaudes de la journée, après une belle journée de visites, ou encore avant une petite partie de billard.

ULUNDI ★

Voilà l'étonnante capitale de l'ancien bantoustan du Kwazulu avec son Assemblée nationale construite à grands frais en 1984, sans oublier son université. La ville d'Ulundi et ses 45 000 habitants se dresse alors dans une vaste plaine rouge et gris qui bientôt ondule pour former des collines. En 1873, Cetshwayo établit ici sa capitale. En juillet 1879, les troupes britanniques commandées par lord Chelmsford remportèrent le combat contre 20 000 guerriers zoulous. L'affront d'Isandhlawana était lavé. En prenant à droite avant de traverser la voie de chemin de fer, en direction de l'aéroport, on atteint Ondini, le kraal de Cetshwayo.

KWAZULU CULTURAL MUSEUM

Tous les jours de 9h à 17h. Accès par la piste à droite après l'aéroport en venant de Melmoth.

Un complexe culturel sur le site d'Ondini où le dernier roi indépendant des Zoulou fit construire son *kraal* en 1873. Autrefois, plus de 20 000 personnes vivaient alors ici. Les huttes reconstituées, un peu aplaties, font parfois penser à des œufs au plat. On observe une très belle vue sur la vallée depuis ce site d'Ondini. Le KwaZulu Cultural Museum propose notamment une exposition sur les arts et les traditions des Zoulou, un peuple qui demeure emblématique dans l'histoire de l'Afrique du Sud. On y trouve également une petite boutique.

FALSE BAY PARK ★★

Cette réserve naturelle de 3 200 ha est située sur la rive occidentale de la False Bay. Un véritable paradis pour les oiseaux où l'on rencontre aussi de nombreux zèbres, impalas, antilopes (guibs, cobs, sunis), phacochères, nyalas et céphalophes. Il est formellement interdit de se baigner dans le lac à cause des crocodiles. Moyennant un modeste droit d'entrée, on peut se promener librement et emprunter les sentiers balisés de Dugandlovu et Mpophomeni. Une occasion rêvée d'approcher les animaux, sans risquer de se faire dévorer par un lion. Le parc est partiellement couvert de *sand forest*, un type de végétation très rare et donc protégée.

ESHOWE ★★

Quel joli nom pour la capitale du Zululand, que l'on prononce « échowé » ! Située sur une hauteur, la ville est constamment traversée par une brise rafraîchissante. On y vient pour découvrir la culture et l'histoire zouloues. Les habitants des villages aux alentours et jusqu'à Ulundi, enfoui profondément dans l'arrière-pays, viennent ici pour vendre leurs productions sur les marchés et faire leurs achats. Les Zoulous vivent ici toujours au rythme des cérémonies traditionnelles, mariages, célébrations zouloues annuelles, rassemblement de Sangoma, alliant modernité et tribalité. Chaleureux, sincère et authentique. Bus direct de Durban tous les jours.

FORT NONGQAYI MUSEUM VILLAGE

7 Nongqayi Road

✆ +27 35 474 2281

Ouvert de 7h30 à 16h en semaine et de 9h à 16h le week-end. Adultes : 35 R.

Dans l'enceinte du fort Nongqayi, construction blanche et crénelée, on trouve le Museum Village. C'est notamment en visitant ce lieu que l'on peut en apprendre plus sur l'histoire du pays zoulou et celle du grand roi Shaka tout puissant et de la dynastie qui régna sur l'empire sud-africain. C'est l'occasion également d'en savoir un peu plus ou de découvrir ce sacré John Dunn, un homme Blanc qui se fit élire chef zoulou et épousa alors 49 femmes noires !

UMLALAZI NATURE RESERVE ★★★

✆ +27 33 845 1000

www.kznwildlife.com

Au nord de Mtunzini s'étend la réserve naturelle Umlalazi, pas moins d'une dizaine d'hectares baignés au milieu d'une nature tropicale, où vivent comme des rois les oiseaux et quelques crocodiles. La réserve abrite un des oiseaux des plus rares en Afrique du Sud, le vautour palmiste. Elle comprend également une superbe plage de 20 km de long, où il faut rester prudent car il n'y a pas de filets antirequins au large. Tout autour, les sentiers dans la mangrove et dans la forêt offrent d'agréables balades. Attention, les portes ferment à 18 heures.

© LCSWART - SHUTTERSTOCK.COM

Fort Nongqayi Museum Village.

ZULULAND ECOADVENTURE

36 Main Road
✆ +27 35 474 4919
www.eshowe.com

Le meilleur plan pour découvrir la culture zoulou traditionnelle. Cette agence appartient à Graham, un « Zoulou blanc » investi dans des projets de développement en faveur des villages locaux, ruraux et très pauvres. Il a fait construire plus de 300 écoles depuis qu'il s'est lancé dans l'aventure et recrute des volontaires ! Ce personnage de la région connaît tous les villages et a toujours connaissance des mariages, cérémonies d'initiation des jeunes zoulous, consultation des guérisseuses Sangoma dans les villages alentours où il vous emmène. Les villageois consultent lors de réunion collective dans la hutte de la guérisseuse sur leurs problèmes courants. Prenez votre temps, mettez vos plus beaux habits comme les locaux qui font l'honneur de vous inviter à leur fête : vous serez extrêmement bien reçu. C'est un plaisir pour les habitants de rencontrer et d'échanger avec des voyageurs qui s'intéressent à leur culture. L'agence propose aussi des tours sur le marché d'Eshowe ou dans le *township* avec Mama Gladys, le meilleur tour de township ever ! Dans tous ces endroits, Graham est accueilli en ami et vous aussi, ce qui fera la différence.

Fêtes annuelles auxquelles vous pouvez assister. Si vous êtes dans les parages, ne manquez sous aucune prétexte la « Zulu Reed Dance » le dernier samedi d'août, rassemblement de 25 000 Zoulous pour les danses des jeunes filles avec des roseaux, la KheKheKhe, rassemblement de Sangoma fin février, le grand rassemblement Shembe du 15 au 31 octobre qui réunit plus de 30 000 Shembe.

THE GEORGE HOTEL €

36 -38 Main Street
✆ +27 65 919 3704
www.thegeorge.co.za
A partir de 770 R avec petit déjeuner.

Un étonnant boutique-hôtel arty au fin fond du Zululand, sous la houlette de l'excentrique Peter Engblom. Ce « Zoulou Blanc » photographe a son atelier ici, qui allie photos anciennes de Zoulous du XIXe siècle et clichés d'aujourd'hui, de vie quotidienne et de fêtes traditionnelles, dans des collages déjantés, pour décorer les murs de l'hôtel. Chambres claires, jolies et chaleureuses, et même une petite brasserie de Zulu Beer. Richard le propriétaire vous fera voyager dans le pays zoulou et vous aidera à passer une journée au sein d'un village ou dans la forêt.

THULA THULA €€€

✆ +27 87 945 5352
www.thulathula.com
À partir de 4 680 R. Tarifs dégressifs selon le nombre de nuits. Certains packages incluent safaris et repas.

L'immanquable réserve de Thula Thula porte l'héritage de son passé, une véritable histoire d'amour entre l'homme et les éléphants perpétuée par l'incroyable Françoise Malby Anthony. Thula Thula, c'est un lodge splendide, son bar chaleureux, son restaurant extraordinairement exquis, des tentes-safaris luxueuses et magnifiques, un camp de volontaires et son centre de sauvetage pour animaux sauvages, le tout dans une réserve flamboyante peuplée d'espèces sauvages que l'on commence à connaître au fil des pages du livre de Françoise, *Un éléphant dans ma cuisine*.

UMFOLOZI ★★★

Cette fantastique réserve, traversée par les rivières White Umfolozi et Black Umfolozi, couvre plus de 50 000 ha de savane arbustive. La moitié du territoire n'est accessible qu'aux marcheurs accompagnés d'un guide armé. En voiture, on peut suivre l'Umfolozi Mosaic Auto Trail sur 67 km. Classée réserve naturelle en 1895, Umfolozi est reliée à la réserve de Hluhluwe, le tout formant le Hluhluwe Umfolozi Park. Lions, léopards, zèbres, antilopes, girafes, éléphants et rhinocéros y cohabitent, ainsi que des milliers d'oiseaux (300 espèces). La réserve abrite la plus forte population de rhinocéros blancs du monde. Les lions, eux, sont des miraculés.

WILDERNESS TRAIL ★★

De mars à novembre, les rangers proposent d'accompagner des randonnées de quatre jours et trois nuits dans la partie la plus sauvage de la réserve. La deuxième et la troisième nuit se passent sous la tente. On vit alors une expérience inoubliable au cœur de la nature sauvage. En dehors de cette période, ne ratez pas les Weekend Bushveld Trails, qui se déroulent uniquement à Umfolozi. On quitte la réserve par la porte Mambeni et on atteint Mtubatuba par la R618, ou bien on gagne Hluhluwe par la piste de liaison de la Corridor Reserve.

CAMP DE MPILA €

✆ +27 35 550 8476

www.mpilacamp.co.za

750 R en hutte, chalet ou tente safari. De 1 500 R à 2 200 R pour quatre, autour de 375 R par personne supplémentaire.

Le Camp de Mpila propose des cottages familiaux, des huttes, des chalets de grand confort et des tentes-safaris bien équipées sur un site splendide avec une piscine pour se rafraîchir et un restaurant pour se délecter de quelques bons petits plats. Camps de brousse de Nselweni et Sontuli jouissent d'une magnifique situation au bord de la Black Mfolozi, et Mndindini. Uniquement entre décembre et février. Ces camps peuvent abriter jusqu'à 8 personnes. Un cuisinier sur place préparera les repas avec les vivres que vous aurez apportées.

HLUHLUWE ★★★

Cette réserve datant de 1897 forme désormais la partie orientale de l'immense Hluhluwe Umfolozi Park. La plus ancienne réserve d'Afrique tire son nom de la rivière qui la traverse : en zoulou, Hluhluwe désigne les lianes, nombreuses dans les arbres au bord de l'eau. On peut explorer ces paysages, et se rêver en Tarzan, en empruntant les 90 km de pistes correctement entretenues par les rangers. Deux *auto trails*, avec carte d'orientation, sont proposés. Le spécialiste Peter Joyce conseille notamment la section entre Seme et Gunjaneni. S'y trouvent plus de 80 espèces de mammifères, dont des rhinocéros, des lions, des éléphants, des guépards, des léopards…, et 425 espèces d'oiseaux.

Umfolozi.

ILALA WEAVERS

1 Ngweni Road
✆ +27 81 400 0947
www.ilala.co.za
De 9h à 16h, nocturne les mercredis et vendredis.

Ilala Weavers est une coopérative d'artisans gérée comme une entreprise de la Silicon Valley. On y accède par la route et la piste vers Ngweni, à gauche après la piste d'atterrissage. Ici, les communautés locales fabriquent des paniers artisanaux, aux motifs et aux couleurs du continent, mais aussi des bijoux artisanaux, des colliers ou encore un très beau papier à lettre en papier recyclé. Pour trouver, c'est fléché. Petit restaurant, bar et boutique. Nous vous conseillons de visiter cette coopérative et de participer aux démonstrations d'artisanat.

HLUHLUWE TOURISM ASSOCIATION

✆ +27 35 562 0353
Ouvert de 8h30 à 17h, le week-end jusqu'à midi.

Un office du tourisme très dynamique et bien informé. N'hésitez pas à demander des brochures et l'excellente carte pour localiser facilement l'emplacement des hébergements grâce à des numéros pointés sur la carte, ce qui est très utile compte tenu de l'éparpillement des établissements, une bonne quarantaine au total. Les bureaux de l'office de tourisme d'Hluhluwe se trouvent sur le parking de la station essence Engen, juste à l'entrée de la localité à gauche.

ISINKWE BACKPACKER'S BUSHCAMP €

D123 Bushlands Road - Bushlands Exit from N2
✆ +27 83 338 3494
www.isinkwe.co.za
Camping : 340 R, en demi-pension : dortoir à 400 R, doubles à 600 R, Petit déjeuner et dîner inclus. Pas de Wifi.

Camp au cœur du bush exceptionnel par la qualité de ses prestations et sa position au sein de la forêt à quelques kilomètres de l'entrée du parc national Hluhluwe. Voici une belle cabane en bois, une literie propre et à la décoration afro. On s'y sent vraiment bien. Magnifique piscine et terrasse en teck. Baz Bus stop. Internet. Parking. La meilleure option pour aller à Hluhluwe. Propose des packages très intéressants car proches de l'entrée.

HILLTOP CAMP €€

✆ +27 33 845 1000
www.hilltopcamp.co.za
De 500 R à hutte à 1 000 R en chalet self-catering. Formule petit déjeuner et game drive autour de 1 700 R par personne.

Une véritable merveille… Ce camp offre une vue aérienne sur le bush. On choisira entre la formule hôtelière, avec chambre et restaurant, et la formule self-catering, avec kitchenette pour se débrouiller tout seul. Le Hilltop Camp dispose d'un restaurant, le Mpunyane, avec une vue fabuleuse, et d'un bar. Les rangers proposent des marches guidées en pleine nature. En passant devant un « isivivane », ajoutez votre pierre à l'édifice : la tradition zoulou veut que les voyageurs empilent ainsi des cailloux en guise de porte-bonheur pour la journée.

RHINO RIDGE SAFARI LODGE €€

Hluhluwe Imfolozi Park ✆ +27 35 474 1473
www.rhinoridge.co.za
Entre 3 290 R et 5 310 R suivant la saison, comprend le logement, 2 safaris/jour (soir/matin).

Ce lodge est une pure merveille. Placé au sein de la première réserve naturelle de ce nom, il est parfaitement situé sur la route en direction de St Lucia pour voir les hippopotames. Sa particularité, c'est d'être aussi le premier lodge étoilé de cette réserve. Placé à flanc de colline, il permet d'avoir sans vis-à-vis un panorama incroyable sur le parc ! Au petit déjeuner, on observe les buffles se baigner dans un point d'eau en contrebas, et à la tombée de la nuit, les rhinocéros se baladent sur la colline. Piscine et *boma* pour le soir surplombent les paysages.

FALAZA GAME PARK €€€

✆ +27 35 562 2319
www.falaza.co.za
A partir de 1 865 R avec petit déjeuner et 2 240 R en pension complète. Le prix inclut également un game drive.

Un parc privé de 800 hectares au cœur duquel vous logerez dans des tentes très confortables, cinq chambres doubles et deux triples. Au Falaza Game Park, le dîner se fait autour du *boma*. C'est un cadre familial, sympathique et rassurant, pour ceux qui voudraient éviter l'isolement d'un camp au milieu des fauves affamés ! A Falaza, point de méchantes mâchoires, sauf peut-être celles de quelques hyènes rieuses. La décoration des tentes est avec l'option kitsch, tendance « sauvage ». Et maintenant, on se fait plaisir, on s'offre un Spa !

SAINT LUCIA ★★★

Découverte lors d'un naufrage en 1575, aujourd'hui Saint Lucia Estuary est un village touristique d'où l'on peut rayonner dans toute la région. Le Greater St Lucia Wetland Park, classé au patrimoine mondial de l'humanité, englobe toute la côte, depuis la réserve naturelle de Mapelane au sud de l'estuaire jusqu'à Sodwana Bay au nord, ainsi que le lac Saint Lucia et sa False Bay. Les contours de ces 36 000 ha d'eau saline sont assez complexes : le lac Saint Lucia a la forme d'un papillon, relié à l'océan par Saint Lucia Estuary au sud et séparé de celui-ci par les dunes côtières du cap Vidal. L'aile ouest est appelée False Bay. On y enregistre un taux de salinité trois fois supérieur à celui de l'océan Indien. En 1944, la rive occidentale de False Bay a été convertie en parc animalier, le False Bay Park, avec accès direct depuis le village de Hluhluwe. L'aile est, le lac Saint Lucia proprement dit, a été proclamée réserve naturelle en 1897. On y trouve trois îles : Bird Island, Lane Island et Fanie's Island. La réserve marine de Saint Lucia s'étend sur trois milles nautiques à partir de la plage, du sud du cap Vidal jusqu'à Ponta do Ouro à la frontière du Mozambique, constituant ainsi la plus grande réserve marine d'Afrique. Les tortues viennent s'y reproduire. Si vous avez la chance d'être dans les environs entre les mois de décembre et de mars, c'est un spectacle magique à vivre à la nuit tombée, en compagnie d'un guide spécialiste dans la protection des tortues.

RÉSERVE ISIMANGALISO ET CAPE VIDAL

✆ +27 35 590 1633
isimangaliso.com
Ouvert de 6h à 18h (novembre-mars de 5h à 19h). Entrée adulte 118 R, enfant 86 R, véhicule 70 R.

Une belle réserve luxuriante où vous pourrez observer presque tous les animaux, à part le lion, qui ne règne pas sur ces terres. On traverse la réserve d'Isimangaliso, les paysages sont verdoyants, les antilopes nombreuses se baladent et se prélassent dans les herbes sauvages, les rhinocéros et les éléphants flânent et, au bout de la réserve, la sauvage plage de Cape Vidal. Quel bonheur d'arriver ici, sur cette longue étendue de sable blanc que vient croquer le bel océan Indien !

SAINT LUCIA GAME PARK ★★★

Ce petit parc animalier fait partie de la réserve provinciale Saint Lucia Estuary. Un sentier nous mène jusqu'à l'estuaire, où l'on verra peut-être des hippopotames. Ces animaux apparemment pacifiques tuent plus de personnes chaque année que les lions. Si vous vous trouvez en position délicate, les vieux briscards conseillent de rester immobile, fixe et droit, dans le cas où l'animal paraît s'éloigner tranquillement ; lorsque l'hippo charge, il faut prendre ses jambes à son cou sans jamais se retourner et, éventuellement, grimper dans un arbre !

Pays zoulou, parc Saint Lucia.

KWAZULU-NATAL

ADVANTAGE TOURS

✆ +27 35 590 1259
www.advantagetours.co.za
Croisière crocodiles et hippopotames : 300 R, safari de nuit : 525 R, observation dauphins : 580 R, baleines : 1 150 R.

Advantage Tours, c'est le top à Saint Lucia ! Dans ce bel environnement d'estuaire, entre terre et mer, il existe de très nombreux tours en bateau, à faire absolument si vous passez par ici. Le lieu se prête très bien à l'observation des baleines ou encore des tours à la rencontre des hippos et des crocos, mais aussi à l'observation des dauphins, observation des tortues… Pour les aventuriers et les sportifs, vous pourrez vous adonner à une partie de pêche ou encore des sorties en snorkeling. L'une des meilleures agences de la région.

FANNAS HIPPO & CROCODILE TOURS

40 Mckenzie Street
✆ +27 84 867 1745
www.stluciasafaris.com
À partir de 250 R par personne les 2h en bateau.

À bord du bateau à moteur Fannas, vous remonterez en fin d'après-midi l'estuaire de Saint Lucia pour observer les stars de la ville, hippopotames et crocodiles. Les ornithologues passionnés seront également ravis de pouvoir croiser une riche variété de hérons, des tisserins, des guêpiers et des aigles pêcheurs, entre autres 300 espèces d'oiseaux. La balade est très sympa et pleine de surprises, accompagnée d'explications en anglais du capitaine. Une activité incontournable à Saint Lucia.

HERITAGE TOURS & SAFARIS

✆ +27 35 590 1555
www.stluciasouthafrica.com
Sunset drive à partir de 550 R par personne. Balade sur l'estuaire (2h) à 350 R.

Voici une autre agence touristique sérieuse de la région qui propose plusieurs activités pour explorer Saint Lucia : balade en bateau sur l'estuaire, tours guidés en vélo, safaris dans la réserve d'Isimangaliso, sorkelling, découverte des villages zulu, observation des tortues ou des oiseaux… Il y en a pour tous les goûts ! L'équipe est très sympathique et l'on viendra vous chercher directement à l'hôtel pour certaines activités. L'agence travaille en collaboration avec des *lodges* de la région et propose des *packages* incluant l'hébergement et les activités.

CAMP DE CAP VIDAL €

✆ +27 21 424 1037
Cabines : 1 260 R/4 personnes. 2 500 R pour 6 personnes.

Situé au nord de la zone des Eastern Shores, près de l'océan, le camp offre des chalets en self-catering pour quatre ou six personnes au maximum. Il suffit d'apporter ses vivres et ses boissons. Possibilité de camping. On peut faire de jolies promenades sur les dunes. Baignade dans l'océan et possibilité de faire du snorkeling dans des piscines naturelles dans les rochers. Pêcheurs nombreux. Le camp comprend une station-service, une supérette, un magasin de souvenirs et un centre d'information sur la vie sauvage, surtout sur les oiseaux.

LIKIDO LODGE €€

95 MacKenzie Street
✆ +27 35 590 1581
www.lidikolodge.co.za
Chambres standard à partir de 2 100 R avec petit déjeuner inclus.

Nichée sur une dune côtière, derrière le lac Saint Lucia, cette propriété familiale transformée en *lodge* est un petit éden luxuriant où il fait bon poser ses valises pour explorer la région. Confortables et spacieuses, les seize chambres, dont deux familiales, s'articulent autour d'une jolie piscine trônant à l'ombre des palmiers. Les petits déjeuners, servis sur la terrasse de la maison principale, sont frais et copieux. En famille, vous pouvez louer le Manor House, un *lodge* « exclusif » composé de deux chambres familiales, d'un salon spacieux et d'une piscine.

LODGE AFRIQUE €€

71 Hornbill Street
✆ +27 35 590 1696
www.lodgeafrique.com
À partir de 2 380 R la chambre double.

Un petit havre de paix au cœur d'une nature luxuriante. Les 8 suites luxueuses au toit de chaume sont éparpillées dans un jardin subtropical, très bien entretenu. Elles offrent un agréable confort avec leur terrasse privée, leur douche extérieure et leur salle de bain afro-victorienne complète. Toutes les suites mènent, à travers une passerelle en bois surélevée, à la maison principale décorée dans un joli style ethno-chic africain. On y prend un *English breakfast* sur la terrasse abritée où parfois les singes vous font la surprise de leur venue. Très bon accueil.

SANTA LUCIA GUESTHOUSE €€

✆ +27 82 781 2569
www.santalucia.co.za

Comptez 1 630 R la chambre double, petit déjeuner inclus.

Guesthouse au cœur d'un jardin luxuriant, des plantes et des fleurs autour de la jolie piscine creusée dans la terrasse. La Santa Lucia Guesthouse est une histoire de famille, l'établissement était géré par les grands-parents qui ont aujourd'hui laissé la main aux enfants. Les chambres sont propres et spacieuses, certaines ont un accès à l'extérieur sur une jolie petite terrasse et le petit déjeuner se prend sous les palmiers. Le salon et les espaces communs sont baignés d'art et d'objets de caractère. Safaris, randonnées : tout s'organise ici.

MAKAKATANA BAY LODGE €€€

✆ +27 87 059 9015
http://www.makakatana.co.za

A partir de 5 060 R en chambre de luxe. Ce prix inclut les repas et les activités.

Le grand luxe s'invite au bord des eaux calmes et néanmoins remplies de crocodiles, avec cet établissement récemment créé. Pas plus de cinq chambres doubles, un bijou de piscine au bout de sa passerelle. Les résidents font d'abord une croisière sur le lac et le lendemain matin une marche accompagnée à la recherche d'éventuels fossiles. Si vous restez deux nuits, la journée complète sera l'occasion d'une excursion nautique puis d'un après-midi sur les plages immaculées de Cape Vidal. De magnifiques bungalows, largement ouverts sur la nature.

HIPPO CAFE ST LUCIA €

70 Mckenzie Street
✆ +27 35 590 1025

Ouvert tous les jours de 9h à 21h. Poulet grillé à partir de 125 R.

Donnant sur la rue principale de Saint Lucia, ce café-restaurant est une bonne option pour un déjeuner sur le pouce. Viandes grillées, pâtes, hamburgers et plats classiques, les portions sont en plus généreuses ! On y vient aussi à l'heure de l'apéro pour déguster des cocktails originaux et en *happy hour* (16h-18h). La table avec les balançoires est très sympa pour siroter son breuvage. Un espace de jeux est ouvert aux enfants. On peut aussi y loger dans des chambres confortables, s'ouvrant sur la piscine. Accueil sympathique.

JOHN DORYS €

166 Mckenzie Street
✆ +27 35 590 2115
www.johndorys.com

Ouvert tous les jours de 11h à 21h. Poisson dès 155 R. Le mercredi, les sushis sont à moitié prix.

Sans aucun doute, l'une des meilleures adresses de Saint Lucia ! Les poissons et fruits de mer sont ici à l'honneur dans l'assiette : crevettes, calamars, soles, *kingklip* (sorte de cabillaud)… On en redemande ! On y vient aussi manger des sushis très bien préparés, des salades, des *poke bowls* bien frais et des viandes grillées. Pensez à venir tôt, la terrasse est prise d'assaut les week-ends et durant les vacances scolaires. Les serveurs sont aux petits soins et font attention à ce que rien ne manque. Une adresse à découvrir et redécouvrir !

REEF & DUNE €

51 Mckenzie Street
✆ +27 35 590 1048

Ouvert du lundi au vendredi de 12h à 20h30 et le week-end à partir de 9h. Hamburgers gourmets autour de 170 R.

C'est aussi une bonne adresse de Saint Lucia pour bien manger à des prix corrects. En terrasse sous un toit de chaume ou dans la salle intérieure élégante, on s'attable pour déguster du poisson, de la viande grillée, des hamburgers, des pâtes, des pizzas ou des salades. N'oubliez pas de vous renseigner sur la pêche du jour. Les assiettes sont généreuses, le service bien assuré et agréable. Tout comme les autres restaurants de Saint Lucia, l'établissement est rapidement bondé durant la haute saison touristique. Pensez à réserver !

THE OCEAN GRILL €

Mac Kenzie
✆ +27 63 548 2331

Ouvert tous les jours de 11h à 21h. Plats autour de 160 R.

Ce restaurant familial est populaire auprès des touristes pour ses poissons frais et ses copieux plateaux de fruits de mer (calamars, crevettes, moules…). On s'y régale aussi de spécialités locales comme du *boerewors & pap*, une saucisse servie avec du porridge de maïs, de bonnes pizzas et des viandes grillées accompagnées de frites, de riz ou de légumes de saison. Également des salades et des hamburgers bien élaborés. La terrasse surélevée est très agréable pour s'attabler, notamment les soirs d'été. Bon service, organisé et rapide.

GRECO €€

73 Mckenzie Street
+27 35 590 1241
Ouvert tous les jours de 11h à 21h. Plats à partir de 90 R.

Comme son nom l'indique, ce spacieux restaurant, installé à l'étage du Georgiou Centre, sert une cuisine grecque de bonne facture. Meze, hummus, tzatzíki, saumon grillé, soles et dorades cuisinées, les amateurs se régaleront. Également des sushis à la carte. Pour ceux qui seraient plutôt tentés par de délicieuses viandes braisées, il est possible de consulter la carte du restaurant d'à côté, Braza, et de commander sur place. Les deux établissements appartiennent au même propriétaire. On apprécie la terrasse surplombant la rue principale, un peu ventée.

NHLONHLELA BUSH CAMP €

À partir de 2 280 R pour 6 personnes.

Voici un adorable camp de brousse situé au bord d'un étang de trois kilomètres, alimenté par le système solaire au maximum. Au Nhlonhlela Bush Camp, les quatre bungalows proposés pour deux personnes sont reliés par des passerelles en bois que l'on emprunte le soir à la douce lueur des lampes à pétrole. Après avoir préparé son repas dans la cuisine équipée, on ira dîner sur la plate-forme panoramique pour profiter de la nature environnante. Comme dans tous les camps de brousse, on réserve en bloc pour un maximum de huit personnes.

MKUZE FALLS GAME RESERVE ★★

Un territoire magnifique entre les monts Lebombo et la rivière Mkuze, véritable paradis naturel où vivent tous les animaux d'Afrique australe, à l'exception des éléphants et des lions. En empruntant le réseau de pistes, on découvre une flore exceptionnelle autour des étangs et des points d'eau entourés de figuiers sauvages. Un *auto trail* avec carte est proposé à l'entrée. Les affûts de Mkuze ont la réputation d'être parmi les meilleurs du pays, notamment pour les oiseaux de 400 espèces différentes. Les gardes organisent des marches très intéressantes. Accès par la N2 et la piste à 35 km au nord du village de Hluhluwe ou par Mkuze si l'on vient du nord.

MANTUMA CAMP €

Pour 2 personnes, hutte à partir de 400 R, chalet 560 R, tente-safari 680 R. cottage 6 pers. autour de 1 800 R pour 4.

Le Mantuma Camp est le camp principal dans le nord de la réserve Mkuze Falls Game Reserve. Il offre plusieurs possibilités de logement en self-catering, dont des tentes-safaris, mais aussi des tentes safari triples ou encore des chalets, jusqu'au cottage pour six personnes, idéal pour les familles nombreuses ou les groupes d'amis voyageurs. Ici, tout est fourni : les draps, les serviettes, le matériel de cuisine, tout sauf bien sûr la nourriture et les boissons. Vous pourrez faire vos provisions en arrivant au village de Mkuze.

MKUZE FALLS PRIVATE GAME RESERVE €€€

+27 34 414 1018
www.mkuzefalls.com
Suite à partir de 4 000 R par personne, repas et deux game drives inclus.

© ISTOCKPHOTO.COM

Quel paysage ! Voici un magnifique camp accroché en surplomb au-dessus de la rivière Mkuze. Les neuf bungalows offrent le loisir d'une terrasse comme suspendue en plein ciel. Pour une situation idéale par rapport aux chutes. A l'intérieur, décoration à la Hemingway, matières riches, salle de bains majestueuse et une piscine privée dans le jardinet. Splendide ! Les bâtiments communs sont reliés par des passerelles de bois d'où l'on admire la vue sur les massifs Shembe et Mahlangosi.

PHINDA RESOURCE RESERVE ★

La réserve de 16 800 ha s'étend sur une vaste plaine traversée par la rivière Mzinene où l'on ne compte pas moins de sept écosystèmes différents, dont celui de la *sand forest* portée au rang de patrimoine national. Aujourd'hui, Phinda abrite non seulement les « Big Five », mais aussi de nombreuses antilopes et la plus grande concentration de nyalas, sans oublier les poissons et les oiseaux par dizaines de milliers. On pourrait diviser la réserve en deux : le secteur *sand forest*, sans trop de relief naturel, une végétation fournie et plus de troupeaux en hiver grâce aux points d'eau artificiels, et le secteur *bush*, aux allures de brousse sèche.

© MATT RAGEN - SHUTTERSTOCK.COM

Phinda Resource Reserve.

&BEYOND PHINDA MOUNTAIN LODGE €€

www.andbeyond.com

A partir de 7 000 R.

Ce lodge, le premier construit, est tout à fait différent du Forest. Le bâtiment en pierre se trouve au sommet d'une colline et offre une vue à 360°. La décoration est dans des tons africains, très colonial. Pour l'hébergement, on a le choix entre les Rock Chalets et les très luxueuses Bush Suites sur deux niveaux. Le soir, on dîne dans un *boma* gigantesque. Boutique fournie. La direction insiste : les enfants sont les bienvenus, ce qui est assez rare dans les lodges de luxe en brousse.

&BEYOND PHINDA FOREST LODGE €€€

www.andbeyond.com

De 8 000 R à 14 000 R pour deux, tout inclus (repas, game drive, etc.). Piscine.

Un véritable joyau architectural bâti en plein cœur de la très protégée *sand forest*. Ainsi, les bungalows sont en verre. Une immense baie vitrée cercle les pavillons, posés sur pilotis. A l'intérieur, on éprouve le sentiment délicieux d'être livré à la nature, de son lit, on ne voit que les arbres et les animaux. On passerait des heures dans la salle de bains, de marbre sombre et d'ardoise. Après la tombée de la nuit, un garde vient nous accompagner au restaurant en plein air.

SODWANA BAY ★

Les plages, les plongées, les coraux et les tortues : durant la saison d'été, c'est la grande ruée vers l'or blanc des plages et l'or bleu des fonds sous-marins. Les pêcheurs savent que les plus gros calibres d'Afrique du Sud ont été attrapés par ici. Aux amoureux de la nature, Sodwana offre d'immenses plages de sable fin, un océan Indien à bonne température toute l'année et des randonnées fascinantes entre les dunes et les lacs. Mais cette petite station est avant tout un centre de plongée de renommée internationale où l'on peut découvrir les récifs de corail les plus austraux de la planète, immergés dans la plus grande réserve marine du continent.

NATURAL MOMENT BUSH CAMP & DIVING €

Sodwana Man Road ✆ +27 83 236 1756

www.divesodwana.com

Camping 150 R, dortoir 270 R. PADI Discover Scuba Dive, snorkeling, possibilité de package plongée.

Le Natural Moment Bush Camp & Diving, comme son nom l'indique, se dédie majoritairement aux routards-plongeurs ou autres amateurs de grand large et de fonds marins, qui cherchent à découvrir les merveilles que peut offrir Sodwana Bay. Niché dans une forêt, ce camp très nature propose des chambres basiques et peu chères, et promet des nuits autour du feu avec les autres voyageurs. Cuisine à disposition. Camping ombragé. On opte ici pour le charme du rustique confortable.

Sodwana Bay.

SEA ESCAPES €

✆ +27 83 459 4222

www.seaescapes.co.za

Camping : 150 R. Dortoir de 150 R à 180 R, double de 600 R à 920 R, plongée à partir de 310 R.

Sea Escapes est une auberge sympathique, qui souhaite redonner le goût des choses simples aux voyageurs. Elle propose des Toad Tree Cabins : des cabanes en bois avec salle de bains privative, ou encore des cottages en brique entièrement équipés pour les familles. Choisissez encore les dortoirs et le camping pour les solitaires. Mi-auberge, mi-lodge, l'espace est des plus confortables pour les petits budgets, avec piscine en plus. Situé à une dizaine de kilomètres de la plage, il est possible d'opter pour un package de plongée à un bon prix.

SIBAYA-ROCKTAIL-MABIBI ★

Le plus grand lac naturel d'eau douce d'Afrique australe s'étend sur 77 km², avec une profondeur moyenne de 13 m. Séparé de l'océan par des dunes de plus de 160 m et recouvertes d'un épais taillis, le Sibaya Rocktail Mabibi est rempli d'hippopotames et de crocodiles. Alors autant oublier tout de suite de s'y offrir une petite baignade où celle-ci pourrait se terminer en drame. De nombreuses espèces de poissons y ont été répertoriées, parmi lesquelles des espèces marines acclimatées au fil des siècles. Tentez de faire travailler un peu votre imagination : il fut même un temps où le lac était relié à l'océan.

CAMP DE SODWANA BAY €€

✆ +27 33 845 1000

www.kznwildlife.com

Cabine 3 personnes, 1 155 R, puis 385 R par personne supplémentaire. Cabine 4 personnes autour de 1 540 R.

Un vaste camp très bien entretenu, avec des chalets équipés pour cinq ou huit personnes. On peut arriver les mains dans les poches, puisque la boutique du camp vend des produits frais et des boissons… sans oublier les appâts ! Les campeurs peuvent s'installer sur les emplacements standard ou à Gwalagwala. Organisation de randonnées et observation des tortues en décembre et janvier. Le camp Coral Diver's est une concession privée à l'intérieur du camp de Sodwana Bay. Piscine, restaurant et package plongée intéressant pour découvrir les récifs.

THONGA BEACH LODGE €€€

Sur la route de Mbazwana - Sodwana Bay

✆ +27 35 474 1473

www.isibindiafrica.co.za

À partir de 5 180 R en pension complète, kayak, excursion en bateau coucher du soleil et tour dans la communauté locale.

Envie d'une plage au bout du monde, à deux pas des safaris ? Voici un lieu unique. On y aperçoit les tortues se poser sur la plage, entre sable blanc, forêt luxuriante, mer chaude et turquoise. L'établissement est situé à quelques pas de la plage et à 25 minutes du lac, ce havre de paix à la vue imparable sur l'océan, presque lunaire. Idéal pour les vacances romantiques. Faites une plongée sous-marine pour observer les poissons en tous genres. Quelques jours au bord de la mer, une pause bien méritée et très appréciée après un safari ! Un duo gagnant !

TEMBE NATIONAL ELEPHANT PARK ★★

Les rescapés de la guerre civile au Mozambique ont trouvé refuge dans ce parc isolé dans le grand nord du Zululand. On y trouve par ailleurs les spécimens aux plus grandes défenses du pays, jusqu'à 3 m pour les plus vieux mâles. Ces éléphants vivent désormais paisiblement et librement sur un territoire de 35 000 ha, accessible uniquement en véhicule tout-terrain. On peut aussi y apercevoir quantités d'espèces endémiques ainsi que l'intégralité des « Big Five ». Unique en son genre, le parc représente l'équilibre parfait entre les attentes des aventuriers de passage et une ambiance réelle et authentique, au plus proche des cultures locales.

KOSI BAY ★

Kosi Bay est une succession de quatre lacs interconnectés qui débouchent sur l'océan. La réserve naturelle englobe, sur 11 000 ha, le réseau de lacs, la bande côtière et le terrain jusqu'à la frontière mozambicaine. Cette région très sauvage, dans le grand nord-est de l'Afrique du Sud, attire de nombreux pêcheurs amateurs, randonneurs et baigneurs. Certains spots sont plus adaptés à la baignade que d'autres, n'hésitez pas à poser la question car il n'y a pas de filets antirequins et les courants peuvent être dangereux. Le Bureau des parcs du Natal a installé un centre d'observation des tortues marines. C'est par ici qu'elles nichent. Magique.

TEMBE ELEPHANT PARK & LODGE €€€

✆ +27 82 651 2868
www.tembe.co.za
À partir de 1 980 R/personne pour une suite en pension complète avec deux game drives/jour, réductions après 5 nuits.

Situé tout au nord du Zululand, Tembe Elephant Park héberge les plus grands éléphants d'Afrique australe. Une réserve de 35 000 ha où les éléphants évoluent, accompagnés de lions, léopards, rhinocéros, buffles. Avec plus de 340 espèces d'oiseaux, la réserve est le paradis des ornithologues. Les communautés locales sont investies dans la protection des espèces mais aussi dans le management du lodge. Quinze tentes de standings différents, toutes *cosy* et confortables, en pleine nature.

KOSI BAY LODGE €

✆ +27 83 262 4865
www.kosibaylodge.co.za
Tente safari à partir de 280 R, double avec petit déjeuner à partir de 360 R.

Le Kosi Bay Lodge est un établissement charmant comme tout, et le bon goût d'être abordable en prenant par exemple l'option self-catering. Un petit complexe rustique à l'ombre des arbres d'où l'on peut s'offrir un grand nombre d'activités : des promenades en bateau sur l'océan Indien, des plongées au masque pour aller observer les jolies couleurs des poissons des récifs, des balades en canoë sur le lac ou encore une escapade nocturne pour rencontrer les tortues qui viennent pondre sur la plage, entre les mois de décembre et de mars.

KWAZULU-NATAL

Tembe National Elephant Park.

Lac Kosi Bay, hippopotames.

KOSI FOREST LODGE €€€

✆ +27 35 474 1473

www.kosiforestlodge.co.za

À partir de 2 970 R par personne, repas, balades en canoë et en forêt inclus. Bar, piscine extérieure.

Au bout de la piste de sable qui sillonne la réserve, Kosi Forest se mérite. Entièrement intégré dans la forêt, le lodge est majoritairement de bois. Sur le deck principal se trouvent la réception, le salon et le restaurant. Non loin de là, le *boma* renaît chaque soir de ses cendres. La piscine surplombe la rivière KuShenga. Pour aller jusqu'à la chambre, on emprunte les jolis chemins jusqu'à une petite cabane sur pilotis, un lit immense sous la moustiquaire et une baignoire extérieure. Et si on prenait un bain sous les étoiles à la lueur de lampe à pétrole ?

RANDONNÉE DE KOSI MOUTH

Autour de Kosi Bay, il existe plusieurs promenades d'une journée, même sans guide, qui sont proposées au départ du camp. En marchant dans la direction de l'embouchure, on verra les pêcheurs avec leurs *fish kraals*, notamment sur le lac Makhawulani. De nuit, sur la côte de Kosi Bay, le sable apparaît phosphorescent. La frontière mozambicaine se trouve à quelques kilomètres d'ici, au lieu-dit Ponta Do Ouro, où vous pourrez faire une escapade si le cœur vous en dit. C'est un haut lieu de passionnés d'océan et de glisse, et d'amateurs de plongée sous-marine.

PONGOLA ★

Le village de Pongola est entouré de réserves privées. Le grand lac de Pongola se trouve dans la grande réserve naturelle éponyme entre Jozini et Golela. Que l'on vienne du nord, à travers la plaine aux cannes à sucre, ou du sud, laissant derrière soi les brousses rousses du Maputaland, ce lac est un choc visuel parce qu'il paraît être une mer sur près de 30 000 ha, jusqu'à disparaître à l'horizon entre les mâchoires des montagnes noires. Splendide ! Un nageur n'irait pas loin entres hippopotames et poissons-tigres. Autour du village, des lodges apparaissent sur les hauteurs des champs de cannes. Depuis ces sommets, on admire la vue jusqu'au Swaziland.

SHAYAMANZI HOUSEBOAT

✆ +27 32 525 4076

www.shayamanzi.co.za

A partir de 2 850 R la nuitée par personne.

Deux ponts, un bain bouillonnant, six cabines doubles avec douches, un salon-restaurant, le navire de 25 m a de l'allure et il répond à toutes les normes en vigueur. La croisière sur le lac débute à 14h et se termine le surlendemain à 10h, sans jamais dépasser les 5 nœuds sur l'onde paisible : nausée improbable ! Vous pourrez vous plonger dans le bain bouillonnant installé sur le pont arrière, observer le manège des animaux sur les berges ou tenter une partie de pêche. Les cabines sont petites mais confortables et équipées. Un deuxième bateau, long de 30 m.

HLOMO HLOMO GAME RESERVE €

✆ +27 83 377 5536

hlomohlomo.com

A partir de 700 R la double avec petit déjeuner.

En dehors de l'hiver, les voyageurs ayant la sagesse de transporter des vivres viennent profiter de la magie du paysage, de Doris l'autruche, des mille antilopes alentour. Les tentes safari sont bien aménagées, sans luxe excessif. On peut s'offrir l'exclusivité du camp, ses dix couchages, son unique salle de bains. Vaisselle, draps et femme de ménage sur place. Seul un 4X4 permet de parcourir les 42 km de pistes de la réserve et peut-être d'apercevoir une des plantes les plus rares du monde, *Encepherlatus Aemulens* qui pousse sur cette montagne.

GHOST MOUNTAIN INN €€

Mkuze

✆ +27 35 573 1025

www.ghostmountaininn.co.za

Doubles à partir de 2 200 R en chambre standards, jusqu'à 7 040 R en suite. Petit déjeuner inclus.

Traversez la pelouse et empruntez le ponton, qui donne le sentiment de marcher sur la pointe des joncs, jusqu'à la plate-forme où s'amarre le petit bateau. A la tombée du jour, c'est superbe. Peut-être aura-t-on envie, le lendemain, de parcourir le Mkuze Dam Trail en suivant le feuillet d'information portant tous les détails botaniques et ornithologiques… ou bien partira-t-on en croisière sur le lac de Jozini, à bord de la vedette rapide. Chambres sans grande originalité mais avec tout le confort moderne, piscine, terrasse pour les petits déjeuners.

PAKAMISA PRIVATE GAME RESERVE €€€

✆ +27 87 059 9011

www.pakamisa.co.za

De 3 400 R à 5 550 R par personne, pension complète et 2 activités au choix inclus.

Sur les hauteurs de Pongola, Pakamisa abrite de paisibles animaux sauvages. Vous pouvez profiter de l'espace pour vous promener et grimper sur les hauteurs pour admirer le paysage. Chamu propose du tir à l'arc, du tir sur cible et des parties d'échecs. Isabella s'occupe des chevaux du domaine et propose des cours d'équitation et des balades en forêt. Le lodge domine la vallée jusqu'aux frontières du Swaziland, avec une belle piscine, un *boma* pour les feux de bois sous les étoiles.

AMAKHOSI LODGE €€€

✆ +27 34 414 1157

www.amakhosi.com

A partir de 4 150 R par personne.

La rivière Mkuze passe tranquillement sous votre nez. Et vous êtes là, sur le deck de votre chalet de roi de la brousse, à réfléchir au sens du monde. Au grand besoin de sauvagerie qui est le nôtre. L'instant était divin, n'est-ce pas ? Les propriétaires néerlandais de ce somptueux ensemble ont compris que le voyageur avait besoin de liberté, à l'extérieur mais aussi à l'intérieur : voilà de vastes volumes sous des charpentes croisées, de larges baies de verre comme des puits de lumière. Chalets très réussis, lodge de grande classe.

PONGOLA GAME RESERVE

Entre montagnes, herbes hautes et lac, cette réserve privée offre de nombreuses activités pour profiter au maximum de sa faune riche et variée. On peut partir en safari en bateau sur le lac artificiel de Jozini, « tracker » à pied les rhinocéros, pêcher le poisson-tigre ou observer de nombreuses espèces d'oiseaux. Bien que le lion ne soit pas présent, les *game drives* sont fascinants : antilopes, girafes, zèbres, éléphants, léopards, hippopotames, crocodiles… La réserve abrite deux *lodges*, l'un en *self-catering*, l'autre en demi-pension ou pension complète. Pour plus d'informations pratiques, vous pouvez consulter le site www.pongolagamereserve.co.za.

NKWAZI LAKE LODGE €€

✆ +27 34 435 1123

www.nkwazilodge.co.za

À partir de 1 550 R par personne.

Surplombant joliment le lac Jozini et le barrage de Pongolapoort, ce *lodge* de charme offre un cadre parfait pour déconnecter totalement du quotidien. Les chalets en toit de chaume sont spacieux et confortables, avec terrasse privée. Les chambres familiales sont, elles, dotées d'un salon séparé et de deux chambres. Le *lodge* propose diverses activités comme des safaris en bateau, des *trackings* de rhinocéros, l'incontournable *game drive* et des promenades guidées. Également une grande et deux petites piscines, un spa et un bar avec billard pour compléter l'expérience.

ESCAPADE AU LESOTHO

Au « Royaume dans le ciel », les nuages semblent tout proches et le ciel sous les étoiles immense. Les couleurs des paysages, la lumière sur les montagnes et la beauté sauvage du pays frappent les visiteurs de passage. On s'élève sur les hauteurs des montagnes pour en découvrir les beautés. Le Lesotho, situé à plus de 1 400 mètres d'altitude, est une enclave totale en Afrique du Sud. Sa capitale, Maseru, située sur la frontière avec l'Etat du Free State est populeuse et authentique, avec ses marchés anarchiques et colorés. Les villageois des montagnes viennent y vendre leur artisanat, leurs fruits et leurs légumes. Des minibus surpleuplés, une ambiance désordonnée et joyeuse. En s'éloignant vers le centre, on découvre les premiers sommets, ces paysages de hauts pâturages où paissent les brebis et les petits villages de huttes traditionnelles en terre séchée et toit de chaume. A pied ou à cheval, on suit le guide de montagne !

Escapade au Lesotho
Marquard
Ha Sera
Verkeerdevlei
LE
Hlohlolwane (Clocolan)
Bofulo
Excelsior
Bela
Ha Mamaethe
Paradys
Teyateyaneng
Marseilles
LADYBRAND
Borwa
Botshabelo
MASERU
Thaba Phatshwa
Ha Mokhomo
Ha Motoko
ROMA
Ha Marakabei Khubetoana
Clifton
Dipelaneng
Ha Mpuc
MORIJA
Matsieng
Ha Lerumon
Ramabanta
Ha Mashapha
Wepener
Van Rooyen's Gate
Mpopong
Mafeteng
SEMONKONG
MALEALEA
Sibi Sibi
Likoen
Ha Pak
Van Stadensrus
Tsoloane
Liphateng
Kubung
Mohale's Hoek
Ha Jane
Ts'itsong
Phamong
Matlakeng
Ha Nte
Ha Se
Rouxville
Platform
Moyeni (Quthing)
Lexeni
Daweni
TIFFINDELL
30 KM
Lady Grey

VERS GOLDEN GATE HIGHLANDS NATIONAL PARK
DRAKENSBERG
N 3
riesburg
Nyusana
ROYAL NATAL NATIONAL PARK
Bergville
Butha-buthe
Oxbow
Emmaus
TSEHLANYANE
Ha Lehloara
Cathedral Peak Hotel
Makaneng
Lejone
Mapholaneng
GIANTS CASTLE
Seshote
Mokhotlong
Iketleng
KATSE
LOTENI NATURE RESERVE
Nkokamele Ha Mosalla
Thaba-tseka
SANI PASS
Lotheni Village
Ha Setala
Ha Mosiroe
HIMEVILLE
UNDERBERG
Ha Ramokakatlela
Moshebi
Qacha's Nek
Maluti
Franklin
Matatiele
Cedarville
New Stand
Nkawulweni
KOKSTAD
Boschfontein
Kholumolumo
Golela
Tlokoeng

●● ESCAPADE AU LESOTHO

Derrière les montagnes du Drakensberg se cache ce tout petit pays entièrement enclavé : le Lesotho. D'une superficie d'un peu plus de 30 000 km², le pays surnommé le « toit de l'Afrique » est totalement enclavé dans les montagnes. Ouverte sur le Free State, la route de Ladybrand à Maseru constitue la principale porte d'entrée du pays. C'est la partie la plus peuplée (car la plus basse) tandis que 80 % du pays n'est qu'une chaîne de montagnes (les Malotis) traversée par seulement deux routes pour les 4x4 bien rodés. Le versant sud du pays est très abrupt, et seulement deux accès sont possibles depuis le Kwazulu-Natal via le Sani Pass et le Qacha's Nek en 4x4 ou à pied suivant des routes vertigineuses. Les paysages alternent entre montagnes aux sommets plats (mesas) et ravins qui fendent la montagne, creusés par les torrents qui s'y déversent pendant la saison des pluies. Le sol aride et pelé s'érode très vite, les failles sont impressionnantes, et quelquefois les routes sont détruites par l'avancée de l'eau. Les seuls arbres sont situés en basse altitude ou dans le fond des vallées. Si la montagne la plus haute, le Thabana Ntlenvana, culmine à 3 482 m, le Lesotho compte d'innombrables montagnes, dont les plus spectaculaires sont au sud du pays, comme les cols de Mahlasela Pass (3 222 m), le Sani Pass (2 900 m), le Monteng Pass (2 820 m), le Blue Mountain Pass (2 641 m), le – ne riez pas – God Help Pass (2 318 m), le Bushman's Pass et enfin le Qacha's Nek (1 980 m).

MASERU ★

Capitale du pays depuis son indépendance en 1966, la seule grande ville du Lesotho compte environ 150 000 habitants. Située à la frontière avec le Free State sur la stratégique Mohokare River, elle a d'abord été un camp militaire anglais, puis une capitale administrative, elle est aujourd'hui le centre économique du pays. C'est autour de Kingsway, comme on appelle le principal axe commercial, que se sont développés les deux quartiers centraux de la ville. A l'ouest, le quartier des administrations, sièges d'entreprises et banques. A l'est, des petits commerces, des marchés et des vendeurs de rue. On trouve les mêmes enseignes qu'en Afrique du Sud, et le pays n'a pas échappé à la mode des « malls », ces centres commerciaux à l'américaine qui foisonnent de l'autre côté de la frontière. Le Pionneer Mall inauguré en 2009 était le premier du genre dans le pays. Alors, les huttes traditionnelles en brique de boue séchée et toit de chaume ont été remplacées par des cases en parpaing de béton. Le long de la large route Moshoeshoe Road au nord, et dans le quartier de Thetsane au sud, vous verrez des usines de farine, de textile, surtout autour de la mohair, et de chaussures. On trouve également des usines de tapis et de bougies. Maseru a vu son offre hôtelière se développer dans les années 1970, lorsque les jeux d'argent étaient interdits en Afrique du Sud et que la ville comptait deux casinos. Se retrouvaient alors tous les amateurs de roulettes et de black jack sud-africains pour parier leur argent ici, ni vus ni connus, au Lesotho. Depuis, les choses ont évolué et c'est plutôt dans les montagnes que se développe un écotourisme responsable. Maseru n'a pas grand intérêt pour les touristes, sauf pour palper l'ambiance d'une ville populaire africaine, avec son anarchie joyeuse, ses marchés et ses combis surchargés, ses couvertures colorées traditionnelles, qu'on ne trouve d'ailleurs pas sur les marchés d'artisanat puisqu'elles sortent de l'usine de laine/mohair. Car le mohair, c'est un peu la spécialité du coin... Si vous avez loué en self-catering, pensez à faire vos courses, retirer des espèces et faire le plein de carburant avant de grimper dans les montagnes à la rencontre d'un merveilleux paysage et des fermiers qui se baladent à dos d'âne, emmitouflés dans leur couverture traditionnelle !

MPILO BOUTIQUE HOTEL €€

Corner Kingsway and Maluti Road
✆ +266 5220 3000
Chambre double à partir de 3 140 R. Suite double dès 4 430 R. Petit déjeuner inclus.

L'établissement n'a rien d'extraordinaire de l'extérieur, il ressemble à un immeuble lambda, mais à l'intérieur, les chambres et les salles de bains sont modernes et bien équipées. Une décoration douce, sobre et chaleureuse. Le point agréable de l'hôtel Mpilo Boutique Hôtel restant la terrasse sur le toit qui invite à la détente à l'heure de l'apéritif, et encore mieux à l'heure du coucher de soleil sur le décor montagneux alentour. Puis, on s'installe ensuite au restaurant, de bonne qualité, derrière ses grandes baies vitrées. C'est une bonne option à Maseru.

SCENERY GUEST HOUSE €€

Maseru Est, près du Setsoto Stadium.
✆ +266 5380 7042
www.scenery.co.ls
Comptez autour de 680 R la double avec le petit déjeuner.

Comme son nom l'indique, jolie vue depuis cette guesthouse parfaitement tenue sur les hauteurs à l'est de la ville de Maseru. Des chambres personnalisées agréables et élégantes où rien ne manque, avec salle de bain avenante. Certaines ont la climatisation, d'autres un ventilateur. Le wifi est gratuit et le petit déjeuner correct. Transfert en taxi : comptez autour de 30 R de la ville. Une autre guesthouse dénommée la Scenery Maqalika, très classique elle aussi avec de jolies chambres et dans le même ordre de prix a ouvert ses portes dans la foulée.

AVANI MASERU HOTEL €€€

12 Open Road
✆ +266 2224 3000
www.avanihotels.com
Chambre double avec petit déjeuner à partir de 1 500 R.

L'hôtel de référence à Maseru, construit dans les années 1970 en plein centre. Le nouveau Avani Maseru Hotel est quant à lui sur les hauteurs. Beaucoup d'hommes d'affaires et quelques touristes aisés, profitent ici d'une grande piscine idéale pour les familles, et de nombreux services d'un hôtel de chaîne de bon standing. On trouve des loueurs de voitures directement sur place. Le Maseru Sun reste assez impersonnel, mais il est central et très facile à trouver. Et par ailleurs, le personnel est attentif et offre un accueil très chaleureux.

NO.7 RESTAURANT €€

Nightingale Road
+266 2231 0488
www.kick4life.org
Du lundi au samedi, petit-déjeuner de 7h à 10h, déjeuner de 12h à 15h et dîner de 18h à 22h. Dimanche, de 7h à 15h.

De la bonne nourriture dans un environnement *friendly* comme on dit ici ! Le NO.7 Restaurant offre une vue panoramique très agréable, loin de la circulation. Dans ce restaurant, on prône les produits frais préparés à la minute dans un style à l'européenne avec une touche de Lesotho ! Le service est jeune, impeccable et chaleureux. Du petit déjeuner au dîner, on passe ici un bon moment dans un environnement convivial. Et surtout, sachez que tous les bénéfices du restaurant sont réinjectés dans le travail caritatif pour aider les jeunes de la communauté !

PIRI PIRI €€

34 Orpen Road
+266 223 15892
Ouvert de 11h à 22h du lundi au samedi et de 10h à 18h le dimanche. Entre 85 R et 130 R le plat.

Une adresse où il fait bon s'arrêter, au Piri Piri, on s'installe dans le jardin, sous une hutte de paille ou encore sur la terrasse sur pilotis. Si le nom est africain, Piri Piri signifie épicé, le restaurant lui est... portugais ! On y trouve des bières du pays à déguster, du chorizo et du bacalhau maison, mais aussi des plats pour les végétariens ou encore des pizzas... Voilà une bonne adresse à Maseru, à l'atmosphère conviviale très prisée le week-end par les familles, qui débarquent souvent en groupe alors il faudra penser à réserver.

BASOTHO HAT SHOP

Kingsway
+266 22 322 523
Ouvert de 8h à 17h du lundi au vendredi (16h30 le samedi).

Vous ne pourrez pas le louper : il a la forme d'un chapeau traditionnel Sotho. Un gigantesque chapeau pointu de paille noir. Le Basotho Hat Shop est situé à l'entrée de la ville, juste en face de l'office de tourisme où vous pourrez dénicher peut-être de bonnes idées ou des adresses intéressantes pour votre séjour. Bref, ici c'est un magasin d'artisanat, il est le plus populaire auprès des touristes en quête de souvenirs. Il propose une large variété de poteries, de produits tissés, de mohair, de tapis, de vide-poches ou encore des paniers colorés...

MORIJA

A 35 km au sud de la capitale du Lesotho, Morija est un village fondé autrefois par trois missionnaires français sur la route du sud, qui doit son nom au mont biblique Mt. Moriah. Il constitue une parfaite halte sur le trajet, non loin de l'axe goudronné qui va à Maseru et de Malealea, sur les hauteurs. La ville est reconnue comme un site historique et culturel important. On s'y arrête notamment pour son musée, le Morija Museum qui tente de retracer et transmettre l'histoire de Morija fort de ses archives et autres documents datant du XIXe siècle. Le musée se veut être un espace d'apprentissage, d'innovation et d'excellence au Lesotho.

LE MORIJA MUSEUM ET LA MAEDER HOUSE ART GALLERY

Church street
+266 22 36 03 08
Ouvert du mardi au samedi de 11h à 16h et le dimanche de 13h à 17h.

Ce petit musée sur les traditions Sotho est une bonne introduction pour faire connaissance avec ce peuple avant de grimper dans les montagnes. Né dès 1956 de la collection privée de la famille Dieterlen, qui a méthodiquement archivé des collections ethnographiques, paléontologiques et historiques sur le pays, le musée est hétéroclite. Vous en saurez plus sur l'histoire des couvertures lesothanes, les objets du quotidien dans la culture Sotho, la formation géologique du pays...

MORIJA GUEST HOUSE €

✆ +266 22 36 03 06
www.morijaguesthouses.com
Camping : 160 R (seulement en petit groupe). Chambres doubles à partir de 450 R.

Perchée dans le village historique de Mojija à 45 kilomètres de Maseru, tenue par la sympathique Française Brigitte Hall-Cathala, cette guesthouse est l'endroit idéal pour découvrir la culture sotho, le festival Morija et la nature environnante. En plus, les tarifs sont vraiment tout doux pour le confort, le bel accueil, les jolies chambres décorées avec des tissus locaux, confortables et propres. Au Morija Guest House, les cavaliers seront ravis, car ici on peut s'offrir une belle balade à cheval en nature ! Ou bien à vélo pour ceux qui préfèrent les pédales.

ROMA

Roma est un village situé à une trentaine de kilomètres de Maseru, où se trouve le premier hébergement pas trop cher et agréable pour les voyageurs un peu routards. C'est ici que bifurquent les routes vers Semokong, une route sur laquelle le 4x4 est fortement conseillé, mais pas obligatoire, et vers Mohale Dam, le lac. Puis, pour les plus aventureux en bon 4x4, ils pourront aller jusqu'à Thaba Tseka. En revanche, si vous n'avez pas le temps de monter plus haut, arrêtez-vous ici, le site est déjà très agréable. C'est ici que les étudiants se retrouvent souvent, et pour cause : la ville de Roma accueille l'université nationale du Lesotho.

MALEALEA

A quelques kilomètres des portes du paradis, ce point de vue fabuleux nommé Gates of Paradise Pass, ce petit village de Malealea perché sur les hauteurs n'a rien de très particulier, si ce n'est qu'il est à côté du Malealea Lodge, auquel il a offert son nom gracieusement. Ce Lodge est sûrement l'un des meilleurs sites d'hébergement et d'activités touristiques du pays, qui participe à la vie locale en aidant financièrement des écoles, des guides locaux... Au cœur du village, vous y trouverez de jolies huttes traditionnelles sous leur toit de chaume, des *shebeens*, ces petits bars traditionnels, des jardins et animaux domestiques et une vue magnifique.

THABA BOSIU ★★

Celle quel l'on appelle Thaba Bosiu, c'est la « montagne de la nuit » est classée au patrimoine mondial de l'Unesco. Le lieu a une haute portée symbolique pour les Lesothans : il fut le camp de base de Moshoeshoe Ier, le fondateur du Royaume du Lesotho, lors de la guerre de 1824 contre les Boers. Dans le paysage, il s'agit en réalité d'un plateau, jusqu'au sommet duquel on monte assez facilement avec un guide. On peut s'y aventurer à pied, mais aussi à cheval, et aller alors jusqu'à la tombe du roi et les ruines de sa forteresse.

MALEALEA LODGE €

Malealea village
✆ +27 82 552 4215
https://malealea.com/
Camping à 135 R, hutte forêt à 210 R, huttes Basotho à 240 R, maison forestière à 370 R, rondavel de luxe à 440 R.

L'idéal pour découvrir la culture et les paysages du Lesotho. Perché sur sa montagne, le lodge vit avec le village. Restaurant, jolie piscine, concerts, jardin vert qui descend jusque dans la forêt et ses logements, du rondavel confortable avec salle de bain privée à la hutte forestière. Un superbe endroit pour rayonner dans la région, faire des randonnées, aller voir les peintures rupestres San dans les environs. Ici, le tourisme équitable reverse une partie des pourboires au Malealea Development Trust. Et si on s'offrait une nuit dans un village en altitude ?

TRADING POST LODGE €

✆ +266 5024 5001
Camping de 125 R à 250 R, dortoir à partir de 200 R, chambre double de 400 R à 1 400 R.

Ancien comptoir commercial tenu par la famille Thorn au début du XXe, cet hôtel est une excellente halte car il est proche des sites de Thaba Bosiu et des empreintes de dinosaures. Les logements sont bien tenus, l'ambiance est sympa. Les huttes en bois sont rudimentaires, les chambres du lodge plus confortables. Cuisine commune, jardin luxuriant et piscine ! Petit *shop* avec artisanat et couvertures lesothanes. Ils proposent des chambres dans des rondavels en altitude, vue incroyable. Tourisme solidaire, visite du village et randonnées avec des guides locaux.

SEMOKONG

On vient dans le village de Semokong pour goûter à la vie rurale, la vraie, mais aussi pour voir les impressionnantes chutes éponymes qui se fracassent du haut de leurs 200 mètres de hauteur dans le creux des montagnes. Dans la langue sotho, Semokong signifie d'ailleurs : « le lieu qui fume », en référence à la brume formée par les chutes d'eau dans les parages. Pendant les mois d'été, le paysage est verdoyant, on peut carrément nager dans l'étang qui se remplit en contrebas, quel bonheur de la nature... Tandis que quand les mois d'hiver approchent, l'étang commence à geler et une magnifique cascade de glace se développe alors autour de la chute.

KATSE

La route goudronnée jusqu'à Katse est assez accessible. Ici se trouve un énorme barrage qui domine une vallée de plus de 180 mètres de hauteur. La ville est presque plus connue sous le nom du Barrage de Katse. En effet, il s'est imposé comme la seule attraction de la région. Et pour cause, Katse Dam, le centre du Lesotho Highland Water Project qui fait vivre une bonne partie de l'économie du pays, est une série incroyable de barrages et tunnels à travers la montagne, qui débouche dans la Ash River près de Clarens et qui fournit en eau tout Johannesburg et Pretoria. C'est le plus grand projet d'ingénierie de l'hémisphère Sud des années 1990.

SEMOKONG LODGE €

1 Riverside Road
✆ +266 270 060 37
www.semonkonglodge.com
Chambre double standard : 1 660 R. Rondavel : 600 R chambre partagée. Camping : 180 R.

Situé sur la rivière Maletsunyane, le Semonkong Lodge propose une bonne restauration, des randonnées à cheval et la descente de la chute en rappel. Les chambres en guesthouse sont douillettes et bien décorées, certaines équipées de cheminée ! L'ambiance est sympa, les repas délicieux et les activités variées. On peut faire la tournée des *shebeens,* bars locaux, à dos d'âne, avec dégustation de bières artisanales traditionnelles, musiques, chants et danses basothos, randonnées, pêche, escalade, trek avec une nuit au village, balade à la chute d'eau Maletsunyane.

BARRAGE KATSE DAM

✆ +266 229 10805
Visite guidée du lundi au vendredi à 9h et 14h, les week-ends à 9h et 11h.

Cet énorme barrage construit par un consortium Italie, France, Afrique du Sud, Allemagne et Royaume-Uni est sorti de terre, ou plutôt de l'eau, en 1997, après de lourds travaux. C'est le plus grand barrage d'Afrique, fait de 687 millions de tonnes de ciment, d'une hauteur de 185 mètres et qui compte trois passages en hauteur avec la voiture. Les turbines brassent 6 000 mètres cubes d'eau ; 20 heures par jour ! C'est ce barrage Katse Dam qui alimente l'Afrique du Sud en eau potable. Un édifice majestueux, très impressionnant, et la visite est immanquable !

Semokong.

BOKONG NATURE RESERVE

✆ +266 5996 4494

Centre des visiteurs ouvert entre 8h et 17h tous les jours, guides sur demande.

Une des plus hautes réserves d'Afrique, au sommet du Mafika Lisiu Pass à plus de 3 000 m d'altitude, elle domine le barrage du lac de Katse et offre de sublimes paysages. Dans ce climat montagneux, vivent des oiseaux, des antilopes et des « rats des glaces » qui vivent en colonie. Le centre des visiteurs perché au-dessus des chutes de Lepaqoa, un camping et des activités. La réserve propose des randonnées : 45 min, demi-journée, journée, mais aussi de 2 à 3 jours de marche, en suivant la crête du plateau avant de redescendre vers le Ts'ehlanyane National Park.

LERIBE CRAFT CENTER

Katse Dam Turn Off Lisemeng II

✆ +266 2240 0032

Le Leribe Craft Center est un centre d'artisanat traditionnel des plus connus du pays, dans lequel on s'arrête volontiers en bord de route en venant de la ville de Maseru. Ici, on vend surtout des vestes et écharpes en laine et mohair, les spécialités locales qui sont indispensables pour rester au chaud sur les hauts plateaux quand le froid tombe le soir. Mais on trouve également des sacs, des ponchos, des chapeaux, des couvertures brodées de dessins primitifs colorés... En somme, tout l'artisanat basotho, travaillé à la main.

BOTANICAL GARDEN

✆ +266 22910 315

Ouvert du lundi au vendredi de 8h à 17h et le week-end de 9h à 14h.

Un petit jardin botanique pour les amateurs de biodiversité et de plantes rares qui poussent au Lesotho. Ces 17 hectares nichés sur les hauteurs du village de Katse ont été initiés dans un but de protection de la flore alpine qui était alors grandement menacée par l'arrivée du barrage de Katse. Notamment les jolies aloés en spirale que l'on y trouve aujourd'hui : elles étaient grandement menacées. C'est le jardin botanique le plus haut d'Afrique, il compte également de nombreuses plantes médicinales traditionnelles utilisées par les Sotho.

TS'EHLANYANE

L'un des deux parcs nationaux du Lesotho au pied du col Holomo, accessible par route goudronnée, et partie intégrante du Maloti/Drakensberg Transfrontier Park. Situé entre 1 950 et 3 100 m d'altitude, il est de climat subalpin, et s'étend sur 5 000 ha. En son centre, une forêt préservée au cœur du parc dont des arbres endémiques appelés « Chi-chi », une bambouseraie ancestrale qui a une importance capitale dans la culture sotho et qui héberge des papillons très rares, mais aussi une végétation de « fynbos » des montagnes uniques au monde. Ici vivent des félins adaptés à l'altitude : chats sauvages, chacals, caracals... Des randonnées s'y organisent.

LERIBE

Fondée en 1847 par un missionnaire français, François Coillard, Leribe, est aussi connue sous le nom de Hlotse, le village voisin qui a aujourd'hui fusionné avec Leribe. Elle est l'une des plus grandes villes du Lesotho. Elle compte environ 38 000 habitants. Il ne reste pas grand-chose de l'époque coloniale si ce n'est peut-être la Gun Tower, un vieux fort militaire et une église anglicane de 1877. Leribe est située à la frontière nord-ouest du pays, en face de Ficksburg, et n'a pas grand intérêt pour les touristes, si ce n'est que l'on y trouve une ambiance authentique, et que son centre d'artisanat est parmi les plus réputés du pays.

MALIBA MOUNTAIN LODGE €€€

✆ +27 31 702 8791

www.maliba-lodge.com

De 895 R à 3 995 R selon le type d'hébergement et selon la saison.

Isolés et en pleine nature, six lodges suspendus à la montagne, qui peuvent accueillir jusqu'à 8 personnes, et en self-catering c'est vraiment l'option la plus économique. En pension complète le lodge luxe est parfait. Baignoire à bulle, terrasses, cheminée, lit *king size* à baldaquin... Vue sublime, repas de qualité et variés, équipe chaleureuse. Des randonnées à pied, à cheval peuvent être organisées, tout comme la visite d'un village traditionnel, de ha Mali par exemple. On peut aller nager dans des piscines naturelles tout près.

OXBOW

Le petit village d'Oxbow est tout proche de la station de ski pour Sud-Africains aisés. Sur le « toit de l'Afrique », à plus de 3 300 mètres d'altitude, l'endroit fait partie des rares sites d'Afrique Australe qui connaissent le manteau blanc de l'hiver. S'il n'y a pas grand-chose à y faire, les paysages restent magnifiques tout autour. Les bergers sotho traversent le décor avec leurs ânes chargés. Au loin le col de Mahlasela. Afriski Mountain Resort est sûrement la meilleure option pour se loger et profiter du paysage, des activités de plein air, que ce soit du ski, du mountain bike, du paintball, de la course à pied ou de la randonnée.

SANI PASS

Le Sani Pass est perché entre les highlands du Lesotho et les montagnes du Drakensberg d'Afrique du Sud. On y monte depuis Himeville par une piste vertigineuse en lacets, ouverte exclusivement aux 4x4, mais qui devrait être goudronnée. Un périple mémorable ! Attention le poste-frontière ferme à 18h, et ne comptez pas aller plus loin à partir d'une heure avancée. Une fois arrivé en haut, on profite de la vue incroyable sur l'Afrique du Sud, et on entrevoit côté Lesotho les montagnes avec bergers à cheval dans leur jolie cape et moutons par milliers. L'unique lodge, le Sani Mountain est situé là, à côté du poste-frontière, accroché à la montagne.

AFRISKI RESORT €€

Juste après le village d'Oxbow sur la route
✆ +27 86 1237 4754
www.afriski.net

Dortoir de 300 R à 500 R, cottages familiaux de 450 R 650 R/pers, chambre double à partir de 800 R selon la saison.

Une station de ski au cœur de l'Afrique ? Eh oui ! Afriski Resort vous propose de skier au Lesotho. La station coûte un peu cher en haute saison, mais propose des packages tout compris avec le matériel, le forfait, la pension complète... Pour tous les budgets, même pour les routards, mais emmenez votre sac de couchage. Les chalets en bois sont confortables, spacieux et bien décorés. Préférez ce resort un peu plus cher au New Oxbow Lodge très vieillot. Bonne ambiance, bon accueil, bonne nourriture, belle vue et bonne glisse !

SANI MOUNTAIN LODGE €€

2 874 m en haut du col.
✆ +27 78 634 7496
www.sanimountain.co.za

Chambre double 2 966 R. Dortoir 442 R avec petit-déjeuner, avec dîner inclus 558 R.

Sur ce balcon vertigineux au bord du gouffre de Sani, nous vous assurons que la vue mérite le voyage. Voilà un vrai chalet. Des skis et des chaussures de ski antédiluviennes à louer, une cheminée, des tables de bois et un comptoir où coulent le thé chaud et la bière. Ambiance géniale le soir, quand il neige dehors. On peut faire de la randonnée et louer des poneys aux villageois lésothans. Dortoirs sommaires avec sanitaires communs, prévoir vêtements chauds et serviette de toilette, ou en rondavels plus luxueux. Niché ici : le fameux plus haut pub d'Afrique !

Sani Pass.

ESCAPADE EN ESWATINI

Vous voilà dans le plus petit royaume d'Afrique australe, l'eSwatini, une goutte d'eau dans un océan ! Enclavé dans l'Afrique du Sud et bordé par le Mozambique, l'eSwatini est souvent méconnu des touristes. Il mérite pourtant une halte de plusieurs jours pour découvrir sa population accueillante, ses villages abritant des huttes colorées plantées sur des collines verdoyantes et sa culture tribale – l'une des mieux préservées de tout le continent. Situé sur un plateau montagneux entre un escarpement rocheux et d'immenses plaines agricoles, l'eSwatini est réputé pour ses parcs nationaux et ses réserves qui offrent de spectaculaires panoramas scéniques sur des vallées, grottes et gorges, creusées par des rivières et des cascades dévalant les sommets. Une destination atypique entre tradition et modernité, un pays attachant, votre séjour vous paraîtra toujours trop court. Prévoyez d'y rester au moins trois jours.

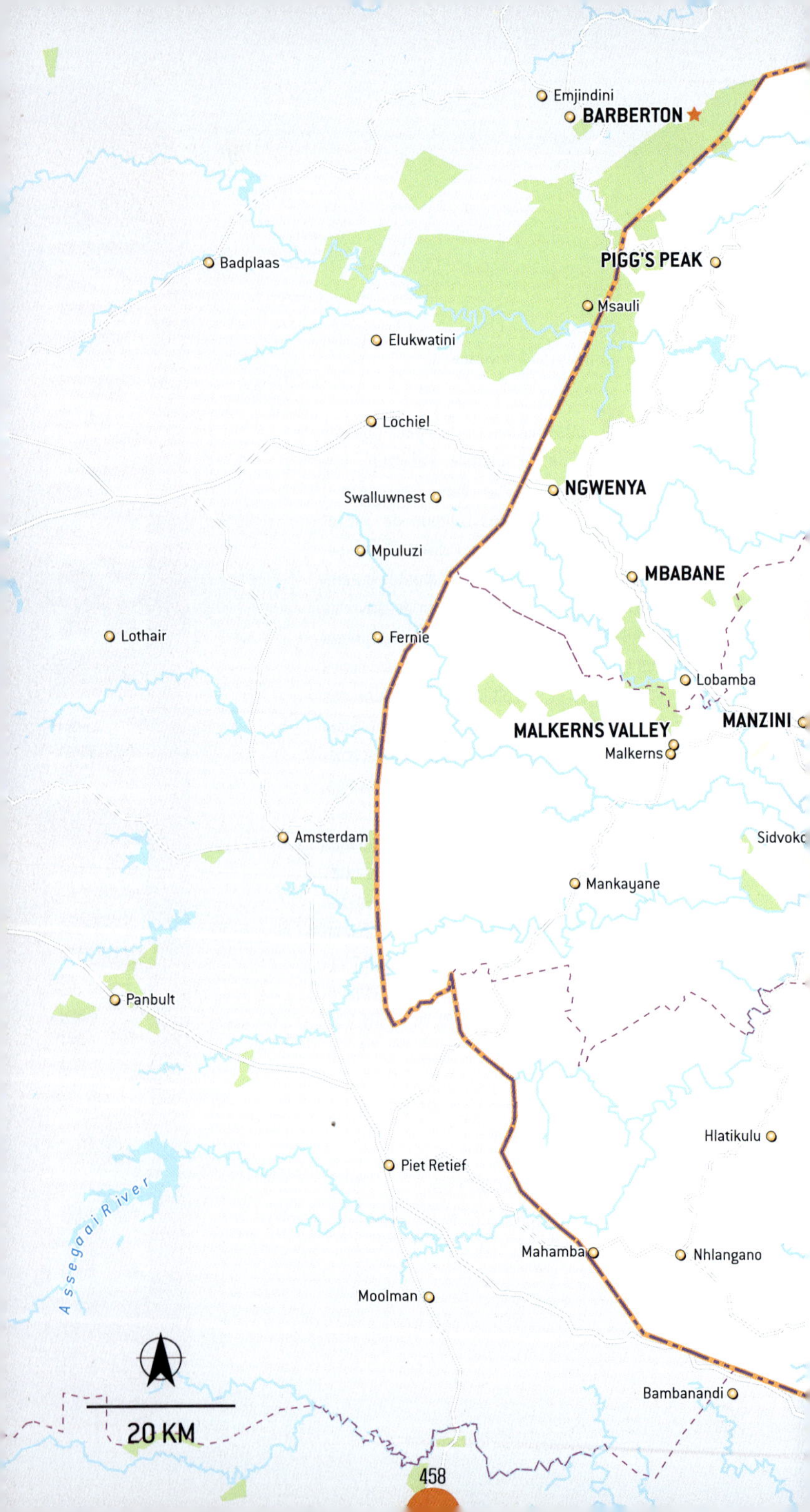
Emjindini
BARBERTON
PIGG'S PEAK
Badplaas
Msauli
Elukwatini
Lochiel
NGWENYA
Swalluwnest
Mpuluzi
MBABANE
Lothair
Fernie
Lobamba
MALKERNS VALLEY
MANZINI
Malkerns
Amsterdam
Sidvokc
Mankayane
Panbult
Hlatikulu
Piet Retief
Assegaai River
Mahamba
Nhlangano
Moolman
Bambanandi
20 KM

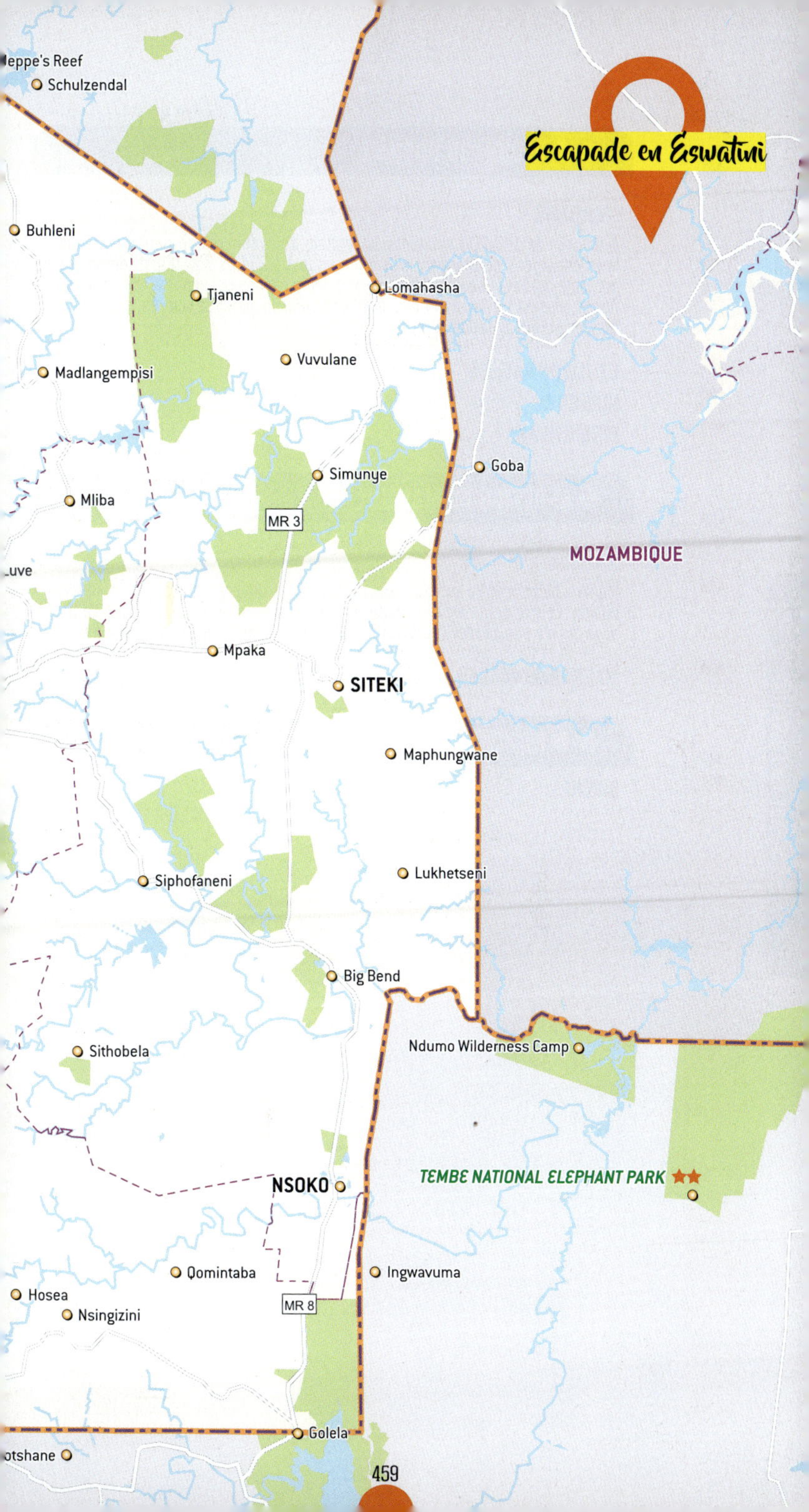
Escapade en Eswatini
eppe's Reef
Schulzendal
Buhleni
Tjaneni
Lomahasha
Vuvulane
Madlangempisi
Simunye
Goba
Mliba
MR 3
MOZAMBIQUE
uve
Mpaka
SITEKI
Maphungwane
Lukhetseni
Siphofaneni
Big Bend
Ndumo Wilderness Camp
Sithobela
TEMBE NATIONAL ELEPHANT PARK
NSOKO
Qomintaba
Ingwavuma
Hosea
Nsingizini
MR 8
Golela
otshane

PAGES

MBABANE

Avec près de 100 000 habitants, la capitale est la deuxième ville du pays derrière Manzini, elle est entourée par les collines escarpées du Dlangeni Hills et se situe à environ 1 234 m. Son climat tempéré est agréable durant la saison chaude. Si Mbabane n'a pas beaucoup d'attraits touristiques, elle est très authentique, avec des étals de marchés colorés, des minibus bondés et une agitation joyeuse. La ville se concentre sur un croisement au niveau de la Soshiya Road, d'un côté la station de bus de l'autre le Pick'n Pay, un grand centre commercial. À partir de Mbabane, vous êtes à de petites distances des points d'intérêt du pays, au maximum il vous faudra 2 heures pour vous rendre au nord à la frontière Matsamo/Jeep Reef, et environ 40 minutes pour Manzini. Les hôtels les plus agréables de cette grande ville qu'est Mbabane se trouvent justement à la sortie en direction de Manzini, et dans son prolongement on passe par la Ezulwini Valley, très touristique en raison des activités de plein air liées aux collines, à la forêt et à la rivière.

Transports

En avion. L'aéroport International King Mswati III a été inauguré en 2014, il est situé du côté de Manzini et remplace l'aéroport Mastapha. Pour l'instant il relie le Swaziland à l'Afrique du Sud avec des vols fréquents, environ trois par jour, pour Johannesburg. Depuis l'aéroport il est simple de relier Manzini de Mbabane en taxi.

En bus. En eSwatini, il y a une compagnie de bus nationale, Transmagnific, assez luxueuse et confortable, qui dessert Johannesbourg, Durban et Nelspruit (Afrique du Sud) et Maputo (Mozambique) en lignes directes, en partant de Manzini, en passant par la vallée d'Ezulwini puis Mbabane avant de quitter le pays. Très pratique ! Les bus s'arrêtent dans certains hôtels (un par ville) comme points de collecte des passagers.

En combi. Vous trouverez facilement des *combis*, ces mini-bus collectifs qui font office de transport en commun (*chapas* au Mozambique). À part le nom, le principe est le même, ils attendent d'être plein pour partir. À Mbabane, la station des combi est facilement repérable, en plein centre, à côté du mall Pick&Pay, sur la rue du Dr Sishayi. Les combi depuis Mbabane vont quasiment dans toutes les directions : à Maputo au Mozambique, à Durban et Johannesburg en Afrique du Sud. Au niveau national, vous pouvez vous rendre à Manzini, par la Ezulwini Valley, Pigg's Peak, et d'autres campagnes environnantes. Nous vous conseillons de ne pas prendre de combi pour les longues distances mais plutôt des bus car les routes sont chaotiques à cause du relief vallonné du pays et mieux vaut avoir un véhicule en bon état.

En voiture. Si vous désirez découvrir le pays en voiture et que vous venez du Mozambique, nous vous conseillons de la louer en eSwatini ou en Afrique du Sud. Les tarifs restent raisonnables. Difficile de trouver moins cher que 25 US$ par jour, ici c'est très abordable, des deux côtés de la frontière. Vous trouverez les agences de location internationales à l'aéroport international Mswati III, du côté de Manzini. Réservation en ligne possible.

BIG GAME PARKS

✆ +268 25 28 39 43

www.biggameparks.org

Big Game Park est une institution en eSwatini, elle gère les trois plus gros parcs du pays. Au sanctuaire animalier de Millwan à l'ouest, tout près de la capitale et de l'Ezulwini Valley on admire les herbivores : phacochères, girafes, zèbres. À l'est, Mkhaya Natural Reserve abrite les rares rhinocéros noirs, au nord est enfin se trouve le parc national de Hlane avec ses lions et ses éléphants... Les parcs sont particulièrement beaux ! L'engagement de Big Game Park se concentre depuis des années sur la préservation du patrimoine naturel du pays. Une réussite !

SIBEBE ROCK

Au nord de Mbabane, à environ 10 km en suivant la Pine Valley Road, vous ne pourrez pas passer à côté du second plus grand bloc de granite plutonique monolithique du monde et le plus gros d'Afrique, le Sibebe Rock. Avec ses 800 m de haut, il couvre près de 16 500 ha. Si l'ascension jusqu'à un rocher dominant le bloc monolithe vous semble périlleuse, vous pouvez tout de même la tenter, mais seulement accompagné d'un guide pour avoir une vue d'ensemble. Au printemps, les paysages s'égayent de tapis de fleurs et vous pouvez y croiser des chevaux sauvages.

OFFICE DE TOURISME

Rue Sozisa
© +268 2404 9693
www.thekingdomofeswatini.com

Vous y trouverez pas mal d'informations actualisées, cartes (gratuites), hôtels, restaurants et activités... Pensez à prendre un exemplaire de *What's happening in Swaziland* et de *What's on in Swaziland*, une mine d'informations sur la culture, l'histoire et l'actualité. Vous pouvez aussi télécharger pas mal de documentation sur leur site Internet. Ils organisent aussi des parcours personnalisés pour découvrir l'eSwatini, la meilleure adresse du pays à ce niveau-là. Vous pouvez faire votre demande par courriel ou par téléphone.

AFFORDABLE CAR HIRE

Swazi Plaza
© +268 24 04 91 36
Voiture citadine à partir de 450 E/jour, (35 €).

Cette agence de location de voiture est une vraie référence à Mbabane, et est très investie dans l'économie locale. Elle opère depuis 1996 et dispose d'un bon choix de véhicules, tous neufs et bien entretenus. De nombreux modèles sont proposés : VW Polo, Ford Figo, Nissan Almera, Toyota Hilux, 4 x 4... Des mini-vans font également partie de la flotte, pour 7 à 10 passagers. Les prix sont très abordables. Une autre agence a ouvert à Manzini. Bonne réputation et service très professionnel. Pour toute réservation, pensez à appeler la veille.

SIYESWATINI TRANSMAGNIFIC

Sozisa Road
© +268 2404 9977
www.goswaziland.co.sz
Bureau ouvert tous les jours de 7h à 17h30.

Service de transport haut de gamme. Les tarifs ne sont pas excessifs. Cela peut être une bonne solution pour se rendre à Johannesburg ou à l'aéroport international Olivier Tombo à l'est de Johannesburg depuis Mbabane. Les bus desservent aussi des villes et points de passage importants en eSwatini comme Manzini, Malkern, Ezulwini, Mbabane... Consultez le site Internet pour connaître les destinations desservies, les différents tarifs et horaires. Un prestataire sérieux.

MOUNTAIN BEAUTY €

Mountain Drive
© +268 7604 7540
À partir de 650 R la double avec petit déjeuner.

Peu d'adresses bon marché existent à Mbabane, qui n'est pas une ville touristique proprement dite. Cependant, en cas d'arrêt ici, cet hôtel local est une bonne option pour les petits budgets. Les chambres doubles ou twins climatisées, jolies avec plein de coussins ont une salle de bains privative, le Wifi et une télé. Le petit déjeuner continental est compris dans un prix plus que raisonnable pour le confort proposé, d'autant plus que l'hôtel compte un jardin avec une terrasse et une piscine pour se rafraîchir. Les *guests* peuvent profiter d'une cuisine commune.

EMATJENI LUXURY GUESTHOUSE €€

Lucungwa Street, au croisement avec Mantsoholo Road © +268 24 04 31 10
Chambre simple 1 125 E, chambre double 1 900 E. Petit-déjeuner inclus. Repas (sur demande) entre 220 et 300 E.

Cette guesthouse est probablement la plus charmante autour de Mbabane ! Marylyn, la propriétaire, en prend soin comme si c'était sa demeure. Vous vous sentirez ici comme chez vous. Situé à même la colline, une vue imprenable s'offre à vous, et chaque chambre dispose d'un balcon pour pouvoir en profiter. Le service est impeccable et discret, et la literie particulièrement confortable. Bonus non négligeable : la guesthouse peut accueillir des familles et des personnes handicapées.

EDLADLENI - LE RESTO DE DOLORES €€

Sur la route de Mvubu Falls, juste en face de la rivière.
© +268 7618 4103
edladleni.net
Ouvert de 11h à 22h sauf le lundi.

Un restaurant coup de cœur ! Ici, toute la culture d'un pays se retrouve dans l'assiette. A l'Edladleni, on peut tout apprendre sur la cuisine swazi et les aliments locaux. Dolores cultive et cuisine de manière ultra saine. Des légumes aux épices en passant par le poulet cacahuète, tout est préparé minutieusement, c'est un vrai délice. Les jus de fruits faits maison sont aussi à ne pas manquer. Pensez à réserver afin de vivre cette expérience culinaire jusqu'au bout.

EZULWINI VALLEY

Lieu de passage de la plupart des touristes, la vallée d'Ezulwini, « le lieu du paradis » en swati, s'étend sur une vingtaine de kilomètres, de Mbabane, la capitale, jusqu'à Manzini. En son sein, Lomboba, le cœur du royaume où réside la famille royale : Lembo State Palace. Vous ne pourrez le visiter, par contre le Musée national ainsi que le King Sobhuza II Memorial Park est une belle invitation pour comprendre l'histoire de l'eSwatini et de ses rois. L'Ezulwini Valley est raccordée à la Malkerns Valley et à Pigg's Peak, plus au nord. Ezulwini regorge d'hôtels et de restaurants, elle compte un golf, des marchés artisanaux et galeries d'art.

MANTENGA CULTURAL VILLAGE

Mantenga ✆ +268 7806 8932
www.entc.org.sz/mantenga
Ouvert de 8h à 17h. Danse traditionnelle à 11h15 et à 15h15 tous les jours. Entrée 300 R par personne.

Le village culturel swazi est intégré à la réserve naturelle de Mantenga, gérée par la commission nationale du tourisme. Le site propose en outre des hébergements à tous les prix et des treks. On vient découvrir le mode de vie ancestral de ce peuple : salutations, vie quotidienne… une exposition vivante entrecoupée d'explications. Deux fois par jour, la traditionnelle *Sibhaca* se chante et se danse en costume. Très impressionnant ! Belle randonnée possible jusqu'aux Matenga Falls.

MUSÉE NATIONAL & KING SOBHUZA MEMORIAL PARK

✆ +268 24 16 21 31
Tous les jours ouvert de 8h à 16h30 et le week-end de 10h à 16h. Direction Lobomba. Entrée 80 E.

À quelques minutes du centre commercial Gables, le musée national présente une exposition autour de la culture Swazi. À travers différentes documentations, sont présentés des costumes et plusieurs objets traditionnels. Juste en face, King Sobhuza II Memorial Park présente l'histoire de Sobhuza II et expose des objets, du mobilier et même les voitures luxueuses de ce roi qui eut le plus long règne, 82 ans quand même, et qui se maria à 70 reprises, comme le permet la tradition !

LIDWALA BACKPACKER LODGE €

✆ +268 7690 5865 - www.lidwala.co.sz
Camping dès 13 US$, dortoir 17 US$, chambre double en suite dès 50 US$, chalet 60 US$ pour 2 personnes.

Lidwala Backpacker Lodge est assez récent. C'est la meilleure adresse bon marché pour les petits budgets, mais ses cottages sont excellentes. Sa piscine dans un beau jardin est un vrai atout. Il est situé en pleine nature et propose un camping, des dortoirs avec salle de bains partagée, ainsi que des chambres en suite et des chalets dans de jolis bungalows avec terrasse. Des excursions sont organisées à Mbabane, mais aussi des visites de village pour découvrir l'artisanat, des sorties en quads ou en trek au cœur de la réserve naturelle de Milwane à côté, etc.

BUHLENI FARM CHALETS €€

✆ +268 24 16 35 05
www.buhlenifarm.co.sz
Comptez 20 US$ par personne et par nuit. Camping 8 US$/personne (charge de 2,5 US$ pour l'électricité).

À 10 minutes du centre de Lobamba, juste après le casino sur la gauche, vous voilà en pleine nature. Ici sont plantés de chalets en bois, privés, dotés de tout le confort pour passer un séjour agréable. Le Buhleni Farm Chalets fonctionne en self-catering, on apporte ses propres denrées. Chaque petite cabane jouit de son jardin, mais surtout de l'environnement global, au cœur d'une belle forêt. Le côté camping est ombragé avec toilettes, salle de bains et table dans le jardin. Bien sûr, un *braï* est à disposition pour vos barbecues quotidiens.

MLILWANE CAMP €€

✆ +268 25 28 39 43
www.biggameparks.org
Camping 145 R, hutte 2 à 4 personnes 600 R.

Forêts, plaines, collines et lacs sont dominés par la chaîne de montagne Nyonyane ici. Situé dans la partie sud de la Mlilwane Reserve Sanctuary, ce camp propose des huttes traditionnelles fraîches et bien aménagées, dont certaines rondes sont perchée sur la colline avec panorama hors du commun. Un camping avec braï, toilettes et douche partagée complète ce cadre nature et rustique à petit prix. Sur le site une agréable piscine. Un restaurant sert des buffet délicieux. Lors de vos balades à cheval, à pied ou à vélo, vous approcherez zèbres, gnous, antilopes...

Mlilwane Wildlife sanctuary, Ezulwini Valley.

NGWENYA

Le village de Ngwenya est situé juste à côté de la frontière sud-africaine, à environ 15 minutes en voiture depuis Mbabane. Le poste frontière, Ngwenya/Oshoek, est ouvert de 7h à minuit. Le village se trouve juste en dessous de la Hawane Nature Reserve et de la Malolotja Nature Reserve, qui propose un excellent Canopy Tour. La montagne de Ngwenya, qui culmine à 1 830 m, a une petite particularité : elle laisse apparaître, lorsqu'on la regarde fixement, une tête de crocodile. Cette montagne abrite l'une des plus anciennes mines de fer du monde, de plus de 43 000 ans, que vous pouvez visiter. Un magasin original de verrerie artisanale locale existe ici.

PIGG'S PEAK

Pigg's Peak se trouve au nord de la vallée d'Ezulwini, sur le chemin entre Ezulwini et Pigg's Peak. Depuis la vallée Malkerns, prendre la MR3, rejoindre la MR1 et suivre la direction Pigg's Peak. Le nom de la ville provient de William Pigg, un ancien habitant qui y découvrit l'or au XIXe siècle. Aujourd'hui, la ville est tournée vers l'industrie forestière. De jolis paysages vous attendent ici. Le lac du barrage de Magugua offre une halte tranquille ; poursuivez jusqu'à la Malolotja, l'une des grandes réserves, nichée au creux d'une vallée abritant cascades, rivière et forêts ; magnifique ! Le paradis des randonneurs et des amateurs de sports d'aventure.

MALOLOTJA NATURE RESERVE

À moins de 4 minutes en voiture de Mbabane et à 30 minutes de la frontière Oshoek/Ngwenya.

✆ +268 2444 3241

thekingdomofeswatini.com

Entrée du parc 25 E par personne, camping entre 70 et 50 E, petit chalet 250 E par personne.

Randonneurs et amateurs de nature seront ravis de découvrir la Malolotja Nature Reserve. Le parc dispose d'un excellent réseau de chemins de trekking pour se faufiler sur les sentiers et dans laquelle vous pouvez observer une flore incroyable et de nombreux animaux : des antilopes, des zèbres, des élans, des gnous et près de 300 espèces d'oiseaux. L'une des meilleures façons de découvrir la beauté du site, le *Canopy tour,* balade de deux heures perché dans les arbres en tyrolienne, le cadre est juste incroyable, sensation assurée !

MINE DE FER NGWENYA

Ouvert de 8h à 16h tous les jours. Depuis Oshoek/ Mbabane la direction est signalée : « Old Ngwenya Mine ». 40 E.

C'est l'une des plus anciennes mines au monde abritant la Caverne du Lion, puisqu'il daterait de 43 000 ans. Elle est à ciel ouvert, perchée sur le bord de la grande fosse de Ngwenya, spectaculaire ! Malheureusement, le centre des visiteurs qui abritait des objets liés à l'exploitation minière, un moteur à vapeur et une réplique d'un four datant de l'âge de fer a brûlé en 2018 dans un feu de brousse. On peut toujours faire une petite exploration guidée de la mine avec un guide qui dure 15 minutes avec un point de vue aérien du site.

NSANGWINI ROCK ART

Route Mbabane-Pigg's Peak

7,5 km de piste tout véhicule

✆ +268 7619 2665

50 R par personne. Visite sur réservation par téléphone.

Cette caverne abritant d'incroyables peintures rupestres des San (les ancêtres des Bushmen) se trouve sur le flanc nord de la vallée de Nkomati, entre le barrage de Maguga et Piggs Peak. Ce sont les mieux préservées d'eSwatini. Elles datent de plus de 4 000 ans et ont été réalisées avec talent par des chasseurs-cueilleurs. Le trait est fin et harmonieux, à l'ocre rouge et au sang animal. Elles représentent des scènes mystiques, avec animaux, humains et symboles. Prévoir de bonnes baskets, la pente est raide. Les profits sont reversés à la communauté de Nswangwini.

PHOPHONYANE FALLS ECOLODGE & NATURE RESERVE €€

✆ +268 24 31 34 29

www.phophonyane.co.sz

Entrée de la réserve 30 E pour les adultes. À partir de 1 400 E pour une tente, 2 000 E pour une hutte.

Au sein de la réserve privée du même nom, le lodge au cœur d'une forêt subtropicale : chutes d'eau, cascades, rivières et piscines naturelles offrent une nature sauvage. Les amateurs de randonnée pourront profiter des nombreux chemins praticables à pied. Un peu moins de 250 espèces d'oiseaux. Plusieurs options d'hébergements, huttes traditionnelles, cottage en self-catering et tente de luxe qui surplombent la vallée. Les non-résidents peuvent évidemment visiter la réserve.

MANZINI

Manzini, la plus grande ville d'eSwatini à 80 km de la frontière, se concentre sur quelques rues, vous y trouverez tout ce dont vous avez besoin, centre commercial, banque, boutique de téléphonie… C'est une ville de passage qui n'a pas de réel intérêt à l'exception de son marché tout en couleurs, vous y trouverez toute sorte d'artisanat local, bijoux, pagnes, statuettes, tissus et batiks… Sur la place centrale, clairement indiquée lorsque vous arrivez à Manzini, vous trouverez une station de combi qui dessert quasiment tout l'Eswatini. Si vous n'êtes pas véhiculé et que vous êtes sur un petit budget, c'est l'occasion idéale de côtoyer de près la population locale. Une belle aventure !

MALKERNS VALLEY

En continuant le long de l'ancienne route principale de Matsapha, vous arriverez à Mahlanya, un grand marché de fruits et légumes sur la droite. La route vers la gauche mène à la ville rurale de Malkerns nichée au sein d'une vallée luxuriante. Des terres agricoles fertiles où canne à sucre et ananas poussent paisiblement. D'ici, la vue sur les montagnes lointaines offre un panorama d'exception. Vous trouverez sur votre chemin de nombreuses boutiques d'artisanat qui font vivre les communautés locales et valorisent les femmes *via* des coopératives. La vallée de Malkerns accueille également d'agréables hôtels et restaurants, d'une qualité remarquable.

SUMMERFIELD BOTANICAL GARDEN €€€

Summerfield Boulevard
✆ +268 25 18 46 93
www.summerfieldresort.com
Suite standard 2 100 E, Executive suite 2 800 E, cottage privatif 1 200 E. Petit-déjeuner inclus.

Unique jardin botanique recensé en eSwatini, ce lieu abrite des milliers de plantes, d'arbres et de fleurs diverses. Après avoir contribué pendant des années à la conservation de certaines espèces rares, son créateur, M. Carmichael, a décidé d'ouvrir ce lieu paisible et enchanteur aux touristes en bâtissant 54 luxueux cottages idéalement répartis. Décorée dans un style colonial qui contraste avec l'utilisation de matériaux locaux, chaque suite dispose d'un confort sans pareil.

GIL VICENTE €€

Ngwane street
✆ +268 25 05 38 74
Plats à 100 E en moyenne. Ouvert tous les jours de 11h à 23h. Fermé le lundi.

L'une des tables les plus appréciées de Manzini, et pour cause, la cuisine est savoureuse et en plus, pas chère. Poissons fris, crevettes, linguines, plateau de fruits de mer, brochettes, viandes goûteuses… Le choix des plats est large, on trouvera forcément son bonheur, avec une bonne sélection de vins pour accompagner le tout. Le restaurant ferme assez tard, l'ambiance est conviviale et l'accueil du personnel chaleureux. À noter que Gil Vicente fait aussi office de boulangerie, la qualité du pain est excellente. C'est une bonne adresse à Manzini.

MALANDELA'S B&B €

✆ +268 25 28 34 48
www.malandelas.com
Chambre simple, 850 E, chambre double, 1 150 E. Restaurant sur place.

Ancienne ferme récemment réaménagée, Malandela's est composée de huit chambres. La guesthouse au style afro-chic est construite avec des matériaux issus du recyclage. Les couleurs sont chaudes et l'ambiance chaleureuse. Si vous êtes sensible au bruit, préférez les chambres qui ne donnent pas sur la route. Au cœur de la campagne, vous pourrez profiter des extérieurs structurés autour d'une piscine et d'un grand jardin botanique habillé de sculptures. Un restaurant sur place mais aussi un bar connu de toute la vallée, le House on Fire.

HOUSE AND FIRE

✆ +268 2528 3115
www.malandelas.com

Toute la vallée vient boire un verre au House on Fire. C'est le bar du Malandela's Hôtel qui propose aussi une très bonne table. C'est l'un des seuls bars vivants de la vallée où les jeunes locaux se retrouvent et se mêlent aux visiteurs. La décoration est colorée, l'architecture aux formes arrondies et osées à la Gaudí créé un lieu chaleureux. De nombreux concerts sont organisés durant toute la semaine dans ce lieu à vocation multiculturelle. Rendez-vous sur la page Facebook et le site Internet pour consulter la programmation.

SITEKI

Centre administratif historique de la région de Lubombo, Siteki (anciennement Stegi) est une petite ville située sur les hauteurs du bas Veld. D'ici, lorsque la vue est dégagée, on peut voir l'océan Indien. Il est possible que vous passiez par Siteki soit pour rejoindre la frontière Mhlumeni/Goba (7h-20h) pour le Mozambique ou pour vous rendre à Hlane Royal National Park (plus au nord) ou encore dans le sud du côté de Big Bend. Depuis Manzini vous trouverez à la station des bus qui font la liaison. Pour les autres destinations, Simunye, Bid Bend... vous pouvez prendre un taxi. Distributeur automatique et supermarché disponibles à Simunye Plaza.

HLANE ROYAL NATIONAL PARK

✆ +268 25 28 39 43

www.biggameparks.org

Entrée 75 R par personne et par jour.

Vous voici au sein d'un parc national de quelque 22 000 ha (le plus vaste du pays) géré par la commission nationale du tourisme et qui compte des hébergements à tous les prix. Le parc abrite lions, éléphants, rhinocéros blancs et noirs, girafes, hippopotames, koudous, gnous, zèbres, waterbucks, phacochères, impalas… Partez en safari avec votre voiture, en 4 x 4 ou à pied, faites le tour culturel du village d'Umphakatsi ou sur le Ehlatsini Bush Trails (circuit de randonnée).

MKHAYA GAME RESERVE

✆ +268 25 28 39 434

www.biggameparks.org

La journée 72 US$, comprend lunch et game drive avec les rhinocéros.

Un gros coup de cœur. Un safari dans cette réserve vous mènera jusqu'à des rhinocéros noirs et des blancs. Une rareté en Afrique car cet animal est grandement en voie d'extinction à cause du braconnage. Elle dispose d'une unité de rangers d'élite issus des communautés swazi locales pour les protéger. Vous croiserez d'autres animaux du *bush* comme l'éléphant, la girafe et le buffle. Les amateurs d'oiseaux seront comblés, une multitude d'espèces sont à découvrir, ainsi que des hippotragues noirs, des élands de Livingstone… Pas de Wifi ni d'électricité au Stone Camp.

HLANE ROYAL NATIONAL PARK €€

✆ +268 25 28 39 43

www.biggameparks.org

Ndlovu Camp : la double 495 E/personne, grande hutte 495 E/personne. Bhubesi Camp : cottage familial 400 E/personne.

Le parc national de Nlane propose des hébergements pour ceux qui voudraient y faire des safaris (qui se déroulent très tôt le matin et tard le soir). Il existe deux camps *en self catering*, le Ndlovu Camp avec camping, huttes et cottages, près de l'entrée, et le Bubeshi Camp (cottages familiaux) à 13 km du premier. Le restaurant qui se situe à côté du premier campement de huttes, surplombe un étang fréquenté par les éléphants et les rhinocéros blancs. Un spot incontournable.

MABUDA FARM B&B €€

✆ +268 76 38 20 01

www.mabuda.com

Emplacement camping 50 E, chalet une personne 410 E, double 765 E, dortoir 195 E.

Située au cœur du Mont Lebombo, la ferme Mabuda coule une vie paisible. Parmi ses résidents, les vaches paissent et les chevaux galopent dans les alentours. Ici, on vous accueille en camping ou en *rondavels*, les fameuses huttes traditionnelles sud-africaines. Les hébergements offrent une vue y est magnifique sur la campagne. Il est aussi possible de résider au sein du camping, eau, électricité et barbecue à disposition. On profite également de la piscine pour se rafraîchir. Une belle adresse à la ferme, qui rapproche de l'essentiel !

MKHAYA GAME RESERVE €€€

✆ +268 25 28 39 434

www.biggameparks.org

À partir de 2 210 E par personne (entrée de la réserve comprise).

Nous vous conseillons vivement de passer une nuit au *stone camp*, chaque cottage est indépendant au cœur d'une nature verdoyante, ouvert sur l'extérieur boisé. Avec leurs murs en pierre apparente, les chatoyantes couleurs des dessus-de-lit et les configurations chaleureuse de 2 à 6 personnes, la prestation est assez *glamping* chic au cœur de la réserve. Il n'y a pas d'Internet et pas d'électricité, mais l'aventure est bluffante, tant les cottages sont confortables et bien aménagés. Les formules sont à la journée ou en nuitée en pension complète.

PASSPORT

ORGANISER SON SÉJOUR

L'Afrique du Sud est un pays hospitalier, facile d'accès depuis la France avec un vol direct Paris-Johannesburg, très peu de décalage horaire, du soleil presque toute l'année, un régime politique stable, pas de vaccin requis et aucun visa demandé pour les ressortissants français pour moins de 90 jours sur place. Le réseau routier est majoritairement praticable et les compagnies comme Fly Safair proposent des vols intérieurs quotidiens pour se déplacer plus facilement de Johannesburg au Cap, par exemple. Ne reste qu'à choisir entre partir seul ou en voyage organisé *via* une agence française ou un réceptif local. Mieux vaut s'y prendre tôt, car l'Afrique du Sud est une destination prisée, surtout entre novembre et février, quand les Sud-Africains sont également en grandes vacances d'été. Un voyage en Afrique du Sud ne se fait généralement pas à moindre budget, mais avec un peu d'organisation et en suivant nos bons plans, on s'en sort bien.

ARGENT

La monnaie est le rand sud-africain, symbole ZAR, écrit R, subdivisé en centes. Il existe des billets de 10, 20, 50, 100 rands, et des pièces de 0,50, 1, 2, 5 rands.
Le taux de change est de 1 € = 19,15 R et 1 R = 0,052 € (février 2023).
Les banques sont ouvertes entre 9h et 15h30 en semaine et parfois le samedi entre 8h30 et 11h. Les bureaux de change sont courants dans les aéroports et les centres-ville, mais préférez donc la carte bancaire. Pour les retraits mais aussi les paiements par carte, le taux de change s'avère généralement plus intéressant.
En cas de perte ou de vol de votre carte à l'étranger, votre banque vous proposera des solutions adéquates pour que vous poursuiviez votre séjour en toute quiétude. Pour cela, pensez à noter avant de partir le numéro d'assistance indiqué au dos de votre carte bancaire ou disponible sur Internet. Conseils avant le départ : pensez à prévenir votre conseiller bancaire de votre voyage. Il pourra vérifier la limitation de votre plafond de paiement et de retrait.

BUDGET / BONS PLANS

Idées de budget (incluant les repas, le logement et les visites par personne) :
Petit budget : de 50 à 60 €/jour.
Budget moyen : de 60 à 80 €/jour.
Gros budget : de 80 à 140 €/jour.

PASSEPORT ET VISAS

Aucun visa n'est exigé pour des séjours de moins de trois mois.

PERMIS DE CONDUIRE

Un permis de séjour (*visitor's permit*) vous sera délivré au contrôle des passeports lors de l'entrée sur le territoire. De ce fait, il est nécessaire que le passeport contienne une page vierge.

SANTÉ

Pour recevoir des conseils avant votre voyage, n'hésitez pas à consulter votre médecin. Vous pouvez aussi vous adresser à la société de médecine des voyages du centre médical de l'Institut Pasteur : ✆ 01 45 68 80 88 (www.pasteur.fr/fr/sante/centre-medical), ou bien vous rendre sur le site du ministère des Affaires étrangères à la rubrique « Conseils aux voyageurs » (www.diplomatie.gouv.fr/voyageurs).
En cas de maladie ou de problème grave durant votre voyage, consultez rapidement un pharmacien puis un médecin.

VACCINS OBLIGATOIRES

Aucun vaccin n'est obligatoire pour séjourner en Afrique du Sud. Cependant, pour les plus préventifs, vous pouvez vous renseigner sur le site de l'Institut Pasteur.

Route de Chapman's Peak près du Cap.

SÉCURITÉ

L'Afrique du Sud est connue comme l'un des pays les plus violents au monde. Même si les statistiques officielles tendent à diminuer, il faudra rester prudent, surtout dans les villes où, comme dans toutes les grandes villes après tout, sévissent des agressions, des vols et des détournements de voiture. On évitera de se rendre seul dans les *townships* à la tombée de la nuit, ou encore de se rendre à pied jusqu'au bord de mer au Cap. Évitez l'étalage de richesse et de transporter vos objets de valeurs avec vous. En voiture, soyez vigilant en verrouillant les portes et en fermant les fenêtres aux feux ou à tout autre arrêt.

DÉCALAGE HORAIRE

L'Afrique du Sud est à UTC + 2, c'est-à-dire à la même heure que nous (France, Belgique, Suisse) durant l'été européen et une heure en avance durant notre hiver.

LANGUES PARLÉES

Le pays dénombre onze langues nationales, dont l'anglais parlé par tout le monde, le zoulou (parlé par 23,8 % de la population), le xhosa (17,6 %), l'afrikaans (13,3 %), le sotho du Nord (9,4 %), le tswana (8,2 %), le sotho du Sud (7,9 %), le tsonga (4,4 %), le swati (2,7 %), le venda (2,3 %) et le ndebele (1,6 %). L'anglais est parlé partout et reste la principale langue de communication. Assimil propose deux livres de conversation de poche pour apprendre l'afrikaans ou le zoulou.

ELECTRICITÉ ET MESURES

Le voltage est le même qu'en Europe mais les prises sont différentes, à trois fiches. Achetez un adaptateur sur place, car il est uniquement valable pour l'Afrique du Sud et le Botswana. Les poids sont en kilogrammes et les distances en kilomètres, ce n'est pas comme en Grande-Bretagne.

BAGAGES

Prenez une lampe torche, un couteau suisse, un spray ou une crème antimoustique, une poche ou ceinture invisible sous les vêtements pour cacher votre argent, votre passeport et votre carte de crédit dans des zones à risque, des chaussures de marche ou des bonnes baskets pour aller dans le bush, des vêtements légers pour les zones tropicales, et chauds si vous allez en montagne.

LES PHRASES CLÉS

Bonjour, je voudrais réserver un billet aller/retour pour…
Hello, I'd like to book a single/return ticket to…

J'ai raté mon avion. Je voudrais échanger mon billet s'il vous plaît.
I missed my plane.I'd like to change my ticket please.

Mon vol est très en retard. Ma correspondance sera bien assurée ?
My flight is very delayed. Will I make my connection?

Mes bagages ont été égarés, à qui dois-je m'adresser ?
My luggage has been lost, who should I talk to?

Louez-vous des voitures avec chauffeur ?
Do you hire cars with a driver?

Je n'ai presque plus d'essence. Où se trouve la station-service la plus proche ?
I'm almost out of petrol. Where is the nearest petrol station?

S'Y RENDRE

Vous vous rendrez principalement en Afrique du Sud en avion. L'aéroport OR Tambo de Johannesburg est le plus important d'Afrique. Tous les jours, de nombreux vols nationaux et internationaux y décollent et y atterrissent. Pour obtenir des tarifs intéressants, il est indispensable de vous y prendre très en avance, l'idéal si on peut, c'est six mois avant le départ. Si vous préférez choisir un voyage organisé, beaucoup de voyagistes proposent des circuits en Afrique du Sud mais, en raison de l'importante superficie du pays, vous ne pourrez pas le découvrir en une seule fois. Les séjours proposés vont de quinze jours en moyenne jusqu'à trois semaines, ils couvrent les principales régions et thématiques : découverte de la vie sauvage au parc Kruger, séjour balnéaire au Cap ou à Durban, séjour sur les traces de Mandela de Soweto à Robben Island… Bon à savoir : les autotours sont privilégiés et les trajets en bus peuvent être assez longs.

AIR FRANCE

✆ +33 9 69 39 36 54

wwws.airfrance.fr

Réservez en ligne ou par téléphone.

Toute l'année, la compagnie nationale française propose de nombreux vols tous les jours au départ des aéroports de Paris : plusieurs destinations en France, en Europe et à l'international. La compagnie, qui existe depuis 1933, est synonyme de qualité, de service et de confort. Sa flotte est majoritairement constituée d'Airbus âgés d'environ une dizaine d'années. Nous vous conseillons de réserver très à l'avance pour obtenir des tarifs compétitifs. Air France vole entre autres vers Johannesburg, le temps de trajet est de 10h30 en moyenne.

EASY VOLS

✆ 08 99 19 98 79

www.easyvols.fr

Pour voyager malin, il faut faire ses recherches en toute efficacité, sans perdre trop de temps à jongler d'un site à un autre. Pour trouver le bon vol au bon prix, l'idéal est la plateforme comparatrice de vols. Easyvols permet de comparer en temps réel les prix des billets d'avion chez plus de 700 compagnies aériennes et pas seulement des compagnies low-cost. Vous pouvez économiser jusqu'à 70 % du prix si vous êtes prêts à saisir au vol les meilleures offres. Des avis avisés de clients sont aussi consultables sur le site Internet.

BRITISH AIRWAYS

✆ 0 825 825 400

www.britishairways.com

Cette compagnie anglaise traditionnelle a fêté ses 100 ans en août 2019. C'est une compagnie sûre et très respectée, notamment grâce à son ancienneté. Sa flotte de 262 avions est principalement composée d'Airbus. C'est l'une des flottes les plus modernes du monde et l'une des plus importantes du transport aérien. British Airways propose, en saison, des liaisons entre les aéroports de Paris et Johannesburg, via Londres. Départs possibles également depuis d'autres villes françaises comme Bordeaux, Toulouse, Lyon ou encore Marseille...

OPTION WAY

✆ 04 22 46 05 23

www.optionway.com

Option Way est l'agence de voyages en ligne au service des voyageurs. L'objectif est de rendre la réservation de billets d'avion facile en vous faisant économiser. 3 bonnes raisons de choisir Option Way :

- la transparence comme mot d'ordre. Finies les mauvaises surprises, les prix sont tout compris, sans frais cachés ;
- des solutions exclusives qui vous permettent d'acheter vos vols au meilleur prix ;
- le service client, basé en France, joignable gratuitement, composé de véritables experts de l'aérien. Ils sont là pour vous, n'hésitez pas à les contacter.

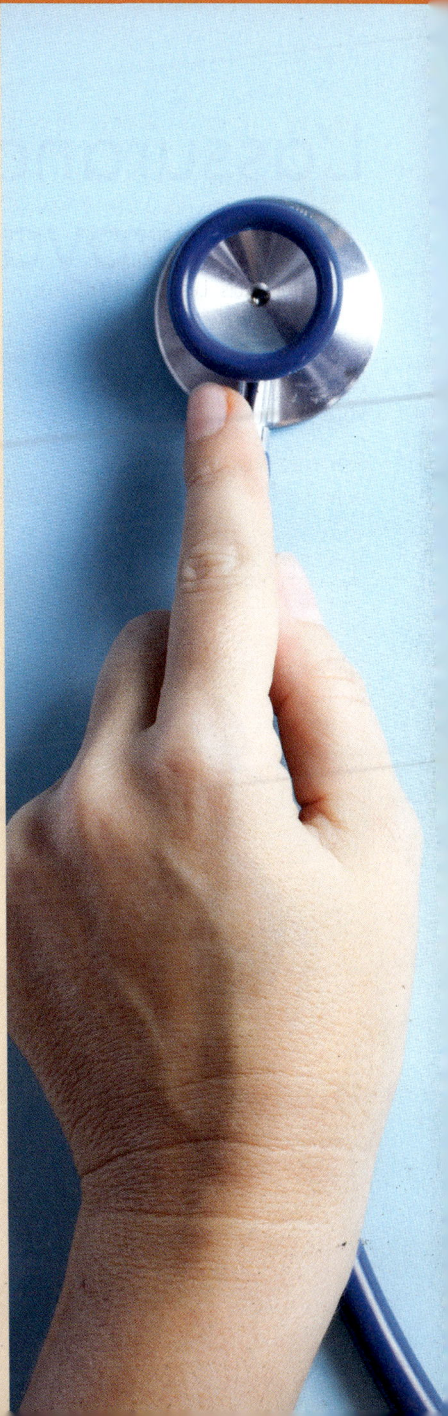

L'ASSURANCE VOYAGE, LE MEILLEUR MOYEN POUR PROTÉGER SA SANTÉ À L'ÉTRANGER

avec le DR CÉDRIC RAMAUT, directeur médical d'Allianz Travel

En cas de souci de santé sur place, que faut-il faire ?

Si l'on se trouve dans une situation urgente (accident grave, morsure d'animaux...), il est conseillé d'appeler les numéros d'urgence locaux. Une fois à l'hôpital, appeler son assisteur pour déclencher les procédures de prise en charge.

Est-il possible d'entrer en contact avec un professionnel de santé en cas de besoin ?

Allianz Travel dispose d'un service de téléconsultation médicale accessible en visio qui permet de s'entretenir avec un médecin 24h/24, 7 jours sur 7. La consultation se fait en français et des conseils sont donnés sur les démarches à effectuer. Une ordonnance peut également être délivrée.

S'agissant des frais médicaux, est-on forcément couvert par son assurance maladie et sa mutuelle à l'étranger ?

La sécurité sociale fonctionne uniquement dans les pays avec lesquels la France a passé des accords. Il faut pour cela demander sa carte européenne d'assurance maladie (CEAM). La sécurité sociale et la mutuelle couvriront alors les frais médicaux à l'étranger à hauteur de leur propre barème sous certaines conditions. Il est malgré tout conseillé de souscrire une assurance voyage, car la prise en charge des frais ne sera pas la même qu'en France.

Quel est le meilleur moyen de voir ses frais médicaux pris en charge ?

Dans les pays hors Europe, il est recommandé de souscrire à un contrat d'assistance avec un bon niveau de couverture des frais médicaux. Il est également important de choisir un assureur disposant d'un important réseau international dans le domaine médical.

En cas de problème médical, le rapatriement est-il prévu dans le contrat d'assurance ?

Oui, la majorité des contrats d'assurance voyage prévoit le rapatriement mais il n'est toutefois pas systématique. L'état de santé du patient peut nécessiter une hospitalisation / une immobilisation sur le lieu de séjour. Si le patient peut être traité sur place, l'assisteur l'orientera vers un médecin ou une structure médicale adaptée localement, et ce jusqu'à ce qu'il puisse à nouveau de voyager et rentrer chez lui.

SÉJOURS ET CIRCUITS

Plutôt safari dans les parcs nationaux et les réserves animalières, plongée dans l'océan Indien, randonnée en montagne, virée dans les vignobles ou encore découverte culturelle ? Énormément d'agences et de tour-opérateurs spécialisés proposent des séjours en Afrique du Sud. Ils produisent eux-mêmes leurs voyages et sont généralement de très bon conseil car ils travaillent pour la plupart d'entre eux avec des guides locaux qui connaissent les régions sur le bout des doigts, ainsi que des partenaires ancrés dans la culture et le paysage touristique sud-africain. À noter cependant que leurs tarifs se révèlent souvent un peu plus élevés que ceux des généralistes. On peut aussi se tourner directement vers les services d'un guide spécialisé dans l'organisation « à la carte » qui crée votre séjour en fonction de vos intérêts, de vos envies, du temps dont vous disposez sur place, et bien sûr de votre budget.

BEL AFRICA

✆ +33 9 72 44 82 90

www.belafrica.com

Bel Africa est un tour opérateur spécialiste de l'Afrique, et de l'organisation de voyage sur mesure et safaris à la carte, s'adressant à une clientèle francophone quel que soit son pays de résidence. C'est une équipe de spécialistes passionnés qui mettent leur expérience de terrain à la disposition de ceux qui souhaitent découvrir la beauté des paysages africains et de la faune sauvage, faire connaissance avec les coutumes et le mode de vie des habitants, vivre une expérience qui sorte de l'ordinaire et vous faire connaître des lieux hors des sentiers battus.

ADEO

68, boulevard Diderot

PARIS (12e)

✆ 01 43 72 80 20

adeo-voyages.com

Lundi-vendredi 9h30-18h30.

Adeo... « je vais vers » en latin. Vers d'autres lieux, d'autres pays, mais surtout vers les autres. En Afrique du Sud, un circuit de 19 jours vous fait découvrir le pays, ses coutumes et ses paysages, sa faune et sa flore incroyables. Vous rencontrerez avec un peu de chance le Big 5, éléphants, buffles, rhinocéros, lions et léopards. Un circuit qui inclut une escale en Eswatini, anciennement appelé Swaziland, la seule monarchie absolue d'Afrique aux belles et surprenantes coutumes. Un long périple qui traverse le pays de Johannesburg jusqu'au Cap.

ALMA VOYAGES

573, route de Toulouse

VILLENAVE-D'ORNON

✆ 05 56 87 58 46

www.alma-voyages.com

Ouvert du lundi au vendredi de 8h à 19h et le samedi de 9h à 18h.

Chez Alma Voyages, les conseillers connaissent parfaitement les destinations proposées et chaque client est suivi par un agent attitré ! Une large offre de voyages, avec émission de devis pour les voyages sur mesure, vous sera alors proposée. Alma Voyages pratique les meilleurs prix du marché et travaille notamment avec Kuoni, Beachcombers, Jet Tour, Marmara, Look Voyages... Si vous trouvez moins cher ailleurs, l'agence s'alignera sur ce tarif et vous bénéficierez en plus, d'un bon d'achat sur votre prochain voyage... Catalogue sur le site Internet.

ANAPIA VOYAGES

5, Oletako Bidea

ASCAIN / AZKAINE

✆ 06 88 62 62 66

www.anapiavoyages.fr

Sur rendez-vous uniquement. Aix-en-Provence, Lyon ou Ascain.

Anapia voyages, basée en Provence, a été créée par Sylvia, une Péruvienne vivant depuis plus de trente ans en France. La richesse de ses programmes, à dominante culture et nature, s'appuie sur l'expérience de ses collaborateurs, guides ou producteurs de séjours et circuits, notamment en Amérique latine, mais aussi en Asie et en Afrique. L'équipe vous concocte plusieurs séjours en Afrique du Sud, notamment un circuit « Safaris » de 16 jours, dans le KwaZulu-Natal, dans le Blyde River Canyon et dans les plus beaux lodges du Kruger.

LES ATELIERS DU VOYAGE

54-56, avenue Bosquet
PARIS (7e)
✆ 01 40 62 16 79
www.ateliersduvoyage.com
Ouvert du lundi au jeudi de 10h à 18h.

Les Ateliers du Voyage vous emmènent en Afrique, en Amérique latine, en Asie et en Inde. Leurs conseillers voyages, experts de leur zone géographique, sont à votre écoute pour construire le voyage de vos rêves. En Afrique du Sud, l'équipe saura aussi bien vous suggérer les sites incontournables que les dernières adresses tendance. De nombreux circuits sont programmés comme : « Safari et plage : perles du Maputaland », un séjour en famille, une escapade sur la trace des géants ou encore un circuit individuel « Sur les traces de Mandela ».

CLUB FAUNE VOYAGES

50, rue de Passy
PARIS (16e)
✆ 01 42 88 31 32
www.club-faune.com
Ouvert du lundi au vendredi de 9h à 19h.

Club Faune Voyages vous invite à découvrir l'Afrique du Sud. Accompagnés et conseillés par un expert passionné, vous construirez ensemble le « voyage de vos envies » et découvrirez les adresses les plus secrètes au cours d'itinéraires à la carte : autotour dans la région du Cap et sa nature d'exception, voyage dans les pas de Nelson Mandela, de Johannesburg au Cap, combiné safari/plage hors des sentiers battus dans la réserve privée de Phinda, échappées sauvages dans les plus belles réserves africaines à la rencontre des Big 5...

FUN & FLY - SPORT AWAY

2, rue Louise-Weiss - **TOULOUSE**
✆ 05 67 31 16 11
www.fun-and-fly.com
Du lundi au vendredi de 8h30 à 18h30 et le samedi de 10h à 17h.

Fun & Fly - Sport Away proposent des séjours version grand large aux amateurs de vagues ! Surf, windsurf, kitesurf et stand-up paddle : 4 activités de glisse maritime déclinées en diverses formules. Débutant ou expert, en famille ou en bande de mordus, en quête de fiesta ou en mode découvertes insolites, vous trouverez ici le voyage qui vous convient vers l'une des nombreuses destinations disponibles : de la Corse à la Martinique en passant par le Brésil, la Turquie ou le Venezuela, de nombreuses solutions sont proposées, de façon à s'adapter à tous les budgets.

MAKILA VOYAGES

4, place de Valois - **PARIS** (1er)
✆ 01 42 96 80 00 - www.makila.fr
Ouvert du lundi au vendredi de 9h à 19h (sur rendez-vous uniquement).

Que signifie « Makila » ? C'est le bâton traditionnel des bergers basques, leur compagnon de route. Si Sylvie Pons, la directrice de Makila, a choisi ce nom, c'est pour que son agence soit votre compagnon de route, avançant avec vous, vous guidant. Spécialiste des itinéraires sur mesure et hors sentiers battus, elle propose une gamme de voyages en Afrique, Asie et Amérique. En Afrique du Sud, l'agence propose entre autres un séjour « Safaris dans les réserves de Madikwe et Marakele », une formule autotour, un combiné « Parc du Kruger et plages au Mozambique... »

LES MATINS DU MONDE

24, rue Lalande
LYON (6e)
✆ 04 37 24 90 30
www.lesmatinsdumonde.com

Une petite équipe qui vous propose des aventures respectueuses de la nature et des populations, adaptées aux envies de chacun. Plusieurs circuits complets et personnalisables vous sont proposés pour découvrir l'Afrique du Sud. Des vols secs, avec ou sans accompagnateur, des hébergements variés, des randonnées à pied, des voyages culturels… Les spécialistes sauront vous apporter des conseils personnalisés et vous proposer un voyage original, authentique et hors des sentiers battus. Accueil chaleureux que ce soit avant votre départ ou une fois sur place.

MELTOUR

103, avenue du Bac
LA VARENNE-SAINT-HILAIRE
✆ 01 73 43 43 43
www.meltour.com
Ouvert du lundi au vendredi de 9h à 19h.

Meltour vous propose des séjours personnalisés en Afrique du Sud en vous assurant billets d'avion, hôtellerie et location de voiture. Des itinéraires intelligents vous sont suggérés pour faciliter l'organisation de votre voyage, notamment la location de voiture, une solution pratique qui vous permettra de découvrir en toute liberté les merveilles du pays. De nombreux circuits guidés ou en liberté, comme par exemple « Safari à cheval en Afrique du Sud », « Combiné Afrique du Sud - Mozambique », « Train Shongololo », « Train de luxe Rovos »…

MONDE AUTHENTIQUE

5, rue Thorel - **PARIS (2e)**
✆ 01 53 34 92 71
www.monde-authentique.com
Conseillers disponibles du lundi au vendredi de 9h à 19h.

Monde Authentique vous permet de construire votre voyage sur mesure, selon vos envies et votre budget, un voyage qui vous ressemble, répondant à la moindre de vos exigences, se rapprochant au plus près de votre imaginaire. L'équipe de créateurs vous propose également des idées pour agrémenter votre voyage, des exemples de circuits découverte, mais aussi une sélection d'hébergements pour concevoir ensemble votre itinéraire. Monde Authentique s'adresse à des voyageurs initiés, dotés d'une profonde culture du voyage, et qui ont le goût des expériences nouvelles.

NOMADE AVENTURE

40, rue de la Montagne-Sainte-Geneviève
PARIS (5e)
✆ 01 46 33 71 71
www.nomade-aventure.com
Ouvert du lundi au samedi de 9h30 à 18h30. Circuits sur mesure. Activités.

Nomade Aventure, comme son nom l'indique doublement, est une agence qui vous change de vos habitudes sédentaires. Avec ses voyages placés sous le thème de la nature, de la culture et de la rencontre, elle vous propulse vers de nouvelles aventures. Loin des meutes de touristes, vous mettrez à profit les bonnes connaissances des agents sur la région en profitant à la fois de circuits originaux et de spots incontournables. Nomade Aventure fait de votre voyage de véritables vacances en vous permettant de vous détendre, ils prévoient tout !

OBJECTIF NATURE

1, impasse de la Forêt
LA MÉNITRÉ
✆ 01 53 44 74 30
www.objectif-nature.fr
Ouvert du lundi au jeudi 9h30-13h et 14h-18h30, vendredi 9h30-13h et 14h-17h30.

Spécialiste de safaris photos et de voyages dont l'axe est l'observation et la photographie de la faune sauvage, Objectif Nature propose plus de 100 safaris photos sur tous les continents, dans plus de 30 pays. Spécialiste depuis 1990 du voyage nature à travers le monde, il propose également des safaris à la carte à l'aventurier qui sommeille en vous. Pour l'Afrique du Sud des séjours variés avec safaris vidéo et photo « Spécial prédateurs » sur 10 jours, dans les réserves privées les plus riches, ou encore des safaris à la carte avec des suggestions de l'équipe.

SAFARIS A LA CARTE

2 ter, rue des Olivettes
NANTES
✆ 02 52 20 20 47
www.safaris-a-la-carte.com
Du lundi au vendredi de 9h à 19h et le samedi, de 10h à 13h et de 14h à 17h30.

Safaris à la carte est le spécialiste des voyages sur mesure sur l'Afrique de l'Est et australe. Ce tour-opérateur met son expertise au service des amoureux des animaux et des espaces sauvages. Avec Safaris à la carte, le voyageur bâtit son safari à la mesure de ses envies avec un choix d'itinéraires privatifs ou en petit groupe et des itinéraires en liberté. En Afrique du Sud, parcourez le monde en un seul voyage ! Outre le siège social basé à Nantes, Safaris à la Carte possède plusieurs bureaux à Paris et à Lyon, mais aussi en Suisse, à Genève.

SAMSARA VOYAGES

✆ 06 64 52 64 44
www.samsara-voyages.com
L'agence ne reçoit que sur rendez-vous.

Spécialistes des circuits en petits groupes ou sur mesure en Afrique australe et Afrique de l'Est. Denis fort de ses années d'expérience en Afrique et Samsara Voyages vous proposent toute une gamme de voyages à destination de l'Afrique du Sud. Des séjours version campements en reconnexion avec la nature, d'autres versions tout confort ou encore version luxe en lodge de charme sur mesure, des solutions adaptées aux envies, aux goûts et surtout à tous les budgets… Une équipe « pro » sympathique et expérimentée pour vous accompagner.

TSELANA TRAVEL

14, rue des Deux Ponts
PARIS (2e)
✆ 01 55 35 00 30
www.tselana.com
Du lundi au vendredi de 10h à 19h et le week-end sur rendez-vous.

Créée en 2003 par trois passionnés des paysages désertiques de l'Afrique australe, African Tselana est aujourd'hui devenue Tselana Travel et propose un très large choix de destinations sur tous les continents pour des voyages à l'écart des circuits touristiques habituels. Tselana Travel associe vos envies (aventure, insolite, romantique, famille, désert, voyage de noces, plongée, zen, safari…) à sa connaissance approfondie des destinations pour vous proposer un voyage sur mesure incomparable placé sous le signe du luxe et du raffinement.

SUBOCÉA

7, port de la Pointe Rouge
MARSEILLE (8e)
✆ 04 28 70 89 00
www.subocea.com
Ouvert tous les jours en été et le reste de l'année en semaine de 9h à 18h.

Frissons garanties. Le séjour de Subocéa proposé est une rencontre avec les requins et surtout avec le grand requin blanc, terrible prédateur, connu par les aventuriers sous-marins d'Afrique du Sud. Dix jours pour observer ses grands mammifères, immergé dans une cage pour s'offrir quelques minutes d'adrénaline sans risquer sa vie. L'agence propose également un combiné entre les Big Five du Safari et les requins blanc en plongée. Un autre séjour à Umkomaas vous embarque pour la grande Sardine Run qui offre chaque année une incroyable expérience.

ULTRAMARINA

✆ +33 1 53 68 90 77
www.ultramarina.com
Centre d'appel accessible du lundi au samedi.

Ultramarina est un spécialiste de la plongée sous-marine et des séjours sur des îles tropicales peu fréquentées. Plus de trente années d'expérience lui ont permis d'acquérir une excellente connaissance des destinations proposées. Le personnel saura vous conseiller au mieux pour faire de votre voyage un moment inoubliable. Outre le siège social basé à Nantes, Ultramarina possède plusieurs bureaux à Paris, à Lyon, Marseille, mais aussi en Suisse, à Genève. Toutes les informations pratiques sont sur le site Internet. Une référence pour les séjours plongée.

TERRE VOYAGES

28, boulevard de la Bastille
PARIS (12e)
✆ 01 44 32 12 80
www.terre-voyages.com
Ouvert du lundi au samedi.

Terre Voyages est un tour-opérateur qui sort des sentiers battus. Dédié aux circuits sur-mesure, ce voyagiste vous invite à l'aventure et à l'émerveillement tout en respectant l'environnement, les peuples locaux et leur culture. Parmi les idées de voyage, vous pourrez opter pour des formules autotour comme « Le Kruger en liberté » (10 jours) ou « Du Kruger au Drakensberg » (13 jours), ou des circuits accompagnés tels que « Patchwork sud-africain » qui propose de relier Le Cap au Kruger via la Route des Jardins et le Swaziland.

VIE SAUVAGE

10, rue Choron
PARIS (9e)
✆ 01 44 51 08 00
www.viesauvage.fr
Sur rendez-vous uniquement, du lundi au jeudi de 9h30 à 18h30, le samedi de 10h à 13h.

Ce tour-opérateur qui connaît très bien le pays vous propose des séjours axés sur l'observation de la nature. Au programme pour l'Afrique du Sud : un choix de safaris en 4X4, à cheval, ou encore la visite du pays au volant d'une voiture en autotours, avec des hébergements en hôtel, en lodge, ou en restcamp... Vie Sauvage, c'est aussi de multiples possibilités pour vous d'étendre votre séjour, qui vous seront proposées. Bref, une large gamme de circuits à la carte ou organisés : découverte du Cap, du parc Kruger, du Drakensberg ou des domaines viticoles.

1ST ZULU SAFARIS

uShaka Marine World
DURBAN
✆ +27 82 776 6771
www.1stzulusafaris.co.za
Ouvert de 9h à 18h du lundi au vendredi (jusqu'à 19h samedi et dimanche).

L'agence 1st Zulu Safaris propose des excursions à la journée comme des aventures sur plusieurs jours. Sotiris et son fils connaissent tout de la région Kwazulu-Natal, vous pouvez leur faire confiance. Entre autres : découverte de Durban, safaris, visite culturelle des villages, battlefields tours, St Lucia et son estuaire... avec départs et retours en véhicule sur Durban. Il y a tellement à faire dans les alentours que nous recommandons vivement de faire appel à une agence de ce genre pour découvrir les points les plus importants dans un minimum de temps.

AFRICAN EAGLE

HERMANUS
✆ +27 21 464 4266
www.daytours.co.za
Excursion « Baleines », de juillet à novembre : 1 400 R. Excursion « Requins », départ : 5h, retour : 18h, 3 180 R.

Le safari « baleines » d'African Eagle permet de découvrir, par la route côtière pittoresque, la beauté des baleines australes qui se prélassent au large de la côte de Hermanus. Possibilité également de découvrir les requins dans une cage ou depuis la plate-forme installée sur le bateau de Gansbaai Harbour. Mais le tour-opérateur propose également des aventures dans le bush et des safaris en vélo électrique. De la même manière, on peut s'en aller à la découverte des vignobles pour s'offrir une route des vins en *fat bike*, des vélos aux roues tout-terrain.

AFRICAN EAGLE DAY TOURS

4 Malta Road - **LE CAP**
✆ +27 21 464 4266
www.daytours.co.za
Visites en journée, demi-journée et soirée. Pack 3/4 jours de 14 490 R à 33 500 R. Bureau ouvert tous les jours, 7h-23h.

Cette agence permet de s'immiscer dans les diverses cultures du Cap et d'aller à la rencontre de ses habitants. Découverte notamment de District Six : son musée, ses guérisseurs traditionnels, ses shebeens où l'on peut goûter à la bière traditionnelle, son école communautaire... A Khayelitsha, le plus grand *township* de la ville, on a l'occasion de rencontrer des entrepreneurs du canton, ou encore d'assister au service de l'église charismatique, uniquement le dimanche. Des tours en *fat bike* sont également à l'honneur au Cap et dans ses environs.

AFRIQUE DU SUD DECOUVERTE

16 Bryant Street
LE CAP
✆ +27 78 268 1846
www.afriquedusud-decouverte.com
Ouvert de 8h à 18h du lundi au samedi.

Ce spécialiste du sur-mesure propose diverses formules en autotour, pour découvrir l'Afrique du Sud à son rythme. Aide dans le choix des étapes et des hébergements, location de véhicules... Le suivi est fait 24h/24 pendant toute la journée du séjour. Circuit Springbok, découverte de l'Afrique du Sud en famille, voyage 100 % safaris... Telles sont parmi les formules proposées par Olivier et Claudie, deux Français installés dans le pays depuis de nombreuses années.

ATIBA VOYAGE

✆ +258 84 699 9070
www.atibavoyage.com
À partir de 1 700 € par personne pour un séjour de 14 jours.

Avant même de créer Atiba Voyage, Clara vivait et travaillait déjà pour un réceptif en Afrique du Sud. Autant vous dire qu'elle connaît le pays. L'ayant sillonné de part en part, arpenté de fond en comble, Clara a créé « Le séjour spécial Atiba en Afrique du Sud », quatorze jours incroyables, au fil de six régions différentes, regroupant les incontournables et les coups de cœur de la maison : du vaste Kruger et sa faune sauvage jusqu'à la côte de Sainte-Lucie baignée dans l'océan Indien, en passant par l'Eswatini, sans oublier Le Cap et ses vignobles.

ECOTRAINING

Angle Van der Merwe et Ehmke street
NELSPRUIT
✆ +27 13 752 2532
www.ecotraining.co.za
Plusieurs programmes : 5, 7, 14, 28 ou 55 jours.

Cette agence propose des forfaits à la Koh Lanta, pour devenir un vrai ranger et savoir déchiffrer toutes les empreintes d'animaux sauvages, sur 7, 14, 28 ou 55 jours. Tout est inclus, seul le billet d'avion et le transfert restent à votre charge. Un mélange de vacances, d'échange culturel, d'apprentissage au cœur de la nature et de jeux. Une agence réputée et populaire. En Afrique du Sud, elle propose quatre lieux différents : Prideland, Makuleke dans le Kruger, Karongwe Game Reserve ou encore dans la vaste Selati Game Reserve à l'ouest du Kruger.

EKIMA AFRIKA TRAVEL

1 Birkdale Ave, Woodstock
LE CAP
✆ +27 21 879 0870
www.ekimatravel.com

Ekima Afrika Travel est une agence de voyages fondée par une Française passionnée des terres d'Afrique et de rencontres. L'équipe d'Ekima est composée de professionnels du terrain dynamiques, francophones, et aux petits soins pour créer votre séjour personnalisé en Afrique australe. Avec ou sans guide, chez l'habitant ou en lodge 5 étoiles, en safari ou au contact de la population locale, Ekima organise votre voyage « cousu main ». Vous trouverez tous les renseignements sur le site Internet, les réseaux sociaux ou par téléphone.

MANKWE SAFARI

SUN CITY
✆ +27 14 552 5020
www.mankwegametrackers.co.za

Mankwe Gametrackers, c'est une agence d'aventures. Située au cœur de la station balnéaire Sun City, elle nous emmène à la découverte des 60 000 hectares du célèbre parc du Pilanesberg, l'un des plus beaux d'Afrique du Sud. Au programme : des promenades en 4X4, le matin, l'après-midi et le soir, *game drives* à la recherche du « Big Five », *bush walk* ou balade en pleine brousse, vol en montgolfière, tir à l'arc, accro-branche, quad, et bien d'autres aventures de plein air qui nous en mettent plein la vue et créent des souvenirs mémorables !

FUNKY MONKEYS SAFARIS

102 Vanwijk Street
NELSPRUIT
✆ +27 13 744 1310

Par exemple : journée au Kruger : de 1 250 à 1 450 R par personne, entrée et lunch inclus.

Le petit dernier de la famille Funky Monkeys, le backpackers de Nelspruit ! Ils ouvrent le monde du safari aux routards, avec des packs au départ de Nelspruit et Johannesburg. Camps en tente, très bonne ambiance, repas à la bonne franquette sous le soleil d'Afrique, tours en pick-up ouvert avec un guide qui repère les animaux, et nuit soit sous des tentes lourdes d'un camp du Kruger, soit dans un lodge plus luxueux. Ils s'occupent de tout et ils s'en occupent bien. Journée de visite à la Blyde River Canyon possible si vous ne comptez pas remonter vers le nord.

NOMAD AFRICA ADVENTURE TOURS

38 Chilwan Crescent
SOMERSET WEST
✆ +27 21 845 7400
www.nomadtours.co.za

En 1997, Nomad Africa Adventure était un seul camion et seulement un départ par mois. Aujourd'hui, elle détient une flotte de plus de 40 véhicules, réunit une équipe de 130 personnes et propose de nombreux départs dans toute l'Afrique du Sud. L'agence propose à ses clients un très bon rapport qualité prix, tout en conservant la magie du safari. De plus, socialement et écologiquement responsable, l'agence porte un intérêt particulier à l'environnement.

GRAND SAFARI [AFS]

✆ +27 437 486 128
www.grand-safari.com

Packs trophées de 6 jours de chasse avec guide et 7 nuits aux alentours de 3 000 €.

Le voyagiste gère des territoires dans l'Eastern Cape et propose des safaris à la carte dans la région de Grahamstown et de Queenstown. Selon le lieu, on peut y prélever koudou, damalisque, impala, guib sylvatique, oryx, ourébi, grysbok du Cap, phacochère et caracal. En fonction des animaux recherchés, Grand Safari met à disposition quatre lodges dans l'Eastern Cape dont un lodge grand luxe en bordure de l'océan Indien avec des prestations de haut niveau et une très bonne table face à la mer pour contempler le passage des baleines en plein hiver.

PRIVATE SAFARIS

Ground Floor, Block 3
LE CAP
✆ +27 21 528 2200
www.privatesafaris.com

Envie de découvrir l'Afrique de l'Est et australe avec un patrimoine riche en réserves animalières et paysages spectaculaires ? Présent dans 15 pays africains, Private Safaris offre la possibilité de découvrir la magie de ce continent en vous offrant de nombreux services, allant des ville-break, safaris, visites, aux trains, vols, croisières et excursions. Idéal si l'on ne connaît pas bien le pays ou si l'on ne souhaite pas organiser son voyage. Dès votre arrivée à l'aéroport, accueil avec un kit de bienvenue très personnalisé. Un succès à coup sûr !

SAFARIS OKAVANGO

20 rue Cambon 75001 Paris
✆ +33 6 41 59 91 37
www.safarisokavango.com
Sur rendez-vous uniquement. Du lundi au vendredi, de 9h à 18h30.

Safaris Okavango propose des safaris-photos haut de gamme dans plusieurs pays d'Afrique, essentiellement en Afrique Australe et en Afrique de l'Est. Il s'agit de voyages sur mesure selon vos envies et centres d'intérêts, avec au centre le safari en brousse. Les prestations de qualité : choix judicieux, hébergement confortable, sécurité du transport, professionnalisme des guides... Possibilité d'organiser des extensions. Safaris Okavango s'est engagé dans le tourisme responsable et ne travaille qu'avec des groupes locaux. Une agence que nous recommandons vivement.

SOUTH AFRICAN TRAVELLERS

8 Governors Walk
LE CAP
✆ +27 72 92 00 490
www.satravellers.com

SATravellers est une agence locale francophone basée au Cap et au parc national Kruger. Elle est tenue par Filip Wuyts, un Belge installé au Cap qui est passionné par l'Afrique du Sud. SA Travellers crée en exclusivité des circuits découvertes et authentiques alliant le confort et la sécurité. Du séjour romantique au circuit moto du Cap à Cederberg, la sélection de maisons d'hôte et lodges privés est faite aux petits oignons, et SATravellers encadre et choie ses clients du premier au dernier jour de leur périple.

A TASTE OF AFRICA

KRUGER NATIONAL PARK
✆ +27 82 565 2520
www.tasteofafrica.co.za
Formule chez l'habitant : autour de 300 R/personne en rondavel familial. Repas compris. Transfert : 200 R/personne A/R.

Cédric de la Harpe propose une expérience exceptionnelle. En plus du traditionnel safari, un moment rare : une nuit dans le village de Josepha, chez l'habitant, non loin de Punda Maria, en plein pays Venda, une zone sauvage connue pour sa densité d'éléphants et sa richesse culturelle. Accueil simple, chaleureux et festif du village. Cédric propose trois formules : tout compris avec *game drive*, en demi-pension chez l'habitant avec sa propre voiture, en demi-pension en transport en commun. Aussi, des combinés Soweto/Kruger park, le tout chez l'habitant.

TERRA AFRICA

LE CAP
✆ +27 72 983 3905
www.afriquedusud-voyage.com

L'équipe Terra Africa est spécialiste de la conception et de l'organisation de voyages sur mesure dans les pays d'Afrique australe et Afrique de l'Est. Depuis son camp de base au Cap, elle conçoit des programmes selon vos goûts, vos envies et votre budget, dans la bonne humeur et en français. Sa connaissance du terrain et son appétence à personnaliser les expériences vous promettent des voyages hors du commun en Afrique du Sud, au Botswana, en Tanzanie, au Kenya, au Mozambique, en Zambie et au Zimbabwe. Bref, un opérateur sérieux et qualifié pour un voyage réussi.

AFRICA SPIRIT

www.africa-spirit.com
enquiries@africa-spirit.com

Africa Spirit sera votre partenaire privilégié pour découvrir en profondeur l'Afrique du Sud avec son équipe d'experts locaux. Vous profiterez de ses meilleurs services, pour des circuits certainement mémorables, à travers tout le pays. Son professionnalisme et son expérience de l'Afrique du Sud vous permettront de bénéficier d'une gamme d'hébergements qualitative (hôtels, Lodges, camps) et d'un service sur mesure selon vos souhaits. Ce tour operator propose également des séjours et des circuits en Tanzanie, à Zanzibar et au Kenya.

TERRA SOUTH AFRICA

Mowbray
LE CAP
✆ +27 72 983 39 05
www.afriquedusud-voyage.com

Terra South Africa est une agence du groupe Terra Explora créé en 1998 par des Français passionnés. Basée au Cap, l'équipe est spécialiste du voyage à la carte en Afrique du Sud et conçoit des programmes sur mesure selon vos goûts, vos envies et votre budget, dans la bonne humeur et en français. Leur connaissance renouvelée du terrain permet de répondre au mieux à vos attentes. Ils proposent aussi des circuits combinés avec les pays voisins : Namibie, Botswana, Mozambique et Zimbabwe. Bref, un opérateur sérieux et qualifié pour un séjour réussi.

ULYSSES TOURS & SAFARIS

5 Johannes Drive - **PRETORIA / TSHWANE**
✆ +27 12 653 0018
www.ulysses.co.za
Ouvert du lundi au vendredi, 8h-13h et 14h-18h. 700 R pour un tour de Pretoria, 800 R pour Soweto.

Ulysses Tours & Safaris vous offre tout un tas de possibilités pour apprécier votre séjour à Pretoria et dans les environs : chauffeurs, transferts, tours collectifs, tours privés... Les excursions proposées sont très diverses, en journée complète ou en demi-journée, tour de Pretoria, de Johannesburg, dans les townships, vers Cullinan et Sun City... Mais aussi des excursions nature dans les parcs à la découverte des animaux. Encore plus loin des mini-séjours vers la route des jardins ou Cap Town... Vous trouverez forcément votre bonheur !

VHUPO TOURS

JOHANNESBURG
✆ +27 11 936 0411
www.vhupo-tours.com

Ce tour opérateur, basé à Johannesburg, propose des tours de Soweto, de Johannesburg, des visites historiques et culturelles... Vhupo Tours est spécialisé dans les visites culturelles comme l'échappée dans le village de Lesedi à la découverte des cultures zoulou, basotho, xhosa et pedi, une rencontre à la fois visuelle, puis autour d'un repas traditionnel, d'un typique jus de mamba le soir autour du traditionnel *boma*, ou encore face aux danses et aux chants qui viennent alors animer l'atmosphère déjà bien chaleureuse du village niché dans le creux des collines.

EASYVOYAGE

✆ 08 99 19 98 79
www.easyvoyage.com

Le concept peut se résumer en trois mots : s'informer, comparer et réserver. Des infos pratiques sur plusieurs destinations en ligne (saisonnalité, visa, agenda...) vous permettent de penser plus efficacement votre voyage. Après avoir choisi votre destination selon votre profil (famille, budget...), le site vous offre la possibilité d'interroger plusieurs sites à la fois concernant les vols, les séjours ou les circuits. Grâce à ce moteur performant, vous pouvez réserver directement sur plusieurs bases de réservation (Lastminute, Go Voyages et bien d'autres).

JETCOST

www.jetcost.com

Jetcost compare les prix des billets d'avion et trouve le vol le moins cher parmi les offres et les promotions des compagnies aériennes régulières et *low cost*. Le site est également un comparateur d'hébergements, de loueurs d'automobiles et de séjours, circuits et croisières. L'interface du site Internet est très simple d'utilisation. Après avoir lancé la recherche, on peut affiner les résultats en fonction de ses choix afin de trouver le vol le plus intéressant, la durée du trajet, les éventuelles escales ou encore l'aéroport d'arrivée.

QUOTATRIP

www.quotatrip.com
Tarifs : devis sur demande en ligne.

QuotaTrip est une nouvelle plateforme de réservation de voyage en ligne qui met en relation des voyageurs à la recherche d'expériences authentiques et uniques et des agences de voyages locales sélectionnées pour leurs compétences et leur sérieux. Le réseau de QuotaTrip couvre près de 200 destinations dans le monde entier. Le but de ce rapprochement est simple : proposer un séjour entièrement personnalisé aux utilisateurs. QuotaTrip promet ainsi l'assurance d'un voyage serein, sur mesure, sans intermédiaires et sans frais supplémentaires.

INTERVIEW

LE VOYAGE-SUR-MESURE

AVEC STEVEN LE CHEVALIER ET MATHIEU VALLY DE QUOTATRIP

Quel est le concept de l'agence QuotaTrip ?

Quotatrip est la première plateforme de mise en relation entre voyageurs et agences locales. Grâce à elle, les voyageurs peuvent enfin échanger en direct avec des agences qui sont sur place et concevoir un voyage unique, au meilleur prix et 100% personnalisé.

Pourquoi voyager avec des agences locales ?

À l'inverse des agences traditionnelles, les agences locales sont des expertes de la destination choisie. Ce sont aussi les mieux placées pour concevoir des séjours qui sortent des sentiers battus. Elles sont ainsi en mesure de répondre à l'ensemble des envies, le voyageur rentre dans l'univers de l'equi-tourisme = le tourisme sans intermédiaire.

Quels sont les autres avantages pour les voyageurs ?

Il y a une multitude d'avantages. Cela permet notamment de ne pas voyager comme tout le monde, d'organiser de manière simple et rapide un séjour sur mesure et au meilleur prix. Fini les mauvaises surprises, les voyageurs posent toutes les questions qu'ils souhaitent et bénéficient d'un accompagnement sur mesure, de la conception du projet jusqu'à sa réalisation en toute sécurité car les agences référencées sont sélectionnées et recommandées par les journalistes des guides du Petitfute en toute impartialité.

Les démarches sont-elle simples à effectuer ?

Les sites de voyage en ligne font perdre beaucoup de temps aux internautes sans pour autant répondre entièrement à leurs désirs. QuotaTrip propose un formulaire simple et rapide qui permet de décrire les souhaits, les envies et les besoins. L'internaute reçoit aussitôt gratuitement et sans engagement les offres de trois ou quatre agences locales avec qui il peut ensuite échanger afin de personnaliser son projet grâce à la messagerie mise en place.

Quelles sont les destinations proposées ?

Notre plateforme propose plus de 21 000 projets de voyage sur plus de 100 destinations à travers le monde. De l'Amérique latine en passant par l'Asie et l'Afrique, nos mille agences partenaires sont là pour répondre à vos projets de voyage.

Décrivez votre projet de voyage. Echangez en direct avec les agences locales et partez au meilleur prix.

Plus d'informations : *quotatrip.com*

© D.R

© D.R

© D.R

SE LOGER

Hôtels, *guesthouses*, *self-catering* : les formules d'hébergement sont aussi variées que les standards de qualité. Pour les adeptes de la simplicité, la formule *self-catering* en bungalows comprend la possibilité de faire soi-même sa cuisine. En revanche, draps et serviettes sont fournis. Sachez donc que le tarif d'une chambre dans un lodge peut varier du simple au triple au fil de l'année. On observe en moyenne une réduction de 30 % sur les prix hors saison. Pour pouvoir fréquenter les lodges de grand luxe et vivre ainsi une expérience inoubliable, réservez en basse saison. En fait, la morte saison à prix cassés commence en juin et se termine fin août. À cette période, il n'y a pas un chat dans les parcs, il fait 5 °C le matin, 20 °C à midi dans la brousse, le personnel est disponible, les animaux sont plus faciles à voir… Bref, c'est la meilleure période pour le safari photo et aussi la moins chère.

BEWELCOME €€

www.bewelcome.org

Le système est simple : être hébergé chez l'habitant, partout dans le monde. C'est le site Internet qui se charge de contacter les accueillants et les postulants puis de les mettre en contact, que ce soit en ligne ou dans la vraie vie. Avec leur carte interactive, les profils *des « welcomers »* s'affichent, avec leurs disponibilités. Certains font part de leurs projets de voyage afin de pouvoir trouver des affinités, des opportunités d'action avec les membres du site. Idéal pour un voyage solidaire et plein de belles rencontres !

HOSTELWORLD €

www.hostelworld.com

Depuis 2005, cette centrale de réservation en ligne permet de planifier son séjour à prix corrects dans le monde entier. Afrique, Asie, Europe, Amérique… Hostelworld est spécialisé dans les logements peu onéreux (auberges de jeunesse ou hostels…) mais proposant des services et un cadre plutôt soignés. Pour chaque grande ville, le site propose une sélection pointue d'enseignes partenaires et vous n'aurez plus qu'à choisir l'adresse la plus pratique, la mieux située, ou tout simplement la moins chère. Une plateforme bien pratique pour les baroudeurs.

HOME EXCHANGE €€

www.homeexchange.fr

Abonnement annuel 149 €.

Et si vous échangiez votre maison avec d'autres pour partir en vacances ? HomeExchange est une plateforme d'échange de maisons et d'appartements entre particuliers. L'idée : un site Internet pour échanger son logement (studio, appartement, villa…) moyennant un abonnement annuel à l'agence en ligne, qui se charge de la présentation du bien et de la mise en contact des intéressés. Un excellent moyen de faire des économies pour partir en vacances et réduire ainsi les frais d'hébergement sur place. Le choix est large, avec plus de 450 000 offres dans 159 pays.

AFRICAN BUSH CAMPS €€

✆ +27 21 701 0270

www.africanbushcamps.com

Fondé en 2006, par Beks Ndlovu, un guide professionnel zimbabwéen, African Bush Camp gère des lodges et camps de luxe au Zimbabwe, mais aussi au Botswana et en Zambie. Au Zimbabwe, la compagnie propose des safaris au bord du Lac Kariba, à Mana Pools, à Hwange, ou bien encore, dans les Matopos. L'approche se veut très intégrée à la nature, mais aussi ancrée localement et le service est très professionnel. African Bush Camp dispose de sa propre fondation qui permet de soutenir des projets communautaires, en périphérie des aires protégées.

SE DÉPLACER

Pour se déplacer à l'intérieur du pays, il est judicieux de louer un véhicule si on se sent capable de conduire à gauche et sur de longues distances. En règle générale, les routes sont bonnes et bien entretenues en Afrique du Sud. De plus, il sera signalé quand les établissements dans lesquels vous choisirez de vous arrêter ne sont accessibles seulement que par une piste avec un 4 x 4. Les jeunes aventuriers éliront peut-être le minivan comme moyen de transport et hôtel nomade, une solution idéale pour vadrouiller de spot en spot sans avoir besoin de connaître le point de chute du lendemain. De même, il existe des 4 x 4 équipés d'une tente qui se dresse sur le toit pour les maîtres des safaris sous les étoiles. Puis, il y a les adeptes du bus, qui pourront opter pour l'option économique et pratique du BazBus. Certaines longues distances se font généralement *via* un vol interne, de nombreuses liaisons sont possibles.

AIRLINK

✆ +27 11 978 1111

www.flyairlink.com

Ligne offrant un vaste réseau de vols régionaux et intérieurs en Afrique australe, fonctionne comme un franchisé de South African Airways. Vols réguliers directs entre Johannesburg, Le Cap et Windhoek, ainsi que de Livingstone à Nelspruit. Grâce à leur alliance avec SAA, on peut se connecter facilement vers d'autres vols longs courriers ou nationaux. Airlink est membre de la South African Airways (SAA programme) de fidélisation. Réservations disponibles en ligne, agent de réservation ou SAA Central réservation par téléphone.

KULULA AIRLINES

Cnr. 1 Marignane Drive and Atlas road

JOHANNESBURG

✆ +27 11 921 0500

www.kulula.com

Call center de 7h à 19h.

Avec ses avions vert flashy, c'est la compagnie aérienne sud-africaine, partenaire privilégié d'Air France depuis octobre 2014, Kulula Airlines relie quotidiennement Le Cap avec Durban, Johannesburg, mais aussi les plus petites villes de Lanseria, George, Port Elizabeth et East London. Il sera parfois plus simple, voire incontournable dans certains cas d'effectuer certains trajets en vol interne, les villes phares étant parfois trop éloignées. Sur son site, vous avez la possibilité de créer votre package avec vol, location de voiture et hôtel.

BAZ BUS

32 Burg Street - **LE CAP**

✆ +27 21 137 1588

www.bazbus.com

Tous les jours de 8h à 21h (20h le week-end). Tarifs pass : 8 jours 3 886 R, 14 jours 4 596 R et 21 jours 5 306 R.

Absolument génial ! Depuis 1995 cette compagnie privée met à disposition des minibus qui transportent les jeunes d'auberge en auberge. Aujourd'hui plus de 250 partenaires ! L'assurance d'arriver en sécurité à bon port, sans frais de taxis et en profitant du paysage. Un itinéraire à son rythme, de ville en ville. Un billet « travel pass » pour 8, 14 ou 21 jours en s'arrêtant où et quand on veut sur la ligne Cape Town - Port Elizabeth. Ou bien un « hop on/hop off », en s'arrêtant autant de fois qu'on veut sans faire demi-tour.

BLUE TRAIN

PRETORIA / TSHWANE

✆ +27 12 334 8459

www.bluetrain.co.za

Chambre double à partir de 15 000 R. Selon la saison et selon la classe pour laquelle vous optez.

Le Blue Train est une expérience à part entière. La compagnie de train de luxe a deux lignes : Pretoria-Le Cap et Pretoria-parc du Kruger. Le train bleu est résolument plus moderne que les autres, confort et *design*, loin des « tchoutchous » à vapeur. Il est un véritable hôtel 5 étoiles roulant, filant à travers les plaines, se faufilant entre les chaînes de montagnes, traçant au cœur des paysages arides et ralentissant à la rencontre des animaux sauvages croisés sur la route. On est encore loin du rêve du Caire, mais les prémices ont été posées en Afrique du Sud.

ROVOS RAIL

Paul Kruger Dr
PRETORIA / TSHWANE
✆ +27 12 315 8242
www.rovos.com
Pretoria-Victoria Falls à partir de 2 000 USD. Départs jusqu'à une fois par semaine.

Cette compagnie de train de luxe qui part de Pretoria dessert toute l'Afrique australe jusqu'aux chutes Victoria. Belle locomotive à l'ancienne, ambiance romantique et cuisine raffinée. Depuis Pretoria, deux trajets nationaux existent seulement. Le trajet allant de Pretoria au Cap inclut la visite de Matjiesfontein et le Big Hole tour à Kimberley, pour les amateurs d'histoire et de diamants. Une fois de plus, loin du train classique, il est question avec Rovos Rail d'un véritable hôtel roulant à travers les paysages d'Afrique du Sud.

BSP AUTO

✆ 01 86 26 90 80
www.bsp-auto.com
Site comparatif accessible 24h/24.

Il s'agit là d'un prestataire qui vous assure les meilleurs tarifs de location aux conditions les plus avantageuses auprès des grands loueurs de véhicules dans les gares, aéroports et les centres-villes du monde entier. Le kilométrage illimité et les assurances sont souvent compris dans le prix. Avec BSP Auto, vous pouvez réserver dès maintenant et payer seulement cinq jours avant la prise de votre véhicule. Autre bonus du courtier BSP : pas de frais de dossier ni d'annulation (jusqu'à la veille). La moins chère des options zéro franchise.

AFRICAMPER

Unite 10.Trade Link Park, Potgieter Street - **LE CAP**
✆ +27 87 821 6285
www.africamper.com
À partir de 1 300 R par jour, selon modèle et saison. Cartes routières, GPS, équipement cuisine et camping.

Le concept est génial ! Vous avez sûrement déjà vu ces voitures magiques sur le toit desquelles se déploit un espace de camping. Chez Africamper, vous pouvez louer un 4x4 aménagé, avec un grand réservoir d'essence, un frigo et une ou deux tentes dépliables sur le toit ! On se sent à la fois complètement libres d'aller et venir, et en sécurité pour dormir surélevé. Posté face à la vue de votre choix, quel luxe ! C'est parfait pour rejoindre le parc national du Karoo ou encore la Namibie, en couple ou en famille. Une aventure inoubliable.

GLOBAL CAR RENTAL

1 Burg street
LE CAP
✆ +27 21 423 5211
Pour la plus petite voiture, à partir de 350 R/jour en haute saison et 310 R/jour en basse saison. Location du GPS.

Situé juste à côté du centre d'information touristique du Cap. Vous pourrez coupler l'organisation de votre séjour et la prise en main en 10 minutes d'une voiture de location. Munissez-vous de votre passeport et de votre permis de conduire, Sam gérera le reste, le temps de vous expliquer clairement le fonctionnement. Transfert aller et retour de l'aéroport inclus. Depuis de nombreuses années, Global possède une grande flotte rajeunie de voitures. C'est le moyen idéal pour découvrir la région ou simplement pour circuler en ville.

AROUND ABOUT CARS

20 Bloem Street
LE CAP
✆ +27 21 422 4022
www.aroundaboutcars.com
En kilomètres illimités, à partir de 431 R/jour pour une location de 4 à 9 jours, tarifs dégressifs.

Situé en plein centre, pratiquement sur Long Street, cette agence de location nationale propose une large flotte de véhicules toutes catégories en bon état, à prix vraiment très abordables et en kilométrage illimité. Pour les petits budgets, des citadines à utiliser dans Cape Town et les environs immédiats sont à prix plancher. Pour les aventuriers, des 4x4 tout équipés pour aller en Namibie, pratique ! Service sérieux, voitures bien révisées et possibilité de transfert à l'aéroport. Les tarifs sont dégressifs et intéressants à partir de quatre jours.

LEKKERCAMPER

Somerset West - **LE CAP**
✆ +27 76 592 3989
www.lekkercamper.co.za
À partir de 1 400 R par jour selon le type de véhicule et le nombre de jours de location. 200 km/jour. Promos en hiver.

Encore une idée géniale : qui n'a jamais rêvé de parcourir l'Afrique du Sud en van ou de longer la côte de plage en plage ? Avec Lekker Camper, louer un van VW pour deux ou pour huit personnes, avec cuisine et couchettes aménagées est un jeu d'enfant. Vous pourrez vous arrêter là où vous le souhaitez et quand vous le souhaitez, autant de temps qu'il le faudra pour profiter du goût de la liberté ! C'est l'idéal pour barouder à deux sur les routes d'Afrique australe, dans le style bohème, avec des planches de surf sur le toit, of course !

bsp-auto.com
+33 1 86 26 90 80
DES PRIX FOUS NÉGOCIÉS POUR VOTRE
OCATION DE VOITURE EN AFRIQUE DU SUD!
SIXT
Hertz
dollar
Thrifty
Budget
enterprise
AVIS
Europcar
0€
J-5
KILOMÈTRES ILLIMITÉS
ASSURANCES INCLUSES
ANNULATION GRATUITE
PAYEZ 5 JOURS AVANT LE DÉPART
'ZÉRO FRANCHISE' À PETIT PRIX
bsp-auto.com
7j / 7

S'INFORMER

Quels sont vos rituels avant de partir en voyage ? Une fois la destination choisie, prenez le temps de vous renseigner un peu. Si Internet peut vous sembler un gouffre d'informations, il est parfois essentiel d'être guidé vers les bonnes adresses pour gagner du temps et trouver ce dont on a besoin plus facilement. Par exemple, le site parckruger.com, réalisé généreusement par un passionné, offre un panel d'informations extrêmement intéressant et pratique. La nature sauvage de l'Afrique n'est désormais plus réservée qu'à une élite de voyageurs, elle tend à se démocratiser. Par ailleurs, n'hésitez pas à vous rendre sur les site des offices de tourisme région par région qui offrent bon nombre d'informations. Les plus curieux liront des livres comme la biographie de Mandela, regarderont des reportages sur l'histoire de l'Afrique du Sud ou encore L'Échappée Belle qui, comme nous, s'est arrêté au Addo African Lodge.

BUREAU DU PARC AUGRABIES FALLS

AUGRABIES FALLS NATIONAL PARK
✆ +27 12 428 9111
www.sanparks.org
Parc ouvert de 7h à 18h. Entrée adulte : 252 R et enfant : 126 R.

Les conditions de visite et les consignes de sécurité sont loin d'être aussi draconiennes qu'au kgalagadi. L'Augrabies est un parc majoritairement pour les familles, et l'atmosphère s'en ressent. Le parc est ouvert de 7h à 18h. On observe les chutes d'eau depuis un ponton en bois. La direction du parc recommande la période de mars à octobre pour s'y rendre, parce que les températures sont un peu plus supportables. Durant l'été, les chutes sont encore plus spectaculaires.

BUREAU DU PARC DE ZEBRA MOUNTAIN

MOUNTAIN ZEBRA NATIONAL PARK
✆ +27 48 881 2427
www.sanparks.org
Entrée : 240 R par jour par adulte, et 120 R par enfant. Ouvert de 7h à 18h, jusqu'à 19h entre octobre et avril.

Voici le bureau d'informations du parc national de Zebra Mountain. Tout y est pour vous donner les moindres détails sur ce magnifique parc et vous renseigner sur ses paysages époustouflants. Balades en voiture ou à pied accompagnées par un guide spécialisé. Vous trouverez également sur le site San Park toutes les options d'hébergement, les différentes installations et activités du parc, mais aussi la rubrique « comment s'y rendre », qui peut être utile.

CAPE TOWN TOURISM

Darling Street - **LE CAP**
✆ +27 861 322 223
www.capetown.travel
Ouvert du lundi au vendredi de 8h à 17h, samedi de 8h30 à 14h et dimanche et jours fériés de 8h30 à 13h.

Voilà l'agence centrale et officielle de la ville ! Attention aux multiples offices de tourisme privés. Très complète, elle dispose d'une quantité énorme de brochures et de cartes détaillées. Vous trouverez à l'intérieur un café, un comptoir de réservation, un espace avec quelques produits touristiques en vente et, très important, des toilettes gratuites. Prenez le temps de concocter votre périple ou bien le peaufiner ici. Le petit plus : l'office de tourisme fait la promotion du label Fair Trade, un label de tourisme solidaire.

KLEINMOND TOURISM

29 Main Road
KLEINMOND
✆ +27 28 271 8474
www.kleinmondtourism.co.za
Du lundi au vendredi de 8h30 à 16h30, le samedi de 9h à 13h. Fermé dimanche.

L'office de tourisme de Kleinmond regorge d'informations en tout genre sur ce que la région a à offrir. On peut se renseigner sur la localisation des fameux chevaux sauvages de Kleinmond, il y en aurait quelques dizaines dans le secteur de la réserve de Rooisand, mais ils sont difficiles à voir. Activités, villages alentour, hébergements, restaurants. Selon votre timing, vos centres d'intérêts et vos envies, vous trouverez assurément de quoi occuper vos journées. Le bureau détient un bon nombre d'objets chargés d'histoires et de légendes.

MAGOEBASKLOOF TOURIST ASSOCIATION

HAENERTSBURG
✆ +27 83 442 7429
www.magoebasklooftourism.co.za

Cette association et bureau d'informations vous propose des activités diverses et variées à Magoebaskloof, dans la région du Limpopo : de la pêche, du vélo, de la randonnée, de l'observation des oiseaux et des tours guidés... Il y en a des activités possibles autour de ce joli village rappelant un village suisse « sans la neige », comme dit l'association. Le site recense également quelques hébergements environnants, campings, hôtels, ou encore les self-caterings.

SOWETO INFO

90 Dowling Avenue Westbury
JOHANNESBURG
✆ +27 83 535 4553
www.soweto.co.za

Vous avez forcément entendu parler du quartier de Soweto. En passant par Johannesburg, il est presque incontournable de ne pas visiter, ou du moins passer par Soweto. Le quartier est immense ! Etendu sur 80 km², il y en a des choses à voir et à faire. Sur ce site dédié au quartier, vous trouverez toutes les informations utiles pour parcourir Soweto : tours organisés, hébergements, conférences, dîners et rencontres... ou encore saut à l'élastique entre les deux célèbres tours de Soweto. Notez que le guide Alain Samy propose une très belle découverte du quartier.

NORTHERN CAPE TOURISME AUTHORITY

15 Villiers Street
KIMBERLEY
✆ +27 53 832 2657
www.experiencenortherncape.com

Le site officiel du tourisme du Northern Cape. Il n'y manque aucune info sur la province (hébergements, activités, transports...). Vraiment très pratique. Vous disposerez de toutes les adresses pour se loger, une liste d'activités, d'événements, de tour-opérateurs et même les informations sur les temps de conduite entre deux villes ou provinces. Un site Internet à privilégier si l'on veut organiser son voyage dans cette région en mixant bien entre nature, culture et activités.

WILDERNESS NATIONAL PARK

Garden Route - **WILDERNESS NATIONAL PARK**
✆ +27 12 428 9111
www.sanparks.org/parks/garden_route

Ouvert de 7h à 21h30 (les portes ferment à 18h). Tarif adulte : 180 R par jour. Tarif enfant : 90 R par jour.

Niché entre George et Knysna : une tapisserie de paysages magnifiques. Rivières, lacs, plages, forêts et montagnes. Il existe également un certain nombre de sites historiques d'importance archéologique et c'est un habitat idéal pour l'observation des oiseaux, des bêtes en tout genre. Vous pourrez observer cinq types de martin-pêcheur, le héron cendré et le petit héron, l'hippocampe, les dauphins, les baleines. Profitez-en pour louer un canoë, un vélo et explorez les environs, pratiquez la descente en rappel, le parapente, la navigation, la pêche ou la randonnée.

PHALABORWA TOURISM CENTRE

73A Sealene Avenue
PHALABORWA
✆ +27 15 781 7760
www.phalaborwa.co.za

Ouvert de 8h à 17h du lundi au vendredi.

L'endroit où il faut absolument passer pour commencer votre périple dans la région. Des idées de logements, des bonnes adresses pour vous restaurer et boire un verre et surtout tous les contacts et renseignements sur les nombreuses activités à faire dans le coin, à mi-chemin entre le parc Kruger et le Limpopo. Saviez-vous que le nom Ba-Phalaborwa a été donné à la ville par les tribus sotho qui s'y sont installées et qu'il signifierait « meilleur que le sud » ?

107.5 - AFRICA RADIO

33, rue du Faubourg Saint-Antoine
PARIS (11e)
✆ 01 55 07 58 01
www.africaradio.com

Née au Gabon en 1981 et s'étant développée en Afrique grâce aux ondes courtes et à ses émetteurs FM, *Africa n°1*, devenu Africa Radio en 2019, est aujourd'hui la plus importante des radios francophones du continent. Les programmes spécifiques d'*Africa Radio Paris* sont composés d'information, de débats, de musique, de sport et d'interactivité. *Africa Radio* propose en outre, via son site internet, différentes radios musicales thématiques, et qui sont consacrées au coupé-décalé, au mandingue, rumba, etc. Le portail en ligne est également très riche.

AFRIK.COM

www.afrik.com

Portail généraliste d'information spécialisé sur l'Afrique, *Afrik.com* est aujourd'hui le 1er quotidien francophone panafricain sur Internet couvrant l'ensemble des pays d'Afrique. On apprécie particulièrement les dossiers thématiques traitant de l'actualité, les documents audio ou vidéo mis en ligne, les reportages d'investigation, les interviews, etc. En recherchant les articles relatifs à la Zambie, on trouve plein d'informations intéressantes sur les actualités du pays, peu relayées en France dans les magazines et journaux plus généralistes.

FRANCE 24

80, rue Camille Desmoulins
ISSY-LES-MOULINEAUX
✆ 01 84 22 84 84
france24.com

Fondée en 2005, cette chaîne de télévision française d'information internationale en continu est accessible par le câble ou par le satellite dans certains bouquets de chaînes des hôtels du pays (canaux en français, en anglais, en arabe et en espagnol). Mais seuls les faits les plus retentissants de l'actualité locale sont traités. Dans les hôtels, vous pourrez aussi parfois trouver les chaînes *TV5 Monde* et *Euronews*. Cette dernière est diffusée en quatorze langues, dont le français, mais aussi en bosno-serbo-croate depuis 2021.

CARNETS DE VOYAGE

36, Boulevard de la Bastille
PARIS (12e)
www.us.phoenix-publications.com

Publié par les éditions Phoenix, qui comptent déjà plusieurs revues à leur actif, ce trimestriel est consacré aux voyages avec des focus dédiés à la découverte d'une ville, d'une région, que ce soit en France, en Europe ou dans le monde. *Carnets de Voyage*, un magazine utile pour nous faire découvrir le meilleur d'une destination et nous faciliter le voyage. Pour de grandes ou petites escapades, les rédacteurs nous invitent à entrer dans leurs textes vivants, complétés de conseils pratiques, d'un agenda, de bonnes adresses et de superbes photos.

RFI

80, rue Camille Desmoulins
ISSY-LES-MOULINEAUX
✆ 01 84 22 84 84
www.rfi.fr

RFI (Radio France Internationale) est une radio française d'actualité diffusée mondialement en français et en 13 autres langues*, disponible en direct sur Internet (rfi.fr) et applications connectées. Grâce à l'expertise de ses rédactions basées à Paris et de son réseau de 400 correspondants, RFI propose à ses auditeurs des rendez-vous d'information et des magazines offrant les clés de compréhension du monde.

*anglais, cambodgien, chinois, espagnol, haoussa, kiswahili, mandingue, persan, portugais, roumain, russe, vietnamien.

ECHAPPEES BELLES

8, rue Buffon - **CLERMONT-FERRAND**
✆ 04 73 14 03 00
www.turbulencespresse.fr

Trimestriel inspiré de l'émission éponyme diffusée sur France 5.

Le nouveau magazine *Échappées Belles*, inspiré de l'émission éponyme, met en lumière la rencontre et la découverte de l'autre par le voyage. Curiosité, tolérance, partage et respect des autres cultures sont les valeurs clés de ce trimestriel. Avec la participation des animateurs Sophie Jovillard, Ismaël Khelifa et Jérôme Pitorin, *Échappées Belles* fait découvrir de superbes destinations en France et dans le monde, via de nombreuses rubriques dédiées au patrimoine, à l'artisanat, à la gastronomie et à la nature. À retrouver en kiosque et sur www.turbulences-presse.fr

RMC DÉCOUVERTE

✆ 01 71 19 11 91
www.rmcbfmplay.com

Média d'information thématique, cette chaîne – diffusée en HD – propose un florilège de programmes dédiés à la découverte, et plus particulièrement des documentaires liés aux thématiques suivantes : aventure, animaux, science et technologie, histoire et investigations, automobile et moto, mais également voyages, découverte et art de vivre. C'est une excellente source d'informations pour préparer un séjour, se tenir au courant des événements dans la région et même bien au-delà. Une chaîne dont l'audience, logiquement, augmente régulièrement !

LA FAIM DANS LE MONDE ON N'Y PEUT RIEN

SI ON NE LUTTE PAS CONTRE
LA CRISE CLIMATIQUE,
LES INÉGALITÉS ET LES CONFLITS.

RESTER

Il y a des expériences qui ne laissent pas indifférents, qui marquent les débuts de nouvelles aventures. Et si l'Afrique du Sud avait sur vous l'effet d'un véritable déclic ? Si naissait un nouveau projet dans votre tête au fil de votre périple : vous tombez amoureux d'une région, d'un paysage, d'une ville, et vous envisagez de déménager ? Vous vous trouvez une véritable passion pour la conservation des animaux sauvages et souhaitez vous offrir un mois de volontariat dans un camp de bénévoles comme le propose la réserve de Thula Thula dans le KwaZulu-Natal ? Vous vous passionnez par l'entreprenariat ou encore la culture locale et souhaitez offrir votre expérience et vos idées au service du développement dans les townships ? Quelles que soient vos envies ou vos rêves les plus fous, voici ici quelques conseils et indices qui vous permettront de vous renseigner d'un point de vue plus administratif.

ACTION CONTRE LA FAIM

102, rue de Paris - **MONTREUIL**

✆ 01 70 84 70 84

www.actioncontrelafaim.org

Par téléphone de 9h à 13h et de 14h à 18h.

ONG internationale spécialisée dans la lutte contre la faim dans le monde, active dans les domaines de la nutrition, santé, sécurité alimentaire, de l'eau, de l'assainissement. L'association intervient dans des situations de crise. Le but étant de rendre les populations autonomes d'un point de vue de la nutrition, en apportant une aide concrète et en formant les intervenants locaux qui prendront le relais. Ses missions de volontariat durent de trois mois à un an en Afrique, Asie, Amérique, Europe centrale, dans le Caucase, au Moyen-Orient et dans les Caraïbes.

S A WORK

✆ +27 76 830 9594

www.toursalacarte.co.za

Guide français installé depuis de nombreuses années en Afrique du Sud, Alain Samy est aussi bien intégré dans le pays, notamment dans la communauté française. Il propose ses services aux expatriés qui viennent s'installer sur le territoire sud-africain. Il pourra entre autres les aider à trouver un logement, les aiguiller sur les démarches administratives, leur faire découvrir Johannesburg et leur donner des conseils pour s'intégrer dans le pays. Un bon plan pour faire ses premiers pas en Afrique du Sud et faciliter son insertion dans la communauté sud-africaine.

MINISTÈRE DE L'EUROPE ET DES AFFAIRES ÉTRANGÈRES

www.diplomatie.gouv.fr

Site Internet officiel pour connaître les formalités d'entrée et séjour dans le pays. Dans la rubrique « Services aux Français », vous trouverez un guide de l'expatriation, les modalités de demandes de documents officiels. Sur la page d'accueil en sélectionnant le pays, vous obtenez les contacts des ambassades. Dans l'espace politique, économie et socio-culturel, quantité d'informations et de communications utiles pour qui s'intéresse aux réalités du pays.

WEWORK

www.wework.com

Abonnements mensuels hot desk à 239 ou 395 € TTC.

Wework est une solution très complète d'espaces de travail pour entreprises et travailleurs indépendants. Ils ont des espaces de *coworking* partout dans le monde. Une fois que vous avez choisi votre formule (bien regarder avant si la ville où l'on se rend possède la formule), vous pouvez télécharger l'application et réserver votre bureau pour la journée. Vous pouvez bien sûr réserver à l'avance. D'autres possibilités existent comme celle d'avoir un bureau privé pour soi ou son équipe. Ce service est uniquement sur demande via le site.

INDEX

D

E

F

G

N

O

P

Q

R

S

T

U

V

EDITION

Directeurs de collection et auteurs : Dominique AUZIAS et Jean-Paul LABOURDETTE

Auteurs : Rozeen LE ROUX, Elisa VALLON, Martin FOUQUET, Romain RISSO, Priscilla PARARD, Mathilde LEROY, Mathias DESHOURS, Baptiste THARREAU, Juliette COURTOIS, Amandine GLEVAREC, Sylvie DEL COTTO, Chloé OBARA, Anthony JAUMARD VERLAINE, Camille GRIFFOULIERES, Lucie BOUGEROL, Vincent GARRIGUES, , Jean-Paul LABOURDETTE, Dominique AUZIAS et alter

Directeur Editorial : Stéphan SZEREMETA

Rédaction Monde : Laure CHATAIGNON, Morgane VESLIN, Pierre-Yves SOUCHET, Natalia COLLIER

Rédaction France : Briséis TEMPLE-BOYER, Désirée DEBANT, Emilie SAINT-PASTOU, Nicolas WODARCZAK

FABRICATION

Maquette et Montage : Romain AUDREN, Julie BORDES, Delphine PAGANO

Iconographie et Cartographie : Anne DIOT, Julien DOUCET

WEB ET NUMERIQUE

Directeur Web : Louis GENEAU de LAMARLIERE

Technical Project Manager : Hervé MARION

Développeurs : Guillaume BARBET, Adeline CAUX, Bastien MOINET

Intégrateur Web : Mickael LATTES, Antoine DION

Webdesigner : Caroline LAFFAITEUR

Responsable Communication Digital WEB : Alice BARBIER

Community Traffic Manager : Shirley NDEMA-KINGUE, Camille LE PROVOST

Content Manager : Aliénor de PERIER

DIRECTION COMMERCIALE

Directeur commercial : Guillaume VORBURGER

Coordinatrice des Régies commerciales : Manon GUERIN

Responsable Régies locales : Michel GRANSEIGNE

Responsables Développement régie inter : Jean-Marc FARAGUET, Guillaume LABOUREUR et Camille ESMIEU

Régie Afrique du Sud : Michael TABONE

Assistante commerciale Régie internationale : Leila ANTRI-BOUZAR

Chefs de Publicité Régie nationale : Caroline AUBRY, François BRIANCON-MARJOLLET, Perrine DE CARNE MARCEIN, Jonathan TOUTOUX, Fouzia CHAOUI

DIFFUSION ET PROMOTION

Directrice des Ventes : Bénédicte MOULET assistée d'Aissatou DIOP

Responsable des ventes : Jean-Pierre GHEZ assisté de Nelly BRION

ADMINISTRATION

Président : Jean-Paul LABOURDETTE

Directeur général : Louis AUZIAS

Directrice des Ressources Humaines : Dina BOURDEAU assistée de Sandra DOS REIS et Eva BAELEN

Directrice Administrative et Financière : Valérie DECOTTIGNIES

Comptabilité : Guillaume PETIT, Aminata BAGAYOKO et Adama DIABY

Recouvrement : Fabien BONNAN assisté de Sandra BRIJLALL

Responsable informatique : Elie NZUZI-LEBA

PETIT FUTÉ AFRIQUE DU SUD

LES NOUVELLES EDITIONS DE L'UNIVERSITE
18, rue des Volontaires - 75015 Paris.
✆ 01 53 69 70 00 - Fax 01 42 73 15 24
Internet : www.petitfute.com
SAS au capital de 1 000 000 € -
RC PARIS B 309 769 966
Couverture : Canyon de la rivière Blyde et Three Rondawels © shams Faraz Amir - stock.adobe.com
Impression : CORLET IMPRIMEUR - 14110 Condé-en-Normandie
Achevé d'imprimer : octobre 2023
Dépôt légal : 20/11/2023
ISBN : 9782305091914

Pour nous contacter par email, indiquez le nom de famille en minuscule suivi de @petitfute.com
Pour le courrier des lecteurs : info@petitfute.com

IMPRIMÉ EN FRANCE

W

X

Y

Z